Inteligência Artificial e Desafios Jurídicos

Inteligência Artificial e Desafios Jurídicos

LIMITES ÉTICOS E LEGAIS

2023

Coordenação

Rodrigo Alexandre Lazaro Pinto

Jozelia Nogueira

ALMEDINA

INTELIGÊNCIA ARTIFICIAL E DESAFIOS JURÍDICOS
LIMITES ÉTICOS E LEGAIS

COORDENADORES: Alexandre Lazaro Pinto e Jozelia Nogueira

DIRETOR ALMEDINA BRASIL: Rodrigo Mentz
EDITORA JURÍDICA: Manuella Santos de Castro
EDITOR DE DESENVOLVIMENTO: Aurélio Cesar Nogueira
ASSISTENTES EDITORIAIS: Larissa Nogueira e Letícia Gabriella Batista
ESTAGIÁRIA DE PRODUÇÃO: Laura Roberti

DIAGRAMAÇÃO: Almedina

DESIGN DE CAPA: FBA

ISBN: 9786556279251
Setembro, 2023

Dados Internacionais de Catalogação na Publicação (CIP)
(Câmara Brasileira do Livro, SP, Brasil)

Inteligência artificial e desafios jurídicos :
limites éticos e legais / coordenação Rodrigo
Alexandre Lazaro Pinto, Jozelia Nogueira.
São Paulo : Almedina, 2023.
Vários autores.

Bibliografia.
ISBN 978-65-5627-925-1

1. Big Data 2. Direito digital 3. Ética
4. Inteligência artificial – Legislação 5. Proteção
de dados – Leis e legislação I. Pinto, Rodrigo
Alexandre Lazaro. II. Nogueira, Jozelia.

23-161112 CDU-34:004

Índices para catálogo sistemático:

1. Direito digital 34:004

Eliane de Freitas Leite – Bibliotecária – CRB 8/8415

Este livro segue as regras do novo Acordo Ortográfico da Língua Portuguesa (1990).

EDITORA: Almedina Brasil
Rua José Maria Lisboa, 860, Conj. 131 e 132, Jardim Paulista | 01423-001 São Paulo | Brasil
www.almedina.com.br

SOBRE OS COORDENADORES

Rodrigo Alexandre Lazaro Pinto

Doutorando em Direito Público pela Universidade de Coimbra, Mestre em Direito Tributário Internacional pelo Instituto Brasileiro de Direito Tributário (IBDT); Professor Convidado e Conferencista em cursos de Graduação e Pós-Graduação, Conselheiro do Conselho Administrativo de Recursos Fiscais (2023/2024). Juiz Contribuinte do Tribunal de Impostos e Taxas do Estado de São Paulo (2020/23), Conselheiro Julgador do Conselho Municipal de Tributos do Município de São Paulo (2022-24), Vice-presidente Adjunto de Tributos da Associação Nacional dos Executivos de Finanças, Administração e Contabilidade (Anefac), Palestrante e instrutor do Conselho Regional de Contabilidade – CRC-SP (2019-23). Advogado licenciado e Contabilista no Brasil.

Jozelia Nogueira

Procuradora do Estado do Paraná. Professora e Consultora. Procuradora Geral do Estado do Paraná e Secretária de Fazenda. Mestre em Direito Público (Direito Tributário) pela UFPR. Mestre em Direito Financeiro pela FDUSP. Doutoranda em Direito Financeiro pela FDULISBOA e em Direito Público pela FDUCOIMBRA.

SOBRE OS AUTORES

Alex Alves do Nascimento
Doutorando em Ciências Criminais pela Universidade de Coimbra – Portugal, Mestre em Direito pela Albany Law School, New York – USA; Advogado licenciado no Brasil e Portugal, membro permanente da Comissão de Direito Penal e membro consultivo da Comissão de Compliance da Ordem dos Advogados do Brasil, subsecção Ceará (2022-2024); Professor, Palestrante e autor. E-mail: prof.alexnascimento7@gmail.com.

Ana Carolina Mendonça Rodrigues
Doutoranda em Direito pela Universidade de Coimbra, Mestre em Direito pela Universidade Estadual Paulista "Júlio de Mesquita Filho", Faculdade de Ciências Humanas e Sociais, Campus Franca/SP. Especialista em Direito e Processo do Trabalho pela Universidade Estácio de Sá. E-mail: ana.rodrigues@student.uc.pt.

Bernardo Coimbra e Lima
Doutorando em Ciências Jurídico-Processuais na Faculdade de Direito da Universidade de Coimbra – FDUC (2022-); Mestre em Ciências Jurídico-Civilísticas /Menção em Direito Processual Civil na Faculdade de Direito da Universidade de Coimbra, FDUC, Portugal. (2020-2022); Especialista em Direito Processual Civil e Direito Processual do Trabalho pelo Centro Universitário do Pará- CESUPA (2017-2020). Advogado atuante nas áreas de Direito Civil e Direito do Trabalho. Mediador Judicial formado pela Escola Judicial do Poder Judiciário do Estado do Pará. E-mail: bernardo.c.lima@hotmail.com

Carmem Lúcia Gomes Lima Melo Filha

Doutoranda em Direito Público pela Universidade de Coimbra. Mestre em Direitos Difusos e Coletivos pela Universidade Metropolitana de Santos. Pós-graduada em Direito Tributário: uma Visão Constitucional pela Pontifícia Universidade Católica de São Paulo. Graduada em Direito pela Faculdade de Direito de São Bernardo do Campo. Diploma de Gratidão – Homenagem da Câmara Municipal de São Paulo. Láurea do Mérito Docente pela Ordem dos Advogados do Brasil, seção de São Paulo. E-mail: cgomesmelo@hotmail.com

Claudia Aniceto Caetano Petuba

Doutoranda em Direito Público pela Universidade de Coimbra-UC (Portugal), Doutoranda em Marketing Político/Administração Pública pela Universidade de Santiago de Compostela-USC (Espanha). Mestre em Direito pela Universidade Autónoma de Lisboa-UAL. Pós-graduação em Direito Público pela Universidade Anhaguera-UNIDERP e em Gestão Pública pela Universidade Federal de Alagoas-UFAL. Bacharel em Direito e Administração. Professora, administradora. Gestora pública no Governo do Estado de Alagoas. E-mail: claudiapetuba@gmail.com

Danilo Orsida

Doutorando em Direito pela Universidade de Coimbra; Mestre em Direito e Relações Internacionais pela Pontifícia Universidade Católica de Goiás (PUC/GO). MBA em Gestão Tributária pela Universidade de São Paulo – USP. Pós Graduado em Direito e Processo Tributário pela Pontifícia Universidade Católica de Goiás (PUC/GO). Professor do PPGD – "Direito Tributário" Pontifícia Universidade Católica de Goiás (PUC/GO). Economista, sociólogo e advogado militante na área tributária e empresarial, com atuação no Brasil e na União Europeia.

Delano Sobral Rolim

Doutorando em Direito Público pela Universidade de Coimbra-UC (Portugal), Doutorando em Direito Administrativo pela Universidade de Santiago de Compostela-USC (Espanha). Mestre em Direito Público pela Universidade Federal de Alagoas-UFAL. Pós-graduação em Direito Registral, Notarial e Imobiliário pela Faculdade de Direito 8 de Julho; em Direito Notarial e Registral pela Faculdade Educamais-UNIMAIS; em

Direito Público pela Faculdade Christus; em Direito Processual e Direito Constitucional pela Fundação Educacional Jayme de Altavila-FEJAL. Advogado, consultor e professor de cursos de pós-graduação. Procurador do Estado de Alagoas. E-mail: delanosobralrolim@gmail.com.

Érica Silva Santa Brigida
Advogada no Brasil e em Portugal, Pós graduada em Direito Material e Processual do Trabalho pelo Centro Universitário do Pará – CESUPA (2015/2016), Mestre em Direito Processual Civil (2019/2022) e Doutoranda em Direito Civil pela Faculdade de Direito da Universidade de Coimbra – FDUC.

Eugénia Maria Vieira Amaral
Doutoranda em Direito na FDUC – Ramo de Direito Civil, Mestre em Direito pela FDUC – Ciências Jurídico-Civilísticas/Menção em Direito Civil (2019-2021), Licenciada em Direito pela FDUC (1989-1994). ORCID ID: http://orcid.org/0000-0001-8838-5467. Conservadora de Registos.

Gabriella França Hermenegildo
Doutoranda em Direito Público na Universidade de Coimbra/Portugal. Mestre em Direito, área de Ciências Jurídico-Políticas pela Universidade do Porto/Portugal. Possui Pós-graduação Lato Sensu em Direito do Trabalho e Processo Trabalhista pela UniLeya, Rio de Janeiro/Brasil) e curso de especialização em Fundamentos Críticos de Direitos Humanos pela Fundação Joaquín Herrera Flores na Universidade Pablo de Olavide, Sevilha/Espanha. Graduada em Direito pelo Complexo de Ensino Superior de Santa Catarina (CESUSC) e em Letras pela Universidade Federal de Santa Catarina (UFSC), ambos em Florianópolis/SC-Brasil. Advogada autónoma pela OAB-SC.

Guilherme Carneiro Leão Farias
Doutorando em Direito Público pela Universidade de Coimbra (UC), Mestre em Direito pela Universidade Federal do Estado do Rio de Janeiro (UNIRIO), Especialista em Direito Público e em Direito Privado pela Escola da Magistratura do Estado do Rio de Janeiro (EMERJ) e Bacharel em Direito pela Universidade do Estado do Rio de Janeiro (UERJ).

Advogado empregado público da Petróleo Brasileiro S.A. (PETROBRAS) em licença não remunerada para fins de estudos.

Isa Raquel Pinto Pereira
Doutoranda em Direito (especialização em Direito Civil) na Faculdade de Direito da Universidade de Coimbra. Mestre em Direito – Especialização em Ciências Jurídico-Administrativas e Tributárias, pela Universidade Portucalense Infante D. Henrique. Solicitadora. Conciliador do SISPACSE (Sistema Público de Apoio à Conciliação no Sobre-Endividamento). https://orcid.org/0000-0001-7108-8343 – irpinto.ip@sapo.pt.

João Evangelista de Jesus Almeida Fonseca
Doutorando em Direito Público, na Faculdade de Direito da Universidade de Coimbra; Mestre em Direito Administrativo, pela mesma Faculdade; Licenciado em Administração Pública Regional e Local, pelo ISPGAYA; Pós-Graduação em Direito dos Contratos Públicos e Justiça Administrativa pelo CEDIPRE. Coautor da obra "Comentários à Lei n.º 75/2013" Rei dos Livros, 2018 e Autor de artigo "Competência dos tribunais administrativos e contraordenações em matéria de direito do Urbanismo" – Revista CEDOUA n.º 45. É Juiz de Direito nos Tribunais Administrativos e Fiscais.

Jozelia Nogueira
Procuradora do Estado do Paraná. Professora e Consultora. Procuradora Geral do Estado do Paraná e Secretária de Fazenda. Mestre em Direito Público (Direito Tributário) pela UFPR. Mestre em Direito Financeiro pela FDUSP. Doutoranda em Direito Financeiro pela FDULISBOA e em Direito Público pela FDUCOIMBRA.

Larissa Figueirêdo Belo
Doutoranda na Faculdade de Direito da Universidade Coimbra/ Portugal (FDUC) em Direito Civil; Mestre em Processo Civil pela Universidade de Coimbra; Especialista em Direito do Trabalho e Processo do Trabalho, Bacharel em Direito pelo Centro Universitário Instituto de Educação Superior de Brasília/DF. Advogada inscrita na Ordem dos Advogados do Brasil na Subseção do Distrito Federal e na Ordem dos advogados de Portugal. E-mail: advocacia@larissabello.com.

Leonardo Barroso Coutinho

Doutorando pela Universidade de Coimbra/Portugal, Mestre em Direito Constitucional pela IDP, Ex-assessor de Desembargador no TJMA, Ex-analista judicial do TJMA, Ex-Procurador da Fazenda Nacional, Ex-Procurador do Estado do Ceará, exerce o cargo de Procurador do Estado do Piauí, autuando no Tribunal de Recursos Administrativos Fiscais – TARF.

Luiza Tosta Cardoso Franco

Doutoranda em Direito na Faculdade de Direito da Universidade de Coimbra (FDUC) – Ramo de Direito Civil. Mestra em Direito Processual pela Universidade Federal do Espírito Santo (UFES). Pós-graduada Lato Sensu em Direito Civil e Empresarial pela Faculdade de Direito de Vitória (FDV). Bacharel em Direito pela Faculdade de Direito de Vitória (FDV). Orcid ID 0000-0003-3982-1909.

Marcelo Silva Moreira Marques

Doutorando em Direito Público pela Universidade de Coimbra-Portugal. Procurador Geral do Município do RJ no biênio 2019/2020. Mestre em Direito da Cidade pela Universidade do Estado do Rio de Janeiro (2001). Bacharel em Direito pela Universidade Federal do Rio de Janeiro (1991). Professor de Direito Constitucional, Teoria Geral do Estado e Ciência Política. Advogado militante desde 1994 com experiência em Mediações de conflitos fundiários, Execuções Fiscais, Dívida Ativa, Urbanismo, Meio Ambiente, Licitações e Contratos. Recebedor das Comendas Medalha Pedro Ernesto, por serviços prestados à Cidade do Rio de Janeiro, e Medalha Moema Baptista, em razão de serviços prestados à advocacia do Rio de Janeiro durante a pandemia da COVID-19. Autor de diversos artigos jurídicos consolidados no livro Mediação Aplicável, publicado pela Editora Armada de São Paulo.

Márcia Maria Neves Corrêa

Doutoranda em Direito Público pela Universidade de Coimbra, Mestre em Direito Público e Evolução Social pela Universidade Estácio de Sá (2009). Especialização em Direito da Economia e da Empresa pela Fundação Getúlio Vargas (1996). Procuradora do Banco Central do Brasil (1993). Professora universitária. Conselheira da Revista da Procuradoria do Banco Central do Brasil.

Mariana Lalanda San-Bento
Doutoranda em Direito pela Universidade de Coimbra.

Miguel da Silva Domingos
Licenciado em Direito (2009), Mestre em Ciências Jurídico-Empresariais, na área de especialização em Direito das Empresas (2011) e Doutorando em Direito Civil, pela Faculdade de Direito da Universidade de Coimbra, Advogado (2013), Técnico Superior no Município de Leiria (2021) e no Município de Ourém (2023), Presidente da Assembleia de Freguesia da União das Freguesias de Santa Catarina da Serra e Chainça (2017-2025), Vice-Presidente do Conselho Fiscal da Associação dos Amigos da Secção de Bombeiros do Sul do Concelho de Leiria (2014-2016) e autor da dissertação de mestrado intitulada *"A Usura na Convenção do Juro Comercial: Um Olhar Sobre o Artigo 102.º do Código Comercial"* (2011).

Nilce de Oliveira Castro
Doutoranda em Direito Público pela Universidade de Coimbra: Mestrado em Direito pela Universidade Portucalense Infante D. Henriques; Especialização em Ciências Jurídico-Políticas, Porto/Portugal (2018/2022); Bacharelado em Direito, pela Universidade da Amazônia-Belém/PA/Brasil (2007/2012); Especialização em Políticas Públicas e Governança pela Escola de Governo do Estado do Pará; Especialização em Psicopedagoga Clínica pela Universidade Federal de Curitiba/PR (2002/2004) e Licenciatura Plena em Pedagogia pela Universidade Federal do Pará-UFPA-Campus Universitário de Bragança-Bragança/PA (1998/2003). Ministrou Aula Aberta subordinada ao tema "Consumo Sustentável na União Europeia" na Escola Superior de Tecnologia e Gestão do Politécnico de Leiria/ Portugal (junho/2022). Presença de Aconselhamento Curricular em Aula de Mestrado em Ciências Jurídico-Políticas, no âmbito da unidade curricular do "Mestrado em Direito", na Universidade Portucalense Infante D. Henrique (maio/2022). Formadora, com Certificação, pelo Instituto do Emprego e Formação Profissional, IEFP-Porto/Portugal (2022); Oficiala de Justiça Avaliadora no Tribunal de Justiça do Estado do Pará/Brasil (2013 até os dias atuais). Na dimensão universitária, acolheu como área de investigação o Direito Constitucional, o Direito do Consumo, nos quais realizou estudos científicos experimentados, constituídos por monografias

e artigos científicos, a fim de colaborar para o avanço da ciência jurídica. Produções académico-científicas: O Direito à Educação para o Consumo Sustentável: ensaio sobre o compromisso ambiental pelo consumo e educação (2022); Educação para o Consumo para Implementação dos Direitos Fundamentais dos Consumidores (2019); O Direito Fundamental à Saúde: os novos limites político-constitucionais das decisões judiciais sobre a saúde no Brasil (2012); As contribuições da psicopedagogia para os problemas e dificuldades de aprendizagem (2003). Avança de forma acadêmico-jurídica e científica na área do Direito Ambiental, Marítimo e Digital, tendo como fundamento o meio ambiente terrestre e marítimo, no âmbito da democracia ambiental, a sustentabilidade ecológica e o consumo sustentável no trato da redução das mudanças climáticas.

Rodrigo Alexandre Lazaro Pinto
Doutorando em Direito Público pela Universidade de Coimbra, Mestre em Direito Tributário Internacional pelo Instituto Brasileiro de Direito Tributário (IBDT); Professor Convidado e Conferencista em cursos de Graduação e Pós-Graduação, Conselheiro do Conselho Administrativo de Recursos Fiscais (2023/2024). Juiz Contribuinte do Tribunal de Impostos e Taxas do Estado de São Paulo (2020/23), Conselheiro Julgador do Conselho Municipal de Tributos do Município de São Paulo (2022-24), Vice-presidente Adjunto de Tributos da Associação Nacional dos Executivos de Finanças, Administração e Contabilidade (Anefac), palestrante e instrutor do Conselho Regional de Contabilidade – CRC-SP (2019-23). Advogado licenciado e Contabilista no Brasil.

Simone Pereira de Castro
Doutoranda pela Universidade de Coimbra. Procuradora da Fazenda Nacional no Brasil.

Simone Maciel Sacchetto
Doutoranda em Direito – Ramo Ciências Jurídico-Econômicas pela Universidade de Coimbra – Portugal, Mestre em Direito Constitucional pela Instituição Toledo de Ensino – ITE, Procuradora Federal da Advocacia-Geral da União – AGU do Brasil, Professora Universitária.

Stéfani Reimann Patz
Doutoranda em Direito na Faculdade de Direito da Universidade de Coimbra (FDUC), em Portugal. Mestra em Direitos Especiais pelo Programa de Pós-Graduação Stricto Sensu em Direito – Mestrado e Doutorado da Universidade Regional Integrada do Alto Uruguai e das Missões (URI), Campus Santo Ângelo/RS. Bacharela em Direito pela URI, Campus Santo Ângelo/RS. Pós-Graduanda em Proteção de Dados: LGPD & GDPR pela Fundação Escola Superior do Ministério Público (FMP). Pesquisadora voluntária do projeto de pesquisa "Internet, liberdade de informação, manipulação de comportamentos e a desestabilização do processo democrático". Membro do Centro de Estudos e Pesquisas em Direito e Tecnologia (CEDETEC), do Instituto Nacional de Proteção de Dados (INPD) e do Grupo de Estudos em Direito e Tecnologia da Universidade Federal de Minas Gerais (DTEC-UFMG).

NOTA DOS COORDENADORES

Caro leitor,

É com grande satisfação que apresentamos este livro com o tema central "Inteligência Artificial e o Direito", um dos assuntos mais fascinantes da atualidade. Os alunos de Doutoramento em Direito da Universidade de Coimbra (período 2021/22 e 2022/23) reuniram suas pesquisas na presente obra coletiva que tratam das seguintes áreas de conhecimento: Direito Penal e Processo Penal, Direito Civil, Processo Civil e demais áreas de Direito Privado, Direito Público, Direito do Trabalho, Direitos Humanos, Segurança da Informação e Proteção de Dados, Direito Ambiental e Direito Autoral.

Este livro tem como objetivo apresentar ao leitor uma visão multidisciplinar sobre o tema, desde os conceitos tradicionais até as controvérsias jurídicas mais atuais da IA. Abordamos desde as técnicas de aprendizado de máquina e algoritmos de inteligência artificial até as implicações éticas e jurídicas da utilização dessas tecnologias.

É importante ressaltar que, apesar do potencial incrível da IA, ela também apresenta desafios e riscos significativos. Por isso, buscamos trazer uma visão equilibrada sobre o tema, apresentando suas vantagens e limitações, bem como os cuidados que devem ser tomados para garantir que a IA seja utilizada de forma ética e responsável.

Esperamos que este livro possa contribuir para uma compreensão mais aprofundada da IA e suas aplicações, bem como para uma reflexão sobre os desafios e oportunidades que a tecnologia nos oferece. Agradecemos a sua leitura e feedback, e esperamos que este livro possa ser útil e inspirador para todos aqueles interessados no tema.

Com nossos melhores cumprimentos,

RODRIGO ALEXANDRE LAZARO PINTO
JOZELIA NOGUEIRA

PREFÁCIO

Os últimos meses têm sido abalados pelas notícias do lançamento de software de inteligência artificial cada vez mais complexo, e mais capaz de produzir resultados de qualidade surpreendente, mesmo em âmbitos que se considerava serem específicos do humano – como o da produção de obras com relevância estética. É um momento de reacções contraditórias. Cruzam-se nele a apreensão quanto ao lugar – subordinado? subsistente sequer? – que a pessoa possa ter nesse mundo novo; e o cepticismo quanto às reais possibilidades dos "large language models", que têm protagonizado os lançamentos recentes.

Neste contexto, um dado chama especialmente a atenção: o da rapidez da mudança, parecendo mesmo haver um ritmo exponencial no ganho de capacidades dos modelos. São conhecidas as dificuldades do cérebro humano com o pensamento exponencial; mais ainda, quando procuramos prever o que resultará de uma realidade cujas implicações são tão transversais. Pelo que, de certo, o momento actual parece ter, antes de mais, a incerteza quanto a qual o futuro a que nos levaria um prolongamento exponencial das possibilidades presentes.

Nem a incerteza, nem a especulação, devem, porém, toldar uma consideração fundamental: o desenvolvimento da inteligência artificial não tem uma direcção necessária. Não é uma inevitabilidade histórica, geo-estratégica ou técnica, mas uma obra humana. Depende de decisões tomadas por humanos quanto ao tipo de sistemas a construir (de aplicações específicas ou transversais, baseados em modelos de correlação e/ou de raciocínio simbólico), ou quanto às aplicações destes sistemas (se vocacionados para a produção de conteúdos de media, para a pesquisa científica, para o suporte a processos técnicos de operação de máquinas, para o acompanhamento de humanos...). E é modelado por decisões de humanos quanto aos desenvolvimentos que devem ser proibidos – e, nos desenvolvimentos da técnica recente, foi o caminho da proibição que muitos países escolheram, vg., em matéria de clonagem de seres humanos.

Até agora, o desenvolvimento tem sido norteado fundamentalmente pelo mercado. E, em boa medida, por empresas de grande dimensão que se dedicam ao modelo de negócios da publicidade direccionada. Esta está, todavia, longe de ser a única possibilidade para o desenvolvimento da inteligência artificial. Há uma reflexão colectiva a fazer quanto ao que se quer e o que não se quer para um futuro conjunto.

O Direito, como cadeia de transmissão de decisões colectivas, necessariamente fundamentadas e devidamente legitimadas, tem aqui um papel decisivo a desempenhar.

Vem, pois, em boa hora esta colectânea de estudos, percorrendo vários lugares onde o Direito é interpelado, e chamado a dar uma resposta, a temas da inteligência artificial. Passa-se pelos problemas da vigilância e compressão da reserva da vida privada, de discriminação (por correlação estigmatizadora) e de falta de fundamentação (por efeito "black box") de decisões que afectam direitos fundamentais – seja no processo penal, seja no processo civil, na contratação de trabalhadores ou na concessão de crédito. Chama-se a atenção para os riscos de desestabilização dos mercados financeiros, de agravamento da desigualdade, ou de perda de liberdade de pensamento dos sujeitos, e propõe-se a autonomização de direitos fundamentais que assegurem uma autodeterminação cognitiva. Dá-se conta das dificuldades de assimilação destes sistemas nos quadros do direito privado conhecido – seja em matéria de responsabilidade civil, médica, por acidentes de viação, ou nos quadros do comércio mediado por plataformas digitais, seja em matéria de atribuição de autoria de obras, seja no que toca ao estatuto dos ditos "agentes de software inteligentes". E reconhece-se também o potencial de mudanças positivas – vg., em matéria de controlo, bem como de apoio à tomada de decisões pela Administração, e de melhoria dos sistemas de registo público.

O caminho é, pois, marcado pelo espírito crítico, mas também pela abertura. Será certamente um bom estímulo a toda a reflexão que há para fazer!

MARIA INÊS VIANA OLIVEIRA MARTINS[1]

[1] Professora da Faculdade de Direito da Universidade de Coimbra, Membro do Conselho directivo da AIDA – Association Internationale de Droit des Assurances, Secção portuguesa, Provedor do cliente da Swiss Life (Luxembourg) S.A., Membro do Conselho Fiscal do Instituto da Banca Bolsa e Seguros da Universidade de Coimbra, Investigadora integrada do Instituto Jurídico da Universidade de Coimbra e Responsável por European Insurance Contract Law do Instituto de Derecho Iberoamericano. Jurisconsulto em matérias de Direito civil e comercial em Portugal e no Brasil. https://www.cienciavitae.pt//pt/A811-C6C5-2EF4.

SUMÁRIO

DIREITO PENAL E PROCESSO PENAL

DIREITO CIVIL, PROCESSO CIVIL E DEMAIS ÁREAS DE DIREITO PRIVADO

DIREITO PÚBLICO

SEGURANÇA DA INFORMAÇÃO, PROTEÇÃO DE DADOS E DIREITO BANCÁRIO

DIREITO AUTORAL

DIREITO MÉDICO

DIREITO PENAL E PROCESSO PENAL

1. REFLEXÕES SOBRE A UTILIZAÇÃO DE *RISK ASSESSESSMENT TOOLS* PELOS SISTEMAS DE JUSTIÇA PENAL DE PORTUGAL E DO BRASIL

Leonardo Barroso Coutinho

Introdução

A Inteligência Artificial (IA) está presente nos diversos aspetos de nosso cotidiano, a exemplo de sugestões de filmes e séries nas plataformas de *streaming*, cancelamentos de compras efetuadas por multibanco pelos mecanismos antifraude. Todavia, inobstante a crescente adoção desse tipo de tecnologia proporcionar à sociedade comodidades antes inimagináveis, há uma grande preocupação com possíveis efeitos colaterais resultantes do uso de tecnologias de IA.

Nesse contexto, como bem pontuado pelo Ministro do Supremo Tribunal Federal Luiz Fux, ao prefaciar a publicação (ARAÚJO, Valter Shuenquener de; GOMES, Marcus Livio Gomes (coordenadores); CANEN. Doris (organizadora), 2022, p. 08), as ferramentas de IA têm ensejado mudanças substanciais no mundo jurídico. De um lado, trazendo desafios relativos à aplicação de institutos consolidados (v.g. responsabilidade civil de veículos autônomos ou direitos autorais devidos por obras fruto de IA); de outro, permitindo novas perspectivas para todos os atores do sistema de justiça: desde a previsão do resultado de litígios e a identificação de padrões decisórios para as partes, até o aumento da celeridade na prestação jurisdicional por meio da automatização de ações repetitivas.

No âmbito do Direito Penal e Processual penal, o avanço digital proporciona aos agentes estatais encarregados da persecução penal a utilização de inúmeros ferramentas, antes só vistas em filmes. Porém, as recentes iniciativas não se circunscrevem apenas ao uso da IA no âmbito do *predictive policing* (utilização de ferramentas de IA que utilizam algoritmos para prever onde e quando os crimes são mais prováveis de ocorrer ou *softwares* de reconhecimento facial, *v.g*), ou seja, na fase que antecede o processo criminal (de investigações). (GIALUZ, 2019, p. 2) corrobora tal conclusão ao relatar que no âmbito do processo penal está se difundindo a utilização de dispositivos baseados na IA, e esclarece que não se está referindo ao emprego desses instrumentos na fase relativa à prevenção (*predictive policing, v.g, softwares* de reconhecimento facial), mas sobretudo no uso de IA dos seguintes âmbitos: i) Coleta de provas durante a instrução processual através de algoritmos; e ii) na justiça preditiva.

Como será tratado no subtítulo 2.2, a justiça preditiva possui duas facetas, uma voltada para análise de um grande número de precedentes judiciais através de tecnologias de IA com o escopo de estabelecer previsões de decisões acerca de determinados tipos de controvérsia; e outra baseada no uso de ferramentas de assessoria de riscos (*risk assessments tools*), que busca calcular o risco do arguido se subtrair do processo ou incorrer em reincidência. Essas *risk assessments tools* fazem suas análises a partir de informações relativas ao *status* socioeconômico, histórico familiar, índice de criminalidade local e diversos outros fatores utilizados com o desiderato de supostamente prever o risco de reincidência individual do arguido, classificando em uma escala que vai de "baixo" para "alto" risco de reincidência.

O presente trabalho tem como escopo o âmbito da justiça preditiva em que os juízes utilizam *softwares* de avaliação de risco (*risk assesment tools*) no processo de tomada de decisões na fase do *sentencing*[1]. Ou seja, far-se-á uma reflexão sobre a compatibilidade do emprego dessas ferramentas com os vários direitos do arguido, designadamente seu direito à ampla defesa e seus diversos corolários. Aliás, a Juíza Conselheira do Supremo Tribunal de

[1] *A revolução digital, na verdade, não trouxe apenas uma vasta e variada gama de dados, que podem ser usados como prova no processos penal, e novos métodos de investigação baseados em recolha e análise desses enormes conjuntos de dados disponíveis. Permitiu, ainda, tornar a justiça penal preditiva. Favoreceu a possibilidade de completa digitalização das decisões dos tribunais e o acesso irrestrito a qualquer jurisprudência e utilização de software mais ou menos sofisticado para a sua análise, tendo em vista encontrar padrões de previsibilidade nas decisões judiciais, e contribuiu para a crescente utilização de instrumentos de avaliação do risco risk assessment tools) no processo de tomada de decisões nas várias fases do processo.* (RODRIGUES, 2022, p. 13)

Justiça de Portugal, ao tratar desse tipo de utilização de IA, questiona se tal uso representaria "a morte do (atual) direito penal do bem jurídico e o nascimento de um (futuro) direito penal de segurança máxima, ancorado nas possibilidades ilimitadas da inteligência artificial, colimado, em última análise, à limitação (também ela máxima) do núcleo essencial dos direitos fundamentais sociais dos arguidos".[2]

Assim, a fim de cumprir o objetivo acima proposto, começou-se indicando a origem histórica e breves considerações sobre do termo "inteligência artificial".

Nas páginas seguintes, foram abordados vários aspectos da utilização dos algoritmos e suas implicações no Direito, apresentando-se o panorama atual do uso dessa tecnologia nos sistemas de justiça de Portugal e do Brasil.

A seguir, analisou-se a aplicação de ferramentas de IA baseadas em algoritmos no processo penal, demonstrando-se que tal emprego pode ocorrer em várias etapas do ciclo da persecução penal, exsurgindo desse facto os conceitos de *predictive polincing tools, surveillance tools* e *risk assessment tools.* Nessa altura, frisou-se que a face da justiça preditiva alvo de estudo refere-se justamente ao uso dessas ferramentas de *risk assessments* por ocasião da prolação da sentença pelo juiz.

Posteriormente, tratou-se de dois célebres *softwares,* COMPAS e HART, utilizados nos Estados Unidos e em Inglaterra, respetivamente, explicando-se seu funcionamento e tecendo comentários acerca de sua utilização. Em relação ao COMPAS, como sua constitucionalidade foi alvo de questionamento perante a Suprema Corte do *Wisconsin,* efetuou-se uma análise crítica acerca do respetivo acórdão.

Por fim, analisou-se a possibilidade acerca da utilização das *risk assessment tools* pelos tribunais portugueses e brasileiros, tal como o COMPAS no Estado do *Wisconsin.* Em relação à Portugal, serviram de paradigmas a Carta Europeia de Ética Sobre a Utilização da Inteligência Artificial e disposto no n.º 4º do art. 20.º da CRP, dispositivo que consagra o direito ao processo justo e equitativo. Por sua vez, a compatibilidade com a ordem jurídica brasileira foi perscrutada à luz do art. 5º, *XXXVIII,* "a", art. 93, *IX,* ambos da CF/88 e da Resolução do CNJ n.º 332/2020.

[2] (SANTOS, 2022, p. 20)

Desse modo, a análise das questões acima elencadas, reflete nossa preocupação de proporcionar ao leitor a compreensão acerca da utilização de algoritmos preditivos pelos tribunais por ocasião da dosimetria da pena.

1. Inteligência Artificial (IA): breve histórico e premissas conceituais

Não nos demos conta, mas a Inteligência Artificial (IA) está presente nos diversos aspectos de nosso cotidiano, a exemplo de sugestões de filmes e séries nas plataformas de *streaming*, cancelamentos de compras efetuadas por multibanco pelos mecanismos antifraude. Entretanto, em que pese a crescente adoção desse tipo de tecnologia proporcionar à sociedade comodidades antes inimagináveis, há uma grande preocupação com possíveis efeitos colaterais resultantes do uso de tecnologias de IA.

Nesse contexto, (VAINZOF & GUTIERREZ, 2021) observam que a IA é assunto dos mais relevantes na atualidade, suscitando o interesse de estudiosos das mais diversas áreas. Economistas se preocupam com seus efeitos sobre a produtividade e a taxa de desemprego. Psicólogos e neurocientistas pesquisam seus reflexos na cognição e no comportamento humanos. Juristas estudam suas consequências no sistema judicial. Sociólogos analisam seus impactos na realidade social. No cenário da política internacional, líderes mundiais a proclamam bem dos mais relevantes para o desenvolvimento econômico, político e social. Assim, nos últimos tempos, assiste-se a um crescimento exponencial de projetos com o escopo de acelerar a expansão da IA nos mais diversos domínios da vida em sociedade.

Nas linhas a seguir, serão feitos breves apontamentos acerca do histórico e de algumas premissas essenciais ao desenvolvimento do tema proposto, qual seja, da validade da utilização de algoritmos preditivos nas etapas da dosimetria da pena nas ordens jurídicas do Brasil e de Portugal.

1.1. Compreensão do termo Inteligência Artificial (IA)

(NORVIG, 2021, p. 02) ressalta que todos afirmam ser a IA um tema instigante e dos mais relevantes na atualidade, porém, poucos se arriscam a gizar seus contornos. E, com esse objetivo, fornece oito definições de IA, as quais podem ser organizadas em duas dimensões. A propósito, veja-se a tabela confeccionada pelo cientista americano:

Pensando como um humano	Pensando racionalmente
"O novo e interessante esforço para fazer os computadores pensarem (...) *máquinas com mentes*, no sentido total e literal." (Haugeland, 1985) "[Automatização de] atividades que associamos ao pensamento humano, atividades como a tomada de decisões, a resolução de problemas, o aprendizado..." (Bellman, 1978)	"O estudo das faculdades mentais pelo uso de modelos computacionais." (Charniak e McDermott, 1985) "O estudo das computações que tornam possível perceber, raciocinar e agir." (Winston, 1992)
Agindo como seres humanos	**Agindo racionalmente**
"A arte de criar máquinas que executam funções que exigem inteligência quando executadas por pessoas." (Kurzweil, 1990) "O estudo de como os computadores podem fazer tarefas que hoje são melhor desempenhadas pelas pessoas." (Rich and Knight, 1991)	"Inteligência Computacional é o estudo do projeto de agentes inteligentes." (Poole *et al.*, 1998) "AI... está relacionada a um desempenho inteligente de artefatos." (Nilsson, 1998)

FIGURA 1.1 **Algumas definições de inteligência artificial, organizadas em quatro categorias.**

Como explica (NORVIG, 2021, p. 02), as definições localizadas na parte superior da tabela referem-se a processos de pensamento e raciocínio, enquanto que os conceitos da parte inferior se referem ao comportamento. Por sua vez, as conceituações do lado esquerdo aferem o grau de eficácia em termos de fidelidade ao desempenho humano, enquanto que as definições do lado direito medem o sucesso relativamente ao ideal de inteligência, chamado de racionalidade.

Após apresentar e comentar esses conceitos de IA, explica (NORVIG, 2021, p. 02) que todas as quatro estratégias para o estudo da IA têm sido seguidas, a depender da abordagem de determinado cientista. Nesse sentido, pontua que a partir de uma perspectiva focada nos seres humanos, o estudo fará parte de uma ciência empírica, a qual exige hipóteses e confirmação experimental. Por outro lado, uma abordagem racionalista demanda uma combinação de matemática e engenharia. Mas, destaca que essas duas abordagens não são antagônicas, posto que suas contribuições são partilhadas mutuamente entre si.

Os conceitos acima apresentados foram concebidos à luz da Ciência da Computação, cumprindo neste momento, tendo em vista que nosso escopo é a análise da utilização dos algoritmos preditivos na fixação da pena, descortinar uma definição fornecida por um estudioso do Direito que pesquisa as implicações da IA no Direito Penal e no Direito Processual penal. Desse modo, (SANTOS, 2022, p. 64) define a inteligência artificial como "uma disciplina que visa estudar e construir entidades artificiais com capacidades cognitivas similares às dos seres humanos". Em seguida, ressalta que a IA é um produto da quarta revolução industrial e da *internet of things*.

O Conselho Nacional de Justiça brasileiro, na Resolução n.º 332 de 21/08/2020, no inciso II do art. 3º, definiu Modelo de Inteligência Artificial como um "conjunto de dados e algoritmos computacionais, concebidos a partir de modelos matemáticos, cujo objetivo é oferecer resultados inteligentes, associados ou comparáveis a determinados aspectos do pensamento, do saber ou da atividade humana".

1.2. Breve histórico da IA

Malgrado o tema seja um dos mais desafiadores e instigantes do momento, a autoria da expressão "Inteligência Artificial (IA)" é atribuída ao professor de ciência da computação de Standford, John McCarthy, que a definiu como "a ciência e a engenharia de construir máquinas inteligentes"[3], por ocasião da Conferência de Darthmouth, no ano de 1956, em New Hampshire nos Estados Unidos, evento no qual pesquisadores discutiram o que viria a ser um dos temas mais candentes da atualidade.

[3] MCCARTHY, John et al. A Proposal for the Dartmouth Symmer Research Project on Artificial Intelligence. Stanford. Harvard University, 1955. Disponível em: <http://www--formal.stanford.edu/jmc/history/dartmouth/dartmouth.html>. Acesso em: 4-01-2023.

Porém, como destaca (ALENCAR, 2022, p. 08), a discussão acerca da IA remonta a 1950, no artigo "Computing Machine and Experience"[4], escrito pelo inglês Alan Turing. Nesse escrito, o cientista inglês defendeu que as máquinas poderiam ser consideradas "inteligentes" se obtivessem sucesso em simular o comportamento humano.

Entrementes, segundo (ALENCAR, 2022, p. 08), o principal obstáculo conceitual encontrado por Turing foi a dificuldade em constatar quando uma máquina realmente estar a pensar de forma inteligente. Assim, a definição de IA pressupõe a complexa tarefa de gizar os conceitos de "pensar" e de "inteligência", definições sobre as quais ainda não há consenso dentre os estudiosos das mais diversas áreas.

E, na tentativa de solver esse problema, Turing idealizou o intitulado "teste de Turing", no qual três interlocutores conversariam entre si por um sistema. O interlocutor "A" seria um entrevistado, enquanto o interlocutor "B" seria um entrevistado e o interlocutor "C" um algoritmo que se passa por um ser humano. Desse modo, o que o teste se propunha era responder a seguinte indagação: "quando uma máquina pode ser considerada inteligente"? E a sua resposta é: "sempre que ela consiga simular o comportamento humano, confundindo seus interlocutores".

Após a menção a esses dois marcos históricos da evolução da IA, e seguindo a proposta de (VAINZOF & GUTIERREZ, 2021), convém analisar a história da IA sob a perspectiva de suas duas principais correntes de desenvolvimento, a saber: i) uma baseada em regras ou conhecimento (IA simbólica); e ii) e outra baseada no aprendizado estatístico.

A IA simbólica refere-se à possibilidade de compilar o conhecimento de especialistas humanos para codificá-lo em um software. (VAINZOF & GUTIERREZ, 2021) citam como exemplo deste tipo de IA o "sistema especialista", utilizado durante a década de 80 em diversas aplicações comerciais, como na área da saúde. Com tal aplicação de IA, os desenvolvedores reuniam médicos de uma determinada especialidade e mapeavam suas decisões de diagnósticos para, ulteriormente, lançá-las em um software. Esse software era alimentado com regras especializadas para lidar com um problema específico, implementando decisões dentro de

[4] TURING, Allan. Computing machinery and intelligence. Mind, n. 59, p. 433-460, 1950. Disponível em: https://web.archive.org/web/20080702224846/http://loebner.net/Prizef/TuringArticle.html. >. Acesso em: 4-01-2023.

um determinado objetivo. O ponto fraco desse tipo de IA consistia no fato de que o sistema não tinha capacidade de aprender coisas novas e nem de resolver problemas estranhos à sua programação.

Por sua vez, na abordagem do aprendizado estatístico não existem regras definidas que serão codificadas no *software*, aprendendo o sistema suas decisões utilizando algum tipo de modelo estatístico, geralmente, a partir de exemplos. Assim, insere-se um conjunto de dados na máquina, explicando o que há neles, e, a partir desta amostra, o algoritmo cria as suas próprias regras de decisão. O sistema então aprende e adquire a habilidade de generalizar, ou seja, consegue lidar com situações inéditas.

(VAINZOF & GUTIERREZ, 2021) relatam que essas abordagens estiveram presentes em toda a história da IA, como se o fracasso de uma impulsionasse a esperança pelo sucesso da outra. Nas décadas de 70, 80 e 90, enquanto muitos pesquisadores se mostravam céticos em relação aos métodos estatísticos, principalmente com a abordagem conexionista de redes neurais, a IA baseada em regra e conhecimento penetrava no mercado com aplicações comerciais.

Entretanto, (VAINZOF & GUTIERREZ, 2021) destacam que, nos últimos 10 anos, essa tendência teria atingido um ponto de inflexão, visto que a IA baseada em regras teria sido abandonada (sendo inclusive cunhado uma expressão para essa IA – GOFAI – *Good Old Fashioned AI*) e a abordagem do aprendizado estatístico preponderou. Ou seja, a IA tratada atualmente é a desenvolvida utilizando métodos estatísticos, como sistemas de recomendação, antifraude e reconhecimento facial.

E, o abandono da GOFAI em detrimento da IA baseada em métodos estatísticos se deu por três principais razões, a saber: a abundância de dados necessários para o treinamento, a evolução da capacidade de processamento e o desenvolvimento de novos algoritmos. Como observam (VAINZOF & GUTIERREZ, 2021), na inteligência artificial que utiliza métodos estatísticos os dados são a matéria-prima de aprendizado. E com o crescimento dos serviços digitais (comercial ou serviços de redes sociais), passou-se a produzir uma quantidade absurda de dados, fonte de conhecimento para que algoritmos sejam alimentados e aprendam.

Nesse contexto, tendo em vista que a IA baseada em métodos estatísticos permite que o sistema aprenda e adquira a habilidade de generalizar, nasceu o conceito de *machine learning*.

A utilização de algoritmos preditivos na dosimetria da pena é expressão da IA baseada em métodos estatísticos, como será abaixo explicado.

2. Utilização dos algoritmos e suas implicações no direito

(BORATTI, 2007) define o algoritmo como um procedimento lógico--matemático, finito de passos discretos, e eficaz na solução de um problema ou questão pontual. Ou seja, um algoritmo é qualquer procedimento computacional bem definido, que se vale de algum valor ou conjunto de valores como entrada e produz algum valor ou conjunto de valores como saída. (REIS, 2020, p. 120). Esse autor, na tentativa de aclarar ainda mais o conceito, explica que os algoritmos são apenas uma das diversas maneiras de se representar matematicamente um processo estruturado para a realização de uma tarefa específica. Assim, nada mais seriam que as regras e fluxos de trabalho, ou melhor, um passo a passo que pode ser seguido nos processos de tomada de decisão.

(REIS, 2020, p. 120), como recurso didático para compreensão do conceito de algoritmo, compara-o com a uma receita de um hambúrguer, cuja execução envolve dois blocos de ações: i) a coleta de ingredientes (momento em que são definidos os dados a serem utilizados e em que quantidades; e ii) a segunda etapa, fase marcada pelo modo de preparo (momento em que se definem uma determinada programação de atividades composta por uma sequência de ações: misturar as carnes, dar forma ao disco, assá-lo, esquentar ambas as partes do pão, derreter o queijo sobre o disco de carne e juntar tudo numa ordem). Nas duas etapas há um roteiro definido a ser seguido, que se não seguido resultará em resultado não desejado pela receita.

Após tais considerações acerca do conceito de algoritmo, cumpre destacar que a IA, aprendizado de máquina (*Machine Learning*)[5],

[5] *Assim, o aprendizado de máquina (Machine Learning) é uma forma de se alcançar ou conseguir essa tal inteligência artificial. É um ramo da inteligência artificial que envolve a criação de algoritmos que podem aprender automaticamente a partir de dados inseridos. Ao invés de os desenvolvedores de software elaborarem enormes códigos e rotinas com instruções específicas para que a máquina possa realizar determinadas tarefas e conseguir resultados (e com isso limitar drasticamente o seu campo de atuação e resultados), no aprendizado de máquina treina-se o algoritmo para que ele possa aprender por conta própria, e até mesmo conseguir resultados que os desenvolvedores dos algoritmos nem mesmo poderiam imaginar anteriormente.* (REIS, 2020, p. 136)

aprendizado profundo (*Deep Learning*)[6], redes neurais (*Neural Networks*)[7] e a Internet das coisas (*Internet of Things*)[8] são facetas da aplicação dos algoritmos na informática e telemática.

Nesse contexto, o crescimento exponencial da utilização de algoritmos e, portanto, da inteligência artificial e de outras inovações tecnológicas resultantes dos algoritmos, obriga os estudiosos do direito a repensar as concepções tradicionais do Direito, como o conceito de privacidade e consentimento.[9]

Aliás, ao prefaciar a publicação (ARAÚJO, Valter Shuenquener de; GOMES, Marcus Livio Gomes (coordenadores); CANEN. Doris (organizadora), 2022), o Ministro Luiz Fux, do Supremo Tribunal Federal do Brasil, destacou que ferramentas advindas da utilização dos algoritmos estão a provocar mudanças substanciais no mundo jurídico, ensejando: i) desafios atinentes à aplicação de institutos consolidados (v.g. responsabilidade civil de veículos autônomos ou direitos autorais devidos por obras fruto de IA); e ii) a discussão acerca do emprego de tais ferramentas pelos operadores do sistema de justiça, a exemplo da previsão do resultado de litígios e a identificação de padrões decisórios para as partes, até o aumento da celeridade na prestação jurisdicional por meio da automatização de ações repetitivas.

[6] *O que nos leva ao chamado aprendizado profundo (Deep Learning) que é uma das várias abordagens para o aprendizado de máquinas. Outras abordagens incluem aprendizagem por meio de árvores de decisão (decision tree learning), programação de lógica indutiva (inductive logic programming), agrupamento (clustering), aprendizagem de reforço (reinforcement learning), redes bayesianas (Bayesian networks), entre outros. A aprendizagem profunda foi inspirada na estrutura e nas funções do cérebro humano, como na interligação presente entre os neurônios; da sua conjugação com o Big Data fomenta-se a realização ou construção das redes neurais.* (REIS, 2020, p. 139)

[7] *As redes neurais artificiais (Artificial Neural Networks – ANNs), por sua vez, são algoritmos que imitam a estrutura biológica do cérebro humano.* (REIS, 2020, p. 139)

[8] *A Internet das coisas nada mais é do que a capacidade de determinados utensílios (como geladeiras, carros e demais eletrodomésticos) colherem dados de seu ambiente e a capacidade de os comunicarem a outros algoritmos, assim como a maior parte das inovações da era digital foram criadas de maneira colaborativa, a internet das coisas prima pela habilidade destes algoritmos em trabalhar em equipe.* (REIS, 2020, p. 140)

[9] AGUIAR, Ricardo. Inteligência artificial e machine learning: o que a sociedade pensa sobre seus riscos e benefícios? Disponível em: https://www.sprace.org.br/divulgacao/noticias/inteligencia-artificial-e-machine-learning, acesso em 17/01/2023.

Portanto, a utilização das tecnologias advindas dos algoritmos nos impõe a reflexão a partir de duas perspectivas, a necessidade de atualização dos conceitos tradicionais do Direito, assim como validade (possibilidade jurídica) do uso dessas ferramentas pelos atores do sistema de justiça.

A reflexão proposta com o presente trabalho insere-se na segunda perspectiva acima elencada, uma vez que trata da possibilidade do Judiciário se valer algoritmos preditivos na dosimetria da pena.

2.1. Atual cenário dos sistemas de justiça brasileiro e português quanto à aplicação de ferramentas de IA

Como já destacado, a IA está disseminada nos mais variados aspectos de nossas vidas, podendo-se destacar os seguintes exemplos: reconhecimento facial em rede social; identificação de uma pessoa a partir de seus comandos verbais dados a dispositivos como smartphone ou mesmo para um portal de busca na internet; tomada de decisões por aplicativos de trânsito que indicam melhores rotas de acordo com trânsito; tradução automática de vídeos para diversas línguas; decolagem, pilotagem e pouso de uma aeronave com centenas de passageiros já pode ser realizada de forma independente baseados em IA; e a realização de diagnósticos médicos.

Ao tratar da utilização da IA no sistema de justiça brasileiro, (PORTO, 2022, p. 116), identifica as seguintes possibilidades: a) auxílio dos juízos na concretização de atos de constrição (penhora on-line, Renajud e outros); b) auxílio do magistrado na identificação dos casos de suspensão por decisões em recursos repetitivos, IRDR, reclamações etc.; c) auxílio na degravação de audiências; (d) auxílio na classificação dos processos, possibilitando dados estatísticos mais consistentes; e) auxílio na elaboração do relatório dos processos, filtrando as etapas relevantes do processos e sintetizando-o; f) auxílio na constatação de fraudes; g) auxílio na identificação de litigante contumaz; h) auxílio na identificação de demandas de massa; i) auxílio na avaliação de risco (probabilidade/impacto de algo ocorrer no futuro – análise preditiva); j) auxílio na gestão relativa à antecipação de conflitos a partir de dados não estruturados; k) auxílio no estudo da jurisprudência a ser empregada no caso; l) proporcionar uma atendimento ao usuário por meio de sistemas conversacionais; m) permitir a identificação de votos divergentes na pauta eletrônica; n) auxílio na gestão dos processos, por permitir a identificação dos gargalos, demandas paralisadas, performance dos servidores; o) permitir a identificação e a reunião de processos em conexão; e p) auxílio do magistrado na elaboração de minutas de despachos, decisões e sentenças.

Nesse contexto, a utilização de algoritmos preditivos no *sentencing* em processo criminais poderia ser enquadrado no conjunto de possibilidades descritas na letra "p", pois tal iniciativa consubstancia ferramenta de auxílio do magistrado na elaboração de sentenças penais condenatórias, na etapa de dosimetria da pena.

Porém, ao mencionar a existência de duas recentes pesquisas no Brasil acerca de projetos de IA desenvolvidos pelos tribunais brasileiros, a saber, uma de iniciativa da FGV[10] e outra do Conselho Nacional de Justiça – CNJ[11], (PORTO, 2022, p. 118) destaca que o traço comum entre tais pesquisas reside na constatação de que os estudos determinados pelos tribunais referem-se a projetos que podem ser agrupados em dois grupos: i) projetos com objetivo de tratar os precedentes; e ii) iniciativas com o intuito de incrementar a efetividade das execuções fiscais.

Assim, a partir dessa publicação do CNJ em 2022, verifica-se inexistir no Judiciário brasileiro iniciativas no sentido de se pesquisar a possibilidade de utilização de algoritmos preditivos como um auxílio na dosimetria da pena aplicada em processos criminais. Em verdade, no Brasil, até o momento, a utilização de algoritmos pelo sistema de justiça se atém a atividades consideradas repetitivas, não se cogitando de seu uso de uma decisão judicial ou qualquer outro ato processual que defina o destino de uma parte processual, remanescendo tal mister a cargo do juiz e seus assessores.

Em Portugal, a Agência para a Modernização Administrativa (AMA), no GUIA PARA A INTELIGÊNCIA ARTIFICIAL ÉTICA, TRANSPARENTE E RESPONSÁVEL[12], ao tratar das implicações da IA no Setor da JUSTIÇA, destacou que as iniciativas objetivam a recolha e confronto de informações relevantes em documentos relacionados em

[10] Artificial intelligence: technology applied to conflict management in the judiciary scope. First forum on law and technology. Disponível em: https://ciapj.fgv.br/publicacoes. Acesso em: 17/01/2023.

[11] Disponível em: https://www.cnj.jus.br/pesquisa-identifica-projetos-de-inteligencia-artificial-no-judiciario/ . Acesso em: 17/01/2023.

[12] ((AMA), 2020, p. 13)

casos judiciais, permitindo que advogados pesquisem e defendam casos com maior eficácia, utilizando as tecnologias da *Natural Language Processing* – NLP e *Machine Learning* – ML. Aliás, confirma essa constatação acerca da tímida utilização da IA no âmbito do sistema judicial português, e nos demais países integrantes da União Europeia, o diagnóstico constante da Carta Europeia de Ética sobre o Uso da Inteligência Artificial em Sistemas Judiciais e seu ambiente[13], no qual a COMISSÃO EUROPEIA PARA A EFICÁCIA DA JUSTIÇA (CEPEJ) reconhece que, em, 2018, a utilização de algoritmos de inteligência artificial nos sistemas judiciais europeus continua a ser essencialmente uma iniciativa comercial do setor privado destinada às companhias de seguros, departamentos jurídicos, advogados e particulares.

(RODRIGUES, 2022, pp. 17-18) destaca que a utilização de algoritmos preditivos em processos criminais estão presentes apenas em alguns ordenamentos de *common law* (*US* e *UK*), designamente no âmbito da *parole* (liberdade condicional), *bail* (decisões de caução) e do *sentencing*.

Portanto, tanto no Brasil como em Portugal, o uso de algoritmos pelo sistema de justiça se atém a atividades consideradas repetitivas, não se cogitando de seu uso de uma decisão judicial ou qualquer outro ato processual que defina o destino de uma parte processual. Desse modo, resta evidente a inexistência de experiências na utilização de algoritmos preditivos na dosimetria da pena em processos criminais, a exemplo do Estados Unidos, como será acima estudado.

2.2. A aplicação de ferramentas de IA baseadas em algoritmos no processo penal: surgimento da justiça preditiva

Ben Winters[14], com o intento de explicar como as ferramentas de IA podem (e são em alguns estados americanos) ser utilizadas no âmbito do sistema criminal, concebe um fluxograma por meio do qual busca demonstrar a utilização de logaritmos nas diversas etapas do ciclo da justiça criminal.

[13] Acesso em 17/01/2023: https://rm.coe.int/carta-etica-traduzida-para-portugues--revista/168093b7e0#_Toc530141218

[14] **AI in the Criminal Justice System. Acesso em 17/01/2023:** https://epic.org/issues/ai/ai-in-the-criminal-justice-system/

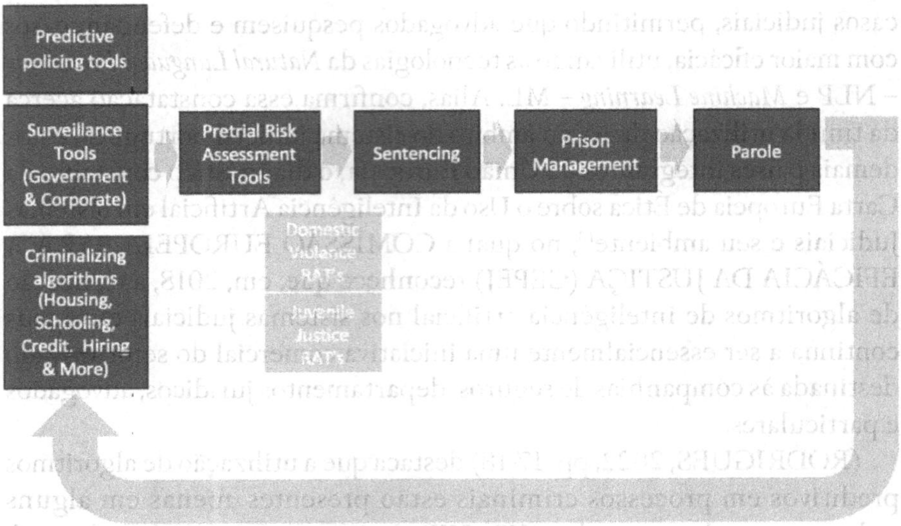

FIGURA 1. **A rough cycle of the different algorithms/tech used in the criminal justice cycle**

As *predictive policing tools* consubstanciam-se em ferramentas de policiamento preditivo baseadas em informações e análises avançadas com o intuito de prevenir crimes. O policiamento preditivo é baseado em dados de localização e dados de pessoas (idade, sexo, estado civil, histórico de abuso de substâncias e antecedentes criminais).

O juiz norte-americano Herbert B. Dixon Jr.[15] explica que tais ferramentas de IA se utilizam de algoritmos cuja variáveis envolvem dados de localização e de taxa de criminalidade anteriores, fornecendo previsões de onde e quando os crimes são mais prováveis de ocorrer. O magistrado cita como exemplo o *PredPol*, um algoritmo usado por departamentos de polícia em várias cidades dos Estados Unidos, que divide uma cidade em grades, atualizando continuamente suas previsões de crimes para cada zona ao longo do dia. Com fulcro nos pontos de acesso identificados

[15] **Artificial Intelligence: Benefits and Unknown Risks.** Acesso em 17/01/2023.https://www.americanbar.org/groups/judicial/publications/judges_journal/2021/winter/artificial-intelligence-benefits-and-unknown-risks/

pelo algoritmo, a polícia pode alterar os planos de implantação e atribuir patrulhas extras.

Herbert B. Dixon Jr. relata também que há outros algoritmos preditivos que analisam as informações básicas das pessoas, incluindo idade, sexo, estado civil, histórico de abuso de substâncias e antecedentes criminais, para determinar quem provavelmente cometerá um crime futuro – informações sobre as quais a polícia pode agir para intervir antes que um crime ocorra.

No que diz respeito às *surveillance tools,* Ben Winters[16] menciona que tais compreendem uma grande variedade de tecnologias e funções que podem ser usadas para observar, rastrear e armazenar informações sobre uma pessoa. Assim, tais ferramentas variam de campainhas de casas (conectadas com órgãos de policiamento), a sistemas de reconhecimento facial na fronteira e nas cidades dos EUA.

Em relação aos algoritmos de criminalização, Ben Winters destaca que esses são os mesmos utilizados pelo sistema financeiro (no processo de decisão de concessão e crédito habitacional, empréstimos em geral), pelas seguradoras de saúde, contratação, etc, os quais, como base em determinados dados, recomendam decisões.

No que se refere às ferramentas de avaliação de risco, Ben Winters frisa que são empregadas em quase todos os estados dos EUA, antes do julgamento do julgamento, por ocasião da sentença, na administração da prisão e para determinações de liberdade condicional.

Assim, esses são as possíveis utilizações de ferramentas da IA no âmbito do sistema de justiça criminal. Mas, o objetivo central do presente trabalho reside na análise da utilização das *risk assessments tools* na aplicação da sanção penal ao arguido.

Nesse contexto, (GIALUZ, 2019, p. 2) relata que no âmbito do processo penal está se difundindo a utilização de dispositivos baseados na IA, e esclarece que não se está referindo ao emprego desses instrumentos na fase relativa à prevenção (*predictive policing, v.g, softwares* de reconhecimento facial), mas sobretudo no uso de IA dos seguintes âmbitos: i) Coleta de provas durante a instrução processual através de algoritmos; e ii) na justiça preditiva.

[16] **AI in the Criminal Justice System. Acesso em 17/01/2023:** https://epic.org/issues/ai/ai-in-the-criminal-justice-system/

Segundo o jurista italiano, o conceito de justiça preditiva possui duas facetas: i) Uma voltada para análise de um grande número de precedentes judiciais através de tecnologias de IA com o escopo de estabelecer previsões de decisões acerca de determinados tipos de controvérsia. Assim, tal aspeto da justiça preditiva tem como objetivo prever qual será a decisão em face de determinado tema jurídico[17]; e ii) Outra, baseada no uso de ferramentas de assessoria de riscos (*risk assessments tools*), que busca calcular o risco do arguido se subtrair do processo ou incorrer em reincidência. Essas *risk assessments tools* fazem suas análises a partir de informações relativas ao *status* socioeconômico, histórico familiar, índice de criminalidade local e diversos outros fatores utilizados com o desiderato de supostamente prever o risco de reincidência individual do arguido, classificando-o em uma escala que vai de "baixo" para "alto" risco de reincidência.

Aliás, (CESARI, 2019, pp. 1169-1170) também ressalta que até mesmo no campo da decisão judicial tem-se cogitado da aplicação dos algoritmos preditivos com o escopo de prever o risco, a partir de base estatísticas geridas por programas, de reincidência ou de fuga do arguindo.[18]

Em Portugal, (RODRIGUES, 2022, p. 13) destacam que a revolução digital que ora se presencia enseja a utilização da IA no Processo Penal em vários âmbitos, a saber: i) da produção de prova; ii) na possibilidade acesso irrestrito a qualquer jurisprudência e sua análise por meio de *softwares*; e iii) no uso de instrumentos de avaliação de risco no processo de tomada de decisões nas várias fases do processe.

Portanto, a faceta da justiça preditiva alvo de estudo refere-se ao emprego de dessas *risk assessments tools* por ocasião da prolação da sentença, mais precisamente na fase da dosimetria da pena.

[17] *Per un verso, questa si riferisce in senso proprio all'analisi di un cospicuo numero di pronunce giudiziali effettuato tramite tecnologie di IA, al fine di elaborare previsioni quanto più precise e attendibili in ordine al possibile esito di alcune specifiche tipologie di controversia*

[18] *Persino il campo della decisione giudiziale – che si direbbe ineludibilmente legato all'esclusiva gestione umana – è investito dalla possibilità (attuale in alcuni ordinamenti) di spendere a fini decisori i risultati degli "algoritmi predittivi", ossia di strumenti di previsione del rischio su basi statistiche gestiti da appositi programmi, in grado di prevedere il pericolo di recidiva o di fuga in capo all'imputato, rilevanti ai fini di svariati provvedimenti, sia durante il procedimento penale che al suo esito.*

3. A justiça preditiva por meio da utilização dos algoritmos: análise do COMPAS e HART

Ab initio, deve-se esclarecer que a utilização dos algoritmos preditivos na fixação da pena em processos criminais refere-se à utilização desses recursos tecnológicos na operação de escolha e determinação da medida concreta da pena.

E, como bem pontua Herbert B. Dixon Jr.[19], por meio do uso de uma ferramenta de IA, busca-se a redução de erros judiciais e o combate ao preconceito dos magistrados que proferem as decisões condenatórias.

Por sua vez, (SANTOS, 2022, p. 71), crítico ácido do uso de algoritmos em tema de *sentencing,* destaca que subjaz à essa utilização a teoria da economia política da pena e da economia da justiça, as quais apontam os algoritmos preditivos como mecanismo de racionalização do processo de determinação da pena e partem do princípio da escassez dos recursos públicos.

Deve-se, ainda, chamar a atenção que uso algoritmos preditivos, aplicados por meio de sistemas automatizados de tomada de decisões ou de apoio à decisão são mecanismos em que as decisões são inicialmente, de forma parcial ou total, delegadas para outra pessoa ou corporação, que, por sua vez, usa modelos de decisões automatizadas para executar uma ação. A automatização é da execução, portanto, e não da decisão em si. Esta, na maioria dos casos atuais, permanece sendo humana. (BRAGA, Carolina, 2020)

Passemos à análise do mérito do presente trabalho acadêmico.

3.1. Análise do COMPAS (Correctional Offender Management Profiling for Alternative Sanctions)

(KATALIM, 2019, pp. 7-8)[20] informa que atualmente mais de 200 ferramentas de avaliação de riscos são utilizadas pela justiça criminal e

[19] **Artificial Intelligence: Benefits and Unknown Risks.** Acesso em 17/01/2023. https://www.americanbar.org/groups/judicial/publications/judges_journal/2021/winter/artificial-intelligence-benefits-and-unknown-risks/

[20] *As for predictive justice, there are nowadays reportedly 'more than 200 risk assessment tools available in criminal justice and forensic psychiatry, which are widely used to inform sentencing, parole decisions, and post-release monitoring'. One of the most famous, at least in the US, is COMPAS (Correctional Offender Management Profiling for Alternative Sanctions). COMPAS assesses the risk of recidivism, which is calculated by taking into account both an interview with the defendant and information from his*

pela psiquiatria forense, amplamente utilizados no *sentencing*, nas decisões envolvendo liberdade condicional e no monitoramento de arguidos postos em liberdade. E ressalta que, um dos mais famosos nos Estados Unidos, é o *COMPAS (Correctional Offender Management Profiling for Alternative Sanctions.*

Assim, optou-se pela análise do *software* COMPAS (sigla em inglês para *Correctional Offender Management Profiling for Alternative Sanctions*) por três razões principais: i) ser a ferramenta de maior utilização pelos estados norte-americanos; ii) ter a constitucionalidade de seu uso analisada pela *Wisconsin Supreme Court*; iii) ser o COMPAS o algoritmo preditivo cujas dados já foram alvo de mais análises por juristas das mais diversas nacionalidades.

3.1.1. Algumas explicações acerca do COMPAS

O COMPAS foi desenvolvido pela *Northpointe, Inc* (atualmente *Equivant*), com o objetivo de prever o risco do arguido voltar a cometer outro crime, ou seja, ser reincidente. Assim, esse sistema visa a estabelecer o perfil de gerenciamento corretivo de infratores para aplicações de sanções alternativas. Ou seja, o COMPAS é um algoritmo preditivo concebido para auxiliar juízes acerca da aplicação penas alternativas.

Nesse contexto, o COMPAS é aplicado a hipóteses de crimes de menor potencial ofensivo, dos quais os acusados se livram rapidamente da cadeia ou, ao invés de prisão, pagam fiança ou cumprem penas alternativas, e essa IA calcula o risco ou o grau possibilidade de reincidência.

Assim, conforme se verifica da leitura do guia do COMPAS[21], essa ferramenta é apenas um módulo (*COMPAS Core Module*) do *Northpointe Suite*, sistema integrado de avaliação e gerenciamento de casos profissionais da justiça criminal. E o *Northpointe Suite*[22] possui módulos projetados para aplicações de pré-julgamento, prisão, liberdade condicional e penas

or her criminal history. The COMPAS risk assessment, however, 'does not predict the specific likelihood that an individual offender will reoffend. Instead, it provides a prediction based on a comparison of information about the individual to a similar data group.

[21] Acesso em 18/01/2023: https://www.equivant.com/wp-content/uploads/Practitioners-Guide-to-COMPAS-Core-040419.pdf

[22] Acesso em 18/01/2023: https://www.equivant.com/practitioners-guide-to-compas-core/

alternativas. Ou seja, possui funcionalidades muita mais amplas que o módulo *COMPAS Core Module.*

Desse modo, o COMPAS é um algoritmo baseado em respostas obtidas por meio de um questionário que contém 137 perguntas (SANTOS, 2022, p. 95), a respeito de fatores estáticos (aspetos concretos, como o registo criminal) e dinâmicos (convicções pessoais e formas de pensamento a respeito de vários temas, como níveis de confiança ou se certos cenários são certos ou errados.[23]

E, como bem destacado por (CARLA, 2022, p. 247), com base nas respostas dadas pelo arguido, essa ferramenta o classifica em uma escala de risco e outra de necessidade. A primeira visa a prever se o arguido está propenso a reincidir, enquanto a segunda elenca as áreas de intervenção nas quais o arguido se mostre deficitário, tais como emprego, educação ou cognição.

3.1.2. A Wisconsin Supreme Court analisou a constitucionalidade da utilização do COMPAS pelo sistema de justiça do estado norte-americano de Wisconsin

No célebre caso *State of Wisconsin* v. Eric L. Loomis[24], a utilização do *COMPAS Core Module* teve sua constitucionalidade aferida pela *Wisconsin Supreme Court,* sendo o respectivo acórdão o único que se tem notícia acerca dessa análise desse sistema à luz do *right to due processo of law.*

Pois bem, no dia 13 de fevereiro de 2013, Eric Loomis foi flagrado a conduzir um automóvel utilizado anteriormente em um tiroteio. Ao ser abordado pela polícia, houve por bem empreender fuga. As acusações imputadas a Loomis foram as seguintes: a) Direção perigosa; b) Tentativa de fuga de um agente de trânsito; c) guiar uma viatura sem o consentimento de seu proprietário; e d) posse ilegal de armas.[25]

Por ocasião da audiência, discussão e julgamento, após a condenação de Loomis, ao fixar sua pena, o *circuit court* afastou a possibilidade de aplicar a

[23] (CARLA, 2022, p. 247)

[24] Acesso em 18/01/2023: https://web.archive.org/web/20190125013133/https://www.wicourts.gov/sc/opinion/DisplayDocument.pdf?content=pdf&seqNo=171690

[25] Veja-se no original: *The State contends that Loomis was the driver in a drive-by shooting. It charged him with five counts, all as a repeater: (1) Firstdegree recklessly endangering safety (PTAC); (2) Attempting to flee or elude a traffic officer (PTAC); (3) Operating a motor vehicle without the owner's consent; (4) Possession of a firearm); (5) Possession of a short-barreled shotgun or rifle (PTAC).*

liberdade condicional e optou pela prisão do arguido, diante da gravidade do crime, de sua história, de sua história sob a supervisão do Estado e da avaliação do COMPAS sugerir grande risco de reincidência por parte do Loomis.[26]

Todavia, inconformado com a utilização do COMPAS para efeito de afastar a aplicação de sua liberdade condicional, Loomis manejou duas moções pós-condenação (*post-conviction motion hearing*) a fim afastar a aplicação do algoritmo. Entretanto, não obteve sucesso com tais medidas, tendo sua inconformidade chegado à *Wisconsin Supreme Court* em razão da interposição do recurso de apelação.

Ao iniciar a análise da questão, a *Wisconsin Supreme Court* fez uma observação importante: O único questionamento de Loomis acerca do uso do COMPAS foi a respeito da utilização da avaliação de risco (COMPAS *risk assessment*).[27]

Em seguida, a corte estadual relata que Loomis sustenta que o uso do COMPAS risk assessment viola seu direito ao devido processo legal por três razões: a) Desrespeito ao seu direito de ser sentenciado a partir de informações precisas, visto que a cláusula de confidencialidade (*proprietary nature*) o impede de aferir a consistência dos dados processados pelo COMPAS; b) Violação do direito do arguido de ser sentenciado de acordo com suas condições pessoais; e c) Indevida utilização de avaliação de aspectos sociais, econômicos, etc na fixação de sua pena.[28]

Antes de apreciar os argumentos de Loomis, a *Winconsin Supreme Court* friou que as ferramentas de avaliação de risco eram usadas apenas no

[26] Veja-se no original: *In terms of weighing the various factors, I'm ruling out probation because of the seriousness of the crime and because your history, your history on supervision, No. 2015AP157-CR 9 and the risk assessment tools that have been utilized, suggest that you're extremely high risk to re-offend.*

[27] Veja-se no original: *¶33 At the outset we observe that the defendant is not challenging the use of a COMPAS risk assessment for decisions other than sentencing, and he is not challenging the use of the needs portion of the COMPAS report at sentencing. Instead, Loomis challenges only the use of the risk assessment portion of the COMPAS report at sentencing.*

[28] Veja-se no original: *Specifically, Loomis asserts that the circuit court's use of a COMPAS risk assessment at sentencing violates a defendant's right to due process for three reasons: (1) it violates a defendant's right to be sentenced based upon accurate information, in part because the proprietary nature of COMPAS prevents him from assessing its accuracy; (2) it violates a defendant's right to an individualized sentence; and (3) it improperly uses gendered assessments in sentencing.*

âmbito da suspensão condicional da pena e liberdade condicional para determinar a melhor supervisão e as estratégias para condenados. Mas, com a preocupação em reduzir a reincidência e com o crescimento da importância das práticas de *evidence-based practices*, tais ferramentas tiveram seu uso expandido para a sentença.[29]

A corte estadual de *Wisconsin* pontuou, também, que a COMPAS *risk assessment* não pode ser utilizado em relação a todos os objetivos da sentença (prevenção, reabilitação, retribuição ou segregação), mas apenas no que diz respeito à determinação da medida punitiva mais adequada ao arguido e para identificar o risco de reincidência.[30] E acrescenta mais: um *circuit court* deve explicar quais outros fatores além da avaliação de risco do COMPAS podem sustentar autonomamente a medida aplicada na sentença. Ou seja, a COMPAS risk assessment é apenas um entre outros fatores que podem ser levados em consideração e sopesados por ocasião do *sentencing*.[31]

Findo tais apontamentos, passa-se a analisar as razões pelas quais a *Wisconsin Supreme Courte* repeliu os três argumentos de Loomis deduzidos em sua apelação.

Com relação ao primeiro argumento, no sentido de que não se tem acesso a forma como o *score* da avaliação de risco é determinado ou como seus fatores são sopesados, a corte estadual o rechaçou pelas seguintes razões: i) Em que pese o COMPAS não explicar como utiliza as informações para calcular o *score* de riscos, o guia de usuário do programa explica que o *score* de riscos são baseados precipuamente em informações estáticas (antecedentes criminais) e com uso limitado de variáveis dinâmicas

[29] Veja-se no original: *Initially risk assessment tools were used only by probation and parole departments to help determine the best supervision and treatment strategies for offenders.7 With nationwide focus on the need to reduce recidivism and the importance of evidence-based practices, the use of such tools has now expanded to sentencing.8 Yet, the use of these tools at sentencing is more complex because the sentencing decision has multiple purposes, only some of which are related to recidivism reduction.*

[30] Veja-se no original: *Additionally, a COMPAS risk assessment was not designed to address all of the goals of a sentence. Its aim is addressing the treatment needs of an individual and identifying the risk of recidivism.*

[31] Veja-se no original: *Importantly, a circuit court must explain the factors in addition to a COMPAS risk assessment that independently support the sentence imposed. A COMPAS risk assessment is only one of many factors that may be considered and weighed at sentencing.*

(abuso de drogas, etc); ii) Assim, uma vez que a avaliação de riscos de Loomis foi baseado em suas respostas e na informação a ele acessível a respeito de seus antecedentes criminais, restaria evidente que que Loomis teve a oportunidade de verificar que as questões e respostas listadas no relatório do COMPAS são precisas; iii) Ademais, o *circuit* e Loomis tiveram acesso a mesmo cópia da avaliação de riscos, de sorte que o arguido teve oportunidade de questionar seu *score* de riscos alegando outros fatores e informações para demonstrar a sua imprecisão.

Ao analisar o segundo argumento de Loomis, atinente a seu direito a ser sentenciado de acordo com suas condições pessoais, a corte estadual o desconsiderou por entendeu que o COMPAS *risk assessment*, juntamente com outros fatores, constitui mais uma informação útil que auxiliará o juiz a chegar à uma sentença individualizada.

O último argumento analisado pela *Wisconsin Supreme Court* foi o de que uso do gênero no COMPAS *risk assessment* violaria o direito ao *due process of law*. Entendeu a corte que tal uso garante precisão que beneficia o sistema de justiça, inclusive os arguidos. Ademais, entendeu que Loomis não se desincumbiu do ônus de demonstrar que a sentença recorrida se baseou em seu gênero.

A decisão da corte estadual de *Wisconsin* aproveitou a discussão para estabelecer limitações e cuidados no uso do COMPAS no *sentencing*. Assim, frisou o tribunal que esse sistema não pode um fator determinante, podendo ser utilizado para os seguintes fins: i) estabelecer quais a condições devam ser impostas ao arguido quando é possível a aplicação de uma pena alternativa, bem como quais efeitos da sentença podem ser suspensos; ii) na avaliação se o arguido pode ser supervisionado com segurança e eficiência no seio da comunidade; e iii) no estabelecimento de termos e condições da liberdade condicional.

Em seguida, destaca que a avaliação de risco do COMPAS não pode ser utilizada para: a) determinar se o arguido deva ser encarcerado; ou b) estabelecer a severidade da sentença.

Ao final, arremata que todos os relatórios de investigação pré-sentença (*Presentence Investigation Report*) devem conter a informação acerca das limitações acima elencadas, assim como menção as outras precauções citadas na decisão.

3.1.3. Ressalvas acerca da decisão da Wisconsin Supreme Court a partir da própria jurisprudência norte-americana

Como acima evidenciado, em sua apelação Loomis sustentou que o uso do COMPAS risk assessment violaria seu direito ao devido processo legal por três razões: a) Desrespeito ao seu direito de ser sentenciado a partir de informações precisas, visto que a cláusula de confidencialidade (*proprietary nature*) o impede de aferir a consistência dos dados processados pelo COMPAS; b) Violação do direito do arguido de ser sentenciado de acordo com suas condições pessoais; e c) Indevida utilização de avaliação de aspectos sociais, econômicos, etc na fixação de sua pena.

Em relação ao primeiro argumento, cumpre relembrar que foi rechaçado pela justificativa de que, malgrado o COMPAS não explique como utiliza as informações para calcular o *score* de riscos, o guia de usuário do programa explica que o *score* de riscos são baseados precipuamente em informações estáticas (antecedentes criminais) e com uso limitado de variáveis dinâmicas (abuso de drogas, etc), tendo o *circuit* e Loomis tido acesso à mesma cópia da avaliação de riscos, de sorte que o arguido teve oportunidade de questionar seu *score* de riscos alegando outros fatores e informações para demonstrar a sua imprecisão.

Ora, como bem frisado por (CARLA, 2022, p. 251), o entendimento firmado pela *Supreme Court* americana no *case Gardner v. Florida*[32], foi no sentido de que a negativa de acesso do arguido aos dados contidos no PSI configura afronta ao *due processo of law*, consubstanciado na violação de seu legítimo interesse em conhecer todos os aspetos do procedimento ao cabo do qual houve sua condenação. Desse modo, tendo em vista que o direito de defesa pressupõe que todas as informações suscetíveis de influir na decisão sejam públicas e transparentes, de sorte que possam ser objeto de verificação e contestação pelo arguido, resta evidente que a decisão proferida pelo tribunal estadual de *Wisconsin* não respeitou o direito ao devido processo legal de Loomis.[33]

[32] Acesso em 26/01/2023: Gardner v. Florida:: 430 U.S. 349 (1977) :: Justia US Supreme Court Center

[33] (KATALIM, 2019, p. 1177): [...] *il diritto di difesa nel suo significato minimale impone che possa essere oggetto di verifica (e sia quindi comprensibile e pienamente accessibile) qualunque contributo informativo suscettibile di influire sulla decisione, suggerendo valutazioni critiche degli elementi a disposizione che ne presuppongono la totale trasparenza.*

Aliás, (FREEMAN, 2016, p. 96) relata que a decisão da Corte Estadual de *Winsconsin* não se manifestou sobre o fato dos arguidos não ter à sua disposição meios de investigar efetivamente a precisão do COMPAS na extensão que o devido processo legal requer.

[34]Por sua vez, quanto às alegações de violação do direito do arguido de ser sentenciado de acordo com suas condições pessoais e de indevida utilização de avaliação de aspectos dinâmicos (sociais, econômicos, etc) na fixação de sua pena, cumpre destacar o *case State v. Gallion*[35], precedente da própria *Supreme Court of Wisconsin*, no qual o tribunal discutiu a relação da individualização da sentença e sua vinculação com *guidelines* para sua confecção, e concluiu que essa ligação não importaria em menor obrigação nem uma menor discricionariedade do juiz em buscar proferir uma decisão justa.

Assim, como bem concluiu (CARLA, 2022, p. 257), a utilização de fatores dinâmicos na sentença (condição econômica, abuso de substâncias) muitas vezes são irrelevantes para o julgamento de grande parte de crimes, exemplificando com a hipótese da indiferença da condição econômico do arguido perante um crime de negligência médica. Logo, a utilização dos fatores dinâmicos pelo COMPAS de fato viola o direito do arguido à uma pena individualizada, de acordo com suas condições pessoais.[36]

Por fim, deve-se frisar a falaciosa observação da Suprema Corte de *Wisconsin* de que a condenação de Loomis não pautada somente na avaliação de risco fornecida pelo COMPAS, mas também em outros

[34] *It is promising that the court did not ignore the issues regarding COMPAS' validity. However, its solution does not address the fact that defendants do not have the resources at their disposal to effectively investigate the accuracy of COMPAS to the extent that due process requires. As can be seen in the next subsection, the Wisconsin Supreme Court continued to fall short of providing an actual solution when it narrowly interpreted case precedent and suggested more warning labels for Loomis' second argument that COMPAS use compromises individualized sentencing.*

[35] Acesso em 26/01/2023: State v. Gallion, 2004 WI 42, 678 N.W.2d 197, 270 Wis. 2d 535 – CourtListener.com

[36] No mesmo sentido, veja-se (FREEMAN, 2016, p. 100): *With the ingrained trust that individuals in the twenty-first century place in technology and the proven ineffectiveness of court's cautionary statements, the Wisconsin Supreme Court's proposed solution will offer little actual help to preserve sentencing due process rights. Instead, the fact that "COMPAS risk assessment scores are based on group data"144 and "are able to identify groups of high-risk offenders—not a particular high-risk individual"145 will ultimately lead to a deterioration of individualized sentencing because of the existence of automation bias and the Wisconsin Supreme Court's failure to recognize the sway such bias has over people's decisions.*

fatores. Ora, o fato de uma informação não ser usada de modo exclusivo não significa que tenha uma relevância no juízo, influência essa misteriosa e em face da qual o arguido jamais poderá se insurgir.[37]

Portanto, mesmo à luz da jurisprudência norte-americana, entende-se que a corte estadual de *Winconsin* não poderia ter avalizado o uso do COMPAS, uma vez que as características dessa aplicação não se coadunam com o exercício do *due process of law*.

3.1.4. O algoritmo utilizado pelo COMPAS seria discriminatório: pesquisa realizada pela PROPUBLICA

A PROPUBLICA, agência não governamental de jornalismo voltado para o interesse público, realizou pesquisa acerca do uso de algoritmos preditivos de *risk assessment*, após denúncias de casos de erros e vieses discriminatórios nas pontuações individuais.

Segundo a PROPUBLICA([38]), ao analisar o COMPAS, constatou que os réus negros eram muito mais propensos a serem erroneamente julgados que os réus brancos, pelo fato do sistema considerá-los estar em maior risco de reincidência.

Nesse estudo, foram analisamos mais de 10.000 réus criminais no Condado de Broward, Flórida, sendo comparadas as taxas de reincidência previstas pelo COMPAS com a taxa que realmente ocorreu em um período de dois anos. Ao final, a PROPUBLICA chegou às seguintes constatações: a) O COMPAS previa frequentemente que réus negros corriam um risco maior de reincidência do que realmente corriam. A pesquisa relata que réus negros que não reincidiram em um período de dois anos tinham quase duas vezes mais chances de serem erroneamente classificados como de maior risco em comparação com seus colegas brancos (45% contra 23%); b) Os réus brancos eram frequentemente considerados menos arriscados do que realmente eram. Foi relatado que os arguidos brancos que reincidiram nos dois anos seguintes foram erroneamente rotulados como de

[37] Este argumento foi colhido em (KATALIM, 2019, p. 1177): *Una soluzione il cui impianto logico e culturale non persuade: innanzitutto, il fatto che un'informazione non sia usata in modo esclusivo non toglie che abbia rilevanza nel giudizio (in modo peraltro imperscrutabile, se si tiene conto del peso psicologico che può esercitare sul giudicante il risultato di un algoritmo che non dà conto dei dati, ma li ricostruisce per vie misteriose in un "pacchetto decisorio" preconfezionato con una soluzione data).*

[38] Acesso em 20/01/2023: https://www.propublica.org/article/how-we-analyzed-the-compas-recidivism-algorithm

baixo risco quase duas vezes mais do que os reincidentes negros (48 por cento contra 28 por cento); c) Ao controlar crimes anteriores, reincidência futura, idade e gênero, os réus negros tinham 45% mais chances de receber pontuações de risco mais altas do que os réus brancos; d) Os réus negros também eram duas vezes mais propensos do que os réus brancos a serem erroneamente classificados como tendo um risco maior de reincidência violenta. E os reincidentes violentos brancos tinham 63% mais chances de terem sido erroneamente classificados como de baixo risco de reincidência violenta, em comparação com os reincidentes violentos negros; e e) Ao examinar a reincidência violenta, também chegou-se à conclusão de que, mesmo ao controlar crimes anteriores, reincidência futura, idade e sexo, os réus negros tinham 77% mais chances de receber pontuações de risco mais altas do que os réus brancos.

Assim, diante de estudos como o realizado pela PROPUBLICA, surge a reflexão de que, se, por um lado, é inexorável o avanço digital, sendo ingênuo ignorar os novos desafios que tecnologias 4.0 impõem, por outro lado, impõe-se um olhar crítico das ferramentas baseadas em algoritmos, tal qual o COMPAS, que se propõe a mitigarem problemas de orçamento ou de justiça criminal ou segurança pública. É que, decisões que reproduzem a desigualdade e seletividade do sistema penal não interessam à sociedade e podem violar direitos humanos conquistados a duras penas ao longo de séculos.

3.2. HART – Harm Assesment Risk Tool

Em Inglaterra, a polícia de Durham, a partir de 2017, passou a utilizar uma ferramenta desenvolvida em parceria com a Universidade de Cambridge, o Harm Assement Risk Tool – HART. Seu escopo é mensurar o risco de reincidência, durante o período de dois anos, de pessoas detidas pela polícia pela prática de crimes, a fim de fornecer subsídios para a decisão sobre a aplicação de um programa de reabilitação – o Check-point, apenas destinado aos casos de resultado de risco "moderado".[39]

[39] *Vide* BIG BROTHER WATCH, Big Brother Watch's written evidence in the justice system for the Law Society's system for the Law Policy Commission, acesso em 26/01/2023: extension://elhekieabhbkpmcefcoobjddigjcaadp/https://bigbrotherwatch.org.uk/wp-content/uploads/2019/02/Big-Brother-Watch-written-evidence-on-algorithms-in-the-justice-system-for-the-Law-Societys-Technology-and-the-Law-Policy-Commission-Feb-2019.pdf

O HART foi criado a partir de uma base de análise de cerca de 104.00 casos ocorridos em Durham entre os anos de 2008 a 2012, se baseando em uma particular forma de machine learning, chamada randon forest, que toma em consideração 34 variáveis, 29 das quais conectadas ao histórico criminal do arguido, sua idade, gênero e a dois códigos postais de sua residência.[40]

Acerca dessa ferramenta, assim como ocorreu em relação ao COMPAS, afirmou-se que seu uso enseja: a) a violação do direito à privacidade; b) violam o direito de não se ser alvo de decisões automáticas; c) a ocorrência de discriminação pelo algoritmo; e d) injustiça do sistema de justiça criminal. [41]

Dessa forma, tal como ocorreu em relação ao COMPAS, o uso do HART vem sofrendo inúmeras críticas por juristas e instituições de proteção aos direitos civil. Porém, até o momento não se tem notícia se algum tribunal inglês examinou a constitucionalidade de sua utilização.

4. A (im)possibilidade de utilização de *risk assessement tools* pelos tribunais portugueses e brasileiros

Para concluir o presente trabalho, será analisada a possibilidade de utilização de algoritmos preditivos como ferramenta da justiça preditiva em Portugal e no Brasil.

Assim, nos subtópicos a seguir, pondera-se se os filtros normativos pelos quais a utilização de algoritmos no âmbito da justiça penal está sujeita, mormente dos direitos humanos (no plano de positivação internacional) e dos direitos fundamentais (no plano de positivação da ordem

[40] *Idem, ibidem: The HART algorithm is based on a random forest model, constructed from 509 separate classification and regression decision trees (CART), which are combined into the forecasting model. HART was built on a dataset using approximately 104,000 custody events over a five year period. It uses 34 different predictor variables to arrive at a forecast, 29 of which focus on the individual's history of criminal behaviour. A further variable is the number of police intelligence reports relating to the individual. The other variables include age, gender and two types of residential postcode.*

[41] Veja-se (GIALUZ, 2019, pp. 11-12): *Sulla base di questa preoccupante realtà, si è quindi incisivamente sostenuto che «this tool raises novel questions about big data and privacy, the right to be free from profiling and automated decisions, algorithmic discrimination, and fairness in the criminal justice system»76. Ancora, si è affermato come sia inaccettabile che questo strumento venga utilizzato «to inform potentially life-changing criminal justice decisions»*

jurídica de determinado país), permite o uso de tal técnica de justiça preditiva.[42]

4.1. Em Portugal

Relata que o Conselho da Europa, preocupado com os reflexos da utilização de ferramentas de IA sobre o direito ao fair trial e ao due process, publicou o estudo Algorithms and Human Rights[43], no qual foram pontuadas diversas ponderações quanto ao auso desse instrumentos na justiça penal. E, em seguida, como resposta a esse estudo, foi editada a Carta Ética Europeia sobre a Utilização da Inteligência artificial em Sistemas Judiciais([44]).

A Carta Ética Europeia sobre a Utilização da Inteligência artificial em Sistemas Judiciais é dirigida às entidades privadas e públicas responsáveis pela produção de instrumentos e serviços de IA que envolvam o tratamento de dados e decisões judiciais, assim como os legisladores com competência para criação de normas acerca do desenvolvimento, fiscalização e utilização dessas ferramentas.[45]

A Carta Europeia de Ética Sobre a Utilização da Inteligência Artificial em Sistemas de Judiciais estabeleceu cinco princípios, que devem ser observados pelos sujeitos a que o documento se dirige: a) Princípio de respeito aos direitos fundamentais: Previsto com o objetivo de assegurar que a conceção e aplicação de instrumentos e serviços de IA sejam compatíveis com os direitos fundamentais; b) Princípio de não-discriminação: Seu escopo é prevenir o desenvolvimento ou a intensificação de qualquer discriminação entre indivíduos ou grupo de indivíduos; c) Princípio de qualidade e segurança: Exige que no processamento de decisões e dados judiciais sejam utilizadas fontes certificadas e dados tangíveis com

[42] *Nesta abordagem jurídica, trata-se de submeter a utilização de instrumentos de algoritmos ao filtro de direitos fundamentais, para efeitos de enquadramento legal, a nível europeu, da sua entrada nos ordenamento jurídicos nacionais processusis penais. Os países europeus têm fortes tradições constitucionais em matéria de proteção de direitos fundamentais ligados ao âmbito processual penal.* (RODRIGUES, 2022, p. 31)

[43] Acesso em 27/01/2023: https://rm.coe.int/algorithms-and-human-rights-en--rev/16807956b5

[44] Acesso em 27/01/2023: https://rm.coe.int/carta-etica-traduzida-para-portugues--revista/168093b7e0

[45] Esta informação esta logo na introdução da Carta Europeia Sobre a Utilização da Inteligência Artificial.

modelos elaborados de forma multidisciplinar, em ambiente tecnológico seguro; d) Princípio da Transparência, imparcialidade e equidade: Assegura acessibilidade e a compreensão dos métodos de tratamento dos dados, autorizando inclusive auditoria externas; e e) Princípio "sobre o controlo do usuário": Afastam um abordagem prescritiva, a garantir que os usuário sejam atores informados e controlem as escolhas feitas.

Assim, os instrumentos de IA utilizados durante o julgamento criminal devem ser desenvolvidos de acordo com estes princípios fundamentais, a fim de se evitar o uso de sistemas como COMPAS, utilizado nos Estados Unidos, cuja utilização, como acima demonstrado, viola diversos direitos fundamentais do arguido, posto que a esse não é permitido conhecer e, portanto, questionar a forma como o sistema chegou à sua classificação de risco.

Sob a perspectiva do uso de sistemas preditivos de inteligência artificial à luz ordem jurídica portuguesa, (LOBO, 2021, p. 60) destaca que o n.º 4 do art. 20.º20 da CRP consagra o direito ao processo justo e equitativo, o qual, segundo (CANOTILHO & e MOREIRA, 2007), possuem os seguintes corolários: i) direito à igualdade de armas ou direito à igualdade de posições no processo, com vedação a quaisquer discriminações ou diferenças de tratamentos arbitrários; ii) direito de defesa e o direito ao contraditório, que permitam a efetiva possibilidade de cada uma das partes suscitar questões de fato e de direito, produzir provas, conhecer e poder se pronunciar acerca do valor e resultado das provas produzidas em juízo; iii) direito a prazo razoáveis de acção ou de recurso; iv) direito a decisões fundamentadas; v) direito à duração razoável do processo; vi) direito ao conhecimento dos dados processuais; vii) direito à produção de provas; viii) direito a um processo conduzido com vistas à justiça material, sem apego demasiado a formalidades.

Ora, ao examinar o caso *State v. Loomis* à luz do direito ao processo justo e equitativo plasmado pela ordem jurídica portuguesa, percebe-se que a natureza sigilosa do funcionamento do algoritmo utilizado pelo COMPAS priva o arguido do acesso a informações utilizadas na prolação da sentença que o condenou, impedindo-o de analisá-las e, portanto, de suscitar objeções quanto à sua correção.[46]

[46] *Devido à natureza sigilosa do funcionamento do algoritmo, segredo defendido pela empresa Northpointe que criou a ferramenta COMPAS, o arguido vê-se privado do acesso à informação exata*

Dessa forma, à luz da ordem jurídica portuguesa, com toda certeza eventual condenação proferida nos moldes do referido caso dos Estados Unidos, seria reputado nulo por franca violação ao direito ao processo justo e equitativo do arguido.

Portanto, qualquer tentativa de utilização de *risk assesment tools* deve atender aos cinco princípios expostos na Carta Ética Europeia sobre a Utilização da Inteligência artificial em Sistemas Judiciais, designadamente o princípio da transparência, imparcialidade e equidade, de sorte a respeitar todas as garantias e direitos fundamentais do arguido previstos na legislação, designadamente do multifacetário direito ao processo justo e equitativo.

4.2. No Brasil

Na ordem jurídica brasileira, o direito à ampla defesa é consagrado no art. 5º, *LV*, da Constituição Federal de 1988, segundo o qual "aos acusados em geral são assegurados o contraditório e a ampla defesa, com os meios e recursos a ela inerentes". E, em se tratando de crime julgados pelo Tribunal do Júri, há uma potencialização da garantia, na medida em que a CF/88 assegura "a plenitude de defesa" (art. 5º, *XXXVIII*, "a").

E, assim como se verifica na ordem jurídica portuguesa, do direito à ampla defesa ampla emanam diversos outros direitos e garantias, como o direito de ser informado da acusação, o direito à prova, o direito de ser ouvido, o direito de não colaborar com a acusação, o *nemo tenetur*, o direito ao silêncio e à igualdade de armas, dentre outros.[47] Todavia, para fins de analisar a possibilidade de uso de algoritmos preditivos pelos magistrados no âmbito de processos criminais, faz-se aportuno tecer as considerações acerca das seguintes nuances do direito à ampla defesa.

que constrói a decisão que sobre ele incide e o priva da sua liberdade. Ao não poder aceder à informação, não pode analisá-la e levantar eventuais objeções, contrariando o seu conteúdo, possíveis erros, modo de processamento, juízo sobre ela feito e ponderação desse mesmo juízo sobre as consequências que para ele poderão resultar. (CARLA, 2022, p. 253)

[47] *Da garantia da defesa ampla e plena emanam uma série de outros direitos e garantias, tais como o direito de ser informado da acusação, o direito à prova, o direito de ser ouvido, o direito de não colaborar com a acusação, o nemo tenetur, o direito ao silêncio e à igualdade de armas, por exemplo. Bettiol já afirmava ser a defesa um direito subjetivo público do imputado e que toda a estrutura do processo, em um ordenamento politicamente aberto, reconhece e salvaguarda esse direito.* (GIACOMOLLI, 2016, p. 140)

Nesse contexto, o exercício da ampla defesa somente será efetivo quando o suspeito ou o acusado, bem como o defensor, tiverem acesso à documentação dos atos de investigação e dos atos processuais. O acesso ao arguido se materializa mediante o direito à informação, o qual deve ser respeitado desde a fase preliminar até o julgamento final, abrangendo também a execução penal. De acordo com o Supremo Tribunal Federal, "é direito do defensor, no interesse do representado, ter acesso amplo aos elementos de prova que, já documentados em procedimento investigatório realizado por órgão com competência de polícia judiciária, digam respeito ao exercício do direito de defesa" (Súmula Vinculante 14). Entretanto, a legislação brasileiro estabelece situações de sigilo, a exemplo das interceptações telefônicas, somente durante a execução da medida.

Além do mais, o direito à informação contempla a ciência das circunstâncias fáticas e de direito, lavadas em consideração no juízo acerca da culpabilidade, dosimetria das sanções criminais (agravantes, v. g.), permitindo a ampla defesa.[48]

Por conseguinte, tendo em vista a constatação da própria Suprema Corte de *Winconson* no sentido de que os arguidos não têm pleno acesso ao modo como o *risk assesment* procede à sua classificação, não resta dúvida de que, pelo teor do direito à informação acima delineado, designadamente pela garantia do arguido de ciência das circunstâncias fáticas e de direito utilizadas pelo juiz na dosimetria da pena, a utitilização de ferramentas de justiça preditiva que não atendam plenamente ao princípio da transparência, imparcialidade e equidade, a exemplo do COMPAS, são incompatíveis com o texto constitucional brasileiro.

Outra dispositivo normativo importe de se referir quando se cogita da análise do uso de algoritmos preditivos no *sentincing*, é art. 93, *IX*, da CF/88, o que preceitua que todas as decisões dos órgãos do Poder Judiciário serão fundamentadas, sob pena de nulidade. E, conferindo desensidade normativa tal preceito constitucional, o art. 155 do CPP dispõe que o

[48] *O direito à informação, ademais, é integrado tanto pelas circunstâncias fáticas, quanto jurídicas, tanto as que interessam à cognição acerca da culpabilidade, quanto da medição das sanções criminais (agravantes, v. g.), de modo a possibilitar a ampla defesa (v. Caso Pélissier e Sassi vs. França, de 1999). O direito a discutir a qualificação jurídica dos fatos se dá nas duas instâncias (v. Caso Saddak e Outros vs. Turquia – 1, de 2011, e Caso Dallos vs. Hungria, de 2001 (em ALBUQUERQUE, 2011, p. 813).* (GIACOMOLLI, 2016, p. 146)

juiz formará sua convicção de forma livre, mas deverá fundamentar sua decisão. O Código de Processo Penal prevê, ainda, em seu art. 381, *III*, que na sentença deverá ser apontados os motivos de fato e de direito em que se fundar a decisão. No âmbito da execução penal, a Lei n.º 7.210/1984 (Lei de Execução Penal – LEP), em seu art. 59, ao se referir ao procedimento para apuração da falta disciplinar, exige que a respectiva decisão seja devidamente motivada. Logo, verifica-se que a ordem jurídica brasileira impõe ao magistrado, em todas as fases da persecução penal, o dever de fundamentar qualquer decisão tomada em sede de processo criminal, de sorte a possibilitar.

Como bem destaca (GIACOMOLLI, 2016, p. 249),[49] a fundamentação pode se referir apenas a motivos de direito mesmo somente em motivos de fato, pode versar sobre ambos. E prossegue o autor asseverando que motivar é relatar na decisão o suporte fátivo e/ou direito que possibilitam a fundamentação, esta última compreendida como a tarefa de apresentar uma explicação racional da conclusão do juiz acerca das questões em discussão no processo. Portanto, segundo o jurista brasileiro, apenas a

[49] *A fundamentação pode estar baseada somente em motivos de direito, em motivos de fato, ou em ambos os suportes. Motivar é dizer quais as bases fáticas e/ou de direito que permitem a fundamentação, ou seja, a explicação racional da decisão. Somente a motivação, sem uma fundamentação, uma explicação racional que possibilite o entendimento, que permita a sua compreensão, não satisfaz o conteúdo do art. 93, IX, da CF.*

As mesmas circunstâncias fáticas motivacionais podem fornecer elementos fundantes de decisões diferenciadas, dependendo da compreensão e da justificação racional do decisor. Da mesma forma, a mesma matéria de direito poderá levar a decisões diferentes. Por isso, a motivação orienta o raciocínio, mas a fundamentação submete-se à exteriorização racional, à explicação racional. A racionalização de um órgão julgador poderá ser diferente da emitida de outro, embora utilizem os mesmos substratos fáticos e jurídicos. Mas então, poderá haver mais de uma decisão adequada para o mesmo caso penal? O que se entende por decisão adequada? Uma decisão correta é a que encontra amparo no devido processo, embora na convenção jurídica processual, a última decisão, a que transitou em julgado, a que fez coisa julgada, seja tida por adequada a determinado caso. Essa nem sempre coincidirá com a melhor racionalização fática e jurídica constitucional, ao devido processo. O que racionalizado no processo se convencionou juridicamente como "verdade", a que o magistrado racionaliza com o que os autos contêm, ou seja, uma "verdade" textual, o que foi escrito pelo julgador ou, como afirma SALAH (2013, p. 331 e ss.), uma verdade analógica. Isso significa que poderia ter sido emitida uma solução oposta à que foi exteriorizada nos autos do processo, também justificável, fundamentada, inclusive, sobre o mesmo substrato (plano abstrato), mas no plano da concretude, do Estado Constitucional do Direito e do devido processo, há uma resposta adequada (a que encontra suporte na objetividade fática e jurídica no processo e na Constituição Federal, já devidamente compreendida, ou seja, exposta e manifestada positivamente, em suma, ao devido processo).

motivação, desprovida de fundamentação, ou seja, de uma explicação racional que possibilite o entendimento, que permita a sua compreensão, não atende o conteúdo do art. 93, *IX*, da CF.

Dessa forma, o uso de *risk assement tools* que careçam de plena transparência acerca do modo como seus algoritmos chegam a suas conclusões, a exemplo do COMPAS, de modo que o juiz, na sentença, apenas se atenha a consignar que determinada classificação do arguido impede que seja beneficiado com algum benefício penal (liberdade condicional, pena diversas da prisão, etc), viola o dever de fundamentação previsto no inciso *IX* do art. 93 da CF/88. É que se decide acerca da liberdade (ou outros direitos) do arguido com base em questões fáticas que apenas os desenvolvedores da ferramenta de IA conhece, não explicitando o magistrado as razões pelas quais o arguido de fato não mereceria a concessão de determinada medida, que lhe seria mais benéfica.

Assim, não resta dúvida de que o emprego de ferramentas de avaliação de risco que não atendam ao princípio da transparência, imparcialidade e equidade violam o dever de fundamentação imposto aos magistrados, posto que, em tal hipótese, os juízes decidem acerca de determinada questão acerca do arguido, mas não explicitam as razões pelas quais aquele teria mais risco de reincidir, atendo-se a consignar o resultado da avaliação de risco, sem que seja possibilitado ao arguido conhecer a forma como os algoritmos chegaram à conclusão acerca de seu *score.*

Nesse sentido, uma decisão judicial somente atenderá ao comando esculpido no inciso *IX* do art. 93 da CF/88 quando seja possível ao arguido impugná-la em todos os seus termos (mediante o respetivo recurso), permitindo o efetivo exercício do direito à ampla defesa[50]. Destarte, o uso de algoritmos preditivos na ordem jurídica brasileira somente será viável

[50] *Uma decisão judicial está bem fundamentada quando arrazoada de forma motivada de tal maneira a permitir a sua impugnação (contraditório recursal) e o exercício da ampla defesa. Essa fundamentação poderia ser chamada de objetivação lógica. Contudo, a fundamentação transcende a situação fática, as normas jurídicas, os autores dos delitos. Há outras dimensões, como a condição de possibilidade de objetivar, o perceber a universalidade complexa e como foi construído e está disposto o ser que fundamenta a decisão (magistrado). A fundamentação passa pelo conjunto de informações dos diversos ramos do saber, as quais permitem concluir em determinado sentido, através de um pensar em todas as dimensões, não só para dar sentido técnico, instrumentalizado de forma automática, mas para dar sentido ao ser humano (sentir o intransponível e o incontornável, referidos por Heidegger).* (GIACOMOLLI, 2016, p. 250)

se o respetivo *risk assesment tool* atender o princípio da transparência, imparcialidade e equidade.

Por fim, cumpre destacar que o Conselho Nacional de Justiça, atento ao teor da Carta Europeia de Ética sobre o Uso da Inteligência Artificial em Sistemas Judiciais[51] e tendo em vista o vácuo legislativo no Brasil acerca da governança e parâmetros éticos para o desenvolvimento e uso da IA em processos judiciais, editou a Resolução n.º 332/2020.[52]

Dentre tantas diretivas acerca do uso da IA no âmbito do Poder Judiciário, oportuno destacar que o art. 4º da referida resolução estabelece que no desenvolvimento, na implantalçao e no uso da IA, os tribunais observarão sua compatibilidade com os direitos fundamentais, designadamente os previstos na Constituição e em tratados internacionais que o Brasil seja signatário.

E, em seu art. 8º, a Resolução n.º 332/2020 explicitou a forma como o dever de transparência deve ser atendido pelas ferramentais de IA, com destaque da exigência de fornecimento de explicação satisfatória e passível de auditoria por autoridade humana quanto a qualquer proposta de decisão apresenta pelo modelo de IA, especialmente quando essa for de natureza judicial.

Assim, constata-se que a Resolução n.º 332/2020 do CNJ corrobora as exigências consititucionais advindas do direito à ampla defesa e do dever de fundamentação das decisões judiciais no âmbito do uso de algoritmos predivos em processo criminais.

Conclusões

Em que pese o uso de ferramentas de avaliação de risco no *sentencing* e na execução das penas, a exemplo do COMPAS, ainda ser uma prática estranha ao contexto jurídico da Europa continental e Brasil, sendo algo que a literatura jurídica reputa ser restrito aos Estados Unidos[53], cabendo

[51] Essa afirmação consta em um dos "CONSIDERANDO" da Resolução n.º 332/2020.

[52] Acesso em 28/02/2023: https://atos.cnj.jus.br/atos/detalhar/3429

[53] *Em contraposição a este quadro, sumariamente descrito na Europa Continental é ainda rara a utilização de instrumentos preditivos. Para além do muito maior investimento no desenvolvimento tecnológico que tem sido feito nos Estados Unidos – que, no ocidente, tem liderado a revolução digital0, foi também ali que um modelo de reabilitação foi posto em causa pela ideologia just desert e por uma lógica de eficácia na aplicação de penas. As fases de sentencig e de execução das penas assumiram, assim, do lado americano, uma importância crescente 0 para o que contribuiu também um sistema baseado cada*

registrar uma iniciativa em Inglaterra com o uso do HART, tendo em vista a tendência de importação de institutos jurídicos e práticas forenses do *common law* pelos países do *civil law* que se assiste nos dias de hoje, devem os juristas portugueses e brasileiros desde já aferir se as respetivas ordens jurídicas permitiriam o uso dessas tecnologias no processo criminal.

Nesse contexto, ao analisar a decisão proferida pela *Wisconsin Supreme Court* sobre a constitucionalidade do uso do COMPAS, tendo como parâmetro de controle o *right to due processo of law* do arguido, concluiu-se que: i) como bem frisado por (CARLA, 2022, p. 251), o entendimento firmado pela *Supreme Court* americana no *case Gardner v. Florida* foi no sentido de que a negativa de acesso do arguido aos dados contidos no PSI configura afronta ao *due processo of law*, consubstanciado na violação de seu legítimo interesse em conhecer todos os aspetos do procedimento ao cabo do qual houve sua condenação; ii) a utilização de fatores dinâmicos na sentença (condição econômica, abuso de substâncias) muitas vezes são irrelevantes para o julgamento de grande parte de crimes, exemplificando com a hipótese da indiferença da condição econômico do arguido perante um crime de negligência médica. Logo, a utilização dos fatores dinâmicos pelo COMPAS de fato viola o direito do arguido à uma pena individualizada, de acordo com suas condições pessoais; e iii) É falaciosa a observação da Suprema Corte de *Wisconsin* de que a condenação de Loomis não foi pautada somente na avaliação de risco fornecida pelo COMPAS, mas também em outros fatores, uma vez que o fato de uma informação não ser usada de modo exclusivo não significa que tenha uma relevância no juízo, influência essa misteriosa e em face da qual o arguido jamais poderá se insurgir.[54]

vez mais na guilty plea e na plea bargaing, com efeito burocratizante na discussão do caso propriamente dito –, justificando a utilização de instrumentos cada vez mais sofisticados e artificialmente inteligentes que pretendem introduzir eficácia na avaliação de risco pelo diz respeito à (s soluções de) punição, em comparação com os sistemas de justiça europeia continental, onde continua a manter destaque a fase de discussão da culpa, com intensa intervenção humana e menos possibilidade de introduzir instrumentos de predição. (RODRIGUES, 2022, pp. 19-20)

[54] Este argumento foi colhido em (KATALIM, 2019, p. 1177): *Una soluzione il cui impianto logico e culturale non persuade: innanzitutto, il fatto che un'informazione non sia usata in modo esclusivo non toglie che abbia rilevanza nel giudizio (in modo peraltro imperscrutabile, se si tiene conto del peso psicologico che può esercitare sul giudicante il risultato di un algoritmo che non dà conto dei dati, ma li ricostruisce per vie misteriose in un "pacchetto decisorio" preconfezionato con una soluzione data).*

Portanto, mesmo à luz da jurisprudência norte-americana, entende-se que a corte estadual de *Winconsin* não poderia ter avalizado o uso do COMPAS, uma vez que as características dessa aplicação não se coadunam com o exercício do *due process of law*.[55]

Em relação à possibilidade de emprego de *risk assessment tools* em Portugal, argumentou-se que tal utilização deve respeitar o direito ao processo justo e equitativo, em todas suas vertentes, conforme determinação do n.º 4 do art. 20º da CRP. Ademais, qualquer tentativa de utilização de *risk assesment tools* em terras lusitanas deve atender aos cinco princípios expostos na Carta Ética Europeia sobre a Utilização da Inteligência artificial em Sistemas Judiciais, designadamente o princípio da transparência, imparcialidade e equidade.

No Brasil, como se verifica na ordem jurídica portuguesa, do direito à ampla defesa, previsto no no art. 5º, *LV*, da Constituição Federal de 1988, emanam diversos outros direitos e garantias, como o direito de ser informado da acusação, o direito à prova, o direito de ser ouvido, o direito de não colaborar com a acusação, o *nemo tenetur*, o direito ao silêncio e à igualdade de armas, dentre outros. Por sua vez, o art. 93, *IX*, da CF/88, preceitua que todas as decisões dos órgãos do Poder Judiciário serão fundamentadas, sob pena de nulidade.

Dessa forma, o uso de *risk assement tools* que careçam de plena transparência acerca do modo como seus algoritmos chegam a suas conclusões, a exemplo do COMPAS, de modo que o juiz, na sentença, apenas se atenha a consignar que determinada classificação do arguido impede que seja beneficiado com algum benefício penal (liberdade condicional, pena diversas da prisão, etc), viola o direito do arguido ao devido processo legal e implica em violação do dever de fundamentação previsto no inciso *IX* do art. 93 da CF/88. É que se decide acerca da liberdade (ou outros direitos) do arguido com base em questões fáticas que apenas os desenvolvedores da ferramenta de IA conhece, não explicitando o magistrado as razões pelas quais o arguido de fato não mereceria a concessão de determinada

[55] No mesmo sentido veja-se (FREEMAN, 2016, p. 106): *Allowing judges to rely on risk assessment algorithms like COMPAS while making sentencing decisions effectuates the deterioration of those due process rights. Although the Wisconsin Supreme Court ruled that COMPAS did not violate due process rights, they narrowed their view too far when evaluating the precedent and gave little thought to society's unshakeable trust in technology.*

medida, que lhe seria mais benéfica, impedindo o arguido de se contrapor a todos os termos do *decisum*.

Assim, não se pode, de forma abstrata e peremptória, concluir pela impossibilidade do uso das *risk assessment tools* em Portugal e no Brasil, visto que, acaso sejam atendidas as exigências acima elencadas[56], poder-se-ia entender possível sua aplicação. Portanto, a constitucionalidade do uso de determinada ferramenta de avaliação de risco deve ser aferida à luz de próprias características e peculiaridades.

Porém, como bem destacado pela Juíza Conselheira do Supremo Tribunal de Justiça, Maria do Carmo Saraiva Menezes da Silva Dias, não se pode ter "a ilusão de que máquina de IA pode substituir decisões humanas, porque vão ser melhores, mais eficientes e eficazes, se acabar por ser feito de forma generalizada, acrítica e sem controlo, em todas as áreas, o que acaba por acontecer é que as mesmas máquinas podem vir a dominar a humanidade, pondo em causa o seu futuro". Portanto, o uso das ferramentas de avaliação de risco deve ser compreendido no sentido de que o respetivo relatório acerca do arguido constitui apenas mais uma fonte de informações que a sentença condenatória, proferida por um juiz humano, apoiar-se-á.

Referências

(AMA), g. p. (2020). *GUIA PARA A INTELIGÊNCIA ARTIFICIAL ÉTICA, TRANSPARENTE E RESPONSÁVEL*. Lisboa: gência para a Modernização Administrativa (AMA).

ALENCAR, A. C. (2022). *Inteligência Artificial, Ética e Direito: Guia Prático para Entender o Novo Mundo*. São Paulo: Editora Saraiva.

ARAÚJO, Valter Shuenquener de; GOMES, Marcus Livio Gomes (coordenadores); CANEN. Doris (organizadora). (2022). *Inteligência artificial e aplicabilidade prática no Direito*. Brasília: CNJ.

BORATTI, I. C. (2007). *Introdução à Programação: Algoritmos*. Florianópolis: Visual Books.

BRAGA, Carolina. (2020). *Discriminação nas Decisões por Algoritmos: Polícia Preditiva In: FRAZÃO, Ana; MULHOLLAND, Caitlin. Inteligência Artificial e Direito: Ética, Regulação e Responsabilidade*. São Paulo : Editora Revista dos Tribunais.

[56] Além do respeito ao direito ao devido processo legal, as ferramentas de avaliação de risco devem também atender as normas *infra*constitucionais que tratam da dosimetria da pena e da execução da mesma.

CANOTILHO, J., & e MOREIRA, V. (2007). *Constituição da República Portuguesa, Anotada, Artigos 1º a 107.* Coimbra: Coimbra Editora.

CARLA, R. (2022). O Caso State v. Loomis – a pessoa e máquina na decisão judicial. Em A. d. RODRIGUES, & A. M. ABRANTES, *A Inteligência Artificial no Direito Penal* (pp. 245-263). Coimbra: Almedina.

CESARI, C. (2019). Límpatto delle nueve tecnologie sulla giustizia penal – un orizzonte deso de incognite. *Revista Brasileira de Direito Processual Penal, vol 5, n.º 3,* 1167-1188.

DOYLE, C.; BAINS, C.; HOPIKINS, B. (february de 2019). Bail Reform. A Guide for State and Local Policymakers, Criminal Justice Policy Program. *Havard Law School.*

FREEMAN, K. (30/01/2023 de November de 2016). *NORTH CAROLINA JOURNAL OF LAW & TECHNOLOGY*. Fonte: NORTH CAROLINA JOURNAL OF LAW & TECHNOLOGY : https://scholarship.law.unc.edu/ncjolt/vol18/iss5/3

GIACOMOLLI, N. J. (2016). *O Devido Processo Penal. 3ª edição.* São Paulo: Grupo GEN.

GIALUZ, M. (2019). Quando la Gistizia Penale encontra l'Inteligenza Artificiale: Luci d Ombra dei Risk assessment Tools tra Stati Uniti ed Europa. *Diritto Processuale Contemporaneo,* 1-23.

KATALIM, L. (2019). *Artificial Inteligence and Criminal Justice – in AIDP/IAPI Internaciotional Congress of Penal Law – acesso em extension://elhekieabhbkpmcefcoobjddigjcaadp/https://www.penal.org/sites/default/files/Concept%20Paper_AI%20and%20Criminal%20Justice_Ligeti.pdf.*

LOBO, F. R. (2021). Utilização de sistemas preditivos de inteligência artificial na justiça . *Lusíada. Direito, (23/24) Obtido de http://revistas.lis.ulusiada.pt/index.php/ldl/article/view/2847,* 49/64.

NORVIG, P. (2021). *Inteligência Artificial.* São Paulo: LTC | Livros Técnicos e Científicos Editora Ltda.

PORTO, F. R. (2022). A "CORRIDA MALUCA" DA INTELIGÊNCIA ARTIFICIAL NO PODER JUDICIÁRIO. Em V. S. ARAÚJO, M. L. GOMES, & D. (. CANEN, *Inteligência artificial e aplicabilidade prática no Direito* (pp. 103-130). Brasília: CNJ.

REIS, P. V. (2020). *Algoritmos e o Direito.* Coimbra: Almedina.

RODRIGUES, A. d. (2022). INTELIGÊNCIA ARTIFICIAL NO DIREITO PENAL – A JUSTIÇA PREDITIVA ENTRE A AMERICANIZAÇÃO E A EUROPEIZAÇÃO. Em A. d. RODRIGUES, & A. M. ABRANTES, *A Inteligência Artificial no Direito Penal* (pp. 11-54). Coimbra: Almedina.

SANTOS, H. L. (2022). *Inteligência Artificial e Processo Penal.* Braga: NOVA CAUSA EDIÇÕES JURÍDICAS.

VAINZOF, R., & GUTIERREZ, A. (2021). Capítulo 27. Inteligência Artificial e o Uso Processual de Algoritmos. Em R. VAINZOF, & A. GUTIERREZ, *Inteligência Artificial (Ia). Disponível em: https://thomsonreuters.jusbrasil.com.br/doutrina/1394839564/inteligencia-artificial-ia. Acesso em: 28 de Janeiro de 2023.* São Paulo: Editora Revista dos Tribunais.

2. A INTELIGÊNCIA ARTIFICIAL NO PROCESSO JUDICIAL CRIMINAL

LUIZA TOSTA CARDOSO FRANCO

Introdução

Ao longo dos séculos, a sociedade passou por diversas mudanças, e a inserção tecnológica acelerou a transformação da dinâmica social. Na atualidade, a tecnologia envolve o dia a dia da maioria da população em nível mundial. É inviável pensar a vida atual sem a presença da tecnologia. No entanto, muitas vezes, de modo imperceptível.

A evolução da tecnologia, com o desenvolvimento da inteligência artificial (IA), apresenta-se nos mais diversos setores, como meios de comunicação, automobilístico, financeiro, entre outros. A IA pode, como já ocorre em alguns países, também atuar no processo judicial. A busca por um processo judicial mais justo e célere se coloca na procura por novas estratégias, que pode encontrar soluções na IA.

Nesse contexto, indaga-se como essa atuação da IA pode se coadunar com a esfera processual, em específico no direito penal. Os rápidos avanços tornaram a inteligência artificial em realidade. Impõe-se a indagação quanto aos eventuais riscos que podem advir do uso dos sistemas de inteligência no campo jurídico. Atualmente, já se tem informações acerca de "máquinas" que operaram em processos criminais.[1] Levantam-se

[1] Nos EUA tem-se notícias dos sistemas *Public Safety Assessment (PSA) Colorado Pretrial Assessment Tool* (CPAT), *Ohio Risk Assessment Tool* (ORAS-PAT), *Correctional Offender Management Profiling for Alternative Sanctions* (COMPAS), *Pretrial Release Risk Scale* (PRRS-II), *Virginia Pretrial Risk Assessment Instrument* (VPRAI). Além dos processos criminais, estão a ser implementados sistemas de policiamento preditivo em diversos países como nos EUA,

muitos benefícios como a eficiência, celeridade e o baixo custo. Por outro lado, também se apontam erros, como viés discriminatório do algoritmo e falhas de sistema e opacidade (*black box*[2]).

Desse modo, diante da inegável relevância dos bens jurídicos a que estão envolvidos no sistema penal, o presente trabalho, sem pretensão de esgotamento do tema, tem por objeto a análise da utilização de IA no processo judicial criminal, em específico na tomada das decisões judiciais[3]. Para isso, será feita uma abordagem dos problemas e dos requisitos para o uso dos algoritmos no sistema judicial criminal.

1. Inteligência Artificial

Conceituar inteligência artificial (IA) não é tarefa fácil e perpassa pela dificuldade e abstração do próprio conceito de inteligência, bem como pelas múltiplas facetas que a IA pode apresentar[4].

Para conceituar IA é necessário abordar duas partes: inteligência e artificial. Artificial é o aparato, isto é, a máquina criada e desenvolvida para atuar com inteligência. Por sua vez, inteligência é, a habilidade de aprender, de apresentar uma resposta para problemas e questões, e a habilidade de realizar determinadas atividades[5].

na Alemanha e nos Países Baixos. (GSTREIN, Oskar J.; BUNNIK, Anno; ZWITTER, Andrej J. Ethical, legal and social challenges of Predictive Policing. In: *Católica Law Review*. Lisboa: Universidade Católica Editora, Vol. 3, n. 3, nov. 2019, pp. 77-98).

[2] *Black box* é a opacidade "associada a técnicas de inteligência artificial que atuam com autonomia, sem que se consiga determinar ou explicar o processo que leva a máquina a alcançar determinado *output* ("act unexplainably")" (SOUSA, Susana Aires. "Não fui eu, foi a máquina": teoria do crime, responsabilidade e inteligência artificial. In: RODRIGUES, Anabela Miranda (coord). *A Inteligência Artificial no Direito Penal*. Coimbra: Almedina, 2022, pp. 62, 66-67).

[3] Outros aspectos do processo judicial criminal também podem ser impactados pelo uso da inteligência artificial, como por exemplo a produção de provas. Sobre o assunto ver FIDALGO, Sônia. A utilização de inteligência artificial no âmbito da prova digital – direitos fundamentais (ainda mais) em perigo. In: RODRIGUES, Anabela Miranda (coord). *A Inteligência Artificial no Direito Penal*. Coimbra: Almedina, 2022. pp. 129-161.

[4] Acerca da dificuldade de conceituação da Inteligência Artificial, ver o artigo: CORTIZO, Lucas. Dados e Inteligência Artificial: os efeitos jurídicos da discriminação algorítima. In: COUTINHO, Francisco Pereira; MONIZ, Graça Canto. *Da Proteção de Dados*. Lisboa: Centro de I &D sobre Direito e Sociedade (CEDIS). Junho, 2021, pp. 97-100.

[5] FETZER, James H. *Artificial Intelligence: Its scope and limits*. Kluwer Academic Publishers. 1990. pp. 3-4.

Patrick Henry Winston define IA como "o estudo das computações que permitem perceber, raciocinar e agir".[6] A tendência é a criação de máquinas que possam ser autossuficientes e consigam simular a experiência mental humana.[7] E, em alguns casos, as máquinas podem compreender para além da capacidade humana[8]. O predomínio da padronização estatística permite aos autores concluir que:

> (...) determinadas tarefas habitualmente associadas à inteligência humana, por implicarem a compreensão, a razão, uma percepção contextual e conceitos abstratos, podem ser levados a cabo automaticamente através de sistemas computacionais não cognitivos que empreguem correlações estatísticas para produzir resultados inteligentes. [...] o algoritmo não tem de compreender os conceitos abstratos com que lida, que não unicamente captados através das correlações estatísticas que se geram.[9]

A IA utiliza de algoritmos, que são códigos ou sequência de etapas para resolver uma questão ou um problema. Pode ser explicado como uma figura de camadas, em que, num conjunto enorme de dados, cada qual filtra um dado e o sistema – ao fundi-las – consegue uma compreensão micro e macro das informações.[10]

Um dos primeiros programas de IA foi o *Logic Theorist*, em que seu funcionamento se baseava em uma prova matemática. O raciocínio matemático influenciou a automatização das inferências lógicas em vista de resolver problemas e gerar conclusões. A *First Order Logic* (FOL) é a

[6] Tradução livre. *"He study of the computations that make it possible to perceive, reason and act."* (WINSTON, Patrick Henry. *Artificial Intelligence.* Ed. 3, Massachussets: Addison-Wesley Publishing Company,1993, pp. 5).

[7] EHRHARDT JÚNIOR, Marcos; SILVA, Gabriela Buarque Pereira. Diretrizes Éticas para a Inteligência Artificial Confiável na União Europeia e a Regulação Jurídica no Brasil. In: *Jurismat.* Portimão: Instituto Superior Manuel Teixeira Gomes. n. 12, nov., 2020, pp. 308.

[8] KAPLAN, Jerry. *Artificial Intelligence: what everyone needs to know.* Oxford: Oxford University Press, 2016. pp. 4.

[9] BARBOSA, Mafalda Miranda. *Inteligência Artificial: entre a utopia e a distopia, alguns problemas jurídicos.* Coimbra: Gestlegal, 2021. pp. 211.

[10] BARBOSA, 2021, pp. 214.

"métrica pela qual todos os formalismos de representação de conhecimento de IA devem ser avaliados".[11]

Em outro modo, o sistema de IA utiliza a regra do IF-THEN, que são subconjuntos mais simples da FOL. Nela, parte-se de uma simples disposição de inferência e pode alcançar soluções práticas como auxílio em questões do cotidiano, avaliação de jurisprudência, entre outros. Assim, o sistema baseia seu funcionamento em regras que podem gerar alto desempenho computacional, principalmente com algoritmos de "otimização" e "compilação".[12]

Esses algoritmos podem atuar na forma de aprendizado da máquina (*machine learning*), em que por meio de dados prévios, conseguem se adaptar e aprender por si para gerar um novo conhecimento.[13]

Nadia Banteka explica que *machine learning* são:

> [...] ferramentas e processos estatísticos iniciados a partir de uma base de informações (de uma ampla base de dados) e de um conjunto de algoritmos, a partir dos quais é deduzido um modelo, uma regra ou procedimento que permite prever uma nova informação e, eventualmente, com base nela tomar uma decisão, seja essa decisão definida diretamente pela máquina, seja antes concebida como suporte a uma decisão final tomada pelo humano.[14]

[11] VEGA, Italo S. Inteligência artificial e tomada de decisão – a necessidade de agentes externos. In: FRAZÃO, Ana; MULHOLLAND, Caitlin. *Inteligência Artificial e Direito: ética, regulação e responsabilidade.* São Paulo: Thomson Reuters Brasil, 2019. pp. 99-101.

[12] VEGA, 2019. pp. 99-101.

[13] CERKA, Paulius; GRIGIENE, Jurgita; SIRBIKYTE, Gintare. Liability for damages caused by artificial intelligence. In: Computer Law and Security Review. United Kingdom, Vol. 31, 2015, pp. 380.

[14] Tradução livre. BANTEKA, Nadia. Artificially intelligent persons. In: *Houston Law Review.* Vol. 58, pp. 537-596. 2020. Disponível em: <https://houstonlawreview.org/article/19357-artificially-intelligent-persons> Acesso em: 15 jan. 2023, pp. 542). De forma semelhante, Mafalda Miranda Barbosa afirma que "a *machine learning* surge, assim, como um campo das ciências da computação que estuda os programas de computadores capazes de aprender com base na experiência e, assim, capazes de desenvolver as suas próprias potencialidades ao logo dos tempos. Trata-se, como os autores sublinham, de uma aprendizagem em termos funcionais: a modificação do comportamento do algoritmo dá-se como forma de desenvolvimento do seu desempenho na realização de certa tarefa e opera através da experiência" (BARBOSA, 2021, pp. 209).

Pode-se dizer que o algoritmo, por meio de uma grande análise de dados, estabelece padrões, e por meio da comparação é capaz de analisar uma nova situação que lhe seja apresentada.[15] Desse modo, "programa-se a si mesmo com regras que vai formulando ao desenvolver a tarefa para a qual foi ordenado; as regras são inferidas a partir dos dados analisados, e os modelos são construídos à medida que os dados são analisados".[16]

2. Processo Judicial Criminal e Inteligência Artificial

O uso da inteligência artificial (IA) no processo judicial não é consenso entre os autores. Mafalda Miranda Barbosa[17], por exemplo, entende que "nem no presente, nem no futuro, contra todas as expectativas otimistas dos estudiosos na matéria, será possível encontrar um *software* capaz de realizar uma tarefa radicalmente humana". À vista disso, acredita-se que a sua utilização terá como consequência o empobrecimento judicativo.[18]

Em sentido distinto, Fabio Marques Ferreira Santos[19] aponta que:

> (...) a tecnologização da Justiça por intermédio da Inteligência Artificial, em decorrência de seu caráter de cientificidade de realização, geraria a

[15] A atuação dos sistemas de inteligência artificial pode adotar diversas funções, sendo elas: função descritiva ou de aconselhamento, função de diagnóstico, função de previsão, função decisória e função criativa. (SOUSA, 2022, pp. 60).

[16] BARBOSA, (2021), p. 209.

[17] A autora sustenta que o direito não se reduz a um conjunto de normas postas pelo legislador, ao contrário, "o direito faz apelo a um sentido material ético-axiologicamente densificado". Ademais, próprio legislador "não consegue prever todo o direito, como as normas na sua auto(in)subsistência nada nos transmitem, não podendo ser encaradas como meros enunciados linguísticos, sob pena de incompreendermos o seu sentido normativo". Ademais, compreende que a racionalidade jurídica não "se pode bastar como uma lógica formal conducente a um silogismo assente de meras deduções", visto que a realidade é complexa. E ainda, enfática que "os elementos não racionais, como a menção a emoção e a intuição, fundamentais para a adequada percepção da realidade, que não se esgota num conjunto de dados positivos, antes o transcende". BARBOSA, 2021, pp. 214-220.

[18] BARBOSA, 2021, pp. 218, 220.

[19] SANTOS, Fabio Marques Ferreira. O uso da Inteligência Artificial como um "meio" de melhoria e eficiência dos Direitos e das Garantias Fundamentais no Estado Constitucional. In: *Revista de Direito Constitucional e Internacional*. Revista dos tribunais. Vol. 105, ano 26, jan-fev 2018, pp. 31.

entrega de uma participação neutra e imparcial específica, reconhecida pelos representantes da comunidade jurídica, passando a ser uma realidade crível e possível no campo da efetividade material do Direito.[20]

Na realidade atual não se trata de ter uma posição a favor ou contra, visto que os sistemas de IA com atuação no processo judicial são uma realidade com grande desenvolvimento nos Estados Unidos da América, e que tem ganhado espaço em outras localidades.[21-22] As transformações tecnológicas para uma sociedade digital implicam, também, em mudanças no âmbito penal, o que demanda atenção aos riscos frente às exigências e características inerentes ao direito penal.[23]

A sociedade digital trouxe diversas ferramentas para o sistema de Justiça. As máquinas de IA possibilitam a redução da quantidade de dados a serem analisados pelos especialistas, permitem realizar e encontrar conexão entre os dados, utilizar de métodos mais seguros de preservação de uma prova no processo, bem como reduzir erros.[24] Além do usuário interno do sistema judicial, atualmente qualquer cidadão tem acesso a jurisprudência dos Tribunais. E, com a utilização de um *software*, é possível prever padrões nas decisões judiciais e seus possíveis resultados e soluções aos processos judiciais.[25]

Essa nova realidade digital também oferece inúmeras ferramentas de investigação criminal sem que previamente fossem avaliados os potenciais

[20] O autor defende o uso da inteligência artificial como meio a garantir a razoável duração do processo em referência ao art. 5, inciso LXXVIII da Constituição Federal Brasileira. SANTOS, (2018), p. 29-53.

[21] RODRIGUES, Anabela Miranda. Inteligência artificial no direito penal – a justiça preditiva entre a americanização e a europeização. In: RODRIGUES, Anabela Miranda (coord). *A Inteligência Artificial no Direito Penal*. Coimbra: Almedina, 2022b. pp. 12.

[22] No Brasil, atualmente, "o STF opera dois robôs – o Victor, utilizado desde 2017 para análise de temas de repercussão geral na triagem de recursos recebidos de todo país, e a Rafa, desenvolvida para integrar a Agenda 2030 da ONU ao STF" (STF. Estrutura orgânica do STF passa a contar com setor voltado a inteligência artificial. Disponível em: https://portal.stf.jus.br/noticias/verNoticiaDetalhe.asp?idConteudo=499690&ori=1. Acesso em 15 jan 2023.)

[23] RODRIGUES. (2022b). pp. 12.

[24] FIDALGO, (2022), pp. 136.

[25] RODRIGUES. 2022b. pp. 13.

riscos.[26] Atualmente, tem-se IA que realiza reconhecimento facial, policiamento preditivo (*predictive policing*), instrumentos de geolocalização (GPS), classificação de risco do indivíduo, captação de mensagens, entre outros – além de todas as formas de acesso a dados fornecidos pelos próprios cidadãos às empresas de tecnologia através das mídias sociais e de outros programas computacionais. Quanto ao processo de tomada de decisão, os sistemas de inteligência realizam uma análise com base em uma grande quantidade de dados referentes ao indivíduo, e conseguem estabelecer correlações a fim de gerar uma avaliação acerca de sua periculosidade.[27]

As vantagens tecnológicas, principalmente de IA, expandem-se pelo sistema criminal com a promessa de eficiência, racionalidade e imparcialidade.[28] O uso da IA na prevenção de crimes se apresenta com alto grau de eficácia.[29] A tecnologia reduz os custos com servidores públicos para a realização das mesmas atividades, bem como aumenta a eficiência e precisão das informações.

O algoritmo pode captar dados, com celeridade, acerca da ocorrência de crimes, e possibilitar uma atuação do sistema criminal com eficiência. Exemplo disso é o algoritmo que, com base nos dados de locais de crime, apura e aponta para onde devem ser alocados o efetivo policial. Além de conseguir prever, com maior exatidão, futuros crimes e possíveis pessoas que estarão envolvidas em práticas criminosas.[30]

Não obstante, a questão que se impõe é saber se a promessa conjunta de eficiência, racionalidade e imparcialidade realmente se verifica na prática,

[26] RODRIGUES, 2022b, pp. 13.

[27] RODRIGUES, 2022b, pp. 25-26.

[28] CARIA, Rui. *O caso State vs. Loomis – a pessoa e a máquina na decisão judicial*. In: RODRIGUES, Anabela Miranda (coord). A Inteligência Artificial no Direito Penal. Coimbra: Almedina, 2022. p. 245.

[29] Para a autora: "É a política, não é a tecnologia – no caso, a orientação política criminal em que essa se inscreve – que é responsável por criar um sistema de justiça penal fortemente punitivo ou seletivo. Transformar este sistema é uma tarefa política e não tecnológica". (CARIA, Rui. O caso State v. Loomis – a pessoa e a máquina na decisão judicial. In: RODRIGUES, Anabela Miranda (coord). *A Inteligência Artificial no Direito Penal*. Coimbra: Almedina, 2022, pp. 240).

[30] GSTREIN; BUNNIK; ZWITTER, 2019, pp. 78-79.

principalmente quanto ao respeito aos direitos fundamentais e outros princípios e direitos da esfera penal.[31]

Anabela Miranda Rodrigues, em debate acerca da sociedade anglo--saxônica, aponta que esta desenvolveu a racionalização da sentença com base no risco. E, no decorrer do estudo, a autora aponta alguns fatores que contribuíram para essa racionalização: de um lado, a sociedade demanda uma exigência por mais segurança, haja vista que diante do medo e do aumento da criminalidade, cada vez mais, a sociedade se mostra aberta a trocar liberdade por mais segurança; por outro lado, a autora pontua que combater o crime exige eficácia, em que a política criminal deve ser efetiva, utilizando técnicas modernas de gestão.[32]

Diante da escassez de recursos públicos, procura-se adotar a melhor gestão. Em uma visão economicista, pela busca de custo-benefício, estabelece-se a "incapacitação seletiva", que é uma forma de controlo em que identifica os indivíduos perigosos através de instrumentos de avaliação de riscos, e os mantém presos pelo máximo de tempo.[33]

No momento atual, já se é possível saber acerca da eficácia do algoritmo no âmbito criminal, porém também já se enfrenta problemas. Por ora, a questão que se impõe é a possibilidade de superação dos erros e de uma atuação da IA em conformidade com as normas jurídicas.

3. Problemas do uso da inteligência artificial no processo judicial criminal

Dentre as inúmeras vantagens da eficiência do algoritmo, é necessário pensar os riscos que envolvem a utilização deste na esfera criminal. Diante do fato de já haver experiências estrangeiras com o uso de IA em processo

[31] No âmbito criminal, Burchard lista outras promessas da inteligência artificial: (1) eficácia e eficiência na inibição do crime, principalmente baseado no policiamento preditivo; (2) objetividade, neutralidade e coerência na aplicação do Direito Penal. (BURCHARD, Christoph. Artificial Intelligence as the End of Criminal Law? On the Algorithmic Transformation of Society. In: ANTUNES, Maria João; SOUSA, Susana Aires de. *Artificial Intelligence in the economic sector prevention and responsibility*. Coimbra: Instituto Jurídico Faculdade de Direito da Universidade de Coimbra. 2021. pp. 175-184).

[32] Para melhor compreensão ver: RODRIGUES, Anabela Miranda. A questão da pena e a decisão do juiz – entre a dogmática e o algoritmo. In: RODRIGUES, Anabela Miranda (coord). *A Inteligência Artificial no Direito Penal*. Coimbra: Almedina, 2022a, pp. 223-.229.

[33] Para melhor compreensão ver: RODRIGUES, 2022a, pp. 223-.229.

criminal já é viável verificar não apenas riscos, mas alguns problemas que já demandam enfrentamento, como violações de direitos humanos, viés discriminatório, *black box*, privatização da Justiça Penal e a impossibilidade (ou dificuldade) de contestação dos resultados advindos de um sistema de IA.

3.1. Direitos humanos e o viés discriminatório do algoritmo

O primeiro problema que a IA enfrenta é violação dos Direitos Humanos, principalmente quanto ao viés discriminatório que pode ser adotado pelo algoritmo. Percebe-se que o enviesamento discriminatório não é uma discussão fácil, pois a princípio parece se tratar de um problema de *input*, ou seja, se os dados fornecidos aos algoritmos contiverem padrões discriminatórios, o *output* também seguirá esse padrão. No entanto, há uma segunda hipótese, quando se trata do chamado *black box*, quando se está diante de uma opacidade do sistema, isso é, quando a decisão da máquina não pode ser rastreada.[34]

No que tange ao enviesamento do algoritmo, Vicente Chiao afirma que o enviesamento em si já existe no próprio sistema criminal tradicional. O autor ressalta que o sistema criminal compreende uma série de atos, que começa na esfera policial até a sentença final da pessoa investigada.[35] Desse modo, se a política pública criminal, ou as ações que são tomadas por diversos serventuários do sistema, contiverem um viés racista, machista, ou homofóbico, os resultados serão medidos com o mesmo teor, independentemente de serem tomadas decisões provenientes do algoritmo ou de um juiz humano.

O autor exemplifica que o crime de drogas é praticado por pessoas brancas e negras em índices semelhantes. No entanto, segundo o autor, se as pessoas negras sofrerem maior intervenção policial, consequentemente, serão elas as detidas e presas com maior frequência. E isso implicará em todo o processo criminal, visto que diversos atos processuais, a exemplo de decisão judicial acerca da concessão de fiança e a sentença criminal,

[34] Assunto a ser debatido no item 3.2 deste trabalho.

[35] CHIAO, Vincent. Fairness, accountability, and transparency: notes on algorithmic decision-making in criminal justice. In: *International Journal of Law in Context*. Cambridge University Press. Disponível em: https://doi.org/10.1017/S1744552319000077, n. 15, 2019, pp. 127-129.

tomarão em consideração o histórico criminal do acusado. Dessa forma, independentemente de a decisão ser tomada pelo algoritmo ou por uma pessoa humana, no exemplo indicado, a pessoa negra terá penas mais duras e fiança mais altas.[36]

Ocorre que no sistema de IA utilizado no processo de tomada de decisão na esfera criminal, embora não utilize a raça como uma variável, inclui diversas variáveis que estão relacionadas com a raça do indivíduo, como por exemplo o local de residência.[37] Assim, ao invés de uma política punitiva baseada nas causas do crime e no indivíduo criminoso, tem-se uma política punitiva que se baseia no "grupo de risco em que o indivíduo se insere, para o incapacitar, vigiar e controlar".[38]

A organização ProPublica[39] avaliou um dos softwares do sistema criminal americano: COMPAS[40]. Durante a pesquisa, 10 mil casos foram verificados. Então, a organização avaliou comparativamente os casos, e concluiu que o algoritmo criava injustiças. A pesquisa revelou que o programa apontava pessoas negras como pessoas com maior risco à reincidência. Colocou-se, lado a lado, casos semelhantes entre pessoas brancas

36 CHIAO, 2019, pp. 127-129.

37 RODRIGUES. 2022a, pp. 233.

38 RODRIGUES. 2022a, pp. 234.

39 A ProPublica é uma organização sem fins lucrativos, fundada em 2007-2008, que produz jornalismo investigativo, que tem como missão "expor abusos de poder e traições à confiança do público por parte do governo, empresas e outras instituições, usando a força moral do jornalismo investigativo para estimular a reforma por meio da divulgação contínua de irregularidades." (tradução livre. *"To expose abuses of power and betrayals of the public trust by government, business, and other institutions, using the moral force of investigative journalism to spur reform through the sustained spotlighting of wrongdoing"*). (https://www.propublica.org/)

40 COMPAS (*Correctional Offender Management Profiling for Alternative Sanctions*) é um sistema de "avaliação de risco com base estatística desenvolvida para avaliar muitos dos principais fatores de risco e necessidade em populações correcionais adultas e para fornecer informações para orientar as decisões de colocação" (trdução livre).*"statistically based risk assessment developed to assess many of the key risk and need factors in adult correctional populations and to provide information to guide placement decisions"*. (EQUIVANT. *Practitioner's Guide to COMPAS Core.* 2019. Disponível em: https://www.equivant.com/wp-content/uploads/Practitioners-Guide-to-COMPAS-Core-040419.pdf. Acesso em: 15 jan. 2023.). No decorrer deste trabalho trataremos do caso *State vs. Loomis* (2013), do Supremo Tribunal de Wisconsin, que utilizou o sistema COMPAS.

e pessoas negras, e se verificou que o algoritmo apontou, sem justificativa aparente, um risco mais elevado para pessoas negras.[41]

Diante da possibilidade da discriminação pelo algoritmo, Lucas Cortizo sugere que uma das formas para se evitar um algoritmo enviesado é "a formação de grupos de desenvolvimento mais plurais".[42] A construção da tecnologia por grupos de pessoas de diversas origens, gêneros, raças e credos pode evitar um direcionamento preconceituoso. Segundo o autor, essa seria uma forma de prevenir a discriminação, mas ressalta que não seria suficiente para evitá-la, pois considera que todo sistema tem falhas.

A IA é uma construção humana. Os algoritmos são criados e programados por pessoas. Dessa forma, mesmo que os dados inseridos estejam corretos, mas que possuam certa tendência acerca de determinadas pessoas ou grupos, o algoritmo reproduzirá esta discriminação.[43] Dessa forma, se homens apresentarem maior índice de encarceramento, o algoritmo pode deduzir que eles são mais perigosos que as mulheres, sem levar em conta outros fatores como, por exemplo, que os homens sofrem mais abordagens policiais.

Independe de como o viés discriminatório é adotado pela máquina, certo é que este deve ser combatido e extirpado. A discriminação fere a igualdade e deve ser perseguida, principalmente pelo sistema de justiça, pois as pessoas têm direito a serem julgadas individualmente e não pelo grupo a quem pertençam, sob pena de colocar em xeque o princípio da igualdade e da justiça.[44]

3.2. *Black Box* – opacidade dos fundamentos

O segundo problema é a opacidade da máquina, o que se denomina *black box*, que ocorre quando o algoritmo toma uma decisão que não é passível de rastreio. O *black box* é a opacidade "associada a técnicas de inteligência artificial que atuam com autonomia, sem que se consiga determinar ou

[41] LARSON, Jeff; MATTU, Surya; KIRCHNER, Lauren; ANGWIN, Julia. *How we analyzed the COMPAS recidivism algorithm*. Propublica, 23 maio 2016. Disponível em: https://www.propublica.org/article/how-we-analyzed-the-compas-recidivism-algorithm. Acesso em: 15 jan. 2023.

[42] CORTIZO, 2021, pp. 107-109.

[43] MOREIRA, Teresa Coelho. A discriminação algorítmica. In: *Questões Laborais*. ano XXVIII, nº 58, jan-jun 2021. pp. 96.

[44] RODRIGUES. 2022a, pp. 233.

explicar o processo que leva a máquina a alcançar determinado *output* (*"act unexplainably"*)". Dessa forma, quanto maior for a complexidade do sistema algorítmico, maior será a opacidade, já que a falta de transparência não permite determinar o modo pelo qual o sistema chegou a determinado resultado.[45] Isso ocorre porque a máquina tem a habilidade de aprender por si, com a contribuição dos dados fornecidos em sua origem, mas também com o seu próprio funcionamento, a partir de sua própria experiência.[46]

Nesse quesito, Anabela Miranda Rodrigues afirma que esse problema acontece "porque habitualmente estes sistemas inteligentes são produtos comprados de empresas privadas que, por razões que facilmente se advinham, não querem ver revelados os segredos do seu funcionamento", e, ainda explica que "este é o caso do instrumento COMPAS, construído pela Northpointe (atualmente Equivant), uma companhia com fins lucrativos, não partilhou os dados e os códigos, argumentando que eram propriedade sua".[47] Essa situação gera outro problema: a privatização da justiça penal.

3.3. Privatização da Justiça Penal

O terceiro problema é a privatização da justiça penal. A dependência das empresas privadas para o funcionamento da justiça penal pode gerar diversos problemas ao longo do processo, e até comprometer a sua constitucionalidade.

A empresa privada de tecnologia é quem detém a propriedade do seu sistema e do código de processamento da máquina. Esse foi o problema que ocorreu no caso *State vs. Loomis*, nos Estados Unidos da América, que gerou um conflito entre o direito de defesa de poder contestar a decisão judicial *versus* o direito de propriedade intelectual da empresa proprietária do sistema, detentora do segredo do *software*, e, portanto, do funcionamento do algoritmo que gerou a decisão.[48]

O caso *State vs. Loomis* (2013), do Supremo Tribunal de Wisconsin, utilizou o sistema COMPAS (*Correctional Offender Management Profiling for Alternative Sanctions*), que é uma tecnologia de avaliação de risco,

[45] SOUSA, 2022, p. 62, pp. 66-67.

[46] WINSTON, 1993, pp. 10.

[47] RODRIGUES, 2022a, pp. 231-232.

[48] RODRIGUES, 2022b, pp. 25-26.

desenvolvida pela empresa Northpointe.[49] No caso, Eric Loomis foi acusado de "*drive-by shooting*"[50]. O acusado confessou ter cometido dois crimes dos quais estava sendo acusado, mas negou participação no tiroteio. O Tribunal de primeira instância determinou um "*presentencing investigation reports*" (PSIs), pela avaliação do COMPAS, baseada na entrevista (questionário) e no registro criminal do acusado. O sistema apontou *Loomis* como de "alto grau de reincidência", considerando-o como de "alto risco para a comunidade". O tribunal então o condenou à pena de 6 anos de prisão e 5 anos de "*extended supervision*".[51]

O acusado recorreu da decisão, oportunidade na qual alegou violação ao princípio do devido processo legal, visto que o sistema COMPAS fornece dados acerca de grupos e que a metodologia utilizada para fazer os relatórios é um segredo comercial, e, que, portanto, o Tribunal havia infringido o seu direito a uma sentença individualizada e com informações precisas.

E, ainda alegou que a sentença considerou inconstitucionalmente o gênero para a tomada de decisão, visto que a avaliação de risco levou a

[49] COMPAS é um sistema de "avaliação de risco com base estatística desenvolvida para avaliar muitos dos principais fatores de risco e necessidade em populações correcionais adultas e para fornecer informações para orientar as decisões de colocação. Ele visa atingir esses objetivos, fornecendo medição válida e organização concisa de importantes dimensões de risco/necessidade. A Northpointe reconhece a importância do gerenciamento de casos e apoia o uso do julgamento profissional juntamente com a avaliação de risco/necessidade atuarial. Após a avaliação, outro objetivo é ajudar os profissionais com o desenvolvimento/implementação do plano de caso e o suporte geral ao gerenciamento de caso" (tradução livre). *"statistically based risk assessment developed to assess many of the key risk and need factors in adult correctional populations and to provide information to guide placement decisions. It aims to achieve these goals by providing valid measurement and concise organization of important risk/need dimensions. Northpointe recognizes the importance of case management and supports the use of professional judgment along with actuarial risk/need assessment. Following assessment, a further goal is to help practitioners with case plan development/implementation and overall case management support"*. (EQUIVANT. *Practitioner's Guide to COMPAS* Core. 2019. Disponível em: https://www.equivant.com/wp-content/uploads/Practitioners-Guide-to-COMPAS-Core-040419.pdf. Acesso em 15 jan. 2023).

[50] *Drive-by shooting* é um tipo de agressão que geralmente envolve o(s) perpetrador(es) disparando uma arma de dentro de um veículo motorizado e depois fugindo.

[51] State vs. Loomis: Wisconsin Supreme Court Requires Warning before use of Algorithmic Risk Assessments is Sentencing. 881 N. W. 2d 749 (Wis. 2016). *Havard Law Review*. n. 130. mar. 2017, pp. 1530-1537. Disponível em: https://harvardlawreview.org/print/vol-130/state--v-loomis/. Acesso em: 15 jan. 2023, pp. 1530-1537.

variável do gênero para composição do relatório. O Tribunal indeferiu o recurso, pois considerou que a avaliação de risco se baseava no histórico criminal do acusado e das suas respostas ao questionário. O Tribunal pontuou também que a avaliação do risco foi apenas um dos elementos entre tantos outros que formaram a convicção do juiz.[52]

A partir desse caso, aponta-se alguns problemas do sistema de inteligência que atua na tomada de decisão na esfera criminal, quais sejam: a possibilidade de um enviesamento discriminatório do algoritmo e o sigilo do código de funcionamento do algoritmo. No caso relatado, a princípio, não se tratou de um *black box*, visto que o problema não se referiu a uma opacidade do sistema, mas de um sigilo de software. Ficou assente que "a metodologia por trás do COMPAS é um sigilo comercial, apenas as estimativas de risco de reincidência são relatadas ao tribunal".[53]

A organização jurídico-constitucional do Estado, baseada na separação dos poderes, confere a função jurisdicional ao Poder Judiciário. Desse modo, não se pode ter a delegação dessa função, em maior ou menor grau, para as empresas privadas de tecnologia. Nesse ponto, Rui Caria, de modo crítico, aponta que o Tribunal detinha um contrato com a empresa desenvolvedora do sistema COMPAS, no valor de $1.765.334, de modo que não poder-se-ia dizer que o Tribunal julgou de forma imparcial o caso em questão.

Ainda, diante da violação ao princípio do contraditório, que não apenas a defesa, mas o próprio Juiz, não teve acesso às informações que foram os fundamentos da decisão, de modo que "o Tribunal não pode fazer ressaltar as razões da condenação quando ele próprio não teve acesso total às informações que serviram de base à sua fundamentação".[54]

O uso da tecnologia não pode afastar a independência dos Tribunais, significa dizer "que qualquer delegação do poder judicial numa ferramenta de inteligência artificial deverá passar pelo escrutínio democrático". Para isso, deve ser entendido que os códigos de funcionamento precisam ser

[52] State v. Loomis. Havard Law Review, 2017, pp. 1531-1532.

[53] Tradução livre. *"As the methodology behind COMPAS is a trade secret, only the estimates of recidivism risk are reported to the court."* (State v. Loomis. Havard Law Review, 2017, pp. 1531)

[54] CARIA, 2022, pp. 249, 253-254.

abertos de modo a contribuir para a detecção de defeitos, e consequente correção e melhoria do sistema.[55]

Quanto à independência do Poder Judiciário, a utilização de algoritmos no processo de tomada de decisão, principalmente na fase de sentença, deixará a cargo de técnicos, seja de empresa privada ou de algum ente estatal, o desenvolvimento e manutenção do sistema. Ainda que se trate de um técnico no Poder Judiciário, o conteúdo das resoluções provenientes dos algoritmos não estará nas mãos do Juiz, e sim dos técnicos que o programam.

Jordi Nieva Fenoll demonstra preocupação com possíveis ideologias ou vieses que podem ser inseridos pelos técnicos no desenvolvimento da máquina. Em razão disso, o autor sugere a criação de uma organização de controle composta por juristas e técnicos de IA, que cuide do controle do funcionamento dos algoritmos judiciais, para que o algoritmo esteja sempre em bom funcionamento, de acordo com o ordenamento jurídico.[56]

Por outro lado, o uso do sistema tecnológico pode criar no juiz a tendência de se desresponsabilizar pela decisão, visto que a decisão tomada pode ser atribuída, pelo menos em parte, a outrem (no caso a

[55] CARIA, 2022, pp. 262-263.

[56] "Além disso, outro problema agregado é que geralmente os técnicos que desenvolvem o algoritmo serão ou pertencentes a uma empresa privada controlada direta ou indiretamente pelo governo, ou serão funcionários do próprio poder executivo. Mas, mesmo que fossem do judiciário, o problema seria o mesmo. Sua contratação pode ser condicionada por sua ideologia ou, pior ainda, pela ideologia de quem os contrata. Jamais seriam juízes, em todo caso, porque nesta matéria são necessários verdadeiros técnicos para desenvolver algoritmos. [...] Por isso vai ser fundamental cuidar muito bem da contratação desses técnicos, para que sejam escolhidas pessoas ideologicamente orientadas para a defesa dos valores democráticos, na medida em que isso for encontrável sem entrar em situações discriminatórias, o que não é fácil". (tradução livre). *"Además, otro problema anadido es que habitualmente los técnicos que elaboren el algoritmo, o bien pertencerán a una empresa privada controlada directa o indirectamente por el gobierno, o bien serán trabajadores del proprio poder ejecutivo. Pero, aunque fueran del poder judicial, el problema sería el mismo. su contratación podría venir condicionada en función de su ideología o, peor aún, en razón de la ideoogía de quienes les contratan. Nunca serían jueces, en todo caso, porque se necesitan auténticos técnicos en esta materia para elaborar algoritmos. [...] Es por ello por lo que va a ser imprescindible cuidar muy bien la contratación de estos técnicos, de manera que se escoja a personas que estén ideologicamente orientadas a la defensa de los valores democráticos, em la medida em que ello sea averiguable sin entrar em situaciones discriminatórias, lo que resulta nada fácil".* (FENOLL, Jordi Nieva. *Inteligencia artificial y processo judicial.* Madrid: Ediciones Jurídicas y Sociales. 2018. pp. 121-125).

máquina). Ou, de outro modo, o juiz ficar influenciado, mesmo que não se perceba, da avaliação feita pelo sistema de IA, haja vista que "que lhes é psicologicamente difícil anular a prognose fornecida pelo algoritmo".[57]

Ademais, o avanço e melhoria dos algoritmos pode gerar, ainda que inconsciente, uma comodidade para o juiz, que passará a confiar cegamente na máquina.[58]

Vicente Chiao indaga se tal situação ocorre de modo diverso no modelo tradicional. O autor faz um estudo comparativo entre as objeções que são lançadas para o uso de IA no processo Criminal e o sistema tradicional. O autor afirma que seria "ingênuo" acreditar que as razões que são dadas na fundamentação da decisão são as que realmente explicam a tomada da decisão, e esclarece que "as disciplinas da psicologia, economia comportamental e neurociência estão fornecendo contas cada vez mais sofisticadas da lacuna entre o que as pessoas dizem, acreditam ou vivenciam e o que elas realmente fazem".[59]

3.4. A impossibilidade de contestar a máquina e o princípio do devido processo legal

Além da falta de acesso ao código fonte do algoritmo, vê-se que advogados, juízes, promotores de justiça não possuem conhecimento técnico para contestar algoritmo.[60] Nesse quesito, Vicente Chiao sugere a solução de haver um órgão regulador especializado para supervisão da máquina e necessárias perícias periódicas.[61] Essa sugestão, sem dúvida, é recomendável ao bom funcionamento da tecnologia.

[57] RODRIGUES, 2022a, pp. 232.

[58] FENOLL, 2018, pp. 121-125.

[59] Tradução livre. "*Even if we do not fully understand the correlations upon which a machine-learning algorithm bases its predictions, we should perhaps wonder how well we understand the reasons why people – including judges, prosecutors, police and others – make the predictions they do. To be sure, you can ask a judge to explain why she granted bail in this case but ordered detention in that one. But it would seem naive to think that the reasons people give publicly always overlap with the reasons that actually explain why they do what they do. Indeed, this would be not just naive, but ill-informed as well, as the disciplines of social psychology, behavioural economics and neuroscience are providing ever more sophisticated accounts of the gap between what people say, believe or experience and what they actually do*". CHIAO, 2019, pp. 136.

[60] CHIAO, 2019, pp. 135.

[61] CHIAO, 2019, pp. 135.

No entanto, o referido autor ainda traz outra preocupação:

> Em contextos onde as decisões são deixadas a critério relativamente não estruturado de um tomador de decisão humano, faz sentido oferecer uma oportunidade para a disputa adversária. No entanto, não se deve assumir que a disputa adversarial continuará a ser igualmente valiosa em contextos onde os algoritmos preditivos acabam sendo substancialmente mais confiáveis do que os tomadores de decisão humanos.[62]

Nesse mesmo sentido, referindo-se ao processo judicial (sem especificamente tratar do processo criminal), Jordi Fenoll, em uma projeção para o futuro, afirma que nos processos judiciais, quando a parte probatória estiver resolvida, em que restar a fase de aplicação da lei, a motivação da decisão deixará de existir. Pois, segundo o autor, a resolução proposta pelo sistema de IA será aceito e será considerado suficientemente justificado, desde que o algoritmo esteja configurado corretamente. Em sua visão, ninguém o contestará.[63]

A verificação constante do algoritmo é essencial ao bom funcionamento do algoritmo, mas não se mostra suficiente para diminuir ou retirar o sistema adversarial, em que existe acusação e defesa.

O algoritmo realiza uma classificação do indivíduo com base nas informações fornecidas por um banco de dados, as quais podem conter erros. À vista disso, o devido processo legal exige a oportunidade de questionar como o indivíduo é classificado pelo algoritmo. Esse questionamento pode incluir não apenas os dados que embasaram a conclusão tomada

[62] Tradução livre. *"In contexts where decisions are left to the relatively unstructured discretion of a human decision-maker, there is some sense to providing an opportunity for adversarial disputation. However, we should not assume that adversarial disputation will continue to be equally valuable in contexts where predictive algorithms turn out to be substantially more reliable than human decision--makers."* (CHIAO, 2019, pp. 135.)

[63] FENOLL, 2018, pp. 117-118, ainda traz outras possibilidades como a expectativa do algoritmo replicar um julgamento para outros casos semelhantes. Alerta que apesar do alarde, afirma que isso já é feito no sistema de justiça com a ferramenta *cut&paste*. E, conclui que a inteligência artificial fará exatamente aquilo que a mente humana já faz, porém de modo mais avançado. A máquina pode realizar o trabalho sem esforço e em um período de tempo muito rápido, de meros segundos.

pelo algoritmo, como também a possibilidade de se questionar a própria configuração do algoritmo.[64]

Em discussão sobre a segurança pública, Oskar J. Gstrein, Anno Bunnik, Andre J. Zwitter afirmam que esta ganha diferentes conotações, em diversas localidades, "em países como a República Popular da China, o 'estado de confiança' parece substituir o 'estado de direito' pela digitalização da aplicação da lei, manifestada através da instalação onipresente de reconhecimento facial, inteligência artificial e PP" (polícia preditiva).[65]

Prevalece-se o Estado de Direito. Não se pode sustentar o fim, nem a redução do devido processo legal. A IA deve "respeitar a pluralidade de valores e escolhas individuais, sem prejudicar compromissos fundamentais sobre os quais o Estado Democrático de Direito se fundamenta, tais como a isonomia e o devido processo legal".[66] Essa é a base do Estado Democrático de Direito. É o devido processo legal que garante a devida penalização, sob pena de se adotar um sistema inquisitorial.

A garantia do processo penal não é apenas um meio de funcionamento do sistema penal, mas é, também, uma expressão do direito à dignidade da

[64] "Uma forma tradicional de expressar essa preocupação é na linguagem do devido processo legal. Na medida em que um algoritmo o classifica é impactante, particularmente nos interesses tradicionais de liberdade, então você tem direito a uma série de direitos processuais – uma audiência oral, convocar testemunhas, contestar as evidências contra você, interrogar e assim por diante. Mas os algoritmos negam esse processo. Eles classificam você com base nas informações fornecidas por um banco de dados – informações que podem ser potencialmente errôneas ou explicadas. Consequentemente, o devido processo exige que você tenha a oportunidade de questionar como você é classificado por um algoritmo. Isso pode incluir não apenas desafiar os dados nos quais a classificação se baseia, mas também desafiar o design do próprio algoritmo". (tradução livre) *"A traditional way of expressing this concern is in the language of due process. Insofar as how na algorithm classifies you is impactful, particularly on traditional liberty interests, then you are entitled to a range of procedural rights – an oral hearing, to call witnesses, challenge the evidence against you, cross-examine and so forth. But algorithms deny you that process. They classify you based on information fed into it by a database – information that may potentially be erroneous or explained away. Consequently, due process requires giving you an opportunity to challenge how you are classified by an algorithm. This may include not only challenging the data on which the classification is based, but also challenging the design of the algorithm itself"*. (CHIAO, 2019, pp. 134)

[65] Tradução livre. *"In countries such as the People's Republic of China the 'rule of trust' seems to replace the 'rule of law' with the digitalisation of law enforcement, manifested through the omnipresent installation of facial recognition, artificial intelligence and PP"*. (GSTREIN; BUNNIK; ZWITTER, 2019, pp.81.)

[66] EHRHARDT JÚNIOR; SILVA, 2020, pp. 315-316.

pessoa humana e do direito à liberdade individual. Não se trata de possibilitar a defesa do acusado por mera formalidade, mas de efetivamente possibilitar a verificação de erros. Não se pode esquecer que o algoritmo é alimentado por dados que podem conter um viés equivocado, bem como é possível que a partir de uma situação não muito clara, o algoritmo chegue a conclusões equivocadas. Como já dito neste trabalho, a IA é uma construção humana, são algoritmos criados e programados por pessoas, e que podem conter falhas.[67]

A dizer "situações não muito claras", pretende-se ter em conta que o algoritmo se baseia nas informações colhidas acerca do indivíduo e dos fatos, que não é linear, guarda complexidades. Um objeto de análise é diferente da análise que é feita do mesmo objeto. Como afirma Mafalda Miranda Barbosa, "a realidade é complexa, aquele caso não surge como um correlato lógico da hipótese normativa".[68]

Pode-se dizer que essa situação não é um problema exclusivo do algoritmo, mas também do sistema tradicional, operado pelo Juiz humano. No entanto, diante da possibilidade de erros, a lei possibilita a defesa do acusado com mecanismos de contestação e recursos. No sistema tradicional, ainda que a pessoa que seja presa em flagrante, é garantido o direito à defesa. A oportunidade de defesa é crucial para a realização da Justiça.

O modo como os atos são realizados no sistema Criminal guardam particularidades. Os detentores de autoridade têm vantagem sob o acusado e a defesa, não apenas pela autoridade que exercem – pois são eles os condutores da investigação –, mas também pela estrutura estatal que possuem. Parece que a era tecnológica vem a intensificar essa discrepância.

No sistema tradicional, por exemplo, na investigação de um crime de tráfico de drogas é a polícia, com o aparato pericial, que vai aferir a substância e a quantidade de entorpecente. Nesse quesito, a produção de prova em contrário é difícil de se obter, sendo também rara a possibilidade de o juiz duvidar da perícia policial. Outro exemplo é a perícia realizada em cena de crimes.

[67] MOREIRA, Teresa Coelho. A discriminação algorítmica. Questões Laborais. ano XXVIII, nº 58, jan-jun 2021, pp. 96.

[68] BARBOSA, 2021, pp. 215.

Em um homicídio, a princípio, apenas a perícia policial participa e obtém as provas para apuração do delito.[69] Não se trata de impossibilidade legal de participação da defesa durante a investigação, mas de dificuldade financeira e técnica do acusado em questionar a perícia. A grande maioria dos crimes é apenas apurado pela polícia, pela dificuldade que se impõe ao cidadão, quando possível, de realizar uma perícia particular.[70] O indivíduo, acusado de um crime encontra diversas dificuldades, como custo financeiro e conhecimento técnico.

Mauro Cappelletti e Bryant Garth[71] no livro *Acesso à Justiça*, apontaram diversos obstáculos que impedem ou dificultam o acesso à justiça, não apenas quanto à possibilidade de pleitear ações, mas de conseguirem resultados justos. Os autores apontam, entre outros fatores, os recursos financeiros e a discrepância econômica entre as partes envolvidas no processo. A questão algorítmica parece agravar a situação do acusado. Essa situação afronta o princípio da igualdade de armas.[72]

Uma das maiores preocupações com o uso do algoritmo, em diversos ramos do Direito, e especialmente no Direito Penal, pela relevância dos bens jurídicos envolvidos, é que podem ser tendenciosamente injusto. E para que essa situação não ocorra, a garantia do devido processo legal é a base para a viabilidade do funcionamento do algoritmo no processo criminal.

4. Breve abordagem normativa

As decisões judiciais tomadas com o auxílio de IA (como foi o caso *State vs. Loomis*) envolvem a discussão de direitos processuais, em conjunto com direitos fundamentais, bem como faz alusão a questão do tratamento de dados pessoais do indivíduo acusado, visto que o sistema inteligente coleta

[69] Perícias no corpo de delito e no local do crime, como em vestígios de sangue, DNA, exame balístico, etc.

[70] Nem todo crime é possível de ser feita uma perícia posterior. No caso de drogas, uma quantidade da substância fica armazenada para futuras perícias, ou no caso da Balística é possível repeti-la. Mas perícias em local de crime, na grande maioria das vezes é encerrada pelo tempo.

[71] CAPPELLETTI, Mauro; Garth, Bryant. *Acesso à Justiça*. Tradução de Ellen Gracie Northfleet. *Acess to Justice: the worldwide Movement to make rigths effective* (1978). Porto Alegre: SAFE, 1998. pp. 21-22.

[72] RODRIGUES, 2022b, pp. 26/27.

e trata dados referentes ao acusado. E, no que tange ao tratamento de dados, alguns aspectos podem ser observados no Regulamento Geral de Proteção de Dados (RGPD).[73]

Uma solução normativa trazida por Rui Caria que abarca os limites e requisitos apontados neste trabalho, é a possibilidade de utilizar o RGPD.[74] O art. 22 da RGPD[75] prescreve que "o titular dos dados tem o direito de não ficar sujeito a nenhuma decisão tomada exclusivamente com base no tratamento automatizado, incluindo a definição de perfis, que produza efeitos na sua esfera jurídica ou que o afete significativamente de forma similar". Ademais, o item 3 do referido artigo determina que:

> (...) o responsável pelo tratamento aplica medidas adequadas para salvaguardar os direitos e liberdades e legítimos interesses do titular dos dados, designadamente o direito de, pelo menos, obter intervenção humana por parte do responsável, manifestar o seu ponto de vista e contestar a decisão.[76]

Essa previsão normativa pode garantir o direito ao contraditório, aos direitos e liberdades do acusado, bem como de intervenção humana na decisão.[77]

Quanto à essa visão normativa, Carlos María Romeo Casabona afirma que o RGPD europeu adota posição diversa daquela aceita nos tribunais americanos (EUA). O autor explica que a RGPD proíbe "a tomada de decisão baseada apenas no processamento automatizado de dados e na criação de perfis, que podem ter efeitos jurídicos ou outros semelhantes para o interessado".[78]

[73] CASABONA, Carlos María Romeo. Inteligencia artificial: predictividad y justicia penal. In: DUPUY, Daniela; CORVALÁN, Juan G.; KIEFER, Mariana. *Cibercrime III.* Madrid: BDF. 2020. pp. 200-201.

[74] CARIA, 2022, pp. 261-262.

[75] PARLAMENTO EUROPEU. *Regulamento Geral sobre a Proteção de Dados.* 2016. Disponível em: https://eur-lex.europa.eu/legal-content/PT/TXT/HTML/?uri=CELEX:32016R0679&from=PT#d1e2479-1-1. Acesso em: 15 jan 2023.

[76] PARLAMENTO EUROPEU. *Regulamento Geral sobre a Proteção de Dados.* 2016. Disponível em: https://eur-lex.europa.eu/legal-content/PT/TXT/HTML/?uri=CELEX:32016R0679&from=PT#d1e2479-1-1. Acesso em: 15 jan 2023.

[77] CARIA, 2022, p. 261-262.

[78] CASABONA, 2020, p. 200-201.

Ademais, conforme se extrai do art. 22, RGPD, citado acima, aponta-se duas prescrições, quais sejam: o direito à informação, isto é, o direito à explicação; e o direito à informações acerca do funcionamento, da lógica aplicada no processamento dos dados. Nesse contexto, "a lógica aplicada refere-se, no mínimo, ao processo causal seguido para que o resultado do tratamento dos dados tenha oferecido uma determinada proposta de tomada de decisão e não outra".[79]

No entanto, Rui Caria ressalta que o uso do RGPD nas situações de uso de inteligência pode não ser pacífico no âmbito do processo criminal, visto que seu regulamento se refere a outra área do direito.[80]

Quanto à normativa da matéria, impõe-se um olhar às diretrizes da União Europeia: a Convenção Europeia dos Direitos Humanos (CEDH), a Carta dos Direitos Fundamentais da União Europeia (CDF), a Carta Ética Europeia sobre o Uso da IA em Sistemas Judiciais e seu Ambiente[81], bem como a Resolução do Parlamento Europeu, de maio de 2022, sobre IA na era digital.

A CEDH, determina, dentre outros direitos, o direito a um processo equitativo (art. 6º) e a proibição de discriminação (art. 14).[82] Por sua vez, a Carta dos Direitos Fundamentais da União Europeia (CDF), nos artigos 20 e 21, discorre acerca do direito à igualdade e à não discriminação, bem como nos artigos 47 e 48 estabelecem o direito a um tribunal imparcial, à presunção de inocência e o direito à defesa.

A Carta Ética Europeia traz cinco princípios: princípio do respeito dos direitos fundamentais (garantir que a concessão e a implementação de instrumentos e serviços de IA sejam compatíveis com os direitos fundamentais); princípio da não discriminação (prevenir especificamente o desenvolvimento ou a intensificação de qualquer discriminação entre indivíduos ou grupos de indivíduos); princípio da qualidade e da segurança (no que diz respeito ao tratamento de decisões e dados judiciais, utilizar fontes certificadas e dados intangíveis com modelos concebidos de

[79] CASABONA, 2020, p. 200.

[80] CARIA, 2022, p. 261-262.

[81] COMISSÃO EUROPEIA PARA EFICÁCIA DA JUSTIÇA. *Carta Ética Europeia sobre o Uso da Inteligência Artificial em Sistemas Judiciais e seu ambiente.* 2018 Disponível em: https://rm.coe.int/carta-etica-traduzida-para-portugues-revista/168093b7e0. Acesso em: 15 jan. 2023

[82] COMISSÃO EUROPEIA. *Convenção Europeia dos Direitos do Homem.* 1950. Disponível em: https://www.echr.coe.int/documents/convention_por.pdf. Acesso em: 15 jan 2023.

forma multidisciplinar, em ambiente tecnológico seguro); princípio da transparência, imparcialidade e equidade (a fim de tornar os métodos de tratamento de dados acessíveis e compreensíveis, autorizando, até mesmo, auditorias externas); e princípio sob controle do usuário.

No que tange ao princípio dos direitos fundamentais pelo uso de algoritmos no âmbito do processo penal, a Carta prescreve que é essencial garantir o princípio da paridade de armas, presunção de inocência, a capacidade de contestar a "validade científica de um algoritmo, a ponderação atribuída aos seus vários elementos e as conclusões erradas".

A Resolução do Parlamento Europeu, de maio de 2022, traz um tópico sobre segurança que trata da IA na aplicação da lei. Esse tópico faz um alerta quanto a possíveis danos que podem ser provocados pelos algoritmos, mormente quanto à discriminação e a tratamentos ilícitos. E, ao final do documento, destaca a importância de se alcançar respostas aos problemas da IA frente aos direitos humanos, visto que os direitos fundamentais devem ser protegidos em todos os seus aspetos.[83]

Por fim, a Carta Branca trabalha seis requisitos para a aplicação de IA de alto risco: dados de treino; conservação de registros e de dados; prestação de informações; robustez e exatidão; supervisão humana; e requisitos específicos para determinadas aplicações de IA, tais como as utilizadas para fins de identificação biométrica à distância.

Com relação à transparência, o documento ressalta a necessidade de conservar os dados e manter a transparência, para que "sejam prestadas informações adequadas, de forma proativa, sobre a utilização de sistemas de IA de alto risco", e acrescenta que "sejam fornecidas informações claras sobre as capacidades e limitações dos sistemas de IA".[84]

Diante da normativa europeia, não se coloca em dúvida a aplicação de direitos fundamentais no contexto de IA. No entanto, Oskar J. Gstrein, Anno Bunnik, Andre J. Zwitter ressaltam que "o que isso significa na prática permanece pouco claro devido à redação abstrata e geral dos

[83] PARLAMENTO EUROPEU. *Resolução do Parlamento Europeu sobre inteligência artificial na era digital*. 2022. Disponível em: https://www.eurcparl.europa.eu/doceo/document/TA-9-2022-0140_PT.html. Acesso em:15 jan 2023.

[84] COMISSÃO EUROPEIA. *Livro Branco sobre a inteligência artificial – uma abordagem europeia virada para a excelência e a confiança*. 2020. Disponível em: https://op.europa.eu/pt/publication-detail/-/publication/ac957f13-53c6-11ea-aece-01aa75ed71a1. Acesso: 15 jan 2023.

princípios de direitos humanos em nível global e europeu". E esclarecem que "embora se concorde que os direitos humanos são aplicáveis à digitalização da aplicação da lei, não está claro como isso deve ser interpretado em detalhes".[85]

As tecnologias de inteligência se fundamentam em dois vetores, como a racionalidade e a eficácia do resultado. Entretanto, importante ter em vista que "a criminalidade não decresceu e a população prisional continua a aumentar, por um lado; por outro lado, as disparidades na determinação da medida concreta da pena não desapareceram".[86]

Para o uso da IA no processo criminal é necessário levar em consideração que "um conceito como de risco não é neutro ou unidimensional", o que se reflete no uso da tecnologia. Bem como deve ser levado em conta estudos que apontam os erros e o baixo desempenho dos sistemas de IA, até o momento, no processo criminal.[87]

[85] Tradução livre. "However, what this means in practice remains rather unclear due to the abstract and general wording of human rights principles on the global and European level. In other words, while it is agreed that human rights are applicable to the digitalisation of law enforcement, it is nuclear how they should be interpreted in detail." (GSTREIN; BUNNIK; ZWITTER, 2019, pp. 80).

[86] Anabela Miranda Barbosa retrata que a eficiência está mais relacionada às determinações de política criminal, sendo possível a utilização da tecnologia como instrumento desta política, mas reforça que não é a tecnologia que cumpre o papel de gerar eficiência, pois ela está em função da política criminal. E, assim, "em política criminal, a otimização dos resultados deve ser limitada por garantias que tornam ontológica e essencialmente inalcançáveis e inaceitáveis determinados vértices de eficácia. É a política, não é a tecnologia – no caso, a orientação política criminal em que essa se inscreve – que é responsável por criar um sistema de justiça penal fortemente punitivo ou seletivo. Transformar este sistema é uma tarefa política e não tecnológica. E nessa transformação, a tecnologia pode, afinal, ter um papel importante a desempenhar. Com poder político, os algoritmos que ajudam a sustentar a prisão, além disso seletiva e discriminatória, podem ser reorientados como instrumentos de apoio designadamente, a uma prisão menos excludente." (RODRIGUES. 2022a, pp. 239-240).

[87] A organização PropPublica apontou um acerto de apenas 20% nas reincidências violentas, e de 61% de reincidência genérica. (LARSON; MATTU; KIRCHNER; ANGWIN, 2016). Outro estudo realizado acerca do COMPAS concluiu que esse sistema não possui rigor suficiente para atuação no processo criminal. O referido estudo afirma que "uma pequena multidão de não especialistas é tão precisa quanto o COMPAS na previsão de reincidência" ("a small crowd of nonexperts is as accurate as COMPAS at predicting recidivism". DRESSEL, Julia; FAIRD, Hany. The accuracy, fairness, and limites of predicting recidimism. In: *Science Advances*. Vol. 4. n. 1. 2018, pp.2).

Não se nega a possibilidade da IA atuar no processo judicial criminal, desde que esteja de acordo com o sistema criminal, principalmente quanto aos direitos humanos e princípios processuais penais.

Para isso, um dos aspectos, é que o sistema de IA seja apenas uma ferramenta de auxílio, que recomenda determinadas decisões. Uma Justiça que utiliza o algoritmo no auxílio de suas decisões não pretende substituir o Direito, mas fomentar a igualdade para realização da justiça, tratando casos semelhantes de forma similares, visando reduzir pré-conceitos individuais.[88]

A condenação de um acusado, e consequentemente a determinação da responsabilidade criminal do indivíduo, somente pode ser imputada ao acusado mediante o devido processo legal. Nesse sentido, Oskar J. Gstrein, Anno Bunnik, Andre J. Zwitter ressaltam que:

> Finalmente, em um tribunal todas as provas apresentadas precisam ser acessíveis e verificáveis pelo juiz e pelo acusado. Fornecer resultados de uma caixa preta que determina culpa, inocência, probabilidade de reincidência etc., sem possibilidade de recurso, fere princípios jurídicos fundamentais, como a igualdade de armas e o acesso às provas pelas três instâncias, o juiz, o público promotor e o acusado. Isso reduz o sistema de justiça a um processo semelhante a uma inquisição em que apenas o algoritmo e possivelmente o especialista em TI poderão entender os processos de tomada de decisão.[89]

Os problemas aqui traçados precisam encontrar respostas que garantam o respeito ao devido processo legal, bem como aos direitos fundamentais.[90] Depara-se com necessidade de maior regulação normativa da matéria,

[88] RODRIGUES, 2022b, pp. 24.

[89] Tradução livre. "*Finaly, in a court of law all evidence presented needs to be acessible t verifiable by the judge and the accused. Providing results of a black box that determines over guilt, innocence, likelihood of recidivism etc., without the ability of recourse, undermines fundamental legal principles such as the equality of arms and the access to evidence by all three instances, the judge, the public prosecutor and the accused. This reduces de justice system to an inquisition-like process in which only the algorithm and possibly the IT expert will be able to understand the processes of decision making.*" (GSTREIN; BUNNIK; ZWITTER, 2019, pp. 83-84.)

[90] RODRIGUES, 2022a, p. 235.

especificamente do modo como a IA poderá funcionar.[91] Diante dos avanços que a IA já fez no campo do sistema de justiça e da esfera penal, não haverá como escapar, resta necessária uma regulamentação concreta e efetiva específica para o tratamento na esfera do sistema de justiça criminal.[92]

5. Limites: requisitos para o uso confiável da inteligência artificial

A utilização de IA para prever e prevenir o crime já é, atualmente, uma realidade em alguns países e possivelmente será utilizada ao redor do mundo. No entanto, é necessário que a "máquina" tenha requisitos e limites bem delimitados para que seu uso seja confiável. A questão que se impõe à atuação preditiva do sistema criminal é a observância à ética e aos direitos constitucionais e legais, isso é, a todo o arcabouço legal que envolve o direito penal.[93]

Nesse aspecto, importante que haja limites e/ou requisitos a serem observados para o uso da IA na esfera criminal. Durante o estudo acerca do tema, bem como do estudo dos problemas já apresentados, aponta-se quatro requisitos fundamentais: 1) respeito aos direitos e garantias fundamentais e ao devido processo legal; 2) transparência; 3) perícias e auditorias frequentes; 4) interação humana.[94]

[91] As normativas europeias trazidas acima discorrem acerca de recomendações gerais do uso de Inteligência Artificial. No entanto, conforme dito por GSTREIN; BUNNIK; ZWITTER, "devido à redação abstrata e geral dos princípios de direitos humanos em nível global e europeu" não parece claro como isso deve proceder. (GSTREIN; BUNNIK; ZWITTER, 2019, p. 80).

[92] Tradução livre. *"Artificial intelligence (AI) and criminal law" is not science fiction. In light of the "digital revolution" permeating all areas of life, neither law in general nor criminal law in particular can escape the influences of AI. As far as AI is already taken into consideration by criminal law scholars, it is traditionally (especially in Germany) considered as an area potentially in need of regulation and also capable of regulation"*. BURCHARD, 2021, pp. 166.

[93] GSTREIN; BUNNIK; ZWITTER, 2019, pp. 78-79.

[94] De forma semelhante, Casabona sugere 5 princípios básicos para utilização da inteligência artificial no sistema de justiça: "1. Principio de respeto de los derechos fundamentales: garantizar que el diseño y la aplicación de los instrumentos y servicios de inteligência artificial son compatibles com los derechos fundamentales. 2) Principio de no discriminación: prevenir especificamente el desarrollo o internsificación de cualquier discriminacióon entre indivíduos o grupos de indivíduos. 3) Principio de calidad y seguridade: em lo que respecta a la tramitación de los expedientes judiciales, decisiones y datos, utilizar fuentes certificadas

O primeiro requisito para o uso da IA no processo criminal é o respeito aos Direitos e Garantias Fundamentais e aos Princípios Constitucionais.[95] A relevância dos Direitos fica evidenciada no art. 2 da *"The Treaty on European Union"*.[96] A União Europeia é baseada em valores de respeito pela dignidade humana, liberdade, democracia, igualdade, respeito à lei e aos direitos humanos, incluindo o direito às minorias, pluralismo, não-discriminação, tolerância, justiça, solidariedade e igualdade de gênero.

No entanto, acerca da aplicação dos Direitos Humanos, Oskar J. Gstrein, Anno Bunnik, Andre J. Zwitter[97] explicam que não há dúvidas quanto à aplicação destes na esfera digital, no entanto aponta uma preocupação no que se refere ao modo de como isso irá proceder.[98]

O devido processo legal é um princípio essencial do direito processual penal, através do qual gera "confiança dos interessados nas decisões de conformação ou orientação processual", que não pode sofrer limitação ou redução. Os demais princípios da prossecução penal também devem ser observados, principalmente quanto ao princípio do contraditório, que devem ter espaço para apresentar suas razões da acusação e da defesa.[99] O art. 32, nº 1 e 5º, da Constituição da República Portuguesa ressalta o princípio do contraditório, bem como está previsto no art. 327 do Código de Processo Penal.

Dentre os princípios conformadores do processo penal, outro que ganha relevância em sede de sistemas de inteligência dentro do processo criminal é o princípio da individualização da pena. A pena possui finalidade de prevenção geral, prevenção especial quanto à reincidência e reabilitação do indivíduo, e de retribuição. Ocorre que os sistemas de IA operam mediante

y datos inangibles com modelos concebidos de forma multidisciplinar. 4) Principio de transparência, imparcialidade y equidade: que el procesamiento de datos se ejecute com métodos accessibles y compreensibles, así como que se autoricen auditorías extrenas. 5)Princípio "bajo control del usuario": impedir um enfoque prescriptivo y garantizar que los usuários sean actores informados y com el control de sus opciones". CASABONA, 2020, pp. 202.

[95] RODRIGUES, 2022b, pp. 31.

[96] UNIÃO EUROPEIA. *The Treaty on European Union*. 2012. Disponível em: https://eur-lex.europa.eu/resource.html?uri=cellar:2bf140bf-a3f8-4ab2-b506-fd71826e6da6.0023.02/DOC_1&format=PDF . Acesso em: 15 jan. 2023.

[97] GSTREIN; BUNNIK; ZWITTER. 2019. pp. 80.

[98] GSTREIN; BUNNIK; ZWITTER. 2019. pp. 80.

[99] CARIA, 2022. pp. 252.

lógica formal, por associação dos dados, que muitas vezes não tem relação com o indivíduo acusado nem com o crime praticado.[100]

O direito penal "é um direito de proteção de bens jurídicos".[101] A Constituição Portuguesa, dentro da ideia de prevenção, acolhe a "proteção de bens jurídicos e à socialização do condenado".[102] Confere-se não apenas a ideia de uma fixação de pena para retribuir o crime, mas a medida da pena deve atender individualmente o acusado.

O segundo requisito é que o algoritmo seja transparente e explicável, ou seja, o acesso ao código fonte ou código de funcionamento do algoritmo deve ser disponível aos usuários. Transparência se relaciona com a parte técnica, que é o que permite saber se a máquina está operando corretamente. E a explicabilidade, de uma forma geral, é quando o sistema inteligente pode apresentar um relato das razões acerca do modo como o algoritmo chegou ao resultado, e esta explicação é compreendida pelas pessoas.[103]

A tomada de decisão do algoritmo precisa ser entendida pelos usuários (juiz, promotor, defensor, e demais pessoas envolvidas no processo criminal). É necessário que o algoritmo expresse a sua decisão de forma a explicar as bases que levaram àquela conclusão, demonstrando transparência no desenvolvimento de suas atividades.[104]

Diante disso, veja que todo o processo penal, não apenas a defesa, mas os juízes e os Tribunais precisam obter acesso às informações que servem de base à fundamentação tomada em conta pelo algoritmo. Isso porque um Tribunal só pode reanalisar, confirmando ou reformando a sentença, se conseguir compreender as bases de fundamento do resultado.

100 O COMPAS faz uma análise de fatores de grupos de indivíduos em situações semelhantes.

101 RODRIGUES. 2022a. pp. 222.

102 CARIA, 2022. pp. 255-256.

103 WARNER, Richard; SLOAN, Robert H. *Making artificial intelligence transparente: fairness and the problem of proxy variables*. Criminal Justice Ethics. Vol. 40. n. 1, pp. 30 s.

104 Nesse sentido Anabela Miranda Rodrigues aponta que "não se deve esquecer o facto, entretanto, de que acessibilidade implica transparência, o que não é uma qualidade inerente aos algoritmos. A opacidade algorítmica é, aliás, uma razão que impede que um processo codificado possa ser valido *ex post* e, por isso, que os seus resultados possam ser explicados e, consequentemente, justificados. Reside neste aspecto – na exigência de transparência que permite a *explicabilidade* do processo de tomada de decisão – uma das grandes questões suscitadas pela aplicação de algoritmos e de sistemas de IA aos processos de decisões em contexto judicial e, em particular, da justiça penal.". RODRIGUES, 2022b, pp. 22.

No entanto, os algoritmos podem gerar decisões não rastreáveis, os denominados *black box*, que não derivam de um código, mas de um conhecimento aprendido pela própria máquina. Ehrhardt Júnior e Gabriel Silva apontam que o princípio da explicabilidade pode encontrar barreiras, pois muitas vezes não se entende o funcionamento da máquina pela existência do *black box*, "compreendida como a ausência de conhecimento acerca da tomada de uma saída ou decisão específica (ou de quais fatores contribuíram para isso)".[105] Como solução a esse problema do sigilo, o Supremo Tribunal de Wisconsin (*State vs. Loomis*) determinou um *warning label*, apresentando as limitações da máquina aos usuários, principalmente quanto à natureza sigilosa do funcionamento do algoritmo.[106]

A opacidade do algoritmo é a razão pelo qual seus resultados não podem ser explicados ou justificados.[107] A explicabilidade abre a possibilidade de contestação pela defesa, mas também de racionalização das decisões. Uma das críticas que Rui Caria apontou na decisão do Supremo Tribunal de Wisconsin no caso *State vs. Loomis* foi o fato de que "o tribunal não pode fazer ressaltar as razões da condenação quando ele próprio não teve acesso total às informações que serviram de base à sua fundamentação".[108] Ou seja, a falta de transparência do resultado do sistema algorítmico não deixa apenas a decisão sem a possibilidade de contestação, mas, também, deixa o Tribunal sem a possibilidade de reanalisar as razões da decisão do juiz primeiro grau, visto que ausente de fundamentação.

O modelo computacional deve ser adequado ao processo judicial a permitir controle. Ocorre que a IA que é capaz de desenvolver novos conhecimentos não é rastreável, não é possível dominar o exato funcionamento do algoritmo.[109] A impossibilidade de acesso ao código de funcionamento da máquina impede a defesa de analisar e poder questionar eventuais objeções, erros, equívocos de processamento, bem como possíveis ponderações equivocadas.[110]

[105] EHRHARDT JÚNIOR; SILVA, 2020, pp. 321.

[106] State v. Loomis. Havard Law Review, 2017, pp. 1531-1537.

[107] RODRIGUES, 2022b, pp. 25.

[108] CARIA, 2022. pp. 249, 253-254.

[109] EHRHARDT JÚNIOR; SILVA, (2020), p. 308.

[110] CARIA, 2022, p. 253.

O controlo do código de funcionamento do algoritmo é essencial tendo em vista que o contraditório, isto é, "contestar os resultados fornecidos por um algoritmo é uma condição básica de um processo de decisão *fair*", a fim de se assegurar *os* direitos fundamentais das pessoas, que é fundamental em um processo penal.[111] Assim, no processo de tomada de decisão do processo judicial criminal, o sistema de inteligência deve ser capaz de apresentar um relatório de seus resultados.

O terceiro requisito é que a máquina passe por perícias e auditorias constantes para verificar o bom funcionamento da máquina a fim de evitar falhas e erros de execução.[112] Deve-se assegurar que o sistema de IA está a cumprir a finalidade para o qual foi criado dentro do mecanismo esperado. Mas, ainda, deve-se ter em mente a possibilidade de aprimoramento da máquina.

Nesse quesito, a possibilidade de contraditório com o código aberto para os usuários permitirá não apenas o exercício de um processo penal justo, mas também o aprimoramento do sistema, que deve corrigir eventuais erros e falhas que sejam apresentados, seja através de erros na base de dados, seja erros que se desenvolvam ao longo do próprio funcionamento da máquina.[113]

O quarto requisito é a interação humana. A máquina deve ser um meio auxiliar, mas é a pessoa responsável que toma a decisão final. Por isso, entende-se que, pelo menos na atualidade, o algoritmo que atue na esfera do sistema criminal sempre seja apenas uma recomendação ao usuário. Ou seja, o algoritmo não toma a decisão por si só. Este deve servir de amparo e meio de auxílio que produz uma recomendação ao usuário.

Anabela Miranda Rodrigues indica que uma das vantagens que pode advir do uso dos algoritmos é a redução da arbitrariedade humana,

[111] RODRIGUES, 2022b, pp. 22.

[112] EHRHARDT JÚNIOR; SILVA, 2020, p. 320.

[113] Nesse quesito Anabela Miranda Rodrigues remonta, também, ao problema da privatização da justiça penal. A autora pondera que "a questão da opacidade pode estar ligada, desde logo, ao facto de a justiça penal se valer de produtos – os instrumentos de captação de imagens ou de vigilância eletrônica ou os programas informáticos ou ainda os instrumentos de avaliação de risco – de empresas privadas, que produzem a tecnologia, só elas dispondo do *know how* para assegurar o seu funcionamento e supervisão. Trata-se de uma situação de progressiva privatização de áreas relevantes da administração da justiça penal, que ocorre, em algumas delas, já há largo tempo". RODRIGUES, 2022b, pp. 22.

"afastando aspectos subjetivos, suportados, designadamente, em preconceitos ou condições contingentes". No entanto, a autora pondera que "o risco é suprimir também a necessária discricionariedade das decisões judiciais, onde entram, agora, o pensamento intuitivo ou valorações pessoais".[114-115] A autora ressalta que:

> (...) quando está em causa uma decisão judicial e, sobretudo, em matéria penal, tomada de acordo com um modelo computacional e IA, apesar do afastamento desejável da arbitrariedade e de se poder alcançar um elevado grau de eficácia (na predição e, assim,) na realização da justiça, perde-se o <travo humano> da decisão – que é judicial e não uma decisão científica ou técnica, do âmbito das quais (se acredita que) é benéfico arredar o lado humano.[116]

A autora ainda aponta que "no domínio penal, e designadamente penal, acentua-se que o risco envolvido na tomada de decisões é não lhes assegurar a necessária interação entre máquina e homem".[117]

Dessa forma, tratando-se de um algoritmo que atue na investigação, o responsável por ela (Delegados de Polícia, Ministério Públicos e outros órgãos de investigação) deve ter a decisão final e conseguir explicar de forma clara as ações que são tomadas. De igual forma, caso o algoritmo seja adotado na fase processual pelo Estado Juiz, cabe ao Juiz proferir as decisões, bem como fundamentá-las. E, essa fundamentação não pode estar restrita à recomendação da máquina, deve ser possível apresentar fundamentação fática e jurídica acerca da decisão judicial.

[114] RODRIGUES, 2022b, pp. 26.

[115] Esta é também uma das preocupações que Mafalda Miranda Barbosa aponta que "nunca a racionalidade jurídica se pode bastar como uma lógica formal conducente a um silogismo assente em meras deduções. [...] Importa não esquecer que na realização do direito vamos encontrar fatores de caráter valorativo e emocional [...] a decisão do juiz evidencia inexorável dimensão de voluntas que a si mesma se impõe e que escapa à arbitrariedade pela sua recondução a uma fundamentação bastante, que se opera por via do juízo. [...]os elementos não racionais, como a menção a emoção e a intuição, fundamentais para a adequada percepção da realidade, que não se esgota num conjunto de dados positivos, antes o transcende". BARBOSA, 2021, pp. 215, 218.

[116] RODRIGUES, 2022b, pp. 26-27.

[117] RODRIGUES, 2022b, pp. 27.

Retomando o caso *State vs. Loomis*, apesar do Supremo Tribunal de Wisconsin ter rejeitado o recurso da defesa, estabeleceu-se alguns entendimentos úteis ao uso do COMPAS, sendo eles: os fatores de risco não podem ser determinantes na decisão judicial e não podem configurar um fator agravante nem atenuante da fixação da pena. Esses devem ser apenas um dos aspectos a serem considerados.[118] Essas observações são úteis a uma melhor interação dos sistemas de IA no processo judicial, porém mais adequações precisam ser feitas para que a IA possa se harmonizar ao processo judicial.

Como visto acima, o uso da tecnologia não afasta juízos preconceituosos, e, portanto, exige cautela no uso deste instrumento, haja vista que "se o preconceito é um erro inerente à máquina, confiar cegamente na máquina será, também, um erro do julgador".[119] A máquina não substitui o Juiz e a legitimidade do poder judicial somente se encontra nas decisões judiciais "vinculadas à lei e racionalmente justificadas". A fundamentação da decisão enquanto princípio constitucional exige que a sentença demonstre o substrato racional que formou a convicção do julgador.[120]

Não se está aqui a defender a não utilização da IA no processo judicial criminal. O ponto chave é a que preço e como se implementa a IA no sistema criminal.[121] E, portanto, o seu uso, principalmente na esfera criminal, deve ser condicionado a uma observância mínima de requisitos e limites, a fim de poder alcançar resultados em conformidade com os princípios e direitos constitucionais.[122]

[118] CARIA, 2022. pp. 249.

[119] CARIA, 2022. pp. 259.

[120] RODRIGUES, 2022a, pp. 241.

[121] "Há que se questionar qual o preço da promessa da IA, de que seja capaz de garantir uma proteção mais efetiva e eficiente dos direitos jurídicos e uma aplicação mais neutra, objetiva e coerente do direito penal" (tradução livre). "*It must be questioned what the price is of AI's promise, that it is able to guarantee a more effective and efficient protection of legal rights and a more neutral, objective and coherent application of criminal law*" (BURCHARD, Christoph. Artificial Intelligence as the End of Criminal Law? On the Algorithmic Transformation of Society. In: ANTUNES, Maria João; SOUSA, Susana Aires de. Artificial Intelligence in the economic sector prevention and responsibility. Coimbra: Instituto Jurídico Faculdade de Direito da Universidade de Coimbra, 2021, pp. 198).

[122] RODRIGUES, 2022a, p. 242.

Conclusões

O uso dos sistemas de IA nos mais diversos setores da vida cotidiana, é uma realidade. Diversos autores dizem que esta será a realidade nos processos judiciais e, também, do processo judicial criminal. Essa já é realidade em alguns países, com grande avanço nos Estados Unidos da América. Cabe, portanto, ao direito regulamentar o seu funcionamento.

Entre as vantagens do uso dos algoritmos no sistema criminal, a principal é a eficiência, além das promessas como racionalidade e imparcialidade. Entretanto, ao lado das vantagens também se apontam problemas, que precisam ser solucionados. Não se pode afirmar, atualmente, que será possível superar todos os problemas do uso da IA em um processo judicial criminal. Concluiu-se haver quatro principais problemas: violações de direitos humanos, *black box*, privatização da Justiça Penal e a impossibilidade de contestar a máquina.

As violações de direitos humanos, principalmente quanto à discriminação dos indivíduos, podem estar relacionadas com o *input* (dados fornecidos ao sistema), mas também podem estar relacionadas com situações em que ocorram *black box*, uma resposta do sistema de IA indetectável ou não rastreável. A *caixa preta* tem sido uma das grandes preocupações dos operadores do direito, mas também de programadores e desenvolvedores de sistema de inteligência, visto que se está diante de uma resposta da máquina que não se pode ter controle.

A ausência de controle gera a impossibilidade de contestação à máquina. Em primeiro aspecto, quanto à possibilidade de verificação da integridade do sistema e de seu correto funcionamento; e em segundo aspecto, em um processo penal acerca da possibilidade de um contraditório, para que a defesa possa contestar a resposta da máquina. Tal situação se agrava diante do fato de que apenas as empresas privadas de tecnologia (desenvolvedoras do sistema de inteligência) deterem o código fonte ou código de funcionamento do sistema, gerando o embate entre propriedade intelectual e direitos do acusado (principalmente quanto ao devido processo legal, contraditório e individualização da pena).

Ao nível europeu, importante observar as normativas jurídicas já postas, como a Convenção Europeia dos Direitos Humanos (CEDH), a Carta dos Direitos Fundamentais da União Europeia (CDF), a Carta Ética Europeia sobre o Uso da IA em Sistemas Judiciais e seu ambiente, e a Resolução do Parlamento Europeu sobre IA na era digital. Essas normativas demonstram grande preocupação com os direitos fundamentais e o devido processo legal.

No atual momento, para além da previsão normativa dos direitos fundamentais, é necessária maior regulação normativa acerca do modo como os direitos se operam nessa nova realidade do funcionamento do algoritmo na esfera processual criminal.

Em vista de um uso confiável da IA no sistema processual criminal, entende-se haver quatro requisitos fundamentais: 1) respeito aos direitos e garantias fundamentais e ao devido processo legal; 2) transparência; 3) perícias e auditorias frequentes; 4) interação humana.

Após a inserção da IA, o processo judicial criminal não será mais o mesmo. Para além do cumprimento dos direitos humanos, que é essencial ao Estado de Direito, outras questões demonstradas neste trabalho merecem atenção.

E, nesse sentido, no que se refere a um sistema de IA que atue no processo judicial criminal, pontua-se a relevância da independência do Poder Judicial, que, em conjunto com o requisito da transparência, impõe-se ausência de sigilo do código de funcionamento do algoritmo. Bem como se exige respeito e observância ao devido processo legal e ao princípio do contraditório.

Um processo criminal justo depende da observância dos direitos fundamentais, bem como dos princípios conformadores do processo, tais como devido processo legal, contraditório e individualização da pena. Ademais, o algoritmo precisa ser transparente e explicável, o código de funcionamento deve ser aberto, bem como as suas resoluções devem ser ter suas razões explicáveis. Isto é, estar claro as razões do modo como o sistema conseguiu alcançar a solução por ele apontada.

A fim de garantir o bom funcionamento do sistema, auditorias e manutenções constantes são essenciais para seu funcionamento. Por fim, o algoritmo deve atuar sob supervisão de uma pessoa humana, de modo que as soluções apontadas pela máquina sejam vistas como auxílio ao Juiz, não tomando decisões por si.

A utilização de sistema de inteligência no processo de tomada de decisão em um processo judicial criminal precisa ter em perspectiva a eficácia do algoritmo em coordenação com os parâmetros de direitos fundamentais e do devido processo legal.

Ademais, para além das questões jurídicas que se põe acerca da IA, é necessário refletir, antecipadamente, se o avanço do algoritmo sobre o campo Judicial, e, talvez, em um futuro próximo, um sistema de IA capaz de julgar por si, é o que se deseja.

Referências

BANTEKA, Nadia. Artificially intelligent persons. In: *Houston Law Review*. Vol. 58, pp. 537-596. 2020. Disponível em: <https://houstonlawreview.org/article/19357--artificially-intelligent-persons> Acesso em: 15 jan. 2023.

BARBOSA, Mafalda Miranda. *Inteligência Artificial: entre a utopia e a distopia, alguns problemas jurídicos*. Coimbra: Gestlegal, 2021.

BURCHARD, Christoph. Artificial Intelligence as the End of Criminal Law? On the Algorithmic Transformation of Society. In: ANTUNES, Maria João; SOUSA, Susana Aires de. *Artificial Intelligence in the economic sector prevention and responsibility*. Coimbra: Instituto Jurídico Faculdade de Direito da Universidade de Coimbra. 2021. pp. 165-205.

CAPPELLETTI, Mauro; Garth, Bryant. *Acesso à Justiça*. Tradução de Ellen Gracie Northfleet. *Acess to Justice: the worldwide Movement to make rigths effective* (1978). Porto Alegre: SAFE, 1998.

CARIA, Rui. O caso State v. Loomis – a pessoa e a máquina na decisão judicial. In: RODRIGUES, Anabela Miranda (coord). *A Inteligência Artificial no Direito Penal*. Coimbra: Almedina, 2022. pp. 245-265.

CASABONA, Carlos María Romeo. Inteligencia artificial: predictividad y justicia penal. In: DUPUY, Daniela; CORVALÁN, Juan G.; KIEFER, Mariana. *Cibercrime III*. Madrid: BDF. 2020. pp. 183-208.

CERKA, Paulius; GRIGIENE, Jurgita; SIRBIKYTE, Gintare. Liability for damages caused by artificial intelligence. In: *Computer Law and Security Review*. United Kingdom, Vol. 31, 2015, pp. 376-389.

CHIAO, Vincent. Fairness, accountability, and transparency: notes on algorithmic decision-making in criminal justice. In: *International Journal of Law in Context*. Cambridge University Press. Disponível em: https://doi.org/10.1017/S1744552319000077, n. 15, 2019, pp. 126–139.

CORTIZO, Lucas. Dados e Inteligência Artificial: os efeitos jurídicos da discriminação algorítima. In: COUTINHO, Francisco Pereira; MONIZ, Graça Canto. *Da Proteção de Dados*. Lisboa: Centro de I &D sobre Direito e Sociedade (CEDIS). Junho, 2021, pp. 95-120.

DRESSEL, Julia; FAIRD, Hany. The accuracy, fairness, and limites of predicting recidimism. In: *Science Advances*. Vol. 4. n. 1. 2018. pp 1-5.

EHRHARDT JÚNIOR, Marcos; SILVA, Gabriela Buarque Pereira. Diretrizes Éticas para a Inteligência Artificial Confiável na União Europeia e a Regulação Jurídica no Brasil. In: *Jurismat*. Portimão: Instituto Superior Manuel Teixeira Gomes. n. 12, nov., 2020, pp. 305-338.

FENOLL, Jordi Nieva. *Inteligencia artificial y processo judicial*. Madrid: Ediciones Jurídicas y Sociales. 2018.

FETZER, James H. *Artificial Intelligence: Its scope and limits*. Kluwer Academic Publishers. 1990.

FIDALGO, Sônia. A utilização de inteligência artificial no âmbito da prova digital – direitos fundamentais (ainda mais) em perigo. In: RODRIGUES, Anabela Miranda (coord). *A Inteligência Artificial no Direito Penal*. Coimbra: Almedina, 2022. pp. 129-161.

GSTREIN, Oskar J.; BUNNIK, Anno; ZWITTER, Andrej J. Ethical, legal and social challenges of Predictive Policing. In: *Católica Law Review*. Lisboa: Universidade Católica Editora, Vol. 3, n. 3, nov. 2019, pp. 77-98.

KAPLAN, Jerry. *Artificial Intelligence: what everyone needs to know*. Oxford: Oxford University Press, 2016.

LARSON, Jeff; MATTU, Surya; KIRCHNER, Lauren; ANGWIN, Julia. *How we analyzed the COMPAS recidivism algorithm*. Propublica, 23 maio 2016. Disponível em: https://www.propublica.org/article/how-we-analyzed-the-compas-recidivism-algorithm. Acesso em: 15 jan. 2023.

MOREIRA, Teresa Coelho. A discriminação algorítmica. In: *Questões Laborais*. ano XXVIII, nº 58, jan-jun 2021, pp. 85-103.

RODRIGUES, Anabela Miranda. A questão da pena e a decisão do juiz – entre a dogmática e o algoritmo. In: RODRIGUES, Anabela Miranda (coord). *A Inteligência Artificial no Direito Penal*. Coimbra: Almedina, 2022a. pp. 219-244.

RODRIGUES, Anabela Miranda. Inteligência artificial no direito penal – a justiça preditiva entre a americanização e a europeização. In: RODRIGUES, Anabela Miranda (coord). *A Inteligência Artificial no Direito Penal*. Coimbra: Almedina, 2022b. pp. 11-58.

SANTOS, Fabio Marques Ferreira. O uso da Inteligência Artificial como um "meio" de melhoria e eficiência dos Direitos e das Garantias Fundamentais no Estado Constitucional. In: *Revista de Direito Constitucional e Internacional*. Revista dos tribunais. Vol. 105, ano 26, jan-fev 2018, pp. 29-53.

SOUSA, Susana Aires. "Não fui eu, foi a máquina": teoria do crime, responsabilidade e inteligência artificial. In: RODRIGUES, Anabela Miranda (coord). *A Inteligência Artificial no Direito Penal*. Coimbra: Almedina, 2022, pp. 59-93.

State vs. Loomis: Wisconsin Supreme Court Requires Warning before use of Algorithmic Risk Assessments is Sentencing. 881 N. W. 2d 749 (Wis. 2016). *Havard Law Review*. n. 130. mar. 2017, pp. 1530-1537. Disponível em: https://harvardlawreview.org/print/vol-130/state-v-loomis/. Acesso em: 15 jan. 2023.

STF. Estrutura orgânica do STF passa a contar com setor voltado a inteligência artificial. 22 dez. 2022. Disponível em: https://portal.stf.jus.br/noticias/verNoticiaDetalhe.asp?idConteudo=499690&ori=1. Acesso em 15 jan 2023.

VEGA, Italo S. Inteligência artificial e tomada de decisão – a necessidade de agentes externos. In: FRAZÃO, Ana; MULHOLLAND, Caitlin. *Inteligência Artificial e Direito: ética, regulação e responsabilidade.* São Paulo: Thomson Reuters Brasil, 2019. pp. 99-113.

WARNER, Richard; SLOAN, Robert H. *Making artificial intelligence transparente: fairness and the problem of proxy variables.* Criminal Justice Ethics. Vol. 40. n. 1, pp. 23-39.

WINSTON, Patrick Henry. *Artificial Intelligence.* Ed. 3, Massachussets: Addison-Wesley Publishing Company,1993.

Documentos

COMISSÃO EUROPEIA. *Convenção Europeia dos Direitos do Homem.* 1950. Disponível em: https://www.echr.coe.int/documents/convention_por.pdf. Acesso em: 15 jan 2023.

COMISSÃO EUROPEIA. *Livro Branco sobre a inteligência artificial – uma abordagem europeia virada para a excelência e a confiança.* 2020. Disponível em: https://op.europa.eu/pt/publication-detail/-/publication/ac957f13-53c6-11ea-aece-01aa75ed71a1. Acesso: 15 jan 2023.

COMISSÃO EUROPEIA PARA EFICÁCIA DA JUSTIÇA. *Carta Ética Europeia sobre o Uso da Inteligência Artificial em Sistemas Judiciais e seu ambiente.* 2018 Disponível em: https://rm.coe.int/carta-etica-traduzida-para-portugues-revista/168093b7e0. Acesso em: 15 jan. 2023.

EQUIVANT. *Practitioner's Guide to COMPAS Core.* 2019. Disponível em: https://www.equivant.com/wp-content/uploads/Practitioners-Guide-to-COMPAS-Core-040419.pdf. Acesso em: 15 jan. 2023.

PARLAMENTO EUROPEU. *Regulamento Geral sobre a Proteção de Dados.* 2016. Disponível em: https://eur-lex.europa.eu/legal-content/PT/TXT/HTML/?uri=CELEX:32016R0679&from=PT#d1e2479-1-1. Acesso em: 15 jan 2023.

PARLAMENTO EUROPEU. *Resolução do Parlamento Europeu sobre inteligência artificial na era digital.* 2022. Disponível em: https://www.europarl.europa.eu/doceo/document/TA-9-2022-0140_PT.html. Acesso em:15 jan 2023.

UNIÃO EUROPEIA. *The Treaty on European Union.* 2012. Disponível em: https://eur-lex.europa.eu/resource.html?uri=cellar:2bf140bf-a3f8-4ab2-b506-fd71826e6da6.0023.02/DOC_1&format=PDF . Acesso em: 15 jan. 2023.

3. A LOCALIZAÇÃO GPS COMO MEIO DE OBTENÇÃO DE PROVA NO PROCESSO PENAL PORTUGUÊS: DA ADMISSIBILIDADE À DIVERGÊNCIA JURISPRUDENCIAL

Mariana Lalanda San-Bento

Introdução

A explanação que aqui ganha forma surge no âmbito da unidade curricular "Seminário Geral" cujo tema central se debruçou sobre a inteligência artificial. Neste sentido, e na necessidade de optarmos por tema em área distinta do direito civil, surgiu-nos na área do processo penal, a indagação da georreferenciação, ou localização por GPS, como meio de obtenção da prova, enquanto meio cuja positivação, ao contrário de outros meios de prova digital, pugna em permanecer lacunosa.

Após incursão bibliográfica, facilmente nos apercebemos a montante, ser uma temática longe de ser consensual, quer no que à sua admissibilidade, quer no que ao regime aplicável se se recorta a jusante. À ausência de positivação acerca deste meio de prova, cumulando-se com a divergência doutrinária no que *sub judice* se afirma, acresce, inevitavelmente a divergência jurisprudencial, perigando os valores de segurança e certeza jurídica, porquanto, e enquanto não se impõe qualquer acórdão uniformizador de jurisprudência, sai enaltecida a discricionariedade judicativa com claro prejuízo da unidade jurídica e dos fins do processo penal.

A partir do século XX a globalização e avanço exponencial da tecnologia acarretou consigo um aumento na mobilidade das pessoas e facilidade de acesso em tempo real a sistemas de informação, telecomunicações e transportes, mitigando fronteiras. No entanto, assumimos no reverso da moeda a complexização da criminalidade com recurso a meios tecnológicos distintos desafiando o processo penal a nível mundial, e bem assim exigindo dos ordenamentos jurídicos respostas, que num equilíbrio entre a descoberta da verdade material e o respeito pelos Direitos, Liberdades e Garantias dos sujeitos processuais, possam ser garantes dos bens jurídicos e da tutela pública a eles inerente. De facto, podem os métodos tradicionais de investigação promovidos pelos órgãos de polícia criminal, na sua interdependência funcional do Ministério Público, demonstrarem-se incapazes de fazer face à astúcia dos novos criminosos. Assim, só os recursos a meios de obtenção de prova sofisticados serão capazes de represtinar o equilíbrio entre a tutela pública e a nova realidade criminal sob pena de semantização do Direito Processual Penal.

Concordamos com a inilidível eficácia do recurso a dispositivo de geolocalização, porquanto permite monitorizar remotamente a localização instantânea e precisa do objeto em que foi instalado para a recolha de material probatório. No entanto, emerge a necessidade de regulamentação legal expressa, autónoma e detalhada deste meio de obtenção da prova, que ainda que admissível enquanto atípica, não deixe de contender com os direitos fundamentais dos cidadãos.

Demonstrada a relevância da georreferenciação enquanto aliado no combate à criminalidade organizada, permanece isenta de consenso o seu recurso pugnando parte da doutrina pela interferência desproporcional com os Direitos Fundamentais dos cidadãos, pelo que reclama um crivo legislativo aquém da discricionariedade judicativa alcançada pela analogia com outros meios de prova digital, *in casu*, a localização celular.

Para melhor entendimento do tema optaremos por uma explanação dedutiva, começando pela breve conceptualização, e inevitável distinção, de meios de prova e meios de obtenção da prova, conceptualização da georreferenciação, com referência à sua (in)admissibilidade, regime aplicável no caso de resposta afirmativa, e jurisprudência face ao problema em apreço.

Em aresto faremos uma breve incursão da solução ao problema junto de outros ordenamentos jurídicos, sem deixar de contrastar com a solução no direito interno e com as decisões junto do Tribunal Europeu dos Direitos Humanos, enaltecendo os avanços legislativos, dogmáticos e jurisprudenciais relativamente à utilização da georreferenciação como meio de obtenção de prova. Como facilmente se perceberá será uma exposição amparada pelo acervo Constitucional e das suas concretizações na lei substantiva e adjetiva.

1. Desenvolvimento: meios de prova, meios de obtenção da prova, prova digital e GPS

De acordo com a definição legal patenteada no Código Civil, *in casu*, no artigo 341º *as provas têm por função a demonstração da realidade dos factos*, concretizando-se em sede de direito adjetivo penal, no artigo 124º do Código de Processo Penal que aquelas *constituem objeto da prova todos os factos juridicamente relevantes para a existência ou inexistência do crime, a punibilidade ou não punibilidade do arguido e a determinação da pena ou da medida de segurança aplicáveis.* Assim a prova tem como intuito a realidade dos factos, pelo que constitui objeto da prova em sede penal os factos juridicamente relevantes para a determinação da existência de crime, da punibilidade do arguido e da determinação da pena ou da medida de segurança, e bem assim, concordando com Gama Lobo, são *todos os factos probatórios essenciais e instrumentais, para a descoberta da verdade material e para a punição* (Gama Lobo, 2019, p. 213).

Esclarece ainda Cavaleiro de Ferreira que a prova *visa demonstrar a realidade dos factos que importa conhecer para aplicação do direito e alcançar um juízo de certeza sobre esses factos, ou seja, a verdade sendo esta a correspondência do juízo formado com a realidade, sendo que a demonstração da realidade equivale à demonstração da verdade que o juízo humano pôde alcançar, é uma certeza que pode ser uma opinião de certeza, uma convicção* (Ferreira, 1993, p. 245).

Facilmente alcançamos que a prova é garante da não discricionariedade do julgador e, bem assim, alicerce da segurança no poder judicial, porquanto o julgador vai motivar a sua convicção com base na prova resultante da atividade probatória à qual acresce as regras de experiência comum e os princípios da lógica, sem prejuízo do princípio da livre apreciação da prova que em nada contende com o *sub judice* infirmado.

Diferente dos meios de prova enquanto fontes de convencimento, os meios de obtenção de prova possibilitam a obtenção desses mesmos meios. Ensina-nos Marques da Silva que os meios de obtenção de prova *são instrumentos de que se servem as autoridades judiciárias para investigar e recolher meios de prova; não são instrumentos de demonstração de thema probandis, são instrumentos para recolher no processo esses instrumentos* (Silva, 2008, p. 189), dispondo para o efeito um regime legal definido do qual depende a sua validade formal e material. Acrescenta Pinto de Albuquerque que *os meios de obtenção de prova visam a deteção de indícios da prática do crime, constituindo um meio de aquisição para o processo de uma prova "pré-existente" e, em regra, contemporânea ou preparatória do crime. Os meios de prova formam-se no momento da sua própria produção no processo, (...) constituindo um meio de aquisição para o processo de uma prova "posterior" à prática do crime* (Albuquerque, 2011, p. 331).

Tendo em conta a temática central do trabalho que aqui ganha forma, torna-se incontornável uma breve referência à prova digital. Assim, e de acordo com Benjamim Silva Rodrigues, citado por Cancela, a prova digital pode definir-se como *qualquer tipo de informação, com valor probatório, armazenada [em repositório electrónico-digitais de armazenamento] ou transmitida [em sistemas e redes informáticas ou redes de comunicação electrónicas, privadas ou publicamente acessíveis], sob a forma binária ou digital* (Canvela, 2016, p. 20). Através de uma leitura simples, ainda que não simplória, facilmente apreendemos a necessidade de conhecimentos específicos daqueles que exercem a atividade criminal, além da evidente cautela legislativa decorrente do seu carácter oculto perigando assim a validade probatória se incumpridas as formalidades positivadas.

Relativamente ao sistema de localização por GPS, e de acordo com Renzema & Mayo-Wilson, o controlo por georreferenciação consiste na possibilidade de um aparelho eletrónico efetuar, à distância, o controlo sobre uma pessoa ou objeto ao qual tenha sido apensado, permitindo assim a emissão de determinados alertas pela deteção da localização de uma pessoa ou coisa em determinados locais e horas sem a supervisão de uma pessoa, transmitindo os dados de forma eletrónica para uma estação central de monotorização (Renzema & Mayo-Wilson, 2005, p. 217).

No espectro da georreferenciação, e de acordo com Olid & Ruiz, *integram diferentes sistemas, entre os quais o conhecido sistema de posicionamento global (GPS) que não permite a obtenção de registos acústicos ou imagem; o sistema Global para Comunicações Móveis (GSM) utilizado por exemplo nos telemóveis; os que utilizam módulos de satélites independentes; e os dispositivos de descarga de "Log files", os quais, ainda que não forneçam a localização em tempo real, contêm os registos das localizações do dispositivo de localização GPS ou terminal móvel* (Olid & Ruiz, 2011, p. 70).

Facilmente percebemos que a georreferenciação, permitindo a ingerência não física em espaços próprios da privacidade do suspeito, sem que este se aperceba da mesma, aumenta o sucesso na obtenção da informação criminal, cumulando-se as vantagens de o alcançarem com dispêndio de menor número de recursos humanos e com maior precisão quando comparada com a vigilância direta do investigador.

Assim o GPS (Global Positioning System ou Geo-posicionamento por Satélite), em especial, é um sistema de navegação por satélite, desenvolvido pelo Departamento de Defesa dos Estados Unidos da América para as forças armadas americanas, na década de 70, que ficou totalmente operacional em 1993, fornecendo a exata localização de determinada pessoa ou objeto em qualquer momento e em qualquer parte do planeta[1]. Estes satélites que orbitam à volta do planeta Terra calculam a localização exata de determinada pessoa ou objeto pelo cálculo entre a distância aferida entre dois ou três satélites. Conseguem assim precisar, pelo mesmo raciocínio, a distância de deslocação daqueles, o que sempre se perceberá como determinante para o processo penal no que ao combate da criminalidade organizada se reconduz. A eficácia do sistema GPS é garantida pela facilidade de colocação cumulada do seu carácter oculto, sem prejuízo de tais características devessem assumir-se como determinantes na necessidade premente de regulamentação entre nós.

De facto, o sistema GPS não se reconduz a um mísero sistema de localização em tempo real, podendo ademais obter um leque variado de informações para além da situação geográfica e que extravasam o objeto do processo penal. De acordo com Brito, *quando submetidos os dados ao método de computação, enaltecem-se as características da inteligência artificial, identificando-se algoritmos matemáticos de larga escala para organizar, detetar, sumariar informação digital, gerando a partir dela novos dados por inferência probabilística, criando-se se perfis com a capacidade de prever futuramente a localização do visado* (Brito, 2018, p. 63). Será fácil de alcançar o carácter intrusivo que este sistema pode assumir perigando o direito fundamental da reserva da intimidade da vida privada, porquanto ao fornecer a localização exata do indivíduo, permite estabelecer o seu itinerário, o seu perfil comportamento, e bem assim contender com os Direitos Fundamentais, mormente o direito à intimidade, à proteção de dados de carácter pessoal e à não autoincriminação (Olid & Ruiz, 2011, p. 60).

[1] https://www.nasa.gov/directorates/heo/scan/communications/policy/GPS_History.html (consultado em 20.12.2022).

Este meio de obtenção da prova não encontra equivalente nos seus homólogos, antecipando a necessidade de regulamentação do mesmo ao invés do recurso à integração por via analógica[2].

Através de uma leitura simples, facilmente se depreende as enormes potencialidades dos contributos da georreferenciação na investigação criminal principalmente se aliado a outras tecnologias, *in casu*, as que permitem captação áudio e de imagem. De facto, são manifestas as vantagens da possibilidade do conhecimento da localização exata e em tempo real de determinado objeto, que em adereço podem migrar tais contributos para os suspeitos visados quando colocados estes aparelhos nos veículos destes de forma oculta. Assim, e independentemente de não fornecerem resultados áudio ou de imagem materializam-se em verdadeiros sistemas de vigilância de pessoas, com a irrefutável ingerência na reserva da vida privada, constitucionalmente tutelada.

É assim inilidível que o sistema de localização por GPS constitui, por via de regra, um meio de obtenção da prova intrusivo acrescido pelo seu carácter oculto. Acresce a dúvida razoável da sua admissibilidade pela possível violação do princípio da não autoincriminação do arguido, corolário do direito ao silêncio, e que não deve ser afastado pela busca da verdade material a qualquer custo porquanto consubstancia uma garantia constitucional daquele.

2. Da (in)admissibilidade da localização por GPS no ordenamento jurídico português

Contrariamente ao que sucede com outros meios de prova e de obtenção da prova como as escutas telefónicas ou a localização celular, não existe no nosso ordenamento jurídico qualquer preceito legal, quer no Código de Processo Penal, quer em lei extravagante que regule a georreferenciação enquanto diligência probatória, deixando a sua admissibilidade à sorte da doutrina, da analogia e da Jurisprudência (que não é uníssona quer na sua admissibilidade quer nas formalidades no caso de serem admitidas).

Pugna parte da doutrina pela oportunidade para a regulamentação deste meio de obtenção da prova quando da reforma do CPP em 2007

[2] Relembramos que apesar da analogia ser afastada em processo penal, sempre se aceitará a analogia proposta porquanto *in bona* parte do arguido na medida que acresce o crivo no que aos pressupostos da admissibilidade deste meio de obtenção da prova se impõe.

esbatendo as dúvidas que subsistem até hoje na jurisprudência, sendo o meio em apreço além de útil no combate à criminalidade contemporânea, menos castrador dos Direitos Fundamentais quando confrontados com os primeiramente elencados.

Permanecendo lacunosa qualquer regulamentação, adverte-nos Santos Cabral que a utilização da georreferenciação *poderá culminar num autêntico estado de necessidade em que os valores e direitos salvaguardados com a respetiva utilização se situam a um nível qualitativamente superior aos direitos com a mesma comprometidos* (Cabral, 2016, p. 432). Na doutrina portuguesa, autores como Pinto de Albuquerque, Andrade e Rodrigues, pugnam pela sua inadmissibilidade, fundamentando que além da intensa intrusão e devassa da vida privada do visado pela diligência probatória em apreço (consubstanciando um ataque aos Direitos Fundamentais), acresce a inexistência de lei expressa, porquanto a tipicidade prevista no artigo 125.º não contempla a utilização de meios que impliquem tamanha restrição dos Direitos Fundamentais, impondo-se ademais positivação por razões de transparência e segurança no poder judicial.

Assim é consensual na doutrina como inadmissível este meio de obtenção da prova, que para que se considerasse legítimo teria o mesmo, por atentatório de direitos fundamentais, estar regulado expressamente na lei sendo matéria reservada à Assembleia da República em conformidade com o regime dos Direitos, Liberdades e Garantias, o que não acontece.

Conhecidas as restrições interpretativas e de integração em sede penal, assume parte da doutrina, entre eles Costa Andrade que *as leis existentes não podem ser encaradas como uma espécie de normas penais em branco, marcadas pela plasticidade e abertas à subsunção dos novos meios técnicos de invasão e devassa* (Andrade, 2009:112).

Concordamos com parte da doutrina que realça o carácter oculto deste método, salientando a mesma referência doutrinária *que os métodos ocultos representam uma intromissão nos processos de acção (...) das pessoas concretamente visadas, sem que as mesmas disso tenham consciência ou sequer se apercebam* (Andrade, 2009, p. 106), pelo que são manifestamente intrusivos, insuscetíveis de reação pelo visado e carentes de habilitação legal.

Acrescenta Seabra de Brito qual o entendimento a ser sufragado d preceituado artigo 125º do CPP pugnando pela não admissibilidade genérica de todo e qualquer diligência probatória, esclarecendo que é genericamente proibitivo ou sob regra de permissão condicionada por habilitação legal expressa (Brito, 2018, p. 27). Assim, segundo a autora, como a localização GPS não está expressamente prevista na lei, nem encontra equivalente probatório regulado deve ficar, então, excluída do catálogo de meios de obtenção de prova à disposição das instâncias formais de controlo. Costa Andrade no que à valoração da prova concerne pugna pela não valoração de resultados decorrentes de meios de obtenção de prova que não se encontram previstos no nosso ordenamento jurídico[3].

Pronunciando-se sobre a analogia do regime da localização celular à georreferenciação, Pinto de Albuquerque refuta tal possibilidade afirmando não ser possível na medida que a transmissão de sinal para o GPS não constitui uma comunicação (Albuquerque, 2009, p. 528). Acrescenta Pereira *que será, pois, de considerar inadmissível a analogia nestes casos por flagrante incompatibilidade com o principio da legalidade, (...) ganhando, ainda maior consciência e razão de ser quando falamos de meios ocultos de investigação* (Pereira, 2016:61).

Para a mesma fonte doutrinária, a admissibilidade da analogia refutada supra decorre da conjugação das disposições legais vigentes por quanto da conjugação dos artigos 29.º n.º 3 da CRP e 4.º do CPP, concluiu-se que tal conflito e integração de lacuna terá de chamar à colação o regime prevista no artigo 10º nº 3 do CC, que afirma que Na falta de caso análogo, a situação é resolvida segundo a norma que o próprio interprete criaria, se houvesse de legislar dentro do espírito do sistema. Não podemos concordar com tal liberdade em sede penal, pelo que a discricionariedade interpretativa deve ser mitigada pelo princípio de reserva de lei.

Em antítese autores como Santos Cabral defendem a admissibilidade do meio de obtenção da prova em apreço à luz da atipicidade prevista no artigo 125.º do CPP, pugnando por uma restrição, a existir, superficial dos Direitos Fundamentais dos visados pela diligência (2014, pp. 842-843). Assim sendo, e de acordo com esta doutrina, o meio de obtenção de prova por georreferenciação não se reconduz a qualquer método proibido de prova à luz do art. 126.º do CPP[4], podendo inclusivamente ser percecionado como homólogo do clássico seguimento policial. Em bom rigor a

[3] Parece-nos um raciocínio *contra legem* ao preceituado no artigo 125º do CPP.

[4] Somos do entendimento que embora possa não ser manifestamente intrusivo, será inilidivelmente um meio oculto de prova.

perseguição clássica é mais atentatória da vida privada, não consubstanciando ainda assim meio proibido de prova, sendo atípico e admissível.

Depois da presente análise deste preceito legal, a doutrina tem-se pronunciado sobre a possibilidade da admissibilidade do GPS com base no mesmo, ou seja, com base no Princípio da Legalidade, presente no art.º 125.º do CPP. De acordo com este quis o legislador apresentar um vislumbre de carta em branco em sede probatória de forma a contrariar as limitações em sede de investigação criminal, e bem assim favorecer a descoberta da verdade material. Somos do entendimento que tal benevolência do legislador deve ser entendida com *grum salis* imposto pelo regime de validade das provas previsto no artigo 126 do CPP enquanto concretização constitucional do artigo 32º 8 da CRP.

Para Duarte Nunes e Caiado Milheiro é pacífica a equiparação da localização celular à localização por GPS porquanto em ambos os métodos há uma localização de um objeto a partir do qual se infere a localização do indivíduo visado na investigação, e bem assim sendo de equipar o regime previsto no artigo 189 do CPP. Acrescenta Caiado Milheiro que a menção a "celular" prevista no art. 189.º, n.º 2, do CPP, *é meramente exemplificativa, abrangendo todos os outros meios que permitam a localização*, impondo-se uma interpretação atualista do preceito legal (Milheiro, 2018, pp. 830-831). Parte da doutrina e jurisprudência recorre-se da letra da lei em confrontação com a definição do sistema de localização por GPS para legitimar a referida analogia. Assim e de acordo com o art. 187.º n.º 1 do CPP a interceção e a gravação de conversações ou comunicações telefónicas só podem ser autorizadas durante o inquérito, acrescentando o art. 189.º n.º 1 do mesmo diploma legal que o disposto no nos artigos 187.º e 188.º é correspondentemente aplicável às conversações ou comunicações transmitidas por qualquer meio técnico diferente do telefone, designadamente correio eletrónico ou outras formas de transmissão de dados por via telemática, mesmo que se encontrem guardadas em suporte digital, e à interpretação das comunicações entre presentes[5].

[5] No entanto parece-nos um raciocínio demasiado mediato, numa tentativa desesperada de admitir a georreferenciação como meio de obtenção da prova porquanto além da analogia com o regime do artigo 187 do CPP, impõe-se uma interpretação extensiva no sentido de considerar o sistema GPS como telecomunicação;

No que à analogia com a localização celular, com regime legal previsto no artigo 252º-A do CPP, parece-nos transparente que a mesma deve também ser afastada. Assim, e no que à localização celular se reconduz, a mesma só ocorre após estímulo do indivíduo visado na investigação criminal aquando do estabelecimento de qualquer comunicação. Em antítese, e relativamente à georreferenciação esta não depende de qualquer estímulo do visado para que sejam fornecidos constantemente os dados relativos `posição que o objeto apresenta.

Pugnando pela admissibilidade e no que ao regime legal aplicável se reconduz evidenciam-se duas posições. Em uníssono, Duarte Nunes e Caiado Milheiro consideram que lhe é aplicável, como anteriormente já se antecipou, o regime jurídico da localização celular por analogia, disposto no art. 189.º, n.º 2, do CPP, impondo-se uma remissão, ainda que parcial, para o regime das escutas telefónicas prevista no artigo 187.º do CPP, sendo tal analogia garante contra arbitrariedades e abuso de poder.

Noutro parecer, no nosso entender mais radical e promotor de abusos das autoridades judiciárias, Santos Cabral entende que a diligência em apreço dispensa prévia autorização judicial por homogenia com a perseguição policial clássica, considerando e relevando o caráter digital e oculto da georreferenciação (Cabral, 2016, p. 780).

3. Direito comparado

A Alemanha, a par com a França, são os únicos países europeus que possuem regulação relativa ao sistema de localização GPS, sendo que o legislador alemão pugnou pela regulamentação dos meios ocultos de obtenção da prova em âmbito de uma investigação criminal, conferindo-lhes assim validade processual desde que cumprido o regime positivado.

Remonta a 1992 a regulamentação de novos meios e métodos de investigação no ordenamento jurídico alemão, entre os quais a localização por GPS, estando em vigor desde a aprovação da "Lei de Luta contra o Tráfico Ilegal de Estupefacientes e outras formas de Criminalidade Organizada"[6]. De acordo com Pereira, a tipicidade plasmada no código penal alemão no que aos meios especiais de investigação criminal se recorta assume-se

[6] Diário Oficial da Federação (Bundesgesetzblatt) I, de 15 de julho de 1992, página 1302 e seguintes.

como garante da transparência, segurança, estabilidade e respeito pelos direitos fundamentais dos diferentes intervenientes (Pereira, 2016, p. 98).

Para o direito alemão, a localização GPS, enquanto meio de obtenção da prova encontra-se prevista no art. § 100h 1 (2), do StPO (Strafprozessordnung), regulando o uso de dispositivos técnicos de observação fora do domicílio, onde se inclui o GPS, sem prejuízo de ser um catálogo meramente exemplificativo. De acordo com o preceito os dispositivos de localização GPS só podem ser colocados quando estejam em causa crimes de considerável importância e, ou ainda, quando todos os outros meios investigatórios menos gravosos tenham fracassado ou se mostrem insuficientes ou inadequados para o caso concreto concretizando uma verdadeira cláusula de subsidiariedade compatível com o carácter de *ultima ratio* do direito penal, concretizando um verdadeiro estado de necessidade investigatória[7].

Ao crivo legal acresce a imposição que as pessoas visadas por esta medida sejam suspeitos, arguidos ou pessoas que sirvam de intermediários contra as quais haja suspeitas fundadas de que contactam ou irão contactar com o suspeito ou arguido (art. § 100h 2 do StPO)). Relativamente às formalidades no que à prévia autorização judicial se reconduz, é omissa tal disposição legal pelo que parte da doutrina pugna pela articulação com o disposto no art. § 163f- relativo à observação a longo prazo (de forma continua por mais de 24 horas ou em mais de 2 dias) que impõe a referida autorização pelo Ministério Público (salvo nas situações de urgência iminente em que os OPC as podem realizar, ficando neste caso sujeitas a posterior validação, ou ainda se a vigilância ocorrer interruptamente por mais de 24h ou tenha lugar por um período superior a 2 dias, a competência para a sua autorização pertencerá ao Juiz), enquanto garante formal dos direitos fundamentais do visado. De forma distinta, parte da doutrina refuta tal entendimento por não estar expressamente consagrado no regime legal, pelo que admite que a diligência em apreço possa ser da total responsabilidade dos órgãos de policia criminal sendo despicienda a autorização préva da autoridade judicial.

7 Assume-se assim um estado de necessidade investigatória que legitima a progressão nos meios de obtenção da prova, enaltecendo a tutela pública no que aos bens jurídicos se reconduz.

Em uníssono surge as evidências na jurisprudência pelo que já em 12 de abril de 2005 o Supremo Tribunal Constitucional Federal alemão pugna que *a georreferenciação através de GPS não viola a proteção constitucional do direito à intimidade previsto na Lei Fundamental da Federação alemã*, porquanto se demonstra menos intrusivo quando confrontada com as escutas telefónicas, cujo regime também se encontra tipificado. Acrescenta ainda douta fonte jurisprudencial que o regime da localização celular previsto no artigo § 100i do StPO impõe uma maior compressão sobre os Direitos Fundamentais pelo que não se confunde com aquele. É assim inilidível que no ordenamento em apreço a georreferenciação com recurso ao GPS em nada se compara com as escutas telefónicas ou com a localização celular, pugnando-se por um meio de obtenção de prova que, ao contrário destes, pouco contende com os Direitos Fundamentais.

Resumindo, na Alemanha, os dados decorrentes da georreferenciação diretamente pelas autoridades, tem como pressuposto processual recair a investigação sobre crimes de importância considerável, sendo esta interpretada no sentido deste afetar consideravelmente a paz e segurança jurídica.

Relativamente ao ordenamento jurídico francês, e anteriormente a 2014, à semelhança do que ainda no presente acontece no ordenamento jurídico português, era aquele omisso no que à estipulação legal da figura do sistema de localização GPS se reconduz. Era no entanto entendido pela jurisprudência francesa o recurso à georreferenciação como atentatório do direito à privacidade sendo nesse sentido obrigatório o controlo judicial prévio. Com a Lei n.º 372/14 de 28 de março impõe-se uma reforma no Code de Procedure Pénale passando o controlo por GPS a estar expressamente previsto nos artigos 230 – 32 a 230 – 44, pelo que, e até então a jurisprudência francesa assumia o entendimento da nulidade da prova recolhida por ausência de preceito legal que a legitimasse.

Atualmente em lei adjetiva penal francesa estabelece-se que no caso de se demonstrar como determinante numa investigação, e em sede de inquérito, o recurso à georreferenciação, esta pode ser da competência dos órgãos de polícia criminal, ainda que limitado a um catálogo de crimes, *in casu*, crimes puníveis com pena de prisão superior a 3 anos (artigo 230-32 §1).

Por via de regra o controlo desta medida ocorre de forma prévia junto do Ministério Público ou do juiz des libertés (art. 230-33), exceto quando a demora possa perigar o curso da investigação, pelo que nesse caso acontecerá ulteriormente junto das entidades competentes (art. 230-35). O controlo prévio compete ao MP ou ao juiz das liberdades dependendo do crime, situação ou emergência que se pretenda investigar ou instruir. Recaindo sobre o MP fica a medida restrita temporalmente ao máximo de 15 dias, sem prejuízo da sua prorrogação pelo juiz. Pode ainda esta medida ser autorizada pelo prazo máximo de quatro meses (renováveis) nos inquéritos relativos a causas de morte ou desaparecimentos. Em qualquer das situações já mencionadas a medida não pode exceder os 2 anos (art. 230-33, §2). No respeito pelo princípio da territorialidade, dispõe o CPP francês que as autoridades competentes podem determinar o recurso a este meio de obtenção da prova apenas no território nacional.

Se é certo que nos parece garante da certeza e segurança jurídica o facto de se encontrar regulado este meio de obtenção da prova, não menos verdade se critica a indefinição subjetiva sobre quem pode recair esta medida, excetuado o referido *sub judice,* mormente que apenas elegível para crimes puníveis com pena superior a 3 anos; investigação sobre causas de morte ou desaparecimento de "menores ou maiores protegidos"; e investigações para encontrar uma pessoa em fuga ou "pessoas objeto de mandados de captura". Esta regulamentação, apesar de extensa e exaustiva, ficou aquém, na nossa opinião, relativamente a um ponto, mormente, não especifica quem, ao certo, pode ser alvo deste método. Isto é, não há uma definição das categorias de pessoas cujas comunicações podem ser intercetadas, no entanto, e apesar de algumas lacunas que merecem reflexão, parece-nos um regime cujo equilíbrio se constitui como garante da tutela pública e da descoberta da verdade material.

Finalmente, e no que ao direito comparado se explana, até à reforma da Ley de Enjuiciamiento Criminal (LECrim)[8] em 2015, não existia no direito espanhol qualquer disposição legal relativa à utilização de GPS enquanto meio de obtenção de prova. Como forma de cumprir com as diretivas europeias relativamente ao robustecimento dos direitos processuais e à regulação das medidas de investigação tecnológica no âmbito do direito à intimidade, ao segredo das comunicações e à proteção de dados impôs-se a reforma da lei penal espanhol por via da Lei Orgânica n.º 13/2015, de 5 de

[8] Decreto Real de 14 de setembro de 1882.

outubro com a inevitável resistematização das diligências investigatórias até então previstas na LECrim.

A reforma do direito adjetivo espanhol impôs-se como garante dos Direitos fundamentais reconhecidos constitucionalmente através do reforço das garantias processuais. De facto, e antes de operada a reforma *sub judice*, estavam os órgãos de polícia criminal habilitados a colocar um dispositivo de localização GPS, sempre que de acordo com o seu juízo crítico considerassem tal diligência determinante para a descoberta da verdade material, prescindindo-se assim de prévia autorização judicial. Esta solução era justificada na doutrina e jurisprudência pelo facto destas não considerarem tal meio de obtenção da prova como contendente com qualquer direito fundamental, sendo, de acordo com aquelas fontes, diminuta a ingerência da vida privada[9].

Mudando-se o paradigma, e passando a considerar-se restritiva de Direitos fundamentais, é entendimento atual e unânime no sentido de que há uma ingerência no direito à reserva da intimidade da vida privada do visado pelo dispositivo de georreferenciação, com evidência na jurisprudência[10].

Assim foi a georreferenciação também exaustivamente regulada com expressão no artigo 588 quinquies b) da LECrim, sob epígrafe "Utilización de dispositivos o medios técnicos de seguimiento y localización". De acordo com o preceito legal, compete ao Juiz de Instrução a autorização do recurso aos meios de georreferenciação, sendo tal decisão alicerçada, como nos esclarece Duarte Nunes nos princípios orientadores da aplicação dos meios especiais de investigação criminal, *in casu*, os princípios da especialidade, idoneidade, excecionalidade, necessidade e proporcionalidade da proporcionalidade e adequação (Nunes, 2017, p. 105). Deve assim, aquele órgão de soberania pronunciar-se sobre o tipo de medida a adotar, o tempo de aplicação da mesma e todos os demais limites que considere necessários para garantir a validade do meio de obtenção da prova e o

[9] Cfr. Tribunal Supremo Espanhol, proc. n.º 798/2013, 05.11.2013, nos termos da qual "no supone una inferencia excesiva sobre el derecho fundamental a la intimidad a los efectos de exigir un control jurisdiccional prévio" in www.poderjudicial.es, consult. em 16 de dezembro de 2022.

[10] Cfr. Tribunal Supremo Espanhol, proc. n.º 610/2016, 07.07.2016, in www.poderjudicial.es, consult. em 9 de dezembro de 2022.

respeito pelos direitos fundamentais dos intervenientes processuais, num justo equilíbrio pelos princípios do processo penal.

À semelhança do que acontece com o ordenamento jurídico francês, pode a autoridade competente para investigar autorizar este meio de obtenção da prova quando se justifique por motivos ponderosos e urgentes, devendo remeter no prazo máximo de 24 horas ao juiz competente tal informação devidamente fundamentada para validação por este, ou pelo contrário determinação da sua suspensão se considerar injustificada.

Relativamente às limitações temporais, estabelece no artigo 588.º quinquies c) da LECrim, que esta medida terá uma duração máxima de três meses contados desde a sua autorização, sem prejuízo da possibilidade de prorrogação até ao máximo de 18 meses.

Em oposição ao regime gaulês, esta meio de obtenção da prova não se encontra restrito aos crimes ou fundamentos do catálogo, recaindo tal discricionariedade sobre o juiz de instrução alicerçado no princípio da proporcionalidade a decisão da sua adequação e necessidade às circunstâncias do caso concreto.

4. Jurisprudência do Tribunal Europeu dos Direitos do Homem (TEDH)

Importa agora, e para melhor alcance da Jurisprudência ulteriormente vertida, uma breve referência à Convenção Europeia dos Direitos Humanos (assinada em 1950, pelo Conselho da Europa), no que ao seu artigo 8º se reconduz, na medida que se demonstra pedra angular no que à legitimidade do meio de georreferenciação enquanto meio de obtenção da prova se recorta.

O referido preceito legal vem consagrar expressamente o direito ao respeito pela vida privada e familiar, impondo-se nas palavras de Dias Pereira como um artigo que *pretende garantir direitos individuais das pessoas contra abusos de poder* (Pereira, 2019,p.1451), pelo que, e sem prejuízo do respeito pelos diplomas internacionais patenteado no artigo 8º da CRP, também a Lei Fundamental enaltece o direito e respeito pela vida privada no seu artigo 26 nº 1, sem prejuízo dos artigos 34º e 35º[11] do mesmo

[11] Para Gomes Canotilho e Vital Moreira este preceito atribui a cada pessoa o direito de controlar a informação disponível a seu respeito e se impedir a redução da pessoa a mero objecto de informação(2007:551), ficando assim abrangido pelo artigo 8º da CEDH.

diploma legal no que à proteção de dados e ao direito à autodeterminação informacional se reconduz.

O direito ao respeito pela vida privada encontra correspondência no art. 26.º, n.º 1, da CRP, mas, também, nos arts. 34.º e 35.º, da CRP. Conforme jurisprudência aceita-se a amplitude do conceito de "vida privada" sendo insuscetível de concretização exaustiva, no entanto, pretende o artigo 8º da CEDH impor-se como garante do normal desenvolvimento da personalidade do ser humano enquanto ser relacional e em permanente contato com os outros, pelo que existe nesse espaço de interação um núcleo de vida privada que pugna por respeito e tutela.

Não sendo isento de restrições, acrescenta o nº 2, do artigo 8.º da CEDH, que pode existir uma ingerência da autoridade pública no exercício deste direito quando esta *ingerência esteja prevista na lei (...) constituir uma providência que, numa sociedade democrática, seja necessária para a segurança nacional, para a segurança pública, para o bem-estar económico do país, a defesa da ordem e a prevenção das infrações penais, a proteção da saúde ou da moral, ou a proteção dos direitos e das liberdades de terceiros.*

Debruçando-nos agora sobre a instância europeia, enaltecemos a decisão do TEDH, em setembro de 2010[12], quando convocado a se pronunciar sobre a admissibilidade do sistema de localização GPS, estando em apreciação em concreto o Acórdão Uzun c. Alemanha de 02 de setembro de 2010. Perante a suspeita de atentando terrorista levada a cabo por dois indivíduos com anteriores ligações terroristas, procederam as autoridades à instalação de dispositivo de localização GPS nas respetivas viaturas automóveis dos visados da investigação.

Nesse sentido pronunciou-se o referido tribunal pela admissibilidade da diligência probatória, assumindo que apesar de inevitável restrição do direito fundamental da intimidade da vida privada, a mesma não imponha qualquer violação do disposto no art. 8.º da Convenção Europeia dos direitos do Homem (CEDH) porquanto se demonstrou respeitado o princípio da proporcionalidade. Ademais, era estipulação legal expressa a admissibilidade do meio de obtenção da prova concretizada artigo § 100h (1) 2 do CPPa, pelo que de conhecimento possível para qualquer cidadão. Também o próprio ordenamento jurídico alemão é translúcido na admissibilidade da diligência em apreço quando se encontra na equação a

[12] Ac. Uzun c. Alemanha , nº 35623/05, de 02.09.2010, in http://hudoc.echr.coe.int.

salvaguarda segurança nacional e da comunidade. Acrescenta ainda à data dos factos o então artigo § 100i I 1 b) do StPO era dotado de amplitude bastante para admitir na sua previsão meios de vigilância sem capacidade de captação de imagem ou som suficientemente inteligíveis pelos seus destinatários, concluindo assim douto Tribunal que a ingerência resultante da localização GPS, além de estar em conformidade com o direito interno (de outrora), a medida tinha-se demonstrado como necessária, e bem assim proporcional, numa sociedade democrática e sendo legítimos objectivos perseguidos, não havendo qualquer violação do disposto no art. 8.º, n.º 2, da CEDH.

Chamado de novo a pronunciar-se sobre inadmissibilidade deste meio probatório enquanto violador do artigo 8º da CEDH[13], desta feita sobre o Acórdão Ben Faiza c. França, de 08 de fevereiro de 2018, pugnando o arguido suspeito de tráfico de droga pela nulidade dos dados de geolocalização recolhidos durante um mês fora do território francês para onde se deslocava para a prática do crime[14]. Esclarece douta instância europeia que o meio de georreferenciação assume-se menos intrusivo quando confrontado com os demais meios aptos a captarem imagem ou registo de comunicações, pelo que estabelece na sua jurisprudência que a interceção de comunicações não resulta aplicável *mutatis mutantis* à georreferenciação (TEDH, 2010). No entanto, e em sentido inverso, entendeu douto TEDH porquanto o ordenamento jurídico gaulês não era dotado de preceito legal[14] à data dos factos, que legitimasse as autoridades francesas à utilização da georreferenciação sem que tal contendesse com a ingerência na vida privada e familiar, do domicílio e da correspondência à luz do artigo 8.º da CEDH, sendo procedente o recurso com decaimento para a França[15]. Sempre concordaremos que não sendo suficientemente claras

[13] O Artigo 8.º da CEDH, sob epígrafe "Direito ao respeito pela vida privada e familiar", dispõe no n.º 2 que "Não pode haver ingerência da autoridade pública no exercício deste direito senão quando esta ingerência estiver prevista na lei".

[14] Um contexto de mobilidade de pessoas e bens decorrente do espaço Sheghen tem merecido o esforço da União Europeia no sentido de uma aproximação legislativa entre os diferentes Estados Membros, tendo as Diretivas mote na segurança transfronteiriça.

[15] O art.81.º do Code de Procédure Pénale, vigente na altura dos factos, foi a norma aplicada para legitimar a diligência probatória referindo-se tal preceito legal a "atos de informação que considere útil para a manifestação da verdade". Foram cumpridas as formalidades então exigidas, sendo a colocação do dispositivo GPS foi autorizada pelo juiz de instrução, no dia

as circunstâncias em que as autoridades policiais francesas poderiam optar por este meio de obtenção da prova poderiam sempre promover-se situações de manifesto abuso de poder pelas autoridades judiciárias, prescindindo-se assim do requisito relativo ao objetivo legítimo e necessário, ilegitimando *ab initio* a ingerência das autoridades públicas no direito ao respeito pela vida privada.

Do supra exposto facilmente alcançamos que a pedra angular da jurisprudência europeia, quando confrontada com o disposto no artigo 8º CEDH, reside na legislação interna no que à amplitude legal se reconduz no sentido da legitimação formal e substancial do meio de obtenção da prova por georreferenciação.

5. Jurisprudência dos tribunais nacionais

Por tudo o quanto já foi supra exposto facilmente percebemos que, não existindo consenso na doutrina quanto à admissibilidade do meio de obtenção da prova relativo à localização por GPS, e ainda que o admitindo, não é também uníssono o regime aplicável, que também a jurisprudência diverge com claro prejuízo para a certeza e segurança jurídica bem como para o princípio da unidade jurídica, surgindo irrefutavelmente o pendor da reapreciação pelas instâncias superiores.

Nesse sentido decidimos verter algumas decisões que refletem a não homogenia jurisprudencial no que a este meio de obtenção da prova concerne.

5.1. Acórdão do Tribunal da Relação de Évora de 7 de outubro de 2008[16]

Em 2008 surgia a primeira decisão dos tribunais judiciais portugueses relativa à admissibilidade do sistema de localização GPS em veículos suspeitos como forma de determinar com exatidão a sua posição e movimentos entre determinados pontos. Refere- se o acórdão à colocação de dispositivos de localização GPS, em sede de inquérito, em carros conduzidos pelos suspeitos e pelo prazo de 60 dias. Pugnou douto tribunal superior pela admissibilidade dos dados de localização dos suspeitos diretamente pelas

3 de junho de 2010, com fundamento neste artigo, no entanto a amplitude do preceito legal não permitir fazer qualquer referência à utilização de meios técnicos, como o GPS.

[16] Proc. n.º 2005/08-1, de 07.10.2008, Relator Martinho Cardoso, in www.dgsi.pt.

autoridades alicerçando-se no art. 125.º do CPP, e bem assim assumindo aquela diligência probatória como atípica, mas legal à luz da lei. Acrescenta douta fonte jurisprudencial a conformidade legal à luz do disposto no artigo 126º do CPP. Prossegue a sua fundamentação afirmando que aquele meio de obtenção de prova não se considera intrusivo dos direitos fundamentais, in casu, do direito à reserva da intimidade da vida privada, quando confrontado com a clássica vigilância policial, já que na primeira ficam os ocupantes cobertos do anonimato ao contrário do que acontece na segunda hipótese[17].

Prossegue ainda que *salvo o devido respeito por opinião contrária, entendemos que localização por GPS não tem coisa alguma a ver com localização celular. A localização celular funciona quando num telemóvel é ativado o IMEI, ou seja, quando é feita ou recebida uma chamada ou uma mensagem; só indica a "antena" que está a transmitir para o IMEI alvo, ou seja, se é S. ou T. e não o local exato onde está o telemóvel alvo. A localização por GPS é ativada por um aparelho sintonizado com pelo menos dois satélites, dos quais recebe a informação das coordenadas da longitude e da latitude a que o aparelho se encontra, fornecendo-lhe assim a localização do sítio exato por reporte ao mapa das estradas dessa região, informação que é transmitida e reproduzida num recetor na posse, neste caso, da autoridade policial. Sem prejuízo de que de resto, digamos que a localização por GPS é o "irmão gémeo eletrónico" do clássico seguimento do alvo por pessoas a bordo de um carro. E que tem vantagens e desvantagens em relação a este seguimento personalizado. A principal vantagem será o permanente acesso à localização em que se encontra o carro-alvo. A desvantagem mais evidente será a de que, apesar de em qualquer momento se saber aonde está o carro, se desconhecer por completo o que é que o seu ocupante ou os seus ocupantes estão a fazer de concreto. Nesse aspeto, o seguimento clássico, por permitir, além do mais, escrutinar quem vai no carro e o que fazem os ocupantes pelo menos quando o carro para, para onde vão, quando saem eles.*

Acrescentou ainda que é um aparelho surdo e cego no sentido de que não escuta as conversas dos ocupantes do carro, nem identifica quem lá vai e o que estão a fazer, apenas informa aonde está o veículo, pelo que pelo que o GPS servirá sobretudo como meio coadjuvante do seguimento clássico – o qual aliás, também pode ocorrer 24 sobre 24 horas.

17 Parece-nos que a admissibilidade de determinado meio de obtenção da prova deve ser aferida isoladamente e não em confrontação com qualquer outro.

Alicerçado na homogenia entre as diligências probatórias referidas supra conclui que como o seguimento policial clássico não carece de autorização judicial prévia também a colocação de um localizador GPS pelos OPC nos veículos de pessoas investigadas, em sede de inquérito, é admissível sendo despiciendo a outorga judicial prévia[18].

Se é certo que se conhecem as vantagens das novas tecnologias enquanto aliados da ação penal, e apesar de afirmado por douto tribunal a não regulação ou proibição pelo legislador de tal meio de obtenção de prova, não menos verdade se impõe que a realização dos fins do processo penal que não se esgotam na descoberta da verdade material chamando à equação o respeito pelos direitos, liberdades e garantias de todos os intervenientes processuais.

5.2. Acórdão do Tribunal da Relação do Porto de 21 de março de 2013[19]

Num entendimento diferente, foi refutada a colocação de dispositivos GPS perante a suspeita da prática de furtos qualificados, considerando o Tribunal da Relação do Porto tratar-se um meio de obtenção de prova atentatório do direito à reserva da intimidade da vida privada (art. 26.º, n.º 1, da CRP) e do direito à autodeterminação informativa (art. 35.º da CRP) e, portanto, sem acolhimento perante as concretizações previstas nos artigos 125º e 126º do CPP. Refuta também a homogenia com o clássico seguimento policial com a localização GPS, sendo que esta por *se tratar de prova digital permite traçar perfil detalhado da vida pública e privada de uma pessoa.*

Finalmente e por confrontação com a localização celular e desse modo refutou como despicienda a prévia autorização judicial para a colocação de dispositivos para localização GPS, já que também aqui estão em causa dados sensíveis. Assim, e face à similitude com a localização celular, impondo-se por analogia com o disposto o artigo 187º do CPP, no que

[18] Antecipa-se uma violação do princípio da Separação de Poderes porquanto, além de admitir determinado meio de obtenção de prova por confrontação com outro, pugnando pela sua homogenia, pugna também pelo entendimento relativamente às formalidades baseando-se naquela mesma homogenia que apenas se alicerça na discricionariedade judicial.

[19] Acórdão TRP, de 21 de março de 2013, processo n.º 246/12.9TAOAZ-A.P1, Relator Joaquim Gomes in www.djsi.pt.

à colocação de dispositivos GPS concerne, a autorização judicial. Em suma afirma douta fonte jurisprudencial que *não cremos, no entanto, que a clássica vigilância tradicional de seguimento seja equivalente à localização através do localizador GPS e à sua monitorização, através do registo dos respetivos dados, porquanto esta última permite traçar o perfil detalhado da vida pública e privada de uma pessoa, como ainda recentemente foi sublinhado (Ac. Supremo Tribunal dos E.U.A., caso USA v. Jones, de 2012/jan./23). Por outro lado, não faria sentido que apenas fosse sujeita a autorização judicial a localização celular através do mecanismo GPS, uma vez que se trata de dados sensíveis, que dizem respeito à vida íntima e encontram-se no âmbito do direito fundamental à autodeterminação informativa. Nesta conformidade e sempre que esteja em causa a localização através da tecnologia GPS (Global Positioning System) a mesma deve ser sujeita a autorização judicial, aplicando-se, por interpretação analógica, o disposto no artigo 187.º do Código de Processo Penal.*

Finalmente, assume também a analogia com o regime previsto para as interceções telefónicas e comunicações (escutas telefónicas) sendo por isso admissível, mas sujeito a prévia autorização judicial provado que está o seu carácter oculto e por isso sensível ao disposto nos termos do artigo 32 nº 8 da CRP com concretização ordinária nos termos do artigo 126 nº 3 do CPP.

5.3. Acórdão do Tribunal da Relação de Lisboa, de 13 de abril de 2016[20]

De forma antagónica aos acórdãos supra apresentados, pugna douta fonte jurisprudencial pela inadmissibilidade deste meio especial de investigação criminal, adensando a incerteza e segurança jurídica em prole da discricionariedade judicial.

Alicerçado nas potencialidades da georreferenciação face às suas características técnicas impõe destrinça com as demais intersecções e comunicações telefónicas pugnando que *dada a ausência de lei que legitime a sua utilização, delimite os crimes que permitem essa utilização, estabeleça o procedimento a adotar e fixe a competência para autorizar o seu uso e controlar todo o procedimento. Acrescenta ainda que a questão que se coloca é, porém, outra. É a de saber se um meio de obtenção de prova com estas características, que não se confunde nem se equipara minimamente com a interseção das comunicações, é, entre nós, permitido, dada a ausência de lei que legitime a sua utilização, delimite os crimes*

[20] Proc. n.º 2903/11.8TACSC.L1-3, de 13.04.2016, Relator Carlos Almeida, *in* www.dgsi.pt.

que permitem essa utilização, estabeleça o procedimento a adotar e fixe a competência para autorizar o seu uso e controlar todo o procedimento que tiver lugar. E, a nosso ver, a resposta é claramente negativa.

Reitera a inadmissibilidade da utilização do GPS como meio de obtenção de prova enquanto meio oculto de investigação porquanto admissível tão só se expressamente regulado na lei sob pena de violação do disposto no artigo 126 nº 3 do CPP. Reitera ainda no entendimento da glamorosa violação da intimidade e da vida privada dos indivíduos que utilizam os veículos por permitir um sistemático e contínuo registo de dados, independentemente de não assumirem a forma de imagens ou registo áudio. Acrescenta ainda que a sua utilização deve proceder da entidade competente para autorizar a sua utilização no âmbito de uma investigação mediante aplicação analógica do artigo 187.º do CPP. No que à valoração dos resultado obtidos através deste meio de obtenção da prova concerne entende douta fonte pelo impedimento da valoração dos registos, bem como, da valoração dos produtos das vigilâncias e imagens obtidas durante as vigilâncias, já que foram coordenadas com as informações sobre a localização dos veículos obtida através de um meio proibido de obtenção da prova, apelando à teoria da árvore envenenada relativamente a todos os resultados posteriores e decorrentes da prova resultante da georreferenciação. Afirma assim que *se a decisão assumida quanto à não pronúncia pelo crime de furto devesse ser outra, colocar-se-ia a questão de saber se a prova suscetível de valoração permitia afirmar que existiam nos autos indícios suficientes de que os arguidos tinham praticado esses factos. Por isso, e sem prejuízo da conclusão a que se chegou, importa analisar subsidiariamente a questão que constituiu o cerne do recurso interposto pela assistente e que fundamentou o despacho de não pronúncia.*

De forma inequívoca conclui que *em primeiro lugar, porque um aparelho de geolocalização, no caso, um "GPS tracker", é um meio oculto de investigação que, por isso mesmo, só poderia ser admitido se existisse lei que o consagrasse como um meio de obtenção de prova legítimo e regulasse todos os referidos aspetos do seu regime. Não se compreenderia, de resto, que a localização celular de um telemóvel estivesse sujeita aos apertados limites traçados pelos artigos 252.º-A e 189.º, n.º 2, do Código do Processo Penal e a geolocalização através de meios muito mais precisos fosse admitida sem qualquer limitação e sem controlo. Para além disso, porque a utilização destes aparelhos viola de uma forma nítida a vida privada dos utilizadores dos veículos em que se encontrem instalados. Embora o conceito de vida privada seja amplo e insuscetível de uma exaustiva definição, o seu conteúdo "vai para além dos estreitos limites inerentes à ideia anglo-americana de privacidade, que põe ênfase no secretismo da informação pessoal e no recato do ato", abrangendo muitos âmbitos que extravasam a habitação e os domínios privados, atingindo mesmo "a zona de interação de uma pessoa com os outros, mesmo num contexto público.*

Conclusões

Após explanação supra, com aprofundamento da doutrina, direito interno, direito comparado e jurisprudência dela decorrente estaremos em condições de antecipar algumas conclusões.

A par da globalização surgem novos desafios ao direito processual enquanto garante da realização dos seus fins, mormente, a descoberta da verdade material no respeito pelos direitos, liberdades e garantias dos intervenientes processuais. Se é certo que estamos perante uma complexização da criminalidade contemporânea, não menos verdade se impõe uma panóplia de recursos às autoridades judiciarias enquanto aliadas na investigação penal deixando à sorte da discricionariedade daquelas a escolha assertiva dos meios de obtenção da prova no respeito pelo acervo constitucional.

Pelo supra exposto somos do entendimento que o sistema de georreferenciação, embora não comtemple a captação de dados audiovisuais, contende com o direito à reserva da intimidade e vida privada, por quanto não nos convencemos por uma confrontação meramente integradora com outros meios de obtenção da prova, *in casu*, os meios de localização celular ou a tradicional perseguição celular.

De forma pragmática a localização por GPS assume-se como meio oculto, possibilitando a vantagem constante às autoridades competentes para a investigação o conhecimento atual e constante da localização do visado por aquele meio. Enquanto prova digital estabelece algoritmos e padrões de deslocações sendo uma mais-valia em sede investigatória.

Assim, e sem prejuízo dos seus benefícios para fazer face à criminalidade organizada, nada obsta à sua regulamentação como em sede de muitos países europeus se assiste, salvaguardando ademais a divergência na jurisprudência com claro prejuízo para a certeza e segurança jurídica, pelo que também aceitamos o seu contributo na consolidação das decisões judiciais pela impossibilidade de recurso em situações materialmente homólogas decididas de forma dispare.

É nosso entendimento que aceitação da atipicidade do meio de obtenção da prova *sub judice* justifica por si só a aplicação analógica de outros meios materialmente distintos, ainda que mereçam das mesmas garantias processuais.

A divergência na doutrina reclama pela regulamentação do regime da localização por GPS com claros benefícios para todos os intervenientes, sem prejuízo de sair enaltecido o princípio da unidade jurídica quando mitigada a discricionariedade judiciária.

Conhecidas as restrições relativas à analogia em sede de direito penal, e sendo uníssona a jurisprudência relativa à ingerência, ainda que em diferentes intensidades, no na do direito fundamental à reserva da vida privada, deverá o legislador pugnar pela regulamentação expressa deste meio de obtenção da prova, ao invés de o deixar à sorte da analogia, sendo certo que é nosso entendimento que a acontecer se imponha em *bona* parte do arguido, e bem assim sujeita ao crivo previsto nos artigos 187 e seguintes do CPP.

Não podem os fins do processo penal ceder perante a inconcretude jurídica devendo o Direito Comparado ser bússola orientadora da reforme reclamada.

Referências

Acórdão do Tribunal da Relação de Évora, proc. nº. 2005/08-1, 7 de outubro de 2008, Relator Martinho Cardoso

Acórdão do Tribunal da Relação de Lisboa, proc. nº. 2903/11.8TACSC.L1-3, 13 de abril de 2016, Relator Carlos Almeida

Acórdão Tribunal da Relação do Porto, de 21 de março de 2013, processo n.º 246/12.9TAOAZ-A.P1, Relator Joaquim Gomes

Ac. Uzun c. Alemanha, nº 35623/05, de 02.09.2010, in http://hudoc.echr.coe.int. ALBUQUERQUE, Paulo P. de, Comentário ao Código do Processo Penal à luz da Constituição da República e a Convenção Europeia dos Direitos do Homem, Universidade Católica Editora, Lisboa, 2011

ANDRADE, M. d. (2009). Bruscamente no verão passado, a reforma do Código de Processo Penal: Observações críticas sobre uma Lei que podia e devia ter sido diferente. Coimbra: Coimbra Editora.

BRITO, Maria Beatriz Seabra de (2018) – Novas Tecnologias e Legalidade da Prova em Processo Penal – Natureza e enquadramento do GPS como método de obtenção de prova, Coimbra, Almedina.

Cabral, J. S., Anotação ao artigo 126.º – Métodos proibidos de prova. Em Código de Processo Penal Comentado (2.ª Edição ed., p. 432). Coimbra: Almedina. 2016.

Código de Processo Penal Comentado. Coimbra: Almedina, 2014.

CANCELA, Alberto Gil Lima, A Prova Digital: os meios de obtenção de prova na Lei do Cibercrime Coimbra, 2016, disponível em https://estudogeral.sib.uc.pt/bitstream/10316/31398/1/A%20prova%20digital.pdf, e consultado em 16 de dezembro de 2022, p. 20.

CANOTILHO, J.J. e Vital Moreira (2007) – Constituição da República Portuguesa Anotada, Volume I, 4ª ed. rev., Coimbra, Coimbra Editora.

Acórdão do Tribunal da Relação de Évora, proc. nº. 2005/08-1, 7 de outubro de 2008, Relator Martinho Cardoso

FERREIRA, M. C. ,Lições de Direito Penal (Vol. Tomo I). Lisboa: Textos Universitários – Ed. Verbo, (1993).

GAMA, Lobo, Código de Processo Penal Anotado,3ªedição, Coimbra, Almedina, 2019.

MILHEIRO, Tiago Caiado – Artigo 189.º – Extensão in Comentário Judiciário do Código de Processo Penal, Tomo II, pp. 811 e ss., Coimbra, Almedina, 2018.

NUNES, Duarte Alberto Rodrigues, Sobre a admissibilidade da obtenção de dados de localização através de sistema GPS à luz do Direito português e do Acórdão Ben Faiza c. França do Tribunal Europeu dos Direitos do Homem", março de 2019, http://julgar.pt/sobre-a-admissibilidade-da-obtencao-de-dos-dados-de--localizacao-atraves-de-sistema-gps-a-luz-do-direito-portugues-e-do-acordao--ben-faiza-c-franca-do- tribunal-europeu-dos-direitos-do-homem/, consult. em 12.12.2022

A admissibilidade da obtenção, directamente pelas autoridades, de dados de localização por meio de sistema GPS à luz do direito processual penal português, maio de 2017, http://julgar.pt/a-admissibilidade-da-obtencao-diretamente-pelas--zxcautoridades- de-dados-de-localizacao-por-meio-de-sistema-gps-a-luz-do--direito-processual-penal- portugues/, consult. em 12.12.2022

OLID, F., & Ruiz, F., Tecnología de geolocalización y seguimiento al servicio de la investigación policial. Incidencias sobre el Derecho a la intimidad. Derechio y Criminología, 59-99, (2011).

PEREIRA, B. (2016). O sistema de geolocalização GPS no Processo Penal Português. (Tese de Dissertação de Mestrado em Direito). Faculdade de Direito da Universidade de Lisboa.

PEREIRA, Alexandre Dias Direito ao respeito pela vida privada digital in Comentário da Convenção Europeia dos Direitos Humanos e dos Protocolos Adicionais, Paulo Pinto de Albuquerque (org.), Vol. II, Título III, Capítulo VII, pp. 1451 a 1472, Lisboa, Universidade Católica Editora, 2019.

RENZEMA, M., & Mayo-Wilson, E. (2005). Can electronic monitoring reduce crime for moderate to high risk offenders? Journal of Experimental Criminology, 215-237.

RODRIGUES, Benjamim Silva, "Direito Penal Parte Especial, Tomo I, Direito Penal Informático-Digital, Contributo para a Fundamentação da sua Autonomia Dogmática e Científica à Luz do novo Paradigma de Investigação Criminal: a Ciência Forense Digital e a Prova Digital", Coimbra Editora, 2009.

TOMO II – Bruscamente... A(s) Face(s) Oculta(s) dos Métodos Ocultos de Investigação Criminal. Lisboa: Rei dos Livros, 2010.

SILVA, Germano Marques da (2017) – Direito Processual Penal Português, Vol. I, 2ª edição, Lisboa, Universidade Católica Editora

Curso de Processo Penal, Tomo II, 4ª ed. rev. e atualizada, Lisboa, Editorial Verbo, 2008.

Tribunal Supremo Espanhol, proc. n.º 798/2013, 05.11.2013

Tribunal Supremo Espanhol, proc. n.º 610/2016, 07.07.2016, in www.poderjudicial.es, consult. em 09.12.2022

Tribunal Europeu dos Direitos do Homem– in http://hudoc.echr.coe.int Ben Faiza c. França, proc. nº. 31446/12, 8 de fevereiro de 2018

Uzun c. Alemanha, proc. nº. 35623/05, 02 de setembro de 2010

4. A PROVA DIGITAL NO PROCESSUAL PENAL PORTUGUÊS: REFLEXÕES SOBRE O USO DO MALWARE COMO MEIO DE OBTENÇÃO DE PROVA A PARTIR DO PONTO DE VISTA DO INTERESSE DA VÍTIMA NA DESCOBERTA DA VERDADE

NILCE DE OLIVEIRA CASTRO

Introdução

A evolução tecnológica é constante, gerando dúvidas e incertezas sobre o poder das máquinas, softwares e suas aplicações. É impressionante perceber que a Inteligência Artificial (IA)[1] está cada vez mais próxima de desempenhar tarefas de aprendizagem que antes eram exclusivas dos seres humanos. Nestes fundamentos, o debate em torno da capacidade da IA para igualar as habilidades humanas é uma questão amplamente discutida, refletindo o avanço e a complexidade dessa tecnologia.

Para tanto, a temática envolve a Prova Digital no Processual Penal Português: reflexões sobre o uso do *malware* como meio de obtenção de prova a partir do ponto de vista do interesse da vítima na descoberta da verdade. Idealmente desperta interesse, preocupação e inquietações sobre o uso do malware como meio de obtenção de prova ser possível discutida no contexto do Processo Penal Português. São necessárias reflexões profundas sobre o equilíbrio entre o interesse da vítima[2] na

[1] Take Blog. *Inteligência Artificial em 2023 – as principais tendências*,2023 [*online*]. Disponível em: https://www.take.net/blog/tecnologia/inteligencia-artificial-em-2023/ [consult. 18 jan. 2023].

[2] Tripla. *Os tipos de malware que podem roubar seus dados. Proteja sua empresa*! 2019 [*online*]. Disponível em: https://tripla.com.br/conheca-os-tipos-de-malware/ [consult. 18 jan. 2023].

descoberta da verdade e as preocupações relacionadas ao uso dessa técnica tão conhecida enquanto um software malicioso[3] projetado para causar danos a um dispositivo ou sistema, que pode incluir vírus como cavalos de tróia, *worms*, *ransomware* e outros tipos de ameaças de segurança cibernética.

Quanto o emprego do *malware* como ferramenta para buscar a verdade em favor da vítima levanta questões éticas e jurídicas relevantes, exigindo uma análise cuidadosa dos limites legais e dos direitos individuais.

A cibersegurança enquanto estudo e prática de proteção de sistemas, redes e informações contra ameaças cibernéticas (podendo ser vistos como cibercrimes e conceitos de cibercrime) "designadamente as redes, os computadores e outros dispositivos eletrónicos interligados à interação de pessoas através da sua presença virtual nas redes sociais e noutros espaços virtuais", a exemplo de conhecimento, de certa forma, de problemas relacionado com o contexto da cibersegurança.

A *internet* é uma vasta rede de dispositivos interconectados que permitem a partilha de informações e recursos "à escala global, um vasto e heterógeno conjunto de equipamentos que assegura a comunicação em rede de aplicações aí instaladas e dos utilizadores que as utilizam", integrado ao ciberespaço com protocolos, normas e tecnologias de informação que gera comunicação em linha partilhada ao mesmo tempo.

Os aspectos legais da cibersegurança abrangem regulamentos, leis e diretrizes que visam proteger as pessoas da *internet* e garantir a privacidade e segurança de dados. A análise digital forense reside na técnica de coleta, preservação e análise de evidências digitais para fins legais. Logo, é usada para investigar incidentes de segurança cibernética e para recuperar dados perdidos ou destruídos. Nisto, os tribunais costumeiramente lidam com casos de software malicioso e a forma como são usados para cometer crimes, nomeadamente, roubo de informações confidenciais ou fraude. Isso pode incidir em procedimentos criminais contra indivíduos ou empresas acusadas de criar ou distribuir *malware*, bem como ações civis contra essas partes para indenizar as vítimas. Além disso, os tribunais também podem emitir ordens para remover ou neutralizar o *malware*, e podem impor sanções contra os perpetradores

[3] Malwarebytes. O que é o malware? [*online*]. Disponível em: https://pt.malwarebytes.com/malware/ [consult. 18 jan. 2023]

por explorar questões éticas e morais sobre a criação e uso de software malicioso.

Quando se trata de casos de *malware*, a lei processual penal[4] pode incluir regras sobre a recolha de evidências digitais, como ficheiros de log de rede, registros de transações e outras informações relacionadas ao ato tipificado como crime. Além disso, pode haver regras específicas sobre como os investigadores podem obter acesso a dispositivos e sistemas infectados com *malware*, bem como como essas evidências podem ser apresentadas em um julgamento.

Portanto, a motivação para a escrita desta matéria encontra-se no vasto conjunto de possibilidades de que a tecnologia nos proporciona, e que ao mesmo tempo nos torna vulneráveis, sendo a contínua cautela e consciencialização enquanto utilizadores como sendo os comportamentos de maior impacto na prevenção de potenciais ataques à segurança dos dados dos cidadãos expostos nesse universo digital.

No passado os tribunais mostraram-se hesitantes em aceitar a prova digital dos factos em sede judicial, como descrito anteriormente. Porém, com a evolução tecnológica tudo parece ter mudado no sistema de administração da justiça penal, visto que o acesso aos sistemas informáticos pode ser uma importante fonte de prova para investigação criminal e respetiva identificação dos responsáveis. A prova digital exige uma abordagem científica e metódica para sua identificação, coleta e análise, devido à sua natureza imaterial e instável. Esse método é conhecido como "Perícia Digital" ou "Forense Digital".

Assim, a questão norteadora reside no uso do *malware* para a prática de crimes digitais pode ser igual potencial usual como meio de prova na elucidação dos fatos com finalidade criminosa e evidenciar autenticidade do caminho do crime. Neste sentido, este estudo está direcionado para um espectro alargado da possibilidade do uso do malware como meio de prova processual penal a partir do ponto de vista do interesse da vítima na descoberta da verdade, como meio de investigação criminal.

Objetiva de maneira específica, abordar a inteligência artificial no contexto do cibercrime, verificar a aplicabilidade da lei quanto à proteção

[4] Decreto-Lei n.º 78/87, de 17 de fevereiro. *Diário da República – I Série*. Lisboa: Imprensa Nacional-Casa da Moeda, 1987-02-17, n.º 40. Disponível em: https://dre.pt/dre/detalhe/decreto-lei/78-1987-662562.

do direito da vítima, e discutir a necessidade de adequação do processo penal na obtenção da prova digital.

Assim, nos capítulos contemplam partes abordando em conjunto questões técnicas, científicas e jurídicas, a fim de acrescentar valor na compreensão dos fundamentos levantados: a inteligência artificial e cibercrimes quanto a discussão da utilização de *malware* para obtenção de provas devido o avanço dos crimes digitais como meios preparatórios para a prática de crimes, bem como padrões que indicam atividade maliciosa; a aplicação da lei na proteção dos direitos da vítima de crimes digitais e trazer a discussão da necessidade de adequação do processo penal na obtenção do uso do *malware* a partir do ponto de vista do interesse da vítima na descoberta da verdade, num contexto breve da análise do modelo português. Igualmente relevante é a introdução dos conceitos, tipos de crimes e avanços na atual sociedade virtual.

Por ser a *internet* um vasto campo de informação que assegura diversos tipos de comunicação que interliga o mundo, as pessoas (individual e jurídica) realizam diversas interações no mundo digital, por inúmeros interesses, de boa-fé e má-fé, identificáveis pelos seus serviços e protocolos, os quais são imprescindíveis à vigilância no reconhecimento de ameaças e à proteção do sistema contra crimes praticados de forma virtual, devido ao avanço considerável nas transações facilitado pelo uso de dispositivos inteligentes, nomeadamente: smartphones, televisão, computadores portáteis. Ou seja, o mundo das coisas e das pessoas nesta altura do século na *internet*, vindo a disparar novas modalidades de crimes e ações ilícitas.

Neste sentido, os sistemas judiciários tiveram e têm cada vez mais a necessidade de avançar com a evolução dos seus tipos normativos com vista a prever sanções a um conjunto de crimes que emergiu com a *internet*, aprimorada com a inteligência artificial. Assim, a segurança da vida das pessoas tem-se tornado mais complexas a exigir mais do direito a necessidade de cumprir com sua finalidade, o de acompanhar a evolução da sociedade. A ganhar novos contornos da sociedade digital. É o que esperamos como resultado deste estudo o fomento de tal temática da necessidade de adequação e ajuste do sistema processual penal, em certa medida, acompanhar na utilização do meio de prova digital em comento como proteção jurídica a favor da vítima na busca da verdade.

As grandes quantidades de dados gerados e armazenados digitalmente podem ser desafiantes para as ferramentas tradicionais de perícia digital.

Por isso, é importante que os profissionais envolvidos na investigação criminal digital estejam familiarizados com as novas tecnologias e técnicas para garantir a eficácia e precisão de suas análises.

A inteligência artificial pode ser uma solução eficaz para alguns dos desafios enfrentados pela perícia digital. A IA pode ajudar a analisar grandes quantidades de dados de forma mais rápida e precisa, identificar padrões e relações entre diferentes tipos de dados, e suportar a tomada de decisão. No entanto, é importante lembrar que a IA não é uma solução completa e deve ser usada como uma ferramenta complementar às técnicas tradicionais de perícia digital.

Com a popularização da *internet* e das redes sociais, muitos de nós desenvolvemos uma presença *online* que complementa ou até mesmo duplica a nossa identidade "real". Esta presença *online* pode incluir informações pessoais, fotos, comentários e interações com outros usuários, e pode ser uma importante fonte de informações na investigação criminal, o acesso à informação e à prova digital está regulamentado por leis e regulamentos que determinam as condições e limitações do seu uso na investigação criminal. A intervenção do legislador é importante para garantir que a descoberta da verdade material seja alcançada de forma justa e equilibrada, protegendo a privacidade e os direitos dos indivíduos envolvidos.

1. Inteligência artificial e cibercrimes

A Inteligência Artificial (IA) é uma tecnologia avançada que permite que os computadores realizem tarefas que normalmente requerem inteligência humana, como reconhecimento de fala, aprendizado automático e análise de dados. Enquanto a IA tem muitos usos benéficos, como melhorar a eficiência empresarial e ajudar a combater doenças, também pode ser usada para cometer cibercrimes. Isso pode incluir[5]:

- Ataques automatizados: a IA pode ser usada para automatizar ataques cibernéticos, como tentativas de *phishing* ou inundações de negação de serviço, tornando-os mais difíceis de detectar e bloquear.

[5] TechTudo. Deepfakes e mais: como a inteligência artificial é usada pelo cibercrime. [*online*]. Disponível em: https://www.techtudo.com.br/listas/2022/11/deepfakes-e-mais-como-a--inteligencia-artificial-e-usada-pelo-cibercrime.ghtml [consult. 2 jan. 2023].

- Fraude de inteligência artificial: a IA pode ser usada para criar programas de computador que se passam por humanos para cometer fraude, como engenharia social ou fraude financeira.
- *Ransomware*: a IA pode ser usada para criar malware que é capaz de evoluir e se adaptar às defesas de segurança, tornando-o mais difícil de remover.
- Espionagem: a IA pode ser usada para monitorar as atividades de indivíduos e organizações, coletando informações confidenciais para fins maliciosos.

É importante notar que a IA também pode ser usada para combater cibercrimes, como detectando ameaças e prevenindo ataques. É importante continuar a desenvolver medidas de segurança para proteger contra os cibercrimes que usam IA. A Inteligência Artificial pode ser utilizada em provas digitais de diversas formas, tais como:

- Avaliação automática de respostas: O uso de algoritmos de IA para correção automática de questões objetivas e dissertativas.
- Geração de questões: A geração automática de questões com base em dados de provas anteriores ou em banco de questões pré-existente.
- Análise de desempenho: A IA pode ser utilizada para analisar o desempenho dos estudantes em provas digitais e identificar pontos fracos ou necessidades de revisão.
- Prevenção de fraude: A IA pode ser utilizada para detectar possíveis tentativas de fraude, como a utilização de ferramentas externas durante a realização da prova.
- Personalização de provas: A IA pode ser utilizada para criar provas personalizadas para cada estudante, baseadas em suas habilidades, conhecimentos e histórico de desempenho.

A Lei ainda está a tentar acompanhar a evolução da Inteligência Artificial e os cibercrimes relacionados a ela. Em alguns países, já existem leis específicas que abrangem crimes cibernéticos, mas ainda há uma lacuna em relação aos crimes perpetrados com o uso da IA. A Lei precisa ser atualizada para incluir crimes como uso indevido de dados, manipulação de informações e treinamento de modelos de IA para perpetrar ataques. Além disso, a investigação e o julgamento de crimes relacionados à IA podem ser desafiadores devido à complexidade do assunto e à necessidade de especialistas em tecnologia.

1.1. O uso do *Malware* como meios preparatórios para prática de crimes

O uso de *malware* como meios preparatórios para a prática de crimes é uma estratégia comum utilizada por indivíduos e grupos criminosos para facilitar a comissão de crimes cibernéticos. Isso pode incluir o uso de malware para obter acesso não autorizado a dispositivos ou sistemas, para roubar informações confidenciais ou para causar danos aos sistemas.

Alguns exemplos de como o malware é usado como meio preparatório para prática de crimes, o que incluem:[6]

- Instalação de *keyloggers*: os *keyloggers* são um tipo de malware que registra todas as teclas digitadas em um dispositivo, permitindo que os criminosos obtenham senhas e outras informações confidenciais.
- Instalação de *backdoors*: os *backdoors* são um tipo de malware que permite aos criminosos acessar dispositivos ou sistemas de forma não autorizada, permitindo que eles voltem ao dispositivo para roubar informações ou causar danos.
- Criação de *botnets*: os *botnets* são redes de dispositivos infectados com malware que podem ser controlados remotamente para realizar ataques cibernéticos, como inundações de negação de serviço (DDOS) ou roubo de informações.

É importante reiterar que o malware é frequentemente usado como ferramenta preparatória para a prática de crimes cibernéticos, como roubo de informações pessoais, espionagem eletrônica, extorsão, burla, interrupção de serviços e outros delitos. O caminho do crime se dá com a instalação em dispositivos para permitir que os criminosos tenham acessos não autorizados a sistemas e dados ou até mesmo usado para estabelecer outros tipos ameaças, o que não deixa de ser ilegal, além de resultar em acusações criminais graves.

Por outro lado, a vítima desses crimes fica impossibilitada de utilizar o mesmo programa tecnológico para sua defesa em busca da verdade nas investigações criminais. Por isso, não se trata somente tomar medidas

[6] IB Tecnologia. 7 tipos de malware e como reconhecê-los. [*online*]. Disponível em: https://ibtecnologia.com.br/blog/7-tipos-de-malware-e-como-reconhece-los.

de segurança para proteger os dispositivos e sistemas contra ameaças de malware. Também sem apologia a "ameaças à cibersegurança"[7], mas por caráter pedagógico se fazer valer do recurso tecnológico onde é possível identificar ameaças específicas.

Ao passo que, a "utilização destas novas tecnologias no processo penal tem vantagens inegáveis, associadas, desde logo, à descoberta da verdade material, bem como a uma certa economia de tempo e de custos"[8].

De tal sorte, pode acionar aos órgãos de aplicação da lei, que devem seguir regras e procedimentos claros e legais para a obtenção de provas digitais, ou seja, à luz da jurisprudência, enquanto fonte de direito, incluir o uso de malware para aceder a dispositivos considerando as implicações éticas e legais de tal ação, para garantir a proteção dos direitos da vítima.

Ao considerar que a "prova é o pressuposto da decisão jurisdicional que consiste na formação através do processo no espírito do julgador da convicção de que certa alegação singular de facto é justificavelmente aceitável como fundamento da mesma decisão"[9].

É de bom alvitre destacar que as provas transitam com as novas tecnologias, mormente, como dados de dispositivos móveis, registos de redes sociais e outros meios digitais, têm se tornado cada vez mais importante no processo penal, uma vez que estas provas podem ser usadas para identificar suspeitos, eventos recuperados e fornecer evidências para apoiar a confissão.

No entanto, o uso dessas provas também apresenta desafios singulares, como a complexidade técnica das evidências digitais e a necessidade de peritos compreendida para interpretá-las. Além disso, as leis de privacidade como questões a serem levadas em consideração ao obter e usar essas provas.

Contudo, os tribunais estejam preparados para passar a lidar com as novas tecnologias e que haja normas claras sobre a obtenção, processamento e uso dessas provas no processo penal.

[7] ANTUNES, Mário e Rodrigues, Baltazar. *Introdução à Cibersegurança. A Internet, os Aspectos Legais e a Análise Digital Forense.* 3.ª Ed. FCA – Editora de Informática, 2022, p. 34.

[8] FIDALGO, Sónia. A utilização de inteligência artificial no âmbito da prova digital – direitos fundamentais (ainda mais) em perigo. In Rodrigues, Anabela Miranda. *A Inteligência Artificial no Direito Penal.* Coimbra: Almedina, 2022, p. 130.

[9] MENDES, João de Castro. *Conceito de Prova em Processo Civil.*Lisboa: Edições Ática, 1961, p. 741.

O direito à privacidade e o direito à defesa são importantes considerações no contexto das provas digitais. O direito à privacidade protege a informação pessoal dos indivíduos, enquanto o direito à defesa garante que a informação relevante para a defesa de uma acusação seja considerada durante o processo judicial. O equilíbrio entre estes direitos é crítico para garantir que a investigação criminal seja justa e que os direitos dos indivíduos sejam protegidos. Outros meios preparatórios definidos por especialistas forenses para praticar crimes com malware incluem: Obtenção de conhecimento técnico sobre sistemas operacionais, redes e vulnerabilidades de segurança. Aquisição de ferramentas e software malicioso, como Trojans, vírus e worms. Criação de contas falsas e uso de serviços de comunicação anônimos. Testes de penetração em sistemas virtuais para avaliar a eficácia do malware. Obtenção ou compra de informações confidenciais, como senhas e dados financeiros. Instalação de *backdoors* em sistemas alvo para garantir acesso futuro. Planejamento cuidadoso do ataque para maximizar o dano e minimizar a chance de ser descoberto. Preparação de rotas de fuga e medidas de segurança adicionais para proteger a identidade do criminoso.[10]

1.2. Padrões da inteligência artificial que podem levar ao caminho do crime por indicar atividade maliciosa

Existem vários padrões com o suporte da inteligência artificial que podem indicar atividade maliciosa no sistema ou dispositivo, vejamos:[11]

- Acesso não autorizado: qualquer acesso a um dispositivo ou sistema que não seja de um usuário legítimo pode ser um indicador de atividade maliciosa. Isso inclui tentativas de login falhas, conexões remotas suspeitas e tentativas de acesso a arquivos ou pastas protegidos.

[10] ANTUNES, Mário e RODRIGUES, Baltazar. *Introdução à Cibersegurança. A Internet, os Aspectos Legais e a Análise Digital Forense*, capítulo 1.

[11] PAULA, P.A. Ataques sem ficheiros: um 'insight' de cibersegurança a considerar | WatchGuard Technologies. [*online*]. Disponível em: https://www.watchguard.com/br/wgrd-news/blog/ataques-sem-ficheiros-um-insight-de-ciberseguranca-considerar [consult. 18 jan. 2023].

- Alterações de ficheiros: mudanças inesperadas em arquivos, como ficheiros excluídos ou modificados, podem indicar atividade maliciosa, como a instalação de malware ou a criação de *backdoors*.
- Atividade de rede anormal: o tráfego de rede anormal, como conexões suspeitas ou grandes volumes de dados transmitidos, pode indicar atividade maliciosa, como a instalação de *botnets* ou a realização de ataques de negação de serviço (DDOS[12]).
- Uso de recursos anormal: o uso anormal de recursos, como aumento de uso de CPU ou de memória, pode indicar atividade maliciosa, como a execução de malware ou a realização de ataques de mineração de criptomoedas.
- Alertas de segurança: alertas de segurança, como avisos de vírus ou alertas de firewall, podem indicar atividade maliciosa.

É importante notar que esses padrões podem ser causados por motivos diferentes de atividade maliciosa, como erros de configuração ou falhas de hardware, então é importante avaliar cuidadosamente qualquer atividade suspeita antes de tomar medidas.

Outros padrões que indicam atividade maliciosa podem também incluir: Tentativas de login inválidas ou com senhas fracas; Conexões de rede suspeitas ou incomuns, como acesso a sites ou servidores conhecidos por serem utilizados para atividades maliciosas; Abertura de arquivos ou cliques em links suspeitos, como anexos de e-mails de remetentes desconhecidos; Instalação de software malicioso ou modificação de arquivos importantes; Uso elevado de recursos de sistema, como CPU ou memória, que pode indicar a execução de um malware; Comunicação com servidores de comando e controle (C&C) de malware; Modificação de configurações de segurança sem autorização.

Esses são alguns dos sinais mais comuns de atividade maliciosa com malware,[13] mas é importante lembrar que os sinais podem variar dependendo do tipo de malware.

[12] Kaspersky. O que são ataques de DDoS? 2022 [*online*]. Disponível em: https://www.kaspersky.com.br/resource-center/threats/ddos-attacks.

[13] CAMPOS, Juliana. *O Malware como Meio de Obtenção da Prova em Processo Penal*. Coimbra: Almedina, 2012, p. 15.

Os crimes no ciberespaço incluem: Roubo de identidade, Fraude *online*, Ataques de *phishing*, *Ransomware*, Espionagem cibernética. Os desafios do metaverso incluem: Privacidade e segurança, Proteção de direitos autorais, Regulação e governança, Interoperabilidade entre plataformas, Inclusão digital e acessibilidade.

2. Da inexistência de norma autorizativa do uso de malware como meio de obtenção de prova para apuração de investigação criminal

A negativa da utilização de malware para obtenção de provas[14] É uma técnica controversa utilizada pelas autoridades de segurança e investigadores para coletar evidências de crimes cibernéticos. Isso envolve o uso de software malicioso para obter acesso a dispositivos ou sistemas alvo, com o objetivo de coletar informações que possam ser usadas como provas em um processo penal.

Existem vários problemas éticos e legais com a utilização de malware para obtenção de provas. A primeira preocupação é a invasão da privacidade, já que o malware pode acessar informações confidenciais sem o conhecimento ou consentimento do utilizador. Além disso, a utilização de malware pode violar as leis de interceptação de comunicações, dependendo das leis locais. Outra preocupação é que o malware pode ser usado para cometer outros crimes, como roubo de informações ou danos ao sistema. Isso pode comprometer a confiabilidade das evidências coletadas e prejudicar o andamento do processo.

Por essas razões, a utilização de malware para obtenção de provas é muitas vezes considerada uma medida extrema que deve ser usada somente quando outras técnicas não estão disponíveis ou não são eficazes. E, quando usado, deve ser guiado por regulamentos legais específicos e regras de ética.

A aplicação da lei sobre o uso de malware[15] varia de acordo com as leis e regulamentos locais. No geral, no entanto, o uso de malware para cometer crimes é ilegal e pode resultar em acusações criminais graves.

[14] RIBEIRO, G.A.M., CORDEIRO, P.I.R.V. e FUMACH, D.M. O malware como meio de obtenção de prova e a sua implementação no ordenamento jurídico brasileiro. *Revista Brasileira de Direito Processual Penal*, 2022, 8(3)[*online*]. Disponível em: doi:10.22197/rbp.v8i3.723.

[15] ROCHA, Manuel Lopes (). A lei da criminalidade informática (Lei nº 109/91 de 17 de Agosto) – Génese e técnica legislativa.*Legislação – Cadernos de Ciência de Legislação*, 1993, nº 8 (outubro/dezembro).

Alguns exemplos de como o uso de malware pode violar a lei incluem[16]: Invasão de privacidade; Roubo de informações; Dano a propriedade; Fraude.

A utilização de malware na investigação criminal requer uma abordagem cuidadosa e regulamentada para garantir sua legitimidade. A utilização de malware pode apresentar desafios éticos e legais, incluindo questões relacionadas à privacidade, segurança da informação e proteção dos direitos dos indivíduos. Por isso, é importante que o uso de malware seja regulamentado por leis e regulamentos que estabeleçam claramente as condições e limitações do seu uso na investigação criminal, garantindo sua legitimidade.

Muitos países ainda estão a trabalhar para atualizar as suas leis de cibercrime, como é o caso de Portugal, para incluir a utilização de malware como ferramenta de investigação. A falta de previsão clara do uso de malware na lei pode criar incertezas quanto à sua legitimidade e utilidade como prova em processos penais. Por isso, é importante que as leis de cibercrime sejam revisadas e atualizadas para incluir a utilização de malware de forma regulamentada e equilibrada, garantindo a proteção dos direitos dos indivíduos e a integridade da investigação criminal.

A adequação do regime jurídico para o uso de malware como meio de prova em investigações criminais requer uma revisão e atualização das leis de cibercrime, com a devida regulamentação desse recurso. Algumas sugestões para essa adequação incluem: estabelecer uma definição clara e precisa do uso de malware como meio de investigação; estabelecer condições e limitações claras para o seu uso, levando em consideração questões de privacidade, segurança da informação e proteção dos direitos individuais; garantir que o uso de malware seja autorizado apenas em circunstâncias específicas e mediante autorização judicial; implementar mecanismos de fiscalização e responsabilização para assegurar o uso responsável e regulamentado do malware; estabelecer normas claras para a coleta, armazenamento e apresentação de provas obtidas por meio de malware. Logo, é fundamental considerar esses aspectos para alcançar

[16] MILITÃO, Renato Lopes. A Propósito da Prova Digital. *Revista da Ordem dos Advogados*. Disponível em h https://www.oa.pt/upl/%7B53f46e96-536f-47bc-919d-525a494e9618%7D.pdf [consult. 12 jan. 2023].

uma abordagem ajustada afim de que preservados sejam os direitos dos indivíduos e a integridade das averiguações acerca da criminalidade.

2.1. Privacidade e os direitos digitais da vítima

Pela ordem padrão, o uso de malware pode resultar em várias violações à privacidade e aos direitos digitais de uma vítima. Entre as principais formas de violação estão o rastreamento, a espionagem, o bloqueio de acesso, a difamação, a extorsão e a divulgação de informações privadas. Essas ações invasivas representam sérias ameaças à segurança e à integridade das pessoas, destacando a necessidade de medidas efetivas para combater e prevenir tais violações. É fundamental consciencizar sobre os riscos associados ao uso de malware e adotar estratégias de proteção para salvaguardar os direitos digitais e a privacidade das vítimas.

Além disso, o uso de malware pode violar as leis de privacidade e segurança de dados[17], o que pode resultar em sanções legais para os perpetradores. É importante que as vítimas de malware procurem ajuda imediatamente para remover o malware e proteger suas informações pessoais. A utilização de malware como meio de obtenção de prova é considerada inadmissível em processos legais devido a questões éticas e legais, como invasão de privacidade, violação de direitos e liberdades fundamentais, e falta de validade legal da evidência obtida por meios ilícitos. Além disso, a utilização de malware pode prejudicar a integridade do sistema informático alvo e prejudicar outros usuários além do alvo da investigação.

De fato, a justificativa para o uso dessa tecnologia reside no fato de que ela pode ser considerada um "mal necessário" para descobrir os crimes praticados por meio digital. O emprego de malware pode revelar o caminho oculto traçado pelo próprio autor do crime, permitindo assim a investigação e a obtenção de provas necessárias para a responsabilização. Embora haja preocupações legítimas em relação à privacidade e aos direitos individuais, é importante encontrar um equilíbrio que permita o uso controlado e regulamentado do malware, visando combater as práticas criminosas e proteger a sociedade como um todo.

[17] CANCELA, Alberto Gil Lima. *A prova digital.* Dissertação de Mestrado em Direito, Especialização Ciências Jurídico-Forenses. Coimbra: Faculdade de Direito – Universidade de Coimbra, 2016. Disponível em: https://estudogeral.sib.uc.pt/bitstream/10316/31398/1/ [consult. 12 jan. 2023].

2.2. Proteção dos direitos da vítima

Existem várias medidas que as vítimas de malware[18] podem tomar para proteger seus direitos e sua privacidade: Remoção de malware, atualizar software e sistemas, usar software de segurança backup de dados, ser cuidadoso com e-mails e links desconhecidos, proteger informações pessoais, denunciar à Autoridade, procurar ajuda de especialistas.

A ressaltar que a proteção dos direitos da vítima é um princípio fundamental no sistema jurídico, visando garantir a dignidade, a segurança e a justiça para aqueles que sofreram algum tipo de crime ou violação. Envolve uma série de medidas e recursos legais para assegurar que a vítima seja ouvida, respeitada e devidamente amparada ao longo do processo judicial. Isso inclui o direito à informação, assistência jurídica, apoio emocional, compensação, proteção contrarretaliações e intimidações, bem como a participação ativa no processo penal. A proteção dos direitos da vítima busca equilibrar o sistema de justiça, garantindo que as vítimas sejam tratadas com empatia, consideração e justiça, enquanto se busca a responsabilização dos infratores.

Em vista da crescente interferência da inteligência artificial nas diferentes esferas da sociedade, torna-se imprescindível uma adequação na esfera dos instrumentos judiciais que leve em consideração os avanços tecnológicos e seus impactos nos direitos da vítima. A rápida evolução da inteligência artificial traz desafios complexos, exigindo uma compreensão aprofundada das suas capacidades e limitações legais. É necessário que o sistema jurídico acompanhe essas transformações para garantir a proteção dos direitos da vítima diante do uso dessa tecnologia. Isso envolve a definição de normas e diretrizes claras, o estabelecimento de mecanismos de controle e fiscalização, além de uma abordagem equilibrada entre a eficácia investigativa e a preservação dos direitos fundamentais. A adequação judicial diante da interferência da inteligência artificial é essencial para assegurar um sistema de justiça justo, transparente e capaz de lidar com os desafios trazidos por essa nova realidade.

[18] SILVA JÚNIOR, Washington da. *A Utilização de malware em investigações criminais em face ao estabelecido pelos direitos fundamentais*. Dissertação de Mestrado em Direito, Especialização em Direito Público. Lisboa: Faculdade de Direito – Universidade Nova de Lisboa, 2021. Disponível em: https://run.unl.pt/bitstream/10362/142099/1/Junior_2022.pdf [consult. 12 jan. 2023].

3. A necessidade de adequação do processo penal na obtenção de prova digital

A obtenção de prova digital[19] por meio do uso de malware pode fornecer informações valiosas para investigações criminais, mas é de extrema importância garantir que essas provas sejam obtidas de maneira legal e ética. Para isso, é fundamental que o processo penal esteja devidamente adequado à obtenção de prova digital.

Em primeiro lugar, é essencial que as investigações e a recolha de provas sejam conduzidos de acordo com as leis e regulamentos aplicáveis. Isso implica em seguir as normas de busca e apreensão, garantindo que as provas sejam obtidas com base em mandados válidos e que os direitos e garantias constitucionais sejam respeitados.

Além disso, é necessário que haja um cuidado especial na identificação, coleta e armazenamento das provas digitais, de modo a preservar sua integridade e autenticidade. Isso pode envolver o uso de métodos forenses adequados, a documentação de todos os procedimentos realizados e a utilização de ferramentas tecnológicas confiáveis para garantir a rastreabilidade e a não adulteração das provas.

Adequar o processo penal à obtenção de prova digital de forma legal e ética é fundamental para garantir a validade e a admissibilidade dessas provas no âmbito judicial, assegurando assim a justiça e a proteção dos direitos de todas as partes envolvidas no processo criminal.

Em segundo lugar, é imprescindível garantir que as provas obtidas por meio do uso de malware sejam coletadas de maneira ética e que as investigações sejam conduzidas respeitando os direitos e a privacidade das vítimas e dos suspeitos. É fundamental assegurar que tais investigações sejam transparentes e que as provas obtidas sejam utilizadas exclusivamente para fins legais.

Isso requer a adoção de medidas rigorosas para evitar abusos ou violações dos direitos fundamentais das pessoas envolvidas no processo. É necessário estabelecer salvaguardas claras e criteriosas, como a obtenção de autorização judicial prévia e justificada para o uso de malware, bem

[19] RAMALHO, David Silva. O uso de malware como meio de obtenção de prova em processo penal. *Revista da Concorrência e Regulação*, 2013, n.º 16. Disponível em: https://www.concorrencia.pt/sites/default/files/imported-magazines/CR16_-_David_Silva_Ramalho.pdf. [consult. 12 jan. 2023].

como a aplicação de padrões éticos e de proteção de dados durante as investigações.

Além disso, é crucial que as provas obtidas sejam tratadas de maneira adequada, garantindo sua integridade e autenticidade. Isso inclui o armazenamento seguro e a documentação precisa de todos os procedimentos realizados, a fim de preservar a cadeia de custódia e assegurar a confiabilidade das provas apresentadas no processo judicial.

A busca por provas com o uso de malware deve ser conduzida de forma ética e legal, respeitando os princípios fundamentais da justiça e da proteção dos direitos individuais. Somente assim será possível conciliar a necessidade de combater o crime com a preservação dos direitos e da privacidade das pessoas envolvidas, assegurando um sistema de justiça equilibrado e justo.

Ademais, é fundamental que os investigadores e os juízes estejam devidamente capacitados para lidar com as provas digitais, compreendendo a forma como foram obtidas, seu potencial de utilização e os desafios éticos e legais envolvidos. Isso requer um conhecimento aprofundado das tecnologias envolvidas, bem como uma consciência das melhores práticas e diretrizes estabelecidas para o uso de provas digitais no processo penal.

Embora assim já o seja, a atualização contínua é essencial para lidar com as particularidades das provas digitais, promovendo um ambiente jurídico no qual a utilização dessas evidências seja respaldada por conhecimento técnico-científico em conformidade com os princípios éticos e legais na garantia da imparcialidade, transparência e da efetividade dos processos judiciais que envolvam provas digitais. Isso contribui para um sistema de justiça mais robusto e confiável, capaz de lidar de forma adequada com os desafios decorrentes da era digital.

Por fim, a cooperação entre as autoridades policiais, judiciais e reguladoras é fundamental para garantir uma abordagem adequada e ética na obtenção de provas digitais por meio do uso de malware. Essa colaboração envolve o respeito aos direitos individuais e à privacidade, bem como a capacitação dos profissionais e a implementação de diretrizes claras e mecanismos de supervisão. Ao trabalharem em conjunto, essas autoridades buscam assegurar a justiça, a legalidade e a proteção dos direitos fundamentais, promovendo um ambiente digital seguro e equitativo.

3.1. O modelo processual penal português

O modelo processual penal em Portugal[20] segue o sistema inquisitorial, onde o Ministério Público tem o papel principal na investigação e acusação de crimes. Isso significa que, em caso de suspeita de uso de malware para cometimento de crimes, é a polícia, que trabalha sob supervisão do Ministério Público, que tem a responsabilidade de investigar e coletar provas.

Em geral, a recolha de provas digitais, incluindo provas obtidas com o uso de malware, é regulamentada pela Lei de Segurança Interna[21] (LSI) e pela Lei do Cibercrime.

A polícia só pode usar técnicas especiais, incluindo o uso de *malware*, mediante autorização judicial. Isso significa que a polícia precisa obter um mandado de busca e apreensão válido antes de usar malware para coletar provas.

Além disso, a polícia precisa seguir as normas de identificação, coleta e armazenamento de provas digitais estabelecidas pela Lei do Cibercrime, garantindo que as provas sejam coletadas de forma legal e ética e que sua integridade seja preservada.

No entanto, é importante observar que o conhecimento e as técnicas de investigação de crimes cibernéticos, incluindo o uso de malware, são complexas e em constante evolução, e que as autoridades e os juízes precisam estar preparados e capacitados para lidar com esses desafios. O Direito Penal do Bem Jurídico da vítima se concentra na proteção dos direitos e interesses da vítima de um crime. Este enfoque tem como objetivo garantir que as vítimas sejam tratadas com dignidade e respeito, e sejam devidamente compensadas por seus sofrimentos e danos. Algumas medidas incluem a reparação do dano causado, o direito à privacidade e à proteção contra a reavaliação, e o direito de participar do processo penal como parte ativa. Este enfoque também visa garantir que os criminosos sejam responsabilizados por seus atos e sejam condenados de acordo com a lei.

[20] Informática Jurídica. Legislación Informática de Portugal. [*online*]. Disponível em: https://www.informatica-juridica.com/legislacion/portugal/ [consult. 18 jan. 2023].

[21] Lei n.º 53/2008. *Diário da República – I Série*. Lisboa: Imprensa Nacional-Casa da Moeda, 2008-08-29, n.º 167. Disponível em: https://dre.pt/dre/legislacao-consolidada/lei/2008-34501675 [consult. 18 jan. 2023].

Tipo de Norma	Número	Título	Data da Publicação	Última revisão
Decreto-Lei	63/85	Código do Direito de Autor e dos Direitos Conexos	14 de março de 1985	Decreto-lei n.º 9/2021, de 29 de janeiro (17.ª versão)
Decreto-Lei	252/94	Proteção jurídica de programas de computador	20 de outubro de 1994	Lei n.º 92/2019, de 4 de setembro (4.ª versão)
Decreto-Lei	48/95	Código Penal	15 de março de 1995	Lei n.º 94/2021 de 12 dezembro (55.ª versão)
Lei	67/98	Lei da Proteção de Dados Pessoais	26 de outubro de 1998	Lei n.º 103/2015, de 24 de agosto (3.ª versão)
Lei	41/2004	Proteção de dados pessoais e privacidade nas telecomunicações	14 de agosto de 2004	Lei n.º 46/2012, de 29 de agosto (2.ª versão)
Lei	32/2008	Conservação de dados gerados ou tratados no contexto da oferta de serviços de telecomunicações electrónicas	17 de junho de 2008	Lei n.º 79/2021, de 24 de novembro (2.ª versão)
Lei	109/2009	Lei do Cibercrime	15 de setembro de 2009	Lei n.º 79/2021 de 24 de novembro (2.ª versão)
Lei	58/2019	Lei da Proteção de Dados Pessoais	8 de agosto de 2019	Sem atualizações

Tabela 1 – Legislação aplicável ao cibercrime[22]

[22] ANTUNES, Mário e RODRIGUES, Baltazar. *Introdução à Cibersegurança. A Internet, os Aspectos Legais e a Análise Digital Forense*, p. 112,

3.2. A razoabilidade da prova digital com o uso do malware

No contexto do processo penal português, a avaliação da razoabilidade da prova digital obtida por meio de malware pode desempenhar um papel fundamental, uma vez que a razoabilidade envolve a análise da legalidade e da proporcionalidade da obtenção da prova, bem como sua relevância e confiabilidade para o caso em questão.

É essencial garantir que a prova tenha sido obtida de maneira legítima, respeitando os direitos fundamentais dos indivíduos. Além disso, a prova deve ser suficientemente relevante e confiável para desempenhar um papel adequado na busca pela verdade e na administração da justiça. A avaliação da razoabilidade da prova digital com o uso de malware é crucial para assegurar a integridade e a equidade do processo penal.

Em especial, é eficaz assegurar que a prova digital obtida por meio do uso de malware tenha sido adquirida em conformidade com as disposições da Lei do Cibercrime e demais regulamentações pertinentes. Isso implica garantir que a coleta da prova tenha sido realizada mediante ordens apropriadas, respeitando os direitos e garantias dos indivíduos envolvidos. A observância rigorosa desses procedimentos legais é fundamental para conferir validade e confiabilidade à prova digital e para garantir a admissibilidade adequada no processo penal.

Outro ponto relevante, é garantir que a prova digital obtida com o uso de malware é relevante e confiável para o caso em questão. Isso significa que a prova deve ser relacionada diretamente com o crime investigado e que sua integridade e autenticidade devem ser preservadas.

No entanto, a razoabilidade da prova digital obtida por meio do uso de malware, se chegar a ser adoptada, requer uma análise cuidadosa dos critérios de legalidade, relevância, confiabilidade e proporcionalidade envolvidos na sua obtenção. Esses critérios devem ser avaliados caso a caso, levando em consideração a conformidade com as leis e regulamentos aplicáveis, a conexão direta com o crime investigado, a preservação da integridade e autenticidade da prova, bem como a proporcionalidade dos meios utilizados. Dessa forma, é fundamental uma análise ponderada e criteriosa para determinar a admissibilidade e o peso probatório da prova digital obtida por meio do uso de malware no sistema jurídico português.

3.3. Exemplos atuais na sociedade portuguesa

Football Leaks é um conjunto de documentos relacionados com futebol que foram vazados e publicados *online* em 2016 e 2018. Os documentos incluem informações sobre contratos de jogadores, salários de treinadores e outras informações financeiras relacionadas ao futebol. O vazamento foi particularmente sensível em Portugal, onde muitos dos documentos relacionados a jogadores e treinadores portugueses foram revelados. Algumas das revelações incluíram informações sobre acordos financeiros entre jogadores, clubes e agentes, e suspeitas de evasão fiscal e lavagem de dinheiro.

Não há evidências conhecidas que os vazamentos foram causados por malware, é mais provável que tenha sido um vazamento de segurança.

No entanto, com o ataque informático as pessoas supra referidas, e só dessa forma, acedendo ao computador pessoal do Dr. Aníbal Pinto, à data advogado de Rui Pinto, conseguiram a identificação do, à data, suspeito Rui Pinto, pelo que estamos claramente perante prova proibida, nos termos do art.º 126, nulidade essa que desde já se invoca, expressamente, com todas as consequências legais. O artigo 126º do CPP, sendo assim nulo todo o processo, após a identificação por este método, a identificação de Rui Pinto não foi obtida como José Amador [inspetor da Polícia Judiciária] testemunhou, dizendo que ouviu a descrição do Rui Pinto e fez-se luz".

O Football Leaks[23] também não é um malware em si mesmo, é uma coleção de informações vazadas.

A exemplo do caso Rui Pinto, conhecido em Portugal por ter sido o principal responsável pelo vazamento de documentos conhecido como Football Leaks. Ele é português e foi preso na Hungria em janeiro de 2019, acusado de crimes relacionados à invasão de privacidade, extorsão e acesso ilegal a sistemas informáticos. Ele se declarou culpado de alguns dos crimes, mas negou ter cometido extorsão. Pinto argumentou que ele agiu como um ativista expondo a corrupção e irregularidades no futebol. Ele atualmente aguarda julgamento em Portugal.

[23] Record. Aníbal Pinto alega ter sofrido ataque informático que permitiu à PJ identificar Rui Pinto. [*online*]. Disponível em: https://www.record.pt/futebol/football-leaks/detalhe/anibal-pinto-alega-que-pj-identificou-rui-pinto-atraves-de-ataque-informatico-que--sofreu-em-2015 [consult.18 jan. 2023].

Luanda Leaks[24] é realizado pelo Consórcio Internacional de Jornalistas Investigativos (ICIJ), do qual a Agência Pública participa, com mais de 120 repórteres de 20 países, que investigaram negócios da empresária Isabel dos Santos, a mulher mais rica da África.

Já os crimes de violência doméstica podem incluir o uso de malware, como a instalação de software de monitoramento em dispositivos eletrônicos de vítimas, para controlar e ameaçar as vítimas. No entanto, esses casos são relativamente raros em Portugal. Existem organizações e grupos de apoio que oferecem ajuda e orientação para as vítimas de violência doméstica, incluindo ajuda para lidar com a tecnologia e a segurança *online*. Além disso, existem leis em Portugal que criminalizam a violência doméstica, incluindo o uso de tecnologia para controlar e ameaçar as vítimas.

Conclusões

Válido trazer para o debate a questão do uso do recurso malware como meio de obtenção de prova penal porque reveste uma utilidade e eficácia sem paralelo no contexto de investigações criminais em ambiente digital. Com efeito, o advento das técnicas forenses, aliado à sua democratização e facilidade de utilização, têm vindo a dificultar seriamente o combate ao cibercrime, pelo que, nos casos da criminalidade mais grave, se torna urgente a imposição de medidas de caráter mais gravoso para a sua prossecução.

Evidência da utilidade deste meio de obtenção de prova é, não só a sua utilização por vários Estados a nível mundial, mas também a crescente tendência para a sua consagração num espectro cada vez mais alargado de Estados, por vezes com base em iniciativas de cariz supra nacional que visam uniformizar os seus requisitos.

A Lei do Cibercrime, a lei estabelece obrigações de cibersegurança mais rigorosas para os países da UE no que refere à supervisão. Permite melhorar a aplicação dessas obrigações, nomeadamente através da harmonização das sanções entre os Estados-Membros. E visa igualmente aperfeiçoar a cooperação entre os países da UE, incluindo em incidentes de grande escala, sob a égide da Agência da UE para a Cibersegurança (ENISA).

24 The Guardian. What are the Luanda Leaks? 2020[*online*]. Disponível em: https://www.theguardian.com/world/2020/jan/20/what-are-the-luanda-leaks.

A falta de legislação específica e de conhecimento técnico por parte de autoridades dificulta e compromete a eficiência do combate aos crimes cometidos por meio da *internet*.

É necessária a adopção de um quadro legal mais flexível que permita uma resposta em tempo real aos incidentes e possibilite a imediata recolha de provas. O verdadeiro desafio para os sistemas criminais nacionais é combater o atraso existente entre o aparecimento das novas ameaças e a implementação das necessárias emendas à lei criminal existente[25]. À medida que a tecnologia avança, este desafio ganha cada vez mais relevância e torna-se mais exigente.

O avanço infindável da tecnologia permite aos criminosos explorar todas as novidades técnicas para criar novas formas de obter lucros ilícitos, enquanto os órgãos de polícia criminal ainda estão a receber formação para combater as novidades do ano anterior.

"Deve existir uma lei específica para facilitar o uso de malware no combate ao crime e proteger os direitos da vítima e não só os direitos da entidade que cometeu o crime?"

Existem defensores que indicam que não é recomendável que exista uma lei que autorize o uso de *malware*. O uso de malware pode ser perigoso, pois ele pode ser usado para monitorar e coletar informações pessoais sem o conhecimento ou consentimento das pessoas afetadas. Além disso, o uso de malware pode facilmente ser abusado e usado para fins ilegais, o que pode prejudicar seriamente a privacidade e a segurança das pessoas.

Em vez disso, é importante que as leis protejam os direitos de todas as partes envolvidas, incluindo as vítimas, e assegurem que a investigação criminal seja realizada de maneira justa e ética, para isso sendo necessária uma revisão da lei do cibercrime no metaverso para que todas as pessoas, e vítimas se sintam mais protegidas tendo os seus direitos protegidos, assim sendo a nossa proposta neste estudo como conclusão passa por adicionar mais recursos e medidas de segurança para proteger os dados pessoais e financeiros na lei do cibercrime, além de proporcionar recursos para ajudar as vítimas a recuperar seus dados e dispositivos. Em caso de violação, as vítimas também têm o direito de processar os responsáveis legalmente.

[25] NATÁRIO, Rui Manuel Piteira. O Combate ao Cibercrime: Anarquia e Ordem no Ciberespaço. [*online*] *Revista Militar*, 2013, n.º 2541. Disponível em: https://www.revistamilitar.pt/artigo/854.

A proposta será a revisão da lei de cibercrime que pode ser realizada através de diversos mecanismos, incluindo o processo legislativo em que os parlamentares podem apresentar propostas de emenda constitucional ou novas leis para atualizar ou aprimorar a proteção contra o cibercrime; uma revisão regulatória em que as agências reguladoras responsáveis pelo setor de tecnologia da informação podem emitir regulamentos atualizados para acompanhar as mudanças tecnológicas, como o caso de muitas empresas que criam os antivírus atualmente dispõe.

Por outro lado a participação da sociedade em que os grupos de defesa dos direitos digitais e outros atores da sociedade civil podem pressionar pelo aprimoramento da legislação para garantir a proteção dos direitos dos utilizadores, e no que respeitas as decisões judiciais, a jurisprudência pode influenciar a revisão da legislação, especialmente em casos complexos que exigem uma interpretação mais clara da lei, em que os conselhos internacionais podem dar recomendações de organizações internacionais de direitos humanos ou grupos de trabalho de segurança cibernética em dar considerações globais na revisão da legislação.

Referências

ALBRECHT, Hans-Jorg. Vigilância das telecomunicações. Análise teórica e empírica da sua implementação e efeitos. AA.VV. *Que Futuro Para o Direito Processual Penal? Simpósio em homenagem a Jorge de Figueiredo Dias, por ocasião dos 20 anos do Código de Processo Penal Português.* Coimbra Editora, Coimbra.

ALMEIDA, Ivo Filipe. *A Prova Digital.* Dissertação de Mestrado em Direito, Especialização em Ciências Jurídicas. Lisboa: Departamento de Direito – Universidade Autónoma de Lisboa, 2014. Disponível em https://repositorio.ual.pt/bitstream/11144/1849/1/A%20prova%20Digital%20%28Disserta%C3%A7%C3%A3o%29%20%281%29.pdf 8consult. 12 jan. 2023].

ANTUNES, Mário e RODRIGUES, Baltazar (2022). *Introdução à Cibersegurança. A Internet, os Aspectos Legais e a Análise Digital Forense.* 3.ª Ed. FCA – Editora de Informática.

BARBOSA, Mafalda. *Inteligência Artificial – Entre a utopia e a distopia, alguns problemas jurídicos.* Coimbra: Gestlegal, 2021.

CAMPOS, Juliana. *O Malware como Meio de Obtenção da Prova em Processo Penal.* Coimbra: Almedina, 2012.

CANCELA, Alberto Gil Lima (). *A prova digital.* Dissertação de Mestrado em Direito, Especialização Ciências Jurídico-Forenses. Coimbra: Faculdade de Direito – Universidade de Coimbra,2016. Disponível em: https://estudogeral.sib.uc.pt/bitstream/10316/31398/1/ [consult. 12 jan. 2023].

DOMINGOS, Pedro. *A Revolução do Algoritmo Mestre Como a aprendizagem automática está a mudar o mundo.* Manuscrito Editora, 2017.

Decreto-Lei n.º 78/87. *Diário da República– I Série.* Lisboa: Imprensa Nacional-Casa da Moeda, 1987-02-17, n.º 40. Disponível em: https://dre.pt/dre/detalhe/decreto-lei/78-1987-662562.

FIDALGO, Sónia (). A utilização de inteligência artificial no âmbito da prova digital – direitos fundamentais (ainda mais) em perigo. In: RODRIGUES, Anabela Miranda. *A Inteligência Artificial no Direito Penal.* Coimbra:Almedina,2022.

IB Tecnologia. (n.d.). 7 tipos de malware e como reconhecê-los. [*online*]. Disponível em: https://ibtecnologia.com.br/blog/7-tipos-de-malware-e-como-reconhece-los.

Informática Jurídica. (n.d.). Legislación Informática de Portugal. [*online*]. Disponível em: https://www.informatica-juridica.com/legislacion/portugal/ [consult. 18 jan. 2023].

Kaspersky. O que são ataques de DDoS? 2022 [*online*]. Disponível em: https://www.kaspersky.com.br/resource-center/threats/ddos-attacks.

Lei n.º 53/2008. *Diário da República– I Série.* Lisboa: Imprensa Nacional-Casa da Moeda, 2008-08-29, n.º 167. Disponível em: https://dre.pt/dre/legislacao-consolidada/lei/2008-34501675 [consult. 18 jan. 2023].

MILITÃO, Renato Lopes. *A Propósito da Prova Digital.* Revista da Ordem dos Advogados. Disponível em: https://www.oa.pt/upl/%7B53f46e96-536f-47bc-919d-525a494e9618%7D.pdf [consult. 12 jan. 2023].

Malwarebytes. (n.d.). O que é o malware? [*online*]. Disponível em: https://pt.malwarebytes.com/malware/ [consult. 18 jan. 2023].

MENDES, João de Castro. *Conceito de Prova em Processo Civil.* Lisboa: Edições Ática, 1961.

NATÁRIO, Rui Manuel Piteira. (). O Combate ao Cibercrime: Anarquia e Ordem no Ciberespaço. [online] *Revista Militar*, 2013, n.º 2541. Disponível em: https://www.revistamilitar.pt/artigo/854.

POULSEN, Kevin. FBI's PC spy malware tactics revealed. *Wired.* Disponível em: https://www.wired.co.uk/ [consult. 17 jan. 2023].

PAULA, P.A. Ataques sem ficheiros: um 'insight' de cibersegurança a considerar | *WatchGuard Technologies.* [*online*]. Disponível em: https://www.watchguard.com/br/wgrd-news/blog/ataques-sem-ficheiros-um-insight-de-ciberseguranca-considerar [consult. 18 jan. 2023].

RAMALHO, David Silva (). O uso de malware como meio de obtenção de prova em processo penal. *Revista da Concorrência e Regulação,* 2013, 16. Disponível em: https://www.concorrencia.pt/sites/default/files/imported-magazines/CR16_-_David_Silva_Ramalho.pdf. [consult. 12 jan. 2023].

Record. (n.d.). Aníbal Pinto alega ter sofrido ataque informático que permitiu à PJ identificar Rui Pinto. [online]. Disponível em: https://www.record.pt/

futebol/football-leaks/detalhe/anibal-pinto-alega-que-pj-identificou--rui-pinto-atraves-de-ataque-informatico-que-sofreu-em-2015 [consult. 18 jan. 2023].

RIBEIRO, G.A.M., CORDEIRO, P.I.R.V. e FUMACH, D.M. O malware como meio de obtenção de prova e a sua implementação no ordenamento jurídico brasileiro. *Revista Brasileira de Direito Processual Penal*, 2022, 8(3) [online]. Disponível em: doi:10.22197/rbp.v8i3.723.

ROCHA, Manuel Lopes. A lei da criminalidade informática (Lei nº 109/91 de 17 de Agosto) – Génese e técnica legislativa. *Legislação – Cadernos de Ciência de Legislação*, 1993, nº 8 (outubro/dezembro).

RODRIGUES, Benjamim da Silva ().*Da Prova Penal — Tomo II. Bruscamente... A(s) Face(s) Oculta(s) dos Métodos Ocultos de Investigação Criminal.* Lisboa: Rei dos Livros, 2010.

SILVA, Flávio Manuel Carneiro da (). *Apreensão e utilização processual de meios de prova existentes em material informático. Em Meios de obtenção de prova e medidas cautelares e de polícia.* Lisboa:Centro de Estudos Judiciários, 2019.

SILVA JÚNIOR, Washington da (). *A Utilização de malware em investigações criminais em face ao estabelecido pelos direitos fundamentais.* Dissertação de Mestrado em Direito, Especialização em Direito Público. Lisboa: Faculdade de Direito – Universidade Nova de Lisboa, 2021. Disponível em: https://run.unl.pt/bitstream/10362/142099/1/Junior_2022.pdf [consult. 12 jan. 2023].

TechTudo. (n.d.). Deepfakes e mais: como a inteligência artificial é usada pelo cibercrime. [online]. Disponível em: https://www.techtudo.com.br/listas/2022/11/deepfakes-e-mais-como-a-inteligencia-artificial-e-usada-pelo-cibercrime.ghtml [consult. 2 jan. 2023].

Take Blog (2023). Inteligência Artificial em 2023 – as principais tendências. [online]. Disponível em: https://www.take.net/blog/tecnologia/inteligencia-artificial--em-2023/ [consult. 18 jan. 2023].

The Guardian. (2020). What are the Luanda Leaks? [online]. Disponível em: https://www.theguardian.com/world/2020/jan/20/what-are-the-luanda-leaks.

Tripla. (2019). Os tipos de malware que podem roubar seus dados. Proteja sua empresa! [online]. Disponível em: https://tripla.com.br/conheca-os-tipos-de-malware/ [consult. 18 jan. 2023].

5. UMA BREVE CRÍTICA SOBRE A PROVA NO SISTEMA DE PUNIÇÃO PENAL APÓS A INTELIGÊNCIA ARTIFICIAL

Simone Pereira de Castro

Introdução

Uma das cenas mais marcantes e impressionantes do cinema está no filme de Stanley Kubrick, *2001: a Space Odyssey*, e retrata um macaco dando um novo sentido ao osso ao usá-lo como arma para atacar seus oponentes. Esse novo sentido que os "macacos" deram às coisas inventou e define hoje nossa humanidade. Não por acaso, somos o *Homo sapiens*. Como o filme de Kubrick aponta na cena seguinte, a tecnologia hoje é capaz de transformar o "osso" numa nave espacial e levar o homem ao espaço. Mas se num primeiro momento os instrumentos criados pelo homem eram um prolongamento de nosso corpo, hoje a tecnologia busca reproduzir o próprio humano naquilo que o define como humano, nossa inteligência.

A Inteligência Artificial (IA), ramo da ciência da computação que se dedica a desenvolver sistemas para resolução de problemas a partir de regras que imitam a inteligência humana, nasceu como disciplina autônoma, depois da Segunda Guerra Mundial, no Simpósio de Hixon, ocorrido nos EUA, precisamente em 1948, quando diversos cientistas, de áreas distintas que estudavam a mente humana, perceberam a analogia entre os computadores e o cérebro humano (TEIXEIRA, 2009). Essa descoberta levou à conclusão de que o pensamento humano poderia ser emulado por computadores.[1] Mas aquelas máquinas, que inicialmente

[1] Apontou Teixeira (2009) que, "Os resultados do Simpósio de Hixon não teriam sido tão surpreendentes se não levassem, através de uma intuição verdadeiramente criadora, a se estabelecer uma analogia entre o cérebro humano e os computadores. Essa analogia certamente

resolviam apenas proposições matemáticas, hoje possuem autonomia para imitar a atividade mental humana para resolver problemas complexos, como por exemplo, a fixação de pena criminal.

Sobre as máquinas inteligentes, em 1998, Teixeira ainda afirmava:

> As pesquisas hoje em dia concentram-se em várias áreas: a tradução automática, a criação de máquinas capazes de perceber e identificar objetos que estão à sua volta, o aperfeiçoamento de programas para jogar xadrez ou damas e assim por diante. Uma pesquisa que tem atraído muito a atenção dos cientistas é a criação de uma máquina que reconheça vozes humanas. Quando essa máquina for criada, teremos a possibilidade de dispensar os teclados, e passaremos a nos comunicar com os computadores simplesmente falando. Mas isso ainda requer um progresso técnico muito grande. Atualmente só podemos nos comunicar com os computadores usando o teclado e em linguagens especiais: as linguagens nas quais são escritos os programas, muito diferentes da linguagem que falamos normalmente.

Em 2023, 25 anos depois do vaticínio de Teixeira, já temos as máquinas falantes, como os *smarts* tvs e aplicativos de rotas, por exemplo, e uma imensa dificuldade em imaginar um mundo sem IA. Como afirma CARVALHO (2021):

> Nos últimos anos ocorreu um crescimento acelerado da presença da Inteligência Artificial (IA) no nosso cotidiano. Não são poucas as situações em que usamos, na maioria das vezes sem darmos conta, modelos criados por algoritmos de IA (Faceli, 2021). E usamos em atividades tão rotineiras como ler mensagens enviadas por e-mail, lavar nossas roupas, dirigir um veículo autônomo ou semiautônomo e decidir a que filme ou episódio de uma série assistir em uma plataforma de streaming. (CARVALHO, 2021).

O uso exponencial da IA nas diversas esferas da vida humana atinge não só a forma como se dá a produção dos bens e prestação dos serviços, mas

foi produto do encontro entre psicólogos, neurofisiólogos e engenheiros eletrônicos que perceberam que o modo como estão dispostas as células do nosso cérebro (neurônios), ligadas através de fios nervosos minúsculos, é semelhante ao circuito elétrico de um computador eletrônico. Estava aberto o caminho para se dizer que a mente humana pode ser imitada por um computador. Com isto nascia a nova disciplina, a Inteligência Artificial."

também as próprias relações sociais decorrentes, contribuindo ativamente para o surgimento de uma nova ética a disciplinar essas relações. Como destaca SICHMAN (2021),

> O desenvolvimento e o uso da IA levantam questões éticas fundamentais para a sociedade, que são de vital importância para o nosso futuro. Já existe muito debate sobre o impacto da IA no trabalho, interações sociais (incluindo cuidados de saúde), privacidade, justiça e segurança (incluindo iniciativas de paz e guerra). O impacto social e ético da IA abrange muitos domínios, por exemplo, os sistemas de classificação de máquinas levantam questões sobre privacidade e preconceitos e veículos autônomos levantam questões sobre segurança e responsabilidade. Pesquisadores, decisores políticos, indústria e sociedade reconhecem a necessidade de abordagens que garantam as tecnologias de IA de uso seguro, benéfico e justo, para considerar as implicações da tomada de decisão ética e legalmente relevante pelas máquinas e o status ético e legal da IA. Essas abordagens incluem o desenvolvimento de métodos e ferramentas, atividades de consulta e treinamento e esforços de governança e regulamentação.

O impacto da IA sobre a vida humana é tão intenso nos diversos segmentos da sociedade que tem ressignificado muitos valores sociais protegidos pela lei e exigindo, por isso, novas normas disciplinadoras das relações sociais. Assim, ao contrário do que pode parecer à primeira vista, a IA não se restringe a ser um instrumento técnico para auxiliar a atividade jurisdicional. Trata-se também de um instrumento que tem produzido novas necessidades sociais, incluindo um "novo" direito, mais adequado às novas relações surgidas.

De fato, o direito, por ser conjunto de normas que visam normatizar justamente as condutas e relações sociais num determinado momento histórico, tem sofrido o impacto das transformações decorrentes do uso da IA.

Uma das áreas do direito impactadas pela IA que mais despertam atenção da doutrina e jurisprudência, é do direito processual penal que, em breve síntese, concerne às normas e princípios que regulam, no processo penal, a atividade jurisdicional que atualiza o *jus puniendi*. A atenção da IA sobre o direito processual penal justifica-se porque esse ramo do direito envolve um dos bens mais valorados pela sociedade ocidental moderna, que é a liberdade. Por isso o uso da IA na prática forense penal, especialmente na previsão de ações criminosas, na investigação criminal, na produção de provas e fixação da pena e confecção de sentenças criminais tem sido objeto de muita discussão e questionamentos.

Considerando o uso crescente da IA na prática processual penal, o presente artigo objetiva discutir, brevemente, alguns dos problemas decorrentes do uso de meios de provas obtidos mediante instrumentos que se utilizam da IA como fundamento para a decisão judicial, especialmente as decisões que extinguem o processo penal e definem sobre a liberdade provisória, em face dos princípios e direitos fundamentais garantidos pelas constituições liberais, destacando que o uso da IA no processo penal aponta para o surgimento de novas interpretações aos princípios que disciplinam esse ramo do direito.

Para tanto, além da presente introdução, o artigo apresenta mais cinco tópicos. Na primeira parte, sinteticamente, insere-se o uso da IA como resultado das transformações históricas. Em seguida, faz-se um panorama quanto às principais críticas ao uso da IA no processo penal, especialmente na produção de provas que embasarão decisões judiciais. Na terceira parte, são apresentadas algumas reações legislativas ao uso da prova obtida mediante a IA. No quarto tópico, discute-se a relação entre a indústria tecnológica e o uso da IA, uma mercadoria que movimenta bilhões de dólares. Por fim, a conclusão aponta no sentido de se definir, previamente, os objetivos da IA no processo penal e o que estamos dispostos a renunciar, para, a partir de então, disciplinar o seu uso nas provas.

1. De *homo sapiens* a homo economicus

Há uma imensa quantidade de ferramentas de IA à disposição para a prática processual penal e ainda sendo gestadas, seja pela iniciativa privada seja pelos diversos governos dos Estados ao redor do mundo, que torna impossível pretender discriminá-las ou definir como e onde podem ser usadas. Não obstante, é possível identificar entre a infinidade de opções existentes ou com potencial de uso se a ferramenta envolve a decisão sobre o controle de comportamento e punição ou se apenas pretende auxiliar na execução das tarefas cotidianas, sem poder de decisão, e por isso, sem chocar com os princípios informadores do processo penal, como na redação de documentos e pesquisa jurídica. De qualquer sorte, independentemente do uso, as novas ferramentas de IA à disposição da prática jurídica processual penal são sempre apresentadas como instrumentos importantes tanto para facilitar o trabalho dos advogados, juízes e demais operadores do direito, quanto para tornar o sistema de justiça efetivamente justo.

Se de um lado a ideia de justiça bem como o interesse público, que devem orientar o sistema de justiça, são sempre apresentados como fundamentos para justificar a utilização das novas tecnologias no processo penal, do outro lado, a crítica ao uso cada vez mais abundante da IA na prática processual penal, especialmente no controle de comportamentos e decisões judiciais punitivas, tem se concentrado nas violações aos direitos fundamentais e garantias processuais. Como adiante será explicitado, o uso das novas tecnologias de IA no processo penal, segundo seus críticos, não raras vezes colide com os princípios que sempre orientaram o funcionamento dos sistemas de justiça.

Não se descuida que há muito o processo criminal teve à sua disposição o polígrafo. No entanto, a utilização do "teste de polígrafo" nunca encontrou respaldo na legislação, tampouco na jurisprudência, por se caracterizar como uma violência aos direitos fundamentais e garantias processuais. No entanto, em desfavor da utilização das novas tecnologias de IA também é apontada a violação a princípios, direitos fundamentais e garantias processuais. O que mudou para se admitir, hoje, o uso de instrumentos com capacidade de invadir a privacidade, seja física, seja mental, ou que imponham um controle e de vigilância social jamais imaginado ou tolerado em outra época? Ou que mudou para que se possa admitir a utilização de instrumentos de prova penal constituídos por IA sem a devida clareza por parte dos acusados quanto à constituição da prova?

É uma etapa imprescindível para compreensão dos limites da legislação que disciplina e/ou intenta disciplinar a utilização da IA sobre as diversas esferas da vida humana, inclusive sobre o direito, a investigação da relação existente entre o desenvolvimento tecnológico e a configuração das relações de produção e reprodução da vida social.

A produção tecnológica sempre teve por objetivo atender às necessidades humanas.

> Estabelecendo-se uma análise dessas etapas da relação homem-tecnologia, fica patente que a tecnologia surge na sociedade enquanto conseqüência das necessidades humanas, como algo inerente à cultura do homem, do seu

> cotidiano para o seu cotidiano, e não como uma coisa externa, descontextualizada que tem seus impactos na sociedade. Por exemplo, se pararmos para pensar no porquê da existência das catapultas, não demoraremos muito a pensar nas muitas Guerras que existiram em um determinado momento entre os povos, e a máquina a vapor, a máquina fotográfica, a televisão, a energia elétrica, e agora no último século, a informática e a Internet também surgiram devido às nossas necessidades sócio-político-culturais. (PONTES, 2009).

Embora a relação entre a produção e a necessidade humana sugira que a produção tecnológica seja dependente de nossas necessidades, uma observação mais atenta sobre o funcionamento da sociedade demonstra que essa relação oculta o fato de que numa sociedade capitalista, a produção não é voltada para atender as necessidades humanas, mas à necessidade de troca.[2] É o movimento de troca, combinados de diferentes formas, que produz riqueza e valoriza o capital. O capital só se valoriza mediante o movimento: D-M-D′ (dinheiro que se transforma em mercadoria que se transforma em dinheiro acrescido de mais-valor), conforme Marx já apontava no volume 1 do Capital (2017), quando ainda se tentava convencer as pessoas do surgimento de um novo modo de produção, o capitalismo. Todas as mercadorias, inclusive os bens tecnológicos, possuem necessariamente um valor de troca e um valor de uso. Não obstante os avanços tecnológicos sejam uma resposta às necessidades humanas, essas necessidades são historicamente forjadas para que possam atender as necessidades de troca das mercadorias. De fato,

> A riqueza das sociedades onde reina o modo de produção capitalista aparece como uma "enorme coleção de mercadorias", e a mercadoria individual como sua forma elementar. (MARX, 2013, p. 113).

Enfim, é a forma de produção e reprodução da vida que determina o desenvolvimento tecnológico e não o contrário. Por isso, por mais bem intencionados que possam ser as pesquisas que envolvem o desenvolvimento tecnológico, nem sempre o seu uso está particularmente comprometido em resolver os problemas sociais. Ademais, não há como desconsiderar que o resultado das pesquisas, quando não sua motivação,

[2] Troca: dinheiro (mercadoria) por outra mercadoria (bem para atender uma necessidade).

invariavelmente, é capturado por interesses das grandes empresas de tecnologia.

Hoje as maiores empresas, que concentram o maior volume de capital da economia mundial, são empresas de tecnologia (SANDLER, 2022). São essas empresas que, fora da China, também concentram a maior parte da mão de obra qualificada que se dedica a realizar pesquisas na área de IA. O interesse que determina a atuação das empresas tecnológicas, como de qualquer outra, é o lucro e, para tanto, imprescindível o seu uso, cada vez maior, sem restrição. Por isso, não há como compreender o desenvolvimento tecnológico e a utilização da IA nas diversas áreas da vida humana e sua regulamentação, inclusive na prática processual penal, dissociados da forma como se dá a própria produção e reprodução da vida. Não há como desconsiderar que a IA é uma mercadoria. Não há como dissociar o uso das novas tecnologias de IA no processo penal da necessidade das empresas de lucrarem com as ferramentas criadas.

A ausência de consenso na doutrina jurídica e jurisprudência acerca da legitimidade de decisões judiciais proferidas por máquinas que emulam o pensamento humano (juiz) na fixação da pena ou mesmo quando auxiliam o policiamento preditivo, antecipando o cometimento de ações criminosas, ou quando se admite a prova penal produzida pela IA deve ser sempre pensada tendo como referência o contexto histórico em que a IA está inserida e que envolve a forma de produção e reprodução da vida.

2. As críticas ao meio de prova penal obtido pela inteligência artificial

O filme *Minority Report*, de Steven Spielberg, é sempre lembrado quando se discute a prova preditiva no processo penal. É possível responsabilizar alguém por um crime que ainda não ocorreu, mas que a IA prenuncia? É possível se utilizar de uma prova construída pela IA?

Essas estão entre as questões que pululam diante da possibilidade de antecipar comportamentos criminosos ou produzir provas mediante a utilização da IA. Mas se instrumentos para preverem e determinarem ações criminosas individuais, ou seja, que precisem como, quando, onde e por quem uma infração será cometida ainda são uma expectativa ou pelo menos ainda parecem, já são comuns ferramentas que permitem a produção de provas realizada por meios tecnológicos, bem como instrumentos preditivos para fundamentar decisões quanto à aplicação e execução das penas e à liberdade e prisão provisória.

No direito processual penal há uma infinidade de possibilidades de uso de ferramentas que se fundamentam na IA. Desde o auxílio na confecção de petições e contratos inteligentes, além de pesquisa e adequação da jurisprudência ao caso concreto, até em situações mais complexas, como na atividade policial, para prever e impedir o cometimento de infrações de forma objetiva e científica, mediante dados estatísticos concernentes a crimes de ocorrência comum, por exemplo, e na atividade judiciária, na produção de provas, fixação de penas e concessão de liberdade provisória.

Os EUA são um dos países do mundo em que a utilização da IA no cotidiano jurídico sofre menos resistência e, por isso, tem sua aplicação mais difundida nas mais diversas áreas do direito, inclusive no processo criminal. Rios e Silva listam alguns dos programas em uso nos EUA, na esfera processual penal:

> Correctional Assessment and Intervention System (CAIS) (BAIRD, 2018, p. loc. 2493), Correctional Offender Management Profiles for Alternative Sanctions – COMPAS (BRENNAN; DIETERICH, 2018, loc. 3111), Inventory of Offender Risk, Needs, and Strengths – IORNS (MILLER, 2018, loc. 4826), Level of Service Instruments – LS-I (WORMITH; BONTA, 2018, loc. 5803), Self- Appraisal Questionnaire – SAQ (LOZA, 2018, loc. 6940), Services Planning Instrument – SPIn (JONES; ROBINSON, 2018, loc. 7624), Static Risk Offender Needs Guide – Revisited – STRONG-R (HAMILTON; MEI; ROUTH, 2018, loc. 8469), Pretrial Risk Assessment – PTRA (CADIGAN; JOHNSON; LOWENKAMP, 2012, p. 10), Public Safety Assessment – PSA (LAURA AND JOHN ARNOLD FOUNDATION, 2016) e o Risk Management System – RMS (KELLY, 2007, p. 15). (RIOS E SILVA, 2021).

Diversos desses programas, usados por já alguns sistemas de justiça criminal nos Estados Unidos (Nova Jersey e Wisconsin), apontam ser possível a avaliação do risco de reincidência de um infrator. Os juízes determinam, através dos programas, a liberdade provisória, bem como a fiança e a pena de prisão, a partir de pontos calculados por um algoritmo constituído pelas respostas do réu a um questionário que avalia a sua periculosidade. Estes mesmos programas podem, por sua vez, encontrar fundamento em provas produzidas digitalmente para decidir. Também as provas digitais, que fundamentam a decisão judicial proferida ou não pela

IA, têm sido admitidas pela jurisprudência dos EUA, embora ainda não definitivamente firmada (MENDES, 2021).

A prova digital pode ou não ser produzida por uma IA. A prova penal digital que importa à presente discussão é aquela que contém informações, sob a forma binária ou digital, obtidas mediante IA. Por exemplo, a IA pode, a partir de imagens obtidas por meio de vigilância por satélites, produzir provas para fundamentar processos penais que envolvem crimes ambientais. No caso das provas obtidas por meio de IA, a máquina, mediante os algoritmos, seleciona dentro do universo pesquisado, as informações consideradas importantes para a comprovação do dado. Já há empresas que monitoram o espaço marítimo português utilizando imagens de satélites (OBSERVADOR< 2019). Se essas imagens resultarem numa seleção de dados formados a partir da IA, serão provas produzidas pela IA. A IA também pode produzir um reconhecimento facial que poderá fundamentar uma decisão sobre liberdade provisória, por exemplo.

Importante ressaltar que em 2016 o tráfego de dados na *internet* já havia ultrapassado um zettabyte. Somente à IA é possível acessar e compreender todos esses dados, o que explica muito do fascínio pela IA. A IA possui capacidade para analisar uma imensa quantidade de dados que compõem a prova numa velocidade muito superior à capacidade humana. Sobre essa capacidade da IA de apreciar e analisar uma imensa quantidade de dados à disposição, pontua Fidalgo (2022),

> Os sistemas de inteligência artificial, através da análise e correlação de dados, permitem reduzir a quantidade de dados a analisar pelos especialistas; permitem encontrar ligações entre dados, que, tendo em conta a enorme quantidade de dados a analisar, podem passar despercebidos aos especialistas; e reduzem (em geral) a possibilidade de ocorrência de erros em todo o processo de aquisição, preservação, análise e interpretação dos dados.

Se a IA é utilizada para dar mais eficiência à busca de elementos incriminadores, por outro lado, como como aponta Fidalgo (2020) sobre a prova digital,

> A utilização destas novas realizações tecnológicas em processo penal tem, porém, um preço. Alargando o arsenal de meios de investigação do crime e de

perseguição do criminoso, a utilização de inteligência artificial no domínio da prova digital traduz-se num claro atentado a uma multiplicidade de direitos dos atingidos.

Dos usos possíveis e previsíveis hoje da IA no processo penal há, de fato, aqueles que não despertam oposição, como na confecção de estatísticas, pesquisa de jurisprudência, distribuição de processos ou no auxílio de produção de petições. No entanto, os usos que impactam na liberdade e igualdade mobilizam diversos atores contrários. Para grande parte dos críticos ao uso ilimitado da IA no processo penal, o preço a pagar são as violações aos direitos e garantias até então considerados fundamentais da sociedade ocidental moderna.

No caso específico do uso da IA na justiça criminal de algoritmos para a predição de comportamentos infracionais para a fixação e execução das penas, determinação da fiança e na concessão ou não de liberdade e prisão provisórias, bem como para obtenção de prova digital, o preço a pagar é o risco à liberdade. Os sistemas de IA esvaziam as garantias processuais da ampla defesa, do contraditório e da presunção de inocência, colocando em risco a liberdade.

Em princípio a violação à ofensa à presunção de inocência e à ampla defesa e contraditório decorrem da própria forma de funcionamento e construção das máquinas que se utilizam da IA.

Neste ponto passa a ser importante pontuar que grande parte das críticas dirigidas à utilização da IA no processo penal tem por fundamento o fato de os sistemas de IA serem carregados de preconceitos daqueles que os alimentam. Como pontua a futurista Amy Webb (2020), nem tudo são flores em relação à utilização da IA. Especialmente em relação às proposições que embasam os algoritmos das máquinas, conforme alerta WEBB (2020), eles representam os valores, interesses, ideias e ideais de seus criadores, homens brancos, ricos e urbanos. A mente da IA que está sendo pesquisada e estruturada para ter autonomia suficiente para pensar e decidir usando a estrutura linguística humana, tem como referência os valores daqueles homens que a estrutura.

> O que as tribos de IA estão fazendo? Elas estão desenvolvendo sistemas de inteligência artificial estreita (ANI – *Artificial Narrow Intelligence*) capazes de realizar uma tarefa específica no mesmo nível ou melhor do que nós

> humanos. As aplicações comerciais da ANI – e, consequentemente, da tribo – já estão tomando decisões em nosso nome a partir de nossas caixas de entrada e-mail, quando pesquisamos coisas na internet, tiramos fotos com nossos telemóveis, dirigimos os nossos carros e solicitamos cartões de crédito ou empréstimos. As tribos também estão construindo o que está lor vir: sistemas de inteligência artificial geral (AGI – *Artificial General Intelligence*), que realizarão tarefas cognitivas generalizadas, pois são máquinas projetadas para pensar como nós. Todavia, quem, exatamente, é o "nós" a partir do qual esses sistemas de IA se alimentam? Quais valores, ideais e perspectivas de mundo estão sendo ensinados a esses sistemas?
>
> A resposta simples não cabe a você – nem a mim. A inteligência artificial tem a mente de sua tribo, priorizando os valores, ideias e perspectivas de mundo de seus criadores. Mas também está começando a desenvolver uma mente própria. (WEBB, 54)

As máquinas pensantes possuem poder de decisão delimitado pelos valores daqueles que as moldam. Mesmo quando se pondera que essas máquinas têm autonomia para decidir a partir de uma mente própria, é fato que a mente da máquina irá se alimentar de informações buscadas na *internet*. Mesmo que as informações sejam restritas a *sites* confiáveis ou acadêmicos, também a produção acadêmica, por exemplo, tem viés de gênero e raça (OLIVEIRA *et al*, 2021).

Portanto, os algoritmos também das ferramentas usadas na prática processual penal sofrem enviesamento ideológico em decorrência das informações com que são alimentados, o que equivale sujeitar tanto o direito penal quanto o processual penal àquele mesmo viés ideológico, repercutindo na prova obtida pela IA.

Importante ressaltar que os dados dos *softwares* das máquinas de IA que podem produzir provas, em geral, podem ser obtidos, como de toda IA, a partir de todo material descarregado nas redes sociais e demais páginas da *internet* por seus milhões de usuários.

Além de não raras vezes afrontar a privacidade das pessoas, especialmente diante da inexistência de legitimidade de seu compartilhamento, também inexiste fiabilidade dos dados obtidos. Aliás, muitos dos dados obtidos nas próprias bases policiais e jurídicas são carregados de preconceito, racismo e xenofobia, dados os vieses raciais e discriminatórios também da atividade policial e judiciária. Ademais, é a própria máquina que produz a prova que decide o que é ou não importante para ser utilizado como meio de prova, cotejando os dados disponíveis. O algoritmo possui competências não só para fazer a escolha dos dados, mas, também, concatenar, analisar documentos e sintetizar as informações. Como no final, será o juiz quem deliberará sobre a prova produzida, poder-se-ia considerar que a violação será mais restrita do que a decorrente da máquina-juíza. No entanto, a IA seleciona os dados que reputa mais importante, excluindo os que não considera. E essa escolha pode veicular ofensa aos direitos, especialmente porque, na prática, as provas selecionadas serão ponderadas, ou seja, há uma inversão na medida em que se teria que afastar a conclusão da IA, ainda que de forma extraoficial.

No caso específico da utilização da IA nos processos penais, é importante ressaltar que os algoritmos são forjados por pessoas sem formação jurídica. Sobre a ausência de formação jurídica dos responsáveis pela construção das ferramentas, Guimarães (2019) pontua, ao dissertar sobre ferramentas preditivas, dois perigos capazes de comprometerem a eficácia da ferramenta, que se aplicam a todos os casos de utilização de IA:

> O primeiro perigo reside tanto na incapacidade do perito escolhido para servir de ponte com o conhecimento específico do processo penal, quanto na incapacidade de tradução dos aspectos relevantes do direito e do processo penal pelo engenheiro do conhecimento. Não é preciso muito esforço para identificar na doutrina de processo penal de hoje em dia uma pluralidade bastante significativa de discursos e fundamentos antagônicos. Esse tipo de problema não é uma exclusividade do processo penal, por óbvio, sendo mesmo uma preocupação geral quando se trata de elaborar sistemas peritos. No entanto, no processo penal ele é significativamente marcante, dada a variedade de visões coexistentes na doutrina. Por exemplo: se o perito for um doutrinador mais "tradicional" ele é capaz dele indicar que a função do juiz no processo penal seja a "busca da verdade real".
>
> O segundo perigo decorre da necessidade do engenheiro do conhecimento "decidir qual das várias estruturas de resolução de problemas ('procedimentos de inferência") é a mais adequada para o assunto específico". (GUIMARÃES, 2019).

Não são todos os dados em circulação que interessam às ferramentas utilizadas no processo penal, daí a necessidade de recortes para treinar a IA e permitir sua eficiência. No entanto, surge daí um novo imenso problema, pois a própria limitação dos dados, para a constituição de um modelo, é um viés ideológico insuperável que impacta nos resultados e nas decisões proferidas pela IA. Assim, a oposição à legitimidade de decisões judiciais proferidas por máquinas que emulam o pensamento humano para produzir provas decorre também do fato de os sistemas que utilizam a IA poderem reforçar preconceitos, acentuar distorções e até mesmo criar novos vieses ideológicos.

Não se refuta que as decisões humanas possuem viés ideológico. No entanto, é a falta de consciência da máquina, que atua a partir de dados como se fossem apenas escolhas técnicas, o que torna o viés ideológico injusto. Ademais, a consciência humana torna factível o esforço e atenção para que o viés ideológico não se sobreponha ao direito individual e coletivo.

Outra crítica constante à produção de prova produzida pela IA para fundamentar uma decisão quanto à liberdade provisória ou aplicação da pena, por exemplo, é a incapacidade de a IA individualizar a periculosidade na medida em que os sistemas ponderam a periculosidade a partir da inserção do indivíduo no contexto social. Claro que uma pessoa de baixa renda, que vive num bairro periférico de uma grande cidade brasileira, como São Paulo ou Rio de Janeiro, tem maior chance de ser um precariado do que o morador de um bairro nobre. Assim, uma prova produzida pela IA sobre a periculosidade de um agente de pequenos furtos de alimentos, por exemplo, que não pondere as peculiaridades sociais reproduz preconceitos, além de cometer injustiças.

Em relação à capacidade da máquina para proferir e fundamentar decisões judiciais penais, França Júnior, Santos e Nascimento (2020) apontam que uma máquina, mesmo bem programada, é incapaz de garantir a dignidade humana ao proferir uma decisão judicial na medida em que jamais conseguirá processar de forma eficaz um processo penal considerando a peculiaridade de cada situação.

> Apesar de termos em conta que existem diversas tarefas repetitivas, ao tratarmos de funções executadas por aqueles que se dedicam às carreiras jurídicas – como a pesquisa jurisprudencial ou o protocolo de petições – há determinados atos que demandam a atenção de um ser humano, devido ao seu grau de complexidade. Interações humanas desencriptadas são necessárias

> para a formulação de respostas a questões que não são sujeitas a uma antecipação, a um padrão estabelecido previamente por linhas de código. Aliás, está fora de questão o reconhecimento do direito de autodeterminação das máquinas tal como existe para os seres humanos, isso pelo simples fato de que, nesse contexto, somente aos humanos é possível o reconhecimento de uma dignidade, bem como o desenvolvimento de uma capacidade de agir através da perspectiva ética. Por mais aprimorada que seja a inteligência artificial, por mais arguto que seja seu programador, suas respostas estão condicionadas ao que foi possível antecipar no curso de sua programação. (FRANÇA JÚNIOR; SANTOS E NASCIMENTO, 2020)

De fato, a aplicação da lei no processo penal envolve, além do conhecimento técnico da lei, competência emocional. Da mesma forma que a IA não consegue perceber as sutilezas que envolvem a interpretação das leis (WAKEFIELD, 2016), também até aqui não há como garantir habilidade emocional à IA. O aprendizado da IA, como exposto, se dá mediante padrões construídos a partir de dados disponibilizados.

Os mesmos riscos observados em relação à prolação de decisões judiciais pela IA em relação à competência emocional e à incapacidade de respostas individualizadas, pode-se apresentar à prova produzida pela IA, pois há escolha dos dados pela IA para a produção da prova.

Na medida em que ao arguido/acusado não é participada a construção e funcionamento dos sistemas de IA que constroem as provas utilizadas, há ausência de paridade entre acusação e defesa, além de comprometer o contraditório e a ampla defesa. No entanto, mesmo disponibilizado o acesso à construção e funcionamento do sistema, ainda assim, pode-se sustentar a dificuldade de se garantir o contraditório.

É importante destacar que os modelos e as técnicas da IA utilizam uma notação matemática que, se não foge até mesmo do domínio de seus programadores, é de difícil conhecimento. De fato, um sistema de IA, como pontua Jaime Simão Sichman (2021),

> o domínio de IA se caracteriza por ser uma coleção de modelos, técnicas e tecnologias (busca, raciocínio e representação de conhecimento, mecanismos de decisão, percepção, planejamento, processamento de linguagem natural, tratamento de incertezas, aprendizado de máquina) que, isoladamente ou agrupadas, resolvem problemas de tal natureza. Para tal, podem utilizar

paradigmas distintos, sendo os principais os paradigmas simbólico, conexionista, evolutivo e probabilístico.

Assim, para a utilização da prova produzida pela IA será imprescindível o conhecimento dos *inputs* na elaboração dos modelos, mesmo assim, ainda sob o risco de não ser garantido o exercício dos direitos e garantias processuais fundamentais, como a igualdade e a liberdade.

Ao lado da dificuldade de conhecimento dos fundamentos da decisão da IA, também há o custo para se fazer a contraprova à prova produzida pela IA. Para garantir paridade entre acusação e defesa, bem como garantir a possibilidade efetiva de defesa, na medida em que à defesa efetiva é necessária oferecer condições para tanto, é imprescindível seja garantida a gratuidade na realização da contraprova. A ausência de gratuidade na contraprova à prova produzida pela IA provocará maior desigualdade de condições de defesa entre os mais ricos e mais pobres. A igualdade jurídica, apenas formal, não só encobrirá a desigualdade social quanto também, nesse caso, intensificará as desigualdades social e racial do sistema prisional, que pune mais os pobres e negros especialmente no Brasil.

Diante dos pontos aduzidos, não há como afastar o risco do uso da IA na produção da prova pela IA afrontar, como exposto, os princípios e direitos fundamentais garantidos pelas constituições liberais. O uso da IA, se não esvazia as garantias processuais da ampla defesa, do contraditório e da presunção de inocência, ao menos dificulta o exercício, pois,

> Para que o direito de defesa se considere assegurado, a oportunidade que é dada ao arguido para contrariar a prova tem de ser efetiva e eficaz. Quando para obter a prova tiverem sido utilizadas técnicas de inteligência artificial, a possibilidade de contrariar esta prova automatizada estará claramente prejudicada. Para que possam ser usados sistemas de inteligência artificial na obtenção da prova em ambiente digital, os sistemas de utilizados terão de ser sempre explicáveis e transparentes: apenas a utilização de sistemas de inteligência artificial com estas caraterísticas permitirá alcançar o equilíbrio entre os interesses da investigação e a proteção do direito de defesa do arguido. (FIDALGO, 2022).

Os aspectos que militam contra a prolação de decisões judiciais penais que se fundamentam em provas obtidas mediante IA decorrem sempre da ofensa a direitos e garantias, razão pela qual surgem diversas tentativas de melhor disciplinar o uso da IA no processo penal, o que reflete, por conseguinte, na possibilidade de produção de prova mediante utilização da IA.

O uso da IA sobre o processo penal trouxe, além de soluções, novos problemas relacionados aos direitos e garantias individuais, que precisam ser enfrentados não só pelos operadores do direito, quanto pelos estudiosos e pela própria sociedade. Mas, para tanto, é imprescindível saber o que está em disputa.

3. Reações legislativas à IA no Processo Penal

Se no passado havia resistência à utilização de instrumentos tecnológicos na produção de provas ou que decisões judiciais pudessem se fundamentar em provas preditivas ou mesmo em provas produzidas pelas máquinas, atualmente a sociedade ao reconhecer, mediante suas instituições, que a marcha em direção ao uso das novas tecnologias não tem mais retorno, passou a adotar medidas para minorar ou impedir uso da IA que desrespeita a dignidade humana ou direitos constituídos consistentes na instituição de novas leis, sem, entretanto, sopesar os valores envolvidos nas escolhas.

Assim, ao lado da ausência de consenso quanto à possibilidade de soluções judiciais de conflitos que se utilizam de máquinas inteligentes, seja para proferir decisões, seja para produzir provas, está a preocupação com o "preço a pagar" pela utilização dessas máquinas, o que provocou a Comissão Europeia, em 2018, a publicar uma carta de uso da IA pelo judiciário apontando a necessidade de observância de princípios básicos de transparência, não discriminação e respeito aos direitos fundamentais.

Reconheceu o Parlamento Europeu, no item 22 da Resolução aprovada em 6 de outubro de 2021, sobre a inteligência artificial no direito penal e a sua utilização pelas autoridades policiais e judiciárias em casos penais (2020/2016(INI)):

> 22. Salienta que os conjuntos de dados e os sistemas algorítmicos utilizados ao efetuar classificações, avaliações e previsões durante as várias fases do tratamento de dados no âmbito do desenvolvimento de IA e de tecnologias conexas também podem levar a um tratamento diferenciado e à discriminação direta e indireta de grupos de pessoas, em particular porque

os dados utilizados na formação de algoritmos de policiamento preditivo refletem as prioridades de vigilância em vigor e, consequentemente, podem acabar por reproduzir e amplificar os preconceitos correntes; salienta, portanto, que as tecnologias da IA, especialmente quando utilizadas para fins policiais e judiciais, requerem investigação e contributos interdisciplinares, nomeadamente nos domínios da ciência e dos estudos tecnológicos, estudos críticos sobre a raça, estudos sobre deficiência e outras disciplinas ligadas ao contexto social, incluindo a forma como a diferença é construída, o trabalho de classificação e as respetivas consequências; destaca, por conseguinte, a necessidade de investir sistematicamente na integração dessas disciplinas no estudo e na investigação da IA a todos os níveis; salienta também que é importante que as equipas que concebem, desenvolvem, testam, mantêm, implantam e adquirem estes sistemas de IA para as autoridades policiais e judiciais, representem, sempre que possível, a diversidade da sociedade em geral como um meio não técnico para reduzir os riscos de discriminação;

Não obstante o reconhecimento das dificuldades de utilização da IA diante da inexistência de neutralidade dos sistemas, a Comissão Europeia apenas faz ressalvas, pontuando que os sistemas de IA devem respeitar a diversidade, sempre que possível, sem desestimular seu emprego.

Em Portugal a Lei nº 109/09, de 15 de setembro, que aprovou a Lei do Cibercrime, em vigor desde então, prevê disposições processuais de recolha de prova em suporte eletrônico (FIDALGO, 2019). Embora as disposições processuais, pareçam estar restritas, numa leitura apressada, aos crimes cibernéticos, a alínea "c" do parágrafo 1º do artigo 11º da Lei nº 109/09 , deixa claro que as disposições incidem sobre quaisquer crimes que possam ser comprovados mediante prova obtida em suporte eletrônico. No entanto, referida norma não disciplina a utilização de prova obtida mediante a IA, ou seja, quando a própria máquina constitui a prova.

No Brasil, o Conselho Nacional de Justiça (CNJ) e a Lei Geral de Proteção de Dados (LGPD) estabeleceram limites à utilização do que se convencionou chamar de "Modelo de Inteligência Artificial".

A Resolução 332 do CNJ, no seu artigo 1º, prevê a possibilidade de uso da IA pelo sistema judiciário. No entanto, o uso da IA está atrelado à prestação equitativa da justiça e, assim como previsto pela Comissão Europeia, estabelece no artigo 6º da referida Resolução, normas protetivas para garantir transparência, adequação, segurança, entre outros direitos e garantias, conforme destacado.

> Art. 6º As atividades de tratamento de dados pessoais deverão observar a boa-fé e os seguintes princípios: I – **finalidade**: realização do tratamento para propósitos legítimos, específicos, explícitos e informados ao titular, sem possibilidade de tratamento posterior de forma incompatível com essas finalidades; II – **adequação**: compatibilidade do tratamento com as finalidades informadas ao titular, de acordo com o contexto do tratamento; III – **necessidade**: limitação do tratamento ao mínimo necessário para a realização de suas finalidades, com abrangência dos dados pertinentes, proporcionais e não excessivos em relação às finalidades do tratamento de dados; IV – **livre acesso**: garantia, aos titulares, de consulta facilitada e gratuita sobre a forma e a duração do tratamento, bem como sobre a integralidade de seus dados pessoais; V – **qualidade dos dados**: garantia, aos titulares, de exatidão, clareza, relevância e atualização dos dados, de acordo com a necessidade e para o cumprimento da finalidade de seu tratamento; VI – **transparência**: garantia, aos titulares, de informações claras, precisas e facilmente acessíveis sobre a realização do tratamento e os respectivos agentes de tratamento, observados os segredos comercial e industrial; VII – **segurança**: utilização de medidas técnicas e administrativas aptas a proteger os dados pessoais de acessos não autorizados e de situações acidentais ou ilícitas de destruição, perda, alteração, comunicação ou difusão; VIII – **prevenção**: adoção de medidas para prevenir a ocorrência de danos em virtude do tratamento de dados pessoais; IX – **não discriminação**: impossibilidade de realização do tratamento para fins discriminatórios ilícitos ou abusivos; X – **responsabilização e prestação de contas**: demonstração, pelo agente, da adoção de medidas eficazes e capazes de comprovar a observância e o cumprimento das normas de proteção de dados pessoais e, inclusive, da eficácia dessas medidas.

O artigo 7º da Resolução ainda prevê, expressamente, que as decisões fundamentadas na IA devem:

> preservar a igualdade, a não discriminação, a pluralidade e a solidariedade, auxiliando no julgamento justo, com criação de condições que visem eliminar ou minimizar a opressão, a marginalização do ser humano e os erros de julgamento decorrentes de preconceitos

No entanto, não há nenhuma norma que discipline, expressamente, a utilização de prova obtida mediante a IA. Não obstante, o CNJ disciplina o "Reconhecimento Facial", que se obtém mediante IA, o que indica que é permitida uma interpretação no sentido de que a legislação aceita a utilização da prova obtida mediante IA, mas com limitação. Especificamente quanto ao uso de "Reconhecimento Facial", segundo o § 2º, do art. 21, da Resolução 332/2020, "exigirão prévia autorização do Conselho Nacional de Justiça para implementação", para "pesquisa, desenvolvimento ou implantação de modelos de Inteligência Artificial".

Diante do uso das ferramentas de IA que permitem não só decisões judiciais penais fundadas em provas obtidas mediante IA, quanto até mesmo decisões proferidas por máquinas, não obstante os problemas envolvidos, a questão que se coloca já não é então "qual o preço a pagar pela utilização de provas produzidas pela IA?" Mas, "por que pagamos esse preço?"

4. Sociedade de controle e vigilância

O surgimento de novas normas visando disciplinar a utilização da IA, especialmente na prática processual penal, para minimizar o impacto das novas tecnologias nos direitos, nem sempre deixa expressa que em jogo está a disputa entre valores a serem protegidos. Mas o potencial impacto negativo da utilização da IA no processo penal é, em geral, relevado diante dos elogios à sua eficiência e eficácia, especialmente diante do volume de processos e dados e, nos últimos tempos.

No Brasil, as diversas alterações legislativas processuais, mesmo na área penal, que surgiram desde o final da década de 80 com a Lei dos Juizados de Pequenas Causas, não têm sido suficientes para conter o enorme volume de processos judiciais ajuizados anualmente (CNJ, 2022). Em 2022 foram ajuizadas mais de 18 milhões de novas ações (CNJ, 2022).

O surgimento de normas, como as acima expostas, do CNJ, no Brasil, e do Parlamento Europeu, em defesa da dignidade humana, dos princípios e garantias processuais e dos direitos fundamentais, embora na prática, seja impossível efetivar as garantias e direitos, também tem sido apresentado como justificativa para a utilização da IA. No processo penal, inclusive na prevenção de crimes, a garantia da ordem pública é justificativa para a utilização da IA.

No entanto, como exposto, os problemas decorrentes da IA no processo penal começam já na captura dos dados. Há uma captura massiva e sem controle de dados em todas as esferas da vida humana pela IA (LISBOA, 2023). Em grande parte, os dados usados pelas novas tecnologias de IA são obtidos em decorrência do aumento exponencial do controle e vigilância a que a sociedade ocidental tem se submetido. Não há sujeito, não importa a ocupação social, a classe, a raça, o gênero ou qualquer outra qualificação que não esteja sendo vigiado e controlado pelas mais diversas formas. Assim, ao executar uma simples compra pela internet ou trocar mensagens pela rede ou mesmo adentrar um recinto público com câmeras, dados e imagens são capturados. Esse controle e a vigilância, justificados para prevenir o cometimento de infrações ou, como os diversos *sites* alertam, para melhorar a experiência de navegação, dão-nos a falsa sensação de segurança. Por outro lado, alimentam um comércio de dados que, além de outros usos, possibilitam a construção da IA.

A captura de dados, no entanto, não atende apenas às empresas. As denúncias de Edward Snowden, ex-técnico da NSA aos jornal norte-americano Washington Post e ao britânico The Guardian, em 2013, revelaram a existência de um programa da Agência de Segurança Nacional norte-americana de coleta ilegal de dados, mediante controle e vigilância, comprovando que também os dados são obtidos por muitos países também no contexto de disputa geopolítica.

Frisamos que as câmeras de vigilância, embora sejam instaladas sob a condição de garantir a segurança, não filmam apenas ameaças à segurança.

> As câmeras certamente não filmarão somente crimes e cenas do cotidiano, mas principalmente greves, manifestações políticas e uma série de outras ameaças aos interesses de quem, mais tarde, terá a posse destas fitas e o poder de analisar e julgar as condutas filmadas. Daí para o controle ideológico e a repressão política sob o singelo pretexto de repressão da criminalidade não faltará muito (VIANNA,). https://www.researchgate.net/profile/Tulio-Vianna/publication/28769889_A_era_do_Controle_introducao_critica_ao_direito_penal_cibernetico/links/54353c430cf2dc341dafb3c6/A-era-do-Controle-introducao-critica-ao-direito-penal-cibernetico.pdf

França Júnior, Santos e Nascimento (2020), situam a nova dinâmica social controladora e vigilante com o propósito de prevenção de infrações à derrubada das Torres Gêmeas em 2001, nos EUA.

> O objetivo desse sistema é, primariamente, a prevenção. Os discursos de justificação são sempre nesse sentido. Parte-se do pressuposto de que quanto mais vigiado o sujeito estiver, menos propenso aos *desvios* ele estará. Dissemina-se a sensação de que há sempre alguém a nos observar, alguém que há de nos admoestar severamente no caso do *script que* nos foi imposto não ser respeitado. Um ambiente de desconfiança, permeado sobretudo pelo medo, se instala, tornando-se propício para o empoderamento de um grupo de pessoas que há de nos proteger, de nos guiar, de nos dizer o que é melhor, mesmo nas atividades mais particulares. Quem possui capital econômico e político larga na frente nessa disputa pelo comando da estrutura panóptica em curso. Não à toa percebemos, com cada vez mais frequência, iniciativas de autoridades constituídas que procuram nos impor, dentre outras coisas, o que comer, ler, assistir ou com quem fazer sexo e às vezes até, como fazê-lo! O controle e a vigilância, antes métodos sorrateiros, vão se expandindo despudoradamente (FRANÇA JÚNIOR; SANTOS E NASCIMENTO, 2020)

O inimigo "terrorista" não só acentuou os gastos militares, quanto também abriu caminho para que as gigantes de tecnologia aumentassem seus lucros. Os contratos das gigantes tecnológicas só com os EUA ultrapassaram US$ 43 bilhões de dólares entre a queda e o aniversário de 20 anos da "Queda das Torres Gêmeas" Não por outro motivo, França Júnior, Santos e Nascimento (2020) puderam concluir, com muita perspicácia, que "vigilância, controle e punição se constituem no tripé que sustenta o mantra da ordem pública" e garantem um protagonismo às máquinas pela capacidade de captura, armazenamento e articulação dos dados obtidos (FRANÇA JÚNIOR; SANTOS E NASCIMENTO, 2020). Esse tripé fortalece e é fortalecido pelas práticas processuais penais, que aderiram à utilização da IA, também sob o fundamento de garantia à ordem pública e de alcance da justiça de forma mais eficiente.

A tecnologia, apresentada como um grande aliado para a prevenção das ações criminosas e para tornar mais eficiente a prestação jurisdicional penal no interesse da sociedade, tem servido para respaldar esse controle e vigilância e, também, potencializar violações aos direitos. Como ainda apontam França Júnior; Santos e Nascimento (2020):

> A opção pela expansão do poder investigatório, como um inegável corolário do próprio poder punitivo (jus puniendi), ainda que eventualmente

tenha sido impulsionada por boas intenções, demonstra-nos a capacidade de reinvenção de um tipo de mentalidade (o que lhe tem permitido desembaraçada circularidade) ainda tributária da busca pela verdade real, o que, não raramente, pode se prestar a legitimar, por exemplo, "inúmeras técnicas de obtenção da confissão do acusado e intimidação da defesa". A ampla defesa e o contraditório, portanto, da nossa perspectiva, deveria servir para conter, limitar, estancar, obstaculizar a circularidade do poder punitivo e de seus corolários, jamais para se apropriar dessa mesma mentalidade, expandindo-a, portanto, dando-lhe ainda mais substância prática, mesmo que sob o argumento "em favor do investigado".

Assim, o que passa em geral despercebido é que o necessário cuidado para que as ferramentas de IA na prática processual penal não ampliem o exercício desmedido da busca da "verdade real" em detrimento dos direitos e garantias processuais, tem seu limite fixado também, na própria forma como a sociedade organiza a produção e reprodução da vida.

A sociedade do controle e vigilância nada mais é do que eufemismo para uma sociedade pautada na busca do lucro e a IA, antes de ser um bem de uso, é uma mercadoria. O uso da IA no processo penal, mais do que tributário das inovações tecnológicas e do que se convencionou chamar de sociedade de controle e vigilância, é, de fato, resultado das exigências decorrentes da forma como tem se dado a produção e reprodução das condições da vida. Como afirmou MARX:

> as relações jurídicas, bem como as formas do Estado, não podem ser explicadas por si mesmas, nem pela chamada evolução geral do espírito humano; essas relações têm, ao contrário, suas raízes nas relações materiais de existência MARX, 2008, P. 47).

MILITÃO, por sua vez, alerta que as práticas neoliberais acentuaram ainda mais o processo de utilização das novas tecnologias de comunicação e informação.

> Não cabe no âmbito deste trabalho o aprofundamento dessa perspectiva. Todavia, não deixará de dizer-se que a mesma surgiu enquadrada no processo de implementação da globalização neoliberal, serve em pleno a defesa deste

> modelo de sociedade e, do nosso ponto de vista, não passa de um mito radicalmente ideológico construído para o efeito.
>
> Na verdade, o que tal perspectiva pretende afirmar e tem de facto proclamado é que as novas tecnologias da informação e da comunicação (NTIC) impuseram, objectivamente, no quadro global, uma nova economia, predominantemente de bens imateriais, pretensamente caracterizada por um elevado crescimento económico, pela expansão do emprego no domínio dos serviços relacionados com aquelas tecnologias, pela imperiosidade da flexibilização do trabalho e do mercado de trabalho, pela inevitabilidade de um mercado livre à escala mundial e por uma nova governança das empresas, que, obviamente, terão de ser, todas elas, privadas. Uma nova economia que inviabiliza a conflitualidade social e a própria acção política. Enfim, uma nova economia que impõe, inexoravelmente, o modelo do capitalismo neoliberal global. (MILITÃO, s/d).

Embora não caiba no âmbito desse artigo uma explanação minuciosa sobre a relação entre o neoliberalismo e as novas tecnologias, é fato que diante da monopolização das atividades econômicas, a tecnologia é um instrumento importante, por diversos fatores, entre outros, por permitir que os grandes conglomerados reduzam os seus custos, inclusive na esfera da circulação, na medida em que se apropriam dos dados obtidos mediante a IA para, por exemplo, realizarem as suas campanhas publicitárias de forma mais precisa. Assim, as repercussões negativas dos usos possíveis da IA no processo penal devem ser analisadas e debatidas no contexto histórico.

Mesmo pendente ainda a definição dos limites concernentes à utilização de sistemas de IA na análise e gestão das informações que possam embasar decisões jurídicas na esfera penal, é fato que a utilização das inovações tecnológicas referentes à IA no direito tende a avançar, seja porque é difícil o contraponto ao interesse das grandes corporações de tecnologia, seja porque há expectativa de que a IA permita uma gestão mais eficiente da imensa quantidade de processos judiciais em curso e/ou ajuizados anualmente.

Conclusão: um passo da justiça à injustiça

O uso da IA no processo penal, cada vez mais presente, não tem mais volta, é fato. Mas, diante da revolução tecnológica que caracteriza o mundo atual e que produz imenso impacto sobre as diversas dimensões da vida, buscar respostas aos desafios e questionamentos surgidos, bem como delimitar seu campo de uso no direito processual penal, é urgente e necessário para melhor vivenciarmos as experiências, afastando aquelas que possam conflitar tanto com os valores socialmente aceitos quanto com aqueles condizentes com a dignidade humana.

É claro que os fundamentos e pressupostos da limitação de eventual uso da IA no processo penal serão sempre os valores que se pretende preservar. No entanto, algumas questões são precedentes às decisões a serem tomadas quanto ao limite na utilização da IA no processo penal: qual o propósito da utilização da IA no processo penal? E qual o custo que estamos dispostos a pagar para alcançar?

Há uma crença exagerada no uso da IA na esfera penal. Mas a IA não é a panaceia para os problemas da humanidade. Como exposto, não sendo bem utilizada, as novas ferramentas de IA podem criar sistemas de injustiça. Não se descuida de que uma justiça que tarda é injusta. Mas de nada adianta alargar-se o uso da IA para otimizar os recursos e dar maior celeridade à prestação jurisdicional se daí surgirem novas injustiças. Se não se alcança a justiça sem celeridade, tampouco com um processo que não garanta a ampla defesa, o efetivo contraditório e que respeite os direitos individuais e a dignidade humana. Ademais, processo penal não pode identificar a ordem pública com os direitos e garantias à propriedade em detrimento dos direitos e garantias individuais, seja ao priorizar a IA como mercadoria, seja ao ser servil ao punitivismo.

É imprescindível a discussão sobre o limite da utilização da IA no processo penal na medida em que envolve aspectos sensíveis, especialmente a liberdade e, para a efetiva justiça, não pode existir dúvida quanto à imparcialidade das decisões judiciais e preservação dos direitos e garantias individuais consagradas pelos Estados constitucionais liberais modernos. Mas, para além de discutir se o uso das novas tecnologias violam ou não os direitos e garantias consagrados, está também a necessidade de se pensar em como criar instrumentos para dificultar que as ferramentas não ampliem o exercício desmedido do poder vigilante e punitivo atentando contra a dignidade humana. Não se trata apenas de pretender encaixar os novos sistemas de IA, em uso ou possíveis de uso no processo penal, nos princípios e normas que disciplinam o processo penal, mas de repensar os próprios princípios diante do novo contexto de investigação criminal surgido com o uso da IA já em curso e que se avizinha.

Por outro lado, não basta a promulgação de novas leis. Uma legislação que prevê proteção à dignidade humana cria a ilusão de que a lei, por si só, bastará para resolver os problemas decorrentes da utilização da IA no processo penal de forma definitiva. No entanto, não é o aspecto jurídico a instância determinante da sociabilidade humana, mas as condições materiais. Assim, apenas a transformação da forma de produção e reprodução das condições materiais da vida permitirá um uso da IA no sistema processual penal que reconheça efetivamente a dignidade humana.

Enfim, a compatibilização dos avanços tecnológicos, tributários da IA, que prometem maior segurança mediante o uso das provas digitais, com os direitos e garantias individuais previstos nas constituições liberais devem ser pensados no contexto da produção e reprodução da vida. Isso não quer dizer, no entanto, que a história seja um *continuum* do qual não se pode escapar. O que fazer ou não com as técnicas de IA no contexto da prática jurídica, embora permitam a gestão e análise de quantidades de informações imensas, está na esfera de decisão humana, que sempre poderá decidir por atacar as causas dos litígios ou investir em outras soluções inovadoras. O que está em disputa é o interesse que vai prevalecer: da ordem pública ou da emancipação humana?

Referências

2001: Uma Odisseia no Espaço. Direção de Stanley Kubrick. Estados Unidos da América: Metro-Goldwyn-Mayer; Stanley Kubrick Productions, 1968. 1 DVD (142 min).

BIG Digital destroyers. Big Tech Sells War. How Big Tech Sells War on Our Communities . 2021. Disponível em:https://bigtechsellswar-com.translate.goog/?_x_tr_sl=en&_x_tr_tl=pt&_x_tr_hl=pt-PT&_x_tr_pto=sc Acessado em: 27 abr. 2023.

Carvalho ACP de LF de. Inteligência Artificial: riscos, benefícios e uso responsável. Estud av [Internet]. 2021 Jan. 35 (Estud. av., 2021 35(101)). Disponível em : https://doi.org/10.1590/s0103-4014.2021.35101.003. Acesso em: 20 Jan. 2023.

CNJ. Justiça em números. 2022: ano-base 2021. 2022.. Disponível em:https://www.cnj.jus.br/pesquisas-judiciarias/justica-em-numeros/. Acessado em: 27 abr. 2023.

CNJ.Estatísticas do Poder Judiciário. 2022. Disponível em: https://painel-estatistica.stg.cloud.cnj.jus.br/estatisticas.html. Acessado em: 27 abr. 2023.

COURTS, New Jersey. Public Safety Assessment: New Jersey Risk Factor Definitions. New Jersey Courts, Dezembro de 2018. Disponível em: https://njcourts.gov/courts/assets/criminal/psariskfactor.pdf. Acesso em: 09 jan. 2023

FIDALGO, Sónia. A recolha de prova em suporte electrónico – em particular, a apreensão de correio electrônico. Disponível em: http://julgar.pt/wp-content/uploads/2019/05/JULGAR38-08-SF.pdf Acessado em: 27 jan. 2023.

FIDALGO, Sónia. A utilização de inteligência artificial na obtenção de prova digital em processo penal. . https://estudogeral.sib.uc.pt/bitstream/10316/103984/1/Newsletter%2004%20%E2%80%94%20Intelige%CC%82ncia%20Artificial.pdf Acessado em: 17 jan. 2023

FRANÇA JÚNIOR, F. de A. de; LEITÃO SANTOS, B. C.; NASCIMENTO, F. C. L. do. Aspectos críticos da expansão das possibilidades de recursos tecnológicos na investigação criminal: a inteligência artificial no âmbito do sistema de controle e de punição. Revista Brasileira de Direito Processual Penal, [S. l.], v. 6, n. 1, p. 211–246, 2020. DOI: 10.22197/rbdpp.v6i1.334. Disponível em: https://revista.ibraspp.com.br/RBDPP/article/view/334. Acessado em: 16 jan. 2023.

GUIMARÃES, Rodrigo R. C. A Inteligência Artificial e a disputa por diferentes caminhos em sua utilização preditiva no processo penal. *Revista Brasileira de Direito Processual Penal,* Porto Alegre, vol. 5, n. 3, p. 1555-1588, set./dez. 2019. https://doi.org/10.22197/rbdpp.v5i3.260. Acessado em: 20 jan. 2023.

LISBOA,A. Ferramentas de arte de IA são alvo de processo por violação de direitos autorais. Canaltech, 16 jan. 2023. Disponível em: https://canaltech.com.br/inteligencia-artificial/ferramentas-de-arte-de-ia-sao-alvo-de-processo-por--violacao-de-direitos-autorais-236178/. Acessado em: 27 abr. 2023.

MARX, Karl. Contribuição à crítica da economia política. Tradução: Florestan Fernandes. 2ª Ed. São Paulo, Expressão Popular, 2008.

MARX, Karl. O capital: crítica da economia política: Livro I: o processo de produção do capital. Tradução de Rubens Enderle. – 2ª ed. – São Paulo: Boitempo, 2017.

MENDES, Paulo file:///C:/Users/simon/Downloads/22487-27064-2-PB.pdf Acessado em: 28 jan. 2023.

MINORITY Report. Direção: Steven Spielberg. Intérpretes: Tom Cruise; Colin Farrell; Max Von Sydow; Samantha Morton e outros. Fox, 2002. 1 dvd (148 min), DVD, son., color. Baseado no conto de Philip K. Dick.

MILITÃO, Renato Lopes. A propósito da prova digital em processo penal. Disponível em https://www.oa.pt/upl/%7B53f46e96-536f-47bc-919d-525a494e9618%7D.pdf Acessado em: 20 jan. 2023.

OLIVEIRA, A. *et al.* Gênero e desigualdade na academia brasileira: uma análise a partir dos bolsistas de produtividade em pesquisa do CNPq, Configuraçõe, 27 | 2021. Disponível em: https://journals.openedition.org/configuracoes/11979#quotation. Acessado em: 27 abr. 2023.

OBSERVADOR.Empresa portuguesa usa imagens de satélite para identificar crimes ambientais. Observador, 28 mai. 2019. Disponível em: https://observador.

pt/2019/05/28/empresa-portuguesa-usa-imagens-de-satelite-para-identificar-crimes-ambientais/. Acessado em: 27 abr. 2023.

PONTES, A. Do homo sapiens ao homo cibernéticus: uma reflexão sobre a relação homem-tecnologia. ETD – Educação Temática Digital, Campinas, SP, v. 2, n. 2, p. 80–82, 2009. DOI: 10.20396/etd.v2i2.1073. Disponível em: https://periodicos.sbu.unicamp.br/ojs/index.php/etd/article/view/1073. Acessado em: 9 jan. 2023.

SANDLER, R. Bilionários de tecnologia mais ricos dos EUA perderam US$ 315 bilhões. Forbes, 28 set. 2022. Disponível em: https://forbes.com.br/forbes-money/2022/09/bilionarios-de-tecnologia-mais-ricos-dos-eua-perderam-us-315-bilhoes/ . Acesso em: 27 abr. 2023.

SANTOS, Hugo Luz dos. Processo Penal e Inteligência Artificial: Rumo a um Direito (Processual) Penal da Segurança Máxima?. Revista Brasileira de Direito Processual Penal [online]. 2022, v. 8, n. 2 pp. 767-821. Disponível em: <https://doi.org/10.22197/rbdpp.v8i2.709>. Epub 23 Set 2022. ISSN 2525-510X. https://doi.org/10.22197/rbdpp.v8i2.709.[Acessado 12 Janeiro 2023],

SILVA, *Sandra Oliveira e .IT'S ALL IN YOUR HEAD? — A UTILIZAÇÃO PROBATÓRIA DE MÉTODOS NEUROCIENTÍFICOS NO PROCESSO PENAL* Revista Eletrônica de Direito Processual – REDP. Rio de Janeiro. Ano 13. Volume 20. Número 1. Janeiro a Abril de 2019 Periódico Quadrimestral da Pós-Graduação Stricto Sensu em Direito Processual da UERJ. Patrono: José Carlos Barbosa Moreira (in mem.). ISSN 1982-7636. pp. 477-512 www.redp.uerj.br https://www.e-publicacoes.uerj.br/index.php/redp/article/view/42215

SICHMAN, Jaime Simão Sichman. Inteligência artificial e sociedade: avanços e riscos. Inteligência Artificial • Estud. av. 35 (101) • Jan-Apr 2021. Disponível em: https://doi.org/10.1590/s0103-4014.2021.35101.004 Acessado em: 08 jan. 2023.

TEIXEIRA, João de Fernandes. Mentes e Máquinas: uma introdução à Ciência Cognitiva. 1ª ed. – Porto Alegre: Artes Médicas, 1998.

TEIXEIRA, João de Fernandes. Inteligência Artificial. 1ª ed. – Campinas, SP: Papirus, 2009.

TERRA. https://www.terra.com.br/byte/internet/trafego-de-dados-na-internet-ultrapassara-o-zettabyte-em-2016,024bfe32cdbda310VgnCLD200000bbcceb0aRCRD.html

WAKEFIELD, Jane; AI predicts outcome of human rights cases. BBC News, 23 de Outubro de 2016. Disponível em: https://www.bbc.com/news/technology-37727387 . Acessado em 18 jan. 2023

WEBB; Amy. Os nove titãs da IA: como as gigantes da tecnologia e suas máquinas podem subverter a humanidade. Tradução: – Rio de Janeiro: AltaBooks, 2020.

pt/2019/05/28/empresa-portuguesa-usa-imagens-de-satelite-para-identificar-crimes-ambientais/ Acessado em: 27 abr. 2023.

PONTES, A. Do homo sapiens ao homo cibernéticus: uma reflexão sobre a relação homem-tecnologia. ETD – Educação Temática Digital, Campinas, SP, v. 2, n. 2, p. 80–82, 2009. DOI: 10.20396/etd.v2i2.1073. Disponível em: https://periodicos.sbu.unicamp.br/ojs/index.php/etd/article/view/1073. Acessado em: 9 jan. 2023.

SANDLER, R. Bilionários de tecnologia mais ricos dos EUA perderam US$ 315 bilhões. Forbes, 28 set. 2022. Disponível em: https://forbes.com.br/forbes-money/2022/09/bilionarios-de-tecnologia-mais-ricos-dos-eua-perderam-us-315-bilhoes/. Acesso em: 27 abr. 2023.

SANTOS, Hugo Luz dos. Processo Penal e Inteligência Artificial: Rumo a um Direito (Processual) Penal da Segurança Máxima?. Revista Brasileira de Direito Processual Penal [online]. 2022, v. 8, n. 2 pp. 767-821. Disponível em: <https://doi.org/10.22197/rbdpp.v8i2.709>. Epub 23 Set 2022. ISSN 2525-510X. https://doi.org/10.22197/rbdpp.v8i2.709. [Acessado 12 Janeiro 2023].

SILVA, *Sandra Oliveira. IT'S ALL IN YOUR HEAD? – A UTILIZAÇÃO PROBATÓRIA DE MÉTODOS NEUROCIENTÍFICOS NO PROCESSO PENAL*. Revista Eletrônica de Direito Processual – REDP. Rio de Janeiro. Ano 13. Volume 20. Número 1. Janeiro a Abril de 2019 Periódico Quadrimestral da Pós-Graduação Stricto Sensu em Direito Processual da UERJ. Patrono: José Carlos Barbosa Moreira (in mem.). ISSN 1982-7636. pp. 477-513 www.redp.uerj.br https://www.e-publicacoes.uerj.br/index.php/redp/article/view/41215

SICHMAN, Jaime Simão Sichman. Inteligência artificial e sociedade: avanços e riscos. Inteligência Artificial • Estud. av. 35 (101) • Jan-Apr 2021. Disponível em: https://doi.org/10.1590/s0103-4014.2021.35101.004 Acessado em: 08 jan. 2023.

TEIXEIRA, João de Fernandes. Mentes e Máquinas: uma introdução à Ciência Cognitiva. 1ª ed. – Porto Alegre: Artes Médicas, 1998.

TEIXEIRA, João de Fernandes. Inteligência Artificial. 1ª ed. – Campinas, SP: Paptrus, 2009.

TERRA. https://www.terra.com.br/byte/internet/trafego-de-dados-na-internet-ultrapassara-o-zettabyte-ate-2016,024bfe832cdbda310VgnCLD200000bbcceb0aRCRD.html

WAKEFIELD, Jane; AI predicts outcome of human rights cases. BBC News, 23 de Outubro de 2016. Disponível em: https://www.bbc.com/news/technology-37727387. Acessado em 18 jan. 2023

WEBB, Amy. Os nove titãs da IA: como as gigantes da tecnologia e suas máquinas podem subverter a humanidade. Tradução: – Rio de Janeiro: AltaBooks, 2020.

6. BREVES CONSIDERAÇÕES SOBRE O POTENCIAL DISCRIMINATÓRIO DO USO DE INTELIGÊNCIA ARTIFICIAL NO SISTEMA DE JUSTIÇA CRIMINAL[1]

STÉFANI REIMANN PATZ

Introdução

O ano é 2054 e existe um sistema que permite que crimes sejam previstos com precisão, o que faz com que a taxa de assassinatos caia para zero. O problema surge quando o detetive John Anderton, um dos principais agentes no combate ao crime, descobre que foi previsto um assassinato que ele mesmo irá cometer, colocando em dúvida sua reputação ou a confiabilidade do sistema. Esse relato não é uma mensagem do futuro, trata-se, na realidade, da premissa do filme *Minority Report*[2], que estreou em 2002 e foi dirigida por Steven Spielberg, baseado em um famoso conto de 1956 do escritor de ficção científica Philip Dick.

Para alguns, essa abordagem de cumprimento da lei felizmente parece um tanto exagerada. Contudo, notícias de 2016 trouxeram à tona o fato de que «*Secret Algorithms That Predict Future Criminals Get a Thumbs Up From*

[1] Artigo apresentado na disciplina do "Seminário Geral" do curso de Doutoramento em Direito da Faculdade de Direito da Universidade de Coimbra (FDUC). Finalizado e entregue em 29/01/2023.

[2] MINORITY REPORT. MINORITY REPORT: A nova lei. Direção: Steven Spielberg. Produção: Bonnie Curtis, Gerald R. Molin, Jan de Bont e Walter F. Parkes. Los Angeles: Twentieth Century Fox; Dreamworks Pictures, 2002. 1 DVD.

the Wisconsin Supreme Court»[3] e que «*There's software used across the country to predict future criminals. And it's biased against blacks*»[4].

Estas e outras notícias chamaram a atenção para o uso de *software* de avaliação de riscos e são exemplos que permitem mostrar como a evolução científica e tecnológica tem vindo a desafiar o Direito, em sentido amplo. Tal cenário fez com que uma ampla comunidade de investigadores começasse a refletir quanto à possibilidade de utilização e os impactos decorrentes do uso de sistemas de Inteligência Artificial (IA) no âmbito do sistema judicial, em especial, do sistema de justiça criminal. Portanto, considerando o avanço dos sistemas computacionais inteligentes, sua disseminação nos mais diversos setores da sociedade e os riscos inerentes ao seu uso, a proposta do artigo é investigar o potencial discriminatório do uso de sistemas de Inteligência Artificial no sistema de justiça criminal, a partir da análise de casos concretos.

A justificativa do texto respalda-se na compreensão que viver na contemporaneidade é habitar um mundo em que os algoritmos julgam decisões importantes na vida das pessoas, inclusive no ambiente do sistema da justiça criminal. Além disso, compreende-se que a pesquisa está claramente alinhada aos Objetivos de Desenvolvimento Sustentável (ODS) da Organização das Nações Unidas (ONU), em especial ao Objetivo 16.10.b, que trata de «Promover e fazer cumprir leis e políticas não discriminatórias para o desenvolvimento sustentável»[5].

Sendo assim, o trabalho inicialmente propõe-se a observar aspectos relevantes da sociedade atual, com destaque aos conceitos de sociedade da informação e da vigilância, além do próprio conceito e funcionamento dos algoritmos de Inteligência Artificial. Na sequência, será feito um breve panorama, a partir da análise de casos concretos, sobre o uso de sistemas de IA ao longo do sistema da justiça criminal: desde a aplicação na fase

[3] CHIEL, Ethan. *Secret Algorithms That Predict Future Criminals Get a Thumbs Up From Wisconsin Supreme Court*. Fusion. Publicado em: 27 jul. 2016. Disponível em: http://fusion.net/story/330672/algorithms-recidivism- loomis-wisconsin-court/. Acesso em: 10 jan. 2023.

[4] ANGWIN, Julia; *et al. Machine Bias:* There's Software Used Across the Country to Predict Future Criminals. And It's Biased Against Blacks. ProPublica. Publicado em: 23 mai. 2016. Disponível em: https://www.propublica.org/article/machine-bias-risk-assessments-in--criminal-sentencing. Acesso em: 10 jan. 2023.

[5] ONU. *Objetivos de Desenvolvimento Sustentável (ODS)*. Disponível em: https://ods.pt/objectivos/16-paz-e- justica/. Acesso em: 10 dez. 2022.

de investigação, na realização do julgamento, até a execução da sanção. Por fim, analisar-se-á a (in)existência de algoritmos discriminatórios e observar-se-á o impacto das decisões automatizadas feitas por entes dotados de IA nos direitos fundamentais, com ênfase no potencial discriminatório.

O método de pesquisa é o dedutivo e o método de procedimento é o analítico por meio da pesquisa indireta com a consulta a livros e revistas científicas. Importante salientar que não se busca uma análise exaustiva do conteúdo bibliográfico. Com um propósito muito mais modesto, procurar-se-á situar os leitores acerca de aspectos relevantes em cada tópico que auxiliem na compreensão geral do questionamento proposto.

1. Sociedade Da Informação, Da Vigilância E Das Novas Tecnologias

«One nation under CCTV» (Bansky, 2007)[6]

Desde a época das grandes navegações, com suas caravelas de madeira até a moderna rede de cabos submarinos, a humanidade vem encontrando formas cada vez mais rápidas e eficientes de estar em contato com diferentes culturas, conhecimentos, filosofias e vivências. No fim do segundo milênio da Era Cristã, diversos acontecimentos de importância histórica transformaram o cenário social da vida humana. Na visão de Manuel Castells, uma revolução tecnológica concentrada nas tecnologias de informação começou a remodelar a base material da sociedade em ritmo acelerado[7].

Como bem observa Wolfgang Hoffmann-Riem, no último milênio, houve duas grandes inovações tecnológicas «disruptivas». Elas têm levado a profundas convulsões na sociedade. Uma dessas inovações foi a invenção da impressão tipográfica, a outra foi a industrialização. Para o autor, desde o final do último milênio, estamos em meio a outra convulsão tecnológica,

[6] Trata-se de uma frase utilizada pelo artista de rua britânico Banksy, em um mural criado em 2007 e localizado na Rua Newman, em Londres. Em forma de grafite, ele registrou a crescente onda de vigilância que paira sobre a sociedade. (BANSKY, *One Nation Under CCTV*, London, 2007. Disponível em: https://banksyexplained.com/one-nation-under-cctv-2007/. Acesso em: 10 dez. 2022).

[7] CASTELLS, Manuel. *A Sociedade em Rede*. São Paulo: Paz e Terra, 1999. v. 1. Tradução de Roneide Venancio Majer. Atualização para 6 ed., impresso no Brasil, 2012. p. 39.

que provavelmente provocará uma mudança social tão séria quanto as duas grandes inovações mencionadas – ou ainda maiores convulsões. Trata-se da digitalização e, com ela, a transformação digital da economia, da cultura, da política, da comunicação pública e privada, e provavelmente de quase todas as áreas da vida[8].

A esse respeito, Klaus Schwab sustenta que, no século XXI, está-se diante do que se poderia chamar de uma «Quarta Revolução Industrial». No entendimento do autor, o termo se justifica tendo em vista a velocidade e a profundidade, jamais vistas antes, em que as mudanças estão ocorrendo. O termo «revolução», adotado pelo economista alemão, remete a uma mudança abrupta e radical, em que é possível constatar uma alteração visível no padrão estabelecido[9].

No entendimento de Manuel Castells, o que caracteriza a atual revolução tecnológica não é a centralidade de conhecimentos e informação, mas a aplicação desses conhecimentos e dessa informação para a geração de conhecimentos e de dispositivos de processamento/comunicação da informação, em um ciclo de realimentação cumulativo entre a inovação e o uso[10].

Assim, quando falamos de digitalização e revolução tecnológica, falamos de análise de dados. Nesse contexto, Susana Aires de Souza compreende que o desenvolvimento tecnológico permitiu a criação de sistemas computacionais capazes de analisar uma enorme quantidade de dados, identificando e determinando padrões, realizando tarefas que ultrapassam a limitada capacidade analítica humana. De acordo com a autora, as possibilidades destes sistemas vão bem além de uma mera ferramenta estatística, revelando-se como verdadeiros instrumentos de previsão, com base na análise e avaliação dos dados submetidos ao sistema[11].

Nessa medida, sedimentada pela evolução tecnológica e pelo papel desempenhado pelos dados no desenvolvimento humano, diversos

[8] HOFFMANN-RIEM, Wolfgang. *Teoria geral do direito digital*: transformação digital: desafios para o direito. Rio de Janeiro: Forense, 2021. p. 1.

[9] SCHWAB, Klaus. *A Quarta Revolução Industrial*. São Paulo: EDIPRO, 2016. p. 15.

[10] CASTELLS, Manuel. *A Sociedade em Rede*. São Paulo: Paz e Terra, 1999. v. 1. Tradução de Roneide Venancio Majer. Atualização para 6 ed., impresso no Brasil, 2012. p. 69.

[11] SOUSA, Susana Aires de. Um direito penal desafiado pelo desenvolvimento tecnológico: Alguns exemplos a partir das neurociências e da Inteligência Artificial. In: *Revista da Defensoria Pública da União*, Brasília, DF n.14 p. 1-310 Jul/Dez. 2020. pp. 31-32.

autores intitulam a sociedade atual como a «sociedade da informação»[12], marcada por mecanismos capazes de processar e transmitir informações de maneira cada vez mais veloz, ocasionando novas formas de organização social.

Para Samuel Rodrigues de Oliveira, se no passado nos organizamos como uma sociedade presencial, (...) no momento somos, em grande parte, digitais. Isso implica sociabilidade amplamente mediada por tecnologias que fomentam relações pessoais, culturais, mercadológicas, socioeconômicas e até mesmo de vigilância, o que se dá devido ao desenvolvimento exponencial de diferentes tecnologias, com destaque para as chamadas tecnologias de informação e comunicação[13].

Na visão de Stefano Rodotà, na sociedade da informação, o corpo «torna-se um instrumento para recrudescer as medidas de segurança (...) através da invasão tentacular das tecnologias de controle da vida cotidiana»[14]. Somos «assediados por computadores, espiados por olhos furtivos, filmados por telecâmeras invisíveis. Os cidadãos da sociedade da informação correm o risco de parecer homens de vidro: uma sociedade que a informática e a telemática estão tornando totalmente transparente»[15]. Para ele, estamos assistindo a uma progressiva extensão das formas de controle social, motivadas sobretudo por razões de segurança. Trata-se de uma profunda mudança social. A vigilância passa de excepcional a

[12] Diversos autores estudam o termo «sociedade da informação», contudo, o desenvolvimento do conceito deve- se a Peter Drucker que, em 1969, na obra *The Age of Discontinuity*, fala pela primeira vez sobre uma sociedade pós industrial em que o poder da economia – que, conforme o autor, teria evoluído da agricultura para a indústria, depois para os serviços – estava agora baseada em um novo bem: a informação. (DRUCKER, Peter. *The Age of Discontinuity:* Guidelines to Our Changing Society. New York: Harper & Row, 1969). Na sequência, outros autores continuaram o estudo do termo, entre eles, Pierre Levy (Ver: LEVY, Pierre. O que é o virtual? 1996, São Paulo: Editora 34) e Manuel Castells (Ver: CASTELLS, Manuel. *A Galáxia da Internet:* Reflexões sobre a Internet, os negócios e a sociedade. 2003. Rio de Janeiro: Jorge Zahar Editor).

[13] OLIVEIRA, Samuel R. de. Sorria, você está sendo filmado!: repensando direitos na era do reconhecimento facial. São Paulo: Thomson Reuters Brasil, 2021. p. 29.

[14] RODOTÀ, Stefano. Transformações do corpo. In: *Revista Trimestral de Direito Civil*, v. 19, n. 5, 2004, pp. 91- 107. p. 93.

[15] RODOTÀ, Stefano. *A vida na sociedade da vigilância:* A privacidade hoje. Organização, seleção e apresentação de Maria Celina Bodin de Moraes. Tradução: Danilo Doneda e Luciana Cabral Doneda. Rio de Janeiro: Renovar, 2008. p. 8.

cotidiana, das classes «perigosas» à generalidade das pessoas, do interior dos Estados ao mundo global[16].

No contexto de desenvolvimento tecnológico, o termo «sociedade da vigilância» encontra um terreno fértil para o seu crescimento. No entendimento de Stefano Rodotà, a digitalização das imagens e as técnicas de reconhecimento facial consentem extrair o indivíduo da massa, identificá-lo e segui-lo. O *Data Mining*[17], a incessante pesquisa de informações sobre o comportamento de qualquer pessoa, gera uma produção contínua de perfis individuais, familiares, territoriais, grupais[18].

Nesse cenário, Zygmunt Bauman e David Lyon compreendem que a «vigilância líquida» é menos uma forma completa de especificar a vigilância e mais uma orientação, um modo de situar as mudanças nessa área da modernidade fluida e perturbadora da atualidade. Para os autores, velhas amarras se afrouxam à medida que fragmentos de dados pessoais obtidos para um objetivo são facilmente usados com outro fim. A vigilância se espalha de formas até então inimagináveis, reagindo à liquidez e reproduzindo-a sem um container fixo, mas, sacudida pelas demandas de «segurança» e aconselhada pelo marketing insistente das empresas de tecnologia, a segurança se esparrama por toda a parte[19].

No entendimento de Samuel Rodrigues de Oliveira, algumas questões preocupantes decorrem do emprego maciço das inovações tecnológicas, envolvendo, por exemplo, «a consolidação da vigilância, a erosão da confiabilidade nos governos e nas instituições e as violações sistemáticas

[16] RODOTÀ, Stefano. *A vida na sociedade da vigilância:* A privacidade hoje. Organização, seleção e apresentação de Maria Celina Bodin de Moraes. Tradução: Danilo Doneda e Luciana Cabral Doneda. Rio de Janeiro: Renovar, 2008. p. 9.

[17] *Data Mining*: Consiste em um processo em que «a tecnologia é utilizada para localizar padrões, conexões, correlações ou anomalias em uma grande quantidade de dados, permitindo encontrar problemas, hipóteses e oportunidades com mais facilidade». (FIA. *Data Mining*: O que é, para que serve e tipos de técnicas. Publicado em: 08 jan. 2020. Disponível em: https://fia.com.br/blog/data-mining/. Acesso em: 07 dez. 2022).

[18] RODOTÀ, Stefano. *A vida na sociedade da vigilância:* A privacidade hoje. Organização, seleção e apresentação de Maria Celina Bodin de Moraes. Tradução: Danilo Doneda e Luciana Cabral Doneda. Rio de Janeiro: Renovar, 2008. p. 9.

[19] BAUMAN, Zygmunt; LYON, David. *Vigilância líquida*. Tradução de Carlos Alberto Medeiros. Rio de Janeiro, Editora Zahar, 2013. p. 10.

a direitos fundamentais»[20]. Consoante o autor, o termo «sociedade da vigilância» é adequado para descrever o atual momento da sociedade e deve ser utilizado porque, virtualmente, todas as atividades sociais, institucionais e negociais que possuem alguma relevância envolvem a coleta e o monitoramento sistemático de dados, bem como a análise desses dados com o objetivo de tomar decisões, minimizar riscos, classificar grupos sociais e exercer poder[21].

Repare-se que, as discussões sobre vigilância ostensiva e suas consequências na construção da esfera individual são relativamente recentes. Elas ganharam relevância a partir do fim do século XVIII – com Jeremy Bentham e o conceito do panóptico[22] –, perpassaram o âmbito literário e infiltraram o imaginário popular por meio de obras como *1984* de George Orwell[23], e adquiriram densidade teórica e novas aplicações em décadas mais recentes, a partir, principalmente, das contribuições de Michel Foucault.

[20] OLIVEIRA, Samuel R. de. *Sorria, você está sendo filmado*!: repensando direitos na era do reconhecimento facial. São Paulo: Thomson Reuters Brasil, 2021. pp. 29-30.

[21] OLIVEIRA, Samuel R. de. *Sorria, você está sendo filmado*!: repensando direitos na era do reconhecimento facial. São Paulo: Thomson Reuters Brasil, 2021. p. 31.

[22] O conceito de panóptico foi apresentado pela primeira vez em 1787, pelo filósofo e jurista inglês Jeremy Bentham, em uma série de cartas que seriam posteriormente reunidas e publicadas sob o título «O panóptico ou a casa de inspeção». O autor concebeu a noção de panóptico no plano físico, estrutural, ao descrever uma penitenciária ideal, em que todos os prisioneiros podem ser vigiados simultaneamente pelo vigia, sem que eles mesmos possam saber se estão sendo vigiados ou não, o que resultaria em eles se comportarem de modo desejado pelo vigia. (BENTHAM, Jeremy. *O Panóptico*. Organização de Tomaz Tadeu. Traduções de Guacira Lopes Louro,
M. D. Magno, Tomaz Tadeu. 2. Ed. Belo Horizonte: Autêntica Editora, 2008. Disponível em: https://edisciplinas.usp.br/pluginfile.php/81000/mod_resource/content/1/TC%20O%20pan%C3%B3ptico.pdf. Acesso em: 13 dez. 2022). O conceito, apesar de ter sido criado por Jeremy Bentham, encontrou ampla repercussão nos escritos do filósofo, pensador e epistemólogo francês, Michel Foucault, para o qual a sociedade se organizaria, de certo modo, em conformidade com as demandas que se encontram por trás do ideal do panóptico, quais sejam, as demandas de uma vigilância de todos por todos que visaria a que os sujeitos se comportassem de maneira desejada pelo poder. (HAN, Byung-Chul. *No enxame:* Perspectivas do digital. Tradução: Lucas Machado. Petrópolis, RJ: Vozes, 2018. p. 121).

[23] A metáfora-chave para a vigilância, pelo menos no mundo ocidental, sem dúvidas é a figura do Grande Irmão de George Orwell. Publicada originalmente em 1949, a distopia futurista *1984* é um dos romances mais influentes do século XX.

Nesse contexto, compreende-se que o desenvolvimento da vigilância e das bases de dados computadorizadas marcaram uma ruptura decisiva na natureza e expansão das práticas primitivas de vigilância, provocando uma «descontinuidade histórica»[24] que obriga a sociedade a repensar a metáfora panóptica.[25] Hoje, as discussões sobre o tema readquirem importância na sociedade da vigilância, consolidando-se, por fim e por ora, naquilo que Byung-Chul Han conceitua como «panóptico digital»[26].

Assim, quando falamos de coleta e análise de dados, falamos do desenvolvimento de novas tecnologias, entre elas, os algoritmos de Inteligência Artificial. Apesar da IA ser um assunto pesquisado há décadas, ela continua sendo um dos tópicos mais explorados na Ciência da Computação e com impacto nas mais diversas áreas de conhecimentos[27]. Nos parágrafos que se seguem, procuraremos (*tentar*) compreender o que é e como funciona um sistema de Inteligência Artificial, para, depois, apreciarmos crítico-reflexivamente a sua utilização no sistema de justiça criminal.

O termo foi cunhado inicialmente em 1956, por John McCarthy e Marvin Minksy na *Darthmouth Summer Research Project on Artificial Intelligence*[28]. Tradicionalmente, a ideia de Inteligência Artificial foca no desenvolvimento de soluções automatizadas por sistemas ou agentes para problemas que requereriam a intervenção da inteligência se executadas por

[24] MANOKHA, Ivan. Surveillance, panopticism, and self-discipline in the digital age. In: *Surveillance & Society*, 16(2), 219-237. 2018. Disponível em: https://ojs.library.queensu.ca/index.php/surveillance-and-society/article/view/8346. Acesso em: 10 jan. 2023. p. 227.

[25] HAGGERTY, Kevin D.; ERICSON, Richard V. The surveillant assemblage. In: *The British Journal of Sociology*, 51(4), 605-622. 2000. Disponível em: https://onlinelibrary.wiley.com/doi/abs/10.1080/00071310020015280. Acesso em: 10 jan. 2022.

[26] OLIVEIRA, Samuel R. de. *Sorria, você está sendo filmado*!: repensando direitos na era do reconhecimento facial. São Paulo: Thomson Reuters Brasil, 2021. p. 89.

[27] Luciano Floridi trabalha o conceito de "Sociedade algorítmica". Trata-se de uma expressão genérica utilizada para referir um fenômeno amplo, que envolve a utilização de soluções tecnológicas muito diferenciadas, mas todas fazendo uso da produção de dados gerados automaticamente. (FLORIDI, Luciano; *et al.* AI4People – An Ethical Framework for a Good AI Society: Opportunities, Risks, Principles, and Recommendations. Minds and Machines, v. 28, n. 4, p. 689-707, 2018. Disponível em: https://link.springer.com/article/10.1007/s11023-018-9482-5. Acesso em: 10 jan. 2023. p. 689).

[28] MOOR, James. The Dartmouth College Artificial Intelligence Conference: The Next Fifty Years. In: *AI Magazine*, v. 27, n. 4, 2006.

humanos.[29] Contudo, definições mais recentes apontam que a expressão se refere à habilidade de um sistema de interpretar corretamente dados externos, aprender a partir desses dados e usar o aprendizado para alcançar objetivos e tarefas específicos por meio da adaptação flexível[30].

O Conselho da Europa descreve a Inteligência Artificial nos seguintes termos:

> *AI is used as an umbrella term to refer generally to a set of sciences, theories and techniques dedicated to improving the ability of machines to do things requiring intelligence. An AI system is a machine-based system that makes recommendations, predictions or decisions for a given set of objectives. It does so by: (i) utilizing machine and/or human-based inputs to perceive real and/or virtual environments; (ii) abstracting such perceptions into models manually or automatically; and (iii) deriving outcomes from these models, whether by human or automated means, in the form of recommendations, predictions or decisions.*[31]

De acordo com Yavar Bathaee, uma máquina «inteligente»[32] refere-se a sistemas computacionais complexos, capazes de aprender (*machine*

[29] NEGNEVITSKY, Michael. *Artificial intelligence:* A guide to intelligent systems. Harlow: Addison-Wesley, 2004.

[30] [31] STEIBEL, Fabro; VICENTE, Victor Freitas; JESUS, Diego Santos Vieira de. Possibilidades e potenciais da utilização de inteligência artificial. In: FRAZÃO, Ana; MULHOLLAND, Caitlin. *Inteligência Artificial e Direito:* Ética, Regulação e Responsabilidade. São Paulo: Thompson Reuters Brasil, 2019. p. 54.

[31] COUNCIL OF EUROPE. *Unboxing Artificial Intelligence:* 10 steps to protect Human Rights. Publicado em: mai. 2019. Disponível em: https://rm.coe.int/unboxing-artificial--intelligence-10-steps-to-protect-human-rights- reco/1680946e64 Acesso em: 10 jan. 2023.

[32] Na visão de Eduardo Magrani, é importante ressaltar que «o conceito de Inteligência Artificial, de maneira geral, vem sendo alvo de críticas por conduzir a problemas semânticos. A ideia da artificialidade, para a parte majoritária dos teóricos, está ligada ao ímpeto de emularmos tecnicamente a inteligência humana em agentes não humanos. Porém, ainda que seja uma meta ambiciosa, a Inteligência Artificial já demonstra um avanço enorme em relação à sua capacidade lógico-racional, fazendo com que a emulação da inteligência lógico-racional humana seja algo superável nos próximos anos. O conceito, portanto, tende a ficar defasado, tornando-se limitador em sua própria semântica. Por conta da indeterminação deste termo, alguns teóricos optam por substituir a expressão por 'Inteligência Computacional', entre outras nomenclaturas». (MAGRANI, Eduardo. Entre dados e robôs: ética e privacidade na era da hiperconectividade. Porto Alegre: Arquipélago Editorial, 2 ed., 2019, pp. 51-52).

learning), não se limitando a calcular a melhor opção de entre aquelas que integram os dados que lhe foram introduzidos; isto é, a máquina não se limita a fazer uma análise em si mesmo inacessível ou muito difícil para o humano (como, por exemplo, optar por uma das inúmeras possibilidades de jogada num jogo de estratégia como o xadrez); antes procura, analisa e compara padrões para formular um juízo[33].

Ugo Pagallo e Serena Quattrocolo ensinam que Inteligência Artificial é um campo ou «*(...) science and technological innovation, which aims to create machines, artificial agents, and further complex systems, that mimic cognitive functions, such as reasoning, learning, and problem solving, that humans would associate with their own*»[34]. Em uma definição simples, a IA é apresentada como «uma disciplina que tem por objetivo o estudo e a construção de entidades artificiais com capacidades cognitivas semelhantes às dos seres humano». Assim, afirma-se que:

> (...) os sistemas inteligentes têm como um dos seus propósitos habilitar o computador a executar funções que são desempenhadas pelo ser humano, fazendo uso do conhecimento e do raciocínio. (...) Os investigadores e cientistas têm aplicado os seus esforços no desenvolvimento de sistemas de computação com o objetivo de executarem tarefas similares às que um humano realiza, sendo que tais sistemas possuem um certo grau de inteligência, isto é, uma Inteligência Artificial[35].

Os algoritmos de Inteligência Artificial já fazem parte da vida dos indivíduos e da sociedade como um todo. Nesse sentido, a IA funciona como um grande motor para a transformação digital das organizações, dos

33 BATHAEE, Yavar. The artificial intelligence black box and failure of intent and causation. In: *Harvard Journal of Law & Technology*, Vol. 31, 2018. Disponível em: https://jolt.law.harvard.edu/assets/articlePDFs/v31/The- Artificial-Intelligence-Black-Box-and-the-Failure-of-Intent-and-Causation-Yavar-Bathaee.pdf. Acesso em: 10. Dez. 2022. p. 898.

34 PAGALLO, Ugo; Quattrocolo, Serena. The impact of AI on criminal law, and its twofold procedures. In: *Research Handbok on the Law of Artificial Intelligence.* 2018. Cheltenham, UK: Edward Elgar, 2018. p. 385.

35 NOVAIS, Paulo; FREITAS, Pedro Miguel. Inteligência Artificial e regulação de algoritmos. In: *Diálogos União Europeia-Brasil.* Publicado em: mai. 2018. Disponível em: https://docplayer.com.br/133110562-Inteligencia- artificial-e-regulacao-de-algoritmos.html. Acesso em: 10 jan. 2023. pp. 14-15.

governos, das indústrias e das nossas vidas. Recomendações de conteúdos online, diagnósticos médicos mais precisos e rápidos, agricultura inteligente, veículos autônomos e conectados, soluções de resposta a desastres naturais, cidades inteligentes, previsão e modelagem climática, modelos que produzem textos ou imagens e sistemas de apoio para imigrantes em novas cidades são apenas alguns exemplos de aplicações diretas de sistema de Inteligência Artificial.

Vivemos na «Era dos Algoritmos» baseados em IA que aprendem padrões oriundos dos dados e que resolvem tarefas específicas. Cada vez mais, decisões que afetam nossas vidas, como onde estudamos e trabalhamos, com quem nos relacionamos, se obtemos um empréstimo financeiro ou quanto pagamos pelo seguro saúde ou viagem, estão sendo automatizadas. E não *apenas* isso: decisões no âmbito do sistema de justiça criminal, como veremos posteriormente, também estão começando a ser tomadas por sistemas de Inteligência Artificial.

Em teoria, isso deveria nos conduzir para um mundo mais justo, onde todos são julgados conforme as mesmas regras e o preconceito eliminado. Entretanto, Cathy O'Neil revela que a verdade é justamente o contrário. Conforme a autora, os modelos usados hoje são opacos, não regulamentados, incontestáveis e reforçam a discriminação existente na sociedade[36]. Estes problemas inauguraram um novo domínio a ser explorado nos campos do direito e da ética sobre o uso dos dados e dos algoritmos[37]. O próximo tópico, portanto, investiga como se dá o uso de sistemas de Inteligência Artificial no âmbito do sistema de justiça criminal, com ênfase nas ferramentas preditivas de comportamentos criminais e sob o filtro dos direitos fundamentais, para então, investigar se um algoritmo pode ser caracterizado como um «algoritmo discriminatório».

[36] O'NEIL, Cathy. *Algoritmos de destruição em massa:* Como o Big Data aumenta a desigualdade e ameaça a democracia. Tradução de Rafael Abraham. 1 ed. Santo André, SP: Editora Rua do Sabão, 2020.

[37] FLORIDI, Luciano; TADDEO, Mariarosaria. *What is data ethics?*. Editorial Philosophical Transactions A, 374. Royal Society, 2016.

2. Uso de sistemas de inteligência artificial no âmbito do sistema de justiça criminal

Desde o início do século XXI, a sociedade testemunha uma adoção massiva e generalizada de práticas, políticas e tecnologias baseadas em dados no setor público. As técnicas que utilizam análise de dados são vistas como ferramentas importantes para a formulação de políticas públicas e de governança. Contudo, essa crescente dependência de dados para avaliar e tomar decisões sobre questões complexas, sejam elas no âmbito social, econômico ou político, apresenta sérios riscos à justiça e possível violação dos princípios da não discriminação e da dignidade da pessoa humana.

No contexto de grandes mudanças culturais proporcionadas pelo desenvolvimento tecnológico, Anabela Miranda Rodrigues alerta que o direito penal, como uma criação humana, não pode e nem deve alhear-se das transformações que se verificam e deixar de ser interrogado quanto às novas questões que elas suscitam no seu seio. A passagem para uma sociedade digital determinou mudanças substanciais, não só quanto ao contexto em que os crimes ocorrem, mas também quanto ao modo como a investigação e feita e a prova é produzida e as decisões são tomadas ao longo de todo o processo penal[38].

No entendimento da autora, a revolução digital permitiu tornar a justiça penal preditiva e contribuiu para a crescente utilização de instrumentos de avaliação do risco (*risk assessment tools*) no processo de tomada de decisões nas várias fases do processo[39]. Acontecimentos como o 11 de setembro de 2001, passando pelos ataques terroristas em Madrid em 2004 e Paris em 2015, estimularam um maior investimento governamental em programas de segurança e vigilância sustentados em lógicas de prevenção do terrorismo[40]. Nesse contexto, Peter Mantello destaca que a governabilidade do

38 RODRIGUES, Anabela Miranda. Inteligência Artificial no Direito Penal – a justiça preditiva entre a americanização e a europeização. In: RODRIGUES, Anabela Miranda (Coord.), *A Inteligência Artificial no Direito Penal*. Coimbra: Almedina, 2020a. p. 12.

39 RODRIGUES, Anabela Miranda. Inteligência Artificial no Direito Penal – a justiça preditiva entre a americanização e a europeização. In: RODRIGUES, Anabela Miranda (Coord.), *A Inteligência Artificial no Direito Penal*. Coimbra: Almedina, 2020a. p. 13.

40 NEIVA, Laura. Big data e vigilância policial: desafios éticos, legais e sociais. In: MACHADO, Helena (Org.),
Crime e tecnologia: desafios culturais e políticos para a Europa. Porto: Edições Afrontamentos, 2021. p. 66.

crime se orienta cada vez mais por lógicas preditivas, que buscam antecipar o perigo antes que este seja uma ameaça real[41]. Ugo Pagallo e Serena Quattrocolo lecionam que sistemas de Inteligência Artificial:

> *(...) can indeed be used either for law enforcement purposes, or for committing (new kinds of) crimes. Whereas, in the first case, focus should be on matters of evidence, sentencing, bail, and so forth, the second case brings us back to the question on whether or not the use of AI technologies may bring about a new generation of crimes.*[42]

Conforme Susana Aires de Sousa, uma das características da Inteligência Artificial, que mais desafios convoca ao sistema de justiça criminal, tanto na sua concretização prática, como na constância dos seus fundamentos essenciais, é a capacidade de formular juízos de previsão do futuro[43]. Nessa medida, a autora pontua que em diversos momentos da realização da justiça penal, seja incialmente na fase de investigação (medidas preventivas), seja na realização do julgamento (determinação da pena ou decisão sobre a aplicação de uma medida de segurança), ou ainda na execução da sanção (concessão da liberdade condicional), o responsável pela fase judicial – órgão policial, Ministério Público, ou juiz – é instado a fazer um juízo de previsão sobre o comportamento futuro do investigado, do arguido/acusado, do condenado[44].

Compreende-se, portanto, que a avaliação deste risco futuro favorece o uso de sistemas de Inteligência Artificial no âmbito do sistema de justiça criminal, capazes de analisar uma enorme quantidade de dados

[41] MANTELLO, Peter. The machine that ate bad people: The ontopolitics of the precrime assemblage. In: *Big Data & Society*, 3(2), 1-11. 2016. Disponível em: https://journals.sagepub.com/doi/10.1177/2053951716682538. Acesso em: 10 jan. 2023.

[42] PAGALLO, Ugo; Quattrocolo, Serena. The impact of AI on criminal law, and its twofold procedures. In:
Research Handbok on the Law of Artificial Intelligence. 2018. Cheltenham, UK: Edward Elgar, 2018. p. 386.

[43] SOUSA, Susana Aires de. Um direito penal desafiado pelo desenvolvimento tecnológico: Alguns exemplos a partir das neurociências e da Inteligência Artificial. In: *Revista da Defensoria Pública da União*, Brasília, DF n.14 p. 1-310 Jul/Dez. 2020b. p. 32.

[44] SOUSA, Susana Aires de. Um direito penal desafiado pelo desenvolvimento tecnológico: Alguns exemplos a partir das neurociências e da Inteligência Artificial. In: *Revista da Defensoria Pública da União*, Brasília, DF n.14 p. 1-310 Jul/Dez. 2020b. p. 32.

e de neles encontrar padrões. Estes novos instrumentos de avaliação do risco[45] estão sendo utilizados em diversos ordenamentos jurídicos no mundo, seja como forma de prevenção criminal, no policiamento criminal, seja como instrumento de avaliação do risco criminal no contexto da determinação da sentença e da execução da pena[46]. Atualmente, por exemplo, muitas ferramentas preditivas encontram-se aplicadas em Departamentos Policiais nos Estados Unidos da América, na África do Sul e na Austrália.[47]

Consoante o *AI Now Institute,* vinculado a Universidade de Nova York, o policiamento preditivo geralmente descreve: «*(...) any system that analyzes available data to predict either where a crime may occur in a given time window (place-based) or who will be involved in a crime as either victim or perpetrator (person-based)*».[49] No mesmo sentido, o Dicionário Criminológico descreve que a polícia preditiva pode ser compreendida como um modelo de polícia que utiliza dados obtidos de diferentes fontes, analisando-os através

[45] Em relação a história da avaliação do risco nos Estados Unidos, veja-se: KEHL, Danielle; GUO, Priscilla; KESSLER, Samuel. Algorithms in the Criminal Justice System: Assessing the Use of Risk Assessments in Sentencing. In: *Responsive Communities Initiative, Berkman Klein Center for Internet & Society, Harvard Law School,* 2017. Já na literatura portuguesa: RODRIGUES, Anabela Miranda. Medida da pena de prisão – desafios da era da inteligência artificial. In: *Revista de Legislação e Jurisprudência,* Ano 149, N. 4021, 2020b.

[46] SOUSA, Susana Aires de. Um direito penal desafiado pelo desenvolvimento tecnológico: Alguns exemplos a partir das neurociências e da Inteligência Artificial. In: *Revista da Defensoria Pública da União,* Brasília, DF n.14 p. 1-310 Jul/Dez. 2020b. p. 32.

[48] Saiba mais em: Estados Unidos da América (BRAYNE, Sarah. Big Data surveillance: The case of policing. In: *American Sociologica Review,* 82(5), 977-1008. 2017. Disponível em: https://journals.sagepub.com/doi/abs/10.1177/0003122417725865. Acesso em: 10 jan. 2023), África do Sul (JOH, Elizabeth E. Policing by numbers: Big Data and the Fourth Amendment. In: *Washington Law Review,* 89(1), 35-68. 2014. Disponível em: https://digitalcommons.law.uw.edu/wlr/vol89/iss1/3/. Acesso em: 10 jan. 2023) e Austrália (CHAN, Janet; MOSES, Lyria Bennett. Making sense of Big Data for security. In: *British Journal of Criminology,* 57(2), 299-319. 2017. Disponível em: https://www.jstor.org/stable/44503367. Acesso em: 10 jan. 2023).

[47] RICHARDSON, Rashida; SCHULTZ, Jason M.; CRAWFORD, Kate. Dirty Data, Bad Predictions: How Civil Rights Violations Impact Police Data, Predictive Policing Systems, and Justice. In: *New York University Law Review Online.* May. 2019. Vol. 94:15. Disponível em: https://www.nyulawreview.org/wp- content/uploads/2019/04/NYULawReview-94-Richardson_etal-FIN.pdf. Acesso em: 10. dez. 2022. p. 21.

de algoritmos e atuando de acordo com os resultados que permitem antecipar, prever e responder ao crime futuro[48].

Segundo Marcelo Cardozo da Silva, em geral, as ferramentas preditivas de comportamentos criminais são construídas a partir de modelos estatísticos de regressão múltipla – também chamados de análise de regressão multivariada[49], que procedem a associações significativas entre variáveis explicativas e uma variável dependente. Em tal modelo, as variáveis explicativas (idade, gênero, histórico criminal, por exemplo) são correlacionadas à variável dependente (novo comportamento criminal, por exemplo). Procuram-se variáveis explicativas que estejam lineares e significativamente correlacionadas à variável dependente[50]. De acordo com o autor, para a construção da ferramenta preditiva, empregam-se dados de um grupo previamente estudado, deduzindo-se, então, a equação de regressão, que será aplicada em face da pessoa cujo comportamento se pretende prever. Na fase de aplicação, serão inseridos os dados referentes às variáveis explicativas do indivíduo cujo comportamento futuro se pretende analisar na ferramenta preditiva, que, automaticamente, comunicará o grau de risco do comportamento que se pretende evitar[51].

O *AI Now Institute* ressalta que poucos fornecedores de sistemas de policiamento preditivo são: «*(...) transparent about how their systems operate, what specific data is used in each jurisdiction that deploys the technology, or what*

[48] QUEVEDO, Jéssica Veleda. Polícia preditiva. In.: FRANÇA, Leandro Ayres (coord.); QUEVEDO, Jéssica Veleda; ABREU, Carlos A F de (orgs.). *Dicionário Criminológico*. Porto Alegre: Editora Canal de Ciências Criminais, 2020. Disponível em: https://www.crimlab.com/dicionario-criminologico/policia-preditiva/54. ISBN 978-85-92712-50-1. Acesso em: 10. Dez. 2022.

[49] De acordo com Daniel Rubinfeld: «A análise de regressão múltipla é uma ferramenta estatística para entender a relação entre duas ou mais variáveis. A regressão múltipla envolve uma variável a ser explicada – chamada de variável dependente – e variáveis explicativas que se acredita que produzam ou estejam associadas a mudanças na variável dependente». (RUBINFELD, Daniel L., Multiple Regression, in: Modern Scientific Evidence: The Law and Science of Expert Testminony, [s.l.: s.n.], 2018, v. II, p. 1).

[50] SILVA, Marcelo Cardozo da. *Encarcerando o futuro:* Prisão preventiva, reiteração delitiva e avaliação atuarial de risco. Porto Alegre: Yoyô Ateliê Gráfico, 2020. p. 34.

[51] SILVA, Marcelo Cardozo da. *Encarcerando o futuro*: Prisão preventiva, reiteração delitiva e avaliação atuarial de risco. Porto Alegre: Yoyô Ateliê Gráfico, 2020. p. 34.

accountability measures the vendor employs in each jurisdiction to address potential inaccuracy, bias, or evidence of misconduct»[52].

Os dados históricos fornecidos pelo departamento de polícia são considerados a principal fonte de dados usados para abastecer os sistemas de policiamento preditivo. Embora as categorias específicas de dados alterem-se conforme o sistema, os dados podem incluir informações sobre crimes pretéritos (tipo penal, tempo e localidade), prisões e chamadas de serviços efetuadas. Nesse contexto, é preciso lembrar que os dados históricos da polícia são considerados: «*(...) a reflection of the department's practices and priorities; local, state or federal interests; and institutional and individual biases*»[53].

O uso de ferramentas de análise preditiva no âmbito criminal, sem dúvidas, desperta longas e profundas discussões. Há quem defenda com entusiasmo, quem é totalmente contrário à sua utilização e, ainda, quem pondera o seu uso, com base na análise de potenciais violações de direitos fundamentais e nos princípios que regem o direito processual penal.

De um lado, Marcelo Cardozo da Silva e Roger Raupp Rios defendem a utilização de ferramentas preditivas com base em diversos argumentos, tais como:

a) promoveriam uma nova racionalidade de decidir, sustentando *evidence-based decisions* – o decidir com base em empíricos apreendidos mediante adequados procedimentos metodológicos;
b) permitiriam a padronização de critérios decisórios, diminuindo espaços para o subjetivismo, sendo, ademais, superiores à capacidade humana de prever o futuro; c) concomitantemente à diminuição dos níveis de encarceramento, incrementariam os objetivos de

[52] RICHARDSON, Rashida; SCHULTZ, Jason M.; CRAWFORD, Kate. Dirty Data, Bad Predictions: How Civil Rights Violations Impact Police Data, Predictive Policing Systems, and Justice. In: *New York University Law Review Online.* May. 2019. Vol. 94:15. Disponível em: https://www.nyulawreview.org/wp- content/uploads/2019/04/NYULawReview-94-Richardson_etal-FIN.pdf. Acesso em: 10. dez. 2022. p. 21.

[53] RICHARDSON, Rashida; SCHULTZ, Jason M.; CRAWFORD, Kate. Dirty Data, Bad Predictions: How Civil Rights Violations Impact Police Data, Predictive Policing Systems, and Justice. In: *New York University Law Review Online.* May. 2019. Vol. 94:15. Disponível em: https://www.nyulawreview.org/wp- content/uploads/2019/04/NYULawReview-94-Richardson_etal-FIN.pdf. Acesso em: 10. dez. 2022. p. 22.

segurança pública, com o aprisionamento das pessoas tidas como de alta periculosidade; d) propiciariam mais do que a identificação do risco de reiteração delitiva, otimizando também a administração e a gestão desse risco, definindo as medidas a serem adotadas no caso concreto; e) seriam de aplicação simples, precisa, transparente e rápida, indo muito além da possível objetividade humana[54].

Nesse contexto, Anabela Miranda Rodrigues afirma que um processo de tomada de decisão algorítmico é – *ou deve ser* – o oposto da arbitrariedade, assegurando-lhe – de um ponto de vista teórico – objetividade, acessibilidade e, em último termo, *fairness*[55]. Do outro lado, a ideia de infalibilidade dos *softwares de risk assessments* tem recebido diversas e duras críticas, uma vez que em relação às pessoas, com toda sua subjetividade, capacidade de transformação ao longo da vida, experiências concretas, é impossível a obtenção de avaliação de risco pessoal com base no histórico passado[56]. Para Rui Caria, ainda há muito a pensar sobre a humanização do sistema criminal antes de tentar mecaniza-lo.[57]

Na visão do instituto *Fair Trials* existem falhas fundamentais em como a Inteligência Artificial está sendo implementada no sistema de justiça criminal, entre elas: (I) Discriminação e preconceito; (II) Violação da presunção de inocência; e (III) Falta de transparência e vias de reparação[58].

[54] SILVA, Marcelo Cardozo da; RIOS, Roger Raupp. Justiça criminal e algoritmos computacionais na predição de comportamentos: Exigências constitucionais e impactos discriminatórios a partir da experiência estadunidense. In: *ReJuB – Rev. Jud. Bras.*, Brasília, Ano 1, n. 1, p. 61-90, jul./dez. 2021. pp. 67-68.

[55] RODRIGUES, Anabela Miranda. Inteligência Artificial no Direito Penal – a justiça preditiva entre a americanização e a europeização. In: RODRIGUES, Anabela Miranda (Coord.), *A Inteligência Artificial no Direito Penal*. Coimbra: Almedina, 2020a. p. 25.

[56] SULOCKI, Victoria de. Novas tecnologias, velhas discriminações: ou da falta de reflexão sobre o sistema de algoritmos na justiça criminal. In: FRAZÃO, Ana; MULHOLLAND, Caitlin. *Inteligência Artificial e Direito:* Ética, Regulação e Responsabilidade. São Paulo: Thompson Reuters Brasil, 2019. p. 655.

[57] CARIA, Rui. O caso State v. Loomis: a pessoa e a máquina na decisão judicial. In: RODRIGUES, Anabela Miranda (Coord.), *A Inteligência Artificial no Direito Penal*. Coimbra: Almedina, 2020. p. 264.

[58] *(I) Discrimination and bias: AI and automated systems in criminal justice are designed, created and operated in a way that makes them predisposed to produce biased outcomes. This can stem from their purpose, such as targeting a certain type of crime or a specific area. It can also be a result of their use of*

Essas são questões sérias que podem impactar a vida das pessoas, ameaçar a igualdade e infringir direitos fundamentais, incluindo o direito a um julgamento justo.

Acrescenta-se, ainda, o problema da caixa negra (*black box problem*). Trata-se da opacidade e da falta de transparência de alguns modelos mais complexos de IA na forma como processam os dados (*input*) e alcançam um determinado resultado (*output*). Conforme Susana Aires de Sousa, o tratamento algorítmico dos dados, segundo uma estrutura complexa, torna opaco o processo que conduz a determinado resultado, não obstante a sua capacidade de grande precisão na determinação de nova informação.[61]

Nesse contexto, o subtópico analisa casos concretos em que foram/estão sendo utilizados algoritmos de Inteligência Artificial no sistema de justiça criminal. A escolha dos casos deu-se pela relevância, repercussão e conteúdo bibliográfico disponível nos meios físicos e digitais, e pelo fato de que, a partir dos exemplos, podem-se observar os impactos do uso de ferramentas de IA no sistema de justiça criminal, em especial, no que concerne a investigação do potencial discriminatório.

biased data, which reflects structural inequalities in society and institutional biases in criminal justice and policing. As a result, these systems can reproduce and exacerbate discrimination based on race, ethnicity, nationality, socio-economic status and other grounds. These systemic, institutional and societal biases are so ingrained that it is questionable whether any AI or ADM system would produce unbiased outcomes.
(II) Infringement of the presumption of innocence: Profiling people and taking action before a crime has been committed undermines the right to be presumed innocent until proven guilty in criminal proceedings. Often, these profiles and decisions are based not just on an individual's behaviour but on factors far beyond their control. This may include the actions of people they are in contact with or even demographic information, such as data about the neighbourhood they live in.
(III) Lack of transparency and routes for redress: Any system that has an influence on criminal justice decisions should be open to public scrutiny. However, technological barriers and deliberate efforts to conceal how the systems work for profit-driven reasons make it difficult to understand how such decisions are made. People are often unaware that they have been subject to an automated decision. Clear routes for challenging decisions – or the systems themselves – and for redress are also severely lacking. (FAIR TRIALS. *Artificial intelligence (AI), data and criminal justice.* Disponível em: https://www.fairtrials.org/campaigns/ai-algorithms-data/. Acesso em: 10 jan. 2023).

[61] SOUSA, Susana Aires de. "Não fui eu, foi a máquina": Teoria do crime, responsabilidade e inteligência artificial. In: RODRIGUES, Anabela Miranda (Coord.), *A Inteligência Artificial no Direito Penal.* Coimbra: Almedina, 2020a. p. 67.

3. Análise de casos

De momento, trata-se de instrumentos mais difundidos em alguns ordenamentos de *common law*, designadamente nos Estados Unidos da América, e principalmente pelo que diz respeito à fase de execução de penas, designadamente no âmbito da *parole*, mas também alargados a decisões de caução (*bail*) e de *sentencing*[59]. No país existem múltiplos e heterogêneos instrumentos preditivos, que tomam em consideração diversos fatores de risco, estáticos e dinâmicos, elaborados diretamente pelos governos estaduais ou com a sua participação e por empresas privadas[60].

Um dos casos de maior destaque nos Estados Unidos envolve o *software* designado *Correctional Offender Management Profiles for Alternative Sanctions* (COMPAS)[61]. O caso *States vs. Loomis,* decidido pela *Supreme Court of Wisconsin* é um exemplo do uso do *software.*

[59] RODRIGUES, Anabela Miranda. Inteligência Artificial no Direito Penal – a justiça preditiva entre a americanização e a europeização. In: RODRIGUES, Anabela Miranda (Coord.), *A Inteligência Artificial no Direito Penal.* Coimbra: Almedina, 2020a. p. 18.

[60] Nesse contexto, Anabela Miranda Rodrigues destaca que os sistemas de justiça europeia mantem maior destaque a fase de discussão da culpa, com intensa intervenção humana e menos possibilidades de introduzir instrumentos de predição. Contudo, a autora compreende que a justiça preditiva penal *"está aí"*, com um desenvolvimento exponencial nos Estados Unidos da América e no mundo sob a influência dos sistemas de *common law* e a tem o potencial de penetrar o espaço europeu e os sistemas de *civil law* com uma força crescente. (RODRIGUES, Anabela Miranda. Inteligência Artificial no Direito Penal – a justiça preditiva entre a americanização e a europeização. In: RODRIGUES, Anabela Miranda (Coord.), *A Inteligência Artificial no Direito Penal.* Coimbra: Almedina, 2020a. pp. 20, 30).

[61] Trata-se de uma ferramenta pensada originalmente para o gerenciamento de penitenciárias a partir de informações sobre gestão de detentos críticos, passando desde a triagem de saúde mental dos detentos até o rastreamento de gangues. O *software* funciona a partir de uma árvore decisória, que classifica os detentos em um espectro de risco que varia de um a nove, sendo nove o mais alto e um o mais baixo. Embora tenha sido projetado para o monitoramento de penitenciárias, o algoritmo tem sido usado para outros propósitos nos Estados Unidos, especialmente para avaliação do risco de reincidência. (MENDES, Laura Schertel; MATTIUZZO, Marcela. Discriminação Algorítmica: Conceito, Fundamento Legal e Tipologia. In: *RDU,* Porto Alegre, Volume 16, n. 90, 2019, 39-64, nov-dez 2019. p. 45). O COMPAS baseia-se em informações obtidas diretamente do acusado, em entrevista, e a partir do registro criminal, tratadas em um modelo computacional que utiliza como dados de controle dados estatísticos referentes a um grupo de população não necessariamente correspondente à do Estado de Wisconsin. Sob o ponto de vista preditivo, o instrumento prevê o risco de reincidência violenta, sem oferecer, no entanto, uma explicação para tal risco, limitando-se a fornecer uma correlação entre esse risco e o dado estatístico. (QUATTROCOLO, Serena. Equo processo

Em 2013, Eric Loomis foi acusado de fugir da polícia na Cidade de La Crosse ao dirigir um carro anteriormente utilizado em um tiroteio. A controvérsia do caso girou em torno da utilização do COMPAS com o objetivo de auxiliar na elaboração da sentença penal condenatória, fato que violaria os princípios legais de *due process*, da individualização da pena e o resultado da avaliação de risco faria um uso impróprio da variável de gênero.

A *Supreme Court of Wisconsin* admitiu utilizar o *software* na fase de determinação da sentença, o que foi essencial para uma condenação em seis anos de prisão efetiva de Loomis – que havia sido condenado previamente por agressão sexual e, após a avaliação, considerou-se que havia alto risco de ele cometer outro crime. Além disso, considerou-se que o uso do sistema de avaliação de risco não violou os direitos básicos do acusado, muito embora a metodologia, critérios e parâmetros utilizados para produzir a avaliação não tenham sido divulgadas à autoridades, tampouco às partes[62].

Por fim, a *Supreme Court of Wisconsin* instruiu os tribunais de instâncias inferiores no sentido de que deveriam explicar os fatores, para além dos resultados obtidos com a aplicação do COMPAS, que contribuem para a fundamentação da sentença. A este respeito, o Tribunal procurou clarificar: «*However, I write to clarify that while holding today permits a sentencing court to consider COMPAS, we do not conclude that a sentencing court may rely on COMPAS for the sentence it imposes*»[63].

Na visão de Antônio C. Tovo, o caso *States vs. Loomis* é emblemático, na medida em que evidencia a falta de transparência sobre os algoritmos que repercutirão em fixação de regime, quantidade de pena e possibilidades de progressão. Se ao acusado é vedado conhecer os caminhos que resultaram na composição de sua pontuação, ele deve se conformar em aceitar a conclusão, ante a impossibilidade de refutação dos critérios[64].

penale a sfide dela società algorítmica. In: *BioLaw Journal – Rivista di BioDiritto*, n. 1/2019, pp. 135-144, tradução nossa).

[62] Ler mais em: WISCONSIN. *State v. Loomis*. 881 N.W.2d 749 (Wis. 2016). Disponível em: https://harvardlawreview.org/2017/03/state-v-loomis/. Acesso em: 10 dez. 2022.

[63] WISCONSIN. *State v. Loomis*. 881 N.W.2d 749 (Wis. 2016). Disponível em: https://harvardlawreview.org/2017/03/state-v-loomis/. Acesso em: 10 dez. 2022.

[64] TOVO, Antônio C. *O periculosômetro digital*? Publicado em: 06. jan. 2019. Disponível em: https://www.jota.info/opiniao-e-analise/artigos/o-periculosometro-digital-06012019. Acesso em: 10 jan. 2023.

A organização independente de jornalismo investigativo ProPublica realizou uma pesquisa sobre as ferramentas de *risk assessment*, após relatos de inúmeros casos de erros e vieses discriminatórios nas pontuações individuais. Conforme a organização, alguns dados sobre a utilização do COMPAS na Florida, entre 2013 e 2014, despertam preocupação. Citam-se algumas conclusões de pesquisadores, que analisaram 10.000 condenações em *Broward County*:

> *Black defendants were often predicted to be at a higher risk of recidivism than they actually were. Our analysis found that black defendants who did not recidivate over a two-year period were nearly twice as likely to be misclassified as higher risk compared to their white counterparts (45 percent vs. 23 percent).*
>
> *White defendants were often predicted to be less risky than they were. Our analysis found that white defendants who re-offended within the next two years were mistakenly labeled low risk almost twice as often as black re-offenders (48 percent vs. 28 percent).*
>
> *The analysis also showed that even when controlling for prior crimes, future recidivism, age, and gender, black defendants were 45 percent more likely to be assigned higher risk scores than white defendants*[65].

O estudo mostrou como a ferramenta era extremamente imprecisa. Conforme os pesquisadores, o COMPAS apresentou-se tão rigoroso como «atirar uma moeda ao ar». Um dos aspectos mais relevantes e polêmicos da pesquisa refere-se ao *bias* inerente ao algoritmo. A máquina, que teria sido criada para evitar o preconceito de que padecem os juízes humanos, mostrou uma disparidade nos resultados entre brancos e negros[66].

Nesse contexto, Rui Caria alerta que os sistemas de IA não estão imunes a realizar juízos preconceituosos. Sendo assim, é preciso repensar a confiança que o julgador pode colocar nesses instrumentos, pois «se o preconceito é um erro inerente à máquina, confiar cegamente na máquina

[65] PROPUBLICA. *How We Analyzed the COMPAS Recidivism Algorithm*. Publicado em: 23 mai. 2016. Disponível em: https://www.propublica.org/article/how-we-analyzed-the-compas-recidivism-algorithm. Acesso em: 10 jan. 2023.

[66] WISCONSIN. *State v. Loomis*. 881 N.W.2d 749 (Wis. 2016). Disponível em: https://harvardlawreview.org/2017/03/state-v-loomis/. Acesso em: 10 dez. 2022.

será, também, um erro do julgador»[67]. O autor lembra que o COMPAS foi pensando para a realidade criminal estadunidense e o sistema de justiça criminal que em volta dela se ergueu. Sistema este de pendor economicista, procurando eficácia sobre tratamento, retribuição sobre prevenção especial, com o consequente sintoma de sobrelotação carcerária. Por fim, é importante lembrar que o COMPAS foi concebido para avaliação de risco de grupos de indivíduos e não de indivíduos concretos[68].

Outro caso estadunidense envolve o antigo PrePol, hoje renomeado de Geolitica. Trata- se de um sistema de polícia preditiva que utiliza metodologias de aprendizado profundo (*deep learning*) para identificar tipos de crimes comumente cometidos em determinados locais. Conforme a descrição do serviço prestado pela Geolitica, é utilizado um algoritmo de aprendizado de máquina (*machine learning*) para calcular predições baseadas em três tipos de dados (tipos de crimes, locais onde crimes foram cometidos e data/hora em que os crimes ocorreram). O sistema não só utiliza essa análise preditiva para identificar os tipos de crimes que serão cometidos em determinadas localidades, como também oferece serviços de patrulhamento proativo com a finalidade de redução de taxas de criminalidade e vitimização[69]. Na visão de Nizan Geslevich Packin e Yafit Lev-Aretz, as ferramentas de policiamento preditivo de empresas como PredPol, IBM, Microsoft, Hitachi e Palantir levantam uma série de preocupações e correm o risco de reforçar padrões infelizes ao confiar em dados tendenciosos. Para os autores, a ampla utilização de algoritmos de IA no sistema de justiça criminal «(...) *would not only increase the prospects of errors, but would also amplify bias in design and subsequently systemize discrimination*»[70]. Nesse cenário, o próximo tópico reflete sobre a relação entre os algoritmos e decisões discriminatórias.

[67] CARIA, Rui. O caso State v. Loomis: a pessoa e a máquina na decisão judicial. In: RODRIGUES, Anabela Miranda (Coord.), *A Inteligência Artificial no Direito Penal*. Coimbra: Almedina, 2020. p. 259.

[68] CARIA, Rui. O caso State v. Loomis: a pessoa e a máquina na decisão judicial. In: RODRIGUES, Anabela Miranda (Coord.), *A Inteligência Artificial no Direito Penal*. Coimbra: Almedina, 2020. p. 263.

[69] GEOLITICA. *Trusted Services for Safer Communities*. Disponível em: https://geolitica.com. Acesso em: 10 jan. 2023.

[70] PACKIN, Nizan Geslevich; LEV-ARETZ,Yafit. Learning algorithms and discrimination. In: *Research Handbok on the Law of Artificial Intelligence*. 2018. Cheltenham, UK: Edward Elgar, 2018. p. 111.

4. Discriminação algorítmica?

"There are no independent machine values. Machine values are human values»
(Fei-Fei Lin)[71]

Os entes dotados de Inteligência Artificial têm se tornado estruturas cada vez mais complexas, cuja aplicação se concretiza em diferentes finalidades que produzem, em instantes, resultados otimizados, baseados em fórmulas e equações viabilizadas pela investigação computacional.

Nesse contexto, diversos pesquisadores questionam se uma máquina pode «pensar» e, em última instância, causar danos pela prática de atos discriminatórios. Para o recorte específico do tópico, questiona-se: pode um algoritmo discriminar? A indagação não surge desatrelada da prática, pois diversas notícias e casos[72], inclusive no âmbito do sistema de justiça criminal, dão conta de discriminações decorrentes de soluções matemáticas propiciadas por vieses. Para isso, é preciso esclarecer o que é discriminação e o que é são vieses, para então, investigar se a adjetivação em comento é plausível e se pode ser imputada a um algoritmo de Inteligência Artificial.

[71] Frase de Fei Fei Li, cientista-chefe de Inteligência Artificial e Aprendizado de Máquinas no Google Cloud e diretora de Stanford AI e Vision Lab, na conferência Google Cloud NEXT '17. Veja a apresentação na íntegra em: GOOGLE DEVELOPERS. *Past, Present and Future of AI / Machine Learning (Google I/O '17)*. Publicado em: 19 mai. 2017. Disponível em: https://www.youtube.com/watch?v=0ueamFGdOpA. Acesso em: 10 dez. 2022.

[72] Infelizmente, existem muitos casos. Nesse sentido, vale acompanhar a obra e o site do pesquisador Tarcizio Silva. Dentre os casos mencionados estão os de que «Câmeras da Nikon não entendem rostos asiáticos», «Busca por 'garotas negras' resulta em conteúdo pornográfico», «Google Photos taggeou pessoas negras como 'gorilas», «90,5% dos presos por reconhecimento facial no Brasil são negros», «Carros autônomos têm mais chances de atropelar pessoas negras», «Google acha que ferramenta em mãos uma pessoa negra é uma arma», «Aplicativos como Uber e Lyft cobram mais de moradores de bairros periféricos e não-brancos», «TikTok sinaliza 'Black Lives Matter' e termos afro-americanos como conteúdo impróprio», «Sistema do C6Bank não reconhece correntista negro» e «Sistemas para contratação discriminam mulheres, idosos e faculdades populares». (SILVA, Tarcízio. Linha do Tempo do Racismo Algorítmico. In: *Blog do Tarcizio Silva*, 2022. Disponível em: https://tarciziosilva.com.br/blog/posts/racismo-algoritmico-linha-do-tempo. Acesso em: 10 jan. 2023).

Discriminação é termo polissêmico. Em sentido literal, simplesmente designa o ato de classificar objetos a partir de determinado critério, diferenciando situações. Trata-se de uma acepção neutra.[73] Nessa senda, como destaca Wallace Corbo, toda lei é discriminatória[74]. O sentido que interessa ao trabalho não é esse, mas o que relaciona o conceito aos princípios da dignidade da pessoa humana, da igualdade e da não discriminação[75], e que possui conotação claramente negativa ao indicar que houve um tratamento arbitrário dirigido a determinada pessoa ou grupo vulnerável, colocando o(s) atingido(s) em situação de desvantagem[76].

Em linhas gerais, a discriminação pode ser compreendida como qualquer distinção, exclusão, restrição ou preferência que tenha o propósito ou o feitio de anular ou prejudicar o reconhecimento, gozo ou exercício em pé de igualdade de direitos humanos e liberdades fundamentais nos campos econômico, social, cultural ou em qualquer campo da vida

[73] MOREIRA, A. *Tratado de Direito Antidiscriminatório,* São Paulo: editora Contracorrente, 2020, p. 326.

[74] CORBO, Wallace. *Discriminação indireta*: o que é e como superá-la?. Jota, publicado em: 09. nov. 2017. Disponível em: https://www.jota.info/opiniao-e-analise/artigos/discriminacao-indireta-o-que-e-ecomo-
superá-la-09112017#_ftnref4. Acesso em: 20 abr. 2021.

[75] Conforme redação do artigo art. 1.º e art. 13.º da Constituição da República Portuguesa:
Artigo 1.º República Portuguesa. Portugal é uma República soberana, baseada na *dignidade da pessoa humana* e na vontade popular e empenhada na construção de uma sociedade livre, justa e solidária.
Artigo 13.º Princípio da igualdade.
1. Todos os cidadãos têm a *mesma dignidade social e são iguais perante a lei.*
2. Ninguém pode ser privilegiado, beneficiado, *prejudicado, privado de qualquer direito* ou isento de qualquer dever em razão de ascendência, sexo, raça, língua, território de origem, religião, convicções políticas ou ideológicas, instrução, situação económica, condição social ou orientação sexual. DIÁRIO DA REPÚBLICA. *Constituição da República Portuguesa, n.º 86/1976, Série I de 1976-04-10.* Disponível em: https://dre.pt/dre/legislacao-consolidada/decreto-aprovacao-constituicao/1976-34520775. Acesso em: 10 jan. 2023. Além disso, destaca-se o texto da Estratégia Nacional para a Igualdade e a Não-Discriminação, publicada na Resolução do Conselho de Ministros n.º 61/2018. Leia mais em: DIÁRIO DA REPÚBLICA. Resolução do Conselho de Ministros n.º 61/2018 de 21 de maio de 2018. Disponível em: https://dre.pt/dre/detalhe/resolucao- conselho-ministros/61-2018-115360036. Acesso em: 10 jan. 2023.

[76] MOREIRA, A. Tratado de Direito Antidiscriminatório, São Paulo: editora Contracorrente, 2020, p. 491.

pública[77]. Já os vieses são inclinações ou tendências inconscientes que afetam a forma como uma pessoa compreende, interpreta e lembra de informações. Eles podem influenciar as decisões e julgamentos de uma pessoa e, em alguns casos, resultar em discriminação ou injustiça.

Nesse contexto, os sistemas de Inteligência Artificial têm sido acusados de perpetuar a discriminação em vários casos. Aqui, os vieses algorítmicos são considerados tendências ou distorções presentes em algoritmos de IA, que resultam em decisões injustas ou equivocadas. Alguns exemplos incluem algoritmos de seleção de candidatos que tendem a favorecer candidatos de raças e gêneros dominantes, sistemas de reconhecimento facial que têm dificuldade em reconhecer pessoas negras e sistemas de crédito que têm menos chances de conceder empréstimos a pessoas de raças minoritárias.

Repare-se que o funcionamento das máquinas inteligentes se baseia em correlações estatísticas e por isso, os tradicionais perigos associados ao tratamento de dados pessoais – intromissão na vida privada, potencial discriminatório – veem-se agravados. De acordo com Mafalda Miranda Barbosa, a máquina, ao gerar decisões automáticas, com base nos dados recolhidos, pode cometer erros, erros esses que têm uma de duas causas: ou o enviesamento do programador ou o enviesamento introduzido pela correlação estatística.[81] Em outras palavras, os casos que envolvem uma decisão discriminatória são resultado da discriminação presente nos dados que são usados para treinar esses sistemas. Se os dados refletem padrões discriminatórios, os sistemas de IA tendem a perpetuá-los.

No mesmo sentido, Isabela Rossi Cortes Ferrari afirma que, embora o algoritmo de treinamento seja, de fato, neutro, eis que corresponde a mera base matemática, o modelo algorítmico dele derivado não o será, por incorporar características fundamentais do ambiente em que foi

[77] Conceito adaptado da previsão do artigo 1º da Convenção sobre a Eliminação de Todas as Formas de Discriminação Contra as Mulheres Aprovada pela Assembleia Geral das Nações Unidas em 18 de dezembro de 1979. Disponível em: https://www.unicef.org/brazil/convencao-sobre-eliminacao-de-todas-formas-de- discriminacao-contra-mulheres. Acesso em: 10 jan. 2023.

81 BARBOSA, Mafalda Miranda. Discriminação algorítmica: reflexões em torno da responsabilidade civil. In: Revista de Direito da Responsabilidade. Ano 3, 2021. Disponível em: https://revistadireitoresponsabilidade.pt/2021/discriminacao-algoritmica-reflexoes-em-torno-da-responsabilidade-civil-mafalda-miranda-barbosa/. Acesso em: 12 jan. 2023. p. 1201.

desenvolvido. Essas características penetram no modelo algorítmico a partir de duas vias: escolhas associadas à sua programação e os dados empregados para a sua aprendizagem[78].

Laura Schertel Mendes e Marcela Mattiuzzo esclarecem que o termo «discriminação algorítmica» é utilizado para englobar tanto cenários que envolvem afirmações estatisticamente inconsistentes quanto cenários em que as afirmações, embora estatisticamente lógicas, de alguma forma tomam os indivíduos que dela são objeto não de forma efetivamente individualizada, mas apenas como parte de um grupo. Isso porque uma classificação, ainda que consistente sob o ponto de vista estatístico, pode em alguns casos se mostrar injusta. Para as autoras, existem quatro principais formas de «discriminação algorítmica», são elas: (I) Por erro estatístico; (II) Pelo uso de dados sensíveis; (III) Por generalizações injustas; e (IV) Limitadora do exercício de direitos[79].

A primeira forma, da discriminação por erro estatístico, refere-se a todo e qualquer erro que seja genuinamente estatístico, abrangendo desde dados incorretamente coletados até problemas no código do algoritmo, de modo que ele falhe em contabilizar parte dos dados disponíveis ou contabilize-os de forma incorreta, por exemplo. Basicamente, é o tipo de discriminação que decorre de um erro cometido pelos engenheiros ou cientistas de dados responsáveis pelo desenho do algoritmo[80].

O segundo caso é relaciona-se ao uso de dados sensíveis. A razão pela qual as autoras consideram essa categoria como discriminatória, embora muitas vezes seja estatisticamente correta, é o fato de ela se basear em dados legalmente protegidos. É o que ocorre, por exemplo, quando um

[78] FERRARI, Isabela Rossi Cortes. *Discriminação algorítmica e poder judiciário:* uma proposta de matriz de risco discriminatório para informar a regulação dos sistemas de decisões algorítmicas adotados no Judiciário brasileiro. Universidade do Estado do Rio de Janeiro: Rio de Janeiro. 2022. Disponível em: https://sucupira.capes.gov.br/sucupira/public/consultas/coleta/trabalhoConclusao/viewTrabalhoConclusao.jsf?po pup=true&id_trabalho=11371003, Acesso em: 10. Jan. 2022. p. 49.

[79] MENDES, Laura Schertel; MATTIUZZO, Marcela. Discriminação Algorítmica: Conceito, Fundamento Legal e Tipologia. In: *RDU,* Porto Alegre, Volume 16, n. 90, 2019, 39-64, nov-dez 2019. p. 51.

[80] MENDES, Laura Schertel; MATTIUZZO, Marcela. Discriminação Algorítmica: Conceito, Fundamento Legal e Tipologia. In: *RDU,* Porto Alegre, Volume 16, n. 90, 2019, 39-64, nov-dez 2019. pp. 51-52.

algoritmo utiliza informações sobre identificação religiosa de um indivíduo para designar seu *credit score* no Brasil – a Lei do Cadastro Positivo proíbe o uso desse tipo de informação para essa finalidade. Conforme as autoras, duas características são relevantes para se considerar um perfilamento como discriminatório nesse caso: além de utilizar dados sensíveis, a classificação deve se basear em características endógenas ou então deve destacar grupos historicamente discriminados[81].

A terceira forma, da discriminação por generalização injusta ou correlação abusiva[82], ocorre quando, embora o modelo funcione bem e seja estatisticamente correto, leva a uma situação na qual algumas pessoas são equivocadamente classificadas em certos grupos. Basta observar, por exemplo, (...) se uma pessoa mora em uma vizinhança comumente associada à pobreza, e o modelo não tem nenhuma outra informação além de seu endereço para decidir se ela é ou não uma boa candidata para um empréstimo, ele a classificará como pertencente a um grupo do qual ela talvez não seja parte, caso ela se apresente como um caso atípico. Isso poderia ocorrer na hipótese de essa pessoa ter uma renda superior ou inferior às pessoas de sua vizinhança, por exemplo[83].

[81] MENDES, Laura Schertel; MATTIUZZO, Marcela. Discriminação Algorítmica: Conceito, Fundamento Legal e Tipologia. In: *RDU,* Porto Alegre, Volume 16, n. 90, 2019, 39-64, nov-dez 2019. p. 52.

[82] No Brasil, destacam-se dois casos. O primeiro envolvendo Raoni Lázaro Barbosa, um cientista de dados da IBM, preso por 22 dias após a polícia carioca conduzir uma investigação falha e usar uma foto para caracterizá-lo como criminoso. O segundo caso é de sistema de reconhecimento facial, no estado do Ceará, que incluiu a foto do ator estadunidense Michael B. Jordan, como suspeito de uma chacina, que aconteceu no estado em 25 de dezembro de 2021. (G1. *Foto de astro do cinema Michael B. Jordan aparece em lista de procurados pela polícia do Ceará*. Publicado em: 07 jan. 2020. Disponível em: https://g1.globo.com/ce/ceara/noticia/2022/01/07/astro-do-cinema- michael-b-jordanaparece-em-lista-de-procurados-pela-policia-do-ceara.ghtml. Acesso em: 07 jan. 2023; LEMOS, Marcela. *Polícia admite erro, e cientista de dados da IBM preso por 22 dias é solto.* Publicado em: 09 set. 2021. Disponível em: https://noticias.uol.com.br/cotidiano/ultimas-noticias/2021/09/09/policia-admite-erroe-cientista- de-dados-da-ibm-preso-por-22-dias-e-solto.htm. Acesso em: 07 jan. 2023).

[83] MENDES, Laura Schertel; MATTIUZZO, Marcela. Discriminação Algorítmica: Conceito, Fundamento Legal e Tipologia. In: *RDU,* Porto Alegre, Volume 16, n. 90, 2019, 39-64, nov-dez 2019. p. 52.

Desse modo, as autoras pontuam que, embora o algoritmo esteja correto e as informações também, ainda assim o resultado será uma generalização incorreta e injusta, uma vez que mesmo um resultado estatisticamente relevante apresentará um percentual de pessoas que não se encaixam perfeitamente naquela média. Isso se dá pela própria natureza de qualquer exercício probabilístico[84].

O quarto caso é o da discriminação limitadora do exercício de direitos, categoria que pode apresentar resultados estaticamente corretos e relevantes, mas que, apesar disso, pode ser considerada discriminatória. Ao contrário das duas primeiras categorias, o problema advém não do tipo de dado utilizado, mas da relação entre a informação empregada pelo sistema e a realização de um direito. Se há uma conexão estreita entre ambos, e se o direito em questão é demasiadamente afetado, é provável que o uso seja discriminatório[85].

A discriminação perpetuada por sistemas de Inteligência Artificial tem sido criticada por defensores dos direitos humanos e especialistas em tecnologia, que argumentam que esses sistemas têm o potencial de amplificar e perpetuar a desigualdade existente. Contudo, é preciso esclarecer que a singularidade tecnológica *ainda* não foi atingida e não se tem, *no momento*, algoritmos de Inteligência Artificial em funcionamento idêntico ao dos cérebros humanos, ainda que o fascínio pela técnica e a rápida evolução computacional tornem essa perspectiva cada vez mais convidativa, instigante e factível.

De fato, as estruturas algorítmicas ainda se baseiam na investigação computacional e em processos decisionais baseados no processamento de dados e nas inferências produzidas a partir do que a doutrina designa como «predição por números», inclusive em modelos mais complexos como os que dizem respeito ao aprendizado profundo (*deep learning*). Por essa razão, a resposta à indagação lançada no início do tópico e que perpassa pela compreensão da distinção entre os conceitos de preconceito

[84] MENDES, Laura Schertel; MATTIUZZO, Marcela. Discriminação Algorítmica: Conceito, Fundamento Legal e Tipologia. In: *RDU*, Porto Alegre, Volume 16, n. 90, 2019, 39-64, nov-dez 2019. p. 52.

[85] MENDES, Laura Schertel; MATTIUZZO, Marcela. Discriminação Algorítmica: Conceito, Fundamento Legal e Tipologia. In: *RDU*, Porto Alegre, Volume 16, n. 90, 2019, 39-64, nov-dez 2019. pp. 52-53.

e viés, que, como visto, não se confundem e, sendo distintos, confirmam a hipótese com uma negativa bastante clara: não há, *no atual estado da técnica*, algoritmos discriminatórios.

Por todo o exposto, a parametrização realizada por humanos e o viés da própria base de dados ainda são fatores preponderantes para que um algoritmo se torne enviesado e pratique discriminações geradoras de danos. A falta de autonomia dos sistemas de IA, contudo, afasta qualquer possibilidade de adjetivação de suas inferências como preconceitos. O ser humano pode ser preconceituoso e transmitir – mesmo que sutilmente – seus preconceitos ao algoritmo por meio de indevida parametrização; já o algoritmo, ainda não pode sê-lo.

No mesmo sentido, Mafalda Miranda Barbosa acresce que, para além ou independentemente dos erros, é possível que haja decisões discriminatórias com base em dados que foram gerados a partir do tratamento de dados originários: «a IA pelo processamento massivo de dados, que vai articulando e cruzando, pode transformar os iniciais dados – aparentemente inócuos – em dados com um enorme potencial lesivo (...)»[86]. De acordo com Nizan Geslevich Packin e Yafit Lev-Aretz:

> *(...) the saying 'garbage in, garbage out' mirrors the notion that biased or erroneous outputs are often the consequence of bias in the inputs. In an instructional algorithm, bias in the data and programming is easily recognizable, if the developer is attempting to discover it. But smart algorithms are meant to function autonomously, and how they pick, study and consider variables out of a massive pool of data is at times a mystery, even to a program's developers*[87].

Em outras palavras, a falta de transparência algorítmica torna difícil compreender onde e como o viés entra no sistema de IA. Nesse sentido, uma possível solução para evitar decisões discriminatórias relaciona-se à necessidade de garantir que os dados usados para treinar os sistemas sejam

[86] BARBOSA, Mafalda Miranda. Discriminação algorítmica: reflexões em torno da responsabilidade civil. In: *Revista de Direito da Responsabilidade*. Ano 3, 2021. Disponível em: https://revistadireitoresponsabilidade.pt/2021/discriminacao-algoritmica-reflexoes-em-torno-da-responsabilidade-civil-mafalda-miranda-barbosa/. Acesso em: 12 jan. 2023. p. 1202.

[87] PACKIN, Nizan Geslevich; LEV-ARETZ, Yafit. Learning algorithms and discrimination. In: *Research Handbok on the Law of Artificial Intelligence*. 2018. Cheltenham, UK: Edward Elgar, 2018. pp. 92-93

representativos e não perpetuem padrões discriminatórios. Além disso, é importante ter mecanismos de revisão e regulamentação para garantir que esses sistemas sejam usados de maneira responsável e ética.

Diante do exposto, compreende-se que no contexto específico da utilização de sistemas de *risk assessment* na justiça criminal, as ferramentas podem até ser neutras, contudo, a base de dados sobre a qual vai trabalhar não o é, pois, a realidade do sistema de justiça criminal é a da seletividade. Ou seja, a própria pontuação que corresponde a cada item nos sistemas, determinada por dados empíricos, acaba por incorporar o viés seletivo do próprio sistema criminal, eis que pontua negativamente, levando a pessoa a apresentar um *high risk,* o fato de pertencer a grupos sociais mais criminalizados, ou criminalizáveis, como negros, jovens e pobres[88].

Em linhas gerais, é notável que o crescente uso de *software* de avaliação de risco na seara criminal é motivo de um efusivo debate, com certo otimismo para alguns e muito ceticismo para outros. Embora essas ferramentas tenham o potencial para melhorar a precisão da sentença no sistema de justiça criminal e reduzir o risco de erro humano, elas também têm a potencial de reforçar ou exacerbar preconceitos existentes[89]. Por fim, faz-se imperioso lembrar que as etapas que envolvem o sistema de justiça criminal são complexas, influenciadas por uma série de fatores internos e externos que sempre devem ser avaliados caso a caso, momento a momento, e não apenas com base em decisões que já foram tomadas no passado.

Conclusões

Em *Minority Report,* o diretor pediu aos espectadores que pensassem em como a tecnologia poderia ser usada. Embora demonstrando um modelo diferente de polícia preditiva, «a produção cinematográfica explicita um

[88] SULOCKI, Victoria de. Novas tecnologias, velhas discriminações: ou da falta de reflexão sobre o sistema de algoritmos na justiça criminal. In: FRAZÃO, Ana; MULHOLLAND, Caitlin. *Inteligência Artificial e Direito:* Ética, Regulação e Responsabilidade. São Paulo: Thompson Reuters Brasil, 2019. p. 660.

[89] KEHL, Danielle; GUO, Priscilla; KESSLER, Samuel. Algorithms in the Criminal Justice System: Assessing the Use of Risk Assessments in Sentencing. In: *Responsive Communities Initiative, Berkman Klein Center for Internet & Society, Harvard Law School.* Publicado em: jul. 2017. Disponível em: https://cyber.harvard.edu/publications/2017/07/Algorithms. Acesso em: 10 jan. 2023. p. 36.

mundo no qual se pode visualizar a ocorrência de crimes antes de sua concretização, o que permite que a polícia atue de modo a evitá-los – mas ainda assim, pune os futuros culpados»[90].

No filme, a tecnologia que reconhece o protagonista é transmitida por um chip acoplado em seu próprio corpo. Entretanto, conforme foi relatado no decorrer do texto, os avanços tecnológicos do mundo real pertinentes às duas primeiras décadas do século XXI superaram até mesmo a imaginação de Steven Spielberg; atualmente, não se precisa de nenhum chip para tal.

A tecnologia de reconhecimento facial, por exemplo, que utiliza visão computacional baseada em sistemas de Inteligência Artificial com câmeras e dados na nuvem, consegue identificar os rostos dos clientes quando entram em uma loja, tomando como base suas visitas da semana passada – ou de uma hora atrás[91]. Na visão de Yuval Noah Harari, estamos a criar seres humanos dóceis que produzem grandes quantidades de dados e que funcionam como chips eficientes em um enorme mecanismo processador de dados[92]. Em outras palavras, estamos a criar os «homens de vidro» da sociedade da informação e da vigilância.

Percebe-se, portanto, que a digitalização, o perfilamento e os sistemas de decisões automatizadas têm sido progressivamente utilizados em diversos setores, inclusive no sistema da justiça criminal. Os exemplos incluem a implementação de sistemas computacionais no âmbito da prevenção de crimes, na seara probatória, na justiça preditiva (com a avaliação de riscos de reincidência) e no cálculo de uma sanção.

Os avanços da ciência e da técnica podem ser de enorme utilidade na procura de um direito penal mais justo; contudo, podem também ser um percurso acelerado para um direito penal securitário, capaz de sacrificar,

[90] QUEVEDO, Jéssica Veleda. Polícia preditiva. In.: FRANÇA, Leandro Ayres (coord.); QUEVEDO, Jéssica Veleda; ABREU, Carlos A F de (orgs.). *Dicionário Criminológico*. Porto Alegre: Editora Canal de Ciências Criminais, 2020. Disponível em: https://www.crimlab.com/dicionario-criminologico/policia-preditiva/54. ISBN 978-85-92712-50-1. Acesso em: 10. dez. 2022.

[91] SMITH, Brad; BROWNE, Carol Ann. *Armas e ferramentas:* O futuro e o perigo da era digital. Tradução de Cibelle Ravaglia. Rio de Janeiro: Alta Books, 2020. p. 212.

[92] HARARI, Yuval Noah. *21 Lições para o século XXI*. São Paulo: Companhia das Letras, 2018. p. 98.

em poucos passos, direitos fundamentais como o direito à privacidade e à intimidade ou a liberdade de expressão e de escolha[93].

Nesse contexto, é preciso lembrar que as tecnologias refletem normas, valores e vieses na sociedade e que o desenvolvimento de algoritmos de IA ocorre em espaços específicos que não são abertos para todos, e seus benefícios não são acumulados igualmente[94]. A esse respeito, o Direito tem um papel fundamental na estabilização de ambientes tecnológicos mais justos e previsíveis. Entretanto, a complexidade da modelagem preditiva torna a condução do senso de justiça um encargo extremamente complexo.

Nessa senda, percebe-se que uma abordagem baseada nos direitos fundamentais é necessária para mitigar os danos e reequilibrar as estruturas de poder. Nesse cenário, os tratados internacionais de direitos humanos e os princípios orientadores oferecem uma estrutura abrangente para a responsabilidade algorítmica[95].

Também é importante que as comunidades afetadas estejam envolvidas no desenvolvimento tecnológico e na sua governança. Enquanto conversas em torno da ética da Inteligência Artificial estão ocorrendo, a ética não vai longe o suficiente. É preciso desenvolver mecanismos de supervisão baseados em direitos fundamentais, que reconhecem os riscos e os danos reais das tecnologias usadas para gerir sistemas de justiça criminal. Destacam-se os textos do Conselho da Europa, em especial no disposto na Convenção Europeia dos Direitos do Homem (CEDH)[96] e na Carta dos Direitos Fundamentais da União Europeia (CDF). [97] Além deles, destaca-se a Carta Europeia de Ética sobre o Uso da Inteligência Artificial

[93] SOUSA, Susana Aires de. Um direito penal desafiado pelo desenvolvimento tecnológico: Alguns exemplos a partir das neurociências e da Inteligência Artificial. In: *Revista da Defensoria Pública da União*, Brasília, DF n.14 p. 1-310 Jul/Dez. 2020. p. 37.

[94] MADIANOU, Mirca. The biometric assemblage: Surveillance, experimentation, profit and the measuring of refugee bodies. 2019. In: *Television and New Media*, 20(6), pp. 581-599. ISSN 1527-4764.

[95] MCGREGOR, Lorna, et al. International Human Rights Law as a Framework for Algorithmic Accountability. In: *International & Comparative Law Quarterly*, 68:309–343. 2019. Disponível em: Acesso em: 10. nov. 2022.

[96] CONSELHO DA EUROPA. *Convenção Europeia dos Direitos do Homem*. 1950. Disponível em: https://www.echr.coe.int/documents/convention_por.pdf. Acesso em: 15 jan. 2023.

[97] CONSELHO DA EUROPA. *Carta dos Direitos Fundamentais da União Europeia.* (2016/C 202/02). Disponível em: https://eur-lex.europa.eu/legal-content/PT/TXT/PDF/?uri=CELEX:12016P/TXT&from=FR. Acesso em: 15 jan. 2023.

em Sistemas Judiciais e seu ambiente, com ênfase em cinco princípios, são eles: (I) O respeito pelos direitos fundamentais; (II) A não discriminação; (III) A qualidade e segurança; (IV) A transparência, imparcialidade e *fairness;* e (V) A utilização sob controle do usuário[98].

Do mesmo modo que o Conselho da Europa, também a União Europeia tem demonstrado preocupação com a violação de direitos fundamentais que a utilização de sistemas de Inteligência Artificial pode desencadear. Nesse cenário, destaca-se a redação do Livro Branco sobre a Inteligência Artificial, que alerta que alguns algoritmos de IA, quando utilizados para prever a reincidência criminal, podem apresentar preconceitos sexistas ou raciais, demonstrando uma probabilidade de reincidência diferente entre mulheres e homens ou entre nacionais e estrangeiros.[99]

Diante do exposto e com a consciência de que essa temática deve ser continuamente aprofundada e debatida pelos diversos atores que fazem parte da construção desses sistemas, compreende-se que é preciso submeter a criação e a utilização de instrumentos algorítmicos de Inteligência Artificial ao filtro dos direitos fundamentais, com o objetivo de criar sistemas éticos e que não perpetuem discriminações.

Referências

ANGWIN, Julia; *et al. Machine Bias:* There's Software Used Across the Country to Predict Future Criminals. And It's Biased Against Blacks. ProPublica. Publicado em: 23 mai. 2016. Disponível em: https://www.propublica.org/article/machine-bias-risk-assessments-in- criminal-sentencing. Acesso em: 10 jan. 2023.

BATHAEE, Yavar. The artificial intelligence black box and failure of intent and causation. In: *Harvard Journal of Law & Technology*, Vol. 31, 2018. Disponível em: https://jolt.law.harvard.edu/assets/articlePDFs/v31/The-Artificial-Intelligence-Black-Box-and-the-Failure-of-Intent-and-Causation-Yavar-Bathaee.pdf. Acesso em: 10. Dez. 2022.

BANSKY, *One Nation Under CCTV*, London, 2007. Disponível em: https://banksyexplained.com/one-nation-under-cctv-2007/. Acesso em: 10 dez. 2022.

[98] CONSELHO DA EUROPA. *Carta Europeia de Ética sobre o Uso da Inteligência Artificial em Sistemas Judiciais e seu ambiente.* 2018. Disponível em: https://rm.coe.int/carta-etica-traduzida-para-portugues- revista/168093b7e0. Acesso em: 15 jan. 2023.

[99] COMISSÃO EUROPEIA. *Livro Branco sobre a Inteligência Artificial* – Uma abordagem europeia virada para a excelência e a confiança. Bruxelas. Publicado em: 19 fev. 2020. COM (2020) 65 final.

BARBOSA, Mafalda Miranda. Discriminação algorítmica: reflexões em torno da responsabilidade civil. In: *Revista de Direito da Responsabilidade*. Ano 3, 2021. Disponível em: https://revistadireitoresponsabilidade.pt/2021/discriminacao-algoritmica--reflexoes-em- torno-da-responsabilidade-civil-mafalda-miranda-barbosa/. Acesso em: 12 jan. 2023.

BAUMAN, Zygmunt; LYON, David. *Vigilância líquida*. Tradução de Carlos Alberto Medeiros. Rio de Janeiro: Editora Zahar, 2013.

BENTHAM, Jeremy. *O Panóptico*. Organização de Tomaz Tadeu. Traduções de Guacira Lopes Louro, M. D. Magno, Tomaz Tadeu. 2. Ed. Belo Horizonte: Autêntica Editora, 2008. Disponível em: https://edisciplinas.usp.br/pluginfile.php/81000/mod_resource/content/1/TC%20O%20pan%C 3%B3ptico.pdf. Acesso em: 13 dez. 2022.

BRAYNE, Sarah. Big Data surveillance: The case of policing. In: *American Sociologica Review*, 82(5), 977-1008. 2017. Disponível em: https://journals.sagepub.com/doi/abs/10.1177/0003122417725865. Acesso em: 10 jan. 2023.

CARIA, Rui. O caso State v. Loomis: a pessoa e a máquina na decisão judicial. In: RODRIGUES, Anabela Miranda (Coord.), *A Inteligência Artificial no Direito Penal*. Coimbra: Almedina, 2020.

CASTELLS, Manuel. *A Galáxia da Internet:* Reflexões sobre a Internet, os negócios e a sociedade. Rio de Janeiro: Jorge Zahar Editor, 2003.

CASTELLS, Manuel. *A Sociedade em Rede*. São Paulo: Paz e Terra, 1999. v. 1. Tradução de Roneide Venancio Majer. Atualização para 6 ed., impresso no Brasil, 2012.

CHAN, Janet; MOSES, Lyria Bennett. Making sense of Big Data for security. In: *British Journal of Criminology*, 57(2), 299-319. 2017. Disponível em: https://www.jstor.org/stable/44503367. Acesso em: 10 jan. 2023.

CHIEL, Ethan. *Secret Algorithms That Predict Future Criminals Get a Thumbs Up From Wisconsin Supreme Court*. Fusion. Publicado em: 27 jul. 2016. Disponível em: http://fusion.net/story/330672/algorithms-recidivism-loomis-wisconsin-court/. Acesso em: 10 jan. 2023.

ORBO, Wallace. *Discriminação indireta*: o que é e como superá-la?. Jota, publicado em: 09. nov. 2017. Disponível em: https://www.jota.info/opiniao-e- analise/artigos/discriminacao-indireta-o-que-e-ecomo-supera-la-09112017#_ftnref4. Acesso em: 20 abr. 2021.

DRUCKER, Peter. *The Age of Discontinuity:* Guidelines to Our Changing Society. New York: Harper & Row, 1969.

FAIR TRIALS. *Artificial intelligence (AI), data and criminal justice*. Disponível em: https://www.fairtrials.org/campaigns/ai-algorithms-data/. Acesso em: 10 jan. 2023.

FERRARI, Isabela Rossi Cortes. *Discriminação algorítmica e poder judiciário:* uma proposta de matriz de risco discriminatório para informar a regulação dos sistemas de decisões algorítmicas adotados no Judiciário brasileiro. Universidade do

Estado do Rio de Janeiro: Rio de Janeiro. 2022. Disponível em: https://sucupira.capes.gov.br/sucupira/public/consultas/coleta/trabalhoConclusao/viewTrabalhoConclusao.jsf?popup=true&id_trabalho=11371003, Acesso em: 10. Jan. 2022.

FIA. *Data Mining*: O que é, para que serve e tipos de técnicas. Publicado em: 08 jan. 2020. Disponível em: https://fia.com.br/blog/data-mining/. Acesso em: 07 dez. 2022.

FLORIDI, Luciano; *et al.* AI4People – An Ethical Framework for a Good AI Society: Opportunities, Risks, Principles, and Recommendations. In: *Minds and Machines*, v. 28, n. 4, p. 689-707, 2018. Disponível em: https://link.springer.com/article/10.1007/s11023-018-9482-5. Acesso em: 10 jan. 2023.

FLORIDI, Luciano; TADDEO, Mariarosaria. *What is data ethics?*. Editorial Philosophical Transactions A, 374. Royal Society, 2016.

G1. *Foto de astro do cinema Michael B. Jordan aparece em lista de procurados pela polícia do Ceará.* Publicado em: 07 jan. 2020. Disponível em: https://g1.globo.com/ce/ceara/noticia/2022/01/07/astro-do-cinema-michael-b-jordanaparece- em-lista-de--procurados-pela-policia-do-ceara.ghtml. Acesso em: 07 jan. 2023.

GEOLITICA. *Trusted Services for Safer Communities.* Disponível em: https://geolitica.com. Acesso em: 10 jan. 2023.

GOOGLE DEVELOPERS. *Past, Present and Future of AI / Machine Learning (Google I/O '17).* Publicado em: 19 mai. 2017. Disponível em: https://www.youtube.com/watch?v=0ueamFGdOpA. Acesso em: 10 dez. 2022.

HAGGERTY, Kevin D.; ERICSON, Richard V. The surveillant assemblage. In: *The British Journal of Sociology*, 51(4), 605-622. 2000. Disponível em: https://onlinelibrary.wiley.com/doi/abs/10.1080/00071310020015280. Acesso em: 10 jan. 2022.

HAN, Byung-Chul. *No enxame:* Perspectivas do digital. Tradução: Lucas Machado. Petrópolis, RJ: Vozes, 2018.

HARARI, Yuval Noah. *21 Lições para o século XXI.* São Paulo: Companhia das Letras, 2018.

HARVARD LAW REVIEW. *State v. Loomis.* Publicado em: 10. Mar. 2017. 130 Harv. L. Rev. 1530. Disponível em: https://harvardlawreview.org/2017/03/state-v-loomis/. Acesso em: 10. Dez. 2022.

HOFFMANN-RIEM, Wolfgang. *Teoria geral do direito digital*: transformação digital: desafios para o direito. Rio de Janeiro: Forense, 2021.

JOH, Elizabeth E. Policing by numbers: Big Data and the Fourth Amendment. In: *Washington Law Review*, 89(1), 35-68. 2014. Disponível em: https://digitalcommons.law.uw.edu/wlr/vol89/iss1/3/. Acesso em: 10 jan. 2023.

KEHL, Danielle; GUO, Priscilla; KESSLER, Samuel. Algorithms in the Criminal Justice System: Assessing the Use of Risk Assessments in Sentencing. In: *Responsive Communities Initiative, Berkman Klein Center for Internet & Society, Harvard Law School,* 2017.

LEMOS, Marcela. *Polícia admite erro, e cientista de dados da IBM preso por 22 dias é solto.* Publicado em: 09 set. 2021. Disponível em: https://noticias.uol.com.br/cotidiano/ultimas-noticias/2021/09/09/policia-admite-erroe- cientista-de-dados-da-ibm-preso-por-22-dias-e-solto.htm. Acesso em: 07 jan. 2023.

LEVY, Pierre. *O que é o virtual?* São Paulo: Editora 34, 1996.

MADIANOU, Mirca. The biometric assemblage: Surveillance, experimentation, profit and the measuring of refugee bodies. 2019. In: *Television and New Media*, 20(6), pp. 581-599. ISSN 1527-4764.

MAGRANI, Eduardo. *Entre dados e robôs:* ética e privacidade na era da hiperconectividade. Porto Alegre: Arquipélago Editorial, 2 ed., 2019.

MANOKHA, Ivan. Surveillance, panopticism, and self-discipline in the digital age. In: *Surveillance & Society*, 16(2), 219-237. 2018. Disponível em: https://ojs.library.queensu.ca/index.php/surveillance-and-society/article/view/8346. Acesso em: 10 jan. 2023.

MANTELLO, Peter. The machine that ate bad people: The ontopolitics of the precrime assemblage. In: *Big Data & Society*, 3(2), 1-11. 2016. Disponível em: https://journals.sagepub.com/doi/10.1177/2053951716682538. Acesso em: 10 jan. 2023.

MCGREGOR, Lorna, et al. International Human Rights Law as a Framework for Algorithmic Accountability. In: *International & Comparative Law Quarterly*, 68:309–343. 2019. Disponível em: Acesso em: 10. nov. 2022.

MENDES, Laura Schertel; MATTIUZZO, Marcela. Discriminação Algorítmica: Conceito, Fundamento Legal e Tipologia. In: *RDU*, Porto Alegre, Volume 16, n. 90, 2019, 39- 64, nov-dez 2019. p. 45.

MINORITY REPORT. *MINORITY REPORT*: A nova lei. Direção: Steven Spielberg. Produção: Bonnie Curtis, Gerald R. Molin, Jan de Bont e Walter F. Parkes. Los Angeles: Twentieth Century Fox; Dreamworks Pictures, 2002. 1 DVD.

MOOR, James. The Dartmouth College Artificial Intelligence Conference: The Next Fifty Years. In: *AI Magazine*, v. 27, n. 4, 2006.

MOREIRA, A. *Tratado de Direito Antidiscriminatório*, São Paulo: Editora Contracorrente, 2020.

NEGNEVITSKY, Michael. *Artificial intelligence:* A guide to intelligent systems. Harlow: Addison-Wesley, 2004.

NEIVA, Laura. Big data e vigilância policial: desafios éticos, legais e sociais. In: MACHADO, Helena (Org.), *Crime e tecnologia: desafios culturais e políticos para a Europa*. Porto: Edições Afrontamentos, 2021.

NOVAIS, Paulo; FREITAS, Pedro Miguel. Inteligência Artificial e regulação de algoritmos. In: *Diálogos União Europeia-Brasil*. Publicado em: mai. 2018. Disponível em: https://docplayer.com.br/133110562-Inteligencia-artificial-e-regulacao-de--algoritmos.html. Acesso em: 10 jan. 2023.

OLIVEIRA, Samuel R. de. *Sorria, você está sendo filmado!*: repensando direitos na era do reconhecimento facial. São Paulo: Thomson Reuters Brasil, 2021.

ONU. *Objetivos de Desenvolvimento Sustentável (ODS)*. Disponível em: https://ods.pt/objectivos/16-paz-e-justica/. Acesso em: 10 dez. 2022.

O'NEIL, Cathy. *Algoritmos de destruição em massa:* Como o Big Data aumenta a desigualdade e ameaça a democracia. Tradução de Rafael Abraham. 1 ed. Santo André, SP: Editora Rua do Sabão, 2020.

QUATTROCOLO, Serena. Equo processo penale a sfide dela società algorítmica. In: *BioLaw Journal – Rivista di BioDiritto*, n. 1/2019, pp. 135-144.

QUEVEDO, Jéssica Veleda. Polícia preditiva. In.: FRANÇA, Leandro Ayres (coord.); QUEVEDO, Jéssica Veleda; ABREU, Carlos A F de (orgs.). *Dicionário Criminológico*. Porto Alegre: Editora Canal de Ciências Criminais, 2020. Disponível em: https://www.crimlab.com/dicionario-criminologico/policia-preditiva/54. ISBN 978-85-92712-50-1. Acesso em: 10. dez. 2022.

PACKIN, Nizan Geslevich; LEV-ARETZ,Yafit. Learning algorithms and discrimination. In: *Research Handbok on the Law of Artificial Intelligence*. 2018. Cheltenham, UK: Edward Elgar, 2018.

PAGALLO, Ugo; Quattrocolo, Serena. The impact of AI on criminal law, and its twofold procedures. In: *Research Handbok on the Law of Artificial Intelligence*. 2018. Cheltenham, UK: Edward Elgar, 2018.

PROPUBLICA. *How We Analyzed the COMPAS Recidivism Algorithm*. Publicado em: 23 mai. 2016. Disponível em: https://www.propublica.org/article/how-we-analyzed--the- compas-recidivism-algorithm. Acesso em: 10 jan. 2023.

RODOTÀ, Stefano. *A vida na sociedade da vigilância:* A privacidade hoje. Organização, seleção e apresentação de Maria Celina Bodin de Moraes. Tradução: Danilo Doneda e Luciana Cabral Doneda. Rio de Janeiro: Renovar, 2008.

RODOTÀ, Stefano. Transformações do corpo. In: *Revista Trimestral de Direito Civil*, v. 19, n. 5, 2004, pp. 91-107.

RODRIGUES, Anabela Miranda. Inteligência Artificial no Direito Penal – a justiça preditiva entre a americanização e a europeização. In: RODRIGUES, Anabela Miranda (Coord.), *A Inteligência Artificial no Direito Penal*. Coimbra: Almedina, 2020a.

RODRIGUES, Anabela Miranda. Medida da pena de prisão – desafios da era da inteligência artificial. In: *Revista de Legislação e Jurisprudência*, Ano 149, N. 4021, 2020b.

RICHARDSON, Rashida; SCHULTZ, Jason M.; CRAWFORD, Kate. Dirty Data, Bad Predictions: How Civil Rights Violations Impact Police Data, Predictive Policing Systems, and Justice. In: *New York University Law Review Online*. May. 2019. Vol. 94:15. Disponível em: https://www.nyulawreview.org/wp-content/uploads/2019/04/NYULawReview-94- Richardson_etal-FIN.pdf. Acesso em: 10. dez. 2022.

RUBINFELD, Daniel L., Multiple Regression. In: *Modern Scientific Evidence:* The Law and Science of Expert Testminony, [s.l.: s.n.], 2018, v. II.

SCHWAB, Klaus. *A Quarta Revolução Industrial.* São Paulo: EDIPRO, 2016.

SMITH, Brad; BROWNE, Carol Ann. *Armas e ferramentas:* O futuro e o perigo da era digital. Tradução de Cibelle Ravaglia. Rio de Janeiro: Alta Books, 2020.

SILVA, Marcelo Cardozo da. *Encarcerando o futuro*: Prisão preventiva, reiteração delitiva e avaliação atuarial de risco. Porto Alegre: Yoyô Ateliê Gráfico, 2020.

SILVA, Marcelo Cardozo da; RIOS, Roger Raupp. Justiça criminal e algoritmos computacionais na predição de comportamentos: Exigências constitucionais e impactos discriminatórios a partir da experiência estadunidense. In: *ReJuB – Rev. Jud. Bras.*, Brasília, Ano 1, n. 1, p. 61-90, jul./dez. 2021.

SILVA, Tarcízio. Linha do Tempo do Racismo Algorítmico. In: *Blog do Tarcizio Silva*, 2022. Disponível em: https://tarciziosilva.com.br/blog/posts/racismo--algoritmico-linha- do-tempo. Acesso em: 10 jan. 2023.

SOUSA, Susana Aires de. "Não fui eu, foi a máquina": Teoria do crime, responsabilidade e inteligência artificial. In: RODRIGUES, Anabela Miranda (Coord.), *A Inteligência Artificial no Direito Penal.* Coimbra: Almedina, 2020a.

SOUSA, Susana Aires de. Um direito penal desafiado pelo desenvolvimento tecnológico: Alguns exemplos a partir das neurociências e da Inteligência Artificial. In: *Revista da Defensoria Pública da União,* Brasília, DF n.14 p. 1-310 Jul/Dez. 2020b.

STEIBEL, Fabro; VICENTE, Victor Freitas; JESUS, Diego Santos Vieira de. Possibilidades e potenciais da utilização de inteligência artificial. In: FRAZÃO, Ana; MULHOLLAND, Caitlin. *Inteligência Artificial e Direito:* Ética, Regulação e Responsabilidade. São Paulo: Thompson Reuters Brasil, 2019.

SULOCKI, Victoria de. Novas tecnologias, velhas discriminações: ou da falta de reflexão sobre o sistema de algoritmos na justiça criminal. In: FRAZÃO, Ana; MULHOLLAND, Caitlin. *Inteligência Artificial e Direito:* Ética, Regulação e Responsabilidade. São Paulo: Thompson Reuters Brasil, 2019.

TAN, Lincoln. *Immigration NZ's data profiling 'illegal' critics say.* NZ Herald. Publicado em: 04 abr. 2018. Disponível em: https://www.nzherald.co.nz/nz/immigration--nzs- data-profiling-illegal-criticssay/P5QDBGVDGFSI6I3NV4UHPOSBRA/. Acesso em: 10 dez. 2022.

TOVO, Antônio C. *O periculosômetro digital?* Publicado em: 06. jan. 2019. Disponível em: https://www.jota.info/opiniao-e-analise/artigos/o-periculosometro-digital-06012019. Acesso em: 10 jan. 2023.

Documentos

CONSELHO DA EUROPA. *Carta dos Direitos Fundamentais da União Europeia.* (2016/C 202/02). Disponível em: https://eur-lex.europa.eu/legal- content/PT/TXT/PDF/?uri=CELEX:12016P/TXT&from=FR. Acesso em: 15 jan. 2023.

CONSELHO DA EUROPA. *Carta Europeia de Ética sobre o Uso da Inteligência Artificial em Sistemas Judiciais e seu ambiente.* 2018. Disponível em: https://rm.coe.int/carta-etica-traduzida-para-portugues-revista/168093b7e0. Acesso em: 15 jan. 2023.

CONSELHO DA EUROPA. *Convenção Europeia dos Direitos do Homem.* 1950. Disponível em: https://www.echr.coe.int/documents/convention_por.pdf. Acesso em: 15 jan. 2023.

COMISSÃO EUROPEIA. *Livro Branco sobre a Inteligência Artificial* – Uma abordagem europeia virada para a excelência e a confiança. Bruxelas. Publicado em: 19 fev. 2020. COM (2020) 65 final.

COUNCIL OF EUROPE. *Unboxing Artificial Intelligence:* 10 steps to protect Human Rights. Publicado em: mai. 2019. Disponível em: https://rm.coe.int/unboxing--artificial- intelligence-10-steps-to-protect-human-rights-reco/1680946e64 Acesso em: 10 jan. 2023.

DIÁRIO DA REPÚBLICA. *Constituição da República Portuguesa, n.º 86/1976, Série I de 1976-04-10.* Disponível em: https://dre.pt/dre/legislacao-consolidada/decreto--aprovacao- constituicao/1976-34520775. Acesso em: 10 jan. 2023.

DIÁRIO DA REPÚBLICA. *Resolução do Conselho de Ministros n.º 61/2018 de 21 de maio de 2018.* Disponível em: https://dre.pt/dre/detalhe/resolucao-conselho--ministros/61- 2018-115360036. Acesso em: 10 jan. 2023.

ONU. *Convenção sobre a Eliminação de Todas as Formas de Discriminação Contra as Mulheres Aprovada pela Assembleia Geral das Nações Unidas em 18 de dezembro de 1979.* Disponível em: https://www.unicef.org/brazil/convencao-sobre-eliminacao-de-todas-formas- de-discriminacao-contra-mulheres. Acesso em: 10 jan. 2023.

WISCONSIN. *State v. Loomis.* 881 N.W.2d 749 (Wis. 2016). Disponível em: https://harvardlawreview.org/2017/03/state-v-loomis/. Acesso em: 10 dez. 2022.

DIREITO CIVIL, PROCESSO CIVIL
E DEMAIS ÁREAS DE DIREITO PRIVADO

7. PROBLEMAS JURÍDICOS DA CONDUÇÃO AUTOMATIZADA

ALEX ALVES DO NASCIMENTO

Introdução

Os sistemas de IA estão transformando a economia, a sociedade, e, mais especificamente, a forma de interação das relações humanas pessoais e comerciais, dentre outras. Podemos aqui conceituar a IA como um conglomerado de ações tecnológicas constituídas por redes neurais artificiais e sistema computacionais, possibilitando, assim, que as máquinas possam aprender com atos rotineiros da sociedade[1].

Quando passamos a analisar a capacidade de apreender das máquinas, cabe mencionar que existem três tecnologias de grande relevância para a composição da IA, sendo a "*Machine Learning*", a "*Deep Leaning*" e, por último, o "Processamento de Linguagem Natural (PLN)".

De acordo com ICMC Junior[2], podemos compreender a *Machine Learning* como sendo:

> *"uma aplicação de inteligência artificial que fornece ao computador a capacidade de aprender e melhorar automaticamente com a experiência, sem ser explicitamente programado. O aprendizado de máquina se concentra no desenvolvimento de 'softwares' que podem acessar dados e usá-los para "aprender com eles".*

[1] ICMC Junior. Inteligência Artificial. [Consult. 16 julho.2021]. Disponível em: <https://icmcjunior.com.br/inteligencia-artificial/>.

[2] ICMC Junior. Inteligência Artificial. [Consult. 16 julho.2021]. Disponível em: <https://icmcjunior.com.br/inteligencia-artificial/>.

Ainda em conformidade com o estudo, a *Deep Leaning* trata de:

> *"um subconjunto do aprendizado de máquina, o que corresponde essencialmente a uma rede neural com três ou mais camadas. Essas redes neurais tentam simular o comportamento do cérebro humano – embora estejam longe de corresponder à sua capacidade – permitindo que ele "aprenda" com uma abundância de dados"*[3].

Por sua vez, podemos considerar que o PLN surge da necessidade de as máquinas compreenderem a linguagem humana, permitindo assim a máxima proximidade na relação entre os seres humanos e a IA. Dessa forma, entende-se que o PLN se dedica a propor e desenvolver os sistemas computacionais que têm a língua natural como objeto primário.[4]

Nessa esteira, ao analisarmos o cotidiano da sociedade, percebe-se, diariamente, através dos diversos meios de comunicação, tanto em países americanos como nos continentes Europeu, que serviços que antes eram realizados exclusivamente por humanos são cada vez mais substituídos por robôs com IA, visando a correção de erros e, consequentemente, a redução de gastos.

Contudo, podemos afirmar que a substituição do trabalho humano pela inteligência artificial é segura? A resposta para tal questionamento ainda é uma incógnita para as searas científica e jurídica, existindo defensores para ambas as teses. Por enquanto, ainda não há que se falar em uma segurança absoluta no que diz respeito à IA, mesmo já estando em uso em inúmeros equipamentos eletrônicos e automobilísticos que estão diariamente em contato com os seres humanos por todo o globo terrestre.[5]

Voltando as atenções para este último, isto é, a IA nos veículos automotores, o ponto central do presente estudo científico, ainda há muitos questionamentos a serem respondidos. Não é novidade para a sociedade que desde o primeiro veículo automotor, o Benz Patent-Motorwagen[6], de

[3] *Op. cit.* p. 1.

[4] RODRIGUES, Jessica. O que é o Processamento de Linguagem Natural?. Bots Brasil. 14 jul 2017.[Consult. 17jan.2022] Disponível em: <https://medium.com/botsbrasil/o-que-%C3%A9-o-processamento-de-linguagem-natural-49ece9371cff>.

[5] [Consult.25dez.2022]. Disponível em:< https://revistas.unilasalle.edu.br/index.php/redes/article/view/9097>.

[6] [Consult. 25.dez.2022]. Disponível em: <https://en.unesco.org/mediabank/25010/>.

1886, muitas mudanças tecnológicas ocorreram até chegar nos veículos atuais, repletos de tecnologia e em alguns casos, até mesmo, de autonomia.[7]

Durante décadas, os veículos foram utilizados como meios de transporte de mercadorias e pessoas, sendo totalmente dependentes, inicialmente, da tração animal e, depois, da condução humana. Contudo, hoje já encontramos tecnologias capazes de conduzir veículos de passeio e, até mesmo, automóveis de grande porte para o transporte de bens, sendo estes os percussores da nova era dos veículos inteligentes.[8]

Alguns acreditam que, em tempos futuros, tal evolução tecnológica resultará em um alto índice de desemprego, impactando diretamente a economia de inúmeros países. Contudo, o escopo do presente estudo científico não contempla a análise dos aspectos econômicos resultantes da diminuição do uso de mão de obra humana, mas, sim, a análise das possíveis consequência jurídicas decorrentes de erros relacionados à IA, apresentando a legislação compatível correspondente em conformidade com os decretos e diretrizes da União Europeia (EU) e dos Estados Unidos da América (EUA).

Dessa forma, com o intuito de compreender as perspectivas abordadas anteriormente, os seguintes questionamentos serão analisados e discutidos no presente estudo: em um possível erro envolvendo esse tipo de tecnologia, quem seria o responsável? Seria possível responsabilizar civilmente uma máquina? Quais são as consequências jurídicas do erro ocasionado por um veículo automotor?

[7] Como exemplo temos o "Autopilot" da empresa Tesla."*We develop and deploy autonomy at scale in vehicles, robots and more. We believe that an approach based on advanced AI for vision and planning, supported by efficient use of inference hardware, is the only way to achieve a general solution for full self-driving and beyond.*" [Consult. 06 jan. 2022]. Disponível em: <https://www.tesla.com/AI>.

[8] Confr. SANTOS CRUZ, 2020. p. 4. "o veículo inteligente pode ser definido como o veículo que possui tecnologia avançada, nomeadamente GPS, sensores de estacionamento, visão noturna, ajuda ao estacionamento, e acesso à internet, que permite cruzar todos estes dados recolhidos visando a ajuda na tarefa de condução 6. Ainda que a "inteligência" em veículos automóveis se possa manifestar de múltiplas formas, o expoente máximo de um "smart car" é o veículo de condução autónomo, capaz de executar todas as tarefas de condução por si próprio". [Consult. 27 jan. 2022]. Disponível em: <https://repositorio-aberto.up.pt/bitstream/10216/131313/2/434919.pdf>.

1. Relação de consumo

A IA faz parte de nossas vidas, constituindo, portanto, uma realidade inafastável. Tal tecnologia está diretamente vinculada ao cotidiano humano, por exemplo, desde os comandos de sons executados pela assistente virtual *Alexa*[9], até mesmo a condução auxiliada de veículos automotores, como é o caso dos veículos *Tesla*[10] e dos *drones* de utilização civil.

Nesse arrimo, ao utilizar os produtos acima como exemplos, destaca-se a existência de relações de consumo relacionadas à disponibilidade dos referidos bens ao público em geral. Em outros termos, o ato de compra e venda entre particular (consumidor) e vendedor (fornecedor/produtor) do item dotado de IA, constitui, naturalmente, uma relação de consumo.

No caso português, a referida relação é resguardada pela Lei n.º 24/96, de 31 de julho 1996 – em sua última atualização: DL n.º 109-G/2021, de 10/12[11], que define e identifica, em seu artigo 2º, quem seriam os consumidores da relação:

> "1 – Considera-se consumidor todo aquele a quem sejam fornecidos bens, prestados serviços ou transmitidos quaisquer direitos, destinados a uso não profissional, por pessoa que exerça com carácter profissional uma atividade económica que vise a obtenção de benefícios.
>
> 2 – Consideram-se incluídos no âmbito da presente lei os bens, serviços e direitos fornecidos, prestados e transmitidos pelos organismos da Administração Pública, por pessoas coletivas públicas, por empresas de capitais públicos ou detidos maioritariamente pelo Estado, pelas regiões autónomas ou pelas autarquias locais e por empresas concessionárias de serviços públicos."

Contudo, ao tratar da venda e produtos dotados de IA, deve-se levar em consideração que, à relação de consumo, não serão apenas aplicadas normas consumeristas. Serão também incidentes as normas

[9] [Consul. 17.jan.2023].Disponível em: <https://www.amazon.jobs/pt/teams/alexa-ai.

[10] [Consul. 17.jan.2023].Disponível em:<https://autopapo.uol.com.br/noticia/modelos-da-tesla-carros-eletricos-autonomos/>.

[11] [Consult. 20 dez 2022]. Disponível em: <https://www.pgdlisboa.pt/leis/lei_mostra_articulado.php?nid=726&tabela=leis&so_miolo>.[Consult.16 jan.2023].

que disciplinam a alienação de bens de consumo e suas respectivas garantias, consubstanciadas, dentre outras, no Decreto-Lei n.º 84/2021, de 18 de outubro.[12]É imprescindível, na visão deste autor, conhecer a nomenclatura e a extensão expressas no artigo 2º do referido Decreto, uma vez que este traz expressamente as definições de *consumidor, bens, representante do produtor* e *produtor*, termos-chaves para o presente estudo.

Nesse esteio, o decreto define como consumidor "*uma pessoa singular que, no que respeita aos contratos abrangidos pelo presente decreto-lei, atue com fins que não se incluam no âmbito da sua atividade comercial, industrial, artesanal ou profissional*"[13]. Por sua vez, os bens são "*qualquer bem móvel corpóreo, incluindo os bens em segunda mão e a água, o gás e a eletricidade quando colocados em venda num volume limitado ou em quantidade determinada*".[14]

O representante do produtor, por sua vez, é "*qualquer pessoa singular ou coletiva que atue na qualidade de distribuidor comercial do produtor e ou de centro autorizado de serviço pós-venda, à exceção dos profissionais independentes que atuem apenas na qualidade de retalhistas*"[15]. Portanto, sendo distinto do produtor, uma vez que o Decreto determina que este é o "*o fabricante de bens, conteúdos ou serviços digitais, o importador de bens na União Europeia ou qualquer outra pessoa que se apresente como produtor, através da indicação, nos bens, do seu nome, marca ou outro sinal distintivo*".[16]

2. Responsabilização

Desde o início das primeiras composições de organização social com o contratualista Thomas Hobbes, no século XVII, percebeu-se a necessidade de instrumento capaz de regular a vida em sociedade, chegando

[12] [Consult. 8 jan. 2023]. Disponível em: <https://dre.pt/dre/detalhe/decreto-lei/84-2021-172938301 >.

[13] Decreto-Lei n.º 84/2021, de 18 de outubro. [Consult. 18 jan. 2023].Disponível em: < https://dre.pt/dre/detalhe/decreto-lei/84-2021-172938301>.

[14] Decreto-Lei n.º 84/2021, de 18 de outubro. Artigo 2º, alínea C. [Consult. 18 jan. 2023]. Disponível em:<https://dre.pt/dre/detalhe/decreto-lei/84-2021-172938301>.

[15] Decreto-Lei n.º 84/2021, de 18 de outubro. Artigo 2º, alínea Q. [Consult. 18 jan. 2023]. Disponível em: https://dre.pt/dre/detalhe/decreto-lei/84-2021-172938301

[16] Decreto-Lei n.º 84/2021, de 18 de outubro. Artigo 2º, alínea P. [Consult. 18 jan. 2023]. Disponível em: https://dre.pt/dre/detalhe/decreto-lei/84-2021-172938301

então até os dias atuais com os ordenamentos jurídicos pátrios de cada nação[17].

Dessa forma, a responsabilização está diretamente associada ao bom funcionamento do Estado, uma vez que, se assim não fosse, poderíamos vivenciar a verdadeira desordem social. Compreende-se, portanto, que o ato de responsabilizar alguém é uma forma de prevenir violações aos direitos e bens de terceiros. Sob essa perspectiva, inúmeros ordenamentos jurídicos por todo mundo adotam tal entendimento, como por exemplo o código civil da Itália, em seu artigo 2.050[18], e o código civil de Portugal, em seu artigo 493. 2.[19]

Consequentemente, mediante processos e procedimentos desenvolvidos e implementados no âmbito dos ordenamentos jurídicos pátrios, pode-se atribuir a responsabilidade para/por um determinado fato jurídico a humanos. Contudo, ao voltarmos nossas atenções para a IA, o assunto torna-se mais complexo, na medida em que um dos grandes desafios para a IIA na atualidade seria definir o responsável por eventuais erros do sistema autónomo de condução.[20] A responsabilidade pelo fato deveria recair sobre o produtor? Sobre o vendedor, em decorrência da relação de consumo? Sob a mesma IA, devido uma possível personalidade[21]? Com

[17] QUADROS, Doacir Gonçalvez. O Estado na teoria política clássica Platão, Aristóteles, Maquiavel e os contratualistas. Curitiba: InterSaberes, 2016. ISBN: 978-8559721089. p. 23.

[18] Art. 2.050. Aquele que ocasiona dano a outrem no exercício de uma atividade perigosa, pela sua natureza ou pela natureza dos meios empregados, fica obrigado à indenização se não provar que adotou todas as medidas idôneas para evitar o dano.

[19] Art. 493. 2. Quem causar danos a outrem no exercício de uma actividade, perigosa por sua própria natureza ou pela natureza dos meios utilizados, é obrigado a repará-los, excepto se mostrar que empregou todas as providências exigidas pelas circunstâncias com o fim de os prevenir.

[20] PAULA RIBEIRO ALVES. "Os desafios digitais no mercado segurador", in FinTech: desafios da tecnologia financeira, 1ª Edição, Coimbra, Almedina, 2019. ISBN: 978-972-40-7091-9. p. 54.

[21] Conf. Maria Helena Diniz: "[...] a personalidade consiste no conjunto de caracteres próprios da pessoa. A personalidade não é um direito, de modo que seria errôneo afirmar que o ser humano tem direito à personalidade. A personalidade é que apóia os direitos e deveres que dela irradiam, é objeto de direito, é o primeiro bem da pessoa, que lhe pertence como primeira utilidade, para que ela possa ser o que é, para sobreviver e se adaptar às condições do ambiente em que se encontra, servindo-lhe de critério para aferir, adquirir e ordenar outros bens." (DINIZ, 2005, ISBN: 8502050605. p. 121). Sob a mesma esteira, na legislação

base em tais indagações, verificamos que este é um assunto que deve ser analisado cautelosamente.

Neste contexto, a análise do Código Civil de Portugal, em seus artigos 503º a 506º, permite compreender a responsabilização na hipótese de um eventual acidente de trânsito, cuja natureza é objetiva. Corroborando com este entendimento, nas palavras de Antunes Valera, *"quem cria ou mantém um risco em proveito próprio, deve suportar as consequências prejudiciais do seu emprego, já que deles colhe o principal benefício*[22].

Segundo o autor, ao falarmos sobre este tipo de responsabilidade, estaríamos diante do dever de indenizar um terceiro prejudicado/lesado, em decorrência da propriedade do veículo autônomo. Isto é, pode-se considerar que o portador do bem assumiu o risco do resultado[23].

Seguindo adiante, outra espécie de responsabilidade elencada pela doutrina seria a responsabilidade de poder de facto, isto é, quando *"A direção efetiva é o poder real (de facto) sobre o veículo, mas não equivale à ideia grosseira de*

constitucional e infraconstitucional portuguesa, define-se a personalidade jurídica como: "I. A personalidade jurídica consiste na suscetibilidade de uma pessoa individual ou coletiva ser sujeito de direitos ou obrigações jurídicas. Todo o ser humano singular, por força do princípio da dignidade da pessoa humana que fundamenta a razão de ser da Constituição da República Portuguesa (CRP), tem personalidade jurídica. II. A personalidade jurídica das pessoas singulares adquire-se, nos termos do n.º 1 do art.º 66.º do Código Civil (CC), no momento do nascimento completo e com vida, cessando a mesma personalidade com a morte (n.º 1 do art.º 68.º do CC), sem prejuízo da tutela de direitos de personalidade de pessoa falecida, ofendida no seu bom nome (art.º 71.º do CC). A personalidade jurídica de uma pessoa singular envolve a sujeição a deveres e a titularidade de direitos, destacando-se de entre estes, os direitos de personalidade (art.º 70.º e seguintes do CC), alguns dos quais foram elevados à categoria de direitos fundamentais pelo facto de constarem da Constituição da República: é, a título de exemplo, o caso dos direitos à identidade pessoal, à capacidade civil, à cidadania, ao bom nome e reputação, à imagem, à palavra, à reserva de intimidade da vida privada e familiar, dignidade pessoal e identidade genética (art.º 26.º da CRP). As pessoas individuais podem ser sujeitos de quaisquer relações jurídicas, salvo disposição legal em contrário e por isso mesmo dispõem de capacidade jurídica (art.º 67.º do CC)." [Consul. 18 jan. 2023]. Disponível em: <https://dre.pt/dre/lexionario/termo/personalidade-juridica>.

[22] ANTUNES VARELA, ob. cit., p. 633. Em sentido equivalente, ALMEIDA COSTA, Direito das Obrigações, 11ª Edição, Almedina, Coimbra, 2018, p. 630. ISBN: 9789724088310.

[23] SANTOS CRUZ, Bruno Fernando. Smart Cars: desafios jurídicos na era da inteligência artificial. Dissertação de Mestrado. Faculdade de Direito da Universidade do Porto, Porto, outubro de 2020, p. 12. [Consult. 27 jan. 2022]. Disponível em: <https://repositorio-aberto.up.pt/bitstream/10216/131313/2/434919.pdf>.

ter o volante nas mãos na altura em que o acidente ocorre[24]". Compreende-se, do exposto, que a responsabilização se estende aos envolvidos nos serviços de manutenção, cuidado, reparos e manuseio dos veículos, que seriam, de certa forma, os responsáveis diretos pelo bom funcionamento da máquina.

Por sua vez, existe a responsabilidade por risco próprio do veículo automotor, isto é, quando, por caso fortuito e de força maior, ocorre um acidente, ou seja, são fatos ou eventos imprevisíveis, que não podem ser evitados, mas que por decorrência de seus efeitos, resultaram danos para terceiros. Nestes termos, leciona Antunes Varela[25]:

> *"compreende tudo o que se relacione com a máquina enquanto engrenagem de complicado comportamento, com os seus vícios de construção, com os excessos ou desequilíbrios da carga do veículo, com o seu maior ou menor peso ou sobrelotação, com a sua maior ou menor capacidade de andamento, com o maior ou menor desgaste das suas peças, ou seja, com a sua conservação, com a escassez de iluminação, com as vibrações inerentes ao andamento de certos camiões suscetíveis de abalar os edifícios ou quebrar os vidros das janelas. É o pneu que pode rebentar, o motor que pode explodir, a manga de eixo ou a barra da direção que podem partir, a abertura imprevista de uma porta em andamento, a falta súbita de travões ou a sua desafinação, a pedra ou gravilha ocasionalmente projectadas pela roda do veículo".*

Compreende-se, dessa forma, que em acidentes de trânsito com veículos automotores, mesmo que autônomos, no território português, o possuidor ou o detentor do bem irá ser responsabilizado pelos danos causados a terceiros, seguindo, assim, o previsto no artigo 503.1. do código civil[26]. O referido normativo define expressamente que aquele que tiver a responsabilidade de qualquer veículo de circulação terrestre e o utilizar no

[24] ANTUNES VARELA, op. cit., p. 657. No mesmo sentido, PIRES DE LIMA E ANTUNES VARELA, PIRES DE LIMA E ANTUNES VARELA. Código Civil Anotado Volume I, 4ª Edição, Coimbra Editora, 1987, pp. 513 e 514. ISBN: 9789723200379.

[25] PIRES DE LIMA E ANTUNES VARELA, PIRES DE LIMA E ANTUNES VARELA. Código Civil Anotado Volume I, 4ª Edição, Coimbra Editora, 1987, p. 668. ISBN: 9789723200379.

[26] Artigo 503.1. (Acidentes causados por veículos). 1. Aquele que tiver a direcção efectiva de qualquer veículo de circulação terrestre e o utilizar no seu próprio interesse, ainda que por intermédio de comissário, responde pelos danos provenientes dos riscos próprios do veículo, mesmo que este não se encontre em circulação. [Consulta em 17 jan. 2023]. Disponível na internet:<https://dre.pt/dre/legislacao-consolidada/decreto-lei/1966-34509075-49812175>.

seu próprio interesse, ainda que por intermédio de comissário, responde pelos danos provenientes dos riscos próprios do veículo, mesmo que este não se encontre em circulação.

Nessa esteira, cumpre observar que o sistema de condução é um mero mecanismo de tecnologia, que permanece inerte até ser ativado pelo possuidor ou detentor do bem móvel. Como, neste momento, ainda não há que se falar em personalidade jurídica de máquinas[27] também não existe, portanto, culpabilidade do *robot,* como bem leciona Antunes Varela.[28]

Isto posto, entende-se claramente que o legislador português adotou a responsabilidade objetiva como fundamento para a responsabilização por danos causados por acidentes de veículos terrestres no território de Portugal (incluindo os veículos autônomos dotados de IA). Contudo, tal entendimento não é absoluto e outros países adotam correntes diferentes, como é o caso dos Estados Unidos, que adota a teoria da responsabilidade

[27] Vale salientar que a Arábia Saudita concedeu cidadania a um robô chamado Sophia, no ano de 2017, sendo assim o primeiro ser tecnológico a ganhar cidadania de um país. Disponível em:<https://www.gazetadopovo.com.br/economia/nova-economia/arabia-saudita-da-cidadania-a-um-robo-e-reacende-debate-sobre-direitos-e-deveres-de--maquinas-inteligentes-6cs0lnndez9axx3o7jvspbjnw/>. Analisando o assunto a luz do direito português, estaríamos falando de um ser dotado de personalidade jurídica. Desta forma, teria todos os direitos de um cidadão português, incluindo o de entrar, circular e residir em qualquer país da União Europeia, bem como os direitos de propriedade, saúde e educação. Além disso, devido aos deveres decorrentes da personalidade, a questão da responsabilização por erro da inteligência artificial ficaria ainda mais interessante, uma vez que surgiria o seguinte questionamento: um robô autônomo, dotado de personalidade jurídica, é plenamente responsável por seus atos ou, mesmo com a personalidade, o seu produtor e seu detentor seriam responsáveis por suas ações? Sob essa ótica, parafraseamos as palavras da jurista Maria Helena Diniz (2005, ISBN: 8502050605. p. 122-123), quando está acentua que "os direitos da personalidade são absolutos, intransmissíveis, indisponíveis, irrenunciáveis, ilimitados, imprescritíveis, impenhoráveis. Toda pessoa natural é sujeito de direito, portanto, é capaz de adquirir direitos e deveres na ordem civil". Assim sendo, o robô não apenas adquiriria direitos, mas também as obrigações, devendo ser responsável civil e penalmente, de fato e de direito.

[28] "[a] culpa exprime um juízo de reprovabilidade pessoal da conduta do agente: o lesante, em face das circunstâncias específicas do caso, devia e podia ter agido de outro modo. É um juízo que assenta no nexo existente entre o facto e a vontade do autor, e pode revestir duas formas distintas: o dolo (a que os autos e as leis dão algumas vezes o nome de má fé) e a negligência ou mera culpa (culpa em sentido estrito)"(ANTUNES VARELA, ob. cit., p. 566 e 567. ISBN: 9789724088310.

subjetiva[29], como veremos posteriormente. O tema se torna, assim, um assunto com perspectivas diferentes a depender da jurisdição na qual ocorre a fabricação e o possível acidente.

3. Responsabilidade do produtor

Anteriormente, foi possível compreender a responsabilidade civil do proprietário de um veículo automotor sob a perspectiva portuguesa, sob a égide da União Europeia. Contudo, este não é o único que é dotado de responsabilidades, havendo também as responsabilidades do produtor. Essas são regulamentadas pelo Decreto-Lei 383/96, de 6 de novembro[30] ("Decreto-Lei 383/96"), e pela transposição da Diretiva 85/374/CEE, de 25 de julho de 1985[31] ("Diretiva 85/374"), que possuem validade em todo o território nacional português.[32]

Acredita-se que, em decorrência do processo de industrialização e da demanda excessiva da sociedade, aumentaram drasticamente os índices de falhas em produtos realizados nas indústrias, resultando no Decreto-Lei 383/96, que instituiu mecanismo capaz de responsabilizar os produtores pela inserção de produtos defeituosos no mercado[33]. Nas palavras de Juliana Campos:

> *"o produtor pode ser responsabilizado de três formas distintas: a garantia contratual, a responsabilidade extracontratual subjetiva e a responsabilidade objetiva, nos termos*

[29] SANTOS CRUZ, Bruno Fernando. Smart Cars: desafios jurídicos na era da inteligência artificial. Dissertação de Mestrado. Faculdade de Direito da Universidade do Porto, Porto, outubro de 2020, p. 20. [Consult. 27 jan. 2022]. Disponível em: <https://repositorio-aberto.up.pt/bitstream/10216/131313/2/434919.pdf>.

[30] [Consult. 25. dez. 2022]. Disponível em: <https://www.pgdlisboa.pt/leis/lei_mostra_articulado.php?nid=729&tabela=leis&so_miolo>.

[31] [Consult. 27 dez.2022]. Disponível em: <https://www.europarl.europa.eu/doceo/document/TA-8-2017-0051_PT.html>.

[32] Alteração do Decreto-lei nº 131/2001, de 24 de abril que transpôs a diretiva 1999/34/CE, de 10 de maio de 1999.

[33] CAMPOS, Juliana. A Responsabilidade Civil do produtor pelos danos causados por robôs inteligentes à luz do regime do Decreto-Lei n.º 383/89, de 6 de Novembro. Revista de Direito da Responsabilidade, 2019. p 700 a 730. Disponível em: https://revistadireitoresponsabilidade.pt/2019/a-responsabilidade-civil-do-produtor-pelos-danos-causados-por-robos-inteligentes-a-luz-do-regime-do-decreto-lei-n-o383-89-de-6-de-novembro-juliana-campos/. [Consull. 30 dez. 2022].

do decreto-lei mencionado. Nesta última, não se exige qualquer relação entre o produtor e o consumidor final para dar lugar à sua responsabilização, sem prejuízo da prova do nexo de causalidade adequado entre o defeito do produto e o dano ocorrido" (CAMPOS, 2019, p. 707).

Entende-se, pela lógica, que o produtor é aquele que teria a maior capacidade para prever uma possível falha do seu produto antes que essa venha acontecer, uma vez que este conhece desde o processo de produção até a inserção no produto dotado de IA no mercado. De tal forma, o produtor seria o responsável pela segurança do bem, podendo sobre ele recair a responsabilidade civil – objetiva, como apresentado anteriormente.[34].

Contudo, é necessário analisar uma série de fatores para que o produtor seja responsabilizado pelos danos causados em um eventual acidente, tais como o produto, a natureza do defeito e o momento da entrada em circulação.[35]

O artigo 3º do Decreto-Lei 383/96, define como produto qualquer coisa móvel, ainda que incorporada noutra coisa móvel ou imóvel[36]. Por sua vez, o defeito está definido no artigo 4º do referido decreto-lei, que determina expressamente que *"um produto é defeituoso quando não oferece a segurança com que legitimamente se pode contar, tendo em atenção todas as circunstâncias, designadamente a sua apresentação, a utilização que dele razoavelmente possa ser feita e o momento da sua entrada em circulação"*. Ainda assim, o artigo completa que *"não se considera defeituoso um produto pelo simples facto de posteriormente ser posto em circulação outro mais aperfeiçoado"*.[37]

[34] SILVA, João Calvão. Responsabilidade Civil do Produtor. 1ª Ed. Almedina, 1990. p. 529. ISBN 9724004775.

[35] CAMPOS, Juliana. A Responsabilidade Civil do produtor pelos danos causados por robôs inteligentes à luz do regime do Decreto-Lei n.º 383/89, de 6 de Novembro. Revista de Di-reito da Responsabilidade, 2019. p. 9. Disponível em: https://revistadireitoresponsabilidade.pt/2019/a-responsabilidade-civil-do-produtor-pelos-danos-causados-por-robos-inteligentes-a-luz-do-regime-do-decreto-lei-n-o383-89-de-6-de-novembro-juliana-campos/. [Consult. 30 dez. 2022].

[36] Artigo 3.º Produto 1 – Entende-se por produto qualquer coisa móvel, ainda que incorporada noutra coisa móvel ou imóvel. 2 – Exceptuam-se os produtos do solo, da pecuária, da pesca e da caça, quando não tenham sofrido qualquer transformação. [Consult. 25 jan. 2023.] Disponível em: <https://dre.pt/dre/detalhe/decreto-lei/383-1989-550177>.

[37] [Consult. 28 dez. 2022.] Disponível em: <https://www.pgdlisboa.pt/leis/lei_mostra_articulado.php?nid=729&tabela=leis&so_miolo=>.

Através de estudo na Diretiva n.º 85/374 do Parlamente Europeu, pode-se considerar que os veículos autônomos são enquadráveis como produto nos termos da Diretiva, como bem pontua Bernard A. Koch.[38] Tal afirmativa vem da lógica de compreensão, se o artigo 3º do decreto-lei 383/96 considera "coisa móvel", há de também albergar os veículos autônomos, desde que estes possuam seu caráter originário, ou seja, quando as características iniciais de fabricação não foram alteradas.[39]

Além disso, vale salientar que o artigo 1.º do decreto-lei 383/96 define que o produtor é responsável pelos danos causados por defeitos dos produtos que põe em circulação, entretanto, não estão compreendidos nestes danos todo e qualquer dano. É o que dispões o artigo 8º do referido decreto:

> *"São ressarcíeis os danos resultantes de morte ou lesão pessoal e os danos em coisa diversa do produto defeituoso, desde que seja normalmente destinada ao uso ou consumo privado e o lesado lhe tenha dado principalmente este destino".*[40]

Sob essa ótica, o artigo 5º do decreto elenca as causas de exclusão de responsabilidade, sendo elas:

> "O produtor não é responsável se provar:
>
> a) Que não pôs o produto em circulação;
>
> b) Que, tendo em conta as circunstâncias, se pode razoavelmente admitir a inexistência do defeito no momento da entrada do produto em circulação;
>
> c) Que não fabricou o produto para venda ou qualquer outra forma de distribuição com um objectivo económico, nem o produziu ou distribuiu no âmbito da sua actividade profissional;
>
> d) Que o defeito é devido à conformidade do produto com normas imperativas estabelecidas pelas autoridades públicas;

[38] KOCH, Bernhard A. Product Liability 2.0 – Mere Update or New Version. Liability for Artificial Intelligence and the Internet of Things, 1ª Edição, Nomos, Baden-Baden, 2019. p. 105. ISBN 978-3-8487-5293-5.

[39] SPINDLER, Gerald. User Liability and Strict Liability in the Internet of Things and for Robots. Liability for Artificial Intelligence and the Internet of Things, 1ª Ed. Nomos, Baden-Baden, 2019, pp. 129. ISBN: 978-3-8487-5293-5.

[40] [Consult. 30 dez. 2022]. Disponível em Informações disponíveis em: <https://www.pgdlisboa.pt/leis/lei_mostra_articulado.php?nid=729&tabela=leis&so_miolo=>.

e) Que o estado dos conhecimentos científicos e técnicos, no momento em que pôs o produto em circulação, não permitia detectar a existência do defeito;

f) Que, no caso de parte componente, o defeito é imputável à concepção do produto em que foi incorporada ou às instruções dadas pelo fabricante do mesmo."[41]

Além das possibilidades elencadas no dispositivo exposto anteriormente, existem a possibilidade da exclusão da responsabilidade do produtor em virtude de omissão de obrigação de informar por parte do vendedor. Tal situação ocorre quando o vendedor tem a obrigação de informar ao comprador as especificidades dos produtos, como, por exemplo, no caso dos veículos autônomos de natureza de uso exclusivamente urbanos. Tais veículos podem apresentar erros e resultar em acidentes se forem utilizados para trabalhos rurais.

Dessa forma, deve o vendedor informar ao cliente que o determinado veículo que ele está adquirindo é de uso urbano ou que este pode apresentar falhas no uso rural, se assim existir. Tal omissão poderá dar causa de responsabilização, conforme Jefrey Gurney, excluindo a responsabilidade do produtor para defeitos ou acidentes resultantes da inobservância daquela informação.[42]

Atualmente, vivenciamos o início de uma corrida para definir a liderança dos estudos e da regulamentação da comercialização dos produtos dotados de IA pelo mundo, tendo como principais referências nessa seara a União Europeia (EU) e os Estados Unidos (EUA). Ter conhecimento sobre tal assunto é de extrema importância para o comércio internacional e, principalmente, para a indústria robótica e automobilística que aposta em veículos autônomos, uma vez quem que tais diretrizes regulamentam a definição, objetivos, limites, riscos, dentre diversos outros assuntos.

[41] 28 dez. 2022.Disponível em:< https://www.pgdlisboa.pt/leis/lei_mostra_articulado.php?nid=729&tabela=leis&so_miolo=>.

[42] *"For instance, if the vehicle is brought to a particular location that the maps cannot identify, the vehicle could malfunction and cause harm. A consumer may not know that the vehicle struggles in remote locations, and the manufacturer would have a duty to warn the owner that the automous technology could malfunction or does not operate properly there"*: JEFREY GURNEY, "*Sue my car not me: products liability and accidents involving automous vehicles*", Journal of Law, Technology & Policy, p. 264.

Podemos compreender através do quadro a seguir a exata definição do que se trata a IA para os Estados, através de suas respectivas diretrizes de regulamentação, sendo a *Executive Order 13859*, de 11 de fevereiro de 2019, dos Estados Unidos e a *White Paper on AI*, de 24 fevereiro de 2020 da União Europeia.

Quadro 01 – **Diretrizes regulatórias das iniciativas dos EUA e UE: Definição.**

I. Definição sobre IA	
Estados Unidos (Executive Order 13859)	The term "artificial intelligence" means the full extent of Federal investments in AI, to include: R&D of core AI techniques and technologies; AI prototype systems; application and adaptation of AI techniques; architectural and systems support for AI; and cyberinfrastructure, data sets, and standards for AI.[43]
União Europeia (White Paper on AI)	Artificial intelligence (AI) systems are software (and possibly also hardware) systems designed by humans that, given a complex goal, act in the physical or digital dimension by perceiving their environment through data acquisition, interpreting the collected structured or unstructured data, reasoning on the knowledge, or processing the information, derived from this data and deciding the best action(s) to take to achieve the given goal. AI systems can either use symbolic rules or learn a numeric model, and they can also adapt their behaviour by analysing how the environment is affected by their previous actions[44].

* Elaboração do autor.

[43] US GOVERNMENT. Executive Order 13859 of February 11, 2019. Federal Register, v. 84, n. 31, p. 3967-3972. [Consul. 02 jan. 2023]. Disponível em: <https://www.federalregister.gov/documents/2019/02/14/2019-02544/maintaining-american-leadership-in-artificialintelligence>.

[44] EUROPEAN COMMISSION. White Paper on Artificial Intelligence – a European approach to excellence and trust, 19/02/2020. [Consult. 02 jan. 2023]. Disponível em: <https://data.consilium.europa.eu/doc/document/ST-6266-2020-INIT/en/pdf>.

Todavia, percebe-se que tanto o *Executive Order 13859* quanto o *White Paper on AI* buscaram demonstrar suas respectivas capacidades em determinar e estabelecer parâmetros de conduta globais, voltados a pesquisa e desenvolvimento tecnológico de IA, em seus respectivos pontos de concentração.

Ainda assim, ficam definidos em ambos os documentos os direitos e os valores (sociais ou econômicos) que as diretrizes buscam proteger, como as liberdades dos civis, a privacidade, a segurança nacional e econômica e os direitos fundamentais. Quanto aos riscos aos direitos da população mundial, ambas as diretrizes se demonstram preocupadas com os direitos fundamentais.

Outro aspecto de suma importância nos respectivos documentos diz respeito, ainda, aos parâmetros de conduta para os atores (criador, responsável pela implantação, produtor, distribuidor, importador, prestador de serviços)[45], que desenvolvem sistemas dotados de IA, conforme podemos observar no quadro a seguir:

Quadro 02 – **Diretrizes regulatórias das iniciativas dos EUA e UE: Conduta.**

II. Parâmetros de conduta para os atores que desenvolvem sistemas de IA	
Estados Unidos (Executive Order 13859)	Development of regulatory and non-regulatory approaches by such agencies regarding technologies and industrial sectors that are either empowered or enabled by AI, and that advance American innovation while upholding civil liberties, privacy, and American values[46].

[45] LEITÃO, Rômulo Guilherme; BELCHIOR, Wilson Sales. Diretrizes regulatórias para sistemas de inteligência artificial: análise documental das iniciativas dos Estados Unidos e União Europeia. Revista Eletrônica Direito e Sociedade. Canoas, v. 10, n. 3, 2022, p. 199. ISSN: 2318-8081.

[46] US GOVERNMENT. Executive Order 13859 of February 11, 2019. Federal Register, v. 84, n. 31, p. 3967-3972. [Consul.02 jan. 2023]. Disponível em: <https://www.federalregister.gov/documents/2019/02/14/2019-02544/maintaining-american-leadership-in-artifi cialintelligence>.

União Europeia (White Paper on AI)	Taking into account the guidelines of the High Level Expert Group and what has been set out in the foregoing, the requirements for high-risk AI applications could consist of the following key features, which are discussed in further detail in the subsections below: i. training data; ii. data and record-keeping; iii. information to be provided; iv. robustness and accuracy; v. human oversight; vi. specific requirements for certain particular AI applications, such as those used for purposes of remote biometric identification.[47]

* Elaboração do autor.

No que tange aos parâmetros de conduta para o desenvolvimento de IA, por sua vez, percebe-se que o *White Paper on AI* enfatizou a importância de requisitos obrigatórios para servir como base de condutas, como por exemplo a conservação de registros e de dados e a prestação de informações, visando assim, garantir a proteção dos direitos elencados anteriormente.

Por último, adentramos nos objetivos dos documentos:

QUADRO 03 – **Diretrizes regulatórias das iniciativas dos EUA e UE: Objetivos.**

III. Objetivos das atividades regulatórias	
Estados Unidos (Executive Order 13859)	Maintaining American leadership in AI requires a concerted effort to promote advancements in technology and innovation, while protecting American technology, economic and national security, civil liberties, privacy, and American values and enhancing international and industry collaboration with foreign partners and allies.[48]

[47] EUROPEAN COMMISSION. White Paper on Artificial Intelligence – a European approach to excellence and trust, 19/02/2020. [Consult. 02 jan. 2023]. Disponível em: <https://data.consilium.europa.eu/doc/document/ST-6266-2020-INIT/en/pdf>.

[48] US GOVERNMENT. Executive Order 13859 of February 11, 2019. Federal Register, v. 84, n. 31, p. 3967-3972. [Consult.02 jan. 2023]. Disponível em: <https://www.federalregister.gov/documents/2019/02/14/2019-02544/maintaining-american-leadership-in-artificialintelligence>.

União Europeia (White Paper on AI)	Achieve world leadership in innovation in the data economy and its solutions. Bring benefits to society (citizens, businesses and services of public interest) and to the European economy[49].

* Elaboração do autor.[49]

Conforme mencionado no início deste tópico, os Estados Unidos e a União Europeia estão em uma corrida para liderar a pesquisa, o desenvolvimento e a regulamentação acerca da IA. Dessa forma, os objetivos das diretrizes não poderiam ser diferentes. Ambos têm como metas tornarem-se referência na pesquisa e regulamentação da IA, fazendo grandes investimentos para tanto. Sem prejuízo, almejam também o desenvolvimento econômico e social de seus respectivos cidadãos.

Os Estados Unidos buscam manter sua posição de liderança no mundo em mais um assunto, incentivando avanços na tecnologia e inovação, abrindo mercados para as indústrias nacionais. Por sua vez, a União Europeia enfatizou o interesse na formação de um ecossistema de excelência, dotado de IA, o que proporcionaria à Europa torna-se líder mundial na inovação em economia de dados e outros elementos relacionados.[50]

Mediante o exposto, buscou-se analisar as principais legislações vigentes sobre o desenvolvimento e pesquisa da Inteligência Artificial (IA) com o intuito demostrar a inexistência de uma norma que possa ser utilizada como base para todos os países. Em consequência disso, acredita-se que a divergência entre as diretrizes normativas dos EUA e da UE sobre este assunto podem resultar diretamente em graves riscos a ordem jurídica no que concerne, especificamente, à condução automatiza.

Por tratar-se de um assunto de caráter global, aA variação das normativas entre os Estados influenciam diretamente na responsabilidade, na produção e, até mesmo, nos riscos do produto para o consumidor. Dessa

[49] EUROPEAN COMMISSION. White Paper on Artificial Intelligence – a European approach to excellence and trust, 19/02/2020. [Consult. 02 jan. 2023]. Disponível em: <https://data.consilium.europa.eu/doc/document/ST-6266-2020-INIT/en/pdf>.

[50] EUROPEAN COMMISSION. White Paper on Artificial Intelligence – a European approach to excellence and trust, 19/02/2020. [Consult. 02 jan. 2023].Disponível em: <https://data.consilium.europa.eu/doc/document/ST-6266-2020-INIT/en/pdf>.

forma, em um possível acidente, inúmeros fatores devem ser levados em consideração, resultando em um grande problema jurídico, como a jurisdição, a legislação aplicável e, à luz dela, quais os trâmites para determinar a existência e a identificação de um responsável.

Acredita-se que este ainda é um assunto que necessita de um aprofundado estudo e que as lacunas no que diz respeito à responsabilização serão compreendidas com o passar do tempo, principalmente com a evolução legislativa e, também, da IA.

Conclusões

Através do presente estudo científico, percebeu-se que IA é um ramo de estudo em constante mutação, que tende a evoluir gradativamente, permitindo que, assim, a sociedade se beneficie de seus produtos, como é o caso dos veículos autônomos. Por sua vez, estes já são uma realidade nas ruas de inúmeros países e a tendência é de aumento. Sem dúvidas, este é o futuro e, possivelmente, será um dos métodos mais eficazes na prevenção de acidentes de trânsitos, minimizando os erros e falhas humanas. Contudo, percebe-se que ainda é um assunto que está em desenvolvimento no âmbito jurídico, até mesmo pelo fato de ser algo prematuro, recente.

Como demonstrado, há uma disputa entre os Estados para ver qual irá liderar a pesquisa e regulamentação da IA, nomeadamente entre os Estados Unidos e a União Europeia. Pode-se afirmar, portanto, que ambas as propostas (*Executive Order 13859* e *White Paper*) são consistentes, sólidas, e que buscam o desenvolvimento tecnológico, a segurança jurídica e proteção dos direitos de seus respectivos cidadãos.

Por sua vez, através dos elementos jurídicos que existem até o este momento, percebe-se que Portugal foi sábio ao adotar a teoria do risco e a responsabilidade objetiva, ao implementar as diretivas da União Europeia, para a solução de possíveis acidentes envolvendo veículos autônomos dotados de IA – determinando que o proprietário e o detentor são responsáveis pelos danos que seus produtos ocasionarem, mesmo que estes sejam munidos de autonomia.

Infelizmente, no entanto, tal estratégia não é absoluta, na medida em que outros países, como os Estados Unidos, adotaram a teoria subjetiva, que leva em consideração fatores como a capacidade da IA, a produção do produto, o local e as circunstância do acidente.

Dessa forma, o presente estudo buscou analisar as principais diretrizes normativas sobre o assunto, permitindo compreender que o debate jurídico a respeito da responsabilidade por danos gerados por sistemas de IA precisa considerar, primeiramente, a jurisdição e aplicação da norma correspondente.

Ao se tratar de veículos automotores, entendemos que a capacidade de reconhecimento de responsabilidade civil da própria máquina ainda é remota. Apesar da condução totalmente automatizada de alguns veículos, o fundamento jurídico, em especial, da União Europeia e, inclusive, de Portugal, ainda não dá amparo a tal responsabilidade.

Como último ponto, o autor gostaria de ponderar até que momento essa "não responsabilização" se dará. Afinal, a velocidade de desenvolvimento da IA pode, sim, nos levar a um cenário onde a máquina de condução possa ter traços e, até mesmo, personalidade jurídica própria.

Dessa forma, conclui-se que, por se tratar de um assunto com perspectivas globais, faz-se necessário um posicionamento o mais próximo do pacífico possível entre as correntes dos Estados, para que assim seja possível compreender a responsabilidade dos fabricantes, vendedores e, até mesmo, dos compradores, evitando que possíveis brechas legislativas em virtude de omissões normativas possam pôr em risco direitos básicos dos seus respectivos cidadãos.

Entende-se, por fim, que este assunto merece um estudo mais aprofundado, permitindo assim acompanhar a evolução tecnológica da IA e os possíveis mecanismos de regulamentação e responsabilização.

Referências

ANTUNES, Henrique Sousa. Inteligência Artificial e Responsabilidade Civil. Cap. 1. **Inteligência Artificial & Direito**, 1ª Ed. Almedina, Coimbra, 2020. 228 p. ISBN 9789898951823

ALVES, Paula Ribeiro. **Os desafios digitais no mercado segurador.** FinTech: desafios da tecnologia financeira, 1ª Edição, Coimbra, Almedina, 2019. Disponível em: https://almedina.ams3.cdn.digitaloceanspaces.com/pdf_preview/9789724078472.pdf.[Consult. 26 dez. 2022].

CAMPOS, Juliana. A Responsabilidade Civil do produtor pelos danos causados por robôs inteligentes à luz do regime do Decreto-Lei n.º 383/89, de 6 de Novembro. **Revista de Direito da Responsabilidade**, 2019. p 700 a 730. Disponível em: https://revistadireitoresponsabilidade.pt/2019/a-responsabilidade-civil-do-produtor-pelos-danos-causados-por-robos-inteligentes-a-luz-do-regime-do-decreto-lei-n-o383-89-de-6-de-novembro-juliana-campos/. [Consult. 30 dez. 2022]

CARRILO, Margarita Robles. **Artificial intelligence: from ethics to law**. Telecommunications Policy, v. 44, n. 6, p. 1-16, 2020. Disponível em: https://ideas.repec.org/a/eee/telpol/v44y2020i6s030859612030029x.html. [Consult. 03 jan. 2022].

COELHO, Vera Lúcia Paiva. Responsabilidade do produtor por produtos defeituosos "Teste de resistência" ao DL n.º 383/89, de 6 de novembro, à luz da jurisprudência recente, 25 anos volvidos sobre a sua entrada em vigor. **Revista Eletrónica de Direito**, junho 2017, nº 2. Disponível em: https://cije.up.pt/pt/red/edicoes-anteriores/2017-nordm-2/responsabilidade-do-produtor-por-produtos--defeituosos-ldquoteste-de-resistenciardquo-ao-dl-nordm-38389-de-6-de--novembro-a-luz-da-jurisprudencia-recente-25-anos-volvidos-sobre-a-sua-entrada-em-vigor/. [Consult. 27 dez. 2022]

COELHO, Carlos. Arábia Saudita dá cidadania a um robô e reacende debate sobre direitos e deveres de máquinas inteligentes. **Gazeta do Povo**. Disponível em: https://www.gazetadopovo.com.br/economia/nova-economia/arabia-saudita--da-cidadania-a-um-robo-e-reacende-debate-sobre-direitos-e-deveres-de-maquinas-inteligentes-6cs0lnndez9axx3o7jvspbjnw/. [Consult. 04 jan.2023]

DINIZ, Maria Helena. **Curso de Direito Civil brasileiro**. 22. ed. rev. e atual. São Paulo: Saraiva, 2005, v. I. p. 121. ISBN: 8502050605.

EUROPEAN COMMISSION. **About the European Commission**, 2020. Disponível em: https://commission.europa.eu/select-language?destination=/node/1. [Consult. 02 jan. 2023]

EUROPEAN COMMISSION. **Shaping Europe's digital future – questions and answers**, 19/02/2020. Disponível em: https://ec.europa.eu/commission/presscorner/detail/en/qanda_20_264. [Consult. 13 jan. 2023].

EUROPEAN COMMISSION. **White Paper on Artificial Intelligence – a European approach to excellence and trust**, 19/02/2020. Disponível em:https://data.consilium.europa.eu/doc/document/ST-6266-2020-INIT/en/pdf.[Consult. 02 jan. 2023]

EUROPEAN UNION. **Tratado sobre o funcionamento da União Europeia (versão consolidada)**, 2016. Disponível em: https://eur-lex.europa.eu/legal-content/PT/TXT/PDF/?uri=CELEX:12016E/TXT&from=PT. [Consult. 03 jan. 2022].

FARIA, Jorge Ribeiro. **Direito das Obrigações**. Volume 2, 4ª edição, Almedina, Coimbra 1990.??? p. ISBN

HERZOG, Christian. Technological opacity of machine learning in healthcare. In: WEIZENBAUM CONFERENCE, 2., 2019, Berlin. **Proceeding of the Weizenbaum Conference 2019 "Challenges of Digital Inequality – Digital Education, Digital Work, Digital Life"**. Disponível em: https://doi.org/10.34669/wi.cp/2.7. [Consult. 03 jan. 2022].

Inteligência Artificial. **ICMC Junior**. 16/07/2021. Disponível em: <https://icmcjunior.com.br/inteligencia-artificial/?gclid=CjwKCAjwoP6LBhBlEiwAvCcthA34v7Kz_Nd1lzAcTBu_wNBCVyMTHeHZj-ytiAO__tlXTs7farDiuxoC4Z0QAvD_BwE>. [Consult. 18 jan. 2022]

JEFREY GURNEY. Sue my car not me: products liability and accidents involving automous vehicles. **Journal of Law**, Technology & Policy, pp. 265 e 266. Disponível em; https://papers.ssrn.com/sol3/papers.cfm?abstract_id=2352108. [Consult. 26 dez. 2022].

KOCH, Bernhard A. **Product Liability 2.0 – Mere Update or New Version.** Liability for Artificial Intelligence and the Internet of Things, 1ª Edição, Nomos, Baden-Baden, 2019. p. 105. ISBN 978-3-8487-5293-5

LEITÃO, Rômulo Guilherme; BELCHIOR, Wilson Sales. Diretrizes regulatórias para sistemas de inteligência artificial: análise documental das iniciativas dos Estados Unidos e União Europeia. **Revista Eletrônica Direito e Sociedade.** Canoas, v. 10, n. 3, 2022. p. 199. ISSN 2318-8081

MACHADO, João Baptista. **Acordo Negocial e Erro na Venda de Coisas Defeituosas**. Obra dispersa, vol. I, Scientia Iuridica, Braga, 1991. p. 47. ISSN: 0303-9773.

MARTINEZ, Pedro Romano. **Cumprimento Defeituoso em especial na compra e venda e na empreitada**. 1ª Ed, Almedina, 2015. p. 87. ISBN: 978-9724060293.

QUADROS, Doacir Gonçalvez. **O Estado na teoria política clássica Platão, Aristóteles, Maquiavel e os contratualistas.** Curitiba: InterSaberes, 2016. p. 23. ISBN: 978-8559721089.

SANTOS CRUZ, Bruno Fernando. **Smart Cars: desafios jurídicos na era da inteligência artificial**. Dissertação de Mestrado. Faculdade de Direito da Universidade do Porto, Porto, outubro de 2020, p. 4. [Consult. 27 jan. 2022]. Disponível em: <https://repositorio-aberto.up.pt/bitstream/10216/131313/2/434919.pdf>.

SALLARDI, Silvia. **Robótica e inteligencia artificial: retos para el derecho**. Tradução de Alessandro Di Rosa. Derechos y Libertades, Madrid, n. 42, p. 203-232, 2020. p. 207. ISSN: 1133-0937.

SILVA, João Calvão. **Compra e Venda de Coisas Defeituosas**. 2ª Ed. Almedina, 2004. p. 121. ISBN: 9789724034751.

SILVA, João Calvão. **Responsabilidade Civil do Produtor.** 1ª Ed. Almedina, 1990. p. 548. ISBN 9724004775

SILVA, Nuno Sousa. Inteligência Artificial, robots e responsabilidade civil: o que é diferente? **Revista de Direito Civil**, n.º 4, 2020, pp. 691 a 711. Disponível em: https://repositorio.ucp.pt/handle/10400.14/29504. [Consult. 28 dez 2022]

SPINDLER, Gerald. **User Liability and Strict Liability in the Internet of Things and for Robots.** Liability for Artificial Intelligence and the Internet of Things, 1ª Ed. Nomos, Baden-Baden, 2019, pp. 125 a 144. ISBN: 978-3-8487-5293-5.

US GOVERNMENT. **Executive Order 13859 of February** 11, 2019. Federal Register, v. 84, n. 31, p. 3967-3972. Disponível em: https://www.federalregister.gov/documents/2019/02/14/2019-02544/maintaining-americanleadership-in--artifi cial-intelligence. p. 397. [Consult. 02 jan. 2023]

US SENATE. **Constitution of the United States**, 2020. Disponível em: https://www.senate.gov/civics/constitution_item/constitution.htm. [Consult. 03 jan. 2022].

VARELA, Antunes. **Das obrigações em geral**, V. I, 10ª Ed. Almedina, 2017. ISBN: 9789724013893.

VICENTE, Dário Moura. Inteligência Artificial e Iniciativas Internacionais. Cap. 6. **Inteligência Artificial & Direito**. 1ª Ed. Almedina, Coimbra, 2020. P. 93-105. ISBN 978-972-40-8262-2. - 263.

Legislação e jurisprudência

PORTUGAL. **Diário da República n.º 176/1996**, Série I-A de 1996-07-31, páginas 2184 - 2189. Disponível em: https://dre.pt/dre/detalhe/lei/24-1996-406882. [Consult. 26 dez. 2022].

PORTUGAL. **DL n.º 383/89, de 06 de Novembro**. Responsabilidade decorrente de produtos defeituosos. [Consut. 25 dez. 2022].

PORTUGAL. **DL n.º 67/2003, de 08 de Abril.** Venda de bens de consumo e das garantias a ela relativas. Disponível em: https://www.pgdlisboa.pt/leis/lei_mostra_articulado.php?nid=706&tabela=leis&so_miolo=. [Consult. 27 dez. 2022].

PORTUGAL. **Personalidade jurídica.** Lexionário. Disponível em: https://dre.pt/dre/lexionario/termo/personalidade-juridica. [Consult. 18 jan. 2022].

8. NEGOCIAÇÃO ALGORÍTMICA DE ALTA FREQUÊNCIA (*HIGH FREQUENCY TRADING*): PARALELOS ENTRE DIREITO BRASILEIRO E O ORDENAMENTO JURÍDICO PORTUGUÊS

DANILO ORSIDA

Introdução

A negociação algorítmica de alta frequência, também denominada *High Frequency Trading – HFT*, envolve o uso de algoritmos que podem colocar grandes volumes de ordens no mercado com base em certos parâmetros de negociação em questão de milissegundos. Em certos casos, este tipo de negociação pode ter consequências importantes no funcionamento regular do mercado (COSTA, 2020).

Nos últimos anos, ocorreram mudanças tecnológicas rápidas e significativas nos mercados financeiros. Uma dessas mudanças é o surgimento e a utilização da chamada negociação automatizada, na qual são utilizados algoritmos computacionais que geram automaticamente operações no mercado a partir dos parâmetros de negociação que detetem. No âmbito da negociação precisamente automatizada, distingue-se a chamada negociação de alta frequência (doravante "HFT"), cujos potenciais efeitos no mercado têm atraído a atenção de órgãos de supervisão nacionais e internacionais (MAAZ, 2018).

Entende-se por negociação automatizada ou algorítmica a negociação de instrumentos financeiros na qual um algoritmo de computador determina automaticamente os diferentes parâmetros das ordens com limitada ou nenhuma intervenção humana. Ou seja, a nota fundamental desse tipo de negociação é a utilização de algoritmos computacionais que interpretam os sinais e condições do mercado e, em resposta a eles, automaticamente inserem ordens no mercado, com determinados parâmetros (preço, quantidade, momento de colocação da ordem no mercado, etc.) (ALMEIDA, 2016).

Nas palavras da Comissão Europeia, no HFT, um sistema de negociação analisa dados ou sinais de mercado em alta velocidade e lança ou atualiza, em reação a essa análise, um grande volume de ordens em um período curto de tempo, praticamente em milissegundos. Portanto, o HFT não consistiria tanto em uma estratégia de negociação, mas no uso de tecnologias avançadas para realizar estratégias de negociação tradicionais, como a arbitragem e a própria criação de mercado (COSTA, 2020).

Nesse sentido, o HFT pode ser definido a partir de dois critérios em conjunto: o tipo de estratégias utilizadas e o tipo de principais operadores que fazem uso desse tipo de negociação. Quando o assunto é estratégia, o HFT foca naquelas que visam aproveitar as oportunidades de investimento em um prazo muito curto, praticamente em milissegundos. Entre eles, encontraríamos a criação de mercado (obtenção de margens entre as cotações de oferta e demanda no mercado) e a arbitragem (obtenção de lucros através de diferenças de preços em diversas plataformas de negociação), que permitem obter receitas substanciais combinando margens baixas com um grande número de operações (PEREIRA, 2014).

Neste contexto, o objetivo deste artigo é, sobretudo, descrever as características essenciais do HFT, delineando os riscos e potenciais efeitos que este tipo de negociação pode ter no mercado financeiro e, por outro lado, analisar o cenário da regulamentação da negociação automatizada e de alta frequência –HFT, nos âmbitos do Brasil e de Portugal, promovendo assim, por intermédio de uma pesquisa bibliográfica e documental, uma análise comparada entre os respectivos ordenamentos jurídicos.

1. Negociação algorítmica de alta frequência e o impacto sistêmico no mercado financeiro

Entende-se por negociação algorítmica de alta frequência (*High Frequency Trading – HFT*)[1] o uso de algoritmos que podem colocar grandes volumes

[1] Sobre o conceito e da «negociação algorítmica de alta frequência», cfr. o artº 3º, nº 1, ponto 33, do Regulamento (UE) n.º 596/2014 do Parlamento Europeu e do Conselho, de 16.04.2014, relativo ao abuso de mercado (regulamento abuso de mercado) e que revoga a Directiva 2003/6/CE do Parlamento Europeu e do Conselho e as Directivas 2003/124/ CE, 2003/125/

de ordens no mercado com base em certos parâmetros de negociação em questão de milissegundos, em certos casos, este tipo de negociação pode ter consequências relevantes no que respeita ao risco de comprometimento da estabilidade do funcionamento regular do mercado.

É fato que nos últimos anos, ocorreram mudanças tecnológicas rápidas e significativas nos mercados financeiros, dentre elas, o surgimento e a utilização da chamada negociação automatizada ou negociação algorítimica[2], que em essência representa a utilização de algoritmos computacionais que geram automaticamente operações no mercado a partir de parâmetros predefinidos de negociação. Neste toar da negociação propriamente automatizada, distingue-se a chamada negociação de alta frequência – HFT, cujos riscos sistêmicos e potenciais efeitos nocivos no mercado financeiro, têm atraído a atenção de órgãos de regulamentação e supervisão nacionais e internacionais.

É fundamental que, por meio de seus algoritmos o HFT consiga identificar oportunidades de negócios no mercado e entrar com ordens com baixa latência[3], ou seja, com o menor intervalo de tempo possível entre a transmissão da ordem e confirmado pelo mercado. Quanto aos principais operadores de HFT, caracterizam-se essencialmente por agirem por conta própria, e não por conta de clientes, e utilizando o seu próprio capital. Considerado que a sua rentabilidade depende da obtenção de lucros através de pequenas margens através da utilização intensiva de

CE e 2004/72/CE. Por sua vez, a definição de «negociação algorítmica de alta frequência», reporta-se ao artigo 4.º, n.º 1, ponto 40, da Directiva 2014/65/UE.

[2] Sobre o conceito e da «negociação algorítmica», cfr. o artº 4º, nº 39, da Diretiva 2014/65/UE do Parlamento Europeu e do Conselho de 15 de maio de 2014, relativa aos mercados de instrumentos financeiros e que altera a Diretiva 2002/92/CE e a Diretiva 2011/61/UE, na qual define «negociação algorítmica» como: a negociação em instrumentos financeiros, em que um algoritmo informático determina automaticamente os parâmetros individuais das ordens, tais como o eventual início da ordem, o calendário, o preço ou a quantidade da ordem ou o modo de gestão após a sua introdução, com pouca ou nenhuma intervenção humana. Esta definição não inclui qualquer sistema utilizado apenas para fins de encaminhamento de ordens para uma ou mais plataformas de negociação, para o processamento de ordens que não envolvam a determinação de parâmetros de negociação ou para a confirmação das ordens ou o processamento pós-negociação das transações executadas.

[3] Sobre o conceito e da noção do impacto de operações de «baixa latência», cfr. Quelhas (2015), *"High-frequency trading (HFT)"*, em Boletim de Ciências Económicas, Volume LVIII, Coimbra, p. 372.

infraestruturas de *trading*, é característico que os operadores de HFT invistam fortemente em tecnologia, com a qual podem obter ganhos em economia de escala. Por este motivo, os principais operadores de HFT incluem grandes bancos e fundos de hedge (MAAZ, 2018).

Justamente em relação aos operadores de HFT, um dos aspectos cruciais que permitem, em muitos casos, a sua atuação é a modalidade de acesso ao mercado de que recorrem. Especificamente, para a colocação de ordens no mercado, os operadores de HFT podem contratar os serviços de acesso direto ao mercado (acesso direto ao mercado) ou acesso patrocinado (acesso patrocinado) oferecidos pelos membros de uma plataforma de negociação (COSTA, 2020).

Especificamente, no acesso patrocinado, os clientes de uma entidade membro de uma plataforma de negociação podem operar diretamente na referida plataforma, inserindo ordens de compra e venda, sem serem membros da plataforma e sem canalizar ordens através dos sistemas da entidade membro, mas utilizando o seu código de identificação. Por outro lado, no acesso direto ao mercado, os clientes da entidade aderente inscrevem as ordens nos sistemas internos da entidade para o seu reenvio automático à plataforma de negociação utilizando o código de identificação da referida entidade aderente. Em ambos os casos, estes serviços podem significar que os operadores de HFT operam com alguma independência no mercado, daí a necessidade das entidades que oferecem estes serviços implementarem os devidos controlos, uma vez que são responsáveis pela plataforma de negociação (ALMEIDA, 2016).

Esses serviços de acesso ao mercado são complementados pelos serviços de localização compartilhada (ou co-localização) oferecidos por algumas plataformas de negociação. No local compartilhado, os membros de uma plataforma de negociação podem localizar seus servidores e equipamentos de TI próximos ao equipamento da plataforma de negociação. Desta forma, o tempo de comunicação entre os servidores informáticos dos membros do mercado e a plataforma de negociação é reduzido, podendo operar com maior agilidade e rapidez e diminuindo a latência das ordens (SOUSA, 2016).

Em termos práticos, o HFT teria efeitos positivos e negativos no mercado, embora sejam estes últimos, por sua importância sistêmica, que tenham atraído a atenção dos reguladores. Sobre os aspectos positivos, alguns especialistas observaram que o HFT melhora a eficiência do mercado, reduzindo os spreads e a volatilidade de curto prazo. Nesse sentido, o estabelecimento de um ambiente de negociação automatizado permitiu que os investidores tivessem informações de preços em tempo real, aumento da concorrência entre plataformas de negociação e processos simplificados de liquidação de ordens (MAAZ, 2018).

Além disso, enquanto efeito positivo, aponta-se que HFT aumenta a liquidez do mercado, como consequência da criação de mercado e das estratégias de arbitragem utilizadas pelos operadores de HFT. No entanto, a melhoria da eficiência e liquidez dos mercados como consequência do HFT não é objeto de consenso entre os especialistas. Nesse sentido, alguns estudos mostram que o HFT consome liquidez em situações de alta volatilidade do mercado e que pode até aumentar a sua volatilidade. Com efeito, os operadores de HFT podem retirar liquidez no mercado a qualquer momento, de acordo com as circunstâncias de mercado, alterando em última análise a cotação e os preços de um instrumento financeiro específico (COSTA, 2020).

Em qualquer caso, não há dúvida de que o HFT tem um efeito positivo ao nível da promoção dos avanços tecnológicos e da modernização das plataformas e sistemas de negociação, sem prejuízo do facto de os algoritmos informáticos se tornarem cada vez mais complexos e difíceis de monitorar, tornando cada vez mais complexa a avaliação do seu impacto no mercado. No que diz respeito aos riscos e aspectos negativos do HFT, destacam-se principalmente os riscos relacionados com a alteração do funcionamento normal e ordenado do mercado. Neste sentido, como aponta a Comissão Europeia[4], no HFT, os algoritmos podem reagir de forma excessiva a determinadas circunstâncias ou desenvolvimentos do mercado ou, diretamente, podem inviabilizar o seu funcionamento regular devido à sobrecarga dos sistemas de negociação em caso de introdução de um número excessivamente alto de pedidos no mercado. Eles podem até gerar ordens duplicadas ou errôneas que perturbam o funcionamento ordenado do mercado (ALMEIDA, 2016).

[4] Sobre a «Comissão Europeia», cfr. Regulamento (UE) n.º 600/2014 do Parlamento Europeu e do Conselho, de 15.05.2014, relativo aos mercados de instrumentos financeiros e que altera o Regulamento (UE) n.º 648/2012, é usualmente representado pelo acrónimo «MiFIR» (Markets in Financial Instruments Regulation).

A velocidade e a complexidade dos processos computacionais afetos à negociação de alta frequência faz também aumentar a incidência de riscos operacionais e sistémicos relacionados com eventuais sobrecargas dos sistemas de negociação e com a geração de ordens erróneas suscetíveis de provocar reações em cadeia e outros eventos disruptivos no mercado.[5]

Da mesma forma, algumas das estratégias realizadas por trading automatizado e HFT podem supor abuso de mercado, pois são práticas que constituem manipulação. Entre essas práticas, a Comissão de Valores Mobiliários (CVM) identificou a práticas de *layering e spoofing*[6], que representam a introdução de ordens para promover uma tendência em que as posições possam ser abertas ou desfeitas a um preço favorável.

Uma das situações paradigmáticas em que o HFT é apontado como elemento distorcedor do mercado é o chamado *flash crash*[7], ocorrido nos Estados Unidos em 6 de maio de 2010. Nesse caso, durante um período de vinte minutos, decorrido entre 14:40 e 15h, mais de 20.000 operações em mais de 300 títulos diferentes foram realizadas a preços que variaram 60% ou mais dos preços cotados às 14h40. Neste caso, as autoridades dos EUA concluíram, como lições aprendidas, que em circunstâncias extremas de mercado, a execução automatizada de negociações de venda longa pode envolver flutuações de preço extremas (especialmente quando os algoritmos não consideram os preços em seus parâmetros) e que a negociação algorítmica, juntamente com programas de execução automatizada, pode corroer rapidamente a liquidez e gerar uma perturbação significativa do mercado.

[5] Sobre a noção de «risco sistêmico», – cfr., a esse propósito, a doutrina, José Manuel Quelhas, "*High-Frequency Trading (HFT)*", in Boletim de Ciências Económicas, Vol. LVIII, Coimbra: Faculdade de Direito da Universidade de Coimbra, 2015, pp. 369-397

[6] Sobre a noção de « *spoofing* » e de « *layering* », – cfr., a esse propósito, BSM – SUPERVISÃO DE MERCADOS. Painel: Monitoração de ofertas – Spoofing e Layering Workshop sobre Monitoração de Práticas Abusivas de Ofertas, de Prevenção à Lavagem de Dinheiro e de Controles Internos de Suitability. São Paulo, 23 nov. 2016. Disponível em: <*http://www.bsm-autorregulacao.com.br/assets/file/noticias/Monitoraca_Ofertas.pdf*>. Acesso em: 21 dez. 2020.

[7] Sobre a noção de « *flash crash* », compreende-se como a variação repentina nos preços de mercado, e que, após um curto período de tempo, voltam aos seus valores iniciais, resultando na pertubação significativa do mercado, contudo, não está comprovado que os HFTs tenham relação direta com o referido fato.

As firmas de comércio de alta frequência devem muito de seu sucesso ao fato de operarem em um nicho de mercado em grande parte não regulamentado. Apesar de seu papel dominante nas negociações do dia-a-dia, elas não estão sujeitas aos regulamentos ou obrigações que afetam os corretores / distribuidores ou criadores de mercado. No entanto, desde eventos como o *flash crash* de 6 de maio, a atividade de HFT está sob crescente escrutínio, tanto do público quanto dos reguladores. Na esperança de evitar que esse *crash* repentino ocorra novamente, a SEC e a *Commodities Futures Trading Commission* ("CFTC") lançaram investigações sobre os eventos traumáticos do mercado de 6 de maio e recomendaram uma reforma regulatória. Algumas mudanças já foram implementadas após o *flash crash*, particularmente onde as empresas de HFT estavam explorando brechas que eram particularmente flagrantes, enquanto muitas outras mudanças ainda estão sendo avaliadas pela SEC. Como resultado, é útil examinar os regulamentos em vigor antes do crash e as alterações propostas que foram sugeridas desde então. Também é útil delinear entre os regulamentos que afetam as empresas de HFT diretamente e os regulamentos que afetam as bolsas de uma forma que impacta diretamente as estratégias de HFT (MAAZ, 2018; ALMEIDA, 2016).

Conforme se vê, a negociação de alta frequência tem na variação repentina de preços o elemento de perturbação e de distorção do mercado, afetando a integridade e estabilidade dos mercados financeiros. Os eventos se tornam realidade em atividades de negociação de alta frequência. A volatilidade do mercado e a negociação de alta frequência podem estar correlacionadas e colocam em risco a estabilidade financeira. É impossível ignorar que, devido ao seu volume, a negociação de alta frequência desempenha um papel importante na estabilidade do mercado, E é obrigação das autoridades obrigadas a garantir essa estabilidade.

Conforme aponta a Comissão de Valores Mobiliários brasileira (CVM) [8], o HFT pode trazer à tona quatro valores essenciais do sistema financeiro (COSTA, 2020): a) Proteção ao investidor, uma vez que alguns investidores (principalmente varejistas) podem não estar cientes dos riscos adicionais dos mercados em que operam as técnicas de HFT; b) O funcionamento regular do mercado, que pode ser alterado caso sejam adotados controles

[8] Sobre a denominada « *Comissão de Valores Mobiliários brasileira* », – cfr.: https://www.gov.br/cvm/pt-br.

insuficientes sobre a negociação algorítmica e HFT; c) A integridade do mercado, na medida em que a existência de ações fraudulentas ou abusivas por parte dos operadores de HFT pode reduzir a confiança dos investidores no mercado, reduzindo o volume de negociação e, consequentemente, a liquidez; d) Estabilidade financeira, uma vez que as desordens do mercado podem ter consequências na liquidez e na formação de preços e, em última instância, nas instituições financeiras.

No entanto, conforme se verifica nas linhas seguintes, lacunas regulamentares na negociação automatizada e HFT já foram reconhecidas pela própria Comissão Europeia e pela Comissão de Valores Mobiliários brasileira (CVM).

2. Enquadramento jurídico no direito brasileiro

A primeira questão que se apresenta é se é necessária a existência de normas jurídico-administrativas que regulem os mercados de valores mobiliários ou se basta a simples autorregulação desses mercados. A resposta a esta pergunta é simples, tendo em vista que os mercados não são autossuficientes para evitar suas disfunções, e, considerando que a integridade do mercado é uma meta compartilhada por comerciantes, bolsas e reguladores, já que nenhuma parte ficará em melhor situação se houver uma falha de mercado significativa que resulte numa crise sistêmica, a regulamentação estatal se justifica.

Atualmente, estima-se que as negociações algorítmicas de alta frequência – HFT representam aproximadamente 10 % (dez por cento)[9] do volume total do mercado no Brasil. A bolsa de valores BM & Bovespa[10] mudou de centros de negociação abertos para redes de negociação eletrônicas em 2009 e está dando os próximos passos para dar suporte à negociação algorítmica. Ele adicionou um novo sistema de computador chamado "Puma" que oferecerá suporte aos negociadores de alta velocidade, e os tempos de execução de ordens foram reduzidos de 30 milissegundos

[9] Sobre o debate em torno do uso de negociações algorítmicas no mercado brasileiro, cfr. SANTANA JUNIOR, Edemilson Cruz. *A Digitalização do Mercado de Capitais no Brasil: tendências recentes. Texto para discussão 2370.* Instituto de Pesquisa Econômica Aplicada – IPEA. Brasília, fevereiro de 2018. p. 10.

[10] Sobre a denominada bolsa brasileira «BM & Bovespa», cfr.: http://www.b3.com.br/pt_br/regulacao/oficios-e-comunicados/bm-fbovespa/

para quase 1 milissegundo. Ela também estabeleceu limites de mensagens projetados para interromper as altas taxas de cancelamento de pedidos e já tem práticas de transparência em vigor para tornar mais fácil para os reguladores rastrearem o "ciclo de vida" de uma negociação. Para facilitar o HFT e estimular o crescimento do setor, o Brasil removeu seu imposto de 6% sobre transações financeiras, mas permanecem algumas complexidades associadas à estrutura tributária sobre ações que podem ainda não tornar o Brasil um destino preferencial para HFT (COSTA, 2020).

Até 2008, o mercado financeiro brasileiro estava concentrado em duas bolsas principais: Bovespa (Bolsa de Valores de São Paulo), que negociava principalmente contratos de ações, e BM&F (Bolsa de Mercadorias e Futuros), que negociava *commodities*, futuros e outros derivativos. Em 8 de maio de 2008, a Bovespa e a BM&F se fundiram na BM & FBovespa, criando uma das maiores bolsas da América Latina em termos de capitalização de mercado. Segundo o site da BM & FBovespa, ao final de junho de 2016, havia 353 (trezentos e cinquenta e tres) empresas listadas em bolsa. O Relatório Anual 2015 da BMF & Bovespa mostra um valor médio diário de negociação de R $ 6,7 bilhões em ações e derivativos de ações. A maior parte do volume diário negociado nesses mercados vem de dois tipos de investidores: estrangeiros (53%) e institucionais locais (27%). Uma pequena parte do mercado é detida por investidores de retalho (13%) e a restante percentagem refere-se a empresas privadas e instituições financeiras (MAAZ, 2018).

O Sistema Financeiro Brasileiro é composto pelo Conselho Monetário Nacional (CMN), responsável por estabelecer as políticas monetária e de crédito. Por sua vez, o Banco Central do Brasil (BACEN) é a autoridade monetária do país e é responsável pela execução das políticas monetária e de crédito. A Comissão de Valores Mobiliários (CVM) é o órgão federal responsável pelo acompanhamento das atividades e serviços no mercado de capitais. Existem também autoridades autorreguladas que contribuem para a manutenção de um ambiente estável e confiável nas atividades do mercado de capitais, a saber: BM & FBOVESPA como principal bolsa de valores do Brasil e responsável pela supervisão das operações realizadas na BM & FBOVESPA, garantindo o cumprimento de todas as leis e regulamentos aplicáveis e da ANBIMA, que tem como função supervisionar os intermediários do mercado de capitais e as atividades das instituições autorreguladas (COSTA, 2020).

A Comissão de Valores Mobiliários (CVM) é um órgão regulador federal vinculado ao Ministério da Fazenda, que tem por objetivo atuar como regulador e fiscalizador do mercado de capitais brasileiro, disciplinando, fiscalizando e desenvolvendo o mercado de valores mobiliários. Para cumprir esse propósito, a CVM tem, entre suas atribuições, a função de (PEREIRA, 2014; COSTA, 2020): a) Assegurar o funcionamento eficiente e regular dos mercados de valores mobiliários e de balcão; b) Proteger os titulares de valores mobiliários contra emissões irregulares e atos ilegais de administradores e acionistas maioritários de empresas ou gestores de carteiras de valores mobiliários; c) Evitar fraudes ou manipulações com o objetivo de criar condições artificiais de demanda, oferta ou preço dos valores mobiliários negociados no mercado; d) Garantir o acesso público às informações sobre os valores mobiliários negociados e as empresas que os emitiram; e) Garantir o cumprimento de práticas comerciais justas no mercado de valores mobiliários; f)Estimular a poupança e seu investimento em títulos; g) Promover a expansão e o funcionamento eficiente e regular do mercado de capitais e estimular os investimentos permanentes em ações do capital social das companhias abertas; h) Entre as atribuições da CVM como reguladora está a de garantir ao público investidor o acesso às informações sobre as sociedades que emitiram (ou estão em processo de emissão) valores mobiliários, regulamentado pela Instrução nº 480 [11].

Ademais, constata-se que o mercado brasileiro conta com 89 (oitenta e nove) corretoras de valores autorizadas a negociar valores mobiliários. Essas empresas têm acesso direto ao sistema financeiro, pois podem negociar em nome de seus clientes ou por conta própria. Além disso, os agentes autônomos podem adquirir clientes para vender seus produtos financeiros e aconselhar sobre decisões de investimento. Esses agentes usam o sistema das corretoras para operar no mercado. Esse ambiente e todo o mercado são regulados principalmente pela CVM (Comissão

[11] A Instrução CVM nº 480, de 7 de dezembro de 2009, com as alterações intruduzidas pelas Instruções CVM nº 488/10, 509/11, 511/11, 520/12, 525/12, 547/14, 552/14, 561/15, 567/15, 568/15, 569/15, 583/16, 584/17, 585/17, 586/17, 588/17, 595/18, 596/18, 600/18, 603/18, 604/18, 609/19, 620/20 E RESOLUÇÃO CVM Nº 3/20 e que dispõe sobre o registro de emissores de valores mobiliários admitidos à negociação em mercados regulamentados de valores mobiliários.

de Valores Mobiliários – Comissão de Valores Mobiliários) e pelo Banco Central do Brasil (BCB) (PEREIRA, 2014).

Tais órgãos têm a função de fazer o acompanhamento da dinâmica mercadológica de maneira mais ágil e mais apropriada que o Poder Legislativo, de forma a criar o arcabouço jurídico do mercado de capitais. Isso porque normalmente o mercado inova, antecipando-se à lei. Na esteira de tais inovações, surgiu o HFT, cuja regulamentação, ainda não ocorreu no Brasil (NOVAIS; FREITAS, 2018).

A Lei nº 6.385 de 1976, traz o desenho de normas institucionais e alguns objetivos a serem alcançados, de forma que a normas infralegais da CVM no exercício de seu poder normativo conformam o mercado brasileiro. Tais normas são muito influenciadas pelos estudos e publicações da *International Organization of Securities Commissions* (IOSCO) (BRASIL, 1976).

O art. 18, inciso II, alínea b, da Lei nº 6.385 atribuiu à CVM a competência para definir a configuração de condições artificiais de demanda, oferta ou preço de valores mobiliários, ou de manipulação de preço; operações fraudulentas e práticas não equitativas na distribuição ou intermediação de valores:

Art. 18. Compete à Comissão de Valores Mobiliários: II – definir: b) a configuração de condições artificiais de demanda, oferta ou preço de valores mobiliários, ou de manipulação de preço; operações fraudulentas e práticas não equitativas na distribuição ou intermediação de valores... (BRASIL, 1976, p.1).

Buscando o desenvolvimento do mercado de capitais por meio da proteção aos acionistas, em 1976 foi instituída a Lei nº 6.404 (Lei das Sociedades por Ações – LSA), que permitia às sociedades emitir, no mínimo, 33% das ações com direito a voto. as ações ordinárias sendo um primeiro passo para reduzir a concentração acionária e a Lei nº 6.385, citada anteriormente, que deu origem à Comissão de Valores Mobiliários (CVM), cujo objetivo era regular o mercado de capitais e fiscalizar as bolsas de valores e as companhias abertas.

Na década de 80, o Brasil passou por uma grande crise econômica que estagnou o mercado de capitais e só foi reativa até a década de 90, graças ao processo de liberalização e desregulamentação comercial que o país sofreu. Como resultado, o mercado de capitais brasileiro foi impulsionado pelo investimento estrangeiro e pela estabilidade macroeconômica.

No entanto, no final da década de 1990, o mercado de capitais continuou sendo uma fonte secundária de recursos. Em 1997, foi instituída a Lei 9.457, que modificou capítulos da Lei nº 6.404 (Lei das Sociedades por Ações – LSA), e buscou viabilizar programas de privatizações por meio do mecanismo de *tag along* (Direito de alienação acionária). A sua aplicabilidade conduziu a casos em que os controladores (acionistas majoritários) voltaram a adquirir o controle da empresa através da bolsa, reduzindo a liquidez dessas ações no mercado (PEREIRA, 2014).

Com o objetivo de corrigir a situação acima, em 2001 foi promulgada a Lei nº 10.303 denominada Nova Lei das Sociedades por Ações – LSA-, que contemplava disposições inerentes à Oferta Pública de Ações (OPA), emissão de no mínimo 50% de ações ordinárias com direito a voto (os minoritários que representam 15% do total de ações com direito a voto têm direito de escolher um membro do conselho de administração) e tag along para ações ordinárias. Essas medidas visavam proteger os investidores e desenvolver o mercado de capitais (NOVAIS; FREITAS, 2018; PEREIRA, 2014; COSTA, 2020).

No âmbito penal, a Lei nº 6.385 de 1976 traz previsão de condutas ilícitas, incluídas pela Lei nº 10.303 de 2001 e comina para elas as respectivas sanções penais. Entre as condutas ilícitas lá previstas, destaca-se a manipulação do mercado, disposto no artigo 27-C, com redação dada pela Lei nº 13.506 de 2017:

> Art. 27-C. Realizar operações simuladas ou executar outras manobras fraudulentas destinadas a elevar, manter ou baixar a cotação, o preço ou o volume negociado de um valor mobiliário, com o fim de obter vantagem indevida ou lucro, para si ou para outrem, ou causar dano a terceiros: Pena – reclusão, de 1 (um) a 8 (oito) anos, e multa de até 3 (três) vezes o montante da vantagem ilícita obtida em decorrência do crime (BRASIL, 2017, p. 3).

Ao abordar a manipulação do mercado, notadamente o bem jurídico tutelado pela respectiva lei é a estabilidade do mercado de capitais, de forma a proteger o processo de formação de valores no mercado mobiliário.

3. Enquadramento jurídico no direito português

A União Europeia- UE opera como um sistema de mercado único em que todos os estados membros trabalham dentro da mesma estrutura regulatória. Para o efeito, a UE estabeleceu a Diretiva de Mercados de Instrumentos Financeiros[12] (MiFID), concebida para ser a base para os regulamentos dos Estados-Membros. A MiFID, regulamentada em 2007[13] e alterada em 2008 e 2010, serve como um guia regulamentar para transações de investidores por mercados de ações, sistemas de negociação e firmas de investimento e exige que os Estados membros padronizem as regras que regem os serviços e as atividades de investimento. Ele permite que as empresas sejam regulamentadas em seus estados de origem, mas uma vez aprovado pela Comissão Europeia, as empresas podem fornecer serviços em qualquer estado membro por meio de um programa de "passaporte". Existem também requisitos de transparência pré e pós-negociação, concebidos para minimizar os efeitos da fragmentação do mercado pelos membros da UE que negociam em vários mercados em vários países (OLIVEIRA, 2017).

Enquanto a MiFID forneceu uma estrutura geral para orientar os membros da UE nas bolsas de valores mais tradicionais, o rascunho da MiFID II [14] foi projetado para atingir tanto os comerciantes de alta frequência (HFTs) quanto o comércio algorítmico em geral. A minuta inicial, aqui descrita, foi votada, mas a minuta final ainda não foi divulgada,

[12] Diretiva 2014/57/UE do Parlamento Europeu e do Conselho de 16 de abril de 2014 "relativa às sanções penais aplicáveis ao abuso de informação privilegiada e à manipulação de mercado (abuso de mercado)", acompanhada pelo regulamento nº 596/2014 do Parlamento Europeu e do conselho de 16 de abril de 2014 "relativo ao abuso de mercado (regulamento abuso de mercado)".

[13] Regulamento Delegado (UE) 2017/565 da Comissão, de 25 de abril de 2016, que complementa a Diretiva 2014/65/UE do Parlamento Europeu e do Conselho no que diz respeito aos requisitos em matéria de organização e às condições de exercício da atividade das empresas de investimento e aos conceitos definidos para efeitos da referida diretiva.

[14] O Regulamento (UE) n.º 600/2014 do Parlamento Europeu e do Conselho, de 15.05.2014, relativo aos mercados de instrumentos financeiros e que altera o Regulamento (UE) n.º 648/2012, é usualmente representado pelo acrónimo «MiFIR» (Markets in Financial Instruments Regulation). Nota-se que, em alguns documentos da União Europeia, o termo"MiFID II" corresponde ao «pacote legislativo» composto pela «MiFID II Directive» e pelo «MiFIR». Sobre o significado e a utilização dos diferentes termos, cfr. Futures Industry Association e FIA Europe (2015).

pelo que os regulamentos específicos podem diferir dos aqui descritos, mas o seu objetivo permanece o mesmo (SOUSA, 2016).

De acordo com a MiFID II, de 221 páginas (Comissão Europeia, 2011b), o objetivo geral da diretiva é "nivelar o campo de jogo" (p. 5). O regulamento exige que os HFTs forneçam "salvaguardas organizacionais" tanto internamente quanto para aqueles que oferecem acesso ao mercado de HFTs. As salvaguardas incluem exigir que os locais garantam a resiliência das plataformas de negociação, trabalhem com as "autoridades competentes" na supervisão e monitoramento das atividades de HFT e adotem controles de risco apropriados para mitigar a negociação desordenada (REGADO, 2017).

De acordo com o Parlamento Europeu, 11 países – Áustria, Bélgica, Estônia, França, Alemanha, Grécia, Itália, Portugal, Eslováquia, Eslovênia e Espanha – concordaram em participar de um Imposto sobre Transações Financeiras (ITF) a partir de dezembro de 2012. Vários estados membros, nos limites das suas soberanias fiscais, divergindo da MiFID II e FTTs da UE estabeleceram seus próprios regulamentos de HFT. Nem todos os estados membros concordam com a iniciativa da UE e, embora a política da UE recomende que os estados membros não estabeleçam regulamentos que sejam mais rigorosos do que as políticas da UE, alguns estados membros parecem estar se afastando dos padrões da UE, criando um ambiente regulatório fragmentado da UE. Neste contexto, pode ser difícil para a UE impor um sistema de passaportes de "mercado único" se os estados membros contornarem esse processo por meio de seus próprios regulamentos. (OLIVEIRA, 2017; REGADO, 2017).

Na União Europeia, incluindo Portugal, a *European Securities and Markets Authority* (ESMA) emitiu orientações voltadas às bolsas de valores, agentes do mercado financeiro e órgãos reguladores dos mercados de valores mobiliários dos países-membros, com o objetivo de atualizar a recomendação quanto à adoção de sistemas e controles em ambientes de negociação automatizados. Dentre essas orientações, a Orientação 5[15] cita

[15] Guideline 5. Requisitos organizacionais para mercados regulamentados e sistemas de negociação multilateral para prevenir o abuso de mercado (em particular a manipulação de mercado) em um ambiente de negociação automatizado. (...) 2. Os casos potenciais de manipulação de mercado que podem ser particularmente preocupantes em um ambiente de negociação automatizado incluem: (...) Layering e Spoofing – enviar ordens múltiplas,

as práticas de *spoofing e layering* dentre as potenciais infrações às quais os Automated Trading System – ATS[16], estão mais suscetíveis (ESMA, 2012).

É improvável que as atuais respostas da política de HFT melhorem significativamente os mercados de capitais. O comentário jurídico sobre HFT sofre de um equívoco fundamental sobre a natureza da relação entre direito e finanças. Enquanto a maioria dos comentaristas jurídicos presume que a tecnologia das finanças é independente das regras legais, essas regras são, na verdade, o principal motor do desenvolvimento tecnológico nas finanças. A literatura sobre HFT também tende a supor, sem provar, que o objetivo principal do sistema financeiro é promover a liquidez – isto é, garantir que as ações possam ser compradas e vendidas da maneira mais rápida e expedita possível. Essa também é uma suposição problemática, porque às vezes um sistema financeiro pode fazer muito mais para facilitar a produtividade real e a estabilidade econômica quando coloca algum atrito na troca e encoraja o investimento de longo prazo. Não há uma relação necessária entre a sabedoria geral da alocação de capital em uma sociedade e seus compromissos de tempo cada vez menores para o investimento (SOUSA, 2016).

O fracasso dos formuladores de políticas em reconhecer que as finanças são endógenas à lei e que a liquidez é apenas um dos muitos valores em um sistema financeiro distorceu os estudos jurídicos sobre HFT. A principal preocupação dos estudiosos é se os reguladores podem acompanhar a tecnologia dos traders de alta frequência. Eles deveriam estar examinando como a própria regulamentação incentivou o desenvolvimento de tecnologia de comércio de milissegundo e poderia no futuro reduzir (ou até eliminar) seu apelo.

Nota-se que, uma abordagem emergente para assuntos financeiros, conhecida como a "Teoria Legal das Finanças", oferece iluminação aqui e deve orientar futuras intervenções políticas (PISTOR, 2013). Uma equipe de pesquisa interdisciplinar de cientistas sociais e advogados, liderada

muitas vezes longe do toque em um lado do livro de ordens com a intenção de executar uma operação do outro lado da carteira de pedidos.

16 Sobre o conceito e da « *Automated Trading System* – ATS », traduzido do inglês, compreende-se como um sistema de negociação automatizado, um subconjunto de negociação algorítmica, usa um programa de computador para criar pedidos de compra e venda e envia os pedidos automaticamente para um centro ou bolsa de mercado.

pela professora de Direito de Columbia Katharina Pistor, documentou as formas pelas quais a lei é constitutiva dos mercados financeiros. Revitalizando a tradição de realismo jurídico nas finanças, Pistor demonstrou o papel crítico do direito na criação e manutenção de trocas duráveis de patrimônio e dívida. Embora a lei, até certo ponto, molde todos os mercados, em finanças ela é fundamental – os "produtos" comercializados são pouco mais do que reconhecimentos legais de obrigações de comprar ou vender, possuir ou dever (OLIVEIRA, 2017).

O HTF acirra o debate, que envolve a dicotomia "lei versus tecnologia" ou "estado versus mercado". Em resposta às crises financeiras e aos *flash crashs* é preciso assegurar que os mercados sejam menos propensos às crises sistémicas[17], haja vista a sua interconexão. Desta feita, as preocupações com a estrutura do mercado, bem como as ações regulatórias atuais sobre HFT, justificam-se na tentativa de manter a integridade, a liquidez, e estabilidade dos mercados.

Conclusões

As metas regulatórias de legisladores e autoridades regulatórias em todo o mundo parecem se enquadrar em duas categorias amplas: metas compartilhadas de integridade de mercado e metas divergentes de justiça. A integridade do mercado é uma meta compartilhada por comerciantes, bolsas e reguladores, já que nenhuma parte ficará em melhor situação se houver uma falha de mercado significativa que resulte numa crise sistêmica. Como resultado, vários regulamentos existentes e soluções não regulamentares cooperativas foram implementados para manter a integridade dos mercados. Disjuntores, algoritmos de neutralização de HFT, sistemas de troca que detetam pedidos errôneos, o autorrelato de problemas do sistema e seu subsequente reparo, o surgimento de trocas não HFT e a implementação de sistemas que permitem que os reguladores monitorem a atividade do mercado são alguns exemplos dessas soluções.

Há poucas evidências sugerindo que existe uma falha de mercado que requer intervenção regulatória adicional. O preço dos títulos reflete todas as informações disponíveis de forma rápida e eficiente, e o mercado

[17] Sobre o debate em torno da noção e do impacto de «crises financeiras sistémicas», cfr. Quelhas (2012c), principalmente o "Capítulo 3. Do risco sistémico e do «efeito de contágio»: São as crises financeiras sistémicas?".

continua a transferir a propriedade dos títulos de forma eficiente. O mercado está se ajustando ao aumento da velocidade das informações no ambiente externo, encontrando maneiras de processá-las e respondê-las em velocidades semelhantes. Metas compartilhadas associadas à integridade do mercado estão levando a soluções orientadas para o mercado por comerciantes, bolsas e reguladores. Os reguladores precisam ser cautelosos para não se envolverem em "expansão regulatória" em áreas que o mercado e seus participantes já estão administrando.

O excesso de formalização regulamentar das práticas existentes, incluindo consequências rígidas, pode criar desincentivos para os participantes do mercado, vez que se houver penalidades rígidas para problemas de tecnologia algorítmica ou de câmbio, os comerciantes e as bolsas têm pouco incentivo para relatar e tornar públicos esses problemas.

Notadamente, os encarregados da aplicação da lei devem continuar a perseguir casos que deturpam suas próprias políticas de proteção, contudo, um impulso regulatório geral apenas para garantir que todos os agentes recebam certas informações críticas ao mesmo tempo é algo inatingível. Ora, tal abordagem de regulamentação visando a equalização de tempo, somente pode ser exitosa se todos os operadores estiverem localizados no mesmo lugar e com acesso ao mesmo equipamento de comunicação.

Aliás, as iniciativas dos reguladores, principalmente pela Comissão de Valores Mobiliários e pelo próprio Conselho Europeu, indicam o reconhecimento do problema. Mais pesquisas jurídicas e econômicas, bem como medidas políticas, podem, no entanto, resultar na busca de solução consensual para o tema, e com este artigo esperamos ter contribuído para esse fim.

Referências

ALEXY, Robert. *Sistema jurídico, principios jurídicos y razón práctica.* Tradução Manuel Atien- za. Doxa [publicaciones periódicas], Alicante, Espanha, v. 5, p. 139-151, 1988. Disponível em: <http://rua.ua.es/dspace/bitstream/10045/10871/1/Doxa5_07.pdf>. Acesso em: 13 out. 2020 apud ACUNHA, Fernando José Gonçalves. Colisão de normas Distinção entre ponderação e juízo de adequação. Ano 51, Número 203, jul./set. 2014

ALMEIDA, Miguel Santos. Introdução à Negociação de Alta Frequência. *Cadernos do Mercado de Valores Mobiliários,* n. 54, 2016.

ÁLVAREZ, J. (Dir.) *Unión Europea Armonización y Coordinación Fiscal Tras el Tratado de Lisboa*. Sevilla. 2011. Disponível em: <http://www.upo.es/export/portal/com/bin/portal/upo/profesores/jrampri/profesor/1324329611453_ponencias.pdf> Acesso em: 22 set. 2020.

ANDRADE, José Carlos Vieira de. *Os direitos fundamentais na constituição portuguesa de 1976*. 2.ed.Coimbra: Almedina, 1998 apud Pinheiro e Goedert, op. cit.

BRASIL. *Lei nº 6.385, de 7 de dezembro de 1976*. Dispõe sobre o mercado de valores mobiliários e cria a Comissão de Valores Mobiliários. 1976. Disponível em: http://www.planalto.gov.br/ccivil_03/leis/l6385.htm. Acesso em 20 de jan. de 2021.

BRASIL. *Lei nº 13.506, de 13 de novembro de 2017*. Dispõe sobre o processo administrativo sancionador na esfera de atuação do Banco Central do Brasil e da Comissão de Valores Mobiliários. 2017. Disponível em: http://www.planalto.gov.br/ccivil_03/_ato2015-2018/2017/lei/L13506.htm. Acesso em 20 de jan. de 2021.

BSM – SUPERVISÃO DE MERCADOS. Painel: Monitoração de ofertas – Spoofing e Layering Workshop sobre Monitoração de Práticas Abusivas de Ofertas, de Prevenção à Lavagem de Dinheiro e de Controles Internos de Suitability. São Paulo, 23 nov. 2016. Disponível em: <http://www.bsm-autorregulacao.com.br/assets/file/noticias/Monitoraca_Ofertas.pdf>. Acesso em: 21 dez. 2020.

COSTA, Isac Silveira da. *High frequency trading (HFT) em câmera lenta: compreender para regular*. Grupo Almedina, 2020.

ESMA Guidelines. *Systems and controls in an automated trading environment for trading platforms, investment firms and competent authorities*. Disponível em: https://www.esma.europa.eu/system/files/esma_2012_122_en.pdf. Acesso em 20 de jan. de 2021.

MAAZ, Raphael Fortes. *A atividade de negociações algorítmicas de alta frequência no mercado brasileiro de dólar futuro*. 2018. Tese de Doutorado.

NOVAIS, Paulo; FREITAS, Pedro Miguel. *Inteligência Artificial e Regulação de algoritmos*. Inteligência Artificial, v. 1, 2018.

OLIVEIRA, Maria Teresa Pereira da Graça Mira de et al. *High frequency trading: o novo paradigma da negociação automatizada*. Tese de Doutorado. Universidade Católica Portuguesa. Lisboa. 2017.

PALAVRA, Jorge Miguel Cunha. *O abuso de informação privilegiada: enquadramento jurídico da negociação algorítmica de alta frequência (high frequency trading)*. 2018. Tese de Doutorado.

PEREIRA, Meire Midori Hori. *Impacto das negociações algorítmicas de alta frequência no mercado futuro de dólar*. 2014. Dissertação apresentada ao Programa de Mestrado Profissional em Economia da Fundação Getúlio Vargas. São Paulo.

PISTOR, Katharina. A legal theory of finance. *Journal of Comparative Economics*, v. 41, n. 2, p. 315-330, 2013.

QUELHAS, José Manuel, *Sobre as crises financeiras, o risco sistémico e a incerteza sistemática*, Almedina, Coimbra, 2012, ISBN: 9789724046228.

QUELHAS, José Manuel, *"High-frequency trading (HFT)"*, em Boletim de Ciências Económicas, Volume LVIII, Coimbra, 2015, pp. 369-399.

REGADO, Gabriela Baptista. *Transposição da DMIF I no ordenamento jurídico português.* 2017. Dissertação de Mestrado. Universidade Católica Portuguesa. Porto. 2017.

SANTANA JUNIOR, Edemilson Cruz. A Digitalização do Mercado de Capitais no Brasil: tendências recentes. Texto para discussão 2370. Instituto de Pesquisa Econômica Aplicada – IPEA. Brasília, fevereiro de 2018. p. 10.

SOUSA, Isabel Barros de. *Negociação algorítmica de alta frequência: questões jurídicas e económicas.* 2016. Dissertação de mestrado em Direito (Ciências Jurídico-Empresariais / Direito Empresarial), apresentada à Faculdade de Direito da Universidade de Coimbra. 2016.

9. INTELIGÊNCIA ARTIFICIAL E DIREITO: PROBLEMAS JURÍDICOS NA CONDUÇÃO AUTOMATIZADA

João Evangelista de Jesus Almeida Fonseca

Introdução

Como referem Bastosz.Broz – Matrek Jakubiec, a comunidade jurídica e o Direito acompanham a evolução social e a tecnologia nas suas mais diferentes vertentes, não sendo, nem podendo ser indiferente ao que se encontra cada vez mais próximo da realidade do dia a dia sem perder de vista o que vem sendo anunciado de que o Homem será substituído por *robots* nas mais variadas áreas da sociedade.

Por conseguinte, dever-se-á avaliar se tais máquinas podem ser vistas como verdadeiros agentes através do prisma da psicologia popular. Embora isto seja bastante possível do ponto de vista puramente técnico, uma vez que a lei é um instrumento convencional de regulação das interações sociais e como tal pode acomodar várias construções legislativas, incluindo a responsabilidade legal dos agentes artificiais autónomos. Não é impossível imaginar que a evolução das aplicações conceituais atinja uma fase, em que os robôs autónomos se tornem agentes morais e legais de sangue puro. Contudo, pelo menos hoje em dia, parece que estamos longe deste ponto[1].

O conceito de "inteligência artificial" é tarefa bem mais complicada do que possa parecer, já que são plúrimas as definições encontradas.

[1] Bastosz.Broz – Matrek Jakubiec, Department of Philosophy of Law and Legal Ethics, Jagiellonian University, Bracka 12, Krako'w, Poland 2 Copernicus Center for Interdisciplinary Studies, Krako'w, Poland, inhttps://link.springer.com/content/pdf/10.1007/s10506-017-9207-8.pdf

É, todavia, consensual que a IA implica a utilização de uma máquina/computador que, analisando um grande volume de dados e seguindo algoritmos definidos por especialistas na matéria, simula a capacidade humana de percepção e resolução de um problema.

De forma talvez um pouco prosaica, podemos dizer que a IA é a possibilidade de replicar em computador o comportamento inteligente que caracteriza o ser humano.

Mas esta é claramente uma visão contaminada pelos filmes de ficção, já que, na atualidade, ainda não chegámos a esse patamar. O computador (ainda?) não tem capacidade para produzir uma inteligência própria.

A IA, nos tempos de hoje, ainda é uma tecnologia humana, já que os algoritmos que permitem ao computador as mais diversas competências, que podem passar por nomear um Advogado no âmbito do acesso ao direito, com garantias da aleatoriedade da nomeação, até à própria condução autónoma de uma viatura automóvel, resultam de uma intervenção humana[2].

Ricardo Brazete, defende entende que a Inteligência Artificial é, pois, uma tecnologia criada pelo homem, que, em tempos idos, criou outras tecnologias, desde as mais remotas como a linguagem escrita, a matemática, ou a roda, até às mais recentes como a eletricidade, ou o motor a combustão, sem as quais as paisagens urbanas que fazem parte do nosso imaginário comum não seriam as mesmas.

Foi a capacidade para criar linguagens e manipular símbolos que levou à criação da cultura e da tecnologia, duas características diferenciadoras dos seres humanos.

Daí falarmos de uma tecnologia humana, não sendo também raras as vezes em que os tempos hodiernos são qualificados como os do "homem tecnológico"[3].

O "futuro" aproxima-se e não faltará muito para que os robôs se tornem definitivamente os nossos motoristas. A verdade é que já todos ouvimos falar nos **veículos autónomos** e, apesar de todos os benefícios que poderão trazer, os acidentes neste tipo de veículos não são completamente

[2] Idem.

[3] Brazete, Ricardo, in Boletim da Ordem dos Advogados "Quem tem medo da inteligência artificial (IA) ?– Junho-Julho 2019, págs. 30 e 31.

inevitáveis, pelo que o Direito deve estar preparado para este "Admirável Mundo Novo"[4].

De facto, **a condução é uma atividade de risco** que comporta variáveis diversas e a ocorrência de acidentes e respetivos danos é praticamente garantida. Ora, como em qualquer caso, a questão primordial que se coloca é: quem é o responsável pelos danos provocados? O produtor? O programador? O condutor? Uma coisa é certa, alguém (humano) terá que se responsabilizar pelos danos provocados pela máquina[5].

Mas aqui surgem diferentes hipóteses: e se foi erro do sistema? É responsável o produtor? E se foi o próprio condutor que não atualizou o sistema quando o deveria ter feito? E se foi um terceiro que lançou um ataque informático?[6].

As três Leis da Robótica, de Isaac Asimov, – (1) Um robô não pode magoar um ser humano ou, por inação, permitir que tal aconteça; (2) Um robô tem que obedecer às ordens dos seres humanos, exceto se entrarem em conflito com a primeira lei; (3) Um robô tem de proteger a sua própria existência, desde que não entre em conflito com as leis anteriores. – não são suficientes para resolver o problema jurídico relacionado com a responsabilidade civil[7].

1. A definição de condução autónoma

Acompanhando Sofia Alcaide, a designação de "automóvel", foi sendo utilizada, designada e primeiramente, para as deslocações a cavalo e posteriormente para designar as próprias deslocações em veículos automóveis, como sendo um mecanismo que se desloca por si próprio[8].

Paulo Novais/ Pedro Miguel Freitas, entendem que, quanto à autonomia do veículo automóvel, da sua definição se tem ocupado a política, a filosofia e a moral[9].

[4] NFS- Escritório de Advogados – "Responsabilidade Civil dos veículos autónomos", in https://www.nfs-advogados.com/artigo-responsabilidade-civil-veiculos-autonomos.html

[5] Idem.

[6] Idem.

[7] Idem.

[8] Alcaide, Sofia Patrícia Travassos de Frites, "A responsabilidade Civil por veículos autónomos", novembro de 2021, Almedina, pág. 19.

[9] Novais, Paulo/ Freitas, Pedro Miguel "Inteligência Artificial e Regulação de Algoritmos", in http:/www.sector –dialogues.org/documentos/noticias/adjuntos/ef9clb_Intelig%C3%AAncia%20 Artificial%20e%Regula%C3A7%C3%A3o%20de%20Algoritmos.pdf.

Por sua vez, Markus Maurer / J. Christian Gerdes/ Barbara Lenz / Hermann Winner, asseguram que nos veículos autónomos, a lei moral é introduzida através da programação do comportamento dos mesmos, uma vez que estes tomarão continuadamente decisões relativas à sua própria conduta de acordo com as regras para as quais foram programados[10].

2. O veículo autónomo

São várias as designações que pode tomar o veículo autónomo: carros/ veículos sem condutor, carros/veículos de autocondução, carros robóticos e ainda veículos terrestres não tripulados[11]. Constituem agentes que recorrem a diversas tecnologias que lhe permitem proatividade e capacidade decisória de forma informada, utilizando mecanismos como sensores, câmaras, radares, luz laser, odometria[12], GPS e visão por computador[13-14].

Acompanhando Jéssica Freiras, os veículos autónomos são, portanto, os que dotados de um sistema robótico, que permita o transporte de bens, mercadorias ou pessoas de modo autónomo, sem necessidade de intervenção do condutor[15].

3. Dos níveis de autonomia

A *SAE – Socity Of Automotive Engineers* – desenvolveu uma classificação, estabelecendo seis níveis de autonomia, considerando as tecnologias

[10] Markus Maurer / J. Christian Gerdes/ Barbara Lenz /Hermann Winner, Autonomous Driving- Technical, Legal and Social Aspects, Springer.

[11] Paulo Novais/Pedro Miguel Freiras, , ob. Cit. Pág. 22.

[12] Método que permite medir a distância percorrida por um agente, no caso concreto, por veículo autónomo, baseado na relação entre a posição inicial do agente, tempo, aceleração e velocidade.

[13] Paulo Novais/Pedro Miguel Freiras, ob. Cit. Pág. 22.

[14] A visão por computador visa recriar a visão humana, mas sem as limitações inerentes à mesma. Recorre as diversas áreas científicas para construção de uma tecnologia de sistemas artificiais que recolhem informação a partir de dados multidimensionais, como sejam imagens, através de processos de captura e de interpretação de radiação eletromagnética e de padrões de luz.

[15] Freitas, Jéssica "Desenho e regulação e redes viárias: desafios colocados pelos veículos Autónomos, Coimbra, Universidade de Coimbra, fevereiro, 2019, in https://estudogeral.sib.uc.pt/bitstream/10316/86542/1/Desenho%20e%20regula%C3%A7%C3%A3o%20de%20redes%20vi%C3%A1rias%20Desafios%20colocados%20pelos%20ve%C3%ADculos%20aut%C3%B3nomos.pdf

suscetíveis de colocação nos veículos, manobras de condução que poderão efetuar sem necessidade de intervenção humana[16].

Essa classificação tem início no nível 0, ausente de qualquer automação e atinge o nível 5, pelo qual o veículo assume o controlo total da condução[17].

Tais níveis foram adotados pelos Estados Unidos da América, através da *NHTSA – National Highway Traffic Safety Administration.*

Como refere Paulo Mota Pinto, eles contêm uma taxonomia e definições de termos relacionados com sistemas de automação da condução para veículos rodoviários a motor. Neste documento são distinguidos *cinco níveis de automação* da condução[18]:

- no *nível 0* o condutor realiza toda a tarefa dinâmica de condução, mesmo que ajudado por sistemas de segurança ativos (controlo de desvio de faixa, de ângulo cego, ABS, controlo automático de estabilidade, etc.);
- no *nível 1* (assistência ao condutor), o sistema de automação executa a tarefa de controlo do movimento lateral ou longitudinal do veículo (mas não ambas simultaneamente), esperando-se que o condutor execute o resto da tarefa de condução dinâmica (exemplos: controlo automático de cruzeiro, ou assistência ao estacionamento limitada ao movimento do volante);
- no *nível 2* (automação parcial de condução) o sistema executa as tarefas de controlo de movimento lateral e longitudinal, esperando--se que o condutor realize a deteção e resposta a objetos e eventos, que supervisione o sistema de automação da condução (são exemplos o controlo automático de cruzeiro com sistema de controlo de centramento na faixa, ou a assistência ao estacionamento completa

[16] NOVAIS, Paulo/ Freitas, Pedro Miguel "Inteligência Artificial e Regulação de Algoritmos", in http:/www.sector dialogues.org/documentos/noticias/adjuntos/ef9clb_Intelig%C3%AAncia%20 Artificial%20e%Regula%C3A7%C3%A3o%20de%20Algoritmos.pdf., pág. 23.

[17] Pinto, Paulo Mota – "Problemas Jurídicos dos veículos autónomos" – In "Direito e Robótica – Instituto Jurídico – Centro de Direito do Consumo da Faculdade de Direito da Universidade de Coimbra, agosto de 2020, págs. 95 a 96

[18] Pinto, Paulo Mota – "Problemas Jurídicos dos veículos autónomos" – In "Direito e Robótica – Instituto Jurídico – Centro de Direito do Consumo da Faculdade de Direito da Universidade de Coimbra, agosto de 2020, págs. 95 a 96

ou a condução em fila) e que assuma o controlo total em caso de necessidade;

- no *nível 3* (automação condicional da condução), o sistema de condução automatizada executa toda a tarefa dinâmica de condução, de forma sustentada e num certo domínio, esperando-se que o utente esteja recetivo e preparado para intervir adequadamente em caso de solicitações do sistema, bem como de falhas de outros sistemas do veículo, relevantes para a circulação (o caso do "piloto automático" em auto-estrada, de que alguns modelos já dispõem, tendo sido introduzido já desde 2016);
- no *nível 4* (automação elevada da condução), o sistema de condução automatizada executa toda a tarefa dinâmica de condução, de forma sustentada e num certo domínio, sem expetativa de que um utente tenha de responder a uma solicitação para intervir, podendo, em caso de necessidade, interromper a tarefa de condução (por exemplo, manobrando para a berma, estacionando, ligando o sinal de parque e chamando assistência);
- no *nível 5* (automação completa da condução), o sistema de condução automatizada assume o controlo completo do veículo, realizando a tarefa de condução de forma sustentada e não condicional (isto é, não limitada a um certo domínio), e podendo interrompê-la, sem expetativa de que o utente tenha de responder a qualquer solicitação de intervenção.

Como se vê, a realidade da condução automatizada comporta níveis de automação muito diversos, apenas se podendo considerar que existe um "veículo autónomo" a partir do nível 3 (embora ainda aí com a expetativa de que o utente esteja recetivo e preparado para intervir adequadamente em caso de solicitações do sistema para intervir, bem como de falhas de outros sistemas do veículo, relevantes para a circulação), e, claramente, nos níveis 4 e 5.

E os problemas de regulação e jurídicos que esta realidade suscita podem variar, e intensificar-se, com o nível de automação atingido[19].

Parece, em qualquer caso, claro que entrámos já numa nova era de segurança e condução automóvel, que será caracterizada, já não só

[19] Idem, pág. 96.

por sistemas de assistência à condução, mas por sistemas de *automação condicional* da condução, primeiro, e de *automação parcial* e *total*, depois. A promessa de uma tal era não está só na maior eficiência (pense-se na possibilidade de realização de outras tarefas durante a circulação num veículo autónomo), no alargamento das possibilidades de circulação em veículos próprios (por exemplo, por menores, doentes, ou outros incapazes de conduzir) e até nos ganhos de espaço e tempo (com a possibilidade de "auto-estacionamento" do veículo longe dos locais de trabalho, com consequências até para o planeamento e para a qualidade do ambiente urbano). Está, sobretudo, no possível ganho em *segurança* e em *redução dos custos dos acidentes* rodoviários[20].

Com efeito, a análise das *causas dos acidentes de viação* mostra que o erro humano é hoje responsável, na generalidade dos países, por bem mais de 90% dos acidentes, sendo em geral as causas mecânicas ou os defeitos de material responsáveis por uma percentagem muito baixa de acidentes (inferior a 5%). A resposta parece evidente, residindo em, existindo sistemas fiáveis (e tal como se fez, por exemplo, na aeronáutica civil), limitar as possibilidades de erro humano com sistemas tecnológicos de automação da condução[21].

4. A utilização de veículos autónomos

Segundo a Volvo Cars, prevê-se que os veículos autónomos se encontrem disponíveis à população em geral entre a década de 2020 e 2030, pese, embora, apenas em 2040 e 2050 os mesmos circulem na estrada. A volvo, uma das empresas que se encontra a desenvolver veículos autónomos, prevê que em 2021 já disponha de um carro totalmente autónomo e disponível para comercialização[22].

Como solução para a utilização de veículos autónomos referem Zhigang Xua , Kaifan Zhanga , Haigen Mina , Zhen Wanga , Xiangmo Zhaoa , Peng Liu, que, naturalmente a forma individual, que será demasiado dispendiosa, haverá a tendência para a utilização partilhada de tais veículos, com

[20] Idem, pág. 97.

[21] Idem, pág. 97.

[22] Volvo cars, "Swediish families help Volvo cars develop autonomous drive cars", dezembro de 2017, disponível em https://www.mwdia.volvocars.com/global/en-ge/media/pressreaseles/217555/swedish-famlies-help-volvo-cars-develo-autonomous-drive-.cras.

a consequente vantagem para redução do espaço de estacionamento, bem como a diminuição de veículos nas estradas. Poderá inda proporcionar a redução de quilómetros percorridos em veículos bem assim, e consequentemente a diminuição do número de sinistros, que de acordo com a Organização Mundial de Saúde, levaram a mais de 1.2 milhões de pessoas a morreram, anualmente, em todo o Mundo[23], o que leva a considerar tais números como um dos maiores problemas de saúde pública[24].

Os veículos autónomos ao não estarem sujeitos às condições tipicamente humanas, reunirão condições de aprender, como por exemplo com a gravação das condições propicias à ocorrência de sinistro, que que possam evitar, os veículos autónomos poderão gravar essas mesmas situações e de as compartilhar com os demais veículos, também eles autónomos, através, da comunicação vehicle-to-vehicle (V2V)[25] – o que se designa de *machine learning*[26].

Existe, assim, a possibilidade de os veículos autónomos retirarem da equação os acidentes de viação por falha humana, protegendo os próprios condutores, passageiros, peões e ciclistas, sendo estes últimos os mais vulneráveis[27].

Outro fator relevante será a otimização do tempo do condutor, estimando-se que os condutores poderão ganhar cerca de 25 horas através da utilização de veículos autónomos[28].

Naturalmente que tais soluções também conterão desvantagens, como a diminuição da privacidade, espera por veículos e colocar-se-ão questões

[23] Zhigang Xua , Kaifan Zhanga , Haigen Mina , Zhen Wanga , Xiangmo Zhaoa , Peng Liu, What drives people to accept automated vehicles? Findings from a field experimente", Transportation Research Part C. Emeegent technologies, 2018, pág. 320, in https://sci-hub.se/10.1016/jtrc.2018.07024

[24] B.R. Sharma, "Road Traffic injuries: A major global public health crisis" in https://sci-hub.se/http://doi.org/10.1016/jpuhe.2008.06.009

[25] A comunicação entre veículos será efetuada por wireless.

[26] James Arrib/Tony Seba, "Rethinking Transportation 2020-2030: The Disruption of Transportation and the Collapse of the Internal-Combustion Vehicle and Oil Industries

[27] National Highway Traffic Safety Administration , "Automated Vehicles for Safety", in https://www.nhtsa.gov/technology-innovation/automated-veiccles-safety#topic-road-self-driving.

[28] Walter Brenner, Andreas Herrmann, "An Overview of Technology, Benefits and Impact of Automated and Autonomous Driving on the Automotive Industry", in https://www.springerprofessional.de/en/an-overview-of-technology-benefits-and-impact-of-automated--and-a/15060376, pág. 431

de higiene e segurança, uma vez que os bens próprios não poderão ser armazenados nos veículos[29-30].

Para James Arrib/Tony Seba, a adoção do uso de veículos autónomos permitirá ainda o incremento de justiça social e de mobilidade, na medida em que nenhum cidadão ficará, à partida, excluído de fazer uso dos mesmos, uma vez que estes dispensam a intervenção de um humano que desempenhe as tarefas da condução, propiciarão maior independência na presença de motivos de saúde, económicos, que possam impedir o acesso a viaturas próprias para a realização das suas atividades profissionais ou pessoais[31-32].

5. As experiências estrangeiras nas alterações legislativas

5.1. A União Europeia

Vários países têm vindo a aprovar normas sobre condução autónoma[33-34]. Assim, por exemplo, a maioria dos estados dos Estados Unidos da América introduziu já legislação sobre a automação da condução, embora com variações significativas[35].

[29] Freitas, Jéssica "Desenho e regulação e redes viárias: desafios colocados pelos veículos Autónomos, Coimbra, Universidade de Coimbra, fevereiro, 2019, in https://estudogeral.sib.uc.pt/bitstream/10316/86542/1/Desenho%20e%20regula%C3%A7%C3%A3o%20de%20redes%20vi%C3%A1rias%20Desafios%20colocados%20pelos%20ve%C3%ADculos%20aut%C3%B3nomos.pdf

[30] Alcaide, Sofia Patrícia Travassos de Frites, "A responsabilidade Civil por veículos autónomos", novembro de 2021, Almedina, Págs. 26 a 30.

[31] Walter Brenner, Andreas Herrmann, "An Overview of Technology, Benefits and Impact of Automated and Autonomous Driving on the Automotive Industry, ob. Cit.

[32] Naturalmente que de tais circunstâncias poderá advir desemprego de motoristas de transportes públicos, autocarros ou transporte de mercadorias.

[33] V., por ex., o levantamento, nos últimos três anos, nos seguintes relatórios: Baker & McKenzie, Global Driverless Vehicle Survey, 2018, KPMG, 2019 Autonomous Vehicle Readiness Index, 2019 (com um índice de preparação para a condução autónoma por país), e Dentons, Global Guide to Autonomous Vehicles, 2020.

[34] Pinto, Paulo Mota – "Problemas Jurídicos dos veículos autónomos" – In "Direito e Robótica – Instituto Jurídico – Centro de Direito do Consumo da Faculdade de Direito da Universidade de Coimbra, agosto de 2020, págs. 98 a 103

[35] V. a "Autonomous Vehicle State Bill Database", em https://www.ncsl.org/research/transportation/autonomous-vehicles-legislative-database.aspx. V. também, por ex., a indicação em Paul Keller, "Autonomous Vehicles, Artificial Intelligence, and the Law", in Robotics, Artificial Intelligence & Law, 2018, 1, n.º 2, págs. 101-109.

Na Europa, vários instrumentos têm discutido as possibilidades de regulação de veículos autónomos, seja especificamente, seja no quadro de uma reflexão sobre os desafios éticos e regulatórios suscitados pela inteligência artificial.

Assim, a Resolução do Parlamento Europeu de 16 de fevereiro de 2017, com recomendações à Comissão sobre disposições de Direito Civil sobre Robótica, considerou já que a transição para veículos autónomos teria impacto em áreas como a responsabilidade civil (imputabilidade e seguros), a segurança rodoviária, os temas ligados ao ambiente, e questões relacionadas com a informação (acesso aos dados, proteção dos dados e da privacidade e partilha dos dados), entre outras[36] . E em documentos posteriores têm sido também discutidas as necessidades e opções regulatórias[37].

É uma realidade a falta de regulação quanto aos veículos autónomos. Como referem Miranda A. Schreurs, Sibyl D. Steuwer, foi através de regulamentos criados nos Estados Unidos da América e de autorizações especiais na Europa, que foram permitidos testes com veículos autónomos[38].

Na União Europeia, foi criada através da Comissão Europeia, a GEAR 2030[39], visando o estudo onde questões levantadas pela utilização de

[36] V. Resolução do Parlamento Europeu, de 16 de fevereiro de 2017, que contém recomendações à Comissão sobre disposições de Direito Civil sobre Robótica, n.ºs 24 a 29.

[37] V. Comissão Europeia, Inteligência artificial para a Europa, Comunicação da Comissão ao Parlamento Europeu, ao Conselho Europeu, ao Conselho, ao Comité Económico e Social Europeu e ao Comité das Regiões, COM(2018) 237 final, 2018, 3.3, págs. 16 e segs., e em especial o documento de trabalho da Comissão que o acompanha, "Liability for emerging digital technologies"; idem, Rumo à mobilidade automatizada: uma estratégia da UE para a mobilidade do futuro, Comunicação da Comissão ao Parlamento Europeu, ao Conselho Europeu, ao Conselho, ao Comité Económico e Social Europeu e ao Comité das Regiões, COM(2018) 283 final, n.º 5,págs. 11 e segs., o documento do Grupo de Peritos de Alto Nível sobre Inteligência Artificial, constituído pela Comissão Europeia, Ethics Guidelines for Trustworthy AI, 2019, e o relatório do Grupo de Peritos em Responsabilidade e Novas Tecnologias, Liability for Artificial Intelligence and other emerging digital technologies, 2019. V., sobre este, Carlos Gómez Ligüerre, "Liability for Artificial Intelligence and other emerging technologies", Indret, 1, 2020, págs. 501-511.

[38] Miranda A. Schreurs, Sibyl D. Steuwer, "Autonomous Driving – Political, Legal, Social, and Sustainability Dimensions, in Markus Maurer /J. Christian Gerdes/Barbara Lenz/ Hermann Winner, Autonomous driving – Technical, legal and Social Aspects, Springer, pág. 159

[39] High Level Group on the competitiveness and Sustainable Growth of the Automotive Industry in the European Union.

veículos autónomos, o que deu origem à Resolução do Parlamento Europeu de 16 de fevereiro de 2017.

E no sentido das últimas recomendações efetuadas pelo GEAR 2030 e pelo Parlamento Europeu, a União Europeia, no Livro Branco sobre Inteligência Artificial, deu conta da disparidade entre legislações dos diferentes Estados Membros, com o objetivo de ser criada legislação única no espaço europeu, por forma a garantir o respeito pelos direitos fundamentais dos cidadãos, a unidade das soluções adotadas e a confiança para cidadãos e produtores daí adveniente, com ênfase na assunção de princípios éticos que deverão articular a inteligência artificial[40-41].

5.2. Os Estados Unidos da América

Nos EUA, os diferentes Estados têm autonomia legislativa, o que conduz a diferenças na evolução legislativa no país. Deste modo, foi redigida e aprovada legislação na Califórnia, Michigan, Nevada, Florida, "and the District of Columbia", ao passo que noutros seis estados, a legislação não foi aprovada ou ainda se encontra em fase de redação, ainda que se observem, em todo o pais, iniciativas legislativas relativas a introdução dos veículos autónomos no setor dos transportes e mobilidade[42].

Mark A. GEISTFELD, refere que a NHTSA continua a delegar a responsabilidade de legislar nos Estados, não tendo o Departamento de Transportes, até ao momento, "displayed any response to establishing nation-wide rules for liability and insurance in the short run" (apresentado uma regulamentação para todo o país, onde se estabelecessem critérios uniformes de apuramento de responsabilidade e de seguros a curto prazo)[43].

[40] European Commission, WHITE PAPER On Artificial Intelligence – A European approach to excellence and trust, in https://ec.europa.eu/info/sites/default/files/commission-white-paper-artificial-intelligence-feb2020_en.pdf.

[41] Silva, Eva Sónia Moreira da, "Considerações sobre inteligência artificial e responsabilidade civil: caso dos veículos autónomos" e E.Tec Yearbook, "Articial Inteligence & Robots, dezembro de 2020, pág. 75, in https://issuu.com/comunicadireito/docs/e_tek_yearbook_2020_web/1

[42] Miranda A. SCHREURS / Sibyl D.STEUWER, «Autonomous Driving- Political, Legal, Social, and Sustainability Dimensions», ob. cit., p. 160.

[43] Mark A. GEISTFELD, «A Roadmap for Autonomous Vehicles: State Tort Liability, Automobile Insurance, and Federal Safety Regulation», California Law Review, Vol.105, 2017, p.1611.

5.3. Reino Unido

Segundo A. SCHREURS Miranda/ Sibyl D. STEUWER, o Reino Unido, um país que concentra vários fabricantes, como seja a Rolls-Royce, Mini, Jaguar, Aston Martin, Bentley e outras, a possibilidade de esses mesmos fabricantes poderem vir a ser prejudicados na responsabilização por eventuais acidentes, dada a inexistência de qualquer legislação. No de 2013, foi emitido "[an] advise of the British Houses of Parliament, Parliamentary Office of Science and Technology", que denotava a ausência de qualquer regulamentação, bem como de qualquer estratégia quanto à matéria. Tal parecer conduziu a que o Departamento de Transportes permitisse os testes de VAs em vias públicas, bem como foram disponibilizados recursos públicos para investigação e tecnologia para os referidos veículos[44].

Araz TAEIHAGH/ Hazel Si Min LIM asseguram que como desenvolvimento contínuo desta nova tecnologia, no final de 2016, "the Centre for Connected & Autonomous Vehicles (CCAV)" (o Centro de Veículos Conectados e Autónomos) propôs ao Departamento de Transportes Britânico algumas alterações no que ao regime de responsabilidade e seguros dizia respeito, denunciando, para tal, as diversas lacunas que os mesmos comportavam. Foi neste seguimento que "the Bill HC 143" (o projeto de lei 143), de 2017, propunha diversos esclarecimentos relativamente a responsabilidade de proprietários de veículos autónomos e das seguradoras[45].

Este projeto de lei conduziu a promulgação da "Automated and Electric Vehicles Act 2018" (Lei dos Veículos Automatizados e Elétricos de 2018), que até setembro de 2019, de acordo com Antonios Kouroutakis, não se encontrava ainda em vigor, uma vez que era necessária uma ordem de início emitida pelo Secretário de Estado dos Transportes para que a mesma iniciasse a sua vigência[46].

[44] Miranda A. SCHREURS/ Sibyl D. STEUWER, «Autonomous Driving – Political, Legal, Social, and Sustainability Dimensions», ob. cit., p. 162.

[45] Araz TAEIHAGH/ Hazel Si Min LIM, «Govern ing autonomous vehicles: emerging responses for safety, liability, privacy, cybersecurity, and industry risks», ob. cit., p. 111.

[46] Antonios E. Kouroutakis, «Autonomous vehicles; Regulatory Challenges and the Response from UK and Germany» pp. 12-13, in https://poseidonOl. ssrn .corn/ delivery .php? ID=8761270200 830700 16114016116081029 098032032005076035 07106809911 70221040 211090970 72123038034 063030056048039112092089107001081ll 80190 160430420410990090050280670981250930930370911l6004102006066013126009

Quanto a instrumentos internacionais a Convenção sobre a Circulação Rodoviária, adotada em Viena em 8 de novembro de 1968[47], foi objeto do aditamento em 2014 dos artigos 8.º, n.º 5, e 39.º, n.º 1, 2.ª parte, para permitir sistemas automatizados de condução que sejam substituíveis e desconectáveis pelo condutor[48].

Como refere Sofia Alcaide, através desta lei, ampliou-se o regime de seguro automóvel obrigatório contra terceiros, obrigando, assim, a que também os veículos autónomos sejam segurados. E se o veículo não esteja segurado no momento da colisão, será responsabilizado o seu proprietário, a título pessoal. Esta solução revela que as seguradoras ou os proprietários poderão ser responsabilizados pelos danos causados por eventuais acidentes, ainda que os veículos se encontrem no modo de condução autónoma e mesmo que o condutor não possa, de forma alguma, assumir o controlo do veículo, uma vez que o proprietário retira vantagem do veículo e, através do contrato de seguro, transfere a sua responsabilidade para uma entidade terceira contra o pagamento de um preço, que é o regime atualmente aplicado, também no nosso país[49].

E nos termos de tal obrigação, esta contempla a possibilidade de aplicação de responsabilidade a título de negligência: a seguradora deixa de ser responsável pelos danos, ou o dono caso este não seja, no momento, o "condutor", pelo que será responsabilizada a pessoa que assuma a função de "condutor" e que tenha utilizado o modo de condução autónoma em circunstâncias nas quais não era apropriado. Da mesma forma, a responsabilidade também e excluída ou limitada, nos casos em que o proprietário não proceda às necessárias atualizações de software ou faça atualizações indevidas e decorram danos dessa (in)ação, pelo que este não poderá assacar responsabilidades nem a seguradora, nem ao fabricante.

082121089115114084073029125026098098083101120103005113&EXT=pdf, consultado em 25/ 04 / 2020.

[47] Aprovada pela Resolução da Assembleia da República n.º 107/2010, DR I, n.º 178, de 13 de setembro de 2010.

[48] Pinto, Paulo Mota – "Problemas Jurídicos dos veículos autónomos" – In "Direito e Robótica – Instituto Jurídico – Centro de Direito do Consumo da Faculdade de Direito da Universidade de Coimbra, agosto de 2020, págs. 100 e 101.

[49] Alcaide, Sofia Patrícia Travassos de Frites, "A responsabilidade Civil por veículos autónomos", novembro de 2021, Almedina.

Na verdade, esta lei abre a porta para a responsabilidade dos produtores, uma vez que prevê a possibilidade de a seguradora ou o proprietário exigirem direito de regresso/uma compensação, caso se verifique que os danos foram provocados por defeitos do veículo.[50]

5.4. Na Alemanha

Num período inicial, o governo alemão investiu no desenvolvimento do veículo autónomo "Made in Germany"[51], com a finalidade de este servir como demonstração público. Vários foram os projetos que proporcionaram o desenvolvimento da tecnologia de automação, sendo estes considerados pelo governo alemão essenciais para a inovação e aplicação da direção autónoma, uma vez que sempre permitirão aumentar a mobilidade de pessoas idosas e de pessoas com mobilidade reduzida[52].

Como refere Sofia Alcaide, foi criado um grupo extenso de trabalho, com cerca de 45 membros, entre os quais representantes da indústria automóvel, representantes de produtores, algumas associações, vários ministérios, entre outros. Este grupo acabou por servir, maioritariamente, para que o tema não desaparecesse da agenda política[53].

Esta pressão viu os seus resultados no ano de 2017, quando o governo alemão efetuou alterações em 16 de junho de 2017, à sua Lei do Transporte Rodoviário ("StraBenverkehrsgesetz"), de modo a permitir a circulação de veículos autónomos nas estradas públicas[54], veículos estes, alta e totalmente automatizados (mas não autónomos), definindo requisitos dos respetivos sistemas, bem como quem tem a qualidade de condutor

e quais são os seus deveres, introduzindo a possibilidade de o condutor se distrair do tráfico ("vom Verkehrsgeschehen abwenden"), por exemplo vendo emails ou navegando na Internet, mas sempre com o dever de permanecer recetivo ("wahrnehmungsbereit") a alertas e de retomar o controlo a qualquer momento, entre outros aspetos. O legislador alemão

[50] Idem.

[51] Desenvolvido na Universidade Livre de Berlim, pág. 80.

[52] Miranda A. SCHREURS/ Sibyl D. STEUWER, «Autonomous Driving-Political, Legal, Social, and Sustainability Dimensions», ob. Cit. p. 163.

[53] Alcaide, Sofia Patrícia Travassos de Frites, "A responsabilidade Civil por veículos autónomos", novembro de 2021, Almedina.

[54] Alcaide, Sofia Patrícia Travassos de Frites, "A responsabilidade Civil por veículos autónomos", novembro de 2021, Almedina.

elevou também os limites máximos de responsabilidade objetiva e introduziu disposições sobre a proteção de dados[55].

Sofia Alcaide, que acompanhamos, refere que, em primeiro lugar, as normas definem o que se entende por veículo autónomo para efeitos da referida permissão, estabelecendo, desde logo, que se consideram como tal os veículos que assumam a tarefa da condução na totalidade, que reconheçam os sinais de transito e, sobretudo, que permitam ao condutor assumir, em qualquer momento controlo do automóvel, devendo este ter a funcionalidade de reconhecer e avisar o condutor da necessidade de, em situações limite, este assumir esse mesmo controlo, concedendo-lhe tempo suficiente para o fazer em segurança. Outra funcionalidade de que os Veículos Autónomos devem ser dotados é a de avisar os condutores da incorreta utilização do sistema – importante para uma eventual responsabilização do condutor por danos causados daí provenientes[56].

A Alemanha adotou ainda uma atitude preventiva, exigindo que em todos os testes se encontrasse um condutor no veículo, para que este pudesse assumir o controlo do veículo, em caso de necessidade ou requisição pelo próprio sistema, numa eventual tentativa de minimização de danos[57].

A revisão legislativa que se seguiu, ocorreu no sentido de esclarecer os contornos de aplicação do regime da responsabilidade em eventuais acidentes, nomeadamente quando o condutor detenha o controlo sobre os veículos, não existindo, no entanto, normas relativas aos danos causados pelas falhas do sistema, o que conduz à aplicação do regime geral da responsabilidade do produtor[58].

Nessa senda, para Antonios E. Kouroutakis, uma das mais importantes imposições resulta da necessidade de os veículos autónomos testados possuírem uma caixa negra – designada black box-, de modo a que esta registe as dinâmicas dos acidentes e esclareça as causas de ocorrência. Sucede que, relativamente a esta obrigatoriedade, surgiram questões

[55] Pinto, Paulo Mota – "Problemas Jurídicos dos veículos autónomos" – In "Direito e Robótica – Instituto Jurídico – Centro de Direito do Consumo da Faculdade de Direito da Universidade de Coimbra, agosto de 2020, págs. 99 e 100.

[56] Alcaide, Sofia Patrícia Travassos de Frites, "A responsabilidade Civil por veículos autónomos", novembro de 2021, Almedina.

[57] Idem, pág. 82.

[58] Idem, pág. 83.

relacionadas com a proteção de dados, uma vez que terceiros terão acesso aos dados, designadamente, dos condutores, pelo que a versão final da legislação estabeleceu o prazo máximo de 6 meses para o armazenamento de dados, exceto se o veículo tiver estado envolvido num acidente, situação pela qual os dados poderão ser guardados por um período superior[59].

Outro aspeto importante, segundo Sofia Alcaide, resulta da publicação de diretrizes éticas pela Comissão de Ética da Alemanha. Ainda que estas não tenham um caráter de obrigatoriedade, servem de base ao desenvolvimento dos algoritmos responsáveis pelas tomadas de decisão em situações de acidentes inevitáveis[60].

Conclui Araz TAEIHAGH/Hazel SiminLIM, que se estabeleceu a necessidade de o condutor ser sempre identificado para eventual apuramento de responsabilidade, além de se considerar antiético que os algoritmos utilizem informações dos indivíduos potencialmente envolvidos num acidente, como idade ou sexo, como critério nas suas tomadas de decisão – impedindo, assim, a valoração de vidas considerando estes dados[61].

5.5. Suécia

A Suécia afirmou-se como um país pioneiro na matéria. Ainda que não possamos analisar qualquer legislação específica relativa ao regime da responsabilidade civil ou dos seguros, a verdade é que se assumiu como o primeiro país a permitir que cidadãos comuns utilizassem veículos autónomos no seu quotidiano [62]. Tal resultou de um acordo entre o Governo e a Volvo, que consiste num projeto, com início no ano de 2014, entre a Administração de Transportes Sueca, o Lindholmen Science Parke, na cidade de Gotemburgo – sendo nesta que é permitido que cidadãos

[59] Antonios E. Kouroutakis, «Autonomous vehicles; Regulatory Challenges and thers – pons e from UK and Germany», ob. cit., p. 12.

[60] Alcaide, Sofia Patrícia Travassos de Frites, "A responsabilidade Civil por veículos autónomos", novembro de 2021, Almedina.

[61] Araz TAEIHAGH/ Hazel SiminLIM, «Governing autonomous vehicles: emerging response for safety, liability, privacy, cyber security, and industry risks, ob. cit. p. 112.

[62] Alcaide, Sofia Patrícia Travassos de Frites, "A responsabilidade Civil por veículos autónomos", novembro de 2021, Almedina, pág. 86.

comuns utilizem VAs, num total de 100 em circulação, numa estrada de 50 quilómetros[63]. Contudo, e tal como noticiado pela Volvo, tal só começou a ser possível no final do ano de 2017[64].

Esta iniciativa demonstra a consciência do governo sueco relativamente a importância futura desta nova tecnologia. Uma das motivações que serviu de base a este projeto foi a possibilidade de se colocarem veículos autónomos em circulação numa via pública, coexistindo com os veículos convencionais e com todas as situações que possam ocorrer. Isto permitirá descortinar as questões legislativas práticas que estes veículos acarretam e, consequentemente, permitir que o Governo legisle em conformidade, desde o início[65].

5.6. Em Portugal

Paulo Mota Pinto, refere que em Portugal, a homologação de veículos é disciplinada pelo Decreto- Lei n.º 16/2010, de 12 de março, que aprovou o Regulamento que Estabelece o Quadro para a Homologação CE de Modelo de Automóveis e Reboques, seus Sistemas, Componentes e Unidades Técnicas, procedendo à transposição para a ordem jurídica interna da Diretiva 2007/46/CE, do Parlamento Europeu e do Conselho, de 5 de setembro, relativa à homologação dos veículos a motor e seus reboques, e dos sistemas, componentes e unidades técnicas destinados a serem utilizados nesses veículos. No entanto, estes instrumentos não se referem à homologação de automóveis automatizados ou autónomos, ou a sistemas de automação da condução, remetendo (artigos 33.º e 34.º e anexo IV do Decreto-Lei n.º 16/2010) para os Regulamentos da Comissão Económica das Nações Unidas para a Europa. Em particular, relevam aqui os n.ºs 2.3.4 e 51.6 do Regulamento n.º 79 da Comissão Económica das Nações Unidas para a Europa (Regulamento UNECE), anexo ao Acordo relativo à adoção de regulamentos técnicos harmonizados da Organização das Nações Unidas aplicáveis aos veículos de rodas, aos equipamentos e às peças suscetíveis de serem montados ou utilizados

[63] Miranda A.SCHREURS / Sibyl D. STEUWER, «Autonomous Driving- Political, Legal, Social, and Sustainability Dimensions», ob. cit., p. 162.

[64] Volvo Cars, «Swedish families help Volvo Cars develop autonomous drive cars», ob. cit.

[65] Miranda A. SCHREURS/ Sibyl D. STEUWER, «Autonomous Driving- Political, Legal, Social, and Sustainability Dimensions», ob. cit., págs. 162-163.

num veículo de rodas e às condições de reconhecimento recíproco das homologações[66].

Este Regulamento UNECE 79, sobre equipamento de condução, define "sistema autónomo de condução" (2.3.3), "sistema avançado de assistência à condução" (2.3.4), "função de condução automaticamente dirigida" (2.3.4.1) e "função de condução corretiva" (2.3.4.2), mas exige (5.1.6) que os "sistemas avançados de assistência à condução" não causem "deterioração da performance do sistema básico de condução", e que "sejam concebidos de tal modo que o condutor possa, em qualquer momento, e por ato deliberado, substituir a função"[67].

Também em Portugal se afigura ser necessário adaptar a legislação à introdução de veículos autónomos. Em particular, olhando para o Código da Estrada, vê-se que consagra, como na generalidade dos países, a regra de que os veículos só poderão circular se tiverem um condutor ("driver-only rule"), e que prevê também deveres dirigidos ao condutor. Não se preveem regras para sistemas de assistência automatizada à condução ou para sistemas de condução automática, antes o Código da Estrada contém predominantemente normas que se dirigem ao condutor (por exemplo, nos artigos 11.º, 12.º, 14.º, 14.º-A, 15.º, 18.º, 19.º, 20.º, 21.º, 24.º ou 25.º, entre muitas outras) como regras dirigidas aos veículos ou ao trânsito (por exemplo nos artigos 13.º,14, 16.º, 15, 17.º,16). Ora, essa necessidade de adaptação das regras do Código da Estrada deverá incluir a clarificação de quem é o destinatário destes deveres na circulação automatizada, e a definição do condutor/utilizador a que se destinam, quando for o caso. Além disso, afigura-se que é necessário prever outros deveres do detentor e do utilizador, como o dever do detentor de proceder a todas as alterações e atualizações de software recomendadas pelo produtor e de não proceder a alterações não autorizadas, e os deveres do utilizador/condutor de se informar e instruir sobre o funcionamento do veículo e de estar sempre recetivo para a assunção de controlo em caso de solicitação

[66] PINTO, Paulo Mota – "Problemas Jurídicos dos veículos autónomos" – In "Direito e Robótica – Instituto Jurídico – Centro de Direito do Consumo da Faculdade de Direito da Universidade de Coimbra, agosto de 2020, pág. 101.

[67] PINTO, Paulo Mota – "Problemas Jurídicos dos veículos autónomos" – In "Direito e Robótica – Instituto Jurídico – Centro de Direito do Consumo da Faculdade de Direito da Universidade de Coimbra, agosto de 2020, pág. 101-102.

pelo veículo ou de conhecer ou dever conhecer a sua necessidade (por exemplo, em caso de avaria). Consoante o nível de instrução e complexidade necessário, poderá questionar-se se será conveniente, nalguns casos, exigir instrução (ou mesmo uma licença) de condução especializada para veículos autónomos, sendo discutível se tal deve ficar apenas a cargo dos produtores, vendedores e dos próprios detentores ou utilizadores desses veículos[68].

6. Proteção de dados pessoais

A crescente introdução de veículos autónomos torna também necessárias, ou pelo menos convenientes, clarificações e alterações normativas no domínio do direito da proteção de dados[69]

Afigura-se, assim, conveniente que os veículos autónomos – e mesmo que sem uma automação completa – devam manter registo em tempo real, numa espécie de "caixa negra", dos dados de localização e de movimento do veículo, bem como registo das mudanças de controlo do veículo e das suas solicitações de assunção de controlo ao utilizador (e ainda, se possível, da perceção relevante do ambiente pelos sistemas do veículo). Estes dados, que não carecem de ser armazenados por longos períodos de tempo, podem, no entanto, vir a ser relevantes em caso de acidente (mas não só), designadamente para determinação de todos os factos relevantes. Assim, ficou previsto no novo § 63a, n.º 1, da Straßenverkehrsgesetz alemã, sobre "processamento de dados no veículo", que os veículos com funções de condução alta ou totalmente automatizadas armazenam os dados de posição e de tempo transmitidos por sistemas de navegação por satélite, quando tem lugar uma mudança de controlo do veículo entre o condutor e o sistema de condução, incluindo das solicitações de assunção de controlo pelo veículo e das perturbações técnicas do sistema[70].

O registo, armazenamento e cedência dos dados, sempre com obediência aos princípios da vinculação ao fim (necessidade) e da proporcionalidade, podem, pois, ser úteis para facilitação da prova em processos relativos

[68] Idem, págs. 102-103

[69] Pinto, Paulo Mota – "Problemas Jurídicos dos veículos autónomos" – In "Direito e Robótica – Instituto Jurídico – Centro de Direito do Consumo da Faculdade de Direito da Universidade de Coimbra, agosto de 2020, pág. 104

[70] Idem, págs. 104-105.

a acidentes em que o veículo autónomo tenha estado envolvido, com utilização dos dados registados[71].

Também no domínio da proteção de dados – mas em geral também no dos requisitos de segurança do veículo e da responsabilidade civil –, importa chamar a atenção para a necessidade de *proteção do veículo contra intromissões* de "*hackers*" nos seus sistemas, e isto quer para desvio dos dados armazenados quer mesmo para controlo do veículo, comprometendo a sua segurança e utilização. Tal intromissão de terceiros é, pelo menos, um facto ilícito civil – mas também penal –, que poderá originar responsabilidade civil extracontratual do terceiro que realiza a intromissão ilegítima, senão por violação dos direitos sobre os dados ou do direito de propriedade sobre o sistema e o veículo, pelo menos por violação das disposições legais que proíbem (e punem) tais intromissões[72].

Por sua vez, Araz TAEIHAGH/Hazel Si Min LIM, asseguram que, efetivamente, no que concerne à privacidade, o funcionamento dos VA tem subjacente sensores, mapas de alta definição e outro tipo de instrumentos que recolhem informações e as otimizam, como vista ao seu correto funcionamento, sem se olvidar a preocupação sobre quem trata essa informação e como é utilizada[73].

Coloca-se, assim, em causa a localização dos utilizadores dos veículos, sujeitando-os a marketing indesejado e transmissão dos respetivos dados pessoais sem consentimento e mesmo por desconhecimento dessa possibilidade ou dos dados que efetivamente possam ser transmitidos.

Da mesma forma as câmeras de vigilância que são imprescindíveis ao funcionamento dos VA, o que comporta prejuízo para a privacidade dos utilizadores, nomeadamente com conversas que possam ter no respetivo habitáculo[74].

Todd, Litman, coloca ainda o problema da cibersegurança, que acresce aos riscos de falhas de hardware e software, através dos hackers, que promovem e desenvolvem a manipulação das tecnologias de condução

[71] Idem, pág. 105.

[72] Pinto, Paulo Mota – "Problemas Jurídicos dos veículos autónomos" – In "Direito e Robótica – Instituto Jurídico – Centro de Direito do Consumo da Faculdade de Direito da Universidade de Coimbra, agosto de 2020, págs. 105 e 106.

[73] Araz TAEIHAGH/Hazel Si Min LIM, "Governing autonomous vehicles: emerging responses for safety, liability, privacy, cybersecurity, and industry risks", ob cit. p. 112-113.

[74] Idem.

autónoma por diversão ou cometimento de crimes[75], como seja a recolha de informações sem autorização, assumir o controlo da viatura remotamente, ataques terroristas e venda de informações, instalação de vírus, falsificação da identidade com utilização da identidade dos utilizadores para ações de marketing e outras.

Naturalmente que a identificação correta e atempada de tais problemas de funcionamento ou alteração dele, determina a vigilância e atualização constante do software.

Veja-se a este propósito a notícia de um hacker de apenas 19 anos que controlou remotamente mais de 25 carros elétricos em 13 países.

Sediado na Alemanha, este hacker revelou que o problema está associado à forma como a informação necessária para se ligar aos carros elétricos é guardada. Esta é guardada pela Tesla de forma insegura e assim torna-se simples de ser acedida e consultada.

Do que publicou no Twitter, o controlo dos carros que conseguiu não permite interferir na condução. Ainda assim, tem a capacidade de ligar o sistema de entretenimento ou as luzes dos carros elétricos da Tesla. Pode ainda desbloquear os veículos sem usar a chave e desativar os sistemas de segurança, circunstâncias que levaram a marca a proceder a alterações e comunicações de segurança[76].

O próprio Automóvel Clube de Portugal já alertou para esta realidade, num texto do qual, no essencial, resulta que a realidade jurídica para os veículos autónomos ainda está muito fragmentada, numa lógica de "cada cabeça sua sentença", que é como quem diz, cada país com a sua visão (ou falta dela) sobre os autónomos[77].

No caso português, o enquadramento é simples: o Código da Estrada exige que todos os veículos que circulam nas vias públicas tenham condutor e que, para o fazer, esteja legalmente habilitado. A estrutura legal portuguesa não permite a circulação de carros autónomos dos níveis 3 a 5. Portugal já permite testes de nível 3 a 5 nas suas estradas, no âmbito de vários projetos europeus que integra. dispensam condutores e prometem

[75] Todd, Litman "Autonomous Vehicle Implementation Predictions – Implications for Transport Planning", in https://www.vtpi.org/avip.pdf, pág. 10.

[76] https://pplware.sapo.pt/motores/hacker-garante-que-consegue-controlar-mais-de-25-carros elétricos-da-tesla-no-planeta/

[77] https://revista.acp.pt/780/18/, págs. 18 e 19

ser uma revolução na mobilidade. Mas os carros autónomos vão ser uma realidade, até porque a chegada da rede móvel 5G vai dar um forte impulso. Ainda assim, é de contar com eles para daqui a uma década, isto numa perspetiva otimista, embora ainda falte também muito trabalho legislativo para os enquadrar no meio do trânsito das cidades e das estradas, já que na maior parte dos países a sua circulação está proibida. Mas, e se houvesse um acidente com um carro autónomo em Portugal? Um estudo responde que, por não haver uma legislação específica para os níveis de autonomia entre o 3 e o 5, "a responsabilidade é determinada de acordo com as regras gerais"[78].

Isto quer dizer que o proprietário é o responsável por qualquer dano que o veículo possa causar. Mas também seria o responsável pelos danos mesmo quando não fosse o condutor (caso se o veículo fosse conduzido com a sua autorização). O estudo acrescenta ainda que, se um autónomo de nível 3 a 5 causar danos pelo seu uso ilegal, "a responsabilidade civil geral prevista no Código Civil Português será aplicável"[79].

Defende Paulo Mota Pinto, que com a devida vénia acompanhamos, o registo, armazenamento e cedência dos dados, sempre com obediência aos princípios da *vinculação ao fim* (necessidade) e da *proporcionalidade*, podem, pois, ser úteis para facilitação da prova em processos relativos a acidentes em que o veículo autónomo tenha estado envolvido, com utilização dos dados registados[80].

Também no domínio da proteção de dados – mas em geral também no dos requisitos de segurança do veículo e da responsabilidade civil –, importa chamar a atenção para a necessidade de *proteção do veículo contra intromissões* de "*hackers*" nos seus sistemas, e isto quer para desvio dos dados armazenados quer mesmo para controlo do veículo, comprometendo a sua segurança e utilização. Tal intromissão de terceiros é, pelo menos, um facto ilícito civil – mas também penal [81] –, que poderá originar responsabilidade

[78] https://revista.acp.pt/780/18/, págs. 18 e 19.

[79] https://revista.acp.pt/780/18/, págs. 18 e 19.

[80] PINTO, Paulo Mota – "Problemas Jurídicos dos veículos autónomos" – In "Direito e Robótica – Instituto Jurídico – Centro de Direito do Consumo da Faculdade de Direito da Universidade de Coimbra, agosto de 2020.

[81] V. os tipos de crime previstos na Lei n.º 109/2009, de 15 de setembro ("Lei do Cibercrime"), em especial nos arts. 3.º (falsidade informática), 5.º (sabotagem informática), 6.º (acesso ilegítimo) e 7.º (interceção ilegítima).

civil extracontratual do terceiro que realiza a intromissão ilegítima, senão por violação dos direitos sobre os dados ou do direito de propriedade sobre o sistema e o veículo, pelo menos por violação das disposições legais que proíbem (e punem) tais intromissões[82].

Para Mafalda Miranda Barbosa, os perigos que a inteligência artificial comporta para os dados pessoais – sem os quais aquela não pode sobreviver ou desenvolver-se – não podem ser combatidos unicamente à luz de uma ideia de transparência, como forma de resposta à opacidade que envolve os procedimentos. Outros pilares devem ser tidos em conta, exigindo-se uma especial atenção ao tópico da responsabilidade, não só no sentido da *liability*, mas também no sentido da *accountability*, que daquela difere na intencionalidade e na função. O programador deve mostrar-se apto a prestar contas, ou seja, a explicar retroativamente o uso dos algoritmos e a tomada de uma decisão específica. Um terceiro pilar assenta na avaliação do risco. Mas estes pilares só se tornam atuantes em termos subsidiários, quando esteja em causa uma decisão automatizada, na medida em que o primeiro plano de proteção do sujeito passa pela proibição de decisões automatizadas, sempre que afetem a esfera jurídica do titular dos dados[83].

A mesma lógica parece presidir à proposta de um Regulamento do Parlamento Europeu e do Conselho tendo em conta a necessidade de adoção de regras uniformes em matéria de inteligência artificial, que nos oferece uma abordagem baseada no risco, definindo três grandes níveis[84].

Parece, portanto, que a par das regras impostas pelo RGPD em matéria de proteção de dados pessoais, os perigos que a inteligência artificial comporta a este nível podem determinar a necessidade de específicas obrigações que reforcem os direitos dos sujeitos na necessária articulação entre os dois domínios[85].

[82] Pinto, Paulo Mota – "Problemas Jurídicos dos veículos autónomos" – In "Direito e Robótica – Instituto Jurídico – Centro de Direito do Consumo da Faculdade de Direito da Universidade de Coimbra, agosto de 2020, págs. 105 e 106.

[83] Barbosa, Mafalda Miranda – "Dos expert systems aos data systems AI: impacto ao nível da proteção de dados" – in revista Julgar, n.º 45, pág. 32.

[84] Idem 32.

[85] Idem, pág. 33.

7. A aceitação e utilização dos veículos autónomos pelos consumidores

Afirmam Azim Shariff, Jean-François Bonnefon e Iyad Rahwan, que as principais barreiras para a utilização de veículos autónomos assentam mais em questões de ordem psicológica do que tecnológicas[86].

Todavia, Sofia Alcaide refere que o contacto direto com o automóvel autónomo aumentou a confiança, a perceção de segurança e a previsão da sua utilização, circunstância alicerçada em vários estudos realizados em diferentes países, que permitiram concluir que um utilizador desenvolve confiança por um VA considerando que está a confiar que o vendedor ou o prestador de serviços será capaz de proteger as suas informações de eventuais usos indevidos[87].

E se por um lado as metas ambientais pressionam as construtoras a produzir veículos mais eficientes do que nunca e a apostar em energias alternativas, os objetivos a cumprir ao nível da segurança e da otimização das cidades e dos recursos, reforçam a importância de um automóvel a caminhar no sentido da total autonomização[88].

Um estudo levado a cabo pela McKinsey&Company, publicado em junho de 2015, conclui que com a colocação, a partir de 2020, de veículos autónomos no mercado de frotas e particulares, tudo aquilo que rodeia o automóvel (desde o pós-venda, seguradoras até aos concessionários e logística) sofrerá uma revolução. A partir de 2030 estima-se que a tendência para a compra de veículos autónomos entre numa rota de grande crescimento e ainda antes de 2040, o veículo autónomo será, segundo este estudo, o principal meio de transporte[89].

Num futuro não muito distante, o automóvel será um espaço para consumo de informação e para "fazer chamadas" e o *car sharing* ganhará mais relevância. Vários estudos indicam que apesar de tudo isto, a tendência para o aumento da venda de automóveis a particulares não se reverterá, podendo apenas abrandar[90].

86 Azim Shariff, Jean-François Bonnefon e Iyad Rahwan, "Psycological roadblocks to the adoption of self-driving vehicles", Nature Human Behavoir, setembro 2017, pág, 694, in sci-hub.se/10.1038/s41562-017-0202-6.

87 Alcaide, Sofia Patrícia Travassos de Frites, "A responsabilidade Civil por veículos autónomos", novembro de 2021, Almedina, Págs. 26 a 30.

88 https://www.razaoautomovel.com/2016/03/conducao-autonoma-sim-ou-nao

89 Idem.

90 Idem

Naturalmente que a utilização da modalidade de *car sharing* na utilização de veículo autónomos levanta, por si só, outras questões do ponto de vista do direito a que terá que dar resposta.

Como assegura Paulo Mota Pinto, "a doutrina do negócio jurídico parece necessitar de adaptações em múltiplos aspetos, para poder ser aplicada à negociação e contratação por intermédio de sistemas de software inteligentes, embora alguns insistam mais na necessidade de novos quadros e regras, e outros no esgotamento das possibilidades de adaptação do regime comum.

Podem distinguir-se diversos modelos de atuação destes agentes na contratação máquina-a-máquina, sem intervenção humana, com relevância para a amplitude da atuação em autonomia privada da contraparte e para a definição prévia de regras, incluindo para a interpretação dos contratos: recurso a contrato-quadro; contratação em plataformas; atuação "livre" de agentes de software.

A dogmática da declaração negocial depara com dificuldades, desde logo, na fundamentação da imputação desta ao sistema de IA e seu utilizador. Também as regras da formação do contrato, no que toca à emissão e receção da proposta e aceitação, à revogação destas, à confirmação da receção, carecem de adaptações, o mesmo se podendo dizer para os critérios de interpretação e integração da declaração negocial. Especial atenção, pela sua relevância prática, merecem os problemas da formação, por intermédio de agentes inteligentes de software, de contratos de adesão ou com recurso cláusulas contratuais gerais.

E também a dogmática da falta e vícios da vontade requer uma aplicação adaptada a estas hipóteses. Tal como em muitos outros problemas, também aqui a dificuldade está sobretudo na dificuldade de aplicar aos agentes inteligentes de software conceitos como "conhecimento", "consciência" ou "vontade", e na dificuldade em lhes impor certos requisitos ou exigências objetivas que são pressupostas na interação humana, e que fundamentam critérios como os do dever de conhecer, do "declaratário normal", ou da atuação em conformidade com os ditames da boa fé.

Muitos mais problemas haveria naturalmente que tratar — como por exemplo os da aplicação à contratação por agentes de software inteligentes do regime da responsabilidade contratual, e do fundamento e limites da imputação ao devedor da atuação desse agente (incluindo também no plano da execução, nos chamados smart contracts).

Tudo no âmbito da relevância da contratação nos seus diferentes estágios, ou seja, desde a construção, venda e utilização dos VAs"[91].

8. A questão da ética

Os VA têm a necessidade de tomar decisões éticas e decidirem como irão atuar com vista à redução de riscos para os seus passageiros, o que cria diversos dilemas aos seus produtores, aos reguladores e ao público em geral.

Com isto em conta, um grupo liderado por Bonnefon levou a cabo um estudo de ética experimental assente neste dilema ético, tendo sido inquiridos cidadãos Americanos. Os resultados obtidos demonstraram que 75% dos inquiridos consideravam justa a programação do algoritmo do veículo para, numa situação limite, optar pela morte do passageiro do veículo autónomo por forma a salvar a vida de 10 pedestres (Bonnefon, Shariff & Rahwan, 2016: 1573)[92].

Resultou ainda estatisticamente provada uma correlação entre o número de vidas salvas e o grau de aceitação da morte do condutor neste tipo de situações. Deste modo, quanto maior o número de transeuntes hipoteticamente suscetíveis de serem atropelados pelo veículo, maior a percentagem de aceitação dos inquiridos quanto à morte do passageiro ou condutor (Bonnefon, Shariff & Rahwan, 2016: 1574)[93].

Contudo, quando a questão colocada pretende determinar o grau de aceitação dos inquiridos em adquirir um veículo que tivesse em consideração (no seu algoritmo) o número de mortes que o acidente poderia causar devido ao acidente, uma grande percentagem dá prioridade à sua própria segurança e de quem consigo se encontra no interior do mesmo, in casu, familiares (Bonnefon, Shariff & Rahwan, 2016: 1575)[94].

Desta forma, concluiu-se que o veículo que seja programado para, em situações limite, matar o seu condutor, será um produto pouco desejável para o consumidor, porém, no caso de ser apto a proteger o condutor

[91] Pinto, Paulo Mota- "Agentes de software inteligentes e negócio jurídico – alguns problemas" in revista Julgar, n.º 45, Págs. 35 a 64.

[92] Data Vénia "Veículos autónomos: um novo desafio para o direito português", ano de 2020, n.º 11, págs. 14 a 18.

[93] Idem

[94] Idem.

e passageiros a qualquer custo, a resposta poderá ser bem diferente (Bonnefon, Shariff & Rahwan, 2016: 1576)[95].

Os direitos fundamentais do ser humano poderão ser previamente limitados por um algoritmo que definirá, numa situação limite e sem intervenção humana, qual a resposta ética e jurídica a dar a um problema[96].

A proteção constitucional da iniciativa privada, plasmada no art.º 86.º CRP pressupõe a sindicância do estado que poderá intervir na gestão empresarial para assegurar o interesse geral e respeito pela constituição, limitando, assim o queira, a sua atuação (n.º5)[97].

Verificamos que não é ao acaso que a "empresa" não ocupa o catálogo dos direitos fundamentais, pois o legislador constitucional fez prevalecer a pessoa humana sobre o interesse económico e privado, razão da sindicância estatal daquelas atividades. Tendo em consideração o catálogo constitucional de direitos que protegem a pessoa humana, parece-nos vir a ser necessária a intervenção legislativa na regulação do algoritmo dos veículos autónomos e demais mecanismos que contenham inteligência artificial, estabelecendo standards restritivos para a sua construção e que prevejam e respeitem os direitos absolutos da pessoa humana[98].

Contudo, este tipo de limitação da iniciativa dos produtores na conceção de algoritmos poderá ter efeitos nefastos suscetíveis de originar a sua desresponsabilização ao abrigo das normas vigentes[99].

10. Responsabilidade civil

Para Henry Prakken, "A principal função das regras de responsabilidade civil é determinar a responsabilidade depois de algo ter acontecido. Atualmente, há muita discussão sobre questões de responsabilidade civil relativas a veículos autónomos (VA) quando com este ocorre um acidente. No entanto, as regras de responsabilidade de tráfego são relevantes numa forma diferente: podem, pragmaticamente, implicar indicações adicionais de comportamento de condução em casos em que nenhuma

95 Idem.

96 Idem.

97 Idem.

98 Idem.

99 Idem.

regra específica seja violada, uma vez que os condutores racionais quererão evitar danos"[100].

Para Pinto, Paulo Mota, a área em que mais tem sido discutida a eventual necessidade de adaptações ou alterações tem sido a da responsabilidade civil – o que bem se compreende, dados os naturais receios que a circulação de veículos autónomos, que não estão a ser dirigidos permanentemente por um condutor, provoca.

A circulação de veículos automóveis é por natureza uma atividade de risco, suscetível de causar – e que diariamente causa em todo o mundo – acidentes mortais ou com feridos graves. A perspetiva da circulação na via pública de veículos conduzidos por sistemas automáticos desperta naturalmente o receio de que, seja por defeitos desses sistemas (nas suas componentes material ou física – hardware – ou nas suas componentes de programação ou de dados informáticos para a condução – software e dados), seja por falhas de coordenação entre o veículo autónomo, por um lado, e outros veículos dirigidos por seres humanos (no "tráfico misto") ou peões, por outro lado, ocorram acidentes graves. Suscita-se então a questão de saber quem deve suportar os respetivos prejuízos – a questão central da responsabilidade civil. Trata-se, em particular, de saber se, e como, devem ser aplicadas aos acidentes causados por veículos autónomos as regras sobre responsabilidade civil em acidentes com veículos, e de saber se são necessárias novas regras, que distribuam de forma adequada os ónus e incentivos e protejam a segurança dos intervenientes e da comunidade em geral[101].

A questão que se põe é a de saber quem deve em princípio ser responsável por tais acidentes, perante os lesados. E existem várias soluções possíveis: desde a da inexistência de responsabilidade (*"casum sentit dominus", "the loss lies where it falls"*), até à responsabilidade subjetiva (com ou sem presunção de culpa) ou objetiva do proprietário/detentor do automóvel, do seu utilizador, do produtor ou fabricante do automóvel, dos fornecedores dos sistemas necessários para a circulação, ou até do próprio

[100] Prakken, Henry – "Sobre o problema de tornar os veículos autónomos conformes à lei de trânsito" in https://link.springer.com/article/10.1007/s10506-017-9210-0

[101] Pinto, Paulo Mota – "Problemas Jurídicos dos veículos autónomos" – In "Direito e Robótica – Instituto Jurídico – Centro de Direito do Consumo da Faculdade de Direito da Universidade de Coimbra, agosto de 2020, págs. 106 a 111.

veículo (caso fosse dotado de personalidade, ou, pelo menos, dotado de um património para efeitos de cobertura de tais responsabilidades) – além, depois, evidentemente, das seguradoras para as quais qualquer destes potenciais responsáveis transferissem a responsabilidade civil[102].

O regime da responsabilidade civil no ordenamento jurídico português encontra-se consagrado no Código Civil (C.C.), nos artigos 483.º e seguintes[103].

Também acompanhamos Carlos Alberto da Mota Pinto / António Pinto Monteiro/ Paulo Mota PINTO, quando referem que tal regime fundamenta-se no comportamento humano, isto é, o Homem, como ser autodeterminado e dotado de liberdade, pode, no seu quotidiano e através dos comportamentos por si adotados, causar danos a outra pessoa. E, "quando a lei impõe ao autor de certos factos ou ao beneficiário de certa atividade a obrigação de reparar os danos causados a outrem, por esses factos ou por essa atividade, depara-se-nos a figura da *responsabilidade civil*"[104].

Assim, a responsabilização do causador dos danos decorre diretamente da lei e não da vontade das partes[105].

Não pode, contudo, confundir-se responsabilidade civil com responsabilidade moral. Apesar de esta última não ser juridicamente desconsiderada, a verdade e que esta reflete-se no plano da consciência, sem que necessariamente tenha efeitos externos[106].

Da mesma forma, também não se poderá confundir responsabilidade civil com a responsabilidade penal. Além de a primeira ser parte integrante do direito privado e de a segunda pertencer ao domínio do direito público, a primeira pretende ressarcir o lesado pelos danos que este sofreu, ao passo que a segunda se propõe defender a ordem social que terá sido lesada por determinado comportamento[107].

[102] Idem, págs. 109 e 110.

[103] Decreto-Lei n.º 47344, Serie I de 1966-11-25, in https://dre .pt/ web/guest/ pesquisa/-/ search/4 77358/ detail s/normal?p_p auth= y0yPlM9L.

[104] Carlos Alberto da Mota Pinto / António Pinto Monteiro/ Paulo Mota PINTO, *Teoria Geral do Direito Civil*, 4.ª Edição Reimpressão, Coimbra, Coimbra Editora, 2012, p.128.

[105] Mário Júlio de Almeida COSTA, *Direito das Obrigações*,12.! Edição, 4ª, Reimpressão, Coimbra, Almedina, 2016, p. 519.

[106] Mário Júlio de Almeida Costa, *Direito das Obrigações, ob. cit.*, p. 520.

[107] Idem, pág. 521 e 522.

Por conseguinte, a responsabilidade civil depende da iniciativa do próprio lesado" e a responsabilidade penal é desencadeada pelo Estado, sendo esta da sua exclusiva competência. Casos há, contudo, em que o mesmo comportamento poderá desencadear os dois tipos de responsabilidade, como sejam as situações em que o dano e a morte (homicídio), devendo o lesante indemnizar os familiares do falecido, sendo-lhe simultaneamente aplicada uma pena[108].

Carlos Alberto da Mota Pinto, António Pinto Monteiro e Paulo Mota Pinto afirmam que "[a] responsabilidade civil atua, portanto, através do surgimento da *obrigação de indemnização.* Esta tem precisamente em vista tornar *indemne,* isto é, *sem dano* o lesado; visa colocar a vítima na situação em que estaria sem a ocorrência do facto danoso"[109], neste sentido, os artigos 483.º, n.º 1 e 562.º, do Código Civil.

Refere ainda Sofia Alcaide que, efetivamente, os danos podem resultar de realidades distintas: podem surgir na sequência da celebração de um contrato e de incumprimento ou cumprimento indevido desse mesmo contrato, resultando, assim, das negociações e vontade privadas, ou podem surgir de factos completamente estranhos à liberdade contratual e vontade privada. Assim, no primeiro caso, a razão última para a responsabilidade reside sempre em vínculos criados por uma vontade autónomo-privada, sendo de ajuizar, por isso, o dano como resultado de uma vontade jurídico-privada; na segunda hipótese, já não se trata de ajuizar vontades autónomo-privadas e seus resultados, mas sim de avaliar condutas desconformes com a lei, as quais esta atribui efeitos sancionatórios, sem atender à vontade[110].

As responsabilidades contratual e extracontratual têm, contudo, aspetos comuns. Uma vez verificada a existência de um ou mais danos, o cálculo destes e da respetiva indemnização devida é igual, quer se trate de um tipo ou outro de responsabilidade[111].

108 Idem, pág. 522.

109 Carlos Alberto da Mota Pinto / António Pinto Monteiro/ Paulo Mota PINTO, Teoria Geral do Direito Civil, 4.ª Edição Reimpressão, Coimbra, Coimbra Editora, 2012, p.128.

110 Alcaide, Sofia Patrícia Travassos de Freitas – "A responsabilidade Civil por danos causados por veículos autónomos", Almedina, novembro de 2021, pág. 90/91.

111 Acerca do dano e da indemnização por desvalorização de um bem, Mafalda Miranda BARBOSA, «Perda de valor (desvalorização) de um bem e responsabilidade civil» in António

Por tal, no que respeita ao modo de indemnizar, este deverá ter presente a necessidade de "reconstituição natural", o que resulta do disposto no artigo 566.º, n.º 1, do Código Civil, bem assim do seu artigo 562.º, ao consagrar que "*quem estiver obrigado a reparar um dano, deve reconstituir a situação ao que existiria*", recorrendo-se a indemnização monetária e apenas aquela que não é possível, se apresenta como insuficiente ou é demasiado onerosa para o lesante[112]. Na prática, acabamos por verificar que, na maioria das situações, se recorre a compensação monetária, uma vez que, mesmo quando a reconstituição natural é exequível, esta nem sempre satisfaz, na totalidade, a indemnização devida ao lesado[113].

Todavia, acompanhando Pinto, Paulo Mota, o tema nos que traz à lide a questão da responsabilidade civil, versa sobre a responsabilidade civil no caso da circulação de veículos autónomos e como resolver a questão dos eventuais danos resultantes ou provocados por este tipo de veículos ao circularem na via sem recurso à ação humana no sentido estrito, ou seja, conduzidos ou dependentes da ação humana[114].

Abordando num primeiro momento o problema numa perspetiva de *iure condendo*, notamos que existem múltiplos intervenientes na condução autónoma, a que correspondem diversos potenciais responsáveis[115].

Temos, assim, antes de mais, as pessoas, na posição de condutor/utilizador do veículo (ainda que com uma intervenção reduzida em relação à exigida e que se verifica nos veículos não autónomos) ou de detentor do veículo – que pode não ser o utilizador/condutor em cada momento[116].

Menezes CORDEIRO/ Miguel Teixeira de Sousa/ Pedro Romano MARTINEZ/ Luís Menezes LEITÃO, Revista de Direito Civil, Ano II (2017), N.º 4, Coimbra, Almedina, pp. 847-878.

112 Heinrich Ewald Horester, Eva Sónia Moreira da Silva, "A parte Geral do Código Civil Português", 2ª Edição, Coimbra, Almedina, 2019, pág. 79.

113 Carlos Alberto da Mota Pinto / António Pinto Monteiro/ Paulo Mota PINTO, "Teoria Geral do Direito Civil", 4.ª Edição Reimpressão, Coimbra, Coimbra Editora, 2012, p.128-129.

114 Pinto, Paulo Mota – "Problemas Jurídicos dos veículos autónomos" – In "Direito e Robótica – Instituto Jurídico – Centro de Direito do Consumo da Faculdade de Direito da Universidade de Coimbra, agosto de 2020, págs. 107.

115 Idem, págs. 107 e 108.

116 Idem. 106 a 111.

Em segundo lugar, quanto ao próprio veículo, pode ser responsável o seu produtor ou fabricante (de todo o veículo ou de um seu componente, incluindo da totalidade ou de parte do sistema de condução autónoma[117]), o seu fornecedor ou vendedor, bem como a oficina que o tenha preparado ou reparado antes de circular.

Refere ainda Paulo Mota Pinto que[118], *em terceiro lugar, intervém também na circulação de veículos autónomos toda uma infraestrutura de tráfico, incluindo quer os proprietários e responsáveis pelas estradas e respetiva sinalização (como, por exemplo, os semáforos e outros sinais), quer os responsáveis por outros elementos da infraestrutura, como eventuais sinais especificamente orientadores da circulação de veículos automatizados.*

Tratar-se-á, frequentemente, de entes públicos, mas podem também ser entidades às quais foi concessionada a exploração da infraestrutura de tráfico, total ou parcialmente.

Em quarto lugar, também podem intervir – e causar eventos lesivos – os operadores de infraestruturas de comunicação ou operadores de redes de comunicação, seja para a comunicação entre o veículo e as infraestruturas fixas (sinais, por exemplo), seja para a comunicação entre veículos. Também a falha destas infraestruturas (a sua lentidão ou falha de comunicação de dados) pode ocasionar acidentes.

Em quinto lugar, além destes intervenientes de interface frontal entre o veículo e outros sujeitos, há toda uma série de intervenientes (produtores ou fornecedores de bens ou serviços) de suporte ou de retaguarda ("back-end") que são necessários para a circulação de veículos autónomos, cuja falha pode também causar acidentes: quanto à retaguarda do produtor, por exemplo, o fornecedor das suas tecnologias de informação, pelas quais se conecta ao veículo; quanto à retaguarda da gestão de tráfico, os fornecedores destes sistemas, que podem ser operados, por exemplo, por um ente público; quanto a outros fornecedores de retaguarda, por exemplo, os fornecedores de mapas digitais, ou de catálogos de cenários de risco ou de perigo e reações a estes (que podem ser instâncias publicamente certificadas), etc.

A isto acresce, ainda, a necessidade de intervenção de operadores de outras infraestruturas (por exemplo, os operadores de servidores

[117] Como seja, por exemplo, o fornecedor de sensores de deteção de movimento ou de luz.

[118] Pinto, Paulo Mota – "Problemas Jurídicos dos veículos autónomos" – In "Direito e Robótica – Instituto Jurídico – Centro de Direito do Consumo da Faculdade de Direito da Universidade de Coimbra, agosto de 2020, págs. 106 a 111.

"neutrais" de dados – no sentido de não pertencentes a nenhum dos sujeitos anteriormente mencionados – para qualquer das referidas atividades de retaguarda), cuja falha pode também causar acidentes[119].

Na mesma posição de Paulo Mota Pinto, a que aderimos também, é neste contexto de multiplicidade de intervenientes que se impõe determinar o responsável pela ocorrência de sinistros perante os respetivos lesados.

Várias soluções se adiantam como possíveis:

- a inexistência de responsabilidade (*"casum sentit dominus", "the loss lies where it falls"*), até à responsabilidade subjetiva (com ou sem presunção de culpa) ou objetiva do proprietário/detentor do automóvel, do seu utilizador, do produtor ou fabricante do automóvel, dos fornecedores dos sistemas necessários para a circulação, ou até do próprio veículo (caso fosse dotado de personalidade, ou, pelo menos, dotado de um património para efeitos de cobertura de tais responsabilidades) – além, depois, evidentemente, das seguradoras para as quais qualquer destes potenciais responsáveis transferissem a responsabilidade civil[120].

A resposta a todas estas possibilidades, advirá de cada caso concreto, em face da realidade fática da ocorrência que está na origem do sinistro ou na obrigação de indenizar.

10.1. Responsabilidade do produtor/fornecedor do veículo e do detentor

Procurando estender-se a aplicabilidade da responsabilidade objetiva, "por via da inversão do ónus da prova", foi introduzida pela Diretiva 85/394/CEE, do Conselho, de 25 de julho de 1985, uma nova espécie, exatamente a responsabilidade do produtor ou fabricante, tendo em perspetiva a defesa ou proteção do consumidor[121]. Até então, tentava ficcionar-se entre

[119] Pinto, Paulo Mota – "Problemas Jurídicos dos veículos autónomos" – In "Direito e Robótica – Instituto Jurídico – Centro de Direito do Consumo da Faculdade de Direito da Universidade de Coimbra, agosto de 2020, págs. 106 a 109.

[120] Idem, págs. 106 a 111.

[121] Alcaide, Sofia Patrícia Travassos de Frites, "A responsabilidade Civil por veículos autónomos", novembro de 2021, Almedina, pág. 119.

o consumidor e o fabricante, com o objetivo de imputar a este o ónus da prova da culpa, presumindo-se, assim, a culpa do produtor[122], apesar de apenas ocorrer a relação contratual entre consumidor e vendedor.

De notar que a Diretiva antes identificada foi transposta para o ordenamento jurídico português através do Decreto Lei n.º 383/89, de 06 de novembro, com a redação que lhe foi conferida pelo Decreto Lei n.º 131/2001, de 24 de abril[123].

Naturalmente que esta nova modalidade decorre da evolução tecnológica e da necessidade de proteção dos riscos atinentes, perante a relevância para efeitos sociais e utilidade económica, da automatização da produção.

Como afirma Paulo Mota Pinto[124] limitando-se a intervenção humana na circulação de veículos automatizados ou autónomos, em muitos casos os danos resultarão de defeitos ou falhas no veículo ou em sistemas que estão integrados nele. Pelo que o produtor ou fabricante é quem melhor *dominará o respetivo risco*, podendo também *segurá-lo*, além de ser quem *beneficia* com a atividade de fabrico e colocação no mercado do veículo automatizado ou autónomo. Deve, pois, ser responsável objetivamente, eventualmente com um seguro obrigatório da sua responsabilidade.

Relevante se torna, pois, trazer à colação o que resulta já do direito português vigente, mormente a nível da responsabilidade do detentor e do condutor/utilizador, bem assim a responsabilidade do produtor.

[122] Carlos Alberto da Mota Pinto / António Pinto Monteiro/ Paulo Mota PINTO, "Teoria Geral do Direito Civil", 4.ª Edição Reimpressão, Coimbra, Coimbra Editora, 2012, p. 134.

[123] É também considerado produtor aquele que, na Comunidade Económica Europeia e no exercício da sua atividade comercial, importe do exterior da mesma produtos para venda, aluguer, locação financeira ou outra qualquer forma de distribuição, e qualquer fornecedor de produto cujo produtor comunitário ou importador não esteja identificado (salvo se, notificado por escrito, comunicar ao lesado no prazo de três meses, igualmente por escrito, a identidade de um ou outro, ou a de algum fornecedor precedente) – art. 2.º, n.º 2, do diploma citado. Sobre a noção de produtor, v. J. Calvão da Silva, Responsabilidade civil do produtor, cit., págs. 545 e segs., M. da Graça Trigo, Responsabilidade civil – temas especiais, cit., págs. 105 e segs.

[124] Pinto, Paulo Mota – "Problemas Jurídicos dos veículos autónomos" – In "Direito e Robótica – Instituto Jurídico – Centro de Direito do Consumo da Faculdade de Direito da Universidade de Coimbra, agosto de 2020, pág. 111.

A responsabilidade por danos decorrentes de acidentes de circulação terrestre, está prevista nos artigos 503.º a 508.º do Código Civil.

O legislador consagrou a responsabilidade pelo risco no artigo 499.º e seguintes do Código Civil, com a correspondente aplicação das normas previstas para a responsabilidade por factos ilícitos, aplicáveis caso não existam normas em contrário.

Ensina Mário Júlio Almeida Costa, que a responsabilidade pelo risco tem-se alicerçado fortemente na "teoria do risco", na qual se entende que se se verificarem danos decorrentes do exercício de uma atividade perigosa, então, quem dela retira proveito deve arcar com os resultados daí advenientes, designadamente com os referidos danos — trata-se de uma contrapartida[125].

Ora, os automóveis tornam-se indispensáveis à vida humana e à satisfação dos interesses da comunidade e os acidentes poder ficar a dever-se a riscos próprios do veículo ou a motivos de força maior. O artigo 505.º do Código Civil afasta a responsabilidade pelo risco nos casos em que a culpa do acidente seja do próprio lesado ou de terceiro ou quando o acidente seja resultado de uma causa estranha ao veículo.

Na posição de Paulo Mota Pinto, ainda que a culpa não seja pressuposto da responsabilidade pelo risco, esta não é irrelevante, importando quer a sua existência, quer a sua gravidade – a culpa assume relevância na fixação da indemnização.

Todavia, a análise da responsabilidade pelo risco no que concerne aos acidentes de veículos em face do direito positivado no nosso ordenamento jurídico, assume relevância para efeitos da responsabilidade na condução de veículo autónomo.

Tal responsabilidade objetiva – em exceção ao princípio geral da responsabilidade por culpa, previsto no artigo 487.º, n.º 2 – fundamenta-se no princípio do risco-benefício:

uma vez que o detentor do veículo tem a sua direção efetiva e o utiliza no próprio interesse, beneficiando, por conseguinte, de uma atividade arriscada, cujos riscos se concretizam e causam danos ao lesado, é justo

[125] Mário Júlio Almeida Costa, "Direito das obrigações", ob. Cit. Pág. 613.

que suporte também os correspondentes prejuízos (*"eigenes Interesse, eigene Gefahr"*[126], *"ubi commoda, ibi incommoda"*)[127].

O n.º 3 do artigo 503.º do Código Civil, estabelece uma presunção de culpa do comissário determinando que será responsável quem conduzir um veículo por conta de outrem, exceto se provar que não teve culpa; sendo o comissário responsável nos termos do n.º 1, se conduzir o veículo fora das suas funções, daí que a norma em causa estabeleça a responsabilidade pelos danos causados o "detentor do veículo".

Conforme Mário Júlio Almeida Costa, existem, pois, dois requisitos para a efetivação da responsabilidade, "a direção efetiva do veículo e o interesse próprio nessa utilização, não se apresentando como requisito a sua titularidade[128].

Quanto ao detentor, este coincidirá, na maioria das vezes, com o seu proprietário, mas poderá ser locatário, comodatário um adquirente com reserva de propriedade, um usufrutuário ou mesmo alguém que tenha furtado o veículo". Na conceção de Antunes Varela,[129] que aqui se acolhe, o detentor corresponderá a quem possui, de facto, poder sobre o automóvel, o que não equivale a ter o "volante nas mãos".

[126] Que pode ser o proprietário ou não (pode tratar-se, por ex., de um usufrutuário, de um adquirente com reserva de propriedade, de um comodatário ou locatário do automóvel, ou até do ladrão que o furtou e o utiliza abusivamente). Em contrapartida, o detentor pode não ser o condutor, quando o veículo é conduzido por outrem no interesse daquele. Sobre a noção de detentor para este efeito, v., por ex., João de Matos Antunes Varela, Das obrigações em geral, vol. I, 10.ª ed., Coimbra, 2000, pág. 656 e segs., F. Pires de Lima/J. Antunes Varela, Código Civil anotado, vol. II, Coimbra, Coimbra Editora, 1997, art. 503.º, pág. 513, Rui de Alarcão, Direito das obrigações (com a colab. de J. C. Proença, J. Sinde Monteiro, J. Sousa Ribeiro, e Almeno de Sá), polic., Coimbra, 1983, págs. 262 e segs., Mário Júlio de Almeida Costa, Direito das obrigações, 12.ª ed., Coimbra, Almedina, 2012, págs. 629-631, Luís Menezes Leitão, Direito das obrigações, vol. II, 4.ª ed., Coimbra, Almedina, 2006, págs. 390-391, Raúl Guichard, in Comentário ao Código civil, Direito das obrigações, Das obrigações em geral, coord. por José Carlos Brandão Proença, Universidade Católica Portuguesa, Lisboa, 2018, págs. 406-409.

[127] Pinto, Paulo Mota – "Problemas Jurídicos dos veículos autónomos" – In "Direito e Robótica – Instituto Jurídico – Centro de Direito do Consumo da Faculdade de Direito da Universidade de Coimbra, agosto de 2020, pág. 112

[128] Mário Júlio Almeida Costa, "Direito das obrigações", ob. Cit. Pág. 613.

[129] J. Antunes Varela, Das obrigações em geral, cit., pág. 657.

Será detentor do veículo aquele que dele retira as suas vantagens, devendo, por isso, zelar pelo seu bom estado e funcionamento.

Mantêm-se válidas, pois, também em caso de circulação de veículos autónomos ou automatizados, as razões para a previsão da responsabilidade pelo risco, e designadamente o benefício do detentor com a atividade que cria risco.

Tal como defende Paulo Mota Pinto, "poderá, porém, eventualmente ponderar-se a conveniência da elevação dos limites máximos de indemnização fundada na responsabilidade objetiva em caso de condução automatizada, devido à menos frequente responsabilização do condutor (responsabilidade subjetiva). Assim, na já citada alteração à lei alemã sobre o trânsito rodoviário (§12) previu-se que, a partir de 2017, esses limites passaram a ser, em caso de morte ou lesão corporal de uma ou mais pessoas pelo mesmo evento lesivo, de dez milhões de Euros em caso de lesão por utilização de uma função de condução alta ou totalmente automatizada (em vez de apenas cinco milhões de Euros, como é o regime geral), e de dois milhões de Euros (em vez de apenas um milhão) em caso de danos a coisas por veículos"[130].

E não parece haver, por outro lado, razões decisivas que obstem à aplicação do artigo 503.º[131] em condução automatizada. Como se sabe, o limite máximo da indemnização em caso de responsabilidade objetiva do detentor de veículos automóveis é hoje, entre nós, idêntico ao capital mínimo do seguro obrigatório de responsabilidade civil automóvel (artigo 508.º, n.º 1), isto é, de cinco milhões de Euros por acidente para os danos corporais e de um milhão de Euros por acidente para os danos materiais, nos termos do artigo 12.º, n.º 2, do Decreto-Lei n.º 291/2007, de 21 de agosto (regime do sistema de seguro obrigatório de responsabilidade civil automóvel)[132].

[130] Pinto, Paulo Mota – "Problemas Jurídicos dos veículos autónomos" – In "Direito e Robótica – Instituto Jurídico – Centro de Direito do Consumo da Faculdade de Direito da Universidade de Coimbra, agosto de 2020, pág. 113.

[131] Idem, pág. 113.

[132] Esses limites, para danos pessoais e para danos materiais, foram estabelecidos pelo art. 2.º da Diretiva n.º 2005/14/CE, do Parlamento Europeu e do Conselho, de 11 de maio, que altera as Diretivas 72/166/CEE, 84/5/CEE, 88/357/CEE e 90/232/CEE do Conselho e a Diretiva 2000/26/CE relativas ao seguro de responsabilidade civil resultante da circulação de veículos

Não deve, por outro lado, esquecer-se que, a par da responsabilidade objetiva, o detentor do veículo pode, eventualmente, incorrer também em responsabilidade delitual subjetiva, por violação de deveres de prevenção de perigo, por exemplo por autorizar a terceiro a operação do veículo sem instrução, ou sem verificação dos seus conhecimentos. Neste caso, aplicar-se-á o regime geral dessa responsabilidade subjetiva[133].

O DL 383/89 (com a redação mais recente conferida pelo DL 131/2001, de 24/04), adota uma noção de produtor abrangente, na qual consagra o produtor real, como sendo o fabricante do produto final, de parte ou partes do produto ou mesmo da matéria prima[134].

E existindo defeito em produto acabado, serão responsáveis os produtos da matéria prima, do componente ou do produto final.

A figura do produtor aparente assenta na marca do produto, quem atribui a marca, ainda que não seja o efetivo fabricante final, pelo que não deixará de ser responsável[135].

Como produto assume especial relevo o software, encontrando-se em suporte material.

Para que exista responsabilidade do produtor é absolutamente necessário que o produto seja colocado em circulação, o que significa, nas palavras de Calvão da Silva, que "um produto é posto em circulação, no momento em que o produtor consciente e voluntariamente o lança no mercado no tráfico da comercialização[136].

Como refere Vera Lúcia Paiva Coelho, este momento é crucial para que se possa aferir da existência de um defeito, sendo que cabe ao produtor

automóveis. Trata-se, no entanto, de limites mínimos, podendo os Estados-membros fixar limites superiores, como aconteceu com a Alemanha em 2017.

[133] Pinto, Paulo Mota – "Problemas Jurídicos dos veículos autónomos" – In "Direito e Robótica – Instituto Jurídico – Centro de Direito do Consumo da Faculdade de Direito da Universidade de Coimbra, agosto de 2020, pág. 114.

[134] João Calvão da Silva, A responsabilidade civil do produtor, Coimbra, Almedina, 1999, pág. 549.

[135] COELHO, Vera Lúcia Paiva, "Responsabilidade Civil do produtor por produtos defeituosos" – in Revista de direito eletrónico – Faculdade de Direito do Porto – junho 2017 – n.º 2, págs. 12 e 13.

[136] João Calvão da Silva, A responsabilidade civil do produtor, Coimbra, Almedina, 1999, pág. 669.

ilidir a presunção de que o defeito não existia no momento da entrada em circulação do produto[137].

E no pressuposto da existência de um defeito, é crucial a questão de danos que venham a ocorrer devido à capacidade de aprendizagem do veículo autónomo – o *machine learning*.

Naturalmente que esta capacidade de auto aprendizagem do veículo poderá levar a alteração de diretrizes, por via da correção de opções previamente programadas pelo produtor em sentido geral.

Assim, ainda que determinados defeitos não suscetibilizem o seu conhecimento por a técnica e a ciência o não permitirem, continua ser imputável ao produtor "o dever de vigilância sobre a coisa", após a sua introdução no mercado[138], sob pena de ser responsabilizado com base na culpa provada (artigo 483.º ou presumida (493.º, n.º 2), o que resulta, aliás, também do disposto no artigo 6.º, n.º 1, alínea b) do Decreto Lei n.º 69/2005, na redação que lhe foi conferida pelo Decreto Lei n.º 9/2021, de 29/01 e, consequentemente, a obrigação de o produtor proceder a atualizações de software ou da programação do veículo, de forma a que sejam corrigidas eventuais desvios na aprendizagem ou de lacunas que tenha assumido, sempre no pressuposto de evitar perigo para o consumidor na sua utilização.

Como bem defendem Carlos Alberto da Mota Pinto, António Pinto Monteiro e Paulo Mota Pinto, a imputação desta responsabilidade aos produtores levará a que estes recorram, voluntariamente, a seguros de responsabilidade civil, cujos prémios deverão integrar a preço final dos produtos vendidos aos próprios consumidores, o que significa que estes irão arcar com os custos da responsabilidade que procura protegê-los[139].

10.2. Responsabilidade do condutor/utilizador

No que respeita ao condutor que conduz por conta de outrem, a sua culpa é presumida, no entanto ilidível, sendo responsável caso não prove inexistir culpa sua, pelo que a ser-lhe imputada responsabilidade objetiva

[137] Vera Lúcia Paiva Coelho, "Responsabilidade Civil do produtor por produtos defeituosos".

[138] Mafalda Miranda BARBOSA, «0 futuro da responsabilidade civil desafiada pela inteligência artificial: as dificuldades dos modelos tradicionais e caminhos de solução», p. 271.

[139] Carlos Alberto da Mota Pinto / António Pinto Monteiro/ Paulo Mota PINTO, "Teoria Geral do Direito Civil", 4.ª Edição Reimpressão, Coimbra, Coimbra Editora, 2012, p. 134.

(pelo risco), encontrando-se a conduzir o veículo fora das suas funções e, naturalmente, enquanto comissário, leva à isenção de responsabilidade da pessoa por conta de quem conduzia o veículo[140].

Tratar-se-á de responsabilidade subjetiva, que exige, pois, a prova da culpa do condutor, a qual só poderá ser dispensada caso se considere que a circulação em veículo automatizado ou autónoma constitui exercício de uma atividade perigosa para efeitos do artigo 493.º, n.º 2, do Código Civil. Como se sabe, a jurisprudência entende que tal presunção não é aplicável à circulação automóvel em geral, mas admite que certos tipos de condução automóvel (como a participação numa prova automobilística) constituem exercício de atividade perigosa. Não é de excluir que – mesmo independentemente das críticas que a exclusão da aplicação da presunção do artigo 493.º, n.º 2, à circulação automóvel possa merecer em geral – a circulação em veículo autónomo ou altamente automatizado deva ser considerada exercício de atividade perigosa, para o efeito de se presumir a culpa do condutor ou utilizador do veículo[141].

A não ser assim, o ónus da prova da culpa pertencerá ao lesado, apenas se presumindo a culpa para o condutor por conta alheia, por força do artigo 503.º, n.º 3, que é também aplicável, não só nas relações internas entre o condutor e o detentor do veículo, mas nas relações daquele com o lesado.

Para Paulo Mota Pinto, "a qualificação como condutor, para efeitos da sua responsabilidade civil subjetiva, não deve considerar-se excluída pelo simples facto de o veículo estar a circular em função de condução autónoma ou altamente automatizada. Tal qualificação – que deve ser esclarecida legalmente – é relevante, designadamente, para efeitos da definição dos deveres que impendem sobre o condutor/utilizador (como também já vimos para o disposto no Código da Estrada) e para a aplicação

[140] Mário Júlio Almeida Costa, "Direito das obrigações", ob. Cit. Págs. 632-634.

[141] A jurisprudência tem aplicado a presunção de culpa do art. 493.º, n.º 2, a alguns tipos de veículos com especial perigosidade, como uma empilhadora (Acórdão do STJ de 17 de junho de 2010, relator Salazar Casanova, CJ-STJ, 2010, 2) ou à condução de veículos desportivos (por ex., karts – Acórdão da Relação de Évora 29 de novembro de 2001, relator Tavares de Paiva, CJ, 2001, 5, págs. 251 e segs., confirmado pelo Acórdão do STJ de 6 de junho de 2002, relator Abel Freire, CJ-STJ, 2002, 2, págs. 98-99 – ou um rally desportivo – Acórdão do STJ de 17 de novembro de 2005, relator Pires da Rosa, CJ-STJ, 2005, 3, págs. 117-120). Na doutrina aparecem ainda referidos, como vimos, o transporte de materiais inflamáveis e a condução sob o efeito do álcool (assim, L. Menezes Leitão, ob. e loc. cits.).

da presunção de culpa, designadamente nos casos de condução por conta alheia (artigo 503.º, n.º 3). Mas também o deverá ser para efeitos da aplicação da presunção do artigo 493.º, n.º 2, em geral a quem utiliza o veículo autónomo, como pessoa que está a exercer uma atividade perigosa"[142].

A responsabilidade do condutor poderá ainda ser desencadeada nas situações em que é requerida a sua intervenção na condução e este não o faz.

10.3. Responsabilidade civil e responsabilidade criminal

Como ensina Paulo Mota Pinto, além da responsabilidade civil, pode existir responsabilidade criminal em caso de danos causados por veículo em condução automatizada, dependendo do preenchimento de um tipo de crime.

Poderá, designadamente, estar em causa tanto a responsabilidade do produtor, do fornecedor de componentes, ou de seus funcionários, como do detentor e do condutor/utilizador, caso lancem no mercado, ou modifiquem o veículo ou o utilizem contra as instruções, em condições que previsivelmente levariam a acidentes, conformando-se com tal resultado.

A utilização, nessas condições, de um veículo autónomo pode ser uma forma de comissão por negligência (ou até com dolo eventual) de crimes contra as pessoas ou contra o património, caso se verifiquem acidentes dos quais resultem, por exemplo, a morte ou ferimentos graves nas vítimas, ou danos patrimoniais.

Ponto é que seja possível a imputação dos danos a violações de deveres das pessoas referidas, podendo suscitar-se aqui o problema de saber se foi ultrapassado o limiar do "risco permitido" na utilização de veículos autónomos[143].

11. Consequências para os seguros

Como refere Paulo Mota Pinto[144], posição que adotamos, trata-se, na verdade, de um problema central para o funcionamento da condução

[142] Pinto, Paulo Mota – "Problemas Jurídicos dos veículos autónomos" – In "Direito e Robótica – Instituto Jurídico – Centro de Direito do Consumo da Faculdade de Direito da Universidade de Coimbra, agosto de 2020, págs. 116 a 118.

[143] Idem, pág. 114.

[144] Idem, págs. 127 a 129.

automatizada ou autónoma, por só esse seguro de responsabilidade civil – em conformidade com as razões que levaram o legislador a torná-lo obrigatório – permitir dar segurança à sociedade em geral, e aos potenciais lesados e aos detentores em especial, de que poderão utilizar veículos autónomos ou automatizados sem correrem o risco de sofrerem danos não ressarcidos ou de incorrerem em responsabilidades que não poderão suportar.

Neste contexto, é previsível – e também exigível – uma futura diminuição dos prémios dos seguros, com a diminuição das responsabilidades a segurar do detentor e do condutor, em virtude da redução da sinistralidade rodoviária. Por outro lado, cumpre ponderar se, em correspondência com a eventual alteração dos montantes máximos da responsabilidade pelo risco, em resultado de acidentes causados com veículos em condução autónoma ou automatizada, se justifica aumentar também os montantes mínimos do seguro, como parece ser o caso [145].

Quanto aos acidentes devidos a defeitos do veículo – mau funcionamento deste – em resultado de defeitos de conceção, fabrico ou instrução, poderá ponderar-se se deve poder existir regresso da seguradora contra o produtor responsável. Isto, na medida em que o que se prevê hoje no artigo 27.º, n.º 1, alínea h), do Decreto-Lei n.º 291/2007 (regresso contra "o responsável civil por danos causados a terceiros em virtude de utilização ou condução de veículos que não cumpram as obrigações legais de carácter técnico relativamente ao estado e condições de segurança do veículo, na medida em que o acidente tenha sido provocado ou agravado pelo mau funcionamento do veículo") não se afigura suficiente para garantir tal direito de regresso [146].

Por outro lado, a responsabilidade do produtor por defeitos de veículos autónomos poderá vir a ser acompanhada pela necessidade de seguros do produtor, com eventual colocação no mercado dos veículos automatizados acompanhados de seguros, a cargo dos adquirentes (ou com possibilidade de autosseguro por certos produtores)[147].

Note-se que a referência à responsabilidade do produtor, em nossa opinião deve ser entendida em sentido amplo, porquanto, a produção de um veículo autónomo, como vimos, envolve outros agentes, como

[145] Idem.

[146] Idem.

[147] Idem, pág. 129.

produtores de software e de hardware, e os respetivos programadores e sobre os quais o produtor, enquanto fornecedor, poderá não ter o domínio, daí que haja necessidade de, também a este nível, proteger o consumidor em face de eventuais alterações de entendimentos ou jurisprudência quanto à eventual responsabilidade exclusiva do produtor.

De acordo com a autoridade nacional de trânsito dos Estados Unidos – NHTSA, o erro humano é um fator em nada menos do que 94% dos acidentes rodoviários, o que os veículos autónomos poderiam reduzir fortemente ou, em última instância, acabar[148].

Todavia, acredita-se que, embora os custos dos seguros (prémio a pagar pelo segurado) para automóveis autónomos possam ser elevados no início, devido à tecnologia cara que incorporam, tudo isso pode mudar à medida que a produção aumentará com o tempo, partilhando os custos.

Como os veículos autónomos deverão promover a difusão da mobilidade partilhada (partilha de automóveis por diversos utilizadores) no futuro, significa que novos tipos de apólices de seguro precisarão ser redigidos para atender a tais cenários.

Mesmo no caso de veículos partilhados, estes precisam sempre de serem bens segurados, independentemente de o seguro ser partilhado entre os proprietários, ou não[149].

Assim, as companhias de seguros terão que começar a adaptar-se a esta nova realidade e oferecer alternativas viáveis para os condutores deste tipo de veículos.

12. Questões ético-jurídicas – os dilemas na programação e a gestão do risco

As três Leis da Robótica, de Isaac Asimov, – (1) Um robô não pode magoar um ser humano ou, por inação, permitir que tal aconteça; (2) Um robô tem que obedecer às ordens dos seres humanos, exceto se entrarem em conflito com a primeira lei; (3) Um robô tem de proteger a sua própria existência, desde que não entre em conflito com as leis anteriores – não são suficientes para resolver o problema jurídico relacionado com a responsabilidade civil[150].

[148] National Highway Traffic Safty Administration, "Automated Veícles for Safty, in https://www.nhtsa.gov/technology-innovation/automated-vehicles-safety.

[149] https://www.nacionalgest.pt/como-serao-os-seguros-dos-carros-autonomos/.

[150] NFS- Escritório de Advogados – "Responsabilidade Civil dos veículos autónomos", in https://www.nfs-advogados.com/artigo-responsabilidade-civil-veiculos-autonomos.html.

No mesmo pressuposto defendido por Lundgren Bjorn, temos de ter em mente que, tal como os veículos movidos pelo homem podem ser melhorados pela tecnologia, os veículos autónomos também irão melhorar com o tempo. No início, pode acontecer que a segurança dos veículos autónomos seja melhorada em relação aos veículos movidos pelo homem (com ou sem controlos de velocidade, bloqueios de álcool, etc...) apenas de algumas formas, que o desenvolvimento tecnológico pode ou não superior num futuro próximo. São questões técnicas, mas torna-se necessária uma análise ética tecnicamente informada sobre a forma como devemos equilibrar estas soluções de compromisso[151].

Acompanhamos Sofia Alcaide, quando refere que a condução humana de veículos realiza-se num contexto em que é conhecida a possibilidade de ocorrência de acidentes em virtude dessa circulação. Por isso, pode ser qualificada como uma atividade arriscada, que cria riscos para o condutor, passageiros e terceiros. No entanto, mesmo sabendo-se que, globalmente, existirá sempre em certa medida um número de acidentes e vítimas, entende-se que, sendo tomadas as medidas de prevenção e observado o dever de diligência e cuidado na condução, os ganhos resultantes da possibilidade de circulação com veículos automóveis superam em muito os custos resultantes desses acidentes. Conduzir em cada momento é também, no entanto, sempre um conjunto de decisões de risco e, portanto, também de opções éticas. As opções de aumentar a velocidade, de circular mais ou menos afastado da berma (onde pode surgir um peão) ou do veículo ou ciclista que ultrapassa (podendo surgir outro veículo em sentido contrário), etc., são decisões tomadas quotidianamente, por cada condutor, em função das regras do tráfico e de prudência aplicadas no concreto contexto da condução – e são também, neste sentido (na medida em que aumentam e diminuem os riscos para pessoas e bens, quer próprios quer alheios), decisões com relevância ética[152].

E Paulo Mota Pinto afirma que na circulação de veículos autónomos, tais decisões são tomadas em cada caso pelo próprio veículo e seus sistemas, com base na "perceção" do ambiente que recolhem. Essas decisões são

[151] Lundgren Bjorn – "Requisitos de segurança vs. Colisão ética: o que mais importa para as políticas sobre veículos autónomos, 2020, in https://philpapers.org/rec/HANSVE.

[152] Alcaide, Sofia Patrícia Travassos de Frites, "A responsabilidade Civil por veículos autónomos", novembro de 2021, Almedina.

tomadas com base em sistemas programados antecipadamente, embora possa também tratar-se de sistemas que "aprendem" com a própria experiência de condução (o que é uma das características da inteligência artificial, com base em redes neuronais artificiais)[153].

Porque, sendo a vida humana o valor superior, é claro que os danos materiais ou a animais precedem os danos pessoais (e, já agora, os danos materiais precedem danos a animais). Em caso de situações-limite, de "vida contra vida", rejeita-se a distinção e preferência entre vidas humanas (por exemplo, pela juventude, cumprimento de regras, criação de perigo), e a ponderação ou "compensação" de vidas, ou a imposição de um dever de auto-sacrifício[154].

Na senda do que defende Sofia Alcaide, *sendo espectável que os veículos autónomos venham a ser utilizados num sistema de car sharing, com a necessidade de obedecerem à ética social dominante para que todos os potenciais utilizadores se sintam confortáveis com as tomadas de decisão do veículo autónomo.*

Deve existir um critério uniforme que permita quer aos produtores/fabricantes terem conhecimento dos deveres que lhe são imputados e a partir daí adaptarem a produção e programação dos veículos autónomos, quer aos consumidores conhecerem os princípios a que os veículos autónomos estarão sujeitos e, de algum modo, poderem antecipar algumas das que poderão ser as escolhas dos mesmos, bem como conhecerem os seus direitos, de que forma se encontram assegurados e em que moldes poderão assacar responsabilidades por danos daqui decorrentes.

Assim parece tornar-se crucial a existência de um Código de Ética, semelhante ao desenvolvido pela Alemanha, a que já antes aludimos, pese embora assuma um caracter facultativo e meramente indicativo.

Mas para assumir a eficácia devida e com vista à uniformização de procedimentos e de comportamentos, deverá passar a ser obrigatório[155] .

Isto porque, os dilemas éticos que se colocam na utilização desta nova tecnologia são vários: desde a escolha entre quem vive e quem morre quando um embate contra alguém é inevitável; escolher embater ou não num outro veículo que transporte,

[153] Pinto, Paulo Mota – "Problemas Jurídicos dos veículos autónomos" – In "Direito e Robótica – Instituto Jurídico – Centro de Direito do Consumo da Faculdade de Direito da Universidade de Coimbra, agosto de 2020, págs. 130 e 131.

[154] Idem, págs. 130 e 131.

[155] Alcaide, Sofia Patrícia Travassos de Frites, "A responsabilidade Civil por veículos autónomos", novembro de 2021, Almedina, pág. 129.

por exemplo, crianças; a eventualidade de o veículo autónomo decidir que serve os seus próprios passageiros a sofrer danos e, em última instância, a perder a vida. Os veículos autónomos terão de comportar em si mesmos mecanismos que lhes permitam tomar decisões em frações de segundo, e que permitam avaliar os danos e probabilidades, mas também emitam a tomada de decisões consoante o que se considera eticamente aceitável[156].

Necessário será, ainda, ponderar que tal Código de Ética possa abranger outros espaços territoriais, como a União Europeia e, em especial no Espaço Schengen, que estabelece a abertura das fronteiras e a livre circulação de cidadãos, designadamente pela via rodoviária.

A existência de um Código de Ética comum não colocará os mesmos problemas que existem nos EUA, emergentes da ausência de legislação uniforme que em muito poderá penalizar quem utiliza os VA, segundo regras e conceitos éticos diferentes, de Estado para Estado[157].

Na verdade, decorrendo a responsabilidade do produtor de uma Diretiva, também tal Código de Ética deveria resultar de Diretiva comunitária, por forma a que em tais espaços sejam adotados critérios de programação semelhantes, impondo previsibilidade das suas obrigações, bem como em relação às garantias a oferecer aos consumidores[158].

A resolução do Parlamento Europeu de 23/01/2020, considera que que o regime da responsabilidade do produtor deverá ser revisto, no sentido de considerar especificidades inerentes à inteligência artificial[159], por forma a ser reequacionado o conceito de dano, defeito e produto, bem assim, inversão do ónus da prova acerca da (in)existência do defeito de produto, indo no sentido do *White Paper on Artificial Intelligence – A European approach to exclience and trust e o Expert Group on Liability and New Technologies*[160].

[156] Alcaide, Sofia Patrícia Travassos de Frites, "A responsabilidade Civil por veículos autónomos", novembro de 2021, Almedina., págs. 129.

[157] Alcaide, Sofia Patrícia Travassos de Frites, "A responsabilidade Civil por veículos autónomos", novembro de 2021, Almedina, pág. 130.

[158] Alcaide, Sofia Patrícia Travassos de Fritas – "A responsabilidade civil por danos causados por veículos autónomos, novembro de 2021, Almedina, págs. 130 a 132.

[159] https://www.europarl.europa.eu/doceo/document/TA-9-2020-0276_PT.html#title1.

[160] European Commission White Paper on Artificial Intelligence – A European approach to excellence and trust e o Expert Group on Liability and New Technologies, in https://ec.europa.eu/info/sites/default/files/commission-white-paper-artificial-intelligence-feb2020_en.pdf.

Refere também Sofia Alcaide, quanto a responsabilidade pelo risco, que todos os utilizadores devem ser responsáveis pelo risco que correm ao optarem por utilizar veículos autónomos, considerando que a criação de um imposto ou a necessidade de um seguro obrigatório é satisfatório para que tal responsabilidade seja desencadeada. Quanto a este regime apenas consideramos que, sendo efetivamente a utilização de *car sharing* o futuro da locomoção, onde os utilizadores já pagarão uma taxa de utilização, então a responsabilidade deve ser desencadeada contra as empresas exploradoras de tais serviços, por serem elas que retiram o lucro da atividade, o que naturalmente significa que deverão ser as mesmas a possuir seguro obrigatório para qualquer dano decorrente da sua utilização[161].

Por sua vez Markus Maurer/Christian J. Gerdes/Barbara Lenz/Hermann Winner, afirmam que *é manifesto que todos os eventuais responsáveis transfiram a sua responsabilidade para as seguradoras, com seguros obrigatórios relativamente aos veículos autónomos, o que permitirá, pelo menos, amenizar a função penalizadora da responsabilidade, mas que se justifica por conferir um maior grau de proteção do lesado, em face de eventual incapacidade financeira do lesante.*

Embora a tecnologia dos veículos autónomos possa não evoluir ao ponto de responder a todas as questões que se colocam, o programador terá um papel essencial na definição das diferentes variáveis e valores dominantes da sociedade.

Em qualquer decisão da qual resulte uma colisão, é imperioso um julgamento ético e o processo de construção dos algoritmos será melhor se reconhecermos as suas implicações éticas[162].

Conclui Paulo Mota Pinto, *preferimos, pois, que o algoritmo de decisão se inclua num sistema de gestão de risco, com magnitudes dos danos e regras aprovadas (ou ratificadas coletivamente), suficientemente claras e conhecidas, e que são generalizáveis, tendo em conta a existência, no momento da programação, de um "véu de ignorância" sobre a posição futura de cada um. Pensamos que tal conjugação de critérios deontológicos e avaliações utilitaristas, com uma fundamentação que seja publicamente aceitável e aplicados de forma prudente e transparente, permitirá chegar a soluções aceitáveis.*

[161] Alcaide, Sofia Patrícia Travassos de Frites, "A responsabilidade Civil por veículos autónomos", novembro de 2021, Almedina, págs. 133 e 134.

[162] Markus Maurer/Christian J. Gerdes/Barbara Lenz/Hermann Winner, Autonomous Driving – Technical, Legal and Social Aspectes, Pringer, pág. 9.

Em qualquer caso, o que parece indispensável é que o problema seja debatido, tanto a nível nacional como internacional, quer para não limitar a circulação internacional de veículos autónomos, quer para evitar a dependência dos países importadores deste tipo de veículo apenas das "preferências éticas" dos países produtores, quer para não atrasar mais a introdução de tecnologias de condução automatizada, e a consequente previsível redução de acidentes e de vítimas[163].

Conclusões

Uma conclusão sobre os efeitos no Direito da condução autonomizada não alcança ainda uma formulação final e suscetível de assegurar ser suficiente o direito positivado no ordenamento jurídico Português ou, pelo contrário, a sua reformulação no sentido de nele serem criadas normas que se adequem aos efeitos de eventuais danos e seu tratamento no âmbito da responsabilidade civil.

É que, tratar a questão do ponto de vista da máquina em si mesma, sem considerar a concreta circunstância em que a mesma circula, nomeadamente o tipo de vias, eventual falta de sinalização, ações externas à própria programação, nomeadamente em áreas territoriais mais desfavorecidas e que não suportem as mesmas condições de circulação que, para o efeito, proporcionam os grandes centros metropolitanos ou cidades com maior poder de investimento, podem constituir circunstâncias a que a responsabilidade civil, seja ela do produtor, do detentor ou a figura jurídica do risco, poderá não ter as configurações necessárias para resposta a tais circunstâncias.

É nesta fronteira entre a realidade ou capacidade de aprendizagem suscetível da Inteligência Artificial que Luís Filipe Caeiro Gancho afirma e com o que concordamos, *no que à Responsabilidade por Danos Provocados por Mecanismos Dotados de Inteligência Artificial diz respeito, existem linhas de pensamento doutrinário que deverão guiar toda a abordagem jurídico-ética a adotar pelos ordenamentos jurídicos, sempre numa perspetiva transnacional, atentas as experiências vividas nos EUA, em que cada Estado poderá adotar as suas matrizes quanto a Inteligência Artificial aplicada aos veículos de condução Autónoma e as consequências nefastas para a segurança e mesmo a nível ético.*

163 Pinto, Paulo Mota – "Problemas Jurídicos dos veículos autónomos" – In "Direito e Robótica – Instituto Jurídico – Centro de Direito do Consumo da Faculdade de Direito da Universidade de Coimbra, agosto de 2020, págs. 152 e 153.

Efetivamente, a ética do algoritmo, sem esquecer o papel do programador, a par da melhoria do acervo jurídico necessário para a segurança e boa execução de todo o processo, são problemas que estão identificados cuja resolução se impõe.[164]

Concordamos ainda com Gancho, Luís Filipe Caeiro Gancho, *ao referir que é indubitável que a aplicação de Inteligência Artificial na condução de veículos, tornando a sua condução autónoma, ou dispensada da intervenção humana, resulta na diminuição drástica de um grave problema que a sociedade a nível mundial vive, o da sinistralidade e aos benefícios inerentes à massificação da introdução dos VA, as preocupações com outros problemas, ao nível da empregabilidade, da paz e coesão social, que tal processo evolutivo poderá causar na nossa sociedade, face ao quase desaparecimento de algumas profissões ou mesmo ao cessar de outras, o que pode vir a ameaçar os equilíbrios sociais, tal como os conhecemos atualmente são questões que também preocupantes, haverão de encontrar uma solução, nomeadamente na adoção de adequada política de reconversão dessa mão-de-obra de baixa qualificação face à reconhecida iliteracia digital existente.*[165]

Podem ser inteligentes, mas quer os veículos quer a via, em conjunto ou por si só, poderão ser para a humanidade, a solução esperada ou o problema dos problemas.

Se a roda foi uma das maiores invenções da humanidade, a 4ª Revolução Industrial está agora em marcha, pelo que investigar, inovar, crescer e liderar, com o objetivo de se conseguir uma mobilidade responsável, ecologicamente sustentável e especialmente segura, passa a ser o objetivo final para se contornarem aqueles problemas[166].

Aderindo, ainda, à posição de Paulo Mota Pinto, *o problema do concurso da responsabilidade do detentor ou do produtor com a possível culpa do lesado, ou da responsabilidade do produtor com a possível culpa do detentor, por exemplo na modificação do veículo ou na omissão da sua atualização – pode concluir-se, a nosso ver, que o direito vigente contém já um conjunto de mecanismos que permitem enquadrar a responsabilidade do detentor, do condutor/utilizador e do produtor por danos causados na circulação de veículos autónomos ou automatizados. A introdução deste tipo de veículos poderá deslocar o acento da responsabilidade para o produtor, mas apenas por os acidentes serem mais frequentemente imputáveis a defeitos de fabrico do que a erro humano. No entanto, a responsabilidade do produtor exigirá*

[164] Gancho, Luís Filipe Caeiro – "Inteligentes ou problema dos problemas veículos e visão histórica", julho de 2019, págs. 23 e ss. in https://comum.rcaap.pt/handle/10400.26/34971.

[165] Idem.

[166] Ibidem.

a prova, muitas vezes difícil ou mesmo impossível (sobretudo em casos complexos), de que existia um defeito no produto. Sem a facilitação do correspondente ónus da prova – por exemplo com a presunção de que a circulação de veículos autónomos em desconformidade com o Código da Estrada se deve em regra a defeitos de conceção, fabrico ou instrução –, é pouco provável o aumento significativo dos casos de responsabilidade do produtor, continuando na maioria dos casos de acidentes de trânsito, mesmo que com veículos autónomos, a ser o detentor que é responsabilizado objetivamente[167].

Com efeito, impõe-se uma resolução deste dilema, de modo a assegurar, no mínimo, uma igualdade de armas, convocando, desde logo, a possível iliteracia do detentor, também sob o ponto de vista com que iniciamos a presente conclusão.

Sem menosprezar uma eventual posição conservadora ou algo cética quanto à realidade da condução autónoma dos veículos, independentemente dos benefícios que constitui a Inteligência Artificial, não se poderá olvidar que a mesma é construída e desenvolvida pela homem, enquanto ser cuja estrutura de pensamento é díspar e envolta em circunstâncias sócio culturais vividas em cada sociedade – no mais diferentes cantos do mundo –, do que poderá resultar a necessidade de um Código de Ética, que inclua as condições técnicas de construção e comercialização dos veículos autónomos, numa perspetiva de globalização e de previsibilidade com o grande foco na defesa dos interesses e da segurança dos consumidores ou utilizadores, independentemente da modalidade em que tal aconteça.

Referências

ALARCÃO, Rui – "Direito das obrigações" (com a colab. de J. C. Proença, J. Sinde Monteiro, J. Sousa Ribeiro, e Almeno de Sá), polic., Coimbra, 1983.

ALCAIDE, Sofia Patrícia Travassos de Frites, "A responsabilidade Civil por veículos autónomos", novembro de 2021, Almedina.

"Autonomous Vehicle State Bill Database", em https://www.ncsl.org/research/transportation/autonomous-vehicles-legislative-database.aspx. V. também, por ex., a indicação em Paul Keller, "Autonomous Vehicles, Artificial Intelligence, and the Law", in Robotics, Artificial Intelligence & Law, 2018, 1, n.º 2.

[167] Pinto, Paulo Mota – "Problemas Jurídicos dos veículos autónomos" – In "Direito e Robótica – Instituto Jurídico – Centro de Direito do Consumo da Faculdade de Direito da Universidade de Coimbra, agosto de 2020, págs. 126 e 127.

ARAZ TAEIHAGH/ Hazel Si Min LIM, «Govern ing autonomous vehicles: emerging responses for safety, liability, privacy, cybersecurity, and industry risks, in https://www.tandfonline.com/doi/full/10.1080/01441647.2018.1494640.

ARRIB, James/Tony Seba, "Rethinking Transportation 2020-2030: The Disruption of Transportation and the Collapse of the Internal-Combustion Vehicle and Oil Industries.

SHARIFF, Azim, Jean-François Bonnefon e Iyad Rahwan, "Psycological roadblocks to the adoption of self-driving vehicles", Nature Human Behavoir, setembro 2017, in sci-hub.se/10.1038/s41562-017-0202-6.

BARBOSA, Mafalda Miranda – "Dos expert systems aos data systems AI: impacto ao nível da proteção de dados" – in revista Julgar, n.º 45.

BARBOSA, Mafalda Miranda, «Perda de valor (desvalorização) de um bem e responsabilidade civil» in António Menezes CORDEIRO/ Miguel Teixeira de Sousa/ Pedro Romano MARTINEZ/ Luís Menezes LEITÃO, Revista de Direito Civil, Ano II (2017), N.º 4, Coimbra, Almedina.

BARBOSA, Mafalda Miranda, «O futuro da responsabilidade civil desafiada pela inteligência artificial: as dificuldades dos modelos tradicionais e caminhos de solução» – in https://revistadireitoresponsabilidade.pt/2020/o-futuro-da-responsabilidade-civil-desafiada-pela-inteligencia-artificial-as-dificuldades-dos-modelos-tradicionais-e-caminhos-de-solucao-mafalda-miranda-barbosa/

BASTOZ.Broz – Matrek Jakubiec, Department of Philosophy of Law and Legal Ethics, Jagiellonian University, Bracka 12, Krako´w, Poland 2 Copernicus Center for Interdisciplinary Studies, Krako´w, Poland.

BAKER & McKenzie, Global Driverless Vehicle Survey, 2018, KPMG, 2019 Autonomous Vehicle Readiness Index, 2019 (com um índice de preparação para a condução autónoma por país), e Dentons, Global Guide to Autonomous Vehicles, 2020.

BRAZETE, Ricardo – Boletim da Ordem dos Advogados "Quem tem medo da inteligência artificial (IA) ?– Junho-Julho 2019.

BRENNER, Walter, Andreas Herrmann, "An Overview of Technology, Benefits and Impact of Automated and Autonomous Driving on the Automotive Industry", in https://www.springerprofessional.de/en/an-overview-of-technology-benefits-and-impact-of-automated-and-a/15060376.

B.R. Sharma, "Road Traffic injuries: A major global public health crisis" in https://sci-hub.se/http://doi.org/10.1016/jpuhe.2008.06.009

COELHO, Vera Lúcia Paiva, "Responsabilidade Civil do produtor por produtos defeituosos" – in Revista de direito eletrónico – Faculdade de Direito do Porto – junho 2017 – N.º 2.

COMISSÃO EUROPEIA, Inteligência artificial para a Europa, Comunicação da Comissão ao Parlamento Europeu, ao Conselho Europeu, ao Conselho, ao Comité

Económico e Social Europeu e ao Comité das Regiões, COM(2018) 237 final, 2018, 3.3, págs. 16 e segs., e em especial o documento de trabalho da Comissão que o acompanha, "Liability for emerging digital technologies"; idem, Rumo à mobilidade automatizada: uma estratégia da UE para a mobilidade do futuro, Comunicação da Comissão ao Parlamento Europeu, ao Conselho Europeu, ao Conselho, ao Comité Económico e Social Europeu e ao Comité das Regiões, COM(2018) 283 final, n.º 5,págs. 11 e segs., o documento do Grupo de Peritos de Alto Nível sobre Inteligência Artificial, constituído pela Comissão Europeia, Ethics Guidelines for Trustworthy AI, 2019, e o relatório do Grupo de Peritos em Responsabilidade e Novas Tecnologias, Liability for Artificial Intelligence and other emerging digital technologies, 2019.

COSTA, Mário Júlio de Almeida, Direito das Obrigações, 12.ª Edição, 4ª. Reimpressão, Coimbra, Almedina, 2016.

DATA VÉNIA "Veículos autónomos: um novo desafio para o direito português", ano de 2020, n.º 11.

EUROPEAN COMMISSION, WHITE PAPER On Artificial Intelligence – A European approach to excellence and trust, in https://ec.europa.eu/info/sites/default/files/commission-white-paper-artificial-intelligence-feb2020_en.pdf.

FREITAS, Jéssica "Desenho e regulação e redes viárias: desafios colocados pelos veículos Autónomos, Coimbra, Universidade de Coimbra, fevereiro, 2019, in https://estudogeral.sib.uc.pt/bitstream/10316/86542/1/Desenho%20e%20regula%C3%A7%C3%A3o%20de%20redes%20vi%C3%A1rias%20Desafios%20colocados%20pelos%20ve%C3%ADculos%20aut%C3%B3nomos.pdf

GANCHO, Luís Filipe Caeiro Gancho – "Inteligentes ou problema dos problemas veículos e visão histórica", julho de 2019, págs. 23 e ss. in https://comum.rcaap.pt/handle/10400.26/34971.

GEISTFELD, Mark A., «A Roadmap for Autonomous Vehicles: State Tort Liability, Automobile Insurance, and Federal Safety Regulation», California Law Review, Vol.105, 2017.

GUICHARD, Raúl, in Comentário ao Código civil, Direito das obrigações, Das obrigações em geral, coord. por José Carlos Brandão Proença, Universidade Católica Portuguesa, Lisboa, 2018.

High Level Group on the competitiveness and Sustainable Growth of the Automotive Industry in the European Union – in https://ec.europa.eu/docsroom/documents/26081?locale=pt

HORESTER, Heinrich Ewald, Eva Sónia Moreira da Silva, "A parte Geral do Código Civil Português", 2ª Edição, Coimbra, Almedina, 2019.

https://pplware.sapo.pt/motores/hacker-garante-que-consegue-controlar-mais-de-25-carros elétricos-da-tesla-no-planeta/

https://revista.acp.pt/780/18/.

https://www.razaoautomovel.com/2016/03/conducao-autonoma-sim-ou-nao
https://www.nacionalgest.pt/como-serao-os-seguros-dos-carros-autonomos/
https://www.europarl.europa.eu/doceo/document/TA-9-2020-0276_PT.html#title1

KOUROUTAKIS, Antonios E., «Autonomous vehicles; Regulatory Challenges and the Response from UK and Germany» pp. 12-13, in https://poseidonOl. ssrn .corn/ delivery .php? ID=8761270200 830700 1611401611608102 9 098032032005076035 071068099117022104 0 211090970 72123038034 063030056048039112092 0 891070010 8lll 8019016043042041099009005028067098125093093037091ll6 004102006066013126009 082121089115114084073029 12S02609809808310 11201030051 13&EXT=pdf,

LIGUERRE, Carlos Gómez, "Liability for Artificial Intelligence and other emerging technologies", Indret, 1, 2020.

LIMA, F. Pires de Lima/VARELA, J. Antunes, Código Civil anotado, vol. II, Coimbra, Coimbra Editora, 1997.

LIMAN, Todd "Autonomous Vehicle Implementation Predictions – Implications for Transport Planning", in https://www.vtpi.org/avip.pdf,

LUNDGREN, Bjorn – "Requisitos de segurança vs. Colisão ética: o que mais importa para as políticas sobre veículos autónomos, 2020, in https://philpapers.org/rec/HANSVE

MAURER, Markus / J. Christian Gerdes/ Barbara Lenz /Hermann Winner, Autonomous Driving- Technical, Legal and Social Aspects, Springer, in https://link.springer.com/content/pdf/10.1007%2F978-3-662-48847-8.pdf

MIRANDA, A. Schreurs, Sibyl D. Steuwer, "Autonomous Driving – Political, Legal, Social, and Sustainability Dimensions, in Markus Maurer /J. Christian Gerdes/ Barbara Lenz/ Hermann Winner, Autonomous driving – Technical, legal and Social Aspects, Springer.

MORMAN, Félix – Beyond Algorithms: Toward a Normative Theory of Automated Regulation", in https://lawdigitalcommons.bc.edu/cgi/viewcontent.cgi?article=3927&context=bclr

NATIONAL Highway Traffic Safety Administration, "Automated Vehicles for Safety", in https://www.nhtsa.gov/technology-innovation/automated-veiccles-safety#topic-road-self-driving.

NOVAIS, Paulo/ Freitas, Pedro Miguel "Inteligência Artificial e Regulação de Algoritmos", in http:/www.sector dialogues.org/documentos/noticias/adjuntos/ef9clb_Intelig%C3%AAncia%20 Artificial%20e%Regula%C3A7%C3%A3o%20 de%20Algoritmos.pdf.

PINTO, Carlos Alberto da Mota / MONTEIRO, António Pinto / PINTO Paulo Mota, Teoria Geral do Direito Civil, 4.ª Edição Reimpressão, Coimbra, Coimbra Editora, 2012.

PINTO, Paulo Mota – "Problemas Jurídicos dos veículos autónomos" – In "Direito e Robótica – Instituto Jurídico – Centro de Direito do Consumo da Faculdade de Direito da Universidade de Coimbra, agosto de 2020.

PRAKKEN, Henry – "Sobre o problema de tornar os veículos autónomos conformes à lei de trânsito" in https://link.springer.com/article/10.1007/s10506-017-9210-0.

RAMOS, Nuno André Novo – "Responsabilidade civil dano causado por mecanismo de inteligência artificial – Repositório da Universidade Lusíada, 2020.

Resolução do Parlamento Europeu, de 16 de fevereiro de 2017, que contém recomendações à Comissão sobre disposições de Direito Civil sobre Robótica, n.ºs 24 a 29, in https://www.europarl.europa.eu/doceo/document/TA-8-2017-0051_PT.html

SHARIFF, Azim, Jean-François Bonnefon e Iyad Rahwan, "Psycological roadblocks to the adoption of self-driving vehicles", Nature Human Behavoir, setembro 2017, in sci-hub.se/10.1038/s41562-017-0202-6.

SILVA, Eva Sónia Moreira da, "Considerações sobre inteligência artificial e responsabilidade civil: caso dos veículos autónomos" e E.Tec Yearbook, "Artificial Inteligence & Robots, dezembro de 2020, in https://issuu.com/comunicadireito/docs/e_tek_yearbook_2020_web/1

SILVA, J. Calvão da Silva, Responsabilidade civil do produtor – Coimbra, Almedina, 1999.

TRIGO, M. da Graça, Responsabilidade civil – temas especiais, Universidade Católica Portuguesa, março de 2017.

TRIGO, Ana Coimbra – Coordenação Manuel Lopes Rocha e Rui Soares Pereira, in Inteligência Artificial & Direito – Almedina, janeiro de 2020.

VARELA, João de Matos Antunes, Das obrigações em geral, vol. I, 10.ª ed., Coimbra, 2000

Volvo cars, "Swediish families help Volvo cars develop autonomous drive cars", dezembro de 2017, disponível em https://www.mwdia.volvocars.com/global/en-ge/media/pressrealeses/217555/swedish-famlies-help-volvo-cars-develo-autonomous-drive-.cras.

ZHIGAN Xua, Kaifan Zhanga, Haigen Mina, Zhen Wanga, Xiangmo Zhaoa, Peng Liu, What drives people to accept automated vehicles? Findings from a field experimente", Transportation Research Part C. Emergent technologies, 2018, in https://sci-.

10. O DESAFIO DA QUALIFICAÇÃO DOS AGENTES DE *SOFTWARE* INTELIGENTES À LUZ DO DIREITO POSITIVO IBÉRICO E IBERO-AMERICANO

Guilherme Carneiro Leão Farias

Introdução

Este artigo tem por objetivo principal analisar até que ponto o vigente Direito Positivo de cada um dos países ibéricos e ibero-americanos comporta a qualificação da segunda geração[1] dos chamados agentes de *software* inteligentes[2] (do inglês *intelligent software agents*) enquanto representantes *sui generis*.

[1] Em 1998, Suzanne Smed já se referia a essa segunda geração nos seguintes termos: "Avanços na área de inteligência artificial estão produzindo 'algoritmos de aprendizado' que em breve produzirão produtos de agentes de *software* baseados em redes neurais. Esses produtos, 'a segunda geração de agentes de software inteligentes', poderão aprender com suas experiências e adaptar seu comportamento adequadamente. Programas de *software* com essa capacidade de aprender serão, consequentemente, capazes de tomar decisões, resultando em *software* que pode realizar ações que nem o licenciante nem o licenciado previram". (SMED, Suzanne. Intelligent software agents and agency law. *Santa Clara High Technology Law Journal*, Santa Clara, vol. 14, n. 2, art. 8, 1998, p. 503, tradução nossa).

[2] Como ressaltado por Gunther Teubner: "Agentes de *software* autônomos são fluxos de informações matematicamente formalizados. Já hoje, na economia e na sociedade, lhes é atribuída identidade social e capacidade de agir em determinadas condições. Devido à atribuição de ação social, eles se tornaram membros não humanos da sociedade" (TEUBNER, Gunther. Digitale Rechtssubjekte? Zum privatrechtlichen Status autonomer Softwareagenten. *Ancilla Iuris*, Genebra, n. 106, 2018, p. 107, tradução nossa).

Considerando que esses programas de computador são dotados de reatividade, proatividade, autonomia, habilidade social, comportamento adaptativo e mobilidade[3]; e partindo da premissa de que o reconhecimento de uma "personalidade jurídica eletrônica" é um passo que ainda está longe de ser tomado[4], questiona-se qual será a dimensão do esforço hermenêutico a ser empreendido pelos operadores do direito nesses países para evitar que tais *softwares* dotados de autonomia acabem sendo confundidos com meros mecanismos automáticos, encarregados de transmitir uma declaração de vontade pré-programada[5].

Como hipótese principal, levanta-se a de que, quanto maior for a clareza do direito privado positivado a respeito da autonomia funcional do negócio jurídico unilateral de procuração em relação ao contrato de mandato, menor será a demanda por uma interpretação histórico-evolutiva e, consequentemente, menor será o risco de assunção de uma excessiva ou até integral responsabilidade pelos fatos do agente de *software* inteligente, seja por parte do utilizador, seja por parte do desenvolvedor.

A relevância deste trabalho acadêmico repousa no fato de a atuação de agentes de *software* inteligentes em nome e por conta de pessoas individuais ou coletivas na prática de diversos atos jurídicos já estar largamente difundida, especialmente em setores da economia como o da aviação civil e o da negociação de valores mobiliários. Nesse tema específico, atinente ao Direito Privado, não cabe mais falar em "utopia ou distopia"[6]. O incontornável avanço da inteligência artificial nas mais diversas searas

[3] WETTING, Steffen; ZEHENDNER, Eberhard. *The electronic agent:* a legal personality under German law? p. 2.

[4] BARBOSA, Mafalda Miranda. *Inteligência artificial:* entre a utopia e a distopia, alguns problemas jurídicos. Coimbra: Gestlegal, 2021, p. 7-51.

[5] Nesse sentido, Emad Abdel Rahim Dahiyat: "[...] um agente de *software* inteligente exibe um nível considerável de autonomia, mobilidade e sofisticação e geralmente opera em plataformas remotas longe do controle de usuários humanos. Nesse caso, o direito se depara com a necessidade urgente de encontrar respostas convincentes para as novas questões derivadas do surgimento desses agentes autônomos que não podem mais ser tratados como meros canais de transações comerciais" (DAHIYAT, Emad Abdel Rahim. Law and software agents: are they "agents" anyway? In: *Artificial Intelligence and Law.* Nova York: Springer, 2020, p. 4, tradução nossa).

[6] BARBOSA. Op. cit.

da vida em sociedade[7] impõe aos juristas o desafio de, reconhecendo essa realidade, encontrar os melhores caminhos para regulá-la. Em razão da urgência, cabe ao operador do direito não se contentar em aguardar por soluções de *lege ferenda* e trabalhar com o que há.

Metodologicamente, a investigação classifica-se como exploratória quanto aos objetivos e qualitativa quanto à abordagem, baseando-se, eminentemente, na revisão de literatura nas áreas de Direito Civil e de Direito Internacional Privado e na coleta de dados em códigos civis, leis de direito internacional privado, regulamentos comunitários e tratados multilaterais versando sobre a uniformização das regras de conexão para a identificação do direito aplicável aos casos envolvendo negócios jurídicos celebrados por meio de representante voluntário.

O levantamento bibliográfico deu-se a partir de artigos científicos, capítulos de livros, cursos e tratados, publicados em suporte físico e digital. Já os dados normativos foram coletados em repositórios oficiais mantidos na *Internet* por organizações internacionais e pelos Governos dos vinte e dois Estados soberanos ibéricos e ibero-americanos.

Quanto ao marco teórico, a reflexão basear-se-á na Teoria da Separação entre mandato (*Auftrag*) e representação (*Vertretung*), para a qual contribuíram, entre outros Friedrich Carl von Savigny, Rudolph von Ihering e Paul Laband e na Teoria da Interpretação Histórico-Evolutiva, cujos principais contornos são atribuídos a Gabriel Saleilles.

O desenvolvimento está dividido em três seções, cada uma dedicada a um objetivo específico.

1. Um panorama da disciplina atinente à representação voluntária nos países ibéricos e ibero-americanos

O objetivo específico desta primeira seção do desenvolvimento é o de oferecer um panorama da legislação interna e transnacional atinente ao instituto da representação voluntária, vigente numa amostra relevante de países que adotam o espanhol ou o português como idiomas oficiais e

[7] DOMINGOS, Pedro. *A revolução do algoritmo mestre:* como a aprendizagem automática está a mudar o mundo. 10. ed. Lisboa: Manuscrito, 2017, p. 13 a 16.

que tenham em comum a participação em organizações internacionais de integração econômica e de cooperação.

No Quadro n. 1 *infra*, os vinte e dois países ibéricos e ibero-americanos pesquisados foram agrupados conforme sua distribuição geográfica na seguinte ordem:

Os vinte e dois países ibéricos e ibero-americanos pesquisados foram agrupados conforme sua distribuição geográfica na seguinte ordem:

a) Europa Meridional: 1. Espanha; e 2. Portugal;
b) América do Sul: 3. Argentina; 4. Bolívia; 5. Brasil; 6. Chile; 7. Colômbia; 8. Equador; 9. Paraguai; 10. Peru; 11. Uruguai; e 12. Venezuela;
c) América Central e Caribe: 13. Costa Rica; 14. Cuba; 15. El Salvador; 16. Guatemala; 17. Honduras; 18. Nicarágua; 19. República do Panamá; 20. República Dominicana; e 21. Trinidad e Tobago; e
d) América do Norte: 22. México.

Em cada país, as informações foram agrupadas em cinco categorias:

- Direito Interno[8];
- Direito Comunitário;
- Direito Internacional[9];

[8] Foram considerados como pertinentes ao objeto desta pesquisa os atos normativos primários versando sobre o direito substancial e as regras de conexão aplicáveis aos negócios jurídicos privados. Em especial, os códigos civis e as leis de direito internacional privado.

[9] Foram considerados como pertinentes ao objeto desta pesquisa os seguintes doze tratados internacionais: *(i)* Tratado para Estabelecer Regras Uniformes em Matéria de Direito Internacional Privado (Lima, 1878); *(ii)* Tratado de Montevidéu sobre Direito Civil Internacional (1889); *(iii)* Convenção de Direito Internacional Privado (OEA, Havana, 1928); *(iv)* Tratado de Direito Civil Internacional (Montevidéu, 1940); *(v)* Convenção sobre a Eliminação da Exigência de Legalização de Documentos Públicos Estrangeiros (CHDIP, Haia, 1961); *(vi)* Convenção de Viena sobre o Direito dos Tratados (ONU, 1969); *(vii)* Convenção Interamericana sobre Regime Legal das Procurações para Serem Utilizadas no Exterior (OEA, Panamá, 1975); *(viii)* Convenção da Haia sobre a Lei Aplicável aos Contratos de Mediação e à Representação (CHDIP, 1978); *(ix)* Convenção Interamericana sobre Normas Gerais de Direito Internacional Privado (OEA, Montevidéu, 1979); *(x)* Convenção de Roma

- Organizações Internacionais de Integração Regional[10]; e
- Organizações Internacionais de Cooperação[11].

QUADRO 1 – **Disciplina da representação voluntária no Direito Positivo Ibérico e Ibero-americano**

<table>
<tr><th>EUROPA MERIDIONAL</th></tr>
<tr><td>
1. Espanha, Reino da (ESP)</td></tr>
<tr><td>Direito Interno</td></tr>
<tr><td>Código Civil: Real Decreto de 24 de julho de 1889:
• Representação: artigo 1.259;
• Mandato: artigos 1.709 a 1.739.
Lei de Direito Internacional Privado: Código Civil.</td></tr>
</table>

sobre a Lei Aplicável às Obrigações Contratuais (CEE, 1980); *(xi)* Convenção sobre a Lei Aplicável aos Contratos de Venda Internacional de Mercadorias (CHDIP, Haia, 1986); e *(xii)* Convenção Interamericana sobre Direito Aplicável aos Contratos Internacionais (OEA, México, 1994).

[10] Foram consideradas como pertinentes ao objeto desta pesquisa as seguintes doze organizações internacionais de integração regional: *(i)* Aliança Bolivariana para os Povos da Nossa América – Tratado de Comércio dos Povos – ALBA-TCP; *(ii)* Aliança do Pacífico – AP; *(iii)* Associação Latino-Americana de Integração – ALADI; *(iv)* Comunidade Andina – CAN; *(v)* Comunidade do Caribe – CARICOM; *(vi)* Mercado Comum Centro-Americano – MCCA; *(vii)* Mercado Comum do Sul – MERCOSUL, *(viii)* Sistema de Integração Centro-Americana – SICA; *(ix)* Sistema Econômico Latino-Americano – SELA; *(x)* Tratado de Livre-Comércio entre Estados Unidos, América Central e República Dominicana – *CAFTA-DR*; *(xi)* União de Nações Sul-Americanas – UNASUL; e *(xii)* União Europeia – UE.

[11] Foram consideradas como pertinentes ao objeto desta pesquisa as seguintes sete organizações internacionais de cooperação: *(i)* Comunidade de Estados Latino-Americanos e Caribenhos – CELAC; *(ii)* Comunidade dos Países de Língua Portuguesa – CPLP; *(iii)* Conferência da Haia de Direito Internacional Privado – CHDIP; *(iv)* Fórum para o Progresso e Desenvolvimento da América do Sul – PROSUL; *(v)* Organização das Nações Unidas – ONU; *(vi)* Organização de Estados Ibero-Americanos para a Educação, a Ciência e a Cultura – OEI; e *(vii)* Organização dos Estados Americanos – OEA.

Direito Comunitário

- Diretiva n. 2000/31/CE do Parlamento Europeu e do Conselho, de 8 de junho de 2000.
- Regulamento (CE) n. 593, de 17 de junho de 2008.
- Resolução do Parlamento Europeu, de 16 de fevereiro de 2017.

Direito Internacional

Estado-Parte:
- Convenção sobre a Eliminação da Exigência de Legalização de Documentos Públicos Estrangeiros (CHDIP, Haia, 1961): Real Decreto n. 24.413, de 10 de abril de 1978;
- Convenção de Viena sobre o Direito dos Tratados (ONU, 1969);
- Convenção de Roma sobre a Lei Aplicável às Obrigações Contratuais (CEE, 1980).

Organizações Internacionais de Integração Regional

Membro:
- União Europeia (UE).

Observador:
- Aliança do Pacífico (AP).

Organizações Internacionais de Cooperação

Membro:
- Conferência da Haia de Direito Internacional Privado (CHDIP);
- Organização das Nações Unidas (ONU);
- Organização de Estados Ibero-Americanos para a Educação, a Ciência e a Cultura (OEI).

Observador:
- Comunidade dos Países de Língua Portuguesa (CPLP).

2. (Portugal), República Portuguesa **(POR)**

Direito Interno

Código Civil: Decreto-Lei n. 47.344, de 25 de novembro de 1966:
- Representação: artigos 39º e 258º a 269º;
- Mandato: artigos 1.157º a 1.184º.

Lei de Direito Internacional Privado: Código Civil.

Direito Comunitário

- Diretiva n. 2000/31/CE do Parlamento Europeu e do Conselho, de 8 de junho de 2000.
- Regulamento (CE) n. 593, de 17 de junho de 2008.
- Resolução do Parlamento Europeu, de 16 de fevereiro de 2017.

Direito Internacional

Estado-Parte:

- Convenção sobre a Eliminação da Exigência de Legalização de Documentos Públicos Estrangeiros (CHDIP, Haia, 1961): Decreto-Lei n. 48.450, de 24 de junho de 1968;
- Convenção de Viena sobre o Direito dos Tratados (ONU, 1969): Decreto do Presidente da República n. 46, de 7 de agosto de 2003;
- Convenção de Roma sobre a Lei Aplicável às Obrigações Contratuais (CEE, 1980): Decreto do Presidente da República n. 1, de 3 de fevereiro de 1994;
- Convenção da Haia sobre a Lei Aplicável aos Contratos de Mediação e à Representação (CHDIP, 1978): Decreto do Presidente da República n. 101, de 18 de setembro de 1979.

Organizações Internacionais de Integração Regional

Membro:

- União Europeia (UE).

Observadora:

- Aliança do Pacífico (AP);
- Sistema Econômico Latino-Americano (SELA).

Organizações Internacionais de Cooperação

Membro:

- Comunidade dos Países de Língua Portuguesa (CPLP);
- Conferência da Haia de Direito Internacional Privado (CHDIP);
- Organização das Nações Unidas (ONU);
- Organização de Estados Ibero-Americanos para a Educação, a Ciência e a Cultura (OEI).

AMÉRICA DO SUL

3. Argentina, República **(ARG)**

Direito Interno

Código Civil: Lei n. 26.994, de 1º de outubro de 2014:

- Representação: artigos 358 a 381;
- Mandato: artigos 1.319 a 1.334.

Lei de Direito Internacional Privado: Código Civil.

Direito Comunitário

Não há.

Direito Internacional

Estado-Parte:
- Tratado de Montevidéu sobre Direito Civil Internacional (1889): Lei n. 3.192, de 6 de dezembro de 1894;
- Tratado de Direito Civil Internacional (Montevidéu, 1940): Decreto-Lei n. 7.771, de 27 de abril de 1956;
- Convenção sobre a Eliminação da Exigência da Legalização de Documentos Públicos Estrangeiros (CHDIP, Haia, 1961): Lei 23.458, de 1º de dezembro de 1986;
- Convenção de Viena sobre o Direito dos Tratados (ONU, 1969): Lei n. 19.865, de 3 de outubro de 1972;
- Convenção Interamericana sobre Regime Legal das Procurações para Serem Utilizadas no Exterior (OEA, Panamá, 1975): Lei n. 22.550, de 10 de março de 1982;
- Convenção da Haia sobre a Lei Aplicável aos Contratos de Mediação e à Representação (CHDIP, 1978): Lei n. 23.964, de 31 de julho de 1991; e Decreto n. 1.672, de26 de agosto de 1991;
- Convenção Interamericana sobre Normas Gerais de Direito Internacional Privado (OEA, Montevidéu, 1979): Lei n. 22.921, de 21 de setembro de 1983;
- Convenção sobre a Lei Aplicável aos Contratos de Venda Internacional de Mercadorias (CHDIP, Haia, 1986): Lei n. 23.916, de 15 de abril de 1991.

Signatária:
- Tratado para Estabelecer Regras Uniformes em Matéria de Direito Internacional Privado (Lima, 1878);
- Convenção de Direito Internacional Privado (OEA, Havana, 1928).

Organizações Internacionais de Integração Regional

Membro:
- Associação Latino-Americana de Integração (ALADI);
- Mercado Comum do Sul (MERCOSUL);
- Sistema Econômico Latino-Americano (SELA).

Associada:
- Comunidade Andina (CAN).

Organizações Internacionais de Cooperação

Membro:
- Comunidade de Estados Latino-Americanos e Caribenhos (CELAC);
- Conferência da Haia de Direito Internacional Privado (CHDIP);
- Fórum para o Progresso e Desenvolvimento da América do Sul (PROSUL);
- Organização de Estados Ibero-Americanos para a Educação, a Ciência e a Cultura (OEI);
- Organização das Nações Unidas (ONU);
- Organização dos Estados Americanos (OEA).

Observador:
- Comunidade dos Países de Língua Portuguesa (CPLP).

4. Bolívia, Estado Plurinacional da **(BOL)**

Direito Interno

Código Civil: Decreto-Lei n. 12.760, de 6 de agosto de 1975:

- Representação voluntária: artigos 467 a 472.
- Mandato: artigos 804 a 836.

Lei de Direito Internacional Privado: Código Civil.

Direito Comunitário

Não há.

Direito Internacional

Estado-Parte:

- Tratado de Montevidéu sobre Direito Civil Internacional (1889): Lei de 17 de novembro de 1903;
- Convenção de Direito Internacional Privado (OEA, Havana, 1928): Lei de 20 de janeiro de 1932;
- Convenção sobre a Eliminação da Exigência da Legalização de Documentos Públicos Estrangeiros (CHDIP, Haia, 1961): Lei n. 957, de 2 de agosto de 2017.
- Convenção Interamericana sobre Regime Legal das Procurações para Serem Utilizadas no Exterior (OEA, Panamá, 1975).

Signatário:

- Tratado para Estabelecer Regras Uniformes em Matéria de Direito Internacional Privado (Lima, 1878);
- Tratado de Direito Civil Internacional (Montevidéu, 1940);
- Convenção de Viena sobre o Direito dos Tratados (ONU, 1969);
- Convenção Interamericana sobre Normas Gerais de Direito Internacional Privado (OEA, Montevidéu, 1979);
- Convenção Interamericana sobre Direito Aplicável aos Contratos Internacionais (OEA, México, 1994).

Organizações Internacionais de Integração Regional

Membro:

- Aliança Bolivariana para os Povos da Nossa América – Tratado de Comércio dos Povos (ALBA-TCP);
- Associação Latino-Americana de Integração (ALADI);
- Comunidade Andina (CAN);
- Sistema Econômico Latino-Americano (SELA);

- União de Nações Sul-Americanas (UNASUL).

Associado:

- Mercado Comum do Sul (MERCOSUL).

Organizações Internacionais de Cooperação

Membro:

- Comunidade de Estados Latino-Americanos e Caribenhos (CELAC);
- Organização de Estados Ibero-Americanos para a Educação, a Ciência e a Cultura (OEI);
- Organização das Nações Unidas (ONU);
- Organização dos Estados Americanos (OEA).

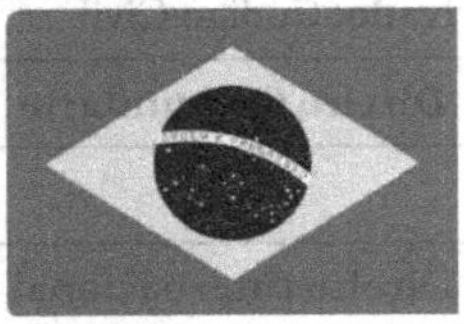

5. Brasil, República Federativa do **(BRA)**

Direito Interno

Código Civil: Lei n. 10.406, de 10 de janeiro de 2002:

- Representação: artigos 115 a 120;
- Mandato: artigos 653 a 709.

Lei de Direito Internacional Privado: Decreto-Lei n. 4.657, de 4 de setembro de 1942.

Direito Comunitário

Não há.

Direito Internacional

Estado-Parte:

- Convenção de Direito Internacional Privado (OEA, Havana, 1928): Decreto n. 18.871, de 13 de agosto de 1929;
- Convenção sobre a Eliminação da Exigência da Legalização de Documentos Públicos Estrangeiros (CHDIP, Haia, 1961): Decreto n. 8.660, de 29 de janeiro de 2016;
- Convenção de Viena sobre o Direito dos Tratados (ONU, 1969): Decreto n. 7.030, de 14 de dezembro de 2009;
- Convenção Interamericana sobre Regime Legal das Procurações para Serem Utilizadas no Exterior (OEA, Panamá, 1975): Decreto n. 1.213, de 3 de agosto de 1994;
- Convenção Interamericana sobre Normas Gerais de Direito Internacional Privado (OEA, Montevidéu, 1979): Decreto n. 1.979, de 9 de agosto de 1996.

Signatária:

- Convenção Interamericana sobre Direito Aplicável aos Contratos Internacionais (OEA, México, 1994).

Organizações Internacionais de Integração Regional

Membro:

- Associação Latino-Americana de Integração (ALADI);
- Mercado Comum do Sul (MERCOSUL);
- Sistema Econômico Latino-Americano (SELA).

Ex-associada:

- Comunidade Andina (CAN).

Organizações Internacionais de Cooperação

Membro:

- Comunidade de Estados Latino-Americanos e Caribenhos (CELAC);
- Comunidade dos Países de Língua Portuguesa (CPLP);
- Conferência da Haia de Direito Internacional Privado (CHDIP);
- Fórum para o Progresso e Desenvolvimento da América do Sul (PROSUL);
- Organização das Nações Unidas (ONU);
- Organização de Estados Ibero-Americanos para a Educação, a Ciência e a Cultura (OEI);
- Organização dos Estados Americanos (OEA).

6. Chile, República do **(CHI)**

Direito Interno

Código Civil: Decreto com Força de Lei n. 1, de 16 de maio de 2000:

- Representação: artigo 1.448;
- Mandato: artigos 2.116 a 2.173.

Lei de Direito Internacional Privado: Código Civil.

Direito Comunitário

Não há.

Direito Internacional

Estado-Parte:

- Convenção de Direito Internacional Privado (OEA, Havana, 1928): Decreto n. 374, de 10 de abril de 1934;
- Convenção sobre a Eliminação da Exigência da Legalização de Documentos Públicos Estrangeiros (CHDIP, Haia, 1961): Decreto n. 228, 18 de dezembro de 2015;
- Convenção de Viena sobre o Direito dos Tratados (ONU, 1969): Decreto n. 381, de 5 de maio de 1981;
- Convenção Interamericana sobre Regime Legal das Procurações para Serem Utilizadas no Exterior (OEA, Panamá, 1975).

Signatária:
- Tratado para Estabelecer Regras Uniformes em Matéria de Direito Internacional Privado (Lima, 1878);
- Convenção Interamericana sobre Normas Gerais de Direito Internacional Privado (OEA, Montevidéu, 1979).

Organizações Internacionais de Integração Regional

Membro:
- Aliança do Pacífico (AP).

Associada:
- Comunidade Andina (CAN);
- Mercado Comum do Sul (MERCOSUL);
- Sistema Econômico Latino-Americano (SELA).

Organizações Internacionais de Cooperação

Membro:
- Associação Latino-Americana de Integração (ALADI);
- Comunidade de Estados Latino-Americanos e Caribenhos (CELAC);
- Conferência da Haia de Direito Internacional Privado (CHDIP);
- Organização das Nações Unidas (ONU);
- Organização de Estados Ibero-Americanos para a Educação, a Ciência e a Cultura (OEI);
- Organização dos Estados Americanos (OEA).

Membro suspenso:
- Fórum para o Progresso e Desenvolvimento da América do Sul (PROSUL).

Observadora:
- Comunidade dos Países de Língua Portuguesa (CPLP).

7. Colômbia, República da **(COL)**

Direito Interno

Código Civil: Lei n. 84, de 26 de maio de 1873:
- Representação: artigo 1.505;
- Mandato: artigos 2.142 a 2.199.

Lei de Direito Internacional Privado: Código Civil.

Direito Comunitário

Não há.

Direito Internacional

Estado-Parte:

- Tratado de Montevidéu sobre Direito Civil Internacional (1889): Lei n. 40, de 23 de novembro de 1933;
- Convenção sobre a Eliminação da Exigência da Legalização de Documentos Públicos Estrangeiros (CHDIP, Haia, 1961): Lei n. 455, de 4 de agosto de 1988;
- Convenção de Viena sobre o Direito dos Tratados (ONU, 1969): Lei n. 32, de 29 de janeiro de 1985;
- Convenção Interamericana sobre Normas Gerais de Direito Internacional Privado (OEA, Montevidéu, 1979): Lei n. 21, de 22 de janeiro de 1981.

Signatária:

- Convenção de Direito Internacional Privado (OEA, Havana, 1928);
- Tratado de Direito Civil Internacional (Montevidéu, 1940);
- Convenção Interamericana sobre Regime Legal das Procurações para Serem Utilizadas no Exterior (OEA, Panamá, 1975): Lei n. 80, de 30 de dezembro de 1986.

Organizações Internacionais de Integração Regional

Membro:

- Aliança do Pacífico (AP);
- Associação Latino-Americana de Integração (ALADI);
- Comunidade Andina (CAN);
- Sistema Econômico Latino-Americano (SELA).

Associada:

- Mercado Comum do Sul (MERCOSUL).

Organizações Internacionais de Cooperação

Membro:

- Comunidade de Estados Latino-Americanos e Caribenhos (CELAC);
- Fórum para o Progresso e Desenvolvimento da América do Sul (PROSUL);
- Organização das Nações Unidas (ONU);
- Organização de Estados Ibero-Americanos para a Educação, a Ciência e a Cultura (OEI);
- Organização dos Estados Americanos (OEA).

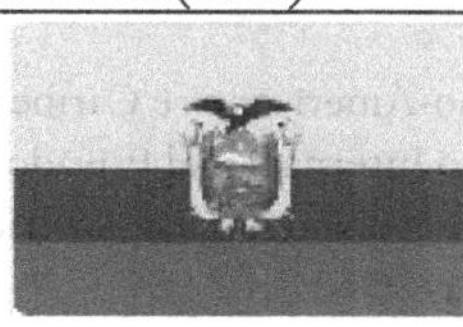

8. Equador, República do **(ECU)**

Direito Interno

Código Civil: Codificação n. 2005-0010 (oitava edição):

- Representação: artigo 1.464;
- Mandato: artigos 2.020 a 2.076.

Lei de Direito Internacional Privado: Código Civil.

Direito Comunitário
Não há.
Direito Internacional
Estado-Parte: • Convenção de Direito Internacional Privado (OEA, Havana, 1928): Codificação n. 2005-1220; • Convenção sobre a Eliminação da Exigência da Legalização de Documentos Públicos Estrangeiros (CHDIP, Haia, 1961): Decreto Executivo n. 1.700, de 16 de junho de 2004; • Convenção de Viena sobre o Direito dos Tratados (ONU, 1969): Decreto Executivo n. 619, de 18 de julho de 2003; • Convenção Interamericana sobre Regime Legal das Procurações para Serem Utilizadas no Exterior (OEA, Panamá, 1975); • Convenção Interamericana sobre Normas Gerais de Direito Internacional Privado (OEA, Montevidéu, 1979). **Signatária:** • Tratado para Estabelecer Regras Uniformes em Matéria de Direito Internacional Privado (Lima, 1878).
Organizações Internacionais de Integração Regional
Membro: • Associação Latino-Americana de Integração (ALADI); • Comunidade Andina (CAN); • Sistema Econômico Latino-Americano (SELA). **Associada:** • Mercado Comum do Sul (MERCOSUL). **Observadora:** • Aliança do Pacífico (AP).
Organizações Internacionais de Cooperação Internacional
Membro: • Comunidade de Estados Latino-Americanos e Caribenhos (CELAC); • Conferência da Haia de Direito Internacional Privado (CHDIP); • Fórum para o Progresso e Desenvolvimento da América do Sul (PROSUL); • Organização das Nações Unidas (ONU); • Organização de Estados Ibero-Americanos para a Educação, a Ciência e a Cultura (OEI); • Organização dos Estados Americanos (OEA).

9. Paraguai, República do **(PAR)**

Direito Interno

Código Civil: Lei n. 1.183, de 23 de dezembro de 1985:

- Representação voluntária: artigos 343 a 349;
- Mandato: artigos 880 a 921.

Lei de Direito Internacional Público: Lei n. 5.393, de 14 de janeiro de 2015.

Direito Comunitário

Não há.

Direito Internacional

Estado-Parte:

- Tratado de Montevidéu sobre Direito Civil Internacional (1889): Lei de 3 de setembro de 1889;
- Tratado de Direito Civil Internacional (Montevidéu, 1940): Lei n. 266, de 19 de julho de 1955;
- Convenção sobre a Eliminação da Exigência da Legalização de Documentos Públicos Estrangeiros (CHDIP, Haia, 1961): Lei n. 4.987, de 10 de julho de 2013;
- Convenção de Viena sobre o Direito dos Tratados (ONU, 1969): Lei n. 289, de 4 de novembro de 1971;
- Convenção Interamericana sobre Regime Legal das Procurações para Serem Utilizadas no Exterior (OEA, Panamá, 1975): Lei n. 614, de 24 de novembro de 1976;
- Convenção Interamericana sobre Normas Gerais de Direito Internacional Privado (OEA, Montevidéu, 1979): Lei n. 892, de 11 de dezembro de 1981.

Signatária:

- Convenção de Direito Internacional Privado (OEA, Havana, 1928).

Organizações Internacionais de Integração Regional

Membro:

- Associação Latino-Americana de Integração (ALADI):
- Mercado Comum do Sul (MERCOSUL);
- Sistema Econômico Latino-Americano (SELA).

Associada:

- Comunidade Andina (CAN).

Observadora:

- Aliança do Pacífico (AP).

Organizações Internacionais de Cooperação

Membro:
- Comunidade de Estados Latino-Americanos e Caribenhos (CELAC);
- Conferência da Haia de Direito Internacional Privado (CHDIP);
- Fórum para o Progresso e Desenvolvimento da América do Sul (PROSUL);
- Organização das Nações Unidas (ONU);
- Organização de Estados Ibero-Americanos para a Educação, a Ciência e a Cultura (OEI);
- Organização dos Estados Americanos (OEA).

10. Peru, República do **(PER)**

Direito Interno

Código Civil: Decreto Legislativo n. 295, de 24 de julho de 1984:
- Representação: artigos 145 a 167;
- Mandato: artigos 1.790 a 1.813.

Lei de Direito Internacional Privado: Código Civil.

Direito Comunitário

Não há.

Direito Internacional

Estado-Parte:
- Tratado para Estabelecer Regras Uniformes em Matéria de Direito Internacional Privado (Lima, 1878);
- Tratado de Montevidéu sobre Direito Civil Internacional (1889);
- Convenção de Direito Internacional Privado (OEA, Havana, 1928);
- Convenção sobre a Eliminação da Exigência da Legalização de Documentos Públicos Estrangeiros (CHDIP, Haia, 1961): Resolução Legislativa n. 29.445, de 17 de novembro de 2009;
- Convenção de Viena sobre o Direito dos Tratados (ONU, 1969);
- Convenção Interamericana sobre Regime Legal das Procurações para Serem Utilizadas no Exterior (OEA, Panamá, 1975);
- Convenção Interamericana sobre Normas Gerais de Direito Internacional Privado (OEA, Montevidéu, 1979): Decreto-Lei n. 22.953, de 26 de março de 1980.

Signatária:
- Tratado de Direito Civil Internacional (Montevidéu, 1940).

Organizações Internacionais de Integração Regional

Membro:
- Aliança do Pacífico (AP);
- Associação Latino-Americana de Integração (ALADI);
- Comunidade Andina (CAN);
- Sistema Econômico Latino-Americano (SELA).

Membro suspenso:
- União de Nações Sul-Americanas (UNASUL).

Associada:
- Mercado Comum do Sul (MERCOSUL).

Organizações Internacionais de Cooperação

Membro:
- Comunidade de Estados Latino-Americanos e Caribenhos (CELAC);
- Conferência da Haia de Direito Internacional Privado (CHDIP);
- Fórum para o Progresso e Desenvolvimento da América do Sul (PROSUL);
- Organização das Nações Unidas (ONU);
- Organização de Estados Ibero-Americanos para a Educação, a Ciência e a Cultura (OEI);
- Organização dos Estados Americanos (OEA).

Observadora:
- Comunidade dos Países de Língua Portuguesa (CPLP).

11. Uruguai, República Oriental do **(URU)**

Direito Interno

Código Civil: Lei n. 16.603, de 19 de outubro de 1994:
- Representação: artigos 1.254 e 1.293;
- Mandato: artigos 2.051 a 2.101.

Lei de Direito Internacional Privado: Lei n. 19.920, de 27 de novembro de 2020.

Direito Comunitário

Não há.

Direito Internacional

Estado-Parte:
- Tratado de Montevidéu sobre Direito Civil Internacional (1889): Lei n. 2.207, de 3 de outubro de 1892;
- Convenção sobre a Eliminação da Exigência de Legalização de Documentos Públicos Estrangeiros (CHDIP, 1961): Lei n. 18.836, de 15 de novembro de 2011;
- Convenção de Viena sobre o Direito dos Tratados (ONU, 1969): Lei n. 15.195, de 19 de outubro de 1981;

- Convenção Interamericana sobre Regime Legal das Procurações para Serem Utilizadas no Exterior (OEA, Panamá, 1975): Decreto-Lei n. 14.534, de 24 de junho de 1976;
- Convenção Interamericana sobre Normas Gerais de Direito Internacional Privado (OEA, Montevidéu, 1979): Decreto-Lei n. 14.953, de 12 de novembro de 1979.

Signatária:

- Convenção de Direito Internacional Privado (OEA, Havana, 1928);
- Tratado de Direito Civil Internacional (Montevidéu, 1940);
- Convenção Interamericana sobre Direito Aplicável aos Contratos Internacionais (OEA, México, 1994).

Organizações Internacionais de Integração Regional

Membro:

- Associação Latino-Americana de Integração (ALADI);
- Mercado Comum do Sul (MERCOSUL);
- Sistema Econômico Latino-Americano (SELA).

Associada:

- Comunidade Andina (CAN).

Observadora:

- Aliança do Pacífico (AP).

Organizações Internacionais de Cooperação

Membro:

- Comunidade de Estados Latino-Americanos e Caribenhos (CELAC);
- Conferência da Haia de Direito Internacional Privado (CHDIP);
- Organização das Nações Unidas (ONU);
- Organização de Estados Ibero-Americanos para a Educação, a Ciência e a Cultura (OEI);
- Organização dos Estados Americanos (OEA).

Observadora:

- Comunidade dos Países de Língua Portuguesa (CPLP).

12. Venezuela, República Bolivariana da **(VEN)**

Direito Interno

Código Civil: Código Civil da Venezuela, de 26 de julho de 1982:

- Representação voluntária: artigos 1.169 a 1.172;
- Mandato: artigos 1.684 a 1.712.

Lei de Direito Internacional Privado: Lei de Direito Internacional Privado da Venezuela, de 9 de julho de 1998.

Direito Comunitário
Não há.
Direito Internacional
Estado-Parte: • Convenção de Direito Internacional Privado (OEA, Havana, 1928); • Convenção sobre a Eliminação da Exigência de Legalização de Documentos Públicos Estrangeiros (CHDIP, Haia, 1961): Lei Aprobatória de 5 de maio de 1991; • Convenção Interamericana sobre Regime Legal das Procurações para Serem Utilizadas no Exterior (OEA, Panamá, 1975); • Convenção Interamericana sobre Normas Gerais de Direito Internacional Privado (OEA, Montevidéu, 1979); • Convenção Interamericana sobre Direito Aplicável aos Contratos Internacionais (OEA, México, 1994). **Signatária:** • Tratado para Estabelecer Regras Uniformes em Matéria de Direito Internacional Privado (Lima, 1878).
Organizações Internacionais de Integração Regional
Membro: • Aliança Bolivariana para os Povos da Nossa América – Tratado de Comércio dos Povos (ALBA-TCP); • Associação Latino-Americana de Integração (ALADI); • Sistema Econômico Latino-Americano (SELA); • União de Nações Sul-Americanas (UNASUL). **Membro suspenso:** • Mercado Comum do Sul (MERCOSUL). **Ex-membro:** • Comunidade Andina (CAN).
Organizações Internacionais de Cooperação
Membro: • Comunidade de Estados Latino-Americanos e Caribenhos (CELAC); • Conferência da Haia de Direito Internacional Privado (CHDIP); • Organização das Nações Unidas (ONU); • Organização de Estados Ibero-Americanos para a Educação, a Ciência e a Cultura (OEI); • Organização dos Estados Americanos (OEA).

AMÉRICA CENTRAL E CARIBE

13. Costa Rica, República da **(CRC)**

Direito Interno

Código Civil: Lei n. XXX, de 19 de abril de 1885:

- Mandato: artigos 1.251 a 1.291.

Lei de Direito Internacional Privado: Código Civil.

Direito Comunitário

Não há.

Direito Internacional

Estado-Parte:

- Convenção de Direito Internacional Privado (OEA, Havana, 1928);
- Convenção sobre a Eliminação da Exigência da Legalização de Documentos Públicos Estrangeiros (CHDIP, Haia, 1961): Decreto Legislativo n. 8.923, de 22 de fevereiro de 2011; e Decreto Executivo n. 36.469, de 8 de março de 2011;
- Convenção de Viena sobre o Direito dos Tratados (ONU, 1969);
- Convenção Interamericana sobre Regime Legal das Procurações para Serem Utilizadas no Exterior (OEA, Panamá, 1975).

Signatária:

- Tratado para Estabelecer Regras Uniformes em Matéria de Direito Internacional Privado (Lima, 1878);
- Convenção Interamericana sobre Normas Gerais de Direito Internacional Privado (OEA, Montevidéu, 1979).

Organizações Internacionais de Integração Regional

Membro:

- Mercado Comum Centro-Americano (MCCA);
- Sistema da Integração Centro-Americana (SICA);
- Sistema Econômico Latino-Americano (SELA).

Estado-Parte:

- Tratado de Livre-Comércio entre Estados Unidos, América Central e República Dominicana (*CAFTA-DR*).

Observador:

- Aliança do Pacífico (AP).

Organizações Internacionais de Cooperação

Membro:
- Comunidade de Estados Latino-Americanos e Caribenhos (CELAC);
- Conferência da Haia de Direito Internacional Privado (CHDIP): Lei n. 8.890, de 3 de novembro de 2010;
- Organização das Nações Unidas (ONU);
- Organização de Estados Ibero-Americanos para a Educação, a Ciência e a Cultura (OEI);
- Organização dos Estados Americanos (OEA).

14. Cuba, República de **(CUB)**

Direito Interno

Código Civil: Lei n. 59, de 16 de julho de 1987:
- Representação: artigos 56 a 66;
- Mandato: artigos 398 a 422.

Lei de Direito Internacional Privado: Código Civil.

Direito Comunitário

Não há.

Direito Internacional

Estado-Parte:
- Convenção de Direito Internacional Privado (OEA, Havana, 1928);
- Convenção de Viena sobre o Direito dos Tratados (ONU, 1969).

Organizações Internacionais de Integração Regional

Membro:
- Aliança Bolivariana para os Povos da Nossa América – Tratado de Comércio dos Povos (ALBA-TCP);
- Associação Latino-Americana de Integração (ALADI);
- Sistema Econômico Latino-Americano (SELA).

Organizações Internacionais de Cooperação

Membro:
- Comunidade de Estados Latino-Americanos e Caribenhos (CELAC);
- Organização das Nações Unidas (ONU);
- Organização de Estados Ibero-Americanos para a Educação, a Ciência e a Cultura (OEI);
- Organização dos Estados Americanos (OEA).

15. El Salvador, República de **(ESA)**

Direito Interno

Código Civil: Decreto-Lei de 23 de agosto de 1859:

- Mandato: artigos 1.875 a 1.931.

Lei de Direito Internacional Privado: Código Civil.

Direito Comunitário

Não há.

Direito Internacional

Estado-Parte:

- Convenção de Direito Internacional Privado (OEA, Havana, 1928): Decreto de 30 de março de 1931;
- Convenção sobre a Eliminação da Exigência da Legalização de Documentos Públicos Estrangeiros (CHDIP, Haia, 1961): Decreto Legislativo n. 811, de 12 de setembro de 1996;
- Convenção Interamericana sobre Regime Legal das Procurações para Serem Utilizadas no Exterior (OEA, Panamá, 1975).

Signatária:

- Convenção de Viena sobre o Direito dos Tratados (ONU, 1969).
- Convenção Interamericana sobre Normas Gerais de Direito Internacional Privado (OEA, Montevidéu, 1979).

Organizações Internacionais de Integração Regional

Membro:

- Mercado Comum Centro-Americano (MCCA);
- Sistema da Integração Centro-Americana (SICA).

Estado-Parte:

- Tratado de Livre-Comércio entre Estados Unidos, América Central e República Dominicana (*CAFTA-DR*).

Observadora:

- Aliança do Pacífico (AP).

Organizações Internacionais de Cooperação

Membro:

- Comunidade de Estados Latino-Americanos e Caribenhos (CELAC);
- Conferência da Haia de Direito Internacional Privado (CHDIP);
- Organização das Nações Unidas (ONU);
- Organização de Estados Ibero-Americanos para a Educação, a Ciência e a Cultura (OEI);
- Organização dos Estados Americanos (OEA).

16. Guatemala, República da **(GUA)**

Direito Interno

Código Civil: Decreto-Lei n. 106, de 14 de setembro de 1963:

- Mandato: artigos 1.686 a 1.727.

Lei de Direito Internacional Privado: Código Civil.

Direito Comunitário

Não há.

Direito Internacional

Estado-Parte:

- Convenção de Direito Internacional Privado (OEA, Havana, 1928): Decreto n. 1.575, de 10 de abril de 1929;
- Convenção sobre a Eliminação da Exigência da Legalização de Documentos Públicos Estrangeiros (CHDIP, Haia, 1961): Decreto Legislativo n. 1, de 19 de janeiro de 2016;
- Convenção de Viena sobre o Direito dos Tratados (ONU, 1969);
- Convenção Interamericana sobre Regime Legal das Procurações para Serem Utilizadas no Exterior (OEA, Panamá, 1975);
- Convenção Interamericana sobre Normas Gerais de Direito Internacional Privado (OEA, Montevidéu, 1979).

Organizações Internacionais de Integração Regional

Membro:

- Aliança Bolivariana para os Povos da Nossa América – Tratado de Comércio dos Povos (ALBA-TCP);
- Mercado Comum Centro-Americano (MCCA);
- Sistema da Integração Centro-Americana (SICA);
- Sistema Econômico Latino-Americano (SELA).

Estado-Parte:

- Tratado de Livre-Comércio entre Estados Unidos, América Central e República Dominicana (*CAFTA-DR*).

Observadora:

- Aliança do Pacífico (AP).

Organizações Internacionais de Cooperação

Membro:

- Comunidade de Estados Latino-Americanos e Caribenhos (CELAC);
- Organização das Nações Unidas (ONU);
- Organização de Estados Ibero-Americanos para a Educação, a Ciência e a Cultura (OEI);
- Organização dos Estados Americanos (OEA).

17. Honduras, República de **(HON)**

Direito Interno

Código Civil: Decreto n. 76, de 29 de fevereiro de 1906:

- Mandato: artigos 1.888 a 1.430.

Lei de Direito Internacional Privado: Código Civil.

Direito Comunitário

Não há.

Direito Internacional

Estado-Parte:

- Convenção de Direito Internacional Privado (OEA, Havana, 1928);
- Convenção sobre a Eliminação da Exigência da Legalização de Documentos Públicos Estrangeiros (CHDIP, Haia, 1961);
- Convenção de Viena sobre o Direito dos Tratados (ONU, 1969);
- Convenção Interamericana sobre Regime Legal das Procurações para Serem Utilizadas no Exterior (OEA, Panamá, 1975).

Signatária:

- Convenção Interamericana sobre Normas Gerais de Direito Internacional Privado (OEA, Montevidéu, 1979).

Organizações Internacionais de Integração Regional

Membro:

- Mercado Comum Centro-Americano (MCCA);
- Sistema da Integração Centro-Americana (SICA);
- Sistema Econômico Latino-Americano (SELA).

Estado-Parte:

- Tratado de Livre-Comércio entre Estados Unidos, América Central e República Dominicana (*CAFTA-DR*).

Organizações Internacionais de Cooperação

Membro:

- Comunidade de Estados Latino-Americanos e Caribenhos (CELAC);
- Conferência da Haia de Direito Internacional Privado (CHDIP);
- Organização das Nações Unidas (ONU);
- Organização de Estados Ibero-Americanos para a Educação, a Ciência e a Cultura (OEI);
- Organização dos Estados Americanos (OEA).

18. Nicarágua, República da **(NCA)**

Direito Interno

Código Civil: Código Civil da República da Nicarágua, de 20 de março de 2019:
- Representação: artigo 2.440;
- Mandato: artigos 3.293 a 3.371.

Lei de Direito Internacional Privado: Código Civil.

Direito Comunitário

Não há.

Direito Internacional

Estado-Parte:
- Convenção de Direito Internacional Privado (OEA, Havana, 1928): Decreto Executivo de 3 de janeiro de 1929;
- Convenção sobre a Eliminação da Exigência da Legalização de Documentos Públicos Estrangeiros (CHDIP, Haia, 1961): Decreto n. 6.969, de 6 de julho de 2012.

Signatária:
- Convenção Interamericana sobre Regime Legal das Procurações para Serem Utilizadas no Exterior (OEA, Panamá, 1975).

Organizações Internacionais de Integração Regional

Membro:
- Mercado Comum Centro-Americano (MCCA);
- Sistema da Integração Centro-Americana (SICA);
- Sistema Econômico Latino-Americano (SELA).

Estado-Parte:
- Tratado de Livre-Comércio entre Estados Unidos, América Central e República Dominicana (*CAFTA-DR*).

Organizações Internacionais de Cooperação

Membro:
- Comunidade de Estados Latino-Americanos e Caribenhos (CELAC);
- Conferência da Haia de Direito Internacional Privado (CHDIP);
- Organização das Nações Unidas (ONU);
- Organização de Estados Ibero-Americanos para a Educação, a Ciência e a Cultura (OEI);
- Organização dos Estados Americanos (OEA).

19. Panamá, República do **(PAN)**

Direito Interno

Código Civil: Lei n. 2, de 22 de agosto de 1916;

- Mandato: artigos 1.400 a 1.430.

Lei de Direito Internacional Privado: Lei n. 61, de 7 de outubro de 2015.

Direito Comunitário

Não há.

Direito Internacional

Estado-Parte:

- Convenção de Direito Internacional Privado (OEA, Havana, 1928);
- Convenção sobre a Eliminação da Exigência da Legalização de Documentos Públicos Estrangeiros (CHDIP, Haia, 1961): Lei n. 6, de 25 de junho de 1990;
- Convenção de Viena sobre o Direito dos Tratados (ONU, 1969);
- Convenção Interamericana sobre Regime Legal das Procurações para Serem Utilizadas no Exterior (OEA, Panamá, 1975).

Signatária:

- Convenção Interamericana sobre Normas Gerais de Direito Internacional Privado (OEA, Montevidéu, 1979).

Organizações Internacionais de Integração Regional

Membro:

- Associação Latino-Americana de Integração (ALADI);
- Sistema da Integração Centro-Americana (SICA);
- Sistema Econômico Latino-Americano (SELA).

Observadora:

- Aliança do Pacífico (AP);
- Comunidade Andina (CAN);
- União de Nações Sul-Americanas (UNASUL).

Organizações Internacionais de Cooperação

Membro:

- Comunidade de Estados Latino-Americanos e Caribenhos (CELAC);
- Conferência da Haia de Direito Internacional Privado (CHDIP);
- Organização das Nações Unidas (ONU);
- Organização de Estados Ibero-Americanos para a Educação, a Ciência e a Cultura (OEI);
- Organização dos Estados Americanos (OEA).

20. República Dominicana (DOM)

Direito Interno

Código Civil: Código Civil Reformado:

- Mandato: artigos 1.993 a 2.019.

Lei de Direito Internacional Privado: Lei n. 544, de 2 de dezembro de 2014.

Direito Comunitário

Não há.

Direito Internacional

Estado-Parte:

- Convenção de Direito Internacional Privado (OEA, Havana, 1928);
- Convenção sobre a Eliminação da Exigência da Legalização de Documentos Públicos Estrangeiros (CHDIP, Haia, 1961): Resolução n. 441, de 10 de setembro de 2008;
- Convenção de Viena sobre o Direito dos Tratados (ONU, 1969);
- Convenção Interamericana sobre Regime Legal das Procurações para Serem Utilizadas no Exterior (OEA, Panamá, 1975).

Signatária:

- Convenção Interamericana sobre Normas Gerais de Direito Internacional Privado (OEA, Montevidéu, 1979).

Organizações Internacionais de Integração Regional

Estado-Parte:

- Tratado de Livre-Comércio entre Estados Unidos, América Central e República Dominicana (*CAFTA-DR*);
- Sistema Econômico Latino-Americano (SELA).

Observadora:

- Aliança do Pacífico (AP).

Organizações Internacionais de Cooperação

Membro:

- Comunidade de Estados Latino-Americanos e Caribenhos (CELAC);
- Conferência da Haia de Direito Internacional Privado (CHDIP);
- Organização das Nações Unidas (ONU);
- Organização de Estados Ibero-Americanos para a Educação, a Ciência e a Cultura (OEI);
- Organização dos Estados Americanos (OEA).

21. Trinidad e Tobago, República de **(TRI)**

Direito Interno

Código Civil: Não encontrado.
Lei de Direito Internacional Privado: Não encontrada.

Direito Comunitário

Não há.

Direito Internacional

Estado-Parte:
- Convenção sobre a Eliminação da Exigência de Legalização de Documentos Públicos Estrangeiros (CHDIP, Haia, 1961):

Organizações Internacionais de Integração Regional

Membro:
- Comunidade do Caribe (CARICOM);
- Sistema Econômico Latino-Americano (SELA)

Organizações Internacionais de Cooperação

Membro:
- Comunidade de Estados Latino-Americanos e Caribenhos (CELAC);
- Organização das Nações Unidas (ONU);
- Organização dos Estados Americanos (OEA).

AMÉRICA DO NORTE

22. (México), Estados Unidos Mexicanos **(MEX)**

Direito Interno

Código Civil: Código Civil Federal, de 30 de agosto de 1928:
- Representação: artigos 1.800 a 1.802.
- Mandato: artigos 2.546 a 2.604.

Lei de Direito Internacional Privado: Código Civil.

Direito Comunitário
Não há.
Direito Internacional
Estado-Parte: • Convenção sobre a Eliminação da Exigência da Legalização de Documentos Públicos Estrangeiros (CHDIP, Haia, 1961): Decreto Legislativo de 17 de janeiro de 1993; e Decreto Executivo de 14 de agosto de 1995; • Convenção de Viena sobre o Direito dos Tratados (ONU, 1969); • Convenção Interamericana sobre Regime Legal das Procurações para Serem Utilizadas no Exterior (OEA, Panamá, 1975); • Convenção Interamericana sobre Normas Gerais de Direito Internacional Privado (OEA, Montevidéu, 1979). • Convenção Interamericana sobre Direito Aplicável aos Contratos Internacionais (OEA, México, 1994). **Signatários:** • Convenção de Direito Internacional Privado (OEA, Havana, 1928).
Organizações Internacionais de Integração Regional
Membros: • Aliança do Pacífico (AP); • Associação Latino-Americana de Integração (ALADI); • Sistema Econômico Latino-Americano (SELA). **Observadores:** • Comunidade Andina (CAN); • Mercado Comum do Sul (MERCOSUL); • União de Nações Sul-Americanas (UNASUL).
Organizações Internacionais de Cooperação
Membros: • Comunidade de Estados Latino-Americanos e Caribenhos (CELAC); • Conferência da Haia de Direito Internacional Privado (CHDIP); • Organização das Nações Unidas (ONU); • Organização de Estados Ibero-Americanos para a Educação, a Ciência e a Cultura (OEI); • Organização dos Estados Americanos (OEA).

Fonte: Dados da pesquisa.

Em relação ao grau de autonomia funcional do negócio jurídico de procuração em relação ao contrato de mandato, no universo de vinte e um Códigos Civis analisados[12], apenas seis[13-14] apresentam disciplina de representação voluntária que dispensa o recurso à do mandato (28,57%); em dois[15], embora a representação voluntária tenha disciplina autônoma, ainda há a necessidade de se recorrer à disciplina do mandato (9,52%); e nos demais treze[16-17], há, quando muito, a mera menção à possibilidade de

[12] Somente não se identificou codificação civil vigente em Trinidad e Tobago.

[13] Na Europa Meridional, *(i)* Portugal [Decreto-Lei n. 47.344, de 25 de novembro de 1966: artigos 39º e 258º a 269º (representação) *versus* artigos 1.157º a 1.184º (mandato)]; na América do Sul, *(ii)* Argentina [Lei n. 26.994, de 1º de outubro de 2014: artigos 358 a 381 (representação) *versus* artigos 1.319 a 1.334 (mandato)], *(iii)* Bolívia [Decreto-Lei n. 12.760, de 6 de agosto de 1975: artigos 467 a 472 (representação voluntária) *versus* artigos 804 a 836 (mandato)], *(iv)* Paraguai [Lei n. 1.183, de 23 de dezembro de 1985: artigos 343 a 349 (representação voluntária) *versus* artigos 880 a 921 (mandato)] e *(v)* Peru [Decreto Legislativo n. 295, de 24 de julho de 1984: artigos 145 a 167 (representação) *versus* artigos 1.790 a 1.813 (mandato)]; e, na América Central e no Caribe, *(vi)* Cuba [Lei n. 59, de 16 de julho de 1987: artigos 56 a 66 (representação) *versus* artigos 398 a 422 (mandato)].

[14] Em comum entre esses seis, está o fato de seus Códigos Civis terem sido aprovados a partir da segunda metade da década dos 1960s.

[15] Na América do Sul, *(i)* Brasil [Lei n. 10.406, de 10 de janeiro de 2002: artigos 115 a 120 (representação) *versus* artigos 653 a 709 (mandato)] e *(ii)* Venezuela [Código Civil, de 26 de julho de 1982: artigos 1.169 a 1.172 (representação voluntária) *versus* artigos 1.684 a 1.712 (mandato)].

[16] Na Europa Meridional, *(i)* Espanha [Real Decreto de 24 de julho de 1889: artigo 1.259 (representação) *versus* artigos 1.709 a 1.739 (mandato)]; na América do Sul, *(ii)* Chile [Decreto com Força de Lei n. 1, de 16 de maio de 2000: artigo 1.448 (representação) *versus* artigos 2.116 a 2.173 (mandato)], *(iii)* Colômbia [Lei n. 84, de 26 de maio de 1873: artigo 1.505 (representação) *versus* artigos 2.142 a 2.199 (mandato)], *(iv)* Equador [Codificação n. 2005-0010 (oitava edição): artigo 1.464 (representação) *versus* mandato (artigos 2.020 a 2.076)], *(v)* Uruguai [Lei n. 16.603, de 19 de outubro de 1994: artigos 1.254 e 1.293 (representação) *versus* artigos 2.051 a 2.101 (mandato)]; na América Central e no Caribe, *(vi)* Costa Rica [Lei n. XXX, de 19 de abril de 1885: artigos 1.251 a 1.291 (mandato)], *(vii)* El Salvador [Decreto-Lei de 23 de agosto de 1859: artigos 1.875 a 1.931 (mandato)], *(viii)* Guatemala [Decreto-Lei n. 106, de 14 de setembro de 1963: artigos 1.686 a 1.727 (mandato)], *(ix)* Honduras [Decreto n. 76, de 29 de fevereiro de 1906: artigos 1.888 a 1.430 (mandato)], *(x)* Nicarágua [Código Civil, de 20 de março de 2019: artigo 2.440 (representação) *versus* artigos 3.293 a 3.371 (mandato)], *(xi)* Panamá [Lei n. 2, de 22 de agosto de 1916: artigos 1.400 a 1.430 (mandato)] e *(xii)* República Dominicana [Código Civil Reformado, de 2017: artigos 1.993 a 2.019 (mandato)]; e, na América do Norte, *(xiii)* México [Código Civil Federal, de 30 de agosto de 1928: artigos 1.800 a 1.802 (representação) *versus* artigos 2.546 a 2.604 (mandato)].

[17] Releva notar que, dos treze Códigos Civis, quatro foram aprovados no século XIX e são anteriores ao Código Civil alemão (*Bürgerliches Gesetzbuch – BGB*).

alguém constituir, por ato unilateral de vontade, um representante, sendo imprescindível o recurso à disciplina do mandato (61,90%).

Ainda no que tange ao direito interno, no mesmo universo de vinte e um países com vigente legislação civil codificada, seis[18] preveem suas normas domésticas de Direito Internacional Privado em leis especiais (28,57%).

Muito embora todos os vinte e dois países pesquisados sejam membros de, ao menos, uma organização internacional de integração regional[19], apenas os países ibéricos apresentam legislação comunitária de interesse para a matéria. Os três atos normativos, emanados de órgãos e instituições da União Europeia, são os seguintes:

- a Diretiva 2000/31/CE do Parlamento Europeu e do Conselho, de 8 de junho de 2000, relativa a certos aspectos legais dos serviços da sociedade da informação, em especial do comércio eletrônico, no mercado interno ("Diretiva sobre o comércio eletrônico");
- o Regulamento (CE) n. 593/2008 do Parlamento Europeu e do Conselho, de 17 de junho de 2008, sobre a lei aplicável às obrigações contratuais (Roma I); e
- a Resolução do Parlamento Europeu, de 16 de fevereiro de 2017, que contém recomendações à Comissão sobre disposições de Direito Civil sobre Robótica.

Digna de nota, embora não contabilizada, por não se tratar de ato normativo, é a Proposta de Regulamento do Parlamento Europeu e do

[18] Na América do Sul, *(i)* Brasil (Decreto-Lei n. 4.657, de 4 de setembro de 1942), *(ii)* Paraguai (Lei n. 5.393, de 14 de janeiro de 2015), *(iii)* Uruguai (Lei n. 19.920, de 27 de novembro de 2020) e *(iv)* Venezuela (Lei de Direito Internacional Privado da Venezuela, de 9 de julho de 1998); e, na América Central e no Caribe, *(v)* Panamá (Lei n. 61, de 7 de outubro de 2015) e *(vi)* República Dominicana (Lei n. 544, de 2 de dezembro de 2014).

[19] No universo de 22 países pesquisados: a ALBA-TCP tem quatro membros; a AP tem quatro membros e dez observadores; a ALADI tem treze membros; a CAN tem quatro membros, quatro associados e dois observadores; a CARICOM tem um membro; o MCCA tem cinco membros; o MERCOSUL tem quatro membros, um membro suspenso e seis associados; o SICA tem seis membros; o SELA tem dezenove membros e um observador; o *CAFTA-DR* tem seis Estados-Partes; a UNASUL tem dois membros, um membro suspenso e dois observadores; e a UE tem dois membros.

Conselho que estabelece regras harmonizadas em matéria de inteligência artificial (Regulamento Inteligência Artificial) e altera determinados atos legislativos da União, de 21 de abril de 2021.

Entre os países ibero-americanos, a falta de legislação comunitária é um reflexo direto do fato de a ambição das organizações internacionais do subcontinente limitar-se aos estágios mais rudimentares de integração regional. Essa característica é de grande relevância para a qualificação dos agentes de *software* inteligentes, porque, se por um lado, o livre-comércio e a união aduaneira servem de estímulo para os agentes econômicos recorrerem à representação voluntária como forma de expandir seus negócios, por outro, a falta de uniformização do direito aumenta a sensação de insegurança jurídica.

É de se notar que, mesmo diante da falta de legislação comunitária, os vinte países ibero-americanos apresentam relativa uniformidade em relação às normas de Direito Internacional Privado. Existem dois grandes sistemas de direito uniformizador: o dos Tratados de Montevidéu sobre Direito Civil Internacional de 1889 e 1940 e o da Convenção de Havana Direito Internacional Privado de 1928, popularmente conhecida como "Código de Bustamante"[20]. Do primeiro, fazem parte Argentina, Colômbia, Paraguai e Uruguai[21]. Já, do segundo, Brasil, Chile, Equador, Venezuela, Costa Rica, Cuba, El Salvador, Guatemala, Honduras, Nicarágua, Panamá e República Dominicana[22]. Bolívia e Peru são os únicos países ibero-americanos que se obrigaram pelos dois sistemas.

[20] Referência ao autor do projeto, o jurista cubano Antonio Sánchez e Bustamante (DOLINGER; TIBURCIO, 2016, p. 65).

[21] ORGANIZACIÓN DE LOS ESTADOS AMERICANOS. Tratados Multilaterales. *F-1: Tratado de Derecho Civil Internacional.* Montevidéu: Conferência Internacional Sulamericana, 12 fev. 1889. Disponível em: http://www.oas.org/juridico/spanish/firmas/f-1.html. Acesso em: 27 jan. 2023. Id. Tratados Multilaterales. *F-17: Tratado de Derecho Civil Internacional.* Montevidéu: 19 mar. 1940. Disponível em: https://www.oas.org/juridico/spanish/firmas/f-17.html. Acesso em: 27 jan. 2023.

[22] ORGANIZATION OF AMERICAN STATES. Department of International Law. *Convention on Private International Law (Bustamante Code) (A-31):* signatories and ratifications. Havana: Conferência Internacional dos Estados Americanos, 20 fev. 1928. Disponível em: https://www.oas.org/en/sla/dil/inter_american_treaties_a-31_bustamente_code_signatories.asp. Acesso em: 27 jan. 2023.

Além disso, no âmbito Conferência Especializada Interamericana sobre Direito Internacional Privado – CIDIP, há grande engajamento em relação à Convenção Interamericana sobre o Regime Legal das Procurações para Serem Utilizadas no Exterior (CIDIP, Cidade do Panamá, 1975) (80,00%)[23-24] e à Convenção Interamericana sobre Normas Gerais de Direito Internacional Privado (CIDIP II, Montevidéu, 1979) (50,00%)[25-26]. O mesmo já não se pode afirmar em relação à Convenção Interamericana sobre o Direito Aplicável aos Contratos Internacionais (CIDIP V, Cidade

[23] São Estados-Partes da Convenção Interamericana sobre o Regime Legal das Procurações para Serem Utilizadas no Exterior (1975) dezesseis dos vinte países ibero-americanos: na América do Sul, *(i)* Argentina (Lei n. 22.550, de 10 de março de 1982), *(ii)* Bolívia, *(iii)* Brasil (Decreto n. 1.213, de 3 de agosto de 1994), *(iv)* Chile, *(v)* Equador, *(vi)* Paraguai (Lei n. 614, de 24 de novembro de 1976), *(vii)* Peru, *(viii)* Uruguai (Decreto-Lei n. 14.534, de 24 de junho de 1976) e *(ix)* Venezuela; na América Central e no Caribe, *(x)* Costa Rica, *(xi)* El Salvador, *(xii)* Guatemala, *(xiii)* Honduras, *(xiv)* Panamá e *(xv)* República Dominicana; e, na América do Norte, *(xvi)* México (ORGANIZATION OF AMERICAN STATES, Multilateral Treaties. *B-38: Inter-American Convention on the Legal Regime of Powers of Attorney to Be Used Abroad*. Cidade do Panamá: CIDIP, 30 jan. 1975. Disponível em: https://www.oas.org/juridico/english/sigs/b-38.html. Acesso em: 27 jan. 2023).

[24] São apenas signatários da Convenção Interamericana sobre o Regime Legal das Procurações (1975) para Serem Utilizadas no Exterior (1975) outros dois países ibero-americanos: na América do Sul, *(i)* Colômbia (Lei n. 80, de 30 de dezembro de 1986); e, na América Central e no Caribe, *(ii)* Nicarágua (Idem).

[25] São Estados-Partes da Convenção Interamericana sobre Normas Gerais de Direito Internacional Privado (1979) dez dos vinte países ibero-americanos: na América do Sul, *(i)* Argentina (Lei n. 22.921, de 21 de setembro de 1983), *(ii)* Brasil (Decreto n. 1.979, de 9 de agosto de 1996), *(iii)* Colômbia (Lei n. 21, de 22 de janeiro de 1981), *(iv)* Equador, *(v)* Paraguai (Lei n. 892, de 11 de dezembro de 1981), *(vi)* Peru (Decreto-Lei n. 22.953, de 26 de março de 1980), *(vii)* Uruguai (Decreto-Lei n. 14.953, de 12 de novembro de 1979) e *(viii)* Venezuela; na América Central e no Caribe, *(ix)* Guatemala; e, na América do Norte, *(x)* México (ORGANIZATION OF AMERICAN STATES, Multilateral Treaties. *B-45: Inter-American Convention on General Rules of Private International Law*. Montevidéu: II CIDIP, 8 maio 1979. Disponível em: https://www.oas.org/juridico/english/sigs/b-45.html. Acesso em: 27 jan. 2023).

[26] São apenas signatários da Convenção Interamericana sobre Normas Gerais de Direito Internacional Privado (1979) outros sete países ibero-americanos: na América do Sul, *(i)* Bolívia, *(ii)* Chile; e, na América Central e no Caribe, *(iii)* Costa Rica, *(iv)* El Salvador, *(v)* Honduras, *(vi)* Panamá e *(vii)* República Dominicana (Idem).

do México, 1994) (10,00%)[27-28], que atingiu apenas o número mínimo de manifestações de vontade em obrigar-se para entrar em vigor em 15 de dezembro de 1996 (duas ratificações, conforme artigo 28º, primeiro parágrafo).

No âmbito da Conferência da Haia sobre Direito Internacional Privado – CHDIP, 95,45% dos países pesquisados[29] são partes da Convenção sobre a Eliminação da Exigência de Legalização de Documentos Públicos Estrangeiros (1961). Por outro lado, é baixíssimo o engajamento na Convenção sobre a Lei Aplicável aos Contratos de Mediação e à Representação (1978) e na Convenção sobre a Lei Aplicável aos Contratos de Venda Internacional de Mercadorias (1986). No universo dos vinte e

[27] São Estados-Partes da Convenção Interamericana sobre o Direito Aplicável aos Contratos Internacionais (1994) dois dos vinte países ibero-americanos: na América do Sul, *(i)* Venezuela; e, na América do Norte, *(ii)* México (ORGANIZATION OF AMERICAN STATES, Multilateral Treaties. *B-56: Inter-American Convention on the Law Applicable to International Contracts.* Cidade do México: V CIDIP, 17 mar. 1994. Disponível em: https://www.oas.org/juridico/english/sigs/b-56.html. Acesso em: 27 jan. 2023.).

[28] São apenas signatários da Convenção Interamericana sobre o Direito Aplicável aos Contratos Internacionais (1994) outros três países ibero-americanos: na América do Sul, *(i)* Bolívia, *(ii)* Brasil e *(iii)* Uruguai (Idem).

[29] São Estados-Partes da Convenção sobre a Eliminação da Exigência de Legalização de Documentos Públicos Estrangeiros (1961) vinte e um dos vinte e dois países pesquisados: na Europa Meridional, *(i)* Espanha (Real Decreto n. 24.413, de 10 de abril de 1978) e *(ii)* Portugal (Decreto-Lei n. 48.450, de 24 de junho de 1968); na América do Sul, *(iii)* Argentina (Lei 23.458, de 1º de dezembro de 1986), *(iv)* Bolívia (Lei n. 967, de 2 de agosto de 2017), *(v)* Brasil (Decreto n. 8.660, de 29 de janeiro de 2016), *(vi)* Chile (Decreto n. 228, 18 de dezembro de 2015), *(vii)* Colômbia (Lei n. 455, de 4 de agosto de 1988), *(viii)* Equador (Decreto Executivo n. 1.700, de 16 de junho de 2004), *(ix)* Paraguai (Lei n. 4.987, de 10 de julho de 2013), *(x)* Peru (Resolução Legislativa n. 29.445, de 17 de novembro de 2009), *(xi)* Uruguai (Lei n. 18.836, de 15 de novembro de 2011) e *(xii)* Venezuela (Lei Aprobatória de 5 de maio de 1991); na América Central e no Caribe, *(xiii)* Costa Rica (Decreto Legislativo n. 8.923, de 22 de fevereiro de 2011; e Decreto Executivo n. 36.469, de 8 de março de 2011), *(xiv)* El Salvador (Decreto Legislativo n. 811, de 12 de setembro de 1996), *(xv)* Guatemala (Decreto Legislativo n. 1, de 19 de janeiro de 2016), *(xvi)* Honduras, *(xvii)* Nicarágua (Decreto n. 6.969, de 6 de julho de 2012), *(xviii)* Panamá (Lei n. 6, de 25 de junho de 1990), *(xix)* República Dominicana (Resolução n. 441, de 10 de setembro de 2008) e *(xx)* Trinidad e Tobago; e, na América do Norte, o *(xxii)* México (Decreto Legislativo de 17 de janeiro de 1993; e Decreto Executivo de 14 de agosto de 1995) (HAGUE CONFERENCE ON PRIVATE INTERNATIONAL LAW, ______. *12: Convention of 5 October 1961 Abolishing the Requirement of Legalisation for Foreign Public Documents:* status table. Haia: HCCH, 2023. Disponível em: https://www.hcch.net/en/instruments/conventions/status-table/?cid=41. Acesso em: 27 jan. 2023.).

dois países pesquisados, a primeira foi ratificada apenas por Portugal e Argentina (9,09%)[30], enquanto a segunda, apenas pela Argentina (4,55%)[31], não tendo alcançado o número mínimo de manifestações de vontade em obrigar-se para entrar em vigor (dez instrumentos de ratificação ou adesão, conforme artigo 99º, n. 1)[32].

Ainda no campo do Direito Internacional Privado, a circunstância de 81,82% dos países pesquisados ser parte de dois ou mais tratados multilaterais em matéria de identificação do direito aplicável aos contratos celebrados por meio de representantes impõe a aplicação das técnicas de resolução de antinomias. Nesse aspecto, importa perceber que também é alto o engajamento dos componentes da amostra em relação à Convenção de Viena sobre o Direito dos Tratados de 1969 (77,27%)[33-34], o que

[30] A Convenção sobre a Lei Aplicável aos Contratos de Mediação e à Representação (1978) foi internalizada por Portugal por meio do Decreto do Presidente da República n. 101, de 18 de setembro de 1979, e pela Argentina por meio da Lei n. 23.964, de 31 de julho de 1991, e do Decreto n. 1.672, de 26 de agosto de 1991.

[31] A Convenção sobre a Lei Aplicável aos Contratos de Venda Internacional de Mercadorias (1986) foi internalizada pela Argentina por meio da Lei n. 23.916, de 15 de abril de 1991.

[32] Ressalte-se que Portugal já aprovou, para adesão, o texto autêntico em inglês da Convenção sobre a Lei Aplicável aos Contratos de Venda Internacional de Mercadorias (1986) por meio do Decreto da Presidência do Conselho de Ministros n. 5, de 7 de agosto de 2020. Contudo, até a data da submissão do manuscrito deste artigo, na página eletrônica sobre o *status* da Convenção, mantida pela Conferência da Haia sobre Direito Internacional Privado, ainda não há indicação do depósito do instrumento de adesão junto ao Secretário-Geral das Nações Unidas (HAGUE CONFERENCE ON PRIVATE INTERNATIONAL LAW, *31: Convention of 22 December 1986 on the Law Applicable to Contracts for the International Sale of Goods:* status table. Haia: HCCH, 11 dez. 2007. Disponível em: https://www.hcch.net/en/instruments/conventions/status-table/?cid=61. Acesso em: 27 jan. 2023.).

[33] São Estados-Partes da Convenção de Viena sobre o Direito dos Tratados (1969) dezessete dos vinte e dois países ibéricos e ibero-americanos: na Europa Meridional, *(i)* Espanha e *(ii)* Portugal (Decreto do Presidente da República n. 46, de 7 de agosto de 2003); na América do Sul, *(iii)* Argentina (Lei n. 19.865, de 3 de outubro de 1972), *(iv)* Brasil (Decreto n. 7.030, de 14 de dezembro de 2009), *(v)* Chile (Decreto n. 381, de 5 de maio de 1981), *(vi)* Colômbia (Lei n. 32, de 29 de janeiro de 1985), *(vii)* Equador (Decreto Executivo n. 619, de 18 de julho de 2003), *(viii)* Paraguai (Lei n. 289, de 4 de novembro de 1971), *(ix)* Peru e *(x)* Uruguai (Lei n. 15.195, de 19 de outubro de 1981); na América Central e no Caribe, *(xi)* Costa Rica, *(xii)* Cuba, *(xiii)* Guatemala, *(xiv)* Honduras, *(xv)* Panamá e *(xvi)* República Dominicana; e, na América do Norte, *(xvii)* México (UNITED NATIONS, 1969).

[34] São apenas signatários da Convenção de Viena sobre o Direito dos Tratados (1969) outros dois países ibero-americanos: na América do Sul, *(i)* Bolívia; e, na América Central e no Caribe, *(ii)* El Salvador (UNITED NATIONS, 1969).

representa uma garantia de satisfatória uniformidade na resolução dos conflitos aparentes de normas, ao menos no que tange à aplicação de tratados sucessivos sobre o mesmo assunto (artigo 30º).

2. O desafio da qualificação num ordenamento com forte autonomia funcional da representação voluntária

O objetivo específico desta segunda seção do desenvolvimento é analisar o desafio da qualificação dos agentes de *software* inteligentes como representantes eletrônicos ou *sui generis* num ordenamento jurídico que tenha sido considerado, na seção antecedente, como de forte autonomia do instituto da representação voluntária em relação à do contrato de mandato (com representação). Seguindo a ordem da disposição dos países que compõem a amostra, o ordenamento da República Portuguesa é o primeiro a receber essa classificação e, por esse motivo, foi o escolhido.

Em relação ao Código Civil português, instituído pelo Decreto-Lei n. 47.344, de 25 de novembro de 1966, o primeiro dispositivo que merece atenção encontra-se na Subsecção III ("Lei reguladora dos negócios jurídicos") da Secção II ("Normas de conflito") do Capítulo III ("Direitos dos estrangeiros e conflitos de leis") do Título I ("Das leis, sua interpretação e aplicação") do Livro I ("Parte Geral"). Dispõe o artigo 39º que:

Artigo 39.º
(Representação voluntária)

1. A representação voluntária é regulada, quanto à existência, extensão, modificação, efeitos e extinção dos poderes representativos, pela lei do Estado em que os poderes são exercidos.

2. Porém, se o representante exercer os poderes representativos em país diferente daquele que o representado indicou e o facto for conhecido do terceiro com quem contrate, é aplicável a lei do país da residência habitual do representado.

3. Se o representante exercer profissionalmente a representação e o facto for conhecido do terceiro contratante, é aplicável a lei do domicílio profissional.

4. Quando a representação se refira à disposição ou administração de bens imóveis, é aplicável a lei do país da situação desses bens.

Conforme explicitado na seção anterior, a República Portuguesa pertence ao grupo dos países em que as normas domésticas de Direito Internacional Privado são veiculadas pela legislação civil codificada. Essa característica tende a facilitar a avaliação dos riscos pelos utilizadores de agentes de *software* inteligentes, na medida em que o mesmo diploma que dispõe sobre a representação voluntária também é o que determina a *lex causae* quando a competência para dirimir os eventuais conflitos oriundos dos negócios jurídicos concluídos pelo representante *sui generis* couber à República Portuguesa.

Os próximos dispositivos que merecem atenção encontram-se na Subsecção VI ("Representação") da Secção I ("Declaração negocial") do Capítulo I ("Negócio jurídico") do Subtítulo III ("Dos factos jurídicos") do Título II ("Das relações jurídicas") do Livro I ("Parte Geral"). Nos artigos 258º e 259º, o *Codex* esclarece que:

Artigo 258.º

(Efeitos da representação)

O negócio jurídico realizado pelo representante em nome do representado, nos limites dos poderes que lhe competem, produz os seus efeitos na esfera jurídica deste último.

Artigo 259.º

(Falta ou vícios da vontade e estados subjectivos relevantes)

1. À excepção dos elementos em que tenha sido decisiva a vontade do representado, é na pessoa do representante que deve verificar-se, para efeitos de nulidade ou anulabilidade da declaração, a falta ou vício da vontade, bem como o conhecimento ou ignorância dos factos que podem influir nos efeitos do negócio.
2. Ao representado de má fé não aproveita a boa fé do representante.

Desses dois artigos, extraem-se as duas principais consequências jurídicas da assunção de que, em termos de *lege lata*, a qualificação mais compatível com o atual estágio de autonomia dos agentes de *software* inteligentes é a de representantes eletrônicos ou *sui generis*. A primeira é a de que, se o agente de *software* inteligente agir "no limite dos poderes que lhe competem", não poderá o utilizador invalidar o negócio celebrado. A segunda é a de que, nos negócios celebrados por meio de agente de *software* inteligente, é na figura do representante eletrônico ou *sui generis*, e não na do utilizador, que devem ser percebidos os eventuais vícios de consentimento[35]. Nesse sentido, cabe desde já a remissão aos artigos 251º e 257º:

Artigo 251.º
(Erro sobre a pessoa ou sobre o objecto do negócio)

O erro que atinja os motivos determinantes da vontade, quando se refira à pessoa do declaratário ou ao objecto do negócio, torna este anulável nos termos do artigo 247.º

Artigo 257.º
(Incapacidade acidental)

1. A declaração negocial feita por quem, devido a qualquer causa, se encontrava acidentalmente incapacitado de entender o sentido dela ou não tinha o livre exercício da sua vontade é anulável, desde que o facto seja notório ou conhecido do declaratário.

2. O facto é notório, quando uma pessoa de normal diligência o teria podido notar.

O primeiro consagra a figura do *erro-vício* e se aplicará aos casos em que, embora exista correspondência entre vontade e declaração, a vontade do agente de *software* inteligente é malformada. Já o segundo consagra a figura do *erro-obstáculo* ou *obstativo*, aplicando-se aos *bugs* que fizerem a declaração do representante *sui generis* divergir de sua vontade.

A disciplina da representação voluntária também regula especificamente os casos de ausência e excesso de poderes nos artigos 268º e 269º:

[35] Luís Diéz-Picazo y Ponce De León deixa claro que: "Para que exista verdadeira representação precisa-se que a substituição de uma pessoa por outra se produza no momento da produção da vontade negocial. Dito de outro modo, a vontade negocial nasce do representante e é a vontade própria do representante a que atua, e não a do representado. Nesse sentido, não há representação se o agente se limita a trasladar ao terceiro uma vontade criadora pelo *dominus* e já declarada por ele. Nesses casos, trata-se de um simples mensageiro ou *nuntius* ainda que, às vezes, tenha se chamado também "representante na declaração" (DE LEÓN, Luís Diéz-Picazo y Ponce. En torno al concepto jurídico de "representación". *Anuário de la Facultad de Derecho de la Universidad Autónoma de Madrid*, Madri, n. 8, 2004, p. 315, tradução nossa).

Artigo 268.º
(Representação sem poderes)

1. O negócio que uma pessoa, sem poderes de representação, celebre em nome de outrem é ineficaz em relação a este, se não for por ele ratificado.

2. A ratificação está sujeita à forma exigida para a procuração e tem eficácia retroactiva, sem prejuízo dos direitos de terceiro.

3. Considera-se negada a ratificação, se não for feita dentro do prazo que a outra parte fixar para o efeito.

4. Enquanto o negócio não for ratificado, tem a outra parte a faculdade de o revogar ou rejeitar, salvo se, no momento da conclusão, conhecia a falta de poderes do representante.

Artigo 269.º
(Abuso da representação)

O disposto no artigo anterior é aplicável ao caso de o representante ter abusado dos seus poderes, se a outra parte conhecia ou devia conhecer o abuso.

Considerando a capacidade de aprendizagem e o alto grau de autonomia dos atuais agentes de *software* inteligentes, é plenamente possível cogitar sua atuação oficiosa ou em desvio de finalidade. A ineficácia em relação ao (suposto) representado é a solução apresentada pelo Código Civil, que parte da premissa de que o terceiro com quem o (suposto) representante negocia conhece ou deveria conhecer a falta de poderes ou o abuso. No entanto, é importante destacar que, em atenção ao terceiro de boa-fé, o ordenamento português consagrou a Teoria da Aparência em outro diploma, o Decreto-Lei n. 178, de 3 de julho de 1986:

Artigo 23.º
Representação aparente

1 – O negócio celebrado por um agente sem poderes de representação é eficaz perante o principal se tiverem existido razões ponderosas, objectivamente apreciadas, tendo em conta as circunstâncias do caso que justifiquem a confiança do terceiro de boa fé na legitimidade do agente, desde que o principal tenha igualmente contribuído para fundar a confiança do terceiro.

2 – À cobrança de créditos por agente não autorizado aplica-se, com as necessárias adaptações, o disposto no número anterior.

Apesar de o referido Decreto-Lei regulamentar o contrato de agência ou representação comercial, as regras do seu artigo 23º devem ser aplicadas extensivamente a todos os contratos que envolvam cooperação.

Voltando ao Código Civil, outro preceito de grande interesse para a qualificação dos agentes de *software* inteligentes como representantes *sui generis* é o do artigo 263º, segundo o qual: "O procurador não necessita de ter mais do que a capacidade de entender e querer exigida pela natureza do negócio que haja de efectuar". Segundo António Menezes Cordeiro[36],

> Este preceito surge um tanto enfeudado à ideia de que o representante é um mero porta-voz do representado, deixando para um segundo plano a autonomia privada que lhe é exigida. A harmonização [com a colocação do centro de gravidade da vontade jurígena na pessoa do representante] consegue-se em dois planos:
>
> – o menor (pois em regra é de menoridade que se trata) não é um verdadeiro "incapaz";
> – a representação por incapazes só é viável quando a autonomia requerida pela situação concreta o consinta.

E para Pedro de Albuquerque[37],

> A circunstância de o artigo 263.º do Código Civil estabelecer que o procurador apenas necessita de ter a capacidade de entender e querer exigida para a celebração do negócio a efectuar em nada abona a favor da tese da total separação entre o acto de concessão dos poderes de representação e a relação interna a ele subjacente. O preceito em análise tem apenas o sentido de dispensar a intervenção do representante legal do incapaz na celebração do negócio representativo e é, por isso, perfeitamente compatível com a negação da abstracção da procuração.
>
> [...]
>
> O efeito do artigo 263.º seria o de exigir a intervenção do representante do incapaz, apenas, na celebração da relação subjacente. Uma vez suprida a incapacidade do representante desse mesmo incapaz na realização do negócio representativo. Uma outra possibilidade de entendimento consistiria em

[36] CORDEIRO, António Menezes. *Tratado de Direito Civil, tomo V:* parte geral – exercício jurídico. 3. ed. rev. atual. Coimbra: Almedina, 2021, p. 124.

[37] ALBUQUERQUE, Pedro de. *A representação voluntária em Direito Civil:* (ensaio de reconstrução dogmática). Coimbra: Almedina, 2004, p. 527 e notas 76 e 77.

admitir, como parecem admitir alguns autores para quem a procuração se afigura como uma simples cláusula da relação de gestão entre o dominus e o auxiliar, a possibilidade de facto de o representante poder não dispor de capacidade plena o autorizar, também, a ser parte num contrato de mandato com representação [...].

[...]

Em contrapartida, a regra acerca da capacidade do representante já parecer ter algumas implicações a propósito da determinação da estrutura do negócio representativo.

De certo, ao elaborar a regra do artigo 263º, tomando por inspiração a do § 165 do *BGB*, o legislador português pressupôs que, ainda que incapaz, o representante, por se tratar de pessoa, possui personalidade. No entanto, esse dispositivo merece uma releitura em razão da alteração da circunstância fática de quando foi produzido[38]. Se não há como colocar em dúvida a existência de "entidades computacionais com um rico componente de conhecimento, dotadas de sofisticadas propriedades como habilidade de planejamento, reatividade, aprendizagem, cooperação comunicação e possibilidade de argumentação"[39], essa capacidade cognitiva deve ser suficiente para que os agentes de *software* inteligentes sejam qualificados como procuradores (e não como núncios[40]), independentemente de a eles

[38] Paulo Nader, ao tratar do método histórico-evolutivo, leciona que: "O sistematizador desse método foi o francês Saleilles, ao final do século XIX. O intérprete não deveria ficar adstrito à vontade do legislador. A lei, uma vez criada, perde a vinculação com o seu autor. O cordão umbilical é cortado. A lei vai ter vida autônoma, independente. Ao intérprete cumpre fazer uma interpretação atualizador. Não significa alterar o espírito da lei, mas transportar o critério da época para o presente. O raciocínio se faz da seguinte maneira: ao elaborar determinada lei, o legislador contemplou a realidade existente em 1950, quando foi promulgada; se o legislador, elegendo iguais valores e princípios, fosse legislar para a realidade atual, teria legislado na forma 'X'. O trabalho é apenas de atualização" (NADER, Paulo. *Introdução ao estudo do Direito.* 43. ed. rev. atual. Rio de Janeiro: Forense, 2021, p. 283).

[39] ANDRADE, Francisco *et al.* Defects of the will in software agents contracting. In: *Workshop on Game Theory, Agents and the Law, Jurix 2008.* Conference on Legal Knowledge and Information Systems, Florença, 2008, p. 2, tradução nossa.

[40] Silvio de Salvo Venosa esclarece que o "*Núncio*, ou *mensageiro*, é a pessoa encarregada de levar ou transmitir um recado de outrem. É o que se pode chamar de porta-voz. A tarefa do núncio pode consistir no simples ato de entrega de documentos, no qual haja declaração de vontade do interessado, ou na reprodução, de viva voz, da declaração de alguém. Em ambos os casos, o mensageiro coopera na conclusão do negócio jurídico, mas não atua em nome e por

ser reconhecido um *tertium genus* entre a personalidade da pessoa individual e a da pessoa coletiva[41]. Esse é, pois, no contexto de um ordenamento jurídico com forte grau de autonomia da disciplina da representação voluntária em relação à do mandato (com representação), o tamanho do desafio hermenêutico dos operadores do direito.

3. O desafio da qualificação num ordenamento com média autonomia da representação voluntária

O objetivo específico desta terceira seção do desenvolvimento é analisar o desafio da qualificação dos agentes de *software* inteligentes como representantes eletrônicos ou *sui generis* num ordenamento jurídico que tenha sido considerado, na primeira seção, como de média autonomia do instituto da representação voluntária em relação à do contrato de mandato (com representação). Seguindo a ordem da disposição dos países que compõem a amostra, o ordenamento da República Federativa do Brasil é o primeiro a receber essa classificação e, por esse motivo, foi o escolhido.

O vigente Código Civil brasileiro, aprovado por meio da Lei n. 10.406, de 10 de janeiro de 2002, dedica à representação o Capítulo II do Título I ("Do Negócio Jurídico") do Livro III ("Dos Fatos Jurídicos"). Conforme esclarece Caio Mário da Silva Pereira[42],

conta do verdadeiro titular. Trata-se de mero instrumento fático da vontade do manifestante. Sua atuação não configura a representação". VENOSA, Sílvio de Salvo. *Direito Civil, vol. 1:* parte geral. 22. ed. rev. atual. Barueri: Atlas, 2022, p. 310).

[41] Giovanni Sartor reputa como equivocada a ideia de que "atribuir relevância jurídica a estados mentais a sistemas artificiais implica assimilar tais sistemas aos humanos. De acordo com essa visão, ao atribuir significado aos estados mentais a sistemas artificiais, estaria se recusando a aceitar que apenas os humanos têm interesses que merecem proteção legal, que apenas os humanos são, como disse Kant, fins em si mesmos. No entanto, atribuir relevância jurídica aos estados mentais de entidades artificiais não implica atribuir-lhes posições normativas, a fim de proteger seus próprios interesses. Pelo contrário, apenas examinaremos aqui se um estado intencional de um artefato pode ser um elemento de uma pré-condição que produz posições jurídicas (direitos e deveres) sobre a cabeça de pessoas físicas ou jurídicas, para proteger o interesse destas últimas (considerar para exemplo o caso onde uma pessoa adquire bens ou serviços através de um contrato que é feito através de um agente de *software*)" (SARTOR, Giovanni. Cognitive automata and the law. *EUI working paper LAW n. 2006/35.* Fiesole: 2006, p. 2, tradução nossa).

[42] PEREIRA, Caio Mário da Silva. *Instituições de Direito Civil, vol. I:* introdução ao Direito Civil; Teoria Geral do Direito Civil. 20. ed. rev. atual. por Maria Celina Bodin de Moraes. Rio de Janeiro: Forense, 2004, p. 616.

O instituto da representação não fora sistematizado no Código Civil de 1916, como já se encontrava no Código Civil alemão (§§ 164 a 181), e como viria a ser no Código italiano de 1942 (arts. 1.387 e segs.), entre outros. A representação legal dispersava-se pelas disposições relativas à incapacidade, ao pátrio poder, à tutela; e a representação convencional concentrava-se na dogmática do mandato. No Projeto de Código de Obrigações de 1965 ordenei os princípios gerais referentes ao assunto, os quais foram quase literalmente transpostos para este capítulo do Código Civil de 2002 (arts. 115 e segs.).

Esses "princípios gerais referentes ao assunto" foram condensados em apenas seis dispositivos, sendo que, no último — o artigo 120 — o *Codex* remete à Parte Especial os requisitos e os efeitos da representação voluntária. É por esse motivo que a autonomia funcional desse instituto em relação ao mandato (com representação) foi classificada como "média" na primeira seção do desenvolvimento[43].

Aqui, portanto, o desafio de qualificar os agentes de *software* inteligentes como representantes *sui generis*, independentemente do reconhecimento de uma personalidade eletrônica, vai além do esforço hermenêutico de diferenciá-los dos mecanismos automáticos e dos núncios. O intérprete terá, também, conforme observam GUSTAVO TEPEDINO e MILENA DONATO OLIVA[44], [...] em obediência ao art. 120 do Código Civil, separar e sistematizar, a partir dos dispositivos topograficamente situados no contrato de mandato, aquilo que é pertinente à representação, e que será, portanto, imediatamente aplicável a qualquer outro ajuste que se valha desta técnica.

O primeiro ponto a atentar é que, na segunda parte do artigo 643, afirma-se que "A procuração é o instrumento do mandato". Tecnicamente, a procuração é um negócio jurídico unilateral por meio do qual o declarante

[43] Opinião semelhante é a de ANDRÉ MARTIN: "A disciplina autônoma, da Parte Geral do Código Civil, destinada à representação revelou-se tímida e sua cláusula de remissão - art. 120 - deixou a abstração da figura em relação ao contrato de mandato a ser questionada" (MARTIN, André. *Representação direta voluntária na conclusão de contratos:* delineamento histórico e de custos. 2012. 46p. Dissertação (Mestrado em Direito) - Faculdade de Direito da Universidade de São Paulo, São Paulo, 2012, p. 19).

[44] TEPEDINO, Gustavo; OLIVA, Milena Donato. Notas sobre a representação voluntária e o contrato de mandato. *Revista Brasileira de Direito Civil, Belo Horizonte*, vol. 12, abr./jun. 2017, p. 19.

outorga poderes de representação. Nela, há, portanto, apenas uma manifestação de vontade. A faculdade de atuar em nome do outorgante é atribuída independentemente da vontade do outorgado. O mandato, por outro lado, é um contrato, ou seja, um negócio jurídico bilateral, por meio do qual o mandatário assume como obrigação principal a de atuar no interesse do mandante, podendo ou não atuar em seu nome[45].

A despeito dessa impropriedade técnica, o dispositivo que apresenta maior interesse para a qualificação dos agentes de *software* inteligentes como representantes *sui generis* é o artigo 666:

> ***Art. 666.***
>
> O maior de dezesseis e menor de dezoito anos não emancipado pode ser mandatário, mas o mandante não tem ação contra ele senão de conformidade com as regras gerais, aplicáveis às obrigações contraídas por menores.

A respeito desse artigo[46], Caio Mário da Silva Pereira[47] explica que,

> O problema da *capacidade* do agente encontra, dentro do instituto da representação, tratamento especial. [...] Se a representação é *voluntária*, princípio dominante será não necessitar o representante da capacidade de

[45] MATTIETTO, Leonardo. Contrato de mandato: tipologia e caracteres no Direito Civil brasileiro. In: FONTES, André R. C. *et al.* (coord.). *Os fundamentos do Direito:* estudos em homenagem ao Professor Francisco dos Santos Amaral Neto. Rio de Janeiro: Processo, 2021, p. 280-281.

[46] Em relação ao artigo correspondente no Código Civil revogado (artigo 1.298 da Lei federal n. 3.071, de 1º de janeiro de 1916), Francisco de Cavalcanti Pontes de Miranda explicava que: "As regras jurídicas sobre capacidade incidem sobre os outorgantes, não sobre os outorgados. *Aliter*, quanto ao exercício do poder de representação: se o outorgado é absolutamente incapaz, pode-se pedir a decretação da nulidade do ato jurídico em que representou; se é relativamente incapaz, não se anula o ato jurídico por ser o representante algum relativamente incapaz. A outorga de poder é manifestação unilateral, receptícia, de vontade. O contrato de mandato, ou de locação de serviços, ou de obra, é que, aí, pode ser nulo, ou anulável; a outorga do poder, não. Pode ser nulo, ou anulado, o ato jurídico em que o absolutamente incapaz exerceu o poder de representação; não, a outorga mesma a ele. O outorgante, antes do exercício, poderia revogá-la" (MIRANDA, Francisco de Cavalcanti Pontes de. *Tratado de Direito Privado, tomo 3:* parte geral – negócios jurídicos, representação, conteúdo, forma e prova. Atualizado por Vilson Rodrigues Alves. Campinas: Bookseller, 2001, p. 302).

[47] PEREIRA, Caio Mário da Silva. *Instituições de Direito Civil, vol. I:* introdução ao Direito Civil; Teoria Geral do Direito Civil. 20. ed. rev. atual. por Maria Celina Bodin de Moraes. Rio de Janeiro: Forense, 2004, p. 622.

obrigar-se, bastando-lhe a capacidade de querer, o que é claro em nosso direito, ao permitir que o menor de 18 anos e maior de 16 receba poderes de mandatário, muito embora não tenha ainda aptidão para realizar por si, e sem assistência, os atos de sua própria vida civil (Código Civil, art. 666). Os absolutamente incapazes não podem receber poderes de representação, [...].

Em comparação ao artigo 263º do Código Civil português, o artigo 666 do Código Civil brasileiro representa um desafio ainda maior para a qualificação do agente de *software* inteligente como representante *sui generis*. Isso porque enquanto naquele explicita-se a compatível capacidade cognitiva do representante, pressupondo-se a capacidade relativa para assumir obrigações, neste ocorre o inverso: explicita-se a capacidade relativa para assumir obrigações, pressupondo-se a compatível capacidade cognitiva do representante. Assim sendo, o esforço hermenêutico abrangerá não só o recurso à interpretação histórico-evolutiva, mas também ao direito comparado, notadamente o de países em que a autonomia da representação voluntária em relação ao mandato é maior.

Conclusões

Com base nos resultados obtidos, é possível dar como confirmada a hipótese de que, nos países ibéricos e ibero-americanos, de tradição jurídica romano-germânica, o esforço hermenêutico demandado para a qualificação de um agente de *software* inteligente como representante *sui generis* será inversamente proporcional ao grau de autonomia funcional atribuído pela lei civil codificada ao negócio jurídico unilateral por meio do qual se constitui o poder de representação convencional ou voluntária em relação ao contrato de mandato com representação.

Nos ordenamentos jurídicos em que essa autonomia é grande, o esforço necessário será o de interpretar, numa perspectiva histórico-evolutiva, as disposições que, inspiradas na do § 165 do Código Civil alemão (*Bürgerliches Gesetzbuch – BGB*), exigem do representante apenas a capacidade de querer, no sentido de estendê-la a sistemas baseados em processos computacionais que podem, por meio do processamento de dados e de informações[48], atuar autonomamente em nome e por conta

[48] BRASIL. Senado Federal. Coordenação de Comissões Especiais, Temporárias e Permanentes de Inquérito. *Relatório final da comissão de juristas responsável por subsidiar elaboração*

de pessoas individuais ou coletivas, com poderes investidos por meio da programação.

Nos demais ordenamentos jurídicos, o esforço será ainda mais abrangente, pois a ele será acrescido o prévio recurso ao Direito Comparado. Essa circunstância eleva a utilidade da doutrina e da jurisprudência enquanto fontes formais. Em suma, a questão da qualificação dos agentes de *software* inteligentes tornará ainda mais evidente a necessidade de se resolver um problema antigo.

Referências

ALBUQUERQUE, Pedro de. *A representação voluntária em Direito Civil:* (ensaio de reconstrução dogmática). Coimbra: Almedina, 2004.

ANDRADE, Francisco *et al.* Defects of the will in software agents contracting. In: *Workshop on Game Theory, Agents and the Law, Jurix 2008.* Conference on Legal Knowledge and Information Systems, Florença, 2008, 10p.

BARBOSA, Mafalda Miranda. *Inteligência artificial:* entre a utopia e a distopia, alguns problemas jurídicos. Coimbra: Gestlegal, 2021.

BRASIL. Senado Federal. Coordenação de Comissões Especiais, Temporárias e Permanentes de Inquérito. *Relatório final da comissão de juristas responsável por subsidiar elaboração de substitutivo sobre inteligência artificial no Brasil.* Brasília, DF: Diário do Senado federal, 2022.

CORDEIRO, António Menezes. *Tratado de Direito Civil, tomo V:* parte geral – exercício jurídico. 3. ed. rev. atual. Coimbra: Almedina, 2021.

DAHIYAT, Emad Abdel Rahim. Law and software agents: are they "agents" anyway? In: *Artificial Intelligence and Law.* Nova York: Springer, 2020, 28p.

DE LEÓN, Luís Diéz-Picazo y Ponce. En torno al concepto jurídico de "representación". *Anuário de la Facultad de Derecho de la Universidad Autónoma de Madrid,* Madri, n. 8, pp. 311-316, 2004.

DOLINGER, Jacob; TIBURCIO, Carmen. *Direito Internacional Privado:* parte geral e processo internacional. 12. ed. atual. ampl. Rio de Janeiro: Forense, 2016.

DOMINGOS, Pedro. *A revolução do algoritmo mestre:* como a aprendizagem automática está a mudar o mundo. 10. ed. Lisboa: Manuscrito, 2017.

KINDEL, Eduardo. A representação voluntária e o negócio jurídico de procuração. *Revista Jus Navigandi,* Teresina, ano 10, n. 754, 28 jul. 2005. Disponível em: https://jus.com.br/artigos/7081/a-representacao-voluntaria-e-o-negocio-juridico-de-procuracao. Acesso em: 26 jan. 2023.

de substitutivo sobre inteligência artificial no Brasil. Brasília, DF: Diário do Senado federal, 2022, p. 584.

MARTIN, André. *Representação direta voluntária na conclusão de contratos:* delineamento histórico e de custos. 2012. 46p. Dissertação (Mestrado em Direito) – Faculdade de Direito da Universidade de São Paulo, São Paulo, 2012.

MATTIETTO, Leonardo. Contrato de mandato: tipologia e caracteres no Direito Civil brasileiro. In: FONTES, André R. C. *et al.* (coord.). *Os fundamentos do Direito:* estudos em homenagem ao Professor Francisco dos Santos Amaral Neto. Rio de Janeiro: Processo, 2021, pp. 271-290.

MIRANDA, Francisco de Cavalcanti Pontes de. *Tratado de Direito Privado, tomo 3:* parte geral – negócios jurídicos, representação, conteúdo, forma e prova. Atualizado por Vilson Rodrigues Alves. Campinas: Bookseller, 2001.

NADER, Paulo. *Introdução ao estudo do Direito.* 43. ed. rev. atual. Rio de Janeiro: Forense, 2021.

PEREIRA, Caio Mário da Silva. *Instituições de Direito Civil, vol. I:* introdução ao Direito Civil; Teoria Geral do Direito Civil. 20. ed. rev. atual. por Maria Celina Bodin de Moraes. Rio de Janeiro: Forense, 2004.

SARTOR, Giovanni. Cognitive automata and the law. *EUI working paper LAW n. 2006/35.* Fiesole: 2006, 39p.

SMED, Suzanne. Intelligent software agents and agency law. *Santa Clara High Technology Law Journal*, Santa Clara, vol. 14, n. 2, art. 8, pp. 503-507, 1998.

TEPEDINO, Gustavo; OLIVA, Milena Donato. Notas sobre a representação voluntária e o contrato de mandato. *Revista Brasileira de Direito Civil, Belo Horizonte*, vol. 12, pp. 17-36, abr./jun. 2017.

TEUBNER, Gunther. Digitale Rechtssubjekte? Zum privatrechtlichen Status autonomer Softwareagenten. *Ancilla Iuris*, Genebra, n. 106, pp. 107-149, 2018.

VENOSA, Sílvio de Salvo. *Direito Civil, vol. 1:* parte geral. 22. ed. rev. atual. Barueri: Atlas, 2022.

WETTING, Steffen; ZEHENDNER, Eberhard. *The electronic agent:* a legal personality under German law? 11p.

Referências normativas

ALIANÇA do Pacífico. *Wikipédia.* Disponível em: https://pt.wikipedia.org/wiki/Alian%C3%A7a_do_Pac%C3%ADfico. Acesso em: 27 jan. 2023.

ARGENTINA. *Ley n. 23.964, de 31 de julio de 1991.* Apruébase la Convención sobre la ley aplicable a los Contratos de Intermediarios y a la Representación adoptada por la Conferencia de La Haya de Derecho Internacional Privado. Buenos Aires: Boletín Oficial, ago. 1991. Disponível em: http://servicios.infoleg.gob.ar/infolegInternet/anexos/0-4999/363/norma.htm. Acesso em: 27 jan. 2023.

______. *Ley n. 26.994, de 1[er.] de octubre de 2014.* Código Civil y Comercial de la Nación. Buenos Aires: Boletín Oficial, 8 out. 2014. Disponível em: http://servicios.infoleg.

gob.ar/infolegInternet/anexos/235000-239999/235975/norma.htm#10. Acesso em: 26 jan. 2023.

ASSOCIAÇÃO Latino-Americana de Integração. *Wikipédia*. Disponível em: https://pt.wikipedia.org/wiki/Associa%C3%A7%C3%A3o_Latino-Americana_de_Integra%C3%A7%C3%A3o. Acesso em: 27 jan. 2023.

BOLÍVIA. *Decreto-Ley n. 12.760, del 6 de agosto de 1975*. Apruébase y promúlgase como Leyes de la República el Código Civil en sus 4 libros y 1.570 artículos, los 4 últimos transitorios, y Código de Procedimiento Civil en sus 4 libros y 790 artículos, el último transitorio. La Paz: Gaceta Oficial de Bolívia, ago. 1975. Disponível em: https://www.derechoteca.com/gacetabolivia/codigo-civil-boliviano-vigente--actualizado. Acesso em: 26 jan. 2023.

BRASIL. *Constituição da República Federativa do Brasil, de 5 de outubro de 1988*. Brasília, DF: Diário Oficial da União, 5 out. 1988. Disponível em: https://www.planalto.gov.br/ccivil_03/constituicao/constituicaocompilado.htm. Acesso em: 25 jan. 2023.

______. *Decreto n. 18.871, de 13 de agosto de 1929*. Promulga a Convenção de direito internacional privado, de Havana. Rio de Janeiro: Diário Oficial da União, 22 out. 1929. Disponível em: https://www2.camara.leg.br/legin/fed/decret/1920-1929/decreto-18871-13-agosto-1929-549000-publicacaooriginal-64246-pe.html. Acesso em: 27 jan. 2023.

______. *Decreto n. 7.030, de 14 de dezembro de 2009*. Promulga a Convenção de Viena sobre o Direito dos Tratados, concluída em 23 de maio de 1969, com reserva aos Artigos 25 e 66. Brasília, DF: Diário Oficial da União, 15 dez. 2009. Disponível em: https://www.planalto.gov.br/ccivil_03/_ato2007-2010/2009/decreto/d7030.htm. Acesso em: 28 jan. 2023.

______. *Decreto n. 7.503, de 24 de julho de 2011*. Promulga o Convênio de Santo Domingo (Ata de Registro dos Estatutos da Organização de Educação Ibero-americana – OEI), assinado em 31 de outubro de 1957. Diário Oficial da União, 27 jun. 2011. Disponível em: https://www.planalto.gov.br/ccivil_03/_ato2011-2014/2011/decreto/d7503.htm. Acesso em: 26 jan. 2023.

______. *Decreto-Lei n. 4.657, de 4 de setembro de 1942*. Lei de Introdução às normas do Direito Brasileiro. Rio de Janeiro: Diário Oficial da União, 9 set. 1942. Disponível em: https://www.planalto.gov.br/ccivil_03/decreto-lei/del4657compilado.htm. Acesso em: 25 jan. 2023.

______. *Lei n. 10.406, de 10 de janeiro de 2002*. Código Civil. Brasília, DF: Diário Oficial da União, 11 jan. 2002. Disponível em: https://www.planalto.gov.br/ccivil_03/leis/2002/l10406.htm. Acesso em: 26 jan. 2023.

CHILE. *Decreto con Fuerza de Ley n. 1, del 16 de mayo de 2000*. Fija texto refundido, coordenado y sistematizado del Código Civil [...]. Santiago: Diário Oficial de la República de Chile, 30 maio 2000. Disponível em: https://www.bcn.cl/leychile/navegar?idNorma=172986. Acesso em: 26 jan. 2023.

COLÔMBIA. *Ley n. 84, del 26 de mayo de 1873.* Código Civil de los Estados Unidos de Colómbia. Bogotá: Diário Oficial, 31 maio 1873. Disponível em: http://www.secretariasenado.gov.co/senado/basedoc/codigo_civil.html. Acesso em: 26 jan. 2023.

COMUNIDADE Andina. *Wikipédia.* Disponível em: https://pt.wikipedia.org/wiki/Comunidade_Andina. Acesso em: 27 jan. 2023.

COMUNIDADE de Estados Latino-Americanos e Caribenhos. *Wikipédia.* Disponível em: https://pt.wikipedia.org/wiki/Comunidade_de_Estados_Latino-Americanos_e_Caribenhos. Acesso em: 28 jan. 2023.

COMUNIDADE do Caribe. *Wikipédia.* Disponível em: https://pt.wikipedia.org/wiki/Comunidade_do_Caribe. Acesso em: 27 jan. 2023.

COMUNIDADE DOS PAÍSES DE LÍNGUA PORTUGUESA. *Estados-membros.* Disponível em: https://www.cplp.org/id-2597.aspx. Acesso em: 27 jan. 2023.

COMUNIDADE dos Países de Língua Portuguesa. *Wikipédia.* Disponível em: https://pt.wikipedia.org/wiki/Comunidade_dos_Pa%C3%ADses_de_L%C3%ADngua_Portuguesa. Acesso em: 27 jan. 2023.

COSTA RICA. *Ley n. XXX de 19 de abril de 1885.* Código Civil. Disponível em: https://www.oas.org/dil/esp/Codigo_Civil_Costa_Rica.pdf. San José: Gaceta de la Prenta Oficial de Costa Rica, 1885. Acesso em: 27 jan. 2023.

CUBA. *Ley n. 59, de 16 de julio de 1987.* Código Civil. Disponível em: https://wipolex-res.wipo.int/edocs/lexdocs/laws/es/cu/cu005es.html. Acesso em: 27 jan. 2023.

DOLINGER, Jacob; TIBURCIO, Carmen. *Direito Internacional Privado:* váde-mecum. 2. ed. atual. ampl. Rio de Janeiro: Renovar, 2002.

EL SALVADOR. *Decreto-Ley de 23 de agosto de 1859.* Código Civil. São Salvador: Gaceta Oficial, 14 abr. 1860. Disponível em: https://faolex.fao.org/docs/pdf/els211293.pdf. Acesso em: 27 jan. 2023.

EQUADOR. *Codificación n. 2005-010.* Código Civil. Quito: Registro Oficial del Ecuador, 2005. Disponível em: https://www.registrocivil.gob.ec/wp-content/uploads/downloads/2017/05/Codificacion_del_Codigo_Civil.pdf. Acesso em: 27 jan. 2023.

ESPANHA. *Real Decreto de 24 de julio de 1889,* por el que se publica el Código Civil. Madri: Gaceta de Madrid, 25 jul. 1889. Disponível em: https://www.boe.es/buscar/pdf/1889/BOE-A-1889-4763-consolidado.pdf. Acesso em: 26 jan. 2023.

ESTADOS-MEMBROS do Mercosul. *Wikipédia.* Disponível em: https://pt.wikipedia.org/wiki/Estados-membros_do_Mercosul. Acesso em: 27 jan. 2023.

GUATEMALA. *Decreto-Ley n. 106, de 14 de septiembre de 1963.* Código Civil. Cidade da Guatemala: Gaceta Oficial, set. 1963. Disponível em: https://www.patzun.gob.gt/portal/images/imweb/docspdf/Tu%20Municipalidad/Lsgislacion/codigo%20civil.pdf. Acesso em: 27 jan. 2023.

HAGUE CONFERENCE ON PRIVATE INTERNATIONAL LAW. *Membros da HCCH*. 2023. Disponível em: https://www.hcch.net/pt/states/hcch-members. Acesso em: 27 jan. 2023.

_____. *12: Convention of 5 October 1961 Abolishing the Requirement of Legalisation for Foreign Public Documents:* status table. Haia: HCCH, 2023. Disponível em: https://www.hcch.net/en/instruments/conventions/status-table/?cid=41. Acesso em: 27 jan. 2023.

_____. *27: Convention of 14 March 1978 on the Law Applicable to Agency:* status table. Haia: HCCH, 2023. Disponível em: https://www.hcch.net/en/instruments/conventions/status-table/?cid=89. Acesso em: 27 jan. 2023.

_____. *31: Convention of 22 December 1986 on the Law Applicable to Contracts for the International Sale of Goods:* status table. Haia: HCCH, 11 dez. 2007. Disponível em: https://www.hcch.net/en/instruments/conventions/status-table/?cid=61. Acesso em: 27 jan. 2023.

HONDURAS. *Decreto n. 76, de 29 de febrero de 1906*. Código Civil. Tegucigalpa: La Gaceta, fev. 1906. Disponível em: https://www.oas.org/dil/esp/codigo_civil_honduras.pdf. Acesso em: 26 jan. 2023.

MÉXICO. *Código Civil Federal*. Cidade do México: Diario Oficial de la Federación, 11 jan. 2021. Disponível em: https://www.diputados.gob.mx/LeyesBiblio/pdf/2_110121.pdf. Acesso em: 26 jan. 2023.

NICARÁGUA. *Código Civil de la República de Nicarágua, de 20 de marzo de 2019*. Manágua: La Gaceta, 11 dez. 2019. Disponível em: http://legislacion.asamblea.gob.ni/normaweb.nsf/3133c0d121ea3897062568a1005e0f89/2ee770725dc6a5fd062584c1005e7de7?OpenDocument. Acesso em: 27 jan. 2023.

ORGANIZAÇÃO DE ESTADOS IBERO-AMERICANOS PARA A EDUCAÇÃO, A CIÊNCIA E A CULTURA. Sobre a OEI. Disponível em: https://oei.int/pt/quem-somos/oei. Acesso em: 27 jan. 2023.

ORGANIZACIÓN DE LOS ESTADOS AMERICANOS. Tratados Multilaterales. *F-1: Tratado de Derecho Civil Internacional*. Montevidéu: Conferência Internacional Sulamericana, 12 fev. 1889. Disponível em: http://www.oas.org/juridico/spanish/firmas/f-1.html. Acesso em: 27 jan. 2023.

_____. Tratados Multilaterales. *F-17: Tratado de Derecho Civil Internacional*. Montevidéu: 19 mar. 1940. Disponível em: https://www.oas.org/juridico/spanish/firmas/f-17.html. Acesso em: 27 jan. 2023.

ORGANIZATION OF AMERICAN STATES. Department of International Law. *Convention on Private International Law (Bustamante Code) (A-31):* signatories and ratifications. Havana: Conferência Internacional dos Estados Americanos, 20 fev. 1928. Disponível em: https://www.oas.org/en/sla/dil/inter_american_treaties_a-31_bustamente_code_signatories.asp. Acesso em: 27 jan. 2023.

_____. Multilateral Treaties. *B-38: Inter-American Convention on the Legal Regime of Powers of Attorney to Be Used Abroad.* Cidade do Panamá: CIDIP, 30 jan. 1975. Disponível em: https://www.oas.org/juridico/english/sigs/b-38.html. Acesso em: 27 jan. 2023.

_____. Multilateral Treaties. *B-45: Inter-American Convention on General Rules of Private International Law.* Montevidéu: II CIDIP, 8 maio 1979. Disponível em: https://www.oas.org/juridico/english/sigs/b-45.html. Acesso em: 27 jan. 2023.

_____. Multilateral Treaties. *B-56: Inter-American Convention on the Law Applicable to International Contracts.* Cidade do México: V CIDIP, 17 mar. 1994. Disponível em: https://www.oas.org/juridico/english/sigs/b-56.html. Acesso em: 27 jan. 2023.

PANAMÁ. *Ley n. 2, de 22 de agosto de 1916.* Código Civil de la República de Panamá. Cidade do Panamá: Gaceta Oficial, 22 ago. 1916. Disponível em: https://docs.panama.justia.com/federales/codigos/codigo-civil.pdf. Acesso em: 26 jan. 2023.

_____. *Ley n. 61, de 7 de octubre de 2015,* que subroga la Ley 7 de 2014, que adopta el Código de Derecho Internacional Privado de la República de Panamá. Cidade do Panamá: Gaceta Oficial, out. 2015. Disponível em: https://www.gacetaoficial.gob.pa/pdfTemp/27885_A/GacetaNo_27885a_20151008.pdf. Acesso em: 27 jan. 2023.

PARAGUAI. *Ley n. 1.183, de 23 de diciembre de 1985.* Código Civil del Paraguay. Assunção: Gaceta Oficial de la República del Paraguay, dez. 1985. Disponível em: https://www.bacn.gov.py/leyes-paraguayas/5293/codigo-civil. Acesso em: 26 jan. 2023.

_____. *Ley n. 5.393, de 14 de enero de 2015,* sobre el Derecho aplicable a los contratos internacionales. Assunção: Gaceta Oficial de la República del Paraguay, jan. 2015. Disponível em: https://bacn.gov.py/archivos/4553/20160301105642.pdf. Acesso em: 26 jan. 2023.

PERU. *Decreto Legislativo n. 295, del 24 de julio de 1984.* Código Civil. Lima: Diário Oficial El Peruano, jul. 1984. Disponível em: https://lpderecho.pe/codigo-civil-peruano-realmente-actualizado/. Acesso em: 26 jan. 2023.

PORTUGAL. *Decreto n. 101, de 18 de setembro de 1979.* Convenção da Haia sobre a Lei Aplicável aos Contratos de Mediação e à Representação. Lisboa: Diário da República, 1979. Disponível em: https://gddc.ministeriopublico.pt/sites/default/files/documentos/instrumentos/convencao_lei_aplicavel_contratos_mediacao_representacao.pdf. Acesso em: 27 jan. 2023.

_____. *Decreto-Lei n. 47.344, de 25 de novembro de 1966.* Código Civil. Lisboa: Diário do Governo, 25 nov. 1966. Disponível em: https://dre.pt/dre/legislacao-consolidada/decreto-lei/1966-34509075. Acesso em: 26 jan. 2023.

_____. *Decreto-Lei n. 178, de 3 de julho de 1986.* Regulamenta o contrato de agência ou representação comercial. Lisboa: Diário da República, 3 jul. 1986. Disponível em: https://dre.pt/dre/detalhe/decreto-lei/178-1986-228268. Acesso em: 26 jan. 2023.

_____. *Decreto-Lei n. 7, de 7 de janeiro de 2004*. No uso da autorização legislativa concedida pela Lei n. 7/2003, de 9 de Maio, transpõe para a ordem jurídica nacional a Directiva n. 2000/31/CE, do Parlamento Europeu e do Conselho, de 8 de Junho de 2000, relativa a certos aspectos legais dos serviços da sociedade de informação, em especial do comércio electrónico, no mercado interno. Lisboa: Diário da República, 7 jan. 2004. Disponível em: https://dre.pt/dre/detalhe/decreto-lei/7-2004-240775. Acesso em: 26 jan. 2023.

REPÚBLICA DOMINICANA. *Código Civil Reformado*. Santo Domingo: Gaceta Oficial de República Dominicana. Disponível em: http://www.senado.gov.do/masterlex/MLX/docs/1C/2/11/18/1E7A.htm. Acesso em: 26 jan. 2023.

_____. *Ley n. 544-14, de 2 de deciembre de 2014*, sobre Derecho Internacional Privado de la República Dominicana. Santo Domingo: Gaceta Oficial de República Dominicana, dez. 2014. Disponível em: https://drlawyer.com/espanol/leyes/ley-544-14-sobre-derecho-internacional-privado-de-la-republica-dominicana/. Acesso em: 26 jan. 2023.

SISTEMA de Integração Centro-Americana. *Wikipédia*. Disponível em: https://pt.wikipedia.org/wiki/Sistema_da_Integra%C3%A7%C3%A3o_Centro-Americana. Acesso em: 28 jan. 2023.

TRATADO de Livre-Comércio entre Estados Unidos, América Central e República Dominicana. *Wikipédia*. Disponível em: https://pt.wikipedia.org/wiki/Tratado_de_Livre-Com%C3%A9rcio_entre_Estados_Unidos,_Am%C3%A9rica_Central_e_Rep%C3%BAblica_Dominicana. Acesso em: 28 jan. 2023.

UNIÃO EUROPEIA. Comissão Europeia. *Proposta de Regulamento do Parlamento Europeu e do Conselho que estabelece regras harmonizadas em matéria de inteligência artificial (Regulamento Inteligência Artificial) e altera determinados atos legislativos da União*. Bruxelas: 21 abr. 2021. Disponível em: https://eur-lex.europa.eu/legal-content/PT/TXT/?uri=CELEX:52021PC0206. Acesso em: 26 jan. 2023.

_____. Parlamento Europeu e Conselho. *Regulamento (CE) n. 593/2008 do Parlamento Europeu e do Conselho de 17 de junho de 2008, sobre a lei aplicável à obrigações contratuais (Roma I)*. Estrasburgo: Jornal Oficial da União Europeia, 4 jul. 2008. Disponível em: http://publications.europa.eu/resource/cellar/9041fafb-9049-4aa3-aec4-57b38719bac4.0019.03/DOC_1. Acesso em: 27 jan. 2023.

_____. Parlamento Europeu. *Resolução do Parlamento Europeu, de 16 de fevereiro de 2017, que contém recomendações à Comissão sobre disposições de Direito Civil sobre Robótica*. Estrasburgo: Jornal Oficial da União Europeia, fev. 2017. Disponível em: https://www.europarl.europa.eu/doceo/document/TA-8-2017-0051_PT.html#title1. Acesso em: 26 jan. 2023.

UNITED NATIONS. *Member States*. Nova York: ONU, 2023. Disponível em: https://www.un.org/en/about-us/member-states. Acesso em: 27 jan. 2023.

______. Treaty Collection. Chapter XXIII. Law of Treaties. *1. Vienna Convention on the Law of Treaties*. Viena: 23 maio 1969. Disponível em; https://treaties.un.org/Pages/ViewDetailsIII.aspx?src=TREATY&mtdsg_no=XXIII-1&chapter=23&Temp=mtdsg3&clang=_en. Acesso em: 28 jan. 2023.

URUGUAI. *Ley n. 16.603, de 19 de octubre de 1994*. Código Civil. Montevidéu: Diário Oficial de Uruguay, 21 nov. 1994. Disponível em: https://www.impo.com.uy/bases/codigo-civil/16603-1994. Acesso em: 26 jan. 2023.

______. *Ley n. 19.920, de 27 de noviembre de 2020*. Ley General del Derecho Internacional Privado. Derogación de la Ley 10.084 relativa al Apéndice del Código Civil. Montevidéu: Diário Oficial de Uruguay, 16 dez. 2020. Disponível em: https://www.impo.com.uy/bases/leyes/19920-2020. Acesso em: 26 jan. 2023.

VENEZUELA. *Código Civil de Venezuela*. Caracas: Gaceta Oficial, 26 jul. 1982. Disponível em: https://www.leyesvenezolanas.com/cc.html. Acesso em: 26 jan. 2023.

______. *Ley de Derecho Internacional Privado de Venezuela, de 9 de julio de 1998*. Caracas: Gaceta Oficial, jul. 1998. Disponível em: https://sociedip.files.wordpress.com/2013/12/ley-de-derecho-internacional-privado-de-venezuela.pdf. Acesso em: 28 jan. 2023.

11. PLATAFORMAS DIGITAIS E A APLICAÇÃO DE SOLUÇÕES BASEADAS EM INTELIGÊNCIA ARTIFICIAL: UMA BREVE ANÁLISE SOBRE AS PROPOSTAS E REGULAÇÕES PORTUGUESAS E BRASILEIRAS SOBRE RESPONSABILIDADE CIVIL CONTRATUAL

Rodrigo Alexandre Lazaro Pinto

Introdução

Uma (r)evolução tecnológica está em curso com o uso da inteligência artificial (IA) na novel economia do século XXI, especialmente na complexa relação entre fornecedores e consumidores em plataformas digitais. A IA é aplicada na execução de tarefas que outrora eram exclusivamente operadas pelos seres humanos, formatando nova dinâmica económica na oferta de produtos e serviços em ambiente digital.

As plataformas digitais permitem que os clientes celebrem contratos de fornecimento de bens, serviços ou conteúdos digitais com fornecedores em ambiente digital por elas controlado. Nesse particular, há um especial destaque na aplicação de soluções digitais de IA nas plataformas digitais, seguindo, estas últimas, com sua tendência de manter-se como um disruptivo modelo de negócio que aproxima consumidores e retalhistas e atacadistas por meio da tecnologia.

Em geral, as soluções digitais promovidas pela IA transcendem a mera função de "engrenagens" aplicadas aos meios de consumo já conhecidos, porquanto direcionam novas aplicações como meio de dinamizar a experiência de consumidores no competitivo mercado de retalhistas e atacadistas de bens e serviços. Assim, outrora consubstanciada em uma "futurologia", a aplicação combinada de IA em diversos produtos e serviço, inclusive nas atividades de plataformas digitais, consolida um novo marco de consumo no novo milénio, tornando sua aquisição dinamizada por soluções digitais, como, por exemplo, *smart homes, internet of things* (IoT) e drones autónomos aplicados para assistência no abastecimento automatizado de produtos em residências.

Por outro lado, a IA está intimamente ligada com a estrutura digital das plataformas digitais, como é o caso, mas não se limitando a, controlar os anúncios publicados pelos fornecedores em ambiente digital ou mesmo oferecer comparações de preços e qualificações (ranqueamento) dos produtos ou serviços disponibilizados na plataforma.

A atividade comercial por plataformas digitais tornou-se cada vez mais direcionada para uma oferta de soluções digitais em favor dos consumidores para fruírem de melhores experiências no consumo de bens e serviços e um atendimento mais personalizado em razão da crescente leitura de dados com as interações dos usuários nos meios digitais.

Assim, os dispositivos digitais obtêm dados para lastrear suas ações no sentido de atender a demanda dos consumidores de forma automatizada, como é o caso da integração de uma lista de produtos no frigorífico de uma residência (IoT), sendo capaz de adquirir alimentos diretamente de plataformas digitais. A IA é capaz de analisar e aprender qual é o padrão de consumo de determinado consumidor, o que permite tomar decisões pautadas nos dados disponíveis com o objetivo de conformar mais conforto ao realizar atividades independentes.

No mesmo sentido, muitas das plataformas digitais contam com IA aplicada na movimentação de mercadorias por meio de soluções integradas de logística, a fim de otimizar, por exemplo, o trânsito de produtos no varejo online e diminuir o tempo de espera na entrega de mercadorias nas residências de consumidores. Os algoritmos de *machine learning* (ML) são utilizados para aquisição de novas rotas logísticas, análises e predições para alocação inteligente de estoques de produtos em centros logísticos adequados para garantir a rapidez e assertividade nas suas entregas.

Suas aptidões de prever situações futuras, tomar decisões autónomas, reconhecer padrões e aprender por meio de interações homem-ambiente tornam a IA uma ferramenta revolucionária e aumentam as expetativas de que várias tarefas podem ser realizadas por meio dela, de forma mais eficiente e sofisticada, mais rápida e, ao mesmo tempo, com custo mais baixo, promovendo o desenvolvimento económico e a inovação.

Ao alterar as instruções imputadas pelo *ML* e *deep learning (DL)*, os algoritmos são capazes de aprenderem automaticamente e tomar decisões autónomas, gerando novas programações e, até mesmo, novos algoritmos, sem uma supervisão humana ou reforço de controlo sobre suas decisões[1]. Ao analisar o comportamento do negócio e dados de consumidores para tomada de decisões autónomas para aperfeiçoamento do resultado operacional de plataformas digitais, a IA interpreta os dados baseados nas experiências de compras e respostas objetivas para otimização de faturação (receitas, custos e despesas) com o objetivo de incrementar resultados económicos.

Não se torna inusitado prever que as soluções digitais baseadas na IA por plataformas digitais se consolidem como recursos necessários para sobrevivência de atacadistas e retalhistas ao redor do mundo, refletindo diretamente na relação diária entre operadores de plataformas digitais, clientes e seus usuários.

No entanto, a evolução proposta na dinâmica contemporânea de mercado promovida pela IA não pode afastar o enfrentamento de uma análise dos riscos e imputação de responsabilidades pelos potencias e efetivos danos às pessoas individuais ou colectivas decorrentes da aplicação autónoma de decisões por algoritmos da IA. Deveras, a capacidade de autoaprendizagem e autonomia na tomada de decisões por AI, embora pautada em uma pré-programação prevista para sua funcionalidade, condicionam relevante preocupação em razão de resultados imprevisíveis de potenciais danos a serem causados por sua aplicação no mercado.

Se, por um lado, a solução inovadora exemplificada acima (entrega de alimentos de forma automatizada pela *internet of things* e logística inteligente) mostra-se como um aperfeiçoamento da experiência de consumo ao público, de outro, as decisões autónomas de aperfeiçoamento de resultado económico não podem justificar uma ausência de responsabilidade

[1] O comportamento imprevisível deste, que decide por si como agir, que se desenvolve como resultado de um deep-learning, sem controlo humano, torna impossível conexionar um eventual dano que possa eclodir com uma conduta negligente do ser humano. Cf. BARBOSA. Mafalda Miranda. *Inteligência artificial: entre a utopia e a distopia, alguns problemas jurídicos.* 1ª ed. – Coimbra:Gestlegal, 2021. P 76.

civil pela inexecução do contrato. No mesmo giro, ao se franquear a possibilidade de uma ação ou inação autónoma à IA, é natural que surja a preocupação de investigar sobre quem deverá incidir a responsabilidade civil em caso de dano causado pelas decisões autónomas de uma IA, seja decorrente de uma relação contratual, seja pela responsabilidade extracontratual perante terceiros.

A deliberação da IA é fundada em uma autonomia tecnológica, baseada nas potencialidades da combinação algorítmica que é programada em um software. A inteligência artificial baseia-se na acumulação de conhecimento, com base na qual se estabelecem padrões, sendo incapaz de interpretações criativas ou de julgamentos acerca do que é certo ou errado[2]. Com a utilização desses novos mecanismos desconectados de uma vontade do sujeito de direito que as controlava, impõe-se a análise de como atribuir uma responsabilidade civil decorrente de sua autoaprendizagem e aptidão de tomar suas próprias decisões.

No entanto, a teorização da responsabilidade civil para a IA não é simples. Há múltiplas relações de titularidade e utilização da IA com seus interessados (o proprietário da IA, seu programador, o operador da plataforma digital, fornecedor e o consumidor) e a complexa identificação da causa da tomada de decisão incorreta que causou o dano (black box[3]).

Ademais, a responsabilidade civil contemporânea é intimamente relacionada com a conduta como causa do dano, sendo seu plexo pouco justo com a difícil identificação do nexo de causalidade de uma infração causada por um algoritmo. Nesse sentido, outra questão que exsurge é a incerta tarefa de se atribuir uma causa do fator de decisão da IA para atribuição do nexo de um potencial ou efetivo dano, sendo, em alguns casos, impossível de se determinar o motivo pelo qual foi tomada determinada decisão incorreta pela IA ou se foi essa a efetiva causa do incumprimento contratual.

Diante da ausência de censura sobre os envolvidos no uso da IA e as incertezas na imputação de responsabilidade civil na aplicação da IA na atual economia, é uníssono o clamor por uma regulação normativa relativa

[2] Cf. BARBOSA. Mafalda Miranda. Inteligência artificial: entre a utopia e a distopia, alguns problemas jurídicos. 1ª ed. – Coimbra:Gestlegal, 2021. P. 75.

[3] SILVA. Nuno Souza e. Inteligência artificial, robots e responsabilidade civil: o que é que é diferente? Pg.709

a matéria. É nesse contexto que se deseja a direção de boas práticas que sirvam de base para a implementação da completa regulamentação, pela União Europeia (UE), da Inteligência Artificial (Lei da Inteligência Artificial). Na mesma linha, o anteprojeto para regular o uso de inteligência artificial (IA) no Brasil está em processo de aprovação em seu Congresso Nacional.

O presente artigo busca analisar e, de forma fundamentada, concluir se as regulações propostas de regulação da responsabilidade civil da IA pela UE e projeto de lei brasileiro condicionam uma solução para indicação adequada de responsabilidade civil contratual das operadoras de plataformas digitais sobre danos causados pela IA.

Como recorte metodológico, o presente estudo não focalizará sua análise na normatividade esperada no caso de danos extracontratuais pela inteligência artificial – IA, especialmente a Diretiva de Responsabilidade civil não contratual[4], reservando-se à análise das violações contratuais decorrentes do uso de IA nas atividades de plataformas digitais. No mesmo giro, o presente estudo não avaliará profundamente o quadro decorrente da aplicação da responsabilidade do operador pelo dano causado pelo serviço de fornecedores com uso de IA na hipótese de ser demonstrada sua influência dominante do operador em relação ao fornecedor de serviços digitais, sendo adequado seu desenvolvimento em eventual futuro texto apartado.

1. O papel das plataformas digitais e o impacto da inteligência artificial nas suas atividades

Inicialmente, é relevante esclarecer que há inúmeros tipos de plataformas digitais, com destaque as plataformas de partilha de conteúdos (v.g. o YouTube ou o Spotify), plataformas de serviços (v.g. Uber e Airbnb) e redes sociais. No presente estudo, deter-se-á atenção às plataformas de compras (v.g. Amazon e Mercado Livre).

[4] EUROPEAN COMISSION. Proposal for a Directive of the European Parliament and of the Council on adapting non-contractual civil liability rules to artificial intelligence (AI Liability Directive). Disponível em: https://op.europa.eu/en/publication-detail/-/publication/69a30765-432b-11ed-92ed-01aa75ed71a1/language-en/format-PDF. Acesso: 06.jan.2023.

Outro importante esclarecimento é a existência de diversos formatos para configuração dos contratos de compras, em especial a revenda direta, pela plataforma, ao consumidor mediante a aquisição de um produto de um revendedor (v.g. Amazon) ou a plataforma digital apenas disponibiliza as ofertas de bens e serviços dos revendedores e os consumidores podem ou não aceitar seus termos (v.g. OLX). Outra modalidade contratual possível é a plataforma digital controlar a qualidade dos produtos ou serviços colocados no mercado diretamente pelos revendedores, assim como realiza um serviço de publicidade ligado à oferta desses bens aos consumidores (v.g. Mercado Livre).

Considerando os dois últimos modelos de contratação por plataformas de compras, é possível identificar, de um lado, o contrato celebrado entre um operador de plataforma e um fornecedor, dispondo sobre a utilização de uma plataforma e designando os termos de uso, funcionalidades da prestação de serviço realizada pelo operador e sua respetiva remuneração. No mesmo giro, o operador de plataforma disponibiliza termos de uso e demais instrumentos contratuais para adesão dos clientes para utilização dos recursos digitais de sua plataforma.

De outro lado, o contrato entre fornecedor-cliente decorre de uma relação segundo a qual os bens, serviços ou conteúdo digital devem ser fornecidos pelo fornecedor a um cliente mediante o pagamento de um preço em dinheiro ou qualquer outra forma de contraprestação, como, por exemplo, o direito de uso de dados do cliente, inclusive dados pessoais, nos termos e limites definidos em lei específica[5].

Como se observa nas relações geralmente fixadas entre os principais polos envolvidos nas atividades comerciais de plataformas digitais, há uma ou mais relações contratuais entre operador de plataforma-fornecedor, uma ou mais relações contratuais entre operador de plataforma-cliente e uma ou mais relações contratuais entre fornecedor-cliente.

A fim de ilustrar a multiplicidade de vínculos contratuais no uso comercial de plataformas digitais, especialmente regulados pelas normas de direito privado do país do consumidor e os termos e condições vinculativos entre as partes, volta-se ao exemplo inicial sobre fornecimento de produtos por meio de plataformas digitais de forma automatizada pela

[5] V. General Data Protection Regulation (GDPR) e regulações normativas domésticas portuguesas e brasileiras.

tecnologia denominada IoT, sob a perspetiva de uma plataforma digital que agrega múltiplos retalhistas cadastrados, o fabricante de eletrodomésticos (frigorifico), o desenvolvedor do software de IoT e consumidores.

Ao indicar a lista de produtos desejados, o consumidor formaliza os termos de uso da plataforma digital e a relação direta de fornecimento entre a plataforma digital e seus retalhistas cadastrados, assim como o operador da plataforma digital consigna os termos contratuais de fornecimento de produtos com a formalização de seus termos contratuais pelos retalhistas para fornecimento de produtos. Assim, o operador da plataforma digital possui dados dos consumidores relacionados ao tipo de produto, como, por exemplo, verduras e iogurtes, e o tempo de entrega desses alimentos perecíveis, sendo necessária a escolha específica de qual fornecedor se enquadra na otimização de qualidade desejada pelo consumidor e respetiva logística adequada. Ademais, além da especificidade do produto ou seu processo, o cliente poderá, por exemplo, nomear suas preferências com base no ranqueamento de retalhistas de acordo com suas avaliações na plataforma digital.

Após a adesão formalizada pelo consumidor, espera-se que o software atenda os termos indicados de suas preferências. Isso porque os termos de uso da plataforma digital relaciona os serviços disponíveis aos consumidores mediante uma remuneração, seja por um percentual sobre a compra, seja por um contrato mediante assinatura ou outra forma de contraprestação pelo serviço digital disponibilizado ao cliente (ex. pacote de benefícios e contrato de fidelidade com uma administradora de cartão de crédito). Nesse particular, espera-se que o operador da plataforma digital e fornecedores executem adequadamente o serviço de abastecimento decorrente dos termos de adesão firmado pelo uso da tecnologia IoT.

No entanto, a execução de serviço de fornecimento depende do uso de diversas tecnologias digitais combinadas e a participação de outras partes nas complexas etapas para atendimento do objeto contratado. Além da existência de recursos digitais das plataformas digitais, especialmente seus meios otimizados por inteligência artificial por algoritmos, as múltiplas relações dependerão da execução adequada do software do frigorifico (IoT) e do fornecimento de produtos e serviços do fornecedor, os quais também poderão se valer de recursos informatizados para otimizar a execução de sua parcela obrigacional do objeto contratado.

No caso ilustrado, caso ocorra o recebimento de produtos atrasados, causando uma infração contratual, e um consumo acidental de um produto perecido, causando dano ao cliente, o mal funcionamento da tarefa atribuída à IA, decorrente de sua autoaprendizagem e aptidão de tomar suas próprias decisões, como se verá com mais detalhes abaixo, não se relaciona a um ato ou inação volitiva ou culposa direta do operador da plataforma digital, ou seja, uma ação ou omissão culposa ou dolosa.

No mesmo giro, se o cliente optou pela escolha de fornecedores com base em um ranqueamento afeto à plataforma digital, há uma confiança depositada no sistema de avaliação controlado pelo operador da plataforma digital. Da mesma forma, um eventual prejuízo poderá ser suportado pelo fornecedor em caso de um ranqueamento aquém do esperado em razão de problemas com o software da plataforma. Caso a autonomia pela autoaprendizagem permita um desvio de qualificação das avaliações, sem uma ação ou omissão culposa ou dolosa do operador da plataforma digital[6], a ocorrência de um potencial dano restará, como se verá a seguir, aberta à sua sorte sem uma imposição de responsabilidade civil pela mesma ausência de nexo de causalidade.

Outro exemplo aplicável ao uso da IA no caso de cadastro de fornecedores em plataformas digitais é a verificação automatizada de eventual violação à propriedade industrial, sendo possível a suspensão de contas de fornecedores que, por hipótese, ofereçam produtos com violação a desenhos industriais, patentes ou marcas, sendo a informação obtida por meio de algoritmo de comparação de imagens disponíveis pela internet. Após uma denúncia por terceiro, como a decisão de suspensão da conta do fornecedor poderá ser totalmente automatizada por IA, há um prejuízo direto em caso de engano do algoritmo na suposta identidade de produtos e suposição de violação à lei de propriedade industrial, sendo o fornecedor suspenso de realizar suas vendas diretamente de seu "estabelecimento comercial digital" de forma potencialmente arbitrária e ilegal[7].

[6] Cf. Artigo 493.º/2 do CC: "Quem causar danos a outrem no exercício de uma actividade, perigosa por sua própria natureza ou pela natureza dos meios utilizados, é obrigado a repará-los, excepto se mostrar que empregou todas as providências exigidas pelas circunstâncias com o fim de os prevenir."

[7] V. Código de Propriedade Industrial (CPI), aprovado pelo Decreto-Lei nº 36/2003 e, no Brasil, a Lei nº 9279/96.

Reportando-se ao capítulo introdutório, nomeadamente à complexa tarefa de identificar o fator decisório de incumprimento contratual decorrente da aplicação de algoritmo com decisões autónomas, verifica-se a possibilidade de um não fornecimento decorrer do mal funcionamento da inteligência artificial em frontal violação aos termos de fornecimento formalizados entre operador da plataforma digital, fornecedor e consumidor[8].

Deveras, com tantas aplicações possíveis, os riscos da IA utilizada em serviços digitais, como, por exemplo, o uso de algoritmos "mal treinados", capazes de tomar decisões erradas e causar incumprimento contratual aos clientes e fornecedores de bens e serviços ofertados por plataformas digitais, especialmente se há vulnerabilidade na tecnologia aplicada e impossibilidade de se detetar, de acordo com o dito estado da ciência e da técnica, o defeito na solução digital no momento da utilização desse recurso.

Para tanto, no caso de ausência de condições contratuais que imponham um dever de indenizar ou cláusula penal ou compensatória nos casos de incumprimento contratual decorrente do uso da IA, necessário se faz investigar se o defeito da solução digital pode ser imputado como uma salvaguarda em favor do operador da plataforma digital para se afastar do dever de indenizar pelo incumprimento contratual decorrente da ação ou inação imputável à IA.

2. Os deveres propostos ao operador de plataforma digitais para com os fornecedores e usuários

É mister iniciar a análise dos deveres dos operadores de plataformas digitais com a imposição legal de informação aos usuários e fornecedores, especialmente ao fornecer os detalhes necessários sobre as condições de contratação e elementos decisórios necessários para manifestação de sua vontade em firmar uma relação contratual.

O *Model Rules on Online Platforms* Report do *European Law Institute*[9] propõe que as informações dos termos do contrato devem aparecer em

[8] Reportando-se ao capítulo introdutório, o presente estudo limita-se ao enfrentamento de questões relacionadas às violações contratuais e danos decorrentes da aplicação da inteligência artificial nas relações comerciais baseadas no uso de plataformas digitais.

[9] V. EUROPEAN LAW INSTITUT. Model Rules on Online Platforms Report. Disponível em: https://www.europeanlawinstitute.eu/fileadmin/user_upload/p_eli/Publications/ELI_Model_Rules_on_Online_Platforms.pdf. Acesso: 06.jan.2023.

um formato claro, compreensível e legível por meio de computadores e seus termos devem ser facilmente acessíveis aos usuários da plataforma em todas as fases da sua relação com o operador da plataforma, incluindo a fase pré-contratual[10 e 11].

Em relação ao dever de indenizar por um dano causado pelo fornecedor ou operador de plataforma digital, o *Model Rules on Online Platforms* Report do *European Law Institute* focaliza sua atenção na responsabilidade solidária entre operador de plataforma digital e fornecedor pelas infrações causadas aos clientes, na forma do artigo 20[12] c/c artigos 9 e 25 na perspetiva de imputação da responsabilidade e o direito de regresso ao responsável por conduta ou risco de terceiro.

No caso de uma plataforma digital realizando a operação diretamente com o consumidor, Mafalda Barbosa esclarece a aplicação das regras previstas no DL nº 84/2021, de 18 de outubro, decorrente da transposição das Diretivas (UE) 2019/770 e (UE) 2019/771, dependendo do âmbito

[10] Por outro lado, o relatório em referência propõe que os operadores da plataforma devem fornecem aos usuários as informações sobre os parâmetros-chave que determinam as classificações dadas aos usuários (ranqueamento) e o peso de cada parâmetro. O dever de informação não pode criar meios para que terceiros possam manipular os resultados do ranqueamento e prejudicar os clientes.

[11] O relatório em tela propõe, em seu art. 8º, que o dano não seja imputado no caso de violação à privacidade, violação à propriedade ou privação de liberdade ou outra violação similar de um direito na conta de outro usuário da plataforma. Consequentemente, caso o operador da plataforma digital não tome as medidas cabíveis para proteger os usuários da plataforma responde pelos danos causados aos usuários da plataforma em decorrência dessa falha. A secção 2 também se aplica no caso de danos sofridos por outra pessoa que esteja exposta aos benefícios ou riscos associados a bens serviços ou conteúdos digitais fornecidos ao abrigo de um contrato entre o Fornecedor e o cliente.

[12] O artigo 20 regula a responsabilidade do operador de plataforma com influência predominante pelo incumprimento contratual do fornecedor, em especial na hipótese de o cliente poder razoavelmente confiar na influência predominante do primeiro em face do segundo. Assim, evidencia-se a possibilidade de enquadramento do operador, com influência dominante sobre o fornecedor, como corresponsável pelo incumprimento de um contrato ofertado em sua plataforma, notadamente pela confiança de que o cliente possui pela evidente influência dominante do operador em relação ao fornecedor de serviços digitais e ligação econômica entre o serviço oferecido pela solução digital baseada na inteligência artificial e o risco inerente à atividade empresarial do operador.

objetivo do contrato celebrado[13]. Para a citada autora, o artigo 3º referenda a responsabilidade aos conteúdos ou serviços digitais que estejam incorporados em bens, mesmo que interligados aos bens, fornecidos pelo profissional ou por um terceiro[14]. Assim, "o diploma consagra igualmente regras no que respeita à responsabilidade dos prestadores de mercado em linha (artigo 1º, 2 c) DL nº 84/2021)".

É o caso do prestador de mercado em linha em que o operador da plataforma, considerado parceiro contratual do revendedor, responderá solidariamente perante o consumidor, pela falta de conformidade dos bens, conteúdos ou serviços (artigo 44º DL nº 84/2021). Para tanto, a imputação deverá se basear na existência de uma "influência predominante" do operador da plataforma na celebração do contrato, como no caso de exclusividade de contratação mediante uso da plataforma ou vínculo de pagamento por meio da plataforma, bem como se os termos do contrato (preço e condições) sejam por ele influenciados. Por outro lado,

[13] BARBOSA, Ana Mafalda Castanheira Neves de Miranda. "Responsabilidade civil das plataformas digitais". Revista de Direito da Responsabilidade 4 (2022), P. 795.

[14] "Sendo, nos termos do artigo 3º, as suas regras aplicáveis aos contratos de compra e venda celebrados entre consumidores e profissionais, incluindo os contratos celebrados para o fornecimento de bens a fabricar ou a produzir; aos bens fornecidos no âmbito de um contrato de empreitada ou de outra prestação de serviços, bem como à locação de bens; aos conteúdos ou serviços digitais que estejam incorporados em bens, ou que com eles estejam interligados e sejam fornecidos com os bens nos termos de um contrato de compra e venda, independentemente de os conteúdos ou serviços digitais serem fornecidos pelo profissional ou por um terceiro, bem como aos contratos de fornecimento de conteúdos ou serviços digitais em que o profissional forneça ou se comprometa a fornecer conteúdos ou serviços digitais ao consumidor e o consumidor pague ou se comprometa a pagar o respetivo preço; em que o profissional forneça ou se comprometa a fornecer conteúdos ou serviços digitais ao consumidor e o consumidor faculte ou se comprometa a facultar dados pessoais ao profissional, exceto quando os dados pessoais se destinarem ao tratamento exclusivo pelo profissional para o fornecimento dos conteúdos ou serviços digitais; em que os conteúdos ou serviços digitais sejam desenvolvidos de acordo com as especificações do consumidor; ou em que o suporte material seja utilizado exclusivamente como meio de disponibilização dos conteúdos digitais, o diploma consagra igualmente regras no que respeita à responsabilidade dos prestadores de mercado em linha (artigo 1º, 2 c) DL nº84/2021)". BARBOSA, Mafalda Miranda. "Responsabilidade civil das plataformas digitais". Revista de Direito da Responsabilidade 4, 2022, P. 796.

se a publicidade for associada entre fornecedor e operador de plataforma do mercado em linha, há a caracterização de influência dominante[15].

O texto sob análise focaliza sua atenção na ação ou omissão dolosa ou culposa dos agentes que causam dano aos clientes, mas é silente a propor uma solução normativa à presente problemática gerada pela IA autónoma.[16] Do mesmo modo, considerando o surgimento da IA aplicada nas plataformas digitais, sendo possível a alteração de seus dados pré-programados por força de sua interação com o meio (autoaprendizagem e autodesenvolvimento), mas não sendo possível detetar, de acordo com o dito estado da ciência e da técnica, o defeito no momento da utilização desse recurso, exsurge a impossibilidade de se atribuir a responsabilidade civil pela normatividade atual[17]. Repita-se, caso se verifique algum defeito na decisão da IA, a responsabilidade decorrente do serviço prestado pelo operador poderá ser afastada com a demonstração de que, no momento da sua utilização, não se permitia tornar o defeito conhecido.

Por outro lado, caso um ulterior problema com a aplicação do software seja de ciência inequívoca do operador de plataforma digital após sua introdução no mercado, nomeadamente no caso de notificação por terceiros pela ocorrência de um dano decorrente do uso da plataforma digital, há um dever de vigilância para imediata correção do defeito ou a suspensão de sua oferta para terceiro no sentido de não causar mais danos passíveis de serem evitados[18].

Na ocorrência de um dano, a normatividade atual propõe investigar o nexo de causalidade relacionado ao evento causador da infração civil, sendo possível avaliar uma potencial ação ou omissão culposa ou dolosa de quem alimenta os dados ou mesmo do produtor do software baseado

[15] Por seu turno, caso o revendedor seja o parceiro contratual do consumidor, o artigo 45º do DL no 84/2021 impõe, à plataforma, que forneça os dados detalhados do profissional com o qual será responsável pelo fornecimento, sob pena de ser corresponsável e poder exercer o direito de regresso (artigo 46º DL nº84/2021).

[16] Cf. Barbosa, Ana Mafalda Castanheira Neves de Miranda. "Responsabilidade civil das plataformas digitais". Revista de Direito da Responsabilidade 4 (2022): 791-810.

[17] Cf. Artigo 493.º/1 do CC, que consagra a presunção de culpa daquele que tiver em seu poder coisa móvel com o dever de a vigiar.

[18] Cf. DL n.o 69/2005, em especial, artigo 6.o/l/b. Caso não retire o produto do mercado ou não implemente correções, o operador será responsável pelos danos supervenientes de acordo com a disciplina da responsabilidade geral já mencionada.

em tecnologia de IA. Se não é possível atribuir qualquer ação ou omissão em relação aos três atores com benefício pela aplicação da IA (operador, fornecedor e produtor do software), sendo possível que a própria solução digital perquiriu autonomamente desenvolver a ação que causou o dano a terceiro, volta-se ao problema inicial relacionado à responsabilidade civil com o emprego da inteligência artificial nas plataformas digitais[19].

É mister reforçar que a investigação da causa determinante para ocorrência da infração, em especial, o fato motivador para a decisão incorreta da IA, em linha com uma responsabilização subjetiva pela infração contratual, poderá conduzir a uma avaliação complexa de provas com produção de evidencias por parte dos atores da contenda em questão (operador, fornecedor, produtor do software e autor da ação). Nesse particular, há preocupação, por parte do operador da plataforma digital, para a possível condução da produção de uma prova negativa (inversão do ónus) de algo que não fez, sendo incompatível ao regramento probatório dos estatutos processuais civis atuais para realização de uma contraprova impossível ou "diabólica"[20].

No mesmo sentido, se uma IA intervém em uma ação ou omissão e um dano, as características específicas desses sistemas de IA (opacidade, comportamento autônomo e complexidade) podem tornar impossível ou excessivamente difícil para a vítima suportar o ônus de produzir provas para imputação da responsabilidade ao operador da plataforma digital.

Ademais, não se pode perder de vista que o enfrentamento da novel problemática surgida pela IA sobre o dano causado a terceiros, no caso de ser impossível de se detetar o defeito no momento da utilização da solução digital, é o que deixa o risco exposto para fornecedores e consumidores não verem a imputação de uma responsabilidade direta ao operador da plataforma, potencialmente o agente infracional da relação jurídica em

[19] "Quanto à responsabilidade daqueles que utilizam robots, nomeadamente no cumprimento de obrigações, poderá existir culpa na concepção, escolha ou utilização do robot. No entanto, se não há culpa do ser humano que concebeu, escolheu ou utiliza o robot, mas este causou danos, então teremos que ponderar a responsabilidade objectiva por facto de terceiro". Cf. SILVA, Nuno Souza e. Inteligência artificial, robots e responsabilidade civil: o que é que é diferente? RDC IV (2019), 4, P. 703.

[20] Cf. FERNANDEZ, Elizabeth. *A prova difícil ou impossível.* Estudos em homenagem ao Prof. Doutor José Lebre de Freitas, Org. Armando Marques Guedes et al.. 1ª ed. Coimbra: Coimbra Editora, 2013. P. 811.

questão, o qual deveria, sobre seus ombros, suportar a reprovação social e recomposição do potencial ou efetivo dano pela infração perpetrada em desfavor de outrem[21]. Nesse particular, uma regulamentação de responsabilidade civil pelo uso de inteligência artificial, seja baseada na responsabilidade subjetiva ou objetiva, pode manter os problemas de lacunas de responsabilidade, especialmente pela complexa tarefa de o fornecedor ou cliente não conseguir comprovar que não contribuiu para o cometimento do dano e, ao mesmo tempo, ser incapaz de apresentar provas que comprovem a culpa do operador ou criador do software.

Por outro lado, se a normatividade sobre a responsabilidade civil restar não disciplinada, além do indesejável efeito social comentado acima, abre-se a possibilidade para regulação normativa unilateral por cada país europeu e outros países do globo, inclusive o Brasil, para imputar a responsabilidade de forma desarmónica e isolada, como, na hipótese de se criar um "cheque em branco" de hiper-responsabilidade ao utilizador de IA, repercutindo em insegurança jurídica acerca do uso da tecnologia baseada nessa solução digital e um estopim para o desestimulo ao desenvolvimento tecnológico face aos desenvolvedores, investidores e operadores pelo risco de suportarem os altos custos decorrentes das especificidades e complexidades associadas à IA.

A existência de uma regra previsível e consistente de cobertura de responsabilidade civil é um dos principais pilares determinantes na ampla adoção de novas tecnologias no mercado, especialmente no sentido de assegurar ao público que se pode confiar na sua utilização e, caso um dano seja experimentado, o dever de indemnização será assegurado aos envolvidos. Não é outra senão a principal necessidade de se regulamentar os sistemas de IA para que sua disrupção e incentivo à ampla adoção seja garantida por toda a população, sem se perder de vista a existência de fortes salvaguardas a terceiros expostos por sua exploração comercial.

Uma responsabilidade contratual do operador da plataforma digital poderia ser um fundamento para sua responsabilidade objetiva na teoria

21 Cf. NEVES. António Castanheira. Pessoa, direito e responsabilidade, in António Castanheira Neves. Digesta – escritos acerca do direito, do pensamento Jurídico da sua metodologia e outros, 3º. Vol., Coimbra: Coimbra Editora, 2008, item 2, p. 132.

pelo benefício[22]. É possível considerar que o operador de plataforma digital possui uma remuneração vinculada à oferta de soluções digitais disponíveis aos fornecedores e consumidores, auferindo sua renda decorrente da exploração comercial dos algoritmos aplicados para inteligência digital.

Neste giro, sem a solução digital disponível aos fornecedores e consumidores, estes atores relacionados à prestação de serviço em plataformas não fariam parte da aproximação comercial realizada pela plataforma digital e sua principal função empresarial se esvairia. Assim, há uma relação direta entre a receita disponível ao operador da plataforma digital pela utilização das soluções digitais que, potencialmente, poderão se desviar dos parâmetros pré-concebidos por conta da autonomia e autoaprendizagem do sistema.

Se o legislador optar pela atribuição de responsabilidade objetiva pela teoria do risco, outro fator indicado para justificar sua aplicação face às plataformas digitais seria o dever de vigilância, sendo diretamente aplicável no caso de uma remediação em caso de dano. Se há um dever de vigilância à sua atividade, os operadores de plataformas digitais devem empreender os melhores esforços na prevenção e controle de danos, impondo despesas adicionais para desenvolvimento de meios para mitigação de riscos.

Se os esforços financeiros dos operadores de plataformas digitais para o desenvolvimento de meios seguros para aplicação de suas soluções digitais não foram suficientes para anular ou, ao menos, reduzir sensivelmente a ocorrência de um dano pela autonomia e autoaprendizagem de suas soluções digitais, é possível se verificar uma vantagem ao se reduzir o custo de desenvolvimento dos algoritmos e demais aplicações digitais oferecidas a terceiros. Nesse giro, uma vez demonstrada a vantagem financeira em se

[22] Na expressão de Nuno Souza e Silva, no que diz respeito à responsabilidade objectiva, o artigo 800.º do CC não se aplica à responsabilidade civil da inteligência artificial e, por sua vez, o artigo 500 do mesmo diploma, por ser uma norma próxima à questão, poderia ser aplicada por extensão e analogia, como é aplicada a uma relação de comissão, e sustentar a responsabilidade objectiva para o robô. No entanto, como não é possível imputar responsabilidade diretamente ao robô (sem personalidade jurídica própria), não haverá como aplicar o artigo 500.º, razão pela qual é necessário estabelecer um estatuto jurídico próprio aos robôs caso não sejam vencidas as barreiras da aplicação dos dispositivos legais já existentes por uma abordagem "interpretativa / integrativa". In Inteligência artificial, robots e responsabilidade civil: o que é que é diferente? SILVA, Nuno Souza e. Inteligência artificial, robots e responsabilidade civil: o que é que é diferente? RDC IV, 2019, P. 705.

obter receita de uma solução digital que não possui um desenvolvimento de uma tecnologia para suprimir o risco de sua utilização, exsurge a possibilidade de se impor, por meio de uma lei, a imputação objetiva de responsabilidade civil ao operador de plataformas digitais.

Como a responsabilidade objetiva deve decorrer de lei, não se pode, no estágio normativo atual, imputar a responsabilidade civil aos operadores de plataformas digitais por conta da autonomia e autoaprendizagem do sistema.

No entanto, as múltiplas relações contratuais entre os atores (desenvolvedor, operador de plataforma, fornecedor e cliente) poderiam fundamentar a existência da responsabilidade, incluindo, em seus termos e condições, a responsabilidade do operador da plataforma no caso de eventual descumprimento contratual causado pela autonomia da inteligência artificial.

No cenário comercial atual, é improvável que uma negociação entre as partes (operadores, fornecedores e consumidores) formalize a responsabilidade objetiva dos operadores de plataformas na hipótese em tela.

Assim, o anseio por buscar uma responsabilização pelo uso da IA pelas legislações domésticas poderá ser solucionada por uma normatização multilateral condutora de uma harmonização legal pelas jurisdições afetadas pelo seu risco. É nesse contexto que a União Europeia avalia a aplicação da Responsabilidade Civil pela Inteligência Artificial[23]. As disciplinas normativas ora avaliadas dão inspiração a um modelo normativo brasileiro, conforme se verá a seguir.

3. A responsabilidade civil proposta pela diretriz da União Europeia

A opacidade revelada na investigação da conduta ao nível da IA torna ainda mais evidente o caráter vazio de uma fórmula de responsabilidade civil ao caso em análise[24]. A perspetiva tradicional de causalidade baseada na

[23] V. EUROPEAN COMISSION. European Parliament resolution of 20 October 2020 with recommendations to the Commission on a civil liability regime for artificial intelligence (2020/2014(INL)). Disponível em: https://www.europarl.europa.eu/doceo/document/TA-9-2020-0276_EN.html#title2. Acesso: 06.jan.2023.

[24] Mafalda Miranda Barbosa esclarece que a doutrina portuguesa tem vindo a distinguir dois nexos causais. A primeira vincula a conduta do agente ao dano e o direito ou interesse protegido. A segunda vincula o interesse lesado aos danos consequentes verificados por uma ação ou omissão existente. Assim, a responsabilidade não é mais compreendida

adequação não se mostra alinhada ao novel enfrentamento da responsabilidade proposto pela ação autónoma da IA, especialmente nas múltiplas relações incidentes em aquisições mediante plataformas digitais.

A resposta para a questão acima não é simples. A convergência de várias causas, muitas das quais desconhecidas, pode ser o problema central da questão. Adicionada a essa problemática, exsurge a dificuldade de não ser possível indicar precisamente se o dano é de uma falha algorítmica aplicada à plataforma digital.

Mafalda Miranda Barbosa esclarece o papel da resolução do Parlamento Europeu de outubro de 2020, acerca das recomendações sobre responsabilidade civil por danos causados por inteligência artificial, em especial, sobre importante papel relativo à matéria de responsabilidade civil e possível norte para as relações baseadas em um fornecimento mediante plataformas digitais. Ao operador da IA, seja front ou back-end[25], o texto propõe regras de responsabilidade que abrangem todas as operações dos sistemas de IA, independentemente do local onde a operação ocorre ou se é realizada física ou virtualmente. Nesse contexto, o texto considera

exclusivamente de um ponto de vista dogmático, mas concebida por um ponto de vista ético-axiológico. Em resumo, a autora sustenta que a pessoa, ao atuar, por se livre-arbítrio, assume um papel de responsabilidade, devendo, ao encontrar seu semelhante, cumprir uma série de deveres na sociedade. O cumprimento do dever impõe evitar lesões sobre direitos previamente escolhidos, segundo uma ideia de possibilidade e não de probabilidade. Para que haja atribuição objetiva, deve haver a assunção de uma esfera de risco, em que a primeira tarefa do juiz será buscar o fundamento para criação da citada proteção ao direito e a demonstração de que os danos que advierem de uma conduta terão sua imputação no mesmo fundamento de proteção. In Inteligência artificial: entre a utopia e a distopia, alguns problemas jurídicos. 1ª ed. – Coimbra: Gestlegal, 2021. P. 90.

[25] Considera-se adequado que o termo "operador" seja entendido como abrangendo tanto o operador front-end como o operador principal, desde que este último não seja abrangido pelo DRP e observa que o operador de front-end deve ser definido como a pessoa singular ou coletiva que exerce algum grau de controlo sobre um risco relacionado com o funcionamento do sistema de IA e se beneficia desse facto. No mesmo giro, o texto estabelece que o operador back-end deve ser definido como a pessoa singular ou colectiva que define permanentemente as características da tecnologia, fornece dados e presta serviços essenciais de suporte back-end e, portanto, também exerce controlo sobre o risco associado à operação e funcionamento da IA, bem como entende que o exercício de controle significa qualquer ação do operador que influencio o funcionamento do sistema de IA e, portanto, na medida em que exponha terceiros a riscos potenciais, considera que essas ações podem afetar o funcionamento de um sistema de IA.

que as potenciais vítimas de danos ou perdas, muitas vezes, desconhecem a operação com IA e, normalmente, não intentariam ações judiciais de responsabilidade civil contra o operador, mas salienta que, em caso de dano ou perda, tais pessoas só podem intentar uma ação de reparação civil em caso de infração e terão dificuldades em comprovar a culpa do operador do sistema AI e, portanto, a ação de responsabilidade correspondente não seria bem-sucedida. Segundo a autora citada, o texto se propõe a criar uma distinção entre duas formas de responsabilização: a responsabilidade objetiva, aplicada nos casos de sistemas de alto risco, e a responsabilidade por culpabilidade, nas demais situações.

Os sistemas de alto risco, de acordo com o n.º 1 do artigo 2.º do citado dispositivo, sujeitar-se-ão a disciplina mais protetiva por envolver casos de dano à vida, à saúde, à integridade física de uma pessoa singular, ao património de uma pessoa singular ou coletiva ou à ocorrência de lesão imaterial significativa que ocasiona prejuízo patrimonial. Considerando a redação dada ao artigo 2º/3, propõe-se assegurar a possibilidade de fundamentar o pedido de indemnização na responsabilidade do produtor, sendo atribuída a responsabilidade ao operador segundo um sistema dual de acordo com as recomendações do Parlamento Europeu.

O potencial de risco evocado pela norma depende da demonstração do dano ou possível lesão, do grau de autonomia do sistema decisório, da probabilidade de materialização do risco e do contexto em que o sistema de inteligência artificial é utilizado. Quanto à hipótese de responsabilidade objetiva, esta surge associada à subscrição do seguro, sendo os montantes das indemnizações limitados aos valores atribuídos às suas apólices[26].

[26] No item 14 do relatório, reconhece-se que o tipo de sistema de IA sobre o qual o operador exerce controlo é um fator determinante na atribuição de sua responsabilidade e, se um sistema de IA é de alto risco e funciona de forma autónoma, o risco é suficientemente relevante ao público, motivo pelo qual é razoável estabelecer um regime comum de responsabilidade estrita para esses sistemas autónomos de IA de alto risco. Assim, a responsabilidade civil objetiva deve se basear em critérios claros e em uma definição adequada de risco elevado, a fim de se proporcionar segurança jurídica aos operadores. Por outro lado, considera-se que, para determinar se um sistema de IA apresenta um risco elevado, mister analisar o setor em que se podem esperar riscos significativos e a natureza das atividades realizadas, ponderando-se a relação entre a gravidade do dano potencial e a probabilidade de o risco causar dano. Por outro lado, o texto recomenda que todos os sistemas de IA de alto risco sejam listados exaustivamente em um anexo ao regulamento proposto e ser alvo de constantes atualizações,

Em relação à responsabilidade objetiva, o seguro de responsabilidade civil considera que, com base no elevado potencial de danos ou prejuízos e tendo em conta a Directiva 2009/103/CE do Parlamento Europeu e do Conselho de 16 de setembro de 2009, todos os operadores de sistemas de IA de alto risco enumerados no anexo ao regulamento proposto devem estar segurados de responsabilidade civil, abrangendo, em seu escopo, os montantes e o âmbito da compensação previstos no regulamento. Há certa incerteza sobre o montante atribuível ao prêmio de seguro em razão da ausência de parâmetro de risco e análise atuarial de dano potencial pelo grau de autonomia na tomada de decisões, o que não seria desejável, do ponto de vista económico, que o custo do prêmio se torne um obstáculo para inovação e desenvolvimento digital.

No caso de plataformas digitais, é possível que não seja enquadrado seus recursos baseados em um sistema de IA como de alto risco, mas, caso a regulação alcance suas atividades, verifica-se o risco de repasse do custo do seguro assumido aos consumidores, impondo um risco de competição perante o retalhista e atacadista tradicional, o qual não opera mediante um "estabelecimento online".

Ademais, ao se criar um seguro obrigatório para a responsabilidade de IA, há uma atribuição de responsabilidade automática pelo risco de dano, sob uma perspetiva crítica de se escolher a responsabilidade objetiva para regular a hipótese em tela[27]. No mesmo sentido, como não é possível se estimar o valor do prêmio do seguro proposto pela nova orientação multilateral, Mafalda Miranda Barbosa alerta para um risco de se caracterizar como uma "hiper-responsabilidade", sendo mister a criação de limites de responsabilidade, como afastar a inclusão de danos patrimoniais a terceiros e contemplar apenas os danos pessoais à saúde e integridade física de lesados[28].

No entanto, Nuno Souza e Silva indica que a aplicação de um seguro pode buscar um equilíbrio entre a tutela do risco e a promoção da

especialmente para conceder a previsibilidade necessária ao constante desenvolvimento tecnológico sem se prejudicar o desejável incremento da inovação tecnológica.

27 Cf. BARBOSA. Mafalda Miranda. Inteligência artificial: entre a utopia e a distopia, alguns problemas jurídicos. 1ª ed. – Coimbra: Gestlegal, 2021. P. 124.

28 Cf. BARBOSA. Mafalda Miranda. Inteligência artificial: entre a utopia e a distopia, alguns problemas jurídicos. 1ª ed. – Coimbra: Gestlegal, 2021. P. 121.

inovação, como foi aplicado para a responsabilidade de veículos de circulação terrestre, art. 508.º do Código Civil (CC), e instalações de energia eléctrica ou gás, art. 510.º CC, em que a indemnização está limitada ao montante do seguro obrigatório[29].

Noutro giro, as limitações das coberturas e os deveres do operador e da seguradora nos contratos de seguros propostos pela norma em tela mostram-se ainda mais desafiadores no caso de uma responsabilidade de risco pela IA. Maria Inês de Oliveira Martins[30], ao analisar a imposição contratual de condutas de controlo do risco, apresenta importante magistério acerca dos parâmetros da aplicação da proporcionalidade na distribuição equilibrada dos direitos e deveres contratuais, em especial, os limites de relevância, culpa e causalidade nos ordenamentos jurídicos português e brasileiro.

Em outras situações com envolvimento do uso de inteligência artificial e não se configurando como sistemas de alto risco (outros sistemas de IA), como deverá cobrir a maioria dos casos afetos às plataformas digitais, a responsabilidade do operador depende de prova de sua infração. Assim, nos termos do n.º 2 do artigo 8.º, a responsabilidade do operador pode ser excluída se provar a inexistência de culpa, ou seja, se esse provar que o defeito foi provocado por causa que não era de seu prévio conhecimento, apesar de todas as medidas razoáveis e necessários tomadas para se evitar o potencial dano[31].

Por outro lado, sua responsabilidade pode ser excluída se foi demonstrada a observância da devida diligência na execução de alguns processos, incluindo a seleção do sistema de IA adequado para a execução da função, dentre outras, mas com destaque para recebimento de sua receita pelo comissionamento (aproximação das partes), o monitoramento das atividades e a atualização regular do software, especialmente relevantes para plataformas digitais.

[29] Cf. SILVA. Nuno Souza e. Inteligência artificial, robots e responsabilidade civil: o que é que é diferente? SILVA, Nuno Souza e. Inteligência artificial, robots e responsabilidade civil: o que é que é diferente? RDC IV, 2019, 4, P.709.

[30] V. MARTINS. Maria Inês de Oliveira. A Imposição contratual de condutas de controle do risco: A experiência europeia em diálogo com o ordenamento brasileiro, vigente e prospectivo. São Paulo: Roncarati, 2019. P. 138.

[31] V. Artigo 8.º (Responsabilidade culposa relativa a outros sistemas de IA) da Lei de IA.

Da mesma forma, a responsabilidade baseada em força maior será excluída. No entanto, segundo a norma em tela, a responsabilidade não será excluída com base no fato de que a lesão foi causada por uma atividade ou processo autónomo executado pelo processo de IA, mediante a prova da responsabilidade subjetiva por culpabilidade[32]. Nesse particular, a responsabilidade subjetiva a que se dirige o texto normativo, na análise de Mafalda Miranda Barbosa, deverá incorrer em demasiada onerosidade e implicará em uma presunção de culpa ao operador. Isso porque o operador terá sobre seus ombros o ónus invertido da prova, sob o escopo de comprovar que não agiu com culpa ou dolo no sentido de concorrer para o evento danoso[33].

No texto normativo em referência, não é possível avaliar se há uma excludente de responsabilidade pela impossibilidade de se saber a causa do defeito, o que transfere, de forma automática, a uma responsabilidade "objetiva" pela impossibilidade de contraprova em favor do operador.

No mesmo giro, a citada autora indica que a existência de uma responsabilidade por danos causados pela interferência de um terceiro no sistema de inteligência artificial, modificando o seu modo de funcionamento ou as suas ações, poderia ser uma hipótese de defesa em favor do operador da plataforma, desde que esse terceiro seja identificado e possa suportar patrimonialmente o valor da indeminização. Nesse particular, defende que essa é uma assunção de estrita responsabilidade pelos fatos alheios se o terceiro não se enquadrar nos requisitos em questão (identificação e solvabilidade).

Embora o artigo 10 estabeleça que, "se os prejuízos ou danos forem causados tanto por uma atividade (...) de IA como pelas ações de uma

[32] "(17) Todas as atividades e todos os dispositivos ou processos físicos ou virtuais baseados em sistemas de IA não enumerados como sistema de IA de alto risco no anexo ao presente regulamento deverão continuar sujeitos à responsabilidade culposa, a menos que estejam em vigor disposições ou legislação nacional mais rigorosa em matéria de proteção dos consumidores. Deverão continuar a aplicar-se as legislações nacionais dos Estados-Membros, incluindo qualquer jurisprudência relevante, no que diz respeito ao montante e à dimensão da indemnização e ao prazo de prescrição. Uma pessoa que sofra prejuízos ou danos causados por um sistema de IA não enumerado como sistema de IA de alto risco deverá beneficiar da presunção de culpa do operador."

[33] BARBOSA. Mafalda Miranda. In Inteligência artificial: entre a utopia e a distopia, alguns problemas jurídicos. 1ª ed. – Coimbra: Gestlegal, 2021. P. 126.

pessoa lesada ou (...) a pessoa lesada seja responsável, a extensão da responsabilidade do operador ao abrigo do presente regulamento deve ser reduzida em conformidade", mesmo reconhecendo a exclusão do operador em caso de culpa exclusiva do lesado para a ocorrência, verifica-se um certo ceticismo de como se chegará a indicação da culpa do terceiro para afastar o dever de indenizar do operador. Na mesma sorte, verifica-se a difícil aplicação para estabelecer o *quantum* indemnizatório em relação à culpa concorrente disposta no citado artigo.

Neste sentido, deve-se levar em conta que, além do que preconiza o art. 8º, acerca das obrigações de devida diligência do operador, as soluções indicadas pelo Parlamento Europeu que inovam a normatividade do processo civil contemporâneo, nomeadamente no que se refere ao nexo de causalidade, não podem ser divididas em matéria de responsabilidade civil (uma para o lesado e outra para o operador) [34].

Diante das incertezas e imprevisões relacionadas à aplicação da norma em referência, é relevante partir para a normação paradigma brasileira para se investigar suas particularidades na responsabilização das plataformas digitais em caso de dano contratual pela utilização de IA.

4. A responsabilidade civil proposta pelo anteprojeto de lei brasileiro

Inicialmente, importante esclarecer que o Brasil não possui uma norma reguladora da atividade de plataformas digitais, sendo o PL (Projeto de Lei) 2768/22 a norma que poderá disciplinar o funcionamento e a operação das plataformas digitais no Brasil, inclusive os serviços de intermediação online, alvo do presente estudo. No entanto, o texto não referenda disciplina específica em matéria de responsabilidade civil das plataformas digitais, sendo igualmente silente em relação às questões relacionadas a IA.[35]

Por sua vez, o Brasil não possui uma norma relativa a regulação da responsabilidade civil pelo uso de IA. O anteprojeto de lei para regular o uso de IA no Brasil foi apresentado em outubro de 2022 por um grupo de trabalho nomeado pelo Senado Federal e elaborou uma proposta de

[34] BARBOSA. Mafalda Miranda. In Inteligência artificial: entre a utopia e a distopia, alguns problemas jurídicos. 1ª ed. – Coimbra:Gestlegal, 2021. P. 126.

[35] BRASIL. PL n.2768/2022. Disponível em: https://www.camara.leg.br/proposicoesWeb/prop_mostrarintegra?codteor=2214237&filename=PL%202768/2022. Acesso: 18.jan.2023.

texto substitutivo para subsidiar a análise de três projetos de lei relativos à regulação da IA: projetos de lei nº 5.051/2019, 21/2020 e 872/2021[36 e 37].

A proposta legislativa propõe a edição de uma cláusula geral de reparação civil no sentido de impor uma responsabilidade objetiva do fornecedor ou operador de sistema de IA pelos danos causados a terceiros[38]. Com clara inspiração na diretiva indicada no capítulo anterior, verificam-se as excludentes de responsabilidade civil alinhadas com as diretivas europeias[39].

Silvio Venosa esclarece a aplicação da responsabilidade objetiva "em inúmeras situações nas quais sua comprovação inviabilizaria a indenização para a parte presumivelmente vulnerável[40]. Por sua vez, Maria Helena

[36] BRASIL. Relatório final da Comissão de Juristas responsável por subsidiar elaboração de substitutivo sobre inteligência artificial no Brasil. Disponível em: https://www.stj.jus.br/sites/portalp/SiteAssets/documentos/noticias/Relato%cc%81rio%20final%20CJSUBIA.pdf. Acesso: 06.jan.2023.

[37] Entre os pontos de destaque da proposta estão a responsabilização em caso de infração à lei e a exigência de governança, em especial, transparência, no uso da IA, sem desestimular a inovação. A comissão tenta compatibilizar os incentivos à redução desses riscos com o desenvolvimento tecnológico e evitar a edição de uma "super-regulação" que impeça o investimento em novas soluções digitais baseadas em IA.

[38] "Art. 27. O fornecedor ou operador de sistema de inteligência artificial que cause dano patrimonial, moral, individual ou coletivo é obrigado a repará-lo integralmente, independentemente do grau de autonomia do sistema.

§ 1º Quando se tratar de sistema de inteligência artificial de alto risco ou de risco excessivo, o fornecedor ou operador respondem objetivamente pelos danos causados, na medida de sua participação no dano.

§ 2º Quando não se tratar de sistema de inteligência artificial de alto risco, a culpa do agente causador do dano será presumida, aplicando-se a inversão do ônus da prova em favor da vítima."

[39] Art. 28. Os agentes de inteligência artificial não serão responsabilizados quando:

I – comprovarem que não colocaram em circulação, empregaram ou tiraram proveito do sistema de inteligência artificial; ou

II – comprovarem que o dano é decorrente de fato exclusivo da vítima ou de terceiro, assim como de caso fortuito externo.

Art. 29. As hipóteses de responsabilização civil decorrentes de danos causados por sistemas de inteligência artificial no âmbito das relações de consumo permanecem sujeitas às regras previstas na Lei nº 8.078, de 11 de setembro de 1990 (Código de Defesa do Consumidor), sem prejuízo da aplicação das demais normas desta Lei".

[40] VENOSA, Sílvio de Salvo. Direito Civil: responsabilidade civil. 4 ed. São Paulo: Atlas, 2004. p. 15.

Dinis aponta a necessidade da demonstração entre o vínculo de prejuízo e a ação, sendo o liame suficiente para a configuração da responsabilidade civil.[41]

Em relação às soluções baseadas em IA, a responsabilidade objetiva tem sido frequentemente defendida por oferecer maior proteção às vítimas ao dispensar a prova do elemento subjetivo pelo dano, refletindo o ideal de solidariedade do Código Civil Brasileiro (CCB) e artigo 3º, I, da Constituição Federal (CF)[42]. Nesse sentido, o direito fundamental à indenização promove a proteção da pessoa humana no centro do ordenamento jurídico brasileiro, de modo que o dano caracterizado por presunção, nada mais é do que dever aplicar o direito à indemnização[43].

Isso porque o artigo 927 do CCB fundamenta a aplicação da responsabilidade pela teoria da atividade de risco à IA, alinhada com a correspondência entre a atividade que, por sua natureza, impliquem em risco para os direitos de terceiros. Da mesma forma que as críticas sobre a aplicação da responsabilidade objetiva para danos causados pela IA circundam a Diretiva Europeia, há ceticismo pela adoção da responsabilidade objetiva de forma indiscriminada pelo modelo brasileiro para que não seja ampliada de forma a inibir a inovação tecnológica[44]. Ademais, no caso do antiprojeto brasileiro, as excludentes de responsabilidade são bastante restritas, o que poderia ser entendido como um impedimento para investir nessas tecnologias.

Como o texto brasileiro ora apresentado se assemelha com a Lei de Inteligência Artificial, mister se faz a análise crítica conjunta dos modelos propostos.

[41] DINIZ, Maria Helena.Curso de Direito Civil Brasileiro: 7. Responsabilidade Civil. São Paulo: Saraiva, 2011. P. 127.

[42] TARTUCE. Flávio. Responsabilidade civil objetiva e risco, São Paulo: Método, 2011, pp. 61/79.

[43] FONSECA, Aline Klayse dos Santos. Delineamentos jurídico-dogmáticos da inteligência artificial e seus impactos no instituto da responsabilidade civil. civilistica.com,a. 10. n. 2. 2021, https://www.researchgate.net/publication/356588406

[44] FONSECA, Aline Klayse dos Santos. Delineamentos jurídico-dogmáticos da inteligência artificial e seus impactos no instituto da responsabilidade civil. civilistica.com,a. 10. n. 2. 2021, https://www.researchgate.net/publication/356588406

5. As críticas aos modelos propostos

A responsabilidade objectiva aplicada para a IA de alto risco, como indicado no capítulo 3, poderá impactar em uma "responsabilidade automática" de custeio do risco, inclusive de terceiros utilizadores de uma IA. Embora seja um quadro pouco aplicável às plataformas digitais, cujo enquadramento como IA de alto risco deve ser reduzido, mas, em caso de um alto custo decorrente da imprevisibilidade de fatores de cálculo de sinistralidade (seu custo atuarial apurado) para fixação de um prêmio, a imposição de uma "hiper-responsabilidade" ao operador da tecnologia será, evidentemente, repassada aos usuários e demais participantes da cadeia de consumo[45].

Ao se evidenciar uma potencial distribuição do custo da responsabilidade decorrente da imprevisão de risco de dano pelo funcionamento da tecnologia, há uma resposta sobre o adequado arquétipo normativo para atribuição de uma responsabilidade civil direcionada ao verdadeiro causador do risco?

O discurso proposto pela normação é manter o desejável incentivo à inovação tecnológica, mas impor um seguro obrigatório sobre algo que não se sabe se, no atual estado da ciência e da técnica, causará um dano poderá ser considerado um "travão" ao desenvolvimento de novas aplicações de IA?

No caso das plataformas digitais, o incremento de um custo imprevisível poderá desequilibrar a competição entre o retalhista e atacadista tradicional (com estabelecimento físico) e o seu par com estabelecimento virtual? No cenário de responsabilidade subjetiva para outras soluções de IA, no caso de crescimento de contendas judiciais face as plataformas digitais, considerando os custos de produção de provas decorrentes da responsabilização subjetiva (v.g. laudos técnicos sobre suas soluções digitais, soluções digitais de terceiros e eventual interferência do usuário)

[45] Para Mafalda Miranda, já não se perguntará a causa do dano, mas o comportamento do ofensor para saber se, em abstrato, ele é ou não capaz de produzir esse tipo de dano. A legislação sobre a inteligência artificial deverá conduzir o questionamento se "é normal e adequado (provável) que aquele tipo de comportamento gere aquele tipo de dano ou se é de todo indiferente para a produção de um dano daquele tipo um comportamento como o do lesante". In Inteligência artificial : entre a utopia e a distopia, alguns problemas jurídicos. 1ª ed. – Coimbra : Gestlegal, 2021. P. 126.

indicados no capítulo 3 supra, ocorrerá o mesmo desestimulo ao desenvolvimento de novas aplicações de IA?

Em relação ao anteprojeto de lei brasileiro inspirado no modelo europeu, indicado no capítulo 4, as incertezas e ceticismos acima não poderão ser diferentes. Uma crítica à responsabilidade objetiva proposta pela legislação brasileira é a ausência de indicação de uma resposta clara à responsabilidade de IA de alto risco, como foi a criação de um seguro obrigatório ao modelo europeu, a despeito das críticas acima. Ou seja, em um cenário de previsibilidade sobre um risco incerto, uma solução é melhor do que nenhuma.

Deveras, mesmo que existam resistências pela doutrina sobre a imposição de um seguro[46], há um passo claro para se propor uma solução harmonizada pela distribuição do risco e previsibilidade das regras para sua aplicação no futuro.

Dentre os avanços indicados pelas normações em questão, destaque para a existência de um órgão de controle e regulação da matéria de IA pelo Governo Federal brasileiro, semelhante à Agência Nacional de Proteção de Dados – ANPD, com o escopo de controlar e resolver eventuais incidentes decorrentes do uso da IA. Essa iniciativa pode ser um caminho interessante para dinamizar a regulamentação da matéria e controlo específico de um ramo do conhecimento que evolui constantemente, especialmente pela dinâmica criativa de novas configurações de negócios aplicáveis às plataformas digitais. Na mesma linha, a União Europeia formalizará um comitê específico para acompanhamento da evolução tecnológica da IA para ajustes dos anexos de sua Diretiva.

Ademais, os dispositivos analisados pelo presente relatório impõem exigências específicas de governança pelas plataformas e transparência nas relações contratuais com fornecedores e clientes, perfazendo um elemento relevante para se evitar novas contendas relacionadas aos danos causados pela IA.

Por fim, embora com necessários aperfeiçoamentos, como indicado alhures, a indicação de culpa na responsabilidade civil subjetiva denota um caminho relevante para as normações propostas. Importante consignar

[46] V. CHAVES, Natália Cristina. BARBOSA. Mafalda Miranda. ALBIANI, Christine. PIRES, Thatiane Cristina Fontão; SILVA, Rafael Peteffi da , FONSECA, Aline Klayse dos Santos e FORNASIER e Mateus de Oliveira.

que as normas em referência se inserem no ordenamento jurídico em um estágio de desenvolvimento da tecnologia em que não se expõe um risco verdadeiramente avançado à sociedade, sendo a regulação racional da distribuição da responsabilidade desenhada antes de um cenário de alto impacto de danos causados pela adoção massiva de IA por todos os meios de produção e consumo da nova economia.

Conclusões

O presente estudo não possui a pretensão de responder às questões indicadas no item antecedente, mas analisar criticamente o tratamento proposto para responsabilidade civil contratual por danos causados pela inteligência artificial, especialmente ao tratar das atividades envolvendo plataformas digitais. Da mesma forma, não cabe aqui defender uma escolha sobre alternativas para custeio do risco, como a criação de um fundo coletivo de custeio do risco ou distribuição do custo ao ente estatal dotado de arrecadação fiscal, financiada por toda a sociedade, mas uma reflexão sobre os modelos propostos até aqui.

A distribuição de responsabilidade sobre o risco sempre se mostrou uma relação de tensão entre o empreendedor, população e governo, compondo-se de fricções sobre os interesses antagónicos de cada uma das partes na acomodação de uma nova realidade económica e social. Ao se propor uma hipótese normativa de imposição de responsabilidade sobre o risco, as partes se acomodarão ao novo arquétipo normativo de forma a adaptar seus interesses à cogência natural de uma norma jurídica.

É cedo para se apontar como se comportarão os polos da relação (empreendedor, população e governo) caso se aplique a responsabilidade objectiva para os sistemas de IA de alto risco e a responsabilidade subjetiva para os outros sistemas de IA. No entanto, sem sombra de dúvidas, a aplicação tecnológica prevista pela IA não será descontinuada, compelindo forte interesse por novos investimentos em soluções digitais no atual estágio económico e social.

Assim, o atual estágio de desenvolvimento da IA mostra-se ideal para o debate aberto sobre a distribuição racional da responsabilidade por todos os meios de produção e consumo da nova economia. Da mesma forma que o ceticismo sobre a substituição da mão-de-obra humana pelo robô se prolonga como uma preocupação à empregabilidade no futuro, sendo esse anseio respondido, em parte, com a geração de novos tipos de empregos no novo milénio, a nova dinâmica económica e social em formação deverá também responder às preocupações da aplicação das soluções para responsabilização do risco de uso da IA, especialmente sobre a distribuição equitativa da responsabilidade civil de danos contratuais.

Referências

ADA LOVELACE INSTITUTE. AI liability in Europe: anticipating the EU AI Liability Directive. Disponível em: https://www.adalovelaceinstitute.org/resource/ai-liability-in-europe/. Acesso em 17.10.2022.

ALBIANI, Christine. Responsabilidade Civil e Inteligência artificial: Quem responde pelos danos causados por robôs inteligentes? https://itsrio.org/wp-content/uploads/2019/03/Christine-Albiani.pdf

BARBOSA, Ana Mafalda Castanheira Neves de Miranda. "Responsabilidade civil das plataformas digitais". Revista de Direito da Responsabilidade 4 (2022): 791-810.

BARBOSA, Mafalda Miranda. Inteligência artificial, e-persons e direito: desafios e perspetivas. Congresso Direito e Robótica, organizado pelo grupo de investigação Contrato e Desenvolvimento Social, no âmbito do projeto UID/DIR04643/2013 «De- safios sociais, incerteza e direito», desenvolvido pelo Instituto Jurídico da Faculdade de Direito de Coimbra.

BARBOSA. Mafalda Miranda. Inteligência artificial: entre a utopia e a distopia, alguns problemas jurídicos. 1ª ed. – Coimbra:Gestlegal, 2021.

BRASIL. Relatório final da Comissão de Juristas responsável por subsidiar elaboração de substitutivo sobre inteligência artificial no Brasil. Disponível em: https://www.stj.jus.br/sites/portalp/SiteAssets/documentos/noticias/Relato%cc%81rio%20final%20CJSUBIA.pdf . Acesso: 06.jan.2023.

CHAVES, Natália Cristina. Inteligência artificial: os novos rumos da responsabilidade civil. Direito Civil Contemporâneo, organização CONPEDI/UMinho. Disponível em: https://www.conpedi.org.br/publicacoes/pi88duoz/c3e18e5u/7M14BT72Q86shvFL.pdf

DINIZ, Maria Helena.Curso de Direito Civil Brasileiro: 7. Responsabilidade Civil. São Paulo: Saraiva, 2011.

EUROPEAN COMISSION. Proposal for a directive of the European Parliament and of the Council on liability for defective products. Disponível em: https://single-market-economy.ec.europa.eu/document/3193da9a-cecb-44ad-9a9c-7b6b23220bcd_en. Acesso em: 17/10/2022.

EUROPEAN COMISSION. Proposal for a Directive on adapting non contractual civil liability rules to artificial intelligence. Disponível em: https://ec.europa.eu/info/files/proposal-directive-adapting-non-contractual-civil-liability-rules-artificial--intelligence_en. Acesso em: 17/10/2022.

EUROPEAN LAW INSTITUT. Model Rules on Online Platforms Report. Disponível em: https://www.europeanlawinstitute.eu/fileadmin/user_upload/p_eli/Publications/ELI_Model_Rules_on_Online_Platforms.pdf. Acesso: 06.jan. 2023.

EUROPEAN COMISSION. European Parliament resolution of 20 October 2020 with recommendations to the Commission on a civil liability regime for artificial intelligence (2020/2014(INL)). Disponível em: https://www.europarl.europa.eu/doceo/document/TA-9-2020-0276_EN.html#title2. Acesso: 06.jan.2023.

EUROPEAN COMISSION. Proposal for a Directive of the European Parliament and of the Council on adapting non-contractual civil liability rules to artificial intelligence (AI Liability Directive). Disponível em: https://op.europa.eu/en/publication-detail/-/publication/69a30765-432b-11ed-92ed-01aa75ed71a1/language-en/format-PDF. Acesso: 06.jan.2023.

EUROPEAN COMISSION. Questions & Answers: AI Liability Directive. Disponível em: https://ec.europa.eu/commission/presscorner/detail/en/QANDA_22_5793. Acesso em 17/10/2022.

EUROPEAN COMISSION. Proposal for a Directive on adapting non contractual civil liability rules to artificial intelligence. Disponível em: https://ec.europa.eu/info/files/proposal-directive-adapting-non-contractual-civil-liability-rules-artificial--intelligence_en. Acesso em: 17/10/2022.

EUROPEAN PARLIAMENT. Proposal for a Regulation on a European Approach for Artificial Intelligence Q2 2021. Disponível em: https://www.europarl.europa.eu/legislative-train/carriage/regulation-on-artificial-intelligence/report?sid=6501. Acesso: 06.jan.2023.

FERNANDEZ, Elizabeth. A prova difícil ou impossível. Estudos em homenagem ao Prof. Doutor José Lebre de Freitas, Org. Armando Marques Guedes et al.. 1ª ed. Coimbra: Coimbra Editora, 2013.

FONSECA, Aline Klayse dos Santos. Delineamentos jurídico-dogmáticos da inteligência artificial e seus impactos no instituto da responsabilidade civil. civilistica.com,a. 10. n. 2. 2021, https://www.researchgate.net/publication/356588406

FORNASIER, Mateus de Oliveira. Questões fundamentais acerca da responsabilidade civil da inteligência artificial. Civilistica.com, a. 11, n. 2, 2022, P. 10.

JORNAL OFICIAL DA UNIÀO EUROPEIA. Regime de responsabilidade civil aplicável à inteligência artificial. Disponível em: https://eur-lex.europa.eu/legal--content/PT/TXT/PDF/?uri=CELEX:52020IP0276&from=PL#:~:text=Os%20cidad%C3%A3os%20devem%20ter%20o,na%20nova%20tecnologia%20seja%20refor%C3%A7ada. Acesso em 17/10/2022.

MARTINS. Maria Inês de Oliveira. A Imposição contratual de condutas de controle do risco: A experiência europeia em diálogo com o ordenamento brasileiro, vigente e prospectivo. São Paulo:Roncarati, 2019.

NEVES. António Castanheira. Pessoa, direito e responsabilidade, in António Castanheira Neves. Digesta – escritos acerca do direito, do pensamento Jurídico da sua metodologia e outros, 3º. Vol., Coimbra: Coimbra Editora, 2008.

PIRES, Thatiane Cristina Fontão; SILVA, Rafael Peteffi da. A responsabilidade civil pelos atos autônomos da inteligência artificial: notas iniciais sobre a resolução do Parlamento Europeu. Revista Brasileira de Pol. Públicas, Brasília, Vol. 7, nº 3, 2017, p. 238-254 Disponível em: https://www.cidp.pt/publicacoes/revistas/rjlb/2017/6/2017_06_1475_1503.pdf

SOUSA. Susana Aires de. Introduction – AI in the economic sector: prevention and responsability. In Artificial Intelligence in the Economic Sector: Prevention and Responsability. (Antunes, Maria João e Sousa, Susana Aires de., coordenadoras), desenvolvido pelo Instituto Jurídico da Faculdade de Direito de Coimbra.

TARTUCE. Flávio. Responsabilidade civil objetiva e risco, São Paulo: Método, 2011.

VENOSA, Sílvio de Salvo. Direito Civil: responsabilidade civil. 4 ed. São Paulo: Atlas, 2004.

DIREITO PÚBLICO

12. INTELIGÊNCIA ARTIFICIAL E FILOSOFIA GREGA ANTIGA: O MUNDO METAVERSO É UMA CAVERNA PLATÔNICA?

CARMEM LÚCIA GOMES LIMA MELO FILHA

Introdução

O experimento da maiêutica socrática no estudo sobre a Inteligência Artificial e o novo mundo Metaverso resulta do instigante e marcante mergulho jusfilosófico no processo investigatório, além do amplo exame de díspares visões ético-políticas e da profunda análise de diversas percepções socioculturais semeadoras de relevantes questionamentos jurídico-axiológicos, como: O que é Inteligência Artificial? O mundo Metaverso é uma caverna platônica? O que são seres artificiais e algoritmos? A inteligência artificial é um método manipulatório humano? É necessária a evolução progressiva da normatividade jurídica-axiológica sobre o novo Mundo Artificial? Diversas são as perguntas epistemológicas e inúmeros os dilemas de conteúdo ontológico, teleológico, sociocultural e ético-político sobre o referido tema.

Com efeito, a tentativa de formulação das respostas às interrogações apresentadas, por meio do estudo da Filosofia Grega Antiga e das legislações vigentes (nacionais, supranacionais e internacionais), somado ao exame crítico-reflexivo quanto às propostas de regulamentos ou projetos de leis, visam ponderar o viver e conviver no novo Mundo Artificial, com base nos valores ético-humanistas e nos princípios jurídicos-axiológicos pleiteados pelas sociedades democráticas e assegurados pelos Estados Democráticos de Direito.

A ênfase na caminhada filosófica grega, com o estudo da *Alegoria da Caverna,* no clássico livro *A República,* do filósofo grego Platão (428/427 – 348/347 a.C.), constitui uma das fontes à investigação reflexiva e ao pensamento crítico sobre este novo mundo. No contexto global cibernético, o referido estudo jusfilosófico tem o lacônico *iter*, no seguinte trajeto: a descrição de momentos fácticos, o desenho histórico-cultural, a avaliação da relevância e das implicações sociopolíticas, além do necessário progresso civilizatório derivado da normatização jurídica-axiológica, ante a hodierna e complexa multidimensionalidade das relações entre os seres humanos e as máquinas, como os sujeitos e os objetos de direito, respectivamente, num mundo atônico e acrônico, ora denominado como novo mundo Metaverso.

Diante disso, alcançar as respostas às interrogações formuladas, fundamentada no estudo jusfilosófico, histórico-cultural e sociopolítico, requer a comparação alegórica entre a caverna platônica da Antiguidade e o novo Mundo Artificial contemporâneo. Este novo planeta cibernético, constituído por sujeitos virtuais idealizados e concebidos pelos seres humanos que (con)vivem numa sociedade digital em desenvolvimento, fecunda e abrolha momentos fáctico-históricos de alienação dos seres humanos e de manipulação das sociedades (não)democráticas, por meio do uso dos seres artificiais, dos algoritmos e da exploração regressiva da Inteligência Artificial.

Seguramente, a realização da crítica-reflexiva sobre a referida matéria e a caminhada jusfilosófica exigem uma lacônica visita ao passado da Filosofia Antiga e da Filosofia Moderna, dos respectivos filósofos Aristóteles, Jean Jacques Rousseau e Baron de Charles de Scondat Montesquieu, como fontes axiológicas e epistemológicas para a interpretação do presente e do esperançoso futuro cibernético. Entretanto, o foco basilar deste estudo constitui a apresentação e o experimento da Filosofia Grega Antiga, de modo peculiar, do filósofo grego Platão, no novo Mundo Artificial, não obstante, abalizada no preceito de Madame Gabrielle Emillie du Châtelet, *in verbis*: "*O presente é enriquecido pelo passado e pelo futuro*[1]".

A imperiosa e a urgente normatividade jurídica-axiológica da matéria resta confirmada com a vital e a cautelosa normatização jurídico-constitucional sobre o tema, notadamente, prevista no artigo 35 da Constituição da República Portuguesa; e, primariamente, no artigo 5, inciso LXXIX da Constituição da República Federativa do Brasil. Em destaque, a Carta

[1] DU CHÂTELET, Gabrielle Emillie Le Tonnerlier de Breteuil, Marquesa. *Discurso sobre felicidade*; prefácio de Elisabeth Badinter; tradução de Marina Appenzeller. São Paulo: Martins Fontes, 2002, p. 23.

Portuguesa dos Direitos Humanos na Era Digital e a Lei Federal brasileira nº 12.965/2014, popularmente chamada de "Marco civil da Internet", e, também, em fase de elaboração, o Regulamento do Parlamento Europeu e do Conselho, da União Europeia (UE), assim como o Projeto de Lei brasileiro nº 21, de 2020 em avalição do Senado Federal.

Ao concluir o prólogo da estimulante abertura do *iter* crítico-reflexivo, com a esperança de um denso exame maiêutico socrático sobre o jovem Mundo Artificial e a plausível normatividade jurídica-axiológica deste novo universo digital, apoiado na doutrina clássica do filósofo grego Platão, somado, neste exato momento, aos ensinamentos do filósofo grego Sócrates, segundo o qual: "*A vida não examinada não vale a pena ser vivida pelo homem*".

1. A apresentação e a aplicação da maiêutica socrática no estudo sobre a inteligência artificial

Inúmeros são os questionamentos sobre este inovador e profundo tema jusfilosófico, especialmente, em relação aos imaturos ou sequiosos frutos histórico-factuais, além da semeação de valores axiológicos e do florescer da normatividade jurídica da jovem matéria Inteligência Artificial, ora cultivada pelos múltiplos objetos, diversos e inovadores títulos, como: cibernético, cibercultura, ciberespaço, cibersegurança, software, hardware, informática, internet, robô, dispositivo eletrônico, processador, algoritmo, metaverso, avatar e muitas outras denominações. Certamente, constitui um novo mundo quântico em plena construção, máxima evolução tecnológica e incalculáveis modificações a cada zeptosegundo.

O enfoco à temática pelo método interpretativo maiêutico da Filosofia Grega Antiga, cujo pai foi condenado à morte por júri popular, aos setenta anos de idade, em 399 a. C., quando realizou o questionamento da ignorância humana, metodicamente descrita na obra *Apologia de Sócrates*, indagando:

> "*É, de fato, parecer saber o que não sabe. Ninguém sabe, se por acaso a morte não é maior de todos os bens para o homem, e, entretanto, todos temem, como se soubessem, com certeza, que é o maior dos males. E o que é senão a ignorância, de todas a mais reprovável, acreditar saber o que não se sabe?*"[2]

[2] PLATÃO. *Apologia de Sócrates – Banquete*. Texto Integral. São Paulo: Editora Martin Claret, 2000, p. 57.

Presentemente, a consciência da ignorância sobre o Mundo Artificial, por meio do método maiêutico socrático, torna estimulante a investigação dos seres artificiais e da jovem sociedade digital em desenvolvimento, bem como das atuais e futuras normas jurídica-axiológicas para regulamentação do novo universo incógnito. A busca pela compreensão do novo mundo digital requer o reconhecimento da nova realidade artificial, por meio do exame reflexivo, crítico e racional, ora aberto, pelo desenvolvido jusfilosófico com a formulação das perguntas multidimensionais e pela intensa investigação às respostas.

Nesse sentido, seguindo o ensinamento maiêutico socrático, descrito na obra platônica *Banquete*, na qual oferece o abundante questionamento e a profunda discussão sobre "*Quem é Eros?*"[3], aqui, realizando o enfoque jusfilosófico, floresce a abertura maiêutica com o questionamento: O que é Inteligência Artificial? A proposta do Regulamento do Parlamento Europeu e do Conselho, construindo as regras harmonizadas sobre a matéria, apresenta a resposta no primeiro parágrafo da "Exposição de Motivos", qual seja: "*A inteligência artificial (IA) é uma família de tecnologias em rápida evolução capaz de oferecer um vasto conjunto de benefícios económicos e sociais a todo o leque de indústrias e atividades sociais.*"[4] Também, a República Federativa do Brasil, o Projeto de Lei nº 21/2020, em avalição no Senado Federal, define a Inteligência Artificial, no artigo 2º, inciso I, *in verbis: "Para os fins desta Lei, considera-se: I – sistema de inteligência artificial: o sistema baseado em processo computacional que pode, para um determinado conjunto de objetivos definidos pelo homem, fazer previsões e recomendações ou tomar decisões que influenciam ambientes reais ou*

[3] Tal questão foi respondida pelo pai da maiêutica e os demais participantes do jantar, quais sejam: Fedro, Pausânias, Erixímaco, Aristófanes, Agáton, Alcibíades e Apolodoro. Ainda, outras diversas questões formuladas pelo sobre o "Deus do amor" ao promotor da reunião Agáton, como: *"Eros é amor de alguma coisa ou não?", "(...) se o pai é pai de um filho ou de uma filha; não é?", "Não dirias a mesma coisa da mãe?", "Que te parece: o irmão?", "É ou não irmão de alguém?", "Eros deseja ou não o objeto de que ele é amor?", "Mas, quando deseja e ama, possui ou não a coisa que deseja e ama?", "Sendo assim, continua a afirmar que Eros é belo?", "(...) não pensas que o que é belo também é bom?", in* PLATÃO. *Apologia de Sócrates – Banquete.* Texto Integral. São Paulo: Editora Martin Claret, 2000, p. 96-102.

[4] Proposta do Regulamento do Parlamento Europeu e do Conselho, Comissão Europeia, Bruxelas, 21.4.2021, COM (2021) 206 final, 2021/0106(COD).

virtuais; (...)".[5] Importante destacar que a normatização jurídica-axiológica brasileira sobre o mundo digital teve início com a promulgação da Lei nº 12.965, em 23 abril de 2014, popularmente chamada de "Marco civil da Internet", que estabeleceu os princípios, as garantias, os direitos e os deveres para o uso da Internet, definida no artigo 5º, da referida lei federal, *in verbis*:

> *"Para os efeitos desta Lei, considera-se: I – internet: o sistema constituído do conjunto de protocolos lógicos, estruturado em escala mundial para uso público e irrestrito, com a finalidade de possibilitar a comunicação de dados entre terminais por meio de diferentes redes; (...)"*[6].

A definição qualitativa jurídica da Inteligência Artificial apresentada, notadamente, pela União Europeia como "*família de tecnologias em rápida evolução"*, somada ao conceito normativo delineado na proposta de lei brasileira como *"processo computacional (...) conjunto de objetivos definidos pelo homem"*, apontam a ideia jurídica-normativa de Inteligência Artificial como um meio, em veloz desenvolvimento tecnológico e informatizado. Sem dúvidas, a produção da definição legislativa, ora apontada, revela as árduas e contínuas tarefas socioculturais, ético-políticas e jurídico--axiológicas, em relação à elaboração, fiscalização e concretização de normas jurídicas nacionais, supranacionais e internacionais em direção ao devido regramento da vida robótica e do convívio do humano com os seres e a sociedade artificiais.

Atualmente, os sete bilhões de seres humanos realizam a comunicação, o consumo, o trabalho, a educação, o entretenimento, a informação, a religião e outras diversas ações ou atividades, por meio das máquinas, dos robôs, dos seres cibernéticos, da internet e dos múltiplos outros seres artificiais. Sobretudo, a maioria dos seres humanos vivem e convivem concentrados nos diversos instrumentos de comunicação *online*, como:

[5] Projeto de Lei nº 21, de 2020 aprovado pelo plenário da Câmara dos Deputados, em 29 de setembro de 2021.

[6] Lei nº 12.965, em 23 abril de 2014. *Estabelece princípios, garantias, direitos e deveres para o uso da Internet no Brasil.* Brasília, 23 de abril de 2014; 193º da Independência e 126º da República. Presidenta da República DILMA ROUSSEFF. Publicado no DOU de 24.4.2014.

Google *Chat, Youtube, Facebook, Twitter, Instagram, Tumblr, Pinterest, WhatsApp, Telegram, Snapchat* e outros[7].

De maneira formidável, o compositor, cantor e multi-instrumentista brasileiro, Gilberto Gil (1942), delineia a vida dos usuários da Internet, também chamados de internautas, através da arte musical da canção lançada em 1997, denominada *"Pela internet"*, no álbum *Quanta*, descrevendo:

> *"Criar meu web site*
> *Fazer minha homepage*
> *Com quantos gigabytes*
> *Se faz uma jangada e um barco que veleje*
>
> *Que veleje nesse info-mar*
> *Que aproveite a vazante da info-maré*
> *Que leve um oriki do meu velho orixá*
> *Ao porto de um disquete de um micro em Taipe*
>
> *Um barco que veleje nesse info-mar*
> *Que aproveite a vazante da info-maré*
> *Que leve meu e-mail lá até Calcutá*
> *Depois de um hot-link (...)."*[8]

Realmente, a referida obra musical brota uma incrível descrição artística do nascimento de um novo mundo cibernético, edificado com a construção de *web site* e de *homepage* pelos usuários, além da exposição do transporte eletrônico pelo simples barco do internauta velejando no ilimitado info-mar, viajando por e-mail e vivendo com seus gigabytes. O admirável fruto artístico, apresentado no final da década de noventa, expõe o conhecimento e a apreciação do novo mundo virtual, criado e desenvolvido por meio da Inteligência Artificial, em plena e progressiva evolução tecnológica.

Este avanço tecnológico cibernético de construção e de progresso do mundo digital, aqui objeto de estudo, constitui o assunto do próximo

[7] É importante destacar a nitidez factual quanto à ausência da informática no Planeta Azul como um todo, em especial, no continente africano e outras diversas nacionalidades.

[8] GIL, Gilberto. *Pela internet*, Quanta, Columbus: Bluemoon Recordings, 1997.

questionamento filosófico, qual seja: O mundo Metaverso é uma caverna platônica? Para iniciar a descoberta deste novo ambiente, com o amparo na Filosofia Grega Antiga, agora, o estudo sugere a entrada e a apreciação da caverna platónica.

2. A experiência e o exame do novo mundo metaverso como uma caverna platônica

A clássica obra platônica *A República (ou Da Justiça)*, em especial, o Livro Sétimo, denominado *Alegoria da Caverna,* apresenta a descoberta de um novo universo após a saída da subterrânea caverna por um dos humanos prisioneiros. Primeiramente, o filósofo grego apresenta, de forma detalhada, o local e a iluminação solar do ambiente, onde os seres humanos habitando *"(...) uma espécie de caverna subterrânea, com uma longa entrada acima aberta para a luz e tão larga como a própria caverna"*[9]. Diversas são as minúcias do ambiente esboçado, como a construção *ao longo dessa vereda um muro baixo, como o anteparo diante de manipuladores de marionetes acima do qual eles a exibem*[10], bem como a exposição das atividades praticadas pelas pessoas que habitavam o local, quais sejam: *carregam todo tipo de artefatos que são erguidos acima do nível do muro: estátuas de seres humanos e de outros animais, confeccionadas de pedra, madeira e todo material*[11]. Ainda, o autor determina a qualificação dos habitantes da caverna e respectivas crenças, ao afirmar: *"(...) prisioneiros acreditariam cabalmente que o real não seria nada mais senão as sombras desses artefatos."* [12] Ademais, descrevendo e proporcionando a limitada e sombria visão dos humanos na caverna, *desde a infância, imobilizados no mesmo lugar, com pernas e pescoços sob grilhões, unicamente capazes de ver à frente, seus grilhões os impedindo de virar suas cabeças*[13].

Com efeito, as limitações reveladas e delineadas sobre a alegoria do cárcere humano na caverna platônica resultam da exposição e dos questionamentos do contorno oculto e restrito dos humanos neste mundo, por isso, a saída desta caverna equivale à *libertação dessas correntes e a cura*

[9] PLATÃO. *A República (ou da Justiça): Platão.* Livro Sétimo – tradução, textos adicionais e notas Edson Bini – 3ª ed. (Clássicos Edipro) São Paulo: Edipro, 2019, p. 323.

[10] *Ibidem*, p. 323.

[11] *Ibidem*, p. 323.

[12] *Ibidem*, p. 324.

[13] *Ibidem*, p. 323.

dessa insensatez. A obra analisada, detalhadamente, assevera a libertação do prisioneiro quando o ser humano "(...) *é libertado e subitamente obrigado a se se levantar, virar o pescoço, caminhar e – erguendo o olhar – fitar a luz, experimentaria dor devido à ofuscação da vista e ficaria incapacitado para ver as coisas cujas sombras vira antes*"[14]. Ao chegar do lado de fora, o humano apreciaria o iluminado céu, *mais facilmente à noite, contemplando a luz das estrelas e a lua, do que de dia, contemplando o sol e a luz deste*[15]. Após período de adaptação, o humano *se capacitaria a ver o próprio sol, não seus reflexos na água ou em lugar estranho, mas o próprio sol em seu próprio posto, se tornando capaz de perscrutá-lo*[16]. Enfim, de forma descritiva e detalhista, o autor oferece o denso contexto da libertação do ser humano, descrevendo as sensações minuciosas da saída da prisão e as intensas surpresas da descoberta do céu, além do cristalino da água e os efeitos luminosos das estrelas, da lua, do sol.

Diante da circunscrição e qualificação das mutações proporcionadas na descrição e desenvolvidas na análise platônica, somado ao estudo do tema cibernético de Inteligência Artificial, brota a questão: conhecer o Mundo Artificial é uma saída da caverna platônica? Em primária conclusão, a resposta seria positiva, se a caminhada do ser humano fosse, verdadeiramente, em direção ao mundo livre e iluminado, como ocorre na exposição platônica, pela qual o homem liberto dos grilhões e da escuridão da caverna peregrina no novo e luzente mundo. Entretanto, a consciência da plausível ignorância e da necessidade do constante e profundo estudo sobre o Mundo Artificial, em evolução a zeptosegundo, assim como a urgência da atualização normativa jurídica-axiológica sobre a matéria, nos Estados Democráticos de Direito, evidenciam a inversão conclusiva, brotando uma nova dúvida: o Mundo Artificial é uma caverna platônica?

Estudar e responder algumas indagações sobre a descoberta do novo Mundo Artificial como a saída do humano de uma caverna subterrânea, apresentada minuciosamente pelo filósofo grego Platão, no livro clássico ora em estudo, talvez, corresponda a um experimento de libertação, todavia, o jovem mundo digital pode corresponder, na verdade, à prisão ideológica e viciante da caverna platônica. No entanto, como quão

[14] *Ibidem*, p. 324.

[15] PLATÃO. *A República (ou da Justiça): Platão*. Livro Sétimo – tradução, textos adicionais e notas Edson Bini – 3ª ed. (Clássicos Edipro) São Paulo: Edipro, 2019, p. 325.

[16] *Ibidem*, p. 325.

grandemente ensina Antonio Barbosa de Melo: "*O mistério do homem, em suma, é produto de uma ignorância vencível para a razão científica.*[17]"

Neste sentido, o estudo racional, axiológico e científico sobre a Era Digital, por meio da descrição fática-histórica e da formulação de dilemas ontológicos e multiculturais, assim como da análise sociopolítica e jurídico-normativa, em andamento neste artigo, anseia a produção de respostas a mais uma pergunta, qual seja: o que é Metaverso? Este novo mundo é definido como um ciberespaço, um ambiente virtual imerso, coletivo e persistente, onde vivem e convivem os avatares. A resposta gera mais uma questão: O que é avatar? É um cibercorpo ou uma representação humana digital, produzida pela Inteligência Artificial e manipulada pelo humano. A criação destes inéditos seres e novos mundos artificiais deriva a afirmação da quarta Revolução Industrial, desenvolvida pelo emergente e constante avanço tecnológico e robótico.

Enxergar este novo mundo como a entrada ou a saída de uma caverna subterrânea, nos moldes descritos pela visão platônica, brota o debate ético-axiológica da controvérsia sociopolítica e, notadamente, das radicais perspectivas econômicas neoliberais. Acender o fundamental exame crítico e energizar a discussão democrática entre os seres humanos integrantes das sociedades democráticas participativas e dos respectivos Estados democráticos de Direito, além da profunda reflexão sobre os limites virtuais da ciência 2.0 na comunidade global, em plena evolução progressiva neste planeta artificial.

No sentido contrários, os traços visuais dos seres e dos objetos proporcionados aos humanos na caverna platônica, especialmente, as sombras dos humanos, dos animais, da pedra ou da madeira correspondem à visão limitada do aludido mundo, restrito à aparência e concentrado às sensações. Possivelmente, os seres humanos estão a viver semelhantes limitações e contemplações no mundo Metaverso, por meio da manipulação humana e do convívio entre os avatares. O estudo e a comparação dos dois mundos, a caverna e o artificial, proporcionam a formulação destes dilemas ontológicos e multiculturais, assim como demonstram a necessária análise sociopolítica e constante produção normativa axiológica para definição de limites à liberdade virtual na nova realidade artificial.

[17] BARBOSA DE MELO, Antonio. *Democracia e Utopia (Reflexões)*. Porto: Editora Instituto de Ciências Humanas e Teológicas do Porto, 1980, p. 17.

Certamente, o examinado Mundo Artificial deriva da inovadora e da extraordinária construção artificial, resultante dos avanços tecnológicos e cibernéticos a cada zeptosegundo, mas pode, também, ser manipulado como um objeto aterrorizante, ameaçador e transgressor de direitos e deveres fundamentais dos seres humanos, especialmente, um mecanismo digital violador da dignidade da pessoa humana, declarada a todos os membros da família humana e garantida pela Declaração Universal de Direitos Humanos[18].

Recentemente, em 2021, o cantor e compositor brasileiro Caetano Veloso delineia as fronteiras ilusórias e os alcances irreais do novo mundo virtual, por meio da canção "Anjos Tronchos", diversamente, do espectro positivo descrito em 1997, pelo irmão do *Doces Bárbaros*, o artista Gilberto Gil. Tal arte musical ilustra a negatividade da existência na escuridão digital e o exacerbado espectro lucrativo do Mundo Artificial, nos versos a seguir transcritos:

"Uns anjos tronchos do Vale do Silício
Desses que vivem no escuro em plena luz
Disseram: vai ser virtuoso no vício
Das telas dos azuis mais do que azuis.

Agora a minha história é um denso algoritmo
Que vende venda a vendedores reais,
Neurônios meus ganharam novo outro ritmo
E mais e mais e mais e mais e mais.

Primavera Árabe- e logo o horror
Querer que o mundo acabe-se:
Sombras do amor.

[18] DECLARAÇÃO UNIVERSAL DE DIREITOS HUMANOS, Preâmbulo. Considerando que o reconhecimento da dignidade inerente a todos os membros da família humana e dos seus direitos iguais e inalienáveis constitui o fundamento da liberdade, da justiça e da paz no mundo; Considerando que o desconhecimento e o desprezo dos direitos do homem conduziram a actos de barbárie que revoltam a consciência da Humanidade e que o advento de um mundo em que os seres humanos sejam livres de falar e de crer, libertos do terror e da miséria, foi proclamado como a mais alta inspiração do homem; Considerando que é essencial a protecção dos direitos do homem através de um regime de direito, para que o homem não seja compelido, em supremo recurso, à revolta contra a tirania e a opressão; (...).

Palhaços líderes brotaram macabro
No império e nos seus vastos quintais
Ao que revêm impérios já milenares
Munidos de controles totais (...)."[19]

A canção de Caetano Veloso oferece o fascinante relato artístico e a esplêndida crítica-reflexiva do atual Mundo Artificial, anteriormente, contado como um encantador e atraente novo mundo, hoje em dia, delineado como uma fonte do vício de hiperconectividade, do sedentarismo excessivo ou da escravidão digital, bem como dos transtornos psicossociais dos seres consumidores deste mundo, dependentes de avaliação médica por causa dos corriqueiros sintomas (como: a insônia, a ansiedade, a depressão) e, até mesmo, produtores de possíveis suicídios.

Seguramente, o mundo Metaverso pode ser uma mina de sombras, vícios e crimes praticados pelos humanos. A investigação e a constatação da prática de crimes cibernéticos, isto é, o uso ilegal e imoral da tecnologia digital, tornou-se extremamente rotineiro e popular. Sem dúvidas, a vida digital ilusória e reducionista dos internautas nas redes sociais equivale a *uma carga móvel em um navio em alto mar*[20], derivado dos extremos ideais capitalistas, defensores da existência exclusivamente individualista, bem como criadores da alienada identidade virtual e ilusória personalidade fictícia, centradas no exibicionismo do corpo, bens e prazeres. Ainda, somado à defesa ilimitada do acúmulo da riqueza econômica, por meio da nova unidade representativa de valor, alcunhada como criptomoeda, produzida e adquirida neste novo mundo *fake*. Consequentemente, a exclusividade do viver e conviver artificiais promove o isolamento físico, provoca a fobia social e potencializa o vício da interatividade digital, por meio da construção da caverna artificial ou da bolha social virtual, ora denominada como Metaverso. Neste momento, importante destacar a crítica platônica sobre o isolamento humano, no seguinte trecho: "*Ora, o que não consegue viver em sociedade, ou que não necessita de nada porque se basta a si mesmo, não participa do Estado; é um bruto ou uma divindade.*"[21]

[19] VELOSO, Caetano. *Anjos Tronchos,* Meu cocc, Rio de Janeiro: Sony Music 2021.

[20] HABERMAS, Jürgen. *Mudança estrutural na Esfera Pública: investigações sobre uma categoria da sociedade burguesa*. Tradução Denilson Luíx Werle – 1ª ed. São Paulo: Editora Unesp, 2014, p. 489.

[21] PLATÃO. *A República (ou da Justiça): Platão.* Livro Sétimo – tradução, textos adicionais e notas Edson Bini – 3ª ed. (Clássicos Edipro) São Paulo: Edipro, 2019, p. 15.

Consoante tracejado, o ambiente digital pode ser hostil, desigual, inclusive, um espaço para prática de ações ilícitas, antiéticas e imorais, como os crimes da ciberextorção, as fraudes e apropriações virtuais ilegais, a espionagem cibernética, os jogos de azar ilegais, entre outros crimes cibernéticos. Em contrapartida, a versão criativa e benéfica da Inteligência Artificial deve ser divulgada e felicitada, sobretudo, no período inicial de enfrentamento da pandemia da Covid-19 e o imprescindível período de distanciamento social, produtor da necessidade fundamental de uso dos ambientes coletivos virtuais para controle do aumento de contágio e de proliferação desta doença, por meio da tecnologia, de modo específico, nas áreas de: teletrabalho, telemedicina, telenutrição, ciberedução, ampliação da audiência no jornalismo digital e acesso virtual à cultura.

Resta relevante frisar que as transformações realizadas nas mencionadas categorias de serviços prestados, públicos ou privados, ocorreram, excepcionalmente, no período de emergência oriundo da pandemia, garantindo a concretização de direitos humanos fundamentais, como: o direito à vida, o direito à saúde, o direito à segurança pessoal, o direito social à educação e cultura, entre outros. Todavia, evidenciou e corroborou a necessidade de normatização jurídica-axiológica dos citados serviços digitais, uma vez que prestados por meio da tecnologia cibernética.

Enfim, ao conhecer, questionar e estudar o ignoto universo Metaverso, em plena construção e veloz evolução, produzido pela Inteligência Artificial como uma plausível caverna platônica, provoca a continuidade das interrogações expostas: O que são seres artificiais e algoritmos? A inteligência artificial é um método manipulatório humano? É necessária a evolução normativa jurídica-axiológica sobre o novo Mundo Artificial? *Pergimus iter!*

3. Os novos seres artificiais deste mundo artificial e os inovadores algoritmos da inteligência artificial

O exame crítico-reflexivo do novo mundo Metaverso como uma caverna platônica, anteriormente principiado, produz o questionamento conceptual dos novos seres artificiais e dos modernos componentes tecnológicos alcunhados como algoritmos, além da observação reflexiva da nova linguagem virtual criada e multiplicada nos ambientes virtuais. Ante as definições qualitativas já apresentadas sobre a Inteligência Artificial no respectivo Mundo Artificial, torna extremamente relevante distinguir estes jovens seres artificiais em relação aos seres humanos.

Excepcionalmente, alguns estudiosos defendem a paradoxal classificação dos seres artificiais como humanos, a denominada teoria transumanista, pela qual os seres humanos são futuros seres imortais com o uso da Inteligência Artificial. A possibilidade da imortalidade apresentada por um estudo deste orbe, onde os humanos são máquinas imortais, talvez, torne prudente a reflexão irônica socrática sobre o conceito de morte, na qual "(...) *morrer é uma ou outra destas duas coisas: ou o morto não tem absolutamente nenhuma existência, nenhuma consciência do que quer que seja, ou, como se costuma dizer, a morte é precisamente uma mudança de existência e, para a alma, uma migração deste lugar para outro. Se de fato, não há sensação alguma, mas é como um sono, a morte seria um maravilhoso presente.*"[22] Nesta descrição fáctica e argumentativa apresentada pelo filósofo grego Platão, em relação à arguição interrogativa típica do filósofo grego Sócrates, neste momento, realizada após ser condenado a ingerir cicuta, gerando a conclusão da *Apologia* com o questionamento do eventual benefício da morte, *in verbis*: "*Mas, já é hora de irmos: eu para a morte, e vós para viverdes. Mas, quem vai para melhor sorte, isso é segredo, exceto para Deus.*"[23]

Retornando ao exame interpretativo da teoria transumanista, importante aplaudir o extraordinário ensinamento do jurista e professor Doutor João Carlos Loureiro, no artigo *BENS, MALES E (e)(E)STADOS (IN) CONSTITUCIONAIS: socialidade e liberdades(s). Notas sobre uma pandemia*, ao asseverar que esta *forma mais radical inscreve-se, por ora, num horizonte de (dis)(u)topia, apresentando-se como uma outra forma de anti-humanismo, a partir de uma desmesurada confiança na técnica*[24]. Sem dúvidas, afirmar e garantir que o ser humano é uma futura máquina imortal, equivale à realização da instrumentalização humana criticada, admiravelmente, pelo jurista e professor Doutor Antonio Barbosa de Melo, no livro *Democracia e Utopia*, ao ensinar que *deve imperar, sem quebras, a norma primordial segundo a qual* ninguém deve instrumentalizar ninguém. *Esta é a norma fundamental*

[22] PLATÃO. *Apologia de Sócrates – Banquete*. São Paulo: Editora Martin Claret, 2000, p. 76.

[23] *Ibidem*, p. 78.

[24] LOUREIRO, João Carlos. (2020). *BENS, MALES E (e)(E)STADOS (IN)CONSTITUCIONAIS: socialidade e liberdades(s)*. Notas sobre uma pandemia. REI – REVISTA ESTUDOS INSTITUCIONAIS, 6(3), 787-832, p. 817.

(Grund-norm) da ordem jurídica e social da democracia.[25] Somando à magnífica conclusão ora apresentada ao ensinamento jusfilosófico do professor Doutor Alexandre Libório Dias Pereira, no artigo intitulado *Ius ex machina? Da informática jurídica ao computador-juiz*, oferecendo o arremate irrefutável, pelo qual *o sistema informático é desprovido de espírito*[26].

Defender o ser humano como um instrumento imortal, oriunda do distanciamento do princípio basilar e supremo da ordem jurídica--axiológica, a raiz do Direito, a qual alicerça as Constituições Democráticas e a Declaração Universal de Direito Humanos, qual seja: o princípio fundamental da dignidade da pessoa humana. Com certeza, é extraordinário aludir a brilhante definição qualitativa oferecida por Jorge Reis Novais, na obra *A dignidade da pessoa humana*, pela qual este *princípio dos princípios deve prevalecer sobre quaisquer outras razões, valores, bens, interesses ou direitos que apontem em sentido divergente ou contrário.*[27]

O ser artificial, também chamado de ser digital, é um instrumento criado e controlado pelo humano, bem como limitado e regrado como uma máquina, um aparelho, um utensílio e outros títulos. Além disso, o ser artificial possui o preço definido pelos criadores de dados ou cientistas da computação, mas, principalmente, pelo novo mercado da Inteligência Artificial. Deste modo, por enquanto, este instrumento é um objeto de direito, quem sabe, após a criação de inéditas normas jurídicas pelos competentes poderes legislativos, brotará a legislação com a classificação do ser artificial como pessoa jurídica ou coletiva, com capacidade de possuir direitos e deveres, entretanto, até o momento, são objetos de direito produzidos neste Mundo Artificial.

Ante a dúvida exposta, resta prudente reafirmar o axioma antropológico elucidado pelo jurista Antonio Barbosa de Melo, ao definir o núcleo essencial da ideia humanista, nos termos seguintes: "(...) *nas*

25 BARBOSA DE MELO, Antonio. *Democracia e Utopia (Reflexões)*. Porto: Editora Instituto de Ciências Humanas e Teológicas do Porto, 1980, p. 17.

26 PEREIRA, Alexandre Libório Dias. «*Lex Informatica, Ius Ex Machina e Justiça Artificial*» in Jorge de Figueiredo Dias, José Joaquim Gomes Canotilho, José de Faria Costa (Org.), Ars Ivdicandi – Estudos em Homenagem ao Prof. Doutor António Castanheira Neves, STVDIA IVRIDICA, 90, Ad Honorem – 3, Volume I – Filosofia, Teoria e Metodologia, Coimbra, Coimbra Editora, 2008, 817-886; também in RJLB, Ano 3 (2017), n.º 1, p. 64.

27 NOVAIS, Jorge Reis. *A dignidade da pessoa humana*, 2ª ed. V.1: Dignidade e direitos fundamentais. Coimbra: Almedina, 2015 p. 9.

relações sociais cada pessoa singular e concreta é um fim em si mesma, possui uma dignidade, não tem preço; deve ser e valer sempre para os outros como sujeito, e nunca como objecto."[28] Com certeza, o ser humano é um ser abundantemente aberto e extremamente distante da acepção de objeto de direito, amplamente distinto quanto à definição qualitativa jurídica-axiológica do ser digital, pois a variante artificial reduz exclusivamente a uma máquina, sendo criada pelo humano e com um *determinado conjunto de objetivos definidos pelo homem*, como delibera o projeto de lei brasileiro nº 21, de 2020.

Profundamente, leciona a jurista e professora Doutora Ana Margarida Gaudêncio, no artigo *Responsabilidade como princípio e limite(s) da(s) (inter) subjectividade(s) jurídica(s): reflexões em torno da proposta de Castanheira Neves*, em relação ao *reconhecimento do homem – aqui compreendido no sentido de ser humano – como Pessoa, numa comunidade que é sua condição vital (empírica), existencial e ontológica, com base nesta se constituirão os pressupostos da sua assunção como sujeito de direito*[29]. Também, importante somar os ensinamentos do jurista e professor Doutor José Casalta Nabais, na obra *Por uma liberdade com responsabilidade: estudos sobre direitos e deveres fundamentais*, visto que ressalta qualitativamente o amparo da dignidade pessoa humana, com extrema relevância conceptual e jusfilosófica, ensinando e alertando para a defesa imperativa e imprescindível de *fazer tábua rasa da dignidade humana, ou seja, da ideia de pessoa humana como princípio e fim de sociedade e do estado*[30].

No sentido progressivo das definições qualitativas, outro fruto cibernético derivado da invenção humana neste universo é o algoritmo, o objeto examinado na próxima questão a oferecer: O que são algoritmos? Sinteticamente, são conjuntos de procedimentos precisos, operações sequenciais, lógicas e não ambíguas, padronizadas, eficientes e corretos do software. Por certo, a definição do algoritmo parece ser extremamente

[28] BARBOSA DE MELO, Antonio. *Democracia e Utopia (Reflexões)*. Porto: Editora Instituto de Ciências Humanas e Teológicas do Porto, 1980, p. 17.

[29] GAUDÊNCIO, Ana Margarida Simões. *Responsabilidade como princípio e limite(s) da(s) (inter) subjectividade(s) jurídica(s): reflexões em torno da proposta de Castanheira Neves*. Revista de Direito da Responsabilidade. Ano 2, págs. 771 e ss. Coimbra: Gestlegal, 2020, p. 777.

[30] NABAIS, José Casalta. *Por uma liberdade com responsabilidade: estudos sobre direitos e deveres fundamentais*. Coimbra: Coimbra Editora, 2007, p. 247.

complexa, mas, como elucida admiravelmente Pedro Domingos, no livro *The Master Algorithm*, o *algoritmo mais simples é: gire a chave*[31], pois é *uma sequência de instruções que informa ao computador o que ele deve fazer. Os computadores são compostos por bilhões de minúsculas chaves chamadas transistores, e os algoritmos ligam e desligam essas chaves bilhões de vezes por segundo.*[32] Em suma, representa o resultado tecnológico da capacidade cognitiva ilimitada do ser humano, sobretudo, aplicada à criação e ao desenvolvimento das máquinas digitais ou robôs.

Além disso, a descrição deste universo virtual requer a apresentação de uma nova linguagem, com diferentes palavras utilizadas pelos usuários no Planeta Azul, independente da origem ou nacionalidade, tais como: *account hacking, algoritmo, app, benching, Artificial biometria, bluetooth, bug, catfishing, cookies, delete, doxing, e-book, emoji, gatsbying, ghosting, gif, hak, hashtad, homebanking, kittenfishing, memes, mooning, netiqueta, post, phubbing, sexting, snnoping, sockpuppet, podcast, spam, stream, troll, viral, wiki, zumping.* Para a geração digital ou nativos digitais, formada por crianças e jovens nascidos a partir do ano 2.000, as referidas expressões não são inovações, apenas parte deste mundo em desenvolvimento. No entanto, para outra parte da população mundial, as expressões cibernéticas são verdadeiros enigmas a serem desvendados.

Realmente, a apresentação de inéditos algoritmos e nova linguagem decorre da exposição evolutiva civilizatória, regressista ou progressista, produzida pela Inteligência Artificial no contemporâneo mundo digital, profundamente descrito por Pedro Domingos, no trecho abaixo transcrito, sobre a magnitude da vida digital perpetuada aos algoritmos, *in verbis*:

> *"Atualmente, os algoritmos integram tudo que se faz no mundo civilizado. Eles fazem parte da trama que compõe nossa vida diária. Não estão apenas nos celulares ou laptops, mas nos carros, em nossa casa, nos utensílios domésticos e em brinquedos. As instituições bancárias são um imenso quebra-cabeça de algoritmos, com pessoas apertando botões do outro lado. Os algoritmos programam voos e também pilotam aeronaves. Eles gerenciam fábricas, comercializam e entregam mercadorias, calculam*

[31] DOMINGOS, Pedro. *O Algoritmo Mestre. Como a busca pelo algoritmo de machine learning definitivo recriará nosso mundo.* São Paulo: Basic Books, 2015, p. 24

[32] *Ibidem*, p. 24.

os lucros e mantêm registros. Se todos os algoritmos parassem de funcionar inesperadamente, o mundo que conhecemos chegaria ao fim."[33]

De fato, a criação de hodiernos seres artificiais e de novos algoritmos representam os avanços cibernéticos em constante desenvolvimento, entretanto, germinam a necessidade de controle ético-político democrático, principalmente, a importância da normatividade jurídica-axiológica quanto às inovações cibernéticas e à definição qualitativa de limites do uso das referidas máquinas, no sentido de impedir a manipulação das grandes massas populacionais, sobretudo, em relação aos conteúdos radicais e extremistas de teorias sociopolíticas, teológicas e culturais, brotando os enormes problemas regressivos civilizatórios neste Mundo Artificial.

A aludida tarefa procura evitar a concepção de cavernas platônicas no universo digital, onde os usuários virtuais são prisioneiros deste mundo artificial manipulador e restritivo às marionetes consumistas, além das sombras antidemocráticas e anti-humanitárias, provocando mais uma questão ao estudo jusfilosófico: a Inteligência Artificial é um método manipulatório humano?

4. A inteligência artificial é um método manipulatório humano: uma caverna platônica?

Algumas indagações foram respondidas com o experimento da maiêutica socrática no presente processo investigatório do novo universo artificial, especificamente, em relação às definições qualitativa de alguns objetos de estudo jusfilosófico, quais sejam: a Inteligência Artificial, o Metaverso, os seres artificiais e os algoritmos. Contudo, mais um tema a ser analisado e ponderado de modo crítico-reflexivo trata da interpretação de Inteligência Artificial como um método manipulatório humano, neste sentido, brotando a ideia do mundo Metaverso como uma caverna platônica.

Hodiernamente, o Mundo Artificial constitui um abrigo digital de intensas, escuras e múltiplas práticas ilícitas, como: a alienação artificial dos indivíduos, a manipulação virtual das imagens, a alteração artificial de importantes notícias jornalísticas e acontecimentos históricos, a retórica do ódio digital e a criação das teorias conspiratórias, não-científicas,

[33] DOMINGOS, Pedro. *O Algoritmo Mestre. Como a busca pelo algoritmo de machine learning definitivo recriará nosso mundo.* São Paulo: Basic Books, 2015, p. 24.

antidemocráticas, anti-humanitárias e repressoras culturais, tais como: "*o planeta Terra é plano*", "*a UNESCO propaga a pedofilia*", "*o rock leva ao aborto e satanismo*", "*os Beatles implantaram o comunismo*", "*o nazismo de esquerda*" "*o marxismo e guerra cultural*"; sendo tais mensagens criadas e compartilhadas à multidão a cada zeptosegundo.

Com efeito, os resultados são mundiais, porém, este artigo foca a análise reflexiva e o exame crítico dos efeitos da Inteligência Artificial, regressivos ou progressivos, em relação às sociedades ocidentais, dos continentes América e Europa, onde a maioria populacional possui acesso ao mundo digital. Estas são algumas descrições factuais do conteúdo de incalculáveis mensagens eletrônicas, das quais germinam a manipulação virtual de indivíduos ou massas em relação alguns acontecimentos histórico-culturais e fatos sociopolíticos, cuja exposição pública e compartilhamento digital têm produzido a alienação digital de cidadãos, além de graves sequelas às instituições democráticas, inclusive nos poderes estatais executivo, legislativo e judiciário[34].

Como leciona Ana Margarida Gaudêncio, no artigo jurídico *Direitos Humanos e Pandemia*, o fanatismo da manipulação digital produziu um novo período de desinformação extrema, praticado após o surgimento da COVID-19, denominado pela autora como *pandemia da desinformação*, conforme o trecho a seguir:

> *"A constitucionalmente consagrada liberdade de expressão e de informação, princípio e direito humano e fundamental, quer enquanto direito de informar que enquanto direito a ser informado, pulverizou a circulação de conteúdo (des)informativos a uma escala sem precedentes, tanto oficial como oficiosamente, pondo diretamente*

[34] Na República Federativa do Brasil ocorre a rotineira prática de circulação artificial da produção de falsos eventos, conteúdos não-científicos e pérfidas qualificações apresentadas sobre os órgãos e os agentes públicos, como: "a vacinação nos postos de saúde municipais causa autismo aos bebês", "a existência de um kit gay usado nas escolas públicas", "a fraude nas urnas eletrônicas brasileiras", "o pedido de prisão de ministro do Supremo Tribunal Federal". O controle e a fiscalização de eventuais produções de *fake news* trocadas em redes virtuais (Facebook, Twitter, Instagram, WhatsApp e outros), lançaram a urgência e a gravidade quando geraram os questionamentos inverídicos dos tratamentos médicos e dos benefícios da vacina na dramática conjuntura ocasionada pela COVID-19, por meio de mensagens infundadas e falaciosas, propagadas pelos seres humanos e seres digitais neste Mundo Artificial.

em causa a também constitucionalmente consagrada segurança, também princípio e direito fundamental, diretamente enquanto tal, e ainda enquanto trabalhadores, consumidores, utentes de serviços públicos, também dos de saúde..."[35]

Certamente, a ausência de regulamentação ou a carência de solidificação das nomas jurídica-axiológicas sobre a Inteligência Artificial acendem a abusiva libertinagem, as intimidações violentas e, até mesmo, o corriqueiro exercício de atos ilícitos, cujos atributos se caracterizam como um estado natural, neste jovem Mundo Artificial, decorrente da ilimitada liberdade, da insuficiência de segurança e da lacuna de responsabilidade dos atos cibernéticos, antiéticos e ilegais, não fiscalizados e não penalizados em muitos Estados Democráticos de Direito.

A produção de *fake news* e a prática de crimes pelos *hackers* são notícias comuns, assim como a dificuldade de identificar e sancionar a pessoa humana responsável pelo crime praticado. Sem dúvidas, a fiscalização e o controle do viver e conviver neste Mundo Artificial, exigem a definição de limites constitucionais e infraconstitucionais, supranacionais e internacionais, ou seja, a normatização jurídica-axiológica da Inteligência Artificial. Quão grandemente ensina António Castanheira Neves, o *direito é esse meio que conferirá ou recusará validade à dinâmica social, qualquer que ele seja (...)*[36].

O cultivo das falsas notícias ou *fake news* realizado pelos *hackers*, também alcunhadas de *deep fakes* ou mentiras profundas, mormente, com teor manipulatório sociopolítico, teológico extremado e repressivo cultural são as sementes de um possível futuro conflituoso mundial, em plena construção nos países governados pelos presidentes da República ou primeiros-ministros dos Estados, detentores de características autoritárias e frutos de partidos políticos de ultradireita, como as nações europeias,

[35] GAUDÊNCIO, Ana Margarida Simões. *Direitos Humanos e Pandemia/«Human Rigts and Pandemic*, in André Dias Pereira (Coord.), Livro Branco – Responsabilidade em saúde pública no mundo lusófono: fazendo justiça durante e além da emergência da Covid/White Book –Responsibility for Public Health in the Lusophone World: Doing Justice In and Beyond the COVID Emergency, Instituto Jurídico da Faculdade de Direito da Universidade de Coimbra, 2021, p. 10.

[36] CASTANHEIRA NEVES, António. *A Revolução e o Direito. A situação de crise e o sentido do Direito no actual processo revolucionário*. Revista da Ordem dos Advogados. Ano 35 – Vol. II – Mai. Ago. 1975, p. 31.

Hungria e Polônia, além dos gigantes países americanos[37], República Federativa do Brasil e Estados Unidos da América.

Relevante observar e refletir sobre o novo costume político da vida virtual e do convívio digital entre os presidentes das Repúblicas, os primeiros-ministros dos Estados, dos vereadores, deputados e senadores, além dos diversos representantes político-partidários e agentes públicos. A popular e rotineira produção de imagens, a concepção de relatos, a defesa de opiniões e de discussões públicas entre os chefes do executivo e os administradores estatais, em evidência e alastramento no universo digital, bem como os representantes dos demais poderes, Legislativo e Judiciário, tornaram a informação, a comunicação, o conhecimento e a participação política como atos e atividades digitais políticas essenciais ao exercício dos cargos e das funções políticas.

A importância do universo artificial na cobertura midiática e na comunicação entre os cidadãos e os políticos, candidatos eleitorais ou em exercício, notoriamente, auferiu a devida importância e gravidade em relação ao uso ilimitado, indefinido, (não) regulamentado, (não) fiscalizado nas eleições presidenciais dos países americanos, como os Estados Unidos da América e a República Federativa do Brasil, nos anos 2016 e 2018, com a consequente vitória eleitoral dos representantes da extrema-direita e ascensão aos cargos de presidentes nos anos 2017 e 2019, respectivamente.

No sentido completamente oposto, o intenso e obscuro poder político de censura representa a assombrosa e derradeira limitação do uso das tecnologias virtuais em países de extrema-esquerda, como a Venezuela e a Nicarágua. O emprego dos equipamentos digitais, a comunicação nas redes sociais e o avanço do *digital marketing* realizados e consumidos nos smartphones, também denominados como telemóvel ou celular, sofreram as extremas limitações, os entraves de regulamentos e os condicionamentos estatais ou, até mesmo, as proibições decorrentes de atividades militares. Com efeito, a extremada pregação da falta de limites do poder político totalitário somada à absoluta censura dos cidadãos são

[37] Os referidos países americanos, República Federativa do Brasil e Estados Unidos da América, realizaram a alteração da representação política federativa nas últimas eleições democráticas, nos anos 2022 e 2020, respectivamente, escolhendo os novos chefes do poder executivo, quais sejam: Luís Inácio Lula da Silva e Joe Biden, em substituição aos ex-presidentes Jair Messias Bolsonaro e Donald Trump, respectivamente.

produtora da hipertrofia sociopolítica, como profundamente elucida o jurista António Castanheira Neves, asseverando que *esta pretensa ausência de limites não é senão o corolário de uma hipertrofia do político, com um marcado e correlativo voluntarismo no poder, que igualmente sempre se manifesta do fenômeno revolucionário. É o momento totalitário da revolução, em que o político transborda a natureza da sua <essência> e se converte em dimensão única, total e obsessiva de toda a realidade e dinâmica sociais*[38].

Resta intensa e notória, a imprescindível necessidade de controle democrático e fiscalização jurídica dos conteúdos científicos e sociopolíticos, especialmente, quanto ao colossal e ilimitado mundo Metaverso. O universo digital deve ser normatizado, tanto juridicamente como axiologicamente, para proteção das pessoas humanas, dos cidadãos e respectivos Estados, sobretudo, em relação ao crível uso predatório da Inteligência Artificial pelos movimentos político-partidários da extrema-direita e da extrema-esquerda. Certamente, a utilização imoral e irrestrita do sistema global de redes virtualmente interligadas, conhecido como *Internet*, influenciou aos resultados das últimas eleições democráticas nos países do Leste Europeu, como a Hungria e a Polônia, e nos países americanos já mencionados, quais sejam: a República Federativa do Brasil e os Estados Unidos da América.

O poder do exercício de participação política democrática no Mundo Artificial, este novo território virtual em destaque, onde os cidadãos exercem os direitos políticos no ambiente artificial e na velocidade digital, sem dúvidas, necessitam de profundos estudos éticos, progressista e humanistas, por meio da observação, comparação e meditação dos objetos analisados, como ensina o economista indiano Amartya Sen: *"A ampliação comparativa faz parte do persistente interesse do trabalho inovador na epistemologia, ética e política, e produziu um grande número de recompensas na história intelectual do mundo."*[39]

Finalmente, a ampliação de investigação e de ponderação das comparações dos momentos históricos, dos estudos epistemológicos e dos

[38] CASTANHEIRA NEVES, António. *A Revolução e o Direito. A situação de crise e o sentido do Direito no actual processo revolucionário.* Revista da Ordem dos Advogados. Ano 35 – Vol. II – Mai. Ago. 1975, p. 58.

[39] SEN, Amartya. *A ideia de justiça*; tradução Denise Bottmann, Ricardo Doninelli Mendes. 1ª ed. São Paulo: Companhia das Letras, 2011, p. 202-203.

retratos socioculturais, além dos fundamentos ético-políticos e das normas jurídico-axiológicas sobre este novo Mundo Artificial, requer o exame crítico-reflexivo e o profundo mergulho jusfilosófico, em seguida realizado, na densa Filosofia Antiga e na intensa Filosofia Moderna.

5. Uma abreviada visita ao passado, no período da filosofia antiga e da filosofia moderna, como fonte interpretativa epistemológica e axiológica do presente avanço tecnológico e do esperançoso do futuro cibernético

No sentido progressivo do estudo jusfilosófico sobre a Inteligência Artificial, constitui proeminente a ampliação do estudo à Filosofia Antiga, além da lacônica visita à Filosofia Moderna, em tempos diversos e espaços planetários distintos, por meio da reflexiva intepretação histórico-cultural e do crítico exame sociopolítico, bem como do questionamento jusfilosófico e da ponderação da atual e futura normatividade jurídica-axiológica mediadora e reguladora da liberdade digital, ora desfrutada de maneira exacerbada e imensurável no mundo Metaverso. Principalmente, realizar o mergulho jusfilosófico como fonte de interpretação ética-axiológica em relação ao presente avanço tecnológico ilimitado e ao esperançoso futuro cibernético democraticamente normatizado.

Com efeito, a Filosofia Grega Antiga proporciona uma chave de abertura às soluções das profundas e densas questões apresentadas, até o momento focadas nos ensinamentos platônicos, agora, somadas à visita ao filósofo grego Aristóteles (384 – 322 a.C.), na obra *Política*, com ênfase na existência política como parte integrante da definição humana, pela qual: "(...) *o homem é um animal político, por natureza, que deve viver em sociedade* (...)."[40] A defesa da participação da pessoa humana na comunidade[41] ou na

[40] ARISTÓTELES. *Política.* Livro Primeiro. Capítulo I. São Paulo: Editora Martin Claret, 2004, p. 14.

[41] Aristóteles defendia a participação política dos cidadãos como um fundamento do equilíbrio do poder político, essencial para organização do Estado, conforme os seguintes ensinamentos: "*Devemos, inicialmente, estabelecer um princípio que sirva de base a tal estudo. É necessário que todos os cidadãos participem em comum em tudo ou de nada, de algumas coisas e de outras não. Não participar de nada é impossível, indubitavelmente; pois a sociedade política é como uma comunidade. Pelo menos o solo precisa ser comum a todos, a unidade de lugar constituindo a unidade de cidade, e a cidade pertencendo em comum a todos os cidadãos.*", *in* ARISTÓTELES. *Política.* Livro Segundo. Capítulo I. São Paulo: Editora Martin Claret, 2004, p. 37.

"*polis*", como denominada a cidade pelo aludido filósofo, estabelece o elo entre o indivíduo e o ambiente sociopolítico, proporcionando os direitos e os deveres aos sujeitos de direito em relação aos objetos de direito. Por ora, mergulhando a interpretação sobre o tema Inteligência Artificial, brota a afirmação da possibilidade de participação e de exercício do poder político no Mundo Artificial, entretanto, no sentido antagônico, cunhada com a probabilidade de execução da alienação humana cibernética.

Seguramente, o adequado emprego dos ensinamentos aristotélicos sobre o poder político no universo digital equivale a um intenso mergulho ontológico e sociopolítico, sobretudo, quanto ao exercício legislativo de consignação da ordem e delimitação da liberdade, como ensina o filósofo fundador da escola Liceu, ao afirmar que o *princípio essencial do governo democrático é a liberdade*[42]. No presente caso, constitui ressaltante a definição filosófica aristotélica de lei, ao afiançar: "*Assim é a lei; e a ordem é a lei. É melhor, portanto, que na lei seja a que mande, antes do que um cidadão qualquer*"[43].

Agora, retornando ao tema central do estudo, a contribuição aristotélica confirma o grande valor do conteúdo legislativo sobre a Inteligência Artificial, em respeito à ordem normatizada pelo Direito – contemporaneamente, jurídico-axiológica e democrática, por meio da prudente regulamentação política-legislativa da vida digital e da devida proibição das ilegalidades cibernéticas. Para o aludido filósofo da Antiguidade, a finalidade da ciência política é justiça, desenvolver o escopo no trecho a seguir:

> "*Em todas as ciências, assim como em todas as artes, a finalidade é um bem; e o maior de todos os bens encontra-se, sobretudo, naquela dentre todas as ciências que é a mais alta; ora, tal ciência é a política e do bem, em política, é a justiça, quer dizer, a utilidade coletiva.*"[44]

Importante destacar, no período da Idade Antiga, a construção da barreira misógina e preconceituosa descrita pela filosofia aristotélica, quanto ao título de cidadão atribuído, exclusivamente, aos homens e

[42] ARISTÓTELES. *Política*. Livro Primeiro. Capítulo I. São Paulo: Editora Martin Claret, 2004, p. 212.

[43] *Ibidem*, p. 111.

[44] *Ibidem*, p. 99.

proibido aos humanos qualificados como escravos[45]. Tal afirmação absurda e desumana representa a descrição histórico-cultural da Antiguidade, no universo contextual dos filósofos Sócrates, Platão e Aristóteles, mas, infelizmente, ainda em corriqueiro uso político-partidário e, ainda, multiplicado infinitamente no ambiente artificial como um fruto do bruto argumento filosófico grego antigo, produzido a séculos antes de Cristo.

Com certeza, constituem cruéis asseverações e sombrios equívocos oferecidos pela Filosofia Antiga e defendidos por alguns filósofos modernos, neoliberais, misóginos e racistas, apesar do progresso temporal e da mutação espacial. Sem dúvidas, a Filosofia Moderna iniciou e proporcionou a correção humanitária, notadamente, com a lição produzida pelo político e filósofo suíço Jean Jacques Rousseau (1712-1778), na obra *Do Contrato Social*, ao apresentar a incongruência jurídica em relação à existência da escravidão, na seguinte frase: "*Tais palavras, escravidão e legalidade são contraditórias.*"[46]

Além disso, o filósofo francês Baron de Charles de Scondat Montesquieu (1689-1755), na obra-prima *Do Espírito das Leis (De l'esprit des lois)*, soma ao ensinamento jusfilosófico da Filosofia Política Moderna, afirmando a ausência de bondade e de virtude na justificação absurda de continuidade da escravidão, apesar de demonstrar o racismo estrutural nos argumentos apresentados a seguir:

[45] Aristóteles distingue abusivamente as mulheres em relação aos homens, como demonstra o trecho a seguir: "*Os animais são machos e fêmeas. É mais perfeito o macho, e dirige; é-o menos a fêmea, e obedece. Essa lei é aplicável naturalmente a todos os homens*", *in* ARISTÓTELES. *Política*. Livro Terceiro. Capítulo VII. São Paulo: Editora Martin Claret, 2004, p. 18. Ademais, é importante apresentar o conceito de Platão, ao defender a distinção das capacidades naturais humanas: "*em todas, a mulher é mais fraca do que o homem*", *in* PLATÃO. *Apologia de Sócrates – Banquete*. Texto Integral. São Paulo: Editora Martin Claret, 2000, p. 233. Quanto ao tema escravidão, Aristóteles define os humanos escravos como: "(...) *seres tão inferiores a outros quanto o corpo o é em relação à alma, ou a besta ao homem; são aqueles para os quais a utilização da força física é o melhor que deles se consegue*", *in* ARISTÓTELES. Política. Livro Terceiro. Capítulo VII. São Paulo: Editora Martin Claret, 2004, p. 18. E, ainda, vincula a escravidão ao instinto humano natural, ao afirmar "*esses indivíduos são destinados, por natureza, à escravidão; pois, para eles, não há nada mais simples do que obedecer.*" *in* ARISTÓTELES. Política. Livro Terceiro. Capítulo VII. São Paulo: Editora Martin Claret, 2004, p. 18. No mesmo sentido, Platão conceitua: "*o escravo é totalmente desprovido do elemento deliberativo.*", *in* PLATÃO. Apologia de Sócrates – Banquete. Texto Integral. São Paulo: Editora Martin Claret, 2000, p. 233.

[46] ROUSSEAU, Jean Jacques. *O Contrato Social*. São Paulo: Hemus, 1999, p. 16.

"A escravidão propriamente dita é o estabelecimento de um direito que torna um homem tão próprio de outro homem, que este é o senhor absoluto da sua vida e dos seus bens. Não é boa por natureza: não é útil nem ao senhor nem ao escravo; a este, porque não pode fazer nada por virtude; àquele, porque contrai com seus escravos todo tipo de maus hábitos, aos poucos se acostuma a faltara com todas as virtudes morais, se torna orgulhoso, ríspido, duro, colérico, voluptuoso e cruel."[47]

Realizar a meditação reflexiva e ponderar o exame crítico dos ensinamentos incubados e produzidos pela Filosofia Política Moderna, acende a comemoração de definição(ões) progressiva(s) e qualitativa(s) de liberdade conforme à lei, somada à eliminação da escravidão como fundamentos basilares do Estado de Direito, além da extraordinária celebração histórico-cultural no Mundo Terra.

Por certo, a progressão do estado natural ao Estado de Direito gera inúmeros frutos de conteúdo jusfilosófico e de diversas acepções importantíssimas ao hodierno mundo do Direito, como elucida os ensinamentos de Jean Jacques Rousseau, quanto à transformação do estado natural ao civil, *in verbis*:

"Essa passagem do estado natural ao estado civil produz no homem uma mudança muito acentuada, substituindo em sua conduta a justiça ao instinto e dando às suas ações a moralidade que antes lhes faltava. Foi somente então que a voz do dever substituindo ao impulso físico, e o direito do apetite, o homem que, até então, se observara, vê-se obrigado a agir por outros princípios e a consultar a sua razão antes de ouvir seus pendores."[48]

A referida mutação do estado natural ao estado civil, talvez, ainda permaneça em desenvolvimento nas nações democráticas, perante as inéditas regras e novos princípios jurídico-axiológicos regulamentadores da liberdade digital na vida cibernética. Com certeza, em inúmeros momentos e díspares ambientes deste Mundo Artificial, rotineiramente, a vida humana é vivida sem regras, sem freios ou contrapesos, abusando da liberdade digital ilimitadamente como a liberdade natural definida por Rousseau, *in verbis*:

[47] MONTESQUIEU Charles de Scondat, Baron de. *Do espírito das leis*; tradução Roberto Leal Ferreira. São Paulo: Martin Claret, 2010, p. 252.

[48] ROUSSEAU, Jean Jacques. *O Contrato Social*. São Paulo: Hemus, 1999, p. 16.

> *"O que o homem perde pelo contrato social, é sua liberdade natural e um direito ilimitado a tudo o que o tenta e pode alcançar, o que ganha, é a liberdade civil e a propriedade de tudo o que possui. Para que não se engane sobre essas compensações, é mister que se distinga a liberdade natural, que só tem limites nas forças individuais, da liberdade civil que é limitada pela vontade geral, e a posse é apenas o efeito da força ou o direito do primeiro ocupante, da propriedade que só pode basear-se num título positivo."*[49]

Sendo assim, resta nítida a imperativa normatividade jurídica-axiológica do direito fundamental à liberdade digital, tanto nacional como internacional, não somente quanto à regulamentação das relações privadas dos humanos cibernéticos, mas, também, a normatização das relações públicas, especialmente, com conteúdo ético-político, ante a constante produção de mensagens antidemocráticas e anti-humanistas produzidas neste ambiente digital. Tal normatização democrática visa a prevenção ou a penalização, civil ou criminal, das condutas abusivas de alienação e de manipulação digitais, bem como o oferecimento e a realização da segurança pública, particular e comunitária, no Mundo Artificial.

No mesmo sentido de imersão jusfilosófica moderna, ora focada na doutrina filosófica e política de Baron de Charles de Scondat Montesquieu, na obra clássica *Do espírito das leis*, nela qual presenteia a definição qualitativa de liberdade, reafirmando a vinculação deste direito fundamental à lei, conforme o trecho a seguir:

> *"A liberdade é o direito de fazer tudo o que as leis permitem; e, se um cidadão pudesse fazer o que proíbem, não teria mais liberdade, porque os outros também teriam tal poder."* [50]

Quão profundamente leciona o filósofo Montesquieu sobre a acepção de limites à liberdade humana, ao enfatizar a necessidade da normatização jurídica para definir os direitos e estabelecer os poderes, por meio da razão humana e da progressão política, como instrui nas afirmações a seguir transcritas:

[49] *Ibidem*, p. 37.

[50] MONTESQUIEU, Charles de Scondat, Baron de. *Do espírito das leis*; tradução Roberto Leal Ferreira. São Paulo: Martin Claret, 2010, p. 167.

> *"A lei, em geral, é a razão humana, enquanto governa todos os povos da terra (...). Tais leis devem relacionar-se com a natureza e o princípio do governo estabelecido ou que pretende se estabelecer, quer o formem como as leis políticas, quer o mantenham, como as leis civis"* [51].

Tal asseveração filosófica moderna representa um dos principais alicerces jusfilosófico da Lei, os quais fundamentam a imperativa necessidade da normatividade jurídica-axiológica orientadora e regulamentadora do exercício da liberdade nos meios e ambientes tecnológicos, além da participação política digital deste Mundo Artificial. A combinação entre o conhecimento cibernético quanto ao exercício do poder político digital pelos cidadãos e agentes políticos estatais, somado à união da concretização das normas jurídicas-axiológicas que definem e regulamentam a liberdade digital, representam às soluções aos diversos questionamentos do viver e conviver no mundo Metaverso. Com certeza, a hipertrofia ou *delírio da liberdade*[52] no mundo digital deve ser controlado e regulamentado, pois a Inteligência Artificial representa um instrumento tecnológico de exercício da cidadania, abalizado pelo direito à liberdade digital, mas limitado pela responsabilidade civil e criminal, por meio da concretização da normatização jurídica do poder político digital.

Estes cenários histórico-filosófico e sociopolítico esboçados corroboram a basilar importância do pleno exercício da cidadania por todos os sujeitos de direito, sem distinção de qualquer natureza, sem preconceitos e fortemente pluralista, assegurados constitucionalmente nos Estados democráticos de Direito, brasileiro[53] e português[54], ora estudados e anali-

[51] *Ibidem*, p. 26.

[52] MONTESQUIEU, Charles de Scondat, Baron de. *Do espírito das leis*; tradução Roberto Leal Ferreira. São Paulo: Martin Claret, 2010, p. 188.

[53] CONSTITUIÇÃO DA REPÚBLICA, Artigo 1º. A República Federativa do Brasil, formada pela união indissolúvel dos Estados e Municípios e do Distrito Federal, constitui-se em Estado Democrático de Direito e tem como fundamentos (...). Parágrafo único. Todo o poder emana do povo, que o exerce por meio de representantes eleitos ou diretamente, nos termos desta Constituição.

[54] CONSTITUIÇÃO DA REPÚBLICA PORTUGUESA, Artigo 2.º Estado de direito democrático. A República Portuguesa é um Estado de direito democrático, baseado na soberania popular, no pluralismo de expressão e organização política democráticas, no respeito e na garantia de efetivação dos direitos e liberdades fundamentais e na separação e interdependência de poderes, visando a realização da democracia económica, social e cultural e o aprofundamento da democracia participativa. Artigo 4.º Cidadania portuguesa.

sados. A consciência da situação de titular de direitos, notadamente, como cidadão, contudo, não apenas como capaz de votar ou candidatar-se, mas também de exercer os direitos políticos, sociais e econômicos, garantidos pelas Constituições das Repúblicas.

Hodiernamente, a pessoa humana[55] livre, consciente e participativa exerce a cidadania ativa e fiscaliza a atividade dos representantes estatais, democraticamente escolhidos e nomeados. O exercício efetivo da cidadania depende da concretização de pressupostos, quais sejam: liberdade, consciência e participação. A pessoa humana deve ser conhecedora dos direitos e deveres fundamentais e defensora da concretização das regras do Direito e dos princípios jurídico-axiológicos, sobretudo, da solidificação do princípio fundamental da dignidade da pessoa humana como o mínimo existencial, garantidos pelas Constituições dos Estados democráticos e, notadamente, pela Declaração Universal de Direitos Humanos[56].

Diante do lacônico esboço histórico e do abreviado mergulho filosófico nos problemas jurídicos e axiológicos produzidos pelos conflitos ético-políticos e socioculturais, em regressiva evolução nesta caverna artificial; e, também, o breve tracejado jusfilosófico e sociocultural sobre os novos seres artificiais e o jovem mundo Metaverso concebem e direcionam o último questionamento, qual seja: É necessária a evolução normativa jurídica-axiológica sobre o novo Mundo Artificial?

6. Um lacônico estudo jurídico-axiológico sobre o conteúdo e a importância da normatividade constitucional e infraconstitucional, além da normatividade supranacional e internacional sobre a inteligência artificial

Por fim, o último objeto de análise crítica-reflexiva, ainda em continuidade ao exercício da maiêutica socrática, aborda o questionamento da evolução

São cidadãos portugueses todos aqueles que como tal sejam considerados pela lei ou por convenção internacional.

[55] Nesse sentido, Montesquieu apresenta as diversas definições do homem, como: *um "ser físico", "ser inteligente", "ser limitado", "uma criatura sensível", "feito para viver em sociedade."*, *in* MONTESQUIEU, Charles de Scondat, Baron de. *Do espírito das leis*; tradução Roberto Leal Ferreira. São Paulo: Martin Claret, 2010, p. 23.

[56] DECLARAÇÃO UNIVERSAL DE DIREITOS HUMANOS, *Artigo 1º. Todos os seres humanos nascem livres e iguais em dignidade e em direitos. Dotados de razão e de consciência, devem agir uns para com os outros em espírito de fraternidade.*

normativa progressiva em relação ao conteúdo jurídico-axiológico da matéria em estudo, em elaboração e atualização legislativa, além da interpretação das normas vigentes, notadamente, regulamentadoras do viver e conviver no novo universo artificial.

Após a abreviada visita ao passado da Filosofia como uma fonte de contemplação e de investigação comparativas entre o mundo humano e o novo mundo cibernético, visando a contemplação, investigação e reflexão do passado para hodierna normatização e interpretação do presente, em prol do esperançoso futuro artificial, como apontam os ensinamentos de Amartya Sen, abaixo transcrito:

> *"Aqui também (como na escolha do foco de uma teoria da justiça) podemos razoavelmente buscar por comparações, e não pelo objetivo utópico da transcendência. A ampliação comparativa faz parte do persistente interesse no trabalho inovador na epistemologia, ética e política, e produziu um grande número de recompensas na história intelectual do mundo. O "nirvana" da total independência de características pessoais não é a única questão na qual temos razão para nos interessar."* [57]

Com efeito, a elaboração, a interpretação e a concretização das regras do Direito e dos princípios jurídico-axiológicos (nacionais, supranacionais e internacionais) regulamentadores deste novo mundo Metaverso, correspondem à fonte germinadora de algumas respostas democráticas dos inúmeros e intensos questionamentos, como corroborado na última pergunta: É necessária a evolução progressiva da normatividade jurídica-axiológica sobre o novo Mundo Artificial? Sim. Sem dúvidas, a demonstração da necessidade e da importância da nova legislação jurídica--axiológica de regulamentação sobre o novo (con)viver e os inéditos seres, bem como da consolidação de princípios gerais sobre a matéria perante a mutação dos hodiernos espaços socioculturais e a complexidade dos atuais caminhos político-econômicos. Por certo, a concretização sociopolítica democrática da normatização jurídica- axiológica da matéria Inteligência Artificial deve ser oferecida pelo Estado Democrático de Direito, como ensina o doutrinador José Joaquim Gomes Canotilho, uma *tecnologia*

[57] SEN, Amartya. *A ideia de justiça*; tradução Denise Bottmann, Ricardo Doninelli Mendes. 1ª ed. São Paulo: Companhia das Letras, 2011, p. 202.

jurídica-política razoável para estruturar uma ordem de segurança e paz jurídicas[58], somada à contribuição participativa da sociedade democrática.

É proeminente a ênfase dos textos constitucionais asseguradores dos direitos fundamentais no Mundo Artificial, notadamente, previstos no artigo 35 da Constituição da República Portuguesa[59], contudo, primariamente, no artigo 5º, inciso LXXIX da Constituição da República Federativa do Brasil[60].

Além disso, inúmeras são as normas jurídicas vigentes e em concretização, definidoras e regulamentadoras dos assuntos e contextos virtuais, tais como: a Carta Portuguesa dos Direitos Humanos na Era Digital ou Lei nº 27/2021 – constitui as normas plenamente aplicáveis no ciberespaço; o Código Europeu das Comunicações Eletrônicas ou Diretiva (EU) 2018/1972 – conjunto de regras harmonizadas para regulação das redes de comunicações eletrônicas e dos recursos e serviços conexos[61]; o Decreto-Lei nº 24/2014 – contratos celebrados à distância e fora do esta-

[58] CANOTILHO, José Joaquim Gomes. *Direito Constitucional e Teoria da Constituição.* 7ª ed. Coimbra: Almedina, 2003, p. 233.

[59] CONSTITUIÇÃO DA REPÚBLICA PORTUGUESA, *Artigo 35. Utilização da informática. 1. Todos os cidadãos têm o direito de acesso aos dados informatizados que lhes digam respeito, podendo exigir a sua retificação e atualização, e o direito de conhecer a finalidade a que se destinam, nos termos da lei. 2. A lei define o conceito de dados pessoais, bem como as condições aplicáveis ao seu tratamento automatizado, conexão, transmissão e utilização, e garante a sua proteção, designadamente através de entidade administrativa independente. 3. A informática não pode ser utilizada para tratamento de dados referentes a convicções filosóficas ou políticas, filiação partidária ou sindical, fé religiosa, vida privada e origem étnica, salvo mediante consentimento expresso do titular, autorização prevista por lei com garantias de não discriminação ou para processamento de dados estatísticos não individualmente identificáveis. 4. É proibido o acesso a dados pessoais de terceiros, salvo em casos excecionais previstos na lei. 5. É proibida a atribuição de um número nacional único aos cidadãos. 6. A todos é garantido livre acesso às redes informáticas de uso público, definindo a lei o regime aplicável aos fluxos de dados transfronteiras e as formas adequadas de proteção de dados pessoais e de outros cuja salvaguarda se justifique por razões de interesse nacional. 7. Os dados pessoais constantes de ficheiros manuais gozam de proteção idêntica à prevista nos números anteriores, nos termos da lei.*

[60] CONSTITUIÇÃO DA REPÚBLICA FEDERATIVA DO BRASIL, *Artigo 5. Todos são iguais perante a lei, sem distinção de qualquer natureza, garantindo-se aos brasileiros e aos estrangeiros residentes no País a inviolabilidade do direito à vida, à liberdade, à igualdade, à segurança e à propriedade, nos termos seguintes: (...) LXXIX – é assegurado, nos termos da lei, o direito à proteção dos dados pessoais, inclusive nos meios digitais.* (Incluído pela Emenda Constitucional nº 115, de 2022).

[61] Em evidência, a diretiva visa estimular a concorrência e o investimento na nova tecnologia da Internet 5G e redes de capacidade altiva.

belecimento comercial; o Decreto-Lei nº 55/2013 – procede a integração da Fundação para a Computação Científica Nacional na Fundação para a Ciência e a Tecnologia; o Decreto-Lei nº 88/2009 – regime jurídico dos documentos electrónicos e da assinatura digital; Resolução do Conselho de Ministros nº 30/2020 – aprovou o Plano de Ação para Transição Digital, também chamado de Portugal Digital; e, outras diversas normas jurídicas em vigência, na União Europeia, algumas somente em Portugal. O Congresso Nacional brasileiro aprovou duas leis relevantes em relação à normatização da matéria, sendo elas: a Lei nº 14.129/2021 – dispõe sobre princípios, regras e instrumentos para o Governo Digital e a Lei nº 12.965/2014, popularmente chamada de "Marco civil da Internet".

No universo cibernético, as referidas normas constitucionais vigentes e garantidoras de direitos fundamentais demonstram a necessidade cautelosa de normatização jurídica sobre o mundo digital, ainda em construção na República Federativa do Brasil, porém, já confirmada na República Portuguesa com a aprovação da Carta Portuguesa dos Direitos Humanos na Era Digital[62]. Em destaque, a Carta Portuguesa representa a reafirmação de muitos direitos fundamentais e a declaração de novos direitos humanos na Era Digital, hoje em dia, também, em fase de desenvolvimento da reflexão-crítica e da interpretação jurídica-axiológica de artigos questionáveis da referida lei em vigor. Todavia, consiste numa admirável regulamentação do (con)viver no novo universo, garantindo os seguintes direitos: direitos em ambiente digital, direito de acesso ao ambiente digital, liberdade de expressão e criação em ambiente digital, garantia do acesso e uso, direito à proteção contra a desinformação, direitos de reunião, manifestação, associação e participação em ambiente digital, direito à privacidade em ambiente digital, uso da inteligência artificial e de robôs, direito à neutralidade da Internet, direito ao desenvolvimento de competências digitais, direito à identidade e outros direitos pessoais, direito ao esquecimento, direitos em plataformas digitais, direito à

[62] CARTA PORTUGUESA DE DIREITOS HUMANOS NA ERA DIGITAL, *Artigo 1.º Objeto. A presente lei aprova a Carta Portuguesa de Direitos Humanos na Era Digital. Artigo 2.º Direitos em ambiente digital. 1 – A República Portuguesa participa no processo mundial de transformação da Internet num instrumento de conquista de liberdade, igualdade e justiça social e num espaço de promoção, proteção e livre exercício dos direitos humanos, com vista a uma inclusão social em ambiente digital. 2 – As normas que na ordem jurídica portuguesa consagram e tutelam direitos, liberdades e garantias são plenamente aplicáveis no ciberespaço (...).*

cibersegurança, direito à liberdade de criação e à proteção dos conteúdos, direito à proteção contra a geolocalização abusiva, direito ao testamento digital, direitos digitais face à Administração Pública, direito das crianças, ação popular digital e outras garantias.

Certamente, é extraordinária a (re)afirmação dos direitos fundamentais da autonomia humana, da não-discriminação e da tolerância, neste universo de uso de robôs pela Inteligência Artificial, ao garantir *um justo equilíbrio entre os princípios da explicabilidade, da segurança, da transparência e da responsabilidade, que atenda às circunstâncias de cada caso concreto e estabeleça processos destinados a evitar quaisquer preconceitos e formas de discriminação*[63], assegurados no artigo 9.º, da Carta Portuguesa dos Direitos Humanos na Era Digital. Ainda, a referida Carta garante o direito à proteção contra a desinformação, previsto no artigo 6.º[64], no qual o Estado de Direito democrático português deve garantir a fiscalização e impedir a produção ou reprodução da narrativa considerada desinformação, ou seja, controlar a possível alienação e a imaginável manipulação humana neste Mundo Artificial.

Entretanto, muitas são as críticas[65] apresentadas à regulamentação, interpretada por muitos políticos e legisladores portugueses como um retrocesso democrático, perpetrado pela legalização da censura e restrição da liberdade de expressão. Em intensa evidência sociopolítica e acalorada discussão jurídica-axiológica sobre o tema, de maneira especial, quanto ao

[63] CARTA PORTUGUESA DE DIREITOS HUMANOS NA ERA DIGITAL, *Artigo 9.º Uso da inteligência artificial e de robôs. 1 – A utilização da inteligência artificial deve ser orientada pelo respeito dos direitos fundamentais, garantindo um justo equilíbrio entre os princípios da explicabilidade, da segurança, da transparência e da responsabilidade, que atenda às circunstâncias de cada caso concreto e estabeleça processos destinados a evitar quaisquer preconceitos e formas de discriminação. 2 – As decisões com impacto significativo na esfera dos destinatários que sejam tomadas mediante o uso de algoritmos devem ser comunicadas aos interessados, sendo suscetíveis de recurso e auditáveis, nos termos previstos na lei. 3 – São aplicáveis à criação e ao uso de robôs os princípios da beneficência, da não-maleficência, do respeito pela autonomia humana e pela justiça, bem como os princípios e valores consagrados no artigo 2.º do Tratado da União Europeia, designadamente a não discriminação e a tolerância.*

[64] CARTA PORTUGUESA DE DIREITOS HUMANOS NA ERA DIGITAL, *Artigo 6.º Direito à proteção contra a desinformação. 1 – O Estado assegura o cumprimento em Portugal do Plano Europeu de Ação contra a Desinformação, por forma a proteger a sociedade contra pessoas singulares ou coletivas, de jure ou de facto, que produzam, reproduzam ou difundam narrativa considerada desinformação.*

[65] Produzida pelo partido Iniciativa Liberal, defensor de princípios e valores liberais, especialmente, da liberdade individual na política, na economia e no âmbito social.

direito fundamental ao esquecimento, ou seja, o direito ao apagamento de dados pessoais no Mundo Artificial, com apoio do Estado e assegurado pelo artigo 13[66], do referido texto normativo. O mencionado direito de não ser lembrado contra a própria vontade requer uma profunda reflexão-crítica e ponderação jusfilosófica em relação aos contornos e às fronteiras das normas constitucionais garantidoras dos direitos fundamentais à liberdade de manifestação do pensamento ou de expressão da atividade intelectual, artística, científica e de comunicação; devendo ser realizadas com muito cuidado pelos Estados, órgãos supranacionais e internacionais, somado à atenção e cautela da sociedade democrática, diante da possibilidade da ofensa ao basilar princípio da proibição do retrocesso social. Como alerta e ensina o jurista António Castanheira Neves, *o direito fundamental do homem é, bem o sabemos, o direito de opinião e de expressão do pensamento. Mas se este é um direito fundamental, mais fundamental é o direito de não ser condenado por delito de opinião. Uma condenação desta origem é um atentado contra a consciência coletiva, é uma violação monstruosa da pessoa humana*[67].

Na República Federativa Brasil, a consagrada Constituição Cidadã brasileira, promulgada em 1988, assegura o direito à proteção dos dados pessoais, inclusive nos meios digitais, de forma elementar no artigo 5º, como já mencionado, entretanto, o Congresso Nacional elaborou a Lei nº 12.965/2014, denominada Marco civil da Internet, sancionada em 23 de abril de 2014, estabelecendo os princípios[68], os direitos, as garantias e os

[66] CARTA PORTUGUESA DE DIREITOS HUMANOS NA ERA DIGITAL, *Artigo 13.º Direito ao esquecimento. 1 – Todos têm o direito de obter do Estado apoio no exercício do direito ao apagamento de dados pessoais que lhes digam respeito, nos termos e nas condições estabelecidas na legislação europeia e nacional aplicáveis. 2 – O direito ao esquecimento pode ser exercido a título póstumo por qualquer herdeiro do titular do direito, salvo quando este tenha feito determinação em sentido contrário.*

[67] CASTANHEIRA NEVES, António. *A Revolução e o Direito. A situação de crise e o sentido do Direito no actual processo revolucionário.* Revista da Ordem dos Advogados. Ano 35 – Vol. II – Mai. Ago. 1975, p. 53-54.

[68] Lei nº 12.965/2014, *Artigo 3º A disciplina do uso da internet no Brasil tem os seguintes princípios: I – garantia da liberdade de expressão, comunicação e manifestação de pensamento, nos termos da Constituição Federal; II – proteção da privacidade; III – proteção dos dados pessoais, na forma da lei; IV – preservação e garantia da neutralidade de rede; V – preservação da estabilidade, segurança e funcionalidade da rede, por meio de medidas técnicas compatíveis com os padrões internacionais e pelo estímulo ao uso de boas práticas; VI – responsabilização dos agentes de acordo com suas atividades, nos termos da lei; VII – preservação da natureza participativa da rede; VIII – liberdade dos modelos de negócios promovidos na internet, desde que não conflitem com os demais princípios estabelecidos nesta Lei. Parágrafo único. Os*

deveres[69] dos usuários da Internet, bem como advertindo o fundamento desta lei, delineado no artigo 2º, em relação ao respeito da liberdade de expressão, do reconhecimento da escala mundial da rede; dos direitos humanos, desenvolvimento da personalidade e exercício da cidadania em meios digitais; da pluralidade e a diversidade; da abertura e da colaboração; da livre iniciativa, livre concorrência e defesa do consumidor; da finalidade social da rede.

princípios expressos nesta Lei não excluem outros previstos no ordenamento jurídico pátrio relacionados à matéria ou nos tratados internacionais em que a República Federativa do Brasil seja parte.

[69] Lei nº 12.965/2014, *Artigo. 7º O acesso à internet é essencial ao exercício da cidadania, e ao usuário são assegurados os seguintes direitos: I – inviolabilidade da intimidade e da vida privada, sua proteção e indenização pelo dano material ou moral decorrente de sua violação; II – inviolabilidade e sigilo do fluxo de suas comunicações pela internet, salvo por ordem judicial, na forma da lei; III – inviolabilidade e sigilo de suas comunicações privadas armazenadas, salvo por ordem judicial; IV – não suspensão da conexão à internet, salvo por débito diretamente decorrente de sua utilização; V – manutenção da qualidade contratada da conexão à internet; VI – informações claras e completas constantes dos contratos de prestação de serviços, com detalhamento sobre o regime de proteção aos registros de conexão e aos registros de acesso a aplicações de internet, bem como sobre práticas de gerenciamento da rede que possam afetar sua qualidade; VII – não fornecimento a terceiros de seus dados pessoais, inclusive registros de conexão, e de acesso a aplicações de internet, salvo mediante consentimento livre, expresso e informado ou nas hipóteses previstas em lei; VIII – informações claras e completas sobre coleta, uso, armazenamento, tratamento e proteção de seus dados pessoais, que somente poderão ser utilizados para finalidades que: a) justifiquem sua coleta; b) não sejam vedadas pela legislação; e c) estejam especificadas nos contratos de prestação de serviços ou em termos de uso de aplicações de internet; IX – consentimento expresso sobre coleta, uso, armazenamento e tratamento de dados pessoais, que deverá ocorrer de forma destacada das demais cláusulas contratuais; X – exclusão definitiva dos dados pessoais que tiver fornecido a determinada aplicação de internet, a seu requerimento, ao término da relação entre as partes, ressalvadas as hipóteses de guarda obrigatória de registros previstas nesta Lei; X – exclusão definitiva dos dados pessoais que tiver fornecido a determinada aplicação de internet, a seu requerimento, ao término da relação entre as partes, ressalvadas as hipóteses de guarda obrigatória de registros previstas nesta Lei e na que dispõe sobre a proteção de dados pessoais; XI – publicidade e clareza de eventuais políticas de uso dos provedores de conexão à internet e de aplicações de internet; XII – acessibilidade, consideradas as características físico-motoras, perceptivas, sensoriais, intelectuais e mentais do usuário, nos termos da lei; e XIII – aplicação das normas de proteção e defesa do consumidor nas relações de consumo realizadas na internet. Art. 8º A garantia do direito à privacidade e à liberdade de expressão nas comunicações é condição para o pleno exercício do direito de acesso à internet. Parágrafo único. São nulas de pleno direito as cláusulas contratuais que violem o disposto no caput, tais como aquelas que: I – impliquem ofensa à inviolabilidade e ao sigilo das comunicações privadas, pela internet; ou II – em contrato de adesão, não ofereçam como alternativa ao contratante a adoção do foro brasileiro para solução de controvérsias decorrentes de serviços prestados no Brasil.*

O processo mundial de transformação e evolução progressiva do Mundo Artificial somado ao desenvolvimento e atualização da Inteligência Artificial tornam imperativo o rotineiro acompanhamento e imprescindível a constante fiscalização do avanço tecnológico, solidificando o sentido democrático e humanista ao universo artificial como um instrumento de conquista e consolidação de direitos fundamentais à liberdade e igualdade, além de concretizador da justiça social com a inclusão social no ambiente digital, bem como um espaço de promoção, proteção e livre exercício dos direitos humanos assegurados pela Carta Portuguesa dos Direitos Humanos na Era Digital.

No entanto, apesar da cogente e consagrada normatização constitucional e infraconstitucional da matéria, ainda, constitui importante destacar a fase de elaboração de normas jurídicas pelo Parlamento Europeu (PE), da União Europeia (UE), cujo relatório final da Comissão Especial sobre Inteligência Artificial, na Era Digital (AIDA), propõe um Regulamento do Parlamento Europeu e do Conselho, e, estabelece as regras harmonizadas em matéria de Inteligência Artificial. No caso em análise, a possibilidade de criação de uma caverna platônica pelo mundo Metaverso e o reconhecimento da escala mundial da rede corroboram a gravidade e a urgência da normatização da Inteligência Artificial pelo Parlamento Europeu, ora em elaboração, perante o alerta das ameaças digitais à democracia e o risco à segurança pública, produzidos devido ao abuso e à fuga do regular exercício das liberdades individuais constitucionalizadas.

Seguramente, a necessidade e o atraso da normatização jurídica na União Europeia, garantidora do satisfatório avanço tecnológico e da segurança jurídica dos humanos e dos Estados-membros, tornou comum e repetitiva a exposição do diagnóstico de alienação digital dos indivíduos, além da complexa e lenta dissolução do método manipulatório humano. Tal descrição factual de morosidade do Estado e respectivas consequências germina a lembrança dos intensos ensinamentos do filósofo e historiador Nicolau Maquiavel, na clássica obra *O príncipe*, *in verbis*:

> *"(...) precaver-se não somente contra as discórdias atuais, como também contra as futuras, e evitá-las com toda a perícia porque, prevendo-as com ampla antecedência, podem facilmente remediá-las, mas esperando que se avizinhem não haverá tempo para tratá-las, pois a doença já se terá tornado incurável. Acontece, neste caso, o mesmo que*

dizem os médicos dos tísicos: no princípio o mal é fácil de curar e difícil de diagnosticar, mas, com o passar do tempo, não tendo sido nem reconhecido nem medicado, torna-se mais fácil de diagnosticar e mais difícil de curar[70].

A proposta do Regulamento do Parlamento Europeu e as demais legislações nacionais e internacionais devem normatizar as relações entre os sujeitos e objetos existentes no mundo virtual, bem como solucionar eventuais e rotineiros conflitos sociopolíticos e jurídico-axiológicos para o progressivo desenvolvimento e a utilização ética da Inteligência Artificial. Com certeza, as vigentes e futuras normas jurídica-axiológicas fundamentam a pacificação e a harmonização das relações existentes no Mundo Artificial, como previsto no artigo 1º, do aludido projeto de Regulamento, *in verbis*:

> *"O presente regulamento estabelece: a) regras harmonizadas para a colocação no mercado, a colocação em serviço e a utilização de sistemas de inteligência artificial («sistemas de IA») na União; b) Proibições de certas práticas de inteligência artificial; c) Requisitos específicos para sistemas de IA de risco elevado e obrigações para os operadores desses sistemas; d) Regras de transparência harmonizadas para sistemas de IA concebidos para interagir com pessoas singulares, sistemas de reconhecimento de emoções e sistemas de categorização biométrica, bem como para sistemas de IA usados para gerar ou manipular conteúdos de imagem, áudio ou vídeo; e) Regras relativas à fiscalização e vigilância do mercado."*[71]

Tal Regulamento é um instrumento jurídico de grande importância normativa, pois visa regulamentar democraticamente o Mundo Artificial na União Europeia, ora evidenciado no artigo acima citado, normatizando temas fundamentais, como: a definição de inteligência artificial (IA), a proibição de determinadas práticas prejudiciais da IA e a classificação de determinados sistemas de IA. Os títulos I ao XII da proposta deste regulamento analisado, formado por 85 artigos que apresentam a classificação e a organização das matérias, quais sejam: âmbito e definições, práticas de inteligência artificial proibidas, sistemas de inteligência artificial de risco

[70] MAQUIAVEL. *O Príncipe – comentários de Napoleão Bonaparte*. São Paulo: Hemus, 1996., p. 12

[71] Proposta do REGULAMENTO DO PARLAMENTO EUROPEU E DO CONSELHO, elaborada pelo Parlamento Europeu (PE), da União Europeia (UE), cujo relatório final da Comissão Especial sobre Inteligência Artificial, na Era Digital (AIDA).

elevado, obrigações de transparência aplicáveis a determinados sistemas de inteligência artificial, medidas de apoio à inovação, governação e execução, códigos de conduta e disposições finais.

Além disso, outra admirável ideação normativa em construção, agora infraconstitucional, constitui o Projeto de Lei nº 21, de 2020, da República Federativa do Brasil, estabelecendo os princípios[72], direitos[73] e deveres[74] para o uso da Inteligência Artificial. Tal projeto de lei possui o conteúdo

[72] Projeto de Lei nº 21, de 2020, *Art. 6º São princípios para o uso responsável de inteligência artificial no Brasil: I – finalidade: uso da inteligência artificial para buscar resultados benéficos para as pessoas e o planeta, com o fim de aumentar as capacidades humanas, reduzir as desigualdades sociais e promover o desenvolvimento sustentável; II – centralidade no ser humano: respeito à dignidade humana, à privacidade e à proteção de dados pessoais e aos direitos trabalhistas; III – não discriminação: impossibilidade de uso dos sistemas para fins discriminatórios, ilícitos ou abusivos; IV – transparência e explicabilidade: garantia de transparência sobre o uso e funcionamento dos sistemas de inteligência artificial e de divulgação responsável do conhecimento de inteligência artificial, observados os segredos comercial e industrial, e de conscientização das partes interessadas sobre suas interações com os sistemas, inclusive no local de trabalho; V – segurança: utilização de medidas técnicas e administrativas, compatíveis com os padrões internacionais, aptas a permitir a funcionalidade e o gerenciamento de riscos dos sistemas de inteligência artificial e a garantir a rastreabilidade dos processos e decisões tomadas durante o ciclo de vida do sistema; e VI – responsabilização e prestação de contas: demonstração, pelos agentes de inteligência artificial, do cumprimento das normas de inteligência artificial e da adoção de medidas eficazes para o bom funcionamento dos sistemas, observadas suas funções. Parágrafo único. Os princípios expressos nesta Lei não excluem outros previstos no ordenamento jurídico pátrio relacionados à matéria ou nos Tratados Internacionais em que a República Federativa do Brasil seja parte.*

[73] Projeto de Lei nº 21, de 2020, *Art. 7º São direitos das partes interessadas no sistema de inteligência artificial, utilizado na esfera privada ou pública: I – ciência da instituição responsável pelo sistema de inteligência artificial; II – acesso a informações claras e adequadas a respeito dos critérios e dos procedimentos utilizados pelo sistema de inteligência artificial que lhes afetem adversamente, observados os segredos comercial e industrial; e III – acesso a informações claras e completas sobre o uso, pelos sistemas, de seus dados sensíveis, conforme disposto no art. 5º, II, da Lei 13.709, de 2018 – Lei Geral de Proteção de Dados.*

[74] Projeto de Lei nº 21, de 2020, *Art. 9º São deveres dos agentes de inteligência artificial: I – divulgar publicamente a instituição responsável pelo estabelecimento do sistema de inteligência artificial; II – fornecer, na forma do inc. II do art. 7º, informações claras e adequadas a respeito dos critérios e dos procedimentos utilizados pelo sistema de inteligência artificial, observados os segredos comercial e industrial; III – assegurar que os dados utilizados pelo sistema de inteligência artificial observem a Lei 13.709, de 2018 – Lei Geral de Proteção de Dados; IV – implantar um sistema de inteligência artificial somente após avaliação adequada de seus objetivos, benefícios e riscos relacionados a cada fase do sistema e, caso seja o responsável pelo estabelecimento do sistema, encerrar o sistema se o seu controle humano não for mais possível; V – responder, na forma da lei, pelas decisões tomadas por um sistema de inteligência artificial; e VI – proteger continuamente os sistemas de inteligência artificial contra ameaças de segurança cibernética. Parágrafo único. Para fins do inciso VI deste artigo, a responsabilidade pelos sistemas de*

axiológico e a relevância jurídica aproximadas ao previstos na Carta Portuguesa dos Direitos Humanos na Era Digital, principalmente, quanto aos fundamentos garantidos no artigo 4º deste Projeto, sendo eles: o desenvolvimento tecnológico e a inovação; a livre iniciativa e a livre concorrência; o respeito aos direitos humanos e aos valores democráticos; a igualdade, a não discriminação, a pluralidade e o respeito aos direitos trabalhistas; e, a privacidade e a proteção de dados.

Os projetos de elaboração de regras e de princípios jurídico-axiológicos sobre a Inteligência Artificial, regulamentadores do (con)viver cibernético, podem produzir a qualificação da vida artificial como *uma vida boa*[75], quão grandemente questiona o filósofo e jurista estadunidense Ronald Dworkin, para tanto, dependem da progressiva e essencial mutação normativa jurídica-axiológica, ora confirmada pelo Regulamento do Parlamento Europeu da União Europeia e pelo referido Projeto de Lei em construção pelo Congresso Nacional da República Federativa do Brasil. Seguramente, o desenvolvimento e a evolução da normatização jurídica sobre este universo digital são existenciais, vitais e imperativas para reafirmação material e ampliação axiológica dos direitos e das garantias da dignidade da pessoa humana, como leciona o professor Doutor Alexandre Libório Dias Pereira, afirmando:

> *"A ciência e a tecnologia escrevem uma página da história da humanidade que não é estranha ao direito. As descobertas, as invenções e as criações do espírito humano conferiram à humanidade um poder notável não apenas sobre a natureza mas também sobre o próprio ser humano. Pense-se na descoberta do fogo, da eletricidade e dos genes, na invenção da roda e da rádio, do telefone e da televisão, da imprensa e da Internet ou na criação de linguagens, de mapas cartográficos e de programas de computador. Mas não menos notável é o poder do engenho humano ao nível da criação de sistemas políticos de ordenação da convivência social, aspeto que todavia nem sempre é devidamente reconhecido."*[76]

inteligência artificial deve residir nos agentes de desenvolvimento e de operação de sistemas de inteligência artificial, observadas as suas funções.

[75] DWORKIN, Ronald. *O que é uma vida boa?* Revista Direito GV, Ano, Vol. 7 – Jul.Dez.2011, págs. 607-616, São Paulo, 2011, p. 611.

[76] PEREIRA, Alexandre Libório Dias. *«Lex Informatica, Ius Ex Machina e Justiça Artificial»* in Jorge de Figueiredo Dias, José Joaquim Gomes Canotilho, José de Faria Costa (Org.), Ars Ivdicandi – Estudos em Homenagem ao Prof. Doutor António Castanheira Neves, p. 99.

Com efeito, a constante evolução científica e tecnológica da Inteligência Artificial, a invenção e o desenvolvimento da edificação do mundo Metaverso, somado à concepção de novos seres artificiais e inéditos algoritmos pleiteiam a progressiva incubação e efetiva materialização das normas jurídicas vigentes e regulamentadoras deste novo Mundo Artificial. Nesse sentido crítico-reflexivo, António Castanheira Neves ensina sobre a definição do Direito e a importância da interpretação da legislação, ora extremamente relevante devido à elaboração e efetivação de normas jurídicas e axiológicas como respostas às interrogações formuladas, ao delinear:

> *"O direito é ainda – e assim sobretudo o que queremos ver aqui – um sentido normativo, uma intenção axiológica que assimila aqueles valores específicos que o justificam como direito e lhe conferem uma dimensão superadora e também constituinte. (...)*
>
> *Aceitamos, aliás, que a lei não seja a única expressão, e expressão incondicionada, do direito – ponto que também aforaremos diretamente. Mas o que não pode é ter-se a lei como se apenas um voto político sem consequência e sujeita à contingência do mais crasso e instável oportunismo. São os valores de autoridade e da competência responsável, da estabilidade e da consequência, da objetividade e da igualdade que se perdem se sacrificarmos o mérito que à lei legitimamente lhe corresponde. Decerto que são estes só valores formais e que para além deles estão autêntico sentido material do direito. Mas até este sentido material será inatingível se aqueles valores formais forem arbitrariamente recusados e não concorrerem, eles também com o seu contributo próprio, na mediação para aquela última e decisiva intenção material da juridicidade. Sacrificar aqueles valores é, pois, sacrificar uma condição indispensável do direito e da sua força e validade.*[77]

Talvez, a busca pelo desenvolvimento e pela solidificação da normatização jurídica-axiológica sobre a matéria Inteligência Artificial, diante da constante evolução tecnológica, a cada zeptosegundo, do universo artificial constitua uma alucinação utópica normativa e democrática. Entretanto, a análise reflexiva de fatos histórico-culturais e a crítica sociopolítica ora desenvolvidas, por certo, suscitam a demanda da atualização e

[77] CASTANHEIRA NEVES, António. *A Revolução e o Direito. A situação de crise e o sentido do Direito no actual processo revolucionário.* Revista da Ordem dos Advogados. Ano 35 – Vol. II – Mai. Ago. 1975, p. 27 e 54.

da consolidação de leis, códigos, revisões constitucionais ou regulamentos internacionais que produzam os humanitários, democráticos e imprescindíveis regulamentações das inovações tecnológicas sociais do viver e conviver neste Mundo Artificial. Como ensina Antonio Barbosa de Melo, a *utopia como invenção social designa os valores ou deveres-ser que orientam a permanente transformação das sociedades históricas, reais e concretas, se destinam a criar nos indivíduos e nas comunidades o dever de os assumir e praticar.*[78]

Destarte, a problematização ética e axiológica das normas jurídicas, em elaboração e em vigor, regulamentadoras da (con)vivência neste mundo Metaverso, é fundamental para incubação, alteração e concretização da referida normatividade jurídica-axiológica, como ensina a jurista Ana Margarida Gaudêncio:

> *"Por entre tais propostas, voluntarística e instrumental-finalisticamente construídas, e formal e instrumental-procedimentalmente estruturadas, regressar à consideração do* problema do direito *hoje, no sentido assumido por Castanheira Neves, envolverá, decisivamente, questionar a possibilidade de conferir a esse assim dito* direito uma matriz fundamentante materialmente autónoma, *numa base comunitária e civilizacional, e, assim, culturalmente marcada, que o leve pressuposto como possibilidade de resposta a um problema necessário, o da convivência humana no mundo – o que de imediato implica uma condição ética como pressuposto –, afirmando substancialmente um* sentido, *um* fundamento *e um* conteúdo *específicos materialmente autónomos de outras ordenações culturalmente normativas. Partindo desta perspectivação, a conferência ao direito de dum sentido autónomo exigirá uma valoração materialmente crítica das respectivas práticas, à luz de uma compreensão dos seus fundamentos materiais."*[79]

Ao fim e ao cabo, restam demonstradas a intensidade evolutiva e a urgência progressista da legislação nacional, no caso em tela, da República Federativa do Brasil, e ainda, as regulamentações supranacionais e internacionais, como apurado pela União Europeia, enquanto a República

[78] BARBOSA DE MELO, Antonio. *Democracia e Utopia (Reflexões)*. Porto: Editora Instituto de Ciências Humanas e Teológicas do Porto, 1980, p. 54.

[79] GAUDÊNCIO, Ana Margarida Simões. *Responsabilidade como princípio e limite(s) da(s) (inter) subjectividade(s) jurídica(s): reflexões em torno da proposta de Castanheira Neves.* Revista de Direito da Responsabilidade. Ano 2, págs. 771 e ss. Coimbra: Gestlegal, 2020, p. 777.

Portuguesa já realizou a expansão legislativa, no ano de 2021, com a aprovação da Carta de Direito Humanos na Era Digital. Portanto, a necessidade de mutação normativa jurídica-axiológica sobre o universo artificial, bem como a indispensável definição de limites legais à criação e ao desenvolvimento dos algoritmos compõem os resultados essenciais do questionamento maiêutico sobre a Inteligência Artificial, aqui somente aberto, evitando assim, a concepção anti-humanista e a evolução regressista de alienação artificial humana, além da hodierna e rotineira manipulação antidemocrática desenvolvidas na caverna platônica do novo mundo Metaverso.

Conclusões

Inúmeros são os avanços cibernéticos da Inteligência Artificial, germinados no espantoso e farto progresso tecnológico. Porém, também, muitos são os problemas jurídico-axiológicos e numerosas as questões jusfilosófica e sociopolítica brotadas no mundo Terra pelos seres artificiais e respectivo Mundo Artificial, especialmente, quanto ao questionamento examinado, estudado e ponderado sobre a visão do novo mundo Metaverso como uma caverna subterrânea platônica, com alicerce na Filosofia Grega Antiga.

Com efeito, a descrição fáctica e a análise histórica do viver e conviver neste universo artificial, abalizado no método maiêutico socrático, geram diversas interrogações de teor jusfilosófico, ontológico, teleológico, ético-político e sociocultural. Sobretudo, provoca um olhar reflexivo e um pensamento crítico em busca de soluções jurídica-axiológicas em relação à anti-humanista alienação artificial e antidemocrática manipulação sociocultural executadas, rotineiramente, na caverna platônica deste Mundo Artificial. Sendo assim, tal problematização requer a lacônica visita ao passado da Filosofia Antiga e da Filosofia Moderna como fontes epistemológicas e axiológicas para interpretação do avanço tecnológico do presente e da expectativa do esperançoso futuro cibernético.

A imperativa concepção e a indispensável atualização da normatividade jurídica e axiológica da matéria, definidoras de limites ético-políticos e socioculturais à progressiva evolução cibernética, provocam as necessárias elaborações e as prudentes emendas ou alterações concretizadoras das regras e dos princípios jurídico-axiológicos (constitucionais, infraconstitucionais, nacionais, supranacionais e internacionais), sobre o novo mundo Metaverso, os novos seres artificiais e os algoritmos da Inteligência Artificial.

Sem dúvidas, (re)afirmar, garantir e solidificar os direitos humanos fundamentais da pessoa humana, também, neste Mundo Artificial, consistem no dever basilar, evidente e urgente de quaisquer Estados, notadamente, dos Estados Constitucionais Democráticos de Direito, além das organizações supranacionais e internacionais, como a União Europeia e a Comunidade Global, respectivamente. Importante ressaltar o progresso evolutivo da normatividade jurídica-axiológica corroborado na República Portuguesa com a afirmação e a efetivação dos direitos, liberdades e garantias pessoais de utilização da informática, previsto no artigo 35 da Constituição somado à marcante Carta de Direito Humanos na Era Digital. Tais normas garantem o universo artificial como um espaço de promoção, proteção e livre exercício dos direitos humanos. Como já relatado, primariamente, a República Federativa do Brasil assegura o direito fundamental à proteção dos dados pessoais nos meios digitais, previsto no artigo 5º, inciso LXXIX da Constituição Federal, bem como regulamenta pela Lei Federal do "Marco civil da Internet", todavia, continua em construção o projeto de Lei nº 21/2020 sobre a progressão da normatização jurídica da Inteligência Artificial.

Neste profundo cenário, derivam a fundamentabilidade e a progressividade da ponderação valorativa e da afirmação jurídica do direito fundamental à liberdade digital como um direito humano basilar de autonomia da pessoa humana no universo artificial, notadamente, regulamentado e limitado pelas regras do Direito, bem como consolidado e alicerçado nos princípios normativos ético-axiológicos. Resta nítido e evidente, *ubi societas, ibi jus*. Tais normas jurídica-axiológicas são essenciais ao (con)viver na sociedade digital, especialmente, nos tempos artificiais e nos espaços colossais deste Mundo Artificial.

Enfim, restam corroboradas a amplitude, a magnitude e a urgência da progressiva evolução da normativa jurídica e axiológica sobre a Inteligência Artificial, de maneira peculiar, em relação ao novo mundo Metaverso. A imperativa definição dos limites jurídicos-axiológicos e de responsabilidade humana, civil ou criminal, aos casos esboçados, como: a alienação artificial, a manipulação cibernética e a escravidão digital dos seres humanos na versão artificial da caverna platônica. Destarte, o Direito deve ser vivo, cogente e contemporâneo, até mesmo na regulamentação jurídica entre a pessoa humana e as máquinas cibernéticas, além da organização jurídica-axiológica, ética-política e sociocultural da vida comunitária digital no jovem universo artificial, garantindo a segurança jurídica virtual dos seres humanos e consolidando os Direitos Humanos na Era Digital, hodiernamente e espacialmente, nesta sociedade artificial aberta, ativa, em constante transformação e veloz mutação no Mundo Terra.

Referências

ARENDT, Hannah. *Origens do Totalitarismo*; tradução Roberto Raposo. — S São Paulo: Companhia das Letras, 2007.

ARISTÓTELES. *Política*. Texto Integral; tradução Torrieri Guimarães. São Paulo: Editora Martin Claret, 2004.

BARBOSA DE MELO, Antonio. *Democracia e Utopia (Reflexões)*. Porto: Editora Instituto de Ciências Humanas e Teológicas do Porto, 1980.

BOBBIO, Noberto. *Direita e Esquerda. Razões e significados de uma distinção política;* tradutor Marco Aurélio Nogueira. 2º ed. São Paulo: Editora UNESP, 2001.

CANOTILHO, José Joaquim Gomes. *Direito Constitucional e Teoria da Constituição.* 7ª ed. Coimbra: Almedina, 2003.

DOMINGOS, Pedro. *O Algoritmo Mestre. Como a busca pelo algoritmo de machine learning definitivo recriará nosso mundo.* São Paulo: Basic Books, 2015.

DU CHÂTELET, Gabrielle Emillie Le Tonnerlier de Breteuil, Marquesa. *Discurso sobre felicidade*; prefácio de Elisabeth Badinter; tradução de Marina Appenzeller. São Paulo: Martins Fontes, 2002.

HABERMAS, Jürgen. *Mudança estrutural na Esfera Pública: investigações sobre uma categoria da sociedade burguesa*; tradução de Denilson Luíx Werle – 1ª ed. São Paulo: Editora Unesp, 2014.

MAQUIAVEL. *O Príncipe – comentários de Napoleão Bonaparte*. Traduzido por Edson Bini. São Paulo: Hemus, 1996.

MONIZ, Ana Raquel Gonçalves. *Os Direitos Humanos e a sua circunstância: Nihil Novi sub Sole?* Lisboa: Universidade Católica Editora, 2022.

MONTESQUIEU, Charles de Scondat, Baron de. *Do espírito das leis*; tradução Roberto Leal Ferreira. São Paulo: Martin Claret, 2010.

NABAIS, José Casalta. *Por uma liberdade com responsabilidade: estudos sobre direitos e deveres fundamentais*. Coimbra: Coimbra Editora, 2007.

NOVAIS, Jorge Reis. *A dignidade da pessoa humana.* 2ª ed. V.1: Dignidade e direitos fundamentais. Coimbra: Almedina, 2015.

PLATÃO. *Apologia de Sócrates – Banquete.* Texto Integral. Tradução Conceição Gatti Leonardo. São Paulo: Editora Martin Claret, 2000.

______. *A República (ou da Justiça): Platão* – tradução, textos adicionais e notas Edson Bini – 3ª ed. (Clássicos Edipro) São Paulo: Edipro, 2019.

ROUSSEAU, Jean Jacques. *O Contrato Social*. Tradução de Vicente Sabino Junior. São Paulo: Hemus, 1999.

SEN, Amartya. *A ideia de justiça*; tradução Denise Bottmann, Ricardo Doninelli Mendes. 1ª ed. São Paulo: Companhia das Letras, 2011.

Revista

CASTANHEIRA NEVES, António. A Revolução e o Direito. A situação de crise e o sentido do Direito no actual processo revolucionário. Revista da Ordem dos Advogados. Ano 35 – Vol. II – Mai. Ago. 1975. (https://portal.oa.pt/upl/%7B78f1e783-cdef-45e7-a086-0067f9e854ce%7D.pdf).

CHAUÍ, Marilena. Cultura e democracia. Conferência ministrada em Salvador, Bahia, el 11 de novembro de 2007. Crítica y Emancipación, (1): 53-76, junio 2008. (https://edisciplinas.usp.br/pluginfile.php/4657030/mod_resource/content/1/Chaui%20Cultura%20e%20Democracia.pdf)

DWORKIN, Ronald. O que é uma vida boa? Revista Direito GV, Ano, Vol. 7 – Jul. Dez.2011, págs. 607-616, São Paulo, 2011 (file:///C:/Users/cgome/Downloads/admin,+24010-43632-1-CE.pdf).

GAUDÊNCIO, Ana Margarida Simões. Direitos Humanos e Pandemia/«Human Rigts and Pandemic», in André Dias Pereira (Coord.), Livro Branco – Responsabilidade em saúde pública no mundo lusófono: fazendo justiça durante e além da emergência da Covid/White Book –Responsibility for Public Health in the Lusophone World: Doing Justice In and Beyond the COVID Emergency, Instituto Jurídico da Faculdade de Direito da Universidade de Coimbra, 2021, 9-21. (https://eg.uc.pt/bitstream/10316/95392/1/c2%20Ana%20Gaudencio%20pt.pdf)

______. Responsabilidade como princípio e limite(s) da(s) (inter)subjectividade(s) jurídica(s): reflexões em torno da proposta de Castanheira Neves. Revista de Direito da Responsabilidade. Ano 2, págs. 771 e ss. Coimbra: Gestlegal, 2020. (https://revistadireitoresponsabilidade.pt/2020/responsabilidade-como-principio-e-limites-das-intersubjectividades-juridicas-reflexoes-em-torno-da-proposta-de-castanheira-neves-ana-gaudencio/).

LOUREIRO, João Carlos. (2020). *BENS, MALES E (e)(E)STADOS (IN) CONSTITUCIONAIS: socialidade e liberdades(s). Notas sobre uma pandemia.* REI – REVISTA ESTUDOS INSTITUCIONAIS, 6(3), 787–832. (https://doi.org/10.21783/rei.v6i3.563).

PEREIRA, Alexandre Libório Dias. «Lex Informatica, Ius Ex Machina e Justiça Artificial» in Jorge de Figueiredo Dias, José Joaquim Gomes Canotilho, José de Faria Costa (Org.), Ars Ivdicandi – Estudos em Homenagem ao Prof. Doutor António Castanheira Neves, STVDIA IVRIDICA, 90, Ad Honorem – 3, Volume

I – Filosofia, Teoria e Metodologia, Coimbra, Coimbra Editora, 2008, 817-886; também in RJLB, Ano 3 (2017), n.º 1, 43-126 (https://www.cidp.pt/revistas/rjlb/2017/1/2017_01_0043_0126.pdf).

Canção

GIL, Gilberto. *Cérebro eletrônico*. Cérebro eletrônico, Rio de Janeiro: Philips, 1969.

GIL, Gilberto. *Pela internet*. Quanta, Columbus: Bluemoon Recordings, 1997.

VELOSO, Caetano. *Anjos Tronchos*, Meu coco, Rio de Janeiro: Sony Music, 2021.

Legislação

CARTA PORTUGUESA DE DIREITOS HUMANOS NA ERA DIGITAL. Lei nº. 27/2021. (https://www.parlamento.pt/Legislacao/Paginas/Educacao_Carta-Portuguesa-de-Direitos-Humanos-na-Era-Digital.aspx).

CONSTITUIÇÃO DA REPÚBLICA FEDERATIVA DO BRASIL DE 1988. (https://www.planalto.gov.br/ccivil_03/constituicao/constituicao.htm).

CONSTITUIÇÃO DA REPÚBLICA PORTUGUESA. (https://www.parlamento.pt/Legislacao/Paginas/ConstituicaoRepublicaPortuguesa.aspx)

DECLARAÇÃO UNIVERSAL DE DIREITOS HUMANOS. (https://dre.pt/dre/geral/legislacao-relevante/declaracao-universal-direitos-humanos).

Lei nº 12.965/2014. Estabelece princípios, garantias, direitos e deveres para o uso da Internet no Brasil. (https://www.planalto.gov.br/ccivil_03/_ato2011-2014/2014/lei/l12965.htm).

Projeto de Lei nº 21, de 2020. Iniciativa do Deputado Federal Eduardo Bismarck (PDT/CE). Estabelece fundamentos, princípios e diretrizes para o desenvolvimento e a aplicação da inteligência artificial no Brasil; e dá outras providências. (https://www25.senado.leg.br/web/atividade/materias/-/materia/151547).

Proposta de REGULAMENTO DO PARLAMENTO EUROPEU E DO CONSELHO que estabelece regras harmonizadas em matéria de inteligência artificial (REGULAMENTO INTELIGÊNCIA ARTIFICIAL) e altera determinados atos legislativos da União. Comissão Europeia. COM/2021/206 final (https://eur-lex.europa.eu/legal-content/PT/TXT/?uri=CELEX:52021PC0206).

13. DESIGUALDADE ECONÓMICA E INTELIGÊNCIA ARTIFICIAL

CLAUDIA ANICETO CAETANO PETUBA

Introdução

Desde a comunidade primitiva que a sociedade segue a evoluir nas formas de organização social, mas, conforme os séculos e décadas avançam, cresce a percepção de que igualmente avançam as desigualdades ou o nível de profundidade entre os desiguais na perspectiva económica.

A desigualdade é problema antigo, de novidade apenas a constatação de que a concentração de renda cresce com o passar dos anos e é especialmente potencializada a cada crise económica global.

Nas últimas décadas temos acompanhado com certo espanto a velocidade com que os avanços tecnológicos passam a trazer soluções para o cotidiano e, ao mesmo tempo, novas preocupações.

A pandemia motivada pelo novo coronavírus denominado de covid-19, antecipou o futuro em algumas décadas. Face a necessidade de adotar o distanciamento físico como principal medida para combater sua propagação, popularizaram-se formas de utilização das novas tecnologias para minimizar ou driblar o distanciamento físico imposto, seja para a comunicação, estudos, trabalho, investigações, relações comerciais e financeiras, etc., que até então eram utilizadas por grupos mais restritos; e, novas ferramentas foram desenvolvidas ou gestada a necessidade de desenvolvimento. O tempo recorde que as vacinas para covid-19 foram desenvolvidas é reflexo do impacto tecnológico na ciência, ao permitir um rápido sequenciamento genético.

Mas surgem dúvidas se os benefícios de tais avanços são partilhados igualmente por todos ou se privilegiam ainda mais setores já privilegiados em detrimentos de setores sociais subjugados; se contribuem para diminuir as desigualdades económicas ou aumentar a concentração de renda. E, quem se beneficiaria com o conjunto de informações captadas.

Como problema do presente trabalho, a necessidade de análise da relação entre a desigualdade económica e os avanços tecnológicos, se desta combinação resultam mais impactos positivos ou desdobramentos negativos. A investigação se desenvolveu através da análise de bibliografia especializada, legislação vigentes e pesquisas desenvolvidas por organizações públicas e privadas, de forma descritiva.

1. Desigualdade sócioeconómica

A última grande crise económica global, iniciada em 2007 nos EUA, que explodiu em 2008 com a bolha imobiliária no seu mercado interno, é considerada pela maioria dos economistas como a pior crise económica desde a Segunda Guerra Mundial, tanto que vem sendo chamada de Grande Recessão. A receita para lidar com essa turbulência foi a clássica injeção de dinheiro público nas empresas em apuros – cujos proprietários são liberais contrários à intervenção do Estado na economia em épocas de boa lucratividade, mas são os primeiros a defender o oposto quando seus patrimónios são ameaçados.

Tal proporção teria sido alcançada em virtude da maior velocidade com que as transações financeiras são realizadas na actualidade, os avanços tecnológicos proporcionaram uma relação mais intensa entre os mercados. A financeirização do capital, em que o capital fictício vale mais que o produtivo, é uma das contribuições da tecnologia.

Nos EUA, em 2008, o governo norte-americano lançou um pacote com o intuito de tentar restabelecer seu sistema financeiro, foi injetado US$ 700 bilhões[1] em nove bancos, apenas nesse primeiro pacote. Para que tais aportes pudessem ser viabilizados, foram realizados cortes nos valores investidos em áreas sociais.

Essa mesma receita foi aplicada em diversos países ao redor do mundo. Os países que ousaram fazer um contraponto a essa cartilha, imposta pelos mercados através do Fundo Monetário Internacional-FMI, foram os que conseguiram à época sofrer um impacto menor à crise económica mundial,

[1] FOLHA de São Paulo – **Tesouro dos EUA injeta bilhões em nove bancos**, 2008.

o grupo de países emergentes denominados de BRICS[2]. A projeção de que estes emergentes poderiam ter seu crescimento acelerado com a crise económica se concretizou, com destaque da China, que já supera os EUA no posto de primeiro lugar em alguns *rankings*; e da Índia, cujas projeções apontam ter potencial para ocupar o lugar dentre principais potencias económicas e desbancar a Alemanha[3]. Da mesma forma que há também a projeção de aumento das desigualdades económicas.

Logo em 2009 foi possível detectar os efeitos dos pacotes de auxílios aos mercados, promovidos pelos governos nacionais, houve o registro do crescimento do número de pessoas ricas em 17%. O país que registrou o maior aumento foi justamente o que o governo promoveu mais cortes sociais em detrimento do socorro aos ricos, os EUA fecharam esse ano com mais de 2,87 milhões de milionários.[4] Na mesma velocidade que os ricos ficaram mais ricos, os pobres ficaram mais pobres.

O passar dos anos da Grande Recessão evidenciou o quanto essa tática contribui com o aumento da desigualdade. Na Inglaterra, cresceu em mais de vinte vezes o número de nacionais dependentes de instituições beneficentes para se alimentar. Na Espanha, mais que triplicou o número de atendidos pela assistência prestada pela Igreja. Na Europa, 20% dos indivíduos mais ricos chegam a ganhar cinco vezes mais que 20% da parcela mais pobre da sociedade; no continente há países em que essa distância chega a ser sete vezes maior. Mas, essas são as médias, casos isolados podem chegar num nível de diferenciação muito superior, "em 1976, o presidente do terceiro maior banco espanhol ganhava oito vezes mais que o empregado de nível médio; hoje ganha 44 vezes mais", um retrato da elevada concentração de renda.[5]

A crise teve no epicentro instituições financeiras, seria possível imaginar que elas estariam fragilizadas no período pós crise, mas saíram ainda mais fortalecidas. Estudo desenvolvido pelo Instituto Federal Suíço de Pesquisa Tecnológica, que analisou 147 dos principais grupos

[2] Sigla criada pelo economista britânico Jim O'Neill, para denominar Brasil, Rússia, Índia, China e África do Sul, países emergentes com atuação conjunta e alta capacidade de impacto na economia global.

[3] BBC – **Crise económica pode acelerar ascensão dos BRICs**, 2009.

[4] G1 – **Ricos do mundo enriquecem mais na crise, segundo pesquisa**, 2010.

[5] EL PAÍS – **A desigualdade corrói o projeto europeu**, 2014.

corporativos, constatou que 75% deste universo era formado por bancos que controlavam 40% do sistema corporativo mundial[6].

O mundo sequer havia se recuperado da Grande Recessão e em 2020 se abalou por outra crise, desta vez de origem sanitária: a pandemia do covid-19. Logo no primeiro ano já foi possível constatar aumento da desigualdade, estudo realizado pelo Credit Suisse mostrou que a renda de 1% dos mais ricos cresceu na Rússia, Brasil, Índia e Estados Unidos; dos países analisados, a concentração da renda, no ano analisado, diminui apenas na Alemanha e França.

No Brasil, com a pandemia, a riqueza dos ricos cresceu de 46,9% para 49,6%; foi o país que apresentou maior crescimento no número de bilionários. No ano de 2020, 40 brasileiros deixaram o patamar de milionários para terem sua fortuna alçada à casa dos bilhões. No ano seguinte foi constatado o mesmo crescimento, 77 brasileiros foram elevados ao grupo de bilionários. Quando falamos de milionários, o crescimento é ainda maior e a projeção é de franco crescimento: estima-se que até o ano de 2025 o Brasil terá 361 integrante no grupo de bilionários. Mas, na contramão, a maioria da população teve queda no seu patrimônio.[7]

A fome voltou a crescer no mundo. A Organização das Nações Unidas-ONU, em relatório divulgado em 2021, denominado de "O Estado da Segurança Alimentar e Nutricional no Mundo", após cinco anos com estatísticas estáveis, foi constatado que a fome voltou a crescer em 2020, semelhante ao crescimento apresentado após a Grande Recessão. Crescimento quantificado em aproximadamente 800 milhões de pessoas, espalhadas por todos os continentes. Nos países integrantes da União Europeia, mais de 7 milhões de pessoas foram afetadas com a fome.[8]

Com a pandemia, grandes empresas viram na crise que ceifava a vida de milhões, uma oportunidade de negócio, seja para expandir os que já atuavam no centro da demanda do momento, para atuar em novos ramos ou para elevar os preços dos seus produtos ou serviços que eram

[6] DOWBOR, Ladislau – **A era do capital improdutivo: Por que oito famílias tem mais riqueza do que metade da população do mundo?** 2017, p. 56.

[7] GAVRAS, Douglas – **Entenda como os ricos ficaram mais ricos na pandemia**, 2021.

[8] ORGANIZAÇÃO das Nações Unidas – **O Estado da Segurança Alimentar e Nutricional no Mundo 2021**.

indispensáveis para salvar vidas humanas. Valores humanos foram relativizados perante a lucratividade.

Quanto mais as riquezas e fortunas se acumulam, mais poder elas possuem e com isso exercem influência sobre governos, nos mercados e sociedade como um todo. A conjuntura social que estamos inseridos equivale a um círculo vicioso que permite que os ricos determinem como a engrenagem social e económica os deixará mais ricos, prevalece assim o poder económico perante o político.

Investigação intitulada de "Democracia conquistada: governo para poucos", promovida pela Oxfam em parceria com a CLACSO, analisou a relação entre os indivíduos mais ricos e alguns governos da América Latina, foi detectado e descrito "13 casos em que os mais ricos usaram seu poder e sua influência para garantir regras fiscais que os beneficiassem".[9] Influência que não é exercida apenas perante o poder público, no ambiente concorrencial entre empresas, as que possuem maior capital exercem seu pode para impor tendências que lhes propiciem maior acúmulo financeiro.

Desigualdades que são promovidas num sentido contrário ao que predomina nos textos constitucionais da atualidade. Os modelos de Estado pautados pela democracia e pelo direito, colocam os direitos fundamentais e a justiça social em posição prioritária, essa receita resulta em orientações para enfrentamento das desigualdades. A exemplo da Constituição da República Portuguesa-CRP, no artigo que trata das incumbências prioritárias do Estado no âmbito económico social, o artigo 81.º, traz na alínea "b" a necessidade de promover a justiça social e corrigir as desigualdades na distribuição da riqueza e do rendimento.

Bem como a Constituição da República Federativa do Brasil-CRFB, que logo no seu artigo 3.º lista os objetivos fundamentais da República brasileira, dentre eles pontua no inciso III "erradicar a pobreza e a marginalização e reduzir as desigualdades sociais e regionais". Volta a tratar no assunto no Título VII "Da Ordem Económica e Financeira", no Capítulo que define os princípios gerais da atividade económica, traz no artigo 170, inciso VII, a redução das desigualdades regionais e sociais como um dos princípios norteadores da ordem económica – que deve valorizar o trabalho humano.

[9] OXFAM GB – **Bem público ou riqueza privada?** 2019, p. 68

Tais preceitos são desconsiderados pelo *modus operandi* da economia, que gera bolas de neve sucessivas, cada vez maiores e mais destrutivas. Da mesma forma que a cada nova crise, cresce a intensidade dos seus estragos.

Os impactos das crises do século passado, a exemplo da quebra da bolsa norte-americana em 1929, tiveram consequências negativas menores. A considerar que o modo de produção que predomina no mundo na atualidade e rege a sociedade é o capitalista, um sistema cíclico, faz parte da sua natureza projetar crises económicas de tempos em tempos como necessidade de retroalimentação, as próximas crises tendem a produzir sequelas ainda mais devastadoras. Ao incluir nessa receita a velocidade com que a inteligência artificial cresce com o passar dos anos, cujo refinamento será maior que nas últimas crises, o que se desenha para a próxima crise económica é assustador.

2. Inteligência Artificial

Nesse cenário de profunda desigualdade socioeconómica, a Inteligência Artificial-IA se desenvolve a passos largos. Fez surgir novas profissões, novas áreas do conhecimento, um novo nicho de mercado que anualmente movimenta bilhões de dólares. Mais que tendência de mercado, as IA's mudaram comportamentos de forma irreversível.

No setor económico, são inúmeras as utilidades da IA, é possível desenhar mais projeções e antecipar cenários futuros para a prevenção da fraude financeira e práticas tipificadas como o branqueamento de capitais. A celeridade no tratamento de dados com valor económico para auxiliar a tomada de decisões em relações comerciais, empresariais e no mercado, é maior. Mas, da mesma forma que pode potencializar as boas práticas, igualmente pode impulsionar maus comportamentos.[10]

No bancário, a utilização de IA contribuiu para o surgimento de bancos digitais, sem agências físicas, em que todas as transações e serviços ocorrem de forma totalmente virtuais. As instituições bancárias tradicionais incorporaram a IA em toda a sua atuação com o intuito de darem maior celeridade nas suas transações. Operações bancárias que outrora levavam dias para serem concluías, são realizadas em frações de segundos, sejam elas realizadas em âmbito nacional ou internacional.

[10] SOUSA, Susana Aires de – **A IA no setor económico: uma reflexão entre "o bom, o mau e o vilão"**, 2022, p. 176.

A análise da concessão de crédito, em que um ser humano se debruçava individualmente para averiguar a capacidade do requerente de honrar com tal compromisso, agora é robotizada para que sistemas realizem análises múltiplas simultaneamente. A gestão dos clientes possibilitou análises mais personalizadas e respostas mais rápidas. Antecipação e deteção de fraudes e crimes de natureza financeira se tornaram mais eficientes.

No entanto, no universo bancário, estudos apontam que a IA tem contribuído para promover análises discriminatórias, como negar a maioria dos pedidos de concessão de crédito solicitados por negros e índios[11]. Com um maior volume de transações virtuais, os clientes ficaram mais vulneráveis aos golpes, tanto que os bancos inseriram dentre suas despesas ordinárias, valores gastos com indenizações pecuniárias. No passado havia a ideia de que guardar dinheiro no banco seria mais seguro que guardar dinheiro em casa, principalmente em comunidades violentas, certamente há maior segurança, mas não é uma garantia de proteção total face à vulnerabilidade de ataques virtuais – a mente criminosa sempre procura formas de se reinventar e se moldar às dinâmicas da sociedade.

No mercado, as vendas de ações ficaram mais acessíveis. Cresceu o número de empresas que comercializam suas ações, profissionais que remotamente oferecem cursos e consultorias para facilitar a inserção de um novo público no setor. A partir do sofá de casa, pessoas passaram a ter a oportunidade de incrementar sua renda familiar a partir dessa nova frente de investimentos ou mesmo mudar de profissão.

Mas, neste universo, também possibilitou a criação de realidades inexistentes no mercado de produtos e valores mobiliários, para criar um artificial cenário de liquidez financeira que promovesse a elevação dos preços – práticas que culminaram em prisão[12]. A mesma velocidade que proporciona avanços, acelera os impactos negativos, pois a volatilidade potencializa as crises que recorrentemente se instalam. A hiper conexão entre as bolsas faz com que situações de instabilidades rapidamente se propaguem, o que outrora poderia ser uma crise regional ou interna, com

[11] SOUSA, Susana Aires de – **A IA no setor económico: uma reflexão entre "o bom, o mau e o vilão"**, 2022, p. 177.

[12] SOUSA, Susana Aires de – **A IA no setor económico: uma reflexão entre "o bom, o mau e o vilão"**, 2022, p. 178-179.

reflexo numa quantidade menor de países, rapidamente se alastra e atinge uma quantidade maior de países.

As tentativas de manipulação dos mercados são tão intensas que a literatura necessitou desenvolver uma série de conceitos para melhor estudá-las e descrevê-las, por exemplo: *pinging*, o *spoofing*, o *phishing*, o *layering*, *matched orders*. Estudo desenvolvido pelo Banco Central Europeu estima que esquemas fraudulentos tenham impactado um custo global superior a €1.80 bilhões.[13] Além dessas interferências nos mercados, há outros tipos de manipulação que também ocasionam impactos financeiros, como os ataques de hackers, estima-se que os prejuízos à economia global num único ano sejam de ordem superior a meio trilhão de dólares[14].

Nas relações de consumo, as formas de vendas foram diversificadas, principalmente com a pandemia do covid-19, as vendas realizadas através de plataformas virtuais explodiram. Moradores de localidades afastadas dos grandes centros urbanos deixaram de ficar reféns da baixa quantidade de empresas e produtos ofertados de forma física no seu entorno, para se lançar às compras de forma virtual, tendo acesso a produtos e serviços com maior liberdade de escolha.

Mas, na relação consumerista, novos produtos foram lançados aos consumidores sem o necessário controle de testes prévios para atestar sua segurança, ameaçam vidas humanas. É o caso dos acidentes letais que envolvem veículos autónomos, levantam questionamentos se tais veículos haviam sido testados com a qualidade e repetitividade necessária. Além do aumento de golpes que oferecem produtos que nunca serão entregues e serviços que não serão prestados.

No universo das finanças, as novas tecnologias fizeram surgir moedas digitais, possibilitaram que organizações financeiras passassem a acompanhar nosso dinheiro digital de forma detalhada, a moeda em papel é cada vez menos utilizada.

O setor financeiro sempre foi a área onde atuam indivíduos com maior concentração de renda, agora com os algoritmos para auxiliar no tratamento de dados em massa, é possível acumular mais riqueza e gerar

[13] SOUSA, Susana Aires de – **A IA no setor económico: uma reflexão entre "o bom, o mau e o vilão"**, 2022,p. 188.

[14] SOUSA, Susana Aires de – **A IA no setor económico: uma reflexão entre "o bom, o mau e o vilão"**, 2022, p. 189.

menos postos de trabalho. A redução dos custos e do elemento humano nas prestações de serviços, contribuem para que a margem de lucro se alargue e promova concentração de renda ainda maior.

Seja através de instituições bancárias, financeiras, mercado, relações comerciais e de consumo, a modernização das suas respectivas atuações torna suas operações mais vulneráveis. Há violações de dados pessoais sensíveis dos usuários, o direito à privacidade e à liberdade de escolha são afetados; a IA fez com que empresas nos conheçam mais que nós mesmos. Os "riscos associados a estes algoritmos, com potencial ofensivo ao mercado e à economia"[15] têm sido objeto de estudos e preocupações na academia, órgãos reguladores, parlamentos e governos.

2.1. IA e discriminações

A IA opera a partir das informações que alimentam um sistema, diante das informações prestadas, que em sua maioria são dados coletados dos serviços que já foram prestados, informações sobre vendas realizadas e sobre os compradores ou usuários.

As máquinas ainda não possuem a capacidade de pensar e desenvolver emoções, em que pese o engenheiro Blake Lemoine, da Google, ter concedido entrevista em 2022 para informar que robô denominado de Language Model for Dialogue Applications-LaMDA havia adquirido consciência e exprimido emoções. A Google nega, anunciou que o robô teria construído frases por ter sido alimentado com grande volume de textos e diálogos desenvolvidos nas redes sociais, superior à 340 gigabytes. Possibilidade assustadora, cuja veracidade não é possível de ser atestada neste trabalho.[16]

A resposta da Google demonstra o funcionamento básico da IA, são sistemas alimentados com grande volume de informações sobre factos reais. Ocorre que a realidade vivenciada por toda a sociedade não é o modelo ideal de ordem jurídica, social e económica. Nas interações entre os indivíduos, empresas e Estado, há desequilíbrios, excessos, ilícitos, comportamentos tidos como inadequados pela falta de enquadramento

[15] SOUSA, Susana Aires de – **A IA no setor económico: uma reflexão entre "o bom, o mau e o vilão"**, 2022, p. 186.

[16] GARATTONI, Bruno – **Bot de inteligência artificial adquiriu consciência, diz engenheiro do Google; empresa nega**, 2022.

legal ou moral. Os sistemas refletem essas debilidades e reproduzem comportamentos reprovados pela legislação vigente como preconceitos de diversos tipos ligados à raça, etnia, gênero, religião, dentre outros.

As máquinas que funcionam na base da IA, por mais que possam ser inteligentes, não possuem a inteligência humana que transita no campo da subjectividade, "esta falta de qualidade, invisível à máquina, é por ela multiplicada no seu processo de construção e reconstrução dos resultados"[17]. A IA potencializa tudo, inclusive os comportamentos sociais tidos como negativos.

Publicação do MIT Technology Review chama a atenção para a complexidade deste tema, cuja solução não é fácil, porque depois de iniciada a programação, a detecção dessas falhas só ocorrer posteriormente e percorrer o caminho reverso para localizar quais pontos específicos contribuíram para a discriminação é missão com provável fracasso.[18]

Este tema tem sido objeto de estudo de muitos investigadores, de diversas áreas, citamos como exemplos os trabalhos de Safiya Noble, que lançou o livro "Algoritmos de opressão: como os motores de busca reforçam o racismo"; de Cathy O'Neil, que publicou a obra "Algoritmos de destruição em massa: como o big data aumenta a desigualdade e ameaça a democracia"; e, de Virginia Eubanks, através do livro "Automatizando a desigualdade: como ferramentas de alta tecnologia definem, policiam e punem os pobres".

Os avanços digitais estão a reforçar a desigualdade económica, "a punir os pobres e oprimidos da sociedade enquanto enriquecia ainda mais os ricos", narra Cathy O'Neil ao falar da sua desilusão com o mercado ao perceber que seu trabalho contribuía para prejudicar pessoas com menor capacidade económica.[19]

Esse tipo de discriminação, que fere direitos fundamentais, vem sendo definido pela fórmula *bias in, bias out*, que faz uma projeção de futuro após ser alimentada com informações do passado. O "*bias* algorítmico, tendo

[17] SOUSA, Susana Aires de – **A IA no setor económico: uma reflexão entre "o bom, o mau e o vilão"**, 2022, p. 186.

[18] MIT Technology Review – **É assim que o preconceito da Inteligência Artificial (IA) realmente acontece – e por que é tão difícil de consertar**. 2020.

[19] O'NEIL, Cathy – **Algoritmos de destruição em massa: como o big data aumenta a desigualdade e ameaça a democracia**, 2020, p. 8.

diversas causas e explicações, tem vindo a ser definido, de forma simples, como um 'erro sistemático ou uma inesperada tendência para favorecer um resultado em desfavor de um outro'"[20]. Por mais que possam ser apresentadas como falhas técnicas, essas práticas discriminatórias através da IA podem ser utilizadas de forma intencional para potencializar discriminações, principalmente a que promove maior nível de desigualdade: a económica.

2.2. IA e o trabalho

O advento da IA fez surgir novo nicho de mercado, novas empresas de grande porte – sobre estas, abordaremos melhor no tópico a seguir – novos postos de trabalho foram criados. Mas, estas novas ofertas de trabalho não são suficientes para repor a projeção de extinção de postos de trabalhados em virtude do processo de automação da produção e prestação de serviços através da IA.

Algumas cartas constitucionais lançam proteções à sua inserção no ambiente de trabalho, a exemplo da CRFB que ao elencar os direitos dos trabalhados urbanos e rurais, em seu artigo 7.º, pontuou no inciso XXVII a "proteção em face da automação"[21].

Mesmo com tais orientações constitucionais, estudos realizados por pesquisadores mostram os impactos da IA nas relações laborais de forma negativa. Como o desenvolvido pelo investigador John Gantz aliado a outros, em 2017, para o IDC Analyse the Future, que apontou que até 2021 quase 50% das atividades laborais seriam afetadas por IA e eliminaria 5% dos postos de empregos existentes[22]. Quanto maior é o processo de modernização de uma empresa, maior é o volume de demissões.

Além da redução dos postos de trabalho, há outros impactos negativos como a precarização das relações de trabalho. Situação bem demonstrada no filme "Você não estava aqui", do diretor Ken Loach[23], que ilustra a

[20] SOUSA, Susana Aires de – **A IA no setor económico: uma reflexão entre "o bom, o mau e o vilão"**, 2022, p. 186.

[21] CONSTITUIÇÃO da República Federativa do Brasil, 1988.

[22] GANTZ, John F.; SCHUBMEHL, David; et, al. ***A Trillion-Dollar Boost: The Economic Impacto f AI on Customer Relationship Management***, 2017.

[23] Outro filme que merece atenção, deste diretor, que também realiza uma crítica à automação, mas desta ao serviço público, é "Eu, Daniel Blake".

rotina de trabalhadores seduzidos com a propaganda de trabalhar de forma autónoma, com renda "garantida", chamados de empreendedores; mas, sem qualquer tipo de proteção juslaboral, submetidos a condições precárias de trabalho e jornadas excessivas que impactam relações pessoais, principalmente na criação dos filhos e, consequentemente, gestam problemas para a colectividade.

As empresas que atuam através de aplicações promovem uma dispersão controlada do trabalho com o objetivo de aumentar o trabalho desenvolvido na informalidade, sem relação jurídica de natureza trabalhista. Uma forma que empresas empregadoras utilizam para burlar a legislação trabalhista e da seguridade social, sem perder o controle, "a globalização das cadeias produtivas, as formas toyotistas de organização do trabalho e novos arranjos produtivos assentam-se nesse movimento bem-sucedido de dispersar o trabalho, mantendo a centralização do controle sobre ele"[24]. Movimento que transparece não existir subordinação do trabalhador à empresa, seria o trabalhador livre, mas a liberdade se limita à definição sua jornada de trabalho; a empregadora mantém o controle da relação, ela que define as regras e precificação do trabalho, impõe contrato sem margem para negociação.

E, as discriminações realizadas em processos seletivos para recrutamento, como o caso da Amazon, cujo sistema privilegiou a contratação de homens em detrimento da exclusão das candidatas mulheres; e, casos nos EUA de exclusão por testes de personalidade que não refletiam a realidade.

3. Inteligência artificial, monopólios e desigualdade económica

Além de promover discriminações ilícitas e desemprego, como abordamos nos subtópicos anteriores, a IA promove desequilíbrios nos arranjos económicos de forma acentuada. Algumas práticas são interpretadas como contrárias à ordem jurídica quando analisadas pela perspectiva de uma legislação pátria, mas, mais que aspectos legais, há práticas imorais e antiéticas, que reproduzem valores contrários à vida numa sociedade civilizada.

[24] ABILIO, Ludmila Costhek; AMORIM, Henrique; GROHMANN, Rafael – **Uberização e plataformização do trabalho no Brasil: conceitos, processos e formas**, 2021.

O arranjo político-social que predomina no mundo hoje, como já dito em páginas anteriores do presente trabalho, é o modo de produção capitalista; pautado pelo lucro e seu crescimento contínuo, ampliar a margem de lucro necessita de atenção com vários fatores, um deles é a concorrência. Seja nos modelos de negócios B2B ou B2C[25], a concorrência merece destaque para todos que se propõem a desenvolver uma atividade lucrativa, é um dos fatores que impactam o produto ou serviço e seus respectivos preços.

Há o cenário de concorrência perfeita, em que a proporção entre oferta e demanda encontram um ponto de equilíbrio colectivo, há transparência e ética nos contatos que porventura podem ocorrer entre as empresas. Os produtos e serviços possuem menor nível de diferenciação nos preços ao consumidor e margem de lucros aos empresários, o nível de assédio dos consumidores é menor ou inexistente (se é que isso é possível).

E de concorrência imperfeita, em que ocorre o oposto da anterior. Na concorrência imperfeita, o desequilíbrio entre oferta e demanda é a principal característica. A transparência dá lugar à obscuridade e antiética, num cenário de predomínio de práticas desleais e até criminosas. Este tipo de concorrência desdobra-se em mais de uma possibilidade: monopólio, monopsônio, oligopólio, oligopsônio.

Monopólio é a concentração de um setor, produção de bem ou prestação de serviço, numa única empresa. Sem concorrência, a empresa possui a liberdade de ditar regras e impor sua atuação, não há liberdade de escolha aos que necessitam do seu bem ou serviço. O Monopsônio é o inverso, há uma quantidade maior de empresas interessada em vender ou prestar serviço a um único comprador, neste caso, quem necessita adquirir algo que ditas as regras, é o caso das licitações realizadas pelo poder público.

Oligopólio é a concentração de um setor, produção de bem ou prestação de serviço, em poucas empresas que podem atuar de forma isolada ou juntas em conglomerados denominados de *holding*. O oligopsônio é o

[25] B2B é a sigla de b*usiness to business*, que significa empresas que vendem produtos ou prestam serviços para outras empresas; e, B2C equivale à b*usiness to consumer*, tipo de empresas que vendem produtos ou prestam serviços para o consumidor final, geralmente enquanto pessoas singulares.

inverso, neste há uma quantidade menor de interessados e uma variedade maior de empresas.

O modo de produção capitalista elevou essa competição entre os que produzem e entre os que comercializam produtos ou serviços, ainda mais com o surgimento da IA.

A CRP, no artigo 81.º, que aborda as incumbências prioritárias do Estado no âmbito económico social, traz na alínea "f" a necessidade de "assegurar o funcionamento eficiente dos mercados, de modo a garantir a equilibrada concorrência entre as empresas, a contrariar as formas de organização monopolistas e a reprimir os abusos de posição dominante e outras práticas lesivas do interesse geral". Clara a orientação do legislador constituinte contrária aos monopólios.

Em Portugal, a Lei n.º 19/2012, sobre o novo regime jurídico da concorrência, promove e defende a concorrência, restringe operações de concentração de empresas no seu território ou que nele possam produzir efeitos, através do artigo 2.º. Destrincha em diversos artigos, de forma detalhada, procedimentos e possíveis aplicações de coimas ou sanções pecuniárias compulsórias.

No Brasil, a CRFB só possibilita os monopólios estatais, proíbe expressamente o monopólio e oligopólio nos meios de comunicação no §5.º do artigo 220. A Lei de n.º 8.137, de 27 de dezembro de 1990, define os crimes contra a ordem tributária, económica e consumerista; em seu artigo 4.º, lista os crimes contra a ordem económica, logo no inciso I proíbe o abuso do poder económico para dominar o mercado ou eliminar a concorrência de forma total ou parcial, mediante qualquer tipo de ajuste ou acordo de empresas. No entanto, esta Lei trazia de forma expressa o monopólio como modelo reprovável, mas as alíneas correspondentes foram revogadas pela Lei n.º 12.529, de 2011.

Portugal e Brasil não são exceções, é usual que os Estados nacionais se debrucem para regulamentar a concorrência no sentido de impedir monopólios privados e práticas anticoncorrenciais. Da mesma forma que organizações supranacionais, como a União Europeia, regulamentem a região de sua competência.

Mesmo com vasta legislação, transações empresariais levantam questionamentos. No ano de 2020, meio a crise pandémica, foi registrado número de aquisições de empresas e fusões superior ao dos cinco anos anteriores. Foram milhares de transações do gênero, que representaram um aumento de 42%[26]. No ano seguinte foi registrado um volume ainda maior, as fusões e aquisições ultrapassaram a monta do US$ 5 trilhões, quebrando um recorde atingido 15 anos antes[27].

3.1. Empresas de tecnologia

As empresas de tecnologias que surgiram se destacam perante as demais organizações, principalmente frente às mais tradicionais. Dentre as dez empresas mais valiosas do mundo, oito são empresas do setor, com destaque para as cinco primeiras do ranking: em primeiro lugar a Apple, avaliada em US$ 947,1 bilhões; em segundo a Google, US$ 819,5 bilhões; terceiro, Amazon, US$ 705,6 bilhões; quarto, Microsoft, US$ 611,5; e, em quinto, a Tencent, US$ 214[28].

A Google é acusada por empresas do ramo da tecnologia de monopólio. Recentemente a empresa foi alvo de uma ação movida pelo Departamento de Justiça (DoJ) do governo dos EUA e oito estados americanos, o objeto da ação seria o monopólio no ramo de anúncios virtuais, que englobaria toda a cadeia de anúncios através das suas empresas satélites, como a DoubleClick que é acusada de dominar 90% do seu mercado. O objectivo da ação é forçar que a Google se desfaça de empresas que lhe permitem abraçar todo o mercado[29].

[26] ATHON – **20 maiores Fusões e Aquisições Empresariais de 2020**, 2020.

[27] EXAME – **Big, Hering, Kabum: Relembre 7 fusões e aquisições bilionarias de 2021**, 2021.

[28] SEGREDOS DO MUNDO – **As 10 empresas mais ricas e valiosas do mundo em 2022**, 2023.

[29] TECNOBLOG – **"Google é acusado de monopólio e responde apontando para concorrentes"**. Disponível em: < https://tecnoblog.net/noticias/2023/01/25/google-e--acusado-de-monopolio-e-responde-apontando-para-concorrentes/> Acesso em 27 jan. 2023.

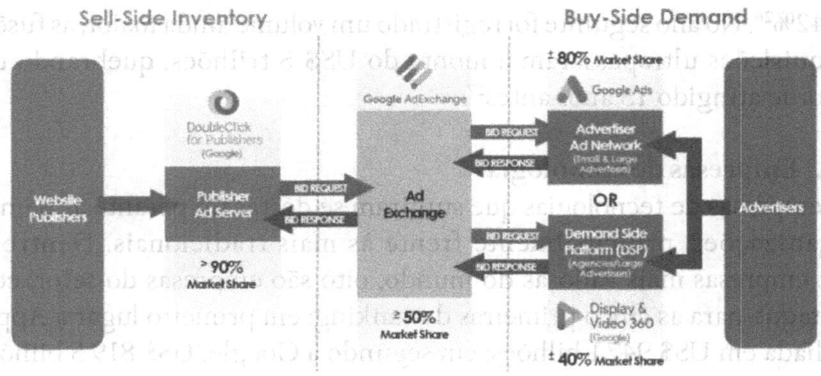

FIGURA 1. **Mapa elaborado pelo DoJ, inserido na ação judicial em comento.**[30]

Não é a primeira vez que a Google é alvo de embates judiciais que questionam sua atuação, em virtude das aquisições de outras empresas que surgem na sua área de atuação. Não é exclusividade sua, outras empresas do ramo já foram alvo, como a Meta – conglomerado que domina o ramo das redes sociais, responsável pelo Facebook, Messenger, Instagram, WhatsApp, dentre outros.

No Reino Unido, o órgão regulador da concorrência, a Autoridade de Concorrência e Mercados, determinou que a Meta desfizesse uma aquisição realizada em 2020: a compra da Giphy. Posição reforçada por decisão judicial, em 2022, pelo fato desta transação ter afetado a concorrência em dois mercados, em que a Meta já domina fatia significativa. Decisão inédita no sentido de obrigar um desinvestimento, devidamente cumprido pela empresa condenada.[31]

Quanto mais as empresas de tecnologia aprimoram a IA, mais crescem. Conforme crescem, passam a adquirir novas empresas. Quanto mais realizam aquisições, mais fortalecem sua posição hegemônica no seu nicho de mercado. Empresas que possuem como matéria prima a IA ou lucram com a sua comercialização, passaram a valer mais que o PIB de

[30] TECNOBLOG – **"Google é acusado de monopólio e responde apontando para concorrentes"**, 2023.

[31] UOL – **Sob pressão por "monopólio", Meta terá de vender plataforma de gifs Giphy**, 2022.

diversos países e a concorrer com as tradicionais organizações líderes em lucratividade – as instituições bancárias e financeiras.

3.2. Concentração de renda

Por mais que tenhamos a necessária normatização para reprimir práticas monopolistas e anticoncorrenciais, elas ocorrem e fortalecem grupos económicos. Crescimento potencializado pela IA, que contribui tanto para aprimorar o ambiente interno das empresas ao refinar a gestão empresarial, como no relacionamento com usuários e outras empresas.

Algumas organizações cresceram tanto que "muito se assemelham a governos no sentido de exercício de poder político direto. O que aqui vemos é uma articulação duplamente preocupante, tanto intra como inter empresarial. Entender este mundo de gigantes é hoje vital"; mundo este cujo faturamento empresarial supera o PIB de países considerados ricos. Em 2015, transações realizadas a partir dos EUA ou do Oriente, superaram recordes para fazer história quanto ao valor dos negócios celebrados, na casa dos trilhões de dólares; neste ano foram registrados nove negócios valorados em mais de US$ 50 bilhões cada.[32]

A investigação realizada pelo Instituto Federal Suíço de Pesquisa Tecnológica, já citada no tópico 1 do presente trabalho, que analisou 147 grupos, contribuiu para demonstrar o nível de concentrar económica. O controle de quase todas as transações comerciais de *commodities* realizadas no mundo, fica a cargo de 16 grupos que, em sua maioria, são sediados na Suíça.[33]

A empresa de investimento BlackRock, por exemplo, atingiu no ano de 2021 o montante de US$ 10 trilhões em ativos[34], superior ao PIB da maioria dos países do mundo, equivale ao PIB do Japão, Alemanha e França juntos. A Organização das Nações Unidas-ONU, com atuação global em diversas frentes de atuação, possui orçamento anual muito inferior, que sequer alcança a casa dos trilhões.

[32] DOWBOR, Ladislau – **A era do capital improdutivo: Por que oito famílias tem mais riqueza do que metade da população do mundo?** 2017, p. 55.

[33] DOWBOR, Ladislau – **A era do capital improdutivo: Por que oito famílias tem mais riqueza do que metade da população do mundo?** 2017, p. 56.

[34] FORBES – **BlackRock atinge US$ 10 trilhões em ativos no 4º trimestre de 2021**, 2022.

O ramo que a BlackRock atua, o de intermediação financeira, foi um dos que mais cresceu nos últimos anos. É a prevalência do capital improdutivo perante o produtivo, prevalece o capital ocioso sobre o que movimenta a economia e gera empregos. Movimento que tem recebido a crítica de muitos autores, como Ladislau Dowbor:

> O sistema financeiro ter se tornado um vetor de descapitalização é realmente interessante. Os rentistas têm de voltar a trabalhar, a ganhar o seu pão honestamente como qualquer trabalhador. Muitos intermediários financeiros se matam sem dúvida de trabalhar, e ganham rios de dinheiro. Mas não é nisto que está a questão, e sim no fato do seu trabalho consistir em se apropriar do fruto do trabalho dos outros.[35]

Quando falamos de concentração de renda, falamos da concentração existente no universo das pessoas colectivas e singulares, muito do que uma empresa acumula é usufruída por seus proprietários, acionistas e suas respectivas famílias.

Ladislau Dowbor levanta o questionamento "foi realmente o Estado que se tornou um gigante sem controle?". Na actualidade, 1% da população formada pelos ricos detém patrimônio superior ao da outra parcela da população, 99%; os ricos controlam mais da metade da riqueza global. Juntos movimentam mais de US$ 50 trilhões, que corresponde a soma de todas as dívidas públicas do planeta e três quartos do PIB mundial. Volume que impressiona quando realizamos essas comparações, "poder extremamente concentrado dos grandes grupos corporativos... Funciona sem dúvida para o 1%, de maneira como nunca antes na história. Mas não funciona para o planeta, nem no plano ambiental, nem no plano social, e muito menos no plano político". Essa engrenagem não dá resultados positivos nem no plano económico.[36]

Mesmo após a superação do Estado Liberal, as novas conformações da estrutura estatal possuem forte influência do liberalismo económico, sejam os modelos de Estado Social, de Direito e/ou Democrático.

[35] DOWBOR, Ladislau – **A era do capital improdutivo: Por que oito famílias tem mais riqueza do que metade da população do mundo?** 2017, p. 184-185.

[36] DOWBOR, Ladislau – **A era do capital improdutivo: Por que oito famílias tem mais riqueza do que metade da população do mundo?** 2017, p. 56-57.

O poder económico privado se reinventa, acompanha atentamente os avanços tecnológicos, pela sua alta capacidade de realizar investimentos, é quem mais se utiliza da IA de ponta, molda-a conforme suas necessidades, "o poder mundial realmente existente está em grande parte nas mãos de gigantes que ninguém elegeu e sobre os quais há cada vez menos controle".[37]

O mundo padece hoje de uma governança mundial com poderes e capacidade para realinhar as desigualdades económicas entre indivíduos, empresas e Estados nacionais. Gestão e regulação de engenharia complexa, por necessitar conciliar uma necessária intervenção com preceitos fundamentais, das liberdades individuais à soberania do Estado. Mas, o mundo não pode seguir inerte como se nada de tamanha gravidade estivesse a ocorrer, não há sequer transparência sobre a engrenagem que eleva essa concentração de renda à potência máxima – são informações restritas, dominadas por poucos, utilizadas para tomadas de decisões de um grupo ainda menor, mas que impactam toda a sociedade.

O artigo 9.º, da Lei n.º 27, de 17 de maio de 2021, que traz a Carta Portuguesa de Direitos Humanos na Era Digital, elenca no item 1 a utilização de IA deve respeitar os direitos fundamentais e evitar preconceitos e formas de discriminação. Normatizações do tipo se espalham pelo mundo, mas sua materialização ocorre de forma pontual, não conseguem ser generalizadas e universais.

A inquestionável utilidade da IA, mas explorada principalmente para promover desigualdades, pode ser utilizada inclusive para combater ou minimizar seus efeitos colaterais. Em 2021 o Programa das Nações Unidas para o Desenvolvimento-PNUD, através do seu representante-residente adjunto no Brasil, Carlos Arboleda, expôs que a necessidade de "urgentemente discutir questões profundas como ética, propriedade e sua forma de utilização para que ela não se transforme em uma ferramenta de ampliação de desigualdades, intra ou entre países"[38], mas esse debate e ações concretas nesse sentido se encontram num estágio muito inicial.

[37] DOWBOR, Ladislau – **A era do capital improdutivo: Por que oito famílias tem mais riqueza do que metade da população do mundo?** 2017, p. 58-59.

[38] ONU – Programa das Nações Unidas para o Desenvolvimento-PNUD. **"Inteligência artificial deve ser usada para reduzir desigualdades, diz PNUD"**, 2023.

3.3. Algoritmo-Mestre

A IA se desenvolve numa escala cada vez maior, os algoritmos evoluem, surge uma nova geração de algoritmos, os "evolutivos", cuja promessa é resolver todos os problemas existe e ajudar a solucionar os vindouros. Segundo Pedro Domingos, "o Algoritmo-Mestre é a última coisa que teremos que inventar porque, assim que o deixarmos à solta, ele começará a inventar tudo o resto que possa ser inventado", não apenas resolveria os problemas detectados pelos humanos, teria a capacidade inclusive de descobrir irregularidades profundas do Universo que os humanos não tenham percebido.[39]

Tamanha promessa entusiasma, traz esperança e preocupações, "dúvidas não restarão de que, se for encontrado o tal algoritmo mestre, as vantagens e os benefícios da sua utilização serão capazes de potencializar a criação de efeitos positivos ou negativos"[40], a depender de quem o utilize e para qual finalidade, poderá cumprir sua promessa milagrosa, como também poderá redimensionar nossos entraves sociais e económicos para patamares incalculáveis.

Da mesma forma que as armas nucleares passaram a ser objeto de preocupação supranacional, o Algoritmo Mestre-AM precisa ser alçado ao mesmo patamar. A conversão do AM de salvador mundial para igualmente se tornar uma arma de destruição em massa, pode ser de baixo nível de complexidade, para não aterrorizar ao expor que seria de simplicidade espantosa para o possível resultado alcançável.

A procura pelo AM se iniciou há anos, enquanto novatos tomam conhecimento da sua proporção e uma imensa maioria sequer conhece do assunto; buscado por investigadores bem-intencionados, como também os mal-intencionados que visualizam nele fonte de poder, riqueza e mais desigualdade. Sua descoberta envolve custos elevados. Como vimos nas páginas anteriores, são os detentores do poder económico privado, que concentram suas rendas em detrimento do aumento da pobreza global, que possuem larga vantagem nessa caçada. Com essas características:

[39] DOMINGOS, Pedro – **A Revolução do Algoritmo Mestre, como a aprendizagem automática está a mudar o mundo**, 2017, p. 50.

[40] LAVOURAS, Maria Matilde – **O Algoritmo Mestre: um bem público global?** 2019, p. 56.

é de esperar que não seja viável a limitação do acesso ao bem por via dos mecanismos do mercado. Tudo que referimos é importante para a reflexão e torno de uma questão central e que se reconduz à determinação da entidade que tem que suportar as despesas do financiamento da investigação para a descoberta – ou desenvolvimento – do mencionado algoritmo, ou do financiamento da implementação das vias de acesso; isto, se ele não for em si mesmo acessível.[41]

Essa busca ou desenvolvimento do AM precisa ocorrer superando as debilidades detectadas nos algoritmos, no sentido de promover discriminações, "temos de explicitamente embutir melhores valores em nossos algoritmos, criando modelos de big data que seguem nossa conduta de vida ética. Por vezes isso vai significar colocar equidade antes do lucro"[42]. Essa intenção deve estar clara em todas as etapas, valores humanos precisam ser colocados como a razão de ser e objetivo central dessa caçada, pois a execução técnica por si só já carrega consigo debilidades, pois os algoritmos de aprendizagem sobreajustam os dados, "este sobreajustamento (*overfitting*) é o problema central da aprendizagem automática... A única forma segura de evitar que tal aconteça é restringir fortemente o que o algoritmo de aprendizagem pode aprender, por exemplo, exigindo que seja um pequeno conceito conjuntivo"[43]. Este sobreajustamento é o principal foco de estudos dos seus investigadores.

Dada sua importância, surge a reflexão se o AM não deveria ser alçado ao patamar de bem público global, "a classificação de um bem como bem público deve ser reservada para aquele tipo de bens que alguns autores designam por bens públicos puros por possuírem, em simultâneo, as características de não rivalidade e de não exclusão"; excluindo-se, assim, os bens que não possuírem nenhuma destas características elencadas, os que possuírem apenas uma dessas características serão consideradas bens privados. Há ainda a classificação de bens semipúblicos, sendo aqueles bens

[41] LAVOURAS, Maria Matilde – **O Algoritmo Mestre: um bem público global?** 2019, p. 56-57.

[42] O'NEIL, Cathy – **Algoritmos de destruição em massa: como o big data aumenta a desigualdade e ameaça a democracia**, 2020, p. 315.

[43] DOMINGOS, Pedro – **A Revolução do Algoritmo Mestre, como a aprendizagem automática está a mudar o mundo**, 2017, p. 95-97.

privados cujo financiamento da produção tenha sido de responsabilidade do Estado.[44]

O AM se trata de um bem cujo poder económico dos monopólios globais possui capacidade de arcar com o financiamento necessário para seu desenvolvimento, como vimos no tópico anterior, a capacidade de investimento deste é superior ao de vários países ricos juntos. Mas, como dizem no popular "manda quem paga", não é prudente que seu possível desenvolvimento seja arcado apenas pelo setor privado ou que seu desenvolvimento não seja pactuado previamente com o poder público, para que os direitos humanos e interesses coletivos sejam priorizados.

Os recursos públicos certamente não serão suficientes para que o poder público alcance tal feito, não conseguimos ter a realização de direitos humanos de primeira ordem, predominam no mundo Estados que não conseguem realizar seus direitos fundamentais de primeira dimensão. Mesmo que reste clara a importância do AM pela possibilidade de promover benefício social ao superar problemas tidos como insuperáveis, é necessário considerar que ainda há muito para ser aprofundado no tocante a relação direta e detalhada dos benefícios que o AM pode promover. O financiamento internacional de bem público "só será assegurado nos casos em que os benefícios diretos para a entidade ou para cada uma das entidades que integrem o 'consórcio financiador' seja superior aos benefícios que deixam de ser produzidos pela não opção por uma utilização alternativa dos recursos"[45]; neste aspecto, os investigadores de outras áreas do saber, principalmente das ciências jurídicas, possuem longo caminho a percorrer.

O AM seria um bem que "pode ser reproduzido e transmitido a custo marginal de zero, sendo por isso um bem de uso não rival. A existirem custos, estes são imputáveis à própria investigação tendente à sua produção ou, no caso do algoritmo mestre, à sua descoberta". Trata-se de um bem universal, que necessita que as possibilidades da sua aplicação sejam cuidadosamente delimitadas, principalmente pelo fato da sua divulgação e propagação poder ocorrer a custo zero. Embora seja não rival, pode-se praticar a exclusão através da precificação, mas "a partir do momento em

[44] LAVOURAS, Maria Matilde – **O Algoritmo Mestre: um bem público global?** 2019, p. 58.

[45] LAVOURAS, Maria Matilde – **O Algoritmo Mestre: um bem público global?** 2019, p. 63.

que sejam divulgadas as especificidades técnicas deste algoritmo, ou, se preferirmos, as suas características diferenciadoras, passaremos a estar perante um bem de uso não excluível.[46]

Tais argumentos fundamentam a defesa da Professa Dra. Maria Matilde Lavouras, a qual endossamos, de que, em sendo possível alcançarmos o AM, trata-se de um bem público do tipo global.

Pode ocorrer como o que se sucedeu com a estruturação do sistema tributário vigente, que superou o princípio do benefício, pois muitos dos que mais se beneficiavam e precisavam do Estado eram os que possuíam menor capacidade económica, os pobres; "pode até suceder que quem mais beneficia da produção do bem seja quem menos contribui para o seu financiamento, numa lógica de solidariedade interestadual à escala global"[47].

Dos ideais da revolução Francesa: igualdade, liberdade e fraternidade, este último é o que padece de maiores impasses para se realizar. Posicionar o AM como bem público global pode ser a maior possibilidade concreta para materializar a fraternidade entre Estados e indivíduos. Todos devem ser chamados a contribuir, mas que, tal qual a capacidade contributiva opera a partir da prévia análise da capacidade económica de cada contribuinte, aliada ao princípio da progressividade; necessário que nessa divisão de responsabilidades com o financiamento do AM, o princípio supranacional da igualdade seja respeitado e se definam responsabilidades iguais aos iguais e desigual aos desiguais.

Conclusões

A desigualdade económica cresce a passos largos, velocidade percebida antes mesmo do surgimento da Inteligência Artificial-IA, mas ao utilizá-la ganhou proporções em que as quebras de recordes ocorrem em períodos cada vez mais curtos. Diante dessa realidade, o poder económico investe no desenvolvimento tecnológico em proveito próprio. Tanto que predominam nos primeiros lugares da lista de empresas mais valiosas do mundo, os gigantes da tecnologia.

[46] LAVOURAS, Maria Matilde – **O Algoritmo Mestre: um bem público global?** 2019, p. 70-72.

[47] LAVOURAS, Maria Matilde – **O Algoritmo Mestre: um bem público global?** 2019, p. 64.

As grandes empresas, independente da área de exploração, atuam de forma monopolista, atuação rotulada de fusões, mas que ferem a concorrência. Concentram mais riqueza e força no poder económico privado que no poder público, que para não ser classificado de inerte, atua de forma pontual e limitada para reprimir tais práticas predatórias que resvalam na população.

Na mesma proporção que os avanços tecnológicos se dão, cresce a desigualdade económica, impulsionada pelas crises cíclicas do modo de produção capitalista. A concentração de renda chega no maior nível já registrado. Entraves sociais antigos que assombram o mundo, como a pobreza e a fome seguem a produzir estragos e ceifar vidas.

A IA trouxe inegáveis benefícios, mas consigo trouxe mais exclusão económica e práticas discriminatórias, as tecnologias refletem a sociedade tal qual se encontra, com virtudes e vícios, debilidades do acaso ou propositadas. Como as ferramentas tecnológicas maximizam resultados, todos os crescimentos são potencializados, seja o crescimento das riquezas, seja o crescimento da pobreza e práticas preconceituosas.

A possibilidade de descoberta de um Algoritmo Mestre-AM, com a promessa de solucionar os problemas existente e os vindouros, os detectados e os ainda nem conhecidos pelos humanos, traz esperança e medo. Esperança de superarmos entraves sociais e económicos antigos, tidos como insuperáveis. Medo pela possibilidade da sua utilização ser pautada por interesses económicos e valores contrários ao bem-estar da vida humana em coletividade. Importância que o faz preencher os critérios para ser classificado como um bem público global, em que os Estados e organizações supranacionais devem tomar medidas urgentes para regular sua descoberta e exploração. O que demanda empenho da comunidade académica das diversas áreas para desenvolver as investigações necessárias para contribuir com tal feito.

Referências

ABILIO, Ludmila Costhek; AMORIM, Henrique; GROHMANN, Rafael – **Uberização e plataformização do trabalho no Brasil: conceitos, processos e formas.** [Em Linha]. 2021. Disponível em https://doi.org/10.1590/15174522-116484 [Consult. Jan. 2023].

ATHON – **20 maiores Fusões e Aquisições Empresariais de 2020**. [Em Linha]. 2020. Disponível em https://athonedu.com.br/blog/maiores-aquisicoes-de--empresa/ [Consult. Jan. 2023].

BBC – **Crise económica pode acelerar ascensão dos BRICs.** [Em Linha]. 2009. Disponível em https://www.bbc.com/portuguese/noticias/2009/03/090330_entrevista_jimoneill_rw [Consult. Jan. 2023].

CONSTITUIÇÃO da República Portuguesa, 25 de abril. [Em linha]. Lisboa: Diário da República n.º 86, 1976 [Consult. Jan. 2023]. Disponível em https://dre.pt/web/guest/legislacao-consolidada/-/lc/34520775/view

CONSTITUIÇÃO da República Federativa do Brasil, de 05 de outubro. [Em linha]. Brasília: Diário Oficial da União n.º 191, 1988 [Consult. Jan. 2023]. Disponível em http://www.planalto.gov.br/ccivil_03/constituicao/douconstituicao88.pdf

DOMINGOS, Pedro – **A Revolução do Algoritmo Mestre, como a aprendizagem automática está a mudar o mundo**. Lisboa: Manuscrito Editora, 2017. ISBN: 978-989-8871-18-3.

DOWBOR, Ladislau – **A era do capital improdutivo: Por que oito famílias tem mais riqueza do que metade da população do mundo?** São Paulo: Editora Autonomia Literária, 2017.

EL PAÍS – **A desigualdade corrói o projeto europeu**. [Em Linha]. 2014. Disponível em https://brasil.elpais.com/brasil/2014/01/05/economia/1388953809_021102.html [Consult. Jan. 2023].

EXAME – **Big, Hering, Kabum: Relembre 7 fusões e aquisições bilionárias de 2021.** [Em Linha]. 2021. Disponível em https://exame.com/negocios/big-hering-kabum-relembre-7-fusoes-e-aquisicoes-bilionarias-de-2021/ [Consult. Jan. 2023].

FOLHA de São Paulo – **Tesouro dos EUA injeta bilhões em nove bancos**. Mercado [Em linha]. 2008. Disponível em https://www1.folha.uol.com.br/folha/dinheiro/ult91u461958.shtml [Consult. Jan. 2023].

FORBES – **BlçackRock atinge US$ 10 trilhões em ativos no 4º trimestre de 2021**. [Em Linha]. 2022. Disponível em https://forbes.com.br/forbes-money/2022/01/blackrock-atinge-us-10-trilhoes-em-ativos-no-4o-trimestre-de-2021/ [Consult. Jan. 2023].

G1 – **Ricos do mundo enriquecem mais na crise, segundo pesquisa.** Economia e Negócios [Em linha]. 2010. Disponível em http://g1.globo.com/economia-e-negocios/noticia/2010/06/ricos-do-mundo-enriqueceram-mais-na-recessao-de-2009-relatorio.html [Consult. Jan. 2023].

GANTZ, John F.; SCHUBMEHL, David; et, al. ***A Trillion-Dollar Boost: The Economic Impacto f AI on Customer Relationship Management***. [Em linha]. Framingham, 2017. Disponível em https://www.salesforce.com/content/dam/web/en_us/www/documents/white-papers/the-economic-impact-of-ai.pdf [Consult. Jan. 2023].

GARATTONI, Bruno – **Bot de inteligência artificial adquiriu consciência, diz engenheiro do Google; empresa nega.** [Em Linha]. 2022. Disponível em https://super.abril.com.br/coluna/bruno-garattoni/bot-de-inteligencia-artificial--adquiriu-consciencia-diz-engenheiro-do-google-empresa-nega/ [Consult. Jan. 2023].

GAVRAS, Douglas – **Entenda como os ricos ficaram mais ricos na pandemia.** Folha de São Paulo [Em linha]. 2021. Disponível em https://www1.folha.uol.com.br/mercado/2021/11/entenda-como-os-ricos-ficaram-mais-ricos-na-pandemia.shtml [Consult. Jan. 2023].

LAVOURAS, Maria Matilde – **O Algoritmo Mestre: um bem público global?** In Boletim de Ciências Económicas, LXII, p. 47-76. Coimbra: Universidade de Coimbra, 2019.

LEI n.º 19, de 08 de maio de 2012 [Em Linha]. Lisboa: Diário da República Eletrónico. Disponível em https://www.pgdlisboa.pt/leis/lei_mostra_articulado.php?nid=1705&tabela=leis [Consult. Jan. 2023].

LEI n.º 27, de 17 de maio de 2021 [Em linha]. Lisboa: Diário da República Eletrónico. Disponível em https://dre.pt/dre/detalhe/lei/27-2021-163442504 [Consult. Jan. 2023].

LEI n.º 8.137, de 27 de dezembro de 1990 [Em Linha]. Brasília: Diário Oficial da União. Disponível em https://www.planalto.gov.br/ccivil_03/leis/l8137.htm [Consult. Jan. 2023].

MIT Technology Review – **É assim que o preconceito da Inteligência Artificial (IA) realmente acontece – e por que é tão difícil de consertar.** [Em Linha]. 2020. Disponível em https://mittechreview.com.br/e-assim-que-o-preconceito-da-inteligencia-artificial-ia-realmente-acontece-e-por-que-e-tao-dificil-de-consertar/ [Consult. Jan. 2023].

O'NEIL, Cathy – **Algoritmos de destruição em massa: como o big data aumenta a desigualdade e ameaça a democracia**. São Paulo: Rua do Sabão, 2020. ISBN 978-65-86460-02-5

ORGANIZAÇÃO das Nações Unidas – **O Estado da Segurança Alimentar e Nutricional no Mundo 2021** [Em linha] 2021. Disponível em https://data.unicef.org/resources/sofi-2021/ [Consult. Jan. 2023].

ORGANIZAÇÃO das Nações Unidas – Programa das Nações Unidas para o Desenvolvimento-PNUD. **"Inteligência artificial deve ser usada para reduzir desigualdades, diz PNUD"**. [Em linha]. 2021. Disponível em https://www.undp.org/pt/brazil/news/intelig%C3%AAncia-artificial-deve-ser-usada-para-reduzir--desigualdades-diz-pnud [Consult. Jan. 2023].

OXFAM GB – **Bem público ou riqueza privada?** Oxford: Oxfam GB, 2019. ISBN 978-1-78748-1

OXFAM BRASIL – **Nós e as desigualdades**. [Em Linha]. 2022. Disponível em file:///C:/Users/Usuario/Downloads/LO_relatorio_nos_e_as_desigualdade_datafolha_2022_vs02.pdf [Consult. Jan. 2023].

RIBEIRO, José Horácio Halfeld Rezende – **O *trust* no Direito brasileiro**. São Paulo: Pontifícia Universidade Católica de São Paulo, 2022. 145f. Tese de Doutoramento em Direito.

SEGREDOS DO MUNDO – **As 10 empresas mais ricas e valiosas do mundo em 2022.** [Em linha]. Disponível em https://segredosdomundo.r7.com/empresas-mais-ricas-e-valiosas-do-mundo/ [Consult. Jan. 2023].

SOUSA, Susana Aires de – **A IA no setor económico: uma reflexão entre "o bom, o mau e o vilão"**. In Inteligência Artificial no Direito Penal, p. 175-205. Coimbra: Almedina, 2022.

TECNOBLOG – **"Google é acusado de monopólio e responde apontando para concorrentes"**. [Em linha]. Disponível em https://tecnoblog.net/noticias/2023/01/25/google-e-acusado-de-monopolio-e-responde-apontando-para-concorrentes/ [Consult. Jan. 2023].

UOL – **Sob pressão por "monopólio", Meta terá de vender plataforma de gifs Giphy**. [Em Linha]. 2022. Disponível em https://www.uol.com.br/tilt/noticias/reuters/2022/10/18/meta-aceita-ordem-do-reino-unido-para-vender-giphy-apos-batalha-antitruste.htm [Consult. Jan. 2023].

ZUBOFF, Shoshana – **A Era do Capitalismo de Vigilância: a luta por um futuro humano na nova fronteira do poder**, 1. ed. Rio de Janeiro: Editora Intrínseca, 2021. E-ISBN: 978-65-5560-145-9

14. INTELIGÊNCIA ARTIFICIAL NOS TRIBUNAIS JUDICIAIS: A (IM) POSSIBILIDADE DO USO DE MÁQUINAS NO PROCESSO DE TOMADA DE DECISÃO

Érica Silva Santa Brigida

Introdução

A utilização de inteligência artificial (IA) já é uma realidade vivenciada no mundo inteiro. Todos os dias, sistemas dotados de IA são usados desde as atividades simples, como controlar os eletrodomésticos da casa, até em atividades mais complexas, como dirigir carros autônomos.

No campo jurídico é possível elencar grande número de funcionalidades em que as máquinas podem ajudar os operadores do Direito, como na pesquisa de jurisprudência, resolução extrajudicial de conflitos, elaboração de estratégias processuais, revisão documental, redação de petições, dentre outras, gerando mais eficiência e agilidade na execução das atividades.

Dessa forma nos afigura insofismável que a inovação tecnológica está quebrando paradigmas em uma velocidade tão grande e de maneira tão vasta que sugere o início de uma nova era: a era das decisões algorítmicas. E nesse ponto que reflete o nosso maior temor, ou seja, a possibilidade de se fazer uso da IA para além das questões burocráticas, adentrando na tomada de decisão judicial propriamente dita.

Para além disso, as decisões proferidas por sistemas de inteligência artificial, à primeira vista, são consideradas métodos precisos e irrefutáveis, livre de equívocos, no entanto, alguns juristas afirmam que esse argumento é falacioso, baseando-se no fato de que o sistema dotado de IA pode ser alimentado com dados que não refletem a imparcialidade, promovendo o enviesamento cognitivo que afeta a decisão judicial.

Assim, a problemática que se projeta nesse ensaio são os desafios da utilização de algoritmos no processo de tomada de decisão. Se, por um lado, podem as máquinas dar maior celeridade à prestação jurisdicional, promovendo a duração razoável do processo, por outro, colocam em risco garantias processuais fundamentais dos litigantes, bem como a limitação do poder do juiz.

Para uma melhor compreensão do tema proposto se faz necessário iniciarmos, mesmo que de forma perfunctória, discorrer sobre a inteligência artificial como elemento primordial da quarta revolução industrial vivenciada hoje. Em seguida será abordado acerca da inteligência artificial aplicada no âmbito do Direito para depois compreendermos com maior clareza sobre o ponto nevrálgico do nosso ensaio o qual se propõe a estudar a problemática da inserção da inteligência artificial no processo de tomada de decisão nos tribunais judiciais.

O trabalho ora apresentado foi desenvolvido mediante pesquisa, prioritariamente bibliográfica, perpassando por uma análise jurisprudencial e legislativa, fazendo-se necessário utilizar algumas fontes de informação que deram subsídios para a sua elaboração, destacando-se os livros, artigos, outras monografias e sítios da *internet*.

1. A inteligência artificial como elemento basilar da quarta revolução industrial

Entre as inovações disruptivas, a que vem ganhando maior proporção pela possibilidade de construção de novas realidades antes exposta apenas na literatura futurística é a inteligência artificial[1]. Não se trata de algo atual, visto que o vínculo entre o homem e a máquina já configura por séculos no imaginário dos seres humanos.

No século XIX, a criação literária "Frankestein", da escritora Mary Shelley, narra a história de Victor, um jovem estudante de medicina, que consegue dar vida a uma criatura a partir da inserção de elementos

[1] Klaus Schwab, economista fundador e presidente executivo do Fórum Econômico Mundial, em seu livro "A quarta revolução industrial", defende que estaríamos vivenciando uma nova revolução industrial, e não somente o aprofundamento da revolução anterior. Para o autor, a revolução científico-tecnológica que se apresenta é definida pela *velocidade; amplitude; profundidade e impacto sistêmico.* Mediante dos nítidos impactos na forma como os seres humanos vivem, trabalham e se relacionam. Cfr., SCHWAB, Klaus. A quarta revolução industrial. Tradução Daniel Moreira Miranda. São Paulo: Edipro, 2016, p. 17.

inorgânicos em cadáveres[2]. O basilar elemento dessa icástica obra é a probabilidade de o progresso tecnológico vir a suceder o ser humano por algo superior, inclusive com um mundo cognitivo completamente diferente[3].

Além disso, a pesquisa contemporânea vinculada com a inteligência artificial nasceu de uma pergunta simplória: "podem as máquinas pensar?"(Can machines think?). Essa foi a indagação introdutiva do artigo "Computing Machinery and Intelligence"[4], publicado no Journal da Universidade de Oxford no ano de 1950, por Alan Turing. É exatamente essa indagação que transpôs toda a investigação de Turing, "cujo trabalho fundamental definiu os campos da ciência da computação em geral e da inteligência artificial em particular"[5], culminando com o desenvolvimento do conhecido "Jogo da Imitação"[6] pelo qual o pesquisador analisa se uma máquina poderia ser semelhante a um ser humano[7].

Após decorridos mais de 70 anos da divulgação do emblemático artigo ainda não se sabe uma resposta contundente a referida indagação realizada por Turing. Nos dias de hoje, a IA é alvo de diferentes abordagens, num

[2] SHELLEY, Mary. Frankestein. Tradução de Miércio Araújo Jorge Honkis. Porto Alegre: L&PM, 2019.

[3] HARARI, Yuval Noah. Sapiens: uma breve história da humanidade. Tradução: Janaína Marco Antonio. 24. ed. Porto Alegre: L&PM, 2017. pp. 423-424.

[4] Tradução livre: "Máquinas de Computação e Inteligência".

[5] NORVIG, Peter; STUART, Russel. Inteligência artificial. Tradução: Regina Célia Simille. Rio de Janeiro: Elsevier, 2013. p. IX (prefácio);

[6] No entender de Turing: "The new form of the problem can be described in terms of a game which we call the 'imitation game'. It is played with three people, a man (A), a woman (B), and an interrogator (C) who may be of either sex. The interrogator stays in a room apart from the other two. The object of the game for the interrogator is to determine which of the other two is the man and which is the woman. He knows them by labels X and Y, and at the end of the game he says either 'X is A and Y is B' or 'X is B and Y is A'. The interrogator is allowed to put questions to A and B thus: [...] We now ask the question, 'What wil happen when a machine takes the part os A in the game?' Will the interrogator decide wrongly as often when the game is played like this as he does when the game is played between a man and a woman? These question replace our original, "Can machines think?"' – TURING, Alan M. Computing Machinery and Intelligence. Mind, New Series. Oxford – Reino Unido, p. 433-460. out. 1950. Disponível em: <https://www.jstor.org/stable/2251299?origin=JSTOR-pdf&seq=1#page_scan_tab_contents>. Acesso em: 22.12.2022

[7] SCHWAB, Klaus. Aplicando a Quarta Revolução Industrial. São Paulo: EDIPRO, 2018. p. 178-179.

debate que "é antigo e promete eternizar-se"[8]. Autores de diversos campos de conhecimento não mediram esforços para alcançar esse denominador comum, contudo o que se tem visto é a falta de um consenso[9] apto a satisfazer todas as possibilidades de estudo e aplicação da inteligência artificial. Os conceitos se modificam conforme a área específica de estudo.

De acordo com a Comissão Europeia o conceito de inteligência artificial (IA) aplica-se a sistemas que exibem um comportamento inteligente, observando o seu ambiente e tomando medidas – com um determinado nível de autonomia – para alcançar objetivos específicos. Os sistemas embasados em IA podem ser "puramente confinados ao software, agindo no mundo virtual (por exemplo, assistentes de voz, programas de análise de imagens, motores de busca, sistemas de reconhecimento facial e de discurso), ou podem ser integrados em dispositivos físicos (por exemplo, robôs avançados, automóveis autónomos, veículos aéreos não tripulados ou aplicações da Internet das coisas)"[10].

Deste modo a IA pode ser entendida de maneira "propositadamente simples e vaga, "como uma disciplina que tem por objetivo o "estudo de entidades artificiais com capacidades cognitivas semelhantes às dos

[8] COSTA, Ernesto; SIMÕES, Anabela. Inteligência Artificial, Fundamentos e Aplicações, FCA- Editora de Informática, Lda., 3ª. Edição, março 2011 , p. 03.
A expressão "inteligência artificial" foi cunhada em 1956, por John McCarthy. Acredita-se que a origem remota da IA, tal como a conhecemos, tornou-se possível em 1960, quando John Von Neumann desenvolveu a arquitetura binária, que é usada nos programas de computadores; passou-se para o modelo de neurônios artificiais desenvolvidos por Warren McCulloch e Walter Pitts, em seguida o estudo formal da lógica proposicional desenvolvida por Russel e Whitehead, e, por fim, a teoria computacional de Turing. Cfr., TACCA, Adriano; ROCHA, Leonel Severo. Inteligência artificial: reflexos nos sistemas de Direito. *Revista Nomos.* Fortaleza: Universidade Federal do Ceará, v. 38. jul./dez. 2020, pp. 53-68. Disponível em: <https://redib.org/Record/oai_articulo1836496>. Acesso em: 22.12.2022

[9] ÁLVARES, Juan J. Álvarez. Aproximación Crítica a la Inteligencia Artificial: claves filosóficas y prospectivas del futuro. Universidad Francisco de Vitoria: Madrid, 2013; LUGER, George F. Inteligência artificial. Tradução: Daniel Vieira; revisão técnica Andréa Iabrudi Tavares. 6. ed. São Paulo: Pearson Education do Brasil, 2013.

[10] Comunicação da Comissão ao Parlamento Europeu, ao Conselho, ao Comité Económico e Social Europeu e ao Comité das Regiões, Bruxelas, 25.4.2018. Disponível em: https://ec.europa.eu/transparency/regdoc/rep/1/2018/PT/COM-2018-237-F1-PT-MAIN-PART-1.PDF. Acesso em: 19/12/2022

seres humanos"[11], ou seja, trata-se do "estudo do modo pelo qual se pode construir ou programar computadores para que se comportem de acordo com traços observáveis que nos seres humanos atribuiríamos a processos mentais" [12].

O foco da IA é o "desenvolvimento de máquinas ou sistemas que possam resolver problemas que requerem inteligência humana. [...] A ideia geral que permeia a inteligência artificial é a de se criar uma máquina artificialmente inteligente pela incorporação de programas e equipamentos que fossem capazes de tomar decisões à sua própria maneira quando deparados com problemas de um domínio particular para o qual o sistema foi feito"[13].

Esse aprendizado é nominado de "Machine Learning" (aprendizado de máquina), que segundo Arthur Lee Samuel, cientista de computação e pioneiro da IA, é um "campo de estudo que dá aos computadores a habilidade de aprender sem serem explicitamente programados". Dessa forma pode dizer-se que a aprendizagem de máquina "explora o estudo e a construção de algoritmos que podem aprender com seus erros e fazer previsões sobre dados. Tais algoritmos operam construindo um modelo a partir de *inputs* amostrais a fim de fazer previsões ou decisões guiadas pelos dados em vez de simplesmente seguindo inflexíveis e estáticas instruções programadas".[14]

[11] COSTA, Ernesto; SIMÕES, Anabela. Ob., Cit., p. 03.

[12] Tradução livre. No original: "estudio del modo en que pueden construirse o programarse computadoras para que se comporten de acuerdo con rasgos observables que en los seres humanos atribuiríamos a processos mentáles". ÁLVARES, Juan J. Álvarez. Aproximación Crítica a la Inteligencia Artificial: claves filosóficas y prospectivas del futuro. Universidad Francisco de Vitoria: Madrid, 2013. p. 09.

[13] ZAFFARI, Felipe Pozueco; ESPÍNDOLA, Jean Carlo de Borba. Conceitos: o que é inteligência artificial. In: BARONE, Dante Augusto Conte; BOESING, Ivan Jorge (Org.). Inteligência artificial: diálogos entre mentes e máquinas. Porto Alegre: Age/Evangraf, 2015. p. 119-146.

[14] VERAS, Manoel. Gestão da Tecnologia da Informação: sustentação e inovação para a transformação digital, Rio de Janeiro, Brasport, 2019, p. 49.
Um ponto interessante a ser refletido sobre as inteligências Artificiais, conforme menciona o professor Doutor João Paulo Remédio Marques é que as invenções beneficiadas diretamente por meio de programas de software e algoritmos possuem, sem exceção, na sua criação o programador pessoa humana ou grupo de pessoas. "Se assim não fosse, hoje e no futuro, as invenções logradas diretamente por meio de máquinas e respetivos software objeto de

Então, "quando ouvir falar em <<IA>> não pense em um androide. Pense num algoritmo. Um algoritmo é um conjunto de instruções passo a passo, tão explícitas que até algo com uma <<mente>> tão literal como um computador pode segui-las"[15].

Destarte, apesar do sentido que se dê para a definição da inteligência artificial, é incontestável sua ampla aplicação no dia a dia. São diversas as possibilidades provenientes do uso de algoritmos.

Segundo Peter Norvig e Russel Stuart[16] a "IA abrange uma enorme variedade de subcampos, do geral (aprendizagem e percepção) até tarefas específicas, como jogos de xadrez, demonstração de teoremas matemáticos, criação de poesia, direção de um carro em estrada movimentada e diagnóstico de doenças. A IA é relevante para qualquer tarefa intelectual; é verdadeiramente um campo universal".

Atualmente os médicos utilizam a IA para diagnosticar doenças[17]. As empresa elétricas usam a IA para aprimorar a eficiência na produção de energia. Os investidores utilizam-na para gerir risco financeiro. As indústrias de petróleo usam-na para aperfeiçoar a segurança nas plataformas em alto-mar. As agências de segurança utilizam-na para capturar terroristas. Os cientistas utilizam-na para realizarem novas descobertas na astronomia, na física e nas neurociências. Empresas, investigadores e

programação por outras máquinas seriam livremente utilizadas, mesmo que tivessem sido efetuados substanciais investimentos empresariais, por parte de seres humanos, para desenvolver tecnologia e máquinas suscetíveis de programar outras máquinas ou dispositivos". Cfr. REMÉDIO MARQUES, João Paulo. Direito Processual Civil da Propriedade Industrial. Almedina, 2022, p. 238.

[15] POLSON, Nick, SCOTT, James. Inteligência Artificial" (tradução Miguel Monteiro), editora Vogais, 2020.pp. 09-10.
Sendo assim, Inteligência Artificial significa que as máquinas imitam o pensamento humano. A palavra-chave é o algoritmo, um esquema executivo da máquina que armazena várias alternativas de decisão após a coleta dos dados que faz a leitura. ARAS, Vladimir. A inteligência artificial e o direito de ser julgado por humanos. GUEDES, Jefferson Cárus e outros (Coord.). Inteligência artificial aplicada ao processo de tomada de decisão. pp. 85-132. Belo Horizonte, São Paulo: D'Plácido, 2020, pp. 90-91.

[16] NORVIG, Peter; STUART, Russel. Inteligência Artificial. Tradução: Regina Célia Simille. Rio de Janeiro: Elsevier, 2013. p. 03.

[17] CONNER-SIMONS, Adam; GORDON, Rachel. Using AI to predict breast cancer and personalize care: MIT/MGH's image-based deep learning model can predict breast cancer up to five years in advance. Disponível em: <http://news.mit.edu/2019/using-ai--predict-breast-cancer-and-personalize-care-0507>. Acesso em: 23.12.2022.

entusiastas em todo o planeta estão a fazer uso da IA de diversas maneiras distintas, quer seja para minerar ferro, prever surtos de doenças ou até mesmo salvar animais que pairam a extinção. E isso é somente o começo[18].

2. A inteligência artificial e o direito

Tratando-se do campo jurídico, a situação não se modifica, uma vez que muitas áreas do Direito já se beneficiam das pontencialidades da inteligência artificial para desenvolver ferramentas que auxiliam no cotidiano forense, como por exemplo, pesquisas de leis e jurisprudência, análise de incoerências na doutrina e no desempenho de magistrados e advogados e a simplificação do acesso à justiça para àqueles que não possuem condições financeiras para arcar com os serviços jurisdicionais[19].

A titulo exemplificativo, foi criado em 2016 o *robô Ross*, que é considerado o "primeiro robô advogado do mundo", e foi "contratado" por um renomado escritório de advocacia americano com o fito de atuar como pesquisador jurídico, "encarregado de examinar milhares de documentos para reforçar os casos da empresa"[20]. O robô americano é uma ferramenta avançada de pesquisa jurídica que aproveita o poder da inteligência artificial para tornar o processo de pesquisa mais eficaz, além do que,

[18] POLSON, Nick, SCOTT, James. Ob. Cit., p. 09.
Vale destacar um dos mais populares softwares que fazem uso da Inteligência Artficial, o "auxiliar inteligente" Siri da Apple. Além disso, pode-se também mencionar os softwares de reconhecimento facial de padrões virtuais do Google Imagens, o cálculo de trajetos alternativos do GPS, dentre outras ferramentas. Para uma melhor compreensão do assunto, ler PISTONO, Federico. Os robôs vão roubar seu trabalho, mas tudo bem: como sobreviver ao colapso econômico e ser feliz. Tradução: Pedro Maia Soares. São Paulo: Portfolio-Penguin, 2017. p. 50.
Além do mais, é interessante mencionar sobre a existência de robôs humanoides que simulam o comportamento humano, alcançando o papel drástico de servir de acompanhante para individuos solitários. Cfr., TECHTUDO, Igor Nishikiori. Conheça a Gatebox, 'namorada' holográfica com inteligência artificial. 2018. Disponível em: <https: // www.techtudo.com.br/noticias/2018/08/conheca-a-gatebox-namorada-holografica- com-inteligencia-artificial.ghtml>. Acesso em: 23.12.2022

[19] STERN, Simon. Introduction: Artificial Intelligence, technology, and the law. University of Toronto Law Journal, vol. 68 n. 1, 2018, p. 1-11. Project MUSE. Disponível em: <www.muse.jhu.edu/article/688831>. Acesso em 22.12.2022.

[20] TRANSFORMAÇÃO DIGITAL. JURÍDICO: ROSS, o primeiro robô advogado do mundo. Disponível em: <https: // transformacaodigital.com/ross-o-primeiro-robo-advogado-do-mundo/>. Acesso em 22.12.2022.

faz uso de um Processador de Linguagem Natural (NLP) de ponta, uma tecnologia capaz de determinar com precisão as respostas às questões jurídicas em segundos[21].

Nesse contexto existem outras ferramentas que utilizam inteligência artificial com objetivos similares. É o caso da ferramenta *Lawgeex* que auxilia as equipes jurídicas a automatizar o processo de revisão de contratos comerciais em fase de pré assinatura, apontando cláusulas inaceitáveis ou ausentes[22]. Do mesmo modo, a *Ravel Law* é um sistema destinado a advogados que assegura encontrar soluções para *hard cases*, por meio de conhecimento juridico especializado, aprendizado de máquina e análise jurisprudencial ampla. É uma plataforma de pesquisa, análise e visulaização jurídica que transforma dados jurídicos em insights jurídicos[23]. Cabe destacar também a plataforma Ravn Ace (Applied Cognitive Engine), utilizada desde 2015 no Reino Unido, que auxilia em litígios voltado ao Direito Imobiliário e Comercial, que faz uso de processamento de dados para ler, interpretar e extrair conteudo de registros e diversos documentos legais, transformando dados avulsos em materiais estruturadas. Aliás, no ano de 2016, esse programa fora utilizado pelas autoridades do Reino Unido, na investigação de casos de subornos por parte de firmas britânicas[24].

Em Portugal recentemente o STJ se pronunciou sobre a execução de um projeto de aplicação de técnicas de IA intitulado como IRIS – Informação, Racionalização, **Integração e Sumarização.** Este projeto pretende criar aplicações informáticas dirigidas à anonimização e sumarização de acórdãos, bem como à produção de uma base de dados jurisprudenciais de acesso universal[25].

[21] Ross Intelligence – Intelligent Legal Research. Disponível em: <https://rossintelligence.com>. Acesso em: 26.12.2022.

[22] LAWGEEX.COM. THE PLATFORM THAT LETS YOU GET SH*T DONE. Disponível em: <https: // www.lawgeex.com/platform/>. Acesso em: 23.12.2022.

[23] RAVEL LAW. Our Story Law is America's operating system. We're giving it an update. Disponível em:<https: // home.ravellaw.com/who-we-are>. Acesso em: 23.12.2022.

[24] RAV NACE. Disponível em: http://imanage.com/wp-content/uploads/2017/07/RAVN-Systems-releases-RAVN-ACE-for-automated-data-extraction-of-ISDA-documents-using-Artificial Intelligence.pdf. Acesso em: 23.12.2022.

[25] Apresentação do projeto IRIS – aplicação de técnicas de inteligência artificial no STJ. Disponível em: https://www.stj.pt/?p=17059 . Acesso em: 23.12.2022.

Já no Brasil, foi anunciado o primeiro robô assistente jurídico de alta performance *(Eli Bot)* que propõe auxiliar os "advogados, escritórios de advocacia e empresas em problemas específicos com enormes ganhos de produtividade e qualidade, permitindo atingir resultados nunca antes imaginados"[26]. Outra ferramenta é o Víctor, apesar do nome de humano, é um sistema que faz uso da IA para aumentar a eficiência na tramitação dos processos do Supremo Tribunal Federal – STF, capaz de separar e classificar as peças processuais mais utilizadas nas atividades jurídicas e identificar os temas de repercussão geral de maior incidência. Além do mais, Victor também converte imagens em textos no processo digital e detecta decisões e peças processuais no acervo do Tribunal[27]. Por sua vez, o sistema Athos, utilizado pelo Superior Tribunal de Justiça – STJ, possibilita o agrupamento semântico e o monitoramento da pesquisa de documentos baseados por IA. O intuito desse sistema é diminuir o esforço na triagem de processos, apoiar atividades de análise de processos e ajudar na seleção de recursos representativos da controvérsia, além de monitorar novos processos em tempo real[28].

Outrossim, o Conselho Nacional de Justiça (CNJ) apontou expressivo aumento, em 2022, do número de projetos de inteligência artificial nos tribunais brasileiros que constam 111 projetos desenvolvidos ou em desenvolvimentos, resultando em um acréscimo de iniciativas de 171% comparado ao ano de 2021. Existe também avanço no número de órgãos que possuem projetos de IA. São 53 tribunais no Brasil desenvolvem soluções com uso dessa tecnologia.

Os principais incentivadores para o uso de uma ferramenta de IA pelos tribunais é o aumento da produtividade, a busca a inovação, a melhor qualidade dos serviços, bem como a diminuição de custos, logo, o uso de IA pode agilizar e aperfeiçoar os processos de trabalho no âmbito do

[26] ELIBOT. ASSIST YOURSELF, MULTIPLY YOURSELF: apresentando o primeiro robô assistente de advogados do Brasil, o ELI. Disponível em: <http://elibot.com.br>. Acesso em: 02.01.2023.

[27] Cfr., AZEVEDO. Bernardo de. Conheça Victor, o sistema de inteligência artificial do STF. Disponível em: https://bernardodeazevedo.com/conteudos/conheca-victor-o-sistema-de--inteligencia-artificial-do-stf/. Acesso em: 22/11/2022.

[28] TJDFT. Centro de Inteligência da Justiça conhece iniciativas do STJ na gestão judiciária. Disponível em: https://www.tjdft.jus.br/institucional/imprensa/noticias/2021/abril/centro--de-inteligencia-da-justica-do-df-se-reune-com-stj-e-tjmt. Acesso em: 22/11/2022.

direito, beneficiando de forma ampla as pessoas que buscam o sistema de Justiça[29].

Soma-se a isso os dizeres de Gilberto Fernandes[30]: "em um mundo no qual desenha-se novos modelos de negócio e de relacionamento entre indivíduos e entes da sociedade, onde grandes corporações e governos terão mais dados e conhecimento sobre cada pessoa, suas preferências e forma de pensar, do que eles próprios. Um mundo automatizado e operado por tecnologias que avançam mais rápido do que conseguimos nos adaptar e preparar, e regido pela premissa de automatizar tudo o que seja passível e possível de fazê-lo. Um mundo onde veículos autônomos terrestres e aéreos, drones, casas inteligentes, telemedicina, trabalho remoto, criptomoedas e governo digital, ocupam lugar no presente e não mais no futuro".

[29] Além das ferramentas ora citadas, existem outras utilizadas no cotidiano dos tribunais brasileiros. A *OAB Juris,* sistema pioneiro de pesquisa unificada de jurisprudência com aplicação de inteligência artificial que possibilita facilitar o dia a dia dos advogados, para reduzir o tempo de pesquisa e maximizar a produtividade. Para uma melhor explanação sobre o tema, ver : LEGALLABS. OAB juris. Disponível em: https://legalabs.com.br/> Acesso em: 02.01.2023.
O Janus é outro exemplo, implementado inicialmente pelo Tribunal Regional Eleitoral da Bahia (TRE-BA) como uma solução que automatiza tarefas repetitivas e utiliza a IA para apoiar o julgamento de pedidos de candidatura e acelerar a prestação de contas eleitorais. Outro projeto é o Gemini, que agrupa processos por semelhanças de assuntos nas unidades de primeiro e segundo grau da Justiça do Trabalho, acelerando o julgamento. Por seu turno, a Sofia, assistente virtual de atendimento (*chatbot*) nos juizados especiais do Tribunal de Justiça da Bahia (TJ-BA), que faz uso da IA na triagem automática de processos, com processamento de linguagem natural, gerando mais uma maneira de entregar apontamentos dos algoritmos ao usuário final. Para um estudo mais aprofundamento sobre a IA nos tribunais brasileiros, recomenda-se ver: CNJ. Justiça 4.0: a Inteligência Artificial está presente na maioria dos tribunais brasileiros. Disponível em: https://www.cnj.jus.br/justica-4-0-inteligencia-artificial-esta-presente-na-maioria-dos-tribunais-brasileiros/. Acesso em: 04/01/2023.
Por fim, a Dra. Luzia, a primeira advogada robô desenvolvida pela Legal Labs. Atualmente a máquina auxilia a Procuradoria do Distrito Federal com o objetivo de proporcionar maior eficiência às execuções judiciais. LEGALLABS. DRALUZIA. Disponível em: https://legalabs.com.br/> Acesso em: 02.01.2023.

[30] Vide, FERNADES, Gilberto. Direito & ciência de dados: tendências e impactos da quarta revolução industrial.2020. Disponível em: https://www.academia.edu/42657405/Direito_and_Ci%C3%AAncia_de_Dados_tend%C3%AAncias_e_desafios. p. 02. Acesso em: 22/12/2022.

Diante desse contexto surgem no campo jurídico as principais inquietações relativamente ao uso de IA que emergem com as possíveis exigências materiais de independência e imparcialidade do tribunal, bem como o direito a um processo equânime e justo[31].

Ora, o pensamento jurídico é algo muito complexo, o que gera muitos desafios à implementação de tecnologias avançadas. Como é de notório saber, o esse raciocínio consiste em analisar uma realidade que almeja uma solução jurídica e propiciar essa solução com confiança. Assim, o aplicador do Direito deverá ser cauteloso ao tentar evitar a decepção das expectativas dos agentes relativas àquela realidade, uma vez que neste campo existe muitas formas de interpretar, pensar e argumentar, o que por seu turno, gera discordâncias interpretativas e distintas posições no momento de buscar soluções jurídicas para os chamados *hard cases*.

Logo, é relevante destacar a consciência humana mais qualificada e complacente para distanciar a rotina, confrontando realidades, ponderando as posições apresentadas, buscando alcançar respostas adequadas e justas para aquele contexto. Ademais, pelo Direito ser um campo não tão presumivel, é necessário ir em busca de padrões e talvez estes padrões apenas sejam decifráveis pela empatia de um ser humano e não pela inteligência artificial de um algoritmo.

[31] Em Portugal, o direito a um processo equitativo encontra-se esculpido na Constituição da República Portuguesa no artigo 20º, nº 4: "Todos têm direito a que uma causa em que intervenham seja objeto de decisão em prazo razoável e mediante processo equitativo". Nesse mesmo sentido, temos o artigo 10º da Declaração Universal do Direitos Humanos: "Toda a pessoa tem direito, em plena igualdade, a que a sua causa seja equitativa e publicamente julgada por um tribunal independente e imparcial que decida dos seus direitos e obrigações ou das razões de qualquer acusação em matéria penal que contra ela seja deduzida." Por conseguinte, o Pacto Internacional de Direitos Civis e Políticos (PIDCP) prevê expressamente em seu artigo 14º que: "Todos são iguais perante os tribunais de justiça. Todas as pessoas têm direito a que a sua causa seja ouvida equitativa e publicamente por um tribunal competente, independente e imparcial, estabelecido pela lei". E por fim, a Convenção Europeia dos Direitos do Homem sob a epígrafe "Direito a um processo equitativo", em seu artigo 6º, nº 1 menciona: "Qualquer pessoa tem direito a que a sua causa seja examinada, equitativa e publicamente, num prazo razoável por um tribunal independente e imparcial, estabelecido pela lei, o qual decidirá, quer sobre a determinação dos seus direitos e obrigações de carácter civil, quer sobre o fundamento de qualquer acusação em matéria penal dirigida contra ela".

3. A problemática da inserção da inteligência artificial no processo de tomada de decisão

É sabido que a utilização da inteligência artificial na área da justiça auxilia os operadores do Direito a realizar atividades com mais precisão e agilidade. Contudo, seguindo a esteira dos novos ventos tecnológicos, o perigo está, exatamente, no uso da IA para além das questões burocráticas, adentrando na tomada de decisão propriamente dita. A decisão judicial corresponde ao "momento em que a interpretação jurídica ganha maior importância para a comunidade, fazendo com que os modelos pensados pela doutrina e pelo legislador ganhem vida"[32].

Tendo como norte a realidade traçada, incalculáveis problemas se evidenciam na medida em que se prevê que uma decisão judicial baseada por uma escolha, proveniente de um algoritmo, que seria por muitos visto como irrefutável, desprovida de erros, em função de sua suposta neutralidade. Tal pensamento se distancia da verdade, sobretudo porque a "máquina é capaz de herdar critérios subjetivos de escolha, alguns deles claramente equivocados, exigindo-se, por isso mesmo, mecanismos de controle das escolhas feitas pelos computadores".[33] Como menciona

[32] KOZLOWSKI JUNIOR, Wilson Marcelo. Direito como integridade e as decisões judiciais. Porto Alegre: Sergio Antonio Fabris Ed., 2019. p. 17.
Ademais, para Tércio Sampaio Ferraz Júnior o sentido de decisão jurídica é: "Decidir, assim, é um ato de uma série que visa transformar incompatibilidades indecidíveis em alternativas decidíveis, que, num momento seguinte, podem gerar novas situações até mais complexas que as anteriores. Na verdade, o conceito moderno de decisão liberta-se do tradicional conceito de harmonia e consenso, como se em toda decisão estivesse em jogo a possibilidade mesma de safar-se de vez de uma relação em conflito. Ao contrário, se o conflito é condição de possibilidade da decisão, à medida que a exige, a partir dela ele não é eliminado, mas apenas transformado. Ver, FERRAZ JÚNIOR, Tércio Sampaio. A ciência do direito. 2. ed. São Paulo: Atlas, 1980. p. 90.

[33] Cumpre ressaltar que ainda de acordo com o mesmo autor: "Uma decisão judicial emanada de uma máquina poderia satisfazer os anseios dos adeptos de uma eficiência a qualquer custo e daqueles que propalam, acima de tudo, a segurança jurídica e isonomia entre litigantes, tendo em vista a impressionante habilidade de cálculo e suposta neutralidade da mesma, sendo a IA vista como técnica de implementação de uma exatidão nunca vista e alcançada". NUNES. Dierle. VIANA, Aurélio. Deslocar função estritamente decisória para máquinas é muito perigoso. Consultor Jurídico. 2018. p. 01-04. Disponível em: https://www.conjur.com.br/2018-jan-22/opiniao-deslocar-funcao-decisoria-maquinas-perigoso Acesso em: 02/01/2023.

Simon Dedeo[34]: "[algoritmos] podem ser matematicamente ótimos, mas eticamente problemáticos."

Desse feito sobreleva notar acerca do "risco associado à dependência acrítica em algoritmos", sob sua hipotética neutralidade, notadamente quando eles implicitamente ou explicitamente medeiam acesso a procedimentos decisórios de grande importância como são os judiciais[35]. Portanto, "as decisões algorítmicas não são automaticamente equitativas apenas por serem produtos de processos complexos"[36], de maneira que a consistência processual dos algoritmos não é similar à objetividade. Já se cogita de um viés (deturpação cognitiva) algorítmico[37].

Flávio Andrade ensina que "os vieses (cognitivos) são, pois, falhas cognitivas geradas por um pensar tendencioso, que desrespeita uma expectativa de imparcialidade" [38]. E assim, podem levar à desvio sistemático de lógica ou de racionalidade no julgamento. Em outras palavras,

[34] DEDEO, Simon. Wrong Side of the Tracks: Big Data and Protected Categories. N.Y.: CornellUniv. Lib., 2015.

[35] NUNES. Dierle. VIANA, Aurélio. Ob., Cit., p. 02

[36] OSOBA, Osonde A.; WELSER IV, William. An intelligence in our image: The Risks of Bias and Errorsin Artificial Intelligence. S. M: Rand Coporation Ed, 2017. p.02.

[37] NUNES. Dierle. VIANA, Aurélio. Ib., Cit., p.02.

[38] ANDRADE, Flávio da Silva. A tomada da decisão judicial criminal à luz da psicologia: heurísticas e vieses cognitivos. Rev. Bras. de Direito Processual Penal, Porto Alegre, vol. 5, n. 1, jan.-abr. 2019, p. 519.
Ademais, de acordo com Hugo Luz dos Santos, "Os Supervised Machine Learning Algorithms apresentam vários engulhos. Na medida em que estes algoritmos preditivos discriminatórios assentam, como vimos, no contributo do programador humano no que tange à parametrização dos mesmos. Isso significa que os preconceitos sociais etnográficos e raciais não só continuarão a existir sob o jugo da ditadura digital da inteligência artificial, como, e sobretudo, serão desoladoramente perpetuados através do desarolhar mavioso (e Capcioso) da inteligência artificial omnipotente accountable to no one368. O que terá efeitos deletérios no que respeita, quer ao acesso ao direito e aos tribunais (art. 20., n. 1 e 4, da Constituição da República Portuguesa), quer à tutela jurisdicional efectiva (art. 20., n. 5 e art. 268., n. 4, da Constituição da República Portuguesa) basta dar o exemplo dos parâmetros administrativos de concessão de apoio judiciário – mormente na modalidade de dispensa do pagamento da taxa de justiça e do direito ao patrocínio forense através de defensor oficioso. *Vide,* SANTOS. Hugo Luz dos. Inteligência Artificial e Processo Civil na Era do Metaverse e dos Machine Learning Algorithms. Nova Causa Edições Jurídicas. 2022, pp. 166-167.

os vieses se apresentam "como uma característica intrínseca do pensar humano, pode-se concluir, de igual modo, que um algoritmo criado por seres humanos enviesados provavelmente padecerá do mesmo "mal", não de forma proposital, mas em decorrência das informações fornecidas ao sistema"[39].

Ademais a IA não dispõe de atributos de um intelecto humano, não é capaz de pensar criticamente, tudo o que é desenvolvido pela máquina é provido de instruções do ser humano, as quais podem ser defeituosas e repercutir no funcionamento dos algoritmos, outrossim, se os dados catalogados contiverem vieses, os meios estatísticos do algoritmo podem reproduzi-lo, orientando a decisões discriminatórias[40].

Nessa conformidade indica-se como caso paradigmático de vieses algoritmos, o COMPAS (Correctional Offender Management Profiling for Alternative Sanctions), um software desenvolvido pela empresa *Northpointe,* atualmente chamada *Equivan*t, utilizado para auxiliar alguns entes federativos dos Estados Unidos na análise dos riscos de um detento reincidir na prática de um crime[41].

[39] NUNES. Dierle. VIANA, Aurélio. Ob., Cit., p.06.

[40] DANTAS, Frederico Widson da Silva; BRAZ, Graciéla Farias. Inteligência Artificial no Poder Judiciário Brasileiro. Revista Jurídica Portucalense. Volume II, Nº Especial, 2022, p. 66.
E ainda, continuam os autores: "Em que pese os sistemas inteligentes sejam úteis para acelerar a marcha processual e otimizar o tempo de trabalho dos serventuários dos tribunais, substituindo o esforço humano em atividades repetitivas, que passam a ser realizadas pela IA, seu funcionamento não está livre de falhas, havendo risco de comportamentos imprevisíveis causados por defeitos de configuração ou programação, os quais podem ocorrer de forma contínua e rotineira, bem assim de intercorrências associadas a vieses que precisam ser tomados em consideração. A confiabilidade do modelo ou função construída depende fortemente da qualidade dos dados utilizados e a escolha da técnica e evolução do algoritmo, pois o sistema se adapta e aprende na medida em que as informações vão sendo acumuladas". Nesse passo, importa colocar em discussão a concepção equivocada de que a inteligência artificial teria uma aura de infalibilidade, talvez pela característica de grande eficiência na execução das atividades que lhe são submetidas". DANTAS, Frederico Widson da Silva; BRAZ, Graciéla Farias. Ob., Cit., p. 66.

[41] Nessa linha, Dierle Nunes e Ana Luiza Pinto Coelho Marques exemplificam diversos casos de modelos enviesados, identificados em ferramentas de uso comum: "Também é possível verificar vieses algorítmicos no sistema de concessão de crédito europeu e norte-americano, na medida em que diversas companhias utilizam modelos de IA para análise do risco do empréstimo. Muitos desses modelos utilizam até mesmo dados das redes sociais do solicitante

A partir de um artigo publicado por um jornal investigativo de New York, ProPublica, colocou em xeque a falibilidade do sistema de inteligência artificial, alegando que era racialmente enviesado, pois, notou-se que os detentos negros têm maior probabilidade de obterem uma pontuação alta, caracterizando que eles são mais propensos a ser presos reiteradas vezes[42], enquanto os brancos são classificados com pontuação de baixo risco. A divulgação da notícia suscitou questionamentos em relação aos critérios utilizados pelos algoritmos para a definição dos resultados.

Além do mais, a impossibilidade de fiscalizar o funcionamento do algoritmo do COMPAS, já que a empresa se recusou a divulgá-lo, pode acarretar o cerceamento de acesso a direitos como o contraditório e

para o cálculo do credit score, baseando-se, assim, nas conexões sociais do indivíduo. Dessa forma, o resultado vincula-se diretamente ao grupo social no qual o solicitante está inserido. Corroborando tal fato, um relatório de 2007, apresentado pela Federal Reserve ao Congresso dos Estados Unidos, apontou que negros e hispânicos têm um *credit score* significativamente inferior ao de brancos e asiáticos. Outros exemplos de modelos enviesados podem ser citados: um sistema de reconhecimento facial criado pela Google identificou pessoas negras como gorilas; o sistema de busca de contatos do aplicativo Linkedin demonstrou uma preferência por nomes de pessoas do sexo masculino; Tay, mecanismo de IA lançado pela Microsoft para interagir com usuários do Twitter, passou a reproduzir mensagens xenofóbicas, racistas e antissemitas; o aplicativo de chat SimSimi, que utiliza inteligência artificial para conversar com os usuários, foi suspenso no Brasil por reproduzir ameaças, palavrões e conversas de teor sexual. " *Vide*, NUNES, Dierle; MARQUES, Ana Luiza Pinto Coelho. Inteligência artificial e direito processual: vieses algorítmicos e os riscos de atribuição de função decisória às máquinas. Revista de Processo, v. 285, p. 421-447, nov./2018. Disponível https://repositorio.pucrs.br/dspace/bitstream/10923/19405/2/Inteligncia_artificial_e_direitos_fundamentais_processuais_no_mbito_cvel_uma_primeira_aproximao.pdf. Acesso em: 02/01/2023.

[42] MAYBIN, Saymon. Sistema de algoritmo que determina pena de condenados cria polêmica nos EUA. BBC News, São Paulo, out. 2016. Disponível em:<http://www.bbc.com/portuguese/brasil-37677421>. Acesso: 02/01/2023.
Bruno Pierro afirma que a investigação "revelou que, ao passarem pelo crivo do Compas, acusados negros têm 77% mais probabilidade de serem classificados como possíveis reincidentes do que acusados brancos [...]". PIERRO, Bruno. O mundo mediado por algoritmos. Sistemas lógicos que sustentam os programas de computador têm impacto crescente no cotidiano. Pesquisa FAPESP. Edição 266.abr. 2018. Disponível em: https://revistapesquisa.fapesp.br/o-mundo-mediado-por-algoritmos/. Acesso: 02/01/2023.

ampla defesa[43]. Como bem aponta Bernardo Azevedo[44], a ausência de transparência nos critérios usados pelo algoritmo é potencialmente grave, afinal como será possível se defender de um posicionamento que não se sabe ao certo como foi elaborado? Aliás, os juízes, mesmo capacitados para sentenciar, também cometem erros. Portanto, é ingênuo apostar as fichas em algoritmos como o COMPAS, que, além de não proporcionar qualquer transparência, apenas imita os dados com os quais são treinados, incorporando dessa forma os vieses.

Assim, possuindo como um dos desafios a referida opacidade, entende-se que os critérios utilizados pelos algoritmos devem estar disponíveis para todos. A transparência e a publicidade dos atos processuais são condições

[43] O princípio do contraditório confere que no transcursar do procedimento seja observado verdadeiro diálogo, em que as partes e os eventuais interessados cooperem ativamente da formação do convencimento do magistrado, influenciado, por consequência, no resultado do processo. Dessa forma, há, portanto, "a participação efetiva das partes no desenvolvimento de todo o litigio, mediante a possibilidade de, em plena igualdade, influírem em todos os elementos (factos, provas, questões de direito) que se encontrem em ligação com o objeto da causa e que em qualquer fase de processo apareçam como potencialmente relevantes para a decisão. O escopo principal do princípio do contraditório deixou assim de ser a defesa no sentido negativo de oposição ou resistência à atuação alheia, para passar a ser influência, no sentido positivo de direito de incidir ativamente no desenvolvimento e no êxito do processo". LEBRE DE FREITAS. José. Introdução ao processo civil – conceito e princípios gerais a luz do novo código. Gestlegal, 2017, p. 127.

[44] E ainda continua: "os computadores podem ser inteligentes, mas não são sábios. Tudo o que eles sabem, nós os ensinamos. E, quando os ensinamos, ensinamos também nossos preconceitos. Eles não vão desaprende-los assim, em um passe de mágica. Logo, é pensável "jogar" para o algoritmo a responsabilidade de decidir o destino de uma pessoa". Cf. AZEVEDO. Bernardo. Sistema de Inteligência Artificial nos EUA prevê o "índice de reincidência" dos acusados. 2019. Disponível em: https://bernardodeazevedo.com/conteudos/sistema-de-inteligencia-artificial-nos-eua-preve/. Acesso em: 07/01/2023.
Sendo assim, "é difícil descobrir se um algoritmo é tendencioso ou justo, mesmo para especialistas em computação. Uma razão é que os detalhes por trás da criação de um algoritmo são frequentemente considerados informações proprietárias, portanto, são bem guardados por seus proprietários. Em casos mais avançados, os algoritmos são tão complexos que nem mesmo seus criadores sabem exatamente como funcionam. Este é o chamado problema da *caixa preta* da IA – nossa incapacidade de ver o interior de um algoritmo e entender como ele chega a uma decisão. Se não for resolvido, pode devastar nossas sociedades, garantindo que a discriminação histórica, que muitos trabalharam duro para deixar para trás, seja codificada em nosso futuro". GHOLIPOUR, Bahar, "We Need to Open the AI Black Box Before It's Too Late". 2018. disponível em: https://futurism.com/ai-bias-black-box. Acesso em: 02/01/2023.

fundamentais para o desenvolvimento socioeconômico e consolidação da democracia[45]. Nas palavras de Stephen Churin[46]: "é imprescindível, nesse contexto, adotar uma forma de programação que permita a investigação da decisão, e que mostre de uma maneira mais transparente raciocínio empregado pela máquina para chegar a tais decisões".

Dessa forma pode-se trazer ao debate a Lei Geral de Proteção de Dados da União Europeia, que trata em seu artigo 22º[47] a possibilidade de auditar o percurso executado pela máquina na elaboração de decisão judicial. Nesse seguimento, Bryce Goodman e Seth Flaxman[48], declaram que a regulação europeia colocará restrições à tomada de decisão individual automatizada. Para os autores, "quando colocada em prática, a lei também pode efetivamente criar um direito à explicação, pelo qual um usuário pode pedir uma explicação de uma decisão algorítmica que o afete significativamente". Ainda, destacam que a política de direito à explicação da GDPR impõe a importância da "interpretabilidade humana no desenho de algoritmos".

[45] MATIAS-PEREIRA, José. Administração pública. 5. ed. rev. e atual. São Paulo: Atlas, 2018. O principio da publicidade, previsto no art. 205 Constituição da Republica Portuguesa, repetido no art. 606 – 1 CPC, *as audiências dos tribunais são públicas*. A exigencia consta também no art. 10 da Declaração Universal dos Direitos do Homem e do art. 6 da Convenção Europeia dos Direitos do Homem.
Por esse principio "realiza-se a transparencia da função jurisdicional, a fim de evitar o arbítrio do secretismo e permitir o controlo público da boa administração da justiça". LEBRE DE FREITAS. José. Ob.; Cit.; p. 145.

[46] CHURIN, Stephen. Inteligencia artificial: retos éticos y jurídicos, y la influencia de los derechos humanos. Servicio de Publicaciones de la Facultad de Derecho de le Universidad Complutense de Madrid: Madrid, 2011. pp. 75-76.

[47] Em especial, interessante mencionar Artigo 13º, 2, "f", do RGPD, que dispõe: "2. Para além das informações referidas no nº 1, aquando da recolha dos dados pessoais, o responsável pelo tratamento fornece ao titular as seguintes informações adicionais, necessárias para garantir um tratamento equitativo e transparente: (...) f) A existência de decisões automatizadas, incluindo a definição de perfis, referida no artigo 22º, nº 1 e 4, e, pelo menos nesses casos, informações úteis relativas à lógica subjacente, bem como a importância e as consequências previstas de tal tratamento para o titular dos dados.

[48] GOODMAN, Bryce; FLAXMAN, Seth. European Union Regulations on Algorithmic Decision-Making and a "Right to Explanation". Ai Magazine, [s.l.], v. 38, n. 3, pp.50-57, 2 out. 2017. Association for the Advancement of Artificial Intelligence (AAAI). http://dx.doi.org/10.1609/aimag.v38i3.2741. Acesso em: 02/01/2023.

Dito isso não se pode esquecer de que a inexistência de transparência dos procedimentos utilizados por esse tipo de ferramenta vai de encontro com o princípio da fundamentação da decisão judicial, a qual é essencial para a expressão prática do Estado Constitucional, atendendo à prestação de contas do julgador a comunidade política[49].

Logo, o juiz, no exercício de suas funções, "deve motivar suas sentenças por meio da exposição dos argumentos que o fizeram chegar à conclusão"[50], ou seja, as decisões judicias "devem expressar os motivos de fato e de direito que levarão ao convencimento do magistrado"[51]. A responsabilidade de fundamentar é, portanto, tão somente humana, não sendo possível delegar tal função a sistemas de inteligência artificial.

Outrossim, o uso dessa ferramenta em momento algum poderá ferir a garantia do devido processo legal, o qual é "norteador de todos os demais princípios que devem ser observados no processo judicial efetivo e justo" (...), o contraditório com real igualdade de armas e tratamento, juiz natural, investido na forma da lei, coerente, competente e imparcial"[52].

[49] SCHMITZ, Leonard Ziesemer. Fundamentação das decisões judiciais: a crise na construção de respostas no processo civil. São Paulo: Editora Revista dos Tribunais, 2015. p. 212. Nesse contexto, ao que concerne o principio da fundamentação, Lbre de Freitas ensina que: "O dever de fundamentação das decisões decorre diretamente do art. 205-1 da Constituição da República (»as decisões dos tribunais que não sejam de mero expediente são fundamentadas na forma prevista na lei»). Em decorrência do preceito constitucional, a fundamentação nunca pode, em primeiro lugar, ser dispensada na sentença, tanto na parte em que constitui decisão sobre a matéria de facto , quer na parte em que julga de direito, aplicando as normas jurídicas aos factos nela própria julgados provados. Ao declarar os factos que julga provados e os que julga não provados, o julgador deve analisar criticamente as provas e especificar motivadamente as que considera decisivas para a sua convicção formada normalmente por ilações tiradas de factos instrumentais (infra, n.II.6.4.3), e as que têm valor probatório fixado por lei (art. 607, n.' 3 e 4). Na aplicação do direito aos factos assim provados, o julgador deve indicar, interpretar e aplicar as normas jurídicas (art. 607-3)". LEBRE DE FREITAS. José. Ob.; Cit.; pp. 143-144.

[50] GILLET, Sérgio Augusto da Costa; PORTELA, Vinícius José Rockenbach Breves conexões entre a motivação das decisões judiciais e o campo da inteligência artificial. Cadernos de Direito, Piracicaba, v. 18(34): 153-171, jan.-jun. 2018 • ISSN Eletrônico: 2238-1228, p. 157.

[51] Ibidem.

[52] GAIO JÚNIOR, Antônio Pereira; SILVA, Fábia Antônio. Direito, processo e inteligência artificial. diálogos necessários ao exercício da jurisdição. Revista Eletrônica de Direito Processual – REDP. Rio de Janeiro. Ano 17. Volume 24. Número 1. janeiro-abril de 2023, pp. 87-88.

É com base nisso tem-se que o uso da IA em função colaboradora, em que há revisão ou adequação humana, é a que aparenta mais coadunar com os permissivos legais pátrios. "A busca pela efetividade e celeridade processual não pode tapar os olhos para os demais preceitos constitucionais"[53].

Nesse diapasão Jordi Nieva Fenoll[54] admite que "as ferramentas de inteligência artificial de debate jurídico, ou não, não vão além da sugestão, porque são incapazes de proceder a essa ponderação, tão difícil também para o ser humano. Porém, o juiz possui ao menos a defesa da motivação, que leva em conta armas da retórica que dificilmente pode utilizar de maneira completamente oportuna uma máquina".

Isto posto demonstra-se imperioso a consagração de um quadro normativo sólido, seguido de uma abordagem regulada a nível mundial, para fazer face aos desafios trazidos por essas ferramentas e extrair o máximo de oportunidades oferecidas pela inteligência artificial.

Enfatiza-se a publicação de alguns diplomas, inserindo a nível Europeu de natureza não vinculativa, tais como: As Orientações Éticas para uma IA de confiança[55]; Carta Europeia de Ética sobre o uso da IA em sistemas judiciais[56]; Livro Branco da Comissão Europeia sobre a

[53] Ibidem.

[54] FENOLL, Jordi Nieva. Inteligencia artificial y proceso judicial. Marcial Pons: Madrid, 2018. p. 116-117.
Destarte, o papel de um juiz necessita de um alto grau de raciocínio e de cognição e a "efetiva prolação de pronunciamentos torna-se imperativa a compreensão de nosso sistema cognitivo de decisões, inclusive mediante e percepção dos vieses cognitivos humanos e algorítmicos". NUNES. Dierle. VIANA, Aurélio. Ob., Cit., p.03.

[55] O presente documento foi elaborado pelo grupo de peritos de alto nível sobre a inteligência artificial (GPAN IA). Disponível em: https://op.europa.eu/en/publication-detail/-/publication/d3988569-0434-11ea-8c1f-01aa75ed71a1/language-pt/format-PDF. Acesso em: 05/01/2023.

[56] **A Carta destina-se aos intervenientes públicos e privados responsáveis pela conceção e utilização de instrumentos e serviços de inteligência artificial que impliquem o tratamento de decisões e dados judiciais e traz em seu escopo cinco princípios. são eles: "1.** Princípio de respeito aos direitos fundamentais: assegurar que a conceção e a aplicação de instrumentos e serviços de inteligência artificial sejam compatíveis com os direitos fundamentais; 2. Princípio de não-discriminação: prevenir especificamente o desenvolvimento ou a intensificação de qualquer discriminação entre indivíduos ou grupos de indivíduos; 3. Princípio de qualidade e segurança: em relação ao processamento de decisões e dados judiciais, utilizar fontes certificadas e dados intangíveis com modelos elaborados de forma multidisciplinar, em ambiente tecnológico seguro; 4.Princípio da transparência,

IA[57]; Regimes relativos aos aspetos éticos da IA, robótica e tecnologias conexas[58]; Responsabilidade Civil aplicável à IA[59] e os Direitos de

imparcialidade e equidade: tornar os métodos de tratamento de dados acessíveis e compreensíveis, autorizar auditorias externas". e por fim, " 5. o Princípio "sobre o controlo do usuário": excluir uma abordagem prescritiva e garantir que os usuários sejam atores informados e controlem as escolhas feitas". Par uma melhor analise e entendimento, ver: Carta Europeia de Ética sobre o Uso da Inteligência Artificial em Sistemas Judiciais e seu ambiente. Estrasburgo, 3 e 4 de dezembro de 2018. Disponível em: https://rm.coe.int/carta-etica-traduzida-para--portugues-revista/168093b7e0 . Acesso em: 05/01/2023.

[57] Sobre o Livro Branco, vale destacar que este "apresenta opções políticas que permitem um desenvolvimento fiável e seguro da inteligência artificial na Europa, no pleno respeito dos valores e dos direitos dos cidadãos europeus. Os principais elementos constitutivos do presente Livro Branco são os seguintes: 1. O quadro político que estabelece medidas destinadas a alinhar os esforços a nível europeu, nacional e regional. Em parceria entre o setor privado e o público, o quadro visa mobilizar recursos para alcançar um «ecossistema de excelência» ao longo de toda a cadeia de valor, começando na investigação e inovação, e criar os incentivos adequados para acelerar a adoção de soluções baseadas em IA, nomeadamente por parte das pequenas e médias empresas (PME). 2. Os elementos-chave de um futuro quadro regulamentar para a IA na Europa que criará um «ecossistema de confiança» único. Para o efeito, é necessário garantir o respeito das regras da UE, incluindo as regras de proteção dos direitos fundamentais e dos direitos dos consumidores, em especial no que diz respeito aos sistemas de IA que funcionam na UE e que representam um risco elevado. A criação de um ecossistema de confiança é um objetivo político em si e deveria dar confiança aos cidadãos para adotarem aplicações de AI e segurança jurídica às empresas e organizações públicas para inovarem graças à IA. A Comissão apoia firmemente uma abordagem centrada no ser humano, que se baseie na Comunicação intitulada «Aumentar a confiança numa inteligência artificial centrada no ser humano», e terá igualmente em conta os contributos obtidos durante a fase-piloto das orientações éticas elaboradas pelo grupo de peritos de alto nível sobre a IA. *Vide*, Livro Branco sobre a inteligência artificial – Uma abordagem europeia virada para a excelência e a confiança. Bruxelas, 19/02/2020. Disponível em: https://op.europa.eu/pt/publication-detail/-/publication/ac957f13-53c6-11ea-aece-01aa75ed71a1. Acesso em: 05/01/2023.

[58] Resolução do Parlamento Europeu que contém recomendações à Comissão sobre o regime relativo aos aspetos éticos da inteligência artificial, da robótica e das tecnologias conexas, 20.10.2020. Disponível em: https://www.europarl.europa.eu/doceo/document/TA-9-2020-0275_PT.html. Acesso em: 05/01/2023.

[59] Resolução do Parlamento Europeu que contém recomendações à Comissão sobre o regime de responsabilidade civil aplicável à inteligência artificial, 20.10.2020. Disponível em: https://www.europarl.europa.eu/doceo/document/TA-9-2020-0276_PT.html. Acesso em: 05/01/2023.

Propriedade intelectual para o desenvolvimento de tecnologias ligadas à IA[60].

Atualmente foi também publicada Proposta de Regulamento do Parlamento Europeu e do Conselho que estabelece regras harmonizadas em matéria de inteligência artificial e estabelece requisitos obrigatórios comuns cabiveis à conceção e ao desenvolvimento de determinados sistemas de IA antes de estes serem inseridos no mercado, os quais serão posteriormente operacionalizados por meio de normas técnicas harmonizadas[61]. Ainda, a proposta apoia o "objetivo da União de estar na vanguarda mundial do desenvolvimento de uma inteligência artificial que seja segura, ética e de confiança"[62].

Nesta esteira tendo em vista os riscos e benefícios pelo uso dessa ferramenta, o Brasil também apresentou três projetos de Lei que ainda estão em tramitação[63]. O primeiro, PL 5051/2019, estabelece princípios

[60] Resolução do Parlamento Europeu que contém recomendações à Comissão sobre os direitos de propriedade intelectual para o desenvolvimento de tecnologias ligadas à inteligência artificial, 20.10.2020. Disponível em: europarl.europa.eu/doceo/document/TA-9-2020-0277_PT.html. Acesso em: 05/01/2023.

[61] Relevante salientar que a Proposta de Regulamentação da IA faz parte de um pacote abrangente de medidas que visa resolver os problemas decorrentes do desenvolvimento e da utilização da IA, examinados no Livro Branco sobre a inteligência artificial e define os seguintes objetivos específicos: "1. Garantir que os sistemas de IA colocados no mercado da União e utilizados sejam seguros e respeitem a legislação em vigor em matéria de direitos fundamentais e valores da União; 2. Garantir a segurança jurídica para facilitar os investimentos e a inovação no domínio da IA; 3. Melhorar a governação e a aplicação efetiva da legislação em vigor em matéria de direitos fundamentais e dos requisitos de segurança aplicáveis aos sistemas de IA" por fim, "5. Facilitar o desenvolvimento de um mercado único para as aplicações de IA legítimas, seguras e de confiança e evitar a fragmentação do mercado". Disponível em: https://eur-lex.europa.eu/legal-content/PT/TXT/DOC/?uri=CELEX:52021PC0206&from=PT. Acesso em: 05/01/2023.

[62] *Ibidem.*

[63] Cabe assentar que em 2019, o Brasil aderiu a um documento da Organização para a Cooperação e Desenvolvimento Econômico (OCDE), que prevê princípios para a utilização responsável de IA, bem como recomendações sobre o assunto a governos. Ao que tange aos princípios, estes "afirmam que a inteligência artificial deve beneficiar as pessoas e o planeta, trazendo crescimento inclusivo e desenvolvimento sustentável. Além disso, os sistemas devem respeitar regras de direitos humanos, de valores democráticos e diversidade, e devem permitir intervenção humana quando necessário. A tecnologia de inteligência artificial também precisa ser transparente, para que as pessoas entendam o seu funcionamento, e precisam ter avaliação contínua de risco". NEGRUNI, Mauro. Brasil vai assegurar os princípios de

para o uso da IA no país e traz em um dos seus enunciados que os sistemas decisórios fundamentados em Inteligência Artificial serão, sempre, auxiliares à tomada de decisão humana[64]. Por conseguinte, o Projeto de Lei 21/2020[65], chamado de Marco Civil da IA, estabelece fundamentos, princípios e diretrizes para o desenvolvimento e a aplicação da inteligência artificial no Brasil. E mais recentemente foi apresentado o PL 872/2021[66], que se limita também a estipular princípios gerais sobre a utilização de IA.

Sobre esse novo cenário que se forma com a implantação da tecnologia no campo jurídico, Mafalda Miranda Barbosa[67] faz fortes críticas alegando que nem nos dias atuais, nem futuramente, contra todas as expectativas

inteligência artificial da OCDE. Maio de 2019. Disponível em: https://mauronegruni.com.br/2019/05/27/brasil-vai-seguir-os-principios-de-inteligencia-artificial-da-ocde/ Acesso em: 02/01/2023.

[64] A tramitação do projeto de Lei pode ser acompanhada no sitio do Senado Federal. Disponível em: https://www25.senado.leg.br/web/atividade/materias/-/materia/138790. Acesso em: 02/01/2023.

[65] A tramitação do projeto de Lei pode ser acompanhada no sitio da Câmara dos Deputados. Disponível em: https://www.camara.leg.br/propostas-legislativas/2236340. Acesso em: 02/01/2023.
Acresce ainda referir que o PL 21/2020 estabelece que o uso da IA terá como fundamento o respeito aos direitos humanos e aos valores democráticos, a igualdade, a não discriminação, a pluralidade, a livre iniciativa e a privacidade de dados. Além do mais, a IA terá como princípio a garantia de transparência sobre a sua utilização e funcionamento. *Vide*, Agência Câmara de Notícias. Projeto cria marco legal para uso de inteligência artificial no Brasil. 2020. Disponível em: https://www.camara.leg.br/noticias/641927-projeto-cria-marco-legal-para-uso-de-inteligencia-artificial-no-brasil/. Acesso em: 02/01/2023.

[66] A tramitação do projeto de Lei pode ser acompanhada no sitio do Senado Federal. Disponível em: https://www25.senado.leg.br/web/atividade/materias/-/materia/147434. Acesso em: 02/01/2023.
Neste contexto, ainda é possível citar a Resolução do CNJ 332/2020, que também trata sobre a IA e enfatiza que a questão da proteção dos direitos fundamentais na inserção e utilização da ferramenta nos processos de tomada de decisão "deve atender a critérios éticos de transparência, previsibilidade, possibilidade de auditoria e garantia de imparcialidade e justiça", além do direito à privacidade e proteção de dados pessoais. Disponível em: https://atos.cnj.jus.br/atos/detalhar/3429. Acesso em: 02/01/2023.

[67] A autora ainda continua alegando que : "o sistema de inteligência artificial não conseguirá, pelas suas características limitadas, aceder ao raciocínio jurídico que, marcado pela analogia, envolve a pressuposição e a consideração de uma dimensão valorativa que ultrapassa a mera conceptualização abstrata". BARBOSA, Mafalda Miranda. Inteligência Artificial – Entre a utopia e a distopia, alguns problemas jurídicos. Gestlegal, 1 edição, 2021. pp. 218-2019.

otimistas dos estudiosos no assunto, será provável encontrar um *software* apto a desenvolver uma tarefa radicalmente humana, que envolva um elemento volitivo, intuitivo, emocional. Assim, "todas as tarefas marcadamente especulativas, bem como todas as funções que envolvam a criatividade, a interpretação contextualizada e a valoração ético-axiológica não podem ser levadas a cabo por um ente artificialmente inteligente, ainda que tal inteligência seja exponencialmente potenciada pelos avanços ao nível da computação"[68].

Em contrapartida Hugo Luz[69] entende que tal ferramenta ou até mesmo o juiz-robô que decide ou coadjuva na decisão de processos judiciais não é uma realidade distante, tão pouco onírica. Bastar observar o que esta acontecendo nos tribunais da China do qual determinados processos são decididos com a ajuda da inteligência artificial e ainda o "recurso a juízes-avatares digitais"[70].

Todavia, nesse cenário, o uso da IA no processo de tomada de decisão refletiria um "risco iminente de recairmos no positivismo puro", ou seja, a mera subsunção da regra ao caso concreto, em um movimento dedutivo descuidado das complexidades de cada demanda[71].

Ao nosso entender a IA ainda está bastante longe de se tornar uma ferramenta de tomada de decisão, visto que nos afigura muito perigoso a delegação da função estritamente decisória às máquinas, particularmente pela ausência de percepção dos vieses algorítmicos cada vez mais negligenciados[72].

[68] Ibidem, p. 218.

[69] SANTOS. Hugo Luz dos.Ob.; Cit.; pp. 151-152.

[70] O sistema de inteligência artificial é capaz de "selecionar processos judiciais para referências, recomendar leis e regulamentos, esboçar documentos legais e alterar erros humanos percebidos em veredictos automaticamente. Como exigido pelo Supremo Tribunal Federal, um juiz deve consultar a IA em cada caso. Se o juiz rejeitar a recomendação da máquina, a mesma exige uma explicação por escrito para fins de registro e auditoria. Para a Suprema Corte, a IA entrega o Estado de Direito — poder de decisão dos governantes — a uma grande parte da China, onde existem diferenças significativas no desenvolvimento regional, governança e renda". SHIH, Monique. Tribunais na China permitem que IAs tomem o lugar de juízes. Julho de 2022. Disponível em: https://canaltech.com.br/seguranca/tribunais-na-china-permitem-que-ias-tomem-o-lugar-de-juizes-220922/. Acesso em: 07/01/2023.

[71] SCHMITZ, Leonard Ziesemer, p. 150.

[72] Ao falar sobre a IA no âmbito do Direito, Mafalda Barbosa aduz que "trata-se, contudo, de uma falácia, tanto quanto a inteligência humana não só está dependente da corporeidade do

Por fim, não resta dúvidas que a IA fará transformações que mudará o campo jurídico para sempre. E por conta disso, é imprescindível impor limites infrangíveis que impossibilite que o processo civil se convole em uma "desoladora ditadura digital da inteligência artificial no âmbito da qual reinará– e de forma esfíngica e inescrutável- o economicamente mais forte"[73]. Como bem mencionou John F. Kennedy em seu emblemático discurso de 1962: "a tecnologia não tem consciência própria. Se ela vai se tonar uma força para o bem ou para o mal depende do homem".

Conclusões

Com o desenvolvimento dos sistemas de inteligência artificial, novas possibilidades surgiram para os operadores do direito na busca por mais eficiência no exercício de suas atividades. Por outro lado, sua utilização no processo de construção da decisão judicial suscita o debate acerca de eventuais riscos para a legitimidade do sistema no contexto do processo democrático.

Ao longo do estudo foi possível demarcar um crescimento significativo do uso da IA no âmbito jurídico. O STJ de Portugal, por exemplo, recentemente anunciou o projeto IRIS – Informação, Racionalização, Integração e Sumarização, que será capaz de dar apoio ao magistrado na elaboração e publicação de acórdãos, bem como à produção de uma base de dados jurisprudenciais de acesso universal.

Neste contexto restou claro que uma máquina dotada de Inteligência Artificial nunca poderá, *per si*, ter a árdua tarefa de proferir uma sentença, pois não é capaz de tomar decisões complexas nem táo pouco de adicionar uma camada ética em suas automações.

Além disso, as máquinas são passiveis de herdar critérios subjetivos de escolha, que podem influenciar negativamente na tomada de decisão, pois estas não dispõem de atributos de um intelecto humano, não são capazes de pensar criticamente.

ser humano, como se encontra profundamente conexionada com elementos não racionais, como a emoção e a intuição, fundamentais para a adequada percepção da realidade, que não se esgota num conjunto de dados positivos, antes o transcende. BARBOSA, Mafalda Miranda. Ob.; Cit.; p. 218.

[73] SANTOS. Hugo Luz dos.Ob.; Cit.; pp.187-188.

Outro ponto que causa debate é em relação a opacidade dos mecanismos usados pelas máquinas para proferirem resultados, os quais ficam protegidos aos domínios do seu inventor, perdurando em um mistério que acaba por cercear o acesso a direitos dos litigantes, como o contraditório e ampla defesa.

Diante disso nota-se o risco inerente ao deixar máquinas tomarem decisões vinculativas que influenciam a vida do ser humano. E pensando nos desafios trazidos por essa ferramenta que a União Europeia anunciou recente Proposta de Regulamento do Parlamento Europeu e do Conselho que estabelece regras harmonizadas em matéria de inteligência artificial. O Brasil também já se manifestou sobre alguns projetos de leis sobre o tema que ainda estão em fase de tramitação.

Isto posto, conclui-se que os programas atribuídos de IA utilizados na seara jurídica atualmente são direcionados para a gestão de processos e o auxílio de tarefas que antecedem a tomada de decisão, mas isso é apenas o começo de uma nova era tecnológica, pois o desenvolvimento desses sistemas não se estagnará por aqui e quem sabe talvez em um futuro iminente as máquinas poderão assumir a função judicante.

Referências

ÁLVARES, Juan J. Álvarez. **Aproximación Crítica a la Inteligencia Artificial**: claves filosóficas y prospectivas del futuro. Universidad Francisco de Vitoria: Madrid, 2013; LUGER, George F. Inteligência artificial. Tradução: Daniel Vieira; revisão técnica Andréa Iabrudi Tavares. 6. ed. São Paulo: Pearson Education do Brasil, 2013.

ARAS, Vladimir. **A inteligência artificial e o direito de ser julgado por humanos**. ln GUEDES, Jefferson Cárus e outros (Coord.). Inteligência artificial aplicada ao processo de tomada de decisão. pp. 85-132. Belo Horizonte, São Paulo: D'Plácido, 2020.

AZEVEDO. Bernardo de. **Conheça Victor, o sistema de inteligência artificial do STF,** 2019. Disponível em: https://bernardodeazevedo.com/conteudos/conheca-victor-o-sistema-de-inteligencia-artificial-do-stf/. Acesso em: 22/11/2022.

AZEVEDO. Bernardo. **Sistema de Inteligência Artificial nos EUA prevê o "índice de reincidência" dos acusados**, 2019. Disponível em: https://bernardodeazevedo.com/conteudos/sistema-de-inteligencia-artificial-nos-eua-preve/ . Acesso em: 22/11/2022.

Agência Câmara de Notícias. **Projeto cria marco legal para uso de inteligência artificial no Brasil.** 2020. Disponível em: https://www.camara.leg.br/noticias/641927-projeto-cria-marco-legal-para-uso-de-inteligencia-artificial-no--brasil/. Acesso em: 02/01/2023.

BARBOSA, Mafalda Miranda. **Inteligência Artificial – Entre a utopia e a distopia, alguns problemas jurídicos.** Gestlegal, 1 edição, 2021.

BENUCCI, Renato Luís. **A Tecnologia Aplicada ao Processo Judicial**. Campinas, SP: Millenium Editora, 2006.

Carta Europeia de Ética sobre o Uso da Inteligência Artificial em Sistemas Judiciais e seu ambiente. Estrasburgo, 3 e 4 de dezembro de 2018. Disponível em: https://rm.coe.int/carta-etica-traduzida-para-portugues-revista/168093b7e0 . Acesso em: 05/01/2023.

COSTA, Ernesto; SIMÕES, Anabela. **Inteligência Artificial, Fundamentos e Aplicações**, FCA- Editora de Informática, Lda., 3ª. Edição, Março 2011.

CONNER-SIMONS, Adam; GORDON, Rachel. **Using AI to predict breast cancer and personalize care:** MIT/MGH's image-based deep learning model can predict breast cancer up to five years in advance. Disponível em: <http://news.mit.edu/2019/using-ai-predict-breast-cancer-and-personalize-care-0507>. Acesso em: 23.12.2022.

Comunicação da Comissão ao Parlamento Europeu, ao Conselho, ao Comité Económico e Social Europeu e ao Comité das Regiões, Bruxelas, 25.4.2018. Disponível em: https://ec.europa.eu/transparency/regdoc/rep/1/2018/PT/COM-2018-237-F1-PT-MAIN-PART-1.PDF. Acesso em: 19/12/2022.

CNJ. **Justiça 4.0: a Inteligência Artificial está presente na maioria dos tribunais brasileiros.** Disponível em: https://www.cnj.jus.br/justica-4-0-inteligencia-artificial-esta-presente-na-maioria-dos-tribunais-brasileiros/. Acesso em: 04/01/2023.

CHURIN, Stephen. **Inteligencia artificial: retos éticos y jurídicos, y la influencia de los derechos humanos.** Servicio de Publicaciones de la Facultad de Derecho de le Universidad Complutense de Madrid: Madrid, 2011.

DANTAS, Frederico Widson da Silva. BRAZ, Graciéla Farias. **Inteligência Artificial no Poder Judiciário Brasileiro**. Revista Jurídica Portucalense, nº especial, volume II, 2022.

DEDEO, Simon. **Wrong Side of the Tracks: Big Data and Protected Categories**. N.Y.: CornellUniv. Lib., 2015.

ELIBOT. ASSIST YOURSELF, **MULTIPLY YOURSELF: apresentando o primeiro robô assistente de advogados do Brasil, o ELI.** Disponível em: <http://elibot.com.br>. Acesso em: 02.01.2023.

FERNADES, Gilberto. **Direito & ciência de dados: tendências e impactos da quarta revolução industrial**. 2020. Disponível em: https://www.academia.edu/42657405/Direito_and_Ci%C3%AAncia_de_Dados_tend%C3%AAncias_e_desafios. p. 02. Acesso em: 22/12/2022.

FERRAZ JÚNIOR, Tércio Sampaio. **A ciência do direito.** 2. ed. São Paulo: Atlas, 1980.

FENOLL, Jordi Nieva. **Inteligencia artificial y proceso judicial.** Marcial Pons: Madrid, 2018.

GAIO JÚNIOR, Antônio Pereira; SILVA, Fábia Antônio. **Direito, processo e inteligência artificial. diálogos necessários ao exercício da jurisdição.** Revista Eletrônica de Direito Processual – REDP. Rio de Janeiro. Ano 17. Volume 24. Número 1. janeiro-abril de 2023.

GILLET, Sérgio Augusto da Costa; PORTELA, Vinícius José Rockenbach **Breves conexões entre a motivação das decisões judiciais e o campo da inteligência artificial**. Cadernos de Direito, Piracicaba, v. 18(34): 153-171, jan.-jun. 2018 • ISSN Eletrônico: 2238-1228.

GOODMAN, Bryce; FLAXMAN, Seth. **European Union Regulations on Algorithmic Decision-Making and a "Right to Explanation"**. Ai Magazine, [s.l.], v. 38, n. 3, pp.50-57, 2 out. 2017. Association for the Advancement of Artificial Intelligence (AAAI). http://dx.doi.org/10.1609/aimag.v38i3.2741. Acesso em: 02/01/2023.

GHOLIPOUR, Bahar, **"We Need to Open the AI Black Box Before It's Too Late"**. 2018. disponível em: https://futurism.com/ai-bias-black-box. Acesso em: 02/01/2023.

HARARI, Yuval Noah. **Sapiens:** uma breve história da humanidade. Tradução: Janaína Marcoantonio. 24. ed. Porto Alegre: L&PM, 2017.

KOZLOWSKI JUNIOR, Wilson Marcelo. **Direito como integridade e as decisões judiciais.** Porto Alegre: Sergio Antonio Fabris Ed., 2019.

LAWGEEX.COM. **THE PLATFORM THAT LETS YOU GET SH*T DONE.** Disponível em:
<https: // www.lawgeex.com/platform/>. Acesso em: 23.12.2022.

LEBRE DE FREITAS. José. **Introdução ao processo civil – conceito e princípios gerais a luz do novo código**. Gestlegal, 2017.

LEGALLABS. OABjuris. Disponível em: https://legalabs.com.br/> Acesso em: 02.01.2023.

LEGALLABS. OABjuris. Disponível em: https://legalabs.com.br/> Acesso em: 02.01.2023.

Livro Branco sobre a inteligência artificial – Uma abordagem europeia virada para a excelência e a confiança. Bruxelas, 19/02/2020. Disponível em: https://op.europa.eu/pt/publication-detail/-/publication/ac957f13-53c6-11ea-aece-01aa75ed71a1. Acesso em: 05/01/2023.

MAYBIN, Samon. **Sistema de algoritmo que determina pena de condenados cria polêmica nos EUA**. BBC News, São Paulo, out. 2016. Disponível em:<http://www.bbc.com/portuguese/brasil-37677421>. Acesso: 02/01/2023.

MATIAS-PEREIRA, José. **Administração pública**. 5. ed. rev. e atual. São Paulo: Atlas, 2018.

NEGRUNI, Mauro. **Brasil vai assegurar os princípios de inteligência artificial da OCDE**. Maio de 2019. Disponível em: https://mauronegruni.com.br/2019/05/27/brasil-vai-seguir-os-principios-de-inteligencia-artificial-da-ocde/ Acesso em: 02/01/2023.

NUNES. Dierle. VIANA, Aurélio. **Deslocar função estritamente decisória para máquinas é muito perigoso. Consultor Jurídic**o. 2018. Disponível em: https://www.conjur.com.br/2018-jan-22/opiniao-deslocar-funcao-decisoria-maquinas-perigoso Acesso em: 02/01/2023.

NUNES, Dierle; MARQUES, Ana Luiza Pinto Coelho. **Inteligência artificial e direito processual: vieses algorítmicos e os riscos de atribuição de função decisória às máquinas**. Revista de Processo, v. 285, p. 421-447, nov./2018. Disponível em: https://repositorio.pucrs.br/dspace/bitstream/10923/19405/2/Inteligncia_artificial_e_direitos_fundamentais_processuais_no_mbito_cvel_uma_primeira_aproximao.pdf. Acesso em: 02/01/2023

NORVIG, Peter; STUART, Russel. **Inteligência artificial.** Tradução: Regina Célia Simille. Rio de Janeiro: Elsevier, 2013. p. IX (prefácio).

OSOBA, Osonde A.; WELSER IV, William. **An intelligence in our image: The Risks of Bias and Errorsin Artificial Intelligence**. S. M: Rand Coporation Ed, 2017.

Projeto IRIS – aplicação de técnicas de inteligência artificial no STJ. Disponível em: https://www.stj.pt/?p=17059 . Acesso em: 23.12.2022.

Proposta de Regulamento do Parlamento Europeu e do Conselho que estabelece regras harmonizadas em matéria de Inteligência Artificial (Regulamento Inteligência Artificial) e altera determinados atos legislativos da União. Disponível em: https://eur-lex.europa.eu/legal-content/PT/TXT/DOC/?uri=CELEX:52021PC0206&from=PT. Acesso em: 05/01/2023

PISTONO, Federico. **Os robôs vão roubar seu trabalho, mas tudo bem: como sobreviver ao colapso econômico e ser feliz**. Tradução: Pedro Maia Soares. São Paulo: Portfolio-Penguin, 2017.

PIERRO, Bruno. **O mundo mediado por algoritmos. Sistemas lógicos que sustentam os programas de computador têm impacto crescente no cotidiano**. Pesquisa FAPESP. Edição 266.abr. 2018. Disponível em: https://revistapesquisa.fapesp.br/o-mundo-mediado-por-algoritmos/. Acesso: 02/01/2023.

POLSON, Nick, SCOTT, James. **Inteligência Artificia** (tradução Miguel Monteiro), editora Vogais, 2020.

RAVNACE. Disponível em: http://imanage.com/wp-content/uploads/2017/07/RAVN-Systems-releases-RAVN-ACE-for- automated-data-extraction-of-ISDA-documents-using-Artificial-Intelligence.pdf. Acesso em: 23.12.2022.

RAVEL LAW. **Our Story Law is America's operating system. We're giving it an update.** Disponível em:<https: // home.ravellaw.com/who-we-are>. Acesso em: 23.12.2022.

REMÉDIO MARQUES, João Paulo. **Direito Processual Civil da Propriedade Industrial.** Almedina, 2022.

Resolução do Parlamento Europeu que contém recomendações à Comissão sobre o regime relativo aos aspetos éticos da inteligência artificial, da robótica e das tecnologias conexas, 20.10.2020. Disponível em: https://www.europarl.europa.eu/doceo/document/TA-9-2020-0275_PT.html. Acesso em: 05/01/2023.

Resolução do Parlamento Europeu que contém recomendações à Comissão sobre o regime de responsabilidade civil aplicável à inteligência artificial, 20.10.2020. Disponível em:https://www.europarl.europa.eu/doceo/document/TA-9-2020-0276_PT.html. Acesso em: 05/01/2023.

Resolução do Parlamento Europeu que contém recomendações à Comissão sobre os direitos de propriedade intelectual para o desenvolvimento de tecnologias ligadas à inteligência artificial, 20.10.2020. Disponível em: europarl.europa.eu/doceo/document/TA-9-2020-0277_PT.html. Acesso em: 05/01/2023

Orientações Éticas para uma IA de Confiança. Disponível em: https://op.europa.eu/en/publication-detail/-/publication/d3988569-0434-11ea-8c1f-01aa75ed71a1/language-pt/format-PDF. Acesso em: 05/01/2023.

ROSS Intelligence – **Intelligent Legal Research.** Disponível em: <https://rossintelligence.com>. Acesso em: 26.12.2022.

SANTOS. Hugo Luz dos. **Inteligência Artificial e Processo Civil na Era do Metaverse e dos Machine Learning Algorithms**. Nova Causa Edições Jurídicas. 2022.

SHIH, Monique. **Tribunais na China permitem que IAs tomem o lugar de juízes.** Julho de 2022. Disponível em: https://canaltech.com.br/seguranca/tribunais-na-china-permitem-que-ias-tomem-o-lugar-de-juizes-220922/. Acesso em: 07/01/2023.

SCHWAB, Klaus. **Aplicando a Quarta Revolução Industrial.** São Paulo: EDIPRO, 2018.

SCHWAB, Klaus. **A quarta revolução industrial.** Tradução Daniel Moreira Miranda. São Paulo: Edipro, 2016.

SCHMITZ, Leonard Ziesemer. **Fundamentação das decisões judiciais:** a crise na construção de respostas no processo civil. São Paulo: Editora Revista dos Tribunais, 2015.

SHELLEY, Mary. **Frankestein.** Tradução de Miércio Araújo Jorge Honkis. Porto Alegre: L&PM, 2019.

STERN, Simon. Introduction: **Artificial Intelligence, technology, and the law**. University of Toronto Law Journal, vol. 68 n. 1, 2018, p. 1-11. Project MUSE. Disponível em: <www.muse.jhu.edu/article/688831>. Acesso em 22.12.2022.

TACCA, Adriano; ROCHA, Leonel Severo. **Inteligência artificial: reflexos nos sistemas de Direito**. Revista Nomos. Fortaleza: Universidade Federal do Ceará, v. 38. jul./dez. 2020, pp. 53-68. Disponível em: <https://redib.org/Record/oai_articulo1836496>. Acesso em: 22.12.2022.

TRANSFORMAÇÃO DIGITAL. JURÍDICO: **ROSS, o primeiro robô advogado do mundo.** Disponível em: <https://transformacaodigital.com/ross-o-primeiro-robo-advogado-do-mundo/>. Acesso em 22.12.2022

TECHTUDO, Igor Nishikiori. **Conheça a Gatebox, 'namorada' holográfica com inteligência artificial.** 2018. Disponível em: <https://www.techtudo.com.br/noticias/2018/08/conheca-a-gatebox-namorada-holografica- com-inteligencia--artificial.ghtml>. Acesso em: 23.12.2022

TJDFT. Centro de Inteligência da Justiça conhece iniciativas do STJ na gestão judiciária. Disponível em: https://www.tjdft.jus.br/institucional/imprensa/noticias/2021/abril/centro-de-inteligencia-da-justica-do-df-se-reune-com-stj-e-tjmt. Acesso em: 22/11/2022.

TURING, Alan M. **Computing Machinery and Intelligence. Mind, New Series.** Oxford – Reino Unido, p. 433-460. out. 1950. Disponível em: <https://www.jstor.org/stable/2251299?origin=JSTOR-pdf&seq=1#page_scan_tab_contents>. Acesso em: 22 dezembro de 2022.

VERAS, Manoel. **Gestão da Tecnologia da Informação: sustentação e inovação para a transformação digital**, Rio de Janeiro, Brasport, 2019

WOLKART, Erik Navarro. **Análise econômica do processo civil:** como a economia, o direito e a psicologia podem vencer a tragédia da justiça. São Paulo: Thomson Reuters Brasil, 2019.

ZAFFARI, Felipe Pozueco; ESPÍNDOLA, Jean Carlo de Borba. Conceitos: o que é inteligência artificial. In: BARONE, Dante Augusto Conte; BOESING, Ivan Jorge (Org.). **Inteligência artificial: diálogos entre mentes e máquinas**. Porto Alegre: Age/Evangraf, 2015.

ROSS Intelligence – **Intelligent Legal Research.** Disponível em: <https://rossintelligence.com>. Acesso em: 26.12.2022.

SANTOS. Hugo Luz dos. **Inteligência Artificial e Processo Civil na Era do Metaverse e dos Machine Learning Algorithms**. Nova Causa Edições Jurídicas. 2022.

SHIH, Monique. **Tribunais na China permitem que IAs tomem o lugar de juízes**. Julho de 2022. Disponível em: https://canaltech.com.br/seguranca/tribunais-na-china-permitem-que-ias-tomem-o-lugar-de-juizes-220922/. Acesso em: 07/01/2023.

SCHWAB, Klaus. **Aplicando a Quarta Revolução Industrial.** São Paulo: EDIPRO, 2018.

SCHWAB, Klaus. **A quarta revolução industrial.** Tradução Daniel Moreira Miranda. São Paulo: Edipro, 2016.

SCHMITZ, Leonard Ziesemer. **Fundamentação das decisões judiciais:** a crise na construção de respostas no processo civil. São Paulo: Editora Revista dos Tribunais, 2015.

SHELLEY, Mary. **Frankestein.** Tradução de Miércio Araújo Jorge Honkis. Porto Alegre: L&PM, 2019.

STERN, Simon. Introduction: **Artificial Intelligence, technology, and the law**. University of Toronto Law Journal, vol. 68 n. 1, 2018, p. 1-11. Project MUSE. Disponível em: <www.muse.jhu.edu/article/688831>. Acesso em 22.12. 2022.

TACCA, Adriano; ROCHA, Leonel Severo. **Inteligência artificial: reflexos nos sistemas de Direito**. Revista Nomos. Fortaleza: Universidade Federal do Ceará, v. 38. jul./dez. 2020, pp. 53-68. Disponível em: <https://redib.org/Record/oai_articulo1836496>. Acesso em: 22.12.2022.

TRANSFORMAÇÃO DIGITAL. JURÍDICO: **ROSS, o primeiro robô advogado do mundo.** Disponível em:
<https://transformacaodigital.com/ross-o-primeiro-robo-advogado-do-mundo/>. Acesso em 22.12.2022

TECHTUDO, Igor Nishikiori. **Conheça a Gatebox, 'namorada' holográfica com inteligência artificial.** 2018. Disponível em: <https://www.techtudo.com.br/noticias/2018/08/conheca-a-gatebox-namorada-holografica- com-inteligencia--artificial.ghtml>. Acesso em: 23.12.2022

TJDFT. Centro de Inteligência da Justiça conhece iniciativas do STJ na gestão judiciária. Disponível em: https://www.tjdft.jus.br/institucional/imprensa/noticias/2021/abril/centro-de-inteligencia-da-justica-do-df-se-reune-com-stj-e-tjmt. Acesso em: 22/11/2022.

TURING, Alan M. **Computing Machinery and Intelligence. Mind, New Series.** Oxford – Reino Unido, p. 433-460. out. 1950. Disponível em: <https://www.jstor.org/stable/2251299?origin=JSTOR-pdf&seq=1#page_scan_tab_contents>. Acesso em: 22 dezembro de 2022.

VERAS, Manoel. **Gestão da Tecnologia da Informação: sustentação e inovação para a transformação digital**, Rio de Janeiro, Brasport, 2019

WOLKART, Erik Navarro. **Análise econômica do processo civil:** como a economia, o direito e a psicologia podem vencer a tragédia da justiça. São Paulo: Thomson Reuters Brasil, 2019.

ZAFFARI, Felipe Pozueco; ESPÍNDOLA, Jean Carlo de Borba. Conceitos: o que é inteligência artificial. In: BARONE, Dante Augusto Conte; BOESING, Ivan Jorge (Org.). **Inteligência artificial: diálogos entre mentes e máquinas**. Porto Alegre: Age/Evangraf, 2015.

15. A INTELIGÊNCIA ARTIFICIAL NA ADMINISTRAÇÃO DA JUSTIÇA – O SISTEMA DE INFORMAÇÃO CADASTRAL SIMPLIFICADO

Eugénia Maria Vieira Amaral

1. O cadastro predial e a propriedade rústica

O Cadastro Geométrico da Propriedade Rústica (CGPR) teve por base o Decreto 11859 de 07 de julho de 1926, atribuindo-se a responsabilidade da sua execução, conservação e revisão (Base X) ao Instituto Geográfico Cadastral (IGC), tutelado pelo Ministério das Finanças[1-2-3].

[1] Em momento anterior, o Alvará de 9 de junho de 1801, criou os cosmógrafos do reino, os quais teriam por missão elaborar «a Carta Geral da Comarca, as Cartas Particulares de cada uma das Villas e Concelhos nellas compreendidas, e de todas as propriedades contidas em cada uma dessas Villas e Concelhos, conforme as possuíssem os seus respectivos proprietários». No entanto, por via da instabilidade que caracterizou as primeiras décadas do século XIX, este levantamento foi suspenso. Em 1848, o «Relatório sobre o Cadastro», de Afonso José D'Avila recomenda que se dê de novo andamento àquele «importantíssimo» alvará, pois «sem elle será absolutamente impossível repartir com igualdade o imposto predial, pôr termo aos vexames intoleráveis que afligem o contribuinte, resolver o problema de fazer com que o povos paguem menos, e o Thesouro receba mais, emancipar o Paiz da acção do Fisco, garantir a propriedade a seu legitimo possuidor, fazendo cessar, ou, pelo menos, diminuir consideravelmente o numero espantoso de questões, a que esta dá origem, acabar com o deficit e a agiotagem, e pôr os capitães em liberdade, para procurarem emprego nas empresas de interesse material, que em tão larga escala se oferecem no nosso Paiz, aonde tudo está por fazer, aonde só falta a vontade do Homem, e as instituições adequadas, para que a prosperidade faça inveja aos Paizes, que menos tem que invejar aos outros em prosperidade e riqueza». Embora a cartografia do País tenha avançado, o mesmo não aconteceu com o cadastro (a portaria de 28 de Outubro de 1852, de Fontes Pereira de Melo, revela-nos: «reconhecendo-se que seria pura perda o levantar-se a carta topográfica na escala 1:10.000 quando mais tarde se há-de necessariamente fazer o

A execução do mapa cadastral pelo IGC permitiria a avaliação fiscal da propriedade, identificando as parcelas de cultura existentes em cada prédio (Base 1).[4]

A execução do CGPR iniciou-se no Alentejo e Estremadura, mas a mesmo veio evidenciar uma grande complexidade e morosidade, atenta, por um lado, a complexidade das próprias tarefas e, por outro, a fragilidade da própria estrutura funcional do IGC[5].

Em 1980, com o Decreto-Lei nº 513/80, de 28 de outubro, pretendeu-se alterar a estrutura interna da instituição, "torná-la mais funcional e tanto quanto possível adequada, não apenas às necessidades de momento, mas, sobretudo, às reais necessidades previsíveis e imprimir-lhe uma dinâmica própria capaz de vencer conhecidas resistências burocráticas (...)". Referia-se a "adoção de novas técnicas de produção no domínio da elaboração da carta cadastral do País, vindo substituir radicalmente os processos até aqui utilizados" e previa-se que "a adoção de novas técnicas imprimirá um ritmo tal à elaboração das cartas topo-cadastrais e, por inferência, às operações de avaliação que sobre elas se baseiam que daí resultará, fatalmente, um alargamento da cobertura cadastral a áreas cada

cadastro parcelar topográfico do qual se deduzirão com a maior facilidade todas as cartas topográficas especiais [...] manda Sua Majestade a Rainha [...] [que se] proceda ao levantamento da carta cartográfica na escala 1:100 000».

[2] Sobre a história do Cadastro em Portugal, vide SILVA, Maria Augusta, Mestrado em Engenharia Geográfica, Universidade do Porto, Nov/Dez 2014, disponível em https://sigarra.up.pt/fcup/pt/conteudos_service.conteudos_cont?pct_id=242991

[3] Referia-se no preâmbulo da Lei, "(...) devendo o cadastro servir de base para a identificação da propriedade (...) é indispensável que o levantamento cadastral seja apoiado na rede geodésica, isto é, que contenha os elementos necessários para definir rigorosamente a situação geográfica e topográfica dos diversos prédios rústicos. Não pode, por isso, como a alguns espíritos menos atentos se afigura, ser obtido pelo levantamento simples e avulso das diversas parcelas ou prédios rústicos. Deste preceito resultaria apenas um trabalho para muitos inútil e um dispêndio pelo menos igual ao requerido por um trabalho metódico e sempre apoiado em meios de fácil verificação (...)"

[4] Existia assim, acima de tudo, um critério fiscal na base do cadastro. O Decreto nº 12 451, de 9 de outubro de 1926 veio definir o conceito de prédio rústico e parcela (artigo 2º), tornando obrigatória a identificação cadastral em todas as transmissões de imóveis (artigo 59º) bem como a atualização ocorrida no estado e titularidade da propriedade (artigo 56º); O Decreto 12764 de 22 de novembro de 1926 criou o IGC e o Decreto 14162 de 26 de agosto de 1927 aprovou a organização dos serviços de avaliação do cadastro geométrico da propriedade rústica.

[5] O IGC veio a ser dotado de Lei orgânica aprovada pelo DL 27/77 de 20 de janeiro

vez mais vastas, uma acentuada aceleração na organização das matrizes cadastrais e, como consequência, um aumento substancial do número de concelhos entregues anualmente à Direcção-Geral das Contribuições e Impostos e prontos a serem submetidos ao regime do cadastro geométrico". Considerava-se que a execução do CGPR seria concluída em todo o país num prazo de cinco anos.

Em 1987, com a Lei 1/87 de 6 de janeiro, o IGC passa para a tutela do Ministério do Planeamento e Administração do Território, e a contribuição predial passa a constituir receita municipal (artigo 4º). Com a entrada em vigor do Código de Contribuição Autárquica[6], os Municípios passam a ponderar o Cadastro Predial como instrumento de cobrança fiscal, uma vez que o imposto fica afeto ao património (e não ao rendimento).

O SNIG (Sistema nacional de informação geográfica) é criado pelo DL 53/90 de 13 de fevereiro, no Centro Nacional da Informação Geográfica (CNIG) pertencente ao Planeamento e Administração do Território.

Em 1993 o Instituto Nacional de Intervenção e Garantia Agrícola (INGA) inicia a criação do "Sistema de Identificação Parcelar" ou "Parcelário Agrícola" na sequência de Regulamentos Comunitários. O IGC vem a ser substituído pelo Instituto Português da Cartografia e do Cadastro (IPCC)[7] sendo-lhe atribuídas competências para cadastro rústico e urbano, licenciamento, fiscalização e normalização, execução direta ou indireta do cadastro.

O Regulamento do Cadastro Predial[8] abandona a noção de cadastro eminentemente fiscal e assume a defesa dum cadastro multifuncional. Este Regulamento não revogou o Cadastro Geométrico em vigor; neste contexto, presentemente, coexistem dois regimes de cadastro: o cadastro geométrico da propriedade rústica e o cadastro predial, que inclui prédios rústicos e urbanos, sendo certo que, atualmente, nenhum concelho se encontra em regime de cadastro predial de acordo com as normas do Regulamento do Cadastro Predial (RCP).

Pode ler-se, no preâmbulo da Lei,

> A informação relativa aos cerca de 17 milhões de prédios, rústicos e urbanos, existentes no País encontra-se dispersa por diversos registos,

[6] Aprovado pelo DL º 442-C/88 de 30 de novembro

[7] Decreto-Lei nº 74/94, de 5 de março

[8] Decreto-lei nº 172/95, de 18 de julho

organizados em função de objetivos distintos por serviços públicos diferentes, desde o Instituto Português de Cartografia e Cadastro, à Direcção-Geral das Contribuições e Impostos e às conservatórias de registo predial, entre outros. Acresce que a individualização e caracterização dos prédios é própria de cada registo, pelo que, frequentemente, não há correspondência entre o conteúdo das respetivas descrições. Da realidade referida decorre a necessidade de múltiplos trâmites, nem sempre eficazes e conclusivos, sempre que os interessados ou a própria Administração Pública pretendem obter a caracterização de um prédio ou conhecer as limitações que impendem sobre a sua utilização. (...) o conhecimento rigoroso do cadastro predial é hoje, e cada vez mais, imprescindível, quer para a adequada infraestruturação, utilização e gestão dos solos, quer para o desempenho racional das mais diversas atividades económicas que dele necessitam. É assim que do primitivo entendimento do cadastro predial como processo de finalidade tributária se passou ao conceito atual do cadastro predial multifuncional, já que são várias as aplicações temáticas ou sectoriais que é possível desenvolver sob um registo único de todos os prédios, onde, através de critérios uniformes, cada qual esteja univocamente identificado e caracterizado de forma bastante. Com este registo, que constitui um cadastro de base, articulam-se, de forma expedita e sem perder dependência da entidade que os tutela, registos temáticos ou sectoriais. O conjunto assim resultante constitui um sistema nacional de cadastro predial. Pretende-se uma evolução para o sistema descrito que, preenchendo uma necessidade de modernização da Administração Pública e possibilitando retratar, de forma fidedigna, a realidade administrativa e jurídica da propriedade imobiliária, representará a aquisição de uma infraestrutura essencial ao desenvolvimento do País. Importa, pois, neste momento e como primeiro passo, definir as bases em que deve assentar o cadastro predial e enunciar os princípios que orientarão a sua execução, renovação e conservação.

A Portaria nº 1192/95, de 2 de outubro aprova o modelo do cartão de identificação do prédio.[9] O Decreto-Lei nº 8/2002, de 4 de julho cria o IGP por fusão do IPCC e do CNIG.

[9] Nela se estabelece a composição do NIP, isto é, o número de identificação de prédio (é constituído por 20 dígitos, distribuídos por cinco conjuntos. O primeiro conjunto é composto por um único dígito e identifica a localização dos prédios no continente ou numa das Regiões Autónomas. O segundo conjunto é composto por 10 dígitos e identifica as coordenadas das

Atualmente, e segundo dados da Direção Geral do Território, o CGPR "vigora em 118 concelhos do território continental[10], e também em 10 concelhos das Regiões Autónomas dos Açores[11] e da Madeira"[12].

folhas cadastrais onde os prédios estão inscritos. O terceiro conjunto é composto por 4 dígitos e identifica os prédios nas folhas cadastrais, devendo ser atribuído sequencialmente, a partir de 0000. O quarto conjunto é também composto por 4 dígitos e identifica: a propriedade indivisa, sendo, neste caso, composto por quatro zeros (0000); a propriedade horizontal e as frações autónomas que a compõem, devendo ser, neste caso, atribuído sequencialmente, a partir de 0001. O quinto conjunto é composto por um único dígito, que serve para controlo. O NIP, tal como foi concebido, nunca passou do papel pois pressupõe uma harmonização ainda hoje longínqua.

A lei 78/2017, que implementou o sistema de informação cadastral simplificado veio determinar, no seu artigo 3º, que "o prédio tem um identificador único, designado por número de identificação de prédio (NIP)" e que "a articulação do NIP com o sistema de identificação do prédio usado para efeitos cadastrais, registais, matriciais e agrícolas é definida por decreto regulamentar". A 1ª versão do Decreto Regulamentar 9-A/2017 referia-se, no seu artigo 22º, ao NIP, nos seguintes termos: "1- O NIP a que se refere o artigo 3.º da Lei n.º 78/2017, de 17 de agosto, é um identificador numérico do prédio, sequencial e sem significado lógico, destinado ao tratamento e harmonização de informação de índole predial. 2 – Nos termos e para os efeitos previstos no artigo referido no número anterior, é atribuído um NIP a cada prédio sempre que confirmada a coincidência entre a informação constante das bases de dados das descrições prediais do IRN e das bases de dados que contêm as inscrições matriciais da AT. 3 – O NIP corresponde à descrição do registo predial, podendo incluir uma ou mais matrizes, e associa, além da respetiva RGG, quaisquer outros dados e elementos relativos à caracterização do prédio." O decreto regulamentar 4/2019 veio alterar a regulamentação inicial, republicando-a, tendo sido revogado este artigo 22º.

[10] http://mapas.dgterritorio.pt/cadastro/cartacadastral/index.html

[11] Na sequência da publicação do Decreto Regulamentar Regional n.º 4/2008/A, de 10 de março, as atribuições do Instituto Geográfico Português (IGP), nos domínios da geodesia, cartografia e cadastro, transferidas para a Região Autónoma dos Açores pelo Decreto-Lei n.º 362/2007, de 2 de novembro, passaram a ser asseguradas pela SRCTE e, no que ao domínio do cadastro diz respeito, à Divisão de Informação Cadastral. Presentemente, na RAA devemos também ter em conta o Decreto Legislativo Regional n.º 25/2020/A, de 14 de outubro, o qual criou o Sistema de Recolha e Gestão de Informação Cadastral (SiRGIC), adotando medidas para identificação da estrutura fundiária e da titularidade dos prédios rústicos, urbanos e mistos situados na Região Autónoma dos Açores, tendo em conta o disposto no Decreto-Lei n.º 224/2007, de 31 de maio (SINERGIC), e nas Leis n.ºs 78/2017, de 17 de agosto, e 65/2019, de 23 de agosto. O SIRGIC encontra-se regulamentado pela Portaria n.º 160/2020 de 18 de dezembro de 2020 da RAA

[12] https://www.madeira.gov.pt/sraac/GovernoRegional/OGoverno/Secretarias/Structure/SRAAC/ctl/Read/mid/6801/InformacaoId/54473/UnidadeOrganicaId/8

O CGPR é conservado através da atualização individual dos dados que caracterizam e identificam cada um dos prédios, nos termos estabelecidos nos artigos 130.º a 133.º do CIMI[13] em conjugação com o disposto nos artigos 6.º e 7.º do Decreto-Lei n.º 172/95, de 18 de julho, seguindo as regras dos artigos 95.º a 105.º do CIMI, através do «Processo de Reclamação Administrativa» (P.R.A.).

Estes processos, essencialmente de iniciativa particular, destinam-se a viabilizar aos proprietários a retificação de qualquer incorreção ou proceder à atualização das matrizes cadastrais de prédios localizados em concelhos em regime de cadastro geométrico da propriedade rústica, com os fundamentos previstos no artigo 130.º do CIMI e sempre que ocorra um dos factos previstos no n.º 1 do artigo 13.º do CIMI. De acordo com o disposto nos artigos 130º a 133º do CIMI, as reclamações, apresentadas por escrito e instruídas com os documentos de prova necessários à decisão, são apresentadas no serviço de finanças afeto à localização dos prédios, sendo encaminhados para a DGT os P.R.A.'s que carecem de emissão do parecer técnico previsto no nº 2 do referido artigo 133.º do CIMI. As modificações que se verifiquem nos prédios rústicos devem, após a respetiva declaração à AT, ser comunicadas à DGT para que se proceda às justificadas alterações nos mapas parcelares. A intervenção da DGT sobre o pedido do P.R.A., com emissão de parecer sem aguardar a operação de renovação cadastral na área da situação do prédio, nos termos do n.º 2 do supra aludido artigo 7.º, dependerá designadamente, da verificação da adequada e suficiente fundamentação e instrução do pedido com os elementos e documentos preconizados nas normas legais e regulamentares aplicáveis, designadamente as constantes dos regimes de fracionamento de terrenos aptos para a cultura, da estruturação fundiária, da reserva agrícola nacional ou outras restrições de utilidade pública, planos territoriais em vigor e da urbanização e da edificação quanto à realização de operações urbanísticas, da prévia demarcação do prédio de acordo com as instruções técnicas em vigor, bem como do pagamento das taxas devidas . A decisão final do P.R.A., a emitir sobre o pedido, é da competência do chefe de finanças da área de situação dos prédios, e deverá refletir o parecer técnico da DGT sempre que estejam em causa alterações nos prédios.

[13] Aprovado pelo DL n.º 287/2003, de 12 de novembro, versão atualizada disponível em https://www.pgdlisboa.pt/leis/lei_mostra_articulado.php?nid=474&tabela=leis&so_miolo=

No enquadramento legal vigente, encontram-se presentemente milhares de P.R.A.'s a aguardar resolução. Acresce que a lei registal admite (artigo 31.º, n.ºs 1 e 5 do Código do Registo Predial) que, para a realização de atos de registo, se possa apresentar certidão de pendência de pedido de alteração ou retificação da matriz, sendo a prova da situação matricial dispensada para os cancelamentos de registos e se já tiver sido feita perante serviço de registo ou no ato sujeito a registo há menos de um ano; nestes termos existem registos definitivos efetuados na sequência de instauração de P.R.A. não concluídos (ou indeferidos em momento posterior ao registo) pelo que se levanta a questão da sua desconformidade com o cadastro e com a matriz. Não poderemos, no entanto, categorizá-los como registos inexatos ou indevidamente lavrados, mas efetuados em conformidade com a lei (artigos 68.º e 31.º do Código do Registo Predial), pelo que não poderão ser objeto de retificação intrassistemática (artigos 120.º e seguintes do Código do Registo Predial), ficando a regularização da situação jurídico-registal na sequência de decisão desfavorável do P.R.A. sempre dependente da iniciativa dos interessados. Inexistindo esta, a consolidação de efeitos jurídicos resultantes dos registos apenas poderá ser colocada em crise, em sede judicial, em nome da segurança jurídica, da proteção de terceiros e dos efeitos atribuídos ao registo – artigo 7º do Código de Registo Predial: "o registo definitivo constitui presunção de que o direito existe e pertence ao titular inscrito, nos precisos termos em que o registo o define"[14].

O Decreto-Lei nº 224/2007, de 31 de maio veio criar o Sistema Nacional de Exploração e Gestão de Informação Cadastral (SINERGIC). O SINERGIC teve como objetivo a interligação do cadastro com o registo, harmonizando os dados existentes no registo predial, matriz predial e cadastro predial correspondentes à mesma entidade (prédio).[15]

[14] Relatório do Grupo de Trabalho "PRA – Proposta de solução para resolução dos processos de reclamação administrativa (PRA) em municípios com CGPR"

[15] O SINERGIC foi executado nos concelhos de Paredes, Penafiel, Oliveira do Hospital, Seia, Loulé, S. Brás de Alportel e Tavira, tendo sido iniciados os trabalhos de campo nos anos de 2013 e 2014. Nos concelhos de Seia, Oliveira do Hospital, S. Brás de Alportel e Tavira as operações de execução de cadastro predial foram dadas por concluídas e as respetivas áreas como cadastradas em situação de cadastro transitório até que ocorra a harmonização entre o teor das declarações de titularidade e os dados das descrições prediais e das inscrições matriciais.

Através do Decreto-Lei 180/2009 de 7 de agosto, Portugal procedeu à revisão do Sistema Nacional de Informação Geográfica, transpondo para a ordem jurídica interna a Diretiva n.º 2007/2/CE, do Parlamento Europeu e do Conselho, de 14 de março, que estabelece uma Infraestrutura de Informação Geográfica na Comunidade Europeia (INSPIRE)[16] no sentido de estabelecer uma infraestrutura de informação geográfica na União Europeia com objetivos de ordem ambiental, determinando critérios comuns para recolha e partilha de informação geográfica, sendo criado o Sistema Nacional de Informação Geográfica, abreviadamente designado SNIG.

Atendendo à relação custo/benefício, e tomando partido por uma solução eminentemente pragmática, a Resolução do Conselho de Ministros n.º 56/2012, sem revogar qualquer legislação, ainda hoje em vigor, abandonou sem limite temporal o projeto SINERGIC.[17]

A lei n.º 31/2014, de 30 de maio (Lei de Bases da Política Pública de Solos, Ordenamento do Território e Urbanismo), veio, nesta senda, prever um novo regime aplicável ao cadastro predial, propondo-se harmonizar o registo da propriedade e finalizar o levantamento cadastral do território nacional. De acordo com este diploma o cadastro predial poderia ser

AVÓ, Vera S. D., *na sua tese de mestrado em finanças empresariais,* Faculdade de Economia, Universidade do Algarve, 2011, *Desenvolvimento e implementação de uma metodologia para a gestão de custos do projeto de execução do cadastro predial português*, apresenta um estudo que demonstra que o prazo de 15 anos dado pelo Estudo da Análise Custo Benefício do SINERGIC para executar o cadastro predial em todo o Portugal Continental (com área de 8908433,24 hectares) é completamente irreal. De acordo com esta autora "*levar-se-ia, isso sim quase 141 anos. E mesmo só considerando o prazo de execução do cadastro predial, ou seja, 3 anos, e aplicando a mesma regra da proporcionalidade, dará um prazo de 105 anos para a execução do cadastro. Mas para se chegar a este último valor era preciso existirem vários procedimentos concursais a decorrer em simultâneo e que não haja atrasos*". No final de 2015, o valor global da despesa efetuada e paga aos consórcios, no conjunto dos sete municípios em que o projeto se encontrava ainda em execução, ascendia a 14,7 milhões de euros. Cfr. ALVES, Rui Amaro: *Do SINERGIC 1.0 ao SINERGIC 2.0*, INGENIUM — A Engenharia em Revista, II série, 155 (Setembro/Outubro de 2016) p. 30.

16 https://snig.dgterritorio.gov.pt/saber-mais/inspire/diretiva-e-disposicoes-execucao/diretiva

17 Consta da referida resolução "*A complexidade da realidade cadastral nacional torna imprescindível proceder à reforma do modelo em vigor, no sentido de lhe conferir alternativas mais ágeis, com o escopo de obter de forma célere a cobertura cadastral nacional e de, simultaneamente, contribuir para a consecução do desiderato da utilização eficiente e racional dos recursos públicos.*"

concretizado por via de operações de execução simples (sobre um único prédio ou sobre prédios contíguos pertencentes ao mesmo titular), ou por via de operações de execução sistemática (sobre um perímetro territorial contínuo previamente delimitado). Esta execução poderia decorrer progressivamente, mas de modo gradual, passando a poder ser promovido não só pelo Estado, mas também pelos próprios titulares cadastrais (no âmbito das operações simples), por entidades intermunicipais, câmaras municipais e outras entidades que, no quadro das suas competências, promovessem operações fundiárias ou prosseguissem uma missão para a qual o cadastro predial fosse necessário, no caso das operações sistemáticas. Deste modo, abandonado o modelo do cadastro enquanto operação sistemática de natureza exclusivamente pública, o custo seria repartido no tempo e por todos aqueles que retirassem benefícios da informação cadastral. A execução das operações de cadastro passaria a ser efetuada sob a responsabilidade de técnicos de cadastro predial habilitados para tanto, nos termos da lei n.º 3/2015, de 9 de janeiro, podendo, ainda, ser executadas por pessoas coletivas, públicas ou privadas. Além disso, consagrava-se uma informação simplificada de elementos geográficos de um prédio.

A sucessão de instrumentos legais, procedimentos e medidas, revelam a falta de eficácia na concretização duma desejável base cadastral multidimensional[18]

O Despacho 7722/2021 de 21 de julho criou o Grupo de Trabalho para a propriedade rústica, o qual concluiu já o diagnóstico da situação[19], vindo confirmar a complexidade de intervenção em questões como o fracionamento da propriedade, mas também a urgência de encontrar soluções que respondam à defesa dos direitos dos proprietários, à resiliência dos terri-

[18] Neste sentido, vide, ARAÚJO, Luísa Clode Figueira da Silva (2018), "A colaboração entre registos e cadastros" In XXI Congresso Mundial de Direito Registal – IPRA-CINDER 2018. Colômbia (Cartagena das Índias): 2018. ASCR, disponível em https://ascr.pt/system/jobs/documents/000/000/024/original/Trabalho_cinder2018.pdf?1528318512 (acesso em 04.01.2023); vide também, noutra perspetiva, VIEIRA, João André Cardoso. Cadastro Nacional de Edifícios-Proposta de um Bilhete de Identidade para imóveis. FEUP, 2018, disponível em https://repositorio-aberto.up.pt/bitstream/10216/113529/2/275853.pdf (acesso em 04.01.2023)

[19] disponível em https://www.portugal.gov.pt/pt/gc22/comunicacao/documento?i=relatorio-intercalar-do-grupo-de-trabalho-para-a-propriedade-rustica-gtpr

tório mais vulneráveis, designadamente ao risco de incêndio e à mitigação dos impactos das alterações climáticas. A segunda fase dos trabalhos vai apontar para a identificação das soluções e do quadro legislativo adequado. A fase final será marcada pela elaboração dos anteprojetos legislativos referentes às soluções propostas.

O diagnóstico acentua uma realidade omnipresente no retrato da situação fundiária nacional:

> O elevado fracionamento da propriedade, e a sua frequente concretização espacial em formas geométricas que não atendem à morfologia ou à ocupação do território, estão a gerar uma estrutura espacial da propriedade rústica constituída por inúmeros prédios de pequena dimensão, com a configuração de faixas lineares descontextualizadas. Esta elevadíssima fragmentação espacial origina uma situação de grande dificuldade de gestão do território português, em particular a norte do Tejo, a qual se manifesta tanto ao nível individual, como coletivo. A nível individual ou seja do proprietário, a diminuta dimensão da propriedade e a sua forma não permitem uma gestão da propriedade com racionalidade económica, situação agravada quando são vários os titulares. A nível coletivo, a aplicação dos vários instrumentos de gestão territorial (como por exemplo, as Áreas Integradas de Gestão da Paisagem (AIGP) ou o arrendamento forçado é particularmente complexa, face à quantidade de proprietários (nas suas mais diversas formas) que têm de ser envolvidos em qualquer contrato ou ação coletiva que se queira implementar

Quase trinta anos separam o diploma criador do cadastro predial e o presente diagnóstico, concluindo-se que pouco ou nada se avançou perante um "estado de coisas" desde há muito conhecido. Por um lado, continuamos longe de cadastrar de forma fidedigna o território nacional, e, por outro, existem muitos obstáculos à própria conservação do cadastro existente.[20] Nas palavras de MOUTEIRA GUERREIRO, "(...) com vista

[20] DE BEIRES, Rodrigo S., *O cadastro e a propriedade rústica em Portugal*, Fundação Francisco Manuel dos Santos, maio 2013, faz um retrato circunstanciado que se mantém ainda atual, passada uma década, apontando as fragilidades do sistema e avançando propostas de solução, referindo "*É ao Governo que cumprirá sempre assegurar, ou não, a execução de quaisquer medidas, dando meios ou reorientando os processos que a Administração tem em curso ou que pretende instalar.*

ao desenvolvimento económico — e à pressuposta confiança de que, para tanto, a propensão para o investimento carece — parece óbvio que não se conseguirá alcançar esse objetivo (ou, pelo menos, alcança-lo devidamente) sem a existência de uma publicidade registal credível, que propicie as transações, o crédito e a indispensável segurança dos direitos sobre os imóveis (...)"[21] [22]. A falta de ligação entre o cadastro e o registo servirá como explicação (não exclusiva)[23], para o facto do sistema jurídico

Mas é também a este, aos anteriores e futuros governos que cabe a responsabilidade do que fizeram e, neste domínio, de modo especial, do que não terão feito".

Para BORDALO, Ana C. "*a existência de um sistema de informação sobre a realidade fundiária, com identificação das diversas unidades prediais, sua configuração geométrica, área, caracterização e forma de implantação no solo constitui informação que, tendo natureza geométrica e caracterizadora da realidade predial, independentemente da identificação dos titulares dos direitos reais que sobre eles recaiam, afigura-se instrumento essencial para apoio e fundamento das opções de planeamento, designadamente em sede de urbanismo preventivo ou de planeamento da retração urbana, com demolição de infraestruturas urbanísticas e de aglomerados urbanos despovoados, dando lugar a usos agroflorestais diversificados e à florestação.*", in "O cadastro Predial como instrumento de planeamento em tempo de crise", XIV Colóquio Ibérico de Geografia – Da crise a um novo modelo de desenvolvimento e de coesão territorial, contributos do planeamento, 2014, http://www.lasics.uminho.pt/conferences/index.php/CEGOT/XIV_ColoquioIbericoGeografia/paper/view/2187, acedido em 07.01.2023

[21] Temas de Registo e de Notariado, Almedina, janeiro de 2010, 239.

[22] JARDIM, Mónica, explica que "*as descrições feitas, no registo predial português, quanto à identificação física dos prédios, são manifestamente pobres. Isto porque: revelam a área do prédio, mas, geralmente, ela não corresponde à realidade, não manifestam a forma do polígono e nelas se pode ler que o prédio confronta com pessoas. Ora, os prédios ocupam um lugar geográfico determinado, têm uma forma geométrica característica e confrontam com prédios.*", in "O Registo Imobiliário e o Cadastro em Portugal" 23-39, *Florestas e Legislação: Que futuro?* coordenação ANTUNES, Maria João e LOPES, Dulce, edição Instituto Jurídico Faculdade de Direito da Universidade de Coimbra, 2019, disponível em https://eg.uc.pt/bitstream/10316/96327/1/Florestas%2C%20que%20futuro.pdf Como bem afirma TEIXEIRA, Madalena, "*até agora, a narrativa do prédio oferecida pelo registo é essencialmente alicerçada no que o interessado declara corresponder à realidade material*", in «O registo predial e o cadastro territorial: complementaridade ou indiferença?», Revista de Direito Imobiliário, São Paulo, Brasil, n.º 85, 2018, julho/dezembro, disponível em https://bit.ly/2WvAhTI – «A relevância do cadastro para o registo predial», disponível em https://bit.ly/34sI4WP

[23] A duplicação de descrições será um dos frutos amargos das limitações do regime e o AUJ nº 1/2017, publicado no Diário da República n.º 38/2017, Série I de 2017-02-22, já se pronunciou sobre a questão jurídica de se saber: "perante o caso de duplicação de descrições prediais e linhas de registo incompatíveis, qual o valor a atribuir ao registo derivado do ato mais antigo?", considerando "verificando-se uma dupla descrição, total ou parcial, do mesmo

português (sistema de folio real onde vigoram os princípios da legalidade, trato sucessivo, legitimação, com presunção relativa), não assegurar ao terceiro a exatidão do conteúdo do registo. No nosso sistema não vigora o princípio da fé pública registal, tendo MÓNICA JARDIM[24] destacado que o documento Diretriz sobre a Administração do território da Comissão para a Europa das Nações Unidas,

> "Colocou em relevo a superioridade de um sistema de máxima proteção do terceiro sobre um sistema de proteção mínima, ao considerar que o sistema ideal de registro deve consagrar o princípio do espelho, o princípio da cortina e o princípio da garantia (the mirror principle, the curtain principle, the insurance principle), segundo os quais, respetivamente, o registo deve refletir fielmente a realidade, deve bastar a consulta do registo (sem necessidade de fazer averiguações extraregistrais) e o registro deve garantir a exatidão do que se publica."

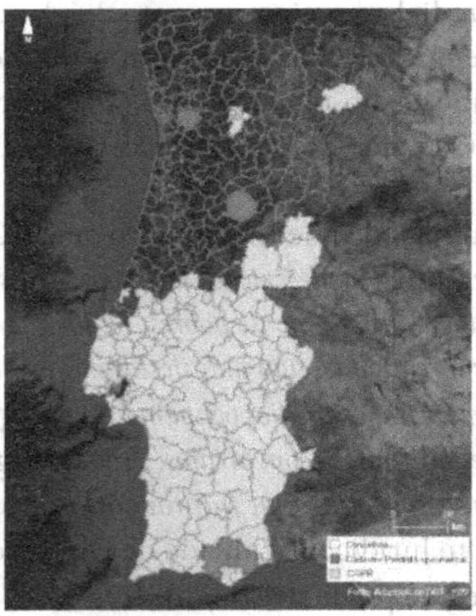

FIGURA 1 – Adaptado do site da DGT https://snic.dgterritorio.gov.pt/cartaCadastral

prédio, nenhum dos titulares registais poderá invocar a seu favor a presunção que resulta do artigo 7.º do Código do Registo Predial, devendo o conflito ser resolvido com a aplicação exclusiva dos princípios e das regras de direito substantivo, a não ser que se demonstre a fraude de quem invoca uma das presunções"

[24] JARDIM, Mónica, Efeitos Substantivos do Registo Predial – Terceiros para Efeitos de Registo. Coimbra: Almedina, 2015. p. 890.

2. BUPI – Regime legal

Neste contexto, e sob a pressão dos trágicos incêndios de 2017, surgiu a Lei n.º 78/2017, de 17 de agosto, a qual veio criar um sistema de informação cadastral simplificada. ANABELA PEDROSO, então Secretária de Estado da Justiça, anunciou nos meios de comunicação social: "*Desta vez vamos começar com algo diferente. Juntamos toda a informação conhecida (...) Estamos a trabalhar com toda a informação disponível de todos os ministérios da Administração Central*".

O novo regime abandonou os procedimentos já implementados pelo SINERGIC e anunciou a adoção de medidas para a imediata identificação da estrutura fundiária e da titularidade dos prédios rústicos e mistos, juntamente com a criação do Balcão Único do Prédio (BUPi) assentando numa plataforma que tem vindo a receber a informação de várias fontes mas que ainda não conseguiu, volvidos 5 anos, implementar a interoperabilidade entre os vários atores no processo de georreferenciação; a Autoridade Tributária e Direção Geral do Território não tem ainda sequer acesso à plataforma!

Este regime foi aplicável, como projeto-piloto, à área dos municípios de Alfândega da Fé, Caminha, Castanheira de Pêra, Figueiró dos Vinhos, Góis, Pampilhosa da Serra, Pedrogão Grande, Penela, Proença-a-Nova e Sertã, pelo período de um ano contado a partir do dia 1 de novembro de 2017. O Decreto Regulamentar n.º 9-A/2017, de 3 de novembro veio regulamentar a Lei n.º 78/2017, em especial o procedimento de representação gráfica georreferenciada (RGG), as especificações técnicas e respetiva estrutura de atributos a observar naquela representação, o mecanismo de composição de interesses, o procedimento especial de registo de prédio rústico e misto omisso e a instalação, condições de funcionamento, interoperabilidade e funcionalidades do BUPi.

A Lei n.º 65/2019, de 23 de agosto manteve em vigor e generalizou a aplicação a todo o território nacional do sistema de informação cadastral simplificada, criado pela Lei nº 78/2017, de 17 de agosto, bem como a universalização do Balcão Único do Prédio (BUPi). A operacionalização do regime previsto nesta Lei depende da celebração de um acordo de colaboração interinstitucional entre o Centro de Coordenação Técnica (serviço com competências de coordenação, decisão e apoio, integrado no Ministério da Justiça), e cada município que pretenda aderir ao regime criado e da existência das condições necessárias para a sua execução.

O Decreto Regulamentar n.º 4/2019, de 20 de setembro alterou e republicou o Decreto Regulamentar n.º 9-A/2017, de 3 de novembro. A Resolução do Conselho de Ministros n.º 45/2020, DR n.º 115, 1.ª série, de 16 de junho criou a Estrutura de Missão para Expansão do Sistema de Informação Cadastral Simplificada[25], à qual incumbe garantir a expansão a todo o território nacional do sistema de informação cadastral simplificada e o desenvolvimento dos sistemas de informação e interoperabilidade de suporte ao balcão único do Prédio (BUPi). Nos termos desta mesma Resolução, as funções do mencionado Centro de Coordenação Técnica são desempenhadas pela Estrutura de Missão.

O sistema de informação cadastral simplificada inclui, nos termos da legislação aplicável:

a) O Procedimento de representação gráfica georreferenciada (RGG), aplicável a todos os prédios rústicos e mistos situados nos municípios que não dispõem de cadastro geométrico da propriedade rústica (CGPR) ou cadastro predial em vigor – cf. artigos 5.º a 12.º da Lei n.º 78/2017, artigo 1.º, n.º 1 a) da Lei n.º 65/2019 e artigo 9.º do Decreto Regulamentar n.º 9-A/2017[26];

[25] A Resolução do Conselho de Ministros n.º 2/2023 de 13.01, manteve em funções aquela Estrutura até 31.12.2025. Refira-se que as estruturas de missão correspondem à instituição de um órgão administrativo *ad hoc*, não inserido na estrutura orgânica normal dos departamentos ministeriais e de carácter não permanente. A característica distintiva fundamental da estrutura de missão é o seu carácter temporário e não integrado nas estruturas tradicionais dos departamentos ministeriais. Tirando essa particularidade, a estrutura de missão pertence, em sentido material e orgânico, à administração direta do Estado. O encarregado de missão nomeado, (seja ele recrutado na própria estrutura do Estado ou não), não fica constituído em entidade administrativa independente, desempenhando funções junto dos membros do Governo interessados, prosseguindo as atribuições do respetivo Ministério, com as competências que lhe forem endossadas na respetiva "carta de missão", sujeito ao poder de direção e supervisão, que é o essencial da hierarquia. O anterior encarregado de Missão é o atual Secretário de Estado da Justiça do XXIII Governo, Mestre Pedro Ferrão Tavares. Pelo Despacho 7360/2022, de 08.06, foi designada Coordenadora da Estrutura de Missão, a lic. Carla Maria Ribeiro Mendonça.

[26] A representação gráfica georreferenciada (RGG) constituiu a configuração geométrica dos prédios constantes da base cartográfica acessível através do BUPi, sendo efetuada através de delimitação do prédio, mediante representação cartográfica das suas estremas, unidas através de uma linha poligonal fechada, obtida por processos diretos de medição, nomeadamente

com recurso a sistemas de posicionamento global, ou de forma indireta, designadamente, através de recurso à fotointerpretação sobre os ortofotomapas disponíveis no BUPi – cf. artigo 5º da Lei 78/2017. A verificação da legitimidade para a promoção do procedimento, bem como a sua tramitação, são da exclusiva responsabilidade do técnico habilitado, estando as fases do procedimento, os termos e condições do registo na plataforma BUPi dos técnicos habilitados, bem como as especificações técnicas a observar na elaboração da representação gráfica georreferenciada e a respetiva estrutura de atributos, as regras de acerto de estremas e de confrontações fixadas no Decreto Regulamentar nº 9-A/2017.

Após conclusão do procedimento, a RGG pode ter um dos seguintes estados:

VALIDADA – sempre que cumpra as especificações técnicas, a estrutura de atributos e os acertos de estremas de confrontações fixados no decreto regulamentar;

VALIDADA COM RESERVA – sempre que o interessado declare que não conhece ou que não lhe é possível determinar algum dos limites do prédio e/ou exista sobreposição de polígonos (neste caso, muito embora a lei disponha que a RGG deverá ser apresentada no BUPi pelos respetivos centroides até à resolução do conflito, a verdade é que a plataforma nunca "assimilou" esta importante distinção – no caso de sobreposição de polígonos, a RGG fica validada com reserva mas, ainda assim, corresponde sempre a um polígono perfeitamente definido; no caso do desconhecimento dos limites, o técnico assinala "limite duvidoso" mas esta sinalização não converte a RGG em validada com reserva, ao contrário do que se dispõe na lei;

RECUSADA – sempre que conflitue com bens do domínio público.

Conforme se determina no n.º 2 e no n.º 5 do artigo 5.º, a informação resultante da representação gráfica georreferenciada do prédio rústico que seja validada nos termos da presente lei, no que se refere à área e à localização geográfica do mesmo, releva para efeitos de natureza cadastral, registal e matricial, sem prejuízo de, nos casos de sobreposição dos polígonos, a informação constante do BUPi não poder ser usada como meio de prova, nem para a invocação de aquisição de direitos por usucapião sobre os prédios. Segundo o n.º 3 do artigo 7.º, "a informação resultante da representação gráfica georreferenciada do prédio rústico que seja validada por todos os proprietários confinantes assume a natureza de cadastro predial para todos os efeitos legais." Existindo sobreposição de polígonos ou desconhecimento de algum dos limites do prédio, a lei determina que a RGG fica no estado de validada com reserva, sendo certo que e o estado de validação das RGG's não é imutável; bastará que o titular (o qual não se confunde com o proprietário) de prédio confinante com outro já georreferenciado venha promover a georreferenciação do seu prédio em termos sobrepostos para que a primitiva georreferenciação daquele outro prédio passe do estado "validada" para validada com reserva". No afã de promover o registo dos prédios não descritos o legislador veio a conceber, com a Lei 65/2019 o procedimento especial de justificação de prédios rústicos e mistos não descritos ou descritos sem inscrição de aquisição em vigor. Prevê-se, quanto a este processo, como uma das condições de viabilidade do processo, a pré-existência de representação gráfica

b) O Procedimento especial de registo, aplicável em todo o território nacional aos prédios rústicos e mistos não descritos ou descritos sem inscrição de aquisição ou reconhecimento de direito ou de mera posse em vigor – cf. artigos 13.º a 15.º da Lei n.º 78/2017, artigos 1.º, n.º 1 b) e 8.º da Lei n.º 65/2019, artigos 17.º a 19.º do Decreto Regulamentar n.º 9-A/2017;

c) O Procedimento especial de justificação, aplicável em todo o território nacional aos prédios rústicos e mistos não descritos ou descritos sem inscrição de aquisição ou reconhecimento de direito ou de mera posse em vigor – cf. artigos 1.º, n.º 2, 9.º e 10.º da Lei n.º 65/2019 e artigos 19.º-A a 19.º-H do Decreto Regulamentar n.º 9-A/2017.

Para além destes procedimentos estão, também, previstas: a anotação à descrição predial da existência da RGG – cf. artigo 18.º da Lei n.º 78/2017; a obrigatoriedade de existência de RGG para os registos de aquisição de prédios rústicos e mistos, descritos ou não descritos[27], – exceto para os registos que incidam sobre prédios inscritos na matriz cadastral bem como para os registos de aquisição decorrentes de processo executivo ou de insolvência – cf. artigo 19.º da Lei n.º 78/2017; o recurso a um mecanismo de composição administrativa de interesses, destinado a possibilitar aos interessados alcançarem um acordo relativamente à sobreposição de polígonos de prédios confinantes, com intervenção de uma comissão administrativa de interesses – cf. artigo 7.º, n.º 1 da Lei n.º 78/2017 e artigos 14.º a 16.º do Decreto Regulamentar n.º 9-A/2017; um regime de

georreferenciada do prédio validada ou validade com reserva (artigo 4.º e 19.º-A, n.º 2, do Decreto-Regulamentar n.º 9-A/2017). Ora mal se compreende esta possibilidade quando o citado artigo 5º da Lei 78/2017 refere expressamente que nos casos de sobreposição dos polígonos, *"a informação constante do BUPi não poder ser usada como meio de prova, nem para a invocação de aquisição de direitos por usucapião sobre os prédios"*.

27 A obrigatoriedade encontra-se limitada aos registos de aquisição; ora, a conservação do cadastro é tão ou mais importante do que este. Assim sendo, não se encontra assegurada qualquer obrigatoriedade na harmonização com o registo sempre que a estrutura fundiária já georreferenciada sofra alterações nos seus limites, seja por causas externas (atravessamento de estrada, por exemplo) seja por efeito da vontade dos seus titulares (desanexações e anexações decorrentes de negócios jurídicos devidamente enquadrados na lei). Deste modo, entendemos, também por este motivo a RGG não poderá gerar cadastro.

gratuitidade associado ao sistema de informação cadastral simplificada, bem como para determinados atos e procedimentos de registo que tenham por objeto prédios rústicos e mistos não descritos situados em concelhos onde vigore o cadastro geométrico da propriedade rústica (CGPR), aplicável apenas quando os prédios em causa tenham área igual ou inferior a 50 ha – cf. artigo 24.º da Lei n.º 78/2017 e artigo 14.º da Lei n.º 65/2019.[28]

O BUPi é um balcão físico e virtual, da responsabilidade do IRN, I.P., que reúne a informação registal, matricial e georreferenciada relacionada com os prédios e opera numa plataforma eletrónica, que comunica (por enquanto apenas no plano das intenções...) com todas as bases de dados e aplicações que contêm informações prediais – cf. artigo 22.º da Lei n.º 78/2017.

O BUPi funciona, de acordo com o disposto na lei:

- Em FrontOffice (área pública) – disponível para os titulares dos prédios e para os técnicos habilitados; e
- Em BackOffice (área privada) – disponível para utilizadores do IRN.

Encontra-se previsto o acesso[29] para outras entidades que detém informação relevante sobre os elementos que caracterizam, identificam e localizam os prédios e os seus titulares – Autoridade Tributária (AT), Direção-Geral do Território (DGT), Instituto de Financiamento da Agricultura e Pescas (IFAP), Instituto da Conservação da Natureza e Florestas (ICNF) e os Municípios, mas, presentemente, este acesso ainda não foi criado.

Os serviços de registo têm de aceder à plataforma BUPi em dois momentos:

Consultar/verificar a existência de RGG para o(s) prédio(s) objeto do pedido de registo; e concluir o processo RGG, após realização do registo

[28] Quanto ao regime de gratuitidade, vigora pelo prazo de quatro anos: a) A contar da data de entrada em vigor da Lei nº 65/2019, para os municípios abrangidos pelo projeto-piloto – Alfândega da Fé, Caminha, Castanheira de Pera, Figueiró dos Vinhos, Góis, Pampilhosa da Serra, Pedrógão Grande, Penela, Proença-a-Nova e Sertã, e para os municípios que dispõem de CGPR ou cadastro predial em vigor – cfr. artigo 14º nº2, a) da Lei n.º 65/2019; b) A contar da data de celebração do acordo de colaboração interinstitucional, para os restantes municípios – cfr. artigo 14º nº2, b) da Lei n.º 65/2019.

[29] artigos 20.º e 21.º do Decreto Regulamentar n.º 9-A/2017.

com caracter definitivo, inserindo o número da descrição predial e freguesia que lhe está associado, ou verificando se o número da descrição predial e freguesia que se encontra associado ao processo RGG está correto, e ainda, sempre que estejamos perante processos de RGG com matrizes inseridas manualmente (porque ainda não constantes da plataforma BUPi), para agregar as respetivas matrizes ao processo.[30-31]

O procedimento administrativo de composição de interesses é um mecanismo de oposição que se destina a possibilitar aos interessados alcançarem um acordo relativamente à sobreposição de polígonos de prédios confinantes, tendo em vista a célere composição de todos os interesses em presença, com intervenção de uma comissão administrativa de composição de interesses – cf. artigos 7.º, n.º 1, da Lei n.º 78/2017, e 14.º e seguintes do Decreto Regulamentar n.º 9-A/2017.

O recurso à composição de interesses não obsta à realização do registo, no âmbito do procedimento especial de registo ou fora dele.

Este procedimento, a realizar por via eletrónica no BUPi, está regulado no artigo 16.º do Decreto Regulamentar: quando se verifique a sobreposição de polígonos entre prédios confinantes, qualquer interessado tem o direito de solicitar a constituição de uma comissão administrativa de composição de interesses que decide sobre a sobreposição de polígonos e respetiva RGG; o pedido de constituição da comissão é apresentado no BUPi, mediante o preenchimento de um formulário padronizado; após a constituição da comissão administrativa de composição de interesses, os interessados são eletronicamente notificados pelo IRN, I.P., através

[30] Pode acontecer que as matrizes do prédio georreferenciado tenham existência recente e não tenham ainda migrado para o BUPi. Uma vez que ainda não existe interoperabilidade com a Autoridade Tributária, pode acontecer que as matrizes pesquisadas (sendo matrizes recentes) ainda não constem na base de dados do BUPi. Vide https://suporte.bupi.gov.pt/hc/pt-pt/articles/360020997280-Sem-informa%C3%A7%C3%A3o-das-matrizes-recentemente-criadas- Neste caso, o Técnico Habilitado vai iniciar o processo RGG inserido a(s) matriz(es) do prédio a georreferenciar. Consequentemente, a indicação da(s) matriz(es) a georreferenciar não constam no termo de responsabilidade, mas essa informação fica visível para a Conservatória, nos detalhes do processo; para concluir o processo RGG é preciso anexar a(s) respetiva(s) matriz(es) ao processo, ao editar a informação do prédio utilizando o botão "agregar matrizes"

[31] Sobre a questão da georreferenciação de prédios omissos na matriz, foi emitida a ORIENTAÇÃO TÉCNICA nº 1/BUPi [AT/eBUPi], disponível na Intranet do IRN

do BUPi, para no prazo de 20 dias apresentarem o seu pedido e causa de pedir e oferecerem a respetiva prova por escrito ou, em alternativa, requererem a apresentação oral do seu pedido; apresentado o pedido, é designada data e hora para audiência oral, que pode ser realizada através do recurso a meios de comunicação eletrónica áudio e vídeo, sendo elaborada ata subscrita pelos presentes, exceto quando se recorra aos meios de comunicação à distância, caso em que a audiência é gravada; caso seja alcançado um acordo entre todos os interessados, é o mesmo reduzido a escrito e assinado, sendo a RGG respetiva corrigida pelo técnico habilitado ou pelo promotor, nos casos de dispensa de técnico habilitado previstos na Lei n.º 78/2017 e no Decreto Regulamentar; na falta de acordo de todos os interessados o conservador extingue o procedimento, podendo os interessados recorrer à arbitragem prevista no artigo 20.º da Lei n.º 78/2017, ou aos meios jurisdicionais ao seu dispor.

Embora previsto no diploma inicial, o mesmo ainda não se encontra disponível na prática, pelo que o recurso pelos interessados a este procedimento depende de se encontrarem efetuados os desenvolvimentos aplicacionais necessários que permitam a submissão do respetivo formulário e tramitação na plataforma de suporte ao BUPi.

O procedimento especial de justificação de prédio rústico e/ou misto omisso foi criado pela Lei n.º 65/2019, de 23 de agosto e regulamentado nos artigos 19.º-A a 19.º-H do Decreto Regulamentar n.º 9-A/2017, de 3 de novembro (republicado pelo Decreto Regulamentar n.º 4/2019, de 20 de setembro) e exige a apresentação, pelos interessados, em serviço de registo, de formulário devidamente preenchido[32], através do qual solicitam o suprimento do documento comprovativo do direito, em falta (cfr. artigo 19.º-B, n.º 1, do citado Decreto Regulamentar n.º 9-A/2017, só podendo ser realizado após a obtenção de RGG do prédio validada ou validada com reserva[33] (artigos 2.º, n.º 3 e 19.º-A, n.º 2 do Decreto Regulamentar n.º 9-A/2017). Por força da remissão efetuada pelo artigo 9.º da Lei n.º 65/2019 para o artigo 13.º da Lei n.º 78/2017, este procedimento compete aos serviços com competência para a prática de atos de registo

[32] Formulário disponível em https://irn.justica.gov.pt/Portals/33/Impressos/Registo%20Predial/Procedimento%20Especial%20-%20BUPI/Proc_especial_justif_predio.pdf

[33] Vide nota de rodapé 26

predial que forem designados por deliberação do Conselho Diretivo do Instituto dos Registos e do Notariado, I.P.

Tendo sido criado no âmbito do sistema de informação cadastral simplificada, este procedimento é aplicável aos prédios sitos na área territorial dos municípios piloto e dos municípios onde já se encontre operacionalizado o sistema de informação cadastral simplificada (artigo 1.º, n.º 5 da Lei n.º 65/2019).

O procedimento especial de justificação tem como finalidade suprir o título ou documento para a primeira inscrição de aquisição a favor do interessado que não disponha de documento para a prova do seu direito. Destina-se, por conseguinte, ao estabelecimento do trato sucessivo no registo. Ao procedimento especial de justificação são aplicáveis, em tudo o que não estiver especialmente regulado, as disposições do Código de Registo Predial e do Código de Notariado (Cfr. artigo 10.º da Lei n.º 65/2019), devendo ser cumpridas todas as disposições legais e regulamentares aplicáveis e em vigor (Cfr. Artigos 19.º-A, n.º 3, do Decreto-Regulamentar n.º 9-A/2017), designadamente, deverão estar cumpridas as prescrições legais relativas ao fracionamento de prédios rústicos[34] e da autorização de utilização, no caso de estar em causa um prédio misto[35]. Não se verificando a causa de rejeição ou a recusa de

[34] Cfr. artigos 1376.º e 1379.º do CC. Sobre o tema cfr. parecer do CC emitido no processo C.P. 1/2019 STJSR-CC, disponível em https://irn.justica.gov.pt/Sobre-o-IRN/Doutrina-registal/Pareceres-do-Conselho-Consultivo#RegistoPredialCasaPronta . Posteriormente ao parecer, cfr. a publicação da Lei n.º 89/2019, de 03-09, que alterou a Lei n.º 111/2015, de 27-08, nesta fazendo constar, no artigo 48.º: "(...) 2 – A posse de terrenos aptos para cultura não faculta ao seu possuidor a justificação do direito a que esta diz respeito, ao abrigo do regime da usucapião, sempre que a sua aquisição resulte de atos contrários ao disposto no artigo 1376º do Código Civil. 3 – São nulos os atos de justificação de direitos a que se refere o número anterior."

[35] Exige-se, assim, prova documental da licença ou autorização de utilização ou da sua dispensa, no caso de o imóvel ter sido construído ou inscrito na matriz antes de 7 de agosto de 1951, ou em data posterior, caso o Regulamento Geral das Edificações urbanas ainda não tivesse entrado em vigor no respetivo concelho.

O entendimento firmado, quanto à autorização de utilização, é o de que a exigência estabelecida no artigo 4.º do Decreto-Lei n.º 281/99, de 26 de julho, aplica-se a todas as modalidades de justificação previstas no artigo 116.º do CRP. Cfr. Processo R.P. 39/2011 SJC-CT, disponível em https://irn.justica.gov.pt/Sobre-o-IRN/Doutrina-registal/Pareceres-do-Conselho-Consultivo#RegistoPredialCasaPronta.

apreciação do pedido, e se o processo respeitar a prédio ainda não descrito, deve abrir-se a sua descrição, averbando-se oficiosamente a "pendência da justificação" (artigo 19.º-D e artigo 117.º-E do CRP). Todos os registos posteriores ao averbamento "*Pendente de Procedimento Especial de Justificação*" que dependam, direta ou indiretamente, da decisão do procedimento especial de justificação, deverão ser qualificados como provisórios por natureza nos termos da alínea b) do n.º 2 do artigo 92.º do CRP, sendo-lhes aplicável, com as necessárias adaptações, o disposto nos n.ºs 6 a 8 do mesmo artigo. A descrição aberta será inutilizada no caso de o averbamento de "*Pendente de Procedimento Especial de Justificação*" ser cancelado, a menos que devam subsistir em vigor outros registos entretanto efetuados sobre o prédio.

A decisão do procedimento especial de justificação é publicada, oficiosa e imediatamente, em sítio da Internet de acesso público com o endereço eletrónico www.predialonline.mj.pt (artigo 19.º-F, n.º 3 e artigo 2.º da Portaria n.º 762/2020, de 22/12). Não havendo impugnação judicial da decisão do conservador no prazo legal, a decisão torna-se definitiva e devem ser efetuados oficiosamente os consequentes registos (artigo 19.º-F, n.º 4). Atendendo ao disposto no artigo 72.º do CRP (aplicação subsidiária), antes de proceder ao registo deve ser assegurado o cumprimento das obrigações fiscais (verba 1.2 da Tabela Geral de Imposto do Selo, já que a usucapião é fiscalmente considerada transmissão gratuita, sendo o imposto devido pelo beneficiário, de acordo com o artigo 1.º, n.º 3, alínea a) e artigo 2.º, n.º 2, alínea b) do Código do Imposto do Selo). Concluído o procedimento deve o serviço de registo entrar na plataforma BUPi a fim de completar o procedimento de RGG, correspondente ao(s) prédio(s) objeto do procedimento, com o número da descrição predial e freguesia (do SIRP), ficando este no estado de concluído. Pode o justificante impugnar judicialmente a decisão de indeferimento liminar (artigo 19.º-E, n.º 4) ou, prosseguindo o procedimento até à decisão, podem o Ministério Público e o interessado recorrer da decisão do conservador para o tribunal de 1.ª instância competente na área de circunscrição a que pertence o serviço de registo (artigo 19.º-G, n.º 1). O prazo para a impugnação, que tem efeito suspensivo, é de 30 dias e conta-se a partir da notificação (artigo 19.º-E, n.º 4 e artigos 117.º-F, n.º 4 e 117.º-I, n.º 2 do CRP).

A Lei n.º 78/2017, de 17 de agosto, criou também o procedimento especial de registo de prédio rústico e misto omisso. As diligências, tramitação e meios de impugnação do procedimento especial de registo encontram-se definidas no Decreto Regulamentar n.º 9-A/2017. A Lei n.º 65/2019, de 23 de agosto trouxe algumas especificidades ao procedimento em análise, introduzindo a possibilidade de o mesmo ser requerido pelos interessados que disponham de documento comprovativo do direito, na sequência do procedimento RGG. Pretende-se, com este procedimento especial de registo, a realização de registos de aquisição sobre os prédios rústicos e mistos que ainda não se encontram registados na Conservatória do Registo Predial ou que, estando descritos, não tenham registo de aquisição, de reconhecimento de direito de propriedade ou de mera posse em vigor. Este procedimento só é admissível para os prédios do território nacional onde o regime está em vigor (área territorial dos municípios piloto e dos municípios onde já se encontre operacionalizado o sistema de informação cadastral simplificada), apesar de todos os serviços de registo serem competentes para a sua tramitação.

No âmbito da Lei n.º 78/2017 o procedimento era oficioso e pressupunha, sempre, uma prévia notificação para o domicílio fiscal dos titulares da inscrição matricial – cf. artigo 14.º. A iniciativa oficiosa continuar a estar prevista no artigo 17.º do Decreto Regulamentar n.º 9-A/2017, mas pertence agora ao Centro de Coordenação Técnica. Da conjugação dos artigos 8.º, n.º 2 da Lei n.º 65/2019 com o disposto no artigo 17.º-A do Decreto Regulamentar n.º 9-A/2017, resulta que o procedimento especial de registo pode ser promovido pelos interessados, desde que disponham de documento comprovativo do seu direito, bem como RGG validada ou validada com reserva, mas a sua submissão e promoção ocorrerá sempre através da plataforma de suporte ao BUPi: a) presencialmente, ou pelo correio, junto de um serviço de registo competente; b) presencialmente, junto de um técnico habilitado no momento da realização do procedimento de RGG; e c) por via eletrónica, através do BUPi. Uma vez promovido pelo interessado, o serviço de registo confirma, ou que está em causa um prédio rústico inscrito na matriz cadastral ou, não o sendo, que a RGG está validada ou validada com reserva, através de consulta ao BUPi – cf. artigo 18.º, n.º 1 do Decreto Regulamentar n.º 9-A/2017. O serviço de registo dá então início ao procedimento especial de registo, qualificando os atos de registo em causa – cf. artigo 15.º da Lei n.º 78/2017. Se o serviço de registo verificar que o facto aquisitivo do direito pode ser lavrado com natureza definitiva, *ab initio* ou na sequência do procedimento de suprimento de deficiências, e que, até então, o prédio se mantém não descrito no registo ou sem inscrição de aquisição, reconhecimento de direito ou de mera posse em vigor – cf. artigo 18.º, n.º 4 do Decreto Regulamentar n.º 9-A/2017 e artigo 8.º, n.º 1 da Lei n.º 65/2019 –, procede à anotação do facto aquisitivo e à elaboração imediata do registo. Se, na sequência do procedimento de deficiências, o serviço de registo concluir que há deficiências que constituem motivo de recusa do registo, nos termos das alíneas c) e d) do n.º 1 do artigo 69.º do Código do Registo Predial (CRP), ou deficiências que não tenham sido supridas no prazo concedido (10 dias), o procedimento é declarado findo, mediante despacho fundamentado, e que é notificado ao interessado – artigo 18.º, n.º 5 do Decreto Regulamentar n.º 9-A/2017. Na hipótese de o fundamento para se declarar o processo findo residir na falta de documento comprovativo do direito, do despacho fundamentado deve constar a informação que o interessado pode requerer a instauração do procedimento especial de justificação previsto no artigo 9.º da Lei n.º 65/2019, de 23 de agosto, ou do processo de justificação para primeira inscrição nos termos e nas condições previstos nos artigos 116.º e seguintes do Código do Registo Predial. É causa de extinção automática do procedimento, com comunicação ao interessado, a verificação, na pendência do procedimento, de que o prédio foi, entretanto, descrito no registo ou já foi inscrita aquisição, reconhecimento de direito ou de mera posse em vigor no prédio – cf. artigo 18.º, n.º 7 do Decreto Regulamentar n.º 9-A/2017 e artigo 8.º, n.º 1 da Lei n.º 65/2019, de 23 de agosto. A decisão, prevista no n.º 5 do artigo 18.º, que declara o procedimento findo, isto é, com fundamento na existência de motivo de recusa do registo, nos termos das alíneas c) e d) do n.º 1 do artigo 69.º do Código do Registo Predial (CRP) ou deficiências que não tenham sido supridas no prazo concedido, é impugnável nos termos previstos nos artigos 140.º e seguintes do CRP (artigo 19.º, n.º 1 do Decreto Regulamentar n.º 9-A/2017 e artigo 15.º da Lei n.º 78/2017). Este despacho é notificado ao interessado.

De entre todos os mecanismos criados pelo sistema de informação cadastral simplificada, o processo especial de registo traduzir-se-á, sem dúvida, na maior "revolução" no campo dos registos, mas, tal como muitas outras disposições contidas no regime, também este aguarda desenvolvimentos na plataforma tecnológica, a qual entrou em produção sem a necessária robustez.

Foi inicialmente concebido, já se disse, como resultante duma relação entre a AT e o IRN: a 1ª enviaria ao segundo, por intermédio do BUPi, a identificação dos *"prédios rústicos na matriz e dos seus titulares, através dos nomes, números de identificação fiscal e respetivos domicílios fiscais, bem como informação sobre a pendência de pedido de retificação da matriz"* e os serviços de registo, *"com base nos elementos fornecidos pela AT e sempre que os prédios não estivessem descritos ou, estando, não tivessem registo em vigor de aquisição, de reconhecimento de direito de propriedade ou de mera posse"* procederiam à notificação do titular da inscrição matricial, sendo as subsequentes diligências, tramitação e meios de impugnação estabelecidas por decreto regulamentar. Sem revogar as disposições que delinearam este processo (que nunca foi implementado, mais uma vez, com a justificação da falta de desenvolvimentos tecnológicos) a Lei 65/2019, veio transferir a iniciativa oficiosa para o Centro de Coordenação Técnica, situando-se o início do processo, sempre, – seja pela via oficiosa, seja por iniciativa do interessado – na plataforma BUPi. Com esta revisão do procedimento pretendeu-se, na realidade, reagir ao caos verificado nalguns concelhos do projeto piloto (sendo o caso mais notável o de Proença a Nova): a gratuitidade do registo bem como a oferta massiva de técnicos de georreferenciação levou a que milhares de cidadãos se deslocassem a estes serviços do interior, munidos de literalmente todos os documentos que possuíam, para que a Conservatória verificasse a sua suficiência, e, numa tarefa hercúlea de assessoria jurídica, procedesse à recolha de declarações e organização dos processos de registo. Neste contexto, e por manifesta desproporção entre os recursos existentes e a procura verificada, os referidos processos em papel foram-se acumulando, passando a verificar-se atrasos significativos no seu tratamento.

Com a possibilidade de o cidadão poder dar entrada dos processos diretamente na plataforma do BUPi, seja presencialmente, junto de um técnico habilitado no momento da realização do procedimento de RGG, seja por via eletrónica, pretendeu-se, por um lado, retirar o ónus ao cidadão das inúmeras deslocações aos serviços e, por outro, retirar a pressão "física" dos serviços de registo, desmaterializando os processos e distribuindo-os a nível nacional, através de um modelo de distribuição automático: o sistema manteria os processos entrados na plataforma do BUPi numa única fila FIFO (FIRST IN, FIRST OUT), sendo impostos objetivos de tramitação de processos por conservatória.

O mesmo sistema permitiria conhecer os tempos médios de tramitação por conservatória e distribuiria cada processo à próxima conservatória disponível, com base nos respetivos objetivos e na carga de processos em tramitação, sem atender à localização do(s) prédio(s), dependendo o ritmo de distribuição da respetiva disponibilidade para tramitar de cada conservatória.

Conclusões

Não é objeto deste trabalho uma análise exaustiva do regime da informação cadastral simplificada. No entanto, não poderemos deixar de delinear algumas considerações:

Quais as (grandes) vantagens do sistema de informação cadastral simplificado?

Considerando, em especial, o processo especial de registo, diremos que este permitirá concretizar o "Once Only *Technical System*", referido como 'o sistema OOP' (Once Only Principle). Diga-se também, que o mesmo constituiria, neste campo, um passo em frente, em linha com a Decisão do Parlamento Europeu e do Conselho, datada de 30 de novembro de 2022, a qual estabelece o programa para 2030 intitulado "Guião para a Década Digital".[36] A compreensão das diversas interações com múltiplas entidades

[36] Prevê-se no artigo 4º, (4), como meta digital, a digitalização dos serviços públicos bem como, na al. a) que 100% dos serviços públicos essenciais sejam prestados em linha aos cidadãos e às empresas da União. Texto integral disponível em https://data.consilium.europa.eu/doc/document/PE-50-2022-INIT/pt/pdf acedido em 07.01.2023. Nesta matéria, poderá consultar-se o documento **"Estratégia Nacional de Inteligência Artificial"**, lançada pelo **INCoDe.2030, programa criado pela Resolução de Conselho de Ministros 26/2018 de 08 de março.** Neste documento, e com referência especificamente à Administração Pública, estabelece-se o objetivo de agregação de dados que permitam servir de base a tomadas de decisão verdadeiramente informadas, alterando-se a resposta do serviço público dum paradigma reativo para um paradigma antecipatório. Para tanto será crucial a facilitação do **acesso seguro às bases de dados**, sem descurar as questões atinentes à **proteção de dados.** A RCM n.º 30/2020 de 21 de abril aprovou o Plano de Ação para a Transição Digital, o qual contempla três principais pilares de atuação: ***Pilar I* – Capacitação e inclusão digital das pessoas; *Pilar II* – Transformação digital do tecido empresarial; *Pilar III* – Digitalização do Estado,** bem como uma dimensão adicional de catalisação que cria as condições de base a uma acelerada digitalização do País. A Estrutura de Missão Portugal Digital criada através da RCM n.º 31/2020 de 21 de abril, será responsável por assegurar a correta coordenação

a que o cidadão hoje está sujeito permite identificar os constrangimentos do presente e implementar novos modelos de atuação que permitam estabelecer sinergias entre os diversos interlocutores, minimizando os custos processuais naquilo que é designado como reengenharia de processos.[37-38]

O sistema técnico OOP encontra-se também presente no Regulamento (UE) 2018/1724 do Parlamento Europeu e do Conselho, de 2 de outubro de 2018, relativo à criação de uma plataforma digital única para a prestação de acesso a informações, a procedimentos e a serviços de assistência e de resolução de problemas, e que altera o Regulamento (UE) n.º 1024/2012 (Artigo 14 do mesmo)[39].

No Livro Branco sobre Inteligência Artificial (IA)[40], a UE reconhece a necessidade de intensificar as ações destinadas a construir um ecossistema

global do **Plano de Ação para a Transição Digital**, garantir a articulação com as diferentes estruturas envolvidas na implementação das medidas, assegurar o reporte dos resultados e a sua promoção a nível nacional e internacional.

[37] É também este princípio que está na base das declarações da atual Ministra da Justiça, CATARINA SARMENTO E CASTRO, quando se pronunciou sobre a utilização da inteligência artificial na automatização da atribuição de nomes a novas empresas: «*A Administração Pública deve poder reutilizar a informação que é prestada; isto significa que os serviços administrativos devem poder partilhar a informação para que o cidadão não tenha de, repetidamente, trazer a mesma informação. É a alvorada de um novo paradigma de transformação da justiça, que implica a transformação dos serviços que são prestados através de uma maior e melhor exploração, integração e disponibilização dos dados*», em https://www.dinheirovivo.pt/economia/nacional/ministra-destaca-uso-de-inteligencia-artificial-na-bolsa-de-nomes-de-empresas--15206076.html – acedido em 07.01.2023

[38] Interoperability Solutions | Joinup (europa.eu)

[39] https://european-union.europa.eu/index_pt – vide considerando (41) – Os serviços em linha prestados pelas autoridades competentes são de importância crucial para melhorar a qualidade e a segurança dos serviços prestados aos cidadãos e às empresas. As administrações públicas nos Estados-Membros recorrem cada vez mais à reutilização de dados, dispensando os cidadãos e as empresas do fornecimento repetido das mesmas informações. A reutilização dos dados deverá ser facilitada no que respeita aos utilizadores transfronteiriços, a fim de reduzir encargos administrativos suplementares – e artigo 14º – Sistema técnico para o intercâmbio automatizado transfronteiriço de elementos de prova e aplicação do princípio da declaração única.

[40] https://eur-lex.europa.eu/legal-content/PT/TXT/PDF/?uri=CELEX:52020DC0065

de excelência que apoie o desenvolvimento e a aceitação da IA em toda a economia e administração pública da UE.[41-42]

A Estratégia e Plano de Ação de Justiça Eletrónica 2019-2023 identifica como áreas prioritárias o uso de IA e blockchain/DLT no campo da justiça. Neste contexto, o Relatório Final [43]analisou as políticas e estratégias existentes a nível europeu e nacional, bem como o ponto da situação da utilização de tecnologias inovadoras na justiça, tendo identificado 130 projetos que usam tecnologias inovadoras, 8 categorias de problemas de negócios que os projetos visam resolver e mapeou esses problemas em 8 categorias de soluções de negócios. Projetos concluídos ou em andamento, que 'superam' e 'atendem' às expectativas dos stakeholders, são sugeridos para intercâmbio de boas práticas. Em conclusão, o estudo sugere ações horizontais como um caminho a seguir: (a) Coordenação a nível da UE

[41] Este desígnio encontra-se também presente na COMUNICAÇÃO DA COMISSÃO AO PARLAMENTO EUROPEU, AO CONSELHO, AO COMITÉ ECONÓMICO E SOCIAL EUROPEU E AO COMITÉ DAS REGIÕES Uma estratégia europeia para os dados - Publications Office of the EU (europa.eu), acedida em 15.01.2023. No "rescaldo" da pandemia, atesta-se o potencial demonstrado pela IA na contribuição para a luta contra a Covid-19, mas reconhece-se também a existência de riscos cibernéticos: "a utilização da IA também acarreta certos riscos, por exemplo a potencial exposição de pessoas, nomeadamente crianças, a erros significativos, que podem corroer os direitos fundamentais e a segurança, bem como os nossos processos democráticos". Atentas as duas vertentes da IA (oportunidades e riscos), importa acentuar os seus pontos fortes e reduzir a opacidade através da criação e aplicação de normas que protejam a segurança e os direitos fundamentais, devendo a abordagem da IA centrar-se no ser humano. A arquitetura desta regulamentação assenta numa lógica de neutralidade, orientada para o futuro, justificando-se a intervenção apenas quando estritamente necessário, nos casos de utilização da IA "de risco elevado". A atribuição da classificação de «risco elevado» a um sistema de IA depende da finalidade prevista do sistema, bem como da gravidade e da probabilidade de ocorrência dos possíveis danos. Os sistemas de risco elevado incluem, por exemplo, sistemas de IA destinados a serem utilizados para recrutar pessoas ou avaliar a sua capacidade de endividamento ou para a tomada de decisões judiciais.

[42] Em 2018, a Comissão criou uma plataforma de serviços públicos inovadores (IPSO) - Bringing new technologies in the public sector | ISA^2 (europa.eu), para acompanhar a adoção e a utilização em toda a Europa de tecnologias emergentes e disruptivas, incluindo tecnologias de IA, na prestação de serviços públicos

[43] Comissão Europeia, Direção-Geral da Justiça e dos Consumidores, *Estudo sobre a utilização de tecnologias inovadoras no domínio da justiça: relatório final*, Serviço das Publicações, 2020, https://data.europa.eu/doi/10.2838/585101

dos esforços e atividades; (b) Colaboração e partilha de experiências; (c) Reforço das parcerias e redes existentes; e (d) Mecanismo de apoio às organizações jurídicas profissionais. No Relatório são considerados vários projetos nacionais, entre os quais o Projeto BUPi (de referir que o processo foi identificado ainda numa fase piloto, restrita a 10 concelhos), sendo que o mesmo é considerado como um exemplo a seguir por outros Estados-Membros, embora se identifiquem, como fragilidades, a falta de interoperabilidade entre as várias bases de dados, problemas no acesso aos serviços públicos bem como a pouca fidedignidade e verificabilidade dos dados.

No.	Member State	Organisation/Project owner	Project	Business problem category	Solution category	Solution description	Technology used
				Processing high volume of data			
60.	**Portugal**	Instituto dos Registos e do Notariado (*Institute of Registries and Notaries)	IReNe – Web Personal Assistant	Access to justice/public services	Digital assistance	Assist citizens by reducing the workload and assist citizens, who need the support of IRN.	Machine learning/deep learning; Natural language processing
61.	**Portugal**	General Public Prosecutor's Office	AI technology for evidence analysis	Processing high-volume data	Process automation	Automate processes related to time-consuming manual analysis of evidence.	
62.	**Portugal**	Ministry of Justice	Balcão Único Do Prério Lab (BUPi) Lab AI/ Unique hotpoint for citizens	Linking information across different data sources; Access to justice/public services; Lack of authenticity and/or traceability	Process automation	Automate processes related to identification of owners of unregistered, delineation of the lands. Facilitate land purchase transactions.	Machine learning/deep learning; Expert systems and rule-based systems; Computer vision
63.	**Portugal**	Ministry of Justice	BALCAT – Project on ballistics analysis	Linking information across different sources; Processing high-volume data	Process automation	Automate processes related to ballistic analysis. Expedite and reduce the human effort behind ballistics analysis.	

Figura 2 – **Imagem extraída do Relatório Final, p. 131**

Nesta matéria, a existência dum ponto único de contacto com o cidadão apresentará vantagens inegáveis, as quais pressupõem a interoperabilidade na Administração Pública[44]. Se consultarmos a página https://plano.bupi.gov.pt/ ficamos a conhecer as principais iniciativas destinadas a corporizar "o alargamento do sistema de informação cadastral simplificado a todo o território nacional, visando integrar a informação de planeamento territorial, do registo predial e do cadastro, de modo a identificar todos os proprietários, até 2023." Não se nega que a plataforma BUPi tem vinda

[44] https://www.iap.gov.pt/web/iap/plataforma-de-integracao

a evoluir[45], prevendo-se uma estrutura que recorre a um algoritmo[46] destinado a delimitar, unicamente através do nº matricial, a porção de território onde o prédio se situa, permitindo assim uma "aproximação" à realidade. Este algoritmo, ainda em desenvolvimento, tem por base a identificação realizada pela autoridade tributária – a numeração matricial sequenciou os artigos de acordo com a sua localização no espaço.[47] Com a reorganização administrativa perdeu-se esta sequência tendo sido atribuídos os novos artigos aleatoriamente. Mas a evolução tecnológica não dispensará o conhecimento *in loco* pelos próprios proprietários, num território cada vez mais abandonado.

[45] Veja-se a recentemente disponibilizada App BUPi (primeira versão da aplicação móvel do Balcão Único do Prédio) disponível na App Store e no Google Play
Através dela o proprietário poderá delimitar o seu prédio, no local. Refere-se em https://blog.bupi.gov.pt/app-bupi-precisao-exatidao-no-levantamento-coordenadas que a precisão da captura das coordenadas no terreno está dependente da boa condição do próprio equipamento e das condições do sistema GPS a cada instante, como sejam o número de satélites visíveis, multi-trajeto, fatores atmosféricos, entre outros. O erro máximo esperado nas coordenadas de cada vértice, obtido com um recetor GPS em *smartphones* é de aproximadamente 5 metros. De modo a mitigar este efeito esperado, a app permite ao utilizador ajustar manualmente cada vértice, com o apoio de imagens aéreas, para conseguir a melhorar a representação do prédio, de acordo com o que está a observar no terreno. No final da georreferenciação, ou seja, obtidas as coordenadas de todos os vértices do terreno, a app gera um ficheiro KML, que fica armazenado no equipamento, e que pode ser enviado para um endereço de email. A verificação e validação da georreferenciação feita na app é sempre da responsabilidade do técnico habilitado, o qual poderá aquando da integração do levantamento realizado na plataforma BUPi, melhorar a precisão dos vértices. A app BUPi é um instrumento facultativo e de utilização adicional para apoiar os proprietários na identificação dos seus prédios, excluído à partida para a grande maioria dos proprietários infoexcluídos. Aquela que é definida como uma das características inovadoras do BUPi – a sua base exclusivamente declarativa –será, para nós, a sua maior fragilidade.

[46] Na definição proposta em 1.pdf (springer.com) algoritmo será *"a formula or set of rules (or procedure, processes, or instructions) for solving a problem or for performing a task. In Artificial Intelligence, the algorithm tells the machine how to find answers to a question or solutions to a problem. In machine learning, systems use many different types of algorithms. Common examples include decision trees, clustering algorithms, classification algorithms, or regression algorithms"*.

[47] Estamos perante um algoritmo de dedução de matrizes, meramente indicativo, o qual vai sendo alimentado pela progressiva submissão de matrizes na plataforma, sendo, por isso, também alimentado pelo erro.

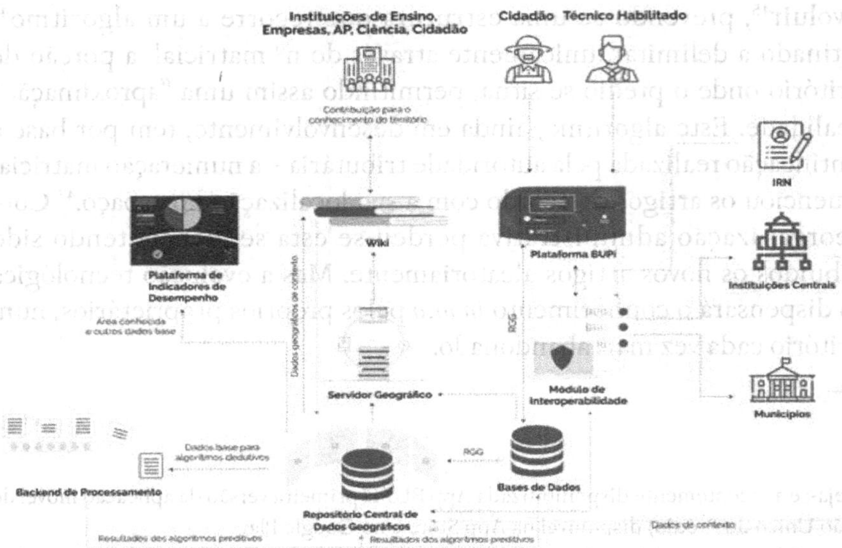

FIGURA 3 – **Adaptação de Imagem constante do site do BUPi https://plano.bupi.gov.pt/#iniciativa-1**

Quais as dificuldades do sistema?

O regime em causa nasceu com base frágil, quer em termos legais, quer em termos tecnológicos[48]. A execução do projeto piloto veio levantar muitas questões e incoerências, as quais se encontram longe de resolvidas.

Muitos são os procedimentos e mecanismos que, na prática não têm qualquer aplicação por falta de desenvolvimento da plataforma; entre eles, avultam o procedimento especial de registo de prédios rústicos e mistos não descritos e o procedimento da composição administrativa de interesses;

As alterações ao regime legal inicial parecem um "emendar a mão" do legislador, sem intuito revogatório.

[48] Existem falhas óbvias, em termos estritamente tecnológicos, as quais têm vindo a ser abordadas, mas não resolvidas: a fraca resolução das imagens, a possibilidade do mesmo artigo ser georreferenciado mais do que uma vez, sem necessidade de cancelamento do anterior processo, são dois dos exemplos mais evidentes

Verifica-se que muitas disposições legais não tiveram qualquer aplicação prática; neste campo, parece muitas vezes que o "desenho tecnológico" se sobrepõe às construções legais. É o caso previsto para as representações gráficas georreferenciadas validadas com reserva – deveriam, nos termos do artigo 7º, nº 5 do Decreto Regulamentar, dar origem a centroides de forma automática, representados no polígono através de um ponto interior ao mesmo e próximo do seu centro geométrico, com a replicação da estrutura de atributos do respetivo polígono. Não é isso que acontece. Com o avançar do projeto (atingiu-se, no final de 2022, 1 milhão de RGG, conforme publicitado no site https://bupi.gov.pt/[49]) crescem também as sobreposições e os procedimentos deixaram de conter informação do estado do processo, apenas visível aos técnicos e ao IRN.

O preâmbulo do Decreto-Regulamentar n.º 9-A/2017, de 3 de novembro, veio explicitamente estabelecer "como princípio orientador que deve ser impulsionada a obtenção do maior número de informação possível relacionada com os limites e titulares dos prédios – com destaque para a RGG como instrumento privilegiado de conhecimento de território – *ainda que a mesma possa conter vários níveis de detalhe diferenciados, os quais podem ir desde o mero esboço preparatório de uma RGG até ao cadastro predial* (itálico nosso)". Fica por esclarecer de que modo os "desenhos" obtidos por fotointerpretação meramente declarativa poderão dar origem a um cadastro multifuncional[50]; terá sido abandonada esta meta? Ou estaremos a

[49] Se atendermos à avaliação até agora disponível, relativamente à evolução e sucesso do projeto, verificamos que a mesma tem sido medida, exclusivamente, pelo nº de RGG's já realizadas, ficando por apurar o grau de concretização das medidas propostas à Estrutura de Missão (e em que medida as mesmas serão concretizáveis), correndo-se o risco de que todo o investimento já realizado venha a ser irracionalmente abandonado num novo ciclo político. De facto, o nº de RGG's apenas nos dá parte dos *outputs* mas nada adianta sobre o *outcome*.

[50] Sintomaticamente, deixou de ser referida a multifuncionalidade do cadastro como objetivo; pretende-se agora "ultrapassar a ausência de um registo predial multifuncional mediante a introdução e o desenvolvimento de um sistema para a identificação e a verificação dos limites da propriedade fundiária e o subsequente registo dessa propriedade. Tal permitirá uma visão coerente, atualizada e holística do território, que aumentará o valor das terras para os seus proprietários e permitirá que o Estado desenvolva políticas públicas concretas, sustentáveis e multissetoriais." (vide o ANEXO da Decisão de Execução do Conselho relativa à aprovação da avaliação do plano de recuperação e resiliência de Portugal, disponível em

recolher milhões de declarações (as quais vão contradizer-se entre si), para, daqui a algum tempo, e após dispêndio de recursos materiais e humanos significativos, abandonarmos todo o acervo obtido, iniciando então, um "novo" projeto de cadastro?

Relativamente à sobreposição de polígonos, determina-se (nºs 3 e 4 do artigo 7.º do dito Decreto-Regulamentar), que, verificando-se sobreposição de polígonos entre prédios confinantes, os promotores de cada RGG não serão notificados, com vista à composição dos respetivos interesses, sempre que o maior intervalo entre as linhas poligonais sobrepostas seja inferior a 1 metro, caso em que a representação gráfica do limite das estremas de cada prédio apresentada no BUPi será automaticamente ajustada pela demarcação de nova linha poligonal, dividindo a parcela em litígio por partes iguais.

Em 26 de fevereiro de 2021, era notícia terem sido

> Iniciados os trabalhos para a análise de sobreposições de polígonos, relacionados com o Plano Integrado de Transformação Territorial do Pinhal Interior, no âmbito do qual serão delimitadas as áreas integradas de gestão da paisagem (AIGP).(...) Para dar resposta ao desafio das sobreposições, estão pensadas três fases de resolução, dedicando-se a primeira fase à resolução automática, por meio de tecnologia, de conflitos decorrentes de erros no desenho de polígonos de pequena dimensão no BUPi. Posteriormente, serão também abordadas as sobreposições por conflito de interesse, que têm origem quando dois ou mais proprietários declaram a existência do litígio de estremas, ou sobreposições de bens de domínio público, através de um sistema que permita ao técnico habilitado BUPi propor uma resolução aos proprietários. Para auxiliar neste processo, serão, de igual modo, utilizadas fontes adicionais de correção de dados e prevê-se uma colaboração com a Direção-Geral do Território (DGT) para o tratamento no terreno das restantes sobreposições[51].

https://data.consilium.europa.eu/doc/document/ST-10149-2021-ADD-1/pt/pdf) Assim, não se opta claramente por um cadastro multifuncional e, ao invés, fala-se dum registo predial multifuncional.

[51] https://justica.gov.pt/Noticias/eBUPi-inicia-trabalho-de-analise-de-sobreposicoes-de-poligonos

Parece-nos simplista, além de *contra legem*, uma tentativa de resolução dos conflitos de propriedade através duma salomónica "*resolução automática, por via da tecnologia*".

A realização da representação gráfica georreferenciada resultará, na grande maioria dos casos, de fotointerpretação, sem qualquer comprovação no terreno. À definição do polígono falhará o rigor exigido ao cadastro[52].

No entanto, dispõe-se no artigo 16º da Lei 78/2017, sob a epígrafe "Conjugação do registo com a representação gráfica georreferenciada", que a apresentação pelo interessado, para efeitos de registo, da representação gráfica georreferenciada do prédio equivale à sua declaração de que a área nela mencionada é a área correta. Tratando-se de prédio não descrito, quando exista divergência entre o título e a representação gráfica georreferenciada quanto à área do prédio dentro das percentagens fixadas no artigo 28.º-A do Código do Registo Predial, a descrição pode ser aberta com a área que consta daquela representação gráfica, não se aplicando, nesse caso, o disposto no n.º 2 do artigo 28.º-B do mesmo diploma. Tratando-se de prédio descrito a representação gráfica georreferenciada substitui a planta prevista na subalínea i) da alínea b) do n.º 2 do artigo

[52] Acompanhamos COSTA, Joaquim Américo Salgueira da, *in* "Modelação espacial de controlo de qualidade da atualização vetorial da base de dados geográficos do cadastro geométrico da propriedade rústica" 2019. PhD Thesis, p. 28, disponível em https://comum.rcaap.pt/handle/10400.26/31523 (acedido em 08.01.2023), quando afirma: "**O BUPi não é pioneiro na tentativa de identificar prédios rústicos e mistos através de fotointerpretação sem deslocação ao local dos prédios, embora tenha adotado a postura de invenção da roda quando inicialmente implementou o método** (negrito nosso). Tais experiências foram consideradas no projeto-piloto do SiNErGIC e nas operações de execução cadastral do projeto SiNErGIC, verificando-se o insucesso da metodologia (...) essencialmente, porque a quase totalidade das estremas são virtuais e só tem representação física pelos marcos de propriedade que as definem. Ou seja, o cadastro faz-se percorrendo os terrenos e medindo as coordenadas dos marcos de propriedade que não são visíveis por fotointerpretação. Considerando que não é referido na Lei n.º 65/2019 nem no Decreto Regulamentar n.º 9-A/2017 de 3 de novembro que regulamenta o diploma, republicado pelo Decreto Regulamentar n.º 4/2019 de 20 de setembro, a precisão com que a representação gráfica georreferenciada deve ser obtida, usualmente expressa pelo Erro Médio Quadrático admissível, valor essencial para atestar a qualidade da informação produzida, adivinha-se que a exatidão posicional da informação cadastral simplificada que vier a constar da base de dados cadastrais será automaticamente validada pelo termo de responsabilidade e pelo livre arbítrio do técnico habilitado que vier a desenvolver o procedimento de representação gráfica georreferenciada."

28.º-C do Código do Registo Predial. Esta disposição suscitou desde logo muitas questões e dúvidas aquando da implementação do projeto piloto. Em resposta a estas questões foi emitido o parecer técnico-jurídico nº 5/ DGATJSR/STJSR, com referência ao processo CP 30/2017 STJSR, através do qual, e considerando apenas a RGG validada, se considera que

> A aplicação do disposto no artigo 16º depende do oferecimento expresso, por parte daquele interessado, da RGG com os elementos dela constantes, mormente a área. Isto significa que, para que a descrição seja aberta ou atualizada em conformidade com a RGG, deve ser prestada declaração complementar no sentido de que se pretende atribuir à RGG os efeitos previstos naquele artigo, consoante os casos. Sem essa manifestação de vontade (sublinhe-se: verificada que esteja a indispensável legitimidade, nos termos gerais), o registo deve ser efetuado sem atender ao disposto no artigo 16º, anotando-se, em qualquer caso, à descrição a existência da RGG.

Este entendimento suscitou dificuldades junto dos Serviços de Finanças; sem acesso à plataforma do BUPi, foi exigido aos titulares matriciais, de acordo com interpretação da instrução de serviço nº 40080 de 30/03/2021, que a retificação de área fosse precedida de validação do polígono, nos termos do artigo 5º da Lei 78/2017, ou seja, a retificação só seria admitida quando todos os proprietários confinantes georreferenciassem os seus prédios. A verdade é que nem sequer o IRN consegue aceder à plataforma em termos de verificar se os prédios confinantes se encontram georreferenciados, pelo que ficaria vedada, à partida, a verificação desta condição.

Muitos proprietários fizeram uso da possibilidade prevista no artigo 16º, levando a registo a retificação de área por invocação de erro de medição, sendo certo que na matriz as suas pretensões retificativas foram indeferidas.

No sentido de obter uma solução de compromisso, surge a orientação técnica n.º 2/BUPi [AT/eBUPi/IRN] datada de dezembro de 2022, da qual se podem extrair as seguintes conclusões: transitoriamente enquanto a RGG não produzir os efeitos previstos no n.º 3 do artigo 5º, da Lei 78/2017, de 17 agosto, deverão subsistir simultaneamente na matriz predial rústica a área relevante para efeitos de liquidação de impostos sobre o respetivo prédio (sendo esta a apurada com recurso à informação previamente existente na matriz) e a área resultante da RGG, que não terá quaisquer efeitos de liquidação de imposto sobre o respetivo prédio. Para esse efeito, todas as RGG elaboradas são comunicadas pela eBUPi, por via eletrónica e com uma periodicidade semanal, à AT, informando, simultaneamente o IRN, I.P, também por via eletrónica, da realização daquela comunicação que, assim, equivale ao pedido de alteração ou retificação de área na matriz a que se refere o artigo 31º, nº 1 do C.R.P, sempre que o interessado pretenda que a descrição predial seja aberta ou atualizada com a área constante da RGG.

Esta solução de compromisso vem, na verdade, distanciar o sistema de representação gráfica georreferenciada do cadastro a que se pretende chegar. De facto, um simples "desenho" servirá de base à alteração de área da descrição predial, desde que o titular inscrito invoque o erro de medição e declare a área da RGG como correta, dispensando-se a planta elaborada por técnico habilitado, processo já expedito e inovadoramente introduzido no Código do Registo Predial (artigo 28º-C). Continuamos assim a assentar a descrição predial em declarações (o facto de às mesmas corresponder um polígono não lhes retira a fonte unicamente declarativa, porque não comprovada). Por outro lado, se inicialmente se entendia que apenas as RGG's validadas poderiam servir de base a esta invocação, este entendimento acabou por ser afastado. Esta permissividade não nos parece conduzir à desejada harmonização (e consequente NIP), tanto mais que a mesma não se refletirá matricialmente - A área da RGG constará em "observações", na caderneta predial e passaremos assim a ter a área registada, a área matricial, a área georreferenciada e, quiçá, a área real do prédio...A "pressa" de obter resultados terá como custo a sua falta de fidedignidade e a sua pouca ou nenhuma utilidade na obtenção do cadastro que há muito se reclama.

Quanto ao procedimento especial de registo, a tramitar exclusivamente por via desmaterializada, o mesmo confronta-se com uma limitação legal de monta: nos termos do artigo 43º do Código de Registo Predial, só podem ser registados os factos constantes de documentos que legalmente os comprovem. Estando em causa registos de aquisição, aos mesmos subjazem escrituras públicas ou documentos com força equivalente (artigo 22º do DL 116/2008)[53]. Os documentos arquivados são utilizados

[53] Tratando-se de documento particular autenticado, nos termos dos artigos 22º e ss do DL 116/2008 e da Portaria 1535/2008, a sua acessibilidade resulta facilitada, por via do código gerado eletronicamente. O depósito eletrónico consistirá na receção e arquivo em suporte

informático do documento "original" – escrito em suporte de papel – sendo, a partir daí, um documento eletrónico escrito em sentido estrito. Vide, entre outros, o Parecer proferido no Processo C.N. 29/2010 SJC-CT, disponível em https://irn.justica.gov.pt/Portals/33/Doutrina/Pareceres%20do%20Conselho%20Consultivo/Registo%20Predial%20Casa%20Pronta/2010/CN_29-2010_corrigidas.pdf?ver=2019-06-07-152457-597, acedido em 08.01.2023. Por seu turno, a Portaria n.º 121/2021, de 9 de junho, com as alterações introduzidas pelas Portarias n.º 295/2021, de 13 de dezembro, e n.º 119/2022, de 23 de março, regulamenta o arquivo eletrónico de documentos lavrados por notário e de outros documentos arquivados nos cartórios, a certidão notarial permanente e a participação de atos por via eletrónica à Conservatória dos Registos Centrais. Entrou em vigor no dia 10 de dezembro e produz efeitos a 1 de junho (cfr. art.23.º, na redação dada pela Portaria n.º 119/2022, de 23 de março). Nos termos do artigo 9º da referida Portaria, para que seja reconhecido aos documentos arquivados eletronicamente o mesmo valor probatório dos documentos originais é sucessivamente aposta aos documentos arquivados eletronicamente assinatura eletrónica qualificada e selo temporal qualificado, com validade máxima de 10 anos, pela Ordem dos Notários, enquanto entidade gestora da plataforma eletrónica, antes de expirar a validade da última assinatura eletrónica qualificada aposta. Dispõe-se no artigo 10º, nº 3, que a comprovação, para efeitos de registo predial, dos factos constantes de documentos sujeitos a arquivo eletrónico nos termos da alínea a) do n.º 1 do artigo 2.º, elaborados a partir da data de entrada em vigor da presente portaria, é feita através da consulta eletrónica do documento, mediante apresentação do código de acesso à certidão notarial permanente.

A comprovação, para efeitos de registo predial, dos factos constantes de documentos que devam ser arquivados eletronicamente, passou assim a fazer-se através da consulta eletrónica do documento, mediante a apresentação de código de acesso a certidão notarial permanente (Cfr. artigos 43.º-B, n.º 2, do Código do Registo Predial – C.R.P e 10.º, n.º 3, da Portaria n.º 121/2021).

A reforma operada na área do registo predial em 2008 alterou as regras de arquivo até então vigentes, passando a determinar-se, no artigo 26.º do C.R.P, o arquivo de todos os documentos que serviram de base à realização do registo. Uma vez criadas as condições técnicas que permitem o arquivo eletrónico dos documentos no SIRP, todos os documentos que baseiam atos de registo são arquivados eletronicamente, ficando a dispor da mesma força probatória dos respetivos originais (Cfr. Artigo 26.º, n.º 4 do C.R.P), os quais são restituídos aos interessados (Cfr. Artigo 26.º, n.º 2 do C.R.P). Assim, as escrituras públicas que até àquela data não eram arquivadas no serviço de registo por se tratarem de documentos constantes de arquivo público (apenas sendo feita na requisição de registo a identificação do cartório, livro e folhas onde a mesma se encontrava efetuada), passaram a ser digitalizadas e arquivadas eletronicamente no SIRP, enquanto documentos que basearam a realização de atos de registo, procedimento que deverá manter-se, apesar dos referidos documentos estarem, agora, por força da indicada portaria n.º 121/2021, sujeitos a arquivo eletrónico obrigatório. De facto, para a realização de novo registo sempre que referenciados e novamente anotados no diário. De acordo com o artigo 43º-B, os documentos que contenham factos sujeitos a registo são arquivados eletronicamente nos termos a definir por portaria do membro do Governo responsável pela área da justiça. Sem prejuízo do disposto em lei especial, a comprovação para efeitos de registo dos factos constantes de documentos que devam ser arquivados nos termos do número anterior é feita através da respetiva consulta eletrónica. A consulta eletrónica dos títulos e dos documentos arquivados eletronicamente substitui, para todos os efeitos, a apresentação perante o serviço de registo do respetivo suporte em papel, devendo este, em caso de junção ao pedido de registo, ser devolvido ao apresentante[54].

este arquivo é efetuado numa plataforma eletrónica disponibilizada e gerida pela Ordem dos Notários, à qual os notários e trabalhadores devidamente autorizados a praticar atos notariais acedem através de perfis de acesso definidos pela entidade gestora da plataforma tendo em conta as funções e necessidades de cada utilizador (Cfr. artigo 4.º, n.º 1 da citada portaria) autenticando-se com recurso a certificados digitais qualificados que comprovem a sua qualidade profissional ou outro meio de identificação que ofereça garantias de segurança similares (Cfr. Artigo 4.º, n.º 2).
Os conservadores e oficiais de registo não têm acesso direto à referida plataforma, acedendo apenas às escrituras e outros documentos arquivados através da disponibilização, pelos interessados, do código de acesso à certidão notarial permanente desses documentos (Cfr. artigo 10.º, n.º 3). Acresce que a referida certidão é disponibilizada pelo prazo de 1 ano (Cfr. Artigo 14.º da Portaria 121/2021 e artigo 6.º, n.º 2 do Regulamento da Ordem dos Notários n.º 344/2022, de 05.04), findo o qual, não sendo renovada, deixa de estar acessível através do respetivo código de acesso. Assim, atenta a necessidade de aceder de forma célere e a qualquer momento a um documento que tenha baseado um determinado ato de registo, razão que terá estado também entre as razões que determinaram a regra geral de arquivo constante do artigo 26.º, n.º 1 do C.R.P, os serviços de registo deverão adotar, relativamente às certidões notariais permanentes, procedimento idêntico ao que foi determinado pelo despacho n.º 01/CD/2018 para as certidões judiciais eletrónicas: – quando as condições técnicas o permitam, deve efetuar-se o *download* do documento para o ambiente de trabalho do PC e de seguida o seu arquivo em suporte eletrónico no SIRP, associado à requisição correspondente; – na impossibilidade de se observar este procedimento, deve imprimir-se o documento e proceder-se depois ao seu arquivo no SIRP (Fl@sh n.º 353/2022, de 11 de julho de 2022, disponível na intranet do IRN, IP).

[54] "Nesta sociedade a validade, eficácia e valor probatório de documentos, assinaturas e comunicações eletrónicas é algo que interessa ao Direito civil com a mesma pertinência que o regime legal instituído nos artigos 362.º a 387.º do Código Civil para os documentos corpóreos.", VENÂNCIO, Pedro Dias, "Regime geral dos atos eletrónicos – um regime esquecido General regime for electronic acts – a forgotten regime", *Revista Electrónica de Direito. RED*,

Além da acessibilidade dos próprios documentos, teremos ainda de atender ao enquadramento legal dos pedidos de registo predial online. A Portaria n.º 1535/2008, de 30 de dezembro regulamentou o depósito eletrónico de documentos particulares autenticados e o pedido online de atos de registo predial, sendo possível, a partir de 01 de janeiro de 2009, a promoção de atos de registo predial online em regime de «balcão único» por advogados, câmaras de comércio e indústria, notários e solicitadores, no âmbito de transações de bens imóveis. (artigos 18º e ss).

Assim, e de acordo com o atual regime legal, fica sem resposta a possibilidade de viabilizar a entrada de processos especiais de registo, via plataforma BUPi, pelos promotores do procedimento RGG, bem como pelos próprios técnicos que finalizam os processos de representação gráfica georreferenciada. De facto, se por um lado não têm os mesmos competência para promover atos de registo online, por outro, falta-lhes base legal para poderem certificar a autenticidade das cópias dos títulos que digitalizam na plataforma, sempre que estes não correspondam a documentos arquivados eletronicamente.

Em conclusão, o sistema de informação cadastral simplificado apresenta algumas virtualidades no contexto da desmaterialização e da interoperabilidade, mas a sua execução dependerá não só da certeza obtida com uma plataforma plenamente desenvolvida, na qual todos os intervenientes possam colher informação segura, fidedigna, íntegra e autêntica, como também do seu adequado enquadramento legal, que permita conservar esta informação.

A sua total dependência, para já, de processos meramente declarativos e pouco fiáveis poderá reconduzir-nos ao ponto de partida, adiando mais uma vez o conhecimento do território, o qual permanecerá *terra incógnita*.

2020, 23.3: 123-138, disponível em https://cije.up.pt/client/files/0000000001/8-pedro-dias-venancio_1639.pdf, acedido em 08.01.2023.
Veja-se também, sobre o tema, PATRÃO, Afonso, Assinaturas Electrónicas, Documentos Electrónicos e Garantias Reais Reflexões Sobre a Viabilidade de Constituição de Garantias Imobiliárias por Meios Electrónicos à Luz da Lei Portuguesa, RevCEDOUA, 2012, pp. 51-52 e 55; e SOUSA, Luís Filipe Pires de "O Valor Probatório do Documento Eletrónico no Processo Civil", 2ª edição, 2017, p.66 e ss, edição e-book

Referências

ALVES, Rui Amaro. "Do SINERGIC 1.0 ao SINERGIC 2.0", INGENIUM — A Engenharia em Revista, II série, 155 (Setembro/Outubro 2016) 30-33, disponível https://centrodocumentacao.turismodeportugal.pt/nyron/library/catalog/winlibsrch.aspx?skey=2F8D31D566694FC4B1D31B5DE83304FE&pesq=5&doc=25313

ARAÚJO, Luísa Clode Figueira da Silva (2018), "A colaboração entre registos e cadastros" In *XXI Congresso Mundial de Direito Registal – IPRA-CINDER 2018*. Colômbia (Cartagena das Índias): 2018. ASCR, disponível em https://ascr.pt/system/jobs/documents/000/000/024/original/Trabalho_cinder2018.pdf?1528318512

ARAÚJO, **Luísa e** RODRIGUES, **Maria de Lurdes.** «Modelos de análise das políticas públicas», *Sociologia, Problemas e Práticas* [Online], 83 | 2017, disponível URL: http://journals.openedition.org/spp/2662

AVÓ, Vera Sofia Domingos. *Desenvolvimento e implementação de uma metodologia para a gestão de custos do projeto de execução do cadastro predial português*, Faculdade de Economia, Universidade do Algarve, 2011, disponível em https://sapientia.ualg.pt/bitstream/10400.1/932/1/vfinal_VeraAvo.pdf

BOUGHZALA, Imed; JANSSEN, Marijn; ASSAR, Saïd. "E-government 2.0: Back to reality, a 2.0 application to vet." In: *Case studies in E-government 2.0: Changing citizen relationships*. Cham: Springer International Publishing, 2014. p. 1-14, disponível https://www.researchgate.net/profile/Said-Assar/publication/278652082_E-Government_20_Back_to_Reality_a_20_Application_to_Vet/links/55e0e98108aede0b572fb052/E-Government-20-Back-to-Reality-a-20-Application-to-Vet.pdf

BORDALO, Ana Cristina. "O cadastro Predial como instrumento de planeamento em tempo de crise", *XIV Colóquio Ibérico de Geografia – Da crise a um novo modelo de desenvolvimento e de coesão territorial, contributos do planeamento*, 2014, http://www.lasics.uminho.pt/conferences/index.php/CEGOT/XIV_ColoquioIbericoGeografia/paper/view/2187

BRYER, Thomas A., "Toward a Relevant Agenda for a Responsive Public Administration", *Journal of Public Administration Research and Theory*, Volume 17, Issue 3, July 2007, p. 479500, https://doi.org/10.1093/jopart/mul010

CASTELLS, Manuel. *A Sociedade em Rede*, 9. ed. rev. ampl. São Paulo: Paz e Terra, 2006, disponível em https://ria.ufrn.br/jspui/handle/123456789/1638

COOK, Justin W.; TÕNURIST, Piret. From transactional to strategic: Systems approaches to public service challenges. 2016, disponível em https://www.oecd.org/media/oecdorg/satellitesites/opsi/contents/images/h2020_systemsthinking-fin.pdf

CORTEZ, M. *et al.* "Liderar em Contexto de Problemas Sociais Complexos e de Governação Integrada", *Fatores críticos de sucesso e governação integrada*, Forum para a Governação Integrada, 2018, disponível em Publicações (govint.pt)

COSTA, Joaquim Américo Salgueira da. "Modelação espacial de controlo de qualidade da atualização vetorial da base de dados geográficos do cadastro geométrico da propriedade rústica" 2019. PhD Thesis, disponível https://comum.rcaap.pt/handle/10400.26/31523

DE BEIRES, Rodrigo Sarmento *O cadastro e a propriedade rústica em Portugal*, Fundação Francisco Manuel dos Santos, maio 2013, disponível https://www.ffms.pt/sites/default/files/2022-07/o-cadastro-e-a-propriedade-rustica-em-portugal.pdf

FERRAZ, David. Política, "Administração e responsabilização de dirigentes públicos: Implicações das teorias, modelos e reformas da Administração". *Handbook de Administração Pública*, 2013, 2, disponível em https://www.researchgate.net/publication/299428084_Politica_Administracao_e_responsabilizacao_de_dirigentes_publicos_Implicacoes_das_teorias_modelos_e_reformas_da_Administracao

FERRAZ, David. *Atores políticos e administrativos: dicotomia ou complementaridade na seleção de dirigentes públicos?* [Dissertação de mestrado, Iscte – Instituto Universitário de Lisboa]. 2018, Repositório do Iscte. http://hdl.handle.net/10071/16385

INICIATIVAS EBUPi, disponível https://plano.bupi.gov.pt/

JARDIM, Mónica. "O Registo Imobiliário e o Cadastro em Portugal" 23-39, *Florestas e Legislação: Que futuro?* coordenação ANTUNES, Maria João e LOPES, Dulce, edição Instituto Jurídico Faculdade de Direito da Universidade de Coimbra, 2019, disponível em https://eg.uc.pt/bitstream/10316/96327/1/Florestas%2C%20que%20futuro.pdf;

JARDIM, Mónica. *Efeitos Substantivos do Registo Predial – Terceiros para Efeitos de Registo*. Coimbra: Almedina, 2015

LLOP, Rubén, et al. "O papel dos gestores atuais para sobreviver num ambiente VUCA". *Journal of Business and Legal Sciences/Revista de Ciências Empresariais e Jurídicas*, 2017, 29: 007-033, disponível https://parc.ipp.pt/index.php/rebules/article/view/2900

PATRÃO, Afonso. Assinaturas Electrónicas, Documentos Electrónicos e Garantias Reais Reflexões Sobre a Viabilidade de Constituição de Garantias Imobiliárias por Meios Electrónicos à Luz da Lei Portuguesa, RevCEDOUA, 2012, pp. 51-52 e 55

RELATÓRIO GRUPO DE TRABALHO PARA A PROPRIEDADE RÚSTICA, criado pelo Despacho 7722/2021 de 21.07, disponível https://www.portugal.gov.pt/pt/gc22/comunicacao/documento?i=relatorio-intercalar-do-grupo-de-trabalho-para-a-propriedade-rustica-gtpr

SILVA, Maria Augusta. *Mestrado em Engenharia Geográfica, Universidade do Porto*, Nov/Dez 2014, disponível https://sigarra.up.pt/fcup/pt/conteudos_service.conteudos_cont?pct_id=242991

SILVA, Pedro Adão. *O modelo de welfare da Europa do Sul: reflexões sobre a utilidade do conceito*. 2002, disponível https://repositorio.iscte-iul.pt/bitstream/10071/382/1/38.03.pdf

TEIXEIRA, Madalena. «O registo predial e o cadastro territorial: complementaridade ou indiferença?», *Revista de Direito Imobiliário, São Paulo, Brasil, n.º 85, 2018, julho/*

dezembro, disponível em https://bit.ly/2WvAhTI – «A relevância do cadastro para o registo predial», disponível em https://bit.ly/34sI4WP

VENÂNCIO, Pedro Dias. "Regime geral dos atos eletrónicos – um regime esquecido General regime for electronic acts – a forgotten regime", *Revista Electrónica de Direito. RED*, 2020, 23.3: 123-138, disponível em https://cije.up.pt/client/files/0000000001/8-pedro-dias-venancio_1639.pdf

VIANA, Ana Cristina Aguilar. "Digital transformation in public administration: from e-Government to digital government". *International Journal of digital law*, 2021, 1: 29-44, disponível https://d1wqtxts1xzle7.cloudfront.net/68673954/revista_Art_Journal_OPne_Harley_Ligia_-libre.pdf?1628542939=&response-content-disposition=inline%3B+filename%3DRevista_Art_Journal_OPne_Harley_Ligia.pdf&Expires=1681594941&Signature=fcGPPvGRCGHLDJuIJ4wb7DXDYb0J-bYYQ3edSNciS2AluEHuG4HglOzsSS0yUJJSP6EhWVs9pVItfkqk63sYPFP--enoRYXe3FdjeL6oLeFngzjV4nKCCZ7vReUqLyoNqygAXO2K8qW7pojQCTI~tQ1FeMHKkfV6VqQG12fUiuNXlI1iH6cimsk5KBTl9L~w027JNF1AuAe0SlFAiVjCrmsGbo0en31d65rmxwHShXOQecU3~NUgZhpc2phTnePU82YGiFrIW7vmNMioEdZiWZmW4XBKCfz4xTH0fN8~oPFIFVLerqwG93zFR25LB5X32CzB7u95buHLm4styG41Cug__&Key-Pair-Id=APKAJLOHF5GGSLRBV4ZA#page=29

VIGODA, Eran. "From responsiveness to collaboration: Governance, citizens, and the next generation of public administration", *Public administration review*, 2002, 62.5: 527-540, disponível https://onlinelibrary.wiley.com/doi/pdf/10.1111/1540-6210.00235?casa_token=TV5Nrb4sxQgAAAAA:BWXL3364rHusGGL7qLXjaFKZrOjPau58rQxSA6OuEBCe0EE8hqgm_HSGIo8wo3Af9lwhhIaGLEWgKms

VIEIRA, João André Cardoso. *Cadastro Nacional de Edifícios-Proposta de um Bilhete de Identidade para imóveis*. FEUP, 2018, disponível em https://repositorio-aberto.up.pt/bitstream/10216/113529/2/275853.pdf

VILAS BOAS FILHO, Orlando. "A governança em suas múltiplas formas de expressão: o delineamento conceitual de um fenômeno complexo". *REI – REVISTA ESTUDOS INSTITUCIONAIS*, *2*(2), 2017, 670–706. https://doi.org/10.21783/rei.v2i2.64

WU, Xu, et al. *Guia de políticas públicas: gerenciando processos*. 2014, disponível em https://repositorio.enap.gov.br/jspui/bitstream/1/2555/1/Guia%20de%20Pol%C3%ADticas%20P%C3%BAblicas%20Gerenciando%20Processos.pdf

Legislação

Lei n.º 78/2017, de 17 de agosto
Decreto Regulamentar n.º 9-A/2017, de 3 de novembro
Lei n.º 65/2019, de 23 de agosto
Decreto Regulamentar n.º 4/2019, de 20 de setembro
Resolução do Conselho de Ministros n.º 45/2020
Resolução do Conselho de Ministros n.º 2/2023

Legislação adicional com relevo na matéria:
Alvará de 9 de junho de 1801; Portaria de 28 de Outubro de 1852, de Fontes Pereira de Melo; Decreto 11859 de 07 de julho de 1926, Decreto nº 12 451, de 9 de outubro de 1926; Decreto 12764 de 22 de novembro de 1926; Decreto 14162 de 26 de agosto de 1927; Lei orgânica do IGC, aprovada pelo DL 27/77 de 20 de janeiro; Decreto-Lei nº 513/80, de 28 de outubro; Lei 1/87 de 6 de janeiro; Código de Contribuição Autárquica, aprovado pelo DL º 442-C/88 de 30 de novembro; DL 53/90 de 13 de fevereiro; Decreto-Lei nº 74/94, de 5 de março; Regulamento do Castro Predial, aprovado pelo Decreto-lei nº 172/95, de 18 de julho; Portaria nº 1192/95, de 2 de outubro; Decreto-Lei nº 8/2002, de 4 de julho; Decreto-Lei n.º 224/2007, de 31 de maio (SINERGIC); Decreto Regulamentar Regional n.º 4/2008/A, de 10 de março; Decreto-Lei n.º 362/2007, de 2 de novembro; Decreto-Lei 180/2009 de 7 de agosto; Lei 31/2014, de 30 de maio; Lei 3/2015, de 9 de janeiro; Decreto Legislativo Regional n.º 25/2020/A, de 14 (SiRGIC)

Pareceres IRN:
disponíveis em https://irn.justica.gov.pt/Sobre-o-IRN/Doutrina-registal/Pareceres-do-Conselho-Consultivo#RegistoPredialCasaPronta

Produção UE:
Diretiva n.º 2007/2/CE, do Parlamento Europeu e do Conselho, de 14 de março; Regulamento (UE) 2018/1724 do Parlamento Europeu e do Conselho, de 2 de outubro de 2018; RELATÓRIO FINAL DA ESTRATÉGIA E PLANO DE AÇÃO DE JUSTIÇA ELETRÓNICA 2019-2023, *Estudo sobre a utilização de tecnologias inovadoras no domínio da justiça: relatório final*, Serviço das Publicações, 2020, https://data.europa.eu/doi/10.2838/585101; COMUNICAÇÃO DA COMISSÃO AO PARLAMENTO EUROPEU, AO CONSELHO, AO COMITÉ ECONÓMICO E SOCIAL EUROPEU E AO COMITÉ DAS REGIÕES Uma estratégia europeia para os dados – Publications Office of the EU (europa.eu); RELATÓRIO FINAL DA ESTRATÉGIA E PLANO DE AÇÃO DE JUSTIÇA ELETRÓNICA 2019-2023, *Estudo sobre a utilização de tecnologias inovadoras no domínio da justiça: relatório final*, Serviço das Publicações, 2020, https://data.europa.eu/doi/10.2838/585101; EUROPA INTEROPERÁVEL, disponível em Interoperability Solutions | Joinup (europa.eu); GUIÃO PARA A DÉCADA DIGITAL disponível em https://data.consilium.europa.eu/doc/document/PE-50-2022-INIT/pt/pdf; LIVRO BRANCO SOBRE INTELIGÊNCIA ARTIFICIAL (IA), disponível em https://eur-lex.europa.eu/legal-content/PT/TXT/PDF/?uri=CELEX:52020DC0065; PLANO DE AÇÃO 2022-2025 "Digitalização para uma melhor justiça", Comissão Europeia para a Eficiência da Justiça (CEPEJ), de 09.12.2021, acessível em https://rm.coe.int/cepej-2021-12-en-cepej-action-plan-2022-2025-digitalisation-justice/1680a4cf2c

16. COMO A INTELIGÊNCIA ARTIFICIAL PODE CONTRIBUIR PARA MELHORAR O CONTROLE DA ADMINISTRAÇÃO PÚBLICA E PROMOVER A INTEGRAÇÃO ENTRE OS DIVERSOS PODERES, ÓRGÃOS E INSTITUIÇÕES

JOZELIA NOGUEIRA

1. O desenvolvimento da inteligência artificial (IA)

A Inteligência Artificial (IA) não tem uma definição única e uma data específica de início das pesquisas.

Na década de 1950 os estudos da IA já existiam nos Estados Unidos com dificuldades de financiamento e continuidade. Os pesquisadores pioneiros estabeleceram uma meta ambiciosa de criar uma máquina com a inteligência humana. O objetivo era claro e complexo, atraindo cientistas da computação como Marvin Minsky, John McCarthy e Herbert Simon, que deram continuidade a esse propósito nas décadas seguintes, contando com muitos outros pesquisadores que foram se dedicando ao mesmo fim.

Na década de 1980 a IA era estudada com duas abordagens: das regras e das redes neurais. Na abordagem das regras, elas eram lógicas: se X, deve ser Y e serviam para jogos simples.

Na abordagem das redes neurais o que acontecia era a tentativa de reconstruir o próprio cérebro humano, imitando o funcionamento por camadas de neurônios artificiais aptos a receber e transmitir informações, como acontece com as redes de neurônios biológicos. Nessa abordagem, os pesquisadores não deram às redes as regras a serem seguidas, deixando a tomada de decisão por conta da máquina, sem interferência humana, mas com acesso a milhões de informações e dados sobre o assunto.

Durante a década de 1990 as pesquisas praticamente paralisaram, até que nos anos 2000, ocorre avanço da internet e Geoffrey Hinton descobre como treinar as novas camadas de redes neurais para multiplicar seu poder de executar tarefas, como o reconhecimento de objetos e falas. No entanto, ainda havia preconceitos contra a abordagem das redes neurais.[1]

A primeira *onda* foi a *IA de aprendizado profundo* da internet, que teve início em meados de 2012, utilizando algoritmos que aprendem as preferências dos usuários da rede mundial e desenvolvem rotinas baseadas nos seus comportamentos, veiculando conteúdo para agradar ou motivar as pessoas a comprar bens ou serviços. Os algoritmos utilizam elevadas quantidades de dados de determinado domínio para tomar a melhor decisão. Os dados são rotulados com o resultado esperado, permitindo amplas correlações para chegar a decisão mais próxima da que seria tomada pelo humano. Tais correlações não são totalmente visíveis aos olhos humanos, mas exigem quantidades massivas de dados relevantes, porque com poucos dados o algoritmo não teria exemplos suficientes para descobrir correlações significativas e conseguir uma otimização. O aprendizado profundo é conhecido como a *IA estreita*, ainda muito distante da *IA geral* que pode fazer o mesmo que um humano faria.

Nessa *primeira onda* a aplicação da *IA estreita e aprendizado profundo* ocorre nas áreas de seguro e empréstimos, que disponibilizaram dados relevantes dos mutuários, referentes à renda, uso de cartão de crédito e pontuação de crédito. O objetivo era reduzir a taxa de impontualidade. Essa pesquisa do *aprendizado profundo* evoluiu para várias pesquisas.[2]

As principais empresas da internet passaram a compilar e depositar dados que foram rotulados para utilização pelos algoritmos. Os rótulos vinculam apenas a um resultado que verifica a aceitação, utilização ou visualização do dado ou não, sem verificar conteúdo. Mais do que agradar, a IA busca aprender com as ações e reações humanas. A máquina busca compreender os desejos humanos e incentivar o consumo, criar facilidades, realizar tarefas e resolver problemas. As empresas de internet tiveram resultados positivos, aumentando seus lucros utilizando a IA.

[1] Lee, Kai-Fu. Inteligência Artificial. Como os robôs estão mudando o mundo, a forma como amamos, nos relacionamos, trabalhamos e vivemos. Tradução de Marcelo Barbão. Rio de Janeiro: Globo Livros, 2019, p. 19-22

[2] Idem, p.23-24

Outras empresas passaram também a utilizar a IA, para outros fins, como a *Cambridge Analytica* que usou dados do *Facebook* para estudar os eleitores norte-americanos nas eleições de 2016, divulgando publicamente que *não havia melhores dados que ainda mais dados*.

Novas empresas de internet foram criadas para utilização da IA em todo o mundo, inclusive na China, onde a *Toutiao* utilizou algoritmos para criar conteúdo em linguagem natural (máquina), imitando o *BuzzFeed* que produzia o mesmo conteúdo com editores jovens (humanos) que os criavam com originalidade.[3]

Na *segunda onda* surge a *IA dos negócios*. As empresas privadas, seguradoras, bancos, hospitais, passaram a utilizar a IA para arquivar e rotular dados relativos as suas atividades, que estão sendo utilizados pelos algoritmos para predições que os humanos não conseguiriam realizar, porque se originam da combinação de dezenas de milhões de exemplos com correlações sutis.

Os algoritmos pretendem superar os humanos em todas as tarefas de negócios analíticos, a partir de dados estruturados, categorizados, rotulados e pesquisáveis. O uso já está acontecendo com sucesso nas áreas de preços de ações, uso de cartões de crédito e para evitar o não pagamento de hipotecas.

Na China o uso está acontecendo no sistema bancário com o *Smart Finance*, um aplicativo de IA que utiliza algoritmos para conceder automaticamente, sem participação do Banco, pequenos empréstimos de curto prazo. A análise do risco de inadimplência se dá pelo acesso aos dados contidos no telefone do usuário, a partir dos quais se verificam métricas e quantidades de dinheiro mantido nas contas *WeChat Wallet*, que substituíram os cartões de crédito.[4]

A IA nos negócios tem sido mais utilizada nos Estados Unidos, mas a China vem ampliando sua participação nesse segmento.

A terceira onda é a *IA de perceção* onde os algoritmos podem agrupar pixels de fotos, áudios e vídeos em grupos e reconhecer objetos assim como o cérebro humano reconhece. Além de armazenar arquivos de áudios (bits digitais) os algoritmos utilizam palavras escolhidas por eles e interpretam frases completas. Sensores e outros dispositivos inteligentes são vendidos

[3] Idem, p.132-134

[4] Lee, Kai-Fu. Inteligência Artificial, p.136-137

para monitorar todos os ambientes da vida social, captando e digitalizando dados do mundo físico para análise e otimização pelos algoritmos, em aprendizado constante. As linhas que separam o mundo off-line do mundo on-line estão menos evidentes e a interação com a internet está cada dia mais ampliada. Se antes as interações com o mundo on-line aconteciam pelos celulares e pelos computadores, que ainda continuam sendo pontos de contato, agora isso se ampliou para os aparelhos de televisão, refrigeradores e para outros equipamentos, especialmente aqueles com reconhecimento de face (para pagamentos, por exemplo).[5]

A evolução da IA continua com novas possibilidades na educação onde vem sendo testada em quatro cenários: sala de aula, lição de casa, provas e aulas especiais. O perfil do aluno é identificado a partir das dificuldades que ele teve durante as aulas, os conceitos que conseguiu aprender, sua reação à metodologia de ensino, suas dificuldades, eventuais problemas de atenção, de interação e motivação. Os pais serão informados do perfil do aluno e suas dificuldades para que possam buscar um tutor remoto, se necessário, em qualquer lugar do mundo. A experiência está acontecendo na China, buscando um novo paradigma para a educação com tecnologia IA.[6]

Está sendo aprimorada a predição, que resulta da depuração dos dados, de acordo com a conveniência da situação, para uma decisão melhor. O julgamento quanto a melhor decisão deve levar em conta o resultado, que por sua vez oferece um feedback que ajuda a tomada de decisões futuras para casos análogos. Os pesquisadores acreditam que a predição da máquina tem sido mais eficiente do que a predição dos humanos, os demais elementos da decisão ainda estão a cargo dos humanos, ou seja, o julgamento, os dados e a ação.[7]

A quarta onda é a *IA autônoma*, quando as máquinas estarão integradas no mundo, ouvindo e se movendo com segurança, aprendendo como trabalhar de forma produtiva. O desafio é combinar os poderes sobre-humanos em máquinas que não se limitem a compreender o mundo que as rodeia, mas que o moldem.

[5] Lee, Kai-Fu. Inteligência Artificial, p.144-145

[6] Idem, p.149-150

[7] AGRAWAL, Ajay. GANS, Joshua. GOLDGARB, Avi. Máquinas Preditivas. A simples economia da Inteligência Artificial. Trad. Wendy Campos. Rio de Janeiro: Alta Books, 2018, p.74-76

Isaac Asimov reporta três leis da Robótica que devem ser observadas pelos pesquisadores na criação das máquinas, o que se aplica à IA autônoma: (I) os robôs não podem ferir ou matar o ser humano, seja por ação ou omissão; (II) devem obedecer às ordens dos humanos, salvo se conflitar com a primeira lei; e (III) devem proteger a sua própria existência, desde que não conflite com as leis anteriores.

2. O papel do Estado, o controle e o uso da IA

No Brasil o planejamento do Estado para o cumprimento de sua função social, econômica e fiscal, está contido, no todo ou em parte, nas três Leis Orçamentárias de iniciativa do Poder Executivo: Plano Plurianual (PPA), Lei de Diretrizes Orçamentárias (LDO) e Lei Orçamentária Anual (LOA).

São leis que tem vigência de 4 anos, mas sua elaboração ocorrerá no primeiro ano do mandato do gestor público, para vigência no exercício seguinte. No primeiro ano de mandato o governante vai cumprir as Leis Orçamentárias do seu antecessor. Essa sistemática visa garantir que os contratos, despesas correntes, obras e o planejamento iniciado no governo anterior, tenham continuidade no governo posterior.

Por meio das leis orçamentárias a Administração Pública planeja as despesas públicas e investimentos, decide como vai implementar as políticas públicas, estima a receita tributária e não tributária que será arrecadada para o cumprimento dos seus objetivos e para a manutenção do Estado e o bem-estar de toda a população, de acordo com o art. 3º da Constituição Federal. Além disso, o governo federal elegerá suas políticas fiscal e econômica, visando o pleno emprego, o fomento, a boa governança, o cumprimento das obrigações constitucionais, as limitações de gastos e a forma de pagamento ou refinanciamento da dívida pública.

O planejamento do Estado vai além das leis orçamentárias, porque é mais amplo, não se restringe ao exercício financeiro e nem mesmo ao curto período de um mandato do Executivo (4 anos). O Estado planeja também para o longo prazo e esse planejamento é nacional e intergeracional, podendo ser concebido como *planejamento econômico governamental* segundo entende CONTI[8].

[8] CONTI, José Maurício. O Planejamento Orçamentário da Administração Pública no Brasil. Tese. São Paulo: USP. 2017, p.51.

O planejamento por meio das leis orçamentárias é a materialização do planejamento do Estado na Administração Pública.[9]

Seu fundamento está na Constituição Federal, art. 165, que estabelece os instrumentos orçamentários, sua natureza, objetivos, conteúdo e forma.

Para implementar o planejamento, concretizar as políticas públicas sociais, investimentos e demais obrigações de gasto, a Administração se submete às normas constitucionais, às leis orçamentárias que resultam do planejamento financeiro do Estado para cumprir suas obrigações, e às demais leis específicas que tratam dos vários temas de direito público.

A Lei de Responsabilidade Fiscal (Lei Complementar 101/2000) é Lei Complementar, de natureza financeira, que define as obrigações dos gestores públicos, as restrições, limitações, a forma como serão implementadas as normas e obrigações financeiras planejadas, o controle interno e externo e a transparência, as a audiências públicas, o endividamento, a prestação de contas e outras questões financeiras.

A Lei de Licitações e Contratos (Lei n. 14.133, de 1º de abril de 2021) vai definir como as contratações de terceiros serão formalizadas e pagas. Outras Leis deverão ser respeitadas pelos gestores públicos, dentre elas destacamos as tributárias, ambientais, das Estatais, de Improbidade Administrativa, leis processuais e administrativas.

O controle interno da Administração Pública em todas as esferas e órgãos é exercido por funcionários públicos.

Para o controle externo foram criados os Tribunais de Contas da União e os Tribunais de Contas Estaduais (que tem competência para fiscalizar as contas dos entes subnacionais – Estados e Municípios).

A responsabilização administrativa dos gestores públicos e terceiros que atuam Administração Pública é subjetiva porque depende da culpa.

Em Portugal a responsabilidade foi objetiva até 1989. A partir da Lei n. 98, de 26.08.1997 se consolida a responsabilidade financeira em Portugal como subjetiva e dependente da comprovação de culpa dos responsáveis pelo uso do dinheiro público.[10]

No caso da União Europeia o controle interno é exercido pelo Departamento de Controle da Comissão Europeia. O controle externo é exercido pelo Tribunal de Contas Europeu.

[9] Idem. p.51.

[10] Idem, p. 39.

Em Portugal o controle interno é exercido pelas Inspeções Gerais e outras unidades, e o controle externo pelo seu Tribunal de Contas, que é também responsável pelo controle das regiões autônomas e das Autarquias (Municípios).

O controle é ampliado e o julgamento do Tribunal de Contas vai além da infração cometida pelo agente, posto que a obrigação de reintegrar não se limita ao valor que falta nos cofres públicos, mas abrange todo o dano sofrido pelo Estado.[11]

A nova concepção de responsabilidade financeira ampliou o universo dos sujeitos passivos que podem ser responsabilizados, passando a abranger, além dos funcionários públicos e titulares de cargos públicos, também os terceiros que mantém alguma relação com o Estado, especialmente no tocante à despesa pública.[12]

A responsabilidade financeira interna deu lugar a uma ampla possibilidade de responsabilização de todos os que gerem ou usam dinheiro público. Mesmo assim, a responsabilização continuou individual e não coletiva, posto que o legislador não optou por responsabilizar pessoas coletivas ou órgãos coletivos, como o fez o Código Penal Português em seu art. 11.

A responsabilidade financeira é a que resulta de uma prática culposa de uma infração financeira praticada por um agente ou funcionário público (ou por um terceiro nomeado para esse fim) responsável por gerir o dinheiro público e que apenas pode ser apreciada no âmbito da função jurisdicional do Tribunal de Contas. Da violação culposa de uma norma financeira nasce a responsabilidade financeira do agente, desde que a conduta esteja tipificada na lei vigente ao tempo da sua prática, sujeita à jurisdição financeira.[13]

A responsabilidade financeira não necessariamente exclui a ampla responsabilidade, que também pode ser civil, administrativa, criminal

[11] FRANCO, António de Souza. Tribunal de Contas na Encruzilhada. Prefácio de Tribunal de Contas – Legislação Anotada. Coimbra: Almedina, 1990, p. 41.

[12] CARMO, João Franco do. Contribuição para o Estudo da Responsabilidade Financeira. Revista do Tribunal de Contas n. 23, jan/set 95, p. 69. A Lei n. 48/2006, que alterou a Lei n. 98/97, produziu significativo alargamento da responsabilidade financeira da obrigação de prestar contas e também da função do Tribunal de Contas de as julgar.

[13] Idem, p. 63.s

ou disciplinar. A sanção e a reintegração podem ser aplicadas inclusive concomitantemente, dependendo do caso.[14]

A responsabilidade sancionatória aplica-se nos casos de ausência de dano efetivo ao erário, havendo aplicação de multa pela conduta irregular do agente. A multa aplicada (sancionatória) não exclui a reposição do dano, que tem natureza reintegratória.

No Brasil, a Constituição de 1988 ampliou a jurisdição e a competência do Tribunal de Contas da União, que recebeu poderes para, no auxílio ao Congresso Nacional, exercer a fiscalização contábil, financeira, orçamentária, operacional e patrimonial da União e das entidades da administração direta e indireta, quanto à legalidade, à legitimidade e à economicidade e a fiscalização da aplicação das subvenções e da renúncia de receitas. Qualquer pessoa física ou jurídica, pública ou privada, que utilize, arrecade, guarde, gerencie ou administre dinheiro, bens e valores públicos ou pelos quais a União responda, ou que, em nome desta, assuma obrigações de natureza pecuniária tem o dever de prestar contas ao TCU.

Os Tribunais de Contas Estaduais decorrem do modelo federativo, que implica em autonomia dos entes federados (União, Estados e Municípios).

As atribuições dos Tribunais de Contas da União e dos Estados, no Brasil, são praticamente as mesmas definidas para o Tribunal de Contas de Portugal, com duas diferenças importantes: não há controle prévio no Brasil e o Tribunal de Contas brasileiro não tem função jurisdicional.

Os meios que são utilizados nos Tribunais de Contas do Brasil, para o exercício do controle externo são digitais, mas não envolvem ainda a Inteligência Artificial.

No Poder Executivo brasileiro, na área tributária, todo o sistema é eletrônico e interligado na União e nos estados-membros, onde já inicia a utilização da IA. Nos municípios, somente as capitais e as grandes cidades estão utilizando os meios eletrônicos, mas a IA ainda não é utilizada.

O uso da IA pode ser utilizada para fiscalização dos contribuintes a partir da Nota Fiscal eletrônica, que compila dados da atividade econômica das empresas, como a compra e a venda de mercadorias, prestação

[14] Idem, p.68. Vide http://portal.tcu.gov.br/institucional/conheca-o-tcu/historia/historia.htm

de serviços, controle de estoque, preços praticados, margem de lucro, transportes, e gastos com a atividade econômica.

Todas as operações comerciais, de serviços ou contratuais que resultem em pagamento de tributos são controladas pelas Autoridades Tributárias Federal e Estadual, por meio digital. Os Municípios ainda estão se integrando ao sistema digital pelas Capitais. O sistema digital da União e dos Estados compartilham informações e permitem o acesso a informações de preços de todos os produtos, serviços e materiais por meio de Inteligência Artificial.

No Poder Judiciário brasileiro a Inteligência Artificial já está sendo testada, mas os Tribunais de Contas ainda não iniciaram os testes para um controle externo concomitante, que seria mais eficiente do que o controle posterior que é utilizado atualmente.

No controle externo os Tribunais de Contas do Brasil poderiam utilizar tal ferramenta para analisar o cumprimento das obrigações constitucionais, legais e contratuais pelos governantes e demais gestores públicos. Poderiam verificar a legalidade das despesas públicas, fazendo conexões com as Leis Orçamentárias, com as normas constitucionais, com as leis específicas e demais instrumentos normativos. Toda a legislação brasileira já é eletrônica permitindo o uso da IA para o cruzamento de dados.

3. A inteligência artificial e suas consequências

O computador foi um grande aliado da Administração Pública no século XX, na gestão administrativa e nos controles interno e externo. Na ocasião foi eficiente para municiar o gestor de meios e informações para uma boa gestão.

A ciência e a tecnologia evoluíram e a Internet pode ser apontada como uma das mais importantes ferramentas eletrônicas desenvolvidas para facilitar a comunicação global, para melhorar o gerenciamento de dados e a organização das pessoas, empresas e da Administração Pública. Mesmo assim, a modernização de suas ferramentas no âmbito público é lenta e não acompanha as alterações recentes.

A Inteligência Artificial (IA) da internet passou a existir a partir de 2012, utilizando algoritmos que aprendem as preferências dos usuários da rede mundial e desenvolvem rotinas baseadas nos comportamentos dos usuários, veiculando conteúdos que possam agradar ou motivar as pessoas a comprar bens ou serviços.

As novas tecnologias de IA estão voltadas para as empresas privadas cujo objetivo é criar valor econômico, e não para o Estado e a Administração Pública.

Existe um fundado temor de que as novas tecnologias da indústria 4.0 causem desemprego em massa de trabalhadores, inclusive dos altamente qualificados, porque as máquinas terão custos menores e poderão assumir todo tipo de trabalho, inclusive aqueles que o humano sequer consegue realizar atualmente. Os empresários teriam seus lucros aumentados, concentrando riqueza enquanto a desigualdade social seria ampliada.

Se essa predição se realizar, o Estado teria que se reorganizar para tributar mais tais empresas que não empregam humanos, providenciando meios ou políticas públicas para empregar os trabalhadores e lhes propiciar renda, ou para lhes dar uma renda básica. O elevado desemprego prejudica a economia, além de empobrecer os trabalhadores e sua família. Esse empobrecimento reduz a tributação do governo, receitas que farão falta para o cumprimento das obrigações constitucionais e investimentos.

O pagamento de uma renda básica não é a melhor solução porque manteria as pessoas na pobreza, sem poder de compra, sem perspectiva de melhorar sua vida e ampliar sua renda para adquirir bens e ter dignidade. Por outro lado, a renda básica exige a ampliação das receitas públicas, tendo os empresários que assumir o pagamento de uma tributação majorada. Assim, são livres os empresários para optar pelas máquinas ao invés de empregar humanos, mas terão que pagar tributos bem mais altos para garantir seus altos lucros.

As máquinas não podem substituir os humanos, deveriam ser limitar a realizar atividades perigosas aos humanos ou complementares.

Essa situação já está acontecendo nos Estados Unidos e outros países desenvolvidos, com a automação da produção que já desempregou muitos trabalhadores, inclusive os altamente qualificados. Ocorreu aumento da desigualdade social, gerando maior concentração de renda em pequena parcela da população americana, empobrecimento dos trabalhadores, aumento do número de desempregados.

A IA vem acentuando a desigualdade social e o desemprego porque indústrias que a utilizam tendem a manter monopólio, reduzindo os preços, acabando com a competição entre as empresas. As pequenas empresas que ainda empregavam estão sendo forçadas a fechar e os lucros das grandes empresas de IA só aumentarão.

Nos países desenvolvidos a desigualdade social e econômica e a insatisfação da classe média prejudicada é um problema dos mais perigosos porque é potencialmente explosivo, podendo gerar revoltas violentas, como já ocorreu no curso da história. O tumulto social e econômico está instalado e logo todas as pessoas perceberão, olhando paras máquinas inteligentes, que o ser humano pode deixar de ser importante na sociedade de acumulação e exploração.[15]

4. O uso da IA na Administração Pública de forma integrada entre os poderes e órgãos para um controle mais eficiente e concomitante

O Estado do século XXI tem como desafio utilizar a IA em suas atividades administrativas para otimizar sua atuação social.

A IA não poderá ser utilizada nas atividades-fim dos Poderes Executivo, Legislativo e Judiciário, no Ministério Público, Tribunais de Contas, Empresas Estatais e Universidades Públicas, porque são atividades que somente o humano pode realizar.

Para uma boa governança a IA pode ser uma aliada eficiente.

A Inteligência Artificial no âmbito do Estado, não deve substituir o humano nas suas decisões e ações, mas tão somente municiar os gestores públicos com dados e informações para uma boa gestão do dinheiro público.

A vantagem da IA é que ela é muito mais abrangente, é capaz de armazenar mais informações, de atualizar tais dados, fazer pesquisas abrangentes, informar dados adequados, indicar a legislação aplicável a cada caso, para que os gestores públicos possam tomar as melhores decisões administrativas para a solução dos problemas identificados, para a implementação das políticas públicas sociais, evitando assim decisões equivocadas, ineficientes ou ilegais.

Não se trata de uma nova inteligência, mas da predição, que é um componente muito importante na tomada de decisão.

No caso do formulador de políticas, ele terá acesso a informações e dados para uma decisão mais fundamentada em situações análogas exitosas de casos parecidos ou iguais. Na análise dos resultados das políticas públicas, obras ou outros investimentos, a IA poderá ajudar na fiscalização da implementação de tais políticas.

[15] Idem, p.175-176

A melhor predição reduz a incerteza e torna a decisão mais propícia a melhores resultados.[16]

A IA pode ser a ferramenta que falta ao gestor público para tomar decisões técnicas nas obras públicas, nas compras de material especial, eletrônico ou tecnológico, que exige um conhecimento mais aprofundado e uma análise mais ampla para evitar decisões que logo se mostrem ultrapassadas.

A IA é capaz de dar respostas mais rápidas e precisas nos casos que envolvem processamento de dados.

A tomada da decisão continua sendo do agente responsável, que utilizará a IA apenas para obter mais informações e dados para suas escolhas ou para suas decisões que envolvam fiscalização e controle.

A tecnologia da IA, em algumas situações, aumenta o grau de segurança dos gestores que fazem auditoria dos gastos públicos, de análise de legalidade, ou do resultado das políticas públicas sociais implementadas, em todas as áreas do Estado.

O acesso a dados e informações de inovação, poderá resultar em contratações públicas, investimentos e ações que atendam às exigências sociais e ambientais. Espera-se que os gestores possam tomar decisões mais adequadas e eficientes. Atualmente as decisões são pautadas pelo menor preço ou por critérios subjetivos. A IA pode propiciar uma decisão mais adequada às novas tecnologias existentes, para o cumprimento das obrigações ambientais e o uso adequado dos recursos naturais esgotáveis, para evitar poluição e destruição do meio ambiente.

A decisão de contratar a melhor tecnologia exige também que se analise o melhor preço, que poderá ser informado pela IA a partir dos dados que a própria Administração Pública possui.

Na área tributária existem dados de todas as áreas produtivas, econômicas e sociais, de todas as vendas realizadas, preços de bens, serviços e obras. O acesso a essas informações pela IA permitirá municiar a fase interna da Licitação de informações importantes para a decisão quanto ao tipo de tecnologia a ser adotada, a forma de contratação, o tipo de obra, o preço de todos os itens que integram a composição do preço

[16] AGRAWAL, Ajay. GANS, Joshua. GOLDGARB, Avi. Máquinas Preditivas. A simples economia da Inteligência Artificial. Traduzido por Wendy Campos. Rio de Janeiro: Alta Books, 2018, p. 2-3

final. Quando ao enquadramento legal e documental das empresas que poderão participar da Licitação para contratação, a IA poderá auxiliar com informações cruzadas.

O que se observa nas contratações públicas, especialmente no Brasil, são falhas de eficiência e eficácia no resultado, prejuízos financeiros que se acumulam, desperdício dos recursos públicos, enriquecimento ilícito de privados, desvios de finalidade, corrupção e má gestão, mesmo quando o gestor público age nos limites da legalidade.

A eficiência da gestão pública é o maior desafio do Estado, e não só a governança. O gestor não pode ser tolhido na sua administração e nas suas escolhas, para as quais foi eleito no modelo democrático. Mas, precisa de ferramentas que o auxiliem na tomada de decisão, assim como no cumprimento de suas obrigações constitucionais e legais, no seu compromisso social e não somente no seu compromisso econômico de equilíbrio das contas públicas, austeridade na gestão orçamentária.

A IA pode colaborar para que todas essas obrigações sejam cumpridas da melhor forma para garantir eficiência e eficácia no resultado final, que é a solução dos problemas sociais, a melhor prestação de serviço ao cidadão e o menor gasto possível para maximizar os recursos públicos e assim beneficiar a atual e as futuras gerações.

A tomada de decisão pelo gestor deve se dar sem o uso da máquina. Porém, antes da decisão o gestor deverá ter acesso a todos os dados disponíveis no mundo digital para possibilitar a melhor predição. Essa predição resulta na depuração dos dados de acordo com a conveniência, a situação e a precedência na tomada de decisão. É o gestor público que deve julgar o que é importante naquele momento e realizar a melhor escolha. Essa escolha levará a um resultado, que é a consequência da decisão. Esse resultado oferece um feedback que ajuda a melhorar a tomada de decisão futura.

A predição da máquina tem se mostrado mais eficiente do que a predição dos humanos. Os demais elementos da decisão ainda estão a cargo dos humanos: julgamento, dados e ação.[17]

Com predições melhores o gestor público poderá se concentrar nas oportunidades de julgamento.

[17] AGRAWAL, Ajay. GANS, Joshua. GOLDGARB, Avi. Máquinas Preditivas. A simples economia da Inteligência Artificial. Traduzido por Wendy Campos. Rio de Janeiro: Alta Books, 2018, p.74-76

As predições vêm sendo amplamente utilizadas por empresas privadas quando envolve prever se os utilizadores atendem padrões de merecimento ou exigência, como no caso do crédito, que envolve o risco da empresa. Tais decisões levam a modelos de negócios distintos, analisam transações legítimas e isso tudo envolve julgamento que é feito pelo humano.

As fraudes, por outro lado, continuam acontecendo, nas relações privadas, mesmo quando a máquina faz uma predição ótima e o humano faz um julgamento que reputa ótimo. As falhas exigem que a IA melhore sua predição a partir de acesso a novos dados que envolvem as partes e suas relações, fazendo correlações mais amplas, de transações em lojas, de pagamentos, de restrições e outros fatos. Até que as máquinas se tornem mais eficientes na predição para prever fraudes, as empresas privadas terão que computar em percentual os custos dos erros no seu julgamento.[18]

Na Administração Pública e nos órgãos de controle interno e externo, a predição da máquina será facilitada, porque utilizará critérios objetivos e legais, e assim o julgamento do humano deve ficar mais próximo da realidade.

As fraudes poderão ser detectadas pela máquina na predição, o que não dispensa o julgamento do humano que deve adequar a predição da máquina aos fatos reais, com o cuidado de confirmação do ocorrido, para evitar erros.

A criação de ferramentas de IA exige que um resultado seja escolhido, que fluxos de trabalho sejam avaliados, sejam eles de cargos iguais ou diferentes, para em seguida desmembrar o fluxo de trabalho em tarefas e verificar a possibilidade de empregar a máquina nessas tarefas, de forma mais eficiente[19] ou para concluir que aquela tarefa só pode ser realizada pelo humano. Dessa análise pode surgir a decisão de automatizar totalmente a tarefa, de automatizá-la apenas em parte, ou de não a automatizar.

No âmbito do setor público, a automatização pode ser utilizada, como já vem ocorrendo, para controlar as vendas com a emissão da Nota Fiscal eletrônica, que tem como objetivo evitar a sonegação e facilitar a fiscalização.

A Nota Eletrônica permite análise de dados quanto aos preços praticados pelos produtos vendidos e serviços prestados. A Administração

[18] Idem, p.81-86

[19] Idem, p.142-143

Pública pode utilizar tais informações nas contratações públicas, nas Licitações de compras, serviços e obras públicas. Seria um excelente e eficiente instrumento para evitar erros, superfaturamento, subfaturamento das propostas e controle de qualidade dos produtos fornecidos pela iniciativa privada, principalmente na área de saúde, como ficou demonstrado na pandemia de Covid19.

O controle interno da Administração pode ter acesso a esses dados, assim como o controle externo por meio dos Tribunais de Contas, porque tais informações não violam o sigilo fiscal das empresas, são informações públicas.

Mas, o acesso aos dados para a gestão ou para a fiscalização, por meio de IA não deve acontecer de forma individualizada em cada instituição pública ou órgão estatal. Deve acontecer de forma integrada, para que seja mais eficiente no resultado e para que colabore também para o controle contábil.

A Administração Pública planeja suas ações e o cumprimento de suas obrigações por meio do Orçamento Público.[20]

Para realizar esse planejamento de médio e curto prazo pode e deve utilizar ferramentas de IA, para tomar decisões mais acertadas que atendam todas as exigências constitucionais sociais, administrativas, ambientais e tecnológicas.

A Administração deve também realizar um planejamento de longo prazo (20 anos ou mais) para políticas públicas que envolvam principalmente a educação, saúde, habitação, ciência e tecnologia e infraestrutura em geral, o fazendo por meio de Planos setoriais.[21]

A coleta de dados e informações da IA deve iniciar pelo Orçamento Público, porque a legalidade da despesa depende de sua inclusão nas leis orçamentárias. E embora seja obrigatória essa formalidade, muitas vezes acontecem contratações sem previsão orçamentária.

[20] Brasil. Constituição Federal. Art. 165. Leis de iniciativa do Poder Executivo estabelecerão: I – o plano plurianual; II – as diretrizes orçamentárias; III – os orçamentos anuais. § 1º A lei que instituir o plano plurianual estabelecerá, de forma regionalizada, as diretrizes, objetivos e metas da administração pública federal para as despesas de capital e outras delas decorrentes e para as relativas aos programas de duração continuada.

[21] No Brasil o planejamento de longo prazo tem sido abandonado nas últimas décadas. Vide: NOGUEIRA, Jozélia. CONTI, José Maurício. Planejamento de Longo Prazo e a Justiça Intergeracional. Revista Internacional Consinter de Direito, vol. VII, série IV, 2018. p.217-232

Compete ao Poder Executivo a administração do Estado, ao Legislativo o controle e a legislação, ao Judiciário a aplicação das leis e a justiça, ao Ministério Público a defesa da sociedade e o controle. O Tribunal de Contas no Brasil tem autonomia, mas é órgão auxiliar do Poder Legislativo e exerce o controle de todos os atos dos demais poderes e órgãos.

Todos esses órgãos do Estado realizam planejamento, tem orçamento, possuem receitas públicas e promovem despesas públicas nos termos da lei, que são auditadas pelo Tribunal de Contas anualmente.

Para que o controle externo do Tribunal de Contas seja mais eficiente e o controle interno também, a IA deve ser utilizada a partir do sistema informacional do Estado, permitindo acesso aos dados em tempo real, concomitante e posterior (atualmente esse acesso ocorre somente posteriormente).

O acesso concomitante dos agentes de controle da Administração Pública, permite uma visão ampliada e atual da tomada de decisão, das opções que existiam e da eventual omissão do gestor público quando a lei determinava uma conduta. Também pode ajudar quando, existindo mais de uma opção, o gestor faz sua escolha que pode resultar em prejuízo ao interesse público; quando houver alteração de uma decisão anteriormente vigente que resulte em prejuízo administrativo, social, ambiental ou financeiro. Será importante também quando o gestor tiver que autorizar novas despesas, estando em dúvida se haverá receitas públicas suficientes para suportar seu pagamento.

Seria muito importante que o Estado estivesse integrado pela IA dentro do sistema informacional de todos os Poderes e órgãos, de todas as unidades do Estado. Isso não quer dizer que deva ocorrer total automação, porque as decisões devem ser humanas sempre.

Os dados devem ser compartilhados por todas as unidades do Estado, para propiciar as melhores decisões, para facilitar o controle prévio, concomitante e posterior e para garantir maior transparência. Isso também não implica que um Poder ou órgão assuma controle sobre os outros. O acesso aos dados públicos tem o objetivo de melhorar o planejamento e a decisão e não interferir na escolha do gestor competente.

Embora o Poder Executivo arrecade a maior parte das receitas públicas para as distribuir, é certo que alguns Poderes e órgãos públicos também arrecadam receitas próprias diretamente. A IA poderia contribuir para compilar tais dados das receitas públicas, ainda que não sejam mantidas em conta única, facilitando a contabilidade e a decisão de gastos.

A IA poderia auxiliar na identificação das receitas vinculadas a determinados fins e ações, como ocorre no Brasil com alguns tributos vinculados à seguridade social (saúde, previdência social e assistência social), e de investimento obrigatório no caso da saúde e educação, para confrontar com o que foi efetivamente praticado pelos governos, ou seja, investigar se todas as despesas realizadas também respeitaram as vinculações. Além dos tributos vinculados, existem receitas de Fundos que vinculam os gastos em determinadas áreas.

A integração de todos os órgãos, como antes aduzido, deve começar pelo Orçamento Público, que é uma peça única, embora discrimine separadamente as receitas e despesas de todos os Poderes e Órgãos, Estatais e demais entidades que o integram.

Depois do Orçamento Público a IA deve colher dados nas autorizações de realização das despesas públicas (despesas de custeio, pagamento de contratos e outras), nas emissões de autorizações de pagamento, nos pagamentos realizados e finalmente na Contabilidade Pública, que no Brasil existe autonomamente em todos os Poderes e Órgãos, mas regida por uma única lei que a uniformiza.

Esse sistema informacional único deve ser obrigatoriamente utilizado por todos os agentes públicos de todas as esferas (federal, estadual e municipal), todos os poderes (Executivo, Legislativo e Judiciário) e órgãos (Ministério Público, Tribunal de Contas, Estatais dependentes, Universidades e outros órgãos públicos com autonomia. Deve ser interligado com o Orçamento Público aprovado, com todas as leis vigentes, com a Constituição Federal e Estaduais, assim como com outros atos normativos, para o controle de legalidade, transparência e acesso à informação.

Todas as decisões que envolvam despesas públicas devem ser lançadas no sistema único informacional, e o próprio sistema deverá pesquisar e analisar os dados referentes às receitas já arrecadadas e que serão cobradas futuramente (que foram estimadas), para que o gestor tenha certeza de que poderá autorizar novas despesas e garantir que sejam pagas. Não havendo certeza, competirá ao gestor decidir se autoriza ou não, correndo o risco de não cumprir um contrato, o que não seria recomendável e talvez até passível de punição, dependendo do caso. Para não ser punido, o gestor teria que cortar despesas não relevantes, ou providenciar aumento na arrecadação tributária pelos meios legais existentes.

O sistema informacional único deve ser utilizado pela Contabilidade Pública em tempo real, para permitir análise prévia de disponibilidade financeira (o que atualmente não existe); para subsidiar a autorização de novas despesas públicas e contratações; para garantir o pagamento de obrigações legais e constitucionais continuadas (como pagamento de pessoal, destinação de recursos para educação e saúde, previdência e assistência social); para garantir o pagamento de contratações anteriores, o pagamento de tributos e encargos, e outras obrigações da Administração Pública que devem ser honradas.

A IA pode ser utilizada para analisar os riscos de não se arrecadar o montante planejado, e nesse caso identificar que despesas permitem redução ou corte, que contratos podem ser reduzidos ou rescindidos, onde a Administração pode cortar despesas sem violar contratos e a lei, como a Administração Pública pode aumentar suas receitas públicas, seja pelo aumento de tributos, combate a sonegação fiscal ou pela cobrança da dívida ativa, além de outras alternativas.

A IA pode ser utilizada para controle de estoque de bens de consumo na Administração Pública, para que os depósitos de todos os órgãos do Estado sejam utilizados de forma integrada e inteligente. Pode a IA controlar os veículos públicos, sua manutenção, revisão, ou a necessidade de venda em leilão, para que o gestor possa programar novas compras. Pode a IA controlar as trocas de bens entres os órgãos públicos, identificar as necessidades, as boas práticas, a integração, melhorando a eficiência administrativa e reduzindo gastos.

O importante é que ao final do exercício financeiro a Administração Pública de todas as esferas e órgãos tenha otimizado seus gastos com boa governança e possa utilizar o mesmo sistema informacional para formalizar a prestação de contas que é entregue no início do ano seguinte pela contabilidade pública.

5. Os riscos da inteligência artificial

A IA tem riscos e eles já foram comprovados em alguns casos, inclusive envolvendo discriminação.

Nos EUA o caso foi de discriminação racial, utilizando ferramentas do Google, que negou sua participação, mas corrigiu o problema. O fato é que algoritmos que promoviam anúncios de empregos, podem ter sido alimentados por pessoas que associaram nomes e etnias com frases interrogativas sobre eventual prisão daquelas que teriam nomes comuns na comunidade negra americana. Pessoas que nunca foram presas constavam nesse rol de perguntas discriminatórias. Esse fato foi investigado por quem sofreu tal discriminação, uma professora de Harvard e ex-chefe de tecnologia da Comissão Federal de Comércio dos EUA. Embora o Google não queira ser discriminatório, seus algoritmos podem ampliar preconceitos que existem na sociedade, e isso é um risco para a Organização.[22]

A discriminação de gênero também foi identificada no Facebook, de forma sutil, em anúncios de empregos na ciência, tecnologia, engenharia e matemática, que não eram mostrados para mulheres em países com mercados de trabalho que as discriminavam. O que se constatou é que o mercado de anúncios é que faz a discriminação, porque cobrava mais caro para exibir anúncios para mulheres mais jovens, porque elas são mais valiosas como dados demográficos no Facebook, onde os algoritmos o promovem. Então anunciar para homens é mais barato e para eles são destinados os anúncios de empregos. Essa discriminação gerou um *impacto desigual* segundo a legislação aplicável, que pode resultar em responsabilização por discriminação de uma pessoa ou organização.

Um Tribunal de Nova York considerou que os Bombeiros discriminavam candidatos negros e hispânicos porque no exame de admissão incluíam questões de interpretação de texto que nada tinham a ver com o exercício do cargo. Mesmo considerando não ser intencional a discriminação, o Tribunal reconheceu a responsabilidade do Departamento de Bombeiros porque os negros e hispânicos todos se saiam mal em relação aos brancos aprovados. A discriminação não intencional é o desafio da IA, porque quem anuncia pode não ter a intenção de discriminar. Para evitar a responsabilização é preciso corrigir a discriminação assim que identificada na IA, e foi o que o Facebook fez quando passou a oferecer ferramentas para os anunciantes evitarem algumas práticas que pudessem ser consideradas discriminatórias.[23]

[22] AGRAWAL, Ajay. GANS, Joshua. GOLDGARB, Avi. Máquinas Preditivas. A simples economia da Inteligência Artificial. Traduzido por Wendy Campos. Rio de Janeiro: Alta Books, 2018, p.195-196

[23] Idem, p.196-198

Existem riscos de segurança na IA que surgem da manipulação dos dados. As máquinas preditivas precisam dos dados de entrada para realizar as combinações que vão gerar a predição, e da mesma forma como acontece nos computadores (se entra lixo, sai lixo), tais máquinas falham se elas tiverem tecnologia ultrapassada ou forem programadas com dados incompatíveis. Podem travar, mas nesse caso o usuário saberá que há algo errado, enquanto no primeiro exemplo, isso passará despercebido. Vários programas utilizados nas máquinas podem estar vulneráveis a violações de segurança, em função de sistemas de proteção desatualizados em relação aos programas invasores. O ajuste do programa da IA deve ser muito eficiente para que a decisão a ser tomada pelo humano não lhe traga problemas ou responsabilizações. O exemplo da pessoa que sofre de Diabetes e usa a IA para ingestão de insulina é muito elucidativo, porque se o programa falhar quanto aos dados daquela pessoa e lhe sugerir a ingestão de insulina menor do que a necessária, isso poderá comprometer seriamente sua saúde.

Quanto a manipulação dos dados, se alguém conseguir fazê-lo, dificilmente isso conseguirá interferir no resultado final da máquina, porque ela cria suas predições baseada em uma confluência de fatores que não são afetados por um dado irreal ou manipulado, posto que este dado terá pouca importância no total dos dados que serão analisados. E, além disso, identificar dados que podem ser usados para manipular a predição é possível quando envolvem localização, data e horário.

Dificuldade existe na identificação de dados relativos a identidade da pessoa, posto que quando são alterados, podem gerar consequências nocivas. As tecnologias de IA são desenvolvidas em conjunto com a verificação da identidade, que pode ocorrer por meio de reconhecimento de retina, da face, impressão digital ou outras características que as empresas utilizam para essa identificação.[24]

Existe também o risco dos dados de treinamento. As máquinas preditivas podem ser alvo de espionagem, mediante engenharia reversa de seus algoritmos, ou utilizando os dados de saída como dados de treinamento nas próprias máquinas preditivas. O exemplo mais comum é o de uma armadilha da equipe antiSpam do Google, que criou resultados falsos para uma variedade de consultas de pesquisas absurdas. Os engenheiros

[24] Idem, p. 200-201

do Google consultaram essas palavras em seus computadores domésticos, utilizando a barra de ferramentas do Microsoft Internet Explorer para as buscas. Dias depois a equipe consultou o Bing, mecanismo de busca da Microsoft e lá estavam os resultados falsos do Google para pesquisas. O que se constatou foi que a Microsoft usa a barra de ferramentas do Google para copiar seu mecanismo de busca e para aprendizado por interação para desenvolver algoritmos melhores para o Bing. Em 2016 outros pesquisadores constataram que alguns algoritmos de aprendizado profundo podem ser mais vulneráveis a essa imitação. Foram testadas plataformas importantes como *Amazon Machine Learning*. Tais ataques e imitações deixam rastros e alertas.[25]

Existem riscos de dados de feedback quando as máquinas preditivas interagem com humanos ou outras máquinas, de outras empresas, sujeitando-se a agentes mal-intencionados que podem fornecer dados distorcidos à IA para prejudicar o processo de aprendizagem. A Microsoft passou por essa experiência em 2016 quando criou a Tay, um *chatbot* do Twitter com base na IA, para interagir com as pessoas e, analisando as conversas casuais, determinar a melhor maneira de responder. O que aconteceu foi que as pessoas passaram a testar os limites da Tay, com conversas discriminatórias, que foram apropriadas rapidamente em suas respostas, levando a Microsoft a cancelar o experimento.[26]

Quanto aos riscos, concluímos que dados escassos criam riscos de qualidade que tornam a IA ineficaz, podendo gerar uma predição falsa. Dados incorretos enganam as máquinas preditivas e as sujeitam a ataques hackers. As máquinas preditivas podem ser espionadas, o que as pode sujeitar a roubo de propriedade intelectual e invasores para identificar os pontos fracos. É possível a manipulação no aprendizado para um comportamento destrutivo ou discriminatório.[27]

Outros riscos são apontados contra a IA, como a possibilidade de perder o controle dos veículos (o que já ocorreu em várias situações recentes), perder o controle dos robôs, que, se utilizarem armas, podem matar as pessoas. Existe o risco do robô se tornar mais sábio ou tendo mais conhecimento acumulado, causar danos psicológicos e até econômicos e sociais.

[25] Idem, p.204

[26] Idem, p.205

[27] Idem, p.206.

Não necessitando de pagamento de salários e tributos, podem substituir os trabalhadores humanos, gerando desemprego em massa e concentração de renda aos empresários.

Existe o risco do aumento da desigualdade social ante a queda já acentuada no mundo da participação do trabalho na renda nacional, segundo Piketty[28], que é reduzida em favor da participação maior do capital. A IA certamente criará uma forma nova e eficiente de capital, cuja participação continuará a aumentar à custa do trabalho.

A indústria 4.0 da IA, segundo Bill Gates, deve ser tributada de forma mais elevada, para que os governos possam conceder uma renda básica para todos.

Piketty sugere o retorno ao Estado Social e a criação de um imposto progressivo sobre o capital.[29]

E, além disso, Piketty, também sugere a criação de um imposto mundial sobre o capital, trazendo uma alternativa para a Taxa Tobin que vinha sendo estudada. Seria um imposto progressivo e anual sobre o patrimônio global, diferindo dos tributos que já existem sobre o patrimônio; aliado a uma troca automática de informações fiscais mais eficiente e ampla, para garantir essa cobrança.[30]

Ainda quanto aos riscos, questão em discussão, sem definição, envolve a responsabilidade civil pelos atos ilícitos praticados pelos robôs. Os programas de veículos autônomos tomam decisões que podem causar acidentes, mortes e prejuízos materiais, que necessitem de reparação civil. A punição pela responsabilização penal não será possível juridicamente, segundo os estudiosos, mas a reparação civil dos danos é perfeitamente viável.[31]

A reparação civil ainda está sendo estudada, porque não há certeza quanto a pessoa ou empresa que será responsabilizada, se o proprietário ou detentor da máquina, se a própria máquina ou a indústria que a fabricou, se

[28] PIKETTY, Thomas. O Capital no Século XXI. Tradução de Monica Baumgarten de Bolle. Rio de Janeiro: Intrínseca, 2014, p.216-218

[29] Idem, p.461

[30] Idem, p.501-506.

[31] Sobre esse tema vide: RODRIGUES, Anabela Miranda (Coord). A Inteligência Artificial no Direito Penal. Coimbra: Almedina, 2020. ALCAIDE, Sofia Patrícia Travassos de Freitas. A responsabilidade civil por danos causados por veículos autónomos. Coimbra: Almedina, 2021.

foi o responsável pelo programa ou se em todos os casos haverá um seguro, se as seguradoras concordarem em aceitar tal encargo ante os riscos que existem, o que ainda não aconteceu. O seguro dos veículos autônomos já foi definido como obrigatório em vários países europeus que estão utilizando o veículo autônomo. O Brasil ainda não promoveu regulação, mas os estudos estão decorrendo.

Embora a regulação da IA esteja em estudo nos países, será necessária também uma regulação internacional para fixação da lei que se aplicará a cada caso, especialmente quando envolver sinistro com veículo autônomo. Existem dúvidas quanto a lei a ser aplicada, se será a do país onde foi fabricado o robô ou onde ocorreu o desenvolvimento do programa. Somente a partir dessa decisão, será definida a empresa ou pessoa que será responsabilizada.

Conclusões

A Administração Pública pode utilizar a IA nas decisões administrativas que envolvem a implementação de políticas públicas e nos gastos do governo. O Estado pode utilizar a IA no controle interno e externo.

O uso da IA se daria pelo acesso do gestor aos dados e informações necessários para embasar sua decisão.

A responsabilização dos gestores públicos e de terceiros que causam danos ao erário é uma imposição legal que nem sempre acontece, razão pela qual é importante que meios eletrônicos mais eficazes sejam utilizados, para evitar danos ao erário e para aplicação das punições cabíveis aos que não cumprem suas obrigações, desviam dinheiro e violam o interesse público.

Incumbe ao Tribunal de Contas o controle externo do Estado, por meio de medidas concomitantes ou posteriores. O controle prévio evita os desvios, erros ou decisões que possam causar prejuízos ao erário público, mas não é utilizado no Brasil.

Porém, a Administração Pública e o Tribunal de Contas, que exerce o controle externo, necessitam de novas ferramentas para melhorar as decisões dos gestores e permitir uma fiscalização mais ágil e eficiente.

A IA poderá auxiliar muito no controle interno e externo, prévio e concomitante. No tocante ao controle posterior, poderá viabilizar a responsabilização, a aplicação das sanções, a cobrança de multas e reposição do dinheiro público desviado para outros fins, não utilizado na finalidade legal e social, fruto de decisões equivocadas ou lesivas dos gestores públicos.

O Estado possui áreas e dados sigilosos que não poderiam ser acessados pela IA, porém isso não acontece na sua atividade administrativa, que é pública e sujeita à transparência, a legalidade, a publicidade e a formalidade. Na área administrativa pública há necessidade de melhorar a gestão para otimizar os escassos recursos públicos, para atender as elevadas demandas sociais e de investimentos.

Para realizar uma boa gestão é preciso contar com todas as tecnologias existentes, para garantir um bom planejamento, aumentar a arrecadação tributária e obter melhores decisões dos gestores (humanos), aptas a resolver os problemas sociais.

A IA pode contribuir para um planejamento baseado em dados e informações atualizadas e precisas, para garantir a legalidade dos atos e impedir ou punir as omissões no planejamento, no orçamento e na execução orçamentária, o que é muito comum no Brasil.

A IA deve ser utilizada de forma integrada no Estado, em todos os Poderes e órgãos públicos, na esfera administrativa tão somente, incluindo o Tribunal de Contas.

O sistema informacional do Estado deve ser interligado, iniciando com o Orçamento Público que, sendo uma lei única, contém todo o planejamento de receitas e despesas, obras e investimentos, e finalizando com a prestação de contas ao final de cada exercício financeiro.

A IA deve analisar e informar o gestor público de todas as normas constitucionais e legais que devem ser utilizadas no planejamento e na execução orçamentária, para garantir legalidade e eficiência às despesas públicas. E, deverá avaliar os resultados das políticas públicas e dos gastos públicos.

O sistema de contabilidade pública deverá fazer parte do sistema informacional para que a IA possa analisar a legalidade da despesa pública, a viabilidade do cumprimento do contrato por parte do contratado e por parte da Administração Pública, verificando a arrecadação tributária e o comprometimento das receitas com outras obrigações e contratos já firmados.

Na medida em que as despesas são autorizadas pelos gestores (que tomam as decisões) a IA pode controlar, junto com a contabilidade, as receitas públicas disponíveis para novas autorizações. Essa medida dará transparência aos gastos públicos e garantia de cumprimento dos contratos.

Na medida em que não existam mais receitas disponíveis, a IA deverá atuar para sugerir alternativas, medidas ou cortes, formas de corrigir falhas, possibilidades de aumentar a arrecadação tributária, sem violar as obrigações legais e contratuais.

Esse controle integrado, prévio e concomitante, com auxílio da IA, contribuiria para melhorar a eficiência da gestão pública, o cumprimento das obrigações constitucionais e legais, a punição dos desvios e omissões, a aplicação das sanções.

A IA não deve substituir o gestor público, nem deve ser utilizada em prejuízo do humano, da sociedade, do emprego, da proteção que o Estado deve dispensar a todas as pessoas. A IA não deverá ser utilizada para aumentar a desigualdade social, para gerar desemprego, ou para concentrar riqueza em pequena parcela da população em detrimento da maioria.

O ser humano deve ser mais importante que a máquina e seus programadores devem se portar pela ética da proteção do humano.

Referências

AGRAWAL, Ajay. GANS, Joshua. GOLDGARB, Avi. Máquinas Preditivas. A simples economia da Inteligência Artificial. Traduzido por Wendy Campos. Rio de Janeiro: Alta Books, 2018.

ALCAIDE, Sofia Patrícia Travassos de Freitas. A responsabilidade civil por danos causados por veículos autónomos. Coimbra: Almedina, 2021.

CARMO, João Franco do. Contribuição para o Estudo da Responsabilidade Financeira. Revista do Tribunal de Contas n. 23, jan/set 95.

CLUNY, António. Responsabilidade Financeira e Tribunal de Contas. Contributos para uma reflexão necessária. Lisboa: Coimbra Editora, 2011.

FRANCO, António de Souza. Tribunal de Contas na Encruzilhada. Prefácio de Tribunal de Contas – Legislação Anotada. Coimbra: Almedina, 1990.

LEE, Kai-Fu. Inteligência Artificial. Como os robôs estão mudando o mundo, a forma como amamos, nos relacionamos, trabalhamos e vivemos. Tradução Marcelo Barbão. Rio de Janeiro: Globo Livros, 2019.

NOGUEIRA, Jozélia. CONTI, José Maurício. Planejamento de Longo Prazo e a Justiça Intergeracional. Revista Internacional Consinter de Direito, vol. VII, série IV, 2018.

PIKETTY, Thomas. O Capital no Século XXI. Tradução de Monica Baumgarten de Bolle. Rio de Janeiro: Intrínseca, 2014.

RODRIGUES, Anabela Miranda (Coord). A Inteligência Artificial no Direito Penal. Coimbra: Almedina, 2020.

17. TRIBUNAIS DE CONTAS E *ACCOUNTABILITY* DA SUSTENTABILIDADE AMBIENTAL

Márcia Maria Neves Corrêa

Introdução

Instituições Superiores de Contas (ISC), denominação ampla dos Tribunais de Contas, Controladorias, Contadorias ou qualquer outra denominação existente têm se voltado, nas atribuições do controle externo, a promover a boa governança em matéria de sustentabilidade ambiental.

Como direito universal, o meio ambiente transcende as fronteiras físicas dos Estados. Além da regulamentação interna da maioria dos países, tem sido a sustentabilidade ambiental promovida internacionalmente. A *Agenda 2030* editada pela Organização das Nações Unidas (ONU) retrata essa preocupação mundial.

Diante da regulamentação interna e dos Tratados firmados pelos Estados, a proteção do meio ambiente como patrimônio público das gerações presentes e futuras tem exigido da Administração a adoção de políticas públicas, as quais necessitam de governança. Na verdade, necessita da boa governança, pois o Estado eficiente não pode contemplar apenas a dimensão econômica, mas também a social, política, ética e ambiental na busca de soluções para problemas endógenos e exógenos.

Essa atuação do Estado necessita de uma apuração institucional. A fiscalização, o controle e a *accountability* da governança na seara da sustentabilidade social tem sido implementada pelos Tribunais de Contas. Seja na qualidade de organismo internacional, tal como a INTOSAI, que promove e auxilia o aperfeiçoamento da *accountability* nos Estados, o Tribunal de Contas Europeu e em vários países o controle externo tem se mostrado presente.

1. Sustentabilidade ambiental

Pode-se afirmar que os problemas ambientais são decorrentes, principalmente, do desenvolvimento da sociedade, bem como de seu crescimento.

A melhora das condições e qualidade de vida teve início com a sociedade urbana industrial no final do século XVII. Com ela, iniciou também o uso intensivo de combustíveis fósseis e a exploração de matérias-primas em grande escala.

Após a Segunda Guerra Mundial, a atividade econômica[1] tem uma "grande aceleração".

Na sequência de todo esse desenvolvimento, intensificaram-se as discussões a respeito do crescimento econômico, que acarretou um impacto ambiental devido ao aumento da capacidade produtiva.

Podem ser destacados alguns fatores nesse processo de mudança. Além do aumento populacional, a economia mundial cresceu, vertiginosamente, com o aumento da produção dos bens de consumo no mundo[2]. O crescimento populacional, a maior concentração da população nas cidades e o aumento da renda *per capita* nas próximas décadas devem manter o contínuo crescimento da demanda mundial de alimentos.

Os efeitos desse desenvolvimento se fazem sentir por meio dos graves problemas ambientais. Mudanças climáticas, poluições do ar e da água, degradação do solo, geração de resíduos e redução da biodiversidade são alguns desses efeitos, os quais afetam sobremaneira a qualidade de vida humana.

A sustentabilidade do planeta envolve diferentes aspectos ambientais. O direito ao meio ambiente, ecologicamente equilibrado, tem sido indicado como um direito de terceira geração, alicerçado na "fraternidade" ou na "solidariedade"[3].

[1] SANTOS, Filipe Duarte. Os Desafios Ambientais Criados pela Grande Aceleração do Pós-Guerra. Nação e defesa. Vol. 1, nº 122 – 4ª Série, Primavera 2009, pág. 63.

[2] YOSHIDA, C. Y. M.; KISHI, S.; PIAZZON, R. S.; VIANNA, M. D. B. (2017). Finanças Sustentáveis e a Responsabilidade Socioambiental das Instituições Financeiras. Belo Horizonte: Fórum, pág. 285.

[3] BENJAMIN, Antonio H Vasconcellos e; FERREIRA, Heline Sivini; CANOTILHO, José Joaquim Gomes; ARAGÃO, Maria Alexandra De Souza; AYALA, Patryck de Araujo; MACHADO, Paulo Affonso Leme; BIANCHI, Patrícia Nunes Lima; LEITE, Jose Rubens Morato. DIREITO CONSTITUCIONAL AMBIENTAL BRASILEIRO. Saraiva. Edição do Kindle. (Locais do Kindle 2208-2209).

Há sinais de desaceleração do crescimento populacional e de consumo[4] que permite o caminho para um desenvolvimento sustentável, ainda que incerta a capacidade para se alterar esse rumo. Podem ser citados, como exemplos, a redução global da taxa de fertilidade, bem como a contribuição da ciência e da tecnologia para mitigar os danos ao meio ambiente.

Vários mecanismos, ainda, foram sendo produzidos para a tutela ou proteção do meio ambiente. O aspecto fiscal também passou a ser cogitado como adoção de medida protetiva, pois o "direito dos impostos pode actuar em sede da sustentabilidade ecológica, no quadro dos chamados instrumentos de natureza económica tanto pela via dos tributos ecológicos como pela via dos benefícios fiscais com objectivos ambientais."[5]. A mediação, como forma de pacificação de conflitos, mostrou-se apta a auxiliar nessa área a nível internacional[6].

A construção de valores e princípios relacionados ao meio ambiente se encontra ligada à conscientização internacional sobre a agenda da sustentabilidade como um todo, principalmente os aspectos relacionados ao clima. Essa agenda exige a cooperação nacional e internacional, o estabelecimento de objetivos, metas e normas comuns, bem como seu controle e fiscalização.

Ainda que outros importantes tratados houvessem sido assinados sobre o tema, a Conferência das Nações Unidas sobre o Ambiente Humano, em Estocolmo (Suécia), em 1972, trouxe um marco acerca do conceito de sustentabilidade ambiental. Nessa primeira grande reunião de chefes de estado organizada pelas Nações Unidas (ONU) foram tratadas as questões relacionadas à degradação do meio ambiente e lançados os fundamentos para a agenda ambiental do Sistema das Nações Unidas.

Posteriormente, com o Relatório *Brundtland* denominado Nosso Futuro Comum (*Our Common Future*), de 1987, houve a disseminação da ideia de desenvolvimento sustentável que conceitualmente seria, em tradução

4 SANTOS, Filipe Duarte, pág. 71.

5 NABAIS, Casalta. Da sustentabilidade do Estado Fiscal. In: NABAIS. José Casalta; SILVA, Suzana Tavares da. (Coords.) Sustentabilidade Fiscal em Tempos de Crise. Coimbra: Almedina, 2011, p. 44

6 CEBOLA, Cátia Marques et al. *Environmental Mediation: Definition and Design*. In: Peace, Justice and Strong Institutions. Springer, 2020, pág. 2.

livre, "aquele que atende às necessidades do presente sem comprometer a possibilidade de as gerações futuras atenderem às suas necessidades"[7].

Daí se seguiram a Conferência das Nações Unidas sobre o Meio Ambiente e o Desenvolvimento (Rio 92), que consistiu na Agenda 21, um programa de ação que viabiliza um novo padrão de desenvolvimento ambientalmente racional, e a Cúpula Mundial sobre Desenvolvimento Sustentável em Joanesburgo (África do Sul), a chamada Rio+10, em 2002.

Finalmente, a Conferência das Nações Unidas sobre Desenvolvimento Sustentável no Rio de Janeiro, conhecida também como Rio+20, resultou num documento intitulado O Futuro que Queremos[8], o qual lançou as bases para os países-membros da ONU construírem **um novo conjunto de objetivos e metas voltadas para o desenvolvimento sustentável. Originou-se, dessa vez, em 2015, o documento Transformando Nosso Mundo: a *Agenda 2030* para o Desenvolvimento Sustentável**, também conhecida simplesmente como *Agenda 2030*. Ele configura uma nova Agenda Universal, onde descreve 169 metas a serem alcançadas pelos países até 2030 e os 17 objetivos gerais, chamados de **Objetivos de Desenvolvimento Sustentável (ODS), que visam promover:**

1 – Erradicação da Pobreza
2 – Fome Zero e Agricultura Sustentável
3 – Saúde e bem-estar
4 – Educação de Qualidade
5 – Igualdade de Gênero
6 – Água Potável e Saneamento
7 – Energia Acessível e Limpa
8 – Trabalho Decente e Crescimento Econômico
9 – Indústria Inovação e Infraestrutura
10 – Redução das Desigualdades

[7] " 1. *Sustainable development is development that meets the needs of the present without compromising the ability of future generations to meet their own needs.* (https://sustainabledevelopment.un.org/content/documents/5987our-common-future.pdf, acesso realizado em 18 de janeiro de 2022.)

[8] BONILHA, Ivan Lelis. Sustentabilidade como princípio conformador do Tribunal de Contas do século XXI. In: LIMA, Edilberto Carlos Pontes (Coord.). Tribunal de Contas do século XXI. Belo Horizonte: Fórum, 2019. p. 179-189. (Coleção Fórum IRB, v. 3), pág. 181.

11 – Cidades e Comunidades Sustentáveis
12 – Consumo e Produção Responsáveis
13 – Ação Contra a Mudança Global do Clima
14 – Vida na Água
15 – Vida Terrestre
16 – Paz, Justiça e Instituições Eficazes
17 – Parcerias e Meios de Implementação

A *Agenda 2030* reflete desafios específicos e muito concretos à sociedade, bem como orientam o setor público para a implementação de direitos futuros nesse século XXI.

Diante do movimento mundial até verificado, a sustentabilidade do meio ambiente se encontra permeada em praticamente todos os sistemas jurídicos nacionais. Ela tem sido garantida por diversos diplomas constitucionais e legais de inúmeros Estados, bem como por meio de adesão a Tratados internacionais.

2. (Boa) governança e *accountability*

A garantia nos sistemas jurídicos internos, e no âmbito internacional, exige a atuação efetiva dos Estados na proteção da sustentabilidade do meio ambiente. Disso se dessume que o poder público tem o dever de promover a concretização dessas garantias, juridicamente reconhecidas, por meio de políticas públicas.

A responsabilidade do poder público em promover a defesa e a preservação do meio ambiente tem se tornado uma realidade.

A incorporação dos princípios da sustentabilidade ao sistema jurídico faz surgir uma nova gestão pública dirigida à *governança* afeta ao meio ambiente.

O termo *governança*, expressão ligada mais à Ciência Política do que à jurídica, possui inúmeras definições dadas pela doutrina. Como afirma Rosenau[9], "governança não é o mesmo que governo". Ela opera num plano amplo, englobando a sociedade como um todo, no seguinte sentido:

[9] ROSENAU, James N. "Governança, Ordem e Transformação na Política Mundial". In: Rosenau, James N. e Czempiel, Ernst-Otto. Governança sem governo: ordem e transformação na política mundial. Brasília: Ed. Unb e São Paulo: Imprensa Oficial do Estado, 2000. pp. 11-46, pág. 15.

> "Abrange as instituições governamentais, mas implica também mecanismos informais, de caráter não-governamental, que fazem com que as pessoas e as organizações dentro da sua área de atuação tenham uma conduta determinada, satisfaçam suas necessidades e respondam às suas demandas."[10]

Há uma mudança radical na forma como as decisões de política pública são tomadas e implementadas no final do séc. XX e início do séc. XXI. As decisões fundamentais que antes eram tomadas pelas estruturas e instituições formais de governo, transformam-se para uma realidade caracterizada pela dispersão do poder e pela fragmentação da responsabilidade, em que são múltiplos os atores envolvidos na tomada de decisões públicas e na respetiva implementação[11].

Nesse contexto, a *governança* inclui a dimensão estatal e tantas outras formas para administrar problemas, inserindo-se nela a participação e ação do Estado e dos setores privados.

Contudo, o desempenho dos governos formais não deve ser menosprezado no quadro da governança. O governo continua a ser um importante ator da governança[12]. Na verdade, os temas e ações estatais se mostram muito mais presentes no nível doméstico, pois a governança, conceitualmente, sempre esteve atrelada ao Estado e à soberania.

Com a globalização, o conceito de soberania altera-se com o tempo, como o Estado sofre alteração nesse novo contexto. Há uma redefinição desse conceito, pois a soberania antes absoluta, atualmente se submete ao imperativo da paz e à tutela dos direitos dos homens[13].

O Direito Internacional, ao contrário, tem sido marcado pela participação dos setores não estatais. Na medida em que cresce a ideia do meio ambiente como patrimônio comum da humanidade, o Direito Ambiental Internacional se robustece, diante da necessidade de ações integradas e multilaterais de proteção. Envolve países e enfraquece a ideia de Estado-Nação.

[10] Idem, pág. 15.

[11] COSTA, Paulo Jorge Nogueira da. O Tribunal de Contas e a Boa Governança – Contributo Para Uma Reforma do Controlo Financeiro Externo Em Portugal. Dissertação de Doutoramento em Direito, área de Direito, Justiça e Cidadania no Século XXI, na Faculdade de Direito da Universidade de Coimbra, 2012, pág. 158.

[12] COSTA, Paulo Jorge Nogueira da, pág. 160.

[13] FERRAJOLI, Luigi. A Soberania no Mundo Moderno. São Paulo: Martins Fontes, 2002.

Por outro lado, são envolvidas, na formulação de tratados, a opinião e o consenso da sociedade civil.

Dessa forma, a governança pública evoluiu de seu modelo tradicional e hierárquico de governo, que não atendia às demandas da atualidade.

Exige-se, atualmente, capacidade de inovação, flexibilidade e versatilidade, que denotam "habilidades necessárias para que o os recursos públicos sejam utilizados com a maior efetividade possível"[14]. O exercício da gestão pública baseada na hierarquia de poder, transmuda-se para uma atuação conjunta e cooperativa de atores públicos e privados. Há, portanto, uma atuação horizontalizada de compartilhamento de poder, afastando-se da posição verticalizada e unitária.

Por meio da governança se administram problemas, atualmente com a participação e ação do Estado e dos setores privados. Nesse aumento do grau de interação dos diversos atores sociais, sem aqui se adentrar no questionamento acerca da eventual falta ou não de legitimidade, surge a *boa governança*.

Cabe citar o título do discurso do ex-secretário-geral da Organização das Nações Unidas (ONU), Kofi Annan, em artigo sobre os princípios de governança para o século XXI, emitido pela Comissão Econômica e Social para a Ásia e o Pacífico (UNESCAP ou ESCAP), no qual afirma que a boa governança é talvez o fator mais importante na erradicação da pobreza e na promoção do desenvolvimento, em tradução livre: [...] *good governance is perhaps the single most important factor in eradicating poverty and promoting development*[15].

O início do século XXI revelou que as adversidades do mundo moderno, e suas complexidades, exigem governos dinâmicos que atendam às exigências sociais de forma eficiente.

Mostra-se basilar em uma democracia que os governantes respondam e prestem contas aos governados. Essa seria uma ideia central do Estado democrático. A ausência ou a intermitência de instrumentos de

[14] CHAMOUN, Rodrigo Flávio Freire Farias. Os Tribunais de Contas na Era da Governança Pública: focos, princípios e ciclos estratégicos do controle externo. In: LIMA, Edilberto Carlos Pontes (Coord.). Tribunal de Contas do século XXI. Belo Horizonte: Fórum, 2019. p. 313-336, pág. 317.

[15] https://www.unescap.org/sites/default/files/Governance.pdf, acesso realizado em 24 de janeiro de 2022.

accountability transformam-se em importantes indicadores de fragilidade democrática.

O termo anglo-saxão *accountability* remete à compreensão de prestação de contas pelos países latinos[16]. Seria o dever de os agentes públicos informar e justificar os atos praticados (*answerability*) aos entes que teriam competência de lhes impor sanções (*enforcement*), no caso de infringência de obrigações previstas constitucionalmente e nas leis.

Os agentes públicos, eleitos ou não, devem responder por suas ações. Precisam justificar e informar as posições ou decisões que adotam quando se mostram exigidas, bem como devem se submeter a julgamentos em decorrência de sua boa ou má performance ou conduta, suportando as respectivas consequências diretas ou indiretas, que podem consistir desde resultado eleitorais adverso à sanções previstas em norma jurídica.

A *accountability* pode ter sua conceituação definida na categoria vertical e horizontal, conforme destaca Mariana Willeman Montebello, mencionando Guillermo O'Donnell e Andreas Schedler que teorizaram sobre o tema.

A categoria vertical estaria conectada à democracia eleitoral-representativa. Seria a resposta dos eleitores às políticas governamentais. Exercem função central na *accountability* vertical os mecanismos institucionais que viabilizam a realização de eleições livres, justas e periódicas. Seria, dessa forma, oportunizada, ao menos periodicamente, a premiação ou punição dos governantes, por meio do voto. Ela é exercida pelos atores sociais em relação aos entes estatais.

Como expressão da desconfiança na esfera política, a *accountability* horizontal se aperfeiçoa dentro das unidades estatais. Tem relação com a capacidade e disposição "de agências estatais legalmente autorizadas para controlar e sancionar ações ou omissões de agentes públicos ou de outras instituições estatais consideradas ilícitas."[17]. Nela não se exaure, mas a

[16] CABRAL, Flávio Garcia. Uma análise comparativa da atuação do Tribunal de Contas da União de 1989 a 2010. Dissertação (mestrado). Orientadora: Ana Lúcia de Lyra Tavares – Rio de Janeiro: PUC, Departamento de Direito, 2011, págs. 21 a 31.

[17] MONTEBELLO Willeman, Mariana. Accountability Democrática e o Desenho Institucional dos Tribunais de Contas no Brasil. Forum: Belo Horizonte. 2020 – 1ª reimpressão. Edição do Kindle, posição 1036 de 10927.

accountability horizontal remonta e se apropria das clássicas e tradicionais fórmulas de freios e contrapesos.

Como principais diferenças entre a *accountability* vertical e horizontal, vale transcrever a afirmação de Maria Montebello Willeman[18]:

> "A *accountability* vertical, como se sabe, emana mais propriamente da ciência política e articula-se como uma forma eleitoral de exercício de controle sobre a atuação e a performance de agentes públicos. A *accountability* horizontal lhe é complementar e integra a rotina da administração pública em geral: como os processos eleitorais costumam ocorrer em períodos variáveis de tempo (usualmente entre três e cinco anos), a maior parte dos países também concebem outras instituições estatais incumbidas de monitorar e exercer controle sobre a atuação de todos aqueles que conduzem assuntos de interesse público. O desenho de tais instituições é variável conforme o contexto específico, mas usualmente a *accountability* horizontal é exercida pelas legislaturas, pelas chamadas Instituições Superiores de Controle e pelos *ombusdmen*. Nessa perspectiva, fica claro que a *accountability* horizontal é tipicamente intraestatal."

Do mesmo modo, "o componente republicano constitui precioso referencial teórico para investigações a respeito das experiências de *accountability* e da função desempenhada pelas Instituições Superiores de Controle – ISCs."[19]. Os princípios democrático e republicano ensejam a exposição do Poder Executivo diante da opinião pública, que também se faz por meio da prestação de contas.

O controle interno está inserido na própria estrutura da Administração. Ele é exercido por órgão integrado na Administração e realizado, em regra, *a priori*[20]. Complementarmente, o controle financeiro externo é aquele exercido por um órgão público técnico, independente e externo relativamente à entidade controlada. O controle externo é realizado *a posteriori*, em regra.

As Instituições Superiores de Controle – ISCs, também designadas Entidades Fiscalizadoras Superiores (EFS's), têm a atribuição de controlar

[18] MONTEBELLO Willeman, Mariana, posição 1217 de 10927.

[19] MONTEBELLO Willeman, Mariana, posição 1549 de 10927.

[20] COSTA, Paulo Jorge Nogueira da, pág. 39.

e promover a *accountability*. Para tanto, recebem competência constitucional para aferir limites e impor sanções aos agentes que atuarem de forma inapropriada ou ilegal.

Surge e cresce, nesse contexto, o papel das Instituições Superiores de Contas (ISC's). Os desafios da atualidade fazem das ISC's, enquanto controle externo, responsáveis tanto quanto os governos no que tange ao mecanismo de controle da boa governança.

A seguir, serão abordadas as suas funções, com indicação da sua fase atual no contexto mundial.

3. Tribunais de contas: funções no século XXI

Instituições Superiores de Contas (ISC), denominação ampla dos Tribunais de Contas, Controladorias, Contadorias ou qualquer outra denominação existente, apresentam-se fundamentais no ambiente de *accountability*. Representam, contemporaneamente, organismos que exercem função estatal de controle, especificamente no campo da gestão financeira. Cabem a elas examinar as ações e produzir informações, análises, avaliações e opiniões de caráter legal e técnico sobre a atuação governamental. A essas instituições independentes são atribuídas as funções de controlar e promover a *accountability*.

Nas democracias constitucionais contemporâneas, tem sido atribuída aos órgãos Legislativos a função normativa e a função de controle, seguindo-se a construção do constitucionalismo clássico que prioriza o encargo fiscalizador ao Parlamento. Segundo o pensamento de Montesquieu[21], o Poder Legislativo possui a função típica de legislar e fiscalizar, o Poder Executivo administra a coisa pública e o Poder Judiciário resolve um conflito de interesses, aplicando a lei a um caso concreto.

As instituições de controle têm uma longa tradição histórica, remontando sua origem à Antiguidade.

Nas variadas áreas do conhecimento, a classificação permite uma melhor análise e compreensão do tema a ser estudado. Dentre as inúmeras tipologias, busca-se categorizar modelos segundo diferentes critérios.

[21] MONTESQUIEU, Charles Louis de Secondat, baron de la Brède et de, 1689-1755. Do Espírito das Leis / Montesquieu; introdução e notas de Gonzague Truc; Tradução de Fernando Henrique Cardoso e Leôncio Martins Rodrigues. 2ª edição. Abril Cultural: São Paulo, 1979.

Dessa forma, a doutrina identifica, segundo a literatura especializada, três grandes arranjos institucionais de auditoria externa financeira reconhecidos internacionalmente.

Merecem relevo e atenção os três clássicos modelos de controle[22] conhecidos como *modelo Napoleônico, modelo monocrático* (conhecido por Instituição de Westminster ou anglo-saxão) e uma *"espécie de Westminster peculiar"*, chamados por alguns[23] de *modelo colegiado de auditoria ou controladoria-geral* (*audit board system*), que possui estreita relação com o sistema de auditoria da tradição anglo–saxônica, mas apresenta composição colegiada das instâncias dirigentes.

Em breve síntese[24], no modelo Napoleônico, modelo d'Orsay ou judiciariforme, a ISC exerce jurisdição, sendo que, em alguns países que o adotam, tais órgãos integram o Poder Judiciário. Já o modelo de Westminster se caracteriza pela intensa interação da instituição superior de contas (ISC) com o Parlamento. Por fim, o "modelo colegiado de auditoria ou controladoria-geral" seria institucionalmente híbrido. Ainda que possua colegialidade da instância deliberativa, mostra-se mais próxima do modelo de Westminster, pois destituído de competência julgadora ou quase-judicial, bem como depende bastante do Legislativo para que a conclusão de auditoria possa produzir resultado.

O modelo Napoleônico foi adotado por países como Brasil, Portugal, França, Itália e Espanha e os países africanos de língua francesa e portuguesa; o modelo de Westminster pelos Estados Unidos, Canadá, Austrália, Índia, Colômbia, Chile, México e Peru; e o modelo de "Westminster peculiar" "pelos países asiáticos com alguns diferenciais diante da existência de um colegiado"[25]. Quanto a esse último, melhor se adequam os países Alemanha, Holanda, Suécia, Argentina, além do Tribunal de Contas Europeu[26].

Contudo, por mais que haja classificações, e são muitas, inquestionável que nenhuma delas são capazes de "desenhar" de maneira integral a

22 MACIEL, Moises. O papel do Tribunal de Contas no combate à corrupção. In: LIMA, Edilberto Carlos Pontes (Coord.). Tribunal de Contas do século XXI. Belo Horizonte: Fórum, 2019. p. 239-260. (Coleção Fórum IRB, v. 3), pág. 250.

23 MONTEBELLO Willeman, Mariana, posição 2979 de 10927.

24 MONTEBELLO Willeman, Mariana, posição 2933 a 3066.

25 MACIEL, Moises, pág. 250.

26 COSTA, Paulo Jorge Nogueira da, pág. 54.

intensa complexidade de atributos e elementos combinatórios que as instituições de controle adotam, quando analisadas concretamente diante de um determinado regime jurídico. Os arranjos institucionais e contexto histórico de um país fazem a modulação desse "desenho".

Não há um modelo ideal[27] de Instituição Superior de Controle (ISC), seja ela Tribunal de Contas, Corte de Contas ou Auditoria Geral. Do mesmo modo, o arranjo institucional acolhido tem limitada influência no grau de sua efetividade e credibilidade.

Na atualidade, o que inspira os maiores desafios às ISC's de vários países, e que requer uma definição mais precisa, seria definir a missão prioritária de uma agência de *accountability* das finanças públicas. Limitar-se ao controle e restrição da prática governamental ou adotar uma postura mais ativa que possa favorecer o aperfeiçoamento da gestão política seria o maior desafio.

Nesse contexto, importante a maturação[28] que perpassam as ISC's, que iniciaram, nos primórdios, com foco no mero processo de verificação de legalidade, legitimidade e competência dos agentes públicos.

Posteriormente, além daquela conformidade, a entidade fiscalizadora passa a verificar e analisar o resultado das políticas públicas. Ou seja, ultrapassando a mera conformidade, tem por relevante, atualmente, a verificação das políticas públicas e seu respectivo impacto na sociedade.

A velocidade das transformações sociais marca nosso tempo. A modernização das práticas de gestão pública, com foco em resultados, demanda aperfeiçoamentos.

As adversidades do mundo moderno, mais complexas, exigem uma reinvenção da atuação governamental que atua em parceria com agentes privados e sociais. Além disso, o espaço administrado não se limita ao espaço geográfico do Estado no qual se insere.

A atividade de avaliação, fiscalização e controle de toda essa atuação se agrega ao controle de conformidade:

[27] MONTEBELLO Willeman, Mariana, posição 2963 e 3352 de 10927.

[28] CASTRO, Sebastião Helvecio Ramos de; CASTRO, Renata Ramos de. Para (muito) além de um tribunal de contas: da conformidade à predição. In: LIMA, Edilberto Carlos Pontes (Coord.). Tribunal de Contas do século XXI. Belo Horizonte: Fórum, 2019. p. 367-376. (Coleção Fórum IRB, v. 3), pág. 375.

> "(...) o texto da OCDE *Entidades fiscalizadoras superiores e boa governança* (2015) afirma categoricamente que "os desafios de Governança do século XXI colocam uma grande demanda às EFS no sentido de atuar como uma instituição de *accountability* e uma fonte de melhoria de gestão", acrescentando, no entanto, que existe um potencial inexplorado no papel dessas instituições, que é ainda restrito, limitando-as no sentido de "ir além da tradicional função de supervisão, [para] fornecer insumos, por meio de seus trabalhos, para a elaboração de políticas públicas e as decisões sobre tais políticas" ou, ainda, para antever riscos e cenários de curto, médio e longo prazo na efetividade das políticas relevantes."[29]

Torna-se, dessa forma, ultrapassado o controle financeiro estritamente limitado à legalidade e regularidade da gestão, diante do remodelamento da própria gestão pública que deve atender à economia, eficiência e eficácia. Pode ser citada como representativa dessa mudança a alteração do nome da *General Accounting Office* (GAO), dos Estados Unidos, que assim era denominada desde a sua fundação em 1º de julho de 1921. Em 07 de julho de 2004, foi rebatizado e passou a ser chamado de *Government Accountability Office*. Ainda que mantida a mesma sigla "GAO", a nova denominação representou, na verdade, a mudança e renovação das características da entidade fiscalizadora diante da nova forma de atuação[30].

Atualmente, as ISC's exercem uma maior participação nas mais variadas áreas de atuação do Estado, diante do novo paradigma constitucional que se desenvolve e com o alicerce do princípio da "boa governança". Elas não se limitam nessa nova configuração aos aspectos de ordem estritamente financeira, mas abrangem em suas atuações as dimensões econômicas, sociais e ambientais.

A sustentabilidade financeira tem íntima relação com a sustentabilidade econômica, social e ambiental. O maior embate, por exemplo, pode-se verificar entre a proteção do meio ambiente e o desenvolvimento de uma

[29] GUIMARÃES, Fernando Augusto Mello; DOMINGOS, Adriana Lima; MOMBELLI, Rita de Cassia Bompeixe Carstens. O Tribunal de Contas e a localização da Agenda 2030. In: LIMA, Edilberto Carlos Pontes (Coord.). Tribunal de Contas do século XXI. Belo Horizonte: Fórum, 2019, pág. 127.

[30] CASTRO, Sebastião Helvecio Ramos de; CASTRO, Renata Ramos de, págs. 369 e 370.

determinada atividade econômica. Até onde um teria que limitar o outro, considerando-se até a intenção de se promover a redução da pobreza.

Para o desenvolvimento sustentável também não se limitam as ISC's à avaliação do aspecto financeiro. A atuação deve ser dirigida ao ambiente e à ecologia. Possuem uma relevante atuação a ser desempenhada em matéria ambiental, na medida em que os problemas ambientais reclamam recursos públicos dos Estados para as suas soluções. A Administração Pública precisa prestar contas dos custos e passivos durante a gestão.

Contudo, e por vezes, a norma interna do Estado atribui à ISC competência em matéria ambiental e desenvolvimento sustentável[31].

A maioria das democracias na atualidade consideram como direito fundamental do homem e do cidadão o meio ambiente sustentável. Considerado patrimônio público, exige controle interno e externo em toda a sua dimensão.

4. *Accountability* para a governça do meio ambiente

Conciliar a sustentabilidade ambiental e o desenvolvimento econômico tem sido, em grande parte, o maior desafio para as nações.

O meio ambiente interessa à toda a humanidade, tendo como destinatária as gerações presentes e futuras. Conforme exposto anteriormente, o reconhecimento dessa necessidade já foi demonstrado nacionalmente e internacionalmente, com aderência dessa agenda pela maior parte dos atores sociais.

Por outro lado, a atividade econômica se impõe, cabendo aos Estados definir estratégias, adotar programas, políticas públicas e assegurar sua coordenação e acompanhamento para promover, paralelamente, o desenvolvimento sustentável.

Não é só. Os Estados não têm condições de assumir toda essa responsabilidade voltada ao meio ambiente sem recursos financeiros suficientes. A sustentabilidade econômica, social e ambiental exige deles a sustentabilidade financeira[32]. O controle externo tem sido exigido de modo amplo e sob várias dimensões.

A (boa) governança na Administração tem grande importância nessa seara ambiental, trazendo as Cortes de Contas para desempenharem a

[31] COSTA, Paulo Jorge Nogueira da, pág. 323.

[32] COSTA, Paulo Jorge Nogueira da, pág. 322.

relevante atuação nesse controle e avaliação conjunta do Estado, zelando não somente pela boa aplicação dos recursos públicos, mas também às dimensões econômicas, sociais e ambientais.

Dessa forma, cabe indicar as iniciativas apresentadas no âmbito da comunidade internacional, bem como no Brasil e Portugal acerca das iniciativas do controle externo em relação ao meio ambiente.

A *accountability*, para a boa governança voltada ao meio ambiente, vem sendo promovida pela *International Organization of Supreme Audit Institutions* (INTOSAI), Tribunal de Contas Europeu (TCE), Portugal (TCP) e Brasil, este último restrito ao Tribunal de Contas da União (TCU), as quais serão mostradas sucessivamente, com brevidade e limitada a estas Instituições, dado o escopo do presente estudo, nada impedindo um melhor desenvolvimento *a posteriori*.

4.1. *International Organization of Supreme Audit Institutions* (INTOSAI)

Diversas ISC's fundaram, em 1953, a *International Organization of Supreme Audit Institutions* (INTOSAI).

A INTOSAI é uma organização autônoma, independente, profissional e não política, que tem por objetivo fomentar a troca de ideias, conhecimentos e experiências entre as ISC's dos países membros participantes, promovendo os padrões de auditoria de alta qualidade e a boa governança[33]. A organização não-governamental possui o *status* consultivo no sistema da Organização das Nações Unidas (ONU). Ela congrega as instituições superiores de controle de várias partes do mundo.

A cada três anos ocorre a INCOSAI, reunião ordinária da organização onde participam todos seus os Membros, Associados e afiliados[34]. O resultado da XXIII INCOSAI, última reunião que ocorreu na Rússia, em 2019, foi no sentido de apoio da INTOSAI às ISC's na contribuição para o sucesso da *Agenda 2030*[35]. A maioria dos países onde estão sediadas as ISC's, membros da organização, é signatária das convenções ambientais da

[33] https://www.intosai.org/about-us/overview, acesso realizado em 21 de janeiro de 2022.

[34] A XXIX INCOSAI será realizada em novembro de 2022 no Rio de Janeiro (https://incosai2022.rio.br/).

[35] https://www.intosai.org/fileadmin/downloads/about_us/Organs/Congresses/2019_Moscow_OutC_Rep/EN_23_Moscow_OutcomeReport.pdf, acesso realizado em 21 de janeiro de 2022.

ONU, que asseguram o meio ambiente saudável para as gerações atuais e futuras[36].

Em sua estrutura organizacional, a INTOSAI apresenta diversas organizações regionais de ISC's, que têm o objetivo de promover a cooperação profissional e técnica de seus membros regionalmente:

- (AFROSAI) *African Organization of Supreme Audit Institutions*;
- (ARABOSAI) *Arab Organization of Supreme Audit Institutions*;
- (ASOSAI) *Asian Organization of Supreme Audit Institutions*;
- (CAROSAI) *Caribbean Organization of Supreme Audit Institutions*;
- (EUROSAI) *European Organization of Supreme Audit Institutions*;
- (OLACEFS) *Organization of Latin American and Caribbean Supreme Audit Institutions*;
- (PASAI) *Pacific Association of Supreme Audit Institutions*.

A organização internacional atua preservando a soberania dos Estados onde as ISC's têm competência.

A INTOSAI edita regras internacionais, as denominadas INTOSAI *Framework of Professional Pronouncements* (IFPP), que são subdividas princípios (**Intosai-P**), normas (**Issai**) e diretrizes (**Intosai Guid**). Os trabalhos realizados pelas ISC's sobre meio ambiente também observam essas regras, seguindo padrões internacionais das instituições superiores de auditoria[37].

Na estrutura organizacional INTOSAI, há o grupo de trabalho *Working Group on Environmental Auditing* (WGEA), que visa promover a melhora das auditorias no campo das políticas de proteção ambiental, por membros integrantes ou não do referido grupo de trabalho. Cuida da elaboração e edição de diretrizes a respeito da matéria. O grupo de trabalho tem também por propósito as auditorias de questões e políticas transfronteiriças, bem como de acordos ambientais internacionais[38]. Ajuda as ISC's a

[36] ALVES, Benedito Antonio. A governança da sustentabilidade ambiental a cargo dos tribunais de contas no século XXI. In: LIMA, Edilberto Carlos Pontes (Coord.). Tribunal de Contas do século XXI. Belo Horizonte: Fórum, 2019. p. 19-47. (Coleção Fórum IRB, v. 3), pág. 33.

[37] https://www.intosai.org/focus-areas/audit-standards, acesso realizado em 22 de janeiro de 2022.

[38] https://www.environmental-auditing.org/about/mission-mandate/, acesso realizado em 21 de janeiro de 2022.

aprimorar o entendimento das questões específicas de auditoria ambiental, facilita a troca de informações e experiências entre elas e, ainda, publica diretrizes e outros materiais informativos.

Cada um daqueles membros regionais, AFROSAI, ARABOSAI, ASOSAI, CAROSAI, EUROSAI, OLACEFS e PASAI, possui um grupo de trabalho especializado em matéria ambiental. Tais grupos regionais mantêm intercâmbio e trabalham integrados com a INTOSAI-WGEA[39].

Foram lançados os seguintes planos de trabalho pela INTOSAI-WGEA, para os anos de 2020 a 2022:

1 – Avaliação e mapeamento de todos os materiais editados pela INTOSAI-WGEA antes de 2017 e indicar as ações para o planejamento futuro.
2 – Consumo e produção responsáveis – foco em resíduos plásticos
3 – Finanças climáticas
4 – Cidades e comunidades sustentáveis – foco no transporte
5 – compreensão dos **Objetivos de Desenvolvimento Sustentável (ODS) voltados para o meio ambiente.**
6 – **aumento do compartilhamento de conhecimentos e capacitação**
7 – **aumento da visibilidade do INTOSAI-WGEA e seus grupos de trabalhos regionais, desenvolvendo a comunicação externa.**

Há intercâmbio dos grupos ambientais regionais, que trabalham de modo sistematizado e integrado com a INTOSAI-WGEA. São realizadas auditorias ambientais cooperativas, bem como auditorias ambientais transnacionais[40].

A INTOSAI possui, dessa forma, o importante papel de estabelecer e desenvolver a boa gestão e boa governança, merecendo destaque a promoção do desenvolvimento sustentável de modo global, que se faz transnacional e globalmente por meio das suas regionais anteriormente mencionadas.

[39] ALVES, Benedito Antonio, pág. 31.

[40] ALVES, Benedito Antonio, pág. 31 e 32.

4.2. Tribunal de Contas europeu

Num breve panorama, o Tribunal de Contas Europeu (TCE) constitui uma das sete principais instituições que formam a União Europeia (UE), ao lado do Parlamento Europeu (PE), Conselho Europeu, Conselho da União Europeia, Comissão Europeia (CE), Tribunal de Justiça da União (TJ) e Banco Central Europeu (BCE). Foi criado[41] por meio do Tratado de Bruxelas, em 22 de julho de 1975. Sediado em Luxemburgo, teve início de atuação em 1977.

Sua criação se deu pela necessidade de a Comunidade Europeia possuir um auditor externo verdadeiramente independente para auxiliar o Parlamento e o Conselho, visando assegurar o controlo democrático das suas finanças. Era preciso ter poderes e recursos suficientes para garantir a auditoria adequada do orçamento que seguia em rápido e contínuo crescimento.

Colabora com outras ISC's no sentido de definir normas profissionais e boas práticas.

O Tribunal acolhe um representante de cada Estado-Membro da UE e funciona como um órgão colegiado. Os Membros possuem mandato de seis anos, renovável por igual período. O Presidente, eleito pelos Membros, possuem mandato de três anos, renovável por igual período.

Em novembro de 2021, o TCE apresentou o Relatório sobre o desempenho do orçamento da UE – Situação no final de 2020 [42]. Ele enfrenta, num primeiro momento, o desempenho dos programas de despesas no âmbito do orçamento da UE no final de 2020. Num segundo momento, as contas da União e à legalidade e regularidade das operações subjacentes. Há a conformidade e o resultado das políticas públicas adotadas no âmbito da Comunidade Europeia.

Em relação ao Fundo Europeu dos Assuntos Marítimos e das Pescas (FEAMP), o relatório traça o objetivo do referido Fundo que, dentre outros, consiste em apoiar a Política Comum das Pescas (PCP). Ao final, conclui o relatório com indicativo de conformidade, análise de políticas públicas e predição:

[41] https://www.eca.europa.eu/pt/Pages/History.aspx, acesso realizado em 22 de janeiro de 2022.

[42] https://www.eca.europa.eu/lists/ecadocuments/annualreport-performance-2020/annualreport-performance-2020_pt.pdf, acesso realizado em 22 de janeiro de 2022.

"A Comissão presta informações sobre as despesas do FEAMP em prol dos objetivos ambientais, mas a ligação destas com os indicadores-chave em matéria ambiental não está bem definida

4.25. O FEAMP deve promover uma pesca e uma aquicultura sustentáveis do ponto de vista ambiental. A pesca é a principal pressão sobre o ambiente marinho. A PCP visa garantir que os impactos negativos das atividades de pesca no ecossistema marinho sejam reduzidos ao mínimo e que a gestão das pescas aplique uma abordagem ecossistémica. O Tribunal constatou recentemente que, embora estivesse em vigor um quadro para proteger o ambiente marinho, as ações da UE, incluindo as ações dos Estados-Membros, não recuperaram o bom estado ambienta dos mares. Persistem problemas, tais como o impacto negativo dos arrastões de fundo no ambiente marinho e as capturas acessórias de espécies protegidas.

(...)

4.50. O FEAMP financia a recolha e gestão de dados destinada à prestação dos pareceres científicos necessários. No entanto, devido às limitações dos dados, não estão disponíveis pareceres científicos para muitas unidades populacionais de peixes, em especial no Mediterrâneo e no mar Negro (ver pontos 4.41 e 4.42).

4.51. Por último, o sistema de controlo das pescas é um fator crucial para a concretização dos objetivos da PCP. A Comissão adotou medidas corretivas suscetíveis de melhorar os sistemas de controlo nacionais, mas persistem problemas (ver ponto 4.43)."

A temática ambiental, no mesmo passo das ISC's a nível mundial, constitui agenda do Tribunal de Contas Europeu. No contexto do controle externo, ele contribui para o desenvolvimento sustentável, aplicando os princípios de boa gestão ambiental no seu trabalho quotidiano[43].

O TCE adotou a política ambiental internamente a partir de 2014. Pratica a transparência e publicidade que procura impelir a seus destinatários. Com gestão ambiental em sua própria atuação, compromete-se a:

- Introduzir medidas para reduzir as emissões de dióxido de carbono;

[43] https://www.eca.europa.eu/pt/Pages/Environmental-management.aspx, acesso realizado em 22 de janeiro de 2022.

- Promover a eficiência energética e tomar medidas para reduzir o seu consumo de eletricidade, água e papel;
- Incluir critérios ambientais nos seus procedimentos de contratação pública;
- Aplicar as melhores práticas na gestão de resíduos;
- Incentivar todo o pessoal a atuar de forma sustentável e a contribuir ativamente para a concretização dos objetivos desta política.

4.3. Portugal (Tribunal de Contas de Portugal)

O Tribunal de Contas de Portugal, segundo o art. 214, nº 1 da Constituição da República Portuguesa (CRP), consiste num "órgão supremo de fiscalização da legalidade das despesas públicas e de julgamento das contas que a lei mandar submeter-lhe". Tem a natureza de Tribunal financeiro integrado no aparelho judiciário, ao lado dos demais Tribunais, com "características de real independência e de superioridade das suas decisões relativamente às da Administração.". Tem dever de emitir parecer sobre a Conta Geral do Estado e sobre as contas das Regiões Autónomas[44].

Após a revisão da Constituição ocorrida por meio da Lei Constitucional nº 1/1989, a regulamentação do Tribunal de Contas de Portugal, que era uma norma fechada, evoluiu para uma norma aberta, com indicação de suas competências a título meramente exemplificativo. Nesse sentido, foi então reconhecida a insuficiência de um controle de legalidade estrita e regularidade da gestão, tornando possível o controle do mérito da conduta administrativa, o que viria a ser concretizado por meio da Lei n.º 98, de 16 de agosto de 1997[45].

Em matéria ambiental, o Tribunal tem desenvolvido várias auditorias, algumas em cooperação internacional. Parte destas auditorias tem relação com financiamento proveniente da União Europeia. Há um importante papel a desempenhar no que respeita ao controle da aplicação dos Fundos Europeus[46].

[44] https://erario.tcontas.pt/pt/apresenta/historia/tc1976-.shtm, acesso realizado em 23 de janeiro de 2022.

[45] COSTA, Paulo Jorge Nogueira da, págs. 112 a 116.

[46] https://fundoseuropeus.tcontas.pt/intervencoes/2021-06-21/08__intervencao_tc__texto.pdf, acesso realizado em 23 de janeiro de 2022.

Podem ser indicadas, exemplificativamente, as seguintes auditorias sobre a temática ambiental:

1 – "Auditoria a mecanismos previstos para o controlo e redução de CO2 – Plano Nacional de Atribuição de Licenças de Emissão 2008-2012 e Fundo Português de Carbono". (Relatório nº 39/2011);
2 – Auditoria à aplicação do Programa para o Ambiente e a Ação Climática (LIFE) em Portugal, que teve por objetivo "a apreciação da execução do Programa para o Ambiente e a Ação Climática (LIFE), relativo ao período de programação 2014-2020, (...).". (Relatório nº24/2017)
3 – "Auditoria às Áreas Marinhas Protegidas", que teve por "objetivo identificar e avaliar as ações desenvolvidas por Portugal para a proteção da biodiversidade marinha, através da criação e gestão das áreas marinhas protegidas.". (Relatório nº 17/2018);
4 – "Auditoria ao Programa de Ação Nacional de Combate à Desertificação". (Relatório nº 19/2019);
5 – "Auditoria às Compras Públicas Ecológicas", tendo em vista que "a Agenda 2030 das Nações Unidas para o Desenvolvimento Sustentável (para o período de 2016 a 2030) inclui também a promoção das práticas de compras públicas sustentáveis, (...).". (Relatório nº 7/2020);
6 – "Auditoria à Qualidade do Ar", que teve por objetivo apurar a política de qualidade do ar adotada pelo Estado Português. (Relatório nº 8/2020);
7 – "Auditoria às Medidas Agroambientais", pois tais medidas são suscetíveis de contribuir para os objetivos e metas de sustentabilidade agrícola e ambiental preconizados em linha com a Estratégia Europa 2020, a Agenda 2030 das Nações Unidas (...)". (Relatório nº 8/2021).

O Tribunal de Contas incluiu como uma das principais prioridades do Plano Estratégico 2020-2022 "Auditar a implementação em Portugal da Agenda 2030 para o Desenvolvimento Sustentável"[47].

[47] https://www.tcontas.pt/pt-pt/Transparencia/PlaneamentoGestao/PlanosTrienais/Documents/plano_estrategico_2020-2022.pdf, acesso realizado em 23 de janeiro de 2022.

4.4. Brasil (Tribunal de Contas da União – TCU)

Mais complexo do que o desenho verificado em Portugal, a função do controle externo no Brasil é atribuída ao Poder Legislativo, sendo competência do Congresso Nacional no âmbito federal, das Assembleias Legislativas nos Estados, da Câmara Legislativa no Distrito Federal e das Câmaras Municipais nos Municípios, onde houver, com o auxílio dos respectivos Tribunais de Contas, conforme previsto nos arts. 71 a 73 da Constituição da República Federativa do Brasil. Consiste num controle de natureza política, mas sujeito à prévia apreciação técnica do Tribunal de Contas respectivo. Suas decisões são administrativas, e não jurisdicionais[48].

O Tribunal de Contas da União tem por escopo a fiscalização financeira relacionada às atividades administrativas no âmbito Federal, excluídos, dessa forma, o Distrito Federal, os Estados e os Municípios. As competências atribuídas ao TCU pela Constituição Federal foram reproduzidas, por simetria, nas constituições estaduais, quanto aos Tribunais de Contas Estaduais, e nas leis orgânicas dos municípios, que possuem tribunais de contas[49].

A inclusão do princípio da eficiência como princípio da Administração Pública, o que ocorreu com alteração do *caput* do art. 37, por meio da Emenda Constitucional nº 19, de 4 de junho de 1998, consolidou a legitimidade da fiscalização do controle externo que se estende até mesmo à verificação da própria gestão administrativa[50]. Antes mesmo, contudo, já havia uma atuação mais alargada dos Tribunais de Contas no Brasil diante do elemento "economicidade" dentre aqueles seriam objeto de controle interno e externo.

Dentro dessa dinâmica reconhecida de função social da ISC[51], em que se mostra superado o controle meramente formal e documental de sua atribuição, pelo que passa a se ocupar também com a gestão administrativa, o Tribunal de Contas da União tem ações ou políticas públicas em matéria

[48] SILVA, José Afonso da. Curso de Direito Constitucional Positivo; São Paulo: Malheiros, 2019, 42ª edição, págs. 765 e 767.

[49] CHADID, Ronaldo. Função social dos tribunais de contas – uma releitura da sua missão constitucional. In: LIMA, Edilberto Carlos Pontes (Coord.). Tribunal de Contas do século XXI. Belo Horizonte: Fórum, 2019. p. 337-366. (Coleção Fórum IRB, v. 3), pág. 364.

[50] CHADID, Ronaldo. pág. 349.

[51] CHADID, Ronaldo, págs. 337 a 366.

ambiental. A auditoria "Ação Apoio às Comunidades Agroextrativistas da Amazônia – Amazônia Solidária, integrada no Programa Amazônia Sustentável", apreciada pelo Acórdão nº 259/2004-TCU-PLENÁRIO, seria um dos exemplos de atuação:

> "O objetivo do Programa Amazônia Solidária "é contribuir para o fortalecimento económico e social das comunidades extrativistas da região amazónica, ao promover o uso sustentável e a conservação da biodiversidade, além de assegurar seu bem-estar e aumentar a eficácia da gestão de seus problemas".
>
> Este programa apoia as comunidades extractivistas dos nove estados que compõem a Amazônia Legal, estimando-se que estejam abrangidas 1,5 milhões de pessoas, pertencentes às diversas populações extractivistas, abrangendo "os seringueiros, os castanheiros, os pescadores artesanais, os açaizeiros, as quebradeiras de coco de babaçu, as populações indígenas, os ribeirinhos e os coletores de outros produtos florestais".
>
> Na auditoria realizada pelo TCU foi avaliado em que medida é que a implementação do Amazônia Legal tem permitido alcançar os objetivos fixados.
>
> Este programa foi selecionado para auditoria pelo TCU em virtude da sua relevância social, em particular por ter a potencialidade para criar oportunidades de melhoria de desempenho e contribuir para a redução da pobreza, que constitui um dos aspetos centrais do projeto de aperfeiçoamento do Controle Externo com foco na Redução da Desigualdade Social – CERDS.
>
> No trabalho desenvolvido, o TCU identificou aspetos positivos na implementação do Programa, mas detetou também um conjunto de deficiências, tendo formulado diversas recomendações tendentes a incrementar o benefício social proporcionado pelo Programa Amazónia Solidária."

Noutro giro, com o objetivo de construir uma visão geral sobre a Função Gestão Ambiental, em especial para desenhar o panorama orçamentário e financeiro dessa Função e avaliar os programas temáticos a ela atrelados (Mudanças Climáticas, Biodiversidade, Conservação/ Gestão de Recursos Hídricos e Prevenção/Controle do Desmatamento e dos Incêndios em Florestas), o TCU analisou informações referentes à execução orçamentária por órgão responsável pela condução da administração do meio ambiente e suas entidades vinculadas[52]. O trabalho apontou falhas de governança na gestão do meio ambiente. Por meio do Acórdão nº 557/2015, o Tribunal recomendou ao órgão que fossem revistos os "indicadores de desempenho de seus programas temáticos e suas metas correspondentes, de forma que tais indicadores e metas traduzam todos os objetivos do respectivo programa, permitindo o adequado acompanhamento da evolução do tema.".

Com uma apreciação mais ampla, o Acórdão nº 1968/2017 teve por objetivo principal de apreciar o relatório que avaliou a preparação do Governo Federal brasileiro para implementar os desafios econômicos, sociais e ambientais propostos pela *Agenda 2030.* O trabalho avaliou a preparação inicial do governo brasileiro para implementar os ODS no país, gerando recomendações e determinações.

Conclusões

O meio ambiente se encontra na agenda mundial. Tem-se buscado a sua proteção por vários meios, especialmente jurídicos.

Certo que toda ação local tem consequência global, os Estados têm procurado garantir a sustentabilidade ambiental interna e internacionalmente. Nessa garantia, torna-se reconhecido o meio ambiente um patrimônio público, que exige da Administração Pública bons mecanismos de sua proteção.

A simples governança, plasmada pelo prisma da legalidade, não cumpre mais o papel almejado para que se considere cumprida a missão da Administração Pública. Ele não se mostrou suficiente para atestar a realização de uma boa governança.

Sob essa mesma perspectiva de atuação ampla da governança, as Instituições Superiores de Contas (ISC) envidam esforços proativos no fortalecimento da boa governança direcionada à sustentabilidade ambiental. Com esforço global e cooperativo, promovem a *accountability* para o atingimento também das metas propostas pela Organização das Nações Unidas (ONU), não se olvidando da *Agenda 2030.*

O controle das políticas públicas, ao lado da gestão fiscal, denota a reorganização das competências das Cortes de Contas. Supervisionam, identificam as deficiências e acertos na atuação dos governos e traçam

52 https://portal.tcu.gov.br/biblioteca-digital/fiscalizacao-da-funcao-gestao-ambiental.htm, acesso realizado em 24 de janeiro de 2022.

previsões, no caso, sobre o que se predispõe a atuação adotada no âmbito do meio ambiente.

Nessa dimensão de controle externo, dada a evolução e benefícios da amplitude da atuação das Instituições Superiores de Contas, cabe se trazer para o centro de análise seus limites e possibilidades. Atribui-se, em regra, a iniciativa do estabelecimento das políticas públicas à Administração, pelo que a análise dessas políticas deve se dar com justiça. O justo seria o proporcional, e o injusto viola a proporção[53]. A concepção da *accountability* consiste no controle do exercício do poder político, sem o desiderato de eliminá-lo ou de se substituir a ele.

Referências

ALVES, Benedito Antonio. A governança da sustentabilidade ambiental a cargo dos tribunais de contas no século XXI. In: LIMA, Edilberto Carlos Pontes (Coord.). Tribunal de Contas do século XXI. Belo Horizonte: Fórum, 2019. p. 19-47. (Coleção Fórum IRB, v. 3).

ARISTÓTELES. Ética a Nicômaco. Texto integral. São Paulo: Editora Martin Claret, 2008.

BENJAMIN, Antonio H Vasconcellos e; FERREIRA, Heline Sivini; CANOTILHO, Jose Joaquim Gomes; ARAGAO, Maria Alexandra De Souza; AYALA, Patryck de Araujo; MACHADO, Paulo Affonso Leme; BIANCHI, Patricia Nunes Lima; LEITE, Jose Rubens Morato. DIREITO CONSTITUCIONAL AMBIENTAL BRASILEIRO. Saraiva. Edição do Kindle.

BONILHA, Ivan Lelis. Sustentabilidade como princípio conformador do Tribunal de Contas do século XXI. In: LIMA, Edilberto Carlos Pontes (Coord.). Tribunal de Contas do século XXI. Belo Horizonte: Fórum, 2019. p. 179-189. (Coleção Fórum IRB, v. 3).

CABRAL, Flávio Garcia. Uma análise comparativa da atuação do Tribunal de Contas da União de 1989 a 2010. Dissertação (mestrado). Orientadora: Ana Lúcia de Lyra Tavares – Rio de Janeiro: PUC, Departamento de Direito, 2011.

CASTRO, Sebastião Helvecio Ramos de; CASTRO, Renata Ramos de. Para (muito) além de um tribunal de contas: da conformidade à predição. In: LIMA, Edilberto Carlos Pontes (Coord.). Tribunal de Contas do século XXI. Belo Horizonte: Fórum, 2019. p. 367-376. (Coleção Fórum IRB, v. 3).

CEBOLA, Cátia Marques et al. *Environmental Mediation: Definition and Design*. In: Peace, Justice and Strong Institutions. Springer, 2020.

[53] ARISTÓTELES. Ética a Nicômaco. Texto integral. São Paulo: Editora Martin Claret, 2008, pág. 110.

CHADID, Ronaldo. Função social dos tribunais de contas – uma releitura da sua missão constitucional. In: LIMA, Edilberto Carlos Pontes (Coord.). Tribunal de Contas do século XXI. Belo Horizonte: Fórum, 2019. p. 337-366. (Coleção Fórum IRB, v. 3).

CHAMOUN, Rodrigo Flávio Freire Farias. Os tribunais de contas na era da governança pública: focos, princípios e ciclos estratégicos do controle externo. In: LIMA, Edilberto Carlos Pontes (Coord.). Tribunal de Contas do século XXI. Belo Horizonte: Fórum, 2019. p. 313-336.

COSTA, Paulo Jorge Nogueira da. O Tribunal de Contas e a Boa Governança – Contributo Para Uma Reforma do Controlo Financeiro Externo Em Portugal. Dissertação de Doutoramento em Direito, área de Direito, Justiça e Cidadania no Século XXI, na Faculdade de Direito da Universidade de Coimbra, 2012.

FERRAJOLI, Luigi. A Soberania no Mundo Moderno. São Paulo: Martins Fontes, 2002.

GUIMARÃES, Fernando Augusto Mello; DOMINGOS, Adriana Lima; MOMBELLI, Rita de Cassia Bompeixe Carstens. O Tribunal de Contas e a localização da Agenda 2030. In: LIMA, Edilberto Carlos Pontes (Coord.). Tribunal de Contas do século XXI. Belo Horizonte: Fórum, 2019.

MACIEL, Moises. O papel do Tribunal de Contas no combate à corrupção. In: LIMA, Edilberto Carlos Pontes (Coord.). Tribunal de Contas do século XXI. Belo Horizonte: Fórum, 2019. p. 239-260. (Coleção Fórum IRB, v. 3).

MONTEBELLO Willeman, Mariana. Accountability Democrática e o Desenho Institucional dos Tribunais de Contas no Brasil. Forum: Belo Horizonte. 2020 – 1ª reimpressão. Edição do Kindle.

MONTESQUIEU, Charles Louis de Secondat, baron de la Brède et de, 1689-1755. Do Espírito das Leis / Montesquieu; introdução e notas de Gonzague Truc; Tradução de Fernando Henrique Cardoso e Leôncio Martins Rodrigues. 2ª edição. Abril Cultural: São Paulo, 1979.

NABAIS, Casalta. Da sustentabilidade do Estado Fiscal. In: NABAIS, José Casalta; SILVA, Suzana Tavares da. (Coords.) Sustentabilidade Fiscal em Tempos de Crise. Coimbra: Almedina, 2011.

ROSENAU, James N. "Governança, Ordem e Transformação na Política Mundial". In: Rosenau, James N. e Czempiel, Ernst-Otto. Governança sem governo: ordem e transformação na política mundial. Brasília: Ed. Unb e São Paulo: Imprensa Oficial do Estado, 2000. pp. 11-46

SANTOS, Filipe Duarte. Os Desafios Ambientais Criados pela Grande Aceleração do Pós-Guerra. Nação e defesa. Vol. 1, nº 122 – 4ª Série, págs. 61-79. Primavera 2009.

SILVA, José Afonso da. Curso de Direito Constitucional Positivo; São Paulo: Malheiros, 2019, 42ª edição.

YOSHIDA, C. Y. M.; KISHI, S.; PIAZZON, R. S.; VIANNA, M. D. B. (2017). Finanças Sustentáveis e a Responsabilidade Socioambiental das Instituições Financeiras. Belo Horizonte: Fórum.

DIREITO DO TRABALHO

18. A INTELIGÊNCIA ARTIFICIAL E AS RELAÇÕES TRABALHISTAS

Larissa Figueirêdo Belo

Introdução – a inteligência artificial e as relações trabalhistas

A atual era da inteligência artificial apresenta ao direito do trabalho novas questões e desafios que exigem uma reflexão cuidadosa e aprofundada. No entanto, não é a primeira vez na história que a sociedade precisa se adaptar a mudanças significativas no modo de trabalho. Na Revolução Industrial, por exemplo, a introdução de novas tecnologias exigiu dos trabalhadores habilidades técnicas mais avançadas para operar as máquinas, levando a uma reorganização do trabalho e a novas relações de trabalho.

Da mesma forma, a revolução atualmente em curso exige uma adaptação semelhante. No entanto, as implicações da inteligência artificial para as relações trabalhistas são muito mais profundas e complexas do que as da Revolução Industrial, exigindo uma análise mais cuidadosa e aprofundada.

Nesse sentido, é crucial que o direito do trabalho desenvolva uma compreensão clara e precisa dos problemas colocados pela inteligência artificial e explore soluções criativas e eficazes para lidar com eles. A revisão bibliográfica é uma metodologia útil para alcançar esse objetivo, fornecendo uma base sólida e abrangente para a reflexão crítica e o desenvolvimento de estratégias políticas e regulatórias apropriadas.

A própria evolução do Direito do Trabalho e a sua autonomia como ramo do Direito se deu no contexto da Revolução Industrial, o que por si só demonstra a importância das questões que foram enfrentadas pela sociedade à época, entre elas o temor de que a máquina substituísse o homem, tornando a sua existência obsoleta, tomando o seu posto de trabalho, não lhe sendo possível, assim, ter maneiras de sobreviver.

A história do surgimento do Direito do Trabalho demonstra que esse tem origem nas reivindicações que buscavam melhores condições de trabalho, marcado pela eclosão da Revolução Industrial e suas consequências.

Carlos Henrique Bezerra explica que a origem do Direito do Trabalho tem três causas principais: econômica, em decorrência da Revolução Industrial, política, com a Revolução Francesa e jurídica, decorrente da intervenção estatal nas relações privadas.

A Revolução Industrial ocorrida em 1775, consequência da criação das máquinas a vapor, de fiar e de tear, possibilitou o trabalho mais rápido, substituindo o trabalho antes realizado pelo homem, o que ocasionou a perda de diversos postos de trabalho, causando desemprego.

Os trabalhadores reivindicavam uma maior proteção, em uma época em que imperava a desigualdade social e eram vistos como uma ralé fatigada, que carecia de recursos básicos, angustiados pela instabilidade do emprego, nas palavras de Arnaldo Süssekind, Délio Maranhão e Segadas Viana, era uma classe atormentada pela insegurança do futuro, oprimida pela deficiência dos salários.

O surgimento do Direito do Trabalho também teve o seu incentivo nas Encíclicas Rerum Novarum e Laborem Exercens, preconizadas pela Igreja Católica em busca da promoção de uma ideia de justiça social.

Questionamentos similares surgem na era atual, em que a inteligência artificial passa a ter suma importância na sociedade pós-moderna, os contornos das consequências da utilização da inteligência artificial, ou simplesmente IA, ainda são desconhecidos e devem ser profundamente estudados, porque o mundo tecnológico evolui a passos largos, enquanto o Direito tenta se adaptar a essa nova onda de desafios.

Vive-se a Quarta Revolução Industrial da história e embora em todas as Revoluções anteriores o temor da perda do emprego fosse uma consequência apontada pela doutrina e estudiosos, essa previsão nunca se configurou[1], conforme esclarece Charize de O. Hortmann, as transições

[1] Charize de O. Hortmann, *Inteligência Artificial no mercado de trabalho: ideias para a prevenção e implementação de políticas públicas*. Editora Dialética, Belo Horizonte, 2020, p.

passadas geraram novas oportunidades para a sociedade, tornando-as mais prósperas[2].

No entanto, estudos já apontam para a possibilidade de que 800 milhões de trabalhadores no mundo percam os seus postos de trabalho para dispositivos das chamadas tecnologias ou inovações disruptivas, inclusive robôs[3].

O mundo do Direito e os diversos renomados doutrinadores reconhecem a importância da discussão sobre os efeitos da inteligência artificial e todos os seus tentáculos, buscando prever a quem eles atingirão, de que forma e como o Direito deve se antecipar a essas questões. No âmbito da União Europeia, o Parlamento já aponta preocupação quanto aos enigmas trazidos pela inteligência artificial[4].

São inúmeros os exemplos do uso da inteligência artificial no mundo moderno, projetos que utilizam abelhas como auxílio a prevenção do terrorismo e drones, já são noticiados pelo mundo científico[5]. Outros exemplos são encontrados na literatura, como a utilização de robôs para diagnóstico, impressoras 3D que constroem casas em menos de 24 horas, robôs que analisam demandas judiciais, impressoras que reproduzem órgãos humanos, como solução para o problema dos transplantes de órgãos, todas essas soluções já são apontadas no mundo moderno[6].

No Brasil, o Robô Victor já é conhecido por ser um dispositivo de inteligência artificial utilizado pelo Supremo Tribunal Federal para aumentar a produtividade da Corte Suprema brasileira, realizando a triagem de processos[7].

[2] Charize de O. Hortmann, *Inteligência Artificial no mercado de trabalho: ideias para a prevenção e implementação de políticas públicas*. Editora Dialética, Belo Horizonte, 2020, p.10.

[3] Charize de O. Hortmann, *Inteligência Artificial no mercado de trabalho: ideias para a prevenção e implementação de políticas públicas*. Editora Dialética, Belo Horizonte, 2020, p.10.

[4] Relatório 2015/2103 (INL) do Parlamento Europeu.

[5] https://revistasegurancaeletronica.com.br/policia-de-israel-usa-drones-autonomos-para--missoes-de-vigilancia- inteligencia-e-socorro/

[6] Charize de O. Hortmann, *Inteligência Artificial no mercado de trabalho: ideias para a prevenção e implementação de políticas públicas*. Editora Dialética, Belo Horizonte, 2020, p.11-12.

[7] Conforme notícia, Victor é um mecanismo de inteligência artificial que é utilizado nos processos jurídicos no Supremo Tribunal Federal brasileiro, o seu custo girou em torno de R$ 1,6 milhões, o seu objetivo não é ditar sentenças ou decisões, mas melhorar o desenvolvimento dentro do tribunal (https://encenasaudemental.com/comportamento/tecnologia/robo-victor-uma-simples-ia-ou-um-futuro-juiz/, acesso em 23/01/2023).

O tema é tão relevante que se noticia importante interferência da inteligência artificial em julgamento que será realizado no mês de fevereiro de 2023. O website *busnisses insider*[8] esclarece que será a primeira vez que um réu será defendido por um robô.

Outras discussões, mais atentas ao tema aqui circunscrito, sobre a inteligência artificial, diz respeito a utilização, por exemplo, de informações dos trabalhadores a serem adquiridas através da utilização de exoesqueleto, informações de saúde que podem antecipar doenças, mesmo de cunho genético, que sejam pioradas pelo trabalho, fazendo com que, por exemplo, o empregador demita antecipadamente um empregado.

A inteligência artificial também influencia na própria contratação de trabalhadores, um projeto piloto, do qual trataremos neste ensaio, da *Amazon,* utilizou a inteligência artificial para o processo de recrutamento e diversos problemas foram identificados.

O Parlamento Europeu, no relatório 2015/2103 (INL), já se manifestou sobre a inteligência artificial e a robótica, sobre as tecnologias disruptivas, esclarecendo que o desenvolvimento dessas novas tecnologias impõe difíceis problemas[9].

Diante desse cenário e atento as mudanças no mundo, o Direito está começando a discutir as consequências da inteligência artificial para as relações trabalhistas. O trabalhador perderá o seu posto? Será reabsorvido? O Direito deve optar por proteger e evitar todo e qualquer avanço tendencioso de causar escassez de postos de trabalho? Que dados se tem atualmente na ciência jurídica sobre essas questões.

É neste sentido que este trabalho terá o objetivo de cooperar com a análise das questões levantadas no parágrafo anterior, visando contribuir para que o Direito compreenda os problemas, de maneira mais concreta, que são impostos pela utilização da inteligência artificial, através da metodologia de revisão bibliográfica.

No primeiro momento, apresentaremos os problemas que são apontados na doutrina, artigos e decisões judiciais, para em um segundo momento iniciar uma discussão teórica acerca das problemáticas levantadas,

[8] https://www.businessinsider.in/tech/news/for-the-first-time-in-history-an-ai-bot-will--reportedly-defend-a-human-in-court/articleshow/96785418.cms. Acesso em 22/01/2023.

[9] https://www.europarl.europa.eu/doceo/document/TA-8-2017-0051_PT.html. Acesso em 25 de janeiro de 2023.

ao final teceremos algumas considerações, com encaminhamentos para o desenvolvimento da ciência jurídica quanto ao tema da inteligência artificial.

1. A inteligência artificial na contratação

A *Amazon* iniciou um processo seletivo com base na utilização de inteligência artificial[10], conforme noticiado, a empresa utilizava mecanismos automatizados para analisar e guardar currículos desde o ano de 2014, através de programas de computador.

A *Amazon* tem um grande domínio de mercado, o que inclusive já foi questionado no âmbito da União Europeia, isso porque a empresa se beneficia do uso de ferramentas tecnológicas que lhe permite estar à frente dos seus concorrentes. Ferramentas eletrônicas, segundo informações jornalísticas, são utilizadas desde o armazém até o estabelecimento dos preços.

É dentro deste contexto que a *Amazon* iniciou um projeto experimental de utilizar ferramentas de inteligência artificial para contratar empregados para a empresa. No entanto, a companhia acabou por desativar o projeto ao perceber que a inteligência artificial, no que tange os cargos de tecnologia, não agiu de forma isonômica quanto ao gênero.

O sistema de inteligência artificial da *Amazon* analisou um conjunto de dados de 10 anos dos currículos enviados à empresa, os quais refletiam a preponderância de currículos de pessoas do gênero masculino, levando a inteligência artificial a concluir que os candidatos de sexo masculino eram preferíveis aos de sexo feminino.

A decisão como a adotada pelo sistema utilizado pela *Amazon*, após aprender consigo mesmo (*learning machine*), tem sido analisada por diversos estudiosos e apontada como um dos problemas da inteligência artificial, refletidos no que foi nomeado de *black box*.

2. Conceito de Black Box

No livro Racionalidade no Direito (IA): Inteligência Artificial e Precedentes, de Fabiano Hartmann Peixoto e Débora Bonat, os autores esclarecem que a inteligência artificial não está suscetível às experiências de um dia ruim,

[10] https://epocanegocios.globo.com/Empresa/noticia/2018/10/amazon-desiste-de-ferramenta-secreta-derecrutamento-que-mostrou-vies-contra-mulheres.html. Acesso em 22/01/2023.

ela não é comportamental. Por outro lado, quando se fala, por exemplo, de decisões judiciais, é difícil prever o que o ser humano decidirá, ou como uma pessoa poderá ser influenciada pelo pequeno almoço que não lhe caiu muito bem. Embora a inteligência artificial não sofra desses problemas, outros são apontados, um deles é a caixa preta algoritmo ou *black box*.

Para entender o que seria a caixa preta algorítmica é necessário falar no termo *deep learning*, isto é, a capacidade da inteligência artificial aprender consigo mesma e evoluir as suas decisões. A princípio, a inteligência artificial utiliza os dados que foram inseridos pelos programadores, entretanto, como a inteligência artificial aprende consigo mesma e através do estudo destes dados, ela pode tomar decisões diferentes das previstas ou das que se intencionava.

Assim, conforme explica Adadi e Berrada, *apud* Fabiano Hartmann Peixoto e Debora Bonat, a caixa preta pode ser entendida como níveis internos de decisões da inteligência artificial que não estão expostos para o usuário externo, assim pouco se saberia a respeito de uma determinada decisão que a inteligência artificial adotou, por não se conseguir entender o processo decisório da inteligência artificial, ao aprender consigo mesma muitas vezes mais rápido do que o ser humano é capaz de aprender.

Deste modo, os algoritmos nem sempre permitem que os seres humanos avaliem os princípios e propósitos que foram adotados pela inteligência artificial, cria-se dificuldades, portanto, na verificação das suas decisões, muitas vezes enviesadas, pois partem do estudo de dados inseridos por programadores e da realidade humana, que é falha.

Um exemplo claro disso é o já citado projeto da *Amazon*, que adotou um programa de inteligência artificial para recrutar novos empregados para a empresa, este projeto não foi bem-sucedido justamente porque os dados coletados continham discriminação em relação ao gênero feminino.

Para os autores, há um problema de auditoria quanto às decisões da inteligência artificial, outro problema que os autores apontam é a própria ideia ou ideal de justiça, que requer uma percepção desenvolvida desde a infância, seria muito difícil que um *software* pudesse quantificar matematicamente o conceito e o senso de justiça, assim é uma difícil tarefa a de que os algoritmos possam compreender as fragilidades humanas, especialmente as que estão ligadas à restrições, punições e alocação de recursos e podem apenas reproduzir o viés humano daqueles que programaram ou de uma pequena parte da elite.

Deste modo, o algoritmo, na estrutura da inteligência artificial, o *deep learning*, os milhares de neurônios artificiais, podem levar a sensação de falta de transparência, e assim os seres humanos não poderiam visualizar concretamente ou compreender o que de fato levou a inteligência artificial a uma determinada decisão[11], isso é efetivamente o que se chama de *black box*.

Ainda sobre a *black box*, Ana Frazão esclarece que sistema capitalista que baseava o seu valor na troca de mercadorias, não mais persiste atualmente, o que se encontra hoje são grandes empresas, novos empreendedores, que utilizam a tecnologia para controlar fluxo de dados e são reconhecidos como "senhores da economia".

Neste sentido, há que se vê também que boa parte dos algoritmos que são utilizados pelos Estados e grandes governos e agentes empresariais não são revelados, por isso carecem de certa confiabilidade, por falta de transparência em relação ao processo. Assim, seria necessário existir algum tipo de controle sobre os dados, bem como controle da qualidade dos dados: se são verdadeiros, exatos e acurados e se é justificável a sua utilização, além de ter clareza quanto programação, se é idônea[12].

Deste modo, os algoritmos podem gerar injustiça, principalmente porque os dados são tratados muitas vezes como produtos e as companhias adquirem esses dados para utilizar em benefício próprio. Como visto, os dados, que podem ser enviesados, sofrem o processo já explicado, que é a máquina aprender consigo mesma, através das suas redes neurais artificiais, sendo provável que os algoritmos reproduzam o preconceito social.

Para Cathy O' Neil *apud* Ana Frazão, os algoritmos seriam armas matemáticas de destruição, pois não são neutros e seus códigos contém decisões e opiniões muitas vezes desconhecidas, baseando seu julgamento em padrões e dados preconceituosos e podem ser utilizados como forma de violação de direitos e discriminação[13].

[11] Debora Bonat e Fabiano Hartmann Peixoto, *Racionalidade no Direito: Inteligência Artificial e Precedentes*. 1. Ed. Editora Alteridade, Curitiba/PR, 2020, p. 47-48.

[12] Marlon, Tomazette, Direito Digital e inteligência artificial [recurso eletrônico]: diálogos entre Brasil e Europa/A. Barreto Menezes Cordeiro... [et al.] coordenado por Felipe Braga Netto... [et al.]. Editoda Foco, Idaiatuba/SP, 2021, P. 72.

[13] Marlon, Tomazette, Direito Digital e inteligência artificial [recurso eletrônico]: diálogos entre Brasil e Europa/A. Barreto Menezes Cordeiro... [et al.] coordenado por Felipe Braga Netto... [et al.]. Editoda Foco, Idaiatuba/SP, 2021, P. 75.

Um exemplo claro das decisões dos algoritmos que podem influenciar gravemente a vida das pessoas é a de um algoritmo utilizado pelo banco para deferir financiamentos imobiliários, uma determinada pessoa poderá não ter sequer como argumentar com o banco a razão pela qual o algoritmo ou *software* decidiu que deveria se aplicar um indexante maior no seu caso.

Neste sentido, Frank Pasquale conclui que os julgamentos adotados pela inteligência artificial podem não ser completos, errados e enviesados, inclusive podem ser utilizados com armas para interesses econômicos[14].

Para Frank Pasquale, em capítulo que trata do "o segredo do julgamento do *software*", é muito importante refletir sobre todas essas decisões que são tomadas pela inteligência artificial, principalmente porque essas decisões eram antes tomadas baseadas na reflexão do ser humano e agora são tomadas automaticamente pelo *software*, como exemplo de influência dessas decisões o autor cita que os algoritmos podem nos direcionar a tomar uma decisão como qual carro comprar, qual restaurante frequentar e muitas outras coisas que fazem parte da nossa rotina, assim fica clara a importância de se entender melhor essas *black boxes*, como porque um determinado vídeo aparece em primeiro lugar no Google e outro não[15].

Assim sendo, é de suma importância que o direito do trabalho esteja sempre atento a todas essas modificações da sociedade, principalmente quando as empresas passam a utilizar a inteligência artificial e muitas dessas decisões não são rastreáveis.

Outros exemplos podem ser encontrados, entre os prejuízos que o uso da inteligência artificial pode causar, nomeadamente a *black box*, cita a possibilidade de a empresa saber se um empregado está prestes a pedir demissão, ou seu uso para controlar constantemente a produção dos empregados, neste sentido:

A CEO e presidente da IBM, Ginni Rometty, informou que a empresa desenvolveu e patenteou o "Programa de Atrito Preditivo", com base na plataforma Watson. O sistema prevê as chances de saída de funcionários e prescreve ações para os gerentes engajarem a equipe. O sistema possui uma eficácia de 95%, acarretando, após a implantação da tecnologia,

[14] Pasquale, F. The Black Box Society. Cambridge: Harvard University Press, 2015, posição 193.

[15] Pasquale, F. The Black Box Society. Cambridge: Harvard University Press, 2015, posição 193.

segundo cálculos da IBM, uma economia de US$ 300 milhões com a retenção de funcionários.

No Reino Unido, diversas empresas estão usando a IA para examinar o comportamento dos empregados minuto a minuto, colhendo dados sobre quem envia o que, quem acessa e edita arquivos e quem encontra quem e quando. O sistema possibilita que os empregadores saibam quais trabalhadores são "influenciadores" ou "criadores de mudança" dando uma visão detalhada de como o comportamento afeta a produção.

Nessa senda, João Leal Amado esclarece que as decisões tomadas pela inteligência artificial, através dos algoritmos, está amplamente presente nas relações do trabalho[16]:

> O algoritmo, por exemplo, começa a ocupar um lugar crescente nos vários domínios da relação de trabalho (na fase da seleção dos trabalhadores a contratar, na distribuição de tarefas e na monitorização e avaliação da prestação realizada pelos trabalhadores, na seleção dos trabalhadores a despedir, etc.), sendo cada vez mais evidentes os riscos de, sob a capa da pretensa cientificidade, neutralidade e objetividade do algoritmo, velhas discriminações serem reproduzidas e relegitimadas.
>
> O algoritmo, enquanto sistema computacional de matemática aplicada, não tem coração nem sensibilidade, mas a inteligência artificial pode reproduzir os preconceitos, conscientes ou não, de quem programa o algoritmo, isto é, de quem fornece ao algoritmo os dados (input) que irão permitir ao algoritmo tomar as suas decisões (output).

Vê-se, portanto, que as empresas utilizam cada vez mais a inteligência artificial como forma de tomar decisões e mesmo avaliar os seus empregados. Uma vez que não se sabe muito a respeito da fiabilidade dos dados utilizados ou mesmo da programação do *software*, há problemas relacionados à justiça das decisões a serem tomadas, que não passarão por um raciocínio humano, depois há também outro problema, que é a impossibilidade do empregado contestar os dados, uma vez que sequer tem acesso ao raciocínio lógico adotado pela inteligência artificial para tomar determinada decisão.

[16] Amado, João Leal, *Inteligência artificial, plataformas digitais e robotização: que futuro para o (direito do) trabalho humano?*. Rev. Trib. Reg. Trab. 3ª Reg., Belo Horizonte, v. 67, n. 104, p. 239-265, jul./dez. 2021.

3. Ameaça ao posto de trabalho e novas tecnologias

O autor[1] Charize de O. Hortmann[17], aponta que há grande preocupação quanto a perda de empregos, no entanto essa preocupação não é recente, pois temores semelhantes foram demonstrados na primeira Revolução Industrial, além disso quando o computador se tornou mais popular nos anos de 1990, também existiu o receio de que muitos postos de trabalho fossem perdidos, mas estas previsões não se concretizaram no mundo real.

Alguns gargalos foram encontrados nas transições sofridas pela sociedade, um deles ocorreu quando existiu a mecanização da agricultura, conforme aponta[1] Charize de O. Hortmann, que aconteceu nos anos de 1950, esse fenômeno diminuiu consideravelmente as vagas do trabalho na agricultura gerando o êxodo rural.

Outros movimentos também são citados, como a mecanização da indústria, no entanto, em todas essas situações vivenciadas pelo mundo nas relações trabalhistas ao longo da história, o mercado se ajustou e se estabilizou, porém, estudos apontam que isso não vai acontecer na Quarta Revolução Industrial, em decorrência das novas tecnologias, que envolvem uso de inteligência artificial, robótica, sistemas de internet das coisas (IoT), entre outros.

Alguns institutos já apontam que haverá uma grande perda de postos de trabalhos em decorrência da utilização da inteligência artificial e da automação. Também há estudos da Organização Internacional do Trabalho que revelam que a mecanização industrial poderá atingir 50% dos postos de trabalho.

Pesquisas apontam que haverá a criação de novos postos de trabalho e funções, decorrentes da utilização da tecnologia, mas isso não acontecerá de forma automática. Haverá um período de transição em que é possível ocorrer um elevado índice de desemprego, principalmente devido à exigência de qualificação dos trabalhadores nas áreas que envolvem a tecnologia.

A chamada Quarta Revolução Industrial, mencionada anteriormente, já está sendo sentida em todo o mundo. Alguns exemplos incluem o ônibus autônomo que não requer um motorista – um protótipo já está sendo testado em Paris – drones e robôs utilizados para manter a segurança de

[17] Charize de O. Hortmann, *Inteligência Artificial no mercado de trabalho: ideias para a prevenção e implementação de políticas públicas*. Editora Dialética, Belo Horizonte, 2020, p.11-12.

cidades, impressoras 3D que imprimem casas populares em 24 horas e até mesmo a impressão de órgãos humanos que já é possível através dessas impressoras para suprir a necessidade de transplantes[18].

A atual Revolução industrial teve início na década de 1970, quando houve uma crescente utilização de tecnologia na indústria. No entanto, a ideia de máquinas capazes de realizar operações mais complexas surgiu anteriormente, durante a Segunda Guerra Mundial, quando Inglaterra, Estados Unidos e Alemanha investiram em projetos de computação. O primeiro projeto de um computador conhecido é o Z1, da Alemanha, que utilizava um sistema de fitas perfuradas para realizar cálculos. Posteriormente, surgiram outros protótipos, como o Harvard Mark I e o de Turing.

Como esclarecido, esses avanços surgiriam durante a Segunda Guerra Mundial, quando os países envolvidos buscavam claramente vantagem sobre o inimigo. Depois, os computadores mostraram-se vantajosos para outros contextos. Desde então, a tecnologia da computação passou por diversas evoluções, como a que ocorreu na Terceira Revolução Industrial, em que se unificou os conceitos da informática com mecânica.

A partir da década de 1990, a internet se popularizou[19] e se tornou um meio hábil de conexão entre várias pessoas em diversas partes do mundo. Até hoje podemos notar os reflexos desta revolução, que foi iniciada na década de 90, principalmente após a pandemia da COVID- 19, quanto se tornou obrigatório o isolamento, forçando as empresas a adotarem meios de manter as suas atividades, o que resultou no aumento do teletrabalho[20].

[18] Charize de O. Hortmann, *Inteligência Artificial no mercado de trabalho: ideias para a prevenção e implementação de políticas públicas*. Editora Dialética, Belo Horizonte, 2020, p.12.

[19] Charize de O. Hortmann, *Inteligência Artificial no mercado de trabalho: ideias para a prevenção e implementação de políticas públicas*. Editora Dialética, Belo Horizonte, 2020, p.41.

[20] O teletrabalho é conhecido como aquele em que as atividades serão executadas em local diverso do centro de atividades da empresa, utilizando-se de meios de comunicação e informáticos para se conectar à empresa. O conceito legal estabelece o regime de teletrabalho como aquele em que as atividades laborais se darão em local diverso do determinado pela entidade patronal.

Em outras palavras, é a atividade profissional exercida à distância, que utiliza, em boa parte, de recursos tecnológicos de informação e comunicação, que proporcionam a perfeita execução, como se no local físico da empregadora estivesse. Neste aspecto, é necessário diferenciar os trabalhadores que embora não exerçam as suas atividades no local físico da entidade patronal,

Um exemplo do que a Quarta Revolução Industrial representa, pode ser obtido através da análise da chamada internet das coisas (*IoT internet of things*). Esse mecanismo conecta diversas informações coletadas por meio de dispositvos como *tags* em produtos, pessoas ou objetos relacionados.

Charize de O. Hortmann esclarece sobre esse mecanismo e cita como exemplo um indivíduo que vá ao supermercado e compre 1 kg do seu sabão em pó preferido. Ao utilizar esse mecanismo, todas as ações e informações podem estar conectadas, de modo que o vendedor saberia quando o produto estaria acabando, o fabricante da máquina poderia avaliar se utilização do sabão estava correta, a assistente virtual da casa poderia então pesquisar a respeito dos preços nos supermercados, facilitando a vida do utilizador. Por fim, o próprio supermercado poderia enviar um aviso ao estoque para reposição.

Certas propostas nesse âmbito são mencionadas por Charize de O. Hortmann, como aquelas voltadas para o cuidado da saúde no ambiente doméstico. Nesse contexto, os dispositivos seriam capazes de detectar sinais biométricos, tais como a frequência cardíaca e a pressão arterial, através do contato com o corpo humano. Em seguida, os dados seriam enviados para uma caixa de medicamentos inteligente, que seria capaz de dispensar os medicamentos necessários de forma automatizada e personalizada, com base nas informações recebidas[21].

Exemplos como estes ora apontados e outros já tratadas em parágrafos anteriores, demonstram que diversos setores poderiam atuar sem intermédio do ser humano, afetando, assim, a existência e a disponibilidade de funções e cargos.

não podem ser tidos como empregados em teletrabalhos, pois não utilizam de meios de tecnologia da informação ou comunicação.

Destaca-se que os trabalhadores em regime de teletrabalho são equiparados, para fins de direito, aos demais trabalhadores, a entidade patronal deverá, portanto, respeitar todos os direitos inerentes à sua categoria, como o horário de trabalho, férias, descanso, promoção e, especialmente, normas de proteção da saúde e segurança no trabalho.

O artigo 165 e seguintes do Código do Trabalho estabelecem que o teletrabalho será adotado por intermédio de acordo escrito entre o trabalhador e a entidade patronal, deverá conter informações essenciais, das quais destaca: o período normal do trabalho diário e semanal; o horário de trabalho; a atividade contratada; o local em que habitualmente realizará o trabalho.

[21] Charize de O. Hortmann, *Inteligência Artificial no mercado de trabalho: ideias para a prevenção e implementação de políticas públicas*. Editora Dialética, Belo Horizonte, 2020, p.41.

A inteligência artificial também é vista como uma inovação na informática, capaz de atingir as relações trabalhistas. Desde a década de 40, há pesquisas que buscam fazer com que as máquinas sejam capazes de pensar como o ser humano, entretanto só em 1997 o potencial dessa tecnologia foi apresentado à sociedade através do projeto Deep Blue, da IBM[22].

Neste projeto, um computador foi capaz de vencer o campeão mundial de xadrez Gary Kasparov, demonstrando que as máquinas poderiam ultrapassar a inteligência dos seres humanos, superando em muito as tarefas que os humanos executam, nas atividades mecânicas e industriais a inteligência artificial é mais eficiente e mais rápida e comete menos erros.

Assim, muitas funções nas indústrias e na área do comércio, podem ser substituídas através do uso da inteligência artificial, com a implementação desse mecanismo as empresas não só diminuiriam os seus custos, mas seriam mais eficientes, aumentariam o nível de higiene e evitariam a transmissão de doenças.

Outro fator importante a ser mencionado é que, a IA possui a capacidade de aprender rapidamente consigo mesma, a técnica chamada de *deep learning* ou aprendizagem automática, a IA aprende através de informações que são inseridas inicialmente por um algoritmo que utiliza dados coletados de relevância para aquele determinado trabalho[23].

Outra característica relevante apontada pela literatura é que a inteligência artificial não sofre com as indisposições que os seres humanos estão sujeitos, como problemas de saúde e emocionais. Além disso, podemos acrescentar que a inteligência artificial também não enfrenta problemas como conflitos com colegas de trabalho ou da equipe, rejeição, ou possibilidade de dano moral horizontal ou vertical, os quais estão relacionados às relações humanas dentro do ambiente de trabalho[24].

Outra tecnologia mencionada é o computador quântico. Estes poderão resolver equações e problemas em tempo recorde e continuar a evoluir,

22 Charize de O. Hortmann, *Inteligência Artificial no mercado de trabalho: ideias para a prevenção e implementação de políticas públicas*. Editora Dialética, Belo Horizonte, 2020, p.41

23 Charize de O. Hortmann, *Inteligência Artificial no mercado de trabalho: ideias para a prevenção e implementação de políticas públicas*. Editora Dialética, Belo Horizonte, 2020, p.45.

24 Charize de O. Hortmann, *Inteligência Artificial no mercado de trabalho: ideias para a prevenção e implementação de políticas públicas*. Editora Dialética, Belo Horizonte, 2020, p 45.

permitindo que a inteligência artificial atinja o mesmo nível de processamento do cérebro humano no ano de 2025.

Em comparação com um empregado humano, os robôs não tiram férias, não recebem salários, não ficam doentes, não têm filhos e tem uma elevada capacidade de aprendizagem, o que aumenta a produtividade em índices altíssimos. Um fator relevante é que, atualmente, o custo dos robôs gira em torno do equivalente a um ano de salário de um empregado do setor base das fábricas[25].

Conforme apontado por Charize de O. Hortmann, estudos como de *Oxford School* criam uma lista das profissões que poderiam ser as mais ameaçadas de extinção. Citam-se, entre elas: técnico de biblioteca, contador, operador de processos fotográficos, operador de máquinas de processamento, agente de carga e frete, reparador de relógios, consultor de seguros, técnico matemático, técnico de conserto em esgoto, pesquisador de títulos, operador de telemarketing e analistas de dados.

Por outro lado, profissões que estão relacionadas à empatia e atividade cerebral humana sentimental e a criatividade, bem como à compreensão do humor, seriam aquelas mais resguardadas deste processo de extinção. No entanto, o próprio autor critica a análise feita pela *Oxford* por deixar de considerar que em um mundo com um alto índice de desemprego não existiriam pessoas com rendimentos suficientes para pagar por cuidadores de idosos ou terapeutas humanos.

Desta forma, é cristalino que haverá perda de postos de trabalhos para as atividades que serão realizadas pela inteligência artificial, essa preocupação também tem sido ressaltada pelo Parlamento Europeu[26], como um assunto relevante para que a sociedade reflita sobre o papel do trabalho como um pilar social.

Yuval Noah Harari, historiador, aborda o tema em seu livro "21 lições para o século XXI". Ele esclarece que o liberalismo está em crise em uma era que a biotecnologia e a tecnologia da informática estão se fundindo, o que resultará na expulsão de bilhões de seres humanos do mercado de trabalho. Ele aponta como uma das consequências dessa "ditadura digital" que o ser humano passará a ser irrelevante e não mais explorado.

[25] Charize de O. Hortmann, *Inteligência Artificial no mercado de trabalho: ideias para a prevenção e implementação de políticas públicas*. Editora Dialética, Belo Horizonte, 2020, p.55.

[26] Relatório 2015/2103 (INL) do Parlamento Europeu.

Para Harari, os novos cargos que surgirão exigirão um alto nível de qualificação, o que significa que eles não poderão resolver o problema das pessoas que estão desqualificadas e desempregadas. Nas outras revoluções industriais isso foi resolvido através de reaproveitamento porque os novos trabalhos não exigiam tamanha especialização.

Além disso, o mencionado autor esclarece que a inteligência artificial e a biotecnologia, na mesma linha de pensamento de Charize de O. Hortmann, oferecem à humanidade a oportunidade de reformular e compreender a vida de uma forma nova, questionando qual seria a base da sociedade e o sentido da vida na era do século 21.

Essa discussão é de suma relevância para toda a sociedade, especialmente para o direito, e será extremamente relevante para as relações trabalhistas, uma vez que o trabalho deixará de ser uma referência de valor dentro das sociedades futuras tendo em vista que não haverá trabalho para todos.

Neste sentido, o autor explica que haverá a perda de muitos trabalhos tradicionais, desde a arte até o serviço de saúde. Contudo, isso será parcialmente compensado pela criação de novos postos de trabalho. Por exemplo, um médico pode ser substituído pela inteligência artificial, mas existirá mais investimento para que médicos e assistentes possam realizar novas pesquisas para novos medicamentos e procedimentos cirúrgicos. Para o autor, é possível que, em 2050, exista cooperação entre os seres humanos e a IA.

4. Renda única

A inteligência artificial afetará substancialmente a existência do trabalho, o que obrigará a sociedade a lidar com a importância do trabalho de forma diferente. Assim, visando a própria paz social, pode-se dizer que os países deverão concentrar os seus esforços em garantir uma sociedade igualitária.

Neste sentido, a aplicação de um sistema de renda básica garantiria padrões mínimos para satisfazer as necessidades sociais, evitando o aumento da pobreza e todas as consequências decorrentes disto. Esses aspectos dependem da criação de regras e legislações próprias, que são um pilar fundamental para que a Revolução Industrial deste século não seja catastrófica para as relações trabalhistas e economia.

Os estudos recentes evidenciam que a humanidade está destinada a uma perda inevitável de postos de trabalho, mesmo que haja uma revolta popular como ocorreu durante a revolução industrial, onde a destruição das máquinas foi uma resposta. Tal fato representa uma realidade irrefutável, não se tratando mais apenas de uma mera possibilidade. Diante disso, a renda básica universal emerge como uma solução proposta pelos estudiosos para enfrentar tal situação [27].

Atualmente, busca-se soluções para os desafios que a humanidade enfrentará em um futuro próximo, como a possível perda de cerca de metade dos postos de trabalho em todo o mundo. Nesse sentido, torna-se necessário discutir a garantia de um valor mínimo de subsistência para as pessoas que perderão seus empregos. Charize de O. Hortmann argumenta que a criação de uma renda básica universal, o estabelecimento de novas leis relacionadas às tecnologias e o incentivo a novas formas de consumo podem ser caminhos para solucionar os problemas decorrentes do uso das novas tecnologias.

Para o mesmo autor, o conceito de renda básica universal (RBU), deverá levar em consideração a situação de cada país, os requisitos e prazos que deverão ser estabelecidos para que alguém receba o benefício, assim o trabalhador poderia se dedicar a outras atividades e teriam a sua subsistência garantida podendo completá-la com rendas provenientes da sua própria criatividade[28].

No entanto, a ideia e cultura do trabalho enraizada em nossa sociedade apresenta-se como um impasse para que pessoas que não trabalham recebam uma remuneração, pois culturalmente, entende-se como imoral que alguém que não trabalhe tenha um rendimento garantido.

Conclusões

Conforme a revisão bibliográfica, a maioria dos artigos e da literatura sobre o assunto sustentam que a Quarta Revolução Industrial será radicalmente diferente das revoluções anteriores. Evidentemente que mais postos de trabalho serão perdidos, diferente das outras revoluções, não haverá absorção de parte dos trabalhadores desempregados. Portanto, de acordo

[27] Charize de O. Hortmann, *Inteligência Artificial no mercado de trabalho: ideias para a prevenção e implementação de políticas públicas*. Editora Dialética, Belo Horizonte, 2020, p.96.

[28] Charize de O. Hortmann, *Inteligência Artificial no mercado de trabalho: ideias para a prevenção e implementação de políticas públicas*. Editora Dialética, Belo Horizonte, 2020, p.97.

com a literatura especializada, espera-se um aumento do desemprego nos próximos anos.

Outra questão clara nos estudos realizados é que uma grande parte da população desempregada não será capaz de se qualificar para as novas funções exigidas pela presente revolução, que serão altamente especializadas. Portanto, a preocupação da União Europeia com a qualificação antecipada da população em relação às expectativas desta nova revolução industrial é, de fato, relevante. Somente assim, os países poderão evitar crises maiores, como o desemprego de uma grande parte da população, a falta de atividade, problemas na distribuição de renda, e suas consequências, como o aumento da violência e do fluxo migratório.

Contudo, a substituição do trabalho pela inteligência artificial não deve ser rejeitada como uma ideia que trará um transtorno irreversível ao mundo, desde que os sistemas jurídicos estejam preparados para se adaptar e estabelecer soluções, como a implementação de uma renda básica universal e uma reforma no sistema de impostos.

Na verdade, a possibilidade de que os seres humanos possam se dedicar a atividades mais prazerosas, menos desgastantes e que tragam sentido para suas vidas é uma ideia promissora que a inteligência artificial pode proporcionar.

No entanto, surgem questões sobre quais tipos de atividades essas pessoas não empregadas poderiam ter na sociedade, a fim de serem indivíduos realizados e felizes, especialmente considerando o paradigma de que o trabalho é essencial para a existência humana, em todas as décadas passadas.

De que forma a sociedade avaliará a importância dos indivíduos em sua convivência? Como elucidado, muitas das características valorizadas no ser humano eram relacionadas ao seu trabalho na sociedade. Será que estamos prontos para superar o trabalho como um indicador de reconhecimento social?

Assim, essas transformações afetarão a cultura do trabalho na sociedade. O trabalho é visto como uma forma de conferir dignidade à existência humana, e aqueles que trabalham são altamente valorizados, enquanto aqueles que não trabalham são penalizados ou perdem *status* social.

A estrutura social torna o trabalho uma atividade de suma importância para o homem, o que significa que a influência da perda do emprego devido à inteligência artificial deve considerar a análise da cultura do trabalho e suas implicações. Não é suficiente que a legislação garanta uma renda única para permitir aos seres humanos mais tempo livre, já que a sociedade considera o trabalho uma parte essencial da realização humana.

Portanto, é fundamental conscientizar-se e estudar os reflexos da inteligência artificial e suas consequências, especialmente em relação às atividades às quais os seres humanos se dedicarão e aos aspectos sociais, psicológicos e emocionais dessas mudanças. De acordo com João Leal Amado[29], é necessário estar atento aos efeitos econômicos da falta de trabalho, porque os seres humanos são os propulsores da economia, à medida que consomem. Os trabalhadores são consumidores e dependem de seus salários para adquirir produtos e serviços produzidos pela economia. Sem emprego, como as pessoas poderão consumir e sobreviver? E como a economia poderá funcionar e prosperar?

Isso representa um grande problema político, pois precisamos repensar a organização da sociedade em um mundo pós-trabalho. Será necessário um Estado forte, uma reformulação dos esquemas tributários para arrecadar renda onde ela estiver e esquemas de distribuição que permitam a todos uma vida digna (como a criação de um "rendimento básico universal" ou um "rendimento mínimo garantido").

Deste modo, outro fator a ser considerado é que o mundo terá que refletir sobre como será a distribuição da riqueza gerada por essas grandes empresas que substituirão os trabalhadores pela inteligência artificial. Evidentemente, a riqueza se concentrará nas mãos dos grandes empresários, deixando uma grande massa sem atividade e sem renda para sobreviver. Nesse sentido, a implementação de uma renda básica universal pode ser uma solução viável, a ser custeada por meio de impostos ou por essas grandes empresas.

Outra questão que surge é se, com a evolução tecnológica já instalada, os seres humanos terão mais tempo livre, um rendimento adequado e a oportunidade de se dedicar a outras atividades, ou se serão marginalizados

[29] Amado, João Leal, *Inteligência artificial, plataformas digitais e robotização: que futuro para o (direito do) trabalho humano?* Rev. Trib. Reg. Trab. 3ª Reg., Belo Horizonte, v. 67, n. 104, p. 239-265, jul./dez. 2021.

em uma sociedade elitista, em que poucos desfrutam dos benefícios da tecnologia.

A preocupação não deve ser somente a perda do posto de trabalho em si, já que a tecnologia pode trazer benefícios e vantagens para os seres humanos. As medidas adotadas pelos países devem ter como objetivo que aqueles que não trabalham não caiam na miséria e que os detentores dos meios de produção não concentrem ainda mais as riquezas, sejam, portanto, responsáveis pelo pagamento dessa taxa única a ser estabelecida.

Por fim, também deve ser averiguado como se dará a utilização das novas tecnologias em relação à contratação de empregados, a melhor regulamentação do uso de dispositivos conectados ao corpo que coletam dados de saúde, questões como a *black box* e a falta de transparência. Todas essas questões exigem uma atenção considerável, além do problema mais grave da perda de postos de trabalho.

Referências

AMADO, João Leal, *Inteligência artificial, plataformas digitais e robotização: que futuro para o (direito do) trabalho humano?* Rev. Trib. Reg. Trab. 3ª Reg., Belo Horizonte, v. 67, n. 104, p. 239-265, jul./dez. 2021.

BRASIL. [Constituição (1988)]. Constituição da República Federativa do Brasil de 1988. Brasília, DF: Presidência da República, [2023]. Disponível em: http://www.planalto.gov.br/ ccivil_03/constituicao/constituicaocompilado.htm. Acesso em: 23 jan. 2023.

BONAT, Debora e PEIXOTO, Fabiano Hartmann, *Racionalidade no Direito: Inteligência Artificial e Precedentes.* 1. Ed. Editora Alteridade, Curitiba/PR, 2020.

FELICIANO, Guilherme Guimarães. Inteligência artificial e direito do trabalho. Goiânia: Tribunal Regional do Trabalho da 18a Regiao. Disponível em: https://www.youtube.com/watch?v=JOqTEQhYQLA. Acesso em: 28 jan. 2023.

HORTMANN, Charize de O., *Inteligência Artificial no mercado de trabalho: ideias para a prevenção e implementação de políticas públicas.* Editora Dialética, Belo Horizonte, 2020.

MARLON, Tomazette, Direito Digital e inteligência artificial [recurso eletrônico]: diálogos entre Brasil e Europa/ A. Barreto Menezes Cordeiro... [et al.] coordenado por Felipe Braga Netto... [et al.]. Editoda Foco, Idaiatuba/SP, 2021, P. 72.

MELLO, Alberto de Sá, *Direito do Trabalho para empresas*, Editora Almedina, Coimbra, 2022.

PASQUALE, F. The Black Box Society. Cambridge: Harvard University Press, 2015.

Websites

https://www.businessinsider.in/tech/news/for-the-first-time-in-history-an-ai-bot--will- reportedly-defend-a-human-in-court/articleshow/96785418.cms.

https://www.europarl.europa.eu/doceo/document/TA-8-2017-0051_PT.html. Acesso em 25 de janeiro de 2023.

19. QUAL O IMPACTO DOS ALGORITMOS NO RECRUTAMENTO E SELEÇÃO DE PESSOAL?

Ana Carolina Mendonça Rodrigues

Introdução

O princípio da não discriminação e o direito à igualdade são pilares dos direitos humanos e dos direitos fundamentais do trabalho, sendo reconhecidos por diversos instrumentos internacionais como a Declaração Universal dos Direitos do Homem e a Declaração da Organização Internacional do Trabalho (OIT) sobre Princípios e Direitos Fundamentais no Trabalho.

Discriminar significa distinguir, diferenciar, separar, tratar de modo desigual ou injusto, com base em preconceitos ou motivos de raça, cor, sexo, religião, opinião política, ascendência social, etc. Portanto, discriminar, significa impedir, por exemplo, que grupos e indivíduos socialmente vulneráveis tenham igualdade de oportunidades e de tratamento.

O mundo do trabalho, devido as profundas transformações sociais, culturais, econômicas, geopolíticas e tecnológicas, associadas aos novos modos de produção e acesso a matérias-primas, está a transformar-se rapidamente.

O século XXI presencia a chamada Quarta Revolução Industrial, também denominada Indústria 4.0, uma transição formada pela convergência e sinergia de tecnologias como a inteligência artificial, a robótica, a realidade aumentada, a internet das coisas e o *Big Data.*

Os sistemas de Inteligência Artificial (IAs) estão a transformar e remodelar vários setores da sociedade e da economia, sendo aclamadas pelo desenvolvimento ocasionado em várias áreas como a medicina e a agricultura. Por outro lado, em campos como o mercado de trabalho, são vistos com desconfiança e medo.

Sobre seus impactos positivos e negativos, são vários os estudos que apresentam o debate sobre a utilização da inteligência artificial. Pelo prisma positivo, indicam que a ferramenta apresenta a aptidão de tomar decisões justas, eficientes e consistentes, quando comparadas às tomadas pelos humanos. Ela mostra-se capaz de tomar decisões objetivas e neutras, na medida em que tende a minorar resultados enviesados pelas opiniões, sensibilidades pessoais e temperamentais dos humanos.

Por outro lado, pesquisadores e estudiosos advertem sobre risco que essas decisões podem trazer, uma vez que a IA pode, muitas vezes, replicar e reforçar os preceitos e discriminações presentes na sociedade, porquanto é nutrida por dados históricos e culturais[1].

Nesse particular, é essencial refletir sobre como o uso de ferramentas tecnológicas impactam as relações de trabalho, especialmente, no tocante ao processo de recrutamento e seleção de pessoal e considerar se a sua utilização minora ou potencializa as discriminações sofridas por grupos historicamente desfavorecidos e vulneráveis.

Assim, a presente pesquisa visa analisar os efeitos da utilização dessa tecnologia para o recrutamento e seleção de candidatos a vagas de emprego, expor o potencial risco de discriminação de determinados grupos sociais a partir do seu uso e ainda, indicar possíveis propostas para a mitigação do problema. Para isso, em termos metodológicos, utiliza-se do método qualitativo, com finalidade exploratória e descritiva, por meio de pesquisa bibliográfica e documental, a partir de uma abordagem dedutiva.

Logo, o trabalho é composto de três partes. A primeira dedica-se a apresentar os esclarecimentos terminológicos e conceituais da temática. A segunda parte examina criticamente o cenário em torno da contratação algorítmica, na qual é exposta a legislação antidiscriminação e em seguida, o enviesamento algorítmico e o potencial discriminatório de decisões automatizadas. Por fim, a última e terceira parte discorre sobre os desafios e as formas de mitigação da discriminação algorítmica no processo de seleção de candidatos.

[1] Cf. AJUNWA, Ifeoma. The paradox of automation as anti-bias intervention. *Cardozo L. Rev.*, v. 41, 2020, p. 1.

1. Esclarecimento terminológico-conceitual

Com o objetivo de demonstrar como um sistema algorítmico pode minorar ou potencializar as discriminações presentes na sociedade, necessário se faz a apresentação de definições acerca dos algoritmos e do seu funcionamento. Não obstante, a presente seção não pretende exaurir ou aprofundar de forma técnica o assunto.

A definição de algoritmos[2] pode ser apresentada como um conjunto de instruções precisas e não ambíguas, sequencialmente organizadas, que informam ao computador como algo deve ser feito[3].

Como Pedro Domingos[4] explica, os computadores são compostos por milhares de milhões de transístores, que podem ser comparados a pequenos interruptores que são ligados e desligados pelos algoritmos milhões de vezes por segundo. Quando os transístores ligam-se e desligam-se em resposta a outros transístores, acontece o raciocínio lógico.

O objetivo dos algoritmos é solucionar problemas e auxiliar na tomada de decisões, fazendo previsões através das probabilidades. Ou seja, por meio da inteligência artificial e a partir dos *inputs*, pelos dados fornecidos são capazes de tomar decisões ou oferecer sugestões pertinentes (*output ou outcome*).

A questão da necessidade de dados para o fornecimento de respostas e a tomada de decisões, ocasionou, nos últimos tempos, um crescimento exponencial de informações disponíveis para sua compreensão e utilização, fazendo surgir o chamado *Big Data*. O termo corresponde ao processo de análise e processamento de um grande volume de dados, em variados aspectos, que nunca foram quantificados antes.

[2] Thomas Cormen diferencia um algoritmo comum dos que operam nos computadores. Ele define o algoritmo computacional como "a set of steps to accomplish a task that is described precisely enought that a computer can run it", traduzindo, uma série de etapas para completar uma tarefa que é descrita de maneira precisa o bastante para que um computador possa realizá-la. CORMEN. Thomas H. Algotithms Unlocked. *The MIT Press*. 2013, p.1. Disponível em: https://github.com/aforarup/interview/blob/master/Data%20Structures%20and%20Algorithm/Algorithm%20Books/Light%20reads/Algorithms%20Unlocked%20by%20Thomas%20Cormen.pdf. Acesso em 20 nov. 2022.

[3] DOMINGOS, Pedro. *A Revolução do Algoritmo Mestre*: como a aprendizagem automática está a mudar o mundo. Tradução Francisco Silva Pereira. Lisboa: Manuscrito, 1 ed., 2017, p. 28.

[4] DOMINGOS, Pedro. *A Revolução do Algoritmo Mestre*: como a aprendizagem automática está a mudar o mundo. Tradução Francisco Silva Pereira. Lisboa: Manuscrito, 1 ed., 2017, p. 28.

Este grande volume de dados é tratado por sistemas de inteligência artificial, os quais são explicados pelo grupo independente de peritos europeus de alto nível:

> (...) sistemas de software (e eventualmente também de hardware) concebidos por seres humanos, que, tendo recebido um objetivo complexo, atuam na dimensão física ou digital percepcionando o seu ambiente mediante a aquisição de dados, interpretando os dados estruturados ou não estruturados recolhidos, raciocinando sobre o conhecimento ou processando as informações resultantes desses dados e decidindo as melhores ações a adotar para atingir o objetivo estabelecido. Os sistemas de IA podem utilizar regras simbólicas ou aprender um modelo numérico, bem como adaptar o seu comportamento mediante uma análise do modo como o ambiente foi afetado pelas suas ações anteriores.[5]

Assim, a inteligência artificial (IA), a partir da combinação de algoritmos, possui a capacidade de reproduzir competências semelhantes ao humano. A tecnologia tem como um subcampo a aprendizagem automática, denominada "machine learning" (ML), voltado para entender e construir métodos que "aprendem", ou seja, são algoritmos que criam outros algoritmos[6].

Um dos métodos de *machine learning* é o *data mining* ou mineração de dados. Nele, um grande volume de dados é processado para construir um modelo. "A analogia é que de uma mina é extraído um grande volume de terra e matéria-prima, que ao ser processado leva a uma pequena quantidade de material muito precioso"[7]. Dessa maneira, pelo método, pretende-se construir um modelo que tenha a capacidade de alta precisão preditiva.

[5] GRUPO INDEPENDENTE DE PERITOS DE ALTO NÍVEL SOBRE A INTELIGÊNCIA ARTIFICIAL. *Orientações éticas para uma IA de confiança*. Bruxelas: Comissão Europeia, 2019. p. 47.

[6] DOMINGOS, Pedro. *A Revolução do Algoritmo Mestre*: como a aprendizagem automática está a mudar o mundo. Tradução Francisco Silva Pereira. Lisboa: Manuscrito, 1 ed., 2017, p. 30.

[7] ALPAYDIN, Ethem. Introduction to machine learning. *MIT Press*, 3rd ed., 2014, p.2. Disponível em: https://dl.matlabyar.com/siavash/ML/Book/Ethem%20Alpaydin-Introduction%20to%20Machine%20Learning-The%20MIT%20Press%20(2014).pdf. Acesso em: 23 nov. 2022.

À vista disso, através de um conjunto de dados de treinamento (*training data*), o sistema irá analisar (*data mining*), aprender com eles (*data learning*), fazer a correlação entre eles, e então criar os modelos (*models*) que possibilitarão a associação de uma categoria (*class label*) aos dados que entrarão no sistema, com a finalidade de apresentar uma decisão ou sugestão que pretende responder a uma pergunta (*target variable*)[8].

Posta algumas definições e explicações sobre o funcionamento da tecnologia, resta, assim, compreender que para que uma análise de *Big Data* aconteça, é necessário o acesso aos dados pessoais de um indivíduo. Contudo, dependendo de como a análise for feita e quais dados forem utilizados, alguém poderá ser afetado negativamente, como é o caso do candidato a um emprego.

Dessa forma, exige-se, sobretudo nas relações de trabalho, uma cautela quanto à escolha de quais dados serão utilizados no treinamento para criar os modelos para a automação das decisões.

2. A discriminação nos algoritmos no processo de seleção de pessoal

A inteligência artificial e *Big Data* vêm revolucionando a forma como as empresas e empregadores selecionam e contratam o seu pessoal. Os empregadores estão a confiar cada vez mais em ferramentas de análise de dados para tomar decisões de quem é entrevistado, contratado e promovido.

Os defensores do uso dessa ferramenta afirmam que com a utilização da tecnologia é possível economizar tempo e dinheiro (em comparação com o despendido nos processos tradicionais), tomar decisões melhores e de forma rápida, além de mais justas, já que as decisões tendenciosas do ser humano são substituídas por dados neutros.

No entanto, em determinados casos, a tecnologia pode atravessar os princípios da igualdade e não discriminação. Isto, pois como se verá a seguir, os sistemas podem ser construídos com algoritmos alimentados por dados imprecisos, tendenciosos e não representativos, que podem prejudicar determinados grupos, reforçando padrões discriminatórios

[8] ROUXINOL, Milena da Silva. O agente algorítmico – Licença para discriminar?: um (segundo) olhar sobre a seleção de candidatos a trabalhadores através de técnicas de inteligência artificial / Milena da Silva Rouxinol. *Revista do CEJ*. Lisboa. n. 1, 2021, p. 237-238

intrínsecos na sociedade[9], bem como dificultar o acesso ao mercado de trabalho para os candidatos que se diferenciam do que as empresas entendem como seu "padrão" de trabalhador.

Necessário destacar, que quando pensamos em discriminação, comumente imaginamos o cenário em que o indivíduo é excluído de um grupo por ser detentor de determinadas características, contudo, neste trabalho, não trataremos desta discriminação pessoal, mas sim a discriminação por esta pessoa ser vista como membro de um determinado grupo.

2.1. Mecanismos legislativos antidiscriminatórios

O princípio da não discriminação proíbe que pessoas ou grupo de pessoas em situação idêntica recebam tratamento de forma diferente e que pessoas ou grupos de pessoas em situações diferentes sejam tratados de forma idêntica.

Conforme Bruno Mestre, o denominador comum que atravessa todas as fontes de Direito Antidiscriminação é a proibição do arbítrio. Por este Direito, não é imposto um tratamento uniformizado e nem retira a liberdade contratual, mas sim, proíbe as discriminações arbitrárias e desprovidas de um fundamento sério, de um sentido legítimo e com um motivo razoável [10].

O Direito Antidriscriminação é o conjunto de fontes nacionais e internacionais, com objetivos e áreas de sobreposição diversas, cuja finalidade é combater e proibir a discriminação. Como fontes internacionais pode-se aludir a Declaração Universal dos Direitos Humanos (DUDH) de 1948,

[9] Cf. O'NEIL, Cathy, Weapons of Math Destruction: how Big Data Increases Inequality and Threatens Democracy Crown, New York, 2016. No Capítulo 6 a autora retrata vários casos de discriminação por ferramentas tecnológicas, como o caso de Kyle Behm, no qual ele teve dificuldades de encontrar emprego, pois em um ano da Universidade tirou licença para tratar um transtorno bipolar. Behm mesmo com exames SAT com resultados quase perfeitos não conseguia nem ao menos emprego de meio período com salário mínimo. O pai de Kyle ao investigar o motivo dessa dificuldade em se inserir no mercado de trabalho verificou que perguntas sobre saúde mental em testes de personalidade para contratação era difundido entre grandes corporações. Behm entrou com processo contra sete empresas, alegando que o processo de candidatura ao emprego era ilegal e entender que o teste de personalidade desenvolvido pela *kronos*, era o responsável por sua dificuldade em encontrar emprego.

[10] MESTRE, Bruno. *Direito Antidiscriminação – uma perspectiva europeia e comparada*. Vida Econômica Editorial, 2020, p. 12.

o Pacto Internacional dos Direitos Civis e Políticos (PIDCP) de 1966 e o Pacto Internacional sobre Direitos Econômicos, Sociais e Culturais (PIDESC) de 1966 a Convenção Internacional para Eliminação de todas as Formas de Discriminação Racial de 1965, Convenção Internacional sobre a Eliminação de todas as formas de Discriminação contra a Mulher de 1979, Convenção dos Direitos das Pessoas com Deficiência de 2006 e as Convenções e Recomendações da Organização Internacional do Trabalho (OIT).

A Declaração Universal dos Direitos dos Homens, aprovada em 1948, na Assembleia Geral das Nações Unidas, nos seus arts. 1º, 2º e 7º estabelece que todos os seres humanos nascem livres e iguais em dignidade e direitos, com capacidade para gozar os direitos previstos na carta sem qualquer distinção, sendo todos iguais perante a lei e com igual direito de proteção por parte da Declaração.

O PIDCP, de 16 de dezembro de 1966, além de prever a igualdade de todos perante a lei, assegura no seu artigo 26 a proteção idêntica e eficaz contra qualquer tipo de discriminação. O PIDESC também de 1966, assegura que os direitos nele enunciados serão exercidos sem discriminação, conforme art. 2º, nº 2.

Já as Convenções Internacionais contra a discriminação racial, a discriminação da mulher e dos direitos das pessoas com deficiência possuem um foco específico para cada temática e são monitorizados por comitês específicos para assegurar suas aplicações.

A Organização Internacional do Trabalho (OIT), responsável pela formulação e aplicação das normas internacionais do trabalho, no tocante à matéria de discriminação adotou, por exemplo, a Convenção 111 e a Recomendação 111 que tratam da discriminação em matéria de emprego, profissão e ocupação.

No âmbito europeu, encontra-se a Convenção Europeia dos Direitos Humanos (CEDH)[11], a Carta Social Europeia (CSE) e as disposições do Tratado da União Europeia[12], do Tratado sobre o Funcionamento da União Europeia[13], a Carta dos Direitos Fundamentais da União Europeia (CDFUE) e as Diretivas Europeias (2000/43/CE, 2000/78/CE e 2006/54/CE),

[11] Em seu art.14 assenta a proibição e o combate à discriminação.

[12] Ver artigos 2º, 3º, nº 3, 9 e 21.

[13] Ver artigos 12º, 18º, 45º-48º e 157º.

as quais tratam da igualdade de oportunidades no tocante às oportunidades no emprego e atividade profissional[14].

Na espera nacional, Portugal apresenta como fontes do Direito Antidiscriminação a sua Constituição Federal, nos artigos 13º, 17º e 18º, as normas estampadas no Código do Trabalho (arts. 23ª-32 da Lei n.º 7/2009 de 12/02), a Lei n.º 93/2017, de 23/08 e a Lei n.º 14/2008, de 12/03.

[14] Recentemente a Resolução do Parlamento Europeu, de 16 de setembro de 2021, sobre condições de trabalho justas, direitos e proteção social para os trabalhadores das plataformas — novas formas de emprego associadas ao desenvolvimento digital (2019/2186(INI)) aferiu que "que as plataformas de trabalho digitais utilizam ferramentas como aplicações, algoritmos e IA como parte do seu modelo empresarial, a fim de adequar a oferta e a procura e gerir os trabalhadores em maior ou menor grau; que a gestão algorítmica apresenta novos desafios para o futuro do trabalho e pode criar desequilíbrios e opacidade em matéria de tomada de decisões, bem como o controlo e a vigilância baseados na tecnologia, que podem exacerbar práticas discriminatórias e implicar riscos para a privacidade, a saúde e a segurança dos trabalhadores e a dignidade humana (34); que a gestão algorítmica deve ser totalmente transparente e efetuada sob supervisão humana, para que os trabalhadores possam contestar decisões através de procedimentos eficazes, sempre que necessário, e não deve basear-se em conjuntos de dados tendenciosos, relacionados com o género, a origem étnica ou a orientação sexual, de forma a evitar qualquer risco de discriminação nos seus resultados; que os grupos mais vulneráveis, como as mulheres, as minorias e as pessoas com deficiência, correm um maior risco de classificação por preconceitos".
Ainda, no ponto 24, sobre algoritmos e gestão de dados entende que "Considera que a utilização de algoritmos no trabalho deve ser transparente, não discriminatória, fiável e ética para os trabalhadores; sublinha que a transparência algorítmica e a não discriminação se devem aplicar à atribuição e distribuição de tarefas, à fixação de preços, à publicidade, às classificações e interações; realça, além disso, que as funções de gestão algorítmica, em particular a atribuição de tarefas, as classificações, os procedimentos de desativação e os preços, e quaisquer alterações aos mesmos, devem ser inteligivelmente explicadas e comunicadas, de forma clara e atualizada, e devem fazer parte do diálogo social, respeitando, ao mesmo tempo, os segredos comerciais, em conformidade com a Diretiva (UE) 2016/943, nomeadamente os considerandos 13 e 18 e os artigos 3.o e 5.o ; salienta que todas as decisões algorítmicas devem ser éticas, responsáveis, contestáveis e, se for caso disso, reversíveis e destaca a importância de controlos regulares pelas autoridades competentes a este respeito, em conformidade com a legislação nacional, para evitar a produção errónea de IA; reitera que todas as decisões algorítmicas devem obedecer ao direito de não se ser sujeito a uma decisão baseada apenas no tratamento automatizado, consagrado no artigo 22.º, n.º 1, do RGPD, o que significa que deve existir supervisão humana; salienta que as práticas de incentivo, como os prémios excecionais, ou as práticas punitivas, como as classificações que afetam o tempo de trabalho e conduzem à atribuição de menos trabalho, não devem conduzir a comportamentos de risco".

Entretanto, para que se compreenda os liames do combate à discriminação no âmbito das relações de trabalho, faz-se necessário aludir o conceito de discriminação trazido pela Convenção 111 da OIT, o qual apresenta os elementos da discriminação direta bem como o da indireta:

> "a) toda distinção, exclusão ou preferência fundada na raça, cor, sexo, religião, opinião política, ascendência nacional ou origem social, que tenha por efeito destruir ou alterar a igualdade de oportunidade ou de tratamento em matéria de emprego ou profissão"
>
> b) qualquer outra distinção, exclusão ou preferência que tenha por efeito destruir ou alterar a igualdade de oportunidades ou tratamento em matéria de emprego ou profissão [...]"[15].

A Jurisprudência e aplicação dos legisladores, consideram existir cinco modalidades de discriminação: direta, indireta, assédio, instrução para discriminar e atos de retaliação. Constituindo as últimas três, submodalidades da discriminação direta[16].

A discriminação direta[17] (*disparate treatment*) existe quando, baseando-se em "características protegidas", uma pessoa é tratada de forma menos favorável em comparação com a forma que outros, que não possuem estas características, foram ou seriam tratados.

[15] ORGANIZAÇÃO INTERNACIONAL DO TRABALHO. *Convenção n.º 111 – Discriminação em Matéria de Emprego e Ocupação.* Disponível em: https://www.ilo.org/brasilia/convencoes/WCMS_235325/lang--pt/index.htm. Acesso em: 20 dez. 2022.

[16] MESTRE, Bruno. *Direito Antidiscriminação–uma perspectiva europeia e comparada*. Porto: Vida Economica Editorial, 2020, p. 14.

[17] Do ponto de vista processual existe diferenças para aplicar a discriminação direta conforme *Manual sobre a legislação europeia antidiscriminação,* edição de 2018, p.45-46: "nos termos da CEDH, para poder apresentar uma queixa (qualidade de vítima), o requerente deve poder demonstrar que foi "diretamente afetado" pela medida objeto da queixa. Nos termos do direito da EU, ao contrário da CEDH, é possível provar a existência de discriminação direta, mesmo na ausência de uma pessoa identificável que alegue ter sido vítima de tal discriminação. No processo *Feryn*, o TJUE concluiu que o facto de uma entidade patronal declarar publicamente que não contratará trabalhadores assalariados de certa origem étnica ou racial constitui uma discriminação direta na contratação, na aceção da Diretiva relativa à igualdade racial (Diretiva 2000/43), dado que tais declarações podem dissuadir seriamente certos candidatos de apresentarem a sua candidatura e, portanto, dificultar o seu acesso ao mercado de trabalho."

Como características protegidas pode-se considerar exemplos como sexo, identidade de gênero, orientação sexual, deficiência, idade, raça, etnia, cor, pertença, nacionalidade, religião, origem social, riqueza, opinião política, entre outras.

A primeira submodalidade da discriminação direta, o assédio, dá-se sempre que ocorrer um comportamento que cria um ambiente intimidativo, hostil, ofensivo e degradante, o qual viola a dignidade da pessoa. A segunda submodalidade, a instrução para discriminar, ocorre quando uma ordem para discriminar é dada (exemplo: um empregador ordena aos seus empregados que pessoas negras não adentrem o seu estabelecimento). A terceira submodalidade, dá-se quando alguém sofre atos de retaliação do empregador, visto que procurou os meios judiciais para reparar uma discriminação sofrida.[18]

Já a discriminação indireta[19] (*disparate impact*) ocorre quando uma regra, critério ou prática, aparentemente neutros, prejudicam uma pessoa ou grupo de pessoas que partilham da mesma característica. Sendo necessário demonstrar-se que a decisão desfavoreceu um grupo quando comparado com outros numa situação semelhante. Em alguns casos, o diferente não é o tratamento, mas sim os seus efeitos.

Dentro da discriminação indireta, pode-se apresentar como submodalidade, a "discriminação por associação", na qual a vítima de discriminação não possui ela própria a característica protegida. Um exemplo desta submodalidade é o verificado no processo *S, Coleman contra Attridge Law e Steve Law*[20], no qual uma mãe alegou ter sido tratada de forma desfavorável devido à deficiência do seu filho.

[18] MESTRE, Bruno. *Direito Antidiscriminação–uma perspetiva europeia e comparada.* Porto: Vida Economica Editorial, 2020, p.15.

[19] Conforme Diretiva 2000/43/CE que trata sobre a Igualdade de tratamento independentemente da origem racial ou étnica considera que existe discriminação indireta "sempre que uma regra, comprovada ou prática aparentemente neutra coloque pessoas de uma dada origem racial ou étnica numa situação de ausência comparativamente com outras pessoas, a não ser que essa regra, comprovada ou prática seja objetivamente justificada por um objetivo legítimo e que os meios utilizados para o alcançar sejam adequados e necessários."

[20] Um segundo exemplo foi o primeiro caso de discriminação por associação fundada na orientação sexual na Polónia, no qual tratou do caso de um segurança de loja que, após participar de uma marcha pela igualdade, associada à comunidade LGBT, da qual foi reproduzida na televisão, foi demitido em razão de seu empregador declarar que não poderia permitir um

Em vista disto, depreende-se que ambos os casos de discriminação resultam do tratamento diferente em situações comparáveis: uma mulher pode ser excluída do acesso a um emprego por vontade do empregador em não contratar mulheres (discriminação direta) ou porque não se enquadra nos requisitos para o cargo no qual a maioria das mulheres não pode cumpri-los (discriminação indireta)[21].

Frequentemente, a modalidade da discriminação indireta é constatada nos processos de seleção e recrutamento de pessoal, em que exigências estabelecidas para a contratação, aparentemente neutras, causam a exclusão de determinadas pessoas ou grupos de pessoas, sem justificativas, como será visto a seguir.

2.2. A ilusão da neutralidade

O primeiro problema do uso das ferramentas se dá no momento anterior da seleção, ou seja, o acesso à informação da vaga de emprego. Isto, pois quando a informação é disponibilizada de forma online, automaticamente, já exclui todos o que procuram empregos pelos modos tradicionais.

Além disso, diversos são os casos em que sistemas de publicação de anúncios, em plataformas digitais, desfavoreceram grupos protegidos. Pesquisas já demonstraram usuários do sexo masculino recebendo mais anúncios de um serviço com alto salário e outras a baixa probabilidade de mulheres receberem um anúncio para empregos na área da tecnologia, engenharia e matemática[22].

O ponto central da questão está no fator dos algoritmos, utilizados no processo de tomada de decisão, não transparecerem quais foram as

homossexual trabalhar em sua loja. Os tribunais polacos entenderam que a opção sexual do trabalhador era irrelevante, uma vez que ele foi discriminado por ter participado da marcha, ou seja, que a discriminação ocorreu independente da vítima apresentar determinada característica protegida. Assim, confirmaram que a discriminação havia ocorrido por associação e condenaram o empregador a indenizar a vítima. Polónia, Tribunal Distrital de Varsóvia (tribunal de segunda instância), V Ca 3611/14, 18 de novembro de 2015

[21] FRA. *Manual sobre a legislação europeia antidiscriminação.* Luxemburgo, Edição de 2018. Disponível em: https://fra.europa.eu/sites/default/files/fra_uploads/fra-2018-handbook-non--discrimination-law-2018_pt.pdf. Acesso em: 07 dez. 2022.

[22] KIM, Pauline T. *Data-Driven Discrimination at Work*, 58 Wm. & Mary L. Rev. 857 (2017), p. 863. Disponível em: https://scholarship.law.wm.edu/wmlr/vol58/iss3/4. Acesso em: 07 dez. 2022.

decisões iniciais, os aspectos relevantes para a escolha, nem quais dados foram utilizados no processo de treinamento dos algoritmos.

Dessa forma, por meio da proteção de segredos comerciais (*trade secret*) a utilização das ferramentas obscurece as decisões humanas e dificulta ou torna as auditorias, de fato, irrealizáveis. No tocante às relações de trabalho, a questão é ainda mais sensível, uma vez que é legalmente previsto a igualdade e não discriminação no acesso e nos critérios de seleção e recrutamento[23].

A falta de neutralidade pode ser exemplificada nos sistemas que selecionam os candidatos considerando a permanência destes nos empregos anteriores. Ao ponderar esta característica para o treinamento e confecção do modelo, cria o potencial de discriminar um determinado grupo de indivíduos. Como é o caso da empresa *Xerox* relatado por O'Neil[24].

A empresa, com ajuda de fornecedora de *software* de desenvolvimento de pessoas, prospectou candidatos em potencial para seu call center. O modelo utilizado para a seleção levou em consideração características como o tempo médio que os candidatos permaneceram nos empregos anteriores e encontrou uma correlação problemática: candidatos com moradia mais afastada do local de trabalho eram mais propensos em desistir do emprego e as pessoas que mais sofriam com os longos deslocamentos vinham de bairros pobres. Portanto, a *Xerox*, na seleção dos seus candidatos, decidiu remover os dados de alta rotatividade que eram correlacionados ao seu modelo, excluindo assim, os indivíduos pertencentes a estes grupos.

Percebe-se, então, que os algoritmos podem ser enviesados e atuar de maneira discriminatória contra certos grupos protegidos, o chamado "viés algorítmico" (*algorithmic bias*)[25]. Logo, o uso da nova forma de recrutamento e seleção de pessoas não garante um processo totalmente justo e imparcial.

[23] RAMOS, Luis Felipe Miranda . Os riscos invisíveis de discriminação na utilização de algoritmos no processo de contratação de pessoal. *Revista Questões Laborais*, n.56, junho, 2020, p. 208.

[24] O'NEIL, Cathy. Weapons of Math Destruction: how Big Data Increases Inequality and Threatens Democracy, 2018 Crown, New York, 2016, Ebook, p. 104.

[25] Cf. SIMÕES-GOMES, Letícia; ROBERTO, Enrico; MENDONÇA, Jônatas. Viés algorítmico – um balanço provisório. *Estudos de Sociologia*, v. 25, n. 48, 2020, p. 148-149. Disponível em: https://nev.prp.usp.br/publicacao/vies-algoritmico-um-balanco-provisorio/. Acesso em: 09 jan. 2023. Ao analisarem 123 artigos científicos sobre a temática do viés algorítmico, se surpreenderam ao perceber que nenhum dos trabalhos ofereceu uma definição explícita do

As causas deste enviesamento podem ocorrer em diversas etapas: no momento em que a tecnologia é alimentada pelos dados; na construção da ferramenta ou modelo; na interpretação do resultado do algoritmo; ou até acontecerem por fatores externos ao sistema[26].

As ferramentas customizam as suas metodologias às necessidades de cada cliente, diagnosticando a cultura organizacional, o mercado, as necessidades e o perfil pretendido pela empresa.

Além disso, as análises vão muito além da educação e da experiência profissional. Elas utilizam informações em grandes conjuntos de dados contendo milhares de bits de informações sobre os atributos pessoais e comportamentais e até mesmo detalhes sobre os hábitos nas redes sociais[27].

Friedman e Nissenbaum analisaram o viés algorítmico em sistemas informáticos de forma abrangente, no trabalho *Bias in Computer* Systems[28]. O estudo do fenômeno foi descrito em três categorias nos sistemas de computador: o viés pré-existente, o viés técnico e o viés emergente.

O primeiro, o viés pré-existente, tem as suas raízes em instituições, práticas e atitudes sociais, que podem ter origem na sociedade como um todo, nas subculturas, nas organizações e instituições formais ou informais, privadas ou públicas. Por ele, os sistemas podem refletir os preconceitos individuais de um cliente ou do projetista do sistema ou da indústria, sistemas jurídicos e cultura em geral. Este viés pode ser incorporado num sistema por meio de esforços explícitos e conscientes de

termo. Em muitos casos "viés e discriminação foram tratados como sinônimos, associados à falta de justeza (*fairness*) ou à violação de outros direitos (HOWARD; BORENSTEIN, 2018, MCGREGOR; MURRAY; NG, 2019; LEPRI et al., 2018; GRAHAM; WOOD, 2003; FRIEDMAN; NISSENBAUM, 1996; MBADIWE, 2018; HILDEBRANDT; KOOPS, 2010). Nesse contexto, Lim e Taeihagh (2019, p. 7, tradução nossa) resumem a tendência: "Um sistema é considerado enviesado quando contém características 'intencionais' ou 'não intencionais' que discriminam injustamente certos indivíduos ou grupos de indivíduos na sociedade".

26 SIMÕES-GOMES, Letícia; ROBERTO, Enrico; MENDONÇA, Jônatas. Viés algorítmico – um balanço provisório. *Estudos de Sociologia*, v. 25, n.48, 2020, p. 149. Disponível em: https://nev.prp.usp.br/publicacao/vies-algoritmico-um-balanco-provisorio/. Acesso em: 09 jan. 2023.

27 KIM, Pauline T. *Data-Driven Discrimination at Work*, 58 Wm. & Mary L. Rev. 857 (2017), p.861. Disponível em: https://scholarship.law.wm.edu/wmlr/vol58/iss3/4. Acesso em: 07 dez. 2022.

28 FRIEDMAN, Batya; NISSENBAUM, Helen. Bias in computer systems. *ACM Transactions on information systems (TOIS)*, 1996, p. 333-335.

indivíduos ou instituições, ou mesmo de forma implícita e inconsciente, mesmo com as melhores intenções.

O segundo, o viés técnico, surge de restrições ou considerações técnicas. Pode manifestar-se por uma limitação da tecnologia do computador, incluindo hardware, software; pelo uso de um algoritmo que falha em tratar grupos de forma justa sob todas as condições significativas; por imperfeições na geração de números pseudoaleatórios; e por tentativas de tornar construções humanas, como discursos e julgamentos, acessíveis aos computadores.

O terceiro e último, o viés emergente, surge no contexto da utilização do sistema informático, geralmente após a conclusão do projeto, como resultado da mudança do conhecimento social, da população ou dos valores culturais. As interfaces do utilizador são propensas a este viés, uma vez que são projetadas para refletir as capacidades, caráter e hábitos dos utilizadores em potencial. Deste modo, uma mudança no contexto de uso pode criar dificuldades para um novo conjunto de utilizadores.

Desse modo, conclui-se que, a partir do momento em que não é disponibilizada precisamente a forma com que os algoritmos são desenvolvidos, é incerto o real impacto destas ferramentas[29].

Ao empregador é possibilitado esconder, por trás de um algoritmo tendencioso, a sua intenção em discriminar certo grupo desfavorecido socialmente ou ao desenvolvedor replicar os seus preconceitos ao programar a tecnologia. Nestes casos, os sistemas de computador tornam-se tendenciosos e consubstanciam-se instrumentos de injustiça.

2.3. A estratégia da mineração de dados

Como já abordado anteriormente, o chamado *data mining* é o processo pelo qual a tecnologia utilizada é capaz de encontrar correlações, padrões ou anomalias numa grande quantidade de dados, possibilitando que a tomada de decisões feita de maneira mais rápida e fácil.

[29] Cf. O'NEIL, Cathy. Weapons of Math Destruction – *How Big Data Increses Inequelity and Threatens Democracy*, Crown Publishers, Ebook, p.169, a autora afirma que os algoritmos prometem eficácia e imparcialidade, mas, por vezes, distorcem a educação superior, aumentam a dívida, estimulam o encarceramento em assa, discriminam os pobres em várias situações e podem colocar em causa a própria democracia.

Esta ferramenta está a ser incorporada cada vez mais nos processos de seleção de pessoal de forma que são desenvolvidos algoritmos específicos para a mineração de dados visando analisar e selecionar os melhores candidatos para determinada vaga.

O ponto alto dessa substituição é está no fato de a ferramenta tecnológica afastar o julgamento subjetivo dos profissionais do setor de Recursos Humanos e o potencial discriminatório praticados pelos humanos.

Dessa forma, "de modo genérico, qualquer procedimento de mineração de dados funciona ao encontrar o melhor conjunto de regras de decisão entre um grande conjunto de regras candidatas"[30].

A tecnologia, com capacidade de aprender a partir de padrões comportamentais, pode a partir de exemplos de candidaturas e avaliações anteriores, criar uma grande coleção que exercerá a função de dados de treinamento para a criação do modelo responsável por decidir quem será recrutado e selecionado.

Contudo, o risco está no fato de que essas técnicas podem fazer com que as decisões no tocante ao recrutamento de seleção de pessoas sejam baseadas em correlações, em vez de relações causais. Ainda, podem obscurecer a base sobre como foi tomada a decisão pela tecnologia, fazendo com que a detecção de erros seja limitada, exacerbando ainda mais as desigualdades provocadas pelo enviesamento do algoritmo[31].

Como explica Pauline T. Kim, para construir os algoritmos, as técnicas de mineração buscam descobrir qualquer relação estatística entre as variáveis presentes nos dados, independentemente de as razões da relação serem compreendidas. Como resultado, se os empregadores confiarem nesses modelos, podem negar oportunidades aos funcionários com base em correlações inexplicáveis e tomar decisões que envolvem fatores sem causalidade clara[32].

Importante, neste momento, compreender a forma pela qual um modelo baseado em correlações, pode produzir decisões discriminatórias.

[30] RAMOS, Luis Felipe Miranda Ramos. Os riscos invisíveis de discriminação na utilização de algoritmos no processo de contratação de pessoal. *Revista Questões Laborais*, n.56, junho, 2020, p. 212.

[31] KIM, Pauline T. *Data-Driven Discrimination at Work*, 58 Wm. & Mary L. Rev. 857 (2017), p. 857. Disponível em: https://scholarship.law.wm.edu/wmlr/vol58/iss3/4. Acesso em: 07 dez. 2022.

[32] KIM, Pauline t. op, cit., p. 857.

Betsy Anne Williams, Catherine F. Brooks e Yotam Shmargad[33] afirmam que tais modelos podem: a) possibilitar a previsão, ou seja, se tiverem dados suficientes sobre o que alguém fez ou tem feito, então pode-se "adivinhar" como certo sujeito irá se comportar. b) possibilitar a imputação, isto é, atribuir dados ausentes de um indivíduo analisando dados disponíveis de pessoas semelhantes; c) poder revelar, indiretamente, através de "variáveis proxy"[34], dados que estão faltando no sistema.

Para melhor visualizar, as autoras apontam que, a partir de um questionário respondido por pessoas com idades, gastos de dinheiro, rendimentos e roupas semelhantes será possível: a) prever quem está pronto para encontrar um novo emprego, através de padrões de quem trocou de emprego recentemente; b) atribuir respostas em falta de um indivíduo, observando respostas já dadas por ele; c) conjuntos de dados confidenciais poderão ser revelados mediante dados menos confidenciais, como exemplo, mesmo sem identificar raça, etnia ou gênero, é possível supor que o indivíduo que trabalha numa zona x, na profissão y é de determinada etnia e tem determinado nível escolar.

Um caso real que ilustra o efeito discriminatório da decisão por algoritmos que usam a técnica de mineração, na seleção de candidatos a vagas de emprego, é o da Amazon[35]. A empresa construiu um sistema de inteligência artificial para auxiliar e facilitar o recrutamento. A ferramenta utilizou os dados dos perfis dos trabalhadores da empresa nos últimos 10 anos, os quais, na sua maioria, eram do sexo masculino. Com isso, o sistema aprendeu que os homens eram preferíveis e como consequência, desvalorizou todas as menções ao gênero feminino, inclusive a informação de formação numa instituição feminina.

[33] WILLIAMS, Betsy Anne; BROOKS, Catherine F.; SHMARGAD, Yotam. How algorithms discriminate based on data they lack: Challenges, solutions, and policy implications. *Journal of Information Policy*, 2018, p. 83.

[34] Para melhor entender sobre "proxy discrimination" – DATTA, Anupam; FREDRIKSON, Matt; KO, Gihuk; MARDZIEL, Piotr; SEM, Shayak. *Proxy non-discrimination in data-driven systems*, 2017. e TSCHANTZ, Michael Carl. What is Proxy Discrimination? *FAccT, junho*, 2022.

[35] Outro exemplo pode ainda ver-se em ALLHUTTER Doris, CECH Florian, FISCHER Fabian, GRILL Gabriel e MAGER Astrid. Algorithmic Profiling of Job Seekers in Austria: How Austerity Politics Are Made Effective. *Frontiers in Big Data*. Fevereiro 2020, v.3, artigo 5. Disponível em: https://www.frontiersin.org/articles/10.3389/fdata.2020.00005/full. Acesso em: 12 dez. 2022.

No tocante a discriminação e a mineração de dados afiguram-se relevo excepcional o artigo de Solon Barocas e Andrew Selbst. Merece, que já na introdução traz importante apontamento:

> "Embora vivamos na era pós-direitos civis, a discriminação persiste na sociedade norte-americana e é obstinadamente difundida nos mercados de trabalho, habitação, crédito e consumo. A desigualdade cotidiana pode ser atribuída aos que os sociólogos chamam de discriminação "institucional". Em vez de escolhas intencionais, os preconceitos inconscientes e implícitos, bem como a inércia das instituições da sociedade respondem por grande arte dos efeitos desproporcionais observados. A mineração de dados, quando abordada sem cuidado, pode produzir padrões de discriminação existentes, herdar o preconceito de tomadores de decisão anteriores ou simplesmente refletir os preconceitos generalizados que persistem na sociedade. Pode até mesmo ter o resultado perverso de exacerbar as desigualdades existentes ao sugerir que grupos historicamente desfavorecidos realmente mereçam um tratamento menos favorável. Os algoritmos podem exibir essas tendências, mesmo que não tenham sido programados para isso, seja de proposito ou por acidente."[36]

No estudo "Big Data's Disparate, os autores Solon Barocas e Andrew D. Selbst descrevem e fazem o exame detalhado de cinco mecanismos pelos quais a mineração de dados e a programação dos algoritmos podem levar à discriminação: a) definição das variáveis-alvo e rótulos de classes (*target variable* e *class labels*); b) dados utilizadores no treinamento (*training data*): I. rotulagem, II. coleta de dados (*labeling examples* e *data collection*); c) escolha de atributos (*feature selection*); d) associações (*proxies*); e) mascaramento (*masking*).

No tocante aos mecanismos a, b, c, cada um destes resultam um "impacto desproporcionalmente adverso" nas classes protegidas, seja deixando de reconhecer ou abordar vieses estatísticos, seja reproduzindo preconceitos passados; ou por considerar um conjunto de dados insuficientes ou incorretos.

[36] BAROCAS, Solon; SELBST, Andrew D. Big Data's Disparate Impact. *California La Review*, Berkeley, i. 104, p.673-674 (tradução livre).

Quanto ao mecanismo das associações, "mesmo quando os mineradores de dados são extremamente cuidadosos, eles ainda podem efetuar resultados discriminatórios com modelos que, sem querer, escolhem variáveis de associação para classes protegidas". O último mecanismo, o mascaramento, possibilita aos mineradores de dados a capacidade de "mascarar", disfarçar a discriminação intencional como acidental.

Constata-se, assim, que os algoritmos não estão livres da interferência humana. São criados, programados e treinados por seres humanos e utilizam dados históricos que foram e ainda são desfavoráveis a grupos vulneráveis, o que acaba por afastar a tecnologia dos direitos de igualdade e proibição da discriminação.

Dessa maneira, questiona-se: enquanto o contexto da sociedade for permeado de preconceitos, como contra algumas raças, etnias, gênero e religião, será realmente possível criar um mecanismo isento?

3. Desafios e formas de combate à discriminação algorítmica

Pesquisadores e autores que abordam a discriminação algorítmica entendem ser necessárias criar soluções que envolvam regulação e política pública para combater a discriminação algorítmica. O acervo de possíveis soluções dos problemas aqui apresentados não esgota e nem reflete a forma profunda que estes vários pesquisadores vêm disseminando.

Um dos maiores debates encontra-se na questão de como os algoritmos devem ser regulados. Conforme Laura Schertel Mendes e Marcela Mattiuzzo[37], os primeiros a debateram coletivamente o assunto, foram a FAT-ML – *Fairness, Accountability anda Transparency in Machine Learning Organization e a* ACM – *Association for Computing Machinery*.

Os pesquisadores da FAT-ML observaram os principais princípios-chave a serem observados pelo governo e os setores privados, no tocante aos algoritmos, sendo eles: responsabilidade, explicabilidade, precisão, auditabilidade e justiça (*accountability, explainability, fairness*)[38]. Já a ACM

[37] MENDES, Laura Schertel; MATTIUZZO, Marcela. Discriminação algorítmica: conceito, fundamento legal e tipologia. *Direito Público*, 2019, p. 55.

[38] The Fairness, Accountability and Transparency in Machine Learning Organization. Disponível em: https://www.fatml.org/resources/principles-for-accountable-algorithms. Acesso em: 14 jan. 2023.

acrescentou os princípios da conscientização; acesso e reparação; proveniência dos dados; validação e experimentação[39].

A *responsabilidade*, conforme a FAT-ML, refere-se à ideia de reparação de danos, uma vez que pessoas ou grupos de pessoas poderão ser lesadas por decisões dos sistemas algorítmicos e pontuam a necessidade de designar uma função interna para a pessoa responsável pela solução oportuna de tais questões. Segundo a ACM, os reguladores devem adotar mecanismos que permitam questionar e *reparar* os afetados pelas decisões algorítmicas.

Necessário, contudo, cautela quanto esta responsabilização. Pois, tem que ser levado em conta que determinar a "forma correta" em que a mineração de dados deve ocorrer é muito difícil, assim, responsabilizar alguém por todos os impactos desiguais seria perverso[40].

O princípio da *explicabilidade* significa certificar de que os dados utilizados, bem como as decisões algorítmicas, possam ser explicados aos usuários da tecnologia e às partes interessadas. Ou seja, conhecer todas as justificativas utilizadas até a obtenção da decisão final.

A *precisão* refere-se à identificação, registro e comparação das fontes de erro e incerteza de todo o algoritmo e as suas fontes de dados para serem compreendidos e mitigados. Os construtores dos algoritmos devem manter uma descrição da forma como os dados de treinamento foram coletados, ou seja, manter a *proveniência dos dados.*

O princípio da *auditabilidade* depreende que o comportamento do algoritmo deve ser investigado, entendido e revisado por terceiros interessados, por meio da divulgação de informações que possibilitam o monitoramento.

Em relação ao monitoramento, consoante as *Orientações éticas para uma IA de confiança*[41], uma das formas de confiar nesta tecnologia é a haver a supervisão humana. Esta pode ser realizada por meio de mecanismos de governação, como as abordagens de intervenção humana, fiscalização humana ou controlo humano.

[39] *Association for Computing Machinery*, US Public Policy Council (USACM), 2017. Disponível em: https://www.acm.org/binaries/content/assets/public-policy/2017_usacm_statement_algorithms.pdf. Acesso em: 14 jan. 2023.

[40] BAROCAS, Solon; SELBST, Andrew D. Big Data's Disparate Impact. *California La Review*, Berkeley, i. 104, p. 729-730.

[41] COMISSÃO EUROPEIA. *Orientações éticas para uma IA de confiança*, Bruxelas, 2019, p. 19. Disponível em: https://data.europa.eu/doi/10.2759/2686. Acesso em: 18 dez. 2022.

A Organização Internacional do Trabalho[42] também defende a vigilância e o controle humano nas decisões finais que afetam o trabalho, de forma a proteger a dignidade dos trabalhadores. Tal defesa conflui com o princípio da *justiça*, cujo objetivo é a certificação de que as decisões algorítmicas não levem a resultados discriminatórios ou injustos.

Já a ideia de *conscientização* concentra-se em tornar os criadores e usuários cientes de todas as consequências dos possíveis vieses que podem causar dados aos indivíduos e à sociedade. E quanto a questão da *validação e experimentação* afirmam que as instituições devem utilizar métodos rigorosos para validar os seus modelos e documentá-los. Os testes devem ser rotineiros para a avaliar e determinar se modelo causa uma decisão discriminatória.

Um grande desafio que precisa ser solucionado pela regulação, é a opacidade e a falta de transparência dos algoritmos, que faz com que as decisões algorítmicas desenvolvam a "*black box Society*". A transparência é essencial para o correto processamento dos dados das pessoas, em especial dos trabalhadores, para que estes entendam como a decisão ocorre, passando, então, para uma espécie de "*transparente box Society*" [43].

A tecnologia deve ser utilizada para diminuir as taxas de discriminação no mundo digital do trabalho, para isso, imprescindível os algoritmos serem transparentes.

Outro grande desafio para a regulação e punição da discriminação, está na dificuldade em identificar e proibir a discriminação não intencional realizada por IAs, uma vez que os regimes antidiscriminação se baseiam em características diretamente preditivas[44]. Ou seja, os empregadores estão proibidos de considerar características como sexo, raça, idade e

[42] ORGANIZAÇÃO INTERNACIONAL DO TRABALHO. *Trabalhar para um futuro melhor*. Lisboa, 2019, p.13. Disponível em: https://www.ilo.org/wcmsp5/groups/public/---europe/---ro-geneva/---ilo-lisbon/documents/publication/wcms_677383.pdf. Acesso em: 20 dez. 2022. Disponível em: https://www.ilo.org/lisbon/publica%C3%A7%C3%B5es/WCMS_677383/lang--pt/index.htm. Acesso em: 13 nov. 2022.

[43] MOREIRA, Teresa Coelho Moreira. A discriminação algorítmica. *Revista Questões Laborais*, n. 58, 2021, p. 91 e 92.

[44] Para aprofundar no tema da opacidade da *machine larning*, consultar a obra The Intuitive Appeal of Explainable Machines, de Andrew D. Selbst & Solon Barocas – Andrew D. Selbst and Solon Barocas – The Intuitive Appeal of Explainable Machines, 87 Fordham L. Rev. 1085 (2018).

deficiências nas contratações. Assim, as questões de como ou por que resultados discriminatórios são obtidos, são deixados de lado.

É de se pensar que, a partir do momento em que a discriminação pode ocorrer quando um classificador ou modelo usa um atributo sensível como gênero ou raça de uma pessoa para tomar uma decisão ou chegar a um resultado, a solução para a problemática seria excluir tais atributos dos dados disponíveis.

Entretanto, a maioria dos pesquisadores afirma que simplesmente ocultar[45] um atributo não impede que a máquina, por meio da aprendizagem automática, não possa recriar este atributo por meio de outros fornecidos.

Pauline T. Kim[46] aponta que a lei deveria se preocupar com o que chama de "viés de classificação", o qual ocorre quando os empregadores utilizam formas classificatórias para pontuar e categorizar os trabalhadores, de forma a aumentar a desigualdade ou desvantagem em termos de características protegidas como raça e sexo.

Portanto, se o objetivo é desencorajar o viés de classificação, "então a lei não deve proibir a inclusão de raça, sexo ou outras informações como variáveis, mas preservar e incluí-las em alguns modelos complexos"[47].

[45] A Comissão Europeia nas *Orientações éticas para uma IA de confiança*, Bruxelas, 2019, p. 22. – considera que "A inclusão e a diversidade têm de estar presentes em todo o ciclo de vida do sistema de IA para que a IA de confiança se torne uma realidade. Além da consideração e do envolvimento de todas as partes interessadas ao longo do processo, tal implica também que a igualdade de acesso mediante processos de conceção inclusivos e a igualdade de tratamento sejam asseguradas. Este requisito está estreitamente relacionado com o princípio da equidade."

[46] KIM, Pauline T. *Data-Driven Discrimination at Work*, 58 Wm. & Mary L. Rev. 857 (2017), p. 866. Disponível em: https://scholarship.law.wm.edu/wmlr/vol58/iss3/4. Acesso em: 07 dez. 2022.

[47] Prince, Anya e Schwarcz, Daniel B., Proxy Discrimination in the Age of Artificial Intelligence and Big Data (5 de agosto de 2019). 105 Iowa Law Review 1257 (2020), disponível em: https://ssrn.com/abstract=3347959. – afirmam que "uma solução seria exigir que se explique as causas plausíveis de variáveis das quais IA mais depende. Portanto, em algumas situações pode ser necessário implementar uma solução de causalidade em conjunto com requisitos de transparência ou requisitos de algoritmo ético. Uma vez que essas ferramentas identificam as variáveis mais altamente correlacionadas com características protegidas, a avaliação da causalidade pode ser restrita a essas variáveis. Apesar dos desafios potenciais, um

Posto isto, com a disseminação das ferramentas de inteligência artificial cada vez mais sofisticadas, os problemas quanto ao seu uso demandarão respostas e soluções. Exige-se, assim, uma nova visão da lei antidiscriminação, para garantir o respeito de direitos e proteções mínimas por estes sistemas.

É necessária uma maior regulação dos dados, a implantação de mecanismos de responsabilização quanto aos algoritmos usados no recrutamento e seleção dos candidatos, a vigilância, controle, monitorização de todas as etapas do sistema e revisão e auditabilidade humana das decisões tomadas automaticamente.

Estas possíveis soluções, somadas à hipótese de a tecnologia ser criada, desde o início, sob a premissa da igualdade, não discriminação e transparência e harmonização com os direitos humanos, poderão diminuir as decisões discriminatórias e proteger a dignidade dos trabalhadores.

Conclusões

A revolução dos dados veio para ficar e a sua utilização é inevitável. As decisões algorítmicas já possuem um sério impacto na vida das pessoas, seja no momento de pesquisar um filme, escolher uma música ou até comprar uma passagem aérea.

Como Daniel Sussekind[48] bem sintetiza, a tecnologia que preencheu o imaginário da população agora é responsável por um renovado sentimento de desconforto. Não é possível definir com exatidão a sua capacidade, seus limites ainda não são claros ou estão em constante transformação, assim, qualquer conclusão que se chegue, será ultrapassada rapidamente.

Um dos setores que mais sentem o impacto pela tecnologia é o do trabalho. Na medida em que novos algoritmos são desenvolvidos, cresce proporcionalmente a automação, como ocorre no caso do recrutamento e seleção de pessoal, na qual a sua utilização tem a aptidão de tomar decisões justas, eficientes e consistentes, quando comparadas às tomadas pelos humanos, além de economizar tempo e dinheiro no processo.

requisito de causalidade tem a capacidade de limitar a discriminação por atributos e aumentar as percepções de justiça em modelos preditivos".

[48] SUSSEKIND, DANIEL. *Um mundo sem trabalho: como responder ao avanço da tecnologia*. Porto: Ideias de Ler, 2020, p.12.

Porém, deve sempre existir um alerta sobre a confiança irrefletida. Como visto, os algoritmos não são tão neutros como se pensava e as técnicas de mineração de dados podem causar decisões injustas, de forma a replicar e propagar os preconceitos e discriminações que assolam grupos vulneráveis há séculos na sociedade.

Imprescindível, dessa forma, que essas ferramentas sejam criadas e utilizadas de forma a respeitar e promover os direitos da igualdade e não discriminação. Os seus criadores e utilizadores precisam estar em alerta e prontidão para corrigir e evitar o viés discriminatório que pode ocorrer nas tomadas de decisão. Para que assim, o candidato se sinta seguro em saber que será analisado apenas quanto os seus méritos profissionais.

É necessário também, que as partes interessadas tenham acesso aos motivos e à forma pelo qual o sistema tomou determinada decisão, bem como a viabilidade do controle humano e da auditabilidade das decisões tomadas automaticamente.

Quanto à regulação da inteligência artificial, ela deve ser pautada em princípios éticos e legais como a segurança, proteção de dados, privacidade, transparência e justiça. O desenvolvimento de respostas legais, ainda mais no contexto do trabalho na era digital, é urgente, pois a doutrina tradicional já não é capaz de solucionar os desafios à igualdade na utilização dessas ferramentas. Além disso, a colaboração entre os empregadores, criadores de tecnologia, advogados, reguladores e autoridades é imprescindível para a criação de uma regulação ética e eficaz.

Crucial, por fim, questionar o *status quo* da discriminação. A discriminação acontece a partir do momento em que a tecnologia considera as características existentes no mundo real, isto é, verifica e analisa o "padrão" de trabalhadores que as empresas tendem a escolher. Padrão este que não é concebível, e muito menos justificável, uma vez que consideram, como requisitos essenciais e determinantes para a vaga de emprego, trabalhadores de um certo gênero ou raça ou etnia.

Posto isto, o objetivo do Direito Antidiscriminatório, em proibir as discriminações arbitrárias e desprovidas de um fundamento sério, de um sentido legítimo e motivo razoável, deve ser colocado em prática. Também, a iniciativa de criar um local de trabalho mais inclusivo e receptivo aos grupos historicamente excluídos e vulneráveis, poderá fazer com que a tecnologia desenvolva decisões diferentes das atuais.

Assim, a partir da regulação e da mudança do padrão do mercado de trabalho, poderá fazer com que a tecnologia, ao longo prazo, apresente decisões cada vez mais justas e igualitárias e poderá, inclusive, auxiliar os empregadores em identificar e corrigir as falhas na promoção da igualdade. Logo, depreende-se que os algoritmos não se apresentam apenas como uma ameaça, mas sim, potenciais instrumentos de igualdade e equidade.

Referências

AJUNWA, Ifeoma. The paradox of automation as anti-bias intervention. *Cardozo L. Rev.*, v. 41, 2020, p.1671-1742.

ALLHUTTER Doris, CECH Florian, FISCHER Fabian, GRILL Gabriel e MAGER Astrid. Algorithmic Profiling of Job Seekers in Austria: How Austerity Politics Are Made Effective. *Frontiers in Big Data*. Fevereiro 2020, v.3, artigo 5. Disponível em: https://www.frontiersin.org/articles/10.3389/fdata.2020.00005/full. Acesso em: 12 dez. 2022.

ALPAYDIN, Ethem. *Introduction to machine learning*. MIT Press. 3 ed., 2014. Disponível em: https://dl.matlabyar.com/siavash/ML/Book/Ethem%20Alpaydin-Introduction%20to%20Machine%20Learning-The%20MIT%20Press%20(2014).pdf. Acesso em: 23 nov. 2022.

BAROCAS, Solon; SELBST, Andrew D. Big Data's Disparate Impact. *California La Review*, Berkeley, i. 104, p.671-732. Disponível em: https://www.californialawreview.org/wp-content/uploads/2016/06/2Barocas-Selbst.pdf. Acesso em: 04 dez. 2022.

COMISSÃO EUROPEIA. *Orientações éticas para uma IA de confiança*, Publications Office, Bruxelas, 2019. Disponível em: https://op.europa.eu/en/publication-detail/-/publication/d3988569-0434-11ea-8c1f-01aa75ed71a1/language-pt. Acesso em: 18 dez. 2022.

CONSELHO. *Diretiva 2000/43/CE – Igualdade de tratamento independentemente da origem racial ou étnica*. 2000. Disponível em: https://eur-lex.europa.eu/legal-content/PT/TXT/PDF/?uri=CELEX:32000L0043. Acesso em: 05 nov. 2022.

CORMEN. Thomas H. *Algotithms Unlocked*. The MIT Press. 2013. https://github.com/aforarup/interview/blob/master/Data%20Structures%20and%20Algorithm/Algorithm%20Books/Light%20reads/Algorithms%20Unlocked%20by%20Thomas%20Cormen.pdf. Acesso em 20 nov. 2022.

DATTA, Anupam; FREDRIKSON, Matt; KO, Gihuk; MARDZIEL, Piotr; SEM, Shayak. *Proxy non-discrimination in data-driven systems*, 2017. Disponível em: https://arxiv.org/abs/1707.08120. Acesso em: 06 dez. 2022.

DOMINGOS, Pedro. *A Revolução do Algoritmo Mestre*: como a aprendizagem automática está a mudar o mundo. Tradução Francisco Silva Pereira. Lisboa: Manuscrito, 1 ed., 2017.

FRA. *Manual sobre a legislação europeia antidiscriminação*. Luxemburgo, 2018. Disponível em: https://fra.europa.eu/sites/default/files/fra_uploads/fra-2018-handbook--non-discrimination-law-2018_pt.pdf. Acesso em: 07 dez. 2022.

FRIEDMAN, Batya; NISSENBAUM, Helen. Bias in computer systems. *ACM Transactions on information systems (TOIS)*, 1996, p.330-347.

KIM, Pauline T. Data-Driven Discrimination at Work. *Wm. & Mary L.* Rev. 857 (2017), p. 857-936. Disponível em: https://scholarship.law.wm.edu/wmlr/vol58/iss3/4. Acesso em: 07 dez. 2022.

ORGANIZAÇÃO INTERNACIONAL DO TRABALHO. *Convenção n.º 111 – Discriminação em Matéria de Emprego e Ocupação*. Disponível em: https://www.ilo.org/brasilia/convencoes/WCMS_235325/lang--pt/index.htm. Acesso em: 20 dez. 2022.

ORGANIZAÇÃO INTERNACIONAL DO TRABALHO. *Trabalhar para um futuro melhor*. Lisboa, 2019. Disponível em: https://www.ilo.org/wcmsp5/groups/public/---europe/---ro-geneva/---ilo-lisbon/documents/publication/wcms_677383.pdf. Acesso em: 20 dez. 2022.

MENDES, Laura Schertel; MATTIUZZO, Marcela. Discriminação algorítmica: conceito, fundamento legal e tipologia. *Direito Público*, 2019, p. 40-64. Disponível em: https://www.portaldeperiodicos.idp.edu.br/direitopublico/article/view/3766. Acesso em: 23 nov. 2022.

MESTRE, Bruno. *Direito Antidiscriminação: uma perspectiva europeia e comparada*. Porto: Vida Economica Editorial, 2020.

O'NEIL, Cathy. *Weapons of Math Destruction: how Big Data Increases Inequality and Threatens Democracy*. Nova York: Crown Publishers, 2017.

MOREIRA, Teresa Coelho Moreira. A discriminação algorítmica. *Revista Questões Laborais*, nº. 58, 2021, p.85-103.

PARLAMENTO EUROPEU. *Resolução de 16 de setembro de 2021, sobre condições de trabalho justas, direitos e proteção social para os trabalhadores das plataformas — novas formas de emprego associadas ao desenvolvimento digital*. Disponível em: https://eur-lex.europa.eu/legal-content/PT/TXT/PDF/?uri=CELEX:52021IP0385&from=EN. Acesso em: 15 nov. 2022.

PRINCE, Anya ER; SCHWARCZ, Daniel. Proxy Discrimination in the Age of Artificial Intelligence and Big Data. *Iowa Law Review*, v. 105, 2019, p. 1257-1318. Disponível em: https://papers.ssrn.com/sol3/papers.cfm?abstract_id=3347959. Acesso em: 05 dez. 2022.

RAMOS, Luis Felipe Miranda Ramos. Os riscos invisíveis de discriminação na utilização de algoritmos no processo de contratação de pessoal. *Revista Questões Laborais*, n.56, junho 2020, p. 203-217.

ROUXINOL, Milena da Silva. O agente algorítmico – Licença para discriminar?: um (segundo) olhar sobre a seleção de candidatos a trabalhadores através de técnicas de inteligência artificial. *Revista do CEJ*. Lisboa. I, 2021, p. 235-268.

SIMÕES-GOMES, Letícia; ROBERTO, Enrico; MENDONÇA, Jônatas. Viés algorítmico – um balanço provisório. *Estudos de Sociologia*, v. 25, n.48, 2020, p. 139-166.

SUSSEKIND, DANIEL. *Um mundo sem trabalho: como responder ao avanço da tecnologia*. Porto: Ideias de Ler, 2020.

TSCHANTZ, Michael Carl. What is Proxy Discrimination? *FAccT*, junho, 2022. Disponível em: https://arxiv.org/abs/2205.05265. Acesso em: 06 dez. 2022.

WILLIAMS, Betsy Anne; BROOKS, Catherine F.; SHMARGAD, Yotam. How algorithms discriminate based on data they lack: Challenges, solutions, and policy implications. *Journal of Information Policy*, 2018, p. 78-115.

DIREITOS HUMANOS

20. NEURODIREITOS E A POSSIBILIDADE DE RECONHECIMENTO NO ÂMBITO DOS DIREITOS HUMANOS

Gabriella França Hermenegildo

Introdução

Estamos a passar por um período de grande instabilidade internacional, que se intensificou com a pandemia de COVID-19, com os riscos trazidos pelas mudanças climáticas, com as repercussões da guerra na Ucrânia, com os ciclos de crises económicas, com crises e distorções nas democracias, com o aumento das desigualdades sociais e com evidentes antagonismos geopolíticos (a Oriente-Ocidente/ Norte-Sul) que impactam na construção de um mundo mais justo e seguro para todos. Essa conjuntura tem provocado um enfraquecimento das estruturas concebidas para dar suporte à estabilidade das relações internacionais e à solução pacífica de conflitos e dificultado soluções para questões de repercussão global, o que impacta também na formulação de mecanismos de garantias e de reconhecimento de novos direitos necessários para fazer frente aos desafios do nosso tempo e das próximas gerações.

A ampliação da digitalização da vida e a imensa geração de dados produzidos, coletados e utilizados via Inteligência Artificial (IA) para aplicação nos mais diversos domínios (comercial, governança, justiça, medicina, economia, militar, política, etc.) abre uma série de discussões sobre como essa nova revolução tecnológica tem moldado nossas vidas (nas relações interpessoais, no trabalho, na rotina diária, etc.) sobre o grau de vigilância social (por atores estaduais e privados), sobre as nossas escolhas (se manipuladas ou próprias) e sobre a existência de garantias suficientes para que o desenvolvimento tecnológico seja usado a favor da humanidade, ou, se tal desenvolvimento tem sido demasiadamente relegado à autorregulação e a um grau reduzido de controle/ fiscalização, que estamos sendo expostos a mais ameaças do que somos capazes de imaginar.

Apesar de o objetivo deste trabalho não estar ligado especificamente às questões previamente levantadas, a abordagem crítica necessária de um trabalho científico não pode estar descolada e descontextualizada da realidade empírica, pois a conjuntura influencia diretamente nos limites e nas possibilidades práticas das discussões empreendidas dentro do eixo temático desta pesquisa que trata dos Neurodireitos e da hipótese de reconhecimento no âmbito dos direitos humanos e fundamentais. Nesse sentido, esse breve contexto, serve para, além de situar um tópos material-histórico desta pesquisa, também para pensar o direito neste tempo, ao tentar perfilar um *commonground* sobre novos desafios para o direito, neste interregno do moderno com o pós-moderno, da verdade com a pós-verdade, do humano com o pós-humano/transumano, ou mesmo da utopia com a distopia. É tarefa desafiadora para o Direito, com "D" maiúsculo, pisar firme em terras movediças, mas necessária, se se propor a <<voltar a pensar na justiça como meta>>[1].

Após essas considerações iniciais, a princípio, pode-se questionar qual a importância dos estudos da Neurociência – sobretudo atravessada pelos avanços das tecnologias convergentes NBIC (nanociência, biotecnologia, tecnologia da informação e ciências cognitivas) – para o Direito. Se partirmos do pressuposto que o ser humano é racional e que age com base na razão a partir de uma lei de maximização dos próprios interesses, à la Becker[2], e, com certa ingenuidade, talvez a resposta seja: pouco relevante. Mas se considerarmos que nossa perceção é relativa e que a nossa mente é altamente moldável e manipulável, percebemos que os modelos baseados na teoria da escolha racional se mostram hoje insuficientes e ultrapassados, tanto para determinar as ações e as escolhas do humano real e do estendido (o "eu" virtual) em geral, quanto para responder aos novos questionamentos

[1] Cunha, P. F. (1991). *Pensar o Direito*. II. Da Modernidade à Postmodernidade. P. 53.

[2] Becker, G. S. (1976). *The Economic Approach to Human Behaviour.* Chicago: University of Chicago Press. Becker, G. S. (1993). The Economic Way of Looking at Life. *Coase-Sandor Institute for Law & Economics.* Working Paper No. 12.

relacionados à tomada de decisões juridicamente relevantes, se seguirmos utilizando um modelo de racionalidade desatualizado[3] aplicado ao direito no que tange à autonomia da vontade, à culpabilidade[4], à responsabilidade, etc. Ao considerar as questões sobre a maleabilidade da mente e sobre nossas escolhas, podemos perceber imbricações da Neurociência com praticamente todos os ramos do Direito.

Dentro deste leque de possibilidades, este trabalho foi motivado pelo interesse nas implicações e aplicações decorrentes do avanço da Neurociência e das neurotecnologias[5], tendo em conta os riscos e benefícios que comportam. Primeiramente, com o objetivo geral de avaliar se o sistema de direitos atual é suficiente para fornecer um nível de proteção adequado, tendo em vista a vasta quantidade de dispositivos com capacidade para acessar, coletar, compartilhar e manipular informações do cérebro, e da sua potencial utilização nos mais diversos ramos. O tema é altamente relevante, se considerarmos a necessidade de mecanismos de proteção de direitos não só ao nível individual, mas também coletivo,

[3] Schmidt Neto, A. P., Facchini Neto, E. (2018). Neste artigo, os autores revisitam os pressupostos da racionalidade humana, a partir de estudos científicos provenientes da psicologia e da economia comportamental, apontando alguns efeitos jurídicos possíveis do reconhecimento do déficit de racionalidade humana em processos psicológicos de tomada de decisão. Processos mentais denominados de ajustamento, ancoragem, disponibilidade e representatividade são inconscientemente utilizados, fazendo com que muitas decisões não passem pelo teste da racionalidade. Para eles, não pode o Direito desconhecer a fragilidade da base sobre a qual se assentam alguns institutos jurídicos, especialmente no campo da responsabilidade contratual e extracontratual e buscam chamar a atenção dos juristas para os potenciais efeitos jurídicos da irracionalidade do agir humano, visando ampliar a proteção jurídica da pessoa humana.

[4] Ferracioli, J. (2018). Em sua tese, a autora aborda a culpabilidade e as implicações face a novas descobertas neurocientíficas que podem impactar futuramente a dogmática penal, o modelo das decisões judiciais e a atribuição da responsabilidade penal. Nessa senda, a neurociência tem desvendado novos aspetos do comportamento humano e fornecido novos elementos sobre o funcionamento do cérebro que podem dirimir ou excluir a responsabilidade criminal decorrente de uma disfuncionalidade cerebral responsável pela alteração comportamental do agente que o possa ter ensejado a cometer o acto criminoso.

[5] Ienca, M. (2021). On Neurorights. (P. 1-2): Neurotecnologia é o termo guarda-chuva tipicamente usado para descrever este espectro amplo e heterogêneo de métodos, sistemas e instrumentos que estabelecem uma via de conexão direta com o cérebro humano através do qual a atividade neuronal pode ser registada e/ou influenciada. (Tradução da Autora)

devido aos riscos de manipulação massiva (como guerra cognitiva, ameaças híbridas, etc.) direcionadas a grupos específicos ou mesmo nações, com propósitos variados, o que abrange, inclusivamente, riscos à democracia e à corrosão dos seus valores. Embora a proteção coletiva de Neurodireitos não seja o objeto de investigação deste trabalho, a proteção a nível individual pode refletir e servir para resguardar as coletividades.

A partir deste objetivo geral, se propõe a explorar a temática dos Neurodireitos associada à hipótese mencionada. Para isso, parte-se para um levantamento do caminho percorrido, tecendo um breve histórico do surgimento conceitual dos Neurodireitos, para em seguida delinear um possível estado da arte buscando reconhecer quais são os Neurodireitos (existentes/emergentes) corolários éticos propostos e seus conteúdos. Em seguida, com base na taxonomia proposta por Marcelo Ienca, desenvolvida com base na convergência dos resultados de pesquisas científicas do autor sobre o assunto, se pretende verificar as categorias de direitos principais e os Neurodireitos derivados, através de uma análise crítica das bases consideradas para esta formulação.

Após isso, busca-se ressaltar algumas divergências importantes para o objeto deste estudo, especialmente no que concerne ao direito ao aumento das capacidades cognitivas e da performance cerebral, o que se relaciona diretamente com hipótese levantada, como será visto adiante. Posteriormente, se pretende discutir a possibilidade de reconhecimento dos Neurodireitos, em especial da liberdade/autodeterminação cognitiva no âmbito dos direitos humanos e fundamentais. Ao final, se busca responder, se a constituição da liberdade/ autodeterminação cognitiva como uma Norma Fundamental no âmbito dos direitos humanos é um caminho viável e possível para oferecer as condições necessárias para a construção de um sistema de Neurodireitos harmonizado, adequado e efetivo para a proteção do domínio mental e neural.

Dessa forma, o método escolhido foi o hipotético dedutivo, com a utilização de pesquisa bibliográfica e artigos científicos que abordam os Neurodireitos associado aos potenciais riscos e potenciais formas de utilização das neurotecnologias, IA e tecnologias convergentes (NBIC), para elaborar o conjunto de premissas cuja realidade empírica e verificação da hipótese somente poderá ser verificada/comprovada à posteriori, se forem superadas as divergências, principalmente no que concerne ao exercício do direito ao aumento das capacidades cognitivas e habilidades humanas (que está diretamente relacionada à dimensão positiva do direito à liberdade cognitiva).

1. O caminho percorrido

O progresso tecnológico no campo da neurociência e da neuroengenharia, das tecnologias NBIC – com aplicações de dispositivos de interação neurológica, coleta de dados neurais e IA, tais como, BCI (brain-computer-interface), dispositivos de realidade aumentada, fMRI (functional magnetic resonance imaging) e implantes neurais – vem acompanhado da disseminação de sua utilização em diversos campos extraclínicos e, por vezes, em ambientes não controlados (comercial, entretenimento, político, jurídico, militar, etc.). O que tem impulsionado o debate acerca dos Neurodireitos e das implicações ético-legais em termos de direitos, liberdades, permissões, limites, riscos e obrigações associadas, movimentando a comunidade científica, governos e organismos internacionais sobre a necessidade de ampliar esse debate e tratar do tema. Porém, antes de partirmos para uma possível categorização dos Neurodireitos, pretende-se traçar uma linha evolutiva perfazendo um breve histórico de como se chegou a essa terminologia e aos conceitos que lhe deram origem.

Pode-se afirmar que são amplamente reconhecidos os direitos à liberdade de expressão e à liberdade de pensamento. Para me expressar livremente, preciso de liberdade para pensar livremente, mas, pensando ainda em uma camada abaixo, será que existe uma necessidade de proteção da funcionalidade neural que permita a formulação livre do pensamento lá na base, na nossa cognição? Em decorrência dos efeitos manipuladores da consciência, da vigilância e da persuasão cognitiva proporcionados pelos avanços da neurociência e NBICs, foram realizados dois artigos considerados seminais na criação da uma *teoria da liberdade cognitiva*, que tinham como foco principal as questões ético-normativas envolvidas na utilização dessas tecnologias.

O primeiro[6], publicado em 2001, foi apresentado pelo advogado Richard Glen Boire, do *'Center for Cognitive Liberty and Ethics'*, que deu

[6] Boire, R. G. (2001). On cognitive liberty. *The Journal of Cognitive Liberties*, 2(1), 7-22. Em: https://cognitive-liberty.online/wp-content/uploads/2018/11/Boire20_On_Cognitive_Liberty1.pdf.

entrada a um *Amicus Brief*[7] na Suprema Corte dos EUA, no caso Sell v. US[8]. O artigo tem uma abordagem ético-jurisprudencial, no qual o autor criticava o poder do tribunal de ordenar a administração forçada de medicamentos antipsicóticos a um indivíduo que havia se recusado ao tratamento, cujo único propósito era o de torná-lo competente para ser julgado. Em uma entrevista concedida ao '*Wired*'[9], em 2003, Boire defende o direito à integridade mental e explica seu conceito de liberdade cognitiva:

É o direito de determinar seus próprios processos de pensamento, o que também significa resistir às tentativas de outros, inclusive do governo, de manipular o estado eletroquímico de seu cérebro. (...) No caso de Sell, o governo quer alterar seu pensamento drogando-o à força. É uma noção assustadora com profundas implicações para o status moderno da liberdade de pensamento. A Constituição já protege a liberdade de pensamento (...) O que estamos argumentando é que a interpretação legal da Constituição precisa ser expandida para dar conta dos recentes avanços científicos na manipulação do cérebro. (ERARD, 2003) (Tradução da Autora)[10]

O segundo artigo[11], que foi publicado em 2004, pela neurocientista Wyre Sententia, também tratava de questões ético-normativas, no qual avalia os resultados do relatório produzido pelos proponentes da convergência NBIC, em 2002, pelo '*National Science Foundation/ Department of Commerce Report*', intitulado '*Converging Technologies for Improving*

[7] É um documento legal fornecido a um tribunal contendo conselhos ou informações relacionadas a um caso, oferecido por uma pessoa ou organização que não está diretamente envolvida no caso. Em: https://dictionary.cambridge.org/dictionary/english/amicus-brief.

[8] Foi apresentado também um *Amicus Brief* pela APA (American Psychological Association). Mais informações sobre o caso em: https://www.apa.org/about/offices/ogc/amicus/sell.

[9] Erard, M. (2003). The Fight to Control Your Mind. *Wired*. Em: https://www.wired.com/2003/04/the-fight-to-control-your-mind/.

[10] A autora optou por traduzir as citações diretas, dentre outras que considerou pertinente, para melhor compreensão e fluidez do texto. Quando não citados, os "Destaques conforme original" no decorrer do texto, deve-se considerar como Destaques da Autora.

[11] Sententia, W. (2004). Neuroethical Considerations: Cognitive Liberty and Converging Technologies for Improving Human Cognition. *Ann. A Acad. A Sci* 1013 (none), 221–228. doi:10.1196/annals.1305.014.

Human Performance: Integrating From the Nanoscale'[12], destacando que as propostas apresentadas pelos proponentes <<apontam para possibilidades empolgantes de aprimoramento cognitivo, enquanto outras propostas sugerem a possibilidade assustadora de mais manipulação externa ou sub-reptícia da função cognitiva>> (Sententia, p. 225), afirmando que o relatório:

> evidencia uma série de tendências no aprimoramento cognitivo: capacidades de aprendizagem, sensoriais e cognitivas; comunicações aprimoradas; interfaces homem-máquina, extensão da vida; aplicações militares e de saúde para melhorar a memória, atenção e outras habilidades. Tendências futuras podem levar a interfaces diretas cérebro-máquina (BCI), genômica farmacêutica e neuromedicina regenerativa, tecnologias neuromórficas e biochips com funções complexas, para citar algumas possibilidades (Nicolelis et al., 2002; Heller, 2002; Bonadio, 2002; Roco e Bainbridge, 2002). Cada vez mais, novos produtos em saúde mental e neural (próteses neurais ou cognitivas, neurofármacos); no potencial cognitivo (bioinformática, produtos farmacêuticos que melhoram a mente); em formas de vida paralelas propostas (nanotecnologia, biochips, tecnologias neurais e de informação), ou seja, em áreas onde a convergência NBIC esbarra em questões de liberdade mental e cognitiva. À medida que ganhamos cada vez mais um controle sistêmico da matéria, é essencial que isso não aponte para um controle sistêmico das mentes.

[12] Roco, M., Bainbridge, W. (2002) Converging Technologies for Improving Human Performance: Integrating From the Nanoscale. *Journal of Nanoparticle* Research 4, 281–295. Doi: 10.1023/A:1021152023349. A ideia é reconhecer a complementaridade das quatro áreas, conforme sugerido pelo participante do workshop W. A. Wallace (P. 289): *If the Cognitive Scientists can think it, the Nano people can build it, the Bio people can implement it, and the IT people can monitor and control it.*

Table 2. **Key visionary ideas and projects discussed in the NBIC report**

Theme	Key visionary ideas/projects
A. Overall potential of converging technologies	NBIC strategy for technological and economical competitiveness
	New patterns for S&T, economy and society
	Enhancing individual and group productivity and learning
	Sustainable and 'intelligent' environments
	Changing human activities towards the 'innovation age'
B. Expanding human cognition and communication	Human cognome project, and cognitive evolution
	Brain to brain interactions, and group communication
	Spatial cognition and visual language using converging technologies
	Enhanced tools for learning and creativity
	Predictive science of societal behavior
C. Improving human health and physical capabilities	Healthcare, body replacements, and physiological self regulation
	Brain–machine interfaces, and neuromorphic engineering
	Improving sensorial capacities and expanding functions
	Improving quality of life of disabled people
	Aging with dignity, and life extension
D. Enhancing group and societal outcomes	The Communicator: enhancing group interaction
	Cognitive engineering and enhancing productivity
	Revolutionary products, including 'aircraft of the future'
	Networked society, with bio-inspired culture
E. National security	Enhancing physical and mental capacity of a soldier
	Enhancing readiness, and threat anticipation tools
	Uninhabited combat and detection devices and vehicles
F. Unifying Science and education	Unifying science from the nanoscale and integrative principles
	Cognitive, civic, and ethical changes in a networked society
	Breadth, depth, trading zones, and reshaping education at all levels
	Changing the human culture

FIGURA 1 **(Roco, M., Bainbridge, W., 2002, p. 292)**

Sententia (2004, p. 225) aponta que, apesar de as tecnologias NBIC abrirem possibilidades de um controle mais abrangente da matéria, devido à adoção generalizada de tais tecnologias, as preocupações éticas serão agravadas e obstaculizadas. Apesar de ser um relatório de mais de 20 anos atrás, as tecnologias NBIC avançaram, e muitas dessas ideias estão sendo desenvolvidas a pleno vapor, embora algumas propostas carreguem possibilidades de utilização para fins autoritários e que remontam a tempos sombrios de manipulação cultural, controle mental em massa e transformações eugénicas, o que, tendo em conta o contexto atual que vivemos, a possibilidade de uma corrida armamentista em torno dessas tecnologias (para cumprir objetivos estratégico-militares, utilizando meios de guerra cognitiva e/ou híbrida, conjugadas com outras formas cinéticas e não-cinéticas de guerra), vide a abrangência de áreas e aplicações dos projetos idealizados pelos proponentes da convergência NBIC na figura 1.

De acordo com Ienca (2021, p. 2), a importância dos estudos sobre liberdade cognitiva supracitados, deram um passo além em direção aos neurodireitos relativamente aos debates académicos anteriores (ao longo dos anos 1990-2000)[13], apesar de considerar que o ponto de partida das análises serem teórico-normativo por natureza, os autores postularam <<que o conceito de liberdade cognitiva deve ser interpretado não simplesmente como uma descrição neurofilosófica ou um desiderato moral, mas como um Direito Fundamental>>. Nas palavras de Sententia (2004, p. 223):

> Liberdade cognitiva é um termo que atualiza as noções de "liberdade de pensamento" para o século 21, levando em conta o poder que existe agora, e cada vez mais, para monitorar e manipular a função cognitiva. A liberdade cognitiva é o direito fundamental de cada pessoa de pensar independentemente, de usar todo o espectro de sua mente e de ter autonomia sobre sua própria química cerebral. A liberdade cognitiva diz respeito à ética e à legalidade de salvaguardar os próprios processos de pensamento e, por necessidade, os estados eletroquímicos do cérebro. O indivíduo, e não os interesses corporativos ou governamentais, deve ter jurisdição exclusiva sobre o controle e/ ou modulação de seus estados cerebrais e processos mentais.

Ienca (2021, p.2) destaca, em particular, as considerações feitas por Sententia de que os avanços da neurotecnologia exigem uma análise de alto nível que seja contextual para aqueles direitos embutidos em nossa constituição democrática e em que ela postula que a liberdade cognitiva <<é o substrato necessário para o exercício de qualquer outra liberdade>>, Sententia (2004, p. 227).

Avançando na cronologia, em 2007, um artigo publicado na revista New York Times intitulado '*The Brain on the Stand*'[14], popularizou o debate,

[13] Ienca, M. (2021) Op. Cit, p. 2: Os estudos desta época se concentraram, principalmente, em torno de quatro eixos: 1. a permissibilidade ética do aprimoramento cognitivo via nootrópicos; 2. as implicações filosófico-jurídicas da neurociência no livre-arbítrio com foco especial nas noções de responsabilidade moral e culpabilidade legal; 3. a ética da neuroimagem, especialmente no que diz respeito à leitura da mente e; 4. a validade e permissibilidade da evidência neurocientífica em tribunal.

[14] Rosen J. (2007) The Brain on the Stand. *New York Times Magazine;* Mar 11, 2007; ProQuest Central. In: https://www.nytimes.com/2007/03/11/magazine/11Neurolaw.t.html. O autor aborda questões sobre a abordagem neurocientífica aplicada a vários casos, por exemplo,

onde o autor demonstra como a neurociência está transformando o sistema legal. Após isso, Ienca (2017, p. 2), avalia a visão sobre a liberdade cognitiva que foi expandida por Farahany (2012)[15], que, a partir de uma análise doutrinária relacionada ao direito a não autoincriminação e a proibição de buscas/investigações intrusivas e ilegais com base na 4ª e 5ª Emenda da Constituição dos Estados Unidos, alertava para a necessidade de estabelecer parâmetros para definir exatamente até onde vai o nosso direito a não autoincriminação. Embora fora dessa linha cronológica, cabe mencionar que o direito a não autoincriminação também foi abordado pela Dra. Susana Aires de Sousa (2017), onde questiona se os novos métodos neurocientíficos podem ser considerados *justos e leais* na busca da verdade em processos penais, a partir de um caso ocorrido na Espanha, onde o juízo recorreu a um novo método de natureza cognitiva chamado 'onda P-300'[16] em um suspeito de homicídio.

(p.51) casos de julgamentos de adolescentes, se, de acordo com a American Medical Association o cérebro ainda não está completamente desenvolvido na região pré-frontal e são menos capazes de controlar impulsos em relação aos adultos, então, não deveriam ser responsabilizados da mesma forma por falta de imaturação da anatomia cerebral. Mesmo em questões raciais (p.70), o autor questiona vieses intencionais ou inconscientes de racismo, provenientes de um racismo estrutural. Várias questões são levantadas sobre onde desenhar uma linha para considerar as evidencias neurocientíficas como método comprobatório ou para mitigação da culpabilidade.

[15] Farahany, N. A. (2012). Incriminating thoughts. *Stanford Law Review*. 351-408. In: https://scholarship.law.duke.edu/faculty_scholarship/2651. *The 4th Amendment protects you from unlawful searches. The 5th Amendment is the right to remain silent.*

[16] Sousa S. A. (2017). *Neurociências e Direito Penal: em busca da "verdade" perdida (na mente)? Nótulas à margem do "Caso Ricla", Série Vulnerabilidade e Direito*, Instituto Jurídico da Faculdade de Direito da Universidade de Coimbra. (P. 7): A 'onda P-300' refere-se a um procedimento que usa a eletroencefalografia (EEG) ou a eletromiografia (EMG) para captar sinais elétricos cerebrais que aparecem como resposta a uma determinada estimulação cerebral. (P. 8): A amplitude da 'onda P-300' relaciona-se com a presença na memória do sujeito de informações que conhecia previamente." (P. 9): De forma simplificada consiste em apresentar informações relevantes e irrelevantes e comparar a amplitude da 'onda P-300'. Uma "r" amplitude relaciona-se com conhecimento de informações que só os investigadores criminais ou quem tenha tomado parte no delito poderiam saber. Consoante o suspeito reconheça ou não a informação *relevante*, a amplitude da onda tenderá a aproximar-se, respetivamente, da onda provocada pelo *target* ou da onda suscitada pelo elemento *irrelevante*.

Outros artigos (a. Bublitz e Merkel, 2009; b. Bublitz, 2013; c. Bublitz e Merkel, 2014)[17] também considerados importantes na incorporação de camadas aderentes para a formulação de um sistema de neurodireitos, trataram principalmente da matéria com foco nos incrementos[18] realizados por meio de neurodispositivos. No primeiro artigo, se discute se os incrementos podem alterar traços de caráter que prejudiquem a autenticidade da pessoa e, portanto, interferir na sua identidade e autonomia. No estudo de 2013, Bublitz (p. 233-240) aborda as questões legais relacionadas a intervenções para melhoramento da capacidade mental fora dos contextos terapêuticos, e argumenta que a liberdade cognitiva ou a autodeterminação mental deve ser reconhecida como um direito humano básico <<que garanta a soberania de um indivíduo sobre sua mente, o que implica a permissão para usar ou para recusar neuro-melhoramentos>>. Além disso, também propõe a criação de um quadro regulatório no qual a questão dos Neuro-Melhoramentos (NM) seja incorporada (p. 259-262). No terceiro artigo (2014) a questão fundamental abordada é que, devido às novas tecnologias, tanto para monitorar/detetar a atividade mental, quanto para intervir nas mentes, quais seriam as formas legítimas de permitir que alguém altere os estados mentais de outras pessoas? Eles apontam que a lei <<protege sistematicamente corpos e cérebros, mas apenas fragmentariamente mentes e estados mentais>> (p. 51) e ressaltam que essa matéria é pouco explorada na esfera jurídica. Ao final, os autores sugerem que é necessária uma regulação específica para uma proteção autônoma dessa esfera interna das pessoas, e também propõe alguns requisitos para criação de uma nova ofensa criminal no caso de intervenções severas nas mentes de outrem (Bublitz e Merkel, 2014, p. 73-74):

[17] **a.** Bublitz, J. C., & Merkel, R. (2009). Autonomy and authenticity of enhanced personality traits. *Bioethics, 23*(6), 360–374. **b.** Bublitz, J. C. (2013). "My mind is mine!? Cognitive liberty as a legal concept," *in Cognitive Enhancement. Trends in Augmentation of Human Performance, vol 1. Springer.* **c.** Bublitz, J.C., Merkel, R. (2014) Crimes Against Minds: On Mental Manipulations, Harms and a Human Right to Mental Self-Determination. *Criminal Law, Philosophy 8.*

[18] Por exemplo, incrementos feitos por meio de neurodispositivos, como o Neuralink desenvolvido por Elon Musk (em: https://neuralink.com/applications/). Ou seja, as investigações supracitadas focaram principalmente na liberdade de utilização desses incrementos, mas também nas consequências jurídicas de como lidar com possíveis resultados danosos causados por incrementos, se afeta a autonomia ou as capacidades mentais, se é a pessoa que está decidindo de fato ou não, etc.

Finalmente, vamos condensar o que precede em uma proposta para uma nova infração penal:

(I) Intervir diretamente em outras mentes por meio de estímulos que operam diretamente no cérebro através do uso de drogas farmacológicas, cirúrgicas, neuroestimulantes, engenharia genética ou outros meios eletromagnéticos, biológicos ou químicos e, assim, contornar intencionalmente as capacidades de controle mental do destinatário, causando graves consequências mentais negativas serão puníveis (...) Certamente, "consequências mentais negativas" precisam ser definidas com mais precisão, entre outros, devem abranger lesões mentais, rebaixamento de capacidades mentais e alterações de preferências. Cabe notar que tais intervenções podem, em grande medida (mas ainda dentro certos limites), ser justificadas por consentimento informado. A forma legal-metodológica de lidar com consentimento e outras justificativas são totalmente familiares aos advogados criminais.

(II) Intervir indiretamente em outras mentes por meio de estímulos propositalmente projetados para contornar as capacidades de controle mental, causando consequências mentais negativas severas, será punível, a menos que tais estímulos sejam exercidos sob conduta permissível, de livre-arbítrio em respeito à autodeterminação mental da outra pessoa.

Apesar de nenhum dos autores supracitados utilizarem a terminologia Neurodireito, e discutirem essa temática a partir de questões processuais, jurisprudenciais, criminais, éticas e teórico-normativas, o trabalho desenvolvido lançou as bases para pensar os desafios que o desenvolvimento das neurotecnologias trazem para o direito, bem como sugeriram evoluções interpretativas e/ou a necessidade de criar um quadro normativo específico.

2. Os neurodireitos

O termo 'Neurodireito' foi introduzido pela primeira vez por Ienca e Andorno (2017)[19,20] em dois artigos elaborados paralelamente, onde

[19] Ienca, M., Andorno, R. (2017a). A New Category of Human Rights:Neurorights. *Research in Progress*. [Online]. Available Online at: from:http://blogs.biomedcentral.com/bmcblog/2017/04/26/new-category-humanrights-neurorights/.

[20] Ienca, M., Andorno, R. (2017b). Towards new human rights in the age of neuroscience and neurotechnology. *Life Sci Soc Policy*. 13, 5. https://doi.org/10.1186/s40504-017-0050-1.

fazem um levantamento comparativo do arcabouço ético-jurídico dos direitos humanos na era da neurociência e neurotecnologia, perfazendo uma relação das tendências emergentes em termos tecnológicos, com a proteção do cérebro e da mente humana contida nos mecanismos e instrumentos de direitos existentes. Com base nessas análises, concluíram que os instrumentos de direitos existentes, apesar de necessários, são insuficientes em termos normativos para responder aos desafios emergentes trazidos pela neurotecnologia. Outro artigo[21] influente lançado na mesma época por Yuste e Goering para a revista '*Nature*', retomam a questão ética no domínio mental, abordando questões ligadas às neurotecnologias e à inteligência artificial (IA), propondo quatro prioridades éticas ressaltando a necessidade de que as interfaces cérebro-computador (BCI) devem respeitar e preservar o domínio mental.

Todos esses trabalhos teórico-científicos que abordaram as várias imbricações entre Neurotecnologia e Direito, formaram um conjunto de questionamentos, muitos deles, ainda sem respostas e/ou instrumentos adequados, mas foram essenciais para que, a partir deste ponto, as novas discussões científicas passassem a tomar rumo em um mesmo sentido e a adquirir certa autonomia temática nos estudos do que, recentemente, se convencionou chamar de Neurodireitos. Mas afinal, qual a definição de Neurodireitos? Nos termos de Ienca (2021, p. 1), os Neurodireitos podem ser definidos como institutos de direito éticos, legais, sociais ou princípios naturais de liberdade, permissões ou concessões relacionadas ao cérebro de uma pessoa e ao seu domínio mental; ou seja, são regras normativas fundamentais para a proteção e preservação do cérebro e da mente humana. Com base nisso, serão abordadas novas questões e conceitos acerca dos Neurodireitos, direitos existentes, novos direitos (emergentes) e algumas controvérsias (como o direito aos incrementos) a partir da taxonomia proposta por Ienca (2021).

O que será abordado a seguir, parte da convergência de estudos em torno das questões trazidas pelos avanços tecnológicos relacionados a dilemas ético-legais e à proteção de direitos e liberdades, que tiveram, sobretudo, a liberdade cognitiva como base (no sentido da

[21] Yuste, R., Goering, S., Arcas, B. et al. Four ethical priorities for neurotechnologies and AI. *Nature* 551, 159–163 (2017). https://doi.org/10.1038/551159a.

autodeterminação cognitiva, da liberdade para formular o que pensar, como, quando, etc.). Nesses estudos, também abordaram conceitos relacionados como: liberdade de agência/livre-arbítrio (é a ideia de ter uma conduta baseada nas circunstâncias com intencionalidade, premeditação, autorregulação e autorreflexividade); direito a não interferência (caso não seja conscientemente consentida), direito ao controle consciente da mente e a não explorar o "inconsciente" que não temos capacidade de controlar (as pessoas fazem muita coisa em "modo automático", o que pode ser explorado e direcionado para um fim impróprio – o meio digital, que é um meio que nos prende, pode afetar o controle consciente da mente, nos impedir de decidir por inércia, vício ou efeito computacional, o que também afeta a capacidade de agência); e liberdade de pensamento (livre de manipulação, coação).

Existem duas linhas predominantes no que se refere a neurodireitos, (1ª) a de Yuste e Goering (2017), Yuste et. al. (2021); e (2ª) a de Ienca e Andorno (2017a e 2017b), Ienca (2021). A primeira, relaciona os neurodireitos a partir de quatro prioridades éticas para as neurotecnologias e IA, são elas: privacidade e consentimento, agência e identidade, aumento/acesso aos incrementos, proteção contra vieses/ preconceito, sublinhando que as neurotecnologias, IA e BCIs (interfaces cérebro-computação) <<devem respeitar e preservar a privacidade, identidade, agência e igualdade das pessoas>> (Yuste e Goering, 2017, p. 159). A segunda linha, de Ienca e Andorno (2017a), defende a reconceituação dos direitos humanos existentes e a criação de uma nova categoria de direitos chamada de neurodireitos, são eles: o direito à liberdade cognitiva, o direito à privacidade mental, o direito à integridade mental e o direito à continuidade psicológica.

A partir destas duas linhas, pretende-se abordar conceitualmente cada um dos elementos previamente elencados e as questões pertinentes à luz do direito e de diretrizes éticas básicas para os neurodireitos, a começar por Yuste e Goering (2017, p. 159-163), que trazem propostas concretas para a instrumentalização do que consideram prioridades éticas e direitos a serem protegidos, que serão tratadas a seguir. Além dessas prioridades, no artigo publicado por Yuste et. al (2021), foi incluído o 'livre-arbítrio' associado à noção de capacidade de agência individual, e uma proposta de Agenda para a ONU para o reconhecimento dos Neurodireitos.

1. *Privacidade e consentimento*: as pessoas devem ter a capacidade e o direito de manter seus dados mentais e neurais privados. Nesta esfera, propõem:

   a. Para todos os dados mentais/(neurais)[22], a capacidade de recusar a recolha/utilização deve ser a escolha padrão e adequadamente protegida, pois a opção de consentir (normalmente padrão) é feita de "modo automático" pelos usuários, que não compreendem completamente do que estão abrindo mão.
   b. Os indivíduos deveriam optar explicitamente por compartilhar dados mentais/neurais em qualquer dispositivo. Isso envolveria um processo seguro e protegido e um procedimento de consentimento que especificasse claramente quem usará os dados, para quais fins e por quanto tempo[23].
   c. Outra salvaguarda proposta é restringir o processamento centralizado de dados neurais. Os autores defendem que técnicas computacionais sejam implantadas de modo a proteger a privacidade do usuário (como: privacidade diferencial, 'aprendizagem federada', técnicas baseadas em *blockchain* – por exemplo, que permitem que os dados sejam rastreados e auditados –, ou 'contratos inteligentes', para um controle transparente sobre o uso dos dados).

[22] Ienca (2021), Op. Cit. Ienca traz uma distinção importante entre dados mentais e neurais que deve ser considerada na regulação do tratamento desses dados que possuem diferenças significativas. (p. 7): *Another concept frequently used to address people's moral entitlement to protect their brain information is neuroprivacy. While "mental privacy" aims at protecting mental information, however collected or inferred, neuroprivacy relates specifically to the protection of neural data—also called neurodata or brain data (Hallinan et al., 2014; Ienca, 2015; Wolpe, 2017).*

[23] Segundo os autores, mesmo com essa abordagem, dados mentais/neurais de muitos compartilhadores dispostos, combinados com grandes quantidades de dados não neurais – de pesquisas na Internet, monitores de condicionamento físico etc. – podem ser usados para tirar conclusões "boas o suficiente" sobre indivíduos a despeito daqueles que optam por não compartilhar. Os autores também propõem que a venda, transferência comercial e uso de dados neurais sejam *estritamente regulamentados*. Tais regulamentações – que também limitariam a possibilidade de as pessoas desistirem de seus dados ou terem a atividade neural gravada diretamente em seus cérebros para recompensa financeira – podem ser análogas à legislação que proíbe a venda de órgãos humanos, como o US National Organ Transplant de 1984 ACT.

2. *Agência e identidade*: é o direito de manter e preservar a capacidade de agência e a identidade pessoal. Os autores frisam que as neurotecnologias podem claramente perturbar o senso de identidade e capacidade de agência das pessoas ao abalar as suposições básicas sobre a natureza do "eu" e da responsabilidade pessoal, legal ou moral.

   a. Por exemplo, se a IA e os dispositivos de neurotecnológicos permitirem uma tradução mais rápida entre uma intenção e uma ação, usando uma função de "autocompletar" ou "autocorreção", controlando dispositivos através de seus pensamentos a grandes distâncias, ou se vários cérebros estiverem conectados a trabalhar de forma colaborativa, a compreensão de quem somos e onde estamos agindo pode ser afetada. Dessa forma, à medida que as neurotecnologias se desenvolvem e as corporações, governos e outros agentes começarem a direcionar para dotar as pessoas de novas capacidades, a identidade individual (autorreconhecimento, integridade corporal e mental) e a agência (nossa capacidade de escolher nossas ações) devem ser protegidas como direitos humanos básicos[24].
   b. Os autores recomendam adicionar cláusulas protegendo tais direitos (neurodireitos) a tratados internacionais, como a Declaração Universal dos Direitos Humanos de 1948, apesar de não serem juridicamente vinculativos.

[24] Klein E., et al. (2016) Brain-computer interface-based control of closed-loop brain stimulation: attitudes and ethical considerations, *Brain-Computer Interfaces*, 3:3, 140-148, Doi: 10.1080/2326263X.2016.1207497. Os pacientes que passaram por estimulação cerebral profunda (DBS) para indicações emergentes em distúrbios cognitivos e emocionais gerou interesse ético significativo. Um homem que havia usado um estimulador cerebral para tratar sua depressão por sete anos relatou em um grupo focal, começou a se perguntar se a maneira como estava interagindo com os outros – por exemplo, dizendo algo que, em retrospeto, ele pensou se era inapropriado – se era devido ao dispositivo, a sua depressão ou se refletia algo mais profundo sobre si mesmo. Ele disse: "É confuso a ponto de não ter certeza ... francamente, de quem eu sou". Nesse estudo foram identificados quatro temas principais: controle sobre a função do dispositivo, autenticidade do "eu", efeitos de relacionamento e consentimento significativos.

c. Adicionado a isso, os autores defendem a criação de uma convenção internacional para definir ações proibidas relacionadas à neurotecnologia e IA, onde um grupo de trabalho das Nações Unidas poderia revisar o cumprimento dos estados signatários e recomendar sanções quando necessário.
d. Além disso, propõem que deva constar em tratados ou convenções o direito/dever de educar as pessoas sobre os possíveis efeitos cognitivos, neurais e emocionais das neurotecnologias, pois na área médica, formulários de consentimento focam apenas nos riscos físicos do procedimento, em vez dos possíveis efeitos no humor, na personalidade ou no senso de identidade.

3. *Aumento/ Justo Acesso aos Incrementos*: se refere ao direito de acesso e utilização das tecnologias de aprimoramento cognitivo e melhoria das habilidades humanas, como aprimoramento das capacidades de aprendizagem, sensoriais e cognitivas; comunicações aprimoradas; interfaces homem-máquina, aplicações na saúde, melhoria na memória, extensão da vida, etc.

   a. Segundo os autores a pressão para adotar neurotecnologias aprimoradas, como as que permitem que as pessoas expandam radicalmente sua resistência ou capacidades sensoriais/mentais, provavelmente mudará as relações sociais e levantará questões de acesso equitativo e novas formas de discriminação.
   b. Também existe uma preocupação sobre aplicações dessas tecnologias na área militar e de uma corrida armamentista nesse âmbito. Os autores recomendam que o uso das neurotecnologias para fins militares seja rigorosamente regulamentado, pois esse tipo de discussão tem repercussão global, devendo ser feita por uma comissão independente liderada pela ONU. Embora ainda seja complicado estabelecer um limite sobre o que é aceitável, dada a dificuldade de saber quais tecnologias serão/ou já estão a ser desenvolvidas, e prever quais terão impactos negativos na vida humana.
   c. Contudo, os autores sugerem que diretrizes sejam estabelecidas em nível internacional e nacional para evitar danos causados pelas tecnologias de aumento que poderão ser adotadas e definir

os contextos em que podem ser usadas, similar ao que está a acontecer com a edição genética em humanos[25].

4. *Proteção contra Vieses/ Preconceito*: é o direito de não ser discriminado ou prejudicado por decisões provenientes de dispositivos automatizados/IA. Vários estudos já demonstraram que as tecnologias são passíveis de tomar decisões enviesadas e causar prejuízos a determinadas pessoas ou grupos[26], como no caso da *'ProPublica'* que ficou bastante conhecido.

    a. Devido a essa preocupação, os autores alertam vieses podem ser embutidos em dispositivos neurais, pois, de acordo com pesquisadores que examinaram esses casos, foi identificado que de maneira matematicamente rigorosa é muito difícil definir o que é justo. Por isso, os autores defendem contramedidas para combater o viés como a norma no aprendizado de máquina.
    b. Eles também recomendam que a inclusão e a diversidade científica seja, cada vez mais, incorporada aos centros de Pesquisa e Desenvolvimento Tecnológicos, para que os grupos que normalmente são alvos de vieses, sejam incluídos e participem ativamente de projetos de algoritmos e dispositivos como outra forma de garantir que os vieses sejam eliminados ou dirimidos desde os primeiros estágios do desenvolvimento das tecnologias.

A partir deste ponto, passamos para o que, no entendimento de Ienca e Andorno (2017a e 2017b), são os principais neurodireitos, para ao final incluir as famílias de direitos ou corolários éticos que dão origem aos

[25] Reardon, S. US science academies take on human-genome editing. *Nature* (2015). https://doi.org/10.1038/nature.2015.17581

[26] *Em*: Belenguer, L. (2022). AI bias: exploring discriminatory algorithmic decision-making models and the application of possible machine-centric solutions adapted from the pharmaceutical industry. *AI Ethics* 2, 771–787. https://doi.org/10.1007/s43681-022-00138-8. *Em*: Crawford, K., Calo, R. (2016). There is a blind spot in AI research. *Nature 538*, 311–313. https://doi.org/10.1038/538311a. *Em*: Datta A. et. al. (2015). Automated Experiments on Ad Privacy Settings. *Proceedings on Privacy Enhancing Technologies 2015*; 2015 (1):92–112. https://doi.org/10.1515/popets-2015-0007.

mesmos, conforme pesquisa realizada por Ienca (2021), onde desenvolve sua proposta de taxonomia.

1. *Liberdade cognitiva*

Pode também ser referida como autodeterminação mental/cognitiva. O direito à liberdade cognitiva protege o direito dos indivíduos de tomar decisões livres e competentes em relação ao uso das neurotecnologias. Ou seja, compreende dois princípios fundamentais e intimamente relacionados: (a) o direito dos indivíduos de usarem neurotecnologias; (b) a proteção dos indivíduos contra o uso coercitivo e não consentido adequadamente de tais tecnologias (Ienca e Andorno, 2017b, p.10). Esse componente negativo é particularmente importante para evitar cenários futuros em que o Estado, grandes corporações ou atores malévolos possam manipular à força os estados mentais de cidadãos individuais (Ienca e Andorno (2017a). Além disso, conforme Bubblitz argumenta, a liberdade cognitiva comporta "o direito de alterar os próprios estados mentais com a ajuda de neuroferramentas, bem como o de se recusar a fazê-lo" Bublitz 2013, p. 234). Como a liberdade cognitiva é a base dos estudos que deram início à discussão sobre a necessidade de estabelecer critérios e um conjunto normativo para os neurodireitos, muitos defensores da liberdade cognitiva sugerem considerá-la um "direito humano fundamental" também como "um princípio jurídico central que orienta a regulamentação das neurotecnologias" (Ienca e Andorno, 2017b). A razão principal que fundamenta, remonta ao que já foi comentado por Sententia (2004) de que a liberdade cognitiva é o elemento necessário para o exercício de todas as outras liberdades.

2. *Privacidade mental:*

O direito à privacidade mental visa proteger os indivíduos contra o acesso ou intrusão não consentida por terceiros nos seus dados cerebrais, bem como contra a recolha não autorizada desses dados. Esse direito permite que as pessoas determinem por si mesmas quando, como e até que ponto suas informações mentais/neurais podem ser acessadas e utilizadas por outras pessoas. Porém, conforme (Ienca e Andorno, 2017b, p. 11) pontuam, a ampla disponibilidade de aplicações de neurotecnologia fornecerá múltiplas oportunidades para os indivíduos acessarem e exercerem controle sobre sua atividade cerebral, podendo resultar em uma série de atividades potencialmente benéficas, como automonitoramento, neuroaprimoramento e uso de computador controlado pelo cérebro. No entanto, se essas mesmas ferramentas se disseminarem em um volume sem precedentes e em uma variedade de informações cerebrais por fora do ambiente clínico, pode ampliar riscos e dificuldades no controlo de acessos não-autorizados. Apesar de a privacidade ser um direito amplamente reconhecido, argumenta-se que o nível de proteção conferido pode não ser suficiente ou precisa ser compatibilizado com os dados mentais e neurais. Os consentimentos "pró-forma" feitos para as pessoas acessarem conteúdos na internet, tornam-se como uma espécie de "muro", onde a pessoa não tem a opção de não consentir aos termos se precisar acessar determinado conteúdo ou plataforma (por exemplo, se precisar fazer uma pesquisa científica ou mesmo participar de uma reunião em uma plataforma). Ou seja, se torna um consentimento forçado, automático e/ou desinformado, ou mesmo um consentimento-chantagem, em que a pessoa se vê compelida a consentir mesmo sem querer autorizar o uso ou compartilhamento dos seus dados pessoais, o que é um problema que a legislação tem de lidar urgentemente. Conforme os autores argumentam (Ienca e Andorno, 2017a) as violações de privacidade no nível neural são mais perigosas do que as convencionais porque podem contornar o nível do raciocínio consciente e afetar componentes inerentes à identidade de uma pessoa, por este motivo o consentimento deve ter um tratamento diferenciado. Eles também questionam o seguinte: o direito à privacidade mental é considerado relativo, mas deveria ser?

> *O direito à privacidade mental é um direito absoluto ou relativo? A maioria dos direitos humanos, incluindo os direitos à privacidade, são relativos, no sentido de que podem ser limitados em certas circunstâncias, desde que as restrições sejam necessárias e sejam realizadas proporcionalmente para alcançar um propósito legítimo. Ao tratar especificamente do direito à privacidade, a Convenção Europeia dos Direitos Humanos afirma que este direito admite algumas restrições "para a prevenção de desordem ou crime, para a proteção da saúde ou da moral, ou para a proteção dos direitos e liberdades de outrem" (Art. 8º, n. 2). Apenas poucos direitos, como à liberdade de pensamento, contra a escravidão, tortura e tratamento ou punição desumana ou degradante são considerados pela lei internacional de direitos humanos como não sujeitos a quaisquer exceções e, portanto, como direitos absolutos. Em qual das duas categorias deve ser*

colocado o direito à privacidade mental? As intrusões não consensuais nos dados cerebrais das pessoas podem ser justificadas em certas circunstâncias ou devem ser proibidas incondicionalmente? Mais concretamente, o direito à privacidade mental protege os indivíduos de serem compelidos pelos tribunais ou pelo estado a interrogatórios baseados no cérebro? (IENCA E ANDORNO, 2017b, P. 15)

3. *Integridade mental:*

O direito à integridade mental, já é reconhecido pelo direito internacional no que diz respeito à promoção da saúde mental, porém, no caso dos neurodireitos, deve ser revisado e alargado para proteger também contra manipulações ilícitas e nocivas da atividade mental e neural das pessoas proporcionadas pelas neurotecnologias:

> *O direito à integridade física e mental pessoal é protegido pela Carta dos Direitos Fundamentais da UE (artigo 3.º), afirmando que "todas as pessoas têm direito ao respeito pela sua integridade física e mental". Compreensivelmente, a Carta enfatiza a importância desse direito nos campos da medicina e da biologia, devido ao impacto direto que as tecnologias biomédicas podem ter na integridade física e mental das pessoas. A disposição concentra-se particularmente em quatro requisitos: consentimento livre e informado, a não comercialização de elementos corporais e a proibição de práticas eugênicas e clonagem reprodutiva humana. Nenhuma referência explícita é feita a práticas relacionadas à neurotecnologia.* (IENCA E ANDORNO, 2017b, P. 18)

Novas formas de ameaças habilitadas pela neurotecnologia à integridade mental podem incluir neuroestimulação indesejada, neurohacking malicioso e manipulação de memória potencialmente prejudicial, brainjacking, e hacking malicioso de "*augmented bodies*". Para os autores, este direito é particularmente relevante no contexto da segurança nacional, <<onde intervenções na neurocomputação de uma pessoa podem ser justificadas à luz de objetivos estratégicos maiores>> (Ienca e Andorno, 2017a).

4. *O direito de preservar a continuidade da identidade pessoal e da vida mental/neural:*

Além da privacidade e da integridade mental/neural, também a perceção que as pessoas têm de si mesmas, da sua própria identidade pode ser colocada em risco por usos inadequados da neurotecnologia, conforme já foi citado nos apontamentos de Yuste e Goering supracitados. O direito à continuidade psíquica visa preservar a identidade pessoal das pessoas e a continuidade de sua vida psíquica protegendo-a de alterações externas, não consentidas, por terceiros. De acordo (Ienca e Andorno, 2017a) <<ao contrário do direito à integridade mental, este direito também se aplica a intervenções não consentidas de mudança de personalidade>>, ou seja, intervenções que não envolvam danos físicos ou psicológicos diretos à vítima, mas que afetam seu sentido de "ser". Além das intervenções ilícitas, o direito à continuidade psicológica é particularmente relevante também em relação a estratégias de marketing invasivas, como aquelas em que a publicidade é propositalmente projetada para contornar as defesas racionais de uma pessoa e alterar suas preferências ou seu comportamento. (IENCA e ANDORNO 2017a)

2.1. A proposta de taxonomia de Ienca: uma análise crítica

A partir o conjunto de neurodireitos abordados, Ienca (2021) faz uma convergência das pesquisas relacionadas a este tema, e formula uma proposta de taxonomia para os neurodireitos. De acordo com o autor, essa taxonomia foi desenvolvida a partir da função da ética-normativa, princípios e direitos dos quais derivam, identificando que os neurodireitos tem origem em quatro famílias principais associadas à proteção do domínio mental. Além disso, o autor identificou uma outra família que identificou como 'outros corolários éticos', que dão origem a duas derivações de neurodireitos. Assim, podemos identificar pelo menos cinco famílias de direitos ou princípios éticos-normativos, e as suas correspondentes derivações: derivados da liberdade de pensamento, derivados da privacidade, derivados da integridade mental, derivados da identidade pessoal e derivados de outros corolários éticos, conforme a figura a seguir:

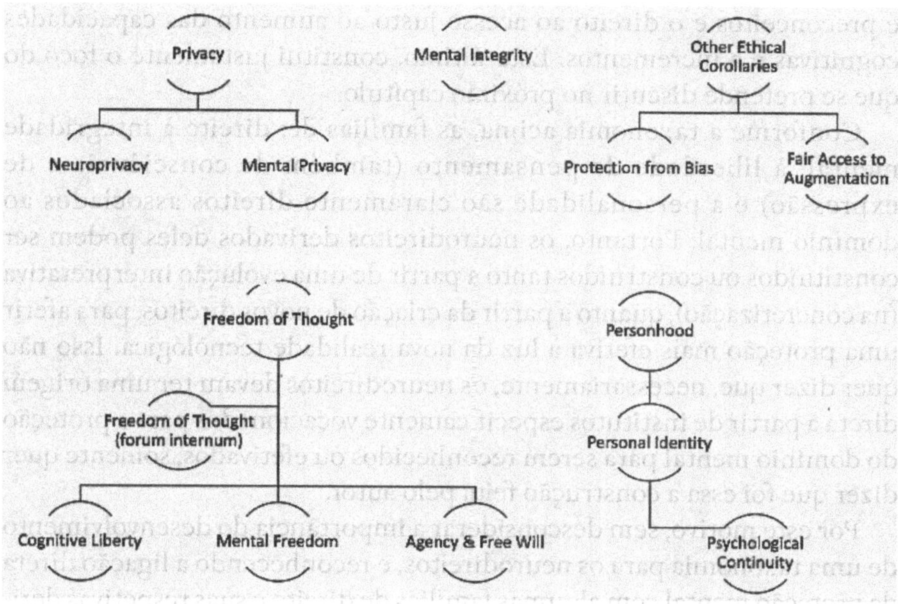

FIGURA 2. **Taxonomia dos Neurodireitos (Ienca, 2021, p. 6)**

A partir dos conceitos ético-normativos e direitos supracitados, é possível observar e compreender na Taxonomia proposta os elementos considerados o como 'famílias' que deram origem aos derivados de neurodireitos tratados ao longo deste trabalho. Conforme a própria conceituação dos neurodireitos, eles compõem as regras para a proteção e preservação do cérebro e da mente humana, ou seja, de acordo com Ienca (2021, p. 6), são um campo de investigação ligados aos estudos neuroéticos e neurolegais <<relacionados ao domínio cerebral e mental de uma pessoa>>. No entanto, conforme pode-se observar, o quinto elemento adicionado como 'outros corolários éticos', dá origem a duas derivações relacionadas a neurodireitos que, segundo Ienca (2021, p. 8), <<não estão diretamente relacionados com a proteção do domínio mental, mas para promover requisitos sociotécnicos que são instrumentalmente necessários para a realização dos outros neurodireitos>>, ou seja, não seriam neurodireitos em si. Tal posição pode ser questionável, como se verá adiante. As derivações a que o autor se refere são: a proteção contra vieses e preconceitos e o direito ao acesso justo ao aumento das capacidades cognitivas e a incrementos. Este último, constitui justamente o foco do que se pretende discutir no próximo capítulo.

Conforme a taxonomia acima, as famílias de: direito à integridade mental, à liberdade de pensamento (também de consciência e de expressão) e à personalidade são claramente direitos associados ao domínio mental. Portanto, os neurodireitos derivados deles podem ser constituídos ou construídos tanto a partir de uma evolução interpretativa (na concretização), quanto a partir da criação de novos direitos, para aferir uma proteção mais efetiva à luz da nova realidade tecnológica. Isso não quer dizer que, necessariamente, os neurodireitos devam ter uma origem direta a partir de institutos especificamente vocacionados para a proteção do domínio mental para serem reconhecidos ou efetivados, somente quer dizer que foi essa a construção feita pelo autor.

Por este motivo, sem desconsiderar a importância do desenvolvimento de uma taxonomia para os neurodireitos, e reconhecendo a ligação direta da proteção mental com algumas famílias de direito e suas respetivas derivações (citadas anteriormente), pode-se afirmar que a família do direito à privacidade tem relação direta com a proteção do domínio mental? Ou ainda, pode-se afirmar que os instrumentos de neurodireitos derivados de 'outros corolários éticos' (que são a proteção contra vieses/preconceitos e o direito ao acesso justo ao aumento das capacidades cognitivas e a incrementos), conforme a terminologia de Ienca (2021), não tenham origem em institutos jurídicos fundamentais associados à proteção do domínio mental e que servem somente para promover requisitos sociotécnicos para a realização dos outros neurodireitos? E afinal, o que seria o acesso justo[27] ao aumento cognitivo/incrementos?

Vejamos. A privacidade tem relação com a proteção da esfera de informações sobre o indivíduo e a proteção da sua intimidade, ou seja, o direito ao controle sobre as informações sobre si mesmo e aos seus usos (acessos, tratamento, transmissões, interferências, ofensas, etc.). Apesar de o direito à privacidade ter amplo reconhecimento internacional (DUDH,

[27] Essa questão da justiça no acesso se pretende investigar no capítulo seguinte e também pretende-se abordar divergências e dilemas sobre o direito ao aumento das capacidades cognitivas. Por isso, este neurodireito será referido sem a expressão "acesso justo".

Art. 12.º[28]; CEDH, Art. 8.º[29], entre outros), com o advento da digitalização da vida e proliferação de dados pessoais, esse instituto foi reforçado pelo RGPD ao nível europeu, o que reconfigurou o quadro normativo contra as violações à privacidade em matéria de tratamento de dados pessoais, de tal forma, que passou a ser adotado e adaptado por diversos países, conferindo a titularidade desses dados às pessoas singulares, definindo o conceito de dados pessoais, consagrando novos direitos (RGPD Art. 15.º e ss.), instituindo obrigações e sanções (tratamento, compartilhamento, consentimento, etc.) aos responsáveis pelo tratamento e subcontratantes, entre outras disposições[30]. Contudo, a privacidade em si é um conceito

[28] Declaração Universal dos Direitos Humanos (DUDH), Artigo 12.º: "Ninguém será sujeito a interferências na sua vida privada, na sua família, no seu lar ou na sua correspondência, nem ataques à sua honra e reputação. Todos os seres humanos têm direito à proteção da lei contra tais interferências ou ataques".

[29] Convenção Europeia dos Direitos do Homem (CEDH), Artigo 8.º: Direito ao respeito pela vida privada e familiar. N.1. Qualquer pessoa tem direito ao respeito da sua vida privada e familiar, do seu domicílio e da sua correspondência. N.2. Não pode haver ingerência da autoridade pública no exercício deste direito senão quando esta ingerência estiver prevista na lei e constituir uma providência que, numa sociedade democrática, seja necessária para a segurança nacional, para a segurança pública, para o bem-estar económico do país, a defesa da ordem e a prevenção das infrações penais, a proteção da saúde ou da moral, ou a proteção dos direitos e das liberdades de terceiros.

[30] Para além da proteção a nível internacional e RGPD, em Portugal, além dos dispositivos infraconstitucionais que protegem a privacidade (como código civil, ente outros), como direito fundamental a CRP/76 já previa o direito à intimidade da vida privada e familiar e proibia a utilização abusiva de informações relativas às pessoas e famílias (art.º 33.º) e também reconhecia, o direito dos cidadãos a tomar conhecimento de registos mecanográficos a seu respeito, retificar e atualizar esses dados, impedindo o tratamento de dados referentes a convicções políticas, religiosas ou de vida privada (artigo 35º). Em 1982 a redação foi alterada (art.ºs 26.º e 35.º) para reforçar os direitos pessoais, substituir os registos "mecanográficos" por "informáticos" e proibir acesso de terceiros e a interconexão de ficheiros com dados pessoais, bem como fluxos de dados transfronteiriços, e também alarga o impedimento de tratamento de dados referentes a convicções filosóficas, filiação partidária ou sindical. Na revisão de 1997 se alargam os direitos pessoais ao direito ao desenvolvimento de personalidade, e a proteção legal contra formas de discriminação e também a garantia legal de dignidade humana e de identidade genética na utilização das tecnologias e na experimentação científica (artigo 26.º) e cria uma entidade administrativa independente que garanta a proteção dos dados pessoais e alarga-se o impedimento no tratamento de dados àqueles que se referem à origem étnica, possibilitando-o somente por "consentimento expresso" (artigo 35.º). Na revisão de 2004, manteve-se todas as garantias ao nível da proteção de dados, e inseriu-se um alargamento

complexo que tem sua origem histórica em Warren e Brandeis (1890), que contém um caráter não só informacional, mas também de um direito de ser deixado só/em paz[31].

Ou seja, além de ter um status de direito fundamental, a privacidade compõe um conjunto múltiplo e amplo dentro da tutela geral da personalidade em relação à proteção e controlo das informações que dizem respeito à pessoa e também engloba o direito à reserva sobre a intimidade da vida privada (CC Art. 80.º). Portanto, a privacidade integra o conjunto de direitos da personalidade (de rol não taxativo) que, de acordo com Pinto, et. al. (2012, p. 101) fazem parte de um <<círculo de direitos necessários, um conteúdo mínimo e imprescindível da esfera jurídica de cada pessoa>>, como o livre desenvolvimento da personalidade, o direito à vida, à imagem, a proteção da integridade psicofísica e moral (defesa da honra, bom nome e reputação), etc. Dessa forma, conforme o disposto no art. 70.º, n.º 1, do Código Civil, a tutela geral da personalidade compreende a proteção contra quaisquer violações ilícitas ou ameaças de ofensa à personalidade em qualquer âmbito, o que, de acordo com o que Capelo de Sousa (1995, p. 153) pontua, confere uma proteção abrangente e apta a conformar <<conceitos naturalísticos e culturais, de modo a conseguir uma maior correspondência e adaptação do direito à realidade humana, particularmente face à sua mutabilidade>>. Ou seja, para além da personalidade, a privacidade em si, também é um conceito multidimensional e em permanente mutabilidade que precisa acompanhar as novas demandas trazidas pela realidade, onde as informações transitam freneticamente e onde a dificuldade de se manter o controlo torna-se mais desafiadora, porém necessária. Sobretudo, de maneira a permitir a construção pessoal de uma esfera de vida (pública, social, privada, íntima, sigilosa e secreta) de forma livre e própria, tendo em conta o círculo de direitos que se complementam e se reforçam dentro de uma ordem jurídica, formando um sistema de

relativamente à "obtenção" abusiva de informações de pessoas e familiares, considerando que o direito à intimidade compreende, não só o direito de oposição à divulgação da vida privada, mas, também, o direito ao respeito da vida privada, à não intromissão na mesma, ou seja, a mera aquisição de conhecimentos sobre tais factos. Na última revisão em 2005, vigente, 2005, exige uma organização legislativa e administrativa que garanta o direito à vida privada dos cidadãos e a proteção dos seus dados pessoais (art.ºs 26.º e 35.º).

[31] Warren, S.D., Brandeis L.D. (1890). "The Right to Privacy". Harvard Law Review 4, no 5 (15 de dezembro de 1890): 193–220. https://www.jstor.org/stable/pdf/1321160.pdf.

proteção amplo da personalidade, adequado a tutelar a privacidade, que é essencial para o livre desenvolvimento da personalidade, para o exercício da autonomia e para a dignidade humana. O caráter mutável da privacidade, que muitas vezes se confunde com a proteção informativa ou de dados, ocorre devido à essa necessidade de adaptação constante à realidade, associada à componente de complementaridade com outros institutos. Conforme aponta Suguimatsu (2020, p. 88) em suas notas conclusivas:

Constatou-se, contudo, que a privacidade e a proteção de dados são distintas. Apesar da identidade de alguns elementos, possuem fundamento jurídico e âmbitos diversos. A proteção de dados apresenta maior proximidade com a parte informacional, abrange questões como a qualidade dos dados, e se fundamenta na redução das assimetrias de poder entre os indivíduos e os controladores. Já a proteção da vida privada se caracteriza como um direito fundamental de personalidade, destinado a proteger, além do fluxo de informações, aspetos da identidade física e social. Não se limita a excluir o conhecimento alheio, mas permite o exercício de autonomia, direitos políticos e liberdades individuais. Nesse contexto, sua relevância extrapola o indivíduo e assume o papel de assegurar as relações dele com as demais pessoas. Já a proteção de dados possui caráter instrumental em relação à privacidade.

Dessa forma, independentemente de o direito a privacidade ter, direta ou indiretamente, relação com a proteção do domínio mental, o que claramente tem, a mesma construção – ou desconstrução – pode ser feita em relação ao que o autor classificou como família de 'outros corolários ético'. Os direitos fundamentais que poderiam ser considerados nesse caso: (1) direito à autonomia e o direito ao livre desenvolvimento da personalidade, e (2) o direito à proteção contra todas as formas de discriminação, bem como o direito à integridade mental; que são direitos fundamentais reconhecidos, e, da mesma forma, são relacionados à proteção do domínio mental, dos quais poderiam ser considerados famílias de direitos que dão origem, respetivamente, aos neurodireitos: de aumento das capacidades cognitivas e incrementos (1) e de proteção contra vieses/ preconceitos (2).

Para reforçar essa visão, é pertinente apontar que o direito ao livre desenvolvimento da personalidade tem como sentido a defesa da liberdade que a pessoa tem de determinar a forma de realizar seus próprios fins e de como viver. Conforme Ataíde (2011, p. 208), esse direito comporta múltiplas dimensões que são <<concretizadoras no plano das relações

privatísticas, unidas por um denominador comum reportado à liberdade de conformação do curso normal da vida segundo um determinado projeto existencial traçado pelo próprio titular>>. Já a autonomia pressupõe a liberdade de agir ou a autodeterminação conferida à pessoa de autorregulamentação dos seus interesses e de autogoverno da sua esfera jurídica, ou seja, do conjunto das relações jurídicas de que uma pessoa é titular e na qual o Estado/terceiros não deve interferir (PINTO, 2012, P. 102). Ambos os direitos aqui citados podem dar origem ao Neurodireito de aumento das capacidades cognitivas e incrementos, bem como podem ser associados com a proteção do domínio mental.

Adicionalmente, na esfera da personalidade, temos a proteção contra toda forma de preconceito, essencial para a dignidade, e a proteção da integridade mental na sua componente psicológica, pois só quem sofre a dor na alma sabe como a pessoa é afetada profundamente quando é prejudicada, simplesmente, por "ser quem é". É uma dor inescapável e atinge diretamente a integridade moral, psíquica e emocional, reascende traumas e, por vezes, incapacita, deixa a pessoa inerte/sem reação. De acordo com Vasconcelos (2014, p. 152) pela psiquiatria já é possível diagnosticar a dor na alma de pessoas que sofreram algum tipo de humilhação, sendo possível detetar inclusivamente lesões causadas por esse tipo de sofrimento. Já Bezerra Júnior (2018, p. 113-114) expõe que <<o direito à integridade psicológica assegura ao indivíduo a prerrogativa de não ser injustamente afetado em seus aspetos psíquicos, encontrando-se intimamente relacionado a outros direitos da personalidade>> (como a honra, a moral, o livre desenvolvimento, a reserva da intimidade, etc.). Portanto, assim como no caso anterior, o direito à proteção contra vieses e preconceito também derivam de direitos fundamentais que podem ser associados ao domínio mental.

Portanto, apesar de reconhecer que a formulação de uma taxonomia de Neurodireitos (no âmbito dos estudos de um novo ramo de direitos e de novas diretrizes éticas para responder aos desafios impostos pelos avanços tecnológicos) seja necessária para delimitar e uniformizar o espectro de terminologias, conceitos e parâmetros associados, de forma a encontrar congruência e adaptabilidade a um quadro normativo já existente; o fato de aqui se tecerem algumas críticas relativas às premissas da construção formulada por Ienca (2021), de forma alguma desconsidera sua importância, mesmo porque foi o próprio autor que cunhou o termo

'Neurodireito' e lançou as bases para esse novo ramo de estudos que, apesar de ainda ser incipiente e de existirem muitas questões a serem resolvidas frente à realidade, os seus estudos podem oferecer uma boa noção do desenvolvimento dos Neurodireitos, da possibilidade de reconhecimento dos mesmos e da congruência/adaptabilidade com o sistema ético-normativo existente nos diversos níveis.

Conforme Ienca reconhece, embora o tema tenha se tornado um tópico bastante discutido no meio neuroético, e na "média *mainstream*", ainda são escassas as produções académicas acerca deste tópico, apontando que, apesar de entender que o debate sobre neurodireitos na opinião pública seja crucial para garantir publicidade e a participação democrática <<sua relativa natureza esporádica na literatura acadêmica levanta uma questão de risco de ambiguidade semântico-normativa e confusão conceitual>> (Ienca, 2021, p. 6). Por este motivo, o autor buscou desenvolver uma taxonomia atualizada e fornecer uma classificação sistematizada dos neurodireitos propostos mais reconhecidos até o momento. No entanto, conforme os apontamentos feitos neste trabalho, uma taxonomia de maior congruência e adaptabilidade dos neurodireitos ao sistema normativo existente poderia ser desenvolvida a partir da multidimensionalidade oferecida pela tutela geral da personalidade, ou mesmo, considerando o elemento que deu origem aos estudos dos Neurodireitos, a partir da liberdade ou autodeterminação cognitiva, através do seu reconhecimento como direito fundamental, situado como um elemento central do qual derivam todos os outros neurodireitos. Muito embora o desenvolvimento de uma nova taxonomia não seja o objetivo deste trabalho, tais perspetivas podem servir para investigação de trabalhos futuros.

Por fim, antes de passarmos para o próximo capítulo, a título de recapitulação, cabe elencar, com exceção dos direitos relativos à proteção do domínio mental já existentes/consagrados, os novos direitos aqui tratados conforme a ordem em que foram abordados. São eles: autodeterminação ou liberdade cognitiva, privacidade mental/neural, consentimento livre e informado (contendo a opção "padrão" de recusar o tratamento dos dados devido à sensibilidade dos mesmos), proteção da capacidade de agência, proteção da identidade, aumento das capacidades cognitivas/ acesso aos incrementos, proteção contra vieses e preconceito, integridade mental e neural (não somente fisiológica, mas inclusivamente), e continuidade psicológica.

3. O problema do aumento das capacidades humanas

O direito ao aumento das capacidades cognitivas e aos incrementos de melhoramentos é uma temática que tem gerado bastante divergência no meio neuroético e neuronormativo. Isso porque envolve questões ontológicas de alteração no "ser", morais, éticas, sociais, bem como a questão do *acesso* às tecnologias que visam melhorar e aprimorar as capacidades humanas. Embora o desenvolvimento das neurotecnologias, IA e NBICs nas aplicações da área da saúde seja considerado um caminho natural, ou seja, em benefício da sociedade, para curar doenças e disfunções neurológicas ou amenizar sintomas (como lesões cerebrais, depressão, paralisia, esclerose múltipla, Alzheimer, Parkinson, tumores, limitações motoras, etc.); o crescente interesse na utilização dessas tecnologias no campo extraclínico (comercial, entretenimento, militar, comunicações, mercado de trabalho, etc.) para aplicações de neuro-melhoramentos (NM) e incrementos em pessoas saudáveis (para aumentar as capacidades/habilidades cognitivas, sensoriais, memória, aprendizagem, resistência, controle de comunicações e dispositivos pela mente, etc.) é um debate que ainda está longe de se chegar a um consenso.

Para Ienca (2021), o neurodireito de 'acesso justo aos aumentos/incrementos', conforme visto anteriormente, é derivado de 'outros corolários éticos' e foi considerado como um requisito para o exercício de outros neurodireitos. Isso porque, o conceito deste neurodireito foi trazido por Yuste e Goering (2017), dentro do escopo das quatro prioridades éticas para as Neurotecnologias e IA. Porém, Ienca (2021) retoma a definição atualizada de Yuste, et.al. (2021, p. 160)[32] como o <<direito de acesso justo ao aumento mental, ou a capacidade de garantir que os benefícios das melhorias na capacidade sensorial e mental por meio da neurotecnologia sejam distribuídos de forma justa na população>>, e, a partir desta definição, coloca que <<como tal, o direito ao acesso justo ao aumento mental parece ser um pré-requisito para a liberdade cognitiva no sentido positivo>>, o que justifica a posição deste neurodireito na sua taxonomia. (IENCA, 2021, P. 8)

Apesar de inspirado na formulação de Yuste sobre o direito ao acesso justo ao aumento mental, pode-se considerar que a lógica de Ienca (2021)

[32] Yuste, R., Genser, J., and Herrmann, S. (2021). It's Time for Neuro-Rights. *Horizons J. Int. Relat. Sustain. Dev.* 2021, 154–165.

está invertida, ou seja, a liberdade cognitiva, no seu sentido positivo, é o direito que serviria como um pré-requisito para exercício do direito de acesso ao aumento/ incrementos. Para compreender esse posicionamento, é preciso relembrar que a liberdade cognitiva foi o elemento central que desencadeou todo o debate acerca dos Neurodireitos até chegarmos ao atual "estado da arte", que ainda está longe de se considerar assentado/ fixado. Para muitos autores citados neste trabalho (Boire, Sententia, Bublitz, Merkel, Farahany), a liberdade ou autodeterminação cognitiva constitui um direito fundamental (que originou os neurodireitos), ou como afirma Sententia (2004, p. 227) <<o substrato necessário para o exercício de qualquer outra liberdade>>, e não o contrário como sugere Ienca.

Além disso, a definição elaborada por Yuste, et.al. (2021, p. 160) não se resume ao simples direito de acesso aos aumentos/incrementos, mas condiciona a *garantir* que os benefícios das melhorias na capacidade sensorial e mental por meio da neurotecnologia *sejam distribuídos de forma justa na população.* Fazendo um exercício de extrapolação da intenção de Yuste ao impor esta condição, seria um enorme passo para humanidade se, através dos avanços das tecnologias, fossem distribuídos incrementos de aumento das capacidades e habilidades, ou mesmo, aplicações para curar, melhorar e prolongar a vida de toda a população mundial ao mesmo tempo, se isso fosse possível. Mas, nesse caso, o Estado deveria arcar com esta obrigação de distribuição justa de incrementos? Um novo direito que se pretende criar, precisa ser viável, factível e efetivo. E estabelecer a condição de garantir uma distribuição de forma justa na população não parece ser uma tarefa fácil, tampouco, realista, nesta formulação, e sim uma maneira de restringir, ao impor uma condicionante pouco factível, por mais que esteja apoiada em uma finalidade ético-axiológica de maximização da justiça social. Ademais, seria preciso definir aprioristicamente o significa "uma distribuição de forma justa pela população", pois as aplicações das neurotecnologias, IA e NBICs podem ser utilizadas tanto no campo clínico/saúde, quanto no extraclínico.

Aparentemente, em relação às aplicações para área da saúde, essa tarefa parece ser mais atingível, mas também não seria simples, por exemplo: 'n' pessoas necessitam de uma cura para uma doença neuronal específica mortal, e uma neurotecnologia muito eficaz para a cura foi desenvolvida, testada e está pronta para uso em humanos; ainda sim existem limites, quanto ao custo, à produção, à distribuição em escala, ao acesso, à ordem (pois as pessoas não teriam acesso todas ao mesmo tempo), etc. Ou seja, mesmo na área médica, tal "condição" para o acesso é um desafio e depende de uma série de limitações, critérios, meios e prioridades para uma distribuição de forma justa. Contudo, diferentemente das pessoas que necessitam do acesso às neurotecnologias para fins de saúde, as pessoas saudáveis/empresas/militares têm interesse em utilizar as neurotecnologias de aumento das capacidades e habilidades para fins diversos, e os desenvolvedores têm interesse em comercializá-las, conforme já foi exposto. Então cabe a pergunta: o que seria uma distribuição justa para essas outras finalidades? Além disso, o desenvolvimento tecnológico caminha com pernas próprias e a passos largos. Esse é a realidade. E como juristas precisamos lidar com ela orientados pela Justiça. Como seria possível atender a esta condição de "garantir uma distribuição de forma justa para a população" nesse contexto?

Para tentar responder, faremos uso da lição proferida pelo Professor Pedro Pais Vasconcelos sobre a Natureza das coisas[33]. Ele coloca que, cada vez mais, tem se aproximado desta teoria, posicionada entre o positivismo e o jusnaturalismo, como uma terceira via, que tem um sentido comum de recusa ao Estado Legislador do monopólio da produção do Direito e determinante do seu conteúdo, e também, pela recusa de um conteúdo substancial material imutável e inescapável que negasse às pessoas a autoria da determinação do Direito e da sua concretização (VASCONCELOS, 2016, P. 6). Para explicar, o autor elenca os elementos que limitam, influenciam e condicionam o Direito:

Os *enthia physica* são as realidades do mundo físico, como diz a expressão, com que o homem contacta e que o envolvem, que o condicionam e que o limitam. São as coisas, as pedras, os rios, as aves, as forças da natureza, (...) cósmicas, etc. Os *enthia moralia* são as realidades morais e culturais em que as pessoas vivem, os usos, os costumes e as ideologias, as maneiras de viver, as religiões, as éticas e as morais, as estéticas, as ciências, a memória e a história, etc. Tanto os *enthia physica* como os *enthia moralia* limitam, influenciam e condicionam a ação humana na vida. O Direito, como

[33] Vasconcelos, P.P. de (2016) Última Lição proferida na Faculdade de Direito da Universidade de Lisboa, no dia 23 de maio de 2016, tendo como tema *"A Natureza das Coisas"*. Em: https://www.paisdevasconcelos.com/ultima-licao.

disciplina ética que é, realiza-se em comportamentos e ações humanas e, por isso, é também limitado, influenciado e condicionado pelos *enthia physica* e pelos *enthia moralia* que constituem a Natureza das Coisas. Esta é a consequência trivial da verdade nada trivial de que o Direito só rege sobre pessoas e só pode o que as pessoas puderem. (VASCONCELOS, 2016, P. 9)

Para operacionalizar este método, Vasconcelos (2016, p. 11-12) propõe pôr em contato o *ser* e o *dever ser* mediado pela Natureza das Coisas, tanto ao nível da criação das normas (legislação), quanto ao nível da sua aplicação aos factos (concretização). Ao nível da legislação, identifica-se os princípios e valores ético-jurídicos que preenchem o *dever ser* com a facticidade hipoteticamente possível e com recurso à intervenção determinante da Natureza das Coisas. Conforme assinala o autor, enquanto o valor ético-jurídico se colhe na cultura e na moral, a possibilidade fáctica decorre da história, da memória e da experiência da vida. Ou seja, em ambos os casos são considerados os *enthia moralia*. Já os *enthia physica* são muitas vezes impositivos, como o caso das pessoas com problemas, doenças ou limitações neuronais, que são físicas (*enthia* physica), e que necessitam de tratamento (*enthia moralia*). Ao nível da interpretação da lei e da sua aplicação ao caso concreto, a Natureza das Coisas, da mesma forma, intervém mediando os elementos que limitam, influenciam e condicionam o Direito, bem como em conformidade com o que o artigo 9º do Código Civil determina <<na reconstituição do pensamento legislativo a partir do texto, na tomada em consideração da unidade do sistema jurídico, das circunstâncias em que a lei foi elaborada e as condições específicas do tempo em que é aplicada>> (Vasconcelos, 2016, p. 13). Portanto, a via pela da Natureza das coisas, segundo o autor é contribuir para aproximar a vida jurídica do dia a dia da justiça: <<para aproximar pouco a pouco, mas com persistência – o ser como é do ser como deve ser, isto é, da Justiça concreta>> (Vasconcelos, 2016, p. 21).

Retornando ao questionamento da possibilidade de atender à condição de "garantir a distribuição de forma justa para a população", teriam de ser considerados os usos para fins clínicos e fins extraclínicos diversos. Para elaborar um direito único, neste contexto, identificando os princípios e valores ético-jurídicos que preencham o dever ser com a facticidade hipoteticamente possível, aqui se propõe, no mesmo sentido de maximização da justiça social, a *retirada desta condição* na formulação do novo neurodireito ao acesso às tecnologias e aplicações para neuromelhoramentos, aumentos ou incrementos. Pois, ter uma *distribuição equitativa como um fim* ou meta, que seria um ideal a ser atingido, *seria a forma mais adequada nesta formulação*, e não a colocar como uma condição, pois não atende o critério da facticidade hipoteticamente possível. Além disso, são duas situações diferentes que exigem condições específicas ao nível de regulamentação diferentes, ou seja, finalidades diversas que devem ser reguladas de forma justa, mas independentes. Ao direito cabe encontrar um caminho no sentido da justiça/equidade que garanta: o acesso para aqueles que necessitam; a liberdade de acesso às aplicações fora no campo clínico de forma segura e democratizada; e possibilitar o desenvolvimento tecnológico em ambos os sentidos (já em curso na realidade histórica).

O direito fundamental à saúde, já possui amplo respaldo no âmbito internacional[34] e normativas próprias em cada país. Com advento dos avanços das neurotecnologias, IA e NBICs para aplicação nesta área, poderiam ser adaptadas normas que, para além de garantir o acesso aos que necessitam, possam estabelecer prioridades de investimento, proteger as pessoas contra os riscos e violações decorrentes dessas tecnologias (complementadas por outros direitos ou neurodireitos), e criar maiores incentivos no desenvolvimento tecnológico na área da saúde (benefícios fiscais, investimentos, etc.). Já no segundo caso, nas aplicações extraclínicas, como existem usos e finalidades diversas, aqui se argumenta que deve ser reconhecida, à priori, a autodeterminação/ liberdade cognitiva como direito fundamental, o que, na sua vertente positiva, permitiria o livre exercício do direito ao acesso aos aumentos/incrementos, conforme justificado anteriormente. Para depois se estabelecer critérios de acesso, restrições e permissões quanto aos seus diversos usos, criando mecanismos de proteção adequados (dentro de um sistema de neurodireitos) e buscando guiar esse desenvolvimento em benefício da sociedade. Cabe

[34] Em 1948, com a criação da OMS pela ONU e art.º 25º da DUDH; no Pacto Internacional sobre os Direitos Económicos, Sociais e Culturais (PIDESC), em 1966, art.º 12º com diretrizes gerais e também no art.º 15º o direito "a beneficiar do progresso científico e das suas aplicações" e a obrigação de conservar, desenvolver e difundir a ciência e a pesquisa científica, em conjunto com o Comentário Geral nº14, um texto interpretativo adotado em maio de 2000; art.º 11º da Carta Social Europeia de 1961, que foi revista em 1996; art.º 10º do Protocolo Adicional à Convenção Americana sobre Direitos Humanos em Matéria de Direitos, Sociais e Culturais de 1988; e o art.º 16º da Carta Africana dos Direitos Humanos e dos Povos, de 1981, entre outros.

destacar que esta questão deve ser tratada com certa urgência, pois já existem tecnologias nesse âmbito a serem publicizadas, comercializadas e utilizadas, que estão sendo relegadas à autorregulação e à ausência de controlo.

4. O reconhecimento da liberdade cognitiva como fundamento para um sistema de neurodireitos

O Chile, numa parceria (do Senado, da *Pontificia Universidad Católica* e Ministério da Ciência chilenos) com a *'Neurorights Foundation'*[35], deu um grande passo ao ser o primeiro país a reconhecer Neurodireitos ao patamar de direitos fundamentais, dando prioridade à função social do desenvolvimento tecnológico e ao resguardo da integridade e privacidade cerebral. Isso foi feito por meio da Lei No. 21.383 (promulgada em 14/10/21 e publicada em 25/10/21), que alterou o artigo 19, n.º 1, de sua Constituição, e que agora possui a seguinte redação:

> El desarrollo científico y tecnológico estará al servicio de las personas y se llevará a cabo con respeto a la vida y a la integridad física y psíquica. La ley regulará los requisitos, condiciones y restricciones para su utilización en las personas, debiendo resguardar especialmente la actividad cerebral, así como la información proveniente de ella.

Rafael Yuste é um dos fundadores da *'Neurorights Foundation'*[36], que tem como missão a proteção ao nível dos direitos humanos contra o potencial uso indevido ou abuso da neurotecnologia, com foco em cinco neurodireitos específicos identificados como os mais críticos a serem incorporados aos direitos humanos, estruturas jurídicas e regulatórias nacionais e diretrizes éticas. São eles: privacidade mental, identidade pessoal, livre-arbítrio, acesso justo ao aprimoramento mental e proteção contra vieses. Nenhuma menção à liberdade cognitiva (que pode ser interpretada como o livre-arbítrio, porém não são a mesma coisa), ou à integridade mental/neural, ou à continuidade psicológica (que pode ser associada a identidade pessoal, mas também difere), conforme a formulação de neurodireitos de Ienca e Andorno. Ou seja, dentre os precursores dos neurodireitos e

[35] Em: https://neurorightsfoundation.org/chile.

[36] Em: https://plum-conch-dwsc.squarespace.com/mission

mais influentes especialistas nesta área, que são Ienca e Andorno[37] que cunharam o termo 'neurodireitos', e Yuste, que lidera uma força-tarefa de ética em neurotecnologia, de acordo com García-López et. al. (2021, p.2)[38] *<<among all the neurorights, the only one in which Ienca&Andorno and Yuste fully agree is mental privacy>>*, o que pode dificultar na construção de um sistema de neurodireitos realmente protetivo, num tema de importância global, pois, conforme Ienca e Andorno (2017b, p. 3) apontam, as possibilidades e riscos *<<opened up by neurotechnological developments and their application to various aspects of human life will force a reconceptualization of certain human rights, or even the creation of new rights to protect people from potential harm>>*.

Dessa forma, os Neurodireitos, como um tema ainda considerado emergente, precisa ser harmonizado, pois a inconsistência terminológica dificulta a formulação normativa, o que é necessário para estabelecer um patamar mínimo e padronizado a nível internacional. Ou seja, um patamar que permita delinear as estruturas ético-legais com os componentes essenciais e complementares que devem estar incluídos em um sistema de Neurodireitos. Devido às incompatibilidades de definições e abordagens, foi observada a necessidade de uma revisão sistemática do que constituiria um sistema de Neurodireitos e de estabelecer um *core* para a construção de um sistema universalmente aceite. Para então, a partir disso, possibilitar a adoção e adaptação pelos diversos ordenamentos, a criação de estruturas de cooperação, de autoridades, de meios e procedimentos envolvidos para

[37] *Marcelo Ienca is an appointed member of the Organization for Economic Co-operation and Development's (OECD) Steering Committee on Neurotechnology (and the representative of the Swiss Delegation (appointed by the Swiss State Secretariat for Education, Research and Innovation, SERI) In: https://www.oecd.org/science/recommendation-on-responsible-innovation-in-neurotechnology.htm. Dr. Ienca has written reports for the OECD, the Council of Europe, and the European Parliament's Panel for the Future of Science and Technology. He is a Member of the Board of Directors of the Italian Neuroethics Society (SINe) and a member of the Editorial Board of several academic journals such as Neuroethics, Bioethica Forum, Frontiers in Neuroergonomics and Frontiers in Genetics.* In: https://people.epfl.ch/marcello.ienca/?lang=en. *Roberto Andorno is a PhD Coordinator of the Program in Biomedical Ethics and Law at the Institute of Biomedical Ethics and History of Medicine (IBME).* In: https://www.ibme.uzh.ch/en/Biomedical-Ethics/Team/Research-Fellows/Roberto-Andorno.html.

[38] García-López E, et al (2021) Editorial: Neurorights and Mental Freedom: Emerging Challenges to Debates on Human Dignity and Neurotechnologies. *Frontiers in Human Neuroscience.* 15:823570. doi: 10.3389/fnhum.2021.823570.

a proteção do domínio mental e neural, para se chegar ao estabelecimento de um sistema de direitos capaz de responder aos potenciais riscos, usos indevidos e abusos na utilização das neurotecnologias, IA e NBICs[39].

Ou seja, especialmente para elaboração de um marco regulatório a nível internacional, deve ser encontrado um *Grundnorm*, como um patamar mínimo que assegure os neurodireitos, de forma objetiva, suficientemente protetiva e genérica, para abranger o máximo dos casos possíveis e para que possam ser adaptados de acordo com as especificidades de cada país e com as realidades de cada ordenamento. Nesse sentido, utilizando os mesmos argumentos de Yuste (2017, p. 162), impor condicionantes, limitações e proibições muito rígidas não vai impedir que as neurotecnologias de aumento sejam desenvolvidas ou utilizadas, e ainda as empurrará para clandestinidade. Por este motivo, o caminho que este trabalho propõe é justamente retornar às origens dos Neurodireitos, estabelecendo um elemento central ou *core*, para a partir daí caminhar em direção ao patamar mínimo, essencial e padronizado do que deve constituir um sistema de Neurodireitos efetivamente protetivo. E o elemento central que se propõe aqui é o reconhecimento da liberdade ou autodeterminação cognitiva, por uma série de razões que se passa a expor.

Primeiramente, toda a formulação dos neurodireitos tem como premissa os avanços das neurotecnologias, nas quais, algumas ainda serão e outras já estão a ser utilizadas, associadas às preocupações (em relação à proteção da privacidade, integridade, identidade, etc.) que decorrem dos seus usos. Por este motivo, conforme abordado no primeiro capítulo, Sententia (2004), ao analisar o relatório dos proponentes da convergência NBIC feito há mais de 20 anos, já considerava o poder que agora, e cada vez mais, existe para monitorar e manipular a função cognitiva e, assim, apresentou a liberdade cognitiva como uma atualização conceitual da liberdade de pensamento.

Em segundo lugar, cronologicamente, tanto em relação ao debate sobre neurodireitos, quanto em relação a outros direitos fundamentais amplamente reconhecidos (como liberdade de pensamento, de consciência, *free will* – ou com o que Yuste define como capacidade de agência), de acordo

[39] Também deve se considerar não só as neurotecnologias em si, mas todo o conjunto de tecnologias que podem ser utilizadas para acessar, manipular, alterar, contornar defesas racionais, ou provocar danos nas capacidades mentais e neurais.

com o que pontua Ienca (2021, p.4), << a liberdade cognitiva é cronologicamente antecedente a qualquer outra liberdade>>, pois a cognição ao nível neural e mental é o que permite a formulação do pensamento e a retenção do conhecimento, ou seja, protege a esfera do pensamento antes mesmo de ele ocorrer ou antes de qualquer exteriorização/ manifestação do pensamento por meio da fala, da escrita ou do comportamento. Por este motivo, os proponentes da teoria da liberdade cognitiva << sugerem considerá-la um direito humano fundamental, bem como um princípio jurídico central que orienta a regulamentação das neurotecnologias>> (Ienca, 2017b, p.10). Dentre eles, está Sententia que a considera como *o substrato essencial para o exercício de qualquer outra Liberdade*, pelo fato de ser um processo anterior que ocorre dentro do cérebro, responsável por processar os estímulos (internos e externos) e informações a nível sensorial, interpretar, reagir, reter, tomar consciência, para depois formular um pensamento e externalizá-lo ou não. E a preocupação é justamente o potencial que existe na manipulação desses processos (que podem ser automáticos – como reações a estímulos, inconscientes, conscientes, e que ocorrem dentro do, a partir do, ou ligados ao cérebro) pelo uso das tecnologias.

Além disso, a autodeterminação ou liberdade cognitiva é um conceito multidimensional, mas que, apesar disso, de acordo com Ienca (2021, p. 6-7) existe um *consenso* de que ela implica a liberdade autônoma e desimpedida de uma pessoa ter o poder de controlar e o direito de resguardar sobre sua própria mente. Segundo Bublitz (2013, p. 252)[40], esse direito compreende dois princípios fundamentais intimamente relacionados:

[40] Bublitz (2013, p. 252): Just as any other right, cognitive liberty has several dimensions: First, the liberty to change one's mind, permitting to attain or discard any mental state and exercise one's mental capabilities. It also comprises the choice of whether and by which means to change one's mind, i.e. it entails a prima facie permission to use mind-altering tools like NEs (Neuro-Enhancements) as well as to refuse them. Secondly, it protects against interventions into other minds to preserve mental integrity. Moreover, the right protects against other interferences with mental self-determination, most notably "mental duties" such as prohibitions of having particular mind-states (e.g. Orwellian thought crimes).18 Therefore, both prohibitions of NE as well as mandatory NE constitute interferences with cognitive liberty. These interrelated but not identical dimensions pertain primarily to the negative freedom from interferences and stipulate duties on others to refrain from mindchanging interventions. But thirdly, there is even a positive side that obliges states to promote cognitive liberty.

(a) no sentido positivo, é o direito dos indivíduos de usar livremente as tecnologias emergentes de aumento/ incremento com a finalidade de obter benefícios lícitos e seguros para sua própria melhoria; (b) no sentido negativo, engloba toda a proteção de indivíduos contra o acesso, intervenções e alterações não consentidas e o uso coercitivo, manipulativo de tais tecnologias por outros agentes; e, a partir disso, (c) o autor advoga pela obrigatoriedade ético-legal de promoção desta liberdade. Neste sentido, para Bubblitz, os usos das tecnologias pela liberdade no sentido positivo seriam destinados a *'Neuro-Enhancements'*, ou seja, somente para melhoramentos.

Porém há possibilidades de utilização dessas tecnologias para rebaixar ou afetar negativamente as capacidades ou qualidades cognitivas[41], portanto, deve haver restrições ao acesso e à utilização de determinadas tecnologias (como as que são desenvolvidas para fins militares, por exemplo), com critérios mais rigorosos para o consentimento, e o estabelecimento de uma esfera de proteção tal, que garanta o exercício desta liberdade de forma a adaptá-la ao sistema de direitos existente, que deve ser atualizado frente a essa nova realidade. Além disso, outras interpretações desta liberdade, como a de Ienca e Vayena (2018)[42] propõem uma abordagem mais ampla que independe do meio utilizado (não só via neurotecnologia, mas por IA, NBIC, mas também média, manipulação online, etc.) e que também engloba alterações de estados mentais induzidas de maneira não-intencional (podendo resultar em aumento, diminuição ou nenhuma mudança permanente, mas causar prejuízos e decisões impróprias), ou seja, de acordo com Ienca (2021, p. 5) <<embora haja um acordo geral sobre as premissas básicas da liberdade cognitiva, há um certo desacordo com relação ao seu domínio de aplicação>>. Já White e Gonsalves (2021, p. 40)[43] vão além, e propõem uma reinterpretação

[41] Tais como neuro-drogas, neuro-armas, alucinógenos, efeitos paralisantes, apagar ou incluir memórias, reprogramações, etc.

[42] Ienca, M., Vayena, E. (2018) Cambridge Analytica and Online Manipulation. *Scientific American*. Basingstoke: Springer Nature.

[43] White, T.L. and Gonsalves, M.A. (2021), Dignity neuroscience: universal rights are rooted in human brain science. Ann. N.Y. Acad. Sci., 1505: 40-54. https://doi.org/10.1111/nyas.14670. *We further propose these rights and protections are rooted in fundamental properties of the human brain. We provide a robust, empirical foundation for universal rights based on emerging work in human brain science that we term dignity neuroscience. Dignity neuroscience provides an empirical*

completa dos direitos humanos apoiados nas ciências do cérebro, com base no que cunharam como '*dignity neuroscience*'.

Aqui, se propõe manter o critério da facticidade hipoteticamente possível e dos princípios e valores ético-jurídicos que preenchem o *dever ser* na formulação de um conceito central que sirva de base para um sistema de neurodireitos, e assim, se propõe a desconsiderar os dissensos e alargamentos e trabalhar com o consenso básico. Para Bublitz's (2013), considerando a realidade de intervenções na mente fora do contexto clínico, <<deveria instar a lei a reconhecer a liberdade cognitiva como um direito humano básico que *garanta a soberania de um indivíduo sobre sua mente*>>. Além disso, conforme aponta Ienca e Andorno (2017b, p. 11):

> Sendo o substrato de todas as outras liberdades, a liberdade cognitiva não pode ser reduzida a direitos existentes, portanto, é imune ao risco de inflação de direitos. Além disso, uma vez que a esfera cognitiva, embora em várias formas e graus, é inerente a todos os seres humanos, a liberdade cognitiva é consistente com uma definição de direitos humanos como direitos fundamentais inalienáveis "aos quais uma pessoa tem direito inerente simplesmente porque ela ou ele é um ser humano" (Sepuldeva, Van Banning e van Genugten 2004), independentemente de sua nação, localização, idioma, religião, origem étnica ou qualquer outro status. Consequentemente, sua integração na estrutura dos direitos humanos permitiria a proteção de características constitutivas dos seres humanos que não estão sendo totalmente protegidas pelos direitos existentes.

No mesmo sentido, é o entendimento de Sommaggio e Mazzocca (2020, p. 118)[44] que investigaram especificamente a relação entre direitos humanos e liberdade cognitiva e concluíram que a noção de liberdade cognitiva contém as bases que servem de <<pré-requisito para todos os outros direitos neuro-protetivos>>, e que, em decorrência das mudanças trazidas pelas tecnologias, <<nosso conselho é introduzir uma Declaração Internacional de Neurodireitos Humanos totalmente nova>>. Como a liberdade cognitiva é considerada por muitos autores como precursora dos neurodireitos e também seu fundamento, e, como demonstrado,

foundation to support and foster human dignity, universal rights, and their active furtherance by individuals, nations, and international law.

[44] Sommaggio, P., Mazzocca, M. (2020). Cognitive Liberty and Human Rights. In: D'Aloia, A., Errigo, M.C. (eds) Neuroscience and Law. Springer, Cham. https://doi.org/10.1007/978-3-030-38840-9_6

cronologicamente anterior a outras liberdades e seu substrato, considerá-la um "direito humano fundamental" ou "um princípio jurídico central" que orienta a regulamentação das neurotecnologias (e demais tecnologias e meios que podem afetar o domínio mental) é o caminho mais acertado e lógico, para elaborar novos direitos, diretrizes e terminologias consistentes, e para a formulação de um sistema normativo de forma harmonizada. Conjugando os argumentos supracitados, conclui-se que é preciso reconhecer a autodeterminação ou liberdade cognitiva como um *Grundnorm*, que seria o elemento base para um sistema de neurodireitos universalmente aceite.

Conclusões

Conforme visto anteriormente, a digitalização da vida e a imensa geração de dados produzidos, coletados e utilizados associados aos progressos no campo da neurotecnologia, IA e NBIC, fornece múltiplas oportunidades que podem ser revertidas em benefício da sociedade, principalmente na área da saúde, mas também para fornecer ferramentas de uso individual e/ou coletivo, em diversas outras áreas (comercial, entretenimento, segurança, governança, economia, justiça, militar, indústria, mercado de trabalho, etc.), através das tecnologias para incrementos/melhoramentos neuro-cognitivos e aumento das habilidades humanas em pessoas saudáveis como: dispositivos controlados pelo cérebro; automonitoramento; aumento das capacidades cognitivas, sensoriais, motoras, memória e aprendizagem; diagnósticos prévios para prevenção de doenças; prolongamento da vida e melhorias na performance em diversas atividades.

Esse deslocamento para aplicações extraclínicas abre uma série de questões, pois os potenciais benefícios vêm acompanhado de potenciais riscos de utilização dessas tecnologias para fins ilícitos ou prejudiciais aos utilizadores e ao conjunto da sociedade. Conforme visto anteriormente, o curso das discussões sobre como essa revolução tecnológica tem impactado e moldado cada vez mais nossas vidas. O que trouxe à tona a necessidade de reforçar o sistema de garantias e direitos para fazer frente às novas ameaças e evitar possíveis danos, violações e manipulações para os indivíduos, bem como o aumento da vigilância, controle social e *weaponization*/armamento desses instrumentos, por atores Estaduais e privados, o que tem sido demasiadamente relegado à autorregulação e a um grau reduzido de controle/ fiscalização.

Para analisar essas questões, no curso deste trabalho, foi feito todo o percurso evolutivo dos debates acerca dos Neurodireitos levando em consideração as propostas mais influentes e convergentes em termos ético-normativos e em termos de direitos humanos e fundamentais, tanto para demonstrar a relevância global que abrange este tema, quanto para alertar para a necessidade de atualização do Direito para se adaptar a nova realidade que afeta tanto a geração atual quanto as futuras.

Neste sentido, foram demonstradas algumas inconsistências e críticas nas construções realizadas por autores influentes tanto na produção científica quanto em atuação política, que advogam pelo reconhecimento dos Neurodireitos e evidenciada a necessidade de superação das incompatibilidades de definições e abordagens, que atrapalham na construção de um caminho viável tanto para a proteção do domínio mental quanto para a regulação das tecnologias de aumento.

Dessa forma, foi observada a necessidade de uma revisão sistemática do que constituiria um sistema de Neurodireitos e de estabelecer um *core* para a construção de um sistema universalmente aceite, através de um "retorno às origens" da conceptualização dos Neurodireitos, situando a *Liberdade ou Autodeterminação Cognitiva* como elemento central desta proposta sistémica, o que, pode permitir, na hipótese de se atingir a superação das divergências previamente abordadas, a construção de uma esfera realmente protetiva e capacitante do exercício de direitos e liberdades de forma segura, consciente, democrática e em benefício da sociedade.

A partir dessa base conceitual é possível aproximar o *ser como é* do *ser como deve ser*, para estabelecer um patamar mínimo essencial e padronizado, e, a partir disso, reconhecer, sistematizar e instrumentalizar os Neurodireitos. Este caminho é possível de ser trilhado, orientado pela justiça, levando em consideração todos os limites, influências e condicionamentos na sua formulação, para garantir o acesso aos melhoramentos na área da saúde para aqueles que necessitam, o acesso às aplicações fora no campo clínico (conforme finalidades lícitas e em benefício da sociedade) e possibilitar o desenvolvimento tecnológico em ambos os sentidos; bem como garantir um nível de proteção adequado ao domínio mental e neural (privacidade, integridade, proteção contra vieses, preservar a identidade, capacidade de agencia e continuidade psicológica), formando um conjunto harmónico de neurodireitos onde todos se complementam.

Referências

Ataíde, R. P. C. M. (2011). Poder paternal, direitos da personalidade e responsabilidade civil. A vigência dos direitos fundamentais na ordem jurídica privada. *Direito E Justiça,* 3ª Ed Especial, 337-409 https://doi.org/10.34632/direitoejustica.2011.11456.

Belenguer, L. (2022). AI bias: exploring discriminatory algorithmic decision-making models and the application of possible machine-centric solutions adapted from the pharmaceutical industry. *AI Ethics* 2, 771–787. https://doi.org/10.1007/s43681-022-00138-8.

Bezzerra Júnior, L.M.H. (2018). *Direito ao Esquecimento*: a justa medida entre a liberdade informativa e os direitos da personalidade. São Paulo: Saraiva Educação.

Bublitz, J.C., Merkel, R. (2009). Autonomy and authenticity of enhanced personality traits. *Bioethics, 23(6)*, 360–374. https://doi.org/10.1111/j.1467-8519.2009.01725.x

Bublitz, J. C. (2013). My Mind Is Mine!? Cognitive Liberty as a Legal Concept. In: Hildt, E., Franke, A. (eds) *Cognitive Enhancement. Trends in Augmentation of Human Performance,* vol 1. Springer 2013, Chapter 19, 233-264 Springer, Dordrecht. https://doi.org/10.1007/978-94-007-6253-4_19

Bublitz, J.C., Merkel, R. (2014). Crimes Against Minds: On Mental Manipulations, Harms and a Human Right to Mental Self-Determination. *Criminal Law, Philosophy 8*, 51–77. https://doi.org/10.1007/s11572-012-9172-y

Capelo de Sousa, R. V. A. (1995). *O Direito Geral de Personalidade.* Coimbra: Editora Coimbra.

Crawford, K., Calo, R. (2016). There is a blind spot in AI research. *Nature 538*, 311–313. https://doi.org/10.1038/538311a.

Cunha, P. F. (1991). *Pensar o Direito.* II. Da Modernidade à Postmodernidade. Almedina, Coimbra.

Datta, A., et. al. (2015). Automated Experiments on Ad Privacy Settings. *Proceedings on Privacy Enhancing Technologies 2015*; 2015 (1):92–112. https://doi.org/10.1515/popets-2015-0007

Farahany, N. A. (2012). Incriminating thoughts. *Stanford Law Review*. 351-408. In: https://scholarship.law.duke.edu/faculty_scholarship/2651

García-López, E., et al (2021). Editorial: Neurorights and Mental Freedom: Emerging Challenges to Debates on Human Dignity and Neurotechnologies. *Frontiers in Human Neuroscience.* 15:823570. doi: 10.3389/fnhum.2021.823570.

Ienca, M., Andorno, R. (2017a). A New Category of Human Rights:Neurorights. *Research in Progress* [Online]. Available Online at: from:http://blogs.biomedcentral.com/bmcblog/2017/04/26/new-category-humanrights-neurorights/.

Ienca, M., Andorno, R. (2017b). Towards new human rights in the age of neuroscience and neurotechnology. *Life Sci Soc Policy* **13**, 5 (2017). https://doi.org/10.1186/s40504-017-0050-1

Ienca, M., Vayena, E. (2018). Cambridge Analytica and Online Manipulation. *Scientific American*. Basingstoke: Springer Nature

Ienca, M. (2021). On Neurorights. Frontiers in Human Neuroscience. 15:701258. doi: 10.3389/fnhum.2021.701258

Klein E., et al. (2016). Brain-computer interface-based control of closed-loop brain stimulation: attitudes and ethical considerations, *Brain-Computer Interfaces,* 3:3, 140-148, DOI: 10.1080/2326263X.2016.1207497.

Pinto, P.M., et al (2012). *Teoria Geral do Direito Civil.* Reimp. 4.a ed., Coimbra: Coimbra Editora. 688p.

Reardon, S. (2015). US science academies take on human-genome editing. *Nature.* https://doi.org/10.1038/nature.2015.17581

Sarlet, I.W, Ferreira Neto, A.M. (2019). *O Direito ao "esquecimento" na sociedade de informação.* Porto Alegre: Editora Livraria do Advogado, 2019.

Schmidt Neto, A. P., Facchini Neto, E. (2018). Ensaio Jurídico Sobre a Racionalidade Humana: Maiores, Capazes e Irracionais. *Revista Brasileira de Políticas Públicas nº 8.* Doi:10.5102/rbpp.v8i2.5313.

Sommaggio, P., Mazzocca, M. (2020). Cognitive Liberty and Human Rights. In: D'Aloia, A., Errigo, M.C. (eds) Neuroscience and Law. Springer, Cham. https://doi.org/10.1007/978-3-030-38840-9_6.

Sousa S.A. (2017). *Neurociências e Direito Penal: em busca da "verdade" perdida (na mente)? Nótulas à margem do "Caso Ricla", Série Vulnerabilidade e Direito,* Instituto Jurídico Faculdade de Direito da Universidade de Coimbra. Em: https://www.uc.pt/site/assets/files/435430/direitonumahora2_neurocie_ncias_e_direito_penal.pdf.

Suguimatsu, G.S. (2020). *Tecnologias de Reconhecimento Facial em Relação ao Direito Fundamental à privacidade.* Dissertação Mestrado em Segurança da Informação e Direito no Ciberespaço, Faculdade de Direito, Univ. de Lisboa.

Vasconcelos, P.P.de, (2014). Direito de Personalidade. Coimbra: Almedina. 188p.

Vasconcelos, P.P. de (2016). Última Lição proferida na Faculdade de Direito da Universidade de Lisboa, no dia 23 de maio de 2016, tendo como tema *"A Natureza das Coisas"*. Em: https://www.paisdevasconcelos.com/ultima-licao.

White, T.L. and Gonsalves, M.A. (2021), Dignity neuroscience: universal rights are rooted in human brain science. Ann. N.Y. Acad. Sci., 1505: 40-54. https://doi.org/10.1111/nyas.14670

Yuste, R., et. al. (2021). It's Time for Neuro-Rights. *Horizons J. Int. Relat. Sustain. Dev.* 2021, 154–165.

Yuste, R., Goering, S., *et. al.* (2017). Four ethical priorities for neurotechnologies and AI. *Nature* **551**, 159–163. https://doi.org/10.1038/551159a.

21. O IMPACTO DA INTELIGÊNCIA ARTIFICIAL NOS DIREITOS HUMANOS

Simone Maciel Sacchetto

Introdução

Ao que parece, o mundo está em alerta e os olhos se voltam para um problema, onde as ferramentas de inteligência artificial – IA estão sendo desenvolvidas tão rapidamente que o mundo privado nem tampouco os órgãos governamentais tiveram tempo para considerar as possíveis armadilhas dessas novas tecnologias deslumbrantes.

Recentemente, Estados Unidos e União Europeia lançaram, ao mesmo tempo, a ideia de que é preciso enfrentar juridicamente essas aplicações enquanto ainda se pode ter algum nível de controle. Diversos países estão seguindo a mesma trajetória, mesmo que ainda engatinhando no tema, como o Brasil.[1]

O gesto é ainda mais significativo por ser os EUA um dos países que mais investem nessa área: só em 2021 foram mais de US$ 110 bilhões em financiamento privado no setor, frente aos US$12 bilhões da União Europeia[2].

[1] No Brasil, a discussão sobre a regulamentação da IA ainda está em seus primeiros passos. É de 2020 a proposta do PL 21/2020 de autoria do deputado Eduardo Bismarck, que pretende estabelecer um marco legal do desenvolvimento e uso da inteligência artificial. O projeto encontra-se em discursão no Congresso Nacional. Entretanto, o processo ainda precisa de amadurecimento, especial da colaboração de especialistas no tema, para que o projeto fique mais robusto e adequado aos desafios que se propõe.

[2] https://oecd.ai/en/data?selectedArea=investments-in-ai-and-data&selectedVisualization=vc-investments-in-ai-by-country

As novidades são tantas que a cada vez que se coloca no buscador de pesquisa – nosso IA predileto – o termo, atualiza-se uma nova descoberta e esses não param de nos surpreender com suas habilidades que assustam os mais diversos atores sociais, em especial quando parece que o humano vai se tornando desnecessário.

As atuações são as mais diversas, já podem advogar[3] e até escrever *papers*[4] como esse. Os aplicativos estão cheias de propostas para criar fotos e vídeos, até mesmo falsos com base em tecnologias *deep fake*, sendo possível adulterar a voz humana para fazer parecer que disse algo que nunca disse.

O cenário destas ferramentas, em sua maioria, é cativante e tem um certo aspecto divertido e amigável, ressuscitam mortos, criam universos paralelos, resolvem problemas que os humanos demorariam décadas para equacionar. Mas além da brincadeira e do fascínio, a IA nos confronta com cenários difusos e inéditos nos quais será cada vez mais difícil distinguir a verdade da mentira e separar o autêntico do falso.

Assiste razão a PEREIRA (2017) quando diz que: "criatividade e juízo são categorias diferentes. Não é por conseguir criar soluções que a máquina 'ganha juízo'. Uma solução pode ser muito criativa, e não obstante completamente desprovida de juízo".

Ferramentas como *chatbots*, técnicas de *deep fake* e outras similares permitem a criação de textos, fotos, áudios e vídeos falsos com aparência de autenticidade e facilitam o engano e a manipulação em ecossistemas digitais. Filmes estrelados por atores irreais cujos rostos foram criados por computador a partir da adição algorítmica de milhares de rostos

[3] Veja, a startup de consultoria jurídica, DoNotPay, utilizará inteligência artificial e acaba de anunciar sua IA como "o primeiro robô advogado do mundo". A tecnologia deve ser usada em um tribunal em fevereiro deste ano, para defender um possível infrator de regras de trânsito nos Estados Unidos, conforme relata o New York Post. Durante o julgamento, o réu usará um par de fones de ouvido AirPods da Apple para receber orientações em tempo real da IA. Na visão do Ceo em vídeo da startup eles estão "Ajudamos os consumidores a lutar contra as corporações e vencer a burocracia, livrando-os de multas de estacionamento e reembolsos de grandes empresas, como companhias aéreas. Nossa visão na DoNotPay é tornar a lei gratuita. Disponível em: https://olhardigital.com.br/2023/01/11/pro/ia-x-homem-advogado-robo-defendera-reu-em-julgamento-real/

[4] https://www.estadao.com.br/link/cultura-digital/chatgpt-forca-universidades-dos-eua-a-mudar/

anônimos estão sendo anunciados, e as empresas de segurança começaram a alertar sobre o uso fraudulento das vozes dos usuários do banco por cibercriminosos para manipulá-los e fingir que eles deram ordens que nunca emitiram.

Duas semanas após o início da guerra na Ucrânia, um vídeo[5] do presidente Volodimir Zelensky apareceu nos celulares de milhares de pessoas do país invadido anunciando a rendição de suas tropas e incentivando os soldados a deporem as armas. Preparado por hackers russos, o vídeo demorou algumas horas até ser marcado como falso, mas o ato dá uma medida do potencial que essas ferramentas embaraçar a população.

A irrupção da IA em nossas vidas nos expõe como nunca à falsidade e ao engano, além de nos desnudar diante de um cenário mundial virtual, nos torna mais vulneráveis e manipuláveis.

Via de regra, a IA é usada para automatizar muitas funcionalidades tradicionais realizadas por humanos, com análise preditivas sofisticadas e se expandiu para áreas-chave de tomada de decisão. Isto inclui avaliações algorítmicas em aplicativos com pontuação de crédito, recrutamento profissional, decisões judiciais etc. e este uso está cada vez mais central em muitas áreas da vida pública e privada, com potencial enorme ofensivo de afronta aos Direitos Humanos (SCHIRRU, 2021).

Sem falar, ainda, nos ataques cibernéticos, como toda esta evolução tecnológica, também está a dominar os cenários. Durante o recente Fórum Econômico Mundial, em Davos, a pesquisa Global Cybersecurity Outlook 2023 mostrou que 86% dos líderes mundiais acreditam que as próximas trincheiras serão virtuais[6].

Obviamente, há muita produção construtiva, e queremos crer que em um percentual maior que as destrutivas e irreverentes permeiam o cenário, como desenvolvimentos na área da saúde, segurança, transporte, educação e inclusive no campo da proteção de direitos humanos, com

[5] Disponível em: https://twitter.com/MikaelThalen/status/1504123674516885507?ref_src=twsrc%5Etfw%7Ctwcamp%5Etweetembed%7Ctwterm%5E1504123674516885507%7Ctwgr%5Ef6e3a9f2b8267c56f348eb9807fc56ef6f631e84%7Ctwcon%5Es1_&ref_url=https%3A%2F%2Fwww.elperiodico.com%2Fes%2Fsociedad%2F20230108%2Fdistinguir-verdad-mentira-inteligencia-artificial-80743046

[6] https://www3.weforum.org/docs/WEF_Global_Security_Outlook_Report_2023.pdf

ferramentas[7], por exemplo, que auxiliam na construção de políticas protetivas. Ficaríamos horas a descrever as inovações.

Embora a IA ainda seja nova na arena dos Direitos Humanos, as discussões sobre os pontos fortes e os desafios relacionados ao seu uso, estão se tornando cada vez mais comuns.

Sem dúvida, a IA é uma ferramenta poderosa que oferece enormes oportunidades no campo dos direitos humanos. O aprendizado de máquina pode nos ajudar a detectar padrões de corrupção para apoiar a defesa, prever a pobreza para apoiar a mudança de políticas e analisar evidências de violações dos direitos humanos para a justiça de transição.

No entanto, com essas oportunidades que esta oferece, também levanta preocupações significativas no cenário dos direitos humanos, em especial no tocante aos vieses algorítmicos, vez que têm o potencial de mudar completamente a vida dos indivíduos, além de reforçar e até acelerar as desigualdades sociais e econômicas existentes.

Ao que tudo indica, estamos diante de um dos grandes desafios das próximas décadas, em especial quando a IA pode afetar o gozo de diversos direitos e liberdades fundamentais consagrados na Declaração Universal dos Direitos Humanos, com especial destaque para ameaças o direito à igualdade e a proibição da discriminação.

A privacidade também está em risco. Com esses conjuntos gigantescos de dados disponíveis, isso significa que as pessoas estão compartilhando informações sem precedentes que prefeririam manter privadas. A vigilância em massa de câmeras, o reconhecimento facial e a coleta descontrolada de dados de mídia social tem sido usados para ameaçar as

[7] Exemplificam-se com o VFRANE – A VFRAME desenvolve e aplica tecnologias de visão computacional de ponta para pesquisa de direitos humanos e monitoramento de zonas de conflito e evidências de crimes de guerra. Fornece vídeos verificados que possam ser usados como prova de crimes de guerra. O VFRAME pode detectar objetos, como a munição RBK-250 encontrada em vídeos do conflito sírio, com até 99% de precisão a mais de 400 FPS em uma única área de trabalho. Há, ainda, o Uwazi – documentação de direitos humanos – facilita conexões entre pessoas, documentos, eventos de uma maneira que corresponda à lógica da organização investigadora. Estas ferramentas de IA estão sendo desenvolvidas para automatizar as classificações de milhares de documentos. A integração do aprendizado de máquina permitirá que as organizações de direitos humanos que possuem grandes pilhas de documentos, físicos ou digitais, os categorizem automaticamente e descubram padrões não detectados pelo olho humano.

oportunidades das pessoas, minar sua privacidade ou rastrear de forma generalizada suas atividades, muitas vezes sem seu conhecimento ou consentimento.

Uma coisa é certa, a segurança não está de forma alguma garantida. Os riscos de algumas dessas tecnologias são muito, altos suficientes para várias serem consideradas intoleráveis, devendo ser literalmente banidas e pontos de reflexão, em especial diante dos riscos existenciais do ser humano, pois, não só todos estamos em risco, como um conflito de existencial pode se apoderar do todo.

Diante destas questões complexas e de alto risco geradas, em um cenário que poucos dominam o conhecimento que pode afetar toda população mundial e exigirão cuidadosa atenção nos próximos anos, optamos motivadamente em contribuir para uma reflexão de onde queremos chegar no que toca o uso da IA e o que se quer construir com esta nova tecnologia. Pois não existe vento favorável para quem não sabe onde deseja ir[8].

Consideramos que partimos do pressuposto de que a IA é uma realidade sem volta, e é precisamente aqui que nossa análise se insere, o que acontecerá com o senso de propósito dos humanos em um mundo sem trabalho? Chegaremos a este ponto? Ao que não podemos evitar, podemos ao menos colocar limites razoáveis de aceitação, protegendo aquilo que nos é mais caro, procurando oportunidades no inevitável. Daí vem o questionamento de quais preocupações, frente aos Direitos Humanos, são geradas pela tecnologia digital. Há oportunidades também neste cenário? E, ainda, quais opções farão os entes governamentais quanto ao formato de proteção jurídica no equilíbrio entre proteção de direitos e não entrave nas descobertas para que os avanços não sejam obstruídos? E, por fim, como combater a propensão da IA de fortalecer os vieses sistêmicos evidentes nos conjuntos de dados existentes, que se mostra com um dos grandes pontos de atenção na proteção fundamental?

Uma questão que talvez se esteja a perguntar, se nem o direito nacional nem o internacional reconhecem a IA como sujeito de direito,[9] o que significa que a IA não pode ser responsabilizada pessoalmente pelos danos

[8] Já dizia o Filósofo alemão do século XIX, Arthur Schopenhauer.

[9] Sobre o ponto, interesse discussão no Livro de Mafalda Miranda Barbosa. Inteligência Artificial. Entre a utopia e a distopia, alguns problemas jurídicos, com destaque para o capítulo 2. Em defesa da personalidade jurídica eletrônica.

que causa. Naturalmente, surge uma pergunta: de quem é a responsabilidade pelos danos que vier causar as ações da IA? (CERKA; GRIGIENE; SIRBIKYT, 2021). Contudo, isto não será o objeto da presente análise, pois só há que se falar em responsabilização de algo que não se consumou, sendo nosso foco, sem pretensões de exaustividade, deambular na proteção preventiva dos Direitos da Humanidade.

1. IA na história

Quando surgiu o conceito de IA, apareceram, também, as discussões sobre se o intelecto pode ser mais do que uma característica inerente a um ser biológico, ou seja, se pode ser criado artificialmente (CERKA; GRIGIENE; SIRBIKYT, 2021). A expressão IA remonta a 1955, quando John McCarthy, Mavin Minsky, Nathan Rochester e Claude Shannon apresentam um projeto sobre as formas de abordar, nas máquinas, as faculdades cognitivas (BARBOSA, 2021).

Apesar da relutância de alguns pesquisadores em aceitar que as máquinas sejam capazes de exercer um pensamento criativo, com o surgimento de novas tecnologias utilizando-se de algoritmos e sistemas dotados de IA, o intelecto já não pode mais ser considerado como um atributo exclusivo do ser humano.[10] Embora o campo de batalha seja digital, o debate transcende o tecnológico e ao prisma do direito.

E, realmente, os sistemas de IA parecem cada vez mais capazes, mais flexíveis, mais criativos e mais rápidos, abrangendo tarefas e funções cada vez mais complexas.

Aqui importante uma diferenciação. Não se confunde IA com o conceito de *machine learning* (aprendizado de máquina que se trata de um subcampo da IA[11], com o objetivo de permitir que os computadores aprendam por conta própria. Por meio do algoritmo, o computador pode identificar padrões, construir modelos que expliquem o mundo e fazer previsões sem regras e modelos pré-programados que regem as previsões, em outras palavras, possuem a capacidade de aprender sem serem explicitamente programados.

[10] A partir deste ponto, alguns filósofos julgaram que a inteligência artificial poderia ser entendida como uma tentativa de racionalização da mente inaugurada pelo iluminismo e continuada pelos mecanismos mecânicos (BARBOSA, 2021).

[11] "Tecnicamente, ele é um subcampo da IA, mas cresceu tanto e foi tão bem-sucedido que ofuscou sua orgulhosa mãe." (DOMINGOS, 2017).

O algoritmo[12] de aprendizado de uma máquina permite identificar padrões nos dados observados, construir modelos que explicam o mundo e prever coisas sem ter regras e modelos pré-programados explícitos.[13] A dinâmica funciona com o algoritmo analisando cada novo exemplo que surge e compara-o com os antecedentes agregados de modo a descobrir os elementos comuns que possam se generalizados. E, desse modo, programe-se a si mesmo com regras que vai formulando ao desenvolver a tarefa para o qual foi ordenado. Em outras palavras, as regras são inferidas a partir dos dados analisados, e os modelos são construídos à medida que os dados são analisados (BARBOSA, 2021).

O acesso à *big data* contribuiu para a aceleração da evolução, com a disponibilidade generalizada de dados fornecidos pela internet, viabilizou o predomínio da investigação centrada em algoritmos que, acedendo a tais informações, aprendem por exemplos, gerando seu próprio conhecimento, que representam através de regras – *inducie learning.* Evolui do campo da mera dedução e passa ao cenário de garantir a dedução a partir da indução que ela mesma protagoniza. E, ainda, desenvolvem algoritmos que, acendendo à vasta quantidade de informação disponível, acumulam experiência acerca da contribuição das regras para um correto conselho que seja formulado – *problem solving learning* ou que colecionam casos numa base de dados aberta e processada em redes de alta velocidade, para resolver problemas com base na procura de um caso similar, inferindo a favor da experiência, numa lógica abdutiva – *case-based learning* (BARBOSA, 2021).

Neste cenário é que se desenvolve a evolução ao *machine learning*, o *deep learning*, onde a tecnologia que trata de camadas de dados processados em quantidade e dados gigantescos, onde os algoritmos aprendem de forma profunda e mais complexa. *Deep learning* se ajusta e realiza previsões precisas para categorizar os dados. Ele é capaz de aprender padrões a partir de dois tipos de dados: os dados não estruturados e os dados não rotulados, sendo aqueles os não organizados, como conversas em redes

[12] "Um algoritmo é uma sequência de instruções que informa ao computador o que ele deve fazer" (DOMINGOS, 2017).

[13] Machine Learning for Humans. Simple, plain-English explanations accompanied by math, code, and real-world examples. https://medium.com/machine-learning-for-humans/why-machine-learning-matters-6164faf1df12

sociais e documentos de texto e estes os com entrada desconhecida (ARAUJO, 2020).

De tal modo, cada camada é programada para filtrar um dado específico a partir do conjunto geral de dados, e, depois de cada camada detectar um dado específico, o sistema funde todas estas camadas para obter um micro e macro compreensão dos dados disponíveis (BARBOSA, 2021), e, após, descobre os padrões e, a partir disso, começa a executar tarefas repetidamente.

Referidas tecnologias podem ser enquadradas, ainda, em uma classificação mais ampla, onde tem-se a *inteligência artificial estreita* – ANI, a *artificial general intelligence* (AGI), também conhecida como strong AI e, por fim a superinteligência – ASI (ARAUJO, 2020).

A ANI, chamada ainda como "IA fraca", são inteligências com um único objetivo: armazenar um grande volume de dados e realizar tarefas complexas, de acordo com a programação. Esta classe de IA consegue fazer cálculos complexos com muita rapidez, mas não vai além disso. Já a AGI, conhecida como a "IA forte", ou "nível humano", é capaz de resolver tarefas semelhantes às realizadas pelos seres humanos. Ela aprende por meio de técnicas de *machine learning*, além de compreender e reagir a estímulos específicos. Junto disso, esse modelo pode ser aplicado a tarefas que não são executadas pela ANI (ARAUJO. 2020).

É nesta categoria que se enquadram o *marchine learning* e o *deep learnig*.

A definição de AGI é uma IA que pode executar com sucesso *qualquer tarefa intelectual que um ser humano possa*, incluindo aprender, planejar e tomar decisões sob incerteza, comunicar-se em linguagem natural, fazer piadas, manipular pessoas, negociar ações ou reprogramar em si.

E, por fim, a superinteligência – ASI. Dentre os tipos de Inteligência Artificial, ela é uma incógnita para o futuro e ainda está em estudo. No entanto, imagina-se que ela será superior à inteligência humana, capaz de tomar decisões e armazenar infinitos dados. Para além disso, os cientistas pensam que essa será muito mais abrangente. Ela poderá ser um pouco superior à mente humana e até muito mais inteligente, executando tarefas impossíveis para as pessoas (ARAUJO, 2020).

Diante disso, os debates científicos focam no desafio para a IA nos próximos 10 anos, mas é como desenvolver esta tecnologia, para que seja usada de forma ética e segura. O alerta é que, como a IA pode melhorar a si mesma, ela tem grande possibilidade de abrir um ciclo de autoaperfeiçoamento recursivo que pode levar a uma explosão de inteligência em algum período desconhecido, variando de muitas décadas a um único dia.

> *Let an ultraintelligent machine be defined as a machine that can far surpass all the intellectual activities of any man however clever. Since the design of machines is one of these intellectual activities, an ultraintelligent machine could design even better machines; there would then unquestionably be an 'intelligence explosion,' and the intelligence of man would be left far behind. Thus the first ultraintelligent machine is the last invention that man need ever make, provided that the machine is docile enough to tell us how to keep it under control.* — I.J. Good, 1965

De pensar que a primeira máquina de extrema inteligente seria a última invenção que o homem precisaria fazer, desde que a máquina seja dócil o suficiente para nos dizer como mantê-la sob controle (ARAUJO, 2020), assusta até os mais céticos.

Mas a impressão que se fica, porém, é que a IA não é tão diferente de muitos avanços anteriores, da roda ao motor de combustão. Será? A certeza é que precisamos ter nossos riscos restringidos e que este desenvolvimento e implementação tragam benefícios reais para a humanidade.

A regra das evoluções, como temos vivenciado é que não é que os trabalhadores braçais ficam desempregados e morrem de fome, mas simplesmente que eles gastam menos mão-de-obra transportando pacotes. A tecnologia nos torna mais produtivos e esse aumento de produtividade libera recursos para fazer outras coisas. Os humanos têm uma capacidade quase infinita de encontrar coisas para fazer com o nosso tempo.

Temos muito a ganhar se adequadamente utilizarmos a tecnologia DISPONÍVEL, nos dando mais tempo para tarefas menos rotineiras e mais criativas que requerem tratamento pessoal. Ganhamos em qualidade de vida, cura de doenças e infinitas coisas quem nem sabíamos que poderíamos aproveitar. A humanidade é bem mais criativa que um algoritmo.

A IA tem potencial para se tornar mais um multiplicador da experiência humana, mais uma tecnologia que nos liberta, que nos devolve o tempo. Quanto mais cedo aprendermos a usá-lo e colocá-lo a nosso serviço de forma eficaz, melhor.

Acresce que, a grande verdade é que o *machine learning* está sendo usada não porque se trata de uma tecnologia nova e arrojada apenas, mas porque não há escolha. Uma empresa, por exemplo sem *machine learning* não consegue acompanhar outra que faça uso dela. Enquanto os especialistas da primeira escrevem milhares de regras para prever o que os clientes desejam, os algoritmos as segunda aprendem bilhões de regras, um conjunto inteiro delas para cada cliente (DOMINGOS, 2017).

Como se fosse um método científico usando esteroides. Ele segue o mesmo processo de geração, teste e descarte ou refinamento de hipóteses, porém, enquanto um cientista talvez passe a vida inteira criando e testando algumas centenas de hipóteses, um sistema de *machine learning* pode fazer o mesmo em uma fração de segundo. Em outras palavras, ele automatiza a descoberta (DOMINGOS, 2017).

Na maioria dos casos, a eficiência e o potencial da IA não são claros (CERKA; GRIGIENE; SIRBIKYT, 2021), e com isto, a capacidade de acumular experiência e aprender com ela, bem como a capacidade de agir de forma independente e tomar decisões individuais, cria pré-condições para danos. Isso significa que, com suas ações, a IA pode causar danos por um motivo ou outro.

2. Base de investimento

Uma pesquisa produzida pelo *Future of Humanity Institute* sobre os possíveis cronogramas para AGI apontou que os pesquisadores acreditam que há 50% de chance de IA superar os humanos em todas as tarefas em 45 anos, mas há os praticantes de IA mais sensatos e razoáveis que preveem cronogramas muito mais longos e outros cujos cronogramas são alarmantemente curtos – apenas alguns anos (MAINI, 2017). E ninguém quer ficar para trás.

Assiste razão a Pedro Domingos (2017), quando diz que "os dados são o novo petróleo", e, assim, como acontece com o petróleo, refiná-lo é um grande negócio. Com o *big data* e o *machine learning*, podemos entender fenômenos muito mais complexos do que antes. E os investimentos são vultuosos e a pandemia do Covid-19 acelerou todo o processo, como se observa através dos levantamentos de dados do observatório de Políticas de Inteligência Artificial da Organização para a Cooperação e Desenvolvimento Econômico – OCDE (OCDE.IA), nos valores de investimentos mundiais em IA[14] nos últimos 10 anos:

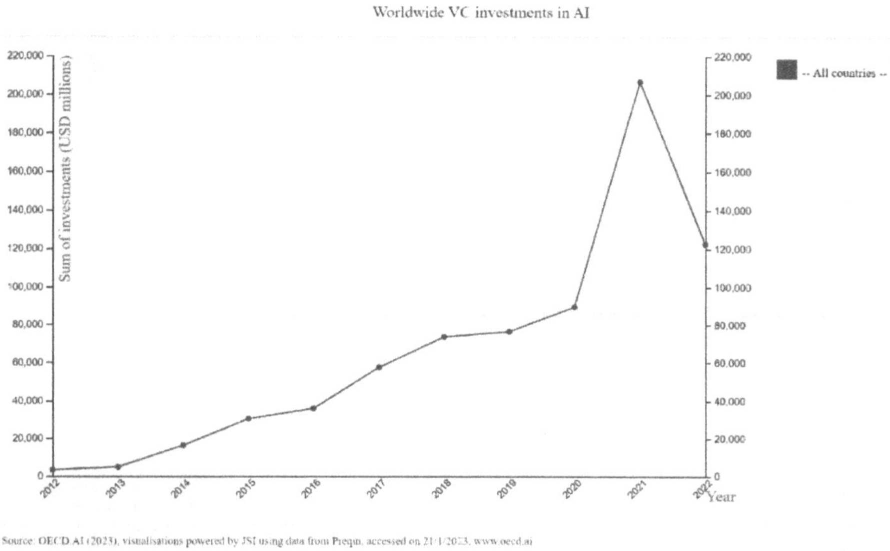

Avulta observar que o incremento financeiro na última década cresceu em proporções geométricas, com destaque para EUA, China e países da União Europeia[15] e com diversos setores[16] apropriando-se da tecnologia, o que confirma que a IA não se restringiu a uma pequena esfera de atuação, mas vem diversificando e avançando em diversos segmentos.

[14] https://oecd.ai/en/data?selectedArea=investments-in-ai-and-data&selectedVisualization=worldwide-vc-investments-in-ai

[15] https://oecd.ai/en/data?selectedArea=investments-in-ai-and-data&selectedVisualization=vc-investments-in-ai-by-country

[16] https://oecd.ai/en/data?selectedArea=investments-in-ai-and-data&selectedVisualization=vc-investments-in-ai-by-industry

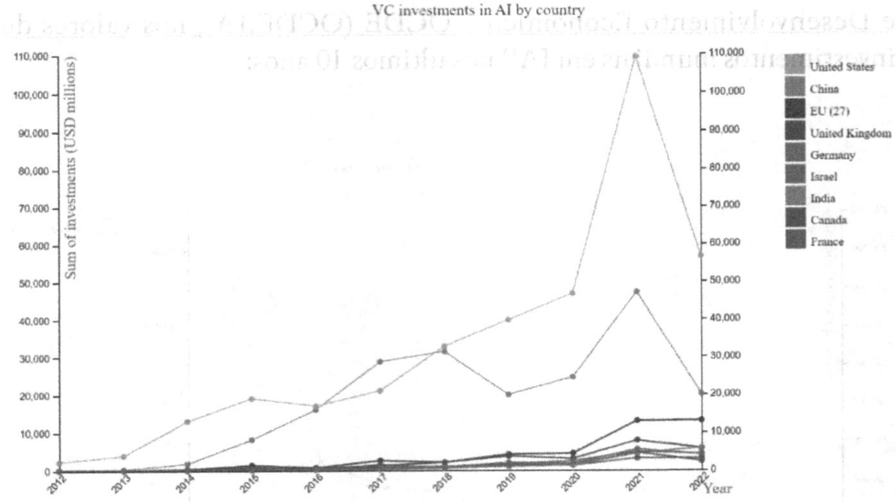

Source: OECD.AI (2023), visualisations powered by JSI using data from Preqin, accessed on 21/1/2023. www.oecd.ai

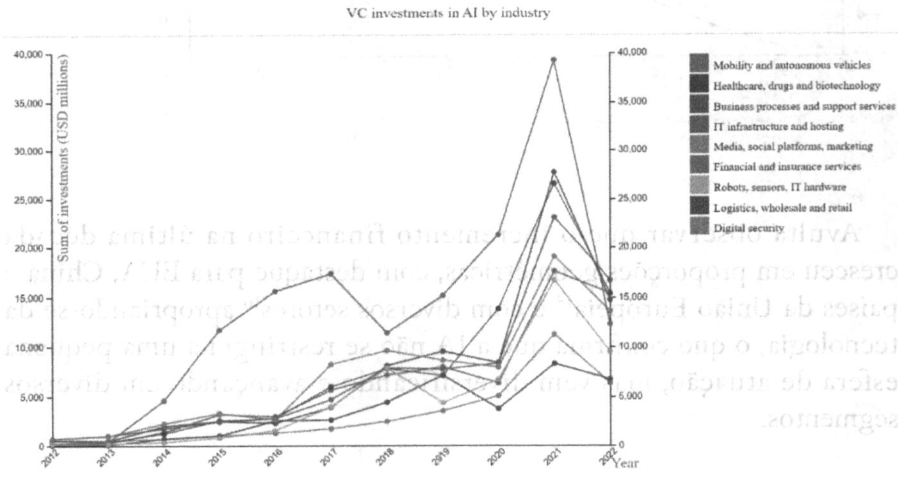

Source: OECD.AI (2023), visualisations powered by JSI using data from Preqin, accessed on 21/1/2023. www.oecd.ai

Um outro número relevante do Observatório de Políticas de OCDE. AI, se refere às publicações sobre o tema em comparação com o PIB *per capito* por país, ao logo do tempo, os números são assustadores.[17] Nunca se produziu tanto conteúdo sobre o assunto.

[17] Veja vídeo como a evolução. Disponível em: https://oecd.ai/en/data?selectedArea=ai-research

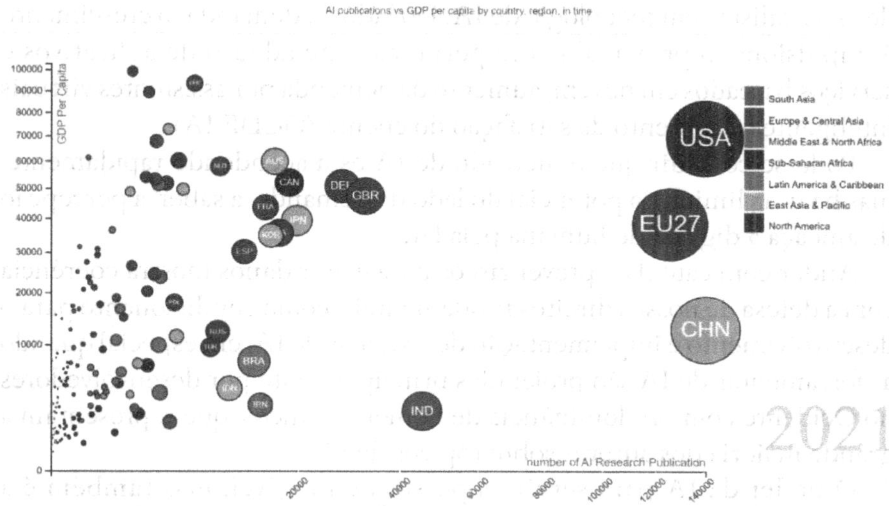

Source: OECD.AI (2023), visualisations powered by JSI using data from MAG, version of 31/12/2021, accessed on 21/1/2023. www.oecd.ai

Uma outra pesquisa produzida, agora pela Organização das Nações Unidas – ONU (United Nations, 2021), trata sobre a dinâmica de mão--de-obra na indústria de IA. O emprego está crescendo exponencialmente neste segmento. Postagens de vaga de empregos relacionadas à IA, nos mecanismos de vaga de trabalho, em todo o mundo aumentaram quase 100% entre junho de 2015 e junho de 2018. Durante o período 1996-2018, houve 403.596 publicações relacionadas à IA, lideradas pelos Estados Unidos (73.773), China (52.837) e Reino Unido (22.912). Números muito maiores se verificou após este período na análise da OCDE.IA, em especial no período da COVID-19, conforme quadro anterior.

Neste estudo (United Nations, 2021), ainda, abrangendo 15 países, descobriu que a China era o lar do maior número de profissionais de IA, com 12.113 empregos de IA, seguidos pelos Estados Unidos (7.465) e Japão (3.369). Engenheiro de software e cientista de dados são as duas categorias de trabalho de IA mais procuradas.

O crescimento do lado da oferta do mercado é impulsionado principalmente por fatores como a expansão de *big data*, maior produtividade, áreas de aplicação distribuídas, a disponibilidade de governo em larga escala financiamento e avanços em tecnologias de reconhecimento de imagem e voz. A maior restrição do lado da oferta é o número limitado de especialistas em tecnologia de IA. Do lado da demanda, o crescimento é impulsionado principalmente pela crescente adoção de aplicativos e serviços baseados em nuvem, aumento da demanda por assistentes virtuais inteligentes e aumento da satisfação do cliente (OCDE.IA).

Pode-se concluir que o mercado de IA está acendendo rapidamente, mas há uma limitação potencial do lado da demanda, a saber, a percepção de ameaça à dignidade humana pela IA.

Andar com cautela e prever riscos para evitar danos mostra coerência com a defesa de nossos direitos fundamentais, como condicionante para o desenvolvimento e implementação de sistemas de IA, em especial quando as ferramentas de IA são projetadas principalmente por desenvolvedores no Ocidente com predominância de homens brancos, que representam a grande maioria dos autores sobre tópicos de IA.

O poder da IA para servir as pessoas é inegável, mas também é a capacidade da IA de alimentar violações de direitos humanos em uma escala enorme, praticamente sem visibilidade. A ação é necessária agora para colocar barreiras protéticas no uso da IA, para o bem de todos.

Há ainda, outro estudo relevante para o assunto em comento, do corpo técnico do Fundo Monetário Internacional – FMI (2020), em que se constatou que as novas tecnologias ameaçam aumentar a distância entre os países ricos e pobres ao transferir mais investimentos para economias avançadas onde a automação já está estabelecida. Isso, por sua vez, pode ter consequências negativas para os empregos nos países em desenvolvimento devido ao risco de que essas tecnologias venham a substituir, em vez de complementar, sua força de trabalho em expansão, que tradicionalmente tem sido uma vantagem para as economias menos desenvolvidas.

As melhorias na produtividade das máquinas impulsionam a divergência, já que os países avançados se beneficiam diferencialmente de sua intensidade inicialmente mais alta de robôs, impulsionada por seus salários endogenamente mais altos e estoque de capital tradicional complementar. Além disso, o capital é puxado para cima, resultando em um declínio transitório do PIB no país em desenvolvimento. Em um modelo estendido onde os robôs substituem apenas a mão de obra não qualificada, os termos de troca e, portanto, o PIB, podem diminuir permanentemente para o país relativamente bem-dotado de mão de obra não qualificada (FMI, 2020).

3. Viés de dados

As IA's dependem e muito dos dados[18] para o seu processo de aprendizagem. Neste cenário, elas encontraram um terreno fértil para coletar dados, serem treinadas e aperfeiçoar suas capacidades. Vigilância e coleta de dados, compartilhamento, uso e reutilização estão na base dos modelos de negócios em muitos setores, com mais e mais empresas rastreando o comportamento do público, construindo perfis individuais com base nesses dados e usando essa análise granular. Estas informações têm entrada em sistemas automatizados que rastreiam, perfilam e impactam o público.

Os coletores de dados frequentemente angariam dados de consumidores de várias fontes sem a permissão ou conhecimento dos consumidores. Além disso, existe o risco de que dados imprecisos e incorretos possam ser usados para tomar decisões sobre suas vidas O impacto de toda essa coleta de dados é corrosivo, gerando desconfiança e problemas nas mais diversas ordens.

Nem as coletas de dados feitas pelos governos são seguras, com grande frequência noticiam-se vazamentos, mesmo em países que tenham leis que regulamentem as proteções. Um levantamento feito pela empresa britânica, Surfsshark, que atua na área de ferramentas de privacidade e segurança online, traz preocupações importantes. Com base em dados que vão desde 2004, mais de 15 bilhões de contas no mundo já foram violadas, com números que se atualizam a cada instante em seu painel eletrônico de controle[19].

Os Estados Unidos lideram a lista de ocorrências. De acordo com os dados do levantamento, nos onze primeiros meses de 2021, em torno de 212 milhões de contas de pessoas do país foram atingidas. O que significou uma alta de 22% em relação ao ano anterior.[20].

E, nesse ponto, entra um outro problema a ser vencido: o viés de dados. Viés, conhecido como *bias*, é uma "tendência" que pode ser contra ou a favor a alguma coisa, pessoa ou aspecto que está sendo processado.

[18] "Se a inteligência artificial é a nova eletricidade, o *big data* é o petróleo que alimenta os geradores." Kai-Fu Lee

[19] https://surfshark.com/research/data-breach-monitoring

[20] https://olhardigital.com.br/2022/03/17/seguranca/brasil-e-o-6o-pais-com-mais-vazamentos-de-dados-no-planeta-aponta-levantamento/

Normalmente, causa algum tipo de injustiça ou de conclusão errônea. Ou seja, não há isenção ou imparcialidade no resultado, o que prejudica a confiabilidade. Isso pode acontecer sem ou com intenção. Muito disso vai depender da base de dados que está sendo utilizada pela IA. Ele pode comprometer resultados que deveriam ser isentos de preconceitos (BIGDATACORP, 2018).

Há problemas desde a coleta de dados com vieses sistêmicos evidentes nos conjuntos de dados existentes, pois quem os alimenta é que determina seu formato. Há ainda o viés de confirmação, que nada mais é do que a pré-disposição humana em encontrar evidências que confirmem crenças e ideias pré-concebidas, rejeitando tudo que destoe das nossas convicções (BIGDATACORP, 2018).

Não se pode esquecer de vista que profissionais de dados são pessoas, e não há como descolarmos completamente de quem somos para elaboração de análises. E é por isso que estabelecer processos que evitem a presença do viés é tão importante para qualquer construção de IA.

A presença do viés na análise de dados é extremamente prejudicial, levando a resultados falsos e incompletos e, os impactos na vida das pessoas são ainda mais extremos, pois podem se manifestar através de padrões discriminatórios e excludentes. E pode se dar pela seleção ou em função da própria informação utilizada. Uma melhoria na parametrização poderia mitigar esse problema, neste caso. Todavia, em utilizações mais complexas e que necessitam de banco de dados maiores, muitos vieses podem existir, dificultando ou impedindo a padronização (BIGDATACORP, 2018). O viés de dados também pode construir bolhas que não correspondem à realidade para clientes de IA e, até mesmo, inferir conclusões erradas que influenciam na tomada de decisões.

Mas como eliminar estes vieses de dados? As soluções não são fáceis e a eliminação completa é quase uma utopia, na medida que humanos, mesmo de forma inconsciente, possuem vieses.

PEREIRA (2017), servindo-se da metáfora da balança:

> "...diríamos que num prato estão os direitos, liberdades e garantias, e no outro prato só podem ser colocados outros direitos ou interesses constitucionalmente protegidos. O pêndulo oscila de acordo com as exigências de ponderação e de concordância prática, proibindo-se o excesso e exigindo-se a salvaguarda do núcleo mínimo de cada direito sacrificado"

Uma filtragem de dados é fundamental no caso de banco de dados para IA. Uma equipe multidisciplinar, com conhecimentos e abordagens diferentes pode ajudar. Ela verificará, sob diferentes pontos de vista, se aquela base de dados é adequada, se não contém informações que podem distorcer os resultados e se não apresenta algum tipo de direcionamento que pode ser prejudicial ao resultado, debatendo e eliminando dados e metadados que poderiam prejudicar os resultados esperados de uma IA, com a perspectiva que essa tecnologia é baseada em probabilidade e estatística.

Esforços podem ser feitos, também, para ocultar campos sensíveis de algoritmos, como aqueles sobre raça e gênero. Mas os algoritmos de aprendizado podem usar métodos probabilísticos para recriar esses campos e tomar decisões discriminatórias. Agentes artificiais que aprendem com dados derivados de humanos geralmente aprendem vieses humanos, tanto bons quanto ruins (BIGDATACORP, 2018). Para isto a necessidade de os processos serem transparentes, um cenário distante da realidade das IA, ao menos até aqui.

A realidade é esta, existem diversos produtos com vieses embutidos, mais uma das constatações apontada pela ONU (United Nations, 2021) que são projetados ou aprendidos. E a dificuldade, os vieses nos sistemas de IA podem surgir de várias maneiras, porque eles empregam algoritmos tendenciosos ou usam dados tendenciosos para treinamento. Os vieses também podem surgir do uso de dados difusos onde não há escolhas binárias claras, como nos julgamentos sobre aceitabilidade social das redes sociais.

O que sabe é que "dever-ser" da IA seria um "dever-ser" mecânico, automático, que não questiona a validade das premissas e delas retira todas as soluções. Mais do que "dever-ser" é um "ter-que-ser". Numa palavra, o sistema informático é desprovido de espírito (PEREIRA, 2017), o que o afasta de julgamento de valores.

Aqui se levanta uma questão, será que é possível mitigar viés em várias fases do modelo de IA que está sendo produzido: nos algoritmos de pré--processamento, no processamento e no pós-processamento? Parece ser uma luz no fim do túnel.

Em cada fase existem diversas técnicas que podem ser utilizadas. No pré-processamento, pode-se utilizar *reweighing*, no processamento *adversarial debiasing* e no pós-processamento *calibrate equalized odds*, por exemplo. Enfim, a junção de um banco de dados diversificado e bem filtrado, a formação de equipes com visões diferentes analisando os dados e a utilização de ferramentas nas diversas fases, contribuem para mitigar problemas de viés de dados que poderiam prejudicar resultados e, principalmente, pessoas (ABREU, 2022).

Outro ponto crucial é a necessidade de uma avaliação de impacto, como uma ferramenta auxiliar para aprimorar a performance, para salvaguardar nossos direitos fundamentais. A IA é algo muito diferente de tudo que já se viu e é preciso introduzir uma avaliação dos impactos dos direitos humanos para checar se existe algum nível de risco (SENADO FEDERAL, 2022).

A situação tem gerado alerta, mas será que é uma de questão de *trade--off*,[21] ou há como encontrar um equilíbrio, frente aos valores envolvidos? Uma coisa sabemos, necessária uma ação urgente, pois ainda pode-se levar tempo para avaliar e abordar os sérios riscos que essa tecnologia representa para os direitos fundamentais.

4. O papel regulador do direito

A confiança no progresso técnico-científico tem sido estremecida por determinadas utilizações que o ser humano tem dado às suas invenções tecnológicas. Ao ponto de se perguntar se o "feitiço não se virou já contra o feiticeiro". Mais recentemente, o progresso técnico-científico desembocou, *inter alia*, na problemática da "sociedade de risco" com a IA sendo o direito mais uma vez chamado a desempenhar aqui um papel regulador de modo a controlar um *status quo* de irresponsabilidade coletiva (PEREIRA, 2017).

21 ***trade-off*** ou ***tradeoff*** é uma expressão em inglês que significa o ato de escolher uma coisa em detrimento de outra e muitas vezes é traduzida como "perde-e-ganha". O *trade-off* implica um conflito de escolha e uma consequente relação de compromisso, porque a escolha de uma coisa em relação à outra, implica não usufruir dos benefícios da coisa que não é escolhida. Isso implica que para que aconteça o *trade-off*, elemento que faz a escolha deve conhecer os lados positivos e negativos das suas oportunidades. Estamos perante um cenário de *trade-off* quando é preciso sacrificar alguma coisa para obter um bem maior, o que muitas vezes causa um tipo de dilema. No âmbito da economia a expressão *trade-off* é muitas vezes descrita como custo de oportunidade, pois representa o que uma pessoa deixa de usufruir de uma coisa por ter escolhido outra.

Em alusão a um risco que o progresso colocou a sociedade, PEREIRA (2017) afirma que *Ubi societas ibi ius*, onde há sociedade sempre há direito. Mas, qual será o papel do direito na sociedade de risco? Que exigências específicas coloca esta última àquele primeiro e que respostas podem ser dadas? Disporá o arsenal jurídico de um *instrumentarium* capaz de lidar adequadamente com a sociedade de risco? Ou estará condenado à obsolescência?

Por outro lado, não se pode perder de vista que o risco de que se trata é um risco de origem humana. Ponto este que nos parece importante, no sentido de a intervenção do direito ser dirigida ao controle do risco de origem humana ou controlável pelo ser humano (PEREIRA, 2017).

Mas, no campo do direito, bem elucida PEREIRA (2017), não seria tal perspectiva uma insistência no "erro da perspectiva normativista (...) de supor que é possível dominar o histórico mediante um sistema enunciado a priori e, assim, de querer impor à história uma linha de evolução previamente traçada?

E neste ponto, há que assinalar que os dois grandes líderes mundiais de IA resolveram tratar do tema e, de forma urgente, pois os modelos jurídicos clássicos parecem não estar preparados para todas as questões que a IA coloca aos juristas. A tecnologia está mudando rapidamente o mundo ao nosso redor, e trazendo ao mesmo tempo desafios para o seu uso de maneiras que ameaçam os direitos de todos os seres humanos na face do planeta Terra.

Não há dúvida que, frequentemente essas ferramentas são usadas para limitar nossas oportunidades ou barrar nossos acessos para fontes ou serviços importantes, representam, ainda, uma série de riscos para os direitos fundamentais, mas por outro lado, é necessário evitar o sufocamento da inovação e os benefícios que as aplicações de sistemas de IA podem promover.

Diante disto, é oportuno destacar alguns dados do observatório da OCDE.AI (2022). Constatou-se que existe uma grande variedade de modelos de estruturas regulatórias para a IA nos países analisados: alguns países optaram por uma abordagem mais centrada em questões essencialmente éticas, outros por uma abordagem mais próxima da regulação setorial tradicional; em alguns a regulação é mais centralizada, em outros, mais setorial. Há também variações com relação ao estágio de implementação dessas estruturas regulatórias, havendo países com entidades em operação, outros nas quais há somente propostas, e ainda países que, aparentemente, sequer formularam propostas concretas para um modelo regulatório.

Entre os países analisados, o Japão e o Reino Unido foram aqueles que estudaram de forma mais profunda diferentes modelos de regulação, avaliando aspectos positivos e negativos de diversas opções. A Coréia do Sul, por outro lado, é o país que mais apoia o desenvolvimento das tecnologias de IA atuando fortemente para eliminar ou reduzir barreiras legais ou regulatórias. A seu turno, a Alemanha se destaca pela quantidade de iniciativas de regulação. Muitos países, especialmente alguns integrantes da União Europeia, parecem pouco dispostos a criar regulações ou modelos nacionais, preferindo acompanhar as diretrizes de órgãos supranacionais. Outros se limitaram a indicar uma revisão das leis e regulamentos para a realização de eventuais ajustes necessários para contemplar aplicações de IA (OCDE.AI).

Nos EUA, através da Lei de iniciativa de IA de 2020, criou o Comitê Consultivo Nacional de Inteligência Artificial (National Artificial Intelligence Advisory Committee – NAIAC), que tem por tarefa aconselhar o Presidente e o Escritório Nacional da Iniciativa de IA em tópicos relacionados à Iniciativa Nacional de IA. Este Comitê Consultivo foi lançado em abril de 2022.

O Congresso orientou o NAIAC a fornecer recomendações sobre tópicos, incluindo o estado atual da competitividade da IA dos EUA; progresso na implementação da Iniciativa; o estado da ciência em torno da IA; questões relacionadas à força de trabalho de IA; como alavancar os recursos da Iniciativa; a necessidade de atualização da Iniciativa; o equilíbrio de atividades e financiamento em toda a Iniciativa; a adequação do plano estratégico nacional de P&D de IA; gestão, coordenação e atividades da Iniciativa; adequação da abordagem de questões sociais; oportunidades de cooperação internacional; questões relacionadas à prestação de contas e direitos legais; e como a IA pode aumentar as oportunidades para diversas regiões geográficas.

O NAIAC é composto por líderes com uma ampla e interdisciplinar gama de conhecimentos relevantes em IA de toda a academia, organizações sem fins lucrativos, sociedade civil e setor privado. Esses especialistas são altamente qualificados para fornecer consultoria e informações sobre pesquisa científica e tecnológica, desenvolvimento, ética, padrões, educação, governança, transferência de tecnologia, aplicação comercial, segurança, competitividade econômica e outros tópicos relacionados à IA.

Com relação às regulamentações setoriais da IA, merece destaque a Ordem Executiva nº 13.859, de 11 de fevereiro de 2019, do Presidente dos EUA que, em sua Seção 6. Em linhas gerais, o documento determina que: "(...) as agências federais devem evitar ações regulatórias ou não regulatórias que prejudiquem desnecessariamente a inovação e o crescimento da IA. Quando permitido por lei, ao decidir se e como regular em uma área que possa afetar as aplicações de IA, as agências devem avaliar o efeito da regulamentação potencial sobre a inovação e o crescimento da IA".

Embora regulamentações estreitamente adaptadas e baseadas em evidências que abordem riscos específicos e identificáveis possam fornecer um ambiente propício para as empresas dos EUA manterem a competitividade global, as agências devem evitar uma abordagem preventiva que mantenha os sistemas de IA em um padrão incrivelmente alto, de modo que a sociedade não possa desfrutar de seus benefícios e que mine a posição dos Estados Unidos como líder global em inovação de IA. Onde a IA envolve risco, as agências devem considerar os potenciais benefícios e custos de empregar a IA, em comparação com os sistemas que a IA foi projetada para complementar ou substituir.

Além disso, no contexto da IA, como em outros cenários, as agências devem considerar o efeito da regulamentação federal sobre as ações existentes ou potenciais dos governos estaduais e locais. Em algumas circunstâncias, as agências podem usar sua autoridade para lidar com leis estaduais inconsistentes, onerosas e duplicadas que impedem o surgimento de um mercado nacional. Quando um padrão nacional uniforme para um aspecto específico da IA não for essencial, no entanto, as agências devem considerar a renúncia à ação regulatória.

E esta foi a linha seguida pelos EUA[22]. Em outubro de 2022, o governo americano anunciou[23] princípios fundamentais para a responsabilidade e

[22] Os Estados Unidos têm uma certa alergia à regulação, preferem deixar essa tarefa para o mercado e ainda não criaram uma lei geral de proteção de dados, como a União Europeia, a China, a Índia e o Brasil.

[23] https://www.whitehouse.gov/briefing-room/statements-releases/2022/09/08/readout-of-white-house-listening-session-on-tech-platform-accountability/

a reforma da tecnologia, como interromper a tomada de decisões algorítmicas discriminatórias, promover a concorrência no setor de tecnologia e fornecer proteções federais para a privacidade, com o nome: "Blueprint for an AI Bill of Rights – *uma declaração de direitos de IA: fazendo os sistemas automatizados funcionarem para o povo americano*" de autoria do Escritório de Política de Ciência e Tecnologia da Casa Branca.

Faz parte de seus acentos que consulta ao público americano para destilar informações de comunidades afetadas e partes interessadas do setor a desenvolvedores de tecnologia e outros especialistas em campos, bem como formuladores de políticas em todo o mundo sobre a questão dos danos algorítmicos e baseados em dados e possíveis soluções.

Apear de constar, ainda, como finalidade a busca pela demarcação aos direitos dos seres humanos no desenvolvimento da IA, mas não regulamenta de fato a matéria, nem cria estruturas concretas para sua fiscalização e controle.

O plano americano é focado em cinco pontos, que poderão, e não necessariamente, ser detalhadas em futuras leis, sendo estes: 1. Sistemas seguros e eficazes; 2. Proteção contra discriminação de algoritmos; 3. Privacidade de dados; 4. Informação e explicação sobre os sistemas automatizados; e 5. Alternativas humanas aos sistemas de IA.

Dentre os princípios destacamos o da proteção de discriminação algoritmia, em que esclarece que não se deve sofrer discriminação por algoritmos e os sistemas devem ser usados e projetados em uma forma equitativa e que os danos causados por sistemas automatizados devem ser avaliados, protegidos e corrigidos tanto no nível individual quanto no da comunidade.

A crítica que se tem feito é que o plano divulgado não tem força normativa. É apenas uma recomendação para empresas, agências e repartições do governo. Não há, sequer, mecanismos para que as empresas e instituições adotem as suas diretrizes.

Por não se trata de um ato imbuído de atributos normativos, sequer tem força vinculativa, apenas destina-se a apoiar o desenvolvimento de políticas e práticas que protegem os direitos civis e promovem valores democráticos na construção, implantação e governança de sistemas automatizados. Deixa claro, em suas linhas iniciais de que não constitui política do governo dos EUA e, ainda, destaca que não substitui, modifica ou direciona uma interpretação de qualquer estatuto, regulamento, política ou instrumento internacional existente. E nem constitui orientação vinculante para órgãos públicos ou federais.

Também não é determinante quanto a posição do governo dos EUA em qualquer negociação internacional. A adoção desses princípios pode não atender aos requisitos de estatutos, regulamentos, políticas ou instrumentos internacionais existentes, ou aos requisitos das agências federais que os aplicam, e não pretendem proibir ou limitar qualquer atividade legal de uma agência governamental, incluindo aplicação da lei, segurança nacional ou atividades de inteligência.

Reconhece que a segurança nacional, que inclui certas atividades de aplicação da lei e segurança interna, e as atividades de defesa são de maior sensibilidade e interesse para os adversários de nossa nação e geralmente estão sujeitas a requisitos especiais, como aqueles que regem informações classificadas e outros dados protegidos.

Perfilham que depende significativamente do contexto em que os sistemas automatizados estão sendo utilizados. Em algumas circunstâncias, a aplicação desses princípios no todo ou em parte pode não ser apropriada devido ao uso pretendido de sistemas automatizados para cumprir missões de agências governamentais. E alertam, ainda, que orientações futuras específicas do setor provavelmente serão necessárias e importantes para orientar o uso de sistemas automatizados em determinadas configurações.

Destacam, ainda, a problemática dos vieses de dados, alertando que os dados que não levam em conta os vieses sistêmicos existentes na sociedade americana podem resultar em uma série de consequências usos intencionais ou não intencionais levam a danos não intencionais.

Contudo, o que se pode retirar dali é que são apenas princípio e podem ser usados para se tornar realidade, por meio de leis, políticas e práticas. A implementação efetiva desses processos requer a cooperação e colaboração entre os atores sociais, e com separação de projeções da intencionalidade ou não dos danos, sendo que eles devem ser projetados para protegê-lo proativamente de danos decorrentes de usos ou impactos não intencionais, mas previsíveis, de sistemas automatizados.

A Declaração de Direitos da IA américa não foca em algumas áreas de dano muito importantes, não parecendo suficientes para gerar uma efetiva proteção em face da problemática da IA, carece de detalhes e é destituído de mecanismos de aplicação, mas dá para se entender o porquê.

Em resumo: O *Blueprint para um AI Bill of Rights* não se destina e não cria, qualquer direito legal, benefício ou defesa, substantivo ou processual, exequível por lei ou em equidade por qualquer parte contra os Estados Unidos, seus departamentos, agências, ou entidades, seus executivos, funcionários ou agentes, ou qualquer outra pessoa, nem constitui uma renúncia à imunidade soberana, como bem ali explicitado, mas não se pode negar a relevância jurídica do ato no cenário jurídico americano, e, ainda, mundial, pois todos estão de olho nos formatos propostos de se frear as inseguranças, mas com os cuidados de não paralisar as inovações.

Por outro lado, a abstração da medida proposta parece deixar claro a opção americana por sua liberdade de produção tecnologia, a despeito de destacar verbalmente a referida proteção aos direitos fundamentais em diversos momento do texto. É importante assinalar que a despeito de ser o ponto de partida americano, e que as discussões não estão encerradas, a base para os EUA relutarem em introduzir novas regulamentações, se deve ao fato de que a maioria das mais ricas empresas de IA do mundo são americanas, obviamente criar qualquer regulamentação que possa impedir as inovações não é o seu objetivo.

Enquanto isto, o cenário Europeia caminha diverso. Pressionando por regulamentações que visam prevenir danos causados pela IA e responsabilizar as empresas por tecnologias prejudiciais de IA, e já com um regime estrito de proteção de dados, a proposta europeia é muito diferente e tem a força regulatória que o bloco parece gostar (CARVALHO, 2022).

A União Europeia está mais avançada nesse debate e segue em um processo de finalização do "EU AI Act" — um grande projeto guarda-chuva que cria essencialmente categorias de "riscos" com medidas protetivas diferentes para cada um deles, que parece muito mais ambiciosa por não se tratar de uma simples declaração de princípios.

Em 2012, a Comissão Europeia iniciou um Projeto *RoboLaw* com o objetivo principal de investigar as formas como as tecnologias emergentes no campo da bio-robótica (incluindo IA) influenciam os sistemas jurídicos nacional e europeu, desafiando categorias e qualificações legais tradicionais, colocando riscos para direitos e liberdades fundamentais que devem ser considerados e, de forma mais geral, exigindo uma base regulatória sobre a qual possam ser desenvolvidos e eventualmente lançados. O resultado mais importante apareceu em 22 de setembro de 2014. Consiste em um relatório final contendo "*Guidelines on Regulating Robotics*", dirigido à Comissão Europeia, a fim de estabelecer uma estrutura legal sólida para o desenvolvimento de tecnologias robóticas em Europa (UE, 2022).

Em 2017, o Conselho Europeu apelou para que fosse tomada a "consciência da urgência em fazer face às tendências emergentes, entre as quais se contam IA [...], com a garantia simultânea de um elevado nível de proteção dos dados, direitos digitais e normas éticas".

Nas suas Conclusões sobre o plano coordenado para o desenvolvimento e utilização da IA "Made in *Europe*", de 2019, o Conselho continuou a destacar a importância de assegurar o pleno respeito dos direitos dos cidadãos europeus e apelou para uma reapreciação da legislação pertinente em vigor, para torná-la adequada à sua finalidade no que respeita às novas oportunidades que a IA oferece e aos desafios que coloca. O Conselho Europeu também convidou a Comissão a definir claramente as aplicações de IA que devem ser consideradas de risco elevado.

As Conclusões, mais recentes, de 21 de outubro de 2020 reforçaram a importância de dar resposta a desafios como a opacidade, a complexidade, os enviesamentos, um certo grau de imprevisibilidade e comportamentos parcialmente autónomos de determinados sistemas de IA, a fim de garantir a compatibilidade destes sistemas com os direitos fundamentais e facilitar a aplicação das normas jurídicas. O Parlamento Europeu também realizou um trabalho considerável no domínio da IA. Em outubro de 2020, adotou um conjunto de resoluções no domínio da IA, nomeadamente em matéria de ética, responsabilidade e direitos autorais.

Nos últimos anos seguiram-se resoluções no domínio da IA em diversas matérias (penal, educação, cultura e setor audiovisual), culminando com a apresentação da Proposta de Regulamento do Parlamento Europeu e do Conselho que estabelece regras gerais harmonizadas em matéria de IA.

A proposta tem como base os valores e os direitos fundamentais da UE e promete dar às pessoas e a outros utilizadores a confiança necessária para adotarem soluções baseadas em IA, ao mesmo tempo que incentiva as empresas para que as desenvolvam.

A proposta assegura estabelecer um quadro jurídico sólido e flexível. Por um lado, as suas escolhas regulamentares fundamentais, incluindo os requisitos baseados em princípios que os sistemas de IA devem respeitar, são abrangentes e estão preparadas para o futuro. Por outro lado, cria um sistema regulamentar proporcionado, centrado numa abordagem regulamentar baseada no risco bem definida que não cria restrições desnecessárias ao comércio e na qual a intervenção jurídica é adaptada às situações concretas em que existe um motivo de preocupação justificado ou em que tal preocupação pode ser razoavelmente antecipada num futuro próximo.

Promete, ainda, um quadro jurídico que inclui mecanismos flexíveis que permitem a sua adaptação dinâmica à medida que a tecnologia evolui e surgem novas situações preocupantes, onde as regras propostas serão executadas por intermédio de um sistema de governação a nível dos Estados-Membros, aproveitando estruturas já existentes, e de um mecanismo de cooperação a nível da União, com o Comité Europeu para a IA criado para tal fim.

Certificam, ainda, coerência com a Carta dos Direitos Fundamentais da UE e a legislação derivada da União em vigor em matéria de proteção de dados, defesa dos consumidores, não discriminação e igualdade de género, bem como apontando que a proposta não prejudica, pelo contrário, completa o Regulamento Geral sobre a Proteção de Dados [Regulamento (UE) 2016/679] e a Diretiva sobre a Proteção de Dados na Aplicação da Lei [Diretiva (UE) 2016/680] com um conjunto de regras harmonizadas aplicáveis à conceção, ao desenvolvimento e à utilização de determinados sistemas de IA de risco[24] elevado e restrições a determinadas utilizações de sistemas de identificação biométrica à distância, mas, ainda, não prejudica a aplicação do direito da concorrência da União.

Os principais objetivos específicos são garantir que os sistemas de IA colocados no mercado da UE e utilizados sejam seguros e respeitem a legislação em vigor em matéria de direitos fundamentais e valores do Bloco e que garantam a segurança jurídica para facilitar os investimentos e a inovação no domínio da IA.

Focam, ainda, em melhorar a governação e a aplicação efetiva da legislação em vigor em matéria de direitos fundamentais e dos requisitos de segurança aplicáveis aos sistemas de IA, bem como facilitar o

[24] No que se refere aos riscos, a Proposta classificam-os como **risco inaceitável**, que são situações onde o uso de inteligência artificial será proibido; **alto risco**: Aplicações que ofereçam algum risco social ou individual. Aqui, a proposta é tanto de regras de *compliance*, auditoria e fiscalização, quanto exigências de transparência e informação do usuário. **Risco mínimo** para boa parte das aplicações de inteligência artificial, a classificação deve ser "risco mínimo", onde o *framework* propõe permissão irrestrita, mas oferece algumas guias de conduta e comportamento para que o usuário esteja sempre informado.

desenvolvimento de um mercado único para as aplicações de IA legítimas, seguras e de confiança e evitar a fragmentação do mercado.

A proposta europeia é diferente da americana e tem força regulatória, querendo repetir o que fizeram com a proteção de dados, criando uma norma geral de alcance global. Apenas precisa-se pensar como os países europeus aplicarão o referido Regulamento que entrará em vigor diretamente quando aprovado, uma vez que se optou por este formato normativo e não por diretiva, para abordar o assunto de forma mais célere e eficaz. O que está sendo preparado é, na verdade, uma governança do mundo da IA na UE.

No que se refere a proteção aos Direitos Fundamentais, em especial, a proposta é louvável, prometendo impor restrições à liberdade de empresa e as artes e ciências, com o fito de assegurar o cumprimento de razões imperativas de reconhecido interesse público, como a saúde, a segurança, a defesa dos consumidores e a proteção de outros direitos fundamentais em caso de desenvolvimento e utilização de tecnologia de IA de risco elevado, mas no limite que essas restrições sejam proporcionadas e limitadas ao mínimo necessário para prevenir e atenuar riscos de segurança graves e possíveis violações dos direitos fundamentais.

Além disso, a proposta completa o direito da União em vigor em matéria de não discriminação com requisitos específicos que visam minimizar o risco de discriminação algorítmica, em particular no que diz respeito à conceção e à qualidade dos conjuntos de dados utilizados no desenvolvimento de sistemas de IA, complementados com obrigações de testagem, gestão de riscos, documentação e supervisão humana ao longo do ciclo de vida dos sistemas de IA.

Relativamente aos princípios, importa que fique afirmado no texto europeu que os direitos humanos são o dique que protege da utilização da IA, com as suas características particulares, pois pode ter repercussões negativas para os múltiplos direitos fundamentais consagrados na Carta dos Direitos Fundamentais da União Europeia (CORREDORIA, 2022).

Quatro usos da IA são vetados pela proposta em discussão: usar a tecnologia para causar mau físico ou psicológico; Não pode usar ferramentas de IA para explorar a vulnerabilidade de grupos a partir da idade, condição ou deficiência; Autoridades públicas não podem recorrer a IA para classificar pessoas com base em seu comportamento social; É vetado o uso de tecnologia para identificação biométrica de pessoas em espaços públicos para fins de de segurança. Há, porém, exceções: a norma não vale quando há a ameaça iminente de ataque terrorista ou para a localização de suspeitos de prática de crime.

O risco evidente da regulamentação é frear de maneira brusca as pesquisas. As grandes empresas do setor fizeram a reclamação de sempre. As *bigs techs*, contudo, já tinham dito isso de outras leis europeias que tratam de tecnologia digital. Pode ser verdade, mas, não há comprovativos de paralisações e entraves por causa dessas leis, tornando o discurso instrumento mais de lobby do que propriamente uma barreira ao desenvolvimento das tecnologias. Esta é uma das diversas críticas recebidas, além do risco da disfuncionalidade, pois rapidamente não se conseguirá acompanhar as necessidades que as tecnologias promovem.

Uma outra questão que provocam controvérsia é quanto a obrigatoriedade das empresas a explicarem como os sistemas funcionam. Não é uma tarefa simples, pois há muito desenvolvedores que também não entendem o *machine learning*, resta que este Regulamento seja aprovo e que seja especificada a forma como irá afetar as empresas, os fabricantes e o público em geral. Os desafios não são poucos.

Independente do caminho que o cenário mundial seguir, o mundo jurídico precisa ficar alerta para a conformidade das normas que se adotará sobre IA, pois não significa necessariamente conformidade com os direitos fundamentais, a partir da observação do sistema, importando, de fato, necessária observação na utilização concreta e num contexto concreto do direito, para somente assim, promover o impacto, vez que em situações de concorrência ou colisão de direitos fundamentais, exige-se uma maior maleabilidade deste método, mesmo que não se adira à teoria dos limites imanentes, já que a proteção legal de um direito fundamental poderá representar uma restrição de um outro direito fundamental (PEREIRA, 2017).

Obviamente que há tecnologias específicas que podem ser incompatíveis com o exercício dos direitos fundamentais. É preciso identificar quais são essas tecnologias e como a legislação irá oferecer as condições necessárias para avaliá-las.

Por outro lado, indispensável assegurar que os avanços tecnológicos da IA não sejam impedidos, mesmo porque os maiores beneficiados são os receptores dos direitos que também se visa proteger, mas desde que, para eventuais impactos em seus direitos e liberdades fundamentais, deva-se estabelecer proteções e mitigar os riscos inegociáveis, pois todos queremos algoritmos de aprendizado de máquina justos e transparentes, a despeito de saber que a IA, com todas as suas capacidades, nunca será capaz da criatividade e empatia inerente ao ser humano[25].

Referências[26]

ABREU, Heitor. *A questão do viés de dados nas inteligências artificiais.* 2022. Disponível em: https://www.linkedin.com/pulse/quest%C3%A3o-do-vi%C3%A9s-de-dados-nas-intelig%C3%AAncias-heitor-abreu/?trk=pulse-article_more-articles_related-content-card&originalSubdomain=pt

ARAUJO, Thamara. *Quais são os principais tipos de inteligência artificial?* People. Disponível em: https://people.com.ai/blog/tipos-de-inteligencia-artificial/

BARBOSA, Mafalda Miranda. *Inteligência Artificial. Entre a utopia e a distopia, alguns problemas jurídicos.* Gestlegal. 2021.

BIGDATACORP. Evitando o viés na análise de dados. 2018. Disponível em: https://bigdatacorp.com.br/evitando-o-vies-na-analise-de-dados/

CARVALHO, Mario Cesar. *EUA e Europa discutem lei para regular inteligência artificial.* Disponível em: https://www.poder360.com.br/futuro-indicativo/eua-e-europa--discutem-lei-para-regular-inteligencia-artificial. Último acesso em 26 de dezembro de 2022.

CERKA, Paulius; GRIGIENE, Jurgita; SIRBIKYT, Amber. *Liability for damages caused by artificial Intelligence.* 2021. Disponível em: https://exe.legal/insights/liability-for-damages-caused-by-artificial-intelligence/

DOMINGOS, Pedro. *A Revolução do Algoritmo Mestre, Como a aprendizagem automática esta a mudar o mundo,* Manuscrito Editora, 2017.

FUNDO MONETÁRIO INTERNACIONAL – FMI. *Will the al revolution cause a great divergence?* https://www.imf.org/en/Publications/WP/Issues/2020/09/11/Will-the-AI-Revolution-Cause-a-Great-Divergence-49734. 2020.

LEE, Kai-FU. *Inteligência artificial: como estão mudando o mundo, a forma como amamos, nos comunicamos e vivemos.* Rio de Janeiro: Globo Livros, 2019.

CORREDORIA, Loreto. *A debate el derecho y la inteligência artificial.* 2022. Disponível em: Https://www.lavozdegalicia.es/noticia/opinion/2023/01/08/debate--derecho-inteligencia-artificial/0003_202301G8P14995.htm

[25] https://www.newtactics.org/conversation/machine-learning-and-human-rights-how--maximize-impact-and-minimize-risk

[26] Texto escrito em português do Brasil e formatado com base nas regras da Associação Brasileira de Normas Técnicas – ABNT. Disponível em: https://www.normasabnt.org/

MAINI, Vishal. *Machine Learning for Humans*. 2017. Disponível em: https://medium.com/machine-learning-for-humans/why-machine-learning-matters-6164faf1

ORGANIZAÇÃO PARA A COOPERAÇÃO E DESENVOLVIMENTO ECONÔMICO – OCDE. *OECD.AI Policy Observatory*. *Live data*. 2021 Disponível em: https://oecd.ai/en/data?selectedArea=investments-in-ai-and-data

PEREIRA, Alexandre Libório Dias. *Ius ex machina*? Da informática jurídica ao computador-juiz. RJLB. Ano 3 (2017), nº 1, 2017, 43-126.

SCHIRRU, Luca. *Inteligência artificial e o Direito: Questões de propriedade intelectual e responsabilidade aplicadas a agentes de inteligência artificial e robótica*. Anais do IX Congresso de Direito Autoral e Interesse Público. Disponível em: https://www.academia.edu/18868795/INTELIG%C3%8ANCIA_ARTIFICIAL_E_O_DIREITO_QUEST%C3%95ES_DE_PROPRIEDADE_INTELECTUAL_E_RESPONSABILIDADE_APLICADAS_A_AGENTES_DE_INTELIG%C3%8ANCIA_ARTIFICIAL_E_ROB%C3%93TICA?email_work_card=view-paper

SENADO FEDERAL. *Relatório final comissão de juristas responsável por subsidiar elaboração de substitutivo sobre inteligência artificial no Brasil*. Brasília. 2022.

THE WHITE HOUSE. – *Blueprint for an AI Bill of Rights – Making Automated Systems work for the American People*. Disponível em: https://www.whitehouse.gov/ostp/ai-bill-of-rights/

UNIÃO EUROPEIA. *Proposta de regulamento do Parlamento Europeu e do Conselho que estabelece regras harmonizadas em matéria de inteligência artificial (regulamento inteligência artificial) e altera determinados atos legislativos da união*. 2022. Disponível em: https://eur-lex.europa.eu/legal-content/PT/TXT/HTML/?uri=CELEX:52021PC0206&from=EN

UNITED NATIONS. *Technology and innovation report. Catching technology waves innovation with equity*. Genebra. 2021.

SEGURANÇA DA INFORMAÇÃO, PROTEÇÃO DE DADOS E DIREITO BANCÁRIO

22. AS NOVAS TECNOLOGIAS, O DIREITO E A AUTODETERMINAÇÃO INFORMACIONAL

Delano Sobral Rolim

Introdução

Nos últimos anos, tem se disseminado o uso de algoritmos de inteligência artificial (IA) nos mais diversos setores da vida em sociedade.

Para além dos anúncios direcionados que as redes sociais exibem aos seus usuários, ou para a sugestão de filmes ou séries em plataformas de streaming, a IA subjaz a tarefas mais impactantes na vida das pessoas, como a concessão de empréstimos, a seleção de candidatos para vagas de emprego, anúncios de produtos e/ou serviços, conforme o comportamento do usuário nos sítios de buscas, a mineração de dados pessoais e financeiros, a seleção de contribuintes a ser fiscalizados pelo Fisco, ou mesmo a tomada de decisões por parte de autoridades policiais e julgadoras.

O Direito, porém, foi criado e moldado, tal como um organismo vivo, ao longo de séculos de evolução por tentativa e erro, para regular tais tarefas, mas tendo como parâmetro as desempenhadas apenas por humanos. E, talvez, esse regramento não seja suficiente, especialmente para a proteção do cidadão, quando se usam algoritmos.

Se o uso de tais sistemas por entidades privadas já pode ser bastante problemático, no caso do Poder Público, as questões se tornam mais sérias e profundas.

No setor privado, a regra é a liberdade, e a privacidade. Uma empresa, em princípio, não é obrigada a divulgar os parâmetros ou os critérios que pautam suas decisões, mas, de outro lado, as pessoas se relacionam com ela se quiserem. Mesmo nesse caso, é verdade, há exceções, já tendo se tornado comum falar-se em "aplicação dos direitos fundamentais às relações privadas" ou "eficácia horizontal dos direitos fundamentais".

Mas, no caso do Poder Público, a situação é diversa. Afinal, foi para proteger o cidadão de governantes arbitrários que surgiram Constituições com catálogos de direitos fundamentais. Diversamente do que se dá em suas relações com outros entes privados, o cidadão muitas vezes não pode escolher se sujeitar, ou não, às imposições do seu governo, que se devem pautar pela publicidade.

O Poder Público, porém, nem sempre divulga ao cidadão quando está a utilizar algoritmos, como os que reconhecem passageiros na chegada de voos internacionais, e secretamente selecionam aqueles que serão parados para inspeção alfandegária. Ou os que definem quais contribuintes terão suas dívidas fiscais executadas judicialmente, e quais serão sujeitos a outras formas de cobrança. Mesmo quando se reconhece, por alto, o uso dessa tecnologia, se mantêm a sete chaves os critérios usados nessa seleção.

Surgem, então, alguns questionamentos. Se se trata do Poder Público, ele pode comportar-se por parâmetros secretos? Não é a expressão "o segredo da coisa pública" uma contradição em seus próprios termos? Se os algoritmos são usados no serviço público, a quem eles devem servir? Devem auxiliar na aplicação do Direito, mesmo quando isso favoreça o cidadão, reconhecendo um erro, por exemplo, que levou ao pagamento a maior de um tributo, que deve ser restituído ou auxiliar na elucidação de um crime e equacionar uma injustiça cometida? Ou devem comodamente silenciar em situações assim?

Para que se discutam tais questões, é preciso, como veremos nesse ensaio, de partida, dar publicidade ao uso de tais sistemas e aos critérios que os pautam. Só nesse caso se poderá tentar, ainda que minimamente, fazer com que sejam controlados e fiscalizados pela sociedade em seu uso, adequando-se ao que exigem a Constituição e as leis do país. O mesmo pode ser dito se se espera que sirvam ao público, e não que se sirvam dele.

Como a utilização das novas Tecnologias de Informação e Comunicação – TIC's podem auxiliar nos grandes gargalos das grandes metrópoles, a exemplo do trânsito e mobilidade de pessoas e coisas, com o surgimento das smartscities; na área de saúde, com o implemento da cirurgia robótica e remota, de sistemas de gerenciamento e regulação hospitalar; na área de segurança pública, com a utilização de algoritmo, na identificação de criminosos, mediante reconhecimento facial, Internet das Coisas – IoT, Business Inteligence – BI, Vigilância Permanente, na identificação das manchas criminais e alocação de policiamento ostensivo, na otimização da sala de despachos de ocorrências, também na prevenção de crimes, com a distribuição de viaturas e policiamento ostensivo, conforme a mancha criminal, estudada com vigilância permanente, estatística, geolocalização e inteligência policial, como que no filme 'Minority Report'[1]; na área de prevenção a desastres naturais e climáticos, com instrumentos de monitoramento e comunicação com a população afetada em tempo real?

De outro giro, nesta era em que estamos cada vez mais expostos, vigiados, rastreados, porque no fundo, acabamos por deixar uma pegada no mundo digital, seja quando passamos numa via verde, seja quando fazemos uma rota/percurso num mapa em nosso telemóvel e ativamos nossa geolocalização, seja quando pesquisamos um produto ou serviço numa mídia social ou página da internet e somos inundamos com anúncios publicitários com base naquilo que pesquisamos e nos comportamentos adotados nas redes sociais, ainda existe espaço para um direito à proteção de dados? Não corremos o risco desse direito acabe por se tornar uma figura meramente ornamental?

Como veremos neste escrito, a adoção de novas ferramentas e tecnologias aliadas ao Direito, auxiliarão os gestores na tomada de decisão, cada vez mais rápida e com maior acurácia e assertividade, um direito ao futuro, no entanto, sem se descurar da necessária proteção de dados pessoais, na era do capitalismo de vigilância.

1. O ponto de partida: a vida imita a arte

> "Todos nós trabalharemos para uma máquina inteligente ou vamos ter pessoas inteligentes em torno da máquina?"

Essa pergunta filosófica e distópica inaugura o livro recém-lançado, intitulado A era do capitalismo de vigilância – a luta por um futuro humano

[1] Um filme de ficção científica neo-noir lançado em 2002 estrelado por Tom Cruise e dirigido por Steven Spielberg. O roteiro é baseado no conto com o mesmo nome de Philip K. Dick. Ele é definido principalmente em Washington, DC, e Northern Virginia no ano de 2054, onde "Pré-Crime", um departamento de polícia especializada, apreende criminosos com base no conhecimento prévio fornecido por três videntes chamados "precogs". Outros temas incluem o papel do governo na atividade preventiva na proteção de seus cidadãos, o papel da mídia em um estado futuro em que os avanços tecnológicos tornam a sua presença quase sem limites.

na nova fronteira do poder(²), que bem expõe o problema gerado pela automação em massa, dos processos produtivos da 4ª Revolução Industrial vivenciada, designadamente, como a era de algumas tecnologias para automação e troca de dados e utilização de conceitos de Sistemas ciber-físicos, Internet das Coisas e Computação em Nuvem.

Desde a origem da humanidade, seja com a descoberta da roda e roldana, dos animais para auxílio na agricultura até os tempos atuais, o homem sempre buscou meios de otimização para sua sobrevivência.

É inegável, que a invenção da máquina, ocorrida na 1ª Revolução Industrial, transmudou o processo fabril artesanal para um processo mecanizado e impactou sobremaneira no processo produtivo. O processo de automação acelerou a produção e o consumo.

Decorridos duzentos anos da primeira grande Revolução, a vida imita a arte e na obra literária de George Orwell, em 1984 temos o prenúncio do que estamos a viver nos dias atuais, quando o autor narra a estória de uma sociedade de vigilância em massa, em que todos os cidadãos são vigiados pelo Estado, na figura do 'grande irmão'.

Dois trechos desse romance distópico[3], logo no início da obra, bem explicitam essa sociedade:

> não havia como saber se você estava sendo observado num momento específico (você era obrigado a viver acreditando que todo som que fizesse era ouvido e, se a escuridão não fosse completa, todo o movimento examinado meticulosamente.
>
> (...)
>
> sempre aqueles olhos observando a pessoa e a voz a envolvê-la. Dormindo ou acordada, trabalhando ou comendo, dentro ou fora de casa, no banho ou na cama – não havia saída. Com exceção dos poucos centímetros que cada um possuía dentro do crânio, ninguém tinha nada seu.

Assim, na obra de ficção, todos são vigiados pelo Estado. E o que dizer nos dias atuais, passados mais de 70 anos de seu lançamento?

[2] ZUBOFF, Shoshanna. **A era do capitalismo de vigilância** – a luta por um futuro humano na nova fronteira do poder'. Editora Intrínseca Ltda. 2021, p. 17.

[3] ORWELL. George. **1984.** 1ª edição. São Paulo: Cia das letras, p. 6 e 46, respectivamente.

Hodiernamente, não apenas o Estado nos vigia, nas ruas, pela vigilância permanente, por meio de câmeras distribuídas por toda a cidade, por conduto dos algoritmos, com a segurança pública e justiça preditivas, mas também o mercado o faz, por meio das grandes empresas de tecnologia, as chamadas Big Techs e os grandes conglomerados empresariais.

Os modelos de gestão e eficiência do Estado passam por desafios e essa nova realidade de conexão digital, em que os dados são usados como insumos retroalimentam as smartscities, como um organismo vivo como a Matrix. A vida imita a arte.

2. O capitalismo de vigilância

O capitalismo de vigilância é uma forma de capitalismo dominante no nosso tempo. Foi inventado no Vale do Silício, porém hoje ganhou musculatura de uma realidade global, nomenclatura cunhada pela professora Shoshana Zuboff.

Possui uma nova lógica econômica em vigor, em que nossos dados pessoais são monetarizados e comercializados, ou seja, o principal ativo hoje são os nossos dados.

Saímos de uma fase económica em que a riqueza estava em quem possuía posses e terras – bens tangíveis, para uma fase em que o conhecimento, a informação e os dados pessoais passam a ter valor económico, verdadeiras pepitas de ouro.

Cada interação na internet (like, clique, tempo de atenção, buscas produzem uma quantidade enorme de dados colaterais (preferências, gostos hábitos, projetos) e as empresas de tecnologias passaram a perceber a oportunidade comercial com esses dados.

Essas empresas extraem nossos dados, sem nossa total ciência, refinam para que seja possível prever nosso comportamento e vendem a preço de ouro para as empresas anunciantes de produtos que farão publicidade direcionada, naquele nicho de clientes que necessitam daquele produto. Os algoritmos passam assim a prever com base nas nossas pegadas digitais os nossos comportamentos e preferências.

Essa nova lógica, por exemplo, fez o Google produzir um aumento de 3.590% na receita em menos de quatro anos. A matéria prima desse novo sistema são os nossos dados que fornecemos, desavisadamente, e os produtos são as previsões feitas com base neles.

Na 1ª parte do livro, a autora vai falar das origens do Capitalismo de Vigilância. Imaginava-se que o surgimento da internet trouxesse uma crença democratizante, com acesso à informação, emancipação social, dar vozes a muito mais pessoas, seria uma força libertadora. Contudo, esse processo logo se mostrou como uma fantasia.

Várias condições ensejaram o fortalecimento desse novo modelo de mercado, a saber: i) mudança da primeira modernidade, marcada pela época de nossos avós, em que o papel de cada um já estava demarcado e determinado na sociedade, para a segunda modernidade, com a valorização cada vez maior da individualidade; ii) habitat neoliberal (regulação vista como força negativa que impede a inovação e progresso e a intromissão dos Governos); iii) guerra contra o terror (interesse das agências de inteligência no potencial do Google); iv) uso destas ferramentas como metodologia política (para ganhar eleições); v) lobby agressivo do Google, Facebook e vi) influência do Google no trabalho acadêmico, financiando professores que sustentassem suas posições corporativas.

Todas essas condições contribuíram para que o capitalismo de vigilância se espalhasse pelo globo.

Na 2ª parte do livro, explica-se como é o funcionamento do modelo na prática. Para a autora: "você entra Google e parece que é de graça, mas não é de graça. Você lhes dá a informação, eles vendem a sua informação e fazem lucro com os seus dados[4]".

Nem o Google, Facebook são gratuitos, há uma aparente gratuidade, ingênua por assim dizer, mas que sem que saibamos e desavisadamente, mediante a internet das coisas somos monitorados pelas coisas que utilizamos cotidianamente, principalmente pelo uso dos nossos telemóveis e computadores pessoais, pela captação de voz e imagem através do microfone e webcam, os assistentes pessoais, seja a Alexa da Amazon, a Cortana da Microsoft, a Smart TV da Samsung, o Smartwatch, o colchão e cama inteligentes, brinquedos que espionam, muito semelhante ao que ocorreu na obra ficcional de 1984, com uma diferença: aqui não apenas o Poder Público utiliza-se de nossos dados pessoais, mas as Big Techs e os grandes conglomerados privados.

4 ZUBOFF, Shoshanna. **A era do capitalismo de vigilância** – a luta por um futuro humano na nova fronteira do poder'. Editora Intrínseca Ltda. 2021, p. 259.

Aparentemente, sob um manto despretensioso da inovação, com a interatividade entre humanos e máquinas acabamos por nos tornarmos vulneráveis.

Outro campo em desenvolvimento é a computação afetiva, um novo campo que busca detectar emoções humanas em tempo real, já que 'saber o estado emocional das pessoas em tempo real pode ajudar nos negócios'.

Os telemóveis, computadores pessoais, TV's, assistentes pessoais captam mediante os microfones e webcam, como que um observador humano, e fazem um mapeamento das emoções humanas, posteriormente, esses dados emocionais são coletados e comercializados, a exemplo da Uber Eats, Gloovo e Ifood, que sugestionam em nossos telemóveis, o tipo de alimento, conforme nosso estado emocional, se estamos tristes e solitários, a necessitar de um abraço e acolhida, um doce ou um fastfood, se estamos acompanhados, em família, ou enamorados, um alimento mais elaborado e "gourmetizado", para ficarmos apenas no nicho de mercado alimentação.

Além da extração de dados, o modelo/sistema é capaz de criar meios de modificação comportamental. Essa predição mostra-se extremamente perigosa, especialmente, quando utilizada nas eleições.

Segundo a autora[5]:

O propósito é moldar o comportamento individual, seja para que compre creme para espinhas às 17:45 de uma sexta-feira, seja para que se tenha oferta de tênis de corrida a medida que seu cérebro é dominado pela endorfina após a sua longa corrida matinal de domingo, seja ainda para que se vote na eleição na semana seguinte.

Na 3ª parte da obra, a autora dá um novo nome a esse poder, diante de um totalitarismo digital, mas que ela prefere dar um novo nome, denominando-o de poder instrumentário.

O poder totalitário atuava por meio de violência, o Poder Instrumentário atua de outro modo, estimula, seduz, agrada e gera uma dependência. "O grande irmão agora tem um rosto amável".

O Poder Instrumentário é igualmente alarmante, a saber: i) ameaça os direitos básicos de autonomia individual (perda do eu), ao sermos privados de nossas escolhas. Precisamos preservar o direito ao tempo futuro e

[5] ZUBOFF, Shoshanna. **A era do capitalismo de vigilância** – a luta por um futuro humano na nova fronteira do poder'. Editora Intrínseca Ltda. 2021, p. 23-24.

direito ao santuário, direito de sermos nós mesmos, e ii) ameaça as democracias liberais ocidentais (é uma profunda força social antidemocrática).

Assim, o futuro da política não está com cientistas políticos, mas com cientistas de dados, exemplo do vimos nas eleições de 2016 nos EUA, revivida nas recentes eleições brasileiras de 2022 e a votação do BREXIT.

Como domar o capitalismo de vigilância e moldar um futuro saudável e justo? Yuval HARARI entende que teríamos que ter três frentes: i) educação; ii) cooperação global e iii) regulação.

Surgem assim, questões relevantes dos desdobramentos do pensamento de HARARI:

Se o capitalismo da vigilância é uma ameaça para as democracias e os direitos humanos, de que maneira o Estado deverá trabalhar para contê-lo e redirecioná-lo?

Como deve ser a regulação governamental? Será que as leis de privacidade são suficientes para interromper estas práticas?

Serão suficientes leis nacionais? Como se dará a cooperação global?

Como o direito vai proteger o "direito à autonomia individual das pessoas"?

3. As novas tecnologias e o direito: o caso das smartscities e da justiça preditiva

A partir da década de 80 passamos a falar acerca das cidades inteligentes, sobretudo com a fuga das populações dos campos para as cidades e quando temos notícia que até 2050 70% da população será urbana, consomem 75% em energia mundial e produzem 80% dos lixos e dos gases responsáveis pelo efeito estufa e procuramos soluções sustentáveis nessa construção da cidade e, portanto, uma cidade com preocupação com a gestão de recursos, somada a isso a aceleração da transformação digital e a aplicação das tecnologias a governação.

O conceito de smartcity, ou em tradução livre, cidade inteligente engloba a aplicação de tecnologias na melhoria de soluções urbanas, com a mobilidade das pessoas e coisas, como a iluminação, o tratamento de água, o transporte, o lazer, a conectividade dos utentes em tempo real, a interoperabilidade e a transição digital.

Smartcities baseiam-se, por exemplo, em conceitos de transformação digital como o planejamento urbano, a arquitetura, a otimização da mobilidade – tanto de pedestres, quanto de carros – o uso de energia limpa, convívio entre seus habitantes, uso compartilhado de recursos e espaços, como coworking, lavanderias compartilhadas, transporte urbano, veículos particulares compartilhados, dentre muitos outros recursos.

Embora ainda não exista uma definição consensual e amplamente aceita de cidades inteligentes, seu objetivo final é promover melhor o uso dos recursos públicos, aumentando a qualidade dos serviços oferecidos aos cidadãos, enquanto reduz os custos operacionais da administração pública[6]. Cidade de proximidade, cidade de bairro, de vizinhança, com tudo a volta que é preciso, escola, serviços de saúde, mercadinho local, com produtos locais, a farmácia, cidades de acesso fácil.

É mais que isso, é participativa e inclusiva, é também diversa e aberta, que usa a digitalização para aumentar o poder de integração, para permitir o acesso aos serviços locais, como pedir uma licença, agendar um atendimento, uma receita, permitir o exercício da cidadania participativa, a participação dos munícipes, através de uma plataforma digital, de mecanismos à distância. É um conceito em construção, que se põe em implementação, em graus, com os governos locais, na sua estrutura, infraestrutura, na sua forma organizativa e procedimental e na relação que o governo tem com a respectiva comunidade e seus munícipes, com o envolvimento de todo o tecido social e econômico.

Segundo a União Europeia, *Smart Cities* são sistemas de pessoas interagindo e usando energia, materiais, serviços e financiamento para catalisar o desenvolvimento econômico e a melhoria da qualidade de vida. Esses fluxos de interação são considerados inteligentes por fazer uso estratégico de infraestrutura e serviços e de informação e comunicação com planejamento e gestão urbana para dar resposta às necessidades sociais e econômicas da sociedade.

Só há que se falar em cidade sustentável, sendo inteligente com a utilização e aplicação das tecnologias nos procedimentos de tomada de decisão local, políticas de mobilidade inteligente, desenho de infraestrutura sustentável e segura.

Em artigo intitulado Cidades inteligentes: insights e contribuições das pesquisas brasileiras os autores discorrem sobre a temática a fundo e embora, embrionária no Brasil, muito têm sido pesquisado.

[6] ZANELLA, A., Bui, N., CASTELLANI, A., VANGELISTA, L., &ZORZI, M. (2014). *Internet of Things for SmartCities*. IEEE Internet of Things Journal, 1(1), 22-33. Disponível em: https://doi.org/10.1109/JIOT.2014.2306328. Acesso em: 09 jan.2023.

Segundo os autores:

Uma aliada no desenvolvimento de cidades inteligentes é a Internet das Coisas urbanas (IoT). As IoTs urbanas são projetadas para apoiar a visão *smart city*, que visa explorar as mais avançadas tecnologias de comunicação para apoiar serviços de valor agregado para a administração da cidade e para os cidadãos. A grande implantação da IoT está, na verdade, possibilitando projetos e iniciativas de cidades inteligentes em todo o mundo[7]. A IoT traz um novo conceito para cidades inteligentes. São cidades que estão embasadas na construção de uma rede de comunicação entre M2M (*Machine to Machine*), IoT e IoE (*Internet of Everything*), amparadas em uma economia criativa, onde é enfatizada a sua realização pelos dos governos.

Para um desenvolvimento eficaz de cidades inteligentes, há necessidade de uma visão sistêmica mais apurada e que a falta dela pode fazer com que aqueles que pensam as cidades inteligentes escolham as prioridades erradas, criem soluções fragmentadas que estão presas no que se chama de silos departamentais e não consigam capturar sinergias (oportunidades de compartilhar infraestrutura, custos e dados) para uma tomada de decisão com maior acurácia. Para isso é preciso pensar nos cidadãos como habitantes e não como clientes. Em uma cidade inteligente o conceito de cidadão se torna muito limitado, pois as cidades recebem turistas, trabalhadores, nômades digitais, negociadores, investidores, dirigentes de outras cidades e, assim, há uma competição por esses clientes com todas as outras cidades que querem atrair empregos, talentos e turistas[8].

A IoT traz um novo conceito para cidades inteligentes. São cidades que estão embasadas na construção de uma rede de comunicação entre M2M (*Machine to Machine*), IoT e IoE (*Internet of Everything*), amparadas em uma economia criativa, onde é enfatizada a sua realização pelos dos governos.

Algumas das tendências para smartcities são: aplicação de tecnologia e antenas 5G; pagamento por aproximação; decisões guiadas por dados; foco no capital humano; otimização do espaço público; investimento em

[7] HAMMI, B., Khatoun, R., Zeadally, S., Fayad, A., & Khoukhi, L. (2018). **IoT technologies for smartcities** . IET Networks, 7(1), 1-13. Disponível em: http://dx.doi.org/10.1049/iet-net.2017.0163» http://dx.doi.org/10.1049/iet-net.2017.0163. Acesso em: 09. Jul.2022.

[8] LAZZARETTI, Kellen. et AL. **Cidades inteligentes: insights e contribuições das pesquisas brasileiras.** Disponível em: https://www.scielo.br/j/urbe/a/3LscvBK8vN86Q3fyFvzx7Fw/?lang=pt. Acesso: 23.02.2023.

soluções de mobilidade; conectividade e IoT.A busca da eficiência do recurso, a e-governação, uma transição digital para todos, bem como a utilização de software e algoritmos, trabalhos em *cloudy*, implementar sistemas abertos e reutilizáveis de dados e de informação, permitir o acesso a serviços pelos munícipes por plataforma eletrônica, processos digitais, desmaterialização de procedimentos, sem papéis.

A grande vantagem da e-governação é permitir implementar sistemas que recolham a maior quantidade de informações e que tratem e minerem essa informação e analisem essa informação para permitir depois que quem decida, decida o mais rápido e imediatamente possível, quase em tempo real, sendo um forte aliado na tomada de decisão pelo gestor público.

Essa cidade é também responsiva e sensitiva, o que isso quer dizer? A cidade que tem espalhados por todos os passos de mobilidade sensores, câmeras de videomonitoramento, ao qual coletam informações de trânsito, segurança, parqueamento, emissão de ruído, de resíduos, índices pluviométricos, gestão de estoques, sala de despachos de polícia e bombeiros etc... A coleta dessas informações em massa, o tratamento dessas informações, com o auxílio da inteligência artificial a permitir a preparação de uma decisão, tudo isso contribui para a melhor tomada de decisão.

A Smartcity por si só é ruim? Aprioristicamente, não. Ela é uma utilidade ou comodidade posta a serviço dos utentes. Quem não gostaria de sair de casa, para se deslocar ao seu trabalho e receber um aviso de que aquele trajeto rotineiro está em obras? Que a linha do metrô, usualmente, utilizado, em razão das chuvas está fora de serviço?

Como que uma medicação que debela uma doença, mas que causa efeitos colaterais, como o exemplo do Estado Chinês, cuja vigilância gera um controle totalitário da liberdade das pessoas, precisa ser exposto.

Nem a ampla liberdade, sem responsabilidade dos atos, nem o controle totalitário estatal é medida sustentável, os extremos são muito perigosos.

No Brasil ainda de forma incipiente existe o projeto de lei nº 976/2021, que institui a Política Nacional de Cidades Inteligentes (PNCI) e define no art. 2º, inc. I como cidade inteligente: espaço urbano orientado para o investimento em capital humano e social, o desenvolvimento econômico sustentável e o uso de tecnologias disponíveis para aprimorar e interconectar os serviços e a infraestrutura das cidades, de modo inclusivo, participativo, transparente e inovador, com foco na elevação da qualidade de vida e do bem estar dos cidadãos. E existe desde maio do corrente ano a Carta Brasileira das Cidades Inteligentes[9].

Na seara jurídica, ferramentas de inteligência artificial vêm sendo desenvolvidas com o intuito de tornar os sistemas judiciais mais previsíveis, confiáveis, céleres e eficazes. Esses objetivos certamente são nobres. Porém, os riscos de manipulação da própria Justiça, da utilização equivocada de dados coletados também são grandes e reais, a resultar em erros, vieses e heurísticas nas decisões judiciais, o que sugere a adoção de algumas precauções.

A Justiça preditiva pressupõe um tradeoff ou custos de oportunidade ou em outras palavras, uma situação de escolha conflitante: uma acção que resolve um problema, mas que acarreta, inevitavelmente, outro problema.

Um exemplo clássico e simples de se compreender esse princípio é o tempo e a alocação de recursos públicos: ao fazermos uma determinada atividade deixamos necessariamente de fazer outra ou ao aplicarmos recursos públicos, alocarmos recursos humanos em determinado processo acabamos por deixar de aplicá-lo em outro.

Exemplo que podemos ilustrar diz respeito à Portaria Normativa PGU/AGU nº 3, de 1º de junho de 2022, que regulamenta a Atuação Proativa da Procuradoria-Geral da União e dispõe que os débitos fiscais inferiores a 10.000 (dez mil) reais não serão cobrados judicialmente.

O custo de um processo judicial depende de todos os atores que dialogam no processo, seja o Poder Judiciário, as partes envolvidas, a AGU, no âmbito federal e existem tantas outras dívidas que o custo das escolhas, quando a AGU se dedica a um processo de valor irrisório para o Estado, está deixando de cobrar uma dívida muito mais relevante e, além disso, não se trata apenas de valor da demanda, mas é feito um estudo de viabilidade de recuperação dos valores, capacidade de pagamento, ou seja, é preciso avaliar as condições subjetivas do devedor. Não se trata de quantidade de processos feitos, mas da qualidade do que efetivamente é feito. É preciso escolher bem.

Não é sem razão que o sistema francês, por exemplo, resiste à adoção da justiça preditiva entendida como uma categoria da justiça algorítmica

[9] Disponível: https://www.gov.br/mdr/pt-br/assuntos/desenvolvimento-urbano/carta-brasileira-para-cidades-inteligentes. Acesso em: 09.jan.2023.

que designa qualquer sistema automático de tomada de decisões legais que identifique prováveis resultados decisórios (o que é possível a partir da tecnologia de 'aprendizagem de máquina').

Recentemente, inclusive, houve a criminalização da utilização de dados de identificação dos magistrados e servidores do Judiciário para fins de avaliação, análise, comparação, previsão de futuras decisões e publicitação de estatísticas (Art. 33 da LOI nº 2019-222, de 23/03/2019, sobre a reforma da justiça).

Outros países, porém, não veem problemas em adotar sistemas preditivos que podem variar desde os mais simples (que apenas fornecem dados comparativos e probabilidades de êxito em demandas judiciais), até os mais complexos (que envolvem todas as fases do processo, inclusive a decisória, adotando-se o 'juiz robô' em substituição ao juiz humano, como é o caso da Estônia para pequenas causas, assim consideradas as de até sete mil euros).

Preocupa o fato de que algumas dessas ferramentas tecnológicas podem conter potenciais falhas, como talvez seja o caso do sistema COMPAS, utilizada em alguns estados norte-americanos para cálculo de probabilidade de reincidência em matéria penal (acusado de conter algoritmo que discrimina a população negra).

Por certo, qualquer decisão judicial envolve uma parcela de incerteza, e os programas de predição podem ser importantes aliados na garantia da segurança e estabilidade jurídica. Contudo, não podem (e não devem) ser adotados de forma açodada, sendo recomendável, no mínimo, a observância dos princípios ditados na Carta Ética Europeia para o Uso da Inteligência Artificial nos Sistemas Judiciais.

Por certo, a Carta enuncia 5 (cinco) princípios éticos que devem ser aplicados em toda a Justiça Preditiva, a saber: a) princípio do respeito pelos direitos fundamentais: assegurar que a elaboração e a implementação de ferramentas e serviços em Inteligência Artificial sejam compatíveis com os direitos fundamentais; b) princípio da não-discriminação: prevenir o desenvolvimento ou intensificação de qualquer discriminação entre indivíduos e grupos; c) princípio da qualidade e segurança: no processamento de decisões e dados judiciais, utilizar fontes certificadas e dados intangíveis com modelos elaborados de maneira multidisciplinar, em um ambiente tecnológico seguro; d) princípio da transparência, imparcialidade e equidade: tornar os métodos de processamento de dados acessíveis e compreensíveis, autorizar auditorias externas; e princípio "sob controle do usuário": impedir uma abordagem prescritiva e garantir que os usuários tenham controle sobre as escolhas.

No Brasil, o debate ainda é incipiente, não obstante ferramentas desta natureza já venham sendo utilizadas por bancas de advogados e se inicia também em algumas unidades judiciárias (Sistemas Radar, Ellis, Sinapse, Jerimum, Clara, Victor, Poti e Sócrates, por exemplo).

No Poder Judiciário, o Tribunal de Minas Gerais recentemente, apresentou o SAVIA, sistema assistente virtual de inteligência artificial que utiliza a plataforma ChatGPT e auxiliará magistrados e servidores na redação de textos, documentos e produção de peças judiciárias.

4. A proteção de dados pessoais na era do capitalismo de vigilância

No plano interno, o art. 35 da Constituição Portuguesa de 76 protege a autodeterminação informacional ou dimensão de soberania pessoal.

No plano internacional, no âmbito da Comunidade Europeia, o Regulamento Geral sobre a Proteção de Dados 2016/679 normatizou a matéria e entrou em vigor em maio de 2018.

A questão dos dados pessoais é de facto, estratégica, na configuração dos direitos da personalidade, na forma como nos relacionamos com o mundo e nos afirmamos enquanto pessoas e seres individuais, sendo pouco provável que consigamos manter essa dimensão e consistência de um direito, se limitarmos e reduzirmos essa valoração entre a relação entre o Estado e os cidadãos.

Hoje em dia já não devemos vestar com essa dialética entre o Estado e as pessoas e a forma como nos relacionamos, através desse direito, quer na dimensão negativa, quer na dimensão positiva.

Há uma dimensão muito presente, das possibilidades de gestão e discriminação das pessoas, com base no acesso aos dados pessoais, por parte do Estado, mas vemos que os grandes conglomerados privados afetam também, significativamente, como nos relacionamos, quer com o governo local, quer entre os cidadãos, quer com estes e os agentes econômicos.

Para nos consagrarmos como indivíduos, já não nos basta estarmos, perante o Estado e dizer – alto lá, aqui tú não entras, aqui é minha esfera privada, aqui é minha casa, meu domicílio, aqui é minha esfera de influência, aqui tú não mandas e nem deves mandar.

A Lei nº 58/2019 deliberou, sabendo não estar o Poder Público preparado, por conferir 3 (três) anos, a dar um exemplo negativo, a se estender a iniciativa privada.

A desigualdade social vai transformar no domínio digital, no domínio dos dados pessoais, na possibilidade ou não de nós não sermos rastreados ou tratados, no que diz respeito aos dados pessoais, só os mais ricos é que terão a possibilidade de desligar-se verdadeiramente, tú não tocas nos dados pessoais, não vês o meu historial médico, clínico, historial de crédito ou de dívidas ou de quer que seja.

Entendemos que quanto maior a ameaça, maior a necessidade de proteção do direito e sua essencialidade. O maior desafio será compatibilizar dimensões de aproveitamento econômico e societário dos dados pessoais que existem, com a dimensão da proteção desse direito fundamental.

Quando falamos de exploração empresarial, geralmente visualizamos cadeias produtivas de indústrias e comércio, exploração de trabalhadores que, quando abusivas, são explícitas aos olhos, como trabalho escravo e super-exploração do meio ambiente.

Agora, temos que ter consciência da exploração indiscriminada dos nossos dados pessoais.

Pode parecer um conceito abstrato e distante, mas não é. É preocupantemente íntimo. Quando o usuário faz uma busca no Google, aparentemente, se tem a impressão ser de graça. Aquela busca no Google, a olhadinha e o tempo de ecrã no Instagram, o consentimento da política de privacidade da página pesquisada, o anúncio clicado no YouTube ou a curtida em um perfil são informações que atualmente valem mais que ouro.

Muitas pessoas talvez digam "e daí" ou "tudo bem". Mas não é tão simples ou inofensivo como parece. Nossa vida é diretamente impactada pelo nosso perfil online: qual será seu crédito pré-aprovado, se terá acesso a auxílios do governo, o preço do plano de saúde, qual candidato vai comprar sua atenção, se você vai ser parado pela polícia.

O famoso "sistema" ou "algoritmo" é resultado de milhares de dados pessoais cruzados e compactados.

Nossas vidas são regidas pelas informações coletadas, processadas e, depois, vendidas para quem quiser comprar. É assim que as chamadas bigtechs, gigantes da tecnologia como Google e Facebook, ganham dinheiro. Elas vendem você. Um exemplo de modelo de negócio abusivo é como o Facebook usa o WhatsApp, empresa que comprou em 2014 por US$ 19 bilhões.

Na época, o Facebook prometeu publicamente que não lucraria com dados dos usuários do WhatsApp. Meses depois, a empresa passou a monetizar os dados de milhões de usuários do aplicativo.

Não satisfeito, o Facebook forçou uma nova política global de privacidade que entrou em vigor em 2021, com exceção da Europa, que proibiu a prática há anos. Ou aceitamos que nossos dados pessoais sejam coletados e compartilhados com o grupo Facebook, ou teremos a conta WhatsApp congelada.

São pelo menos dois bilhões de usuários, o equivalente a 23% da população global. Isso é poder demais nas mãos de um grupo económico.

O Facebook está forçando essa política justamente porque sabe de seu poder. Mesmo que quisessem, pouquíssimas pessoas abandonariam o aplicativo, principalmente durante a pandemia, onde cada minuto de distanciamento físico salva milhares de pessoas e a conexão com entes queridos e o ganha-pão dependem de ferramentas como o WhatsApp. Um exemplo cruel de abuso de poder.

Com a aprovação da Lei Geral de Proteção de Dados em 2020, o Brasil passou a ter legislação em proteção de dados, assim como a Europa. A lógica do "se o produto é de graça, você é o produto" é mais real e assustadora do que nunca.

As bigtechs nos proporcionam ferramentas incríveis, mais evidentes nesta pandemia como nunca antes. Mas há também o lado obscuro, em que estes dados são manipulados e vendidos para operadores de redes de desinformação que roubam eleições e alimentam algoritmos que perpetuam sistemas de opressão.

Por isso, a autodeterminação informacional é direito fundamental que deve ser respeitado, protegido e promovido pelo Estado.

A solução, em nosso sentir, perpassa pela educação informacional; a cooperação global entre os países e a necessária regulação estatal.

Conclusões

A utilização das novas tecnologias é um facto social e econômico que facilitou a vida em sociedade.

No planejamento e funcionamento das Smarts Cities auxiliam os gestores na tomada de decisões, cada vez mais rápida e com maior acurácia.

Na Justiça Preditiva a racionalizar recursos humanos e financeiros e conferir maior celeridade e eficácia na prestação jurisdicional.

Podemos enumerar como vantagens, a diminuição de distâncias, virtualização de reuniões, palestras e encontros, de procedimentos e processos, economia de tempo em deslocamentos desnecessários, conectividade e decisão tomada quase que em tempo real, uma mudança significativa de comportamentos. É inegável que as novas tecnologias fazem parte da vida em sociedade, possuindo diversas vantagens, mas trouxe consigo inúmeras externalidades negativas, desvantagens e ameaças perigosas a direitos.

A tempestade informacional, com a necessidade de tanta atualização gera um esgotamento laboral, psíquico e no período de lazer uma obsessão pelo ecrã do computador e telemóvel. Para além, ainda tem a desinformação intencional.

A pegada digital deixada é apropriada pelas grandes empresas de tecnologia e comercializada em diversas matizes, de forma subliminar. Os dados estão se tornando o capital mais importante do mundo.

A autodeterminação informacional ou dimensão de soberania pessoal é direito fundamental, que merece o respeito, proteção e promoção.

Os abusos e excessos perpassam por três eixos: i) educação; ii) cooperação global e iii) regulação.

Referências

CARTA BRASILEIRA DAS CIDADES INTELIGENTES. Disponível: https://www.gov.br/mdr/pt-br/assuntos/desenvolvimento-urbano/carta-brasileira-para-cidades-inteligentes. Acesso em: 09 jan.2023.

CARTA DE DIREITOS FUNDAMENTAIS DA UNIÃO EUROPEIA. Disponível: https://www.europarl.europa.eu/charter/pdf/text_pt.pdf. Acesso em: 09 jan. 2023.

CARTA ÉTICA EUROPEIA PARA O USO DA INTELIGÊNCIA ARTIFICIAL NOS SISTEMAS JUDICIAIS. Disponível: https://rm.coe.int/carta-etica-traduzida-para-portugues-revista/168093b7e0. Acesso em: 27 jan. 2023.

DOMINGOS, Pedro. **O Algoritmo Mestre: Como a Busca Pelo Algoritmo de Machine Learning Definitivo Recriará Nosso Mundo.** São Paulo: Editora Novatec. 2017.

EMPOLI, Guiliano da. **Engenheiros do caos.** São Paulo: Vestígio. 2020.

HAMMI, B., Khatoun, R., Zeadally, S., Fayad, A., & Khoukhi, L. (2018). **IoT technologies for smartcities**. IET Networks, 7(1), 1-13. Disponível em: http://dx.doi.org/10.1049/iet-net.2017.0163. Acesso em: 09. Jan.2023.

HAN, Byuung-Chui. **Psicopolítica – o neoliberalismo e as novas técnicas de poder.** Belo Horizonte: Editora Ayiné, 2018.

LANIER, Jaron. **Dez argumentos para você deletar agora suas redes sociais.** Rio de Janeiro: Intríseca, 2018.

LAZZARETTI, Kellen. et AL. **Cidades inteligentes: insights e contribuições das pesquisas brasileiras.** Disponível em: https://www.scielo.br/j/urbe/a/3LscvBK8vN86Q3fyFvzx7Fw/?lang=pt. Acesso: 23.02.2023.

ORWELL. George. **1984.** 1ª edição. São Paulo: Cia das letras, 2009.

ZANELLA, A., Bui, N., CASTELLANI, A., VANGELISTA, L., & ZORZI, M. (2014). *Internet of Things for Smart Cities.* IEEE Internet of Things Journal, 1(1), 22-33. Disponível em: https://doi.org/10.1109/JIOT.2014.2306328. Acesso em: 09.jan.2023.

ZUBOFF, Shoshanna. **A era do capitalismo de vigilância** – a luta por um futuro humano na nova fronteira do poder. Rio de Janeiro: Editora Intrínseca Ltda. 2020.

Filme: O dilema das redes. *(The social dilemma).* Disponível em: Netflix.

Entrevista no programa Roda Viva com Yuval HARARI. 11 Nov. 2019. Disponível em: https://www.youtube.com/watch?v=pBQM085IxOM. Acesso em: 27 Jan.2023.

23. *BIG DATA* NO SETOR BANCÁRIO: REFLEXÕES SOBRE A PROPOSTA DE DIRETIVA RELATIVA AOS CRÉDITOS AOS CONSUMIDORES COM(2021) 347 FINAL E DA PROPOSTA DE REGULAMENTO INTELIGÊNCIA ARTIFICIAL COM(2021) 206 FINAL

Isa Raquel Pinto Pereira

Introdução

O estudo da temática da Inteligência Artificial (IA) no setor bancário revela-se um tema apelativo e interessante bem como das questões que se levantam neste âmbito, numa altura em que a Inteligência Artificial vai assumindo um protagonismo crescente no seio das entidades bancárias e setor financeiro no geral.

As entidades bancárias defrontam uma crescente mudança organizacional da sua atividade, fruto do célere e portentoso avanço tecnológico, fortemente motivado pelo forte impacto da IA. A Inteligência Artificial no setor financeiro é uma realidade com uma magnitude significativa. Assistimos a uma mudança de paradigma que clama por uma adequação da legislação à nova realidade e à regulação do setor, em conformidade com clientes cada vez mais exigentes.

A IA no setor financeiro cumpre algumas funções principais e introduz múltiplas vantagens tais como compreender as necessidades do cliente bancário; melhorar os produtos e serviços oferecidos e, neste caso, aumentando os lucros das entidades bancárias, porquanto a utilização da IA reduz custos e potencia a realização de contratos a um preço mais competitivo; identificar e gerir o risco; evitar fraudes; prevenir e combater o branqueamento de capitais, o financiamento do terrorismo e o financiamento da proliferação de armas de destruição em massa.

A utilização de novas tecnologias no setor bancário tem vários aspetos positivos para os seus utilizadores, como seja um permanente desenvolvimento de novos produtos e serviços, a criação de processos [mais céleres] de consulta e movimentação ou a transação de instrumentos financeiros.

Não obstante a realidade de um mundo cada vez mais digital, em que as inovações tecnológicas discorrem a uma velocidade sem precedentes, a Inteligência Artificial no setor financeiro não é novidade. Desde logo são inúmeras as alterações que têm impacto nos modelos de negócio e no domínio do setor financeiro, mostrando-se cada vez mais rápido o desenvolvimento de novas tecnologias digitais com maior potencial de disrupção para as entidades bancárias, influenciando a forma como os serviços financeiros são concebidos e prestados[1].

A evolução dos métodos baseados em IA no setor financeiro está a ser acelerada pela emergência de ferramentas incipientes que tornam a tecnologia acessível a um vasto leque de pessoas não necessariamente oriundas de contextos técnicos. Não obstante, e como já referimos, a inovação e desenvolvimento tecnológico não é novidade na atividade bancária, dado que "desde sempre, a atividade financeira promoveu e rodeou-se dos mais desenvolvidos instrumentos e meios que a tecnologia (...) foi capaz de oferecer"[2].

A transposição das caraterísticas da inteligência humana para processos automatizados de interação com o cliente bancário é uma realidade bem presente.

A alteração de relações interpessoais por relações entre o homem e a máquina ou entre máquinas, não pretende substituir os recursos humanos das entidades bancárias, mas aditar serviços que auxiliam na apresentação de respostas mais adequadas a cada cliente, com maior celeridade e com base num infindável número de dados recolhidos por softwares, que serão

[1] Comissão Europeia, "Plano de Ação para a Tecnologia Financeira: rumo a um setor financeiro europeu mais competitivo e inovador", COM(2018) 109 final. Acessível em: https://eur-lex.europa.eu/legal-content/PT/TXT/?uri=CELEX%3A52018DC0109

[2] Cfr. MAIA, Pedro, "A robotização do mundo financeiro: reflexões introdutórias", *in* Estudos de Direito do Consumidor, n.º 16, Centro de Direito do Consumo – Instituto Jurídico, Coimbra, 2020, pág. 275. Acessível em: https://www.fd.uc.pt/cdc/pdfs/rev_16_completo.pdf

transformados em informações. A análise destes dados era, outrora, decidida exclusiva ou maioritariamente por pessoas. Atualmente são decididas por meios automatizados, com suporte na análise de *big data*, prescindindo, assim, total ou parcialmente de intervenção humana.

É com base na análise dos dados recolhidos por *big data* que o algoritmo gerará informação suficiente para a criação de perfis. E será com fundamento nesses perfis que, por exemplo, um sistema informático poderá negar a um cliente a obtenção de crédito bancário.

Impõe-se assim analisar a informação obtida via *big data* e demonstrar a importância da temática das decisões automatizadas num mundo digital, analisar os potenciais riscos e vantagens e perceber se, essas decisões automatizadas, com base em dados recolhidos maioritariamente *online*, violam um dos princípios fundamentais que é o direito à privacidade explanado no Regulamento Geral da Proteção de Dados e consagrado na Constituição da República Portuguesa.

1. *Big Data* – noção

A lei nacional não prevê qualquer definição para o termo *big data*. Mas intui-se com relativa facilidade, que a definição de *big data* é polissémica. Por um lado, *big data* é um conjunto de dados numa escala massiva, de variadas fontes e de múltiplos suportes; por outro lado, compreende as tecnologias e processos envolvidos numa "técnica de conversão de fluxos de dados num conhecimento altamente específico"[3].

A massiva disponibilidade de dados (exabytes e zetabytes), os avanços na ciência da computação, na criação de novos algoritmos e o acesso generalizados a computadores e a outros equipamentos tecnológicos com acesso à *Internet*[4], permitiram grandes progressos na Inteligência Artificial nos últimos anos.

[3] LEAL, Ana Alves, "Aspetos jurídicos da análise de dados na Internet (*big data analytics*) nos setores bancário e financeiro: proteção de dados pessoais e deveres de informação", in CORDEIRO, António Menezes; OLIVEIRA, Ana de Perestrelo; DUARTE, Diogo Pereira (coord.), *FinTech: Desafios da Tecnologia Financeira*, Coimbra, Almedina, 2017, pág. 81.

[4] De acordo com os últimos dados do INE publicados na Pordata, a utilização da Internet, independentemente da faixa etária, tem aumentado significativamente: https://www.pordata.pt/municipios/individuos+com+16+e+mais+anos+que+utilizam+computador+e+internet+em+percentagem+do+total+de+individuos+por+sexo-798

A cada dia "o volume de dados produzidos no mundo está a aumentar rapidamente, devendo passar de 33 zetabytes em 2018 para 175 zetabytes em 2025"[5].

A par da evolução, os sistemas computacionais possuem hodiernamente um sistema de armazenamento e processamento de informação que permite recolher dados a alta velocidade com um valor económico inestimável. As "gigantes" tecnológicas como a "Google, Facebook, Amazon, eBay, Microsoft e Yahoo!, estão envolvidas em Big Data de uma forma ou de outra e tratam os dados como um importante ativo e fonte de criação de valor"[6].

Com o aumento da digitalização e recurso massivo à *Internet*, o uso de *big data* é impulsionado pela quantidade de dados que são disponibilizados diariamente pelos seus usuários[7]. A pegada digital dos utilizadores da *Internet*, que é a principal fonte de obtenção de dados, permitirá a monitorização das suas atividades e, desse modo, consciente ou inconscientemente[8], são facultados pelo próprio titular. Posteriormente os algoritmos convertem esses dados em informação.

A Autoridade Nacional de Comunicações (ANACOM) disponibiliza uma infografia sobre o estado da arte das comunicações eletrónicas em Portugal e como se comparam ao nível da União Europeia em 2021. Acessível em: https://www.anacom-consumidor.pt/documents/20181/22949065/DMTSI2022/ffb48c13-4045-4bb4-bf6a-4fdb47541870
Ainda sobre dados estatísticos da economia e da sociedade digital – agregados familiares e indivíduos, de acesso à Internet: https://ec.europa.eu/eurostat/statistics-explained/index.php?title=Archive:Estat%C3%ADsticas_da_economia_e_da_sociedade_digital_-_agregados_familiares_e_indiv%C3%ADduos&oldid=350825#Acesso_.C3.A0_Internet

[5] Cfr. "LIVRO BRANCO sobre a inteligência artificial – Uma abordagem europeia virada para a excelência e a confiança (COM2020) 65 final", Bruxelas, 19.2.2020. Comissão Europeia. Pág. 4. https://eur-lex.europa.eu/legal-content/PT/TXT/?uri=CELEX:52020DC0065

[6] RUBINSTEIN, IRA. S., "Big Data: The End of Privacy or a New Beginning?" in International Data Privacy Law, Volume 3, Issue 2, May 2013, Pág. 76. Acessível em: https://academic.oup.com/idpl/article/3/2/74/709082

[7] Sobre dados de crescimento "BIG DATA ANALYTICS NO MERCADO BANCÁRIO – CRESCIMENTO, TENDÊNCIAS, IMPACTO DO COVID-19 E PREVISÕES (2023 – 2028)": https://www.mordorintelligence.com/industry-reports/big-data-in-banking-industry

[8] Considera-se que os dados são conscientemente facultados pelo seu titular quando este é informado de forma atempada, oportuna e clara, que os mesmos são recolhidos e armazenados. E inconscientemente quanto tal não acontecer. Cf. EVODEVO SRL, The ethics of big data: balancing economic benefits and ethical questions of big data in the EU policy

A recolha desses dados incide sobre interações em redes sociais, envio de correio eletrónico, registo em plataformas, transações online, utilização de aplicações, entre outras que não se esgotam. Aliás, como refere Viktor Mayer-Schönberger e Kenneth Cukier, agora é possível recolher dados através de uma chamada telefónica através de *tweets* ou *posts* nas redes sociais, que antes da "era" digital não seria possível[9].

A este respeito Ana Alves Leal refere que este conjunto de informação é caracterizado "por três V's: volumetria (grandes volumes de dados gerados em cada segundo), variedade (os dados são fornecidos em diferentes tipos de formatos e recolhidos através de diversas formas, correspondendo sobretudo a dados não estruturados) e velocidade de atualização (o conteúdo dos dados está em constante mutação)"[10].

Atualmente as entidades financeiras recorrem à análise de *big data* para fins como a avaliação da solvabilidade do cliente bancário e a previsão da probabilidade de cumprimento do reembolso do crédito ou a avaliação do risco associado[11].

O processo de transformação destes dados passa por diversas fases. Numa primeira fase envolve a recolha de dados (*data mining*), que depois serão analisados, transformados e construídos por um algoritmo que assenta em técnicas de *machine learning* extraindo-se daí um resultado (*outcome*) que servirá de auxílio à tomada de decisões.

Porque *big data* e algoritmo andam a par, é pertinente perceber também o seu conceito. Assim, e nas palavras de Pedro Domingos, o algoritmo

context, CECCACCI, LOREDANA (coord.), European Economic and Social Committee, 2017, pág. 19. Acessível em: https://www.eesc.europa.eu/sites/default/files/resources/docs/qe-04-17-306-en-n.pdf.

[9] MAYER-SCHÖNBERGER, Viktor e CUKIER, Kenneth, "Big data: a Revolution that will transform how we live, work, and think. New York: Houghton Mifflin Harcourt, 2013", pág. 1143. https://academic.oup.com/aje/article/179/9/1143/2739247

[10] LEAL, Ana Alves, "Big Data nos setores bancário e financeiro", ob. cit. Pág. 201. Ver também o relatório da European Banking Authority (EBA), "EBA Reporto n Big Data and Advanced Analytics", pág. 12. Acessível em: https://www.eba.europa.eu/sites/default/documents/files/document_library//Final%20Report%20on%20Big%20Data%20and%20Advanced%20Analytics.pdf

[11] Entre outros que aqui não serão abordados, mas como exemplo mais conhecido: a seleção de candidatos a um posto de trabalho.

traduz-se numa "sequência de instruções que diz a um computador o que fazer"[12] transformando os dados recolhidos em resultados.

Quanto ao procedimento das instituições bancárias para aplicação desses dados, de acordo com o relatório da *European Banking Authority* (EBA), para análise dos dados obtidos através de *big data*, as instituições financeiras utilizam técnicas de análise preditiva (*predictive analytics*) e análise prescritiva (*prescriptive analytics*) e são usados para analisar e recomendar ações tendo por base os dados obtidos[13]. A análise preditiva visa analisar um evento futuro com base em informações antigas, enquanto que a análise prescritiva, com base nas informações recolhidas através da análise preditiva, utiliza técnicas analíticas e estatísticas de inteligência artificial complexas para permitir e modelar os diferentes resultados de negócios com base em riscos e cenário futuros, para que o impacto da decisão sobre o negócio possa ser otimizado[14].

A aplicação prática destes métodos ao setor financeiro traz diversas vantagens, seja na criação de perfis personalizados dos clientes bancários, conseguindo ajustar a oferta de produtos e serviços às necessidades de cada cliente[15] através desta prévia categorização, seja na avaliação do

[12] Cfr. DOMINGOS, Pedro, "A revolução do algoritmo mestre: como a aprendizagem automática está a mudar o mundo", Barcarena, pág. 25.

[13] EBA REPORT ON BIG DATA AND ADVANCED ANALYTICS, JANUARY 2020, EBA/REP/2020/01, "To analyse Big Data, institutions are increasingly using advanced analytics. Advanced analytics include predictive and prescriptive analytical techniques, often using AI and ML in particular, and are used to understand and recommend actions based on the analysis of high volumes of data from multiple sources, internal or external to the institution. Typical use cases include customer onboarding, fraud detection and back office process automation". Pág. 11 e 14.

[14] Tradução literal de: "Prescriptive analytics: this technique combines both backward- and forward-looking analytical techniques to suggest an optimal solution based on the data available at a given point in time. Prescriptive analytics uses complex statistical and AI techniques to allow flexibility to model
different business outcomes based on future risks and scenarios, so that the impact of the decision on the business can be optimised", EBA REPORT ON BIG DATA AND ADVANCED ANALYTICS, JANUARY 2020, EBA/REP/2020/01, pág. 14.

[15] Numa entrevista realizada a José Manuel Ferreira Pinto, Presidente da Comissão Executiva do Banco Valor, este afirma que, "não obstante, em certa medida, a tecnologia esteja a contribuir para o afastamento entre os bancos e clientes, ela permite agregar dados úteis para prever as intenções e necessidades dos clientes e fornecer intervenções e conselhos mais personalizados, que beneficiarão e fortalecerão ainda mais o relacionamento com os clientes".

risco de incumprimento de cada cliente, facilitando, assim, o processo de tomada de decisão, por exemplo, na concessão de crédito.

2. Enquadramento e considerações sobre a proposta de diretiva relativa aos créditos aos consumidores com(2021) 347 final

A inteligência artificial precisa de uma quantidade considerável de dados pessoais dos respetivos titulares, para os categorizar e formar padrões sobre uma determinada pessoa. Mas a inteligência artificial e a privacidade "colidem" entre si, quando se tratam de dados pessoais.

A este propósito detetámos uma problemática no que concerne às decisões automatizadas com recurso a algoritmos. Será que os bancos conseguem demonstrar que cumprem as imposições regulatórias? Se forem alcançadas determinadas decisões, com base nos algoritmos, as entidades bancárias são capazes de explicar a lógica subjacente à decisão? Veremos.

A utilização da inteligência artificial comporta alguns riscos ou problemas regulatórios que recaem sobre as entidades bancárias, na medida em que devem ser capazes de demonstrar o raciocínio por detrás da decisão do algoritmo (decisões automatizadas). Pelo que tem sido compromisso de algumas entidades reguladoras que a utilização de inteligência artificial tem que obedecer a certas regras nalguns casos[16]. Sobre este ponto incidiremos e limitaremos a análise das decisões automatizadas no crédito aos consumidores[17], por ser um diploma em revisão e discussão no Conselho da União Europeia.

Banca em Análise 2022, Deloitte, pág. 43. Acessível em: https://www2.deloitte.com/content/dam/Deloitte/ao/Documents/financial-services/Bancaemanalise/banca-em-analise-2022.pdf

[16] Sobre esta questão, MAIA, Pedro, "Intelligent Compliance", Artificial Intelligence in the economic sector: prevention and responsibility, Instituto Jurídico da Faculdade de Direito da Universidade de Coimbra, págs. 39 e 40. Acessível em: https://estudogeral.sib.uc.pt/handle/10316/99234, "it creats regulatory problem: banks must be able to prove that they comply with regulatory demands. If it's not possible for them to demonstrate the reasoning behind the algorithm's decision that ability is compromised. For that reason, a previous commitment by the regulators to consider the use of AI as the ful!llment of certain regulatory demands has been needed in some cases".

[17] Regulado pelo Decreto-Lei n.º 133/2009, de 02 de junho relativo a contratos de crédito aos consumidores. Este diploma revogou o anterior regime previsto no Decreto-Lei n.º 359/91, de 21 de setembro. O Decreto-Lei n.º 133/2009, de 02 de junho, foi retificado

Em 30 de junho de 2021, a Comissão Europeia propôs uma nova Diretiva sobre créditos aos consumidores (COM (2021) 347 final)[18] que pretende modernizar e reforçar, a nível europeu, a defesa dos consumidores que contraiam créditos e que, a ser aprovada, revogará a atual Diretiva 2008/48/CE do Parlamento Europeu e do Conselho de 23 de abril de 2008 relativa a contratos de crédito aos consumidores, atualmente em vigor, e que foi transposta para o direito interno pelo DL. n.º 133/2009, de 2 de junho, relativo a contratos de créditos aos consumidores[19].

Hodiernamente assistimos a uma mudança de paradigma. O recurso incisivo e generalizado à *Internet* permitiu que, por um lado, as entidades bancárias tivessem disponíveis novas formas de divulgação de produtos bancários e por outro lado, o acesso facilitado e menos burocrático de concessão de crédito.

O que permitiu igualmente às entidades bancárias alterar a forma como avaliam a solvabilidade e o risco de incumprimento do mutuário, recorrendo a sistemas automatizados de decisão e à obtenção de dados não tradicionais[20].

pela declaração de retificação n.º 55/2009, de 31 de julho e alterado pelo Decreto-Lei n.º 72-A/2010, de 17 de junho, pelo Decreto-Lei n.º 42-A/2013, de 28 de março, pelo Decreto-Lei n.º 74-A/2017, de 23 de junho e pela Lei n.º 57/2020, de 28 de agosto (versão mais recente). Acessível em: https://www.pgdlisboa.pt/leis/lei_mostra_articulado.php?nid=1107&tabela=leis&so_miolo=

[18] Comissão Europeia, Proposta de Diretiva do Parlamento Europeu e do Conselho relativa aos créditos aos consumidores COM (2021) 347. Etapas do procedimento acessível em: https://eur-lex.europa.eu/legal-content/PT/HIS/?qid=1643135163537&uri=CELEX%3A52021PC0347
Sobre esta temática, em artigos mais desenvolvidos, ver PEREIRA, Isa Raquel Pinto, "A concessão de crédito responsável nos contratos de crédito ao consumo". Dissertação de mestrado – Universidade Portucalense. 2022. http://repositorio.uportu.pt/jspui/handle/11328/3929 e REBELO, F., & Pinto PEREIRA, I. (2022), "Comportamento online do consumidor, formação financeira e sobreendividamento: primeiras reflexões sobre a Proposta de Diretiva relativa aos Créditos aos Consumidores COM/2021/347final", in Revista Jurídica Portucalense, págs. 86-109.
https://revistas.rcaap.pt/juridica/article/view/27495

[19] Sobre a evolução legislativa deste regime remetemos para a nota de rodapé n.º 17.

[20] O artigo 18.º da Proposta de Diretiva (obrigação de avaliar a solvabilidade do consumidor) refere que: "47. A avaliação da solvabilidade deve ser efetuada com base em informações relevantes e exatas sobre os rendimentos e as despesas do consumidor e outras circunstâncias financeiras e económicas que lhe digam respeito que sejam necessárias e proporcionadas, tais

É evidente e necessária uma atualização e adequação das práticas bancárias nesta matéria, de forma a acompanhar a evolução da digitalização (práticas que também põem em causa a adequação das atuais normas sobre as informações pré-contratuais a um ambiente cada vez mais caracterizado por ferramentas digitais (substituindo assim os clássicos dossiers em papel), que permitem o acesso rápido e fácil às plataformas das entidades bancárias, privilegiando, os clientes bancários, um processo de obtenção de crédito menos burocrático, mais fácil, rápido, personalizado e em detrimento da localização (sem necessidade de se deslocar presencialmente a um balcão de uma agência bancária) ou identidade do mutuante.

Todavia, o uso massivo das plataformas digitais traz-nos um problema em sede de direitos fundamentais[21], designadamente, e no caso em

como comprovativos de rendimentos ou outras fontes de reembolso, informações sobre ativos e passivos financeiros ou informações sobre outros compromissos financeiros. As informações devem ser obtidas junto de fontes internas ou externas pertinentes, incluindo o consumidor e, se necessário, com base na consulta de uma base dados referida no artigo 19.º". O artigo 19.º da Proposta de Diretiva (Bases de dados) introduz disposições destinadas a assegurar que os mutuantes ou os prestadores de serviços de crédito de financiamento colaborativo possam aceder à informação contida nas bases de dados relevantes de forma não discriminatória. págs. 53-55, da Proposta de Diretiva: https://www.europarl.europa.eu/meetdocs/2014_2019/plmrep/AUTRES_INSTITUTIONS/COMM/COM/2022/07-11/COM_COM20210347_PT.pdf

A obtenção de dados não tradicionais também consiste na utilização de *big data*, ou seja, "na recolha e guarda de grande volume e variedade de dados, que são processados a grande velocidade com recurso a ferramentas tecnológicas e métodos analíticos avançados e cuja utilização permite prever comportamentos e padrões de consumo (*Data Mining*). Com base em informação recolhida através de páginas de internet, das redes sociais, de sinais dos smartphones ou da utilização de cartões de pagamento, as instituições financeiras podem: Criar perfis de consumidores e padrões de consumo; Dirigir publicidade orientada sobre produtos financeiros a públicos específicos; Avaliar a solvabilidade dos clientes". Como esclarece o Banco de Portugal: https://clientebancario.bportugal.pt/pt-pt/big-data-o-que-e

[21] A Constituição da República Portuguesa (Decreto de 10 de abril de 1976, na sua versão mais recente dada pela Lei n.º 1/2005, de 12/08) com oito revisões constitucionais, prevê o direito à vida privada dos cidadãos e a proteção dos seus dados pessoais, nos artigos 26.º e 35.º. Sendo que no artigo 35.º é reconhecido um leque de direitos fundamentais em matéria de defesa contra o tratamento informático de dados pessoais, como seja o direito ao não tratamento informático de certos tipos de dados pessoais. https://www.pgdlisboa.pt/leis/lei_mostra_articulado.php?artigo_id=&nid=4&tabela=leis&pagina=1&ficha=1&so_miolo=&nversao=#artigo

concreto, a proteção de dados pessoais. A atual perspetiva do direito fundamental à proteção dos dados pessoais decorre essencialmente da evolução[22] legislativa dos países europeus nos últimos anos. Importa apenas referir que a Comissão Europeia, reconhecendo a natureza do direito fundamental e dando especial enfoque à proteção de dados, com intenção de uniformizar a matéria da proteção de dados em toda a Europa, aprovou a Recomendação 81/679/CEE[23], para os Estados-Membros da UE, com vista à "proteção das pessoas relativamente ao tratamento automatizado de dados de caráter pessoal"[24].

2.1. Decisões automatizadas e proteção dos dados pessoais à luz do Regulamento Geral da Proteção de Dados em conformidade com a Proposta de Diretiva de créditos aos consumidores COM(2021) 347 final

A problemática da proteção de dados pessoais está presente em diversos setores de atividade e, com o uso da inteligência artificial, como já se referiu, levantam-se questões no campo regulatório das entidades bancárias. A Proposta de Diretiva relativa aos créditos aos consumidores, em matéria de tratamento de dados pessoais, visa dar resposta às preocupações que surgem quanto ao tratamento de dados dos clientes bancários no âmbito do mercado do crédito aos consumidores. Neste sentido será a Autoridade Bancária e Europeia (EBA) a fornecer as orientações, no que respeita à concessão e à monitorização de empréstimos, sobre as categorias de dados

Veja-se, para mais desenvolvimentos, CANOTILHO, José Joaquim Gomes e VITAL Moreira (2007-2010), Constituição da República Portuguesa Anotada, vol. I, Coimbra Editora, Coimbra, pág. 551. GOUVEIA, Jorge Bacelar (1991), "Os Direitos fundamentais à proteção dos dados pessoais informatizados", Revista da Ordem dos Advogados (51 – III) (Online), pág. 703. Acessível em: https://portal.oa.pt/upl/%7B8dae932c-ee41-4b59-8c02-e9bbbe8fa4ed%7D.pdf.

22 Evolução que não iremos explorar por não se tratar do tema principal.

23 Comissão Europeia, Recomendação da Comissão de 29 de julho de 1981, relativa a uma convenção do Conselho da Europa para a proteção das pessoas relativamente ao tratamento automatizado de dados de carácter pessoal (81 /679/CEE), Jornal Oficial das Comunidades Europeias, de 29.08.81, n.º L 246/31. Acessível em: https://eur-lex.europa.eu/legal-content/PT/TXT/PDF/?uri=CELEX:31981H0679&from=PT

24 *Idem, ibidem.*

que podem ser utilizados para efeitos de avaliação da solvabilidade dos consumidores[25].

Prevê ainda que os dados pessoais obtidos nas redes sociais ou os dados de saúde (inclusive doenças oncológicas [considerados dados sensíveis]) não poderão ser utilizados para o efeito de avaliação da solvabilidade.

Nesta matéria importa referir o "Parecer do Comité Económico e Social Europeu sobre a proposta de diretiva do Parlamento Europeu e do Conselho relativa aos créditos aos consumidores"[26] (CESE), no qual elenca um conjunto de recomendações significativas em matéria da avaliação da solvabilidade dos consumidores e o tipo de dados a utilizar.

Neste sentido, entre outras, o CESE considera que na avaliação da solvabilidade do cliente bancário devem ser excluídos "os dados pessoais sensíveis, como os dados em matéria de saúde"[27].

O CESE pronuncia-se também sobre a utilização de perfis ou outro tratamento automatizado de dados pessoais. Ou seja, recomenda que a avaliação da solvabilidade do cliente bancário deve estar em conformidade com os requisitos do Regulamento Geral da Proteção de Dados (RGPD), "o que significa que o consumidor tem os direitos concedidos pelo RGPD quando a avaliação da solvabilidade é efetuada exclusivamente de forma automática e produz efeitos relativos a um particular"[28].

A orientação da EBA dispõe ainda que "as instituições e os mutuantes devem assegurar-se de que são cumpridos os requisitos do Regulamento

[25] Conforme Carta Circular n.º CC/2020/00000064, do Banco de Portugal, acessível em: https://www.bportugal.pt/sites/default/files/anexos/cartas-circulares/430816559_5.docx.pdf

E o *Relatório final – orientações sobre a concessão e a monitorização de empréstimos*, da Autoridade Bancária Europeia (EBA) sobre práticas de supervisão adequadas no âmbito do Sistema Europeu de Supervisão Financeira ou sobre o modo como a legislação da União deve ser aplicada num domínio específico. Acessível em: https://www.eba.europa.eu/sites/default/documents/files/document_library/Publications/Guidelines/2020/Guidelines%20on%20loan%20origination%20and%20monitoring/Translations/886691/Final%20Report%20on%20GL%20on%20loan%20origination%20and%20monitoring_COR_PT.pdf

[26] União Europeia, Parecer do Comité Económico e Social Europeu (CESE) sobre a proposta de diretiva do Parlamento Europeu e do Conselho relativa aos créditos aos consumidores. Acessível em: https://eur-lex.europa.eu/legal-content/PT/TXT/PDF/?uri=CELEX:52021AE3601

[27] Cfr. Parecer do CESE cit., pág. 1.

[28] Cfr. Parecer do CESE cit., pág. 4.

(UE) 2016/679, em especial no que diz respeito ao facto de o mutuário ter sido informado e a sua autorização obtida"[29].

Pelo exposto, encontra-se bem patente a preocupação do legislador comunitário, na Proposta de Diretiva relativa aos créditos aos consumidores em articular a matéria de contratos de créditos aos consumidores com o respeito pelos princípios plasmados no RGPD. O legislador esteve atento e propõe uma nova Diretiva que visa "garantir o pleno respeito das disposições em matéria de dados pessoais" e "qualquer tratamento de dados pessoais para efeitos da Diretiva será conforme com o Regulamento (UE) 2016/679"[30].

Assim, e na vanguarda dos efeitos que a Inteligência Artificial poderá avocar em matéria de direitos fundamentais dos cidadãos europeus, no âmbito da concessão de crédito, e tendo em conta que os sistemas de Inteligência Artificial são facilmente implantados em vários setores da economia e da sociedade, foi já tido em conta, na Proposta de Regulamento que estabelece regras harmonizadas em matéria de Inteligência Artificial (Regulamento Inteligência Artificial), que os sistemas de IA utilizados para avaliar a classificação do crédito do cliente bancário pessoa singular deva ser caraterizado como sistemas de IA de risco elevado, "uma vez que determinam o acesso dessas pessoas a recursos financeiros ou a serviços essenciais"[31].

Não proíbe o acesso a dados, mas a sua regulamentação vai no sentido de que "os Estados-Membros devem facilitar o acesso transfronteiras a bases de dados públicas ou privadas, em conformidade com o Regulamento RGPD"[32].

Neste contexto destacámos os normativos que entendemos mais pertinentes para a matéria aqui aflorada, designadamente no artigo 5.º do RGPD estabelece os princípios relativos ao tratamento de dados pessoais, especialmente de minimização, exatidão e limitação de conservação de dados para efeitos de avaliar a solvabilidade do cliente bancário. A Proposta de Diretiva relativa aos contratos de crédito aos consumidores

[29] Orientação n.º 89, do Relatório final da EBA, pág. 26.

[30] Cfr. Proposta de Diretiva dos Créditos aos Consumidores, pág. 9.

[31] Cfr. Considerando 48 da Proposta de Diretiva dos Créditos aos Consumidores, pág. 26 e considerando 37 do Regulamento Inteligência Artificial, pág. 29.

[32] Cfr. Considerando 49 da Proposta de Diretiva dos Créditos aos Consumidores, pág. 26.

procura dar resposta à problemática observada em torno do tratamento de dados pessoais, no âmbito das práticas adotadas no mercado de crédito aos consumidores, decorrente da utilização de fontes de dados alternativas para avaliações de solvabilidade ou a transparência das avaliações realizadas com recurso a técnicas de aprendizagem automática, devendo ser adotadas boas práticas na utilização de fontes de dados, que reflitam os princípios do RGPD.

É certo que, no mundo digital atual deverão ser tidas em consideração todas as normas pertinentes para o domínio da IA. Entre um vasto leque de diplomas que se encontram em transformação[33], e como já referido, deverá ser considerado o RGPD, porquanto e considerando que os sistemas de IA funcionam com dados, na maioria dados pessoais, será necessário articular o RGPD com o Regulamento da IA. Um desafio nada simples que será colocado a todos quanto necessitem de aplicar os regimes, dado que ambos incluem normas muito detalhadas na sua regulamentação.

E pela reiterada alusão ao RGPD, impõe-se também a sua análise, sempre na linha de orientação em matéria de concessão de crédito.

Destarte e sendo Portugal um país da União Europeia é determinante fazer uma referência mais aprofundada ao Regulamento da Proteção de Dados, que prevê orientações e regulação nesta matéria.

Aliás, a Proposta de Diretiva relativa aos créditos aos consumidores aborda justamente a questão do tratamento de dados pessoais dos clientes bancários em matéria de avaliação da solvabilidade, porquanto a avaliação da solvabilidade do mutuário "deve ser realizada com base em informação necessária, suficiente e proporcionada sobre as circunstâncias financeiras e económicas" tendo incluído outra medida "relativa à utilização de fontes de dados alternativas para a realização de avaliações de solvabilidade que reflitam os princípios do Regulamento (UE) 2016/679 relativo à proteção geral de dados"[34].

[33] Por exemplo, o Regulamento dos Serviços Digitais: Proposta de Regulamento do Parlamento Europeu e do Conselho relativo a um mercado único de serviços digitais (Regulamento Serviços Digitais) e que altera a Diretiva 2000/31/CE, Bruxelas, 15/12/2020, COM(2020) 825 final, 2020/0361 (COD). Acessível em: https://eur-lex.europa.eu/legal-content/PT/TXT/?uri=CELEX:52020PC0825

[34] Pág. 7 e 8, da Proposta de Diretiva dos Créditos aos Consumidores.

Referimo-nos ao Regulamento (UE) n.º 2016/679 do Parlamento Europeu e do Conselho, de 27 de abril de 2016, relativo à proteção das pessoas singulares no que diz respeito ao tratamento de dados pessoais e à livre circulação desses dados, vulgarmente denominado por Regulamento Geral sobre a Proteção de Dados (RGPD)[35] que revoga a Diretiva 95/46/CE (Regulamento Geral sobre a Proteção de Dados). No ordenamento jurídico português está em vigor a Lei n.º 58/2019, de 8 de agosto[36] (Lei da proteção de dados pessoais) que assegura a execução do Regulamento (UE) 2016/679.

Nos termos do artigo 22.º, n.º 1 do Regulamento (UE) 2016/679, consagra o direito ao titular dos dados de "não ficar sujeito a nenhuma decisão tomada exclusivamente com base no tratamento automatizado, incluindo a definição de perfis, que produza efeitos na sua esfera jurídica ou que o afete significativamente de forma similar". Apesar de não se confundir a definição de perfis[37] com as decisões[38] automatizadas, a verdade é que numa atividade que envolva definição de perfis irá culminar numa decisão automatizada e, a maioria das decisões automatizadas são geradas por uma atividade de definição de perfis.

Outro ponto pertinente da Proposta de Diretiva relativa aos créditos aos consumidores é a imposição ou obrigação de informar os clientes

[35] Regulamento (UE) n.º 679/2016, de 27 de abril, na versão atualizada pela retificação n.º 00/2016, de 04 de maio, acessível em: https://www.pgdlisboa.pt/leis/lei_mostra_articulado.php?nid=2961&tabela=leis

[36] Diploma que até à data ainda não sofreu alterações. Acessível em: https://www.pgdlisboa.pt/leis/lei_mostra_articulado.php?artigo_id=&nid=3118&tabela=leis&pagina=1&ficha=1&so_miolo=&nversao=#artigo

[37] O RGPD define no n.º 4, do artigo 4.º, a definição de perfis como "qualquer forma de tratamento automatizado de dados pessoais que consista em utilizar esses dados pessoais para avaliar certos aspetos pessoais de uma pessoa singular, nomeadamente para analisar ou prever aspetos relacionados com o seu desempenho profissional, a sua situação económica, saúde, preferências pessoais, interesses, fiabilidade, comportamento, localização ou deslocações".

[38] Nas palavras de CORDEIRO, A. Barreto Menezes, este autor define "decisão" como um "ato, numa aceção não jurídica, que incida sobre um caso concreto e produza efeitos jurídicos relativamente a um ou mais titulares de dados específicos, quer seja a aceitação ou a recusa de um pedido, a sua caracterização, catalogação, atribuição de uma classificação, definição de perfil ou qualquer outra medida análoga produtora de um efetivo resultado". CORDEIRO, A. Barreto Menezes, "Decisões Individualizadas à luz do RGPD e da LGPD", em Direito Digital e Inteligência Artificial, Diálogos entre Brasil e Europa, 2021, Editora Foco, Pág. 266.

bancários quando sejam apresentadas ofertas personalizadas com base num tratamento automatizado, incluindo a definição de perfis, nos termos do artigo 13.º.

O artigo 18.º da referida Proposta de Diretiva, referente à obrigação de avaliar a solvabilidade do consumidor, exige que "quando as avaliações da solvabilidade se baseiam num tratamento automatizado, incluindo a definição de perfis, os consumidores têm o direito de solicitar e obter a intervenção humana por parte do mutuante e uma explicação pertinente da avaliação da solvabilidade, bem como o direito de manifestar o seu ponto de vista e contestar essa avaliação da solvabilidade"[39].

No domínio bancário e quanto à concessão de crédito, é realizada uma prévia avaliação do risco de incumprimento pelo mutuante. Esta análise do risco do cliente bancário configura uma fase pré-contratual determinante na tomada de decisão do banco relativamente à concessão de crédito. Desta avaliação resultará o grau de risco de incumprimento ou capacidade de reembolso do crédito pelo mutuário e será com base nestes resultados que a entidade bancária vai decidir da solvabilidade do cliente para a concessão de determinado crédito.

No direito interno, concretamente no que à avaliação da solvabilidade do cliente bancário concerne, no n.º 1, do artigo 10.º do DL. n.º 133/2009, de 02 de junho, a entidade bancária fica dependente da informação a prestar pelo cliente nesta fase pré-contratual. Na eventualidade do cliente bancário não apresentar a informação completa, o recurso às tecnologias *big data* permite que o banco tenha acesso a informação adicional, mais precisa, ultrapassando assim a informação insuficiente prestada pelo cliente bancário. Mas existirão critérios ou normas relevantes sobre a informação utilizada pelo banco para a formação da decisão de contratar?

O Regime Geral das Instituições de Crédito e Sociedades Financeiras (RGICSF)[40] prevê no n.º 1, do artigo 115.º-N, que a decisão da entidade bancária na concessão de crédito, por exemplo, "é estabelecido de forma clara e fundamenta-se em critérios sólidos e definidos" e o n.º 2 daquele preceito estabelece que "as instituições de crédito devem dispor de metodologias e procedimentos internos que permitam, sem dependência

[39] Pág. 12, Proposta de Diretiva dos Créditos aos Consumidores.

[40] Regulado pelo DL. n.º 298/92, de 31 de dezembro na sua versão atual dada pela Lei n.º 23-A/2022, de 09 de dezembro.

exclusiva ou sistemática de notações de risco externas, avaliar o risco de crédito" dos clientes bancários. Pelo que, à partida, a fixação destes critérios caberá às entidades bancárias.

O Aviso n.º 4/2017 do Banco de Portugal (BdP)[41] define os elementos que devem ser tidos em conta pelas instituições de crédito na avaliação da solvabilidade dos consumidores, no âmbito da concessão de crédito, seja nos contratos de crédito abrangidos pelo DL. n.º 74-A/2017, de 23 de junho (Regime dos contratos de crédito relativos a imóveis), seja nos contratos de crédito abrangidos pelo DL. n.º 133/2009, de 02 de junho (contratos de crédito a consumidores).

Porém, este aviso do BdP não esclarece a relevância que estes elementos têm na tomada de decisão de conceção de crédito, nem exclui a que o banco aceda, em complemento à informação prestada pelo cliente bancário, a outras bases de dados que o banco entenda pertinentes para a avaliação da solvabilidade (artigo 10.º, n.º 1, do DL. n.º 133/2009, de 02/06 e artigo 16.º, n.º 1, alínea d), do DL. n.º 74-A/2017, de 23/06).

Assim, dado que a lei não regula nem restringe a matéria, cabe à entidade bancária atribuir a relevância que entender adequada quanto à informação obtida, seja através do cliente bancário seja pelo recurso à *big data*.

3. Riscos na utilização de dados

Os dados obtidos através de *big data* comportam alguns riscos. Desde logo porque podem ser avaliados incorretamente com uma errónea interpretação ou leitura dos dados.

De notar que, e como ensina Pedro Maia, não é fácil perceber se o algoritmo tomou decisões erradas ou indevidas. Pois, "os dados podem ser parciais, isto é, podem ser colhidos num universo que não é integral, o que enviesará o algoritmo, porque irá fazer inferências sobre um determinado universo considerando informação, por exemplo, de um universo distinto ou muito distinto; os dados podem ser (parcialmente) falsos[42]".

[41] Banco de Portugal, Aviso n.º 4/2017, estabelece procedimentos e critérios a observar na avaliação da solvabilidade dos consumidores pelas entidades que concedem crédito. Acessível em: https://www.bportugal.pt/aviso/42017

[42] MAIA, Pedro, "*Compliance* bancário na era da inteligência artificial – uma breve introdução", ob. cit, pág. 189.

A informação que o algoritmo dispõe, com a utilização de dados obtidos através de *big data*, "decompõem-na para de seguida a recomporem, estabelecendo ligações entre elementos que, na vida real, no mundo real, não tinham qualquer ligação entre si"[43] e "não usa a informação tal como ela é, no seu contexto: os algoritmos desagregam, necessariamente, a informação em "peças"[44].

Todo este cenário poderá ainda estar comprometido com o enviesamento do algoritmo, tendo em conta que os métodos utilizados são marcadamente indutivos, ou seja, os dados que alimentam os algoritmos são o resultado de uma escolha humana. Pelo que o sentido da decisão algorítmica está relacionado com o critério subjacente à escolha dos dados com um propósito pré-formulado, por exemplo, na avaliação da solvabilidade do consumidor bancário.

É evidente o risco da tomada de decisões em contexto *big data*, com dados construídos, formulados que se poderão revelar falsos ou discriminatórios. Poderá implicar a exclusão do cliente de certos atos ou negócios, com base nesses dados formulados, porque os algoritmos podem não ser neutros ou objetivos.

Importa notar que o legislador europeu está atento à problemática que aqui se coloca, a propósito dos dados que poderão ser falsos ou irreais, para efeitos da avaliação da solvabilidade dos consumidores na Proposta de Diretiva dos créditos aos consumidores vem assegurar o direito de defesa e contraditório aos utilizadores da *Internet* sujeitos a decisões automatizadas tomadas com base nos dados obtidos via *big data*, nos termos do artigo 18.º[45] da Proposta de Diretiva.

43 *Idem, Ibidem*, pág. 190.

44 *Idem, Ibidem*, pág. 190.

45 Nos termos do artigo 18.º, n.º 51, da Proposta de Diretiva relativa a créditos aos consumidores, "Caso a avaliação da solvabilidade envolva a utilização de definição de perfis ou outro tratamento automatizado de dados pessoais, os Estados-Membros devem assegurar que o consumidor tem o direito de: (gggg) Solicitar e obter junto do mutuante ou do prestador de serviços de crédito de financiamento colaborativo intervenção humana para rever a decisão; (hhhh) Solicitar e obter junto do mutuante ou do prestador de serviços de crédito de financiamento colaborativo uma explicação clara da avaliação da solvabilidade, nomeadamente a lógica e os riscos inerentes ao tratamento automatizado de dados pessoais, bem como da sua importância e dos efeitos sobre a decisão; (iiii) Exprimir o seu ponto de vista e contestar a avaliação da solvabilidade e a decisão."

4. Proposta de regulamento do parlamento europeu e do conselho que estabelece regras harmonizadas em matéria de inteligência artificial (regulamento inteligência artificial) e altera determinados atos legislativos da união, com (2021) 206 final – algumas considerações e confronto com o RGPD

A 21 de abril de 2021 a Comissão Europeia apresentou uma Proposta de Regulamento em matéria de Inteligência Artificial (Regulamento Inteligência Artificial)[46].

A inteligência artificial é um tema primordial, no âmbito da transformação digital e tornou-se uma prioridade da União Europeia, que pretende que a IA europeia, dado o grande impacto que poderá ter na nossa sociedade, se baseie nos valores do Estado de Direito, da liberdade e dos direitos fundamentais, como a dignidade humana e a proteção da privacidade, que se converta num importante instrumento de reforço do processo democrático e dos direitos sociais e que desempenhe um papel significativo na realização dos objetivos de desenvolvimento sustentável.

A Comissão Europeia publicou, em 19 de fevereiro de 2020, o "Livro Branco sobre a inteligência artificial: uma abordagem europeia virada para a excelência e a confiança" que nos diz que "a inteligência artificial é uma das aplicações mais importantes da economia dos dados"[47].

Mas primeiramente impõe-se desconstruir o conceito e perceber: o que é, afinal, a Inteligência Artificial?

Muitas definições têm sido apresentadas sobre o conceito de IA[48]. Neste sentido, pode ser caraterizada como a "ciência e engenharia de tornar máquinas inteligentes"[49], ou e nas palavras de João Marques

[46] Parlamento Europeu e Conselho, Proposta de regulamento do Parlamento Europeu e do Conselho que estabelece regras harmonizadas em matéria de inteligência artificial (Regulamento inteligência artificial) e altera determinados atos legislativos da união, COM(2021) 206 final, acessível em: https://eurlex.europa.eu/legal-content/PT/TXT/?uri=CELEX:52021PC0206.

[47] Comissão Europeia, "Livro Branco sobre a inteligência artificial – uma abordagem europeia virada para a excelência e a confiança" – COM(2020) 65 final, acessível em: https://eur-lex.europa.eu/legal-content/PT/TXT/PDF/?uri=CELEX:52020DC0065&from=PT

[48] No nosso estudo percebemos que as possíveis definições de Inteligência Artificial são ilimitadas.

[49] McCARTHY, John, apud Comissão do Mercado de Valores Mobiliários (CMVM), "Inteligência Artificial e o Mercado de Capitais – Documento de reflexão e consulta",

Martins "pode dizer-se que a IA é uma disciplina de estudo e de investigação que pretende capacitar os computadores para desempenharem o tipo de tarefas e ações que os cérebros (as mentes) executam"[50]. O Parlamento Europeu apresenta um conceito de IA que "é a capacidade que uma máquina para reproduzir competências semelhantes às humanas como é o caso do raciocínio, a aprendizagem, o planeamento e a criatividade"[51]. Deste modo, entendemos que a IA é um domínio de conhecimento universal que sistematiza e automatiza tarefas intelectuais humanas.

A Proposta de Regulamento IA, preceitua no seu artigo 3.º, n.º 1, que a inteligência artificial é definida como o "sistema de inteligência artificial (sistema de IA), um programa informático capaz de, tendo em vista um determinado conjunto de objetivos definidos por seres humanos, criar resultados, tais como conteúdos, previsões, recomendações ou decisões, que influenciam os ambientes com os quais interage"[52].

Esta Proposta de Regulamento IA é o resultado de um forte investimento europeu assente na convicção da importância da IA no desenvolvimento e crescimento económico.

pág. 4. Acessível em: https://www.cmvm.pt/pt/Comunicados/Comunicados/Documents/Documento%20de%20Reflex%C3%A3o%20e%20Consulta%20sobre%20Intelig%C3%AAncia%20Artificial%20e%20o%20Mercado%20de%20Capitais.pdf

[50] MARTINS, João Marques, "Inteligência Artificial e Direito: Uma Brevíssima Introdução", *in* Revista da Faculdade de Direito da Universidade de Lisboa – Lisbon Law Review –, número temático: tecnologia e direito, volume LXIII, 2022, números 1 e 2, pág. 488. Acessível em: https://www.fd.ulisboa.pt/wp-content/uploads/2022/12/Joa%CC%83o-Marques-Martins.pdf

[51] Parlamento Europeu, "O que é a inteligência artificial e como funciona?". Acessível em: https://www.europarl.europa.eu/news/pt/headlines/society/20200827STO85804/o-que-e-a-inteligencia-artificial-e-como-funciona

[52] Até à apresentação da proposta de Regulamento em matéria de Inteligência Artificial (COM(2021) 206 final) o conceito de IA em vigor na União Europeia era apresentado que a "inteligência artificial (IA) aplica-se a sistemas que apresentam um comportamento inteligente, analisando o seu ambiente e tomando medidas — com um determinado nível de autonomia — para atingir objetivos específicos", Comissão Europeia, Comunicação da Comissão ao Parlamento Europeu, ao Conselho Europeu, ao Conselho, ao Comité Económico e Social Europeu e ao Comité das Regiões – Inteligência artificial para a Europa – Bruxelas, 25.4.2018, COM(2018) 237 final. Acessível em: https://eur-lex.europa.eu/legal-content/PT/TXT/PDF/?uri=CELEX:52018DC0237&from=EN

Uma das inovações desta Proposta de Regulamento IA a que faremos alusão é a de classificação de sistemas de Inteligência Artificial de elevado risco, prevista no artigo 6.º da Proposta de Regulamento. O Anexo III da Proposta de Regulamento IA classifica como sendo de risco elevado os "sistemas de IA concebidos para serem utilizados para avaliar a capacidade de endividamento de pessoas singulares ou estabelecer a sua classificação de crédito"[53].

De grande relevo para a utilização dos sistemas de IA no setor bancário, é clara a preocupação do legislador em conferir uma proteção acrescida ao consumidor que é considerado a parte mais vulnerável na interação com as entidades concedentes de crédito, em que a assimetria de informação é evidente.

Relativamente aos dados recolhidos pelos sistemas de IA e considerando que boa parte desses dados correspondem a dados pessoais, será necessário articular o RGPD com o Regulamento de IA que não se prevê fácil, pois cremos que existirá um conflito no âmbito das entidades competentes para proceder à harmonização e controlo dos sistemas de IA. A Proposta de Regulamento IA exige a criação de órgãos específicos a nível nacional (autoridade nacional de controlo) – artigo 3.º ponto 42, bem como a nível europeu (Autoridade Europeia para a proteção de dados, sob a égide do RGPD – artigo 57.º), nomeadamente o Comité Europeu de Inteligência Artificial (artigo 56.º) com a criação destes órgãos prevê-se a duplicação de autoridades de supervisão já existentes, designadamente em matéria de proteção de dados, como são exemplo a Autoridade Europeia para a Proteção de Dados (AEPD) e o Comité Europeu para a Proteção de Dados (CEPD) na UE e em Portugal a Comissão Nacional de Proteção de Dados (CNPD).

A Proposta de Regulamento IA é demasiado ambiciosa, mas louvamos o nível de detalhe e regulação numa matéria em constante evolução e num domínio novo, cuja regulação visa um desenvolvimento tecnológico

[53] Anexos da Proposta de Regulamento do Parlamento Europeu e do Conselho que estabelece regras harmonizadas em matéria de inteligência artificial (Regulamento Inteligência Artificial) e altera determinados atos legislativos da união. {SEC(2021) 167 final} – {SWD(2021) 84 final} – {SWD(2021) 85 final}, Pág. 4. Acessível em: https://eur-lex.europa.eu/resource.html?uri=cellar:e0649735-a372-11eb-9585-01aa75ed71a1.0004.02/DOC_2&format=PDF

ético, equilibrando o ambiente propício para inovação e ao mesmo tempo a confiança dos seus utilizadores. Será evidentemente positiva a adoção de regulamentação em matéria de IA.

É evidente a elevada preocupação do legislador comunitário em matéria de proteção de dados mas salientamos que a utilização da IA suscita outras questões para além daquelas típicas da proteção de dados pessoais, não obstante ser uma das preocupações mais patentes, dado que "as regras aplicáveis às tecnologias de inteligência artificial disponibilizadas no mercado da União ou que afetam as pessoas da União devem, por isso, centrar-se no ser humano, de modo que as pessoas possam confiar que a tecnologia é utilizada de uma forma segura e em cumprimento da lei, incluindo em matéria de respeito dos direitos fundamentais".

Considerando estas inovações disruptivas e pese embora o RGPD não seja um diploma obsoleto, impõe-se a revisão do regulamento em vigor, adaptando-o e harmonizando-o, de forma a regular o uso da IA, sendo o ponto nuclear a salvaguardar dos direitos fundamentais dos utilizadores destas novas tecnologias.

Conclusões

Vivencia-se, indubitavelmente, uma revolução do conhecimento.

A digitalização trouxe muitas mudanças seja aos hábitos dos clientes bancários seja às práticas adotadas pelas entidades financeiras. Permitiu-nos verificar um recurso mais incisivo aos canais digitais. Podemos afirmar que os clientes bancários desejam menos burocracias e processos mais simplificados e céleres na obtenção de produtos.

A tecnologia e a quantidade de atividades desenvolvidas na *Internet* evidenciou que certos atos ou decisões sejam automatizados. O crescendo recurso aos dados obtidos via *big data* pelas entidades bancárias para avaliação da solvabilidade do cliente bancário apresentam diversas vantagens, como sejam a redução de custos, a oferta de produtos personalizados, mas também comportam alguns riscos colocados pelas novas tecnologias disruptivas. Riscos que se inserem em imprecisões ou resultados incorretos, injustos e discriminatórios, que podem ter efeitos na esfera jurídica do titular dos dados. Por seu turno, encontra-se em revisão um diploma, referente ao crédito aos consumidores, que impõe aos Estados-Membros de informar os clientes bancários quando sejam apresentadas ofertas personalizadas com base num tratamento automatizado e exige que, quando as avaliações de solvabilidade se basearem num tratamento automatizado, os clientes bancários têm direito a solicitar e obter intervenção humana por parte da entidade bancária e uma explicação pertinente da avaliação da solvabilidade, bem como o direito de manifestar o seu ponto de vista, tendo ainda direito ao contraditório.

Outro problema que se coloca é referente à proteção dos dados pessoais.

Acompanhando o futuro e o desenvolvimento crescente, a inteligência humana criou a inteligência artificial, que não é uma tecnologia incipiente, já existe há muito tempo, e não cria somente desafios, mas demonstra que urge a sua regulação em diversos domínios.

Nesse sentido a Comissão Europeia propõe uma Proposta de Regulamento sobre Inteligência Artificial na União Europeia, cuja regulação nesta matéria já se impunha.

De uma perspetiva positiva, salientamos que os direitos fundamentais dos cidadãos europeus foram devidamente acautelados, em particular a proteção dos dados pessoais do utilizador da *Internet*.

Destacámos ainda a obrigação de transparência expressa no artigo 52.º que nos diz que "os fornecedores devem assegurar que os sistemas de IA destinados a interagir com pessoas singulares sejam concebidos e desenvolvidos de maneira que as pessoas singulares sejam informadas de que estão a interagir com um sistema de IA". Não podemos deixar de saudar esta proposta de norma que trará maior proteção ao consumidor, relativamente à transparência de utilização da IA, por exemplo, nas interações do consumidor com as entidades bancárias que apliquem sistemas de IA na avaliação da solvabilidade ou avaliação do risco de incumprimento, seja numa fase pré ou pós-contratual.

Ainda, e quanto à temática da proteção dos dados pessoais na utilização de IA, a proposta de Regulamento Inteligência Artificial poderá servir de contributo para aprimorar o direito à privacidade do titular dos dados. Não consideramos que o RGPD seja um diploma obsoleto, mas o exponencial aumento do acesso generalizado à Internet, acompanhado pelos progressos da Inteligência Artificial, impõem a revisão do regulamento, na medida em que deverá adequar a sua regulação aos desafios potenciados pela inteligência artificial em matéria de dados pessoais. A título de exemplo, ao analisarmos a definição prevista no RGPD sobre o que poderá constituir um dado pessoal, demonstrou-se, em determinadas situações ser um desafio aplicar tal definição a um mundo digital.

Há que saudar o esforço da Comissão Europeia pela Proposta que apresentou sobre a Inteligência Artificial. No entanto, e de uma perspetiva negativa, verifica-se que esta Proposta é demasiado complexa, pela sua excessiva regulação, apresentando algumas lacunas quanto à classificação dos níveis de risco (principalmente de elevado risco). No nosso entendimento a Proposta é parca quanto aos critérios de classificação dos níveis de risco e carece de uma clarificação dos respetivos níveis de risco previstos no Anexo III.

Não obstante é uma Proposta há muito esperada que certamente impulsionará o avanço tecnológico europeu.

Referências

ANDRADE, Francisco C. P., "Análise crítica de alguns aspetos da proposta de regulamento europeu para a inteligência artificial", *in* Inteligência Artificial e Robótica, Desafios para o Direito do Século XXI, Gestlegal, 1.ª edição, novembro 2022. https://repositorium.sdum.uminho.pt/bitstream/1822/80752/1/Ebook%20Inteligencia%20Artificial%20e%20Robotica.pdf

CANOTILHO, José Joaquim Gomes e VITAL Moreira (2007-2010), "Constituição da República Portuguesa Anotada", vol. I, Coimbra Editora, Coimbra.

CORDEIRO, A. Barreto Menezes, "Decisões Individualizadas à luz do RGPD e da LGPD", Direito Digital e Inteligência Artificial, Diálogos entre Brasil e Europa, 2021, Editora Foco.

DOMINGOS, Pedro, "A revolução do algoritmo mestre: como a aprendizagem automática está a mudar o mundo", Barcarena, Manuscrito, 2017.

DOMINGOS, Pedro, "A few useful things to know about machine learning", *in* Communications of the ACM, vol. 55, n.º 10, 2012. https://homes.cs.washington.edu/~pedrod/papers/cacm12.pdf

GOUVEIA, Jorge Bacelar (1991), "Os Direitos fundamentais à proteção dos dados pessoais informatizados", *in* Revista da Ordem dos Advogados (51 – III) (Online). https://portal.oa.pt/upl/%7B8dae932c-ee41-4b59-8c02-e9bbbe8fa4ed%7D.pdf.

REBELO, F. ., & Pinto PEREIRA, I. (2022). "Comportamento online do consumidor, formação financeira e sobreendividamento: primeiras reflexões sobre a Proposta de Diretiva relativa aos Créditos aos Consumidores COM/2021/347final", *in* Revista Jurídica Portucalense, 86–109. https://revistas.rcaap.pt/juridica/article/view/27495

LEAL, Ana Alves, "Aspetos jurídicos da análise de dados na Internet (big data analytics) nos setores bancário e financeiro: proteção de dados pessoais e deveres de informação", in CORDEIRO, António Menezes; OLIVEIRA, Ana De Perestrelo; DUARTE, Diogo Pereira (coord.), FinTech: Desafios da Tecnologia Financeira, Coimbra, Almedina, 2017.

LEAL, Ana Alves, "Big Data nos setores bancário e financeiro", Inteligência artificial & direito / coord. Manual Lopes Rocha, Rui Soares Pereira; colab. Ana Coimbra Trigo, Coimbra, Almedina, 2020.

LOPES, Joaquim de Seabra (2016), "O artigo 35.º da Constituição: Da Génese à Atualidade e ao Futuro Previsível", Fórum de Proteção de Dados.

MAIA, Pedro, "Compliance bancário na era da inteligência artificial — uma breve introdução", *in* Revista Julgar, n.º 45, 2021.

MAIA, Pedro, "A robotização do mundo financeiro: reflexões introdutórias", Estudos de Direito do Consumidor, n.º 16, Centro de Direito do Consumo – Instituto Jurídico, Coimbra, 2020. https://www.fd.uc.pt/cdc/pdfs/rev_16_completo.pdf

MAIA, Pedro, "Intelligent Compliance", Artificial Intelligence in the economic sector: prevention and responsibility", Instituto Jurídico da Faculdade de Direito da Universidade de Coimbra, 2021. https://estudogeral.sib.uc.pt/handle/10316/99234

MARTINS, João Marques, "Inteligência Artificial e Direito: Uma Brevíssima Introdução", *in* Revista da Faculdade de Direito da Universidade de Lisboa – Lisbon Law Review –, número temático: tecnologia e direito, volume LXIII, 2022, números 1 e 2, pág. 488. https://www.fd.ulisboa.pt/wp-content/uploads/2022/12/Joa%CC%83o-Marques-Martins.pdf

McCARTHY, John, *apud* COMISSÃO DO MERCADO DE VALORES MOBILIÁRIOS, "Inteligência Artificial e o Mercado de Capitais – Documento de reflexão e consulta". https://www.cmvm.pt/pt/Comunicados/Comunicados/Documents/Documento%20de%20Reflex%C3%A3o%20e%20Consulta%20sobre%20Intelig%C3%AAncia%20Artificial%20e%20o%20Mercado%20de%20Capitais.pdf

MAYER-SCHONBERGER, Viktor; CUKIER, Kenneth. Big data: a Revolution that will transform how we live, work, and think. New York: Houghton Mifflin Harcourt, 2013. https://academic.oup.com/aje/article/179/9/1143/2739247

PEREIRA, Isa Raquel Pinto, "A concessão de crédito responsável nos contratos de crédito ao consumo". Dissertação de mestrado – Universidade Portucalense. 2022. http://repositorio.uportu.pt/jspui/handle/11328/3929

RICHARDS, Neil M.; KING, Jonathan H. Three Paradoxes of Big Data. Stanford Law Review Online, v. 66, Sept. 3, 2013. https://www.stanfordlawreview.org/online/privacy-and-big-data-three-paradoxes-of-big-data/

ROTENBERG, Marc, "Artificial Intelligence and Democratic Values: The Role of Data Protection", in European Data Protection Law Review, Volume 7 (2021), Issue 4, Pages 496 – 501: https://edpl.lexxion.eu/article/edpl/2021/4/6/display/html

RUBINSTEIN, Ira S. Big Data: The end of privacy or a new beginning?, International Data Privacy Law, v.3, n. 2, 2013. https://academic.oup.com/idpl/article/3/2/74/709082

Outras referências consultadas

AUTORIDADE NACIONAL DE COMUNICAÇÕES (ANACOM), "Comunicações eletrónicas – Portugal e União Europeia – 2021". https://www.anacom-consumidor.pt/documents/20181/22949065/DMTSI2022/ffb48c13-4045-4bb4-bf6a-4fdb47541870

AUTORIDADE BANCÁRIA EUROPEIA (European Banking Authority – EBA) – "Relatório final – orientações sobre a concessão e a monitorização de empréstimos". https://www.eba.europa.eu/sites/default/documents/files/document_library/Publications/Guidelines/2020/Guidelines%20on%20loan%20origination%20and%20monitoring/Translations/886691/Final%20Report%20on%20GL%20on%20loan%20origination%20and%20monitoring_COR_PT.pdf

BANCO DE PORTUGAL, "Big data – o que é". https://clientebancario.bportugal.pt/pt-pt/big-data-o-que-e

BANCO DE PORTUGAL, "Carta Circular n.º CC/2020/00000064 – Orientações sobre a concessão e monitorização de empréstimo (EBA/GL/2020/06)". https://www.bportugal.pt/sites/default/files/anexos/cartas-circulares/430816559_5.docx.pdf

BANCO DE PORTUGAL, "Aviso n.º 4/2017, estabelece procedimentos e critérios a observar na avaliação da solvabilidade dos consumidores pelas entidades que concedem crédito". https://www.bportugal.pt/aviso/42017

COMISSÃO EUROPEIA, "Comunicação da Comissão ao Parlamento Europeu, ao Conselho Europeu, ao Conselho, ao Comité Económico e Social Europeu e ao Comité Das Regiões – Inteligência artificial para a Europa" Bruxelas, 25.4.2018, COM(2018) 237 final. https://eur-lex.europa.eu/legal-content/PT/TXT/PDF/?uri=CELEX:52018DC0237&from=EN

COMISSÃO EUROPEIA, "Plano de Ação para a Tecnologia Financeira: rumo a um setor financeiro europeu mais competitivo e inovador, COM(2018) 109 final". https://eur-lex.europa.eu/legal-content/PT/TXT/?uri=CELEX%3A52018DC0109

COMISSÃO EUROPEIA, "RECOMENDAÇÃO DA COMISSÃO de 29 de julho de 1981, relativa a uma convenção do Conselho da Europa para a proteção das pessoas relativamente ao tratamento automatizado de dados de carácter pessoal" (81 /679/CEE), Jornal Oficial das Comunidades Europeias, de 29.08.81, n.º L 246/31. https://eur-lex.europa.eu/legal-content/PT/TXT/PDF/?uri=CELEX:31981H0679&from=PT

COMISSÃO EUROPEIA, "LIVRO BRANCO sobre a inteligência artificial – Uma abordagem europeia virada para a excelência e a confiança (COM2020) 65 final", Bruxelas, 19.2.2020. https://eur-lex.europa.eu/legal-content/PT/TXT/?uri=CELEX:52020DC0065

COMISSÃO DO MERCADO DE VALORES MOBILIÁRIOS (CMVM), "INTELIGÊNCIA ARTIFICIAL E O MERCADO DE CAPITAIS, Documento de reflexão e consulta". https://www.cmvm.pt/pt/Comunicados/Comunicados/Documents/Documento%20de%20Reflex%C3%A3o%20e%20Consulta%20sobre%20Intelig%C3%AAncia%20Artificial%20e%20o%20Mercado%20de%20Capitais.pdf

DELOITTE, "Rumo à transformação para um futuro mais sustentável, Banca em Análise 2022". https://www2.deloitte.com/content/dam/Deloitte/ao/Documents/financial-services/Bancaemanalise/banca-em-analise-2022.pdf

EUROPEAN BANKING AUTHORITY (EBA), "EBA Report on Big Data and Advanced Analytics" January 2020, EBA/REP/2020/01. https://www.eba.europa.eu/sites/default/documents/files/document_library/Final%20Report%20on%20Big%20Data%20and%20Advanced%20Analytics.pdf

EUROSTAT STATISTICS EXPLAINED – "Estatísticas da economia e da sociedade digital – agregados familiares e indivíduos". https://ec.europa.eu/eurostat/statistics-explained/index.php?title=Archive:Estat%C3%ADsticas_da_economia_e_da_sociedade_digital_-_agregados_familiares_e_indiv%C3%ADduos&oldid=350825#Acesso_.C3.A0_Internet

EVODEVO SRL, "The ethics of big data: balancing economic benefits and ethical questions of big data in the EU policy context", CECCACCI, LOREDANA (coord.), European Economic and Social Committee, 2017. https://www.eesc.europa.eu/sites/default/files/resources/docs/qe-04-17-306-en-n.pdf.

MORDOR INTELLIGENCE, "BIG DATA ANALYTICS NO MERCADO BANCÁRIO – CRESCIMENTO, TENDÊNCIAS, IMPACTO DO COVID-19 E PREVISÕES (2022 – 2027)". https://www.mordorintelligence.com/pt/industry-reports/big-data-in-banking-industry

MORDOR INTELLIGENCE, "BIG DATA ANALYTICS NO MERCADO BANCÁRIO – CRESCIMENTO, TENDÊNCIAS, IMPACTO DO COVID-19 E PREVISÕES (2023 – 2028)": https://www.mordorintelligence.com/industry-reports/big-data-in-banking-industry

PARLAMENTO EUROPEU, "O que é a inteligência artificial e como funciona?". https://www.europarl.europa.eu/news/pt/headlines/society/20200827STO85804/o-que-e-a-inteligencia-artificial-e-como-funciona

PARLAMENTO EUROPEU E CONSELHO, Proposta de Regulamento do Parlamento Europeu e do Conselho que estabelece regras harmonizadas em matéria de inteligência artificial (Regulamento inteligência artificial) e altera determinados atos legislativos da união, COM/2021/206 final, https://eurlex.europa.eu/legal-content/PT/TXT/?uri=CELEX:52021PC0206.

PARLAMENTO EUROPEU E DO CONSELHO, Proposta de REGULAMENTO DO PARLAMENTO EUROPEU E DO CONSELHO relativo a um mercado único de serviços digitais (Regulamento Serviços Digitais) e que altera a Diretiva 2000/31/CE, COM/2020/825 final : https://eur-lex.europa.eu/legal-content/PT/TXT/?uri=CELEX:52020PC0825

PARLAMENTO EUROPEU E DO CONSELHO, Proposta de DIRETIVA DO PARLAMENTO EUROPEU E DO CONSELHO relativa aos créditos aos consumidores, COM (2021) 347, Etapas do procedimento. https://eur-lex.europa.eu/legal-content/PT/HIS/?qid=1643135163537&uri=CELEX%3A52021PC0347

PORDATA, ESTATÍSTICAS SOBRE PORTUGAL E A EUROPA – "Indivíduos com 16 e mais anos que utilizam computador e Internet em % do total de indivíduos: por sexo". https://www.pordata.pt/municipios/individuos+com+16+e+mais+anos+que+utilizam+computador+e+internet+em+percentagem+do+total+de+individuos+por+sexo-798

UNIÃO EUROPEIA, "Parecer do Comité Económico e Social Europeu (CESE) sobre a proposta de diretiva do Parlamento Europeu e do Conselho relativa aos créditos aos consumidores, [COM(2021) 347 final — 2021/0171 (COD)] (2022/C 105/14)", in Jornal Oficial da União Europeia, de 4.3.2022. https://eur-lex.europa.eu/legal-content/PT/TXT/PDF/?uri=CELEX:52021AE3601

Outros sítios consultados

APD (Associação para o Progresso da Direcção de Empresas), " A inteligência artificial muda o funcionamento dos bancos". https://www.apd.pt/a-inteligencia-artificial-muda-o-funcionamento-dos-bancos/

Banco de Portugal, "Desafios da transformação digital para o Setor Bancário". https://www.bportugal.pt/sites/default/files/anexos/documentos-relacionados/intervpub20200123.pdf

Parlamento Europeu, "Governança de dados: por que a legislação europeia é necessária?". https://www.europarl.europa.eu/news/pt/headlines/society/20220331STO26411/governanca-de-dados-por-que-a-legislacao-na-ue-e-importante

Parlamento Europeu, "Inteligência artificial e megadados". https://www.europarl.europa.eu/news/pt/headlines/priorities/inteligencia-artificial-na-ue

24. DILEMAS JURÍDICOS DA MEDICINA DIGITAL E DA JUDICIALIZAÇÃO DA SAÚDE

Marcelo Silva Moreira Marques

Introdução

O presente trabalho se propõe a pontuar e oferecer alternativas para os principais dilemas jurídico que atualmente afligem à Ciência do Direito, quer no que diz respeito à Medicina Digital, quanto à judicialização da saúde.

Em ambos os temas, haverá o fio da Inteligência Artificial (IA) para promover a integração entre as abordagens, e depurar em que medida o Direito pode regular esse novo mundo que se abre pela introdução dessa novel tecnologia.

Veremos no primeiro capítulo da parte de desenvolvimento deste artigo científico que a substituição, no todo ou em parte, da medicina humanizada pelos médicos robôs oferecem vantagens e riscos, ambiente no qual os juristas deve oferecer aos atores políticos democraticamente eleitos por seus cidadãos, responsáveis pela captação do sentimento das respectivas Nações, os direitos fundamentais constitucionais.

Traremos as discussões acerca da necessidade da criação de micro ordenamentos aptos a regular o uso da Inteligência Artificial, ou se a atual dogmática civilista, e respectivos princípios e regras, já são arcabouço suficiente a regular este novel universo de situações tecnológicas que surgem a cada dia, notadamente no âmbito da temática da responsabilidade civil.

Nesse contexto, inevitável analisar e sugerir abordagens do tipo de responsabilização civil mais apropriada pelos danos decorrentes do uso da inteligência articial, mormente quanto à adaptabilidade do sistema da apuração de dolo ou culpa do agente causador do dano (responsabilidade subjetiva), ou se mais apropriada a mera comprovação de nexo de causalidade entre ato omissivo/comisso e dano moral/material (responsabilidade objetiva).

Na temática atinente aos dilemas da judicialização da saúde, revelaremos dados impressionantes oferecidos pelo Conselho Nacional de Justiça brasileiro, que apontam na direção do crescimento geométrico deste acervo judicial, e necessidade de serem buscadas soluções que evitem a implosão do funcionamento da máquina do Poder Judiciário em virtude do assoberbamento de processos por parte de seus órgãos jurisdicionais.

Neste passo, verificaremos que as *Alternative Dispute Resolutions* (ADRs), notadamente a mediação por meio das plataformas digitais, quais sejam, *On line Dispute Resolutions* (ODRs), são caminhos percorríveis para garantir o direito social à saúde, sem prejuízo da Separação de Poderes e da Sustentabilidade Fiscal do Poder Público.

Após as conclusões, que estão didaticamente colocadas sob forma de tópicos ao final deste trabalho, especificamos nas referências bibliográficas tão somente os livros e artigos científicos efetivamente mencionados ao longo deste trabalho.

1. Dilemas jurídicos da medicina digital

Lécio Silva Machado[1] assim conceitua 'médico robô':

> "(...) um conjunto de algoritmos aplicados em programas de computador utilizados com a finalidade de executar atividades médicas se valendo da habilidade de executar atividades médicas se valendo da habilidade de acumular experiências e delas extrair lições e aprendizados, podendo agir de maneira independente tomando decisões de modo autônomo. O médico robô pode ou não ter um corpo físico, como um braço mecânico para um procedimento cirúrgico, podendo ainda fazer interações com o usuário paciente ou usuário médico".

[1] MACHADO, Lécio Silva. Médico Robô: Responsabilidade Civil por danos praticados por atos autônomos de sistemas informáticos dotados de inteligência artificial. Lex Medicinae. Revista Portuguesa de Direito da Saúde. Ano 16- nº 31-32-2019. Publicação Semestral, p. 102, Centro de Direito Biomédico. Instituto Jurídico da Faculdade de Direito da Universidade de Coimbra.

O Parlamento Europeu, por meio da Resolução de 16 de fevereiro de 2017, que contém recomendações à Comissão sobre disposições de Direito Civil sobre Robótica (2015/2013-INL)[2] acentua que os robôs autônomos inteligentes têm as seguintes características: a) aquisição de autonomia através de sensores e/ou troca de dados com o seu ambiente (interconectividade) e da troca de análise desses dados; b) autoaprendizagem com a experiência e com a interação (critério opcional); c) um suporte físico mínimo; d) adaptação do seu comportamento e das suas ações ao ambiente; e) inexistência de vida no sentido biológico do termo.

Marta Reis[3] prevê que em uma década haverá mais médicos robôs do que médicos humanos atuando, o que poderia causar uma crise de empregabilidade dos profissionais de saúde.

Os debates inerentes ao emprego da telemedicina remontam a 51ª Assembleia Geral da Associação Médica Mundial, em Tel Aviv, no ano de 1999, o que redundou na Declaração de Tel Aviv à luz das seguintes diretrizes: a) tele assistência; b) tele vigilância; c) tele consulta; d) interação entre dois médicos; e) tele intervenção.

O avanço da tecnologia permite uma medicina mais personalizada, por meio de um novo modelo de medicina que adentra os detalhes do fenótipo e genótipo de cada indivíduo, tudo com a finalidade de estabelecer um adequado tratamento, bem como o preciso tempo de deflagração da terapêutica e diagnóstico de doenças a que o paciente está predisposto.

Como bem define o Professor Doutor André Gonçalo Dias Pereira[3], a denominada medicina de precisão, viabilizada por esse novo patamar tecnológico apresenta relevantes vantagens, quais sejam:

> "(1) identificar doenças mais cedo (diagnóstico preciso),
> (2) reduzir os encargos do tratamento e
> (3) adequar o tratamento ao doente (farmacogenómica).

2 EUROPEAN UNION In http://www.europarl.euro-pa.eu/sides/getDoc.do?pubRef=-//EP//TEXT+TA+P8-TA- 2017-0051+0+DOC+XML–V0//PT

3 REIS, Marta F. Em dez anos vai haver mais robôs dos médicos nos hospitais? In https://ionline.sapo.pt/533822. 2016.

3 PEREIRA, André Gonçalo Dias. O Médico-Robô e os desafios para o direito da saúde: entre o algoritmo e a empatia. PT-MATHS-IN, p.32.

Por outro lado, esta medicina de precisão tem consequências sociais, no plano da saúde pública, sendo expectável uma maior capacidade de identificação de risco de patologias em pessoas saudáveis, o que conduz: (1) a um critério individual e mais precoce, (2) à promoção de estilos de vida adequados (mesmo para combate a doenças comuns) e (3) ao não aparecimento de nova patologia ou esta patologia será minorada pelo início correto da terapêutica. Todas essas têm um preço: a exigência do cumprimento de normas por parte do indivíduo irá aumentar, ou seja, enfrentamos o desafio de uma sociedade cada vez mais medicamentada. No plano societário, esta medicina de precisão deve ser vista com muita cautela, pois pode conduzir a uma iniquidade em relação aos gastos com saúde e à falta de preparação psicológica das populações para receberem informações impostas sobre riscos de futura doença com consequências totalmente imprevisíveis".

Para bom enfrentamento dessa novel realidade trazida pelas evoluções tecnológicas, a Professora Heloísa Santos sugere foco em: (1) educação da população, em particular na área da Genômica; (2) Instituição de Comissão Nacional de Avaliação das vantagens da medicina personalizada; (3) avaliação detalhada da capacidade de cada país, notadamente financeira, tendo em vista o alto custo[4].

André Pereira aponta, com a habitual precisão, que como as informações genéticas são involuntárias, indestrutíveis, permanentes, imutáveis, familiares e pré-sintomáticas, oferecem evidentes riscos de infringência dos direitos humanos, tais como decorrentes de discriminações injustificadas (pois os riscos genéticos podem gerar discriminações em contratações de emprego, seguros saúde, etc.), violação da confidencialidade (pois empresas de *big data* podem ter acesso), eliminação da autonomia (pacientes poderão sentir-se coagidos a adotarem determinados estilos de vida), violação ao direito de não saber (a sabença prévia de doenças poderá ser inevitável) e desigualdade de acesso (poucas pessoas poderão ter acesso em virtude do alto custo), sendo certo que tudo isso deve suscitar um incremento da empatia na relação médico-paciente, vale dizer, da medicina humanizada,

[4] SANTOS, Heloísa; PEREIRA, André, Genética para Todos- de Mendel à Revolução Genômica do Século XXI- a prática, a ética, as leis e a sociedade, Lisboa, Gradiva, 2019.

evitando-se que os centros de decisão sejam apoderados pelos senhores da economia digital[5].

De maneira a buscar-se a empatia (medicina humanizada), sem renunciar previamente as oportunidades incríveis viabilizadas pela medicina digital, notadamente o espalhamento do conhecimento, as possíveis reduções de custo com a telemedicina, recurso a inteligência artificial, e prevenção de inúmeras enfermidades mediante tratamento precoce, a ciência do direito vem procurando normatizar tão sensível temática jurídica.

No âmbito internacional, temos iniciativas normativas bastante interessantes, quais sejam: a) Convenção dos Direitos Humanos e a Biomedicina do Conselho Europeu (1997); b) Declaração Universal sobre o Genoma Humano e os Direitos Humanos da UNESCO (1997); c) Declaração Internacional sobre os Dados Genéticos Humanos (2004); d) Declaração Internacional sobre os Dados Genéticos Humanos (2004); e) Recomendações sobre intervenções digitais para o reforço dos sistemas de saúde da Organização Mundial de Saúde (OMS); f) Enunciado do Parlamento Europeu com regras de direito civil em robótica[6].

Inobstante as supramencionadas iniciativas na regulação da temática em questão, não há legislação específica que lide com responsabilidades decorrentes da utilização da Inteligência Artificial para fins de diagnósticos em saúde, razão pela qual há dantesco espaço aberto para que a regulação seja levada a efeito por cada Estado-Membro da União Europeia, à luz de suas especificidades e circunstâncias de cada caso.

Em Portugal, por sua vez, foram editadas: a) Lei de Bases da Saúde (Lei nº 95, de 4 de setembro de 2019); b) Lei de Informação Genética pessoal e à informação de saúde (Lei nº 12, de 26 de janeiro de 2005); c) Regulamento de Proteção de Dados (Lei nº 58, de 8 de agosto de 2019).

Nesse contexto de tentativa de compatibilização entre o moderno (medicina digital) e a medicina humanizada, o futurologista Gerd

5 PEREIRA, André Gonçalo Dias. O Médico-Robô e os desafios para o direito da saúde: entre o algoritmo e a empatia, Ob. Cit., p.33.

6 EUROPEAN UNION. http://www.europarl.europa.eu/doceo/document/TA-8-2017-0051_PT.html?redirect.

Leonhard[7] prescreve novos cinco direitos humanos básicos, devidamente aptos a servir de fundamento jurídico a um futuro Manifesto de Ética Digital, a saber: 1 – direito a permanecer natural, isto é, de existir em estado natural; 2 – direito de ser ineficiente, vale dizer, ter o direito de escolha de ser mais lento; 3 – direito a desligar, em suma, de sumir das redes; 4 – direito de ser anônimo; 5 – direito de empregar pessoas ao invés de robôs.

Temática importante e inescapável como decorrência do emprego das novas tecnologias à medicina é a questão da responsabilidade civil e seus pressupostos operativos como o ato (omissivo ou comissivo), o nexo de causalidade e o consequente dano moral e/ou material.

A realidade é que, desde tempos muito remotos, como quando da vigência do Código de Hamurabi, a responsabilização pelos atos praticados pelo médico já ocorria, tendo como pena a possibilidade de amputação das mãos dos cirurgiões que agissem de forma desatenta ou imperita[8].

Lécio Silva Machado[9] relaciona as modalidades de danos decorrentes do uso da inteligência artificial (médicos robôs):

"O dano civil à pessoa, proveniente do uso do médico robô, pode ser de ordem patrimonial (ou material) gerando prejuízo emergente ou de lucros cessantes no patrimônio da vítima, o dano não patrimonial (ou moral) que atinge o ofendido como pessoa, lesando o seu direito de personalidade, através da dor, sofrimento, tristeza ou vexame.

Para entendermos as modalidades de dano que podem ser ocasionadas pelo médico robô devemos observar as seguintes modalidades:

1º) Quanto à possibilidade de dano: a) o médico robô pode gerar dano simplesmente por apresentar defeito que impeça a sua utilização pelo usuário que contratou o serviço ou produto; b) o médico robô pode apresentar um diagnóstico errado; c) O médico robô pode apresentar um diagnóstico correto, porém um tratamento inadequado; d) também pode ocorrer o dano ao usuário que se

[7] LEONHARDT, Gerd, *Tecnologia versus Humanidade- o confronto futuro entre a Máquina e o Homem*, Gradiva, 2019.

[8] CÓDIGO DE HAMURABI, datado de 1790-1770 a.C Disponível em: http://historiablog.files.wordpress.com/2013/02/cc3b3dogp-de-hamurab.pdf . Acesso em: 15 set. 2019.

[9] Machado, Ob. Cit, p.108-109.

utiliza de forma inadequada do médico robô, dando uso que não lhe foi atribuído ou inserindo dados falsos ou enganosos sobre o problema a ser resolvido.

2º) Quanto a pessoa que poderá sofrer o dano:

a) O médico robô pode gerar dano a um contratante (pessoa colectiva- hospital, empresa de seguro saúde; ou médico singular) que a utiliza para prestar serviço ou fornecê-la a terceira pessoa;
b) o médico robô pode gerar dano a própria pessoa que está fazendo uso do médico robô".

No âmbito do Parlamento Europeu, muitos apontam lacunas normativas importantes reconhecidas pela Resolução de 16 de fevereiro de 2017 no que diz respeito aos problemas de danos e indenizações, eis que a aplicação da chamada inteligência artificial oportuniza inúmeras novas situações de responsabilização não contempladas pela referida resolução[10], notadamente quando dispõe que:

"(...) não obstante o âmbito de aplicação da Diretiva 85/374/CEE, o atual quadro jurídico não seria suficiente para abranger os danos provocados pela nova geração de robôs, na medida em que podem ser dotados de capacidades adaptativas e de aprendizagem que integram um certo grau de imprevisibilidade no seu comportamento, uma vez que esses robôs aprendem de forma autônoma com a sua própria experiência e integrarem com o seu ambiente de um modo único e imprevisível".

Nada obstante, a Resolução de 16 de fevereiro de 2017 traz importantes preceitos, tais como os abaixo enunciados:

"Considerando que, quanto mais autônomos os robôs são, menos podem ser encarados como sendo simples instrumentos nas mãos de outros intervenientes (como o fabricante, o operador, o proprietário, o utilizador, etc.); que, por sua vez, coloca a questão de saber se as normas ordinárias em matéria de responsabilidade são suficientes ou se apelam a novos princípios e normas para clarificar a responsabilidade jurídica de vários intervenientes no que respeita à responsabilidade por atos e omissões dos robôs, sempre que a causa não possa ser atribuída a um

[10] RUFFOLO, Ligo. *Self-driving car, auto driverless e responsabilità. In:* RUFFOLO, Ugo (Org.). *Intelligenza artificiale e responsabilità.* Milano: Gluffrè, 2017, p.33.

interveniente humano específico e se os atos ou omissões dos robôs que causaram danos pudessem ter sido evitados".

Contudo, a necessidade ou não de uma normativa própria a regular a questão da responsabilidade civil em decorrência do surgimento das novas tecnologias está longe de ser um tema pacificado na doutrina civilista, tal como depreendemos dos ensinamentos do Professor Gustavo Tepedino:

"Conforme ressaltado, não parece aconselhável o abandono das formulações desenvolvidas historicamente para conformação da responsabilidade civil tal como hoje conhecida. Se é verdade que as novas tecnologias impõem renovados desafios, o direito civil mostra-se apto a oferecer respostas adequadas a partir de seus próprios fundamentos teóricos. Oxalá possa o encanto pelas novas discussões envolvendo robôs e sistemas autônomos atuar como subsídio para a sempre necessária renovação do interesse no aperfeiçoamento dos estudos sobre a responsabilidade civil, sem que se recorra, mediante o atalho mais fácil – embora por vezes desastroso – ao anúncio de novos paradigmas que, descomprometidos com o sistema, justifiquem soluções casuísticas, em constrangedora incompatibilidade com a segurança jurídica oferecida pela dogmática do direito civil na legalidade constitucional"[11].

Dentre as recomendações da Resolução, de 16 de fevereiro de 2017, certamente uma das mais ousadas e polêmicas é a constante do n. 59, letra f, que aponta para possível solução jurídica mediante a criação de um estatuto jurídico específico para os robôs autônomos mais sofisticados, para que possam ser detentores do estatuto de eletrônicas responsáveis por sanar quaisquer danos que possam causar e, eventualmente, aplicar a personalidade eletrônica a situações em que os robôs tomam decisões autônomas ou em que interagem com terceiros de forma independente.

Dentro da teoria geral do direito privado, há autores que propugnam pelo reconhecimento de personalidade jurídica aos robôs, inclusive aos sistemas dotados de inteligência artificial[12].

[11] TEPEDINO, Gustavo; SILVA, Rodrigo da Guia. *Desafios da inteligência artificial em matéria de responsabilidade civil.* Revista Brasileira de Direito Civil- RBDCivil, Belo Horizonte, v. 21, p. 61-86, jul./set. 2019.

[12] COSTANZA, Maria. *Impresa robotizzata e responsabilità. In:* RUFFOLO, Ugo (Org.). *Intelligenza artificiale e responsabilità.* Milano: Gluffrè, 2017, p.108.

A Comissão Europeia, em 25.4.2018, editou a 'Inteligência Artificial para a Europa', destacando manifestações dos variados órgãos da União Europeia na temática da Inteligência Artificial, tudo com vista a garantir cenários éticos e jurídicos adequados aos valores da União e na Carta de Direitos da Comunidade, destacando que um dos projetos financiados foi uma prótese ortopédica robotizada para desenvolver a modalidade a amputados.

Além União Europeia, um conjunto de países tem procurado regulamentar a nova realidade tecnológica, notadamente aquela proporcionada pelo uso da Inteligência Artificial, especialmente: a) Os Estado Unidos da América por meio do *Executive Order on Maintaining American Leadership in Artificial Intelligence;* b) A China através do Plano de Desenvolvimento para uma Nova Geração de Inteligência Artificial; c) o Canadá com o *Pan- Canadian Artificial Intelligence Strategy,* determinando o investimento nessa área do conhecimento; d) Singapura; e) India; f) Japão; g) México[13].

No dia a dia do médico, desde sempre, um relevante aspecto para aferir, se o comportamento do profissional de saúde pode ser considerado negligente, é a previsibilidade[14].

A acima propalada questão da imprevisibilidade tem igual relevância na identificação do que pode ser considerado falha no funcionamento do código de programação, o famoso *bug*, o que demonstra a linha tênue que separa o dano (que se espera não previsto, em homenagem à presunção de boa-fé subjetiva) decorrente de sistema autônomo defeituoso e o dano produzido por sistema autônomo não defeituoso.

Com isso, aumenta exponencialmente tanto o potencial lesivo à coletividade exposta as novas tecnologias, como igualmente o temor da responsabilização de uma pessoa por danos imprevisíveis causados por sistema autônomos[15].

Não é demais relembrar que, no âmbito da responsabilidade civil contratual, temos as normativas insculpidas no art. 1225 do Código

[13] ESTRATÉGIAS nacionais de inteligência artificial. *Lawgorithm,* 12 set. 2019. Disponível em: https://www.lawgorithm.com.br/estrategias-ia/. Acesso em: 22 set. 2019.

[14] LEWIS, Charles J. *Medical Negligence: a pratical guide,* third Edition, Tolley, 1995, p. 159.

[15] RUFFOLO, Ugo. *Per i fondamenti di um diritto dela robótica self-learning: dalla machinery produtiva all' auto driverless: verso uma 'responsabilità do algoritmo'? In* RUFFOLO, Ugo (Org.) Intelligenza artificiale e responsabilità. Milano: Giuffrè, 2017, p.24.

Civil Italiano, assim como o art. 1231-3 do Código Civil Francês, ambas positivando a previsibilidade como requisito do dano indenizável, *in verbis:*

> "Art. 1225. (Previsibilidade do dano). Se o inadimplemento ou a mora não decorrer de dolo do devedor, a indenização é limitada ao dano que se poderia prever ao tempo em quer surgiu a obrigação.
>
> Art. 1.231-3. O devedor só é responsável pelos danos que foram previstos ou poderiam ser previstos quando da conclusão do contrato, exceto quando a inexecução for devida a uma falta grave ou dolosa".

Estaria a questão da exigência da previsibilidade restrita a responsabilidade contratual, tal como estampada na literalidade dos Códigos Civis Francês e Italiano, ou também aplicável a responsabilidade civil aquiliana (extracontratual)[16]?

A Convenção das Nações Unidas sobre Contratos de Compra e Venda Internacional de Mercadorias, e que se encontra vigorante no Brasil desde a edição do Decreto nº 8.327/2014, limita a indenização a cargo do devedor inadimplente aos danos previsíveis ao tempo da finalização do contrato.

Gustavo Tepedino[17] sustenta que essa questão referente à dita imprevisibilidade das condutas dos sistemas autônomos pode ser um falso dilema, posto que a temática da reparação de danos, nessas hipóteses, há ser solucionada no âmbito da causalidade e da imputabilidade daí decorrente, por meio da alocação dos riscos pela ordem jurídica ou pela autonomia privada.

Nesse contexto, indubitável que o estudo do nexo causal é inescapável, de modo a viabilizar a solução de diversas questões decorrentes das novas tecnologias, notadamente a inteligência artificial na área da medicina digital, não sem antes identificar se o regime mais apropriado para o enfrentamento dos danos causados pelas novas tecnologias deve ser da responsabilidade civil subjetiva, ou objetiva.

[16] Uma análise mais detida das proposições contrárias e favoráveis à aplicação de previsibilidade na responsabilidade extracontratual (aquiliana) pode ser encontrada na obra de MAIOLO, Francesca. *Prevedibilità e danno risarcibile. La Nuova Giurisprudenza Civile Commentata,* I, 2007, p. 1.131 e ss.

[17] TEPEDINO, Gustavo; SILVA, Rodrigo da Guia. Ob. Cit.

A eventual adoção do regime subjetivo para apuração dos danos causados pelo uso da inteligência artificial, traz relevantes desafios à Ciência do Direito, especialmente quanto: a) qual deve ser o padrão da conduta culposa do agente, notadamente quanto ao grau de sua intervenção sobre os sistemas autônomos? b) devem ser adotados critérios diferenciados para aferição da culpa do usuário e do desenvolvedor do sistema? c) uma vez que o robô não é dotado de personalidade jurídica, quem será a pessoa física e/ou jurídica considerada responsável pelos atos praticados autonomamente, ou não, pelo robô? d) Como ficam as causas excludentes de ilicitude, tais como o estado de necessidade e a legítima defesa?

A par das complexidades jurídicas acima apontadas, Nicholson Price assevera que a responsabilidade deve ser caracterizada, uma vez presentes os requisitos, não sobre o médico que utiliza a tecnologia, mas sobre a instituição hospitalar dentro do qual o diagnóstico ou tratamento foi prestado[18]. Isso porque as instituições hospitalares, no entender do aludido autor, devem garantir que os algoritmos – como um todo – sejam de alta performance à luz das características mensuráveis.

Particularmente, diante das dificuldades acima apontadas, somada aos riscos gerados à sociedade pela massificação dessa nova dinâmica tecnológica e seus consequentes lucros em grandes escalas proporcionados as empresas de tecnologia, entendemos ser mais adequado a aplicação da sistemática da responsabilidade objetiva, ou seja, que independa da aferição de culpa ou dolo do agente, bastando a comprovação do nexo causal entre ato omissivo/comissivo e o dano moral/material causado a pessoa lesada.

Esse caminho jurídico acima sugerido encontra amparo na teoria do *deep-pocket*[19], que prescreve toda pessoa envolvida em atividades que ofereçam riscos substanciais aos consumidores de produtos e serviços, porém lucrativas, tem o dever de compensar os danos causados pelo lucro

[18] PRICE, W. *Nicholson Medical Malpractice and Black-Box Medicine* avaible on https://papers.ssrn.com/sol3/papers.cfm?abstract_id=2910417 . Acesso 23.07.2020.

[19] CERKA, Paulius; GRIGIEN, Jurgita; SIRBIKYT, Gintar. *Liability for damages caused by Artificial Intelligence.* Computer Law & Security Review, Elsevier, v. 31, n.3, p.385, jun. 2015. Disponível em: https://is.muni.cz/el/1422/podzim2017/MV735K/um/ai/Cerka_Grigiene_Sirbikyte_Liability_for_Damages_caus ed_by_AI.pdf. Acesso em: 05 set. 2019.

auferido, o que poderia ser direcionado para o criador da Inteligência Artificial (IA), ou para o fabricante de produtos dotados desta tecnologia.

Logo, quem se beneficia dos lucros da IA deve ser o garante dos riscos inerentes às suas atividades, podendo ser exigido dessas pessoas que auferem os ganhos a obrigação de garantir um seguro, razão pela qual a teoria do *deep-pocket* é também conhecida como responsabilidade civil pelo risco do desenvolvimento.

O art. 12 da Convenção das Nações Unidas sobre o Uso de Comunicações Eletrônicas em Contratos Internacionais aplica a supracitada teoria ao validar o contrato formado entre um sistema automatizado de mensagens e uma pessoa natural ou pela interação de dois sistemas automatizados, aceitando a responsabilidade dos desenvolvedores pelos atos praticados pelos sistemas automatizados[20].

Este cenário parece estar mais coerente com o princípio da isonomia material, protegendo os consumidores dos serviços médicos, indubitavelmente a parte mais fraca dessa relação jurídica, seja contratual ou extracontratual a responsabilidade civil em investigação.

O direito italiano e brasileiro, por exemplo, empresta ressonância a consideração do risco trazido pelas novas tecnologias, a ensejar a aplicação da sistemática da responsabilidade civil objetiva, tal como se constata da leitura do art. 927, parágrafo único, do Código Civil brasileiro, assim como do art. 2.050 do Código Civil italiano, *verbis*:

> "Art.927. (...) Parágrafo único. Haverá obrigação de reparar danos, independentemente de culpa, nos casos especificados em lei, ou quando a atividade normalmente desenvolvida pelo autor do dano implicar, por sua natureza, risco para os direitos de outrem.
>
> Art. 2050. (Responsabilidade pelo exercício de atividades perigosas). Quem causar dano a outras pessoas ao desempenhar uma atividade perigosa,

[20] "Artigo 12. Uso de sistemas automatizados de mensagens na formação de contratos- Um contrato formado pela interação entre um sistema automatizado de mensagens e uma pessoa natural, ou pela interação entre
sistemas automatizados de mensagens, não deverá ser considerado inválido ou inexequível pelo simples fato de que nenhuma pessoa natural reviu ou interveio em cada uma das ações individuais efetuadas pelo sistema automatizado de mensagens ou o contrato resultante".

por sua natureza ou pela natureza dos meios utilizados, é responsável pelo ressarcimento, se não provar ter tomado todas as medidas adequadas para evitar o dano".

Penso, entretanto, que o risco decorrente do uso da inteligência artificial deve ser ponderada caso a caso, de maneira a que exageros interpretativos no sentido de um risco ampliado genérico, não iniba investimentos preciosos das empresas em tecnologia pelo temor de pagamento de vultosas indenizações desproporcionais com o caso concreto, assim como, na hipótese de adoção do modelo de responsabilização subjetiva muito pesado aos médicos que utilizam a Inteligência Artificial, podem inibir a aceitação dos sistemas de suporte pela comunidade científica.

Deve ser levado em consideração que a inteligência artificial permite a redução dos custos financeiros relacionados aos cuidados de saúde e a otimização do tempo do profissional de saúde ao diagnosticar pacientes ou prescrever tratamentos, com grande impacto na economia mundial tendo em vista o crescimento da população e da expectativa média de vida, razão pela qual há um compreensível interesse tanto das empresas de tecnologia quanto de médicos e pacientes em se valer desses benefícios, o que inclui também a redução dos custos com erros de diagnósticos, exames médicos adicionais desnecessários, robôs que fazem cirurgia com precisão que humano não consegue pelo movimento de punhos limitados.

Ademais, a inteligência artificial, pela sua maior precisão, pode reduzir os custos relacionados à recomendação de tratamentos que poderiam ser evitados se um diagnóstico preciso tivesse sido feito em um estágio anterior da doença[21].

João Paulo de Almeida Lenardon[22] pondera que a elaboração de um regime de responsabilidade eficiente pressupõe um equilíbrio entre a proteção do consumidor e a rentabilidade industrial, vale dizer, o avançar

[21] MARR, Bernard. *The Amazing Ways How Artificial Intelligence And Machine Learning Is Used In Healthcare,* avaible on https://www.forbes.com/sites/bernard-marr/2017/10/09/the-amazing-ways-how-artificial- intelligencenceand-machine-learn-ing-is-used-in--healthcare/#7leee5dclc80 acesso em 20.07.2020.

[22] LENARDON, João Paulo de Almeida. *The regulation of artificial intelligence avaible on* http://arno.uvt.nl/show.egi?fid=142832 .

da tecnologia deve ser estimulada sem comprometer a segurança do paciente.

Não é irrelevante ressaltar que, no Brasil, o Código de Defesa do Consumidor (CDC) já consagra a responsabilidade civil objetiva pelo defeito nos produtos (como medicamentos e utensílios de saúde) ou serviços (médicos).

Entretanto, no direito brasileiro, a responsabilidade dos chamados profissionais liberais, como o médico, é subjetiva, muito embora possa ser enquadrada a relação médico paciente como uma relação consumerista, isto é, fundada no CDC, o que gera como consequência a inversão do ônus da prova, ou seja, o médico terá que provar que adotou todas as providências que estavam ao seu alcance para que o resultado danoso não ocorresse.

Sendo assim, configura-se a viabilidade jurídica, numa relação de consumo regida pelo CDC, a responsabilização de todos os fornecedores integrantes da cadeia de consumo pelos danos decorrentes de fato do produto ou do serviço- desde que comprovado o nexo causal e a efetiva ocorrência de dano material ou moral.

Observe-se que a aplicação do CDC possibilitaria, inclusive, a responsabilização dos desenvolvedores de softwares ou algoritmos, e não apenas parte final da cadeia de fornecedores, *ex vi* do preceituado nos artigos 12, 13 e 14 do referido diploma legal brasileiro.

A jurisprudência dos tribunais portugueses, ao decidir casos envolvendo a responsabilidade tanto de médico (pessoa singular), quando de pessoas coletivas (organizações de saúde como clínicas, hospitais, etc.) são seguros quanto ao dever destes de indenizarem[23], à luz da responsabilidade subjetiva, pelos danos que os atos independentes do médico robô causarem aos seus pacientes.

Obviamente, a assertiva do parágrafo acima é sem prejuízo da responsabilidade objetiva do fabricante do médico robô por defeito do produto que impeça sua utilização. Outra hipótese ocorrente é o dano decorrente do uso inadequado do médico robô pelo usuário, inserindo dados falso ou

[23] STJ. 27.04.2004, revista n.688/04, 6ª Secção, Rel. Afonso Correia; STJ. 20.06.2006, revista n. 1641/06, 6ª Secção, Relator Afonso Correia; STJ 17.10.2006, Revista n.2196/06, 6ª Secção, Rel. Sousa Leite; STJ. 11.07.2006, revista n.1503/06, 6ª Secção, Rel. Nuno Cameira; *in* http://www.cej.mj.pt/cej/recursos/ebooks/civil/O_Dano_Responsabilidade_Civil.pdf, p.370-371.

enganosos sobre o problema a ser resolvido, quando a responsabilidade de indenizar recairá sobre o próprio usuário humano profissional da área de saúde.

Como nos ensina o Professor André Gonçalo Pereira[25], a relação médico/paciente também encontra fundamento em outra relação extra negocial, lastreada nos direitos constitucionais fundamentais, como o direito a informação, a consentir e recursar o tratamento, o direito a um processo clínico e o acesso à informação de saúde e o direito a um tratamento adequado de acordo com a *leges artis*.

Nesse passo, sustenta André Pereira que a relação médico paciente não deveria ser observada a partir da mera responsabilidade civil profissional em geral, mas de uma responsabilidade com base na segurança do paciente, a gestão do risco e a *clinical governance*, adentrando numa institucionalização da responsabilidade, socialização do risco e de criação de alternativas de resolução de conflitos, tais como a mediação, a conciliação e a arbitragem, em suma as *Alternative Dispute Resolutions* (ADRs), de que trataremos no item em seguir.

2. Dilemas jurídicos da judicialização da saúde

Segundo o relatório "Judicialização da Saúde no Brasil: Perfil de demandas, causas e propostas de solução", elaborado no ano de 2018 pelo CNJ, houve um crescimento acentuado de aproximadamente 130% no número de demandas de primeira instância relativas ao direito à saúde entre os anos de 2008 e 2017. Esse crescimento, conforme relatórios do "Justiça em Números" publicados no mesmo período, é muito superior aos 50% de crescimento do número total de processos de primeira instância[24].

Uma parte considerável das demandas por medicamentos – entre 25% e 30% do total de fármacos demandados judicialmente – diz respeito àqueles já previstos nas listas oficiais do Sistema Único de Saúde Brasileiro (SUS), o que equivale a concluir que entre 70% e 75% dos medicamentos proclamados nas ações judiciais dizem respeito a medicamentos não padronizados pelo SUS.

[24] PEREIRA, André Dias. *Direito dos pacientes e responsabilidade médica.* Revista Portuguesa do Dano Corporal,
n. 27, dez. 2016. Imprensa da Universidade de Coimbra, p.26.

Pela análise das fundamentações e relatórios, chegou-se à conclusão de que 13%, em média, das decisões versavam sobre pleitos coletivos, o que equivale afirmar que 87% da judicialização é atinente a pedidos feitos individualmente, sem ter em perspectiva as possibilidades coletivas ou dos administrados em geral.

Percentualmente, as maiores demandas encontradas nos acórdãos diziam respeito aos seguintes itens: produtos – insumos ou materiais, órteses, próteses e meios auxiliares –, medicamentos, exames, leitos e internações.

Sobre o nível socioeconômico dos demandantes, cerca de um quinto (20%) das demandas foram mobilizadas por pessoas em suposta situação de vulnerabilidade econômica, considerando-se a prevalência média das referências, nos acórdãos, às chaves de busca "representação pela defensoria pública ou advogado dativo", "justiça gratuita", "hipossuficiência" e "insuficiência de renda" , o que pode configurar em priorização de menos necessitados em desfavor dos mais necessitados da atuação estatal num cenário de escassez de recurso públicos.

Consoante lecionam os Professores Eduardo Antônio da Silva Figueiredo e André Gonçalo Pereira, a judicialização acarreta conflitos entre direitos econômicos, sociais e culturais[25], na medida em que o art. 6º da Constituição da República Federativa do Brasil de 1988 dispõe que a saúde é um direito social, isto é, uma verdadeira norma programática que se presta ser um parâmetro para a atuação do legislador e do poder executivo responsável pela gestão da saúde pública.

Sabemos que os direitos sociais, também inseridos na famosa segunda geração de direitos, está a exigir prestações positivas por parte do poder responsável pela gestão da saúde pública, qual seja, o Executivo que, por sua vez, deve observar as regras previstas na lei do orçamento aprovadas pelo Poder Legislativo.

Ocorre que o Poder Judiciário vem, por meio de decisões judiciais, como vimos a demonstrar, de forma crescente, determinando diretamente, muitas vezes sem ter por perspectiva o princípio da reserva do possível a

[25] PEREIRA, André Gonçalo; FIGUEIREDO, Eduardo Antônio da Silva. *Diálogo(s) de Direitos Fundamentais no Direito* Biomédico, p 103. Cadernos da Lex Medicine. Saúde, Novas Tecnologias e Responsabilidades. Nos 30 anos do Centro de Direito Biomédico. Vol. I. Centro de Direito Biomédico. Instituto Jurídico da Faculdade de Direito da Universidade de Coimbra

que está sujeito o gestor da saúde, notadamente pelos parâmetros orçamentários e financeiros em vigor, a entrega de medicamentos, utensílios, determinações de colocação de pacientes em regime de *home care*, sabidamente caríssimo, em casos individualizados, sem ter a perspectiva o todo gerencial da saúde pública integrante do Sistema Único de Saúde (SUS).

A maior parte dos medicamentos e utensílios pedidos nas ações individuais levados a efeitos no Poder Judiciário brasileiro está a reclamar, como vimos, tratamentos médicos e medicamentos não fornecidos pelo SUS[26], e tal como demonstrado no levantamento feito pelo CNJ somente 20% destes pedidos são feitos por pessoas comprovadamente pobres, o que abre a janela para que a judicialização da saúde represente, ao mesmo, uma elitização do acesso a saúde por fora das políticas públicas existentes no âmbito do Poder Executivo.

Figueiredo e Pereira[27] apontam as críticas comumente feitas pela doutrina quanto aos efeitos negativos da judicialização da saúde, a saber:

"(1) interfere, de forma negativa, no planeamento financeiro do Estado, colocando em causa os princípios da igualdade de atendimento e da universalidade do SUS; (2) as falhas estruturais do poder judiciário podem impedi-lo de conceber um adequado acesso à saúde; (3) o poder judicial interfere indevidamente nas políticas públicas, não possuindo os seus membros respaldo democrático; (4) a judicialização, ao estabelecer a responsabilidade solidária dos entes da federação nas ações de saúde, desorganiza o SUS; (5) o poder judicial pode ser usado para atender interesses de mercado e não anseios sociais;(6) o judiciário desconsidera, nas suas decisões, o já mencionado princípio da reserva do possível e o valor primordial da sustentabilidade; (7) ideia errônea de que o direito à saúde é um direito absoluto, que deve sempre prevalecer sobre outros bens jus-constitucionais de relevo como habitação, educação, trabalho, ou seja, representa um ativismo judicial seletivo, ignorando a inexistência de hierarquia entre direitos fundamentais; (8) não busca a concordância prática de valores em conflito, mas apenas a efetivação individual de um direito fundamental à custa da aniquilação e desconsideração de outros valores jus-constitucionais de relevo".

[26] PEPE, Vera. *A judicialização da saúde e os novos desafios da gestão da assistência farmacêutica, in* Ciências & Saúde Coletiva, nº15, Vol. 5, 2010, p. 2407.

[27] PEREIRA, André Gonçalo; FIGUEIREDO, Eduardo Antônio da Silva. Ob. Cit, p. 104-105.

Nos calibrados ensinamentos de Canotilho[28], "só será sustentável quando os encargos sobre as gerações futuras corresponderem iguais vantagens para estas gerações.

Sendo assim, frente à crescente judicialização da saúde, diversas iniciativas surgiram a fim de amenizar este problema. Alguns exemplos são a Câmara Permanente Distrital de Mediação em Saúde, criado em 2013 no Distrito Federal, e o SUS MEDIADO, do Rio Grande do Norte, criado em 2012, ambos com o intuito de buscar soluções que minimizem a judicialização. De modo similar, também foi estipulado um protocolo pela Defensoria Pública do Rio de Janeiro, onde primeiro se busca uma solução direta com as secretarias de saúde. Não havendo uma solução prévia, só então há a judicialização da demanda.

De outro lado, à luz das regras de execução orçamentária dos poderes públicos, somado ao princípio da reserva do possível, pode-se concluir que não há provisão financeira para aquisição de medicamentos não padronizados, por muitas vezes serem mais caros em comparação com os das listagens oficiais do SUS, que lastrearam a lei do orçamento anual, medicamentos estes comumente prescritos por médicos particulares dos autores das ações.

Nesse contexto, portanto, quando milhões de decisões judiciais determinam a entrega compulsória de medicamentos mais caros que aqueles que lastrearam a programação orçamentária estatal sem prévio procedimento licitatório que viabilizar compras em massa com menor preço, estaria o magistrado a ofender o princípio constitucional da Separação de Poderes, ordenando despesa do orçamento do Poder Executivo sem lastro financeiro, ao determinar liminarmente a entrega forçada de medicamentos fora das listagens oficiais do SUS?

Seria uma interferência indevida numa política pública de saúde, ou mesmo na organização do serviço de saúde, eis que a lógica do gasto público passaria a ser as determinações judiciais, e não os critérios das autoridades de saúde do Poder Executivo à luz do orçamento em vigor?

Portanto, relevante se torna encontrar ou sugerir respostas a todos esses dilemas jurídicos referentes ao sensível tema da judicialização da saúde.

[28] CANOTILHO, J.J.Gomes, *Sustentabilidade- Um Romance de Cultura e de Ciência para Reforçar a Sustentabilidade Democrática, in* Boletim da Faculdade de Direito da Universidade de Coimbra, nº 88, 2012, p.6.

Nesse sentido, cremos que a as novas tecnologias do mundo pós-moderno abre espaço para o surgimento do que vem sendo chamado de *lawtechs*, empresas de tecnologia, via de regras com características de *startup*, que oferecem seus serviços a escritórios de advocacia, usuários de serviços jurídicos, operadores do direito em geral, incluindo órgãos do Poder Judiciário.

Por meio da Resolução CNJ nº 125/2010, consagrou-se a mediação digital no ordenamento jurídico brasileiro, o que foi posteriormente ratificado pela lei de mediação e pelo código de processo civil. Na referida resolução, implementou-se um sistema de mediação e conciliação digital ou a distância para atuação pré-processual de conflitos, tudo podendo ser acessado pelo próprio *site* do Conselho Nacional de Justiça, inclusive podendo redundar em acordos de forma virtual.

O imenso acervo de saúde que assola o Poder Judiciário brasileiro, como vemos, poderia ser prevenido com ferramentas oficiais como a mediação digital oferecida pelo CNJ, na qual é possível, à luz do princípio da consensualidade, aproximar as partes, facilitando o diálogo e reconstruindo relações entre médicos, pacientes e autoridades públicas de saúde, de forma mais célere e barata, sem vilipendiar as regras orçamentárias e a capacidade financeira do estado dentro do princípio jurídico da reserva do possível e da sustentabilidade fiscal do Estado.

Determinadas plataformas digitais são especializadas em *On line Dispute Resolutions* (ODRs) ligadas ao direito de consumidor, sendo que a relação médico paciente, planos de saúde, serviços prestados pelo SUS, podem ser configurados na lógica consumerista, são capazes de julgar 60 milhões de conflitos por ano[29], conforme ocorrido no ano de 2010, o que representou mais que o julgado pelo sistema de justiça norte americano, e mais que o dobro do sistema brasileiro[30].

O Ministério da Justiça da Inglaterra e do País de Gales, em 2002, criou o programa *Money Claim On-line*[31], que viabiliza ajuizamento de ações de

[29] FERNANDES, R. *E-negotiation, E-mediation, and the expansion of online dispute resolution in Brazil.* In: FERNANDES, Ricardo Vieira de Carvalho; COSTA, Henrique Araújo; CARVALHO, Angelo Gamba Prata de (Coord.) *Tecnologia Jurídica e direito digital:* I Congresso International de Direito e Tecnologia- 2018. Belo Horizonte: Forum, 2018, p. 97-123.

[30] BRASIL, Conselho Nacional de Justiça. *Justiça em números.* Brasília: CNJ, 2011, p. 176.

[31] BECKER, Daniel; LAMEIRÃO, Pedro. *On-Line Dispute Resolution (ODR) e a ruptura no ecossistema da resolução de disputas,* 2017. Disponível em https://www.ab21.org.br/

cobrança, tendo como limite 100 mil libras, por meio do respectivo sítio eletrônico, o que gera a resolução de 60 mil casos por ano[32].

Não sem razão, em 2008, a União Europeia editou a Diretiva 52/CE, que estabelece a obrigatoriedade da utilização de mediação em determinados conflitos transfronteiriços, bem como estimula seu manejo interno, pelos Estados-Membros ao prescrever que "A presente diretiva não deverá obstar de modo algum à utilização das modernas tecnologias da comunicação no processo de mediação".

No ano seguinte, e na mesma direção, entrou em vigência a Diretiva 2009/22/EC, que regula a utilização de outra plataforma ODR para a resolução de conflitos transfronteiriços consumeristas.

Nessa esteira, várias outras nações decidiram efetivar as ODRs, como o Canadá (conflitos de menor complexidade), Alemanha (processos de divórcio e separação) e Índia (mediação consumerista)[33]. O Brasil, por sua vez, por meio do Código de Processo Civil (art. 334, §7º), prescreve que "a audiência de conciliação ou de mediação pode realizar-se por meio eletrônico", sendo certo que temos a Lei 13.140/2015, que regula o procedimento de mediação brasileiro, cujo artigo 46 preceitua no sentido de que "a mediação poderá ser feita pela *internet* ou por outro meio de comunicação que permita a transação à distância, desde que as partes estejam de acordo".

Dentre as vantagens das ODRs, poderíamos listar: a) redução substancial do tempo de duração do processo; b) benefício econômico, uma vez que estimativas dão conta de que, no ano de 2016, empresas gastaram R$157,38 bilhões de reais com processos no brasil, um aumento de 10,48% em relação ao ano de 2015, sendo que a média anual de processos por empresa é de 6,57, atingindo o patamar de 152 em relação as grandes empresas; um gasto médio, por processo, da ordem de R$94 mil reais[34]; c) planejamento, organização, otimização e eficiência oportunizados pela

online-dispute-resolution-odr-e-ruptura-no- ecossistema-da-resolucao-de-disputas/. Acesso em 04/04/2019.

[32] SUSSKIND, Richard. *Tomorrow's Lawyers: na introduction to your future.* Oxford: Oxford University Press, 2012, p.102.

[33] RULE, C. *Technology* and the future of dispute resolution. Dispute Resolution Magazine, v.I, 2015.

[34] AMARAL, G. *Custo das empresas para litigar judicialmente.* Amaral, Yazbek Advogados. Curitiba, 2016.

utilização de *big data*, com consequente aumento da capacidade de analisar, interagir e guardar informações de diferentes demandas; d) capacidade de traçar padrões e catálogos, gerando enorme economia de tempo e trabalho aos operadores do direito em geral, notadamente aos advogados.

A inteligência artificial é uma dessas novas tecnologias que podem ser otimizadas em prol de busca de solução para a temática da judicialização da saúde. O Supremo Tribunal Federal (STF), órgão máximo do judiciário brasileiro, faz uso do *software* chamado Victor, que faz a leitura de todos os recursos extraordinários, de modo a identificar quais destes recursos estão vinculados a temas de repercussão geral, tal como os que envolvem a judicialização da saúde.

A Comissão Europeia, em 2018, instituiu um grupo de peritos de alto gabarito em inteligência artificial, do que redundou, em abril de 2019, as diretrizes éticas para a inteligência artificial confiável, tudo com o objetivo de estimular referências de segurança nos sistemas de inteligência artificial[35].

Os sistemas de inteligência artificial operam nos modelos de *machine learning*[36] (os robôs adquirem aprendizado através de suas próprias experiências), ou *deep learning*[37] (lastreados em redes neurais parecidas com o funcionamento do cérebro humano, e que retratam os robôs em evoluções tecnológicas mais avançadas), sendo recomendáveis sua utilização para poder auxiliar os magistrados no melhor entendimento do cenário de saúde pública antes da prolação de decisões 'cegas' em demandas judiciais individuais.

Conclusões

a) No atual estágio dos estudos da responsabilidade civil decorrente dos danos causados pelos médicos robôs mais sofistificados e que,

[35] EUROPEAN COMISSION. *Ethics Guidelines for Trustworthy Artificial Intelligence (AI)*. Disponível em: https://ec.europa,eu/futurlum/en/al-allance-consultation. Acesso em: 29 abr. 2019.

[36] MATTHIAS, Andreas. *The responsability gap: ascribing responsibility for the actions of learning automata*.
Ethics and Information Technology, v.6, Issue 3, set. 2004, item 2.

[37] PIRES, Thatiane Cristina Fontão; SILVA, Rafael Peteffi da. *A responsabilidade civil pelos atos autônomos da inteligência artificial: notas iniciais sobre a resolução do Parlamento Europeu*. Revista Brasileira de Políticas Públicas, v.7, n.3, dez.2017, p. 242.

portanto, agem autonomamente, deve merecer prestígio a teoria do *deep pocket*, ou risco do desenvolvimento, responsabilizando toda cadeia de pessoas singulares ou colectivas envolvidas no uso lucrativo da IA, baseado no risco que as atividades decorrentes das novas tecnologias representam, e exigindo a contratação de seguro obrigatório;

b) A aferição do risco propalado no parágrafo acima deve ser mensurado à luz das circunstâncias do caso concreto, evitando-se exageros que possam inibir investimentos em IA, ou desincentivar que profissionais de saúde, de antemão, tenham medo de fazer uso dos médicos robôs pelo medo de pagar vultosas e desproporcionais indenizações;

c) Deve buscar-se o equilíbrio entre as vantagens abertas pelas novas tecnologias no ambiente do médico-robô e a empatia do atendimento humano, de modo que são aspectos conciliáveis à luz dos direitos humanos fundamentais, protegendo-se a segurança do paciente, promovendo a gestão do risco e a governança clínica;

d) A judicialização da saúde é fenômeno revelador de crise no princípio da Separação de Poderes, com o Poder Judiciário ultrapassando sua esfera de competência constitucional, inclusive com decisões judiciais individualmente prolatadas que alteram a execução orçamentária ao arrepio da lei aprovada pelo Poder Legislativo composto por membros eleitos pela população;

e) Determinações judiciais que condenem o gestor público a entrega de medicamentos e utensílios, de forma individualizada, fora das políticas de saúde em vigor e da Lei Orçamentária Anual, redundam na desconsideração do princípio jurídico da reserva do possível e da sustentabilidade fiscal do Poder Executivo, contribuindo decisivamente para o endividamento público;

f) O Poder Judiciário deve concentrar-se nas demandas coletivas de saúde, com o foco em suprir inação dos Poderes Executivo e Legislativo, sempre observando os princípios da reserva do possível, da consensualidade, da desjudicialização e da sustentabilidade do Estado;

g) Na aplicação do princípio da consensualidade, há de valorizar-se as ADRs, notadamente a mediação realizada em plataforma digitais, as denominadas *On line Dispute Resolutions* (ODRs), pela sua maior capacidade de, com celeridade, conservar e/ou restaurar relações jurídicas entre administrados, estado-juiz, estado-administração e estado-legislador.

Referências

AMARAL, G. *Custo das empresas para litigar judicialmente.* Amaral, Yazbek Advogados. Curitiba, 2016.

BECKER, Daniel; LAMEIRÃO, Pedro. *On-Line Dispute Resolution (ODR) e a ruptura no ecossistema da resolução de disputas,* 2017. Disponível em https://www.ab21.org.br/online-dispute-resolution-odr-e-ruptura-no-ecossistema-da- resolucao-de--disputas/. Acesso em 04/04/2019.

BRASIL, Conselho Nacional de Justiça. *Justiça em números.* Brasília: CNJ, 2011.

CANOTILHO, J.J.Gomes, *Sustentabilidade- Um Romance de Cultura e de Ciência para Reforçar a Sustentabilidade Democrática, in* Boletim da Faculdade de Direito da Universidade de Coimbra, nº88, 2012.

CERKA, Paulius; GRIGIEN, Jurgita; SIRBIKYT, Gintar. *Liability for damages caused by Artificial Intelligence.* Computer Law & Security Review, Elsevier, v. 31, n.3, p.385, jun. 2015. Disponível em: https://is.muni.cz/el/1422/podzim2017/MV735K/um/ai/Cerka_Grigiene_Sirbikyte_Liability_f or_Damages_caused_by_Al.pdf. Acesso em: 05 set. 2019.

CÓDIGO DE HAMURABI, datado de 1790-1770 a.C Disponível em: http://historiablog.files.wordpress.com/2013/02/cc3b3dogp-de-hamurab.pdf . Acesso em: 15 set. 2019.

COSTANZA, Maria. *Impresa robotizzata e responsabilità. In:* RUFFOLO, Ugo (Org.). *Intelligenza artificiale e responsabilità.* Milano: Gluffrè, 2017.

ESTRATÉGIAS nacionais de inteligência artificial. *Lawgorithm,* 12 set. 2019. Disponível em: https://www.lawgorithm.com.br/estrategias-ia/. Acesso em: 22 set. 2019.

EUROPEAN UNION

- ttp://www.europarl.euro-pa.eu/sides/getDoc.do?pubRef=-//EP//TEXT+TA+P8-TA-2017- 0051+0+DOC+XML+V0//PT
- http://www.europarl.europa.eu/docec/document/TA-8-2017-0051_PT.html?redirect.
- *Ethics Guidelines for Trustworthy Artificial Intelligence (AI).* Disponível em: https://ec.europa,eu/futurlum/en/al-allance-consultation. Acesso em: 29 abr. 2019.

FERNANDES, R. *E-negotiation, E-mediation, and the expansion of online dispute resolution in Brazil.* In: FERNANDES, Ricardo Vieira de Carvalho; COSTA, Henrique Araújo; CARVALHO, Angelo Gamba Prata de (Coord.) *Tecnologia Jurídica e direito digital:* I Congresso International de Direito e Tecnologia- 2018. Belo Horizonte: Forum, 2018.

LENARDON, João Paulo de Almeida. *The regulation of artificial intelligence avaible on* http://arno.uvt.nl/show.egi?fid=142832 .

LEONHARDT, Gerd, *Tecnologia versus Humanidade- o confronto futuro entre a Máquina e o Homem,* Gradiva, 2019.

LEWIS, Charles J. *Medical Negligence: a pratical guide,* third Edition, Tolley, 1995.

MACHADO, Lécio Silva. *Médico Robô: Responsabilidade Civil por danos praticados por atos autônomos de sistemas informáticos dotados de inteligência artificial.* Lex Medicinae. Revista Portuguesa de Direito da Saúde. Ano 16- nº 31-32-2019. Publicação Semestral, Centro de Direito Biomédico. Instituto Jurídico da Faculdade de Direito da Universidade de Coimbra. MARR, Bernard. *The Amazing Ways How Artificial Intelligence And Machine Learning Is Used In Healthcare,* avaible on https://www.forbes.com/sites/bernard-marr/2017/10/09/the-amazing-ways-how-artificial--intelligencenceand-machine-learn-ing-is- used-in-healthcare/#7leee5dclc80 acesso em 20.07.2020.

MATTHIAS, Andreas. *The responsability gap: ascribing responsibility for the actions of learning automata.* Ethics and Information Technology, v.6, Issue 3, set. 2004, item 2.

PEPE, Vera. *A judicialização da saúde e os novos desafios da gestão da assistência farmacêutica, in* Ciências & Saúde Coletiva, nº15, Vol. 5, 2010.

PEREIRA, André Gonçalo; FIGUEIREDO, Eduardo Antônio da Silva. *Diálogo(s) de Direitos Fundamentais no Direito* Biomédico. Cadernos da Lex Medicine. Saúde, Novas Tecnologias e Responsabilidades. Nos 30 anos do Centro de Direito Biomédico. Vol. I. Centro de Direito Biomédico. Instituto Jurídico da Faculdade de Direito da Universidade de Coimbra.

PEREIRA, André Dias. *Direito dos pacientes e responsabilidade médica.* Revista Portuguesa do Dano Corporal, n. 27, dez. 2016. Imprensa da Universidade de Coimbra.

PEREIRA, André Gonçalo Dias. *O Médico-Robô e os desafios para o direito da saúde: entre o algoritmo e a empatia.* PT-MATHS-IN.

PIRES, Thatiane Cristina Fontão; SILVA, Rafael Peteffi da. *A responsabilidade civil pelos atos autônomos da inteligência artificial: notas iniciais sobre a resolução do Parlamento Europeu.* Revista Brasileira de Políticas Públicas, v.7, n.3, dez.2017.

PRICE, W. *Nicholson Medical Malpractice and Black-Box Medicine* avaible on https://papers.ssrn.com/sol3/papers.cfm?abstract_id=2910417 . Acesso 23.07.2020.

REIS, Marta F. *Em dez anos vai haver mais robôs dos médicos nos hospitais? JornalI. In* https://ionline.sapo.pt/533822. 2016.

RUFFOLO, Ugo. *Per i fondamenti de um diritto dela robótica self-learning: dalla machinery produtiva all' auto driverless: verso uma 'responsabilità da algoritmo'? In* RUFFOLO, Ugo (Org.) Intelligenza artificiale e responsabilità. Milano: Giuffrè, 2017.

RUFFOLO, Ugo. *Self-driving car, auto driveriess e responsabilità. In:* RUFFOLO, Ugo (Org.). *Intelligenza artificiale e responsabilità.* Milano: Gluffrè, 2017.

RULE, C. *Technology* and the future of dispute resolution. Dispute Resolution Magazine, v.I, 2015.

SANTOS, Heloísa; PEREIRA, André, *Genética para Todos- de Mendel à Revolução Genômica do Século XXI- a prática, a ética, as leis e a sociedade,* Lisboa, Gradiva, 2019.

STJ. 27.04.2004, revista n.688/04, 6ª Secção, Rel. Afonso Correia; STJ. 20.06.2006, revista n. 1641/06, 6ª Secção, Relator Afonso Correia; STJ 17.10.2006, revista n.2196/06, 6ª Secção, Rel. Sousa Leite; STJ. 11.07.2006, revista n.1503/06, 6ª Secção, Rel. Nuno Cameira; *in* http://ww.cej.mj.pt/cej/recursos/ebooks/civil/O_Dano_Responsabilidade_Civil.pdf.

SUSSKIND, Richard. *Tomorrow's Lawyers: na introduction to your future.* Oxford: Oxford University Press, 2012.

DIREITO AUTORAL

25. A PROBLEMÁTICA DA AUTORIA NAS OBRAS CRIADAS POR INTELIGÊNCIA ARTIFICIAL

Miguel da Silva Domingos

Fonte: gerada por IA.

Introdução

Este trabalho subordinado ao tema "*A Problemática da Autoria nas Obras Criadas por Inteligência Artificial*" foi realizado no âmbito do Seminário Geral "*Desafios Sociais, Incerteza e Direito*" do Doutoramento em Direito Civil pela Faculdade de Direito da Universidade de Coimbra, sob a inestimável orientação do Professor Doutor Alexandre Libório Dias Pereira, a quem muito agradecemos, e que consideramos que se enquadra no ramo das Ciências Jurídico-Empresariais.

Como o próprio título deixa antever, o tema central aqui tratado gira em torno dos problemas suscitados pelo crescimento desenvolvimento tecnológico da Inteligência Artificial, que hoje já é capaz de criar, por si, textos, imagens, músicas e áudios, tendo estas criações deixado de ser um exclusivo dos humanos. Daí ser desiderato deste trabalho procurar saber a quem caberá a autoria das obras geradas por Inteligência Artificial e se as mesmas devem ser objeto de proteção pelos direitos de autor.

No entanto, para que consigamos compreender todo o alcance desta problemática, é essencial percorrer um *iter* de conhecimento pela dogmática dos direitos de autor. Achar o início deste trajeto não se afigura tarefa fácil, pois, como afirma Ludwig Wittgeinstein, *"é difícil encontrar o começo. Ou melhor, é difícil começar no começo. E não tentar recuar mais"*.[1]

Começaremos por fazer uma alusão à crescente evolução e relevância da Inteligência Artificial na nossa vida, abordar alguns sistemas de IA que estão na ordem do dia, para depois tecer algumas considerações sobre os direitos de autor, tentando posteriormente solucionar a questão central *supra* referida.

Escolhemos este tema por se tratar de um assunto deveras relevante, atual e que ainda muita tinta fará correr, merecendo um estudo bem mais aprofundado do que o possível neste trabalho. Ainda assim, esperamos que possa ser um humilde contributo para a evolução do Direito e para que Advogados, Juízes e Juristas em geral melhor compreendam este novo universo que agora se abre e cujos limites são inimagináveis.

1. A inteligência artificial nos nossos dias

"A Inteligência Artificial (IA) é a simulação da inteligência humana por meio de máquinas, especialmente computadores. Ela é usada para desenvolver sistemas e aplicativos capazes de realizar tarefas que normalmente exigiriam inteligência humana, como reconhecimento de padrões, aprendizado, raciocínio e adaptação a novas situações. Existem várias áreas de pesquisa e aplicação na IA, como aprendizado de máquina, visão computacional, processamento de linguagem natural e robótica."

[1] Cf. Ludwig Wittgeinstein – *Da Certeza*, Edições 70, Lisboa, 2000, pp. 134-135 *apud* Luís Vale – *Metodologia do Direito – Guião das Aulas Práticas*, (Policopiado), Faculdade de Direito da Universidade de Coimbra, Coimbra, 2010, *cit.* p. 17.

À pergunta "*O que é a Inteligência Artificial?*", esta foi a resposta dada pelo *ChatGPT*[2] ("*Chat Generative Pre-Trained Transformer*"), um sistema informático lançado em novembro de 2022 e que consiste num *chatbot* com inteligência artificial, desenvolvido pela *OpenAI*, especializado em diálogo. O *chatbot* é um modelo de linguagem ajustado com técnicas de aprendizagem supervisionada e por reforço.

Pelo lado dos humanos, o Professor Doutor Alexandre Dias Pereira define Inteligência Artificial como "*um ramo da ciência informática que procura métodos ou dispositivos computacionais capazes de emular a capacidade racional do ser humano de resolver problemas, pensar ou, de um modo geral, atuar de modo inteligente*".[3]

A Inteligência Artificial é uma tecnologia em célere evolução com potencial para melhorar de forma relevante a qualidade de vida das pessoas, sem, no entanto, deixar de suscitar algumas questões éticas e legais pertinentes.

O aparecimento de plataformas e ferramentas de Inteligência Artificial tem proliferado, para os mais variados serviços e áreas do conhecimento, sendo que a IA já opera de forma invisível no nosso dia-a-dia e, sorrateiramente, vai gerando novos tipos de relação entre humanos e máquinas ou ferramentas digitais. Já faz parte do quotidiano de muitas pessoas, por exemplo, o uso de assistentes virtuais que auxiliam a realização de tarefas específicas, tais como a *Amazon Alexa*, o *Google Assistant* ou a *Apple Siri*, *chatbots* como encontramos nos sítios da Internet de inúmeras empresas como forma de resolver automaticamente os problemas mais simples, ou que promovem a acessibilidade e a inclusão, como sucede com o *VLibras*, o *VirtualSign* ou o *Voiceitt*.

Apesar disso, ainda vão surgindo inovações que nos surpreendem, principalmente aquelas que consistem no desenvolvimento de máquinas capazes de levar a cabo tarefas que simulam o modo de pensamento dos humanos e aplicam-no em diversas atividades, como sejam o reconhecimento de padrões, planeamento ou raciocínio. O *ChatGPT* é um dos

[2] Cf. «*https://openai.com/blog/chatgpt/*».

[3] Cf. Alexandre Dias Pereira – *Direito da Propriedade Intelectual & Novas Tecnologias – Estudos*, Vol. I, Gestlegal, Coimbra, março de 2019, pp. 26-27 *cit.* e também do mesmo Autor – "*A Proteção Jurídica do Software Executado por Robots (e das Obras Geradas por IA)*", Direito e Robótica, Estudos de Direito do Consumidor, n.º 16, Coimbra, 2020, p. 241 *cit.*.

exemplos mais recentes, por ter a capacidade de gerar textos que parecem ter sido escritos por pessoas humanas.

Um professor da *Wharton School* da Universidade da Pensilvânia pôs o *ChatGPT* à prova e descobriu que esta inteligência artificial não teve dificuldade em passar o exame final do MBA (*"Master of Business Administration"*) lá lecionado, com uma nota situada entre um "B" e um "B-", equivalente a um "Bom" ou "Bom menos".[4]

Tal resulta da impressionante capacidade deste sistema de IA em responder às nossas perguntas e até ajustar as respostas em função das interações subsequentes, quando lhe são dados mais elementos que permitem aprimorar a resposta, ou retificar erros.

Além disso, o *ChatGPT* foi também testado na resolução das provas que habilitam as pessoas a serem profissionais nas áreas da Medicina e do Direito. O sistema de IA destacou-se pela ótima redação de documentos legais, incluindo todos os detalhes que são normalmente olvidados por uma parte considerável dos candidatos.

O *ChatGPT* conseguiu aprovação no exame equivalente à Prova de Agregação à Ordem dos Advogados Portugueses, que atesta que a pessoa está pronta para exercer a profissão de advogado, tendo a nota sido aferida por professores das Universidades de Michigan e Chicago.

Inclusivamente, esteve preparada a utilização de um programa de inteligência artificial como advogado num tribunal da Califórnia, nos Estados Unidos da América, numa audiência marcada para 22 de fevereiro de 2023, na qual iria defender um réu que pretendia recorrer de uma contraordenação de trânsito.

A ferramenta de IA, desenvolvida pela empresa *"DoNotPay"*, recorreria à inteligência artificial para analisar os argumentos apresentados durante a sessão de julgamento e indicar a resposta mais adequada através de um auricular.

O nome da referida empresa significa em português *"Não Pague"* e o objetivo é mesmo que as pessoas não estejam obrigadas a contratar profissionais especializados e a pagar os respetivos honorários.[5]

[4] Cf. Carlos Martins – *"ChatGPT passa exame MBA"*, Aberto até de Madrugada, publicado em 25/01/2023, acessível em «*https://abertoatedemadrugada.com/2023/01/chatgpt-passa-exame-mba.html*».

[5] Cf. Diário de Notícias – *"Advogado robô será usado pela primeira vez em tribunal nos Estados Unidos"*, publicado em 25/01/2023, acessível em «*https://www.dn.pt/internacional/advogado-robo-sera-usado-pela-primeira-vez-em-tribunal-nos-estados-unidos-15721014.html*».

No entanto, à medida que a notícia foi correndo o mundo, JOSHUA BROWDER, CEO da *"DoNotPay"*, começou a receber diversas cartas de pessoas a quem a ideia desagradava, tendo sido ameaçado com acusações criminais por várias sociedades de advogados, porquanto a presença da Inteligência Artificial seria uma prática não autorizada, constituindo um delito em alguns estados, punível com pena de prisão até seis meses.

Daí que JOSHUA BROWDER tenha desistido da ideia, embora considere que *"a maioria das pessoas não pode pagar a advogados"*, de modo que a defesa sustentada pela Inteligência Artificial *"poderia permitir que as pessoas utilizassem ferramentas como o* ChatGPT *na sala de audiências"*, o que, em muitos casos, poderia *"ajudá-las a ganhar"*. O referido CEO acrescentou ainda que a *"tecnologia está a avançar e as regras do tribunal estão muito desatualizadas"*.[6]

No entanto, este não é o único caso em que a Inteligência Artificial é aplicada ao Direito e mais especificamente à advocacia.

Com efeito, com o objetivo de fazer face aos problemas de morosidade dos processos, dada a complexidade e o alto fluxo de informações que os mesmos acarretam, têm surgido tecnologias com base em inteligência artificial, que auxiliam na prestação de melhores serviços de advocacia e a tornar a Justiça mais ágil e eficiente.

Em novembro de 2017, a *"Baker & Hostetler"*, uma das maiores sociedades de advogados dos Estados Unidos da América, com sede em Nova Iorque, contratou o primeiro robô advogado do mundo, chamado ROSS, para a ajudar nos processos judiciais referentes à área da insolvência.

ROSS é considerado o primeiro advogado artificialmente inteligente do mundo e foi projetado para compreender a linguagem humana, fornecer respostas a perguntas, formular hipóteses e monitorizar a evolução do ordenamento jurídico.

Os advogados colocam questões jurídicas em linguagem natural a ROSS, da mesma forma que fariam com um humano, e a inteligência artificial interpreta-as de acordo com a Lei, que monitora 24 horas por dia, compila provas, faz deduções e responde rapidamente, de forma altamente relevante e fundamentada.

[6] Cf. ANA SOFIA NETO – *"Advogado robô não foi bem recebido na sala de audiência de um tribunal"*, Pplware, publicado em 26/01/2023, acessível em «*https://pplware.sapo.pt/high-tech/advogado-robo-nao-foi-bem-recebido-na-sala-de-audiencia-de-um-tribunal/*».

Esta máquina de inteligência artificial age como um pesquisador jurídico, encarregado de perscrutar milhares de documentos para reforçar os processos da sociedade de advogados, em substituição dos advogados--estagiários ou juniores, que normalmente levavam a cabo esta função.

Nos últimos anos, tem sido crescente a utilização da Inteligência Artificial no mundo jurídico, quer através de *softwares* como o *Legal Analytics*, da *Lex Machina, Inc.*, que extrai documentos de tribunais públicos, para com base no processamento de linguagem natural, ajudar a prever a decisão de um juiz num certo tipo de caso, quer através de outros robôs advogados, como o ELI, no Brasil, criado pela *startup* "*Tikal Tech*" e que tem ajudado na resolução de processos judiciais, ajudando o advogado na compilação de dados, organização de documentos, realização de cálculos, acompanhamento de processos, interpretação de decisões judiciais, elaboração de relatórios complexos, entre outras atividades morosas e intrincadas.

Todavia, Bob Craig, diretor de informação da mencionada "*Baker & Hostetler*", considera que os advogados humanos não serão substituídos por robôs, pois o robô advogado ROSS trata-se apenas de uma ferramenta adicional para os ajudar a trabalhar de forma mais célere, e a aprender e melhorar continuamente.[7]

Voltando ao caso do *ChatGPT*, esta inteligência artificial foi ainda colocada, pela Universidade de Yale, a realizar o Exame de Licenciamento Médico dos Estados Unidos da América, tendo obtido aprovação e demonstrado que o *ChatGPT* tem conhecimento bastante para poder agir como se de um verdadeiro médico se tratasse.

É claro que nem tudo são rosas, pois esta ferramenta de Inteligência Artificial pode prestar um grande auxílio na elaboração de textos de alguma complexidade e a alcançar respostas que não seriam fáceis de atingir pelo humano, mas também suscita questões éticas ligadas ao risco de fraudes, com alunos a poderem entregar textos que não foram originalmente escritos por eles.[8]

[7] Cf. Transformação Digital – "*ROSS, o primeiro robô advogado do mundo*", publicado em 06/06/2018, acessível em «*https://transformacaodigital.com/ross-o-primeiro-robo-advogado-do-mundo/*».

[8] Cf. Vítor Pacheco – "*ChatGPT passa em exames de MBA, Direito e Medicina nos EUA*", Showmetech, publicado em 26/01/2023, acessível em «*https://www.showmetech.com.br/chatgpt-aprovada-em-testes-nos-eua/*».

Acresce que, a Inteligência Artificial não se limita apenas à criação de textos, tendo também recentemente sido criadas algumas ferramentas informáticas dotadas de IA, capazes de gerar imagens apenas com base em "*prompts*", ou seja, comandos de texto, como são os casos do "*DALL-E 2*" e do "*Midjourney*".

Estes são alguns exemplos de aplicação de inteligência artificial, não só no âmbito do processamento de linguagem, onde a IA é aplicada para entender e criar texto natural, mas também na área de composição visual, onde o algoritmo faz pesquisa numa gigantesca base de dados com ilustrações, fotografias e pinturas, em domínio público ou não, e gera imagens surpreendentes.

Deste modo, com base nestes modelos de linguagem de Inteligência Artificial, é possível, sem intervenção humana, criar textos diversos, tais como notícias, artigos científicos, descrições de produtos, histórias e poesias, com o "*ChatGPT*" e gerar imagens e arte realista, misturando conceitos, atributos e estilos, com recurso ao "*DALL-E 2*" ou ao "*Midjourney*".

Exemplo disso mesmo está na imagem que cabeia esse trabalho. A ilustração consiste num robô a pintar um quadro, representando exatamente a capacidade da Inteligência Artificial criar imagens, e foi gerada pelo sistema de IA "*Midjourney*"[9], apenas com base no seguinte comando de texto "*/imagine a robot painting a painting*". Não deixa de ser fabuloso como é que uma ferramenta informática é capaz de criar imagens tão fantásticas, apenas com base em ideias simples. Será que estas imagens criadas por IA podem ser objeto de proteção pelos direitos de autor? É a essa dúvida que procuramos dar resposta com este trabalho.

Mas estas questões relacionadas com a autoria destas obras geradas por Inteligência Artificial não são meramente teóricas ou académicas, tendo já surgido celeumas a este respeito, como foi o caso da competição de belas-artes da Feira Estadual do Colorado, nos Estados Unidos da América, onde Jason Allen apresentou o seu quadro "*Théâtre D'opéra Spatial*" para concorrer na categoria "fotografia manipulada digitalmente", tendo conquistado o primeiro prémio.

Sucede que, o júri do concurso não percebeu que a imagem havia sido criada com recurso ao "*Midjourney*", de tão realista e detalhado que estava

[9] Cf. «*https://midjourney.com*».

o quadro composto por três figuras vestidas com mantos esvoaçantes, olhando para um horizonte brilhante.

Gerou-se um forte debate sobre o significado de arte, tendo Jason Allen sido acusado de ter enganado toda a gente, vencendo a competição com recurso a uma imagem que ele apenas tinha pedido a uma máquina que a criasse. Porém, ele considera que as pessoas devem ultrapassar o medo e a negação sobre uma tecnologia que pode fomentar novas invenções e mudar o mundo. A Inteligência Artificial era apenas uma ferramenta, tal como se fosse um pincel, pois sem a pessoa humana, não existe força criativa.

O "*Midjourney*" tornou-se um dos mais populares geradores de arte com base em Inteligência Artificial, dada a facilidade com que se criam novas imagens, bastando apenas que o utilizador coloque o comando de texto "*/imagine*", em português "imagina", seguido da descrição da imagem que pretende, com os pormenores e especificidades que lhe aprouver, e o programa gerará 4 imagens num par de minutos, que poderão ser refinadas e aperfeiçoadas com novas variações dessa ideia.

A plataforma considera-se um laboratório independente de pesquisa, tendo como objetivo a expansão da capacidade imaginativa da espécie humana, contando com mais de 1 milhão de utilizadores no seu serviço de conversação "*Discord*", através do qual se interage com esta inteligência artificial.

Jason Allen começou a utilizar o "*Midjourney*", criando milhares de imagens, alterando os comandos de texto a cada criação e testando novas definições, cenários e efeitos. Idealizou uma determinada imagem com aquelas características e foi afinando os comandos de texto, ao longo de 80 horas e mais de 900 tentativas.

Importa salientar que Jason Allen recusa-se a partilhar o completo conjunto de palavras que utilizou para gerar a sua imagem vencedora, considerando que aquele é o seu trabalho artístico. Será que poderíamos proteger com direitos de autor ou com um direito conexo a exata frase utilizada como comando de texto que esteve na base da criação daquela imagem? Poderemos considerar aquela frase como se fosse uma fórmula ou um código-fonte de *software*?

Quando questionado pelos funcionários da competição sobre que materiais havia usado, Jason Allen apenas disse ter utilizado "*Midjourney*", sem entrar em detalhes, que também não lhe foram perguntados.

McKinley, uma das juradas, afirmou não se ter apercebido que aquela imagem era criada por IA, mas que tal não teria alterado a sua opinião, pois Jason Allen tinha trazido para a realidade o conceito que havia imaginado.

Porém, na Internet, muitas das reações não foram positivas, havendo quem o acusasse de ter participado numa maratona com um "*Lamborghini*", quem receasse que o sucedido fizesse com que aquela ferramenta fosse banida e ainda mais odiada e até quem considerasse estar a assistir-se à morte da própria Arte, devendo Jason Allen devolver o prémio e fazer um pedido de desculpas público.

Contudo, a verdade é que Jason Allen não violou qualquer regra da competição, pois apenas se exigia que, para que uma peça pudesse concorrer àquela categoria, envolvesse tecnologia como parte do processo de criação ou de apresentação, o que efetivamente sucedeu e o certo é que ninguém apresentou qualquer reclamação formal.

Todavia, as regras da competição obrigavam a que todas as peças de arte tivessem sido criadas por habitantes do Colorado. Ora, aqui revela-se pertinente a questão da autoria da obra que analisaremos adiante. Se considerarmos que o autor da imagem foi Jason Allen, então presumindo que este reside no naquele Estado norte-americano, a regra terá sido cumprida. No entanto, se entendermos que a autoria pertence verdadeiramente ao "*Midjourney*", teria, porventura, sido violada.[10]

Acresce que, em janeiro de 2023, Bruno Carnide "criou" a primeira curta-metragem produzida apenas com recurso a Inteligência Artificial, utilizando o "*DALL-E*" para gerar imagens, o "*FakeYou*" para as vozes, o "*Soundraw*" para a banda sonora, entre outras ferramentas digitais.

O filme intitula-se "*Janeiro*"[11], foi produzido em apenas 24 horas, tem 2 minutos e 22 segundos, e trata-se de uma reflexão sobre a capacidade da Inteligência Artificial para criar objetos que concorrem com a arte, questionando-se o futuro dos artistas num mundo em que os limites da tecnologia aparentam ser cada vez mais exíguos.

[10] Cf. Drew Harwell – "*He used AI to win a fine-arts competition. Was it cheating?*", The Washington Post, publicado em 02/09/2022, acessível em «*https://www.washingtonpost.com/technology/2022/09/02/midjourney-artificial-intelligence-state-fair-colorado/*».

[11] Cf. Bruno Carnide – "*Janeiro*", 2023, acessível em «*https://youtu.be/8X706nnsUBI*».

Bruno Carnide afirmou que *"As imagens não foram captadas, desenhadas ou modeladas por ninguém. O texto não foi escrito nem falado por ninguém. A música não foi composta nem tocada por ninguém. Tudo foi gerado por computador com recurso apenas a palavras ou indicações que dei a estas AI's. No fundo eu só tive que ter uma pequena ideia, uma frase, e a habilidade de juntar tudo. A Inteligência Artificial está tão avançada, que mesmo que eu repita o processo novamente com as mesmas palavras, nunca irei obter o mesmo resultado, logo estou sempre a "criar" algo completamente único. Assim, num estalar de dedos."*[12]

Como explanámos, as capacidades destes sistemas de Inteligência Artificial estão patentes em toda a parte, desde vídeos, galerias de imagens ou capas de revistas completamente geradas por IA, que facilmente diríamos terem sido criadas por um ser humano.

E tudo aponta para um tendencial crescimento destas tecnologias, dada a forma rápida, prática e fácil do processo de criação, embora seja certo que também suscita diversas questões e inquietações, quer a nível ético, quer a nível legal.

Deste modo, parece-nos evidente que a IA pode ter um impacto considerável na indústria criativa, na medida em que pode mudar a forma como os humanos criam conteúdos, além de originar inquietações acerca da autenticidade e originalidade dos produtos concebidos.

Embora a lei dos direitos de autor confira proteção às obras criadas por seres humanos, com a geração automática de obras pela Inteligência Artificial, existem dúvidas sobre quem deva ser considerado o autor destes conteúdos e de como esses direitos devem ser protegidos.

Acresce que, além destas questões, podemos ainda enunciar um conjunto de outras preocupações com a Inteligência Artificial, na medida em que essas ferramentas podem gerar desinformação, de alta qualidade e em grande quantidade, como é o caso dos "*deep fakes*", cuja distinção de gravações ou vídeos autênticos é tarefa muito árdua.

Ademais, podem ser usadas de forma discriminatória, pois os algoritmos podem ser carregados com dados que espelham preconceitos existentes na

[12] Cf. Jornal de Leiria – "*"Pode muito bem ser a primeira curta-metragem feita em AI". Novo filme de Bruno Carnide reflecte sobre a arte e a Inteligência Artificial*", publicado em 03/01/2023, acessível em «*https://www.jornaldeleiria.pt/noticia/pode-muito-bem-ser-a-primeira-curta-metragem-feita-em-ai-novo-filme-de-bruno-carnide-reflecte-sobre-a-arte-e-a-inteligencia-artificial*».

sociedade e também levar a decisões injustas ou mesmo prejudiciais, como sucede nas entrevistas de emprego efetuadas por máquinas.

Além disso, também não deixa de ser inquietante a limitação da liberdade individual e da privacidade, atendendo aos sistemas de vigilância com IA que rastreiam as pessoas sem o seu consentimento.

Por fim, salientamos a possibilidade destas tecnologias branquearem situações de responsabilidade, porquanto se uma decisão tomada de forma autónoma causar danos a alguém, geram-se dúvidas sobre quem será responsável pelos danos.

Assim sendo, é necessário que se promova a regulamentação da utilização da Inteligência Artificial, com o escopo de assegurar que esta seja usada de forma segura e ética, de modo a garantir a transparência, compreensão e segurança dos sistemas de IA e proteger os direitos fundamentais das pessoas.[13]

Todas as mencionadas tecnologias com base na Inteligência Artificial farão cada vez mais parte do nosso quotidiano e evoluirão continuamente, sendo impossível descortinar onde chegarão. Ainda para mais, quando a *Microsoft*, em janeiro de 2023, anunciou mais um investimento multimilionário na "*OpenAI*", a empresa especialista em inteligência artificial responsável pela tecnologia do "*DALL-E*" e do "*ChatGPT*", à semelhança do que havia já feito em 2019 e 2021.

A *Microsoft* declarou ainda que iria aumentar o seu investimento em sistemas de supercomputação especializados, de modo a acelerar a pesquisa da "*OpenAI*", e que irá implementar os modelos desta nos seus produtos para consumidores e empresas, incluindo o "*Azure OpenAI*", uma ferramenta que ajuda os produtores a desenvolver as suas aplicações de inteligência artificial.[14]

Pelo que, parece-nos evidente que a Inteligência Artificial veio para ficar, sendo necessário ao legislador atuar no sentido da criação de normas que regulem a utilização destas tecnologias, assumindo particular

[13] Cf. Blogue RBE – "*Já há máquinas que escrevem e desenham como os humanos! E agora?*", publicado em 25/01/2023, acessível em «*https://rededebibliotecasescolares.blogs.sapo.pt/ja-ha-maquinas-que-escrevem-e-desenham-2/680722/*».

[14] Cf. Pedro Pestana – "*Microsoft confirma investimento na OpenAi, responsável pelo DALL-E e ChatGPT*", IGN Portugal, publicado em 24/01/2023, acessível em «*https://pt.ign.com/microsoft/121609/news/microsoft-confirma-investimento-no-openai-responsavel-pelo-dall-e-e-chatgpt*».

importância o caso dos direitos de autor e direitos conexos sobre as obras criadas por máquinas com Inteligência Artificial, como os já abordados "*ChatGPT*", "*DALL-E 2*" ou "*Midjourney*".

Urge, assim, debruçarmo-nos sobre a questão da autoria no caso das obras produzidas por Inteligência Artificial, sem antes fazermos um enquadramento acerca do estado da arte ao nível de Portugal e da União Europeia, o que faremos nos capítulos que se seguem.

2. Os direitos de autor e direitos conexos

A Diretiva 2001/29/CE do Parlamento Europeu e do Conselho, de 22 de maio de 2001, relativa à harmonização de certos aspetos do direito de autor e dos direitos conexos na sociedade da informação veio estabelecer os direitos de reprodução, de comunicação ao público e de distribuição, prevendo a proteção jurídica dos sistemas técnicos de identificação e proteção.

Este diploma recorre aos direitos de autor e conexos como sendo um instrumento político no desenvolvimento da sociedade da informação, partindo da ideia de que a cultura tem valor económico o que a insere numa lógica de mercado.

É neste âmbito que aparece a propriedade, enquanto instrumento jurídico apto a conformar os direitos de autor à sua importante função política na construção da sociedade da informação. Daí que se considere que os direitos de autor e direitos conexos são parte integrante da propriedade intelectual.

Contudo, esta integração do direito de autor como propriedade condiciona a possibilidade de harmonização comunitária neste âmbito, tendo em conta que, de acordo com o Tratado de Roma, os Estados-Membros não teriam concedido poderes às instâncias comunitárias de ordenação jurídica da propriedade, embora as suas cláusulas gerais permitissem intervenções comunitárias no que toca ao exercício e disposição privada da propriedade.

Doutra banda, a teoria da propriedade intelectual suscita dúvidas, pois seria apta a confundir o direito de autor com o direito de propriedade, o qual se resumiria somente a objetos corpóreos. Esta teoria indica-nos a noção de coisa constante da lei civil germânica, nomeadamente no § 90 do *Bürgerliches Gesetzbuch* (BGB), segundo o qual "*coisas no sentido da lei são apenas objetos corpóreos*". Assim, não sendo as obras literárias e artísticas objetos corpóreos, não poderiam ser coisas, o mesmo sucedendo com os programas de computador.

Daí que se verifique um choque entre o previsto nas normas comunitárias e o conceito de coisa da lei civil alemã, causando dificuldade no enquadramento dogmático do direito de autor, não obstante a sua proteção constitucional como direito de propriedade.

Ademais, ainda que o legislador comunitário funde o direito de autor na propriedade, tendo como desiderato justificar um elevado nível de proteção, consideramos que as medidas de harmonização empregues a este respeito causam um enfraquecimento do estatuto do autor, levando a que a conceção de *droit d'auteur* se achegue ao modelo de *copyright*.[15]

No entanto, importa ressalvar a existência de um princípio de justiça a respeitos do direito de autor, que deriva da filosofia do inglês JOHN LOCKE, segundo a qual se enaltece a justa atribuição ao criador da propriedade dos frutos do seu trabalho intelectual.

Trata-se de um princípio fundamental subjacente ao direito de autor alemão, tendo como finalidade a proteção da obra "*enquanto expressão de uma personalidade criadora individual, em termos de unidade infrangível entre a autoria e a titularidade originária do direito*", como bem ensina ALEXANDRE DIAS PEREIRA.[16] Cabe, ainda, salientar que o direito de autor está constitucionalmente garantido como propriedade na Lei Fundamental da República Federal da Alemanha (*Grundgesetz für die Bundesrepublik Deutschland*), mormente no seu artigo 14.º.[17]

O artigo 42.º da Constituição da República Portuguesa consagra a liberdade de criação cultural, sendo livre a criação intelectual, artística e científica. Esta liberdade inclui o direito à invenção, produção e divulgação

[15] Cf. ALEXANDRE DIAS PEREIRA – *Arte, Tecnologia e Propriedade Intelectual*, pp. 467-470.

[16] Cf. ALEXANDRE DIAS PEREIRA – *Arte, Tecnologia e Propriedade Intelectual*, pp. 472-473 *cit.*.

[17] O artigo 14.º da Lei Fundamental da República Federal da Alemanha, sob a epígrafe "*Propriedade – Direito de sucessão – Expropriação*", estatui que:
"*§1 A propriedade e o direito de sucessão são garantidos. Os seus conteúdos e limites são definidos por lei.*
§2 A propriedade obriga. O seu uso deve servir, ao mesmo tempo, ao bem comum.
§3 Uma expropriação só é lícita quando efetuada para o bem comum. Pode ser efetuada unicamente por lei ou em virtude de lei que estabeleça o modo e o montante da indemnização. A indemnização deve ser fixada tendo em justa conta os interesses da comunidade e dos afetados. Quanto ao montante da indemnização, em caso de litígio, admite-se o recurso judicial perante os tribunais ordinários."

da obra científica, literária ou artística, estando abrangida a proteção legal dos direitos de autor, bem como os direitos conexos.

Tal previsão constitucional está em harmonia com o previsto no artigo 27.º, n.º 2 da Declaração Universal dos Direitos do Homem de 1948, segundo o qual *"todos têm direito à proteção dos interesses morais e materiais ligados a qualquer produção científica, literária ou artística da sua autoria"*.[18]

No Código Civil português, estipula-se no artigo 1303.º que *"Os direitos de autor e a propriedade industrial estão sujeitos a legislação especial"*, sendo-lhes, no entanto, subsidiariamente aplicáveis disposições deste código, *"quando se harmonizem com a natureza daqueles direitos e não contrariem o regime para eles especialmente estabelecido"*.

Assim, podemos dizer que esta proteção legal dos direitos de autor corresponde à concessão de uma forma especial de propriedade sobre criações culturais de pessoas humanas no exercício daquela liberdade fundamental.[19]

Não obstante o artigo 1302.º do Código Civil estabelecer que podem ser objeto do direito de propriedade as coisas corpóreas, móveis ou imóveis, também consideramos que as coisas incorpóreas, como a propriedade intelectual, também poderão ser, igualmente, objeto de direitos de propriedade.

Pelo que, a expressão propriedade intelectual deverá ser entendida no sentido amplo patente no artigo 1303.º do Código Civil, considerando que aquela é constituída pelos direitos de autor (obras literárias e artísticas), abrangendo os direitos conexos (prestações artísticas e empresariais) e a propriedade industrial (patentes, marcas, modelos de utilidade), integrando-se ainda nesse conceito criações mais modernas como os programas de computador, as topografias de produtos semicondutores, as bases de dados e também as obras geradas por computador.[20]

Os direitos de propriedade indicam uma vincada aproximação dos direitos de autor à propriedade industrial e vice-versa, atendendo à

[18] Cf. Alexandre Dias Pereira – *Direitos de Autor e Liberdade de Informação*, Edições Almedina, S.A., Coimbra, outubro de 2008, p. 91.

[19] Cf. Alexandre Dias Pereira – *Arte, Tecnologia e Propriedade Intelectual*, pp. 478-480.

[20] Cf. *Ibidem*, pp. 483.

natureza híbrida das criações da inspiração humana cujo âmbito regulam. Esta aproximação traduz-se numa dissolução da tradicional divisão entre arte e técnica, na medida em atualmente se equivalem programas de computador a textos literários, pelo menos no que respeita à regulamentação legal no quadro da propriedade intelectual.

Todavia, ressalva Alexandre Dias Pereira que *"não foram as modernas tecnologias da informação que evidenciaram a dimensão técnica da arte nem a dimensão artística da técnica, embora tenham contribuído decisivamente para a sua afirmação no quadro dos frutos do espírito criador protegidos pelo direito de autor e por outras formas de propriedade intelectual".*[21]

3. A autoria das obras criadas por inteligência artificial

3.1. Os Direitos de Autor na sociedade da informação

A história do Direito de Autor acompanha a evolução da tecnologia, tendo as suas maiores alterações no campo legislativo e judiciário ocorrido aquando de avanços tecnológicos, como forma de dar resposta às novas questões que esse novo desenvolvimento tecnológico fazia brotar. Se, por um lado, algumas tecnologias tiveram como objetivo ou promoveram a ampliação e força dessas normas, por outro, outras tecnologias causaram receios, acabando por ser perseguidas ao criar a possibilidade de contornar a proteção estabelecida.

As novas tecnologias da informação e comunicação, com destaque para a Internet, estão na base do chamado paradigma da sociedade da informação, trazendo consigo enormes desafios para os juristas que se dedicam à área da Propriedade Intelectual.

Apesar disso, o Direito de Autor conseguiu adaptar-se a um novo contexto da sociedade, adotando princípios e perspetivas mais empresariais. Porém, nem sempre de forma pacífica, pois ao assistirmos a um reforço da proteção, também se verificou uma invasão de direitos fundamentais, como o da liberdade de expressão e informação.[22]

[21] Cf. *Ibidem*, pp. 485 cit..

[22] Cf. Pedro de Perdigão Lana – *A Questão da Autoria em Obras Produzidas por Inteligência Artificial*, Estudos – Doutoramento & Mestrado, Série M 10, Instituto Jurídico da Faculdade de Direito da Universidade de Coimbra, Coimbra, outubro de 2019, p. 9.

3.2. A Inteligência Artificial e a criatividade

Ao longo dos últimos anos, temos assistido ao desenvolvimento de uma nova tecnologia que veio trazer grandes problemas para o Direito de Autor, denominada Inteligência Artificial (IA).

Apesar de não ser muito rigoroso abranger todas as diferentes ferramentas, dispositivos e modelos através da mesma expressão, podemos tentar definir "inteligência artificial" como sendo a ciência de criar formas pelas quais os computadores ficam aptos a levar a cabo ações que traduzem sinais de inteligência, quando feitas por humanos.[23]

No que tange ao mundo jurídico, a questão já não é saber se a inteligência artificial acarretará mudanças no Direito, mas antes conseguir perceber até que ponto elas irão. Aquilo que antes se tinha como dificilmente superável pela inteligência artificial, rapidamente foi ultrapassado, existindo hoje a capacidade para compreender a linguagem corporal e de avaliar e decidir com base em fundamentos morais.

O mesmo sucede quanto ao Direito de Autor, porquanto já existem programas de inteligência artificial que geram telas com as mesmas características e técnica dos maiores pintores da História, escrevendo textos capazes de competir em prémios literários e de compor músicas que ninguém diria que não foram produzidas por humanos.[24] Estas capacidades artísticas da inteligência artificial suscitam enormes dúvidas quanto à propriedade dos direitos de autor sobre as obras geradas por estes sistemas.

Logo à partida, devemos questionar-nos quanto ao próprio conceito e definição de autor, indagando se existe ou não a possibilidade de um não-humano ser considerado um autor.

A este respeito, recordemos o célebre caso "*Naruto vs. David Slater*", também conhecido como "o caso das *selfies* do macaco".

Em 2011, na reserva Tangkoko, na ilha indonésia de Sulawesi, um macaco terá tirado fotografias a si mesmo, com o equipamento do fotógrafo galês David J. Slater, que rapidamente se tornaram uma sensação na Internet.

[23] Cf. Ana Ramalho – "*Will robots rule the (artistic) world? A proposed model for the legal status of creations by artificial intelligence systems*", in Journal of Internet Law, julho de 2017, p. 2.

[24] Cf. Pedro de Perdigão Lana – *Op. cit.*, p. 11-12.

O fotógrafo tornou-se conhecido em todo o mundo e ainda terá lucrado alguns milhares de euros, mas, em 2014, por não aceitar a reprodução desregrada das imagens por parte do blogue *Techdirt* e da *Wikipedia*, decidiu processar estas duas entidades em tribunal.

Sucede que, SLATER perdeu a ação e viu o *U.S. Copyright Office*, (associação norte-americana de direitos de autor) negar-lhe a autoria das imagens, porquanto teria sido o macaco a tirar as fotografias e não o homem, pelo que, as mesmas não lhe pertenceriam. Ora, como o macaco é um animal e não poderia legalmente deter direitos sobre coisas, as imagens seriam "*res nullius*", podendo ser usadas livremente por quem assim o quisesse. Considerou-se que aquela entidade não registava trabalhos produzidos pela Natureza, por animais ou por plantas.

No ano seguinte, a *People for the Ethical Treatment of Animals* (PETA) decidiu, por sua vez, processar o fotógrafo, que em novembro de 2014, havia publicado um livro com várias imagens captadas nas suas expedições, de entre as quais constavam as controversas "*selfies-macaco*".

No âmbito desse processo, que deu entrada num tribunal federal em São Francisco, nos Estados Unidos da América, a PETA peticionou que DAVID J. SLATER entregasse ao macaco, na entidade do parque natural em Sulawesi, todo os rendimentos que havia auferido até esse momento com a comercialização das imagens, porque seria o macaco "*Naruto*" o verdadeiro proprietário das fotografias.

O processo teve direito a recurso e durou dois anos, até que, em 2017, a justiça norte-americana deu-o finalmente por encerrado, anulando, como na primeira instância, as pretensões da PETA.[25]

O fotógrafo garantiu em tribunal que as "*selfies-macaco*" não haviam sido uma alegre surpresa, mas antes o resultado de dias e dias de treino com os animais, não tendo de pagar um cêntimo ao macaco.[26]

[25] Cf. ISABELA DE SENA PASSAU ALVES – *Obras Geradas por Inteligência Artificial e o Direito de Autor*, Dissertação de Mestrado, Faculdade de Direito da Universidade de Lisboa, Lisboa, 14 de junho de 2019, pp. 79-80.

[26] Cf. TÂNIA PEREIRINHA – "*Foi o macaco que tirou a* selfie *mas afinal os direitos não são dele*", Observador, 12/09/2017, acessível em «*https://observador.pt/2017/09/12/foi-o-macaco-que-tirou-a-selfie-mas-afinal-os-direitos-nao-sao-dele/*».

Voltando à pergunta acima formulada, no que tange à sua vertente tecnológica, é pacífica a existência de um claro nexo de causalidade entre os *inputs* introduzidos pela pessoa humana e os *outputs* criados pela máquina, como sucede no caso das inteligências artificiais mais simples, normalmente utilizados como meras ferramentas para a produção da obra.

Contudo, com a evolução da complexidade da Inteligência Artificial e do desenvolvimento da sua capacidade de aprendizagem, o nexo de causalidade entre o humano que introduziu os comandos iniciais e a obra gerada, torna-se muito mais intrincada e questionável. Tal sucede, porque, em teoria, as máquinas tornaram-se agentes dotados de autonomia, aptas a criar ideias com total ou parcial independência do programador e a expressar-se de forma inovadora, simulando a configuração das redes neurológicas, traduzindo algo a que poderemos chamar de "processo criativo". Como veremos adiante, obras geradas por computadores já são uma realidade e estão a revolucionar a forma como vemos o mundo da arte.

Todavia, devemos ter algumas cautelas quando utilizamos a expressão "processo criativo", na medida em que a criatividade constitui um elemento basilar para que possa haver lugar a proteção por direitos de autor. Se considerarmos essa criatividade com algo de intrínseco e, de certa forma, restrito aos humanos, teremos de concluir pela existência de um grande obstáculo a que computadores possam ser aceites como autores.

Doutra banda, se entendermos a criatividade apenas como um conjunto de traços e comportamentos, perfilam-se outras possíveis perspetivas.

Por um lado, é possível afirmar que, pelo menos atualmente, a capacidade criativa das máquinas de inteligência artificial tem limitações, funcionando através da aglomeração de enormes quantidades de dados e, com base neles, fazer combinações e tomar decisões com alguma aleatoriedade, gerando, deste modo, algo aparentemente novo.

Por outro lado, não há, ainda, sinais de que essas máquinas consigam imaginar conceitos e categorias sem qualquer contato prévio com as mesmas, nem manifestar traços característicos da criatividade humana, como sendo intencionalidade, desejos ou crenças.

No Estados Unidos da América, no processo *Feist Publications, Inc. vs. Rural Telephone Service Company, Inc.*, em 1991, o Supremo Tribunal decidiu que para que haja lugar a proteção pelo *copyright*, terá de existir criatividade, ainda que seja num nível diminuto.[27,28,29]

Daí que, a jurisprudência norte-americana, tal como sucedeu no *supra* mencionado caso das *selfies* do macaco, tenha assumido a posição de que a criatividade constitui uma característica exclusivamente humana.

Todavia, esta questão não se encontra definitivamente resolvida, pois sempre poderemos considerar que a forma de pensamento da inteligência artificial se trata de uma simulação, não tendo como desiderato ser igual ao pensamento de um cérebro biológico, o que abre a possibilidade de existência de um tipo de "criatividade" particular dos computadores, distinto da humana.[30]

Mas toda esta discussão não deixa de nos causar verdadeiras dúvidas existenciais. O que distingue verdadeiramente a mente humana e a Inteligência Artificial? São os humanos assim tão diferentes de uma máquina dotada de IA? Será o cérebro humano, na sua essência, assim tão distinto de um *microchip*? Não são ambos programados para terem determinados comportamentos e agirem de determinada forma, em função da análise de certos pressupostos?

Posto isto, será que conseguimos estabelecer uma base no ordenamento jurídico português para a proteção pelos direitos de autor das obras geradas por Inteligência Artificial, sem que nos guiemos por um critério tão restritivo como o da referida "criatividade"?

3.3. Perspetivas quanto à capacidade de ser autor

Através da Resolução do Parlamento Europeu, de 16 de fevereiro de 2017, foi manifestada a intenção daquela entidade em considerar os direitos de propriedade intelectual das inteligências artificiais.

[27] Cf. *U.S. Supreme Court, Feist Publications, Inc. vs. Rural Telephone Service Company, Inc.*, 499 U.S. 340, 27/03/1991, acessível em «*https://www.law.cornell.edu/supremecourt/text/499/340*».

[28] Cf. Alexandre Dias Pereira – *Direitos de Autor e Liberdade de Informação*, p. 407 e também do mesmo Autor, *Da obra multimédia como objecto de direitos de propriedade intelectual: arte digital, programas de computador e bases de dados electrónicas*, Stvdia Ivridica 61 Ad Honorem – 1, Separata de Estudos em Homenagem ao Prof. Doutor Rogério Soares, Boletim da Faculdade de Direito da Universidade de Coimbra, Coimbra, 2001, pp. 465-466.

[29] Cf. Ana Ramalho – *Op. cit.*, p. 5.

[30] Cf. Pedro de Perdigão Lana – *Op. cit.*, pp. 13-15.

Embora não existam disposições legais especificamente aplicáveis à robótica, os regimes e as doutrinas jurídicas existentes poderão ser-lhe rapidamente aplicados, embora alguns aspetos requeiram uma ponderação específica.[31]

Além disso, considerou-se também que a livre circulação dos dados é fundamental para a economia digital e para o desenvolvimento no domínio da robótica e da Inteligência Artificial, sendo essencial um elevado nível de segurança dos sistemas de robótica, assegurando-se a proteção das redes de robôs e inteligência artificial interligados, a fim de evitar potenciais violações da segurança.[32]

A questão da autoria das obras geradas por IA e a sua proteção pelos direitos de autor está, assim, na ordem do dia.

Aliás, importa salientar que a própria tecnologia de inteligência artificial instalada na máquina é uma obra protegida, de acordo com a tutela para os programas de computador e bases de dados, de acordo com os artigos 2.º da Convenção de Berna[33], 36.º do Código do Direito de Autor e dos Direitos Conexos (CDADC), aprovado pelo Decreto-Lei n.º 63/85, de 14 de março, e 4.º e seguintes do Decreto-Lei n.º 122/2000, de 4 de julho, todos na sua versão atual.

Contudo, a dificuldade desta questão passa pela possibilidade de considerar a Inteligência Artificial como sujeito da proteção, na medida em que os tratados internacionais em vigor não estabelecem uma definição de autor, pese embora a exegese do seu texto nos leve a presumir que o autor seja humano.

Resultam da Convenção de Berna vários indícios desse entendimento, como seja a determinação de direitos morais, o facto de o tempo de proteção iniciar a sua contagem a partir do momento da morte do autor e a distinção entre ideias e expressão.

No que toca à União Europeia, esta debruçou-se sobre esta matéria da autoria na Diretiva 2009/24/CE, do Parlamento Europeu e do Conselho,

[31] Cf. Alexandre Dias Pereira – *Direito da Propriedade Intelectual & Novas Tecnologias – Estudos*, Vol. I, pp. 27-28.

[32] Cf. Resolução do Parlamento Europeu, de 16/02/2017, acessível em «*https://www.europarl.europa.eu/doceo/document/TA-8-2017-0051_PT.html*».

[33] Cf. Convenção de Berna para a Protecção das Obras Literárias e Artísticas – Acto de Paris, de 24/07/1971, acessível em «*http://gddc.ministeriopublico.pt/sites/default/files/documentos/instrumentos/dec73-1978.pdf*».

de 23 de abril de 2009, relativa à protecção jurídica dos programas de computador, na Diretiva 96/9/CE, do Parlamento Europeu e do Conselho, de 11 de Março de 1996, relativa à protecção jurídica das bases de dados, transposta para o ordenamento jurídico português através do Decreto-Lei n.º 122/2000, de 4 de Julho, e na Diretiva 2006/115/CE, do Parlamento Europeu e do Conselho, de 12 de Dezembro de 2006, relativa ao direito de aluguer, ao direito de comodato e a certos direitos conexos ao direito de autor em matéria de propriedade intelectual.

A interpretação dos referidos diplomas aponta no sentido da necessidade de um autor humano. Porém, contemplam uma exceção a essa regra, abrindo a porta à possibilidade de pessoas coletivas serem titulares de direitos de autor, quando assim conste da legislação nacional do Estado-membro, o que deixa transparecer um escape desse cerne do conceito de autor.[34] Não obstante, na Alemanha optou-se por não adotar essa via, fazendo apenas referência à titularidade do direito, ao invés de falar em autoria. Trata-se somente de uma exceção tolerada, que possibilita a proteção das obras criadas por Inteligência Artificial, mas que não parece constituir uma base estável para se poder ir mais além.

No entanto, cabe referir que as aludidas Diretivas de programas de computador e de base de dados mencionavam, numa fase inicial, o autor humano, expressão que acabou por deixar de existir nas versões finais dos textos, o que confere margem a outro entendimento.

Por sua vez, o Tribunal Judicial da União Europeia[35,36] veio defender a posição de que toda a obra deve ter um autor humano, considerando

[34] Cf. ANA RAMALHO – *Op. cit.*, p. 7.

[35] Cf. case C-604/10 *Football Dataco*, ECLI:EU:C:2012:115, acessível em «*https://curia.europa.eu/jcms/jcms/j_6/pt/*», onde se concluiu que:

"*1. Uma base de dados pode ser protegida pelo direito de autor, na aceção do artigo 3.º da Diretiva 96/9/CE, apenas quando a mesma constitua uma criação intelectual original do respetivo autor. Para esse efeito, não podem ser tomadas em consideração as atividades desenvolvidas para a criação dos dados. No caso de um calendário de futebol, constitui atividade de criação dos dados a determinação de todos os elementos relativos a cada encontro individual.*

2. A referida diretiva opõe-se a que um direito nacional reconheça a proteção do direito de autor a uma base de dados que não possui os requisitos indicados no artigo 3.º dessa diretiva."

[36] Cf. case C-145/10 *Painer*, ECLI:EU:C:2011:798, acessível em «*https://curia.europa.eu/jcms/jcms/j_6/pt/*», onde se pode ler que:

ser necessário que o autor tivesse a capacidade para fazer opções livres e criativas, ao invés de se limitar a cumprir regras ou considerações técnicas, sendo, ainda, essencial que a obra tivesse o seu toque pessoal.

Acresce que, os sistemas de *common law* vão mais longe e negam categoricamente a possibilidade de autoria robótica de obras geradas por máquinas dotadas de Inteligência Artificial.

Nos Estados Unidos da América, o já referido *U.S. Copyright Office* estabeleceu o indeferimento de pedidos de registo quando a obra não tiver sido criada por um ser humano, afastando a possibilidade de uma máquina gerar uma obra sem intervenção criativa humana. Pelo que, não existe aqui, atualmente, qualquer possibilidade de atribuir proteção pelos direitos de autor às inteligências artificiais.[37]

No caso do Reino Unido, a obra gerada por computador é atribuída ao humano que levou a cabo a sua programação, configurando, assim, uma exceção ao critério da criatividade. Desde 1988, que o *copyright* das obras geradas por computador é propriedade da pessoa que realizou os arranjos necessários à sua criação, correspondendo normalmente ao programador.[38]

No entanto, esta posição suscita dúvidas, nomeadamente como determinar se terá sido o usuário, o programador ou o investidor, quem efetuou os arranjos necessários para a criação da obra.[39]

Ademais, ela parte do pressuposto de algum tipo de intervenção humana, o que restringe o programa a uma mera ferramenta, tendo como

"Nos termos do artigo 6.º da Directiva 93/98/CEE do Conselho, de 29 de Outubro de 1993, relativa à harmonização do prazo de protecção dos direitos de autor e de certos direitos conexos ou da Directiva 2006/116/CE do Parlamento Europeu e do Conselho, de 12 de Dezembro de 2006, relativa ao prazo de protecção do direito de autor e de certos direitos conexos, um retrato fotográfico goza de protecção em matéria de direitos de autor se constituir uma obra original resultante da criação intelectual do fotógrafo, o que pressupõe que o fotógrafo, através da utilização da margem de configuração existente, lhe tenha dado um toque pessoal.
A publicação de um retrato-robô, que foi elaborado com base num retrato fotográfico protegido por direitos de autor, representa uma reprodução na acepção do artigo 2.º, alínea a), da Directiva 2001/29, quando os elementos, que constituem a criação intelectual original do modelo, também estão incorporados no retrato-robô."

[37] Cf. Alexandre Dias Pereira – *Direito da Propriedade Intelectual & Novas Tecnologias –Estudos*, Vol. I, p. 35.

[38] Cf. Isabela de Sena Passau Alves – *Op. cit.*, p. 50.

[39] Cf. Ana Ramalho – *Op. cit.*, p. 11.

consequência que estas normas serão tanto mais inaplicáveis, quanto maior for a autonomia da Inteligência Artificial.[40,41]

Quanto à Doutrina portuguesa, seguimos na peugada do Professor Doutor Alexandre Dias Pereira que "*dá prevalência ao* argumento ontológico, *informado pelo princípio dogmático da autoria criadora, sobre os argumentos instrumentais ou funcionais, i.e. da teoria do autor-função. Em suma, "segundo a natureza das coisas, apenas as pessoas naturais, e não jurídicas, podem ser consideradas autores de obras". Autor é a pessoa humana que cria a obra, adquirindo, por isso, originariamente, o direito de autor, quer na vertente pessoal, quer na vertente patrimonial. "Autor é quem cria a obra e só ele. Direito de autor, quer na vertente juspessoal (direito de personalidade), quer na vertente jusdominial (direito de propriedade), tem-no* ab origine, *o autor e apenas o autor"*."[42]

O mesmo Autor defende, ainda, que "*assim como a natureza gera obras de arte com valor estético incalculável, sem que os direitos de autor protejam essas obras nem haja necessidade de as proteger, também não custa aceitar que a IA gere obras à nascença livres de direitos*".[43]

Assim sendo, independentemente das opções do legislador, só a pessoa humana que cria a obra poderá ser considerada autora, salientando-se que, mesmo as normas que atribuem determinados direitos patrimoniais às pessoas coletivas, não as tornam autoras.

Até porque, defende o mesmo Autor que são vários os atos humanos que não podem ser recriados pela Inteligência Artificial, apenas com recurso ao mero raciocínio lógico e à capacidade de processamento.[44]

Deste modo, afirma ainda Alexandre Dias Pereira, "*a atribuição da autoria a uma entidade coletiva é, quando muito, uma "ficção", que se destina*

[40] Cf. Pedro de Perdigão Lana – *Op. cit.*, pp. 16-19.

[41] Cf. Ana Ramalho – *Op. cit.*, p. 12.

[42] Cf. Alexandre Dias Pereira – *Direitos de Autor e Liberdade de Informação*, p. 436 *cit.*.

[43] Cf. Alexandre Dias Pereira – "*Direitos de Autor e Inteligência Artificial*", Desafios Societais e a Investigação em Direito – Inteligência Artificial, n.º 4, Instituto Jurídico da Faculdade de Direito da Universidade de Coimbra, dezembro de 2022, Coimbra, p. 11 *cit.*.

[44] Cf. Alexandre Dias Pereira – "*Ius ex machina? Da Informática Jurídica ao Computador-Juiz*", Revista Jurídica Luso-Brasileira, Ano 3, n.º 1, 2017, acessível em «*https://www.cidp.pt/revistas/rjlb/2017/1/2017_01_0043_0126.pdf*».

a resolver o problema da titularidade de direitos de autor sobre obras criadas anonimamente no âmbito de uma organização".[45]

No mesmo sentido, José de Oliveira Ascensão considera que, para poderem ser objeto de proteção pelos direitos de autor, as obras devem ser produzidas por humanos, na medida em que esse ramo do Direito tem como objetivo proteger as criações do espírito.[46,47]

No que tange às obras criadas por computador, entende que, caso seja possível reconhecer uma ligação direta da intencionalidade da pessoa que está por detrás da máquina, terá de ser esta pessoa humana a titular do direito de proteção. Todavia, caso tal não seja possível, havendo autonomia do computador ou indeterminação do resultado, então a obra em causa não seria abrangida pelo Direito de Autor.[48]

3.4. Possíveis soluções para o problema

Tendo em conta que a generalidade das opiniões perfilha a posição de negar a autoria das inteligências artificiais, importa questionar se tem algum sentido que a proteção do Direito de Autor abranja as obras criadas por computadores.

Neste âmbito, cabe referir a existência da tese proprietarista, adotada em Portugal, e da tese personalista, resultando de ambas um direito natural à proteção. Existe ainda uma terceira via, em conexão com as teorias utilitaristas, pelos direitos de exclusivo ou monopólio.

Em suma, a teoria proprietarista deriva de John Locke e estabelece que as obras devem ser alvo de proteção enquanto resultado de um trabalho intelectual, nos termos da propriedade privada, ao passo que a tese personalista, advinda de Immanuel Kant, postula que a obra deve ser objeto de proteção por ser a materialização da vontade ou personalidade do respetivo criador. Doutra banda, a teoria dos exclusivos considera que o principal desiderato dessas normas é promover a criação para, de uma forma equilibrada, estimular a difusão de cultura e informação para a sociedade.

[45] Cf. Alexandre Dias Pereira – *"Autoria e Inteligência Artificial"*, *in* Revista de Direito Intelectual, n.º 2, 2021, p. 41 *cit.*.

[46] Cf. José de Oliveira Ascensão – *Direito Civil – Direito de Autor e Direitos Conexos*, Coimbra Editora, Lda., Coimbra, 1992, p. 57.

[47] No mesmo sentido, *vide* Cf. Isabela de Sena Passau Alves – *Op. cit.*, p. 63.

[48] Cf. José de Oliveira Ascensão – *Op. cit.*, 1992, p. 75.

As duas primeiras teorias assentam em vínculos do autor para com a sua obra, algo que atualmente não se verifica nas máquinas, quer em sentido técnico, quer em sentido jurídico.

Quanto à teoria utilitarista, resulta evidente que as inteligências artificiais não obtêm quaisquer vantagens económicas provindas da obra criada. Ora, numa perspetiva funcional, a proteção ao investimento poderia ser considerada um fundamento razoável para uma espécie de proteção ligada aos direitos de autor, através dos direitos conexos. Deste modo, não cairíamos numa visão excessivamente comercial do Direito de Autor, sem olvidar as falhas de mercado que fariam esfriar a pesquisa e o desenvolvimento de inteligências artificiais artísticas, o que acarretaria consequências nefastas para o acesso à cultura.

De acordo com as mencionadas teorias, os humanos ligados à criação da inteligência artificial não fariam justiça aos benefícios da proteção pelo Direito de Autor, porquanto os programadores deveriam obter compensações pelos direitos de propriedade intelectual referentes ao programa de computador que conceberam, embora não devessem ser também recompensados pelas obras criadas pelas máquinas.

Aqui chegados, parece que tudo nos aponta para a inexistência de proteção direta pelos direitos de autor sobre as obras criadas por Inteligência Artificial, o que dá força à tese de que tais obras devem cair e permanecer no domínio público, pois se o controlo das inteligências artificiais deve pertencer ao mundo, também deverão pertencer a este as obras por aquelas geradas.

Contudo, tendo em conta a necessidade de promover o desenvolvimento de inteligências artificiais criativas, cogita-se a possibilidade da criação de um direito conexo ligado à divulgação das obras, em harmonia com a proteção de investimentos, embora evitando valorizar em excesso os interesses empresariais. Deste modo, seria possível recompensar as pessoas relacionadas, sem colocar em causa o uso pelo público.

Não obstante tal possibilidade, consideramos que a posição mais adequada e de acordo com o sistema jurídico de Portugal e da União Europeia, é considerar que as obras geradas por Inteligência Artificial pertençam ao domínio público, salvaguardando-se a criação de um direito conexo que venha ao encontro da teleologia do n.º 1 do artigo 39.º do Código dos Direitos de Autor e dos Direitos Conexos, segundo o qual "*Quem fizer publicar ou divulgar licitamente, após a caducidade do direito de autor, uma obra inédita beneficia durante 25 anos a contar da publicação ou divulgação de protecção equivalente à resultante dos direitos patrimoniais do autor"*.[49]

Contudo, não poderá ser prejudicada a fácil acessibilidade e o baixo custo, de modo a promover a competitividade criativa e a evolução do conhecimento.[50]

Conclusões

Percorrido todo este *iter*, podemos afirmar que a Inteligência Artificial está a assumir um papel cada vez maior no nosso quotidiano e que o desenvolvimento de ferramentas como o *"ChatGPD"*, o *"DALL-E"* e o *"Midjourney"* vieram alterar a forma a arte é produzida, abrindo a porta para um futuro desconhecido e com limites insondáveis.

Esta nova tecnologia traz enormes benefícios, mas também acarreta uma série de inquietações, sendo necessário ao legislador entrar em campo para regular a utilização da IA, para que a mesma seja objeto de um uso ético e responsável.

Entre as várias questões que a Inteligência Artificial suscita, destacámos a problemática da autoria das obras por ela geradas, tendo sido possível concluir que a posição maioritária vai no sentido da negação da autoria das inteligências artificiais.

Nesse seguimento, restou indagar se terá algum sentido que a proteção do Direito de Autor abranja as obras criadas por computadores.

Sumariamente analisadas as teses proprietarista, personalista e utilitarista, verificámos que aparentemente tudo nos aponta para a inexistência de proteção direta pelos direitos de autor sobre as obras criadas por Inteligência Artificial, reforçando a tese de que tais obras devem cair e permanecer no domínio público, tendo em conta que o controlo das inteligências artificiais deve pertencer ao mundo, da mesma forma que as obras por aquelas geradas também deverão pertencer a este.

[49] Neste sentido, parece também apontar ALEXANDRE DIAS PEREIRA – *Direito da Propriedade Intelectual & Novas Tecnologias – Estudos*, Vol. I, p. 37 e também do mesmo Autor *"Autoria e Inteligência Artificial"*, p. 47 e *"Os direitos de autor e os desafios da inteligência artificial: copyright ex machina?"*, *in* Revista de Legislação e de Jurisprudência, n.º 4025, Gestlegal, novembro-dezembro de 2020, p. 69.

[50] Cf. PEDRO DE PERDIGÃO LANA – *Op. cit.*, pp. 22-26.

Porém, atendendo à necessidade de fomentar o desenvolvimento de inteligências artificiais criativas, considera-se possível a criação de um direito conexo ligado à divulgação das obras, de modo a proteger os investimentos, de modo a recompensar as pessoas envolvidas, prejudicar o uso pelo público.

Pelo que, entendemos que a posição mais correta e em harmonia com o sistema jurídico de Portugal e da União Europeia, assenta no entendimento que as obras geradas por Inteligência Artificial pertencem ao domínio público, existindo a possibilidade de criação de um direito conexo em linha com o escopo do n.º 1 do artigo 39.º do Código dos Direitos de Autor e dos Direitos Conexos.

Referências

1) Livros e Artigos de Revista

ALVES, Isabela de Sena Passau – *Obras Geradas por Inteligência Artificial e o Direito de Autor*, Dissertação de Mestrado, Faculdade de Direito da Universidade de Lisboa, Lisboa, 14 de junho de 2019

ASCENSÃO, José de Oliveira – *Direito Civil – Direito de Autor e Direitos Conexos*, Coimbra Editora, Lda., Coimbra, 1992

BARBOSA, Ana Mafalda Castanheira Neves de – "*Personalidade Jurídica Eletrónica?*", Separata do Boletim da Faculdade de Direito da Universidade de Coimbra, Vol. 97, Coimbra, 2021

FRANCISCO, Andreia – *A protecção jurídica de software na Europa: Um percurso legislativo controverso*, Dissertação de Mestrado, Faculdade de Direito da Universidade do Porto, Porto, julho de 2011

LANA, Pedro de Perdigão – "*A Questão da Autoria em Obras Produzidas por Inteligência Artificial*" – *in* Doutoramento & Mestrado, Série M 10, Instituto Jurídico da Faculdade de Direito da Universidade de Coimbra, Coimbra, outubro de 2019

PEREIRA, Alexandre Libório Dias

___ *Da obra multimedia como objecto de direitos de propriedade intelectual: arte digital, programas de computador e bases de dados electrónicas*, Stvdia Ivridica 61 Ad Honorem – 1, Separata de Estudos em Homenagem ao Prof. Doutor Rogério Soares, Boletim da Faculdade de Direito da Universidade de Coimbra, Coimbra, 2001

___ *Direitos de Autor e Liberdade de Informação*, Edições Almedina, S.A., Coimbra, outubro de 2008

___ "*Ius ex machina? Da Informática Jurídica ao Computador-Juiz*", Revista Jurídica Luso-Brasileira, Ano 3, n.º 1, 2017, acessível em «*https://www.cidp.pt/revis tas/rjlb/2017/1/2017_01_0043_0126.pdf*»

___ *Direito da Propriedade Intelectual & Novas Tecnologias – Estudos*, Vol. I, Gestlegal, Coimbra, março de 2019

___ "*A Proteção Jurídica do Software Executado por Robots (e das Obras Geradas por IA)*", Direito e Robótica, Estudos de Direito do Consumidor, n.º 16, Coimbra, 2020

___ "*Os direitos de autor e os desafios da inteligência artificial: copyright ex machina?*", Revista de Legislação e de Jurisprudência, n.º 4025, Gestlegal, novembro-dezembro de 2020

___ *Direito da Propriedade Intelectual & Novas Tecnologias – Estudos*, Vol. II, Gestlegal, Coimbra, janeiro de 2021

___ "*Autoria e Inteligência Artificial*", *in* Revista de Direito Intelectual, n.º 2, 2021

___ *Arte, Tecnologia e Propriedade Intelectual*, Separata da Revista da Ordem dos Advogados, Ano 62, II, Lisboa, abril de 2022

___ "*Direitos de Autor e Inteligência Artificial*", Desafios Societais e a Investigação em Direito – Inteligência Artificial, n.º 4, Instituto Jurídico da Faculdade de Direito da Universidade de Coimbra, dezembro de 2022, Coimbra.

Pinheiro, Marissol Barboza de Souza – *Direito de Autor, limites e interesse público*, Dissertação de Mestrado, Faculdade de Direito da Universidade de Lisboa, Lisboa, 2017

Ramalho, Ana – "*Will robots rule the (artistic) world? A proposed model for the legal status of creations by artificial intelligence systems*", *in* Journal of Internet Law, julho de 2017

Schirru, Luca

___ *Inteligência Artificial e o Direito Autoral: O Domínio Público em Perspectiva*, março de 2019

___ *Direito Autoral e Inteligência Artificial – Autoria e Titularidade nos Produtos da IA*, Tese de Doutoramento, Universidade Federal do Rio de Janeiro, Rio de Janeiro, 2020

Vale, Luís Meneses do – *Metodologia do Direito – Guião das Aulas Práticas*, (Policopiado), Faculdade de Direito da Universidade de Coimbra, Coimbra, 2010

2) Notícias

Blogue RBE – "*Já há máquinas que escrevem e desenham como os humanos! E agora?*", publicado em 25/01/2023, acessível em «*https://rededebibliotecasescolares.blogs.sapo.pt/ja-ha-maquinas-que-escrevem-e-desenham-2/680722/*»

Diário de Notícias – "*Advogado robô será usado pela primeira vez em tribunal nos Estados Unidos*", publicado em 25/01/2023, acessível em «*https://www.dn.pt/internacional/advogado-robo-sera-usado-pela-primeira-vez-em-tribunal-nos-estados-unidos-15721014.html*»

Harwell, Drew – "*He used AI to win a fine-arts competition. Was it cheating?*", The Washington Post, publicado em 02/09/2022, acessível em «*https://www.washingtonpost.com/technology/2022/09/02/midjourney-artificial-intelligence-state-fair-colorado/*»

Jornal de Leiria – "*"Pode muito bem ser a primeira curta-metragem feita em AI". Novo filme de Bruno Carnide reflecte sobre a arte e a Inteligência Artificial*", publicado em 03/01/2023, acessível em «*https://www.jornaldeleiria.pt/noticia/pode-muito-bem-ser-a-primeira-curta-metragem-feita-em-ai-novo-filme-de-bruno-carnide-reflecte-sobre-a-arte-e-a-inteligencia-artificial*»

Martins, Carlos – "*ChatGPT passa exame MBA*", Aberto até de Madrugada, publicado em 25/01/2023, acessível em «*https://abertoatedemadrugada.com/2023/01/chatgpt-passa-exame-mba.html*»

Neto, Ana Sofia – "*Advogado robô não foi bem recebido na sala de audiência de um tribunal*", Pplware, publicado em 26/01/2023, acessível em «*https://pplware.sapo.pt/high-tech/advogado-robo-nao-foi-bem-recebido-na-sala-de-audiencia-de-um-tribunal/*»

Pacheco, Vítor – "*ChatGPT passa em exames de MBA, Direito e Medicina nos EUA*", Showmetech, publicado em 26/01/2023, acessível em «*https://www.showmetech.com.br/chatgpt-aprovada-em-testes-nos-eua/*»

Pereirinha, Tânia – "*Foi o macaco que tirou a* selfie *mas afinal os direitos não são dele*", Observador, 12/09/2017, acessível em «*https://observador.pt/2017/09/ 12/foi-o-macaco-que-tirou-a-selfie-mas-afinal-os-direitos-nao-sao-dele/*»

Pestana, Pedro – "*Microsoft confirma investimento na OpenAi, responsável pelo DALL-E e ChatGPT*", IGN Portugal, publicado em 24/01/2023, acessível em «*https://pt.ign.com/microsoft/121609/news/microsoft-confirma-investimento-no-openai-responsavel-pelo-dall-e-e-chatgpt*»

Transformação Digital – "*ROSS, o primeiro robô advogado do mundo*", publicado em 06/06/2018, acessível em «*https://transformacaodigital.com/ross-o-primeiro-robo-advogado-do-mundo/*»

DIREITO MÉDICO

26. A IMPORTÂNCIA DA INTELIGÊNCIA ARTIFICIAL NA MEDICINA E SEUS DESAFIOS

Bernardo Coimbra e Lima

1. Inteligência artificial e medicina

Inteligência artificial (IA) refere-se à replicação da inteligência humana por um sistema computadorizado, como por exemplo os de reconhecimento de fala, percepções visuais e tomadas de decisões.[12] Essa replicação é aplicada na prática com auxílio dos chamados algoritmos.

Algoritmo nada mais é do que uma sequência de instruções que indicam para um computador o que fazer, as quais precisam ser exatas e suficientemente sem ambiguidades para poderem ser executados pelo referido. O computador, por sua vez, é composto por bilhões de "*switchers*" chamados "*transitors*" e os algoritmos ligam e desligam esses "*switchers*" bilhões de vezes por segundo.[3]

Para exemplificar, um simples algoritmo seria ligar/desligar um "*switcher*". O que "*transitors*" fazem ao responder outros "*transitors*" com

[1] HAVE, Henk Tem; NEVES, Maria do Céu Patrão Neves, "Dictionary of Global Bioethics", Dictionary of Global Bioethics, 2021, 103 –. doi:10.1007/978-3-030-54161-3, p. 131.

[2] Já o artigo 4º, a), do Regime relativo aos aspetos éticos da inteligência artificial, da robótica e das tecnologias conexas ((2020/2012(INL) considera como inteligência artificial um sistema de software (ou integrado em dispositivos físicos) com um comportamento inteligente, o qual recolhe, analisa, trata e interpreta dados para atingir objetivos específicos com um determinado nível de autonomia e tomada de decisões.

[3] DOMINGOS, Pedro. The Master Algorithm How The Quest For The Ultimate Learning Machine Will Remake Our World. Basic books. New York. 2015, p. 18/19.

"ligar ou desligar" é chamado de "*reasoning*". Essas operações algoritmias, não importa o quão complexas sejam, sempre podem ser representadas por três símbolos: "e", "ou" e "não". Neste sentido, se os "*transitors*" A ou B estão ligados, pode haver um comando para que um terceiro "*transitor*" C desligue, ou que os "*transitors*" D e E necessariamente precisam estar ligados juntos para que o C ligue e assim por diante. Combinando várias dessas operações pode-se criar uma elaborada "*logical reasoning*". Desse modo, os algoritmos sempre produzirão o mesmo resultado na repetição de suas operações.[4]

A complexidade da IA aumenta exponencialmente na medida que hoje em dia existem de modelos que utilizam a chamada *machine learning*, a qual é caracterizada pela capacidade da máquina de aprender com suas próprias experiências. Alguma desses modelos são baseados em redes neurais e funcionam de maneira semelhante ao cérebro humano, configurando o estágio mais avançado desta evolução tecnológica, o chamado *deep learning*.[5]

Os avanços dessa inteligência artificial na medicina abrem uma possibilidade para que a profissão de médico, como a conhecemos, esteja em suas últimas décadas de existência, a qual poderá ser substituída por outras formas de prestação de cuidados de saúde. Isso porque muitas empresas grandes de tecnologia estão interessadas em oferecer sites especializados em áreas médicas que podem substituir consultas presenciais e online. Essa substituição, paralelamente, já pode ser vista em agências de turismo, haja vista que cada vez mais temos facilidade em comprar passagens e reservar hotéis online.[6]

Outrossim, sabemos que o atual cenário médico-tecnológico impõe ao ambiente de saúde não apenas a prática da boa medicina, mas também a compreensão dinâmica de direitos dentro de uma relação jurídico-profissional e do profissional de saúde com a pessoa doente, tais quais: O direito de ser informado (consentir ou recusar tratamento,

[4] Ibid., p. 18/19.

[5] TEPEDINO, Gustavo; SILVA, Rodrigo da Guia. Desafios da inteligência artificial em matéria de responsabilidade civil. Revista Brasileira de Direito Civil – RBDCivil, Belo Horizonte, v. 21, p. 61-86, jul./set. 2019.

[6] PEREIRA, André Gonçalo Dias, Inteligência artificial, saúde e direito: considerações jurídicas em torno da medicina de conforto e da medicina transparente, Julgar. ISSN 1646-6853. N.º 45, 2021, p. 235-261.

o que pode incluir uma directiva antecipada de vontade), o direito a um processo clínico e o acesso à informação de saúde, a garantia do sigilo médico, e o direito a um tratamento adequado de acordo com as *leges arti.*[7]

Alguns desses algoritmos já possuem melhor performance do que de profissionais de saúde em uma variedade de tarefas, porém estes ainda não estão completamente integrados no dia a dia médico. Isso porque ainda existem numerosas preocupações regulatórias que precisam ser resolvidas antes dessa ostensiva aplicação algorítmica.[8] Logo, cabe a nós fomentarmos essa discussão, justamente para que esses algoritmos possam cada vez mais ser inseridos e impactarem de maneira significativa o poder da medicina.

A exemplo, podemos citar o DLAD[9] (*Deep Learning Based Automatic Detection*) um algoritmo desenvolvido pelo *Seoul National University Hospital and College of Medicine*, o qual em teste de reconhecimento de nódulos em radiografias superou 17 dos 18 médicos presentes com relação as mesmas 600 imagens mostradas. Também podemos mencionar o LYNA[10] (*Lymph Node Assistant*) desenvolvido por pesquisadores do *Google AI Healthcare*, o qual em teste realizados conseguiu detectar tumores relativos a câncer de mama com 99% de eficiência.

Dentro deste contexto, nota-se que as máquinas carecem de algumas "fraquezas" humanas as quais influenciam diretamente em erros médicos. Por exemplo, a utilização de IA poderá evitar os vários erros médicos

[7] PEREIRA, André Gonçalo Dias, O sistema de responsabilidade civil médica. Boletim da Ordem dos Advogados, Lisboa, ISSN 0873-4860. Nº 111, 2014, p. 44-45.

[8] GREENFIELD, Daniel, «Artificial Intelligence in Medicine: Applications, implications, and limitations», Science in the News, Harvard Graduate School of the Arts and Sciences, [Consult 05 jan. 2023] Disponível em: https://sitn.hms.harvard.edu/flash/2019/artificial-intelligence-in-medicine-applications-implications-and-limitations/.

[9] NAM, Ju Gang., et al. Development and Validation of Deep Learning–based Automatic Detection Algorithm for Malignant Pulmonary Nodules on Chest Radiographs. Radiology 2019 290:1, 218-228.

[10] Un Liu, et al, Artificial Intelligence–Based Breast Cancer Nodal Metastasis Detection: Insights Into the Black Box for Pathologists. Arch Pathol Lab Med 1 July 2019; 143 (7): 859–868. doi: [Consult.15 jan. 2023], Disponível em: https://doi.org/10.5858/arpa.2018-0147-OA.

cometidos em decorrência do cansaço dos profissionais[11] ou de inexperiência dos mesmos[12].

As IA's, todavia, ainda não superam os humanos em tudo, como por exemplo na incapacidade destas de exercitar o chamado *feedback* háptico, que é a sensação de toque ou informação cinestética que o médico/cirurgião percebe ao entrar em contato com um tecido, o que os proporciona exercer empatia com os pacientes, testar graus de dor, elasticidade de tecidos, o que é muito importante para detectar quando os referidos estão mais sensíveis e que demandam maior cuidado em sua manipulação, saturação e afins.[13]

Outra limitação que podemos afirmar é a plena capacidade da IA de sentir a empatia humana, o que para alguns pesquisadores trata-se de objetivo impossível de ser alcançado[14], entretanto, experimentos já iniciam a relacionar de maneira bem-sucedida essa relação entre IA e empatia.

Por exemplo, no ano de 2012 foi realizado um interessante experimento em Portugal com 40 pessoas, relacionado a percepção de empatia por uma IA, que reagia a movimentos de xadrez utilizando expressões faciais e comentários verbais realizados por um robô em formato de gato, os quais variavam de acordo com qual jogador fizesse uma jogada, sendo que enquanto um deles recebia *feedbacks* empáticos o outro recebia *feedbacks* neutros. Por exemplo, quando um jogador A (aquele que estivesse de peças pretas) fazia um bom movimento a IA dizia "*great move, even better than i expected*", enquanto quando o jogador B (aquele que estivesse de peças

[11] WHITE, Tracie, «Medical errors may stem more from physician burnout than unsafe health care settings», Stanford School of Medicine, [Consult.18 jan. 2023] Disponível em: https://med.stanford.edu/news/all-news/2018/07/medical-errors-may-stem-more-from-physician-burnout.html.

[12] ISAACS, Anton N., et al. Hospital medication errors: a cross-sectional study, International Journal for Quality in Health Care, Volume 33, Issue 1, 2021, [Consult 12 jan. 2023], Disponível em https://doi.org/10.1093/intqhc/mzaa136.

[13] FERREIRA, Ana Elisabete; PEREIRA, André Dias. "Uma Ética para A Medicina Pós-humana: Propostas ético-jurídicas para a mediação das relações entre humanos e robôs na saúde". ROSENVALD, Nelso; MENEZES, Joyceane Bezerra de; DADALTO, Luciana. Responsabilidade Civil e Medicina, Editora Foco, 2020.

[14] MONTEMAYOR, C., HALPERN, J. & FAIRWEATHER, A, In principle obstacles for empathic AI: why we can't replace human empathy in healthcare, AI & Soc, 37, 1353–1359, 2022. [Consult. 15 jan. 2023], Disponível em: https://doi.org/10.1007/s00146-021-01230-z.

brancas) fazia um bom movimento a mesma IA era neutra ao avaliar o jogo, sendo mais lacônica com frases como "*good move*" e essas diferenças eram notadas também nas expressões faciais, as quais reagiam mais positivamente quando o jogador A estava indo bem no jogo ou quando o jogador B fazia um movimento ruim.[15]

Em que pese ser um experimento curto, quando os participantes apenas lidavam com a IA durante 1 hora, foi possível estabelecer que os mesmos sentiram que o robô era encorajador e sensível as suas emoções, além de alguns perceberem a diferença de tratamento entre os jogadores de peças brancas e pretas, sendo que os jogadores de pretas avaliaram melhor o robô em quesitos como "companhia estimulante", "segurança emocional" (oferecimento conforto e confiança) e "auto-validação" (encorajamento e ajuda a manter uma imagem positiva). Isso comprova de que não somente os participantes sentiram a empatia do robô, mas também a diferença de grau de empatia entre os jogadores de pretas e brancas.

Esse estudo demonstra empiricamente que, apesar de ainda não estarmos perto de uma empatia semelhante a humana em robôs, já existem robustos avanços para que cada vez mais isso seja possível.

Não se trata de estudo isolado, pois muitos outros já progrediram na matéria, como do *socially-assistive robots* (SAR), o qual tem sido utilizado para reduzir o estresse de crianças em procedimentos hospitalares e, por meio do sentimento de empatia dos pacientes, já melhorou resultados clínicos e a satisfação destes.[16]

Ora, percebe-se que a inteligência artificial é uma tendência relevante na medicina, tendo inclusive já superado os humanos em alguns aspectos específicos de seu trabalho, além de avançar a passos largos em sua melhora. Essa relevância demanda uma grande atenção de organismos internacionais para tentar explicar e regulamentar esse fenômeno. Alguns desses organismos já emitiram documentos com resoluções ou propostas para regulamentar e explicar a IA, conforme analisaremos a seguir.

[15] LEITE, Iolanda & Pereira, et al, The influence of empathy in human–robot relations. International Journal of Human-Computer Studies, 2012, 71. 10.1016/j.ijhcs.2012.09.005.

[16] Trost, et al., Socially-Assistive Robots Using Empathy to Reduce Pain and Distress during Peripheral IV Placement in Children. Pain Research and Management. 2020. 1-7. 10.1155/2020/7935215.

2. Documentos internacionais sobre IA

A crescente importância da AI nas mais diversas áreas do nosso cotidiano chamou atenção de organismos internacionais, os quais começaram a se movimentar para entender melhor e traçar diretrizes sobre o tema. Falemos agora de alguma destas e de seus contributos.

O primeiro documento que mencionaremos é a Resolução do Parlamento Europeu, de 16 de fevereiro de 2017, que contém recomendações à Comissão sobre disposições de Direito Civil sobre Robótica (2015/2103(INL), a qual leva em consideração de que as IA estão cada vez mais sofisticadas e parecem estar preparadas para promover uma nova revolução industrial, o que demanda que o legislador pondere os efeitos dessa crescente tecnologia nos níveis éticos e jurídicos.

Dentro as diversas diretrizes deste documento, podemos ressaltar: que existe uma a observância das leis de Asimov[17]; a imperatividade do controle humano sobre as máquinas inteligentes (com especial atenção a uma possível ligação emocional entre humano e robô); a necessidade de incentivo dos Estados europeus no desenvolvimento de programa de investigação de IA; o princípio da transparência, o qual impõe a possibilidade de fundamentação de qualquer decisão tomada com o recurso da inteligência artificial que possa impactar a vida das pessoas; a redução da complexidade (sempre que possível) dos sistemas de IA a uma forma compreensível para os humanos e a criação de uma "caixa negra" onde contenha a fundamentação das decisões tomadas pelas máquinas; o direito a respeito da vida privada e da proteção dos dados pessoais; necessidade de atualização dos profissionais de saúde para lidar com a IA, bem como o princípio da autonomia supervisionada dos robôs, que atribui ao cirurgião a palavra final quanto ao planejamento e execução do plano de tratamento do paciente e; a observância a princípios já consagrados no artigo 2º do Tratado da União Europeia e na Carta dos Direitos Fundamentais, como

[17] "AS TRÊS LEIS DA ROBÓTICA 1 – Um robô não pode ferir um ser humano ou, por omissão, permitir que um ser humano sofra algum mal. 2 – Um robô deve obedecer às ordens que lhe sejam dadas por seres humanos, exceto nos casos em que tais ordens contrariem a Primeira Lei. 3 – Um robô deve proteger sua própria existência, desde que tal proteção não entre em conflito com a Primeira e a Segunda Leis." ASIMOV, Isaac, Eu, Robô, 2ª Edição em português: Agosto de 1969, [Consult. 10 jan. 2023], Disponível em: http://bibliotecadigital.puc-campinas.edu.br/services/e-books/Isaac%20Asimov-2.pdf.

por exemplo consentimento esclarecido, o respeito pela vida privada e familiar e igualdade.

Já em 2019 foi adotada a Recomendação do *Organisation for Economic Co-operation and Development* (OECD) sobre Inteligência Artificial, na qual a instituição apresenta pontos semelhantes aos da resolução ao norte, notoriamente com relação: ao desenvolvimento de IA com respeito a lei, aos direitos humanos, e aos valores democráticos, como os de liberdade, igualdade, privacidade, proteção de dados; a transparência e explicabilidade dos sistema de IA; necessidade de investimento dos Estados na área e robustez, segurança e proteção na utilização dessa tecnologia.

Também em 2019, foi emitida a Comunicação da Comissão ao Parlamento Europeu, ao Conselho, ao Comité Económico e Social Europeu e ao Comité das Regiões para aumentar a confiança numa inteligência artificial centrada no ser humano, a qual expõe que para haver confiança na IA deve haver três componentes: conformidade com a legislação; respeito aos princípios éticos e robustez. Esses componentes podem ser alcançados com base em sete requisitos principais, tais quais: iniciativa e controlo por humanos; robustez e segurança; privacidade e governação de dados; transparência; diversidade, não discriminação e equidade; bem-estar social e ambiental; e responsabilização.

Em 2020, foi emitida a Resolução do Parlamento Europeu, de 20 de outubro de 2020, que contém recomendações à Comissão sobre o regime relativo aos aspetos éticos da inteligência artificial, da robótica e das tecnologias conexas (2020/2012(INL), a qual complementa a ideia dos demais documentos citados, ao mencionar, por exemplo: o caráter antropocêntrico e antropogênico da IA; a preocupação com a avaliação dos riscos envolvidos com a IA; segurança, transparência e responsabilização (o que inclui a explicabilidade dos algoritmos e proteção dos dados pessoais); não discriminação; igualdade de gênero; ambiente e sustentabilidade; direito dos trabalhadores; esforços para educação da população sobre a IA.

Posteriormente em 2021, foi apresentada uma proposta de regulamento do parlamento europeu e do conselho que estabelece regras harmonizadas em matéria de inteligência artificial (regulamento inteligência artificial) e altera determinados atos legislativos da união. O objetivo desta proposta é o de melhorar o funcionamento do mercado interno europeu com a criação de regras harmonizadas para o desenvolvimento e colocação do mercado pela União. Trata-se de uma estratégia para a formação de um mercado único digital europeu que evite uma fragmentação do mercado interno nos requisitos de funcionamento das IA's e aumente a segurança jurídica para fornecedores e consumidores desses sistemas.

Essa proposta ressalta pontos já mencionados em outros documentos como: a necessidade de exatidão, solidez e cybersegurança, apoio do Estados membros a inovação e cooperação internacional. Aqui destacamos a preocupação desta proposta com relação a classificação de risco elevado de sistemas IA (artigo 6º), além de garantir que as máquinas de risco elevado necessitam serem eficazmente supervisionadas por humanos (artigo 14º).

Por fim, a Organização Mundial de Saúde (OMS) emitiu o *Ethics and governance of artificial intelligence for health; WHO guidance*, no qual a instituição enfatiza o avanço da IA é uma imensa promessa na prática da saúde pública e da medicina, além de já ser utilizada em diversas áreas como: diagnósticos radiológicos; elaboração de drogas; vigilância e preparação para emergências (no caso de pandemia, por exemplo). Entretanto a OMS adverte que para alcançarmos o total potencial dos benefícios da IA, alguns desafios éticos precisam ser abordados, pelo que expõe seis princípios para guiar os desenvolvedores de IA e garantir a dignidade humana, tais quais: proteção da autonomia (humana); promoção do bem estar humano, segurança e interesse público; garantia de transparência, explanabilidade e inteligibilidade; fomentação de responsabilidade e responsabilização; garantir inclusão e equidade e; promover a IA de forma responsiva e sustentável.

3. conclusões sobre os documentos citados

Dos documentos citados já podemos tirar algumas conclusões com relação aos termos mais utilizados ao se referir a IA e as preocupações mais recorrentes apontadas. A primeira conclusão é que já existe um movimento mundial de tentativa de maior compreensão e regulamentação da IA, a qual já começou a ser utilizada em diversas áreas de conhecimento, dentre elas a de saúde. Porém, como ainda não estamos sequer perto de explorar o seu real potencial, os Estados devem continuar a incentivar as pesquisas.

A segunda é que esse desenvolvimento deve perpassar por uma explanabilidade dos procedimentos feitos, ou seja, deve ser possível explicar quais critérios são utilizados para que a IA tome suas decisões e os riscos existentes em sua aplicação. Somente assim será possível verificar se há a devida observância aos valores democráticos e aos direitos fundamentais, como por exemplo os de não discriminação de minorias, igualdade e até mesmo sustentabilidade no momento de desenvolvimento dessa tecnologia

Ademais, é importante ressaltar também sobre a questão da segurança na IA, o que não diz respeito apenas a proteção de dados pessoais, mas também na confiança que nós humanos precisamos ter na autonomia de certos robôs. Por exemplo, um carro com piloto automático precisa ser seguro para que confiemos que ele pode dirigir sozinho, pois as consequências da insegurança dessa tecnologia seriam catastróficas.

Essa segurança também perpassa pelo caráter antropocêntrico da IA, pois, todas as modalidades de alto risco devem ser fiscalizadas por humanos. Nesse sentido, o caráter antropocêntrico afirma não somente um humano vai ser responsável pela supervisão da IA, mas também a função dessa IA deverá ser servir os humanos e complementar suas necessidades.

Todas essas preocupações e diretrizes expostas são fundadas, haja vista que algumas IA já estão sendo aplicadas de maneira errada e criando problemas gravíssimos em nosso cotidiano, dos quais falaremos uma pouco mais no próximo tópico.

4. Casos de falha de inteligência artificial

Até agora, estabelecemos a importância da IA no cenário global, a qual cada vez mais rápido se torna uma realidade no dia a dia da população. Entretanto, na medida que esta ferramenta tem um enorme potencial de melhora da vida humana, ela também pode piorá-la se não forem respeitados os direitos fundamentais e algumas diretrizes como as estabelecidas no tópico anterior.

O objetivo deste tópico não é o de ser contrário à IA, pois acreditamos que a ciência quando bem utilizada só melhora a vida humana, mas sim de chamar atenção para o fato de que toda a euforia desses avanços tecnológicos não pode ser sinônimo de insegurança e violação de direitos e demonstrar, na prática, que essa falha é uma realidade.

O primeiro caso que nos chama atenção ocorreu nos Estados Unidos: o *Ark. Dep't of Human Servs. v. Ledgerwood.* Esse caso se passou no Estado de Arkansas, quando em 2015 o *Arkansas Department of Health Services* utilizou uma IA chamada *Archoice* para calcular as horas necessárias para atendimento de para cada paciente beneficiário do *Home and Community Based Services (HCBS)*, o qual proporciona ao cidadão americano um atendimento hospitalar domiciliar, dentre outros serviços.[18]

Essa IA substituiu o antigo sistema de seleção utilizado para fazer essa triagem de atendimento domiciliar, tal qual um formulário de 286 questões chamado *Arpath* sobre as capacidades funcionais do paciente (funcionalidades médicas, mentais e logísticas de cuidar de si), o qual era analisado por um enfermeiro para que este decidisse quantas horas de tratamento domiciliar o doente receberia. Após essa substituição, o *Archoice* diminuiu as horas de tratamento de 43% dos pacientes, os classificando em 23 diferentes tipos de *Resource Utilization Groups*- RUG's, de acordo com a necessidade de cada um. Uma vez classificados pelo algoritmo, estes não podiam ser alterados, mesmo que os enfermeiros posteriormente identificassem que a classificação se deu de maneira errada.

Contrários a essa decisão, beneficiários do *Home and Community Based Services (HCBS)* ingressaram judicialmente requerendo, primeiramente, a suspensão das decisões administrativas baseadas no *Archoice*, com o restabelecimento das horas de *homecare* previamente estabelecidas pelo sistema anterior. Para tanto, alegaram a substancial probabilidade de êxito na demanda e o perigo de dano irreparável na saúde dos requerentes, uma vez serem doentes e não poderem esperar pelo tratamento e apontarem inconsistências e contradições oriundas das decisões do *Archoice*.

A vitória na corte distrital foi confirmada posteriormente pelas demais instâncias, as quais, principalmente, consideraram que a mudança na diminuição de horas de atendimento domiciliar deveria ter sido precedida de uma notificação para que as partes pudessem se manifestar, bem como que o Estado falhou em explicar de maneira clara como o *Archoice* funcionava e, logo, restou claro perigo da demora e a probabilidade de sucesso da demanda dos autores.

[18] THE GEORGE WASHINGTON UNIVERSITY. AI Litigation Database – Case Details Page. [Consult. 02 jan. 2023] Disponível em: https://blogs.gwu.edu/law-eti/ai-litigation-database-search/case-detail-page/?pid=15

No caso *Ark. Dep't of Human Servs. v. Ledgerwood.*, além da falta de notificação da Administração pública para a utilização do algoritmo, como foi bem pontuado pela corte americana, a decisão também poderia falar da falta de consentimento informado desses pacientes, ou seja, não bastava avisar que este seriam tratados por robôs ao invés de pessoas, mas sim deveriam ter sido questionados se aceirariam essa condição.

O consentimento informado consiste no direito do paciente de ser informado especificamente das características de inteligência artificial que irão interferir do seu tratamento, bem como dos riscos de sua utilização, para que possa decidir se ele aceita os riscos oriundos das máquinas. O consentimento é crucial em observância a dignidade humana, que impõe o princípio da autodeterminação e do respeito pelo respeito da integridade física e moral do paciente.[19].

Neste prisma, o paciente teria direito de escolher não ser tratado por um robô, ainda mais se considerarmos que, no caso concreto, a função exercida pelo algoritmo é crucial: a de decidir sobre a necessidade de cuidado do paciente. Se o robô errar e o paciente não tiver as horas de cuidado suficientes, este pode ter consequências graves para a sua saúde ou até mesmo vir a óbito.

Por fim, a empresa falhou na explicabilidade do algoritmo, pois não pôde (ou não quis) especificar quais critérios eram utilizados pelo algoritmo para fazer as referidas classificações de risco.

Casos como estes nos Estados Unidos não são isolados, discussões semelhantes sobre IA classificando erroneamente o estado de saúde de pacientes também ocorreram em *C.S. et al v. Saiki* e *K.W. v. Armstrong*, por exemplo. Essas repetições de erros levaram a Casa Branca americana emitir, recentemente em outubro de 2022, um documento chamado "*Blue Print for an AI Bill of rights Making Automated Systems work for the american people*" [20], onde o próprio governo reconhece que esses sistemas de IA,

[19] FERREIRA, Ana Elisabete; PEREIRA, André Dias. "Uma Ética para A Medicina Pós-humana: Propostas ético-jurídicas para a mediação das relações entre humanos e robôs na saúde". ROSENVALD, Nelso; MENEZES, Joyceane Bezerra de; DADALTO, Luciana. Responsabilidade Civil e Medicina, Editora Foco, 2020, p.13/14.

[20] Este documento ressalta a conclusão do tópico anterior, no sentido de um movimento mundial de compreensão e regulamentação da IA inclusive explanando princípios semelhantes aos já mencionados, tais quais: Segurança e efetividade dos sistemas; proteção

os quais deveriam melhorar o cuidado dos pacientes, têm se provado inseguros, inefetivos ou preconceituosos.

Outro problema que ocorreu nos Estados Unidos foi revelado por um estudo realizado por professores da *Berkley University*, os quais constataram que um algoritmo empregado por milhões de pessoas no sistema de saúde estadunidense utilizava a etnia dos pacientes como um dos critérios para calcular risco de vida, prejudicando a população negra a qual era equiparada com a população branca em estado mais saudável , ou seja, um negro para conseguir o mesmo tratamento de um caucasiano precisava estar mais doente. Isso se deu porque foi descoberto que o IA levava em consideração o gasto do tratamento para classificar o risco, ao invés do grau de doença de cada um.[21]

Tal incidente deixa clara a importância do esforço dos documentos internacionais em promover a não discriminação dos algoritmos, nesse caso, discriminação racial. Entretanto, a discriminação também pode ocorrer de outras maneiras, como foi julgado em um caso em Bolonha, na Itália, em caso contra o aplicativo de entregas *Deliveroo*.[22]

Esse caso foi julgado em janeiro de 2021 e teve como seu objeto o algoritmo utilizado pelo aplicativo mencionado. Essa IA avaliava a performance de seus entregadores de acordo com sua "confiança", no sentido de que os turnos de trabalho precisavam ser marcados com antecedência e, caso algum trabalhador cancelasse seu turno de trabalho com menos de 24 horas de antecedência, ele era considerado menos confiável pela IA e, consequentemente, tinha menos oportunidades de entrega que os demais. A ação foi julgada procedente pela corte de Bolonha, a qual considerou que essa discriminação entre trabalhadores não levava em consideração o motivo do cancelamento do turno, pois esse cancelamento poderia se dar por uma razão de falta justificada nos termos da legislação laboral

contra discriminação algorítmica; privacidade de dados; explanabilidade do IA; Alternativas humanas de controle do algoritmo quando necessário.

21 OBERMEYER Z, POWERS B, VOGELI C, MULLAINATHAN S., Dissecting racial bias in an algorithm used to manage the health of populations, Science, 2019, Oct 25;366(6464):447-453. doi: 10.1126/science.aax2342. PMID: 31649194.

22 GABRIEL GEIGER, Vice. Court Rules Deliveroo Used 'Discriminatory' Algorithm, Business & Human Rights Resource Centre, [Consult. 18 jan. 2023], Disponível em: https://www.business-humanrights.org/en/latest-news/court-rules-deliveroo-used-discriminatory-algorithm/.

local (como doença, por exemplo), razão pela qual condenou o aplicativo ao pagamento de 50 mil euros, a serem convertidos aos trabalhadores do aplicativo.

Ora, o que a corte italiana fez foi garantir que o algoritmo do aplicativo respeitasse os direitos fundamentais trabalhistas e evitasse a discriminação imotivada desses trabalhadores, um problema que poderia ter sido resolvido com amparo dos documentos estudados.

O último exemplo que citaremos ocorreu em 2020, na Holanda, e o protagonista foi o *Systeem Risico Indicatie* (SyRI)[23], um algoritmo o qual era utilizado pelo governo holandês para detectar diversas fraudes financeiras como em benefícios sociais e sonegação fiscal em geral. Na prática, a SyRI utilizava dados pessoais dos cidadãos (por exemplo, dados do seguro de saúde, bens móveis e imóveis, formação educacional, habitacional etc) para gerar avisos de risco para o Estado de quem seriam as pessoas mais prováveis de cometer fraudes, o que acarretava uma investigação pormenorizada na vida dessa pessoa.

Em sua decisão, a justiça holandesa condenou o Estado pelo uso da IA, uma vez ter considerado que houve uma violação do direito de privacidade dos cidadãos previsto no artigo 8º (2) da convenção europeia dos direitos do homem, uma vez que o ganho que a sociedade teria com a aplicação desta ferramenta seria desproporcional a violação do direito à privacidade que ocorria. Mais uma vez, vemos aqui um caso em que uma preocupação dos documentos internacionais (direito à privacidade de dados) reflete em algo que já configurou uma violação de direitos fundamentais oriunda da aplicação de uma IA.

Nestes termos, vemos que, apesar da importância da IA demandar sua presença nos mais diferentes setores da sociedade, incluindo a área da saúde, essa aplicação já causou e ainda poderá causar danos as garantias fundamentais da população.

De um lado temos um benefício de integrar as tecnologias oriundas da IA na área da saúde, uma vez que comprovadamente oferecerem oportunidades de melhoria e eficiência na prestação de cuidados de saúde e qualidade de atendimento dos pacientes. De outro, existe a necessidade de minimizar os riscos éticos da implementação desta IA, os quais podem

[23] DE RESCHTSPRAAK. ECLI:NL:RBDHA:2020:1878., [Consult. 14 jan. 2023], disponível em: https://uitspraken.rechtspraak.nl/#!/details?id=ECLI:NL:RBDHA:2020 :1878.

constituir ameaças à privacidade/confidencialidade, consentimento informado e autonomia da pessoa doente.[24-25]

No meio deste contexto, nos perguntamos: como fica a postura do médico ao receber tantas informações novas sobre sua função? Será que este deve ser obrigado a utilizar a IA pois trata-se do futuro da medicina ou ele tem liberdade de não participar dessa revolução tecnológica pois ainda apresenta riscos? Essas perguntas nos fazem refletir sobre o princípio da independência profissional médica e o dever de atualização médico, os quais serão debatidos explicados a seguir.

5. Independência médica vs inteligência artificial

O princípio da independência profissional parte do pressuposto que as profissões de saúde são dotadas de competências e conhecimentos científicos, humanos e profissionais especializados, logo, estes não estão subordinados a terceiros no cumprimento de ordens ou determinados serviços relativos à sua profissão. Esse princípio assegura a integridade e honorabilidade das profissões de saúde.[26]

Este princípio também garante que o médico, na condição de prestador de serviços altamente qualificado e conhecedor de regras técnicas de alta complexidade, deve tomar a decisão sobre o tratamento do paciente e não estar subordinados a caprichos do paciente (com a devida observância, entretanto, ao seu consentimento informado), desígnios de entidade

[24] Sobre o tema o professor António Jácomo propõe que a resolução deste dilema parte de uma articulação integradora dos mais diversos componentes do sistema de saúde, a qual tem como peça-chave a compaixão oriunda da inteligência "natural" humana, a qual é a base nos cuidados centrados na pessoa doente. JÁCOMO, António, SAÚDE E INTELIGÊNCIA ARTIFICIAL: UMA PERSPETIVA BIOÉTICA, Lex Medicinae, Ano 16, n.º 31-32, 2019.

[25] Considerando os riscos que a IA apresenta na área da saúde , tal como a morosidade na aferição de pressupostos de responsabilidade civil e a onerosidade processual , a pesquisadora Marta Lobo ressalta a necessidade da criação de fundos públicos de garantia/indenização, pagos pelos produtores e utilizadores profissionais de IA, para garantir que as vítimas de uma falha de IA possam ter suas necessidades atendidas urgentemente, com o ressarcimento dos danos causados, e somente depois se discuta a quem será imputada a responsabilidade da falha. LOBO, Marta Susana. Responsabilidade Médica e Inteligência Artificial. Lex Medicinae. Ano 20, nº39, 2023.

[26] PEREIRA, André Gonçalo Dias, Direitos dos Pacientes e Responsabilidade Médica, Dissertação de Doutoramento, Faculdade de Direito, Universidade de Coimbra, Coimbra, dezembro de 2012. p. 336/337.

patronal ou de interesses de terceiros como de seguradoras ou indústrias farmacêuticas.[27]

Neste tópico pretendemos condensar as principais diretrizes que o médico português pode socorrer-se ao se deparar com dilemas relativos à utilização da inteligência artificial, notoriamente o regulamento de deontologia médica, decretos-leis nacionais, regulamentos e resoluções europeias.

Uma vez enumerados esses dispositivos poderemos, então, fazer uma análise conjunta para refletir sobre a existência de uma obrigatoriedade do médico português na utilização dessas novas tecnologias ou até mesmo uma hierarquia entre máquina e homem.

6. Dispositivos relativos à independência médica

O artigo 6º do Regulamento de Deontologia Médica (regulamento 706/2016) estabelece que a atuação médica deve ser técnica, deontologicamente independente e responsável pelos seus atos, devendo prestar observância, entretanto, a possíveis hierarquias médicas.

O artigo 116º do Código de Trabalho de maneira geral reforça a ideia de independência dos médicos empregados, os quais possuem autonomia técnica para exercer sua função. Também podemos extrair do artigo 71º da lei nº 35/2014 que é dever do empregador público o respeito a autonomia técnica do trabalhador público, o que pode ser utilizado no caso dos médicos de carreira pública.

Outrossim, o dl 177/2009 (relativo à carreira pública de médica) em seu art. 9º, 3, fala em plena responsabilidade profissional e autonomia técnico-científica desses profissionais. O regulamento 698/2019 da ordem dos médicos vai um pouco além, pois não só ressalta a autonomia técnico-científica deste profissional em seu artigo 4º, 1, mas também fala em liberdade de exercício para praticar os atos próprios da profissão no artigo 9º.

O Artigo 12º lei 16/2001 refere-se à objeção de consciência em geral, no sentido de que direito de objetar ao cumprimento de leis que contrariem os ditames impreteríveis da própria consciência. A objeção de consciência também é mencionada quando se fala em procriação medicamente assistida no art. 11, lei 32/2006 e 3/84 art. 11 no tocante a inseminação

[27] Ibid.

artificial esterilização voluntária. Essa objeção de consciência pode ser considerada um reflexo do direito à liberdade religiosa, consagrado no artigo 18 da declaração universal dos direitos humanos e artigo 9º da convenção europeia de direitos do homem e 41 da constituição da república portuguesa.

Neste sentindo, em um âmbito internacional, a carta europeia de ética médica indica em seu artigo 14º que o médico não é obrigado a satisfazer pedidos de tratamento que não aprove, estando, entretanto, relacionado com o respeito pela vida, autonomia moral e liberdade de escolha do doente.

Já o artigo 5º, 1, do regulamento 698/2019 fala expressamente que o médico deve abster-se de praticar atos para os quais não esteja cientificamente preparado, salvo se em caso de emergência ou impossibilidade de intervenção de médico mais preparado (exceção oriunda do artigo 16º do regulamento deontológico médico). Ou seja, na prática se o médico não estiver familiarizado com uma nova prática tecnológica, este não deve reproduzi-la, salvo nas exceções legais.

De acordo os dispositivos listados, o médico português tem plena liberdade para escolher qual tipo de tratamento utilizar em busca do melhor interesse do paciente, contanto que este tratamento não seja contrário a *leges artis* e a ordens de outros médicos hierarquicamente superiores. Entretanto, como vamos ver, essa liberdade do médico não contempla a sua desatualização e alienação das evoluções científicas.

7. Dispositivos relativos ao dever de atualização médica

Conforme já mencionado, como membro da OECD, Portugal é signatária da recomendação do conselho da OECD sobre inteligência artificial adotada em 2019, o qual dentre outras coisas, indica em seu item 2,1 que os governos devem investir na pesquisa e desenvolvimento de inteligência artificial.

Essa recomendação está acordo com o plano nacional de saúde português de 2021-2030[28], o qual prevê que os serviços de saúde portugueses deverão ser referência em inovação e transição digital relativamente a sua

[28] PORTUGAL, Serviço Nacional de Saúde, Plano Nacional de Saúde 2021-2030, [Consult. 30 dez. 2022], Disponível em: https://pns.dgs.pt/files/2022/12/PNS2021-2030_FINAL-para-Edicao.pdf, p.55/56

estrutura, o que inclui medicina de precisão[29] e a redução do gap entre conhecimento científico e prática.

Ainda sobre essa necessidade de atualização científica, como vimos, vários documentos internacionais já tratam de incentivar o aperfeiçoamento profissional para se adaptar a essa nova realidade, como por exemplo a resolução do parlamento europeu sobre direito civil e robótica (2015/2103 (INL)) a qual sublinha tanto a importância da educação, formação e preparação dos profissionais de saúde para essa nova realidade tecnológica quanto a necessidade de definir requisitos profissionais mínimos para a utilização desses robôs na medicina (itens 33, 34 e 35).

De mesmo modo, cumpre falar do artigo 4º, nº 8, do regulamento de deontologia médica que expressamente estabelece como dever ético e permanente destes profissionais a atualização de sua cultura científica e da sua preparação técnica (em mesma redação do artigo 135,8 do dl 282/77).

Outrossim, o artigo 10º F do Decreto-Lei 176/2009 determina como um dever do médico a atualização e aperfeiçoamento de suas competências, objetivando melhorias de seu desempenho profissional. Igualmente, o artigo 10º, f) do o Decreto-Lei 177/2009 relaciona atualização e aperfeiçoamento de conhecimentos com aperfeiçoamento de desempenho.

Já a lei15/2014 em seu artigo 4º, 2, dita como um direito do paciente de receber o tratamento de saúde mais adequado e tecnicamente correto.

Destarte, vemos que o médico não é assim tão livre para escolher o tratamento que deseja, pois carrega consigo a obrigação de atualizar-se para promover o melhor tratamento possível para o paciente.

Contudo, a grande maioria da IA utilizada na medicina ainda está em fase de estudos experimentais, o que abre alguma margem para que os médicos atuais não a utilizem ostensivamente, principalmente se considerarmos que já existem diversos casos de falha, conforme já explicado.

[29] Medicina de precisão (ou personalizada) é um novo modelo de medicina que se propõe a analisar de maneira pormenorizada o fenótipo e genótipo de cada pessoa com o objetivo de criar uma estratégia terapêutica e definir quando seria o momento ideal para pô-la em prática, podendo , ainda, identificar pré-disposição a doenças e formas de prevenir ou minorá-las. FERREIRA, Ana Elisabete; PEREIRA, André Dias. "Uma Ética para A Medicina Pós-humana: Propostas ético-jurídicas para a mediação das relações entre humanos e robôs na saúde". ROSENVALD, Nelso; MENEZES, Joyceane Bezerra de; DADALTO, Luciana. Responsabilidade Civil e Medicina, Editora Foco, 2020

Podemos afirmar que ainda estamos em um período sedimentação e adaptação legal e prático com a IA, em que pese existir uma forte tendência para que o conceito de *leges artis* não possa ser dissociado de IA já nas próximas décadas, obrigando todos os médicos a aprenderem a utilizar esta ferramenta visando o melhor interesse do paciente. Neste sentido, recomendamos aos profissionais de saúde que desde já comecem a referida atualização.

Por fim, vale fazer uma reflexão acerca a possível subordinação médica a IA, uma vez que a performance dos algoritmos já supera a atuação humana em diversas áreas.

8. Subordinação médica a inteligência artificial?

A professora Ana Elisabete Ferreira considera absolutamente claro que o humano nunca pode perder o controle e a supervisão da tecnologia artificial, o que perpassa pela subordinação dessa inteligência artificial a princípios como os da legalidade, dignidade humana, Estado de direito democrático e da aplicabilidade direta de outros direitos fundamentais.[30]

Em consonância com o entendimento ao norte, a resolução 2015/2103 (INL) do parlamento europeu explica que o desenvolvimento de novas tecnologias de inteligência artificial deverá ser orientado para complementar as capacidades humanas e não para as substituir, pelo que sempre os humanos devem sempre possuir o controle sobre máquinas inteligentes. A mesma resolução contempla o princípio da autonomia supervisionada dos robôs, em seu item 33, o qual exara que caberá sempre a um cirurgião humano estabelecer o plano inicial de tratamento e tomar as decisões finais relativas à execução deste plano.

Neste sentido, o artigo 14ª da proposta de regulamento do parlamento europeu nº 2021/0106 (COD)[31] vincula os sistemas de inteligência artificial de riscos elevados a uma supervisão humana, notoriamente para prevenir ou minimizar os riscos para a saúde, segurança ou a direitos fundamentais. Outrossim, o artigo 7º da resolução (2020/2012 (INL)) do

[30] FERREIRA, Ana Elisabete, «Moralidade humana, moralidade maquinal: a progarmming machibe ethcis como problema jurídico», ULP LAW REVIEW, Vol. 14, 2021. p.15.

[31] Proposta De Regulamento Do Parlamento Europeu E Do Conselho Que Estabelece Regras Harmonizadas Em Matéria De Inteligência Artificial (Regulamento Inteligência Artificial) E Altera Determinados Atos Legislativos Da União

Parlamento Europeu fala em uma inteligência artificial antropocêntrica e antropogênica, além de especificar que a criação desta tecnologia deve ser desenvolvida, implantada ou utilizada de forma a garantir a plena supervisão humana a qualquer momento.

Portanto, o que podemos extrair das normas acima é que nem agora e nem em um futuro próximo há previsão de que as máquinas irão se sobrepor ao juízo humano médico, pois nota-se uma preocupação governamental no sentido de impedir uma irrestrita autonomia do IA, a colocando como uma mera ferramenta de melhoria da vida humana, a qual deve ser fiscalizada por humanos, principalmente para garantia de observância aos direitos fundamentais.

Conclusões

Concluímos que a IA é uma inequívoca tendência dentro da medicina moderna, a qual cada vez mais vem tomando protagonismo em estudos e experimentos. Também é seguro afirmar que estamos perto de uma revolução robótica na práxis médica, principalmente levando em consideração que muitos robôs já superam a eficiência humana na área da saúde e que existe um movimento nacional e internacional de incentivo para desenvolvimento de novas tecnologias.

Esse movimento é visível nos documentos internacionais emitidos com o intuito de regulamentar e incentivar o da IA, sem, entretanto, deixar de se preocupar com a observância aos valores democráticos e da proteção dos direitos fundamentais. Essa preocupação se mostrou pertinente ao analisarmos casos quando o mal uso da IA feriu direitos dos cidadãos.

De mesma maneira, observamos que a independência técnico-científica do médico português está assegurada por diversos dispositivos legais, mas que essa independência não abrange a desatualização dos novos avanços da medicina. Entretanto, no panorama atual verificamos que ainda não há uma sedimentada práxis de IA na medicina, principalmente se compararmos com as possibilidades já demonstradas por diversos estudos, logo, o médico português ainda não está completamente obrigado a utilização da IA em todos os setores. Porém, os médicos que não acompanharem as rápidas mudanças que estão a ocorrer nesta área, tendem a ficar fora do mercado de trabalho por incapacidade de exercer plenamente a *leges artis*.

Por fim, visualizamos que, independentemente de nível de eficiência e modernização da IA, hoje não há qualquer indício de que o médico perderá a sua autonomia no sentido de ter a palavra final no curso do tratamento de seu paciente. Neste cenário, a IA continua sendo incrivelmente relevante para a medicina, só que como um instrumento a ser utilizado pelos profissionais de saúde e não para substituí-los completamente.

Referências

ASIMOV, Isaac, Eu, Robô, 2ª Edição em português: Agosto de 1969, [Consult. 10 jan. 2023], Disponível em: http://bibliotecadigital.puc-campinas.edu.br/services/e-books/Isaac%20Asimov-2.pdf

DE RESCHTSPRAAK. ECLI:NL:RBDHA:2020:1878., [Consult. 14 jan. 2023], disponível em : https://uitspraken.rechtspraak.nl/#!/details?id=ECLI:NL:RBDHA:2020 :1878.

DOMINGOS, Pedro. The Master Algorithm How The Quest For The Ultimate Learning Machine Will Remake Our World. Basic books. New York. 2015.

FERREIRA, Ana Elisabete, «Moralidade humana, moralidade maquinal: a progarmming machibe ethcis como problema jurídico», *ULP LAW REVIEW*, Vol. 14, 2021. p. 15.

FERREIRA, Ana Elisabete; PEREIRA, André Dias. "Uma Ética para A Medicina Pós-humana: Propostas ético-jurídicas para a mediação das relações entre humanos e robôs na saúde". ROSENVALD, Nelson; MENEZES, Joyceane Bezerra de; DADALTO, Luciana. Responsabilidade Civil e Medicina, Editora Foco, 2020.

GABRIEL GEIGER, Vice. Court Rules Deliveroo Used 'Discriminatory' Algorithm, Business & Human Rights Resource Centre, [Consult. 18 jan.2023], Disponível em: https://www.business-humanrights.org/en/latest-news/court-rules-deliveroo-used-discriminatory-algorithm/.

GREENFIELD, Daniel, «Artificial Intelligence in Medicine: Applications, implications, and limitations», Science in the News, Harvard Graduate School of the Arts and Sciences, [Consult.05 jan 2023] Disponível em: https://sitn.hms.harvard.edu/flash/2019/artificial-intelligence-in-medicine-applications-implications-and-limitations/

HAVE, Henk Tem; NEVES, Maria do Céu Patrão Neves, "Dictionary of Global Bioethics", Dictionary of Global Bioethics, 2021, 103–. doi:10.1007/978-3-030-54161-3.

ISAACS, Anton N., et al. Hospital medication errors: a cross-sectional study, International Journal for Quality in Health Care, Volume 33, Issue 1, 2021, [Consult.12 jan. 2023], Disponível em https://doi.org/10.1093/intqhc/mzaa136.

JÁCOMO, António, SAÚDE E INTELIGÊNCIA ARTIFICIAL: UMA PERSPETIVA BIOÉTICA, Lex Medicinae, Ano 16, n.º 31-32, 2019.

LEITE, Iolanda & Pereira, *et al*, The influence of empathy in human–robot relations. International Journal of Human-Computer Studies, 2012, 71. 10.1016/j.ijhcs.2012.09.005.

LOBO, Marta Susana. Responsabilidade Médica e Inteligência Artificial. Lex Medicinae. Ano 20, nº39, 2023

MONTEMAYOR, C., HALPERN, J. & FAIRWEATHER, A, In principle obstacles for empathic AI: why we can't replace human empathy in healthcare, AI & Soc, 37, 1353–1359, 2022. [Consult. 15 jan. 2023], Disponível em: https://doi.org/10.1007/s00146-021-01230-z.

NAM, Ju Gang., et al. Development and Validation of Deep Learning–based Automatic Detection Algorithm for Malignant Pulmonary Nodules on Chest Radiographs. Radiology 2019 290:1, p. 218-228.

OBERMEYER Z, POWERS B, VOGELI C, MULLAINATHAN S., Dissecting racial bias in an algorithm used to manage the health of populations, Science, 2019, Oct 25;366(6464):447-453. doi: 10.1126/science.aax2342. PMID: 31649194.

PEREIRA, André Gonçalo Dias, Direitos dos Pacientes e Responsabilidade Médica, Dissertação de Doutoramento, Faculdade de Direito, Universidade de Coimbra, Coimbra, dezembro de 2012.

___ Inteligência artificial, saúde e direito: considerações jurídicas em torno da medicina de conforto e da medicina transparente, Julgar. ISSN 1646-6853. N.º 45, 2021, p. 235-261.

___ O sistema de responsabilidade civil médica. Boletim da Ordem dos Advogados, Lisboa, ISSN 0873-4860. Nº 111, 2014, p. 44-45.

PORTUGAL, Serviço Nacional de Saúde, Plano Nacional de Saúde 2021-2030, [Consult. 30 dez. 2022], Disponível em: https://pns.dgs.pt/files/2022/12/PNS2021-2030_FINAL-para-Edicao.pdf

TEPEDINO, Gustavo; SILVA, Rodrigo da Guia. Desafios da inteligência artificial em matéria de responsabilidade civil. Revista Brasileira de Direito Civil – RBDCivil, Belo Horizonte, v. 21, p. 61-86, jul./set. 2019.

THE GEORGE WASHINGTON UNIVERSITY. AI Litigation Database – Case Details Page. [Consult. 02 jan. 2023] Disponível em: https://blogs.gwu.edu/law-eti/ai-litigation-database-search/case-detail-page/?pid=15.

Trost, *et al.*, Socially-Assistive Robots Using Empathy to Reduce Pain and Distress during Peripheral IV Placement in Children. Pain Research and Management. 2020. 1-7. 10.1155/2020/7935215.

Un Liu, et al, Artificial Intelligence–Based Breast Cancer Nodal Metastasis Detection: Insights Into the Black Box for Pathologists. Arch Pathol Lab Med 1 July 2019; 143 (7): 859–868. doi: [Consult.15 jan. 2023], Disponível em: https://doi.org/10.5858/arpa.2018-0147-OA.

WHITE, Tracie, «Medical errors may stem more from physician burnout than unsafe health care settings», Stanford School of Medicine, [Consult 18 jan. 2023.] Disponível em: https://med.stanford.edu/news/all-news/2018/07/medical--errors-may-stem-more-from-physician-burnout.html